启真·艺术家

启真館 出品

Jackson Pollock

an American Saga

波洛克传

[美] 史蒂芬·奈菲　格雷高里·怀特·史密斯　著

沈语冰　宋 倩　蒋 苇　匡 骁　译

ZHEJIANG UNIVERSITY PRESS
浙江大学出版社

《自画像》，1933，7 1/4" ×5 1/4"

《海景》，1934，12" ×16"

《持刀的裸体男人》，1938—1941，50″ ×36″

《鸟》，1938—1941，油墨和沙砾作画于画布上，27$^{1/2}$″ ×24″

《速记形体》，1942，40″×56″

《月亮女人》，1942，69″×42″

《男人和女人》，1942，73″×49″

《母狼》，1943，41 7/8″×67″

《古根海姆墙画》，1944，7′11″ ×19′9 1/2″

《茶杯》，1946，40″ ×28″

《闪烁的物质》，1946，$30^{1/8''}$ $\times 24^{1/4''}$

《五英寻深》，1947，油画，附有钉子、大头钉、纽扣、钥匙、硬币、香烟、火柴等，$50^{7/8''}$ $\times 30^{1/8''}$

《1948，作品第 1A 号》，5′8″×8′8″，注意上部的手印

《薰衣草之雾》(《1950，作品第 1 号》，油墨，瓷漆以及铝涂料作画于画布上，7′3″×9′10″

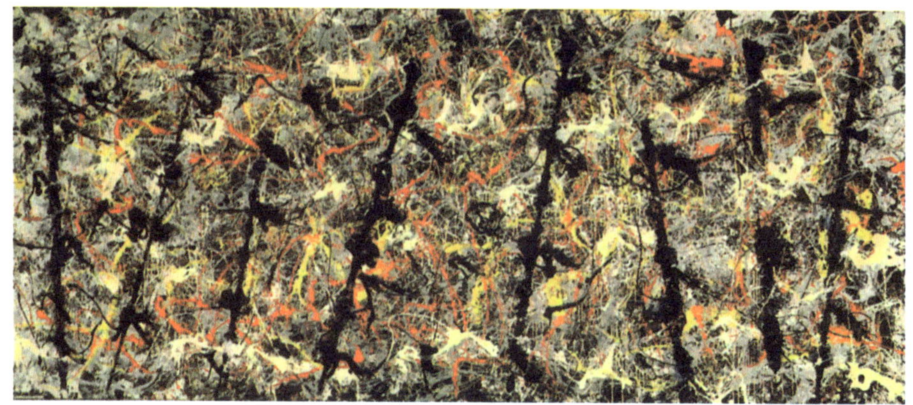

《蓝极》(《1952，作品第 11 号》)，瓷漆和铝涂料作画于画布上，6′11″ ×16′

《复活节和图腾》，1953，油墨、瓷漆和铝涂料作画于纸上，82 1/4″ ×58″

“扣人心弦，引人入胜，才华横溢，这本大部头传记令人意犹未尽，前所未有。从没有哪位画家的人生，其狂躁的心灵，想象力发展的轨迹被如此庄严宏大且细致入微地描述过。”

——《访谈》

“内蕴丰沛……伴随自我毁灭迸发的创造力令人敬畏。”

——《休斯顿纪实报》

“让人欲罢不能……感人至深。”

——《威尔逊图书馆杂志》

“迄今为止美国艺术家中最巨细无遗的肖像。它像史书一样震撼人心，像小说一样津津有味，读者仿佛可以近距离地分享这位艺术天才的呼吸，感知他的疯狂，以及每一件杰作的诞生。”

——《今日美国》

“无疑是一部权威之作。”

——《金融时报》（伦敦）

“这部庞然大物的作者或许比任何人都接近杰克逊·波洛克心灵谜题的真相。”

——《波士顿环球周末》

“在奈菲和史密斯笔下，20 世纪美国艺术得以鲜活再现。”

——《查尔斯顿晚邮报》

“充满争议……散发巨大魅力的惊人之作。”

——《斯玛特杂志》

“取材广泛，俯拾皆是的是七年竭泽而渔式的研究收集而来的史料，细节与轶事，包括波洛克妻子（画家李·克拉斯纳）、艺术评论家克莱门特·格林伯格与众多友人亲属的大量访谈。”

——《纽约时报书评》

致　谢

献给我们的父母

威廉·史密斯和凯瑟琳·史密斯

以及

乔治·奈菲和玛丽安·奈菲

目　录

序：魔鬼　I

第一部分　西部

01　坚强的女人们　11
02　敏感的男人　25
03　斯黛拉的男孩们　34
04　敏感到不自然　45
05　平凡的家庭　56
06　遗弃　70
07　迷失在荒漠　85
08　杰克与桑特　99
09　光照前路　117
10　堕落的反叛　127

第二部分　纽约

11　家中最优秀的画家　153
12　本顿　164
13　杰克·萨斯　178
14　旧爱　190

15 回到往日 210

16 走出虚空 229

17 无畏的青年 250

18 美国绘画的远大希望 263

19 地方主义的解药 279

20 一场人类情感的反常混乱 287

21 退缩 312

22 原型与神秘力量 324

23 不朽的暗示 337

24 天才的代价 354

25 李·克拉斯纳 365

26 传奇 391

27 灵感的源泉 410

28 精彩至极 434

29 面纱背后 457

30 水果和坚果 476

31 逃离 497

第三部分 斯普林斯

32 重新开始 515

33 驻足于空间中的记忆 544

34 天生一对 554

35 名人 587

36 破冰 608

37 幼年回忆 630

38 一只不带壳的蛤蜊 646

39 解决之道 675

40 神奇的治愈法 700

41 对抗世界 724

42 被弃 748

43 最后一幕 775

44 逃离的速率 803

尾声：冰河时代的怪物 825

译后记 828

索引 835

序：魔鬼 1

“我要自杀。”

托尼·史密斯听出那是喝了威士忌的杰克逊·波洛克。杰克逊半夜来电并不稀奇。这类轻生之谈甚至有点例行公事的味道。但这一次，那声音中有种陌生的东西。其中的锐利和寒意让史密斯警觉起来。史密斯爱尔兰式丰沛的魅力也没能安抚波洛克。“你等等，”史密斯最后说，“我出来。”他挂了电话，在早春的大雨中，驱车驶入了黑暗。这儿离波洛克长岛东岸的家有数小时的车程——了解波洛克的人都知道，在这几个小时中，什么都有可能发生。

那是 1952 年 3 月，距波洛克在贝蒂·帕森斯画廊以突破性的 1949 年展为方兴未艾的先锋艺术赢得首枚高傲的桂冠不过两年；令评论家神魂颠倒的巨幅风景画《秋韵》与《薰衣草之雾》方才问世一年；克莱门特·格林伯格亲赐的“当代美国最有力量”的画家头衔才享受了五年;《生活》杂志将波洛克推入美国战后热衷追捧名流的媒体捕狩圈，摇身成为美国艺术界数一数二的“明星”也仅两年半。

像所有其他人一样，在暗夜和滂沱中疾驰了四小时的托尼·史密斯一定很困惑，是什么样诡谲的法术将这诸多荣宠酿成了自我毁灭的苦果。

史密斯知道波洛克又开始嗜杯了。才情迸发继而枯竭的两年让他再次拾起了酒瓶——在画不出画的日子里，波洛克的后院一直埋有雪莉酒。按格林伯格的话说，他一
直是个“资深酒鬼”，但喝酒本身并不能说明问题。即使早起啤酒临睡波旁；即使中学便 2
恋上酒瓶；即使生活早已在一回回的酗酒放纵、伤病入院中支离破碎（这种情形 20 年来屡见不鲜），单纯的嗜酒不能解释发生在波洛克身上的一切，也不能解释他与友人关于死亡的悲戚长谈。“这是条出路，”有一天，他这样告诉罗杰·威尔考克斯。威尔考克斯答

道，“你怎么知道？这只会让你陷入更大的麻烦。”

嗜酒也不能解释为什么就在几个月前，波洛克的新凯迪拉克敞篷车——那个对自己成功的犒赏——会滑下干燥的路面，一头栽到树上。杰克逊安然无恙，但那些了解他的人（比如托尼·史密斯）知道，此情此景还会继续上演——并不能归咎于喝多了。嗜酒背后，有种什么东西蛊惑了波洛克的灵魂，让他受折磨，甚至催促他毁灭自我。人人都知道，魔鬼荼毒了杰克逊·波洛克的心。但没人知道它们从哪儿来，要什么。

乡下的壁炉道没有街灯，但史密斯很熟悉路，过了艾莎瓦夫画廊和旧石高速，在第二车道右转就到了。房舍似乎消失在了疾风骤雨的夜里，直到车前灯扫过车道，照亮了雨帘后白煞煞、鬼魅般的旧农舍和被波洛克改造成画室的畜棚。暴风雨吹倒了电线，屋里没开灯，只有画室的窗户晕出昏暗的黄光。

五小时的车程再折磨人也不及眼前的景象来得触目惊心。烛光里，波洛克攥着刀子站在画室中央，咒骂着脏话。史密斯后来承认，“即使在最后几年，波洛克还是非常强壮。恐怕挥挥刀子就能解决我。”整日醉醺醺气冲冲的波洛克看起来却异常精壮。在公园大道一位自吹自擂的“有机疗愈师”的建议下，他一直在接受岩盐浴疗法。为了保持“尿液中金银的适当平衡”，他一直服用海鸟粪与甜菜根制成的乳液。这种昂贵的养生法（毋宁说是惩罚）——据说能够抑制对酒精的渴望——最终也沦为一系列旨在平息波洛克内心躁动的失败尝试之一。好朋友鲁本·卡迪什认为，波洛克“喜欢把自己交到别人手中，他认为那些人有能耐掌控他的人生，扭转乾坤”。

但那样的人从未出现。画室酒气熏天。

深褶子爬满了皮革似的脸庞，蔓延到前额和唇边。突起的额顶覆有瘫软的绒毛，多年前，那儿曾是茂密厚重的金发。就算没有金发，波洛克也是个帅气的男人——笑起来露出酒窝时尤为如此。和艺术圈的男女一样，史密斯也感受到了这种生理上的吸引。然而，这种吸引力的很大一部分恐怕还要追究到这样一种共识：波洛克孩子气的酒窝和可笑可悲的醉态之后藏有的令人费解的狂暴力量。

3 屋子里，波洛克的妻子，李·克拉斯纳蜷缩在床后。自布鲁克林的孩提时代，她就害怕各种各样的暴风雨。她的丈夫在屋里横冲直撞，朝自己，朝她挥舞刀子，咆哮着诅咒全世界，而她，就这样在黑暗和恐惧中坐了七个小时。她已经做了所有波洛克发酒疯时她通常会做的事：变隐形，或者溜到远远的角落等待风暴过去。她很清楚，同他对着干是一件再愚蠢不过的事。最后，他会倒下，因为精疲力竭，因为酒劲，或者两者兼而有之。到那时，她会走过去，像他母亲那样搁好他的头，把他扛回床上。

但这一次，暴风雨没有停歇的迹象。

托尼·史密斯认识两个波洛克：一个严肃害羞，惯于妄自菲薄，总爱小声说，“除了画画我什么也干不了”，“这幅画就这么蹦到我脑子里了”；另一个，常常烂醉如泥，按克莱门特·格林伯格的话说，“像个渴望成为焦点的6岁小孩”。常和波洛克去喝酒的史密斯见惯了他的醉态——嬉笑怒骂，借酒浇愁，玩不顾性命的把戏。但即使是史密斯，也不像李那样曾见过他发这么大的脾气。

“你他妈的在这里干什么？”波洛克咆哮道。

魔鬼一直在蛰伏。年少时，波洛克写信给兄弟们，“人们不是太吓人就是太无聊，我只能躲进自己的壳里”。派对上，他一言不发，只怔怔望着自己的酒杯，他表示，那感觉像是被那些从不慷慨回赠的目光“剥了皮”。某位朋友认为他是那种“自己痛苦，也让别人不快的人”。他一张口，从嘴里蹦出来的词汇像极了旷野里的电线杆，其间吊着“别扭的长句”。罗杰·威尔考克斯表示，杰克逊需要灌上个两三瓶啤酒才有勇气踏进酒吧。

其他时候，他只会躲在酒吧间的门板后面口出狂言，摆一副臭男人的架子。到了30岁，他那有着“污点海明威”调调的假面已趋完美。这也是为什么后来有传言说他是个酗酒，开快车，不要命，污言秽语，喜欢乱搞，一激就怒，从不道歉的家伙。但这张面具却掩护了这样一个怕羞，敏感，缺爱的男孩：长在阳刚气十足的家庭，却只会向母亲斯黛拉找寻支持与认同感；喜欢凑在邻家女孩堆里“过家家”；与父亲很疏远，无法通过兄弟们对男子气概的考验，却一生都因模棱两可的性别冲动而焦虑、恐惧、神伤。

这种掩饰如此成功，甚至让挫败的史学家都怀疑这是不是波洛克有意所为。他没留下任何日记，只有二十来封信，一堆散落的明信片和事务性便条。他不仅拒绝向后世吐露心际，更让试图窥探其内心世界的精神分析师们一筹莫展。仅有那么些时候，当他试着与人接触，那么一通电话便成了完美的告白手段。其一，你不知道打来者何人；其二，电话一旦挂断，一切便烟消云散。他的夜半来电，譬如打给史密斯的那通，颇有些神奇的意味。他坐在那儿，弓头耸肩，好像要顺着电话线爬进电话机里似的。但只有在这些时候，那个低沉的声音才能滔滔不绝起来。

除了脾气暴躁，狭隘拘谨，波洛克也有可爱慷慨的一面。一直生活在清贫（虽然这 4
种清贫时常被夸大）中的波洛克会借钱给其他画家，帮朋友们修缮屋子，给邻居孩子漆自行车，教他们用弓箭。凭一抹佯装的，叫人“闻风丧胆”的笑意，以及“眼里无人不曾领教的犀利”，几番勒令缴械的呵斥或是就地奏效的致歉，他能立马平息酒吧间的寻衅滋事。

然而，同他不受控制的火暴脾气一样，他时常对自己的可爱和蔼报以懊悔。他懊悔自己给的太多，以至于在不经意间又退回自己铸就的，牛仔式硬气的假面，退回那个“世人皆知”的“杰克逊·波洛克”。他的一生莫不纠结于给予和索回，给出一小部分的自己——常常出于无意——立马又后悔不迭，拼命索回。给予，又索回。世界盼望他给予；魔鬼勒令他索回。波洛克把自我融入一层又一层的颜料中，有条不紊的线条、溢出和滴漏织就成一张无可穿透的网。显露与隐藏；给予与索回。他如同掩盖自己的人生一般掩藏着自己的艺术，只为逃离心外的世界和心内的妖魔。

史密斯知道不能直言酗酒的问题，那压根就是煽风点火。没有什么比试图拿走酒瓶或者暗示他喝太多更容易让他转身离开。他会径直开车驶上黑乎乎光溜溜的高速公路找酒喝。托尼努力谈着艺术以期缓和气氛。他们可能谈到波洛克最近和贝蒂·帕森斯闹翻这件事，两人在后者的画廊相识并成为朋友，也一同嘲笑过帕森斯的古怪。渐渐地，怒气开始平息下来。在某个时候，杰克逊放下了刀子，拿起一支烟和一瓶波旁。

画室又冷又黑，显然是波洛克创作状态的写照。大烛台的黄光弥散到墙边呈一字排开的画作上：前排是刚被西德尼·贾尼斯退回的小幅黑白画；在后排若隐若现的是《秋韵》，《作品第32号》之类的大幅“经典”，那些不朽的笔法在昏暗的光线中显得格外质朴突兀。波洛克高高地举着大烛台走到角落里的煤油炉边。他在黑暗中跌跌撞撞，灯握在前方，周围的画幅幻作重重鬼影，萦绕其旁产生的冷酷诗意没有逃过诗人托尼·史密斯的眼睛。杰克逊点着了煤油炉，火苗像被施了法术似的从燃料中窜了出来，舔舐着炉顶。“看在上帝的份上，杰克逊，灭了它。”史密斯下意识地说道。杰克逊顺从地用一把钳子拾起铁皮盖丢在了火焰上面。几分钟后，他又点燃了火。

5 地上摊着杰克逊最近正在画的一幅画。轻浅、踌躇的笔触绘就了一张由精致的圆圈组成的网——与他之前的风格截然不同。看到这幅画，史密斯想起了乔治·格罗兹曾和他说过的话：“画家开始画圈的时候……他就快疯了。”看看梵高就知道了，他这样说。

为了把波洛克“从自我中拉出来”，史密斯建议他们一起画一幅画。痛饮着波旁的两个男人打开了一卷新的比利时亚麻布，并在画室的水泥地上铺展开来。杰克逊在颜料盒中挑合适的颜色下笔。抽出的第一管是镉红；第二管还是镉红；第三管还是。又试了四五次之后，他恼怒地喊着，“用镉红我画不了！”，就把颜料丢在了一边。史密斯温柔地表示让自己先来。他把手伸进盒子，抽出来一管镉橙，打趣道，“哇，我就是从新泽西州奥兰治来的。（注：在英语中，奥兰治同橙色）”他在画布边缘挤出一长条橙色颜料，摊上一层蜡纸后踩了上去。在他踩过的地方，颜料渗透出来，形成了一长溜凹凸不平的斑点。

“所以你是这么干的咯，”杰克逊冷笑一声，“瞧我的吧。”一眨眼工夫，那爪子般的双手就以迅雷不及掩耳之势抓过一桶黑杜科往画布上倒。有那么一瞬间，他又成了“过去那个杰克逊·波洛克”。这个波洛克四年前以令人费解，盘织交错的画作惊艳世界；这样的波洛克，随风消逝几十年仍不可磨灭地弥留在公众意识中：他俯身于巨幅画布前，身着黑 T 恤，锁眉沉思，脚轻踩入画布中央，用棍子掷出，或是从硬刷子上滴下套索式的颜料块；那手臂在空中描圈，有节奏地侧向移动，用犹如花边般的线条在阔绰有余的白布上甩出紧凑而闪亮的色串，接着，退回去望一望，神情无比集中。那些线条从他的潜意识中褪出，淌入他的眼，最终，随着另一波迸发的灵感，跃然布上。巴奈特·纽曼曾谈起作画时的波洛克，“和手无关。是他的心——不是脑子，是心——灵魂，精神，直觉在作怪。我曾见他从画室走出来，活像一块湿抹布。”在那个瞬间，史密斯一定在酒精的氤氲中嗅到了那颗在婆娑烛影中恣肆舞动的魂灵。

魔鬼需要被认同。对波洛克来说，成功不只是一个目标，成功是发自肺腑的必需品。波洛克是五个男孩中的老幺，父亲疏离，母亲冷面。对于父母少的可怜的关注，五个孩子野心勃勃，“饥肠辘辘”。波洛克很早就领教到突破是一门艰难的艺术。在邻居们的记
忆中，他是个“爱哭鼻子”，“尚未断奶的小孩”，总臆想自己遭受了欺负，跑到妈妈跟前 6
哭诉。不论是童年还是成年，健壮的外表背后是病态和频发的事端。青少年时期，他用酒精和劣迹考验父母的忍耐力。大萧条时期在纽约一事无成的漫漫岁月，波洛克只是给人清扫地板，制作丝网印花领带的无名之辈。夜晚，他常喝得醉醺醺地在街头游荡，冲路人大吼大叫，“总有一天，我要叫他们刮目相看。”连触不可及的毕加索都因为他过度放大的嫉妒情绪遭殃，他会怒气冲冲地说，“那个见鬼的毕加索什么都有了。”

袭警，飙车，毁坏财物，恐吓，在公共场所小便（这张清单远不止于此）——酗酒只是波洛克用来考验别人的痛苦手段。一位朋友认为他是“佩克的捣蛋鬼”（注：佩克指 19 世纪美国小说家乔治 · W. 佩克，曾创作系列小说“Peck’s bad boy”），事后会抱歉地说“我并不是有意的”，波洛克享受的是从你那儿获得原谅。频繁的酒后放纵总以同样的

方式结束：有人——开始是他的哥哥们，后来则是李——来他醉倒的酒吧或者把他从排水沟扛回家。即使是他煽动的斗殴也是为了练习原谅。“他不想真的伤害谁，”赫尔曼·切里回忆*，“他会挑起事端又从中脱身。就好像你在侮辱别人之后又凑上去亲吻他们，还说‘噢，我不是有意的。’”

在杰克逊的一生中，没人比李·克拉斯纳遭受了更彻底的考验，经历了更多的原谅。从 1941 年开始，忍耐的界线每天都被重绘。酗酒，当然是最根本、最持续的挑衅：醉酒时说的话，做的事，以及威胁恫吓。有时，他会在夜里把留声机放到最大的音量，或者在派对上突然掀翻桌子——要说容忍是件轻而易举的事儿，那是相对的。另一些时候，当他以 90 英里的时速冲下壁炉道或者在她跟前炫耀他的情人时，容忍压根就没那么容易了。

当与史密斯的橙色斑点混合在一起时，波洛克的黑色杜科变成了“胆汁绿”。托尼咕哝着，“看起来像呕吐物似的，”但为了分散波洛克的注意力，他抓过一把刷子，以精心计算的放任将另一种颜料涂抹在了上面。杰克逊也加入进来，颜料“泼洒、流淌”直至整张发亮的比利时亚麻布覆满了半英寸的胆汁绿。就像往常一样，他用上了一端安有橡胶球涂了油的薄玻璃注射器。要是堵塞了，他会厌恶地在画布上一掷，换另一支塞上颜料。一支堵了又换一支。每一支被丢弃的注射器都在混凝土地板上砸得粉碎。他用了一打，直到周围的颜料表面因为碎玻璃而闪闪发光。他一脸蔑视地脱下鞋子，在黑暗中来回跋涉，光脚丫子上黏糊糊的颜料闪闪发亮，挑衅史密斯的胆量。因寒冷和波旁而麻木的史密斯也跟在他后面，踩将起来。

7 只有在艺术中，波洛克才能找到自己渴望的蛰伏、认可和原谅。在画布前，他的魔鬼化作缪斯，创造的艺术，同它的创作者一样，考验着容忍度的界限。杰克逊渴望关注的最终目标是整个世界，他的艺术就是种挑衅。“抽象艺术就是抽象的，”他说，“它会同你对峙。”《纽约时报》曾这样评论 1950 年威尼斯双年展的滴画：他的画作“有某种破坏力”。像是喧闹酒吧里煽风点火的辱骂，它们触发了“激烈的争吵”。“与波洛克相比，”一位批评家讶异地表示，“毕加索……倒成了安静的循规蹈矩者，成了老派的画家。”

杰克逊·波洛克发现自己得以跻身抽象表现主义运动前沿似乎与抽象或表现主义或艺

* 使用第三人称现在时的原文引语（如，他说，她回忆）来自作者的访谈。所有引语来源，除少数例外，均援引于注解。

术本身鲜有联系甚至毫不沾边。将他置入这一境地的魔法与从一开始便指引着他的艺术的那股力量如出一辙。从小，他就没有对素描或者绘画显示出任何喜好，直白地说，毫不精通。他要成为艺术家的决定与其说是出于艺术灵感，不如归咎到与哥哥们争宠，考验父母的爱的冲动。在剩余的艺术生涯中，他将愤怒堆叠，寻找新的甚至毫不愉快的冒险。1949 年以及 1950 年的大获成功，在其他艺术家眼里，也许是确凿无疑的肯定，但杰克逊只是把它们视为通往下一步的邀请。“他总是在变化中，”贝蒂·帕森斯说，“他的波动，在我看来，属于那种过度驱策的东西。他的彩虹耗尽之后只剩下荒芜与贫瘠。”

就像日渐暴戾无度的纵酒，越来越不计后果的飙车和一步步泛滥激化的情绪，杰克逊的艺术总在追求新的愤怒，新的测试，而所有这一切都建立在杰克逊一直以来都能无比清晰地意识到的最初愤恨之上：他是个不会画画的画家——至少不能画成一个画家应该画成的样子。最终，他会强迫这个世界，就像他曾强迫他的母亲、兄长，最后是李，给他渴望的关注；对于他的愤怒给予原谅；不单是容忍他，要爱他，至少爱他的艺术、接受他，最终承认他是个伟大的画家。

早上，托尼·史密斯已经回屋醒酒清洗。李等着帮忙。“我们花了很长时间清理脚
上的玻璃，”史密斯回忆。他们一起把在画室醉倒过去的杰克逊扛回屋。杰克逊在厨房
睡得断断续续，李帮他洗脚。两个男人着手开始的这幅沾着湿颜料和碎玻璃的画，僵硬
地摊在画室的地上。在接下来的六个月，杰克逊会一次又一次回去刮掉胆汁绿，涂上新 8
的颜料层，黄，红，浅蓝，铝银，最后——用上宽四寸厚二尺的长片——八条深蓝的垂
直“极”。

最终，绘画成了杰克逊·波洛克平息折磨他的魔鬼的唯一方式。在颜料的遮蔽下，他可以隐藏自己，随之而来的声名满足了他对关注的渴望；他能赢过他的兄长们，掌控父母的爱。最终，绘画会是检验世界的方式，深入它的心脏，让它给予更多的原谅。

托尼·史密斯来访后的 20 年，波洛克死后 16 年，这幅作品——波洛克将他命名为《蓝极》——以 200 万美元的价格出售给了澳大利亚政府。这是美国画作迄今售得的最高价码，而在整个西方艺术史，只有伦勃朗，委拉斯凯兹，里奥纳多·达·芬奇能够向市场要求更多的“尊重”。即使是“什么都有了”的毕加索也从未超出过百万价码。

世界已经原谅波洛克——即使它从不知道自己要原谅的是什么。

第一部分　西部

01

10

坚强的女人们

在杰克逊·波洛克脑中，有个身影久久挥之不去。同四位波洛克兄弟一样，他只要闭上眼睛，就能看到这个身影从门廊的阴影中浮现，走向凤凰城明媚的阳光：她的胸膛丰满，脚踝结实苍白，穿黑裙子，壮实的身板和树干一般圆，戴白手套和精致的蕾丝领，帽檐的黑纱一直垂到右下颌的棱角，面部姣好的皮肤若隐若现，浅棕的头发挽成髻别在颈背。“我对母亲最初的印象，”查尔斯·波洛克的回忆倒退到了80年前，“是个衣着颇为优雅时髦的女人。她登上一辆四轮单座轻马车，手抓缰绳，驾两匹得意的马去镇上。要让两匹马分开跑，不翻车着实需要些力气，但妈妈总能控制得很好。”

因为母亲的威严，杰克逊·波洛克对妈妈斯黛拉的了解惊人的稀少。在1944年的访谈中，他把她的祖先描绘成“苏格兰人和爱尔兰人，”不知是有意忽略还是遗忘了在她身上流淌的德国血统。他声称母亲出生拓荒者世系时，无疑肆意享受的是大西进运动热潮中祖先付出一点一滴、拓荒的男人与热忱的女人在未被驯服的大陆历尽艰难险阻的画面。

事实上，斯黛拉祖上三代都是女人拓荒，热忱的男人隐忍。

是1774年阴差阳错地在巴尔的摩港下船的高德弗瑞·奥古斯特斯·斯派克定下了这个罕见的基调。斯派克远算不上精力旺盛、在外碰运气讨生活、演绎家族传奇的移民。从没想过来美国。他是个简单的20岁旅人，来自萨克森州的德累斯顿。一伙由黑森国王雇佣的暴徒将他掳到了美国协助乔治三世镇压联合殖民地的叛乱。

1779年，斯派克娶16岁的弗吉尼亚女孩萨拉·唐山德为妻。唐山德是斯派克家史中记载的首位女性。这真是个幸运的开端。八年间产下四子后，她用一辆手推车载着全部家当，拖着不情愿的丈夫在起伏不平的路上奔波数百里来到马里兰州南部更有前景的土地。到1800年，她又诞下四子，并搬了两次家——首先来到了弗吉尼亚，接着穿过阿巴

11

阿奇柏德和艾丽萨·简·斯派克，杰克逊·波洛克的曾外祖父母

拉契亚山脉，去往俄亥俄领地。在那儿，也许是为了让有流浪癖的妻子悬崖勒马，高德弗瑞·奥古斯特斯为她在弗里波特附近建了一座石质农舍。

萨拉·斯派克的二儿子萨缪尔追随家族的传统，将自己依附于简·李奇，另一位性情粗犷的女性，天生是“编织毛织品与地毯的好手”，却对操持家务和怎么当一个好母亲毫无耐心。简无视了丈夫的希望和将来，没有把拓荒家庭居高不下的死亡率放在眼里，在29岁生下第四个孩子后便不再生育，而是一头扎在了管教唯一的女儿莎拉身上。这个“容貌姣好，前途一片光明的年轻女孩”被母亲禁止结婚，86岁去世时仍是个老姑娘。

1837年，简·李奇·斯派克的大儿子阿奇柏德娶了爱尔兰姑娘艾丽萨·简·博德·斯派克为妻。姑娘的父亲在来美国前曾在南爱尔兰当亚麻纺织学徒。他的另一个女儿贝拉因织亚麻和刺绣的精细功夫在当地小有名气，而孙女博埃德则是一名功成名就的水彩画家。杰克逊·波洛克血统中的创造力的渊源想必可以追溯到爱尔兰的博德家。最终生下四子的艾丽萨·简认为土地太少，孩子太多，无法在俄亥俄施展自己的抱负；于是，搬迁的时刻又到了。

抱有同样想法的并不只有她一个。19世纪40年代到50年代间，上千俄亥俄山谷的
12 定居者得出了与之一致的结论，开始西迁。西迁伊始只若涓涓细流，之后便像洪水一般泛滥。大多数人都像斯派克一家一样，是拓荒者的二代，乃至三代后裔，他们的父母，祖父母都曾出走东海岸，用过度繁衍的子嗣占据了这片土地，将自己的后代推入大陆更深的腹地。他们加入的这一脉生生不息的奔流中有逃饥荒的爱尔兰移民，有躲避征兵和政治迫害的德国人，还有为了因各式债务而跑路，“用脚宣布破产”的各色人等。

阿奇柏德与简·李奇，杰克逊·波洛克的曾外祖父母，启程去往更为富饶的土地。像所有以辛辛那提为目的地的拓荒者一样，他们一定会前往也被称作爱荷华领地（对于“爱荷华”的含义一直没有定论。据说来源于“绘制地图”的苏族，但更受欢迎的是其译名“美丽的土地”）的黑鹰购置地。早在1835年，最后的印第安首领在威斯康星南部流域被俘不久以后，俄亥俄的报纸就对这片新土地上的丰饶田地和温和气候有过诱人的描述。“这是一片连绵起伏的大草原”，曾有一则报道如是描述，并被铁路、银行、种子公司广泛转载，“肥沃的土壤，美丽的风景，宜人的气候，这儿超越了美国其他任何地方。”1833年到1850年间，为了自己，也为了后代，逾20万名拓荒者回应了这些热情洋溢的报道和这片欣欣向荣的土地。

乘坐密西西比轮船，如果信号良好，从辛辛那提到领地西南角的麦迪逊边境交易站只需两星期，而陆路则要花上四五个月。从麦迪逊边境交易站出发，四轮马车走上10英里就能到达名叫西岬的新城镇，那儿十有八九有阿奇柏德或是简·李奇的亲戚等着帮助他们开始新生活。他们以200美元四分之一平方英里，约1.25美元一英亩的价格买了些地，着手从蛮荒之地中开拓一个农场。

不论土地多么肥沃，一切并没有那么简单。百万年来，自然对爱荷华宽厚无比，在其崎岖起伏的底层冰碛结构上沉积了一大夸特优质泥土。但阻挡拓荒者的却是浩瀚如海的“蓝茎”，厚草覆盖在草原上，“比马匹的头还要高”，扎进黑土数英尺，在千年草根垫中打结扎根。当阿奇柏德·斯派克这样的农民试图用曾在俄亥俄使用的欧洲小手犁来耕地时，他们会发现这是一片肥沃的土地——简直是世上最肥沃，最黝黑的土壤——但它的肥沃来自世代的艰辛和辛苦劳作，来自为下一代的慷慨牺牲。那些雄心勃勃自私自利的人很快就离开了爱荷华，去往更远的西部。对那些留下来的人来说，家与土地就像草原上的土与草一样紧紧地交织在了一起。

阿奇柏德·斯派克是幸运的，他的一隅地在爱荷华的第一个春天就得以播种。但他不 13
可能担负的是每英亩要价3美元甚至以上的当地开荒队。队伍由八头牛和一辆巨犁马车组成，马车带包铁推板和铸钢犁铧，能够在草垫上切出两英尺宽的车辙。而清理土地只是开始。每天都会有这样或那样的乱子。除了偶尔发生的，“把鸡窝都冻住的”暴风雪，这儿的天气在19世纪中期可以说是对农人的一种眷顾，但反反复复的锈病、疮痂病、果园枯萎病、蚱蜢疫，疯狂波动的谷价，甚至印第安人偶尔的突袭让阿奇柏德·斯派克这样的农人永远处于经济和情绪崩溃的边缘。

即使对一个坚毅、爱冒险的人来说，这也意味着一番挣扎，何况两者都不是的阿奇柏德·斯派克。和多数拓荒者一样，他的梦想谦卑得与这片土地的丰饶格格不入：有块地，改善自己和孩子们的处境，并在此过程中不受干涉。女人们用“少干派”的绰号嘲笑阿奇柏德·斯派克，嘲笑有梦想却没有一不做二不休的闯劲，也缺乏拓荒者在逆境中应具备的足智多谋的男人。

像多数爱荷华的家庭一样，在斯派克家，是女人让梦想变为现实。是女人，意志坚强、足智多谋的女人引领着她们的男人捱过拓荒生活的艰辛。在本地传说、家庭传奇中传诵着这样一则故事：一对年轻的夫妇在趟河时马车绳松了，马脱了缰，车开始翻入深不见底的湍流中。丈夫坐在下沉的马车中哇哇大叫，妻子从丈夫手中抓过缰绳，跳入淤泥，将受惊的马匹赶至河岸。另一个著名的故事讲的是一位老奶奶从噎住的奶牛喉中掏出一团甘草，从而挽救了家中珍贵的奶牛——这一家子的男人们呢，只站在一旁“摩挲着双手”。声名狼藉的是，那些在艰苦的西部死了老婆的男人们多年来一蹶不振；有些甚至再没有缓过神来。死了丈夫的女人们却无不例外地移居附近的城镇或是投靠亲眷，或是再婚，继续自己的生活。

1861 年 8 月，爱荷华斯普林代尔的巴克莱·卡波克追随约翰·布朗突袭哈珀斯费里小镇，引发了爱荷华在内战中的第一次伤亡。（五年后，黑暗退去，约七万爱荷华人丧生，且多数死于疾病。不像在乔治亚和弗吉尼亚的田野和丛林作战的士兵，草原上的士兵在密西西比下游冒着毒气的山谷沼泽中战斗、身亡。）战争的消息很快传到了爱荷华的费尔菲尔德镇。葛黛莉亚·简——大家都叫她詹尼——在 1848 年生下第五个孩子之后，斯派克一家也搬到了这里。大儿子萨缪尔·斯派克是镇上第一批参与由年轻男孩吹横笛打鼓的夜间民兵团训练的志愿者。7 月 4 日，男人们在镇中心立起了“自由之竿”，女人们绣了面大旗，准备了便当午餐。

14 在斯派克家中，向“革命战争”致敬的节日情绪十分短暂。詹尼的姐姐，玛丽，在三天前的节日庆典中丧命；弟弟萨缪尔很快就走上了行军路，再也没有回来；另一个 7 岁的妹妹伊丽莎白在 11 月死去。一连串瞬息而至的噩耗对詹尼·斯派克是个沉重的打击。在她的余生中，亲友这样描述了她判若两人的变化：战前热心，爱笑，有点俏皮无礼，战后谨言慎行，心事重重，待人苛刻。

詹尼·斯派克严苛的一面在她与基督教长老会毕生的“缘分”中得到了自然的宣泄。连敬畏神灵的爱荷华邻居都认为长老会的教条比“卫理会甚至基督教还要来得严苛”，而以长老会的标准，詹尼已经严苛到会严厉惩罚“在安息日”（礼拜天晚上）打牌的女孩子们，一整个星期都在辛苦劳作的男孩子们在礼拜天想玩垒球也是不被允许的。孩子们可以唱歌，但只限于圣歌，连赞美诗都过于世俗。她无法容忍饮酒或在她在场时的咒骂，跳舞是她忍耐的极限。

工作是唯一足够神圣的娱乐。詹尼颇以自己的手工为荣；经常向女儿们夸口 16 岁就已经织了“40 码毛毯和 107 码地毯”，似乎单纯的努力程度就是心理价值的最好丈量。曾有一部当时的编年史描述了一群爱荷华女人围在一起一边缝被，一边“讨论她们眼中的幸福”。对于答案，大家一致同意，应该是“有活干……即使只是卷和拆一圈纱线”。

詹尼·斯派克很早就明白女人不能过于闲散，去一趟镇上的间隙能钩一小时的边，一个晚上的工夫就是一件衬衣，一个礼拜天是一条桌布，一场暴风雪则是一床被子。詹尼会说，“忙碌的双手是上帝的作坊。”

内战为忙碌、坚毅的爱荷华妇女开拓了广阔的新领域、新机会。由于上大学的年轻男性稀少，爱荷华大学开始招女性，成了全国首个男女同校的州立大学。女性第一次能成为小学老师，商店职员，公务员，农场工人，甚至代替男人上战场。报纸鼓励妇女走出家门，为战争贡献力量。“任何舍弃其他职责，毫不犹豫地为战斗服务献身的女性都是英雄。”某社论如是评论。詹尼·斯派克甚至听闻学校里年龄大点儿的女孩子扮成男孩的模样入伍步兵团。

提奥多·蒂尔顿是来自纽约的著名改革演说家。战后，他的脚步遍及爱荷华各城镇， 15
包括费尔菲尔德。在那儿，“平等精神”的浪潮唤醒了爱荷华的男人女人。1866 年，他预见到“爱荷华会成为合众国第一个达成男女政治平等的州”。以此为目标，这位倡导妇女参政论演说家的足迹遍布全州，将这一信条带到大大小小每个城镇。“妇女与被剥夺了财产、选举权的乞丐，罪犯，白痴划为了一个等级，”他们这样告知庞大、占主导地位的女性听众，她们理应有更好的前程。自从姐妹一一离世，詹尼·斯派克一直肩负着家庭的重任。她无疑也要分享她们的愤怒。1873 年，她也许甚至加入到了抗议者的浪潮中。她们唱着高歌敦促爱荷华立法机关通过国内首部明确女性广泛权利的法案。（虽然该法案在女性选举权这一议题上没有任何作为。这场斗争在接下来的 50 年将一直延续下去。）

1873 年 10 月，扩大已婚妇女权利的改革法案通过几个月后，詹尼·斯派克与约翰·罗宾森·迈克鲁成婚了。

在来爱荷华前，斯派克与迈克鲁已经在俄亥俄西南部的邻县住了一代之久。两家在前后五年间迁徙到了爱荷华，走的都是相同的水路。虽然相距不过 50 英里，两家的生活轨迹却大不相同。

1850 年渡河时，约翰·罗宾森感染了霍乱（他“趟河时接触了霍乱病毒，”詹尼后来写道）。船抵达伯灵顿时，他已经奄奄一息，去叔叔詹姆斯·迈克鲁农场路上崎岖的 25 英里马车的路程夺去了他的生命。年轻的寡妇安·里德带着两岁的儿子约翰投奔了亲戚，直到姐夫詹姆斯·R.威尔森 37 岁未婚的哥哥亚当将孤儿寡妇从困境解救了出来。

约翰·迈克鲁没有冠以继父的姓，据称，安·迈克鲁和亚当又组建了 12 人的大家庭，但约翰从来不认为自己是新家庭的一分子。他 18 岁就离家去了叔叔坐落在沙伦的农场做工。就在这儿，他遇见了詹尼·斯派克。

童年的遭遗弃感让约翰·迈克鲁变得沉默寡言，疑心重重。后来的日子里，熟识他的邻居都会谈及“迈克鲁特质”——讲话缓慢，忧苦缄默、沉重拘谨——他把这种性格遗传给了他的孩子们。在一张年老时拍摄的照片中，他的脸就像一张面具，但那眼神却泄露了长久来的温良敏感带来的负担。在这张照片中，詹尼也坐在一旁。她穿着白色高领，牙关咬得紧紧的，眼睛像一面只透露出正直与果断的空白墙壁。

1873 年 10 月新婚过后，约翰·迈克鲁带着妻子去了更远的西部，穿过奥塔姆瓦的得梅因河，进入了爱荷华心脏地带以南更肥沃的山谷。在灵戈尔德县北部几英里的艾尔山

约翰和詹妮·迈克鲁，杰克逊的外祖父母

小镇上，约翰找到一个草料丰盛的山丘建了一座木屋。1875年5月20日，詹尼·迈克鲁生下第一个孩子，是个女孩，取名为斯黛拉。

对一个小小的边疆农家来说，倘若第一个降生的是男孩，必定求之不得，但哪怕是 16
个女孩，也有忙不停手的活计。斯黛拉在3岁时就已经开始了边疆女人一生永不停歇、叫人麻木的每日操劳：生火，解冻水泵，烧早饭，添油灯，冬天倒床头的夜壶，夏天拍蚊蝇。总有要修修缝缝补补的地方。詹尼靠缝纫赚得买糖或布的零花钱，但这件事往往被安排到最末，尤其是在深夜。周一洗衣；周二熨衣；周三缝补；周四采购；周五烘焙；周六清扫；周日做礼拜读圣经。詹尼·迈克鲁严格执行礼拜天休息的规矩；甚至连礼拜天的晚餐都在前一天事先备好。“他们甚至不在礼拜天出门。”邻居回忆。

对一个农妇来说，煮饭便是最高的艺术，从很小的年纪，斯黛拉就展示出了卓越的天赋。6岁，她就会已经学会制桃酱，李酱，葡萄酱；西瓜糖蜜；南瓜干（煮熟后晒干的南瓜肉），玉米碎。父亲为过冬宰了一头猪或鹿，她会先把肉炒熟，在大石罐中压紧，最后盖上猪油。（那香味几天都挥之不去）她将玉米去水，用盐腌制；做水果罐头；在地窖储藏南瓜，西葫芦，苹果，西红柿，大白菜，甜菜，大头菜，并覆以泥土和稻草。春天来临，第一个尝到的总是干苹果派和桃酱派。

两个妹妹安娜·迈尔托和玛丽·伊丽莎白相继出世后，5岁的斯黛拉在詹尼帮忙干农

斯黛拉，玛丽和安娜，大约1885年

活时负责照顾他们。“她必须成为一个独立的小大人，”与斯黛拉一起生活了14年的孙女
17 如是说，“在养育孩子方面，她从小就肩负了许多责任。”1885年，斯黛拉10岁。她矮小却结实，足以与父亲并肩下地或进畜棚干活。也许为了扮演她那沉默忧郁的父亲从未有过的儿子，她变得过分早熟，被赋予令人讶异的自信与钢铁般的坚定。长大以后，安娜总是忧心忡忡，过于沉默，玛丽孩子气多余而沉稳不足，而斯黛拉呢，那石头般僵硬的面孔从不轻易表露情绪，但她无可替代的意志一直令她稳定沉着，也在未来那些紧要关头，让周围的人挫败惶恐。

一方面，这当然是长老会教徒的风格。1874年迁至艾尔山，詹尼·迈克鲁立马加入了联合长老会，并以“循规蹈矩”的原则教导她的孩子。长老会信奉只有一条路可以抵达救赎彼岸，而他们已经走上了这条坦途。“他们并不认为上天堂有任何捷径，”一位久居灵戈尔德县的老者表示，“倘若你没有百分百的虔诚，那么你必定会下地狱。”

长老会徒素来以“强硬”闻名——坚定不移地信守他们的路线，对命运的捉弄无动于衷。不论是意外之财还是天灾人祸，大丰收还是枯萎病，他们都默默接受，没有狂喜，亦没有悲恸，因为没有什么能改变救赎的根本事实。用笑或哭来回应生活，只不过为了合法化他们对幸福的需求，合格的长老会徒知道救赎是幸福唯一真正的来源，教会是实现救赎的唯一途径：背诵教义问答，诵赞美诗，读《圣经》，星期日歇息，抵御禁令的诱惑——舞蹈，饮酒，打牌——这许多诱惑不过把人引向虚幻的幸福、虚幻的痛苦而已。

斯黛拉的强硬很早便经受了考验。

尽管在1883年和1885年迎来了两个儿子萨缪尔·卡梅隆和大卫·莱斯利，还是没能让他们父亲的农场起死回生。再多的男孩都无法改变约翰·迈克鲁的80英亩地。他的地太少，开始的也太晚。1879年，早在约翰到来之前，灵戈尔德县的好地已被买尽。只剩一些无人愿意操心去开垦的零碎地，小块多岩地和树木茂盛的山丘包块。当地人称之为“令人心碎的营生”。对约翰·迈克鲁来说，农场至多是个落脚地，除此之外，无它。

18 1875年是约翰·迈克鲁的第一个四季耕种年。蝗灾吞噬了他的玉米和燕麦地。第二年，他养的猪在肆虐全国的猪瘟中统统病死。他用当年收成的微薄盈利又买进一批，但猪瘟在第二年夏天席卷重来，猪群又集体死去。接下来的两年，也就是1878年和1879年，玉米丰收过剩，过剩便意味着贱价。10分钱一英斗的价钱只能勉强支付贷款。由于土地的慷慨赠予，桌上总有食物。但到了1880年，连月的风暴与连接不断的雨水淹了地，玉米统统被冲进了湍流。当时铁路人员正在国内铺设铁轨，对玉米的需求膨胀，价格激

增至50分一英斗，但此时约翰·迈克鲁却已经没有玉米可出售。1881年春天播种之后，雨水又回来了，他只能眼睁睁看着庄稼烂在地里。1881年5月的洪水过后，他又播种了另一种庄稼，但这次干旱又如约而至。六个月来，因为没有雨水，庄稼焉了。又一年过去了，除了几个西瓜，一点蔬菜，约翰·迈克鲁却没有东西可以拿去集市贩卖。1882年春天，玉米的价格已经是80分一英斗。

那年秋天，为了令收支平衡，他在北部8英里以外的廷格利小镇做过泥瓦匠、砖匠、粉刷工，在那儿，休姆斯顿和谢南多厄铁路的到来引发了建设热潮。未来的5年，他一边在廷格利垒墙，建地基，一边照看艾尔山麓的80英亩地，对抗连番不断的枯萎病，旱涝，蝗灾，维持着农庄。詹尼已经明确表示自己喜欢住在镇上，但路途遥远的工作，冬天的漫长和艰险最终把迈克鲁一家（现在已是八个人的大家庭）带到了廷格利以西一英里的某个农庄。对12岁的斯黛拉来说，这次搬迁第一次给她带来了新鲜感和新希望。

因为托马斯·杰斐逊对古典对称和秩序的痴迷，廷格利镇区很容易定位。1783年，杰斐逊提议将横穿阿巴拉契亚山脉的土地划分为“上百”由十个10英里见方的单位组成的地块。1785年的《土地法令》则选择了16个边长6英里的镇区组成一个县。到1855年，土地已经测量完毕，截面角区十分讲究地用石块，标杆，凹坑，土堤标明。每个镇区都被划分为九个学校区域，每个区域边长两英里，最终再划成一英里见方的小区块，每个区块都被编号，且用土路廓清。最终，一面面呈麻木的规则性的网格重叠在肆意起伏连 19
绵的草原之上。在爱荷华的地图上，灵戈尔德县位于底排的左四；在灵戈尔德县境内，廷格利镇区位于顶排的右二；而廷格利镇又属于第五学区——位于中间排中央——隶属

廷格利，爱荷华，大约1885年

第 16 区与第 21 区之间。

1887 年，约翰 · 迈克鲁一家搬到附近的 18 区时，廷格利只是一条宽阔的土路，路边排列着两排低矮而齐整的框架建筑。廷格利镇简短的建筑与商业花名册述说着对其经济的担忧：三座教堂，三家杂货店，两家贮木场，每边一家食品杂货铺，五金店，药店，肉铺，法律顾问处，旅馆，农具店，打铁店，家具店，油漆店和马车行。只有四百居民和数量更少的树木。但像爱荷华多数城镇一样，廷格利野心勃勃；没有人打算永远以小村庄称呼它。有人在主干道两旁栽了榆树，有人组建了小镇乐队，还有传言说有建造歌剧院的计划。

待在小镇西部农场的头三年，斯黛拉 · 迈克鲁也许和廷格利少有接触。她的时间都花在了农活上，父亲去当泥瓦匠，剩下的活计就落在了她的头上。她还要干家务和看管五个弟弟妹妹，他们都还小，干不了重活。

1890 年，也许因为想再要个男孩，詹尼 · 迈克鲁又怀孕了。也许他们理所当然地认为，15 岁的斯黛拉已经可以当家——包括照顾染上了热病，才两岁的小妹尤菲尼亚 · 伊莎贝尔——大家叫她菲尼。5 月 7 日，不知因为什么原因，菲尼突发痉挛。没有时间求助的斯黛拉紧紧抱着她试图让痉挛停下来，但菲尼一直抽搐直至死在斯黛拉的怀中。

对于尤菲尼亚的死，斯黛拉没有记录任何自己的感受。不论是在家人或者自己的孩
子面前，她再没有谈起此事。也许一个星期以后，另一位妹妹玛莎 · 艾伦的诞生抚慰了她
的心。迈克鲁一家显然顺从地接受了菲尼的死，只将其视为另一个诱惑，只能给人带来
20 虚幻的悲痛。毕竟，一个纯洁灵魂的离去是应验真正信徒是否乐观的机会：“一朵爱的娇
蕊，”1879 年两岁的廷格利女孩的墓碑上这样写道，“刚刚盛开就已凋谢，移栽于此，盛
放在天堂”。

尤菲尼亚死后不久，屈服于窘困现实的约翰 · 迈克鲁搬到了廷格利主街西端的一座小屋子。

这对他的大女儿来说意味着解放。

镇上的生活意味着更少的活计，更多追求少女心中梦寐以求的上流生活的机会。除了装罐头的时节，女士传教社与女士社交社每周都会身着笔挺的白裙讨论一系列事先指定的、“野心勃勃”得惊人的话题，比如拉斐尔，比如拜伦勋爵。“艺术与艺术知觉，”一位旅行艺术演讲家在回忆录中这样写道，“主要萌芽在本国的五个大城市，其次还有一脉涓涓细流流淌在女性俱乐部。”只要设想一下他们面临的难处，就不难了解这一个小小群

体的廷格利妇女对学习和改善自我抱有多么大的热忱。最近的图书馆在 50 英里以外，最近的大学则在 100 英里以外。听如拉尔夫·沃尔多·爱默生（“阅历颇丰”）及布朗森·阿尔科特（坚持“新英格兰思想”）这样的旅行演讲家的演讲，他们必须要去达文波特，锡达福尔斯或韦伯斯特城，然后再花上 50 美分。

廷格利妇女的男人们自然没有参与到此类闲暇中来。这个世上的艺术与文学，或者自我进步学习之谈——除非涉及务农知识——完全是女人的领域。男人们的社交活动，除了教堂和节日庆典之外，开始，也结束于周六晚上。店铺到半夜都不会打烊，男人们都聚集在海耶兄弟杂货铺（夏天门廊边，冬天火炉前）谈天说地。

斯黛拉没有学唱歌或弹奏乐器。她本可以去黛西·史密斯那样的旅行钢琴教师那儿上课。黛西每天早晨会拉起马车上路，一周可以见二三十个学生。不论男女，交 50 美分便可上课，但男孩子们通常要在农场干活。也有旅行艺术教师。不像本地的音乐教师，他们通常是外地人，普遍都是男教师——要是年轻单身的女孩老师独自在外流浪可是会败坏廷格利长老会的名声的。每个学生都画同样的指定内容，老师展示技巧，学生亦步亦趋跟着画。这些奇怪的男人大多单身，背着五颜六色的书来到镇上，带有异国情调的技巧常令斯黛拉·迈克鲁这样的女孩心跳加速。不止一位廷格利的老街坊记得斯黛拉上过一位流浪教师的水彩课，画的是夏兰的古堡，这处风景同时也是某位艾尔山摄影师工 21
作室的背景。对于一个从没有离家过一天的女孩子来说，这是对更广阔、更丰富、更多彩世界的些许眩晕却又珍贵的一瞥。多年后，斯黛拉曾对媳妇说：“年轻时，我想学艺术，却又不能够。”

正当步入成年的斯黛拉要离开学校，意欲在廷格利这个小地方塑造自己的身份时，她的姨妈，佛罗拉·斯黛拉搬来了这里。虽然分开了 17 年，斯黛拉姨妈和母亲詹尼之间享有一种独特的亲密。斯黛拉小时候，姨妈就常从费尔菲尔德来看她的母亲。一样的名字，在小小的斯黛拉眼里，构成了某种秘密的联结。这种隐秘的链接随着小女孩的长大愈来愈明显，因为女孩长得越来越像姨妈：一样结实，一样的大骨架，一样的宽阔脸庞和强壮的体格。事实上，家庭成员们很快就发现，比起她那小巧的母亲，斯黛拉看起来更像她大块头的姨妈。当斯黛拉还是少女的时候，她俩之间年纪的代沟似乎从来都不存在。在 1889 年艾丽萨·简·博德·斯派克的葬礼上，14 岁的斯黛拉在姨妈的亲笔签名簿上这样写道：

你在遥远的地方

看到我亲手写下的这些文字

虽然看不到我的脸

那么，亲爱的斯黛拉姨妈，你就想想我吧

外甥女 斯黛拉敬上

而现在，岁月和特殊的情感终于允许小斯黛拉用名字来称呼她的姨妈。

母亲死后，曾远走他乡的斯黛拉姨妈最终还是回到了爱荷华，并在不久以后搬到了廷格利。在那儿，她为她年纪尚轻的侄女树立了成为一名淑女的日常形象的榜样：穿着精致的丝绸和塔夫绸裙子散步，使用亚麻餐巾，寄盖印的邀请函邀客人来用午餐。她用华丽的维多利亚风格装饰家，楼梯上花盆成排。每天下午，她会穿蕾丝领的深蓝裙子，戴遮面纱和白手套去镇上购物，上教堂或是参加社交活动。她穿的几乎都是她自己绣的，她尤其爱干复杂的蕾丝和钩针编织活。这样精致的服饰，第一次看到，在斯黛拉和廷格利其他的年轻女孩心中留下了深刻的印象。某位姑娘回忆起斯黛拉姨妈当时穿着上教堂的白领子上的钩花葡萄时这样说道："我坐在她后排，布道的从始至终，一直盯着那些葡萄。真让人着迷。"尽管化妆被视为世俗、反宗教的，斯黛拉姨妈还是冒险搽了带一抹浅玫瑰红的上好的欧洲脂粉，将她的脸庞映衬得如面具一般毫无瑕疵。无可挑剔的整洁，
22 精心修剪的指甲，"生活在这样一个小镇，却一丝不苟，毫不懈怠，"熟人回忆起她时表示，"她是少有的几个三餐精致，用漂亮桌布，屋舍宜人，午后打扮一番，穿那个年代上好的行头步行去城里的人。"

斯黛拉姨妈成为淑女的近乎夸张的努力在某种程度上也是为了弥补自己粗犷壮实的身材。蕾丝领和遮面纱之下是宽阔的肩膀；笔直、粗壮的腿脚和臂膀；弧形的，厚厚的背部；强壮突出的下颌和扎实厚重的轮廓。斯黛拉姨妈也许觉得自己理应得到比廷格利更好的生活。她看过外面的世界，知道有些东西廷格利永远无法给予。镇上的人们能感觉到她的高傲。"她是个厉害的大个子女人，走路时身板笔挺，"认得她的人这样回忆。"她不是友善的那一类，"另一位熟人表示，"让她笑一笑很难。"

小斯黛拉望向姨妈的眼神是热切、倾慕的。她看到的是姨妈如何鄙夷冒牌货和蹩脚的手艺，她如何坚持使用品质上好的缝纫原料和食材。她研究姨妈严格的期望值，罕见的微笑，仔细咀嚼她的惜字如金，字斟句酌和她的耐人寻味。在斯黛拉眼里，姨妈不只

是共享名字和外貌的人，她成了小斯黛拉早期人格的完满实现，是她的亲生母亲无可比拟的。詹尼·迈克鲁织的布和地毯破烂粗糙；姨妈的蕾丝和钩针精致复杂。母亲为一大家子做饭；姨妈只为几个受邀的客人准备美味佳肴。母亲是个拓荒的女人；姨妈则是有淑女风范的夫人。斯黛拉的偏爱毫无疑问。

但长久以来为父亲扮演长子，给弟妹们扮演大哥的角色在斯黛拉身上留下了深深的男子气烙印，与姨妈凡事讲究的言传身教和自己的梦想追求格格不入。她走起路来就像个男人，说话声音“粗短响亮，跟男人似的”。她来得直接而倔强，几乎有点粗鲁无礼。儿子查尔斯表示，“她知道自己要什么，想法有价值，也知道如何去实现”。

1893年，18岁的斯黛拉似乎对恋爱婚事毫无兴趣，而在这个年纪，多数的廷格利女孩已为人妇。她完全不符合世俗礼节要求的娇羞克己的姑娘形象，而是更爱与两个弟弟卡梅隆与莱斯利作伴，她称他们为卡姆和莱斯。詹尼已经把管教两个男孩—— 一个7岁，一个5岁——的责任交予她手中，而斯黛拉却更享受这其中的友爱，即使两人的“魔鬼行为”已经把他们带到了地方执法官面前，她也不愿去扮演严厉的家长。（受斯黛拉“管教”的十年间，莱斯留了四级。）作为老大且块头最大的那一个，她能够参与他们的沙地
垒球比赛，甚至时不时也搞点恶作剧。“有一次，她打扮得像个流浪汉去吓唬他们，”卡 23
梅隆的儿子迪恩·迈克鲁回忆，“这身装扮过于逼真，以至于被他们提着干草叉驱赶”。

1895年，年近20的斯黛拉·迈克鲁变得越来越不安分。想要成为淑女的念想被家务

斯黛拉·梅·迈克鲁

和小镇生活持续挫败。母性的本能与性别冲动越来越交织含混，与弟弟们闹翻天已经不再能够满足斯黛拉了。某些更好的，像夏兰古堡一样模糊、挥之不去的形象已经横亘在了她心头。

1895 年夏天，两件事激化了斯黛拉与日俱增的挫折感。5 月，妹妹安娜高中毕业。虽然身上的病痛日益加重且病因不明，她还是打算在秋天入读帕森斯学院。8 月，已经 37 岁的斯黛拉姨妈嫁给了本地一位农民和手艺人，本杰明 · 洛里莫。对于还没有意中人的斯黛拉来说，自己的导师、榜样与一个相对贫困，其貌不扬的男人的结合实在难以不让人感到幻灭。年初的某个时候，也许是在学校排队或是教堂远足时，她被介绍给了妹妹的同学，一个比她年纪稍小，长着娃娃脸的年轻人。这个年轻人名叫勒鲁瓦 · 波洛克。

02 24

敏感的男人

如果说波洛克对于母亲的了解并不多，那么对他的父亲可以说是所知甚少。杰克逊9岁时，勒鲁瓦·波洛克抛下了他的家庭，在杰克逊18岁离家之前，除了偶然的探视，再没有回过家。在杰克逊的一生中，斯黛拉的形象一直横亘在他脑中，而父亲呢，不过是早年记忆中深处一个模糊的轮廓。“他父亲一直是个谜，”妻子李·克拉斯纳表示。“有一次，我问他，你父亲是什么样子的？”——因为他讲起的总是母亲，母亲，母亲——但他总是讳莫如深。

连勒鲁瓦·波洛克都对自己知之甚少。只知道自己出生时名叫勒鲁瓦·麦考伊，两岁时被送到了一户名叫波洛克的人家。倘若他对自己的身世还知道得更多，他也从不和任何人说起。多年后，儿子们一直认为是由于双亲亡故，他们的父亲才被波洛克家收养。麦考伊家史尽心尽责地维护了上百年，却从没有提过勒鲁瓦的名字。

勒鲁瓦·波洛克并不清楚自己的血脉承继于一个思想独立、理想主义的古老族群。第一任祖先，亚历山大·麦考伊，于1774年从爱尔兰多尼戈尔来到美国——同年高德弗瑞·奥古斯特斯·斯派克在萨克森州被掳——并在宾夕法尼亚定居。第一位亚历山大·麦考伊（每一代分别有一位）是个小心谨慎，颇有智慧的男人。虽然他本人是长老会徒，贵格会殖民地的宗教宽容却给他留下了深刻的印象。革命战争期间，他虽支持独立，却拒绝在道德立场上加入战斗，而是自告奋勇在革命军中担任牧师，尽管缺乏正式的宗教训练。战后，他曾与狄金森学院第一任校长查尔斯·尼斯比特一起在卡莱尔学习。1795年，他得到长老教会的任命成为“教士”，驻扎在西弗吉尼亚边境，西亚历山大——现在的宾 25
夕法尼亚西附近的边陲小镇。

亚历山大·麦考伊的众多子孙都跟随他的步伐进入了长老会（包括勒鲁瓦·麦考伊

的弟弟约翰·麦考伊），所有人，包括勒鲁瓦，都和亚历山大一样关心社会问题，崇尚政治进步、民主道德。孙子亚历山大没有进入长老会，而是与长老会牧师的女儿结了婚。23 岁的亚历山大在 1832 年迎娶玛莎·帕蒂森。接下里的二十余年对于一个边疆家庭来说，无比稳定平静。他们在西亚历山大边境另一边的弗吉尼亚俄亥俄县养育了12个子女。1852 年，麦考伊一家加入了 50 年代玩跳房子游戏一般向西拓荒的浪潮。他们在 1858 年迁往伊利诺伊的蒙默思郡前在俄亥俄的诺克斯停留了几年光景躲避内战。国家的最终独立为亚历山大·麦考伊这样的定居者开拓了新的可能性。只要密苏里还是一个蓄奴州，他的民主意识就不能让他在那儿长久逗留。1867 年，麦考伊举家迁往密苏里杰克逊县，他希望那儿会是 15 年旅途的一个终点。

那时，他的第七个儿子，也叫亚历山大，到了 23 岁该娶老婆的年纪。不幸的是，年轻的亚历山大继承的是曾祖父的多思内省，而不是行动力。终其一生，亚历山大的多愁善感，犹豫不决令他尤其脆弱，而在他身边围绕的却是一颗颗更为坚强的灵魂，尤其是第一任妻子丽贝卡·迈克里兰德——他们叫她贝奇—— 一个爱尔兰血统，高个，强健，直率的女人，比亚历山大长一岁，母性十足。两个儿子约翰和约瑟夫出世后，一家人搬到了丽贝卡兄弟坐落在爱荷华中南部的农场附近一个更有前景的地方。那是 1874 年——同年，约翰与詹尼·迈克鲁赶着马车前往同一个兴旺之地。

作为深思熟虑的麦考伊家的一员，在出发前，老亚历山大为儿子和他年轻的家庭做了尽可能的准备：一头给孩子们的奶牛，一匹马，几头猪几只鸡，只要能匀出来的家具和衣料都匀出来了，甚至还有一件祖上留下的瓷器，好让大草原的生活显得不那么萧索一些。一两马车载负了所有的东西，用绳索拴好。无论如何，这不单单是财物的积聚，这至少应该是义无反顾的开端。

从密苏里到爱荷华途中，就在那么糟糕的一瞬间，麦考伊一家失去了一切。当筏子载马车过河时，他们被春雨淹没，牲畜统统倾覆失散。孩子们游到了岸边，亚历山大把妻子推到了浅滩，但他们的所有东西，除去随身携带的一点钱，被河水冲了个精光。

这只是初尝苦涩。虽然勉强撑起了一个小农舍，亚历山大·麦考伊一直徘徊在灵戈尔
26 德县社会的底层。1875 年，贝奇产下了第三个孩子，是个名叫妮娜的女孩。两年后，也就是 1877 年 2 月 25 日，儿子勒鲁瓦出世了。不久，总抱怨累的贝奇越来越消瘦。延绵不断的咳嗽一直持续到勒鲁瓦两岁。虚弱的妈妈咳出血的情景对他来说已经司空见惯。

在与肺痨抗争的某个时候，贝奇·麦考伊捎话给密苏里 76 岁的母亲伊丽莎白·迈克

里兰德，要她来照顾四个外孙。这并不是个轻松的活儿。1878 年间，3 岁的妮娜开始有同样的症状，而她母亲此时已经成了苍白寡言的幽灵。在紧闭的小屋中，无处逃离的勒鲁瓦眼见母亲和妹妹日渐憔悴。

1879 年 2 月 28 日，勒鲁瓦 2 岁生日之后三天，妮娜走了。她被葬在爱荷华尤金市长老会教堂后的一个小坟墓里。两个月后，丽贝卡·麦考伊长眠在了她身旁。

母亲死去一年后，勒鲁瓦·麦考伊不再与家人同住。在爱荷华 1880 年的官方人口普查中，他被登记在45岁的詹姆斯·M.波洛克与44岁的丽兹·J.波洛克夫妇名下。勒鲁瓦·麦考伊最终如何来到了波洛克家一直是家庭成员和当地历史学家心中的疑团。有说勒鲁瓦双亲都死了的；也有认为他是被正式收养的（不实）；有人认为麦考伊家与波洛克家是远亲（不实）。还有的把重点放在了贝奇·麦考伊的临终遗言上。他们用最温柔的措辞讲述着贝奇如何将丽兹·波洛克召唤到床前，祈求她在自己死后照顾小勒鲁瓦。还有人讲述丽兹·波洛克如何痛失爱儿，亚历山大如何出于同情把勒鲁瓦过继给了她。纷繁的猜测恰恰显示了事情的不合情理：岳母还健在，两个大儿子安然无恙，亚历山大·麦考伊却把 3 岁的小儿子送给了一对毫不相干的夫妇。他们不富有，镇上的邻里觉得他们“有点邋遢”。亚历山大很快就搬回了密苏里，娶了当地的一个女人养育家庭，过上了相对小康的生活，据悉，从那以后，他再没有探望，联系，甚至承认过自己有个名叫勒鲁瓦的儿子。

3 岁的勒鲁瓦·麦考伊很快发现自己身处一个全新的世界，这个世界比以往的那个还要冷，还要陌生。他的新爸爸，詹姆斯·麦迪逊·波洛克，人称马特，1871 年带着仅有的一辆装满全部家当的独轮手推车和妻子以及养子弗兰克从俄亥俄来到爱荷华。经过十年的艰辛和付出，他的田地终于翻倍，马厩里终于有了牲口。然而，不论他看起来多“成功”，马特·波洛克在灵戈尔德却不是个受欢迎，受尊重的人。他每个礼拜天去教堂，却不参加之后的会为自己赢得邻里尊敬的教堂活动。他一门心思努力改变自己命运，那股干劲甚至到了残忍的地步。

丽兹·波洛克很快弥补了丈夫对“上帝杰作”的漠视。信教的认为她“坚强，勇 27
敢”；不信教的认为她是个“宗教狂热者”，不仅要遵从上帝的旨意还要将其强加于他人之上。作为基督教妇女戒酒联合会的领导人物，身材高大，棱角分明，声音粗犷低沉，素来严厉的丽兹很快在县里出了名。“她在自己的观点上很强硬”，侄子回忆。“她要求人人都遵守规则，”某位家庭成员略带贬损地表示，“她从不赞同任何人。”当然，她最不赞同在困难面前的软弱，不论是身体还是道德的，她曾斥责了一个看到老鼠吓得跳起来的女人。对儿子弗兰克和勒鲁瓦来说，丽兹·波洛克是亲爱的妈妈，更是虔诚的基督徒：正直却少怜悯，苛刻却少妥协。“她有一颗十分忠诚的心，”某位熟识的女人表示，“但她的严厉掩盖了这一面。”

与一个不问世事，痴迷于自己事业的父亲和一个严厉，从不轻易流露情感的母亲一同成长，勒鲁瓦与世界日渐疏离。虽然被波洛克夫妇“领养”后的早期生活史料甚少，但浮现在脑海的不外乎如下情景：小男孩独自一人在家。在他心中，这并不是家。在地里干活的爸爸他害怕，也不喜欢，把自己奉献给上帝的妈妈，他害怕，热爱，却从来也搞不懂。在那个一年长如一生的岁月，勒鲁瓦·波洛克不知独自度过来了多少个“一生”，为他成年后的性格奠定了基调：孤独，内省，胆小，不善交际，敏感到了“不自然的程度”。

1884 年，7 岁的勒鲁瓦也许并不知道自己的亲生父亲在密苏里布特勒县死于流行白喉。亚历山大·麦考伊在爱荷华娶了一位富有寡妇的传言证实属实。他的财产包括 360 英亩密苏里上等地，上百头牲口，一个大开间的白色木屋。按照他的遗嘱，一直被遗忘的勒鲁瓦·麦考伊什么也得不到。

勒鲁瓦 10 岁时，马特·波洛克将他租借给灵戈尔德县的瓦特·艾迪等农民来增加额外收入。他的身板不够壮实，他父亲并不满意——要像他兄弟弗兰克那样使得一手好犁还须等上一阵子——但就他这个身板架子来说，勒鲁瓦已算得上壮实，且毅力过人。如果能全套租借，那么马特·波洛克将能得到个好价钱：一匹马，犁和使犁的壮丁。

在爱荷华乡下，男孩子出外务农帮工并不是什么稀奇事。这是大量荒地与大量生育之间的合理妥协。这种安排十分有利可图，承包人从东海岸一卡车一卡车地买进孤儿，被当地家庭有偿收养后对外租售劳力。当然，利益并不是唯一的动机。“很多时候，养子与养父母合不来，那么只要有人要他，他就会外出务农帮工，”一位当地的历史学家如是
28 说。但对于马特·波洛克来说，没有什么比摆脱贫困更重要。他把小勒鲁瓦远远送到密苏里和阿肯色州加入了在密西西比河畔农场帮工的伙役团。多年来，勒鲁瓦·波洛克一直保存着伙役团的一张照片。那是一张全景图，有十几组马匹，堆着二十尺甘草的马车队，一个巨大的马厩，散落在田地里的上百号人——像荒草海洋中的黑点。其中一个黑点便是勒鲁瓦·波洛克。

事实上，这份工作很适合小勒鲁瓦。在地里，怕生的他可以和思绪独处。对他来说，这些活计并不难；更难的是回家。这些年来，一直有流言说，勒鲁瓦是从家里逃出来的。

但这并没有必要。这份工作本身就是逃避。除了怨恨束缚他的车和犁，他还学会了爱脚下的土地，爱手头的工作：那种“马拉犁走”，翻出新鲜，黝黑土地的感觉：那种“割草机刈下一束束高及人头的干草，吓坏一窝乳兔”的甜味。多年来，他在种庄稼，养牲口方面已分外在行。他的儿子们称他为“摆弄土壤的手艺人”。

也许是从密苏里到阿肯色的遥远途中，勒鲁瓦发现了一个更有效的逃离方式——酒精。在廷格利，酒精是个稀罕货。1882 年，醉酒的铁路工人引发了火灾，因为酒吧，整个城镇崩塌了。1894年，《第19条修正案》通过几十年前，爱荷华就执行了自己的禁酒令。但对于那些孜孜以求的人来说，酒精依旧唾手可得，但喝掉它们就必须鬼鬼祟祟。勒鲁瓦一定曾听母亲诵过廷格利基督教妇女戒酒联合会的章程：我们许诺绝不沾染所有的发酵酒，麦芽酒，蒸馏酒，葡萄酒，啤酒，果酒……任何令我们的兄弟踉跄，软弱，为敌的东西。害怕妈妈发火，勒鲁瓦在家无疑需要自我压抑。但他的青春时光大多打发在别人地里，远离妈妈责难的目光。在伙役团中，在宽容的邻居的田地，或是和兄长弗兰克在一起时，勒鲁瓦开始了自己与酒精一生的挣扎——这是一场他必须要瞒过母亲的挣扎，就像多年后，他试图隐瞒妻子和孩子一样；不知出于何种隐秘的机制，这是一场小儿子杰克逊也宿命地予以继承的挣扎。

勒鲁瓦上高中那年，也就是 1892 年，詹姆斯·B. 威弗，美国总统选举的民粹主义候选人赢得了上百万的选票。这些选票多数来自于爱荷华。在这些拥护威弗的人中就有勒鲁瓦。自 19 世纪 70 年代早期，爱荷华一直拥有联邦最大的农民促进会，为民粹主义情结孕育了肥沃的土壤。那时候，小农的境况已经从艰难转变为无法容忍。除了并不陌生的，从 1880 年到 1900 年肆虐农场经济的农作物病害，蝗灾，洪灾和旱灾，农民愈来愈感觉受制于银行家，铁路投机商，城市画商和其他“非生产者”的摆布。在西部和南部 29
许多州，民粹主义者组织了当地农民联盟，赢得了地区，甚至是遍及全州的胜利。然而在爱荷华，像马特·波洛克这样的有地农民质疑民粹主义平台，及其铁路全国化，支持劳动运动，抵抗新政党的计划之下还掩藏着社会主义的潜台词，因此就像 1856 年以来的每届总统选举一样，爱荷华人选择了更为安全的共和党。

另一方面，勒鲁瓦·波洛克热烈地拥护民粹主义改革的社会主义性。从他第一次接触到社会主义思想——当时密苏里和阿肯色伙役团在 1892 年的选举中统统把票投给了民粹主义者——勒鲁瓦就一直响应其公正、平等的口号。多年来，他一直为他人的利益卖力劳作，不像多数爱荷华小伙，养父的农场不一定有一天会是他的。有的“外来雇工”一辈子都在大农场耕作——这在以家庭耕作为主的爱荷华很少见——他们一定很了解，波动的谷价和利率如何将一个把一生都奉献给黄土的男人摧毁。1892 年选举后，他追随民粹主义事业直至 1893 年的大萧条和 1894 年的普尔曼罢工——在这次罢工中，世界第一次听闻了尤金 ·V. 德布斯的名字。在其后的 30 年，儿子们都长大了，他依然不断支持着年轻一代的事业：工人运动——包括更为激进的“瓦不里”（Wobblies）（世界产业劳工会），以及民粹主义的继承者，社会主义。1917 年，他为十月革命欢欣鼓舞。五个儿子中，有两个活跃在工人运动中，一个加入了共产党。另两个则成了艺术家。

1892 年，上高中的勒鲁瓦是个害羞、孤僻的 15 岁男孩，小个子，黑棕色的头发，淡褐色的眼睛，身体早熟，表情一如既往的严肃。三年后，勒鲁瓦毕业时（灵戈尔德县只有 25% 的农家男孩有高中学历）已经长成了一个黝黑英俊、向往冒险的年轻人，浑身的男子气概弥补了矮小的身材。在同学中，他有几个亲近的朋友，一个名叫斯黛拉 · 迈克鲁的女朋友和一颗渴望去看世界的心。他已不再叫自己勒鲁瓦 · 波洛克；高中时，他称自己为鲁瓦。

1895 年毕业后，鲁瓦和一个名叫拉尔夫 · 提德里克的同学定下了乘竹筏沿密西西比顺流而下，追随高中时期的英雄哈克 · 费恩和汤姆 · 索耶的秘密计划。如果马特和丽兹 · 波洛克得到风声，他们一定会反对，但无论如何，两个小伙伴还是在 1895 年启程了。在伯灵顿，他们搭了一艘平底船走到了密西西比河尽头。他们在那儿停了脚，在秋收季赚了
30 些钱。在抵达真正的目的地新奥尔良之前，他们兴许又在阿肯色逗留过。在余生中，这次旅行不断在勒鲁瓦 · 波洛克脑中浮现。当儿子们成年时，他甚至对他们讲起——自然是仪式般地单独交谈——年轻时的故事。

鲁瓦和拉尔夫刚到新奥尔良时，两人在一家旅馆干活以换取食宿。他们在那儿待到甚至能讲一点法语，直到拉尔夫染上了疟疾。鲁瓦照看了他几天，有点手足无措，过往那些与疾病、死亡、愧疚抗争的画面一定又涌上了他的心头。最终，拉尔夫给他兄弟去了一封信，解释他们的困境，并索要十美元。但这封信落在了拉尔夫父亲手中，几天内，两张从新奥尔良到廷格利的火车票寄到了旅馆。到家时，医生告诉鲁瓦，“幸好人及时回来了，否则你带回的只能是棺材。”

1896 年圣诞，拉尔夫和鲁瓦又计划离开廷格利。这一回，他们追随的是扎营在灵戈尔德以西两个县城之外的红橡树的爱荷华第 51 志愿兵，M 连队。事情发生的具体经过不

廷格利高中，1895 年：拉尔夫 · 提德里克，后排左二；安娜 · 迈克鲁，后排中；鲁瓦 · 波洛克，右后。

甚清楚，但马特 · 波洛克必定发现了这个计划，因为 1897 年 2 月 16 日，就在鲁瓦 20 岁生日九天前，他和丽兹正式领养了勒鲁瓦 · 迈克鲁。简短的手写“契约”指明“鲁瓦 · 迈克鲁自此改名为鲁瓦 · 波洛克，由詹姆斯 ·M. 波洛克与丽兹 ·J. 波洛克领养为子”。廷格利的人们愿意相信马特想要鲁瓦继承产业。更有可能的是，这迎合了马特的控制欲：作为马特未成年的合法儿子，鲁瓦必须要养父母的许可才能入伍。

1897 年 4 月，拉尔夫 · 提德里克从密苏里塔基奥（他曾就读塔基奥大学）出发前往 31
红橡树。一直保守秘密到最后一刻的拉尔夫一路上都在给家人写信，到时他会“把行李甩出车窗外，让他们知道他参军了”。鲁瓦 · 波洛克目睹了火车驶过，行李被摔落在车轨边的那一幕。

1895 年 5 月之前的某个时候，鲁瓦 · 波洛克被正式介绍给了斯黛拉 · 迈克鲁。对斯黛拉来说，年轻的鲁瓦令她迈开了远离一直照看的男孩们的一小步。他们的陪伴给予的是舒适与控制力。羞涩、内敛的鲁瓦让她像往常一样居于主导；可以扮演自己喜欢的母亲的角色。对鲁瓦来说，丰满，大胸脯，面相老成的斯黛拉一定意味着享之不尽的母爱，而薄嘴唇，瘦骨嶙峋的丽兹从来都只给予挫折和碰壁。斯黛拉呢，一定是在鲁瓦身上看到了斯黛拉姨妈身上的向上精神。他们都是梦想家，都对迄今为止的生活不满；都以自己的方式，渴望逃离和解脱。

斯黛拉第一次将鲁瓦领回家见父母时，约翰和詹尼极度失望。多年来，迈克鲁家一直寸步跛行，艰难地攀爬着廷格利等级森严的社会阶梯，而今，他们的大女儿竟与“游手好闲”的农民的养子好上了。某位颇有些社会威望的廷格利女人后来表示，“大家都认为波洛克家穷困潦倒。他们绝不是什么好人家，迈克鲁家倒算得上殷实。”就算是一个只有 300 人口的小镇也有森严的社会等级，而鲁瓦·波洛克，却在有意无意地试图跨越这样的界线。

然而，迈克鲁家开始警告羞涩、大男孩一般的鲁瓦。“他是个安静的男孩子，总专心致志地听你讲话，”他的女婿这样回忆。他“似乎对别人说的更感兴趣”。他们不再将他视为一个坏家庭的产物，而开始把他看作受害者。与他们书卷气，脆弱的安娜就读同一所高中也许让他们慢慢开始喜欢他。“人们可以通过自身的美德进步，”一位廷格利居民回忆，“我会说，勒鲁瓦高中毕业时，已经和身边的人一样令人合意。”到 1895 年，约翰·迈克鲁完全接受了女儿的追求者，教他石匠活，抹灰泥，砌砖，糊墙，偶尔还让他当学徒。 连鲁瓦的社会主义思想也没有给迈克鲁家造成困扰——那只能表明他骨子里的热血和平和。1896 年选举前后，约翰和詹尼还取笑女儿和“灵戈尔德县寂寞的社会主义者”谈起了恋爱。

32 1896 年，斯黛拉与鲁瓦像他们的祖先一样开始了西行，虽然在之后长久一段时间里，两人都没有意识到西行已经开始。那个冬天，还没完成大一学业的妹妹安娜从费尔菲尔德的帕森斯学院回来了。她向来是个多病的孩子，但看到她被搀扶下廷格利的列车时，家人知道她已经快不行了。诊断是肺结核。斯黛拉和妹妹玛丽（实习护士）在家照看她，但安娜还是一步步跌向死亡。绝望深深攫住了迈克鲁一家。当丹佛与西格兰德河铁路大肆发放传单吹嘘科罗拉多的神灵矿泉时，迈克鲁家决定让安娜去尝试这种疗法，并由玛丽陪同。因为她太虚弱，无法独自前往。

1898 年，长期治疗失败了，安娜回乡坐以待毙。玛丽一边照看临终前的姐姐，一边给家人讲述科罗拉多迷人的美和希望。无疑，她也提起了约翰·凯歇尔，一个年轻的列车乘务员，是她在守夜时遇见的。1898 年 1 月 31 日安娜死后不久，玛丽很快返回丹佛，两年后，也就是 1900 年，玛丽来信宣布即将嫁给凯歇尔的消息。

斯黛拉去科罗拉多参加了玛丽的婚礼或仅作短暂停留我们不得而知。但在那儿，她找到了一份工作，并决定留下来。斯黛拉想要离开廷格利，离开他，这一定刺痛了鲁瓦，但俩人显然还保持着联系。1902 年 3 月下旬或 4 月初的某个时候，春雪一融化，道路一畅通，他们无疑就在一起了，因为不久以后，斯黛拉发现自己怀孕了。她写信给鲁瓦，除了和她结婚，让肚中的孩子合法化，没有给他其他选择。这是斯黛拉第一次为家庭着想而作的决定。斯黛拉和鲁瓦没有把这个令人尴尬的消息告诉廷格利的亲人。唯独玛丽了解真相。想必斯黛拉一定托辞说俩人于 1902 年初在丹佛偷偷结了婚，但鲁瓦因为家里的生意不得已必须赶回爱荷华。而事实上，廷格利的鲁瓦正努力工作，存下一笔钱，好来到这个遍地机会的地方，好计划加入他尚不成熟的家庭——离爱荷华远反倒是件好事。

这个计划显然比他预想的要久。1902 年圣诞，斯黛拉诞下名叫查尔斯 · 塞西尔的男婴时，鲁瓦还在廷格利。还要等上三个星期，他才会西行与妻子和新生儿团聚。而此时，斯黛拉搭上了丹佛的列车（也许怀抱着儿子）去往东北。1903 年 1 月 13 日，他们在内布拉斯加的阿莱恩斯小镇（联合太平洋铁路与堪萨斯太平洋主干道交叉口）相遇。

可以想象，当两个陌生人—— 一个矮小，孩子气的男人和一个高大丰满，年近
三十，怀抱着三周大小的男婴的女人走进来时，县法官 D.K. 脑中的疑惑。他一定很奇怪 33
丹佛居民“斯黛拉 · 梅 · 迈克鲁”与爱荷华廷格利的“勒 · 鲁瓦 · 波洛克”为什么会来阿莱恩斯这样的草原小镇注册结婚，这儿离哪儿都不近。然而，他还是颁发了结婚证，第二天，也就是 1903 年 1 月 14 日星期三，斯黛拉和鲁瓦在阿莱恩斯卫理圣公会教堂桑特斯牧师的见证下成婚了。

阿莱恩斯并不顺路（这在当时的环境下非同小可），但它通往的是鲁瓦和斯黛拉选择居住的新家。沿芝加哥、伯灵顿 & 昆西铁路上行，只消几天便来到了怀俄明的新镇科迪——他们觉得，这是开始崭新生活的完美之地。

03

斯黛拉的男孩们

杰克逊·波洛克脚蹬牛仔靴走在第五大道或将批评家所谓的“饱蘸颜料的套索”抛洒在画布的半个世纪以前，科迪的水牛比尔（Buffalo Bill Cody）正立在马鞍上答谢科芬园欢呼的人群，歪着斯塔斯毡帽向微笑的维多利亚女王行礼。他巡回表演的每一站——巴黎，维也纳，罗马，柏林——统统反响空前。未见其人，传奇故事已然先行。在廉价小说和报纸头条中，水牛比尔已经成了西部的象征，在那个地方，一切——男人，险境，情感——似乎都比现实生活来得更真实生动。这是一个传奇与现实交汇的地方。

和本人一样，这个赋予他名字的城镇也在现实的西部与传说的西部间摇摆不定。一踏上火车，波洛克一家就已经觉察这个城镇特质中的矛盾和两面性。不像其他古老的西部城镇，科迪并不从某个交叉路口，火车站或河湾进化而来。在像鲁瓦·波洛克这样的年轻家庭找寻新开始的浪潮中，一群来自大角盆地，意欲将财产变现的富有地主来到了这里。一个小镇应运而生了。届时，伯灵顿铁路已经修到了肖松尼河北部的戴玛瑞斯温泉（印第安人称之为“臭水”），且占据了周围的大片土地，愿意与其分享财富的开发商在河流南岸选了址，将站台孤立在一排山艾树下的长凳和沙质土壤间。当波洛克一家问起站台长“小镇在哪儿”时，他会指向南边。穿过肖松尼河栈桥，只见星星点点的房舍散落在网格般分布的街道，如此遥远，以至于在夏日，地面热浪升腾，小镇朦胧难辨。

科迪的开发商费尽心思要提供和东边相仿的康乐设施——一座有四间教室的校舍和两个医生常驻的医院——但他们也意识到新居民渴望成为曾在小说和旅游日志读到的蛮荒西部的一部分。他们招募了科迪的水牛比尔（也是土地所有者）加入公司，赋予新镇以蛮荒西部的招牌和名声。为了增强罗曼蒂克的幻象，他们警告新居民“小心野蛮的印

 35

科迪，怀俄明，约 1908 年

第安人”，并建议妇女随身携带嗅盐，以防意外出现的突袭。

1903 年，波洛克一家抵达时，小镇还没有完全摆脱旧西部的形象。小团伙的克劳人，肖松尼人，苏族印第安人完美地避开了定居者的视线，仍延续着部族自公元前 7000 年以来的传统，来到“臭水”沐泽它神奇的疗愈力量。老牛仔仍会在校舍旁偷瞄漂亮的女老师迟迟不肯离开。偶尔，还有山里的狮子在镇上迷路，吓坏了粗心的购物者。据当地报纸所述，科迪最炙手可热的“职业”莫过于“给花花公子和童子军的近程手枪练习当靶子，那些花花公子身着白衬衣，说话文绉绉，穿着靴子睡觉是他们的噩梦”。但不论他们如何夸夸其谈，如何豪饮，如何朝天鸣空六发子弹，这些牛仔，像印第安人一样，很清楚他们不过是个濒危的种群。曾哺育西部长达一个世纪的拓荒和独立精神正被创建科迪的精神所取代——企业精神。当地报纸吹嘘道：“这个只有五百人口的社区将拥有比上百万人口的东部城市更多的企业、活力及公共精神。”肖松尼河上已经开挖运河和水坝为流域控洪，为邻区导水灌溉。在镇中心，水牛比尔建造的厄玛酒店已经完工。这是一座耗费 8000 美元的砂岩“舞台”，有石窗台，硬木地板，还有一个有雕刻的樱桃木吧台，是维多利亚女王送给她最喜爱的牛仔的礼物。

电影公司也来到科迪制作关于蛮荒西部的“纪录片”；“东部绅士”入伍蛮荒西部的 36
骑士学校，“想在短时间内成为名副其实的西部骑手”；观光客们则可以欣赏厄玛酒店墙上弗雷德里克·雷明顿的油画。甚至还有“学校女教师旅行团”出入附近最崎岖的黄石峡谷区域。科迪邮局曾收到过一封来自印第安纳波利斯的一位姑娘的来信：“亲爱的先生，请您给我寄一个顶好的年轻牛仔。”邮局管理员订的小告示上说如果找不到的话，“他可能自己就去了”。

1903年11月1日，也就是波洛克来到这儿的那一年，歹徒抢劫了科迪第一国家银行，枪杀了出纳员。而在不远的科迪的第一家电影院，《火车大劫案》——第一部西部片——夜夜满场。

科迪小镇蓬勃的经济让鲁瓦·波洛克很快找到了工作。一开始，他在厄玛酒店刷盘子。很快，鲁瓦抹泥刀和木匠活的手艺受到了经理的赏识，被提拔成了建筑工人。对于鲁瓦·波洛克这样携家带口，有工作和长久居留意愿的良好市民，林肯开发公司在镇上提供了无预付款、无利息、无固定贷款的房屋。波洛克一家选中的房子坐落在萨尔斯伯里大街，1901年城镇地图的北角，河景一览无遗，以边陲的标准来说算得上舒适了：有客厅、餐厅、卧室和厨房。相比他们长大的拥挤的农舍，鲁瓦，尤其是斯黛拉一定感到自己正奔赴美好的生活。

当冬季降临大角盆地，来旧印第安硫磺泉治疗的游客湍流渐渐干涸，铁路调成更松散的冬令时，移民的步伐渐缓，暂作停留的修坝工人也转移到了南部亚利桑那和加利福尼亚的大工程。酒店的生意清闲下来，二儿子马尔文·杰伊也刚出世，鲁瓦不得不重新寻觅小型的室内工程和修修补补的工作：摸灰泥，干木匠活，贴墙纸。冬末时，他开始在阳光铜矿开采公司干测量的活——即使是好天气，这也是份艰难、危险的工作。某个冬末艰苦跋涉在科迪西部崎岖的响尾蛇山和香柏山上的测量组被突如其来的暴风雪所困，而鲁瓦则成了受命将500磅稀有铜矿背回镇上做矿物展示的三名人员之一。回程途中，三人陷进了十五英尺的雪中，“被迫遗弃展品，”报纸这样报道这场历险，“自此，公众只能从他们口中得知这一奇物如何巨大无比。”

这是鲁瓦日后许多次离家中的第一次。

次年的某个时候，鲁瓦和廷格利来的朋友汤姆·阿奇博尔德在仓储桥上游的肖松尼河岸的碎石厂找了份固定的工作。这是个脏累的活计，但薪水稳定，且是个每日逃离的好去处。（斯黛拉从小就给波洛克兄弟灌输他们的爸爸是碎石厂的股东，也许是为了鞭策丈夫找一份更体面的工作。）为了补贴家用，鲁瓦还在冬天抹泥灰，夏天做木匠和水泥活，默默赢得了扎实的名声。“人们尊敬他，”科迪居民弗朗西斯·海登回忆起鲁瓦·波洛克时说，“我没听过任何关于他的坏话，要知道在科迪这样的小地方完全没有秘密可言。”

虽说鲁瓦·波洛克能赚——洗盘子，做手艺，抹泥灰，测量，干木匠活——但斯黛拉·波洛克也能花。

波洛克家在科迪的客厅

不论鲁瓦打了多少份零工，斯黛拉过多的愿望总留有被满足的空间。薪水的大部分被用来将他们的小屋装饰成华丽的维多利亚晚期风格，要知道她曾那么羡慕姨妈在廷格利的房子：客厅有装饰着花环和五颜六色花朵的奥布松地毯；查尔斯和马尔文·杰伊的照片，还有乡村风景的小幅油画都用厚重的巴洛克相框框着；宽大的墙纸边界与地毯上错综复杂的花环交相呼应；餐厅用的是花卉墙纸和紫罗兰的抽象拼贴画；厨房边上有一个敦实的梳妆台展示她收集的餐盘和周日的瓷器。窗上挂着卷边的纯蕾丝窗帘。她在每个水平面都铺上了钩针的桌巾或是刺绣的桌布，屋中花纹错综复杂，图案优雅别致——所有一切都出自斯黛拉的手工。“她负责打理房子，”弗兰克·波洛克回忆，“这一点毋庸置疑。那里面的一切都是妈妈潜移默化的作用”。欢欣满意的斯黛拉甚至让邻居拍下内部的照片，保留到去世。

摆脱了艰苦的农场生活，斯黛拉越来越投入到从斯黛拉姨妈那儿学来的装饰性缝纫和精致烹饪中去。她订阅了《妇女家庭杂志》，研究每期中的图案与食谱。科迪贸易公司（被称为“什么都有卖的大商店”）似乎从不缺肉，蔬菜，罐头水果，牛奶，黄油，而在廷格利，搞到这些会要她的命。她会在店内四条长过道上漫步数小时：一排陈列杂货；一排陈列盘子，家具，油画；一排陈列锅碗瓢盆；最后的陈列布料纺织品，包括一匹匹绘有任何可以想象的颜色和图案的原料。如果还想要点更精细的，她会穿过谢里顿大街，

鲁瓦，马尔文·杰伊，查尔斯与斯黛拉，约 1904 年

来到女士商场。在这儿，老迈古怪的奈丽·布鲁斯收揽了“包罗万象的夏季时髦新鲜货”。曾嫁给某个沙龙主，前牙镶有小粒钻石的“扑克奈丽”也许找不到比年轻的斯黛拉·波洛克更热情而有见识的顾客了。归功于订阅的杂志，斯黛拉以敏锐的嗅觉追随时尚潮流，尤其偏爱最新的繁复的花边款式。在这一时期的波洛克家的全家福中，端坐的斯黛拉离镜头最近，头自豪地昂起，咧嘴微笑，身穿有带褶前襟、泡泡袖、高领、布满钩针蕾丝的白衬衫。相片的另一端坐着鲁瓦·波洛克，顺从地望着镜头，精心梳过的头发备显焦躁。

泰然自若地坐在中间的是查尔斯和马尔文·杰伊——家里人叫他们“查斯”和“马特”。斯黛拉的手臂揽过查尔斯，1 岁的马尔文·杰伊穿镶褶边的裙子，没人会怀疑马尔文是妈妈的孩子。鲁瓦的手臂软软地搁在身旁的桌上。这张相片不止宣布了一场战争，也记录了它的产物。

一开始，这就是一场不公平的竞赛。从未拥有过父亲的鲁瓦对如何做父亲所知甚少，对待儿子多多少少沿袭了马特·波洛克曾对待自己的方式：监督他们干活，偶尔做规矩，立下了严格的等级特权。而斯黛拉完全不一样，她“一起来就做饭，洗衣，研磨，烘焙”，弗兰克·波洛克夸口说。“我们的衣服全是她做的。我们十五六岁前从没在店里头买过衬衫。没有人的手比她的更闲不住了。”从很多方面来说，斯黛拉都是孩子心中完美的母亲——当然，这无疑在某种程度上出于她本人从孩童时就已形成的母性。她像溺爱几个淘气的弟弟一样溺爱她的儿子，不立规矩也不惩罚。偶尔，鲁瓦“胆敢”打他们的屁股，她会好几天不理不睬。有一次，4 岁的马尔文·杰伊因为查尔斯上学没有带上他而发脾气，斯黛拉就要求校方允许查尔斯带杰伊一起上学。

39

马尔文·杰伊与查尔斯

全家福才拍完几个月，斯黛拉又把查尔斯和马尔文带到了照相馆，这回，没有鲁瓦。这是一张她想要记得的儿子的相片。她一直以中性的方式打扮他们，给他们留长发——虽然一直是鲁瓦负责给一大家子理发——给他们做特别的，带蕾丝花边的长蕾丝衫。在她那由维多利亚的多愁善感构建的审美世界中，斯黛拉让他们摆出自己在杂志插画中见过的拉斐尔油画中丘比特的模样。

鲁瓦·波洛克并没有妥协。查尔斯 5 岁时，他就领着他骑童车（这十分罕见）走新开通的峡谷路去肖松尼大坝。同时，他介绍查尔斯去科迪的奥兰治运动俱乐部，那儿总有摔跤和拳击赛看。查尔斯并非“固若金汤”，一生中，他一直模仿父亲矜夸的步子，男子气概的举止，两手叉腰的调皮站姿。

1907 年 8 月，三儿子弗兰克出世了。

一年后，鲁瓦·波洛克举家迁往北部。镇东北三英里的双峰哈特山脚下就是桑特·瓦特金斯的牧羊场。对于此次搬迁，斯黛拉一定不甚乐意。依爱荷华农场的标准，科迪的生活更轻松也更雅致，萨尔斯伯里大街的小屋好不容易和斯黛拉姨妈在廷格利的房子相 40
像起来，却要迁去瓦特金斯牧场两开间，还算舒服却绝谈不上精致的木板房，即使是要去当工头的妻子也不免心灰意冷。然而，平日里鲜见其表露决心的鲁瓦这次却打定了主意。1908 年，牧羊工头的年薪是 400 美元，比一名修坝工人一个施工季赚得还要多，还提供食宿。鲁瓦打心底想要干回那些他最摸得透的活计。我们的鲁瓦·波洛克最在行的莫过于艾草榛鸡如何筑巢；隆隆嘈杂，尘土飞扬的碎石机旁，蕾丝，花环满覆的小家中哪里有他热爱的新翻泥土的气息。瓦特金斯的牧场，苜蓿遍野，牲畜满仓，牧羊人豪迈的友情打破了长长的寂静，这是逃离，也是回归，归于他从未知晓的家园。

这也是重掌家中大权的最后契机。

自与约翰逊县发生冲突的十年以来，怀俄明，远至科罗拉多所有像桑特·瓦特金斯这样的羊牧场主一直提心吊胆。在自耕农与“怀俄明畜牧协会‘雇佣的杀手’”之间争夺放牧权的16年争端中，五条人命被杀害，他们统统是牧羊人。杀戮没有蔓延到科迪，但紧张的局势已经在寂静的山艾地上潜伏酝酿。1907年，牧牛人突袭了大角山李宁的羊牧场，把牧羊人五花大绑，在椅子上系了炸药，“炸得稀巴烂”。400头羊也没有逃过被炸死的命运。第二年，同样的突袭令当地600—700头羊丧生，两辆马车被焚毁，“牧羊人躲进了灌木林”。

最后一次突袭发生时，鲁瓦·波洛克决定接受桑特·瓦特金斯提供的工头工作。作这个决定，他一定受到了瓦特金斯本人的影响。瓦特金斯是位高个、仪表堂堂的老前辈，世纪之交以前定居在科迪。对于愈演愈烈的紧张局势，他有担忧却不大惊小怪。鲁瓦如此仰慕瓦特金斯以至于将1909年5月出生的第四个儿子命名为桑福德（Sanford），斯黛拉迅速把名字缩短成桑特（Sande）。

41 一旦在牧场安定下来，鲁瓦就遣查尔斯和杰伊去喂养失去母羊的羊羔。夏天，兄弟俩去离牧场房子遥远的干旱光秃的山头流浪，而斯黛拉则照顾两个新生儿弗兰克和桑特。“一有机会，”查尔斯说，“我们便脱个精光跳进肖松尼河，听远处的郊狼嗥叫。”牧羊是个孤独的工作。春天剪过羊毛后，牧羊人会在牧场待上六个月，独自住在4×8英尺的营地马车中，一张床铺，一个炉子，一个水桶，带着补给食物，水和最新的流言蜚语，轮流光顾牧羊人的羊群联络员一周只会探访一次。冬天把牧羊人，羊群联络员和一万头羊群带到了牧场，把它变成一个拥有多姿多彩的人物的社区，他们的故事可以让男孩子们入迷，也可以让他们颤抖。“他们都是让人着迷的人物，”杰伊回忆，“名字尤其迷人的当属响尾蛇彼得与摩西比尔。他们有胡子，给我们讲牧区生活的故事。”这些艰难而孤独的男人讲的故事，最后经过兄长的重述与美化，成了杰克逊·波洛克对自己从未亲身体验的边陲生活的基础。多年后，当他兴致勃勃地给朋友们讲起偷牛贼，草原狼的故事或如画的边疆生活——篷马车，牛仔，走失的阉牛——他不过在重述兄长们给他讲过的故事，念咒召唤那些在他出生前的遥远年代，以及牛仔们在冬夜编织的万千意象。

1909年深秋，鲁瓦回廷格利为去世的父亲守灵，安抚母亲。回乡之旅想必又唤醒了过往的焦虑，因为回到科迪后不久，他就提起了酒瓶子。自从来到西部，他的饮酒虽然

鲁瓦·波洛克

秘密，却一直稳定适度。在科迪时，20 个人就有一个酒吧，他当然没有错过时机。当地报纸眼见之处皆是“16 岁男孩酒吧后门买威士忌”，和“街头醉酒牛仔激增，当街撒泼”之类的新闻。一位修坝工人因“过度饮酒”在托马斯酒吧丧命的惨案最终激起了公愤。妇女公共服务联盟应运而生——“镇上女士们追查恶习与腐败”——镇上的报纸发表社论呼吁：“联合起来践踏邪恶”，但酒精的销量完全没有受到影响。1908 年，据统计，酗酒成了科迪男性死亡的首要原因。

还在科迪城里时，鲁瓦不喝酒——要面对斯黛拉，而在去黄石的频繁的打猎旅行中必定会和像汤姆·阿奇博尔德这样的朋友一起喝。“他常在野外活动，”弗兰克·波洛克回忆，“猎鹿，猎熊，猎麋鹿。他和一起干活的伙伴一同去，没带够酒他们是不会出城的。”后来，在瓦特金斯牧场，他总和自己的工人分酒喝，尤其在冬天，牧羊人更爱聚在一起豪饮。除此之外，“喝酒总有很多理由，”弗兰克本人也是个刚康复的酒鬼，“再加上该死的寒冷。”斯黛拉显然知道鲁瓦在喝酒，但只要喝酒限于打猎途中，那也无伤大雅。一旦他在家喝酒，杰伊·波洛克回忆，“她的态度就坚决起来。”“她会说‘不能再喝了。’”而这，只是导致十年后矛盾爆发，波洛克一家分崩离析的小火苗。

1910 年到 1911 年冬天的某个时候，鲁瓦开始感觉呼吸困难，容易疲劳。一开始，他把它归咎于严苛的天气——气温只有零下 10 度，60 英里每小时的风速叫谁也喘不过气——尤其当汤姆·阿奇博尔德也出现同样的症状时，这样的解释似乎说得通。在科迪医院，弗兰克·华波医生无法确诊病因，但他力劝阿奇博尔德离开科迪，找一个气候更温和的地方安家。他们在 1911 年春天离开时，汤姆的健康恶化得更厉害了。鲁瓦的症状在第二个夏天缓和下去，斯黛拉只乐观了一阵子，天气一凉，他们再一次找到华波时得到的建议只有一个：离开科迪。

接下来的冬天（1911—1912），斯黛拉下定了离开的决心。但鲁瓦的健康绝不是唯一的缘由。瓦特金斯牧场的工作虽好，却不是鲁瓦自小就熟识、喜爱的；那甚至不是一个农场；最重要的是，这地方并不属于他。对斯黛拉来说，牧场生活是艰辛而孤独的；冬天去镇上几乎不能成行——这可是她的“生命线”；牧场附近的低智学校太小太差；像以往一样，她总渴望更好的。“我的母亲总是爱折腾的那一个，”查尔斯回忆，“她总喜欢寻找更绿一些的草地。”

1912 年初阿奇博尔德的死讯传来，斯黛拉下定决心离开这里。很快，鲁瓦启程去加利福尼亚找新工作，而在进一步的西迁之前，斯黛拉带着儿子们回到了廷格利探亲。

但什么也没发生，这些重大的改变并没有发生，因为他们的第五个孩子出世了。华波医生说，孩子的预产期是 1912 年 1 月。斯黛拉希望最后的这个是个女孩，那样，她就可以把她带回家显摆一番。鲁瓦也想要个女孩。“我爸爸总说，‘我已经有一屋子男孩了’，”弗兰克回忆，“什么时候这个女人才能给我个女孩？”

43 1912 年 1 月 28 日周日早晨，望向窗外的弗兰克·华波医生看到蓝天时松了口气。他上床睡觉时在下雪，但早晨的风已经拂去夜晚路面的积雪，只留下长长，雪白的疤痕，被马车轮碾轧成冰后，又覆上了雪。蓝天和干净的路面意味着他只要花上几个小时或更短的时间走八英里就能抵达桑特·瓦特金斯牧场。斯黛拉·波洛克在孕期状况频发，让华波医生警惕出现难产的风险。那天早上，骑马赶到的鲁瓦告诉他斯黛拉要生了，华波医生决定，他和本地的助产士，曾帮她接生了两个波洛克小子的安妮·霍瓦斯，最好都在场。

华波医生的亲切和蔼对在第五次产子过程中遭够了罪的斯黛拉来说一定是个安慰。鲁瓦不在屋子里；像以往一样，他和在牧场露营过冬的牧羊人走了。其他男孩子们也没有对母亲床头的活动显示出多大兴趣。当查尔斯得知马上又快有小弟弟了，他冷冷的答道，“噢，这不稀奇，可能圣诞节时又会有一个。”

最后一阵宫缩开始后不久，华波医生意识到有些不对劲。虽然斯黛拉按照他的指示更使劲地用力，但子宫里某个看不见的问题一直阻止婴儿动弹。当头最终出现在产道时—— 一片叫人忧心的暗紫拉扯着出现了——华波医生看到婴儿的脖子上缠绕着亮闪闪，蓝黑色的脐带。他迅速剪断脐带，松开婴儿的脖子，高高举在空中一拍好让婴儿啼哭起来。斯黛拉第一次看到宝宝时，它的头是暗蓝色的，就像那种严重的淤伤（后来，斯黛拉夸大说“那就跟煤炉一样黑”），$12^{1/4}$ 磅重的身体软趴趴的。但几次拍打以后仍不见呼吸。斯黛拉后来承认，当时她担心这是个死胎。

这名男婴活了下来，但斯黛拉为此付出了代价。华波医生说，她再也不能生育了。孩子取名叫作保罗·杰克逊·波洛克：只有斯黛拉晓得为啥叫保罗；杰克逊呢，因为鲁瓦过去曾跟刚离世的朋友汤姆·阿奇博尔德一道打猎的提顿山脚的美丽湖泊。为了承袭老迈克鲁家使用中间名的传统，或者是出于鲁瓦的坚持，婴儿一生下来叫杰克。“我猜妈妈知道这是最后一个，”弗兰克·波洛克说，“所以她总说他是家里的宝贝，一直到十几岁，她还一直把他唤作‘我的宝贝’”。

杰克逊出生没几周，正要开始适应世界，就有改变降临在他身上。还抱在斯黛拉怀里，他就踏上了覆盖五千英里，跨越八个州，耗时九个月，路上只匆匆停留两站的旅程。

对于几个兄长来说——9 岁的查尔斯；7 岁的杰伊；4 岁的弗兰克；2 岁的桑特，这段 44
经历像万花筒一样充满了新鲜景象。在大角盆地，他们可没坐过火车。“我们发现了之前从没见过的东西，”查尔斯回忆，“印第安人在站台上兜售小装饰品，草原土拨鼠在洞里蹦进蹦出。”爱荷华已经下雪，当火车停靠在廷格利，斯黛拉的父亲已经在雪橇上等他们了。回科迪后的几个月，斯黛拉一直在打包，变卖家当，等 10 月去了圣地亚哥的鲁瓦的口信。11 月，她在帕克乡的《企业报》上登了一小则分类广告：“出售:我的所有家庭用品，婴儿推车，水果罐头，及其他。上门买卖。”

鲁瓦的信好歹还是来了，他让斯黛拉带着一家子和他在纳欣诺市会合。纳欣诺市坐落于圣地亚哥与墨西哥边境，是个种植水果的新兴城镇。1912 年 11 月 28 日是离开科迪的日子，那时杰克逊刚满十个月。火车走了一个直角经过蒙大纳，爱达荷来到西雅图，又经过普吉特海湾，沿着海滨经过俄勒冈和加利福尼亚。这次旅程总共花费了一个星期，换了五六班火车。

对于波洛克四兄弟来说，这又是另一场冒险。但对第一个生日就挣扎扭动，泪花闪烁的杰克逊来说，这趟行程简直太叫人焦虑了。一贯都溺爱他的斯黛拉被四个哥哥闹腾得不可开交，对两岁的桑特，尤其需要保持高度的警惕。整个旅程鲜有私密的时刻，杰克逊也无法享用母乳。一岁的波洛克只是件珍贵的行李，裹着层层蕾丝，凝视母亲面纱后冷漠肃穆的面容。旅行时，她总习惯戴纱。

纳欣诺市的相聚并不如所料的欢欣。自从他们上次见鲁瓦以来，他既没能找到可卖力气的农场，也没找到住的地方。他一直在不同的零时工间颠沛流离，这会儿是某个工程的泥水匠，那会儿，又成了帝王谷某个大农场的雇工。斯黛拉把一家安顿在廷格利的朋友埃德尔曼夫人那儿。她住科罗纳多的第六大街。从纳欣诺市穿过圣地亚哥海湾，便是坐落在地峡上的度假小镇科罗纳多。

人人都很清楚，尤其是斯黛拉，杰克逊是所有儿子中最漂亮的一个。他不但有妈妈的宽脸，感性的嘴唇，也有爸爸精致的面容和脆弱的眼神。他有三个深深的酒窝——脸颊一边一个，下巴上还有一个—— 一直跟随着他，而那金发呢，则渐渐秃去了。要不是一到科罗纳多就折磨了一大家子的流行性腮腺炎和麻疹，斯黛拉一定会愈加宠爱她漂亮的宝宝。鲁瓦因此而不育。“波洛克家至此为止了，”查尔斯回忆。

45 不育并不是鲁瓦在南加州遇到的唯一挫折。同 1900 年至 1920 年间蜂拥而至的其他爱荷华农民一样，鲁瓦 · 波洛克梦想拥有一个既有爱荷华的土壤，又有加利福尼亚的太阳的农场。但仅剩的零碎土地只有富有的地主才担负得起。1913 年 1 月，一场毁灭性的冰冻——不止树上的果子遭灾，连树木本身也冻成了两半——让地区经济及其农业天堂的地位岌岌可危。像鲁瓦 · 波洛克这样的农民开始在别处寻找更廉价的土地和更稳定的气候。

他最终找到了亚利桑那凤凰城。

鲁瓦一直与路易斯安那的远亲李奥纳 · 波特有联络。波特打算 8 月份搬到凤凰城。在他的推荐下，鲁瓦于 1913 年春末来这儿考察一番，并留下了深刻的印象。回到科罗纳多后，等不及作细致的安排，就准备把家安在凤凰城。弗兰克随埃德尔曼夫人先行一步，后者将在凤凰城与丈夫团聚。1913 年 8 月 11 日，其他人和自科迪起就积攒下来的新家当一道启程了。

一年半后，自杰克逊出生以来的颠沛流离终于结束了。鲁瓦最终从哈特 · 贝克与悉尼 · 贝克手中买下了一块二十英亩的地，坐落于镇东去坦佩的路上。一家人住在凤凰城的公寓中，直到 9 月的某天，鲁瓦把他们带到范布伦大街与格兰特大街街角的车马出租所租了一匹马和一架双轮单座轻马车，驶过谢尔曼大街的尘埃去看他们的新房子。

04 46

敏感到不自然

1913 年 2 月，克劳德 · 莫奈、亨利 · 马蒂斯、巴勃罗 · 毕加索及数十位艺术家的大型画展与雕塑展在纽约莱克星顿大街与二十六街的第 69 兵团军械库拉开了帷幕。公众的反应从怀疑到愤怒不等。马塞尔 · 杜尚的《下楼梯的裸女》引来了那些“看不到女人或楼梯”的人们的“尖声大笑”。陈列新立体主义风格的展厅包括八幅毕加索的作品，被冠以“惊恐密室”的称号。3 月，毕加索与情人伊娃去了法国塞雷度假。毕加索生活无忧，广受赞誉，纽约的讥讽对他丝毫没有影响。他已经开始把玩比“惊恐密室”更前卫，更异想天开的立体主义风格。4 月，刚从摩洛哥回来的亨利 · 马蒂斯陪同一位批评家观看了巴黎的画展。为了解释自己将作品简化到几近抽象程度的原因，马蒂斯对这位批评家说，“我描绘我的感受，我的狂喜。之后，我找到了澄明。”那个夏天，爱妻亡故，饱受白内障之苦的克劳德 · 莫奈在吉维尼花园的花拱门下找到了抚慰和伟大的艺术。

9 月，1 岁半的杰克逊第一次见到了新家。

归根结底，1913 年的所有时间都会在波洛克的艺术中留下烙印。虽然那时，甚至是五年后，他的整个世界——视觉，情感，心理的——都局限在了 1/4×1/8 英里大小、坚果壳一般的地方，但对于一个孩子来说，那就是他的宇宙——有他的家，父亲的农场，所有他熟识的邻里——对于一双敏感的眼睛来说，这个宇宙和整个西方艺术史一样丰饶。

没有哪双眼睛比杰克逊的更敏感。“他看什么都带着幻觉，”在波洛克最后日子里，好友尼克 · 卡罗内表示。

“他不用眼睛看他们，他用心看。他看烟灰缸就好像要看到它的分子结构一样。接 47
着，他会触摸它，用指尖摆弄一个烟头或火柴棍。他在组织那个现象，纠正它。让它变

凤凰城农场的前院

成自己的东西。”据哥哥桑特所述，杰克逊还是个孩子时，就和父亲一样，敏感到“不自然的程度”。赤脚穿背带裤，金发在亚利桑那的太阳底下闪闪发亮，杰克逊探索着他的小宇宙：外在的图景中有土砖房和尘土漫天的院子，内心的图景中则是兄弟较劲和得不到回报的爱。他一点一点地逐一接受，逐一“修正”这个宇宙。通过幻象，他创造了属于自己的图景，一个私密的图像世界。在余生中，这个世界将不断滋扰他的梦境，在他的艺术中时隐时现。

在希尔曼街的小土砖房的前厅，父亲的书架是最神圣的物件。透过矮书架钻石般亮闪闪的含铅玻璃，杰克逊凝视着一排排金色蚀刻、木纹黑或褐色皮革的书脊。在玻璃上面孩子够不到的地方，是一大块光滑的黑木头，顶上有个锁眼。再上面又是一排书，太高以至于只有退后一步才能望到。书架前的走廊铺着草垫，午饭后，妈妈会勒令他们离开正午的大太阳在这儿睡午觉，晚上爸爸会给他们读书。书架旁有个椅子，爸爸在这儿抽烟阅读，妈妈在这儿缝补。妈妈也给他们读书，只不过她总是剪子不离手，从杂志上剪菜谱或是图片。椅子脚边的筐子里是几卷白线和一个铁钩针。如果说爸爸的魔法来自书架，那么妈妈的则来自筐子。满屋都是证据：碎片拼接的暗色桌布，雪片花案的枕头，如飘浮的白云般的椅垫，还有嬉弄明媚的凤凰城的阳光的窗帘。“我还记得她坐着编织这些东西的样子，”孙子乔纳森·波洛克说，多年后，乔纳森也像杰克逊小时候那样望着斯黛拉做手工活。“我过去常常看她干活。太精巧了。我实在不知道她怎么能把东西做得那样精致。不仅设计精致，构图也很匀称。”

从前厅的草垫到波洛克五兄弟仅在11月到3月睡眠的卧室只消睡眼惺忪的几步，其余时间，睡在外边反而更凉爽。小房间挤着三个铁床架：一个归查尔斯和杰伊，一个归桑特和杰克，最后一个属于家庭中的孤立者，老三弗兰克。即使在冬天，他们也裸睡：五个小身体挤在妈妈缝的毯子里。杰克逊的床上有个泰迪熊。“有时，他会说小孩子睡觉才会要泰迪熊，”哥哥桑特回忆，但他“始终没有将它丢弃到垃圾桶”。

墙边的木柜子是妈妈给他们置放衣服用的。最高的抽屉杰克逊够不到，放的是五个孩子叠得像酥饼似的手制蕾丝衬衫与睡衣。知道杰克逊会是最后一个孩子，斯黛拉在3岁生日之前一直给他穿裙子和蕾丝。中间的抽屉是哥哥们的衣服：干活穿的旧旧的牛仔布工作服和上学穿的灯芯绒及膝裤子，几叠柔软的牛仔布衬衣，蓝色条纹衬衣，黑色长袜和杰克逊渴望穿的束腰牛仔裤——“你肯定穿不住，”当他央求时，父亲总这样回答。对斯黛拉来说，柜子是个展示盒：像她的孩子们一样，是她手工活的样本。“我们总是被精心打扮，”弗兰克·波洛克回忆，“不论多穷。”查尔斯记得“母亲干净体面的打扮带给了五个孩子以骄傲”。柜子旁有从大到小排列的五双鞋，还是崭新的。每年秋天，斯黛拉回到凤凰城给每个孩子买双新鞋，“因为她不想让老师以为我们买不起鞋，”弗兰克说。但一直到5月，它们还是安放在柜子旁，看上去簇新簇新。“还不如光脚舒服，”弗兰克解释，“每天去学校的路上，我们都把鞋子挂在石榴树上，回家路上再去取。”

杰克逊从卧室的窗户能看到中午明亮的前院。在屋子的静侧，大伞树是活动的中心。红翼的黑鸟搭了凉快的巢，稀疏的草地避开了阳光，热烘烘的夜晚也有了吃晚饭的荫凉地。一年中的大多数时候，前院还扮演着卧室的角色。波洛克一家会把重重的床架子拖 49
出来，排列在树下，盖一张毯子隔离蚊子。“天热得我们都喘不过气来，”波洛克家的某位邻居记得，“我们就跳到灌溉渠里弄湿衣服。为了凉快，我们就着湿衣服就睡了。”从前门经过伞树来到外面种着杨木的大门有一条小路。灌溉水渠为了庇荫，两旁都栽上了杨木，但围篱桩不稳。“要扎一个杨木围篱桩，”查尔斯·波洛克回忆，“首先你必须要砍一棵该死的树打下新桩，原来那棵就又抽新枝了。我们给那地方打了很多桩。”这排树荫和两旁的草垫便利了等待邮差投送母亲或父亲的杂志的时刻。

没有哪儿比屋子后边的厨房的召唤更令杰克逊无法抵挡，在那儿他总能找到妈妈。占据整个厨房和屋子，像捕鲸船的鲸油提炼设备的是一个巨大的黑色铁炉。火室的火焰从早到晚激烈地舞蹈，热烈得杰克逊可以在房子的另一头感受到热气烘烤他的脸颊。他不被允许靠近。早上，母亲肆意地绕着炉子打转，调试突在炉顶边缘外的黑壶柄。一把大茶壶在炉子上若隐若现，平衡在沸点以下，给厨房浓重的空气增添了一卷卷蒸汽。洗衣服的日子，斯黛拉把茶壶的水倒在门廊的已经变了形的洗衣盆中，洗衣板架在两个膝盖间，蹂躏工装裤和衬衫上的污渍。礼拜六，则轮到杰克逊躺在盆里。

妈妈打开炉门，在热气和香味袭来之前，杰克逊就能瞥见平底锅中的面包。炉门一打开总有惊喜，让小男孩想永远待在厨房。“斯黛拉爱烘焙，”孙子乔纳森说，“我记得很清楚有苹果派和曲奇。放学回家，我总被厨房的香味吸引。”圣诞节，炉子上总会有特殊的糖果，火炉里有烤核桃。斯黛拉在燃烧的炉子边劳碌，连夜准备圣诞节糖果和长条染色爆米花时，焦糖的苦甜和爆米花的香味会弥散在屋里几小时挥之不去，整个屋子的“边边角角”都被装饰一新。

温暖的味道和甜品盛宴不止吸引了苍蝇，也把嬉戏的孩子们引到厨房中。尤其在夏天，附近的棚场闹腾起来，窗户敞得大大的，大张的捕蝇纸像旗帜一样挂在屋里，偶尔被风轻轻吹动。光滑的黑纸载以重负时，斯黛拉会取下来，小心翼翼地卷起来扔进火膛，在那儿噼里啪啦几秒钟就烟消云散。

50 妈妈在炉子边的柜子上放着一本 9×12 英寸大小的简易书，像旧账本一样用红色人造革包着。“里面有她所有的食谱，”斯黛拉的孙女杰瑞米·卡皮雷说，“都是手写的，她的字细细长长，很漂亮。每页食谱的空白处都有小注解，像‘这样尤其好’，或‘出炉之后不要忘记冷却’，或‘试试放过夜’之类。”她还注了私人备忘，如“杰克五岁生日做的蛋糕”。整本书布满了她的笔记，每页都夹有卡片，已无顺序可言。胡萝卜蛋糕食谱旁边兴许就有一个饺子食谱。

厨房的秘密在于地窖：这是房子地底下一个浅浅的小洞，即使实在逃脱不了的夏天，那儿的空气中始终残留着一股走味的清凉。杰克逊一个人从不敢冒险下去，但他同妈妈下去过，看她如何揭掉某个陶罐的封盖，如何把乳酪舀到大水罐里。他自己曾探到黄油罐里闻湿甜的味道，抽一小块用湿干酪包布包着的黄油；从桶里取苹果做派；舀甜牛奶做麦片——尽管他更喜欢学哥哥的样子，用新鲜牛奶锅上刮下的奶油。

后门外面，有条小路直通棚场。杰克逊常常在纱门后站上几小时，望着繁忙，尘土飞扬的棚场。那个世界和屋内母亲簇拥着小型装饰桌布、蕾丝裙的世界有着天壤之别。屋里灯光柔和，窗帘紧闭，而棚场的光线和玻璃一样清晰纯净，似乎是坚实的大地朝上甩出的一道眩光。正午，天空像冰块一般雪白；到了晚上，清澈碧蓝。

每天早上，杰克逊都会呆在后门的这个地方，斯黛拉则跨出门去备好默默立在厨房门边的抽水机，接着就消失在屋子的另一头，打理她的玫瑰园。一条长水道沿着小道右边颤颤巍巍的栈桥顶端通至棚场围篱另一边牲口的汲水盆。妈妈浇灌完玫瑰，汲满做饭和清洗的两大桶水后，爸爸会出来轧上好一会手柄，远处的桶就神奇地全满了。胆子变大一点儿后，杰克逊会探索完颤颤巍巍的渡槽全程，尽管他还太矮，根本看不到流水。

小道左边，栈桥对面是有五个洞的室外厕所。“希尔斯，罗巴克的目录就是手纸了，”弗兰克·波洛克记得，“它薄得跟手纸一样，上帝啊，好像有上千页。你可以坐那儿阅读，看着那些图片然后希冀自己有这个有那个，然后扯下一张来。”角落里立着一罐碱液驱赶烦人的苍蝇。像所有的农场工人一样，波洛克兄弟一有可能就避开厕所，更喜欢在就近的干泥地里随意解决。小波洛克常见到哥哥们在地里和棚场远处的角落撒尿，有时候还比试谁尿得远。年纪尚小的波洛克当然没办法和他们竞争，他会折返到厕所，闷闷地坐

51

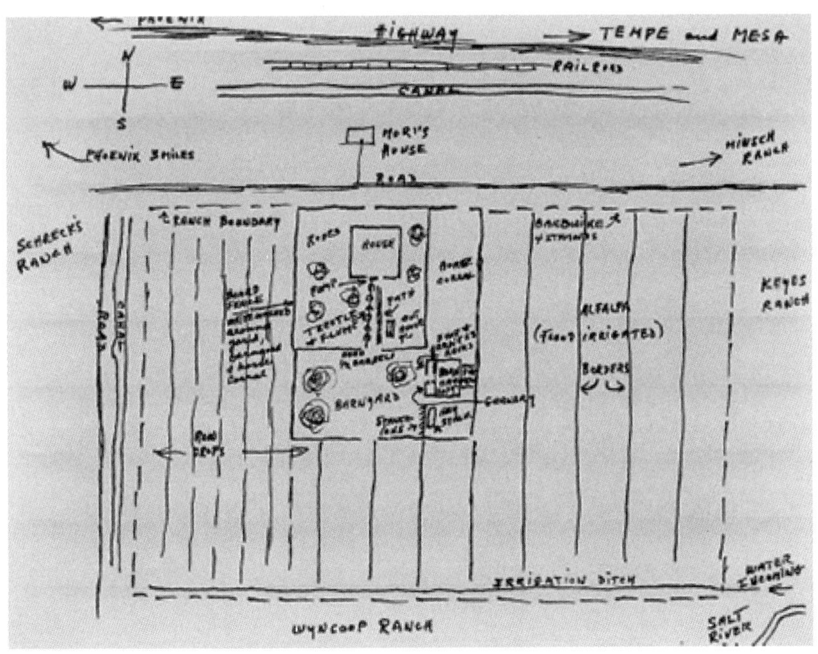

凤凰城农场地图，弗兰克·波洛克绘

在蚊蝇猖獗的厕间小便——后来的日子里他一直保留着这个习惯，即使长大后自己也能甩出和哥哥一样的黄色弧线。

厕所外侧，刷白的大篱笆的另一边是个一样巨大的宽阔棚场。从大门到黑篱笆 50—60 英尺远的地里是一张表格般的长有黄稻草和几棵树的棕色散播地。三颗大木棉树在泥地上投下了活泼的，小桌布般的阴影。棚场是母猫补丁的家。挤奶时，它会站在边上，直到某个男孩子把乳头指向它的方向，往它嘴里射一口奶。一只眼睛带棕斑点的白色短腿狗盖普也有同样的待遇。

盖普继承了斗牛梗父亲好斗的性情和柯利犬母亲的求生本能。17 年来，波洛克已经任其自生自灭多次。有一回，邻居将它借去打猎，并把它弃在了离凤凰城上百英里的峡谷中。“我们都气得要命，”弗兰克回忆，“但几天后，盖普出现了。它自己回家了。”盖普是“极好的伴侣”，“家庭的一员”，但它也是个斗士。弗兰克还记得，“它从不让别的狗踏足自己的地盘”，“没人敢制止打斗中的盖普，害怕它扑向自己。爸爸只好拿干草叉分开它们。盖普曾咬死过很多动物和同类。”发狂咬人的盖普可以十分骇人。波洛克家的邻居和玩伴艾芙琳·波特·特洛布里治还记得曾目睹过一幕尤其凶险的狗斗。“盖普和一条流浪狗咬了起来，这是我见过的最可怕的事。”

对 2 岁的杰克逊来说，盖普还只是棚场门外的危险之一。(来到凤凰城的某段时间，没有妈妈陪伴，他一直不敢穿过厨房的门。)棚场的真正居民是几十只鸡，个个有杰克逊半身高，在泥地和稻草中漫无目的地踱步。黑压压的一群群神经质地来回扫荡屋子和畜棚，以毫不惊扰的方式在粗叫声中炸开了锅。杰克逊试着喂鸡时，它们压了过来施展欺凌，将他围在半腰高的狂躁中，其中有啄食的喙，拍打的翅膀和咄咄逼人的眼睛。只一次痛苦的邂逅之后，杰克逊就被分配去干最不费力的捡鸡蛋的活，因为鸡是放养的，而且这更像是探宝而非杂活。

53 穿过棚场，每走一步，杰克逊对自己身处世界的已知就要减弱一分。院子东面灰板改成的畜棚和马厩里有更大更了不起的动物。杰克逊从来不敢去马厩，不拉犁拉车时，那儿栓着家里的四五匹马。(桑特因为“太熟悉”而被某匹马踢了之后三周都不能走路。)杰克逊也很少靠近畜棚后边六头猪和一群猪仔的围栏，那儿是全家培根、排骨和猪油的来源。农场唯一经常见到的动物是奶牛，大约有 8—12 只，在产奶季，它们会在水槽或自己的围栏前站成一排。杰克逊虽然自己挤过奶，每天早饭前还是会观察哥哥们挤奶。看着他们在牛槽中铺满干草，待奶牛把头插进 V 型舱口时就把松开的木板滑到牛脖子上，

52

斯黛拉在棚场

牢牢扣在里面。雪白的牛奶淌下来，撞击空桶，发出金属般的嗡嗡声，随着桶越来越满，“变成了柔软的咕噜咕噜声”。

杰克逊只有在父亲的帮助下才能够到畜棚顶部的草料顶棚。补丁把猫仔下到那儿的隐蔽处后，爸爸曾把他举起来看咪咪叫的小猫崽。草料顶棚两端均有通道能够输送新鲜草料，并备有杰克逊的叉子；叉子新月形的铁爪可以叉起一捆或一束巨大的甘草，用一般人持叉的一半时间就能卸掉一车干草。爸爸也用叉子杀猪。弗兰克记得，“他先在猪的眉眼间射一枪，然后把后腿高高挂起，切喉放血后扔进一桶滚烫的热水中去刮毛。”

畜棚和马厩外是父亲的领地。虽然只有 20 英亩但好像无边无际。只有在非常偶然的时候杰克逊才被允许尾随哥哥离开熟悉的畜棚穿过围有刷白的围篱的大门，爬上包围土地的矮堤。站上堤顶，他能看到自己的全部世界：一座小土砖房一侧被树木围绕，另一侧是绿格子的田地，这儿或那儿，所有东西都被北方，南方，斯阔谷，驼背山褐色雉堞状的地平线包围着，伫立在远处的树标的是其他农场和其他世界。在他面前铺陈开来的土地意味着有关对称和秩序的学问。农场南边沿线是一条如剃刀般笔直的水道，两旁种着乱七八糟的绿色植物。只要爸爸付钱给水官，也就是灌水管理员，水渠就会输送不知从哪儿冒出来的水源。“你要多少尺？”灌水管理员会问，并在他的小本子上记下几点开闸，开多久。然后变戏法似地掐在指定的那一刻，水从渠里淌了出来，流进通向田地的闸门里。对杰克逊来说，阶段性的出水意味着可以游泳了，之后的几小时，还能在不断变化的景观，在残留的水坑中嬉闹。

与水渠垂直，每隔 18 英尺全程间隔分布，好比梳齿一般的是把田地分隔成绿色长条纹或“边界”的沙土矮堤。矮堤的存在使得每块分割地都能视作物和天气的不同而分别淹水。严格划分的 36 块分割地的样式总在不断变化。错列的时间表意味着某些银晃晃的地块刚灌过新水，其他刚淹过水的是一片暗棕色，其余的则干成了棚场地的浅砂色。一块地里种大叶瓜藤和上百西瓜，另一块是一畦软绿的草莓。西红柿杂乱得很招摇，一旁的黄瓜藤谦逊多了，高瘦的哈密瓜则与大团的玉米面对面。

54 随处可见的是补丁块似的甜土豆、甘薯、秋葵及任何可以装车拉到凤凰城农贸市场卖的东西。大多数的地块出让给了苜蓿。即使在最炎热的日子里，苜蓿的甜香依然弥散田野，亮绿的嫩芽和成熟了的紫花在微风中摇曳，悄然蔓延到栅栏以外。

借着矮堤的有利地形，越过地里不断变化的作物，杰克逊可以看到他的父亲：远处的一个小人，弯着腰犁地、播种、照顾幼苗，收获作物，是偌大田野中的一个孤影。对杰克逊来说他似乎永远也不会累，和母亲一样，但爸爸更遥远，在更大的天地中劳作。妈妈在枕头巾和桌布上钩精致的花案，而爸爸的“油画布”却是无际的地平线。

杰克逊·波洛克的童年地图中还有一个地狱—— 一个既向往又害怕的禁地。

沿谢尔曼街走半英里，杰克逊的宇宙便戛然而止。绿苜蓿没有了，取而代之的是沙子和灌木，道路也急转直下，两边立着高高的砾石堆坝。更远一点，田地突然消失，马路猛地投入一道几百尺宽的深沟中。白沙质地的干河床在底部形成一个旋弧。道路变窄了，在“赤裸，饱经雨水冲刷”的陡壁下迂回前进，穿过跨越溪床的小木桥。“四处的岩石都露出来，仙人掌张牙舞爪，”桑特·波洛克回忆。这就是阿罗约河，一片弥漫着超自然寂静的水域禁地，是蜥蜴、响尾蛇、吃人的郊狼、魔力仙人掌的领地——这一定是个夸大敏感孩子的恐惧，栖居他的心魔的理想之地。不论桑特何时建议去阿罗约，杰克逊都会提醒他“妈妈会不高兴的”。当全家乘马车经过，他会恳求车夫“不要掉下去”。偶尔，桑特的羞辱迫使他前去一探究竟时，杰克逊往往会被吓呆。桑特对某次探险的描绘中有这样一句：“如果灌木沙沙作响，我们就跳下去。”

阿罗约河的另一面是梅斯基特营地，凤凰城郊的肺结核疗养院。对于每天早晨骑奶牛的波洛克兄弟来说（鲁瓦·波洛克与疗养院签有送奶协议），那儿带纱的窗阳台，帐篷似的房子，四处游荡的病人和出奇的宁静毫无神秘感可言。然而对那儿略有耳闻却从未亲身目睹的杰克逊只知道“那儿有很多病人，需要消耗很多牛奶”。疗养院，像守护它的阿罗约河一样，是他毕生的噩梦。

杰克逊对灌溉渠和父亲农场带刺的电栅栏之外的世界知之甚少。沿大路往下走一英里，穿过几个农场住着比波洛克家贫穷的小佃农波特一家，被这个区域的居民视作“下层阶级”——杰伊称他们为“偏远地区的人们”——但他们很友好且沾得上远亲关系，55
两家虽隔得远，却常在夏日的礼拜天一起品尝西瓜冰激凌。小路西边的小木屋是施赖克家，特意停在屋前展示的汽车尤其夺人眼球。和鲁瓦·波洛克一样，健康是道弗斯·施赖克带着年轻的家庭迁来亚利桑那的部分原因。（大女儿艾伦到了刚好能与杰克逊玩耍的年纪。）往东半英里是雅各布·明奇经营的相对兴旺的大农场和机械修理店，鲁瓦偶尔会光顾那儿。南边住着不常与人来往的怀恩库伯先生，就是把盖普遗弃在峡谷的那位邻居。当地的孩子们都私下耳语，怀恩库伯先生是个“退休的采矿人”，他家农场的某个地方埋着一堆金子。波特开垦的地属于他自己，但他一个人住，捣弄他的发明，给嚼舌根的人提供谈资。

所有外面世界的邻居之中，没有比谢尔曼街北边，名叫莫里的日本家庭在杰克逊的私属世界中占有更重要的地位了。同刚从家乡熊本来的智佐·滨崎结婚之前，森喜朗·莫里在加州圣克鲁兹当男仆。大约在波洛克一家从科罗纳多到这儿的1913年，他们搬到了盐河谷。在当地牧师的帮助下——他们会有此举动是因为日本人被禁止在凤凰城拥有土地——莫里一家搬进了一座隐蔽在楝树小巷尽头带绿色装饰的漂亮小砖房中。杰克逊经常去小巷子里和年龄相仿的内向女孩静子和她圆脸的小弟弟昭信玩耍。他坐莫里家的卡车，看他们爸爸烤面包时围着炉子跳舞；看不说英语的妈妈穿着白色长裙子静静准备晚餐吃的日本蔬菜。他研究每周从洛杉矶送来的奇奇怪怪的报纸，跟他父母的报纸杂志那么不一样，站在那儿着魔似的望着滨崎写给日本亲戚的信，一页页的书法那么错综复杂，手部的动作比钩花的妈妈更柔和精细。

因为波洛克家从来不去教堂，家庭出游就甚为稀少。一年一度的马戏团来到凤凰城时，全家会休息一天——“一整年也许就休息该死的一天，”弗兰克表示。他们会观看穿过全镇的正午游行，下午则待在帐篷里。五年来，与别的家庭唯一一次出游是同波特来到驼背山，“乘干草堆车野餐”。也许是在这次出游中杰克逊第一次听说了霍霍坎的故事——这个山谷繁荣起来的某处千年文明。去驼背山的路与连接一个巨大的群落网的旧

56

杰克逊与莫里一家

霍霍坎运河平行（据历史学家所述，“这是墨西哥之外最复杂的史前都城文明”）。杰克逊从路上就能看到霍霍坎土胚房的遗迹，有一些有几层高，还有那长长窄窄的运河和褪了色的河道，有一些已经被现在的居民重新挖掘，荒废十个世纪后又开始载水。

从骆驼山顶，杰克逊可以俯瞰整个盐河谷。盐河谷 40 英尺长，10 英尺宽，东以迷信山为界，西以白坦克山为界，北以斯阔峰的黑熔岩流为界。不论这样的全景如何点燃了杰克逊对农场和家庭之外世界的好奇心，他很少有探索它们的机会。他“太小了”：因为不能每周和父亲上凤凰城的农贸市场，无法在马车上坐在爸爸身边，也不能“参与农场的运作”，哥哥弗兰克说。查尔斯和杰伊沿着农场北边的铁路干道出走凤凰城时他也还太小。某次这样的冒险归来，他们质疑父亲关于墙上与围篱上“IWW”字样的解释。他饱含同情地将其解释成了全世界国际劳工，还讲述了劳工与资产阶级剥削的斗争。那也许是他们得到的初次令人不安的暗示：驼背山外面的世界不仅很大，也很混乱。

大多数时候，杰克逊只了解尽在眼前的世界。波洛克农场的访客稀少；开过一辆汽车都是稀罕事。（1913 年，凤凰城总共只有 646 辆车。）虽然邮差每星期只在大路上波洛克的邮筒前路过一两次，投递杂志和亲友偶尔的来信，杰克逊每天都会热切地在路边的渠里等待灾难般的汽车噪音。桑特记得杰克逊曾告诉妈妈，“长大了我想当个邮递员，这样就可以有汽车开遍全国。”

星期六，阿帕切族印第安人的小乐队会把他们的马车停在波洛克农场卖西瓜。那一周，鲁瓦会把有瑕疵的西瓜叠在畜棚旁——无瑕疵的则进入市场——五分一块卖给印第安人。波洛克兄弟早听过25年前阿帕切战争的可怕故事。大的见过迁徙来到凤凰城的印第安人，虽然是爱好和平的皮马族和马里科帕族，而非传奇的阿帕切人。杰克逊和桑特听过哥哥讲起在科迪见到的印第安人，他们对这些长头发，佩戴亮色饰物，长相奇怪的人尤为好奇。“女人都盛装打扮，穿着五颜六色，绘有大胆图案的裙子，”弗兰克回忆。“印第安男人着牛仔裤，皮带上镶银扣。有的皮带由蛇皮制成。戒指和手镯必不可少。他们是一群闪闪发光的人。” 57

有些偶然的机会，杰克逊会和妈妈坐马车去凤凰城。从他爬进双轮单座轻马车，脱下鞋子，卷着脚趾抵着挡泥板，像哥哥那样把草帽推到身后的那刻起，他就因为惊奇整个人变得僵硬起来。汽车突突经过，马儿吉姆·布朗会蓦地止步不前，紧张地嘶叫。整个平坦，无树木的旅程中，杰克逊可以看见凤凰城的新大楼，刚完工的议会大厦和基督教青年会，消防站的化铁炉，以及歌剧院的对称尖顶。妈妈的目的地无疑是第一大街和亚当大街拐角处的金水百货。在农场艰苦的生活中，金水百货是自我沉溺的绿洲，是与科迪截然不同的风格和服饰的盛典，在这儿，斯黛拉和她的孩子们可以漫不经心地浏览四层从维也纳进口的家具，触摸芝加哥和纽约来的上好服装，乘坐凤凰城的人们还未见识过的第一部电梯。

在城里，杰克逊还看到了修理父亲马车的铁匠——这是他第一次看见黑人；他听墨西哥人兴奋地谈论弗朗西斯科·马德罗被暗杀后庞丘·维拉的到来（哥哥查尔斯给他讲过庞丘·维拉在边境的起义）；他看到中国小贩的“村庄”，这是由马车连成的一条街，中国人在这儿卖蔬菜，印第安人则被他们的手工制品簇拥着——篮子，罐子，银器，珠子，毯子，绿松石珠宝。尤其在周六，乡下人都进城做买卖，商店开到深夜，凤凰城的街道好似一条色彩与能量的运河，处处都是陌生的脸孔、神奇的细节，亚利桑那灼人的太阳赋予了它们不可思议的生气。

58

05

平凡的家庭

当鲁瓦·波洛克同意买下哈特·贝克的20英亩灌溉地时，他以为终于得到了自己想要的。最终，没人能小瞧他或者告诉他应该做什么；最终，詹姆斯·麦特·波洛克的阴魂会散去。“现在他终于能抓住一些东西了”，就像儿子弗兰克说的那样，“有些东西终于是属于他的了。”

解放了的鲁瓦满怀一腔热血投入了田间活计。凭借在灵戈尔德县当待聘农场工时练就的一身本事，鲁瓦的双手似乎有种爱的魔力，能把他的牲口侍弄得妥妥帖帖，他的猪仔比邻居们的肥一圈，母牛也能下更多仔。“他爱那些动物，那些动物似乎也爱他，”弗兰克说，“他能让它们做任何事。”对于土地，他似乎也施展了同样的魔力。他的作物赢得了本地集市的蓝丝带；瓜更大，苜蓿更高，每英亩的产量也更高；他为凤凰城沙化的土地引进了新作物，比如堂兄李奥纳·波特从路易斯安那带来的甘薯。鲁瓦很为自己高产的农场骄傲，他邀请寡居的母亲来凤凰城探亲。旅行摄影师上门时，鲁瓦一家摆出捧着一瓤瓤大西瓜的姿势，并自豪地给所有的亲戚都寄去了照片。“爸爸只是在炫耀，”弗兰克表示。

但曾经闭塞，只关注产量和牲口的农场工生活并没有教给鲁瓦作为一名亚利桑那农民所需的所有技能。在爱荷华，他不用考虑市场价格与船费运资。而在亚利桑那，单单努力工作远远不够。在凤凰城供过于求，竞争激烈的农作物市场，长出最大最甜的瓜，养奶产量最大的牛也远远不够。即使是蓝丝带也会有滞销的风险，那样一来，一切便前功尽弃。“我父亲懂怎么种东西，也知道如何侍弄牲口，”查尔斯·波洛克回忆，“但他不懂如何通过这个挣钱”。

59 但鲁瓦·波洛克属于“那种十分沉默的家伙”，他的儿子都没有觉察到在他身上滋生的挫败。他们看到的只是一个从黎明到日暮埋头干活的男人。11 岁的查尔斯和 9 岁的杰伊偶尔帮一帮忙，却从没表现出对农活的真正热情。查尔斯下午会载一叠报纸去挣点零花钱——但从来不会进入家庭的公共储金；杰伊在早晨送完牛奶后会溜回学校；桑特和杰克逊太小还干不了活。6 岁的弗兰克倒是心甘情愿，却也搭不上手。从某种程度上说，波洛克兄弟都追随着母亲的脚步，不论鲁瓦如何恳求，他们坚定地拒绝参与农场经营。“妈妈的时间几乎都花在厨房和缝纫上，”弗兰克回忆道，“她很少下地。我们在干农活时，她总在写信或看杂志。”

斯黛拉静默的消耗战很快奏效。被家人孤立鄙夷的鲁瓦愈发投入到工作中去。像在廷格利一样，田地成了他的避难所；工作则是他逃避的方式。媳妇伊丽莎白·波洛克回忆，“斯黛拉过去曾提起有几次，他们准备穿戴整齐去某地。当她把孩子们收拾好准备出门时，老鲁瓦好像会忘了自己身上穿着好衣服，总会又在门外搞得脏兮兮的。”显然，鲁瓦为了报复而加倍努力让他恋母的儿子们成为男子汉。“杰克逊不太谈及他的父亲，”好友彼得·布萨 20 年后回忆道，“除了他父亲对男子气概的看重——如果你有儿子，那么他们必须要有男子气概。这就是他父亲的哲学。”当阉割公牛小牛的血腥时节到来时，鲁瓦一定会让五个男孩子参与进来——大的帮忙，小的观战。但这种策略却几乎都无可避免地适得其反。“我搭手干过这件可怕的事，”查尔斯悲哀地表示，“要把牲口背朝地捆好。整个场面乱哄哄血淋淋的，它们疯了似的嗷叫。不知道爸爸怎么有勇气干这个。”

除了每日例行的吃饭和干活时间，父子少有交流的时刻。偶尔在睡前，鲁瓦会从玻璃橱中拿出一本书在煤油灯下读给查尔斯和杰伊听。

有时，他会把书给他们，自己坐回去，闭上眼，让儿子们读给他听；有时，讲着讲着就讲到自己与拉尔夫·提德里克沿密西西比而下的故事，讲到他被波洛克家收养，或者自己信奉的“大自然的强大力量”。在这些愈来愈罕见的时刻，年龄较大的兄弟两个得以窥探鲁瓦心中一直竭力隐藏的那个浪漫敏感的大男孩——斥责他们用弹弓打鸟或弄坏巢中蛋的父亲看到美丽的夕阳总会“放下手中的犁，怔怔望着直到落日远去”。

杰克逊·波洛克从没见过父亲的这一面。等他长到能在深夜听故事时，睡前阅读这种事情已经变得十分少见。“他与几个小儿子没有多少交流，”弗兰克也属于长大得太晚的那几个。“前两个之后，我想，他是放弃了。”不论是在远远的地里干活还是叫人难以亲近地在煤油灯下坐着，鲁瓦·波洛克都是杰克逊世界边缘的一个黑影，这个黑影他渴望靠近却又无法触及。桑特说，每次父亲要离开农场，杰克逊都会站在门口大哭。

60

鲁瓦、弗兰克、查尔斯、杰克逊、杰伊、桑特和斯黛拉在凤凰城，约 1915 年

鲁瓦·波洛克给儿子们立下他父亲曾强加于他身上的那一套有关责任与特权的严格规矩来替代父爱。男孩子 5 岁才能穿李维斯牛仔裤，“还是没有背带那一种”，9 岁才能打枪，10 岁才能驾车。大儿子查尔斯被“授予”最精选的工作和最令人嫉妒的特权。每天早晨，他可以骑自己的小马驹去疗养院送牛奶。孩子们在地里行走也是按长幼次序，身上扛的工具反映了不同的等级：打头阵的爸爸骑马，后面的查尔斯提犁，弗兰克把锄头，桑特持铁铲，杰克逊呢，“尾随其后，肩头连一把铲子的尊严也没有，”桑特表示。

斯黛拉继续煽风点火，把男孩子们分成了两派；“矮梯队”的桑特和杰克逊，“高梯队”的查尔斯和杰伊，因为“站成一排时，他们会形成规律的梯级”。（弗兰克，和往常一样，是个孝顺的中间派。）两个派别的分歧很深。“矮梯队”通常被指派在厨房帮助妈妈，“高梯队”在畜棚帮爸爸干活。早上，“高梯队最早醒……但他们无法抵御将被子（从矮梯队身上）掀掉的诱惑，或是在他们脸上洒水，”桑特说。晚上，只有高梯队允许搅拌母亲的黄油。鲁瓦的竞走比赛毫无悬念总是高梯队获胜，这也决定了在马车上时，谁能在坐在他身边。妈妈进城时，高梯队总占据了第一排那两个多余的位置。在凤凰城的几年，高梯队上学，矮梯队则呆在家。

虽然有分歧有鸿沟，高梯队似乎特别以他们的小弟弟为傲。“杰克逊就是家里的小不点，”杰伊说，“所以我们似乎觉得要用尽全力对他负责、给予照看，以免他出事。”然而

61

鲁瓦、斯黛拉和（左起）查尔斯、桑特、杰伊、杰克逊与弗兰克

正因为他们满心的纵容，他很快就被宠坏了。不像哥哥们，杰克逊从来都不用干活。“家里的上上下下都不会叫他搭手，”杰伊回忆。但对波洛克来说，这强制的赋闲反而像是排斥而非特权。他会在厨房门前或者田埂边徘徊不去，祈求给点零活，比如给妈妈拔拔胡萝卜白萝卜，帮爸爸到地里检查地鼠洞。要是工作都分配完了，他会反复坚持说“我也要干活”，频率之高以至于这几个字眼成了家里最钟爱的奚落对象。偶尔被准许负责某任务时，过强的好胜心反而只落得尴尬与失败。桑特曾记下了这样一件事。

> 我在堤顶跑时看到杰克逊和盖普疯了似的想找一个活动的地鼠洞……我就在 62
> 他们后头，杰克逊猛地一扑抓住了鼠尾巴的尖端。四脚、胸口贴地的杰克逊气喘吁吁，“我抓到啦！”紧接着，他大叫一声跳了起来，地鼠转过身咬住了他的手指。“哎呦！噢，哎呦！”杰克逊尖叫起来。“放开他！放开他！”我也吓坏了，但看到血和杰克逊疼的样子迫使我立马行动。我抓住了地鼠开始拉。“等等！不要这样！”查尔斯大喊着向我们跑来，“这样会伤得更重——这儿，抓住杰克的手臂——”我照做了，查尔斯用岩石砸地鼠的头。那小东西没出一点声响就砸在了地上……杰克逊从头到脚都在颤抖，脸色煞白，面部的雀斑更深了，比鼻梁上的都要来得清晰……“出了好多血，”杰克逊抽着鼻子，努力忍住眼泪。

哥哥们也许因为他是家里的小不点而百依百顺，干活时关怀备至，但私下里，他们怨恨他享有的特权，羡艳他的无所事事。“杰克逊像蒲公英一样，”弗兰克说，“我们并不太注意到他。我们干活，如果有什么好玩的，那就是杰克逊玩。可能他会喂一两只鸡吧。都是些闲差事。可能还捡捡鸡蛋。他从没挤过奶——但我保证我挤过。”像波洛克家的所有其他情绪一样，这种怨言几乎从不显露。但杰克逊无疑能在自己每份努力都被报以讪笑或不耐烦时感受到它们的存在。桑特表示，每当家里计划去驼背山时，杰克逊总“忙着从一个问到另一个，真正的大山是什么样子”。但没人会告诉他。杰克逊长大了，哥哥们还是继续从杰克逊的童年特权中取乐。“杰克逊十几岁了他们还唤他‘宝宝’，”弗兰克的妻子玛丽·波洛克记得，“他尤其恨这一点。”杰克逊所有的哥哥，包括弗兰克后来都坚持，“我们从不较劲，从不竞争。不会的。不会这样的。”但杰克逊知道情形并非如此。离开凤凰城30年后，他与朋友克莱门特·格林伯格述说了一个反复发生的噩梦：他的哥哥们试图把他推下悬崖。

只有在幻想中杰克逊才能消弭与哥哥的隔阂。几乎是刚学会说话，他就开始从他们的人生中采撷片段，并把自己投射进去。他在还没有见过山峰前就谈起“去山上的那次远足”；谈起小马驹，吉姆·布朗，虽然那时候他还是个婴儿；谈起他从桑特那儿听来的河谷的洪水。多年后，桑特还能记起这段对话。

“记得那次溪床淹水了吗？”某天晚上，桑特在餐桌上说。

“记得，”杰克逊答。

“你肯定不记得，你太小了，”桑特说。

“我肯定记得，”杰克逊坚持，“水那样下来了——里面都是黄泥树枝和树干——桥淹了，堤淹了，石头淹了——它咆哮着——雨就那样下来……”

“你根本不记得，”桑特说，“你太小了。”

63 但杰克逊还在继续，“第二天水退了——退到海里去了。”

没有什么比性的问题更让杰克逊觉得自己是个外人。“妈和爸觉得我们没必要知道人生的事实，”弗兰克认为。“我们是从动物身上知道那事的。我们和公鸡母鸡、公狗母狗，公猪母猪、公牛母牛、公马母马一快长大。遍地都是性行为。”要不是偶尔的含沙射影或者说漏嘴的俏皮话，他们谁也不会胆敢询问或者拿来开玩笑。“你不会和任何人吐露，至少在所有兄弟面前，你对此一无所知，”弗兰克记得，“你只会吹牛，好像你经历过似的。”但当邻居莫里先生控诉弗兰克“欺负”女儿静子时，弗兰克否认了。“我告诉他什么也没发生，”他回忆，“我压根不知道有这回事。”后来，杰克逊和桑特吹牛，是他，而不是弗兰克，因为和静子“玩医生”游戏被训。

要说几兄弟中谁能和杰克逊互换位置，那就非查尔斯莫属了。查尔斯享有一长串兄弟们嫉妒的特权。他读书读得跟爸爸一样好（在煤油灯下越来越能替代鲁瓦的位置）；他会弹弹珠，打枪，嚼口香糖，吹泡泡。他甚至会吹口哨——这是桑特和杰克逊无时无刻不在比试较量的技能。因为有自己的马，一匹名叫平托的花斑矮种马，查尔斯还可以出去溜达。去凤凰城对他来说毫不稀奇；他每天都去取《亚利桑那共和报》，常在途中停下，在镇上唯一的电影院看最新的珀尔·怀特冒险系列。杰克逊和桑特全神贯注地听查尔斯讲电影中的故事，讲去看巡回马戏，赛摩托车的经过，以及观看T形马球竞技。这是个玩家脚踩齿轮驾驶简化汽车的野蛮游戏。

在查尔斯的所有特权中，没有什么比他与斯黛拉特殊的关系更令人羡慕。“我是老大，也应该最早独立，”查尔斯说，“我想妈妈应该是这么想的。”在斯黛拉的坚持下，查尔斯不再在棚场干农活，在很小的年纪就开始追随自己的兴趣。“我们在凤凰城有八到十头奶牛，”查尔斯回忆，“但我从来不知道怎么挤奶。我成功地逃脱了。”据某位家庭成员所述，“就像波洛克奶奶一样，查尔斯的梦想就是不做农民。这就是他们的梦想。”当斯黛拉驾着活泼的吉姆·布朗去镇上时，总是查尔斯陪伴她——“万一她累了”。从金水百货回来，她给其他男孩子带了牛仔布衬衫，给查尔斯的就是丝绸的。“我想要点特别的东西，”查尔斯回忆。取报纸途中他还买了弗洛斯海姆袋鼠皮鞋——“那是你能买到的最贵的鞋了。妈妈让我尝到了高档货的滋味。”

但查尔斯最叫人羡艳的是他会画画。 64

还在科迪的时候，查尔斯开始对视觉世界产生了特殊的兴趣。在读书前，他就流连于科迪报纸上的卡通，像马特与杰夫，巴斯特·布朗，快乐胡立根和小尼莫。后来，全家搬去了瓦特金斯的农场，探索附近的山艾坡时，他第一次经历了艺术顿悟。在废弃的木屋校舍，几束斜光游走在窗台间，照亮了屋内，他发现上百张横格大页纸散落在地上，每张都有帕尔默法写的字。“那些精致的图案给我带来了巨大的心灵冲击，”他回忆。一家人在凤凰城定居多年后，查尔斯已经自认为是艺术家。

他们到来后没多久，他开始和“华纳夫人”学画。华纳夫人是瑞士移民，和丈夫住在波洛克农场和滕比谷之间的荒漠。“她画油画，那么我也照做，”查尔斯回忆，“是她让我知道了派泥灰和其他我没听过的颜色。”查尔斯和母亲对于更好事物的探索在黑貂毫笔的笔触和亚麻油的味道中得到了实现。弗兰克说，“十二三岁的查尔斯总在画画。爸爸觉得他应该把更多时间花在农场上，但妈妈说，‘他天生是个画画的’”。

查尔斯把所有注意力和精力投向新的追求。在家里，他从斯黛拉的《妇女家庭杂志》和鲁瓦的《乡村绅士》上剪下插画创造他的“艺术博物馆”。他后来和采访者谈到自己十分宝贝的这些插画，“并学着评论它们相对的优点”。在威尔逊学校，他与一个多才多艺的日本同学津助松户成了朋友。后者“会画最漂亮的花瓶和碗”。

诧异而羡慕地目睹哥哥兴奋生活的杰克逊没有一样不看在眼里。他看着查尔斯用妈妈的剪刀从杂志上剪画片，看他每周六骑马去华纳夫人那儿上课，看他拿出便签簿开始勾勒怀恩库伯先生要他画的自己发明的潜水艇。“我想我们都被查尔斯影响了，”弗兰克说。“我知道我一定是的。”桑特则更直白，45 年后告诉《时代》和《生活》杂志的记者，“是查尔斯开始了整件该死的事。”1957 年，在杰克逊之死和斯黛拉之死的短暂间隙，斯黛拉告诉《得梅因纪事报》的记者：“杰克逊还小的时候，问到长大后想做什么，他总会说，‘我想和查尔斯哥哥一样当艺术家。’”

65 崇拜的回报是查尔斯对杰克逊除了必要的家庭事务之外最小限度的关注——对于安静、与世隔绝的波洛克家来说，家庭事务实在少得可怜。

在所有兄弟中，只有桑特给予了杰克逊渴望的关注。“矮梯队”将两人绑在了一起，他们似乎成了家里的一个整体，像个体一样不可分离。“总是‘杰克和桑特’，”弗兰克回忆，“‘杰克和桑特这，杰克和桑特那’。他们就像一条狗尾巴草上的两个芒刺。”作为榜样，桑特和查尔斯有着天壤之别。如果说查尔斯精致敏感，那么桑特则更粗线条，头脑更容易发热。查尔斯跟妈妈一样独立超然冷静，桑特呢，爱冒险，斗志昂扬。查尔斯剪杂志，桑特用弹弓打电线上的鸟，如果他够大的话，他一定会兴致勃勃地和父亲一起去打猎。

如果斯黛拉不自作聪明地让桑特监护杰克逊，那么两人的愉快时光一定足以打消杰克逊对其他家庭成员日渐加深的疏离感——桑特很快对这项责任厌倦起来。在屋里，杰克逊需要无时无刻的监视；在地里，他总令桑特不能为父亲担当起更重要的责任。1915 年，桑特本该和哥哥们一起上威尔逊学校，斯黛拉却让他留在家，在白天继续照看弟弟。

1916 年的某个时候，“杰克与桑特”的故事闹出了一小段悲剧性的插曲。事情发生在

66

杰克逊在失去指尖的剁肉板前

鸡飞狗跳的波洛克农场的棚场。对杰克逊来说，这又是宁静而孤独的一天：爸爸波洛克正在屋前和灌水官商量下次灌溉的时间；斯黛拉和来凤凰城探亲的婆婆丽兹在一起。三个大孩子都在学校。桑特和一个稍大的邻居男孩查尔斯·波特绕着棚场的剁肉板玩耍——是爸爸和高梯队从棉木上劈下来架炉子的半截树桩——有意忽略杰克逊。渴望加入的杰克逊从柴堆里取了一小块木头，扛到剁肉板上，拾起躺在附近的斧头。桑特说，“波特看着杰克逊说，‘你太小了，还不能使斧子。告诉我你想切哪里。’”杰克逊把右食指按在斧子将会砸下来的位置，波特尴尬地抬起了长斧柄。“那是把常规的大型斧，”波特回忆，“我无法自如地控制。”刀面恰好切在杰克逊手指的最后一节关节上。

小指尖砸在了地上，很快，一只老公鸡——14磅重，“像宠物似的”——蹒跚着开始啄那截手指。（没有人看到鸡吞下了指尖，但查尔斯放学后在案板周围找，手指竟然不见了。）男孩们好一会儿才反应过来发生了什么。波特扔掉了斧子跑回了家。杰克逊——“吓得哭不出来”，据波特所述——把血淋淋的残余手指含在嘴里跟着桑特去找妈妈。妈妈以长老会的冷静作出了回应。“这样的事情发生在波洛克兄弟身上就不稀奇了，”弗兰克回忆。“妈妈是个现实主义者，不论发生什么，她总是从容不迫。”在伤口上撒糖包扎后，她领着不知所措却还忍着眼泪的杰克逊出了前门，坐上了灌水官的马车，去凤凰城看梦纳科医生。

斯黛拉很平静，杰克逊瘫软无力，桑特后来承认，他“却是最难过的那一个”。虽然他一定在某种程度上感觉到了杰克逊是活该，但在照看杰克逊的任务中，他搞砸了，也是因为这样，他辜负了妈妈。无能、自责、对整件事情的气恼将会一直盘亘在他心头多年。对杰克逊来说，案板插曲的真相似乎有许多面，多年后，他会和不同的朋友讲述不同的故事。1923年，波洛克家回亚利桑那作短暂停留，他告诉艾芙琳·明奇，自己“把手指搁在案板上，向波特挑衅‘敢切吗’”。

“那孩子以为杰克逊会在最后时刻抽回自己的手指，”明奇回忆，“但他没有。”40年代，杰克逊告诉阿克塞尔·霍恩，他和一些朋友“很无聊，在剁肉板旁玩，有个孩子拾起了斧子说‘有人要把你的手指砍下来’”。“依杰克逊的口气，这似乎不是个意外，而是敢不敢的游戏。他应战了。”后来，杰克逊告诉东汉普郡的邻居，是桑特挥的斧子。

在某种程度上，此言不虚。在男子气概的较量上，杰克逊献出了自己的手指。在他眼里，砍手指的人是桑特，而不是波特。但指尖的损失是在那个瞬间建立二人纽带的小小代价，爱与负罪、牺牲与怨恨的纽带将两人缠绕在对未来40年同样危机四伏的拥抱中。

67 从眼睛一瞟到这座荒漠中的小砖房那刻起，斯黛拉就讨厌它——以讨厌从小长大的农场的静默、顽固的方式。离开瓦特金斯的时候，她就渴望一间科迪那样的屋子：简单高贵，一间可以以她优雅端庄的品味装饰的屋子。但鲁瓦却把她带到了这个墙壁糙劣、地板不平，后门还带个棚场的破旧小泥屋。每当夏天这个蹩脚屋子开始像荒漠昆虫一样蜕皮，她的怨气又会被点燃。“太阳的灼烤会让外墙的灰泥剥落，”弗兰克·波洛克记得，“见鬼的是，因为妈妈的坚持，每年爸爸都要重刷剥落的那一块。”

波洛克的邻居们很快发现这个新来的女人似乎待得并不愉快。她从不拜访附近的邻居，也不邀请他们和孩子来家里，除非去凤凰城，几乎看不到她四处走动。“她认为自己比周边的乡民们来得文明一点，”查尔斯回忆，“她有那么点儿架子。我不认为她很赞赏务农。”事实上，后来她把务农称作“低级的苦工”。

晚上，斯黛拉看杂志，读报纸，商品目录，或是最新版的亨利·菲尔德目录，偷偷享受跟踪菲尔德家族上流社会生活的乐趣，或是给母亲和斯黛拉姨妈写信。白天，她很少涉足棚场，更愿意打理她的私人花园。那儿种着她从爱荷华订购的稀有玫瑰和蔷薇。其他时间，她会用来烹饪，烘焙和缝纫——都是农场常见的活计，但做的方式却强调了她对真正农场生活的鄙夷。烹饪时，她偏爱杂志上要花时间和使用特殊食材的新菜式。每一顿饭她都准备多种上好的食物。她只用最好的食材，不是从商店买就是占用了鲁瓦要拉去市场的货物。“她夸口说最好的需要留给自己，剩下的才卖掉，”斯黛拉的媳妇玛丽回忆，“一般，农民只会反着干。”缝纫的时候，她一般将每日的缝补活抛在脑后，只煞费苦心研究《妇女家庭杂志》最新的样式，或为自己的收藏再钩一块桌布。“她是个技艺精巧的女裁缝，”另一位媳妇表示，“她只会用最好的原料——如果不是最好的，她宁可不用。”

像在科迪一样，斯黛拉拒绝严加管教几个孩子。“如果他们干了什么蠢事，她可能会说‘你的脑子呢？’意味着你应该做得更好，”弗兰克说，“但她从不训斥或者体罚——从来没有。”事实上，斯黛拉还有其他更有效的方式挥舞她的铁鞭。比如说，食物。在斯黛拉的手里，食物成了每日实施控制的仪式。她准备了精致诱人，保证男孩子们每晚都会回来的食物。“如果你干了什么她不喜欢的事，”弗兰克记得，“你也许会吃不到她的派或其他什么。那已经算是十分严厉的了。”虽然凤凰城有许多现代设施，她却拒绝带儿子去医院看医生，即使有什么可怕的紧急状况。（杰克逊那件事倒是个罕见的意外）没有人，事实上允许在她与孩子们之间阻碍。如果他们执意要参加学校活动或是周日远足，那么她会拒绝参加，也许害怕其他成人的在场，包括鲁瓦的在场会损害她的威严。“无论爸爸何时给我们读书，”杰伊记得，“妈妈都不会参加。她总会找点别的事做。”她敦促他们远离邻居家的小孩，虽然自己信教，却不让他们去教堂。不论儿子有什么需求——社交的，医疗的，还是精神的——斯黛拉，只有斯黛拉能满足和照料。

斯黛拉远不是桑特夸口的鼓励“独立冒险”的母亲。因为她的保护，几个儿子统统 68
十分胆小，心思敏感，与外面世界的接触让他们极尽惶恐。去凤凰城遇到陌生人，他们畏畏缩缩地贴着斯黛拉。天主教邻居施赖克带查尔斯去教堂。这可把他吓坏了。“他们跪在那里划十字架，”他回忆，“可把我吓坏了。”偶尔，鲁瓦和斯黛拉在饭桌上起了争执，查尔斯会大哭。“那时，只要稍微大一点声响就会叫我发作起来，”他回忆。当弗兰克最终要直面医生时——移除淋巴腺——他“没命似地跑了”。“他们得用氯仿制服我，”他记得，“我想我让妈妈紧张不安了。”

为了不让妈妈紧张不安，波洛克兄弟学会以微妙的关爱阅读她的情绪，不遗余力地排遣她的不快。他们都记得很清楚某次从凤凰城回来妈妈那副令人不安的样子。“她把鸡用布条拴住脚，”查尔斯回忆，“接着抓过来就一只一只剁掉了脑袋。那样子很吓人。”杰克逊尤其不会忘记母亲手里紧攥着一把大刀的样子——同样是这只手却能纺出如此精致的蕾丝——切掉一个又一个鸡头，扔在一边堆成堆，挂起的身体淌干血，染红了她的双手和刀面，滴到了她的白围裙上，让她的脚沾上了亮亮的黑点。

没有人比她的宝贝杰克逊更需要斯黛拉的爱，更能精确地读懂她的心情。妈妈要是一下午都不在，晚上，杰克逊一无例外地会问，“你想我了吗，妈妈？”有一次，斯黛拉和杰克逊坐车去镇上——两人少有单独相处的时候——一头大公牛，显然是刚从围栏里逃出来，向他们的双轮单座轻马车冲了过去。后面的马受到惊吓倾覆了马车，把杰克逊和斯黛拉甩在了地上。尽管两人都很快被经过的农民解救——后者拍着杰克逊的脸好叫他停止哭泣——这次事故让5岁的波洛克饱受惊吓，以至于他在后来还曾做过恐怖的公牛和遭殃的马匹的噩梦。

69 杰克逊孩子气的，黏着母亲的行为比哥哥都要来得长期和迫切。“他总哭着跑向妈妈，”比杰克逊小两岁，个子比他小得多的昭信回忆，“他好像永远长不大，总哭哭啼啼的，很爱跑到他妈妈那儿告我的状——‘啊！他又说坏话了，妈妈！’”但斯黛拉却不大关注杰克逊这些特殊的需求，以同样的超然冷静予以对待。她的沉默寡言进一步确认了杰克逊模糊却已然强大的感觉：他让妈妈失望了。桑特记得有一次他伤心和一位客人说：“妈妈想我是个女孩，可惜我不是。”

大路往下四分之一英里，杰克逊找到了一个玩伴，和他一起玩代偿性幻想的游戏。艾芙琳·波特，查尔斯·波特的妹妹，比杰克逊小一岁，也是个“胆怯的小孩”，大家都叫她艾维。艾维回忆“我们是那儿唯一年龄相仿的玩伴，所以很快就成好朋友了”。白天，杰克逊去波特家玩，两个人会“在树下玩过家家”。“我和杰克都穿连衫裤。没穿鞋，当然。我们是光脚的小孩。那时候，我有个小狗，特里克西，还有个小茶桌。娃娃坐一张椅子，特里克西坐另一张，杰克和我坐在边上开茶派对。他是个可爱的农家男孩。”波特家的茶派对成了定期的活动，某位摄影师经过时，艾维和杰克身着礼拜日的盛装，在相机前再现了茶派对的场景。

杰克逊见过桑特在前院的伞树下过自己版本的“家家”。他在苜蓿地里建了一个迷你农场，漏水的水桶装满水就成了灌溉水渠，板条箱制成的畜棚，火柴盒与线轴做的马车和棍子扎的牛马。桑特，当然，和爸爸一起玩。然而，在与小艾维构建的梦幻世界中，杰克逊可以随意塑造自己的家庭，成为自己想成为的样子。“我们玩过家家，”波特回忆，“他总坚持要扮妈妈。他是妈妈我是爸爸。我记得有一次我们为一把钝头剪刀争吵。剪刀是我的，我想拿来玩，但他坚称在家里妈妈才能拿剪刀，而他才是妈妈。”

1916年之前，杰克逊一直不知道他的家已经面临危机。在所有兄弟中，只有每天早上和父亲骑马去农贸市场的查尔斯看到了征兆。“我们每天四点起床，备马，载大堆的货物去市场。要是卖不出去，爸爸会去饭店门口贩售。这对他来说既痛苦又羞辱。但妈妈

杰克逊，艾芙琳·波特与小狗特里克西的“茶派对” 70

从来不知道。回家前，他会在回家前把没卖完的扔掉，这样妈妈就看不见了。”

14 岁的查尔斯只知道问题出在“供过于求的市场”上，他却不知道是什么样复杂的博弈——有些东西他爸爸能够控制，有些却无能为力——将波洛克一家推向破产边缘。到 1917 年，由于大地主主导的长绒棉纤维杂交技术的的发展和美国加入一战后需求的爆发，棉花已经替代苜蓿成为盐河谷之王。随着越来越多的农民“为棉花而狂”或扩大种植苜蓿以外的作物，乳品业衰落了。在新兴的大固体乳品与通过先进的铁路链运输的廉价乳品的夹缝中生存的如鲁瓦·波洛克这样的小农几乎要被排挤出乳品业之外。除此之外，不寻常的沙质土也无法维持能在新市场占有一席之地的高产量。“周围所有土地都是沙质的，”在波洛克家遗弃农场后又在邻近农场待了 30 年的昭信·莫里回忆，“波洛克家的那块地比同区域其他农场沙化得更严重。如果土地是那样的，水流失得快，也无法留住肥料。在如此贫瘠的土地上能种东西本来就是奇迹。”

如果一家人愿意忍受更大的苦难，鲁瓦·波洛克本可以像莫里一家一样在他的农场坚持下去。“我们有时一星期都没东西吃，”莫里回忆大萧条时的家庭困难，“我们把所有钱都花在了买种子上，只能等粮食长出来。”事实上，凤凰城的棉花热三年后便萎缩了，还在坚持的奶农和庭院经济突然又兴旺起来。

但鲁瓦·波洛克还要对付农民没有的问题。斯黛拉的“大城市”品味已经把家庭推向经济危机的边缘。“妈妈是个挥霍的人，”弗兰克回忆，“她会买上几码布和上百磅糖和面粉。她爱花钱。”据查尔斯所述，斯黛拉“奢侈得不可救药。任何理性的农民都会感到愤慨，母亲却一如既往”。（多年后，媳妇玛丽才发现斯黛拉是多么奢侈。“她和我们住的时 71

候，弗兰克一星期挣 60 美元，她每天出去买一磅黄油，要花上 1.05 美元。她把我们收入的 10% 都花在了黄油上。我说，'斯黛拉，要不用人造黄油吧？她回答，'决不能那样。'必须要纯正的黄油，她黄油用得很疯狂。'"）

斯黛拉不止大大咧咧地花钱，她还坚定地拒绝挣钱。尽管她花很多心思钩花和烘焙，"她从来不卖，也从来没有尝试卖给别人，"弗兰克回忆，"她对买卖没有兴趣。"就像远离棚场事务一样，她也拒绝参与农货的销售。"她只去镇上购物，"弗兰克，"我的天，你不知道妈妈多爱购物。"

经济索套在鲁瓦头上越箍越紧，即使在这样一个割裂、无交流的家庭，冲突也不禁随之浮现。1916 年 11 月，父母已经为"政治"问题公开争吵了多日，孩子们都觉得诧异又困惑。"爸爸支持威尔逊，妈妈支持休斯，"弗兰克回忆，"休斯获胜时，妈妈一副幸灾乐祸的样子。第二天，局势扭转了。加利福尼亚的选票让威尔逊夺得头筹，这一回轮到爸爸幸灾乐祸了。"日渐紧张的局势的真正焦点并不在于政治，事实上，冲突一直围绕在家庭的控制权上。在科迪与查尔斯和杰伊的斗争失败后，鲁瓦·波洛克坚决要成为农民，要把弗兰克塑造成农民的儿子。他曾谈起把他送到爱荷华的农业学校，早早交给了他农民日常的艰苦农活和重担。但这样的努力却事与愿违。"小时候你在地里拔拔甜萝卜，但你总会厌倦的，"弗兰克说，"你不想承认，不想放弃，因为你不想让爸爸知道你不行。但一段时间之后，你就会怨恨。"

当他希望并肩作战的儿子把农业看作"在泥地里挖土"时，鲁瓦·波洛克知道他被打败了。"他有梦想，"弗兰克说，"那几乎让他的梦想破灭。"

但斯黛拉也有梦想，有自己的和儿子的梦想。1917 年，她开始公然追求自己的梦想。她函索商会向加利福尼亚十几个城市分发的手册，寻找"非同寻常的好东西"。"她认为加利福尼亚的学校一定比亚利桑那的好，"弗兰克记得，"她觉得孩子们应该接受尽可能好的教育。她还想给我们争取更好的物质条件。"不论斯黛拉与鲁瓦是明争还是暗斗，最后的通牒很清楚：不管鲁瓦离开农场与否，她都会离开他——也许会回到廷格利——带着孩子一起。"她拒绝继续待在那种环境中，"弗兰克说，"如果爸爸要留下来，那么就是他一个人留下。"儿子站在哪一边在此清楚无疑。"母亲是主导的那一个，"弗兰克承认，"她有五个儿子的爱支持她。如果她想要更好的，如果她想离开，我们随时准备和她一起走。要把我们从刚刚还在挤奶喂鸡的农场迁离并不会费上多大劲。"也许鲁瓦并未表示任何异议就同意离开，麻木地开始为农场找下一个买家。

1917年5月22日，早晨9点到12点，L.R.波洛克农场的公开竞拍在谢尔曼街举行。 72
出席的人群绕着鲁瓦在棚场整整齐齐摆出来的工具转，尘土飞扬。害怕陌生人，人一多就不习惯的杰克逊在厨房找到了庇护，仍旧躲在熟悉的隔门后望着这些稀奇事。拍卖最终开始时，随着奶牛、马、猪、牛仔一件件被卖出，拍卖商将竞价进行得飞快。人们很兴奋，价格很吸引人——差不多2.25美元可以买到一只下蛋的母鸡——但对于观看者来说，这一天尤其漫长，分外痛苦。“这是件悲伤的事，”弗兰克记得，“牛仔，奶牛都是你的朋友。但一切都没了。”整个早上，斯黛拉都在亲切地分发最后一个西瓜。

拍卖结束后，波洛克一家马上搭上火车驶向母亲选定的目的地：加利福尼亚，奇科。对以锐利、自责的眼睛见证了凤凰城最后岁月的弗兰克来说，离开意味着什么在他爸爸脸上再明白不过：“爸爸完了。”爸爸的人生就此结束。

73

06

遗弃

接下来的六年，波洛克一家会分崩离析——不缓慢，也非循序渐进，而是疾风骤雨，不出所料——而杰克逊只能无助地、默默地目睹这一切。被追求“更好”的焦虑感所驱动的斯黛拉又带着家人（或者说，残存的那一些）进进出出搬迁了七次，好像祸害她的魔鬼能像烂泥和恶劣的天气一样被甩掉。然而，不论去到那儿，饭桌上的脸孔总在不断消失。

1917 年夏天，乘坐南太平洋火车的波洛克一家在加利福尼亚奇科下了车。放眼望去，奇科似乎是个希望之地。半个世纪以前，在附近的山里发现了金子（然后是钻石）的淘金者前赴后继，1917 年，小镇人口稳步增长到可观的七八千人。虽然钻石火柴公司的工

奇科的波洛克一家：桑特，查尔斯，鲁瓦，斯黛拉，弗兰克，杰伊和杰克逊

厂将山里的大木材粉碎成厨房用的柴火，农业和礼拜仍是当地的首要活动。盛夏，主干道的热气和灰尘一定让波洛克想起了凤凰城，但鲁瓦拥有一双能觉察自然微妙变化的农民的眼睛，他能看到云朵挂在东边低矮的塞拉山脚，山上满是郁郁葱葱的松木、山杨，还缀着印第安人画的 8 月红。这儿至少雨水不愁。在城里，成排低矮的嫩杏仁，核桃，桃子，梨树，桃金娘，石榴和稀疏麦地里的蓝花韭证明春天已经过去，秋天正在途中。如果鲁瓦·波洛克能够透过沮丧的情绪看到真正的奇科，那么他眼前的这块土地，同尘土飞扬的凤凰城相比，即使在干旱的夏天看起来也十分肥沃。

穿过宽阔的奇科河矗立着宏伟的比德韦尔宅邸。这儿住着约翰·比德韦尔，加利福 74
尼亚还属于西班牙时，他已经拥有 20000 公顷地产，囊括了整个奇科县和周边布特县的大部分。比德韦尔成就了鲁瓦·波洛克曾经的梦想：在荒野中创建一个帝国。现在，他的遗孀漫步在宅邸中，像继承亡夫爵位的女皇一般把握奇科的发展和定位，并对印第安人施以长老会倡导的贵族的恩惠。翻看成叠的宣传册，斯黛拉一定能发现，多年来，比德韦尔夫人为丈夫创立的城镇融入了东方文化的精致。

2 月，也就是抵达的大半年后，鲁瓦和斯黛拉最终卖掉了凤凰城的农场，在镇西边的萨克拉门托大街找了一个他们担负得起的小地方。同奇科一样，斯黛拉，而不是鲁瓦选了这块 18 公顷，载有桃树、李树，杏树的地。“没有哪个自耕农会买这样的房子，”15 岁的查尔斯回忆。“他对果树种植一无所知，”倒是斯黛拉对房子略知一二。这栋漂亮的木

75

波洛克在奇科的家

屋带一个合适的前廊，一个客厅，松芯木地板——杰克逊记忆中还是第一次住这样的房子——室内装有管道系统，建于手艺人自由流动的世纪之交，新铁路提供的廉价木材鼓励了建筑业的发展。建造者显然不计报酬地完成了窗框和门框；他们甚至包了屋檐，赋予了整个房子以斯黛拉姨妈在廷格利那栋房子似的精致，“盛装打扮”的观感。斯黛拉毫不犹豫就买了下它；她甚至都没有看一看屋后掩藏在矮桃树从中的畜棚，风车和水塔。为了顺妻子的意，鲁瓦只粗略地查看了一番——可能连看都没看。

迁离凤凰城戏剧性地改变了杰克逊一生的心理图景，但他的情绪地带依旧如预兆中的一成不变。

查尔斯·波洛克是个有魅力的年轻人，如果要说在他有什么不协调的东西，那便是他继承了父亲“小规模”的男子气和母亲小城镇的世故。像鲁瓦一样，他很容易被哥们义气吸引（5 英尺 5 英寸高的时候，他就是学生团伙“肮脏七人帮”的小弟）。然而，他也是个艺术家，并想向世界证明这一点。“查尔斯看起来就是个艺术家，”某位邻居和同学回忆，“他留艺术家一样的长发。从不去理发店。第一天我们就知道他是个艺术家。”这段时间，他要流氓气，穿皱巴巴的牛仔裤，鹿皮衬衫学鲁瓦的样子把袖子翻上去，双手叉腰，帽檐仔细地竖起，那样子阴影恰好遮住他的脸——或者，不戴帽子，让头发飘逸地垂在一只眼睛上。过段时间，他又扮花花公子，穿浆硬的高领，系呈完美圆柱形，佩有领带夹的宽丝绸领带，刷得锃亮的皮鞋高视阔步，抹了少许油的庞帕多发型梳得一丝不苟，恰到好处。在奇科的二手商店，他觅得一件钉珍珠扣的灰色时髦马甲，直到穿烂了才扔。“查尔斯对优雅的东西颇有品味，”某位家庭成员说，“他骨子里有个妈妈。”像所有波洛克家的男孩一样，他迷恋女人的胸脯；然而当那个时刻来临时，他会像绅士一样浅尝辄止，写情书，并在信纸上“装饰可爱的镶边”。

76

奇科的查尔斯；斯黛拉（背景）

对查尔斯来说，这种男子气概与女性气质的平衡来得很自然，也很危险。甚至到了

15岁，他都以自信与天分若无其事地掩饰这种二元对立，在满脸崇拜，易受影响的6岁的杰克逊眼中这一定易如反掌，以至于多年后，他一度模仿大哥的癖好、衣着、生活方式，甚至职业选择，却在生活与爱情上无力复制他的成功。离开奇科几年后，杰克逊拍了一张戴着和查尔斯一样的帽子的照片，也是同样潇洒的角度，一样破旧的牛仔裤，一样卷着袖子的鹿皮衬衫。但不知怎么却没有相同的效果。

花花公子查尔斯

查尔斯一直对任何事物都抱有热忱——从取报纸到美术课——只要不在家待着就好。在奇科，因为不需要在农场干杂活，他几乎要成为家里的陌生人。虽然还时不时出现在餐桌，斯黛拉还是喜欢在屋里屋外将他的绘画素描展示给其他儿子看，但查尔斯生活的中心已移向他处：学校，新朋友，越来越喜欢的艺术。他的缺场对杰克逊来说是致命的打击。杰克逊的阻碍可以说尖酸刻薄，他像尾巴一样尾随查尔斯——甚至跟着去约会。“杰克经常跟着我们，”查尔斯在奇科的女友之一，海斯特·格里姆记得这一点，“他似乎不知道他不可能时时刻刻都跟着查尔斯。”每当此时，杰克逊会遭到查尔斯的残忍驱赶。“他挂着鼻涕跟着我们，”格里姆回忆，“查尔斯总会厉声说，‘回家，杰克’”。

即使杰克逊牢牢抓着查尔斯，另一位家庭成员也正悄悄溜出他的生活。一战的最后一年，杰伊·波洛克和一位朋友想要应征入伍。招聘官以年纪太小为由拒绝了他们，但杰伊还有别的法子招致危险。放学后，他和朋友会走到溪边的萨克拉门托河，看谁能从最高的树上跳下去。“他们会光着屁股从40或50英尺高的树上跳进水里，”“吓坏了”尾随而至的弗兰克。

虽然在兄弟中算不上高个儿，杰伊却是家里的运动员。在足球队里打了一次后卫之后，132磅的杰伊“极其兴奋，以至于每场比赛都有我的身影。我在场上很突出”。第二天，学校报纸头条是：“野牛波洛克横扫校园。”队友叫他“朋克”。“他是个拳手，”到现在还充满仰慕的弗兰克记得，“又快又狠，不屈不挠。”第一年，他赢得了奇科中学年度

马尔文·杰伊:“朋克”波洛克

拳击锦标赛冠军，击倒了一系列年龄更大、肌肉更发达的对手。第二年，没人敢和他打了，于是有人建议“混战——拳击场一次上八个人，最后没倒下的拿奖”。比赛开始了，杰克逊和哥哥们在站台上观赛。八个重达180磅的男孩子挤作一团，不管三七二十一地挥拳。血水横流，主办方终止了比赛。“这些人怎么搞的？”其他拳手纷纷退场时杰伊愤怒了，“把它比完！”

在奇科，鲁瓦开始忧愁起来，心不在焉地打理果园。在邻里的孩子们中间，他赢得了闷闷不乐的名声。“我记得小孩子们总避开他，”波洛克兄弟的日常玩伴韦恩·桑姆斯记得，“他似乎有点儿疏离——拒人千里。”永远没有交谈的晚饭成了一场沉默的较量。“来奇科不久，爸爸的精神变得十分萎靡，”弗兰克回忆，“他不能原谅妈妈施压让他放弃亚利桑那的立足地。”甚至连远远望着的查尔斯都开始理解父亲的挫败:“奇科有个果园，他对杏仁，桃子，杏子一无所知。他只懂种庄稼。”虽然很不坚定，鲁瓦还是试着学习。他参加了县农委组织的修枝展示，还加入了附近清洗、干燥桃，杏，杏仁，李——即便对强壮的人来说，这也是个费劲的过程——的萨克拉门托大街上的种植者合作社。一季的收成能买上几个美元一吨。与累断腰的切苜蓿和灌溉庄稼相比，这实在不是什么累活，但“他的心压根不在上面，”弗兰克回忆。“也难怪他不知道如何适应这种经济。”母亲会告诫我们，“不用担心爸爸，他只是有点低落”。

1918年初，鲁瓦发现了一条200英尺宽半英里长，跨越农场的纵向碱裂。几乎从屋子的后门一端延到界址线的另一端，也许除了苏丹草和苜蓿，几乎不可能有其他果树能让这片土地盈利。农场的可用公顷数——本就已经低到极限——瞬间只剩一半。弗兰克记得父亲曾计划种更多前院的那种桃树，或者杏树，也许，地下还能种南瓜赚点外快。现在，他显然很沮丧，开始给附近有田地的威洛斯家干起了帮工，那时他还感染了疟疾，让本来就脆弱的健康更岌岌可危。在饭桌上，照例还是一言不发，但大家都已经意识到，买下奇科的农场，像一开始搬来奇科一样，是斯黛拉的一意孤行。

斯黛拉无视降临在婚姻中的堆积如山的账单和叫人压抑的沉默，一如既往地继续自 79
己的日常生活。她继续在屋子上花钱，1919年春天又贴了一遍墙纸。饮食还一如既往的奢侈，烘焙物依旧丰富。如果说她感受到了来自丈夫儿子苛责的眼神，她也从不表现出来。“她不会在家人面前表露半分，”弗兰克回忆，“她的骄傲令人费解。”她埋怨外部因素造成的不幸——战争，停战，威尔逊当政，犹太人。“有一次我听她说犹太人拿走了所有财富，”某个儿子回忆，“我们要做的就是从那儿得到一点。”1919年夏天，抱怨严重头痛的斯黛拉无法继续假装心平气和。她把它归咎于“北方佬”，每年七八月奇科刮的干热风，但家里人知道这股导致她头疼的风，在指南针的任何象限都找不到。“出于个人原因，妈妈并不真的喜欢奇科镇，”弗兰克回忆，“她高估了这个地方，她只是相信外面的世界一定有更好的地方。”

虽然不时拉响警报，杰克逊的世界依旧平静得叫人迷惑。1918年9月，他高高兴兴地进入了桑特所在的萨克拉门托街区学校，从波洛克家的农场往下走几百码就能来到这幢贴着整齐护墙板的结构，有两个大教室（四个年级共享一个教室），木瓦盖的钟楼，长长的前廊姑娘们挤在一起窃窃私语，咯咯笑，男孩子们则在休息时间大吼大叫。老师是个凶女人，名字被拼错成格蕾丝·贝雷，但孩子们都叫她“鞑靼”。放学后，杰克和桑特会溜去奇科附近的平坦，宽敞的农村。如果幸运的话，被说服的弗兰克会带他们去葡萄大道，穿过大奇科湾来到巨大的费伦牧场的厨房。那儿有个从上弗朗西斯科进口食材的中国厨子，会给他们每人一块香蕉奶油蛋糕。夏天，他们会在溪里凉快凉快，如果是枯水期，还会顺流而下，徒步到大男孩们光屁股从树上跳下的萨克拉门托河。在那儿能玩球和弹弓（鲁瓦不让他们射吃蚊子的蜻蜓）。“有时”，百老汇的电影院会有电影上映。

同时，杰克逊无法掌控的事件和力量正把他的家庭推向另一场经济危机。1918 年 11 月 11 日的停战协定标志着一战的结束，意味着上百万美国士兵不再需要供给，上百万的欧洲农民可以回到他们的地里。需求降低，供给激增，全世界范围的农作物价格直线下降，这种萧条仅有非常罕见的反弹，一直持续了 20 年——直到二战。鲁瓦·波洛克只是被战时高物价和政府号召（由威尔逊总统的粮食官员，赫伯特·胡佛作出号召）增加产量所引诱的上千农民之一。鲁瓦借了大量外债，他为那一小块瑕疵地借的 4000 美元与 1920
80 年价值 67 亿美元的农业贷款只是冰山一角——在战争时间，这个数字翻了一倍。1920 年，美国农民家庭收入达到了国民生产总值的 15%。八年后，农业份额降至 9%。被退潮的巨浪困住的鲁瓦·波洛克挣扎着求生。“爸爸不得不为农场借了第三份贷款，”唯一还在奇科农场干活的弗兰克回忆，“这是我头一次听说能借三份贷款。”

在经济危机的当口，斯黛拉又决定要搬家，他们问题的答案就是重新开始，并且要换别的地方。“母亲已经打算为可能的利益放弃她已有的东西。”弗兰克说。当然，也有鲁瓦的原因。奇科的岁月令他相信小农未来的凄凉光景。对鲁瓦和斯黛拉来说，搬家是避开他们的婚姻和家庭都处于崩溃边缘这一残酷现实的一个办法。

在一长串的候选地产中，波洛克选择了一个小旅馆和奇科东北方向 120 英里的简斯维尔镇（Janesville）。1919 年 12 月 31 日，他们以 3500 美元的价格卖掉了奇科农场——亏损 500 美元—— 一个月后以 10 美元首付，6000 美元贷款购入一处名叫“简斯维尔旅馆”的地产，贷款 1925 年 1 月 1 日到期。只有绝望才能解释这种过于鲁莽，近乎错误的购置。虽然契据包括了 140 公顷地，但只有小部分的土地是平坦，经开垦的，同时，根据附属协议，卖家 J. B. 莱斯有权继续在土地上耕种。波洛克只拥有旅馆，几株樱桃树，和只能供少数羊放牧的一小块地。鲁瓦又一次跌跌撞撞进入了自己一无所知的生意。“他们就是在抓一根救命稻草，”弗兰克说。

像在奇科一样，鲁瓦的毫无经验加上斯黛拉盲目的决心招致了灾祸。上一次，他们没有发现碱裂，这一回，他们没有打探旅馆的入住率和简斯维尔的交通水平，对一个人口只有两百的小镇旅馆来说，这是至关重要的因素。虽然为时已晚，鲁瓦还是打算在 1920 年 2 月初再去调查一番——虽然授权已经完成——但由于为这次行程购置的福特敞篷汽车遭遇冬天的暴风雪后在山道上出了故障，所以不得不折返。不但没有打破借债还债的恶性循环，简斯维尔贷款反而一次就增加了 2000 美元债务，而该地区的农业经济十分萧条，旅馆房费是 1.5 美元一晚。搬去简斯维尔也无法治愈斯黛拉的头疼。内华达东部边缘的天气比奇科严酷得多，冬天漫长，夏天短暂，当沙漠升起的热空气来到东部，吸走太平洋的潮湿水汽，常常会刮起猛烈的风暴。然而，迄今为止最大的失算乃是斯黛拉认为搬家就能保住家。事实上，破裂正在加速。搬家的前夜，查尔斯和杰伊宣布要和朋友一起留在奇科读中学，后来，便只在两年间造访了简斯维尔两三次。 81

从奇科坐一段火车到深雪及腰的苏珊维尔（Susanville），再租一辆马车走完剩下的 12 英里才能把家人和财物拉到简斯维尔。出城几英里的马车沿泥路绕过汤普森峰山脚，往山腰飞奔下去，在这令人屏息的三英里中已一下子往下走了几千尺。从路上探头往下望，波洛克一家能看到栖息在布满山艾树，沙丘和盐地的半干旱山谷中的海市蜃楼一般延伸 70 公顷的香蜜湖。靠山的谷地西缘，山艾树与松树相遇的笔直边界是一片古老的内陆海岸，现在已经干涸成咸水浅滩，在旱季，连这浅滩也会消失。海岸上边藏在钻石山腰松树丛中的便是简斯维尔。

对 8 岁的杰克逊来说，这是个孤独，充满敌意的小镇。与开放，冬天都洒满阳光的奇科相比，简斯维尔阴沉幽暗—— 一座由高高的松柏墙围着的地牢。这个“小镇”由奥洛·温佩尔的综合商店，邮局，怪人大厅，银行，旅馆组成。夏天，贯通全镇的马路上的大瘤子树与建筑相互掩映。冬天，呼啸的风和严酷的气温让每一座房子都成了一座孤岛，邻里之间数天没有来往。下雨时，泥路常被硬泥浆堵塞（混杂着会将车轴碾破的碎石泥土）。如果说，奇科，像凤凰城一样召唤着害羞的小男孩去探索身边的世界，那么简斯维尔则既冷酷又会带来惩罚。被恶劣天气与交通孤立，这儿的人们过着一种与世隔绝的生活。“我们很少有交流，”某位妇女回忆，波洛克一家到来时，她只有 14 岁，“这儿的生活很孤独——尤其对小孩子来说。”

因为简斯维尔坐落在内华达山脚，是切断移民赴加利福尼亚淘金线路的最后一道屏障，所以多数人口不是当地人就是一心淘金发大财却没有毅力扛过山顶的采矿者。小镇建成 60 年后，逆向选择——筛选之后留下的是最能干，最野心勃勃的人——交替孕育了风流、歹毒、无知和多疑的人口：那是西进运动的糟粕。1920 年 2 月末波洛克一家到来的那一天，一位邻居携全家上前致意。“那是个粗野的家庭，”一位老居民记得。“他们中有偷牛贼，有罪犯，还有一个谈不上多好的姑娘，”弗兰克回忆，“他们的人生态度在于人生的路是斗出来的。”有男孩子告诉弗兰克，如果他拒绝与镇上的土霸比试，“那我们会把你绑在空心橡树上，用橡果砸你。”

钻石山旅馆

四面被高篱围住，只有一间教室的简斯维尔学校就是小镇的缩影。“那儿有一大群粗暴的家伙，”杰克逊的同学，戈尔顿·麦克墨菲回忆，“大孩子让每个人包括老师都很痛苦。”由静居在钻石山旅馆的德雷克夫人及其漂亮的年轻主力史密斯小姐（学校男生的暗恋对象）执教的这个学校算不上什么知识的殿堂，压根就是一个战场。“有一次厄文·图克飞了一个纸飞机，”麦克墨菲记得，“德雷克夫人上前制止，图克开始无礼起来——他是个矮小的孩子，认为自己靠嘴巴占了上风——德雷克夫人把他拎了出来，丢到了走廊上，在他面前张开两腿，拿起一本历史课本——那种高级历史课本——在他头上连续重击。”

周围都是充满敌意、结党拉派的同学，因为天气又出不了门的杰克逊交不到朋友，只能退避钻石山旅馆的隐秘世界。

旅馆建于1872年，作为里诺和苏珊维尔的驿马站，曾接待过当地人、淘金者、挖钻人和寻常的赌徒和骗子。自从布莱克·巴特的时代，旅店的老主顾就有所改变。布莱克·巴特是加利福尼亚最出名的拦路强盗，曾劫过县城外昆西附近的驿站——尽管那时交通量已经大幅缩减。偶尔会来一个掉队的商人求一宿的歇息和餐饭，但波洛克不多的几个客人都是些像德雷克夫人那样的常住客。最常光顾的是巴克斯特溪流灌溉工程的勘察队。“每天晚上干完活后他们就会下山，”弗兰克回忆，“和我们一起吃晚饭，也睡在这儿。”第二天，他们会吃早饭，母亲还会给他们做中饭，他们喜欢妈妈的手艺。”这是一群嘈杂的男人，喝点酒，笑一笑，讲个下流的故事。鲁瓦喜欢和他们在一起，斯黛拉默默容忍，杰克逊则在安全距离外望着这群在餐桌上取代他的兄弟的陌生人。

旅馆是栋压抑的建筑，盖着褪了色的黑棕色木瓦，由六根高高的中间带栏杆的榆木 83
守护着，栏杆可以用来拴马。夏天，榆木叶子会侵占前廊，遮住楼上客房的太阳，嬉弄前廊横梁垂下的野常青藤。深长的门廊在屋内投下阴影，破碎的阳光渗入窗格，使得所有的大房间即使在最炎热最明亮的日子里都阴冷忧郁。自波洛克一家到来后，临街建筑正面角落的小酒吧已经正式关闭了两个月之久。禁酒令已经生效。“酒吧只卖汽水，”弗兰克说，“只有几个就着手风琴跳舞的牛仔光顾。虽然私酒贩子无处不在，但妈妈坚决反对烈性酒。”酒吧后面是斯黛拉在一张大供膳桌上款待家人和客人的餐厅。往后是厨房，比斯黛拉见过的任何厨房都来得宽敞，设施齐全。再往后是“帮工”的卧室。楼上，一条长走廊连通了整个旅馆的 29 间客房。多年来，随着买家具、床上用品、墙纸和各种设施的资金日渐丰盈，旅馆之前的主人们一间一间地增加客房的数量。结果便是各种装修风格，家具形态的大杂烩，多数是些稀奇古怪的传家宝，本应由西迁的居民拖走，却在最后一刻因为马车太重，河水太深，口袋太瘪而舍弃。杰克逊和哥哥们现在是这些不幸的宝藏的受益者。楼上那些空旷得可怕，投满了残碎日光的客房成了小男孩的奇境。“我记得有些上好的硬木柜子，”弗兰克说，“一些有大理石顶盖，另一些还镶着镜子。探索那个地方是件永远都不会令人生厌的事。”虽然不喜欢简斯维尔的气候和居民，不喜欢家中越来越紧张的气氛，杰克逊到底还是找到了一个临时的避难所。

很快，他发现了另一个更与世隔绝，更持久的避难所。

1920 年 4 月的一个早上，冬雪融化，春泥变硬，一小群印第安人出现在了钻石山旅馆前的大路上。他们是瓦达特库特印第安人（“吃种子的人”），是北派尤特人的小部分支，正要去参加一年一度的印第安熊舞大会。1853 年，第一位白人在蜜湖谷驻扎时，瓦达特库特“首领”巴巴库垮（“人称大脚”）曾嘲笑一位老萨满对于“白皮肤”最终会颠覆瓦达特库特山谷的预测。到 1920 年，瓦达特库特所剩的只有熊舞，以及一些古老的传说和濒临消失的语言。

与弗兰克在凤凰城见过的全身“闪闪发亮”的印第安人相比，瓦达特库特人一定很令人失望。以仆人和农场工人为业，身穿印花裙和丹宁布工作衫的瓦达特库特几乎不符合一名学童对于水牛猎手和奇袭部队的浪漫幻象。然而，他们仍然是印第安人，他们富

简斯维尔附近的印第安坟场，年度熊舞

有异域情调的平坦而宽阔的脸依然有着强大的吸引力。“杰克，桑特和我尾随他们来到山里的坟场，”弗兰克记得，“聆听松间的咒语。”

出镇大约3公里，他们来到一处空地，100多名印第安人聚集在一起举行仪式。根据古瓦达特库特村落卡撒维纳得近似旧址所选的地点废弃已久，很适合举行葬礼——用山艾和粗糙的老树制成的简陋的板子上撒满了经过自然雕琢，摆成火葬用的木柴堆形状的花岗岩卵石。波洛克兄弟们躲在松林中目睹着这一切。人群在两堆卵石中间的空地上慢慢形成一个圈。一旁，一根装饰着用甘薯染成红色和用碳染成黑色的山艾树皮长饰带的弧形长杆子插入泥中时，就宣布仪式开始了。这是充满了静谧和期待的一刻。接着，一个身披长熊皮的高个子突然从乱石堆后面跳了出来，尖叫一声开路后，闯入了圆圈。小男孩们跳起来，女孩们尖声叫着。现任首领，巴巴库垮的孙子，海勒·杰奎因和其他长者围绕着圆圈闭上眼睛，开始用低沉的鼻音松散地哼起咒语，像是从童年的记忆中浮现出来的古代歌谣。在圆圈中央，“熊”舞了起来，大声念着咒语。长者随着齐整的节奏前后摇晃他们的身体。圆圈呈现出波状。偶尔，“熊”会靠近圆圈，威胁地摇晃着他的苦艾草流苏装饰，拉一个人到圈中。年轻的男孩们会冲到缺口用棍子打他。“熊”与他们周旋嬉戏，哄骗他们加入他的舞蹈。圆圈渐渐满了起来，圆环越来越稀疏。一小时后，空地上画满了咒语舞蹈留下的线条和一团团的黄烟。

斯黛拉被锡罐割到手，因为败血症入院。鲁瓦雇了名叫诺拉·杰克的印第安女人打 85
理旅馆事务，兼当保姆。“她是个雕像一般漂亮的女人，”弗兰克记得，“极其宽容善良。她待了几星期，成了我们家永远的朋友。”在旅馆的日子，诺拉讲述的当地印第安的故事常叫他们听得入迷。对瓦达特库特印第安人来说，现实世界的任一物体，任一活动都对精神世界有所影响。“宴会，跳舞，绘画……是宗教安抚的模式，”印第安文化的研究者写道，“自然力量，灾难，夜的声音，森林树枝树叶的簌簌，生动的梦境都是超自然的预兆与未知的神鬼世界的联结。”

从简斯维尔墓地的隐蔽处到后来诺拉·杰克的膝头，杰克逊第一次见识了神秘主义的力量。成长在与宗教不沾边，也从不参与任何宗教仪式的家庭，波洛克也许会感到困惑，但一定有所触动。就像自史前时期就被从洞穴下山觅食的熊恐吓的瓦达特库特族，杰克逊还是个婴孩的时候就被某种未知的力量恫吓、控制。在熊舞中，瓦达特库特人可以在幻想中释放他们的焦虑，打败他们的恐惧；幻想可以击败真实。对于一个童年一直生活在幻想世界的男孩来说，熊舞和诺拉·杰克的故事是种启示，也是证明。生理的感觉存在武断的先知。魔鬼可以被安抚。还有其他比简斯维尔墓地更真实的图景，在那些地方，熊不伤人，母亲满含爱意，父亲宠爱儿子。在后来的人生阶段，杰克逊“别处的真实”被冠以各种形状，各种名号——克里希那穆提，荣格心理学，印度神秘主义——但最终，只有艺术的别样真实，虽然探索之路尚未开启，能够安抚恫吓他的熊。

夏天的到来为简斯维尔的幽闭生活带来一丝解脱。但如果杰克逊希冀这能够让家人再次团聚，那他很快就会失望。早春从奇科文法学校毕业后，杰伊很快在朋友位于苏珊维尔北边 25 英里的阿伯拓斯养牛场找了一份工作。去的途中在简斯维尔作短暂停留，但几天后又消失了，只模糊地表示会在秋天开学前再回来探望。杰克逊亲爱的查尔斯甚至没有象征性的探视。和“猫仔”格里姆，女朋友海斯特的兄弟，他直接从奇科开车去了韦斯特伍德附近熙熙攘攘的伐木营，并很快在那儿找了一份拖木头的暑假工。弗兰克接
受了梅医生的工作。“不知道从哪儿冒出来的”梅医生在旅馆住了一晚便决定要在简斯维 86
尔挂牌营业。夏天，梅医生就地行医，他需要一个可以连夜沿香蜜湖岸去内华达边界的同伴。

自从搬到简斯维尔，鲁瓦·波洛克变得越来越孤立易怒。春天，他以夸张的耐心看几只羊，樱桃园和菜园，一早离开旅馆，晚饭才回来，把在凤凰城够培植 20 公顷地的精力浪费在两三公顷地上。而斯黛拉一直忙着做饭和为家人、客人清洗等日常工作。“在简

斯维尔，”弗兰克说，“母亲比父亲更辛苦”。6月或7月末，一位名叫格斯里的老邻居向鲁瓦提议：他开自己的T型卡车挨户兜售鲁瓦种的菜以换取利润份额。鲁瓦无精打采地接受了，却很快便拒绝，因为这无疑令他回忆起了凤凰城的日子。他唯一的快乐时刻便是每晚与勘察队在饭桌上交换故事，藐视禁酒令。

在简斯维尔，鲁瓦·波洛克再次被推向危机边缘，这一次，不止因为过去的魔鬼，还有历史无情的大潮。虽然斯黛拉的辛勤劳作为餐厅在当地赢得了不少追随者，但旅馆依然在亏损。第一年末，他们只付掉了五年贷款的不到一成。波洛克要承受的是美国汽车革命的第一波副作用。“汽车对农村地区造成的影响大同小异，”当地历史学家蒂姆·普蒂表示，“活动范围急剧扩大，不再需要有那么多地方密集成团。这是一种全新的生活方式——生活气息——统统消失了。”汽车对旅馆业的影响好比《第十八条修正案》对沙龙业的扼杀。如果没有像德雷克夫人和勘察队那样的常客，钻石山旅馆会很快关门。

仲夏，杰克逊梦想的家庭团聚终于实现了，虽然事情并不是他希望的样子。鲁瓦的兄弟，弗兰克，弗兰克的妻子萝丝和养女贝蒂·尼尔森从怀俄明的加斯珀来探亲。弗兰克在怀俄明经营着一份殷实的二手家具生意。鲁瓦一直羡慕兄弟的精明、生意上的成功和他虚张声势的能耐。“他收集金子和钻石，”同名的侄子弗兰克记得，“他是个秃顶，弓手弓脚的家伙，走起路来趾高气扬。”爱炫耀的脾气甚至传染到了老婆身上，过去名叫内布拉斯加的萝丝·法伍科兹是个黑头发的高个女人，比她丈夫年龄小得多，“肤质软白”，“每只手戴两三个钻戒”。这对腻歪，感情泛滥的夫妇的在场想必能让消沉的波洛克家上下略感振作，即使两人对经济婚姻的双重成功的炫耀愈发凸显了鲁瓦和斯黛拉的落寞。

87 8月，查尔斯第一次来简斯维尔。将他唤回的并不是家庭责任，而是需要一份工作的现实。在韦斯特伍德伐木营，他因为与同事的女儿约会丢了第一份工作，因为害怕受伤只干了一天半便辞掉了第二份工作。即便如此，斯黛拉，杰克逊和桑特还是给了他英雄似的欢迎。斯黛拉一连七天都做他最爱吃的菜，两个男孩子则全神贯注地听他讲伐木营的冒险故事。查尔斯开始与贝蒂·尼尔森调情。据弗兰克所述，这是个蓝眼金发的漂亮女孩，16岁，“脸上的高鼻梁十分引人注目”，同时——最让斯黛拉的儿子们无法转移目光的——是那对坚实的大胸脯。查尔斯回来后不久，杰伊结束了山里的暑假归家，让突如其来的团聚更圆满。杰伊也加入了追求尼尔森的行列。“全能的上帝，”查尔斯回忆，“我和杰伊到处跟着她。从中可以写出一个田纳西·威廉斯的故事——两个小伙子和一个漂亮姑娘在小旅馆的故事。”

鲁瓦面对斯黛拉“旧联盟”查尔斯的出现，连带他千奇百怪的故事，挥霍的用度，随意草率的性爱，终于怒火难抑。查尔斯一点也不掩饰自己对旅馆惨淡经营的轻鄙——“我真不知道他们以为在那种地方能干出什么，”他回忆——自给自足的年轻人却忘了父母面对的经济困境。斯黛拉在凤凰城时就定下规矩：查尔斯赚的钱，不论是取报纸得来的零钱还是吊木头赚来的薪水，都归查尔斯自己，花在丝绸衬衫上，珍珠扣背心上，或者他口述的任何高雅品位上，任君乐意。

来了没几天，查尔斯就撞见父亲在楼下黑漆漆的小吧台上喝酒。

对此，斯黛拉一定怀疑过一阵：他独自一人长时间待在畜棚和菜园，与勘察队深夜还在嘈杂地痛饮，越来越严重的疏离和抑郁都是熟悉的警报。即使在禁酒令时期，在隔壁邻居的蒸馏室就可以搞到自酿酒。但从查尔斯到斯黛拉，真相的确认依然会伤害鲁瓦从来就千疮百孔的自尊。

他的怨恨在饭桌上喷涌而出。当时鲁瓦正与某位房客讨论即将到来的总统竞选：替代病中的伍德罗·威尔逊的民主党人詹姆斯·考克斯，共和党人沃伦·盖玛利尔·哈定，以及鲁瓦自中学时代起便敬畏的社会党人尤金·V. 德布斯将参与角逐。突然，查尔斯插了进来。“我高高在上地给爸爸灌输了自己的观点，”抨击了威尔逊和国际联盟，模仿受朋友父母欢迎的反联盟言论，他们的农场靠的是廉价的短期劳力。

所有这些都让鲁瓦爆发了。他哀号社会主义事业的反复挫败，怒斥人们对德布斯的拒绝，抨击民众对伍德罗·威尔逊的批判。如果没有德布斯，他会信奉伍德罗·威尔逊，这个男人，不像他自己，情感上四面楚歌，只能绝望地依附一个无法救赎的梦。他怒斥 88
儿子从没成为他心中的那个儿子。

最后一击来自于鲁瓦的小儿子。年末，羊从畜棚逃了出来，鲁瓦一一质问弗兰克、桑特、杰克逊是谁闯的祸。三个人都声称自己无辜。鲁瓦甚至威胁不讲实话就要体罚，但三人依然肆无忌惮，虽然没有明说，但那态度本质上就是在祈求母亲的庇护。竟然受到自己孩子的挑衅，鲁瓦怒得面红耳赤。粉碎了一个旧桶之后，他抓了一根弯曲的长窄板开始打三个藐视他的儿子。“看到他跳上那个桶可把我们吓坏了，”弗兰克回忆，“那简直痛得要命。”听说这次体罚的斯黛拉警告丈夫，“你要是再敢对孩子们动手试试看！”

最后，当然是斯黛拉成了鲁瓦泄愤的对象。是她把他带到了这个荒凉的小镇，把他带到了这个荒凉的旅馆，让他突然成了多余的人。她把他从凤凰城沙质的土壤连根拔起，试图将他移植到奇科陌生的碱地果园。她在科迪的墙纸和宝宝的衣服上挥霍钱财。她偷走了他的儿子。一切都以这样那样的方式涌上心头——饭桌上，畜棚门边的一句话语，一个眼神，一场关于政治的争论，一顿盲目的狂怒——剩下的只能是离开。弗兰克·波洛克说，“爸爸已经忍无可忍。”

鲁瓦·波洛克抛弃家庭的确切原因我们并不清楚。也许，他随进行短途勘探的勘察队一起在旅馆呆到了1920年夏天。同年10月，他一定已经离开。因为拉森县选举人登记把他列为了共和党，声称是斯黛拉以鲁瓦的名义登记的。也许，他曾回过简斯维尔几趟处理生意，包括将旅馆与奇科以西20英里的加利福尼亚奥兰德附近的一个小农场交换。但不管怎样，1921年春天，他还是走了。

07

迷失在荒漠

几乎从鲁瓦·波洛克走出钻石山旅馆的那一刻，斯黛拉·波洛克就决心发动一场战役，否认，或者，至少隐瞒一起走过19年的丈夫弃她而去的事实。她在《奥兰德单元》刊登了豆腐块通告一家人已安全抵达，并在《拉森播报》上惋惜他们的迁离。“L.R. 波洛克换得奇科［奥兰德］某处地产，”1921年7月15日的《播报》刊登了这样一则消息。“我们相信波洛克先生很快会在那儿安家。失去这样的邻居十分遗憾。”至于搬去奥兰德一说，斯黛拉雇了鲁瓦的兄弟，定居奇科的弗兰克把家用物什装载在铁路货车上一路护送，途径里诺，萨克拉门托，经过两天迂回、一站一停的运输最终抵达奥兰德。当火车向载着马，牛，猪和一围篱鸡的方舟驶进奥兰德站时，《奥兰德单元》——“加利福尼亚唯一绝对讲求事实的报纸”——却将通告误刊为“F. 波洛克载一车家什携眷在此地安家”。

斯黛拉选择的农场坐落在去奇科的途中，以东三英里，由一座漂亮的房子，一个荒废的畜棚，一个风车和一个不会被任何农民青睐，被18公顷打焉的苜蓿围绕的小果园组成。“这是一座老建筑，”弗兰克回忆，“应该曾经被耕作过。”照例，这又是一处能吸引斯黛拉的宅地。邻居们把它形容为“乡下好一点儿的房子之一”。这儿虽然曾是某个运营中的奶场的中心，斯黛拉却没有强迫因为爸爸不在而垂头丧气，对务农不再抱有幻想的弗兰克全职承担农场的活计。她也没有一味回复，即使是暂时的，农妇生活。上上学，打打零工，去奇科看看查尔斯和杰伊，弗兰克就这么漫无目的地照料田地，喂两头奶牛：很偶尔地，杰克和桑特会帮忙耙土，无精打采地摘摘果子；每过几天，斯黛拉会动手打打黄油。有一两次，她甚至在路边放了告示牌“出售甘草”。“我们可能赚了个把美元。”弗兰克回忆。但供一家上下吃喝用度的钱全来自于鲁瓦每月从遥远的地方寄来，却从不落款的支票。农场的一切不过只是游戏。

90 从某种意义上来说，这片土地本身就是儿戏。

像萨克拉门托山谷一样，奥兰德周围是一片荒凉光秃的不毛之地，——与铁路、土地开发商与商会庇佑的沃土相去甚远。在短暂的肥沃期，从山里和东园水坝费力引来的水会派给担负得起费用的农民。但一旦像 1919 年与 1920 年冬天那样水源枯竭，这儿马上又会变成沙漠的领地。“他们不得不用水泥浇出灌溉渠，灌溉水常在不经意间就消失了，”一名奥兰德的老居民回忆，“灌溉水甚至都不能覆盖从溪流到农田的 50 码。”镇上，用沥青块铺路的工人必须要用截煤齿钻通像被扔进过干燥炉的地面，电影院则像广告“冰爽的冷风机”。有钱人造泳池，穷人，多数是农民，讨论的是挖井或者再造一座大坝。而另一些像勒鲁瓦或弗兰克·伯奇这样的人则失去了他们的农场，在废弃的畜棚与牲口同住——奶牛睡这一边，人睡那一边。其他的，像奶工彼得森这样的，在酷热难耐的某天到来，沉入一浴缸冷水中，一命呜呼。

1921 年春天，波洛克一家抵达前夕，雨水终于来了，“暴风雨接着暴风雨”，足够填满东园蓄水池四倍的水量。挖井建坝之谈消声匿迹，目光短浅的振兴主义又冒出了苗头，西部小镇对繁荣的可望不可即由此可见一斑。

依靠标准的 40 公顷土地没法过活的当地农民还要另找活计补贴家用。廉价的俄国收割者收走了多数的梅干和杏仁，许多居民被迫到奥兰德以外的地方找活干。这样一来，没有人会注意为什么从没见过黛拉·波洛克的丈夫在靠近奥兰德和奇科车马喧嚣的大路旁的小块田地耕作，又为什么斯黛拉总有钱光顾皮尔斯与弗兰克的店铺或是奥兰德大街上的人民商店。

在家中，斯黛拉依然维持着正常家庭的假象。“我知道他们的爸爸不在家，”杰克逊的同学，少数几个不时来玩的朋友斯图亚特·克里克回忆，“但他们从不谈起他。”“爸爸不在，妈妈似乎也很好，”弗兰克记得，“我从没听过她抱怨。毕竟，她还有她的孩子们。她得到了她想要的。”斯黛拉的“游戏”一直持续到了 1921 年深秋。她卧病了。弗兰克驾着带弹簧的四轮马车去奥兰德召来了医生，但并未发现病痛的根源。他写信给在奇科的查尔斯和杰伊告知母亲突然抱病，但两人都没有跨越几英里来到母亲床前。只有鲁瓦在圣诞期间露了一次脸，那时斯黛拉的病情已经好转，鲁瓦逗留几日便离开了。

91 当斯黛拉最终“得到了一直想要的”，她的儿子们却抛弃了她。一个一个，跟随父亲的脚步，强迫自己陷入各式各样的流放，好像要用自己的离开证实父亲已经离开的事实，也许，在这样的过程中，重建失落的联系。

1921年12月，一个寒冷的新年周末，查尔斯第一次也是最后一次出现在了奥兰德，在离高中毕业还有三个月的时候宣布要辍学，并前往洛杉矶“加入艺术圈”。

这个消息当然不能令人接受。虽然自己身上萌动着不安分的基因，斯黛拉一直鼓励儿子们接受教育——“能读多少就读多少，”她过去常说，“因为这是没有人可以从你身上拿走的东西”——还十分希望至少她的某几个儿子能够踏入被她高雅地称作“有教养的职业”。不过几个月后，杰伊出现在了奥兰德。对于感觉“被孤立”，森特喃喃着模糊的抗议，声称想要找到“更重要的东西”，他宣布自己也要辍学。鲁瓦在山里给他安排了一份测量的工作，夏末，他返回奇科开始读高一，但足球赛季结束后不久，他又离开了学校，这一次是永远的离开。

下一个是弗兰克。尽管弗兰克表面看来听话顺从，但事实上对母亲心怀不满。“我讨厌搬来搬去，”他记得。“交了一群朋友，又要离开了。我不喜欢，我打赌桑特和杰克也不喜欢。”年纪尚小，不能像查尔斯和杰伊那样作最终“决裂”的弗兰克只能逐步脱离斯黛拉的轨道，去附近别家的农场卖劳力：筛谷，耙草是一天几美金的进账，还是天黑离家不归的借口。1922年秋天，某个邻居提出每天载他去奇科，这样一来，他就能上中学了，他尤其着迷荷马的《奥德赛》和流浪王的冒险。虽然还身缠仅有那儿一点儿的农杂活，他常在弗兰克叔叔，萝丝姨妈和叫人心猿意马的堂妹贝蒂·尼尔森在奇科的家中过夜，这地方就像荷马的诗和贝蒂·尼尔森一样，能让他把奥兰德和斯黛拉抛到九霄云外。

虽然长期缺席，鲁瓦在儿子们眼里仍然是无可责备的。“支票总如期而至，”弗兰克记得，“他很负责任。慢慢你就能习惯爸爸不在的日子。”鲁瓦偶尔来探望几次，儿子们眼睁睁地盼着，一旦来了，看到壮壮的爸爸饱经风霜，漫长的缺席与等待随即烟消云散。1921年11月，等不及爸爸圣诞节才回家的桑特给他写了一封信。

亲爱的爸爸： 92

星期天下午很热&有点闲，所以我想可以写点什么让自己忙点儿。我们的枪卡进了碎屑，今天早上被我们弄出来了，我们去打猎，杰克打了一只猫头鹰，我们打中了几只兔子但没抓到。这儿的兔子全是长腿大野兔&他们不蹲下端坐所以我们得在他们奔跑的时候射击，前几天我还打中一直奔跑的兔子……你问我喜欢哪儿的学校，拉森还是这儿的，我们所有的男孩子都喜欢这儿。我们的老师病了，不知道什么时候会好起来……她是个基督徒，教科学，有时候他们不会很快就好起来。好了，看来我要打住了。非常爱你。

桑特

P. S. 圣诞来得太慢了，不是吗？

在炎热的，18 英亩的小孤岛，没有车，供给购物的花销越来越少，深夜做缝纫活却没有电，斯黛拉尽可能地维持家庭的幻象。邻居只能看到她匆匆走过的身影，早上从鸡棚捡来鸡蛋，晾衣服，从小菜园摘菜归来。从 1922 年酷暑到弗兰克开始在奇科读书的夏天，她都坚持过来了。但支付奥兰德农场的贷款越来越难，接近年关，也就是桑特和杰克逊眼巴巴地焦心等待爸爸圣诞节回家的时刻，斯黛拉又一次动了搬家的念头。她想买掉奥兰德的农场，把仅剩的几个家庭成员带到亚利桑那。在那儿，鲁瓦又找了一份测量的工作。

这并不是个情非得已的决定。虽然经济窘迫，斯黛拉并不一定非得跟随鲁瓦。她可以以远低于奥兰德贷款的价钱在奇科租一个房子，用鲁瓦的月度支票继续可以玩“过家家”。不论以哪种标准衡量，不论她只会在那儿呆多短的时间，亚利桑那都是她最不情愿安家的地方，是让她蒙羞的痛苦经历。唯一的解释只能是她最终承认自己的家庭正在分崩离析，她的孩子们终究需要一个父亲。

1923 年的凤凰城之行不过是迫于绝望的重逢。一家子把可卖的家当都卖了，甚至是那辆斯蒂庞克 1920 年 6 系列特别款的保险杠（用于支付农场的部分钱款），剩下的拖运到奇科的仓库，包括鲁瓦的玻璃门书柜。“我们已经到了穷途末路，”弗兰克回忆，“没人知道爸妈期望在亚利桑那干成什么。”第二次辍学后跑去畜牧场的弗兰克回来帮忙开车，一直开到圣弗朗西斯科，在那儿，查尔斯给他找了一份工作。斗牛梗盖普搭乘在绑在前挡泥板上的两个粗呢袋子中间。“对它来说真是趟艰难的旅程，”回忆起车子全速前进时盖普滚落到路边的弗兰克说，“但它很坚强——你知道，不是什么小狗仔。”

93 一周的旅程对年轻的波洛克男孩们来说也很艰难，但意义不同。一年中，他们和父亲在一起的时间也不及一星期那么长，他们渴望最大限度地享受这样的时光。但有板着脸的斯黛拉坐在后座，他们不敢。“准确来说，他不能算是个陌生人，”回想起路上那些挫败的日子，弗兰克这样说，“但我们不能和他很亲密。”500 多英里都在沉默中溜走。

6 月初，日头刚落下，波洛克一家抵达了凤凰城东边的波特家的农场。两家人只在一起呆了几天——已经足够拍一些欢乐的集体照了——鲁瓦又消失了，前往凤凰城东北边的通托国家森林，把斯黛拉和儿子们留在城里某个社区的狭小出租房内。“我们根本不知道要做什么，”弗兰克回忆。

直到几个月后，斯黛拉才拜访了当地小有名气的农民和奶工雅各布·明奇。波洛克一家早些时候就远闻其名。斯黛拉从查尔斯那儿（去洛杉矶途中在凤凰城略作停留）得知一年前，明奇夫人在一场怪异的车祸中丧生，现在，鳏夫雅各布被迫艰难地打理着一个140英亩的农场，一个奶场，和一个四口之家。明奇是个“骨瘦如柴”的高个堪萨斯男人，笑声沙哑刺耳，欣赏斯黛拉日耳曼人的含蓄（他的妻子来自德国，父母来自瑞士）。没几天，波洛克兄弟就搬进了后院的木结构农舍，和维勒布，奥尔维尔和小杰伊·明奇一起住。“这个安排显而易见，”雅各布当时10岁的独女多利·明奇回忆，“他们需要一个住处，我父亲需要一名管家。”

从1920—1921年冬天鲁瓦·波洛克离家到1924年波洛克一家第二次离开亚利桑那时，鲁瓦永远总是缺席，一来一去，杰克逊·波洛克长大了。

这一过渡时期的显著变化已经在间隔两年间拍摄的两张照片上露出了端倪。第一张是1922年初杰克逊和胡桃树林学校同学的合照。他站在二排末端，即使和他敏感的同学们比起来也显得呆板、一本正经：双手尴尬的放在两边，衬衫匆忙地塞进拉得高高的裤子，腰带紧系，头发齐整，袖口扣得一丝不苟。这次照相，他做了精心的准备。他的表情中有一种阴郁的好奇，几乎有点痛苦，似乎从很远的距离盯着摄影师，眯眼注视着细节。他还是那个凤凰城来的“妈妈的孩子”，被幻想和不安全感滋扰的敏感男孩，对世界只有怀疑和不确定，从每段经历中都能细筛出危险讯号。桑特越过他的肩膀顽皮而不耐烦地笑着，弗兰克站在后排，腼腆地咧嘴而笑，杰克逊则像哨兵巡视敌土一般从僵硬的身体望向外面的世界。

另一张照片是两年后与明奇一家去凤凰城附近郊游时拍摄的。杰克逊随意坐在岩石边缘，身体前倾，好像跨步蹲伏着，随时准备起身脱离相片。他的身体放松而削瘦，全是关节和骨骼，一只手肘枕在膝盖上，另一只手支撑着松垮垮的身体。他的衣服宽松舒适，袖子卷起，衬衫翻在裤带外面卷成空褶，帽子俏皮地耸立着。他朝镜头甩来一个淘气的微笑，几乎是一抹假笑，没有丝毫出卖自我怀疑的痕迹。

这几乎就是那个最终吸引、挫败、赢得艺术世界的波洛克·杰克逊。这个杰克逊·波洛克，托马斯·哈特·本顿愿意接纳并疼爱如子；这个杰克逊·波洛克，被李·克拉斯纳称为“两条腿的最性感的尤物”。即使是在这个年纪，也有一些没有被镜头捕获，不太光

胡桃树林学校，奥兰德，1922 年：杰克逊，二排，左一；桑特，三排，左一；弗兰克，后排，右二。

鲜的面目：随年岁渐长的不单单是对酒精的嗜好，还有自暴自弃的阴影。但这会儿，年方十二，闪光的青春中弥漫的只有波洛克的传奇魅力。在摄于波洛克离世那日的最后一帧相片中，他颤巍巍地坐在一块巨石上，大腿上是他的情人，他两腿分开，衣服松垮，身体前倚，抛出一个残存的调皮微笑。

改变的最初征兆出现在全家搬到奥兰德不久后。那个总是警醒捣蛋的哥哥“妈妈会不高兴”的惶恐的小男孩变成了一个兴致勃勃的同谋。“他们有点儿顽皮的基因，”伴随“爱闹”的波洛克兄弟进行多数冒险的斯图亚特·克里克回忆。“他们总会搞点恶作剧，”克里克神秘地表示，“并不是有意为之或是怎样。他们就是很嗨。这种嗨劲显然引起了只有一个教室的胡桃树林学校的老师贝西·特洛布里治和海伦·萨贝尔曼的注意。”克里克回忆，他和波洛克兄弟放学后经常被留堂。

“我们就坐在那儿，望着钟，相互眨眼笑。”在操场上，桑特和杰克逊以玩“盲人摸象”的勇猛著称。这是一种类似捉迷藏的快速移动的游戏，玩到最后，通常场上只剩他们两个，其余的同学都进了“监狱”。放学后，他俩会迅速跑到野草遍生的广阔的山艾林中猎灌木丛中的兔子、囊地鼠、地松鼠或者任何能打到的鸟类。打猎是他们对父亲仅有的一点回忆。

暴露在鲁瓦回到凤凰城的短暂时光中施展的男子气概中，只能加速杰克逊的改变。

 95

杰克逊与斯黛拉，凤凰城，约 1924 年

他被明奇家的男孩子们怂恿，开始把足迹延伸得越来越远，甚至是六年前对他意味着各式各样未知恐惧的地方。他和桑特一起沿着盐河与支流疯狂纠结得同网格一般的运河打猎、徒步，在积水池中游泳，在陡峭的堤岸挖洞。令明奇家的孩子吃惊的是，他们的爸爸经常用绿绿的桃枝“抽”他们，杰克逊上天遁地却没人管教。鲁瓦，查尔斯，杰伊都已经走了，弗兰克很长时间都不回家，斯黛拉对此似乎完全漠不关心。“爱怎么玩儿就怎么玩，”弗兰克记得斯黛拉是这样说的，“因为有一天这些都会成为回忆。”在邻里的男孩中，杰克逊得了胆大妄为和破坏分子的名声。1924 年 1 月 28 日，为了以哈克·费恩的方式庆祝 12 岁生日，他和奥尔维尔·明奇半夜在运河冰冷的河水中游了泳。

但从奶嘴男到捣蛋鬼的转变并未就此结束。当他用一把 a22 散弹枪炫耀自己的神枪 96
手般的射技，却错手杀死了古怪的麦克唐纳夫人的猫时，他哀求朋友们不要将他告发。“他怕麦克唐纳夫人会对他做些什么，”多利·明奇说。在门罗学校时，桑特邀他一起逃课，杰克逊拒绝了，害怕缺课会被发现。这样的新形象也许缓和甚至掩盖了曾经顽皮的外部举止，却无法触及杰克逊困惑彷徨的内在心灵。

幸运的是，也是在这三年中，他发现了某种可以触及心灵的东西。

在杰克逊·波洛克生命的头七八年，艺术单纯作为一种活动存在——是一种人们，尤其是他哥哥查尔斯做的事情；是一种无异于吹泡泡，弹弹珠，吹口哨的技能——这些

事查尔斯也做；无异于妈妈的钩花或是爸爸的阅读，他对于艺术的恒久性毫无概念可言。查尔斯的弟弟们惊叹于这种绘成一幅画的行为；一旦这种行为结束，那么一幅画也就和一袋弹珠一样没有任何独立的意义了。虽然偶遇过印第安乐队，也造访过印第安人遗址，杰克逊从未接触过一手的印第安艺术，因此也没有机会认识到看似抽离的创作活动实则是某种更广阔的，有时浑然天成的文化的有机组成。

在简斯维尔，他惊叹于同学奥洛·辛恩和塞西尔·威廉斯的艺术技巧。“他们该死的画得太好了，”戈尔顿·麦克墨菲记得，“只要脑子里有的，他们就能画。不管是用粉笔在黑板上还是在纸上，他们徒手一挥就成画了。我认为这学不来，这是天生的。他们转根绳子就玩起了魔绳术，不论以什么样的姿势都能画出弓背的马。”在杰克逊的童年时代，转绳和画马是相当了不起的技艺。

从这些相似的经历中，杰克逊开始懂得一些别的东西：对艺术还是一无所知，对艺术家却开始略知一二。奥洛·辛恩和塞西尔·威廉斯是两个敢于跨越种族界线的印第安男孩，他们将白人从西部众镇的“挖矿者”中隔离了出来。独特的姿态让他们同时被界线的两边驱逐。（两人都年纪轻轻，死于非命：辛恩在韦斯特伍德的一家妓院被伐木工踢死；威廉斯死于某次原因不明的军营打斗。）虽然无法知晓他们的命运，杰克逊羡艳两人卓越的技艺以及由此吸引的目光，他也一定意识到了他们身上的异域风情，且感同身受。

如果说辛恩和威廉斯只是艺术和灵魂间联系的匆忙、下意识的一瞥，那么蒙泰兹·勒玛斯特算的上是汇聚心神的一次凝视。她是杰克逊在胡桃树林学校最年长的同学，是个黑发，容貌粗犷，神情忧伤的高个女孩。15 岁时，她已经比同龄人晚了两年接受教育，也许因为家庭负担，也许因为奥兰德中学对于买不起汽车的穷人来说实在太远。

97 蒙泰兹·勒玛斯的故事就是这儿许多农家女孩的故事——但勒玛斯会画画。“那姑娘的铅笔使得不知多顺手，”她的某个同学回忆。手很灵巧却不快乐。“蒙泰兹年纪大，个子高，已经懂了很多东西，”另一个同学海伦·芬奇表示，“她因为自己与众不同而痛苦。”星期五下午 1:50 开始的每周一次的美术课，特洛布里治老师总会把她叫到讲台上，闷闷不乐地提着粉笔为仰慕的同学画画。“她总是不太情愿，”芬奇说，“似乎她想去另一个地方，变成另一个人。”

这各色人等也许塑造了杰克逊早期的艺术态度，但查尔斯的影响力却无人能及。1920 年 2 月，全家从奇科搬离之后，两人只在杰克逊随弗兰克去奇科观看杰伊的足球或拳击赛，或是探望弗兰克叔叔和萝丝婶婶时才偶尔相见。甚至在这些偶尔的相聚中，查尔斯对杰克逊的关注也不过是轻描淡写。主要通过斯黛拉和弗兰克的渗透，杰克逊才能得知查尔斯的“丰功伟绩”。例如，1920 年和 1921 年，他看到查尔斯在为奇科中学校报和年报画卡通和插图：使用了查尔斯后来鄙夷为“可怕”与“猥琐”的轻快的新艺术风格。在某次旅行中，杰克逊无疑见过那些查尔斯从奥兰德卡耐基图书馆的《工作室》杂志复印本上偷偷剪下，收藏成集的彩色印刷品。“我无法抑制要剪下它们的冲动，”查尔斯解释，“我从没见过博物馆、画廊。”那是个乏味的混合集，有风景、静物、神话场景，都是冷静克制的英式风格，与燃着烈火的巴黎沙龙相去甚远。

那些年，对查尔斯艺术影响最大当属一位名叫安吉丽娜·哈德卡斯·施坦斯伯利的美术老师。这是位有魅力的贵族老姑娘。“她总鼓励他发挥天资，坚持下去，”查尔斯的某位女朋友回忆，在奇科时，她常陪查尔斯去一座维多利亚风格的大房子，在那儿，身着蕾丝高领、黑绸裙的施坦斯伯利小姐会用酒和水果蛋糕迎接他们。1922 年夏天查尔斯来到洛杉矶，就读奥蒂斯艺术学院后——由施坦斯伯利小姐促成，推荐，并安排了 175 美元的贷款——师生还继续保持着联系。

查尔斯在奥蒂斯的众多发现中有一本名为《日晷》的月刊，刊登严肃的小说、诗歌、

98

查尔斯在洛杉矶：大城市的艺术家

评论和嵌有各种黑白印刷品的书评。查尔斯称之为“启示录”，并兴致勃勃地想要寄回奥兰德的家。如果说，他打算鼓励弟弟在追求知识方面的兴趣，而非单单炫耀自己的博学，那么《日晷》彻底地脱靶了。他寄回家的刊物有D. H.劳伦斯和托马斯·曼的短篇小说；伯特兰·罗素和埃兹拉·庞德的评论； 威廉·卡洛斯·威廉斯、华莱士·史蒂文斯、T. S.艾略特的诗，以及在美国首次问世的《荒原》——这些文献几乎不可能吸引一个11岁，一个13岁，刚打猎或是玩“盲人摸象”游戏回来的农家男孩。

如果说查尔斯的目标没有达成，他的时机却无懈可击。大哥的关怀虽然时有时无，遥不可及，但被父亲疏远，受母亲忽略的桑特和杰克逊却受宠若惊。也许他们只偶尔读一读《日晷》万花筒般的文章，但他们对里边的图片却如饥似渴。小如豆腐块的插图汇成了一部全面囊括先锋艺术的目录。巴勃罗·毕加索的裸女素描，埃内斯托·德·菲奥里的裸女雕塑一定牢牢吸引了青春期的杰克逊和桑特的注意力。有些图片，例如康斯坦丁·尼沃拉的铜像《鸟》无疑让他们困惑，而其他一切，例如，德国表现主义者弗兰茨·马尔克的马或吉诺·塞弗里尼三个小丑的新浪漫主义墙画也许已激起了共鸣的和弦，即使只是短暂而微弱的共振。对于艺术批评家——罗杰·弗莱对让·马尔尚和汉斯·普尔曼对马蒂斯的批评——杰克逊不可能产生什么感想。但他敏感的眼睛一定会因日常的物体和舞蹈的人物而流连在马蒂斯名为《餐厅》的插画上。

99 自凤凰城起就积累在杰克逊脑中的思想和画面的松散结合——从查尔斯绘画课的记忆到他对蒙泰兹·勒玛斯特的仰慕——自此在《日晷》期刊中得以联合。在接下来的几年中，他和桑特会开始素描，谈论越来越坚定的长大会变成画家的信念。40年后，去世的前夜，躺在医院的桑特会提起《日晷》杂志施展的魔咒，令查尔斯吃惊地回忆起他与杰克逊长时间翻阅这些书页时分享的奇妙与兴奋。

当杰克逊挣扎于父母间几乎无法调和的裂痕，哥哥弗兰克也在经历着相似的煎熬和折磨。自从1917年离开凤凰城后，他在凤凰城联合高中留级一年。缺乏安全感又敏感的弗兰克难以承受落于人后的侮辱。很快，他开始逃课，接着整天不见人影。加入哥哥的旷课冒险的桑特那一年总共缺了大半年的课，同弗兰克驾着家里的斯徒贝克（Studebaker）巡游凤凰城的大街。

晚上，和其他朋友在一起，弗兰克发现了一种更强力的反叛形式。“我们会沿着一条沙路驶出城外，来到一片空旷的沙漠中央。正当你以为自己已经穿越文明时，有人会支起一个帐篷，开始制一种叫作白骡的自酿酒——因为它真的会‘踢人’。一口酒两角五分钱，过个三四十分钟我们就疯了似的拳打脚踢起来。我还同仙人掌搏斗了一次，那东西差点把我撕碎。接着我开始呕吐。吐遍了整片该死的沙漠。”即使是精力无限的桑特也继续不下去了（吃不消了）。“我们早上买酒，喝上一下午。看看电影或杂耍，我想，那些人应该很好笑吧，因为当时我已经喝得半醉了。”斯黛拉在哪儿呢？“妈妈是许可的，”弗兰克说，“反正她也不知道我们干了什么。如果爸爸知道的话，我兴许会吃上一顿拳头。这些胡闹的把戏也逃不了一顿收拾。”

最终，像弗兰克清楚地预见的那样，斯黛拉和鲁瓦都得知了真相。“有一天，桑特从小巷子跑来台球房时，我正尝试着击球，”弗兰克回忆，“他拍了我肩膀，说训导员正要来抓我。我丢了球杆，跑进了巷子，跳进车里。我说，‘我要辍学’，桑特说‘我也是’。”如果最后弗兰克期待从他母亲那儿得到一些责备或是某些忧心忡忡的愤怒，那么斯黛拉并未有任何强迫之辞。“她就那么接受了，”弗兰克回忆，“并很快作出了决定：与其等到毕业，她决定即刻离开。”

斯黛拉离开凤凰城的决定并非像她无法无天的儿子认为的那样突然与不假思索。年初，雅各布·明奇宣布打算再婚时，鲁瓦就已经安排斯黛拉夏天去卡尔牧场当厨子。那是个坐落在凤凰城东面山里的乡村休养地，很多城里人去那儿避暑。从某种意义上来说，这趟旅程是波洛克一家的省亲之旅。斯徒贝克呼啸着驶过谢尔曼街农庄，沿着盐河谷往 100
东驶向梅萨（Mesa）。刚过阿帕奇章克申（Apache Junction），道路就开始爬出沙漠，松木和杜松开始从多岩的山腰跳跃出来，河流切入越来越深的山谷。随着道路环绕沿河谷一路向上通往罗斯福大坝，波洛克兄弟，尤其是弗兰克，也许以他们各自的方式已经感受到了他们正在遭遇“过去”。在大坝后面伸展开来的水库，他们第一次看到了过去他们父亲凤凰城农场的灌溉水的源头，这水经由灌水管理员的输送，于灌溉水渠间嬉戏，润得苜蓿尖银闪闪发亮，淌过隐秘的囊鼠洞，灼热的尘土变成了黑色，鲁瓦依靠这水建立了他的“帝国”。这水象征着自七年前搬离凤凰城后他们再没有过的家庭生活，也象征着他们自此几乎从未在一起生活的父亲。离开明奇家几天前，斯黛拉才获悉储存着他们旧物的奇科库房焚为了灰烬。所有东西，包括鲁瓦的带菱形窗格的玻璃门书架和所有书统统被焚毁。

自从遗弃鲁瓦以来，波洛克一家绕了一圈又回到了原点，而现在，对于他们的流浪无可炫耀的幸存者们终于要回到鲁瓦的怀抱。

当然，波洛克一家照旧对这次不寻常的团聚不置一词。斯黛拉已经作好安排，在秋

101

探访印第安悬崖栖居地，通托国家森林，1924年：弗兰克领头，桑特（左），鲁瓦和杰克逊

天时，全家人，除了鲁瓦，都会迁回加利福尼亚。三年半紧张的分离，山里的夏天会是他们最后的和解机会。

卡尔农庄坐落在一条60英里的碎石路的尽头，也就是亚利桑那谢拉安恰山（Sierra Ancha）东南的阿兹特克峰山腰上的铜矿镇格洛布和迈阿密的北部。对于从凤凰城沙漠来的避暑客来说，被光秃秃的松木覆盖的易碎的山坡像个森林，但对曾在简斯维尔“纯粹的绿墙”中生活过的波洛克兄弟来说，这个乡村似乎空旷得动人。农场本身是一个集群结构，由约12座一室的就寝小屋环绕一大间旧农舍。旧农舍是个“舞厅”——只有一层，上面就是屋顶，夏日的周六晚上，会有小提琴手在那儿演奏，“牛仔们都出来了，牛仔女郎也出门卖弄”——还有个大商店和邮局，大房子后面是农场工人后勤内务用的五六栋小屋。斯黛拉负责大厨房，附近的白山保护区来的年轻的阿帕切族女孩们身着夸张的“当地”服饰在餐厅和厨房灵巧地进进出出，安静地奉上食物，清理宽敞的供膳寄宿舍的桌子。“这是种家庭风格的经营模式，”弗兰克回忆，“就是妈妈熟悉的那种方式。”没有电的夜晚漫长却凉爽，繁星满天；白天则碧蓝无暇。

农场往北向莫戈永火口沿（Mogollon Rim）的方向数英里，赞恩·格雷两年前在那儿建了一座小屋，并开始使亚利桑那的这个角落名垂千古。鲁瓦的政府勘察队在这儿扎下了夏令营。工作日，他们会徒步到多岩的森林改道旧线路，将坡度等级降低到6%以下。

周末，鲁瓦会下山来到卡尔农场和斯黛拉在一起。探亲，似乎成了他们不明摆上案的讨价还价。

1924 年，9 月 1 日劳动节，暑假的最后一天，鲁瓦邀桑特和杰克逊去樱桃溪的印第安遗址进行一日徒步。遗址坐落于农场正东约 10 英里，阿兹特克峰 7000 英尺的峰翼的另一侧。可以预见的是，这次徒步一定漫长而险峻，鲁瓦犹豫要不要带 12 岁的杰克逊一同前往，但桑特的乞求最终说服了他。在暮色苍苍的黎明，汽车载着两个男孩，他们的父亲和一名当地的向导缓缓攀上了阿兹特克峰与松布雷罗峰之间的樱桃溪峡谷，直到道路在一大片洼地边缘戛然而止。剩下的旅程是在无迹可寻的多岩森林徒步。太阳迅速吸干了晨雾，一队人到达峡谷底预备吃午餐的地方时，灼烧得酷热的太阳已经攀到了额头的高度。两脚在溪里摇摇晃晃的桑特伸直四肢打算休息一番，但溪边的岩石已经烫背了。坐在他身边的杰克逊望着父亲爬上了附近一块大圆石，在底下一块平坦的岩石上撒尿，被烈日灼烤的岩石表面留下了一个特别的图案。

峡谷底下的远方，他们可以看到峭壁高高地悬于大片树梢之上，尘封进悬垂的峭壁边缘以下 60 尺，小溪以上 100 尺的纯黄色的峡谷砂石墙间一个黑洞洞的壁龛中。在悬崖表面攀登很困难也很痛苦。一次在某个矿层，桑特在后壁发现了一扇通向一间密封房间的小门。他匍匐进了黑暗，身后追随的是父亲的手电筒光束。在里面，他看到门对面的墙上确认无疑有人手的印记。在桑特后面攀进去的杰克逊惊叹于死亡之地突如其来的生 102
命痕迹。600 年前，灰泥浆还软的时候，悬崖的修建者在这里留下了手印。桑特用自己的小手在手印上比划，发现它们竟惊人地吻合。杰克逊认为那意味着这个栖居地一定是由“俾格米矮人族”建造的，但鲁瓦解释在这样的部落，砌筑工作都由女人承担。

鲁瓦和向导坐在崖沿点上烟斗计划折返的路线，杰克和桑特继续向内探索。桑特在后屋天花板发现了一个直径 10 英寸的奇怪洞穴，便叫了他父亲。鲁瓦在后墙找了一个不太稳，但足以借力的立足点攀上去抓住洞沿，并支撑着身体一窥顶上的黑暗。据桑特所述，杰克逊突然害怕了起来，央求父亲，“不要再往里去了，”但鲁瓦没有听从杰克逊的哀求，而是把头探进洞里，支撑在楔入洞沿的肩膀上。用手电筒探了探之后，发现洞穴足够大，他宣布，“我要爬上去了。”这时，杰克逊变得“歇斯底里”起来。但没等鲁瓦应出声，他就在附近的黑暗中听到一阵隆隆声。桑特记得他在被石头砸中前的那个瞬间喊了声“下面小心”。

他把手臂甩了上去保护自己的头，但头和手臂都卡在了洞口边缘。冲击力让双脚跌落了摇摇欲坠的立足点。在这漫长而焦虑的5分钟里，杰克逊和桑特无助地望着父亲在空中摇摇晃晃，两只脚踢踩着上头的空气，绝望着搜寻着立足点。桑特清楚地记得杰克逊痛苦的尖叫:“帮帮他！帮帮他！”最终，不知怎的，鲁瓦找到了立足点，获得了平衡。喘息了好大一阵子后，他把压着手的那块石头扔得远远的，跳了下来。据桑特所述，他父亲站起来拍了拍身上后只轻描淡写地说了句，“真是差一点。”

徒步回去的漫漫长路，鲁瓦没怎么说话。没几天，斯徒贝克就载着坐在后座的杰克和桑特退出了卡尔农场，而鲁瓦则留了下来。

08

杰克与桑特

波洛克一家迁往南加利福尼亚唯一一件让人吃惊的事情便是它花费的时间。

自从斯黛拉·迈克鲁离开廷格利去丹佛探望姐姐的25年来，她的成千上万的爱荷华同胞已经经由更为直接的路线抵达特哈夏比山南部的金色山谷。单是在20世纪20年代，就有约16万爱荷华人（约为该州7%的人口），或被家乡飙涨的地价驱赶，或被哈利·钱德勒在洛杉矶的全年俱乐部（All-Year Club）宣扬的振兴主义引诱，爬上他们的道奇往西，加入来自其他中西部各州志同道合的难民队伍，成就了“第一波汽车时代的大迁徙”。到20年代中期，印有一瓣玉米、一头猪和“猪肉玉米粥”字样格言的爱荷华州协会的官方徽章在南加利福尼亚随处可见。陌生人在街上打招呼的口头禅就是问，“你是爱荷华哪个地方来的？”以及由鲁德亚德·吉卜林著名的四行诗改编而来的匿名饶舌也被广为传唱：

> 在爱荷华的克林顿
> 去往老L.A.的路上，
> 有表演的锡罐旅人
> 还有路标写有“L.A.市区”字样。

1924年9月上旬骄阳似火的两天之后——当时正值这些年间的某个移民热潮——波洛克家的斯图贝克遁身于由爱荷华、密苏里和堪萨斯牌照的车辆组成的大游行中缓慢移动，一停一顿地驶向太平洋。

在近里弗赛德镇，洛杉矶以东60英里的地方，波洛克一家脱离了队伍，找到了一个露营地。

一定是斯黛拉选择了里弗赛德。1870年，为“智慧文雅”的人们所建的里弗赛德殖
104 民地已经发展成了加利福尼亚中南部干燥的高原上一个文化底蕴丰厚的岛屿。世纪之交，随着两个大型的英国柑橘园的建造，一些英国家庭纷纷涌入，里弗赛德创建人的理想不日便可付诸现实。虽然人数尚寡，但英国人的影响力，在一个土壤和精神上都渴望文明的地方来说，不容小觑。本地贵族于1883年创建了卡萨布兰卡网球俱乐部，于1892年建立了里弗赛德马球俱乐部。身着最时髦的伦敦款式，他们会在周日驶上维多利亚大街来到维多利亚山的维多利亚俱乐部观赏真正的英国人的周日漫步。

1873年，自农业部从巴西巴伊亚给里弗赛德的卢瑟尔·C.提拜夫人船运了两株脐橙树，美国式的成功元素也被添加进了里弗赛德的混合配方中：金钱。加利福尼亚人口激增，当地市场上的脐橙也是如此，随着冷藏技术的进步，全国市场亦处于饱和的状态。里弗赛德成了文化和资本的避难所。脐橙成了收入和地位的来源。“在中西部拥有一座猪肉玉米粥存货充足的农场无可否认意味着福祉和富足，”当地史学家写道，“但在南加利福尼亚拥有一个橙园就等于坐拥美国农业真正的黄金海岸。”金钱和显赫的地位带来了文明的骄傲与其在石头上的显现：一座市政厅和一座宏伟高雅的法院，以及，斯黛拉早已了解清楚的，一套卓越的教育体系。

里弗赛德四季如常的太阳吸引了闲暇阶层的度假者和闲暇阶层的农民。波洛克一家抵达的时候，这是西海岸屈指可数的冬季度假胜地，而镇上名声显赫的米申酒店是密西西比以西最精致的旅游酒店。著名的“米申风格”——童话般的天窗剪影，拱门，墩台和钟楼——赋予了里弗赛德以独特的带有绚烂商业透镜折射的昔日世界的味道——新旧混合本身将成为南加利福尼亚的传统。

斯黛拉于1924年秋带着三个儿子来到的是一个不大、兴旺、有教养、文化素质高、深度保守的社区。抵达一两周后，她在切斯纳特大街与十二号大道的街角租下了一座合适的屋子，离度假地、林荫道和闹市区的维多利亚街只有几个街区。这座屋子本身就是斯黛拉为她的家庭赋予稳定繁荣表象的又一自豪的尝试。“我从不觉得他们的日子清贫，”时常去切斯纳特大街造访波洛克一家的某位朋友表示，“因为波洛克夫人总是十分慷慨。”这座一层半，共有六间房的小屋建于约1910年，也许是它瑞士牧屋风格的山形墙桁端的盖板，拱肩，暴露的椽和雕刻的枕梁吸引了斯黛拉的眼球。落在假石墩上带巨大圆柱的纵深的门廊外悬于切斯纳特大街的前门。这座屋子的地基很高，这样一来，门廊下面还

容得下一间与街同水平线的车库。虽然与邻里的其他屋子的基本架构相同，但1196号却足够精致——横梁上钻石形状的竖窗，门上的侧灯，窗上的饰带——满足了斯黛拉对于独一无二的嗜好。

鲁瓦不在，对儿子们五年来越来越放任，越来越心不在焉的教养之后，在里弗赛 105
德，斯黛拉索性彻底放弃了管教。据桑特的同学，常和波洛克家的小儿子们去打猎的罗伯特·考特所述，“如果我们想逃课去猎兔子，他们会跑到波洛克夫人那儿说‘妈妈，我们要去打兔子啦’。接着她会说，‘这儿有50美分，拿去买盒贝壳。’我妈妈绝不会那样。”不像周日需要送报纸电报和包装杂货的考特，桑特和杰克逊从来不用打零工。据考特所述，他们压根不需要：“（斯黛拉）总对他们很好，给他们零花钱。”尽管接受寄宿者意味着要干更多额外的活，但她甚至都不要求他们搭手家务。邻里孩子的羡艳完全可以理解：“我觉得他们是理想的一家子，”考特回忆。

事实上，波洛克一家正处于缓慢的分崩离析的最终阶段——斯黛拉并不是唯一在它垂死挣扎时降低情感投入的人。对弗兰克来说，早年自我摧毁式的狂暴已经被有尊严地从高中毕业的渴望所取代。高三时，他已经被选为班长——与在亚利桑那沙漠同仙人掌摔跤时判若两人。但对杰克逊来说，他也许算是消失了。弗兰克不是在为校报写稿就是在写年鉴，不是在学校话剧团表演，就是在放学后从T型卡车的后座送杂货，他从不在家。从前门旁的一楼卧室，他可以溜进溜出，毫不引人注意。周六，他在色佛勒市场打工，夏天则加入圣盖博山维护组清理营地的垃圾桶和公共厕所。“在里弗赛德我没怎么注意杰克，”弗兰克承认。“我甚至没意识到他的存在。”

随着其他家人行动和情感上的疏远，杰克逊开始更坚定地依赖桑特。

多年后，杰克逊·波洛克会赢得“牛仔画家”的声名，一个在“形大如牛”的大幅画布上捻弄颜料套索的画家。他曾是一名牛仔的传闻在他死后一度轰动了欧洲艺术圈，令他的仰慕者们“欣喜若狂”。

事实上，就像查尔斯是第一个画家，是桑特，而非杰克逊，才是波洛克家第一个“牛仔”。是桑特自孩提时起就对牛仔、印第安人、枪战和驿站马车的故事着迷。是桑特多年来一直从家庭历史的碎片，廉价商店小说中的风行画面和点点滴滴的学童流言中掺杂混合，进而创造了一幅自己梦想曾经参与的蛮荒西部的理想图景。“马和鞍，靴与枪，所有这些占据了我们童年经历的很大部分，”他曾于1949年向某位采访者吹嘘。

但这一切不过是白日梦。事实上，桑特和杰克没有马也没有鞍（杰克怕马，从没学

桑特，家中第一个“牛仔”

过骑马）；他们用的枪也是单发的。是 22s 枪型的，而不是六发式左轮；他们几乎从没有刻意射杀过比兔子大的东西。两人到过离真正的旧西部最近的地方是简斯维尔，据桑特所述，“那儿的牛仔们无聊的时候，如果学校有漂亮老师，他们会来学校和我们一起上课，就坐在八年级旁边……嚼着烟叶，穿靴子，拿着六发式左轮。”钻石山旅馆的测量员们虽然不是提抢的牛仔，却也大抵是见过蛮荒西部面貌的旧人，像科迪的牧羊人一样，也十分享受一个瞪大了眼的男孩子的奉承。“所有这些老怪人会围坐在我们家的炉子边，聊枪战和偷马贼，”桑特这样告诉采访者，“每次我们一到那儿，什么都结束了，但却是恰巧刚结束。”从某种程度上来说，桑特对过往的痴迷无疑映射了他从家庭中感受的疏离，尤其是而今鲁瓦已彻底加入了勘探队，和旧西部的残留生活在了一起。和杰克逊一样，桑特太晚来到这个世界，跌落在兄弟间相亲相爱的圈子之外，在科迪和凤凰城，他的几个哥哥至少曾经还像真正的一家子。而等他和杰克逊降临时，“什么都结束了，但却是恰巧刚结束。”

凤凰城的台球房曾令桑特短暂地品尝过自己心之向往的牛仔式自由——不用上学，避开斯黛拉和她粘人的跟屁虫，和大孩子们混在一起。但所有这一切都结束于迁往里弗

赛德之时：弗兰克撇下了他，学校禁锢了他，杰克逊一如既往地攥着他的衬衣下摆。杰 107
克逊现在长大了一些——比桑特还高足足1英寸，骨架也更大——两人摔跤的话实力更相当，但“家里的小犊子”并不符合桑特的预期，所以他总在寻找新的显示自己男子气概的方式。一只拳击沙包就这么出现在了切斯纳特大街的后院。

杰克和桑特不可能找到比里弗赛德周边的乡村更好的试验场了。城镇拥有精心修剪的马球场和辽阔的橘林，似乎已经成为文明教化的岛屿，但在它周围，就在灌溉水渠的另一侧还是一片干枯多岩的荒漠。圣安娜河北边的呼鲁巴山从里弗赛德高原上升起。远处，更高耸的是圣盖博和圣贝纳迪诺山。翻过山，大火炉莫哈维沙漠将南加利福尼亚拒之门外。没有这些山脉挡住沙漠的热和尘，从来自太平洋的海风汲取湿气，里弗赛德周边的区域早被烘烤成了贫瘠的地壳。即使在山里，水源也并非那样充足。位居美国三大最枯竭河流之一的圣安娜河也许是马克·吐温以下言论的灵感来源：我掉进了加利福尼亚的一条河，“出来却一身灰”。即使土地焦干，但太平洋的微风湿润了空气，山川也将水汽织成云雾。是海风、荒漠和光秃起伏的褐色山脉的组合成就了南加利福尼亚的独特性，用当地历史学家的话来说，是一个“土地不拥抱天空”的地方。“这儿的天真真切切，似乎是土地在飘浮。”

曾吸引了大陆另一边的农民，让南加州的梦幻贸易宾至如归的空气，光线和旷野同样也吸引了桑特·波洛克以及追随者杰克逊进入旷野实践他们的幻想。俩人买来了宽边牛仔帽、鹿皮夹克和牛仔靴，借了六发左轮和枪套，给对方拍照。然而，除了在周末进山，其余的多数时候，打猎都是在上学的日子穿着干净的衬衫和灯芯绒裤子完成的。即使在里弗赛德闹市区，也有16000多公顷无人看护的橘林。在那儿，他们可以徜徉，打猎，像曾在奥兰德和凤凰城那样，打鸟、鸭子、鹌鹑和无处不在的兔子。走出14号大街仅5英里，在博克斯泉峡谷和圣塔菲铁路之间猎兔子最好了。“放学后，我们常骑自行车到那儿打野兔当晚餐，”罗伯特·考特记得。杰克逊是个“非常好的射手”，比考特射得准，但“最好的还是桑特，”考特回忆。打完猎后，桑特会给猎物剥皮，然后烹制。

但桑特是查尔斯·波洛克的弟弟，所以他既是牛仔又是艺术家。自奥兰德那时起，查尔斯的《日晷》投递到邮箱时，桑特已经在闲暇时勾勒素描了。在凤凰城，常可以见到
他手上拿一个速写簿。“我以为桑特会成为艺术家，”多利·明奇说，“他总在画画。杰克 108
就不一样。”来到里弗赛德中学后，在和查尔斯同样的年纪，桑特已经成了一位训练有素的年轻画家。“桑特非常，非常有才，”同桑特一起加入里弗赛德中学爱丽丝·理查德森的

美术班的克莱尔·彼得森回忆。“我们多数人只画水彩，但桑特和另一个女孩已经在画油画了。他们总是领先一步。”

一方面在打猎和捣蛋之间维持平衡，一方面在满是女孩子的美术班上做理查德森夫人最得意的门生，这对查尔斯来说本该更得心应手，稳稳当当。为了摆平这些矛盾的召唤，桑特开始在去野外打猎远足时带上速写簿。“他会画一只栅栏上的松鼠或者坐在地上的郊狼，”罗伯特·考特说。如果能静下心来，没有美术课上那些“空想”，画画会是一项连鲁瓦·波洛克都兴许会赞同的充满男子气概的户外活动。当然，不论桑特去哪，杰克逊都跟着。他也买了速写簿和铅笔搭配他的帽子和靴子。“杰克对绘画的启蒙来自桑特，”桑特的某位同学兼朋友回忆，“桑特总是在画画，他很在行。杰克不过是追随了他的步伐。”

周六，杰克和桑特会从他们切斯纳特的家中出发步行八个街区来到米申酒店。“我和波洛克兄弟常去那儿，我们总能在那儿发现新鲜玩意，”罗伯特·考特记得。“我们小孩子都曾探索过那儿的每一寸地方。”鬼鬼祟祟地溜过门房后，他们会停下来听一听门廊的一对金刚鹦鹉，约瑟夫和拿破仑，接着在回廊式的大庭晃荡进宏伟的音乐室，那儿有精致的西班牙文艺复兴时期的家具、旗子、全身肖像和古董雕塑。不远处，他们能看见西班牙艺术博物馆，在那儿，一层层无名的肖像和风景画旁陈列着罗莎·博纳尔辉煌而浪漫的《老头子》和肃穆的《罗马战士》。长条形的房间一头挂着威廉姆·凯斯墙壁大小的画作《加利福尼亚的阿尔卑斯》，这幅巨大、明亮的油画中熟悉的地貌一定吸引了好奇的波洛克兄弟的眼球；房间的另一头被一座的高耸墨西哥巴洛克祭坛所占据，从天窗垂下的日光将其镀金的绚丽映衬得闪闪发光。某些周六，他们还见过巴伐利亚国王送给情人萝拉·蒙蒂斯的梦幻华丽的家具，用的统统是乌檀木、黄铜和珍珠母；日本运来的镀金大佛像；中国瓷器和意大利陶瓷；蒂芙尼灯和波斯地毯；中世纪盔甲，西班牙大炮和古中国钟。楼下，在被称作“墓穴”的迷宫似的走廊上有印第安和墨西哥手工艺品以及上百件展出的绘画。“一个男孩子只要混迹过那种地方，”考特说，“他就永远不会忘了那儿。”

109 罗伯特·考特是个卷头发、矮小的乡村男孩，长一对大耳朵和一张淘气的笑脸，擅长捣蛋。1924 年，第一次在手工艺训练学校九年级相遇时，按考特的话来说，桑特和考特已经“几乎不分你我了”。他们大多数时间都在山坡上俯瞰里弗赛德，冬天则在高山上滑雪滑冰，全年都在山下猎兔子。当胆子壮了一些的时候，他们就瞄准了在热岩上晒太阳的响尾蛇。一开始，他俩到哪儿都如影随形——甚至一块去教堂做礼拜——据杰克逊和考特矮胖、可爱的小兄弟列昂所述。出于必要和对称的需求，两人年纪只相差几个月的弟弟也迸发了友谊。但与桑特和考特不同的是，他们很少独自出门冒险——“不过是骑骑自行车或者滑滑冰，”考特回忆。

对于这一标准的四人组，考特只记得杰克逊似乎总在与桑特竞赛。从射箭比赛到“撒尿比赛”，“除了桑特的肯定和注意力他什么也不在乎”。“杰克的个性完全不同，”随和的考特 60 年后仍然困惑不已，“对此我完全摸不着头脑。”

1925 年 5 月，桑特 16 岁生日后的某个时候，他买了一辆福特 T 型车。只花了 12 美元，“真算不上贵，考特回忆：平板框架上装着引擎，方向盘，挡风玻璃，两个皮座椅和一套帅气的全白玉米剥皮者轮胎。要让这对残骸运作起来，即使是桑特和杰克逊两兄弟齐上阵也意味着永无止境的挑战。据弗兰克所述，车停在后院的时间远比在街上跑的时间来得多。但在特殊的日子里，比起去市场的车马行以每小时 50 美分的价格租一辆 T 型车（别克则每小时 1 美元），现在的情形满可以算作另一诱人的选择了。七年来，修补后院，爬山路，在里弗赛德菲拉雷的田间巡游，这辆车已经成了在两人一起的托辞。“杰克和桑特在那辆福特里一起呆了不少时间，”弗兰克回忆。“在一起的日子统统围着它转。”

T 型车也意味着一种新的自由。现在，周末旅行可以延伸到更远的大山，甚至越过大山去往沙漠那头。然而，他们多数的冒险仍围绕着里弗赛德以北 40 英里一个叫作圣盖博山的小地方，那地方在圣盖博山里，桑特和考特几个同学的父母在那儿有小木屋。一旦 T 型车咔哒咔哒驶离家的视线，嚼着烟叶的两人会在拔出一支白雪香槟后随口吐掉咀嚼物。“远离母亲真让人自由自在，”在不远的大松林当暑假工的弗兰克回忆。

春天，松山脊上跳满了山鹌鹑（一年中的其他时候，男孩子们只能滚一块岩石到山
腰吓走来自隐蔽的堡垒的鹌鹑和兔子）。夏天，“访客们”逗留的时间往往长于一两个星
期——松山的空气往往很好地缓解了台地的热气和尘土。为了乘凉，他们会开着 T 型车 110
来到赖特伍德的边界，熄了火，“就那么让那东西在 6% 度的斜坡一直从赖特伍德滑行到
12 英里以外的卡洪山口，”考特记得，“那需要经验。”一般来说，都是桑特带领这一小队
人马渡过危险的境地——好比他找到捷径下山的那次。“他翻过了覆盖着硫磺石油的山，”
考特回忆，“一屁股坐在地上，把枪举在空中，就那么滑到了山脚。”

如果要过夜，男孩们通常会留宿在卡洪和赖特伍德之间的孤松古道的路边营地。被深挖至山坡的采砾场旁，联邦筑路队留下了一个碾石车间，一个平地机和卡车棚和一个

由“帐篷棚屋”组成的小社区（有木地板，木墙壁，纱窗，军风的金字塔形帆布顶）围绕着一个粗糙的松枝大厅。从营地出发，筑路队会填坑，修整路面，维修阴沟。男孩子们在附近的空地搭起了帐篷，和修路工一起在围有一圈高脚凳的长桌子上吃饭。冬天早晨晚些时候和傍晚的早些时候，大厅会点上灯笼，燃上旧式烧柴火的炉子。

在这种不太可能的情形下，杰克逊和桑特同他们的父亲团聚了。

1924年或1925年，鲁瓦·波洛克从亚利桑那来到加利福尼亚的原因我们不得而知。然而，1925年夏天，他已经成了孤松峡谷修路营地的头头，且已经在这个距离里弗赛德的家车程四十五分钟的地方暂时打下了根基。一年来，在朋友林登·巴曼的帮助下，他已经背着斯黛拉攒下了足够买下赖特福德一小块坡地的薪水，并建了一座底部搭有支架的小木屋。某个夏天，在大松树的弗兰克过来帮忙在木屋底下挖了个车库。多数周末和假日，鲁瓦都一个人待在他的小木屋，一般是在阅读，只在感恩节和圣诞才会回里弗赛德的“家”。即便杰克、桑特和他们的朋友们到访修路营，他也不冷不热的。“他们从不在一起干些什么，”罗伯特·考特回忆，“他也不参与我们接下来的露营之旅。他喜欢他的工作，鼓励我们走近，却从不和我们待在一起，除了不时吃吃饭。”多年尴尬的团聚之后，鲁瓦·波洛克同儿子们之间显然只有沉默寡言。“爸爸已经很难再获得他往昔的位置，”弗兰克表示，“他走了那么长时间，只在节日和工作间隙回来，我们不太可能对他敞开心扉。”当然他也是如此。接下来的日子里，鲁瓦只会在信中和儿子们吐露心迹，那些信有时会从不过二三十英里开外的营地送来。

111

鲁瓦·波洛克在赖特伍德的小屋

在修路营的日子里，孩子们认识了四五年来一直在他们父亲队上出力的工人们。路易斯·杰伊是个高个的德克萨斯男人，干活时从不多言，但几杯威士忌下肚后就开始鬼话连篇。他比鲁瓦来得晚，算是队上非正式的头。杰伊（每个人都这么叫他）曾和鲁瓦·波洛克一起在别的筑路队干过，还来里弗赛德家里呆过几天，波洛克兄弟对他毫不陌生。他自称是个牛仔——真正的牛仔——杰克和桑特对此从没怀疑过。他的脸宽大，如腊肉一般，眼睛乌黑，嘴唇有点低，看起来似乎有那么点儿狠毒，“他和我们之前见过的任何人都不同，”弗兰克回忆，“他很粗野，长着一口白牙。”罗伯特·考特记得他是个“强壮结实的男人，穿牛仔靴，扎大皮带扣”。不论是否货真价实，当杰伊晚饭后坐在炉火边吞云吐雾，编织着那些来自他的牛仔生涯，生动而往往粗糙的传奇故事时，他身上无疑牛仔味十足。杰伊的老伙计，弗莱德·怀斯也是得克萨斯州人。据弗兰克·波洛克称，他要来得矮一些，苍白一些，更沉默，总之“完全没有杰伊有趣”。

有T型车的解放和杰伊的榜样壮胆，桑特、杰克逊和考特兄弟的冒险之旅开始离里弗赛德越来越远。他们越过山脉，进入了大莫哈维沙漠。1926年的某个时候，杰伊和怀斯被调到大峡谷附近的修路队，男孩子们也乘此机会加入了他们。14年来游荡在贫瘠，平淡无奇，被文明裹挟的弹丸之地，那个夏天，杰克逊·波洛克终于要开始探索美国西部伟大的自然景观了。在南犹他州，他们驾着T型车来到布莱斯峡谷国家纪念碑边缘的灌丛，徒步进入因流水侵蚀而切入石灰岩和砂岩束层的庞大的橙白色竞技场。他们探索了锡安峡谷。这座延绵15英里的岩雕因为摩门教徒相信这样的雕刻只能出自上帝之手而得名。再往北，他们徒步来到犹他小镇雪松城附近的马卡刚特高原打猎。这是个猎物丰富的雪松林，围绕着一个2000英尺的断崖，蔷薇色石灰岩中嵌有铁锰氧化物，在夏天的烈日下闪耀着银色和金属白。

越过犹他州界线就是亚利桑那的弗雷多尼亚，T型车颠在砾石路上驶向大峡谷的北 112
界。他们穿过了凯巴布高原，印第安人称之为“斜依的山脉”中有野火鸡、郊狼、狐狸和鹿，堪称猎人的狂想曲。往森林走30英里，离峡谷18英里，他们来到了路易斯·杰伊和弗莱德·怀斯在北界公路的维修队。支起帐篷后，他们坐在峡谷小路农场门房的前廊享受着来自看不到的峡谷的燥热的晚风，白天被灼热，夜晚则注入周遭的空气。桑特透过双筒望远镜数着200多头散布在峡谷边缘的牧场吃草的鹿群。

在修路营，路易斯·杰伊把自己年轻的追随者介绍给了另一名曾经的牛仔，而今的修路工。人们叫他“雷德”。雷德来自犹他州的普罗伏，但他“比印第安人还要了解北界乡野”。“伙计们，回家前想去猎野马吗？”雷德问道。考特听说过有一种成群的野马，也被称作印第安小马，是西班牙人于17世纪引进的马种的后裔。它们自由地漫步在高山草地和亚利桑那、犹他，怀俄明和太平洋西北部人迹罕至的山艾高原。它们是西部神话的残存和西部昔日风貌的活化石，“像印第安小马一样荒蛮”，未被驯服，传说也不可能被驯服。像多数西部传奇一样，野马群越来越成为进步的牺牲品。在他们前往的一个“隐蔽”的汲水洞中，马群被围捕到洛杉矶某肉类加工厂建造的畜栏之后，便被加上卡车等待“加工”。

雷德作向导，男孩子们回头驶经凯巴布高原，出了林子后进入围绕弗雷多尼亚的炎热的山艾平原。正午时分，他们在该隐泉拐弯，往西驶过干燥，高低不平的土地。“每过一会我们就会遇到一处冲击物，必须要用铲子和凿子挖掉浅滩才能通行，”考特回忆。到太阳下山的时候，他们抵达了汲水洞附近的一处山脊。雷德很肯定野马群第二天一早会回到这儿喝水。“我们在那儿扎了营，”考特回忆，“在洞边的山脊生了篝火，做饭，席地而眠。”晨曦微露，马儿没来，他们就下到汲水洞狭窄的洞口。雷德估摸那儿就是狩猎的最佳位置。然而还没就位，他们就听到马蹄的飒飒声从峡谷深处回荡开来。“我们晚了一点，”考特回忆，“雷德让我们趴下保持安静，不然马儿会被我们吓走。”他们跪地匍匐了
113 最后几英尺靠近射击点。此时，马群一匹紧跟一匹出现在了洞口，紧张地向仅几十码外的水坑行进。“一路上，他们长长的鬃毛悬垂着，”考特回忆，“尾巴触击着地面。他们是美丽的动物，长长的鬃毛不停摇动着。”

紧接着，狩猎开始了。在最初惊雷般的连发中，马群炸开了锅。有几匹应声倒下，其余的在顷刻间全力疾驰了起来，蜂拥至洞口时马匹慢了下来，鬃毛临风招展，肌肉和

狩猪野马：杰克逊，最左；桑特，最右

筋腱扭曲成团，几英尺外，黄尘四起，惊愕惶恐的杰克逊和桑特吓得站着一动不动。最后一匹马消失后，他们仍然听见隆隆作响的马蹄声久久没有散去，在峡谷的土地上留下了浓重的尘霾和三四个黑印。“我们射杀了一些，”考特惋惜地回忆，“我们就那么走了，把它们留在了哪儿。那都是美丽的马儿，我不敢相信我们射杀了他们并就那样走了。但我们确实那么干了。直到今天我依然对此很羞愧。”

一整个夏天的探险之后，1926 年 9 月的返校并不那么容易。桑特去上高中了，刚从格兰特小学毕业的杰克逊则去了彻斯纳特大街上的手工艺术学校。1926 上半年——兴许是杰克和桑特离家在亚利桑那那会儿，两次草草的搬家加重了这种疏离和错位感。9 月，波洛克一家已经住进了北街一幢狭窄的平房——更小，价钱更低，没有彻斯纳特大街上的小屋那么令人向往，但距东南方向的里弗赛德高中只有四分之一英里。开学后不久，桑特和罗伯特·考特常出门踢“英式足球”，早年放学后打野兔的惯例也戛然而止。

然而，最具毁灭性的打击却始于 1926 年秋天，那时桑特·波洛克发现了女孩。

蓝眼睛，沙色头发，发达的肌肉，平日里毫不张扬的男性气质让桑特从没为女朋友这件事伤过神。“桑特很有女人缘，”考特表示，“他能得到任何想要的女孩，毫不夸张。” 114
在某些方面，19 世纪 20 年代的里弗赛德也许已经是一处精致世故的飞地（本国境内由隶属另一国的一块领土），但在另一些方面，它仍是个小城，一个被保守的加尔文共和党惩罚性的性道德主导的小城。如果里弗赛德的一个 17 岁的男孩渴望的不止是“亲吻和爱抚”，那么他只能去洛杉矶，或者，如果他不愿意开远路也不挑剔，那么可以在周六晚上去 D 大街的圣博娜迪诺，那儿有坐在门廊招徕往来行人的墨西哥女孩。在里弗赛德，桑特与性的最近距离是“维尼烘焙”的微弱隐喻，年长的异性舞伴，和一种他擅长的叫名“扣子，扣子，谁拿到了扣子”的在客厅亲亲的游戏。在那个学年的头几个月，考特回忆，桑特“从没缺过女孩”。

但他身边总没有杰克逊。“杰克已经不属于我们的小圈子了。”考特表示。

多年的打猎、画画、驾驶和牛仔扮演之后，在这儿，终于有些事情是杰克不能跟着桑特做的了。不是他没试过。“我们会去维尼烘焙或电影院约会，”考特记得，“杰克也会跟着我们。桑特带一个女孩，我带一个女孩——而杰克则是孤家寡人。”一段时间后，自然会有尴尬和被忽视的情绪，就此放弃的杰克逊开始待在家里，心不在焉地围着 T 型车“闲荡”，偶尔画画，等着桑特回来。也喜欢胡乱摆弄车子的里昂·考特一开始是他的玩伴。“而现在，里昂也慢慢开始约会了，”哥哥罗伯特说，“最后他也开始带着女孩子加入

115 里弗赛德高中，1928 届，从左至右：罗伯特·考特，阿勒瓦·康纳威，弗兰克·波洛克，桑特·波洛克

了桑特以及我们的约会。但杰克逊从没能加入。我不记得杰克曾约会过。我记得当时很好奇‘为什么杰克对女孩都不感兴趣’。”

最后的打击始于 1927 年 1 月。桑特认识了阿勒瓦·康纳威，一个苗条，剪着松软短发，大眼睛的漂亮女孩，透过睫毛仰望你的样子“让你想要将她拥入怀中”。他倾慕和观察她已经有一段时间了，打算在考特周末邀他去圣博娜迪诺山远足时想个法子见她，那时康纳威也会在。“第一次见到他我就对他有了好感，”阿勒瓦回忆，她被他“漂亮的蓝眼睛”打动了。这种爱慕彼此都有——考特称他们是“天生一对”——接着，两人开始了一段持续了 35 年的情感。

过去，杰克和桑特去博克斯泉峡谷时，常经过康纳威家坐落在宾夕法尼亚大街，门前立着两棵巨大棕榈树的白色大房子。而今，桑特几乎每天都会一个人在这里逗留。“我们经常见面，”阿勒瓦回忆，“我们以前常去里弗赛德附近的山里投飞镖。”周末，他们常去圣博娜迪诺山再度体验他们的初次约会，通常有考特和他的女朋友，玛格丽特·卢修斯陪伴，从来都没有杰克逊。

如果说桑特原来常常忽略他的小弟弟，那么现在，他完全看不到他了。尽管他常谈起杰克逊——“我感觉他觉得有责任照顾杰克，”阿勒瓦说——他从没试过带阿勒瓦回家。“直到他们离开里弗赛德后我才第一次见杰克逊，”她回忆。整个 1927 年的冬天和早春，杰克逊都待在家，T 型车则在院子里生锈，枪和靴子躺着壁橱里，他的画一捆捆扎得越来越厚。“我想杰克感受到了这种忽略，”弗兰克以波洛克家标志性的委婉语气表示，“他甚至有点受伤。他再也不会是和桑特同进同出的伙伴了。”

春天，盖普被弗兰克带到屋后吸入麻醉药永远睡了过去，彼时，杰克森失去了“一位重要的伙伴”。而几周后，他几乎又失去了桑特。某天田径训练时，桑特和考特一起进行越野长跑，桑特却在半途倒了下去。穿过木兰花大街，他被紧急送往学校对面不远的医院。医生断定他的阑尾破裂了。“抢救幸好及时才保住了他的命，”考特回忆，“他差点就没了命。”斯黛拉，兴许还有杰克逊，在不远的家中被召往医院。（而阿勒瓦则是一个星期之后才知道这个消息。）

桑特在医院住了三周，创下了波洛克家的记录，直到十年后杰克逊在纽约的某个疗养院将此记录打破。唯一持久的创伤降临在鲁瓦头上。他被迫卖掉赖特伍德的小木屋来支付医药费。没了这个停泊的港湾，他又飘回了还在大峡谷附近干活的老朋友路易斯·杰伊和弗莱德·怀斯身边。他从亚利桑那给两个小儿子在人手短缺的暑期修路队安排了工作。

这是对杰克逊的祈祷的回应。1927 年 6 月底，连续几个星期以来让 T 型车进入正常运转状态的努力之后，他和桑特离开了里弗赛德，越过怀特伍德周边的山脉，长驱直入巴斯托和莫哈维白晃晃的灼热夏日。在某片尤其贫瘠的道路延伸带，桑特瞄到车外有一个滚动的轮胎正欲通过下一个车道。好几秒后他才意识到那是他的车上的轮胎。T 型车就这么安然无恙地滑行在了三个轮胎上。

两个月以来，桑特和杰克逊在大峡谷附近生活工作，几乎每日都能一睹它的容貌。从他们扎营的北悬崖到南悬崖有 18 英里，谷底深 1 英里，东西纵横 15.6 英里。墙中立着

116

杰克和桑特在大峡谷悬崖

黑色的火山口，朱砂色的小山和在扭曲的岩石结构，早在河流将它们削成危险的柱状物之前它们曾是高大的山峦。对于峡谷的地质情况，波洛克兄弟也许所知甚少，但数小时坐观太阳移过悬崖，云影飘移，雨将灰色的变成黑色，红色的变成焦土色，那瑰丽的景象终身难忘。“那段经历镌刻在了桑特的记忆中，”阿勒瓦回忆，“他总会谈起坐在悬崖上看雷暴雨滚入峡谷的景象。”

然而，那个夏天真正的戏剧却在杰克和桑特关系的敏感地带上演。白天，两人几乎见不到面。在一个经验丰富的勘察员的带领下，桑特开一辆“勘测车”先于勘探人马外出定地标，将道路的中心线草拟在带状地图上，在测量员应该设仪器的地方标记位置点。杰克逊则在后方同四五个人的大部队在一起，在中心线旁打桩描出水平线，然后在运输工和导线工赶往下一站时，用更多的木桩粗略描出道路的路线。

在干活的夏日里，白天很长，而营地的夜晚却出奇的短——时间几乎都不够杰伊在
117 四坡帐篷熄灯前讲一两个故事。鲁瓦·波洛克也许有意不和儿子们在一个测量队工作，也因为这样，杰克和桑特在那个夏天很少见到他。要是下工后天还亮的话，他们会在峡谷悬崖打发时间，抽鲁瓦、杰伊和其他男人也抽的葫芦烟斗。只有周末才有时间玩。作为测量队最年轻的成员，杰克和桑特难免成为某些牛仔式幽默的调侃对象，尤其是杰伊，特别爱和波洛克兄弟打趣。“粗线条的杰伊很热心，好玩又搞笑，”自怀特伍德就与之熟

杰克与两个教他喝酒的“牛仔”路易斯·杰伊和弗莱德·怀斯在一起

识的弗兰克表示，“为了博你一笑他会使一些猢狲把戏。”

在某个周六夜晚的恶作剧中，本身就是个酒鬼的杰伊开始把酒瓶推到桑特和杰克逊面前。“简直见鬼！”弗兰克记得自己当时的态度。“卖力干了一个星期，周末你会找点什么乐子？”与这些老男人共处一室，急于——向工友，向对方——证实自己的男子气概，杰克和桑特毫不犹豫地加入了找乐子的行列。从一开始，杰克逊对酒精的耐受度就比桑特来得低。后来的日子里，许多医生都认为他的“化学代谢很脆弱”，朋友们也诧异那么一丁点儿酒精就能让他失控。修路工们也立马注意到了差别，周六晚上醉酒后，15岁的杰克逊在篝火旁踉踉跄跄成了最受欢迎的娱乐。对于杰克逊来说，这些无力的举动只需要付出小小的代价。“杰克逊也要成为男子汉了，”在凤凰城经历了类似的启蒙过程的弗兰克表示，“要是你是家里的老小，这一点尤为重要。”醉酒是种羞辱，但却是男人派头十足的羞辱。除此之外，要是他踉踉跄跄地离火太近或者蹲伏着太久，桑特会把他拎起来丢到床上。在里弗赛德被忽略几个月，没有什么代价比桑特的关注更重要了。

夏日将尽，回家的漫长旅程就在眼前，或许是在用短炳小斧砍桩时，杰克逊的手一 118
滑，斧头砍到了他的腿上。一开始看起来像是伤到了骨头，但伤口愈合得很好，于是他只能如期归家。

9月，杰克逊入读桑特所在的里弗赛德高中。这些年来第一次，两兄弟一起步行上学，甚至还同修某些课程——尤其是做一些简单小件家具的木工课。但这并不足以逆转两人愈来愈大的嫌隙。

重新聚在一起的桑特和罗伯特·考特继续他们的捣蛋和流氓阿飞的行径。同学们因金沙清洁剂包装上的双人像“授予”了他们“金沙兄弟”的称号——不，桑特更爱同人说他们是得名于蛮荒西部的一对强盗。这对活宝周末还跑到圣伯纳迪诺和圣盖博山去探险——这回还是没带上杰克逊。

没有桑特的杰克逊同孤舟一般随波逐流。在手工艺术学校就已经开始摇摆不定的成绩滑落得更厉害了。用以进入桑特世界的牛仔式的男子气开始崩塌，暴露了那个时常胆小地藏在凤凰城纱门后的小男孩。旧时的孤寂与被抛弃感又回来了，对桑特多年的痴迷以及在外交友的挫折加剧了这种恐惧，里弗赛德高中的广大无垠助长了这种怯懦。被迫在足球，体育课（在19世纪20年代的农业社区，两者都算得上是野蛮的运动）和后备军官训练团（一套无伤害的行军与阅兵的训练流程）之间，杰克逊选择了后者。他的决定不仅让以为任何有杰克逊那样身板的男孩都会选择足球的同学的诧异，也让他的兄弟们吃惊失望。小个子的弗兰克和桑特踢不了球，还指望着他们大个子的小弟弟能在橄榄球场英灵附体，尽情释放奇科的杰伊·波洛克的朋克气质。“我很奇怪，”弗兰克说，“那么一个大个子的家伙怎么就不想以踢球来威震自己的雄风呢。”

某次波洛克兄弟与考特兄弟难得一同前往的山间露营让桑特清楚了答案。多年后，杰克逊是这样向友人讲述这个故事的，四个男孩聚在学校一起进山，却被三四个打算清算旧账的同学挑衅——就金沙兄弟的名头来说，这种事情见怪不怪。桑特和罗伯特·考特正打算“搅合一番”，杰克逊却拒绝打架。多次怂恿规劝失败之后，挫败、气急败坏的桑特指控他“胆小怕事”。30 年过去了，杰克逊已经忘了那次挑衅是如何收场的，但他没有忘记桑特的指控。

被剥去虚假的大丈夫外衣的杰克逊又恢复到原状，继续过去那些影响自己安危，却往往能引得哥哥们关注的行为。第一学期的某个时候，大峡谷的记忆还清晰地残留在脑中，他开始喝酒了。禁酒令期间，在里弗赛德这样保守的小镇，酒精并非唾手可得，却也不是毫无可能。要找到私酒，他不必跑得太远。

119 很少有朋友知道，在里弗赛德高中的领导者和模范生的岁月中弗兰克·波洛克还在继续喝酒。“事实上，我经常喝得烂醉，”弗兰克回忆，“但作为高年级的班长，我不想让任何人知道。回到家，冲进厕所呕吐，呕吐，呕吐。”总是一个人待在家的杰克逊或许听到弗兰克在半夜踉跄着回到卧室，这或许在某种程度上为自己喝酒的秘密行为作了辩护。然而，这种场景越来越频繁，对酒精的需要也更急切，杰克逊的秘密难免不胫而走。罗伯特·考特还记得撞见杰克逊用葡萄干和苹果酒加速发酵自制粗酒。考特知道了，那么桑特也会知道，这无疑正是杰克逊想要的效果。

秋天，也许为了回应桑特的指责，同时在酒精的作用下，杰克逊在后备军官训练团阅兵训练中冲撞了一名学生军官。据桑特所述，那军官在别的学生面前叱责了杰克逊，因为“裹腿几乎要掉下来了”（在一战中，后备军官绕裹腿很普遍）。杰克逊没像以前一样发抖，而是在整个排面前抓起了军官的领子，气急败坏地说，“你这个婊子养的。”这次违规后，他被送上了军事法庭，还被“踢出了”后备军官训练团。事后看来，桑特也许夸大了那次冲撞，尤其是杰克逊的逞能，但却让杰克逊达到了他真实的目的。

后备军官训练团事件之后，杰克逊开始考虑辍学。（他唯一的朋友列昂·考特已经在年初辍学去了西联工作。）11 月底，这个想法已经强烈到杰克逊和斯黛拉都认为有必要写信告知鲁瓦。来自鲁瓦离里弗赛德东南仅 25 英里的加利福尼亚赫米特修路营的回信于 12

月 18 日，也就是杰克逊刚开始圣诞假期的时候收到。分离的七年以来，这或许是父亲写给杰克逊的第一封信。

亲爱的儿子杰克——

刚收到你的信。我一直在想你的问题。这确实是个大问题。如果你继续上高中我会很高兴，据我所知，要是继续学业，那么你将会有一个更高的起点。教育是种智力训练——让你更有逻辑地思考。今天你解决的问题让你有能力去解决明天的更难一点儿的问题，依此类推。需要你投入大量的时间，心思，兴趣，准确说来出于一种对知识和脑力的渴求。

接着，是一番坦诚的忏悔，暗示了无家可归的七年中自己遭受了多少贬损与沮丧的 120
苦恼。鲁瓦就此向小儿子敞开了心扉：

我很抱歉没能为你们兄弟做更多，有时我觉得自己的一生是失败的——但此生的一切都没法重来，我们只能带着对自己最好的希望，努力在现在和未来尽可能做到最好。

爱你的

爸爸

这封信在短期达到了它的成效。1928 年 1 月 3 日，杰克逊又回到学校上了两个月的学。然而最终，这封信的成效寥寥。在另一封简短的信中，鲁瓦·波洛克对杰克逊表达了比以往 16 年更多的忧虑和情感。对鲜有问及其成长的儿子，鲁瓦从遥不可及的云端敞开了心扉，寄予了最细腻的情感——全出于那辍学的威胁。

3 月 8 日，杰克逊兑现了他的威胁，告诉副校长弗莱德·迈克尤恩他要前往亚利桑那。然而，桑特还在里弗赛德，而他父亲在不远的哈辛托山脉，他不可能去任何地方。

接下来的六个月，杰克逊·波洛克几乎消失了。那段时间，6 月 18 日毕业的桑特去了洛杉矶。哥哥杰伊给他在《洛杉矶时报》安排了一份工作；而同样已经毕业的弗兰克在大松林的旧雇主那儿干了几个月后，买了满洲号渡轮 135 美元的船票与查尔斯约定在纽约汇合。

从辍学那一天直到第二年秋天来到洛杉矶，杰克逊只留下了唯一的足迹和期间六个月为何“消失”的唯一线索——在里弗赛德北部的山脊线镇修路营当暑假工。某个学校还在开课的晚上，大约凌晨1点，弗兰克被一阵敲门声吵醒。“是另一个班的一名同学，”他回忆，“他说，‘杰克在酒馆喝醉了，正在发酒疯’。”那名同学将他领到了里弗赛德闹市区的一家小咖啡馆，杰克已经“瘫在了吧台上。”“我猜他是去喝咖啡的，”弗兰克说，“他同服务员聊了几句，心情低落。这是我第一次见到杰克烂醉如泥。”

09 121

光照前路

1928 年夏天，杰克逊 · 波洛克抵达洛杉矶。这几乎是他人生第一次独自上路。但这个过程事实上在奇科就已经不知不觉地开始了，查尔斯和杰伊留下来完成学业，其他人则一路颠簸到简斯维尔，栖身于博览会公园附近的西五十大街，南洛杉矶的混凝土荒原中一栋普通平房。

从里弗赛德出发的短途有斯黛拉陪同，她仅有的几件行李随意地堆在斯图贝克的后座。一到目的地，在一系列迄今已然成为显示尊严的不免落于俗套的仪式中，她铺上了钩针桌布，挂上了蕾丝窗帘，在起居室墙上钉上了查尔斯的奖状——“这些奖状是她首先要展示给客人的东西，”一位访客回忆。几乎已经被丈夫和儿子抛弃，而今她的生活不过是在白天看看商店的橱窗，晚上写写信，缝缝补补，给人的印象是她似乎已经尽了母亲的所有责任，陌生人也概莫能外。

桑特也曾在西五十街的房子住过一阵子。他没和弟弟一道去山脊线镇的修路队，而是来到了洛杉矶，急于开始在《时报》挣薪水，好离阿勒瓦近一点，刚从贫血发作中恢复过来的阿勒瓦和表亲一起呆在长滩岛。接下来两年中的多数夜晚，桑特都在西五十大街的平房度过。为省租金他睡起居室的沙发。白天奉献给工作，晚上留给一拨新朋友，周末则属于阿勒瓦。杰克逊一定已经意识到，“杰克和桑特”的年代已经一去不复返了。“在洛杉矶，两人共处一室，”偶尔造访的阿勒瓦说，“但互不相干。”

和过去一样，学校没能给杰克逊带来任何抚慰。同里弗赛德高中一样，手工艺术高中是个批量制造文凭的笨拙粗糙的教育工厂。它将十几条新街区的上千新家庭一网打尽，122
招收的 3200 名学生均来自中产阶级，追求更高的社会地位，彰显——通常表达——的是父母们的梦想。他们多数于近十年移民到了最初被莱曼 · 弗兰克 · 鲍姆称为“魅力之都”

的地方，都是些长相白净，指甲修剪整洁，不约而同地穿并无二致的灯芯绒裤子、V领运动衫的男孩子们和着束带裙、“低跟正装鞋”的女孩子们，同他们父母的小别墅一样难以辨认。“学校是个企业，”校规手册上说，“着装须符合企业规范。”校报社论劝诫男生按时清洗灯芯绒裤，女生禁止化妆。男生在食堂梳头会被记过，女生的长发必须束起藏好。

从9月11日上学的第一天起，杰克逊在手工艺术学校的学业就是场灾难的演进史。从小就想赢得家人特别关注的杰克逊只懂得敌对，不懂得调和。在学校和一个将融入奉为第一要务的社区，不喜欢体育，对待学业懒散毫无热情，对女孩子不感兴趣，不擅社交的杰克逊显然不太合群。

但就是这种疏离感和对艺术的兴趣将杰克逊带入了手工艺术学校最古怪的教职工——艺术系主任小弗雷德里克·约翰·德·圣维伦·施万科夫斯基漂移不定的视线。

施万科夫斯基——学生们叫他施万尼——是个英俊的男人，有着特别的轮廓，深棕色的头发从高高的额头往后捋。大多学生和教工称他为和蔼的“怪人”，骗子，或是“极端主义者”。选用哪个称谓得看当时他们讨论的是他的个人习惯，他的艺术还是他的政治观念。“他在世界的这一头，而整个学校则在另一头，”杰克逊的一个同学回忆，“很少有跟他谈得来的同事。如果可能，他们会尽可能甩掉他。”当施万科夫斯基将一群裸体男模带进他的绘画课时，他们差点成功了。这股风波直到他同意将男模腰部以下进行遮盖才得以平息。

对施万科夫斯基来说，古怪是项家庭传统。他的祖父于19世纪来到贵格派的宾夕法尼亚之前曾是一位英国国教牧师，有波兰和俄国血统，常年居住在天主教统治的爱尔兰。他的父亲老弗雷德里克在底特律卖钢琴和活页乐谱，曾试图训练儿子继承家庭产业，但只成功地将他变成了“一个闷闷不乐的年轻人”。与此同时，小弗雷德里克无意间对艺术萌生了强烈的热情，所以在1908年，他逃离到了东海岸寻求专业训练，最初在宾夕法尼亚美术学院，后来又于1910年来到了纽约艺术学生联盟。

是弗雷德里克的妻子奈丽·梅·古歇将他引向了神秘主义。她的父母经常举行降神会，与诸神灵交流（查尔斯·狄更斯的鬼魂经常光临这种场合，弗雷德里克认为自己是“诸
123 魂灵之首位”。后来，奈丽·梅——被孩子们视作“家中更实际的那一位”——还学会了茶叶占卜，看占灵板，并将“灵魂出窍实验”列为她最中意的爱好）。婚后不久，弗雷德里克将妻子带到了梦幻之都好莱坞，在制作默片的老米特洛片场找了一份布景设计师的

弗雷德里克在绘画课上

工作。米特洛被新的电影巨头米高梅合并后，丢了工作的弗雷德里克被迫重新在手工艺术学校找了份新工作——这只是暂时的，他告诉自己。

弗雷德里克算不上是个有创造力的艺术家，他塞尚式的风景、静物和电影明星肖像只有家人才会将之视若珍宝。他在手工艺术学校一干就是 32 年——为学校剧场设计舞台道具，组织击剑队，设立“色彩周”，偶尔在学校活动中独唱一曲。课堂上，他身着衬衫踱过教室，只偶尔停下来用他戏剧演员般的男中音给予一些指导，接着又踱了出去，似乎还拖着他在奈丽·梅的音乐会上常穿的天鹅绒披肩。关于他参与祭仪、东方宗教和激进政治团体的谣言四起——在他身上似乎没有什么是不可能的。为了嘲讽他的攻击者，他成立了被称为颅相学俱乐部的神秘团体，1930 年的年鉴曾以掺杂着仰慕和困惑的复杂口吻将之描述为“一个不设党派又无需缴纳会费的深度哲理化的组织”。

尽管弗雷德里克是个保守的画家，后来曾批判“某些艺术家没有扎实的美术基础，只知道在画布上泼洒颜料”，但他却鼓励学生像艺术家那样通过色彩和材质实验来“拓展他们的潜意识”。据常为他的课堂当模特的女儿伊丽莎白所述，他建议学生，“让你的思想发散开去，画任何你能想到的。”学生素描时，他读诗弹钢琴，鼓励他们描绘自己的梦境，就像他时常绘下他的那样，教他们创新的技巧。在某个他最青睐的试验中，学生们将油画颜料倒在盛水的玻璃碟中，或者水彩颜料倒在酒精和松脂中。小滴的颜料会打旋，爆裂，重构。在液体中生成“疯狂”的图案。当把碟子置于转动的陶轮，颜料滴会转成色彩的漩涡。如果某个学生动作迅速敏捷，他可以用一张置于碟上的厚纸板捕捉到这个图像，将水彩和酒精精致的气泡吸入快凝的抽象色彩云团中。弗雷德里克还从他旧时的舞台设计经验中借取涂油画布的技巧。“他制作了很多混合媒体，”女儿回忆。“只要能想到的他都会尝试——组合材质，混合光泽与无光泽的平面。任何打破模式的东西。”

杰克逊欢迎弗雷德里克的各式实验。它们允诺，并不只有绘图者才能成为艺术家——至少在传统惯例上是如此。虽然同班同学们在杰克逊的作品中发现在某种“力量”和“韵律”，某个同学回忆——但没有人对他的技巧报任何幻想——至少杰克逊本人是如此。多年来目睹查尔斯和桑特毫不费力地绘图，而他呢，从很早开始，就很清楚自己在绘图上多么笨拙逊色。“杰克没办法照着物体画像，”桑特某次这样表示。“如果你看过他早期的画，你会说他应该去打网球或者修水管。”

然而，杰克逊很快就被弗雷德里克的核心学生圈吸引了。这是一个小众团体，却鱼龙混杂着各式怀有艺术及智性理想的异类。阴郁帅气，棱角分明的菲利浦·戈德斯坦（后又作菲利浦·戈德斯坦，菲利浦·加斯顿）以其雕像般的身高和娴熟的画笔成了其中的主导者。15 岁的戈德斯坦是个小有成就的漫画家，已经“正儿八经地画了”三年。像多数同学一样，他并非土生土长——出生于蒙利特尔——但在杰克逊到来之前就已经在洛杉矶生活了十年，就当时的标准来说，也算得上本地人了。再加上他的天赋，女人缘，以及和弗雷德里克的亲近关系，戈德斯坦很快成了令杰克逊羡艳的对象——这不是另一个查尔斯吗？

在艺术部办公室的小集会中，另一个不那么显眼的存在是哈罗德·霍奇斯。这个矮小害羞的男孩被他在纽约的继父驱逐到了西海岸。在学校，他柔弱的举止和雕刻家的天赋驱使他进入了弗雷德里克的圈子，在那儿他可以时而思考，时而为自己的孤僻而苦恼。游离在团体边缘的是唐纳德·布朗，与其说艺术才能，不如说是求知欲将他吸引到了弗雷德里克这里。这是个身材瘦长的热心男孩，青涩的举止和悦人的脸庞掩盖了一种“梦幻”的知性和早熟的忧郁。如果说戈德斯坦是个艺术天才，那么布朗就是个文学天才。16 岁时他就读詹姆斯·乔伊斯和约翰·多斯·帕索斯的小说，爱德华·艾斯特林·卡明斯和法国超现实主义者安德烈·布勒东以及保罗·艾吕雅的诗歌。他搜寻了最新的，诸如《转变》之类的先锋刊物，确立了自己在尚处萌芽阶段的洛杉矶文学圈的地位。

125 对杰克逊来说，目空一切的戈德斯坦，女孩子气的霍奇斯和理智的布朗，每一个在他看来都和他的三个哥哥一样触不可及，派不上任何用场。在弗雷德里克的门徒中，他最需要的是一个不会构成威胁的同盟：一个桑特。他找到了托勒金·马努埃尔。

要用准确的语言描述1928年秋天遇见杰克逊·波洛克前的托勒金·马努埃尔很难。托勒金有根深蒂固的篡改历史的癖好，尤其是他自己的历史。像杰克逊一样，他从不老老实实说自己的故事，倒爱把它说成自己喜欢的样子。托勒金出生于1911年10月18日，原名托勒金·泽利亚——虽然连他的生日都会随着说辞改变——和杰克逊一样，童年的颠沛与情感的错位在他的性情中留下了深刻的烙印。出于窘迫的经济，泽利亚的父亲马努埃尔把家从城里迁到了乡下，想找点建筑或者农活干。二十出头时，在一次短暂但毁灭性的低迷和大萧条的前兆中，他搬到洛杉矶开了一家小杂货店。一年后，他死于癌症。5岁的托勒金·泽利亚，和杰克逊一样面临着失去父亲的事实。后来很快，他开始用父亲的名字自称，编织关于父亲的异想故事：身为建筑师和建造者，父亲靠建筑生意发了一笔财，设计过花窗玻璃，会绘制手稿，写诗，最难以置信的是，他还鼓励儿子追求艺术。

五个男孩走到哪儿都是如影随形，不论是在学校还是放学后在马努埃尔家由后院鸡舍改造的临时“画室”。他们挤在这个无窗的小鸡舍度过了无数个小时翻看美术书籍，临摹最喜欢的图像。他们的劳动果实——临摹自皮耶罗·德拉·弗朗切斯卡，乌切罗和其他文艺复兴大师的铅笔素描—— 一一排列在鸡舍的粗木板墙上。杰克逊在这个时期的表现最好，但与戈德斯坦和霍奇斯的杰作，甚至托勒金的相比，他的最好表现压根算不上什么。“他很努力想画些常规作品，”托勒金回忆，“奈何却总不得志。”有时候，他的嫉妒和挫败感会爆发成暴力。在学校的某个下午，他曾试图把戈德斯坦，团体中最有天赋的那一个，扔下几级楼梯。

杰克逊教其他男孩子们抽烟斗，虽然托勒金夫人严禁抽烟嚼烟叶，但这对于杰克逊来说堪称意义重大的仪式。马努埃尔一家回忆了这样奇异的景象：烟从缝隙中盘旋而出，小小的鸡舍笼罩在一团可疑的芳香薄雾中。在唐·布朗家，小组吸引了唐的妹妹，阿尔玛的注意。“那些家伙会挤在我哥哥的卧室策划他们的把戏，”阿尔玛回忆。“从没有女孩，就只有这些男孩——他们会围坐几小时，接着突然匆匆离去，好像要去救火似的。”阿尔玛记得杰克逊是个“脾性暴烈的年轻人。你不会知道他下一秒要做什么。妈妈不确定她是否喜欢唐晚上和他一起出门。她担心杰克会失控”。（1933年底，阿尔玛·布朗在杰克逊家中遇见了杰伊·波洛克。次年夏天，两人结婚了。）在唐·阿尔玛的卧室中，杰克逊邂逅了阿尔玛收集的大量关于法国最前沿艺术和艺术家的书籍：塞尚，高更，雷东，毕加索，马蒂斯，德朗。

小组偶尔会降临到到波洛克家位于西五十街，临近学校的房子，据托勒金所述，“不 126

论杰克做什么，杰克的妈妈从不会说不。”斯黛拉会用食物迎接五个男孩，当他们点起烟斗，她会当作看不见。要上学的日子，菲利普·戈德斯坦有时还会在这儿过夜，这样就不用跋涉回到位于威尼斯短线上的家。

除了增添一个新的家庭成员，对于家庭遗留给杰克逊的疏离感和身份问题，戈德斯坦为他提供了一种新的应对方式：宗教。

1928 年夏天，独自在山脊线镇修路营干活的杰克逊曾写信给父亲解释他的“宗教哲学”。对于父母是无神论者，生长在从不上教堂的家庭的男孩来说，这并不寻常。杰克逊小时候在凤凰城家中的墙上曾挂过一幅基督像，但作为长老会成员的虔诚早已随着时间而流逝殆尽了。杰克逊的宗教启示也许源自他与列昂·考特的深厚情感，列昂同其他所有考特家的成员一样是个虔诚的基督徒，或者源于他在山脊线镇的营友们，他们有许多都来自圣伯纳迪诺一个还保留着祖先习俗的摩门教徒聚居地。显然，杰克逊最初的宗教念头不论源自何处，都不过是一个忧心忡忡的哀愁男孩对“周遭一切事物意义”浮想联翩的猜测而已。“我认为你的宗教哲学完全没问题，”1928 年 9 月 19 日，鲁瓦从凯巴布森林的修路营回信。

> 我认为人人都应该顺从内心的指示进行思考、行动与信奉，而不是迫于外在的压力。我也认为有一个更至高无上的力量，一个主宰者，某种控制宇宙力量的东西存在。是什么或以什么形式存在我不知道。我们的智力和精神在离开这尊肉体后也许会在以其他的形式在宇宙中存在。一切皆有可能，什么都没改变，改变的只有化学形态。我们把屋子和里面的东西烧了，我们改变了形态，但最根本的东西还存在，气体，烟尘，他们还原模原样在那儿。

1928 年，带着这些深深扎根在他肥沃的焦虑之土的想法，杰克逊抵达了洛杉矶——“所有新信仰、道德准则的孵化地中最为著名的地方”。

127 被有些人称作“骗子圣地”的洛杉矶已经成为“世上已知的每一派宗教”的天堂，“不论是嫡传正统或者异想天开”。像其他人一样，被阳光，温和的冬季和无限量输入的上了年纪、意志薄弱、简单幼稚的外来者吸引来到这里的各种教派提供了各种全新而神秘的治愈力量——对抗疗法，顺势疗法，整骨疗法，信念疗愈，基督教科学派——尤其受欢迎。再生重生的学说也同样受到热捧：“有人告诉我，”一位持怀疑论的居民评论，

"帕萨迪纳已经开始了千禧年，现在这儿获批准的各种学说比美国任何城镇都要多。"即使是主流的基督教——"位列主导产业（仅次于房地产和动画）"——也被信徒的狂热撼动了。尽管两年前曾短暂消失过，艾梅·森普尔·麦弗逊（人称艾梅姐姐）铺场华丽的福音传道还是让安吉利斯主教堂被挤得水泄不通。

虽然这场宗教的狂欢顽固而倔强，杰克逊的导师只有戈德斯坦。从小信仰圣公会的戈德斯坦热情地回应了在洛杉矶上演的宗教"实验"提供的契机，并多次将自己描述为佛教徒、印度教徒和蔷薇十字会员。是他对实验的热爱，连同对东方宗教的吸引，和从多样的源头选择吸收满足需求的元素最终将他引向了神智会。

也许早在纽约的学生时期，施万科夫斯基就已经与宗教团体有牵连。据某报告显示，他与乌克兰贵族后裔，海伦娜·彼罗夫娜·布拉瓦茨基有私交，于1875年以"传播迦勒底人和埃及人早已熟知，却被我们的现代科学彻底蒙蔽的自然神秘法则"为宗旨创立了这项运动。虽然看起来与女先知相去甚远——肥胖，邋遢，满口脏话，"信仰升华"那会儿还身无分文——布拉瓦茨基夫人具备一种丰富而强大的想象力。20年来，她成功地将自己的团体发展成19世纪后半叶横扫欧美中上阶层的最大的狂热神秘学说之一。

与这许多精神运动类似，神智会（意为"神学智慧"）意在拯救古老的宗教信仰——自由意志，不朽，灵性——免于遭受科学，尤其是社会达尔文主义学说的威胁：似乎不可抗力的自然力量，浩瀚的时间尺度和自我维持的机制。布拉瓦茨基的创新之处在于在对更高真理的寻求中利用科学，而非抵制。为了追踪涌流在所有宗教中真理"质朴，原始的源头"，她强烈要求"宗教与科学的统一"。新的进化理论，她辩驳道，与再生和来生的古老信仰并行不悖；互为阐释。就像人类从动物进化而来，人亦可以穿越多层次的灵性向更高级的实体进化。过去伟大的宗教人物，从佛陀到基督，都曾抵达精神进化的最终阶段，成就"无所不在的超灵"。

本着施万科夫斯基欣赏的折中主义精神，布拉瓦茨基自由借鉴了东方宗教和神秘学 128
来充实她的精神进化理论。被称为"化身周期"的七重进化界借鉴自印度教，而那些达成精神进化最终阶段的被称为"上师"或"异士"，"异士"这个称谓在西方神秘学中十分常见。异士存在于"星际"界——这是用肉眼凡胎无法感知的一个维度——但异士能够以肉体形式呈现，从而将他们的智慧传授与人（例如布拉瓦茨基），被甄选的继任者也能以"星际"形式来探访异士界。

虽然布拉瓦茨基夫人涉嫌一宗尴尬的降神会骗局和几项分裂教会的活动，神智会还是发展成了总部位于印度贝拿勒斯和荷兰欧门的世界性组织。在她的继任者们的领导下—— 一位名叫安妮·贝赞特的费边社成员，一位有魅力的女性主义者，以及名叫威廉·利比特的令人憎恶的英国陆军上校，其难以抑制的娈童恋在团体内引发了不止一桩丑闻——它的会员数在杰克逊·波洛克迁至洛杉矶的那一年达到了 45000 名的极值。

团体内真正的危机发生在 19 世纪 20 年代。当时，某杂志预测人类精神进化的下一步将降临在南加州。布拉瓦茨基夫人认为种族包括个体在追求完美的道路上需要超越多重精神发展的轨迹。基于这一理论，该杂志援引了以加利福尼亚学童为对象的心理测试。测试显示惊人数量的神童已经降临，并预测“新的第六亚种族”将会在奥海镇出现。这个消息像火柴一般点燃了干燥的加利福尼亚大地。安妮·贝赞特的传记作者表示，“全世界的神智学者都把目光投向了加利福尼亚这个大西洋的亚特兰蒂斯。”贝赞特本人也到来了，带着异士界“上师”的遵嘱，得益于声称以“大飞鱼”的形态来到奥海的著名怪人埃德加·霍洛韦的相助，她在洛杉矶以北，70 英里的风景区奥海山谷买下 465 公顷农田作为新种族的家园。那儿本来就是神秘学的庇护所。

同时，她还将给奥海带去一个年轻人，她称之为“新的救世主”——“上帝的化身，”“圣灵”，“至善”的克里希那穆提。

早在 1889 年，布拉瓦茨基夫人就预见到世界已经准备好迎接一个与耶稣和佛祖比肩的全新的“世界导师”。20 年后的 1909 年，贝赞特在芝加哥人面前复兴了这一预言。“这一次我们希望他能出现在西方世界，”她表示，“而不是像耶稣那样出现在两千年前的东
129 方。”利比特上校在教会位于印度阿迪亚尔的总部附近发现他时，他正在沐浴。然而，这位“新的救世主”确实是位东方人，是个黑皮肤的小个子，长有精致的五官，迷人的眼睛。14 岁印度男孩名叫吉杜·克里希那，是一户信仰神智会的贫穷婆罗门家庭的第八子。据利比特的报告所述，克里希那拥有“他见过的最绝妙的灵气，其中不掺杂一丝的利己主义”。男孩在印度和英格兰广泛受训后，贝赞特做好了向世界宣布这一“受选载体的神圣奉献”。1929 年 3 月，吉杜·克里希那，现为克里希那穆提，“至爱的克里希那”，抵达南加利福尼亚，在好莱坞露天剧场于挤满剧场的狂喜信徒面前作了第一场主题为“由自由达到快乐”的美国演讲。

弗雷德里克·施万科夫斯基是那天聆听克里希那穆提关于自由、个人主义与幸福的启示的 16000 名信众之一。他也许还加入了 1928 年 3 月由上千信众组成，克里希那穆提每日都作开示的奥海营地。最终，施万科夫斯基成了救世主的私交，还曾在他拉古纳海滩的画

室与克里希那穆提共进晚餐。但早在 1928 年秋天杰克逊·波洛克刚加入施万科夫斯基的小团体时，传道的热情就已经在他内心熊熊燃烧，宣告克里希那穆提是“新世纪新艺术的代言人”。他给学生们介绍神智学的纲领性文件，玛贝儿·柯林斯的《小径上的微光》，以及克里希那穆提 1928 年于贝拿勒斯、欧门和奥海明星营所作的小卷本演讲录《自由生活》。这些统统是艰涩的文本，而从来不是一个好读者的杰克逊对神智学的知识主要来源于他所聆听的施万科夫斯基与学生们以及机敏的智者，如戈德斯坦和布朗的谈话。

那一年，杰克逊本人也拜倒在了大师脚下。

在 15 年后的治疗中，杰克逊在报告中向医生表示，他“正像其他年轻人一样在寻找一种生活方式，并受到了施万科夫斯基和神智派的影响”。30 年后，他的遗孀李·克拉斯纳回忆杰克逊“经常谈起施万科夫斯基和克里希那穆提”。虽然无法参透的术语和空幻的学说十分艰涩，16 岁的杰克逊·波洛克显然着迷了。在给查尔斯的多封信中，他尽可能地揭示了这些理论并鼓励他读《小径上的微光》。“其中说的东西似乎与现在生活的真谛背道而驰，”他写道，“但只要加以思考，付诸实践，我想这是一份有益的向导。我希望你也能读一读，并告诉我你的想法。”杰克逊甚至提出如果查尔斯在纽约买不到，那么他可以寄一份副本过去。

查尔斯以其特有的冷静观察小弟弟的新热忱。“他好像对这股潮流入迷了，”查尔斯回想，“好像很早便开始陷入其中。”然而，杰克逊强烈，不寻常的忠诚并不仅仅出于同龄人的压力，年少的易受影响，或是为
了争宠。这些理念本身的某些东西击中 130
了杰克逊的痛处。

“至善”克里希那穆提，在奥海，加利福尼亚

对于一个一生都在挣扎着想要变得合群——融入家庭，融入学校，融入艺术家角色——的男孩来说，克里希那穆提开示，融入的努力不仅无效，而且也是种误导。“如果你让自己成为某一类人，”他警示，“……那么你就丧失了选择的能力，从此，你只会成为一台机器，一具行尸走肉。”对于一个感到与世界疏离的男孩来说，《小径上的微光》

赞美疏离:“从古至今，智者均远离俗众。”像多数教派一样，神智派允许受苦的信众直面自己的苦难——不论是疾病还是孤独衰老——作为成功之路的必经阶段，一个充满了难以察觉的希望的过渡阶段。“你与苦难真正搏斗的那一刻,”克里希那穆提表示，“感受到苦难最为深重的那一刻……苦难才能变为你必然需要汲取养分的沃土，而非某种需要躲避的东西。”被驱逐者成了被拣选者，异类成了顿悟者，弱者成了宠儿——像“出淤泥而不染，竭力向阳，最终成为欢喜美好之物”的莲花一样。克里希那穆提抚慰了杰克逊在绘画上的天资愚钝（“对美的欣赏在于个人”），和不善言辞（“我一直在质疑言辞的价值……单纯依靠经历，你便能成长”）。就连他历来可怜的学业成绩也被神智会点石成金，
131 成了一种赐福（“苦难者，斗争者而非有学识者更具备理解力”）。克里希那穆提触到了杰克逊最古老，最深切的焦虑。“小弟弟”杰克期望有长兄查尔斯的才能，或者桑特的男子气，克里希那穆提表示，“每个人都有自己的道路。”“徘徊在他人的阴影中,”他警示，“那将永远无法达成‘自我完善’。”

最终，神智派帮助杰克逊对抗了自己永远无法企及的哥哥们的榜样，也永远无法“向自己和其他人证明自己”的忧惧，他在信中这样对查尔斯表示。如果你的欲望足够强烈，克里希那穆提说，如果你的“精神”是正确的，那么“艰苦的工作”——就费劲的训练而言——并非必要。查尔斯和戈德斯坦经过多年的苦练得来的才能，杰克逊只要依靠“被称为笃定的知觉的敏捷的知识”便能获得。灵感比教育更珍贵，情感的冲动比智力来得更可贵，因为“智性若放任自流，则会损耗系统化的能量，从而与生活分道扬镳，渐行渐远”。这样一来，艺术家的真正使命在于超越智性，“在内心情感与外在行为间建立活生生的联系”。对克里希那穆提来说，对全部真理的考验——包括后来对杰克逊而言，对所有伟大艺术的考验——在于“它是否源自内心脉动的自发流露”。

在情感冲动与行为间锻造关联的唯一途径，克里希那穆提认为，只有反叛。

10 132

堕落的反叛

杰克逊对激进政治毫不陌生。早在凤凰城，自他听到父亲惺惺相惜地解释世界产业工人组织，看到他因布尔什维克革命的消息而欢欣鼓舞，他就已经受到社会主义同情派的耳濡目染了。在手工艺术高中，施万科夫斯基敦促学生们追求“一种英雄式的理想主义……那样便能创造一个更新更好的世界”，并将与他关系亲密的内部团体介绍给隶属左翼知识分子圈的杂志和作家。甚至连神智会都会时而在这些刊物上就死刑、监狱改革和残疾人援助等议题阐明自己的政治立场。但却是洛杉矶这座城市本身——就好像它映射并放大了这个国家的右翼偏执一样——最终将杰克逊推向了激进政治的湍流。

在大萧条前几年歇斯底里的贪婪的背景下，洛杉矶开始了政治迫害，尤其是对共产党员、工会组织者以及支持他们的知识分子。当传教士“好战鲍勃”（舒勒·鲍勃）夜夜利用他的 KGEF 十字军电台播送言论抵制“不适合野蛮的中国或是无政府主义的俄国”的书籍时，警察因在一伙罢工者面前宣读《宪法》逮捕了作家厄普顿·辛克莱，学校负责人也将《国家》（鲁瓦·波洛克最爱的杂志）杂志从洛杉矶图书馆书架下架。倡导公共财产公有化的教师被烙上了布尔什维克的烙印，让美国更美好基金和《时报》撒开了雇佣间谍的大网围捕自由进步组织的头目。法案大肆迫害涉嫌“红党”和“粉党”的犯罪帮会。他们的集会——不论是在家中，礼堂，还是公园——均被广泛使用的催泪瓦斯和警棍破坏。《时报》按常规播报警察的“推搡日”：“这将是洛杉矶警方的‘推搡星期二’，”据某篇典型报道所述。“威廉·海因斯上尉表示，共产党计划今天上演一场游行，那么便意味着 500 警力已经就位了。一旦共产党员示众，警察就会一直推搡，直到游行队伍陷入混乱。”在这种紧张的空气中，就连失业人员都成了怀疑对象。城市赞助的全国广告活动将全国的工人们吸引到洛杉矶，但他们到来之后如果找不到工作——找到的只是例

133

放学后在里弗赛德打野兔

外——那么就会因流浪而被捕。（“在阳光灿烂的南加州失业也是种罪”，某位旁观者曾这样嘲讽道。）杰克逊·波洛克在手工艺术学校的第一年，洛杉矶警方逮捕了 12000 多名失业人员。

杰克逊和他的伙伴们什么时候才觉察到这样的政治语境我们尚不知晓。1928 年到 1929 年的那一学年，菲利浦·戈德斯坦在校报《手工艺术周刊》画插图，主题大多符合学校精神，与激进政治毫不沾边（“尊敬优等生”，“去户外运动”，“参加学校活动”），而唐纳德·布朗则在文学杂志工作，偶尔为《周刊》提供诗稿。像多数高中学生一样，他们最关心的问题与手工艺术高中联结在一起。也许对更宏大的世界背景下社会不公和压迫问题有所注目，但对杰克逊来说，更近在眼前、迫在眉睫的是成长期的冤屈和不公，那些沉沉压在心头的压抑和胁迫自由的禁锢。

在这些禁锢中，最憋屈的当数来自体育课的无处不在的压制。

一战结束以来，整个国家都深陷在体育狂热带来的阵痛中。1926 年，克努特·罗克尼首次率领他的传奇战将爱尔兰圣母大学队迎战南加州大学。（主场球队以惊人接近的
134 比分，13:12 输掉了比赛。）第二年，也就是杰克逊到来的第二年，七万粉丝簇拥在大体育场见证雷德·格兰奇带领芝加哥大熊队向质疑者们证明“职业”球队是个可行的概念。

从离开南加州大学队仅几个街区的大体育场对街的最佳观测点观战的手工艺术学校的学生无一不被体育狂热俘虏。他们的橄榄球队，“劳动者”队，一直在激烈地争夺洲冠军的殊荣。整个秋天，再没有什么比这更重要的了。大赛前的整一周都将致力于争取学生的支持。赛前的集会上，有后备军官训练团的乐队表演，学生团由“拉拉队长”领唱战歌，教练们将球员们介绍给观众时的口哨声、呐喊声和喧闹的掌声。胜者可以享受《周刊》头版六英寸通栏大标题的报道；而手下败将则因有损学校精神而遭责备：“学生团对手工艺术学校的梦想过分自信，”劳动者于1928年遗憾负于洛杉矶高中，冠军梦落空后报纸头条这样报道。

早在里弗赛德，杰克逊心中就已滋生了对体育及其制造的狂热的敌意。在手工艺术高中，加入杰克逊的叛逆联盟的还有托勒金和戈德斯坦。他们躲在体育馆的露天看台下面逃避体育课。1928年10月10日，被海报宣传为“音乐会”的节目在礼堂上演，施万科夫斯基和当地某位女高音表演的独唱却被中断了。拉拉队长在雷鸣的喝彩中跳上舞台，引领观众领唱了一轮标准的战歌。灾难性地负于洛杉矶高中一个月后，音乐会完全落入了某个集会的掌控中，这个集会有一群擅长讽刺的“校园无赖”——由拒绝支持校队的学生组成，和一个被称为“校花”的领导者，此领导者一上台上便能引发观众阵阵嘲弄的笑声。

2月或3月的某个时候，杰克逊和伙伴们发起了反击。他们印刷了一个小宣传册，并在某个早上，在马努埃尔·托勒金的协助下塞进了学生的储物柜和教员的信箱中。在戈德斯坦贡献的摇着尾巴的小狗图以及“尾巴该摇狗吗？”的标题下面是这样一篇文章：

> 手工艺术的同学们：
>
> 在此谨提出有关我校价值判断的重要问题，供您思考。我们发自肺腑地谴责对运动竞技不合理的过分偏视以及随之导致的对知识的贬低。与其大叫“射门”，我们应该高喊，“考出好成绩”。将这些讯息传达给我们的学者、艺术家和音乐家，而非肌肉发达者。将主导权交还给校方而非球队。我们前任校长即是我们倡导的体制的践行者。此类的人才虽已推举上任，却越来越成为稀有之物。这意味着我们现有的方针政策必须作出重大的改变。如果放任自流，我们熟悉和热爱的手工艺术学校必然在劫难逃。赢取胜利固然是好事，但是倘若这些胜利背后没有任何积淀支撑，那又谈何成功与荣耀？学校的兴衰有赖成功的管理，校际比拼不过是锦上添花。在内 135

不能兴校在外焉能扬眉？迄今为止，我们过分重视体育竞技；却对学术的精进缺乏褒奖。我们面临的是严峻的挑战。让我们勇敢面对。同学们，手工艺术学校呼唤改革。期待你们众志成城。

在这场反叛试验中，杰克逊起的准确作用我们不得而知。虽然他也许在印刷小册子上帮过忙，但多数说法都认为他并未参与公开信的撰写——多数意见表明这封信是戈德斯坦，唐·布朗，甚至施万科夫斯基的手笔。

不论责任在谁，却只有杰克逊一人承担了后果。第二天副校长出现在了施万科夫斯基的教室中，由保安陪同，后者目击了前一天有一名男生在分发传单。当被要求指认肇事者时，保安环视整个紧张不安的教室后指向了经常被带到校长办公室的杰克逊。

不久后，另一番猛烈的抨击开始了，这次针对的大概是校方以及对杰克逊不公的处罚。

告手工艺术同学书：

在本校，有这么一个群体，一直以来，对校方的压迫与专制极为不满。我们认为不能再保持沉默。我们不会发表鲁莽的言论，但我们会誓死捍卫国父们用生命换来的自由原则。谨此提出以下问题。

1. 为什么我们总受到不称职、不公正的教员和系主任压制？

2. 为什么学生蔑视不公的可贵言辞总受到嘲笑与怀疑？

3. 为什么一名学生表达他对于老师或者校方的看法会受到直接或间接惩罚的威胁？

任何满12周岁有独立思想，任何在本校有过一学期体验的同学想必都对答案一清二楚。我们呼吁你们思考，组织并发起行动。我们不希望一场革命，我们呼吁一次和平的变革，我们期望公正的对待，而这正是我们被剥夺的。

学校的力量在于学生团。你们就是沉睡的雄狮。让你们的力量快快苏醒吧！

在第二轮抨击中，杰克逊参与的成分似乎更多一些。除却标志性的拼写错误和克里
136 希那穆提式的结尾，信中还渗透着一种新的，更绝望的味道。当杰克逊濒临又一个无法完成的学期（这已经是他两年高中生涯的第三个），其中透露的也许是他的恐慌。

如果说第二份宣传册的目的在于减轻对波洛克的处罚（所以才有来那些致歉性式的

言辞“我们并不想要革命”，以及致敬“国父”的爱国意味的暗指），那么可以说最后的效果却相反。当学生们和教员们公开讨论体育狂热对学校学术地位的冲击时，对于老师们太“专制”，“不公”，“不称职”的指控虽不至于致其丢掉饭碗，却愈演愈烈。（同时，《周刊》社论也谴责教员们“有失公允”，将他们指认为学校发展的“最可怕的敌人”。）3月的某个时候，杰克逊被开除了。开除的原因与其说是他参与了传播煽动性的宣传册，不如说是他已经积累了太多违反学校纪律守则的处分。

虽然有些说法与此相反，但杰克逊显然是唯一一个遭到重罚的。戈德斯坦似乎被短暂禁课，但他还像往常一样给《周刊》画足球英雄、山姆大叔和“老人帽子日”，这成了他参与活动反对校方的掩饰。唐·布朗则一直担任《观众》杂志的编辑直到一家人于6月搬去阿罕布拉。马努埃尔·托勒金提交了一系列的名人木刻——查尔斯·林德伯格，赫伯特·胡佛——并在《周刊》中刊出。“我想毕业！”后来解释为什么没有承认自己也是抗议的参与者时，他这样说。

不管这是否正合杰克逊的心意，开除事件却产生了一个正中下怀，完全可见的效果：这吸引了他父亲的关注。事实上，鲁瓦或斯黛拉，或者两人都感受到了这个危机来得那么迫切，以至于在3月下旬或4月上旬的某个时候，鲁瓦在忙季突然从洛杉矶西北90英里的圣伊内斯来了。没有任何记录记载了他们在西五十街小平房中的争执——如果这也称得上争执的话——但鲁瓦对于上学的态度向来众人皆知：“要么去上学，要么去工作。他会给你选择，”弗兰克·波洛克回忆，“但他一定会说如果上学未来才有更多机会。”几个月前，鲁瓦还写信给杰克逊：“成功的秘诀在于集中的兴趣，对生活、运动、好时代，对学习和同学的兴趣……跟我讲讲你学校的事吧。”而由于杰克逊的胡闹，他不得不放下工作，亲自来传达这些讯息。在这种情形下现身，即使没有任何严厉的责备，但就鲁瓦·波洛克的情绪字典来说，这几乎等同于勃然大怒了，

鲁瓦似乎已经表达得很明确：他不会容忍无所事事。一年前，杰克逊在里弗赛德想要辍学，鲁瓦就已经在信中指出：“如果你坚决认为呆在学校目前不可能了，那么我认为应该去你认为能学到知识、积累实践经验的地方工作。”即便杰克逊希望在洛杉矶和朋友们在一起，鲁瓦却坚持他应该去修路营当暑假工。

然而待鲁瓦一回圣伊内斯，杰克逊又投入了激进政治的世界。一旦从高中的束缚中解放，反叛的精神便引领着杰克逊深入工会组织者和真正的工厂党员组成的广阔的地下

137

菲利浦·戈德斯坦［加斯顿］为《手工艺术周刊》画的卡通；中央为西德·福斯特

组织，这是一个真正的被海因斯船长的“红小队”，警方的“推搡日”和工团主义公诉压迫的世界。他参加了位于东洛杉矶布鲁克林大街犹太区中心的共产党员会议。他参会的频率，有哪些人员参加，他的活跃程度我们都不得而知——虽然这是一个见到陌生人就会害怕，即便是手工艺术高中的小组讨论都会避开的男孩。就是在这些夜间突袭中，杰克逊一定领悟到激进先锋艺术与激进政治之间存在着某种关联。他也一定听说了墨西哥墙画家，何塞·克莱门特·奥罗兹科，大卫·阿尔法罗·西凯罗斯。他们不仅发动了一场墨西哥革命，还发起了墨西哥艺术的文艺复兴。

离校的岁月中，杰克逊还投入了宗教，比之前更刻骨铭心。

1929 年 5 月 27 日星期一，他与施万科夫斯基，托勒金和戈德斯坦一起赶了 70 英里的路程来到奥海。在那儿，他们会参加克里希那穆提持续整整一周的开示。车驶入风景秀丽的山谷，他们可以看到坐落在平坦的土地尽头的营地，一排又一排认真支起的帐篷——足够容纳两千名信众—— 一丛橡树、一些低矮的建筑和远处马德雷暗蓝的山脉。高于海平面五千英尺处，空气比海滨的来得干燥，白天暖和，夜晚凉爽。“想象意大利，里维埃拉和印度最好的城市都合为一体，”英国著名的建筑师埃德温·鲁琴斯的妻子，克

138

加利福尼亚奥海明星营

里希那穆提的密友艾米丽·鲁琴斯女士写道，“而你身处的就是这样一个地方”。

说是出于宗教复兴，但这些营地却更像军事据点。缴纳 45 美元报名费，营员就能享受两人间帐篷的住宿和三餐。他们需要携带自己的“床单，毯子，肥皂，毛巾等”，或者也可在营地商店购买。还提供银行与邮政服务。所有的营地工作都由营员履行，从准备食物到夜间站岗，纯粹出于自愿性质。

第二天，在光影斑驳的橡树下，杰克逊与其他营员聚在一起聆听克里希那穆提的第一次开示。“圣灵”终于显现，大伙都陷入了深沉的静默，微风拂过叶子的沙沙声都清晰可辨。一些“为这种非凡的力量带来的冲击力所折服”的营员们跪倒在了克里希那穆提跟前。“让人不禁联想到湍流有力的风，想到出没于五旬节的圣灵，”某次类似开示的目击者这样写道，“张力巨大……就是我们在旧约中读到，并夸张地想象的那类东西，但在 20 世纪的今天，它就在这儿，我们眼前。”处于这波注意力的涡流中心的是一个 34 岁的瘦弱男人，但看起来只有一半的年纪。“外形有些奇怪，”鲁琴斯夫人表示，“长黑发几乎要及肩了，深邃的黑眼睛透露着空性。”杰克逊无疑已经见过克里希那穆提的相片，也听过施万科夫斯基的描述，但对这一优雅，无性别的存在，他毫无防备。克里希那穆提穿
着定做的白衬衫，有时敞着领子，以及一身量身定做的，会令查尔斯·波洛克嫉妒的无 139
可挑剔的西装。当他开示时，语言来得毫不费力，没有赘言，没有踌躇，言必有据。“像其他体味过神秘顿悟的人一样，”某位仰慕者解释道，“经验给予他内心的笃定与自信。”开示过后，他开始回答信众的问题：

克里希那穆提

上手工艺术高中的杰克逊，1929 年

问：个人自由的理论真是种无政府主义吗？

克里希那穆提：如果个体不快乐，好像他不在当下存在，那么不论出于自私还是残忍……他只会创造混乱和围绕他个人的无政府状态。

六天中，杰克逊参加了诸如此类的日间谈话，与朋友们在周边的乡村漫步，听巴赫的音乐会录音和东方音乐，读詹姆斯·巴里、萧伯纳的戏剧，观看克里希那穆提诗歌的舞蹈诠释，在枝叶茂盛的藤架下的长桌上进餐。晚上，他与其他人坐在篝火旁，听大师的追随者讲述亲眼目睹大师的寓言显灵的经历。周四晚上，克里希那穆提又出现了。他点燃了一堆火，唱诵了两首梵文神歌，在三重唱音乐家的古典音乐的伴奏下，克里希那穆提吟了一些自己的诗：

啊，坐在我身旁吧
开放而自由。
有如平缓流动的清澈阳光
世事就这样领悟
等待的焦虑，重压的恐惧
像疾风吹浪一样远离
啊，坐在我身旁吧

陷入学业及家庭情感湍流的杰克逊很快便屈服于阳光，宁静和奥海的轻柔声音。他也许在旅途中便已见过克里希那穆提，但只要从远处依稀望一眼这位“带有梦幻气质”的师长，他便能得到抚慰。这位师长看起来与自己年龄相仿却谈吐自信而流畅；以自己的方式扮演着和杰克逊一样的异类却俘获上千信众：穿着打扮是查尔斯的风格，却满口皆是反叛之辞。克里希那穆提仿佛拾起了杰克逊的世界中参差不齐的碎片，又将它们拼成了宁静、完满的人生。

克里希那穆提并没有招募门徒——“作领悟力的门徒吧，”他这样告诫他的听众——但诸如此类的谦逊在杰克逊身上却难寻踪迹。奥海营闭营时，他发现了一项新的抱负：“去追随神秘主义”。他像大师一样留长了头发梳在耳后。他开始穿露脖子的衬衫，长长的领翼翻在剪裁合体的夹克竖起的翻领外面——像克里希那穆提那样。他开始吃素。

就是在这种“精神”状态中，杰克逊见到了他父亲，并开始成为圣伊内斯修路队的一员。

7 月的第一天，杰克逊和斯黛拉驱车前往海滨，穿过奥海，来到圣伊内斯。在回到洛杉矶之前，斯黛拉在修路营待了两周，“做饭洗盘子”。7 月 22 日，她动身去爱荷华看母亲。

杰克逊与父亲同住同工的这一个月——鲁瓦称之为“成批捆绑”——和几年前梦寐以求的和解相去甚远。杰克逊后来告诉友人，他去修路营不过是为了挣钱，并且一到那儿，“就已经想回来了”。不过，和斯黛拉待在一起的前几个星期却是波澜不惊。7 月 20 日，鲁瓦写信给纽约的查尔斯和弗兰克，“杰克越来越习惯这儿了，他读了很多好杂志，离开城市似乎也不会闷。”斯黛拉离开后，鲁瓦冷冷的乐观和波洛克家人素有的沉默寡言一道创造了一种安宁的局面，即使在树荫下气温都已经达到了似火一般的华氏 106 度。“[杰克] 是个很好的同伴，”斯黛拉离开一周后，他写道，“他看起来心情很不错”。

但这样的心情没能持续。夏天的某个时候，父子俩动了手，名义上是因为杰克逊想回洛杉矶。也许鲁瓦不赞成儿子在宗教上的较真。“我认为年轻人凡事不必太当真，”去年秋天，他曾写信叮嘱。“你无能为力的，太焦虑也没用，即使你能帮上忙，精神上‘也不用过于焦虑’。”（这些话虽不中听，但和杰克逊不一样，这是一个已经与自己达成妥协的男人的信条。）“成功的秘诀在于专一的兴趣，”他在信中常这样说。也许是杰克逊糟糕 141
的学业和模糊的志向带有太多的懒散意味，或者说，至少有种拉克斯内斯的味道，而这种味道对一个背负着那么多被践踏的自尊的男人来说简直是深重的罪孽。无论导火索是什么，鲁瓦显然对儿子已经极度失望。而对杰克逊来说，伤人的事实是鲁瓦·波洛克认为小儿子不会有多大作为，恐怕他一直是这么认为的。“要是杰克逊真成什么样子，”查尔斯表示，“爸爸一定会吃惊的。”

对于这次冲突和后续事件，我们可以肯定的是，杰克逊一个人提早一个月离开圣伊内斯回了家，从此再没有跟他父亲共事。

回到洛杉矶后，杰克逊更孤独失落了：斯黛拉还留在爱荷华，手工艺术的伙伴分散在城里，施万科夫斯基在遥远的拉古纳海滩的画室消夏。唯一还有联系的兄弟桑特在一个充斥着薪水支票、昂贵西装和从没有带回家的朋友的遥远世界。他还在里弗赛德宾夕法尼亚大道的维多利亚大房子里过周末，阿勒瓦在那儿照顾生病的父亲，还给了他结婚的暗示。桑特以缺钱推诿——却在回洛杉矶以后花六百美元买了辆带一个无篷车座的新A型双人座敞篷车，还借了罗伯特·考特几百美元在凤凰城买了一个加油站。

没有人拉他一把的杰克逊越来越陷入抑郁，最有可能的是，他喝酒了。在他身后是被父亲拒绝的痛苦回忆；眼前，沉闷的新学年就要开始。在绝望中，他往一个最不可能的方向伸出了试探之手：查尔斯。在一封前言不搭后语的长信中，他向哥哥倾吐了心声，细数了手工艺术的混乱，他对克里希那穆提的着迷，在激进政治上的实验，甚至对艺术渐淡的兴致。杰克逊会向4年没见，几乎一直不承认有这样一个小弟弟存在的查尔斯求援着实泄露了他内心的绝望。自从查尔斯离家，两个人八年来从没有通过一封信。

虽然这么多年以来，杰克逊从未对哥哥放弃过信念，这位哥哥是艺术家，为了成名去了大城市——先是洛杉矶，再是纽约。“[杰克]很敬重查尔斯，”杰克逊这个时期的某位朋友表示，“他背着包去了纽约，他做着那么专业的事，事业有成。不论查尔斯做什么，似乎总是对的。”

杰克逊的这封信不止是一枚橄榄枝，还是一份黑暗悲观的记录，这警醒了向来乐观的查尔斯。没几天，他便在深思熟虑下草拟了一封长信，并习惯性地小心翼翼地誊在上好的信纸上。

142 查尔斯的信从抵达那一刻起就成了杰克逊人生的转折点。他重燃了对艺术的热情和成为艺术家的愿景，并又开始在阅读和再读的时候有意涂涂画画，“每一次都有更清晰的理解”——这个罕见，冗长，宿命般时机恰当的标志恰恰是查尔斯的忧虑所在。

> 你的信让我惶恐，我自觉责无旁贷给你回一封长信，不知能否劝服你放弃目前

> 对于人生问题的荒唐想法。我的原意并非干预搅扰你的私人问题，只是出于我对你的兴趣，并且，我本人也亲历过类似沮丧、忧郁、不定，甚至要将未来的努力都付之一炬的人生阶段。
>
> 过去的年岁我对你关注甚少，而你的成长却如此之快，我只有歉意。而今对于你的品性与兴趣我只模糊地略知一二。但显然，你天资敏捷，知觉力强，你应该付出值得的努力令这种禀赋得到最大限度的发展而不至于埋没。

而在自己的信中，杰克逊显然花大篇幅描述了自己在学校的挫败疏离，以及对自身能力的不安全感。从查尔斯的回复中我们可以推断杰克逊打算 9 月不再回到手工艺术高中。

> 我理解这并不容易，要是你性情敏感，感知力强，那么要想适应现行的教育体制与标准有时会成为一种无法逾越的障碍。只有依靠智慧和谅解才能达成一二……
>
> 如果能容忍，那么尽一切可能完成学业吧，并不因为这件事本身意味着什么，而是因为基础学业是必要的，虽然它给不了你什么。

查尔斯对克里希那穆提及其观点鲜有耐心，对杰克逊提出要追随克里希那穆提去他在印度和荷兰的营地，像僧人一般将一生奉献于追随“个人真理”更是毫无兴趣。

> 你目前信奉的这种逃避的哲学是种否定，在 20 世纪的美国将无立足之地。如果要说有什么事比其他事情来得更确定，那么便是我们生在史上最杰出的国度之一——在我们眼前闻所未闻的物质繁荣……［也许是］理想与高尚文明的有效途径。我不愿意相信，你要放弃你的禀赋，放弃挑战，而去过忽略了现实因而没有价值的沉思的人生——仅仅为了在这个时代已不合时宜的宗教——而忠诚于一种以这个国家的商业专家为对手的超自然神秘主义。

为了反驳弟弟信中的绝望口吻，也为了提供一些建设性的建议，查尔斯抓住了杰克 143
逊对艺术还有兴趣的陈述——这一陈述对只知道桑特在编制艺术梦的查尔斯来说必定是种启示。

我很高兴你对艺术还有兴趣。这是种泛泛的兴趣还是希望成为一名画家？有对建筑产生过兴趣吗？对于一名真正的艺术家来说，一旦情报机关和这个国家的莫名其妙的财富开始控制真正的天才，那这便是一个有无限回馈的领域。国内最精良的建筑家劳埃德·赖特在洛杉矶定居工作。我不认为他只是为自己的才能找一个销路，而应该说，这样的人才离获得赏识已经不远了。如果你对建筑感兴趣，那么成为学徒不失为一个绝好的机会。

我对与建筑脱不了干系的墙画感兴趣，如果有机会与赖特共事，我会考虑回洛杉矶。你对墨西哥城的里维拉和奥罗兹科的作品感兴趣吗？我认为，这是16世纪以来最好的画。1929年1月刊的《艺术创造》登了关于里维拉的文章，1927年10月刊的《艺术》有关于奥罗兹科的文章。我希望你看看,1928年12月刊的《艺术创造》还有一篇本顿的文章。这些都是富有想象与智慧的人，它们认识到现代社会给予了我们以独特的器具手段并乐意使用它们。

查尔斯的信也许是为与世界和解作了辩护，但令杰克逊挥之不去的是其中自信，甚至挑战性的口吻。这给予他全新的力量来开始新的学年。查尔斯本人并没有意识到这一点，并劝诫杰克逊对克里希那穆提反叛的召唤保持清醒。

切忌过早认为自己与世界格格不入，没有什么适合你做的。你需要了解的首要前提是，有许多事业呼唤你的天赋，极其值得你付出最大的努力。找到自己的路也许很难但最终折磨我们的不确定只会是我们人生经历中的过客。自由没有捷径。自由之路，不论是肉体还是灵魂，想要持久，那么必然需要诚实地赢得。

如果你在回信中详细谈谈你的兴趣，我会很高兴的。

有了哥哥的肯定，杰克逊仿佛插上了翅膀。他于1929年9月10日回到了手工艺术高中，气宇轩昂，无畏前路。他的头发从奥海回来就一直没剪，现在长得更晃眼了。他
144 随克里希那穆提的风格穿宽松、敞领的衬衫，而其他男孩子们则穿开襟羊毛衫；他没有穿马鞍鞋或翼波状盖饰男皮鞋，穿的是测量员般系的紧紧的高筒靴。就是“蹩脚演员”的效果，某位同学回忆：全身上下每个细节都意在吸引注意——但大多适得其反。“我认为他做的这些都是为了反叛，见鬼，那真的很好笑，”托勒金·马努埃尔表示。“约束对

某些人再正常不过，但他却不是如此。”像托勒金这样的朋友在杰克逊对关注的绝望嘶吼中一定感觉到了自我毁灭的意味。除此之外，这样一个少言寡语、郁郁寡欢，只有“坐在后排”才会感到舒坦的自闭的年轻人还会为了什么而在公共场合招致这样的嘲笑呢？

像漫不经心地忽略着装风格那样，杰克逊无视学校的课程要求。洛杉矶所有高中都要求学生必须修语文，历史，实验科学，数学和艺术。1929 年秋天，杰克逊无视这些规定，修了两门语文课，两门艺术课，都是由他喜欢的老师执教：施万科夫斯基的人体素描和哈泽尔·马丁的泥塑模型。即便如此，他也似乎在招致羞辱。他的素描令人尴尬地粗糙——“很糟糕”，“冷冰冰没生气，”他这样评价他们——而两门文学课，美国文学和当代文学都要求口头展示：“[当我不得不] 在小组中发言，”他在给查尔斯和弗兰克的信中承认，“我胆子小的讲话都没有逻辑了。”然而对杰克逊来说，修某门课程并不意味着要去听课。托勒金记得无论杰克逊怎么在他的日程安排上要把戏，“他就不是去上课”。

如果说，杰克逊是在寻找某种挑战，不管是为了证明自己还是惩罚自己，那么可以说他很快就找到了。

开学第一天，50 名手工艺术的男同学回应了西德·福斯特和吉姆·布莱维特教练招募“橄榄球明日之星”的通告。然而结果却差强人意。1928 年，14 名队员受训却只有 5 名留了下来。传言开始流传，教练和大学运动队开始在学生团中物色额外的“食牛肉者”——没踢过球却有大块头，可以拦截的大孩子。今年的招募尤为迫切，因为手工艺术高中“紫灰的野猪骑士”倘若在对抗工艺专科学校的鹦鹉们的赛季首场（这场比赛在校园海报中被称为“世纪之战”）中获胜，那么他们会因受到当地的体育专栏作家的青睐而获得出征州冠军的资格。在赛前疯狂而不正式的选拔中，杰克逊作为候选人的资格有目共睹。虽然留一头长发穿着古怪，但那依稀有点痞子气的宽脸、大骨架的四肢和方阔的身体让他看起来就像个足球运动员。即使教练或球员没有直接找到他，他本人就是一个活生生的提醒：“懒散之风”像瘟疫一般充斥校园，而那不就是一个不会踢球的食牛肉者吗！在这场关键性比赛前夕的某篇社论中，《周刊》以激烈的言辞抨击了诸如此类的校风的违背者，当时撰稿人脑中浮现的也许正是杰克逊的形象。

> 候选人的数量低得令人震惊，这真是个可怕的耻辱。我们是“小矮人”和不爱 145
> 国者之校吗？……我们需要一支胜利之师，我们可以肯定这也是每一位忠诚的手工艺术同学的心愿所在。

与此同时，杰克逊在学校礼堂遭到了一伙球员的伏击。也许被他的形象和懒散的风气激怒，他们将他按倒剪去了长头发，又拽进附近的厕所，把他的头按进了马桶。如果这就是杰克逊想要的羞辱，那么他最终找到了。

之后，他被拖到西德·福斯特教练跟前。这个“刻薄，暴躁”的男人恰好还是体育教育部主任。没有记录表明杰克逊去那儿是为了解释自己拒绝踢球的原因还是由于他又一次违反了体育课的要求。据杰克逊本人所述，冲突最后演变成了“斗殴”（这已是杰克逊近年来第三次攻击权威人物：里弗赛德后备军官训练队教官，圣伊内斯的父亲，而这次是福斯特教练）。几分钟后，他出现在了被教员和学生们称为“沙皇”的校长阿尔伯特·E.威尔逊的办公室。威尔逊校长顽固、无趣、满身斯堪的纳维亚人的正气。在他眼里，再没有比懒散更大的罪恶了。据校史记载，“在这一点上没有什么推辞可言”。（据说他对艺术抱有兴趣和认同感——这一认同感后来成了对杰克逊有利的因素。）如果说杰克逊之前从没有进入过威尔逊的视线，现在，他的旷课记录、懒散、中途停学足以说明事实。威尔逊将他开除了。“他根本不能从我的角度上看问题，”杰克逊向查尔斯和弗兰克抱怨。“他让我离开，重新找一所学校。”

虽然杰克逊向查尔斯和弗兰克吹牛“有一些老师力挺，所以还有可能回去，”但事实上只有施万科夫斯基和语文老师为他辩护。刚从爱荷华回来的斯黛拉也同校长见了面恳求他再作考虑。弗兰克回忆，当他得知母亲为杰克逊的事去求情时很震惊：“这是妈妈头一次参与学校活动。”但即使这些努力最终都奏效，杰克逊必然已经意识到，提早结束以后，高中似乎已不再是个可行的选择：他已经用尽了他最后的机会。回头的想法时而在放弃与不现实中挣扎纠结：

> 如果回学校，那么我必须时刻小心自己的行为。所有人都认为我是从俄国来的堕落的叛徒。在很长一段时间里我都要低调行事，直到获得一个好名声。我发现试图用吐唾沫来反抗一个军队是徒劳的。

146 思考之余，杰克逊似乎下定决心要自我毁灭。被开除后的几天，他又惹上了麻烦。“两个姑娘向他和另一个家伙借了些钱打算逃跑，”他老实向查尔斯和弗兰克报告：

> 这一回我们是真不懂法。我们做这一切全是出于友情。但现在我们在他们手

> 里，我不知道最后会有什么后果。刑法是在牢里六到十二个月。我们都是帮凶，有可能去劳动教养。他们今天在凤凰城找到了那两个女孩并把她们带了回去。

另一个“家伙”很有可能就是菲尔·戈德斯坦这个臭名昭著的“花花公子。”虽然当了《周刊》的艺术编辑，但10月刊之后他突然被出乎意料地降级为“助理”——几乎就是在借钱事件被校方发现后。

杰克逊害怕的可怕结果最终并没有发生。但从10月底到1930年上半年，他陷入了另一阶段的自闭和抑郁。一年来的叛逆让他在学校受辱，与家人疏远——尤其是和父亲——却还是依然无法让铅笔优雅地在纸上移动。他并没有“像莲花一样成长”，而是跌跌撞撞度过一个又一个危机，被抑郁和噩梦折磨困扰。旧时的不满和罪恶曾浅藏于政治姿态和委身神智学的面具之下，而今又涌上心头。他宿命论地有过跑去墨西哥城的想法，“假如那地方有什么谋生手段的话”。

只有查尔斯的信还意味着希望。手工艺术足球队又跑过了一个令人失望的赛季，桑特踩上新福特的油门就回到了里弗赛德的白色大房子，整个国家陷入了金融崩溃，杰克逊在佛蒙特大街平房的院子里苦苦思索，反复读着哥哥一小页一小页优雅的高地德语书法。这封信又勾起了曾经的幻象。他一直订阅《艺术创造》杂志，像查尔斯推荐的那样——“它给予我以全新的人生观，”他热切地搜寻着里维拉、奥罗兹科与本顿的文章（虽然只找到了里维拉的）。某些新近的希冀无可避免地被抛弃。“目前我已经放弃了宗教，”他顺从地向查尔斯写信报告，“倘若要继续追随神智教，那么决不能出于利益的目的。”

虽然偶尔被短暂的乐观精神眷顾，杰克逊的抑郁一直延续到了圣诞和新年。恰恰在这个时候，整个国家在他眼前沦陷了。在城市贫民窟的私人布道所外，失业者，流浪汉和饥饿者排成长队领取由饭店垃圾制成的令人作呕的残羹冷炙（市政府认为他们是在养活公会主义和社会主义的根基，所以拒绝设施粥场）。金融崩溃却无法辨出如此细微差别，一视同仁，将资产阶级和无产阶级一道碾压。在帕萨迪纳市，79人——多数是银行家，股票经 147
纪和房地产投机者——从贯穿阿罗约塞科河的观景大桥跳河自尽，这座桥就此得了“自杀桥”的别称。洛杉矶素来本着不知疲倦的精神热烈拥护宗教节日。在某个圣日，花车，传教士和电影明星齐上阵，希冀“振奋人们的精神，将这座城市从经济的无风带拯救出来”。对杰克逊来说，即使1月份以半工半读生的身份重新被学校接纳——归功于施万科夫斯基对威尔逊校长的压力和斯黛拉不懈的乞求——也无法让他提起精神。在1月底给查尔斯的

贝尔特·帕西费科

信中他表示“别人所谓的快乐青春对我来说却有点该死的地狱味道”：

> 如果要对我和我的人生下一个结论，那么这倒是一件可以有所尝试一番的事情。某些幻象在我脑中灼烧了几个星期后融为了几点灰烬。我越是阅读，越是感觉黑暗就要降临。

18岁生日临近时，杰克逊越来越因为没有女朋友而尴尬。毕竟查尔斯从不缺女伴，而像菲尔·戈德斯坦之类的学校朋友已经开始“对女孩子有所挑剔了”。“杰克逊像其他人一样没有女朋友，”唐纳德·布朗的妹妹阿尔玛回忆。1929年底，来自同辈的压力越来越大，杰克逊从家庭消息宣布人斯黛拉那儿得知，查尔斯终于在纽约遇见了心仪的结婚对象，伊丽莎白·芬伯格。而在未来的一年，阿勒瓦·康纳威也会逼迫桑特开始严肃地讨论婚事，弗兰克会开始追求未来的妻子玛丽·莱维特。而杰克逊呢，显然还是孑然一身。

1929年秋天的某个时候，哈罗德·霍奇斯邀请他参加自己在葛莱美西和四十三大街街道的大房子里的派对。这是个“音乐趴”，一小群志同道合的年轻音乐人聚集在一起为手工艺术高中的“玩艺术的孩子们”演奏。那晚的某个时候，杰克逊看到一个表情严肃、穿着正式的小个子女孩在钢琴前调整姿势后开始演奏。她的黑头发很长，垂落在椅背上。她以激烈、权威的手势弹奏，弹完后，笑也不笑就背对着椅子表情僵硬地走开了。杰克逊被她的才华以及才华赋予她的自信吸引了；而女孩觉得他英俊、“白净”、羞涩却富有魅力。除此之外，面无表情的长脸和直接的举止还为她赢得了其他几位英俊的同学的些许目光。更深层次上来说，每个人无疑都认出了对方是个叛逆的同类。

这个女孩名叫贝尔特·帕西费科，在手工艺术高中读高一。她不喜欢自己的原名贝莎，于是就同意演出经纪人的建议，把名字改为了贝尔特，并去掉了烦琐的中元音，发成了单音节的“贝特”。她讲话朴实直率。她总是像抛火球似的猛然抛出很多问题——“不会吧，哎呀！”直截了当，充满见解，她与手工艺术的其他女孩卖弄风情的形象完全格格不入。“事实上，她太严肃了，”某位同学回忆，“一点幽默感都没有。”

虽然被杰克逊吸引——她一眼就从校园里认出了他——贝尔特却完全没有让他打乱她每日五小时训练计划的打算。“放学后，杰克会过来听我弹琴一直到吃晚饭，”她回忆，“他就像一只老鼠，安静得让你几乎都意识不到他的存在。”他来得那样执着，以至于有时贝尔特“都想要撵他出门”。有时，他会尾随她去上课和参加朗诵会。不论走到哪里，他都会在衬衫口袋里带一个小素描簿。“他描下了我的头，我的脸和我的手，”贝尔特回忆，“但他尤其喜欢画我的头发。我的头发又长又密。”尽管囊中羞涩，杰克逊还是会给她买礼物，鬼知道是赚来的还是借来的：一个镶嵌着瓷釉的十字形金吊坠和一对她从没戴过的配套耳环；带黑色缎滚边的丝质休闲睡衣。大大咧咧的贝尔特被这些礼物打动了。“肯定花光了他兜里的所有子儿，”她还记得当时这样想。

很快，杰克逊开始留在离开学校六个街区的道尔顿大街上的维多利亚式的大房子里吃晚餐，并已基本获得帕西费科一家的认可——“他总是很有礼貌；非常整洁，从来不邋遢，”贝尔特的姐姐奥拉·霍尔顿回忆——并让他驾车送霍尔顿一家去鲍德温山。即将到来的奥运会会在那儿举办，而现在仍是延绵起伏的田地和沼泽。他会在那儿停下车，从口袋里抽出一包烟草，用棕色的纸卷香烟抽。每当此时，或者当他们单独坐在的红木钢琴凳上时，贝尔特表示，“如果可能，他总喜欢亲吻搂抱。”但只有一次，当他们坐在钢琴凳上时，她允许他亲吻了一次。

贝尔特也许没有满足杰克逊所有罗曼蒂克的需求，但她至少很快满足了他最紧迫的 149
一个需求。傍晚从贝多芬、肖邦和格什温那儿回来后，他会给母亲和桑特讲他和贝尔特的故事，这些故事逐渐通过斯黛拉的信散布到其他家庭成员那里。他骄傲地把她带回家介绍给斯黛拉——“她看到我总很高兴，”贝尔特回忆——最后他们还一起用餐，包括他俩和桑特与阿勒瓦。最后，他还把她带到兄弟们面前炫耀。然而，他给她画的素描，也许有上百张，却仍不知藏身何处——连贝尔特都不知道。“我总在弹琴，那只该死的旧铅笔就没有停过，”她回忆，“但他从不让我看他画的东西。”有时，他会带着铅笔和素描簿自己跑出去疯狂地画一阵，而贝尔特只远远看着。

然而，他越努力，挫败感就越强。“我不认为我有任何天赋，”十月，他写信给查尔斯，“所以不管我选择成为什么，那只能通过长久的学习和努力获得。我害怕这会变成一种呆板的强人所难。”在帕西费科家的客厅，在托勒金家的鸡舍，在施万科夫斯基的绘画课堂上，他不断地画，但他心中却越来越倾向于求助其他媒介，竭力调和他的缺陷与抱负。“我对建筑感兴趣，”他写信告诉查尔斯，“但这种兴趣与对油画与雕塑的兴趣不一样。”杰克逊有意提及油画——手工艺术高中没人教油画，杰克逊也没能进入施万科夫斯基的水彩班。然而，在“雕塑中”杰克逊找到了一线希望。“我开始尝试用黏土做点什么，”1月，他向查尔斯报告，“并从我的老师那儿得到了一些鼓励。”那位老师，哈泽尔·马丁，尽管本身并不是一位成功的雕塑家，却显然明白散漫的杰克逊需要的是鼓励而不是实话。据另一位同学所述，杰克逊完成雕塑时马丁的口气并不肯定：“杰克逊做了一组人物但他们的样子很模糊很模糊，几乎是抽象的，然后她说，‘你去找到杰克让他把这些雕完，我好烧出来。’”杰克逊告诉她，这些已经是“完成品”。

他的多数同学同样很困惑，虽然他的某些东西，尤其是他的雕塑，已经开始显示出隐晦、非常规的天赋。“他的有些作品蕴藏着巨大的能量，对此我们很是仰慕，”后来成为画家的某位同学表示。

但手中的笔依然让他感到挫败。在冬学期的最后一天，他在信中对查尔斯说：

> ……说实话，我的画糟透了，它们冰冷而无生气，好像缺乏自由和韵律。根本不值得花邮资寄出……事实上，我从没画出过什么真正的作品，每完成一幅，我都会觉得厌恶并由此失去兴趣……虽然我认为我能成为某种意义上的艺术家，但至今我都没能向我自己包括别人证明我拥有这种天赋。

150 1920年2月3日，第二学期开始了。杰克逊只获得允许修施万科夫斯基的人体素描课和马丁夫人的泥塑模型课，但是无法修得学分。虽然集中精神努力的机会就在眼前，但新同学哈罗·莱曼的到来却进一步放大了他能力不足的现实。

莱曼具备杰克逊·波洛克所缺乏的一切：傲慢，自信，博学，口才与无与伦比的天赋。刚从纽约搬到好莱坞，他就断言加利福尼亚，尤其是手工艺术高中，总的来说是一片文化荒原。而他的天赋确实无可否认。15岁时曾在世界知名的铸造工作室受训的莱曼一来

施万科夫斯基浅浮雕 哈罗·莱曼制

到马丁夫人的泥塑班便精通铸术，并制出了成功的雕像。“她从没见过像这样的东西，”他回忆，“一个像我这样年纪轻轻的孩子就有这样的技术简直难以置信。学校里再没有人懂这个了。”除却技术不说，这些雕塑本身就是意味着最好的学院传统：细节传神，制作完美。而他的素描则展示了线条的惊人准确性和对形状，比例和明暗阴影的敏感度。在杰克逊遇到的几乎所有艺术家中，莱曼近乎完美地诠释了“天赋”一词所蕴含的不费吹灰之力的超凡技艺。毋庸置疑的是：哈罗·莱曼是个超凡脱俗的天才。几年后在洛杉矶的首次个展上，他被报纸喻为“一个伟大的天才”，“拥有难以置信的天赋”。手工艺术的两年里，其他地区的美术教师会用转校来引诱进而接近他——“好像我是个球员似的”。他的林肯半身像连月来都在学校礼堂橱窗的显要位置展示。

对于多数同班同学，莱曼只有鄙夷；而对于杰克逊诚实的仰慕和健壮的体格，他感受到的是大哥哥般充满渴望与占有欲的喜爱。两个似乎不太可能的人走在了一起。他们在洛杉矶低地的百老汇和春天大街逛书店，搜揽廉价画册和二手杂志。在莱曼住的好莱坞，他们探访了斯丹利·萝丝的书店和画廊，那儿总有最前沿的争议先锋文学（詹姆斯·乔伊斯，路伊吉·皮兰德娄，格特鲁德·斯泰因），以及有关现代欧洲大师的书籍。莱曼带杰克逊参观洛杉矶郡立美术馆和林立的小画廊——达尔泽尔－哈特菲尔德画廊与司汤达画廊，那儿展示着现代法国绘画。杰克逊把莱曼带到托勒金·马努埃尔家后院的鸡窝，莱曼称之为“别致”，却不愿意加入因为他“不喜欢集体作画”。

像查尔斯一样，莱曼是个难以接近的人，只要他呆在家，杰克逊就感觉被排除在了他的世界之外。如果一起去书店或博物馆，杰克逊总是试图忘记两人之间一提笔就会浮现的距离。从查尔斯推荐的文章和施万科夫斯基课上得来的知识碎片很快就淹没在莱曼对文艺复兴、马蒂斯、毕加索和立体主义“不太了解”的侃侃而谈中。1930年春天，施万科夫斯基为莱曼和菲尔·戈德斯坦——没有杰克逊——在洛杉矶高中安排了有裸体模特的人体写生夜课。6月，《周刊》宣布戈德斯坦被授予秋天去奥蒂斯艺术学院进修的奖学金。还要一年两位奇才能再次聚在一起放着斯特拉文斯基的唱片讨论爱森斯坦和多夫任科的电影理论。但杰克逊曾经和谐的小团体的伙伴们，因为莱曼苦行僧似的才学，早已各奔东西，只留下了杰克逊一人。

6月中旬，查尔斯和弗兰克乘一辆1924年的别克从纽约回来了。他们抵达直通佛蒙特大街的平房庭院的那一刻标志着波洛克一家的又一次团聚，而这样的团聚往往预示着杰克逊人生的巨变。

自1926年离家以来，查尔斯改变了许多。纽约四年教会他如何保持谦逊和通融。他不再是那个会在晚饭餐桌上将小弟弟嘘走，或是自以为是地发脾气的霸道敏感的花花公子。在他给杰克逊的措辞谨慎的长信和对伊丽莎白·芬伯格的承诺中，他似乎准备最终将关怀给予自己之外的别人。本着这样的精神，他坐下来和杰克逊讲了他的故事。

152 离开奥兰多农场，在赶赴最终目的地洛杉矶前，他曾在凤凰城作短暂停留。凭着一点运气，在他那儿初次结识的朋友之一是当地一位名叫阿瑟·米利埃的著名艺术评论家。米利埃很快为他在《时代》周刊安排了一份送稿件的勤务工工作。最后，他依靠自己的努力进入了艺术部，工作包括“排版，为周日副刊设计字体，缩放照片比例”。

一攒够钱，他便来到奥蒂斯艺术学院进修并搬到了附近的回音公园，在那儿能看到艾梅·森普尔·麦弗逊的安吉利斯主教堂旋转的金十字。奥蒂斯的程式很枯燥，大多是照着雕像和模特画画。对于一些更激动人心的动向，例如马蒂斯和法兰西学派的作品，他不得不依赖杂志、别人的口述和巡回展览。博览会公园的墨西哥画家作品展尤其吸引了他的注意力。奥罗斯克，西凯罗斯和里维拉沉思的，有争议的，且通常暴力的画作向查尔斯证明了艺术也可以是塑料模型和课堂素描之外的东西。很快，印刷和排版失去了它们的魅力。“我厌倦了我的工作，”他回忆，“所以我放弃了，寻思着去墨西哥。”然后有一天，在给杰克和桑特买《日晷》的日本水果小摊上，他漫不经心地捡起一本刊登艺术与音乐文章的电影杂志《影子大地》。在里面，他发现了托马斯·哈特·本顿的一篇文章。

在米利埃的推荐下，他放弃了去墨西哥的计划，转而前往纽约进入了艺术学生联盟，

“本顿时期”的查尔斯

本顿刚开始在那儿任教。本顿在坐落于阿冰顿广场的寓所向查尔斯“张开了双臂”。几个月后，他不仅是本顿在艺术学生联盟班上的学生，还成了后者家中的常客。1927年，他们帮他在同一幢楼中找了一个宽敞的公寓，1928年，本顿一家还邀请他去马萨葡萄园岛的度假屋消夏。为了回报查尔斯替她照看襁褓中的儿子小本顿（T. P.），丽塔·本顿用纯正的意大利面招待他，还为他找了给长岛印刷厂设计动画展示牌的工作。

查尔斯用全情的投入回报老师的慷慨。“不论我有什么天赋，但到了纽约，一切都好像不存在了，”他说，“我只有追随他学习的热忱，激情和燃烧的渴望。”在接地气的实用主义者本顿的影响下，查尔斯对艺术和艺术家的理解也随之改变。在本顿眼中，艺术不是大多由女人创造的一种供欣赏的“优美的消遣”，而是一场体育盛事，一场包含结构、动作和肌肉的男人的赛事。对艺术家的新观点甚至延伸到了本顿的衣柜，对服饰抱有敏感度的查尔斯很快习得了同样的穿着风格，并用洛杉矶的白色高筒靴和丝质马甲折价换购了本顿认为应该成为男人制服的皱巴巴的衬衫和吊带裤。

弗兰克去了大松树之后的最初几个星期，杰克逊一个人拥有这个全新的，更平易近

奥罗兹科的《普罗米修斯》，1930 年，墙画，20′×20′

人的查尔斯。他们一起驾车来到洛杉矶以东三四英里的克莱尔蒙特小镇观看奥罗兹科在波莫纳学院新近完成的墙画。

在学生餐厅一端巨大的哥特式拱门下，他们看到普罗米修斯的巨像填满了壁炉以上的空间。刷着刺目，单调的棕灰色的普罗米修斯像有 20 尺高，在三角形的空间内似乎显得略微有些拥挤，树干似的巨膝下压，被一群小型的乌合之众包围着，双臂伸展着，回荡着恐惧与绝望的交响。

以学院的标准来说，这并不是一幅“精美”的作品：相对于身体，双腿的比例过大，双手变形，头部也太小——这些都是杰克逊犯过无数次的“错误”。看起来一点也不像莱曼或者戈德斯坦绘制的完美画作。这似乎印证了查尔斯关于强健的艺术与新型艺术家的说法。倘若杰克逊错过了形象情感的强度、风格的直接、主旨的政治寓意，与墙画尺寸的潜力，查尔斯会一一指出并详细讲解，即使最后的效果只是一知半解。对杰克逊来说，查尔斯的赞赏比任何书籍或者文章来得更有说服力，为这一陌生的艺术赋予了一种全新的，不可磨灭的魅力。

7 月 4 日前后，查尔斯和斯黛拉来到赖特伍德探望弗兰克和鲁瓦。桑特和阿勒瓦之后也来了，在斯黛拉的默许下，在桑特回洛杉矶返工之前，两人一同住在小屋外的帐篷里。即便渴望和查尔斯呆在一起，杰克逊还是留在了各类艺术运动风起云涌的洛杉矶。去年夏天在圣伊内斯与父亲翻脸的记忆依然在他脑中鲜活如新。

没有查尔斯在身边，杰克逊沉入了无尽的抑郁。表兄保罗·迈克鲁的意外到来分散了一些注意力却没能带来多少抚慰。整个闷热的7月和8月，杰克逊都隐匿在小平房里，狂热地画素描，翻来覆去思考查尔斯的话。“他眼里似乎只有他能画的东西，”迈克鲁回忆。必然只有关于查尔斯的话题才能令他参与到谈话中。“杰克显然很崇拜查尔斯。他想做查尔斯做过的事。他说，‘查尔斯能做这个，那我猜我也可以做点尝试。’”

9月初，查尔斯和弗兰克打算回纽约，他们力劝杰克逊一同加入。“如果你想成为艺术家，”弗兰克记得查尔斯这样说，“这样的地方只有一个，在那儿，所有的一切才有可能发生。那就是纽约。”这个夏天已经让杰克逊明白在洛杉矶，没有什么，没有人能依靠。离开之前，他去了贝尔特·帕西费科的家，恳求她嫁给他并一起去纽约。“我们可以住在格林尼治村，”他提出，“你可以去上音乐学校。”在母亲激烈的反对下——“她认为我们还太年轻”——贝尔特同意结婚却不同意去纽约，摇着手否定了杰克逊梦想中的计划。“你太天真了，”她叹着气说。

1930年9月10日，别克车驶离洛杉矶，比来的时候多载了一名波洛克家的兄弟。为了看风景，开了大部分路程的查尔斯决定走北边的路线穿过犹他、怀俄明、内布拉斯加和密苏里，接着走40号海岸线去纽约。在某次关于纽约，学校，艺术，本顿和“大问题” 155
（查尔斯后来回忆这个问题关乎这一切最后会有什么结果）的短暂对话中，叫什么样的名号成了一个问题。杰克逊认为，如果成了艺术家，那么他会使用自己的全名：保罗·杰克逊·波洛克。查尔斯却认为“太长了”，并且保罗·杰克逊“听起来不那么有意思”。他建议杰克逊还是叫杰克逊。“听起来似乎更有力，更悦耳，”查尔斯记得当时这样说，“杰克逊·波洛克很顺口。”

但杰克逊的家人从未称他为杰克逊。在他们眼里，他一直都是杰克。

第二部分　纽约

11

158

家中最优秀的画家

在杰克逊眼中，1930 年秋天的纽约，大萧条已经过去一整年，依然是崇高的梦想之城。他能看到雄心壮志映在地平线上，尚未完工的 102 层楼的帝国大厦的剪影在那儿铺陈开来，甚至连本地人都仰头惊叹。除此之外，克莱斯勒大厦的铁塔和更低矮一些的塔楼——伍尔沃斯大厦，章宁大厦和华尔道夫酒店——零散地立成一个阵列，许多还裸露着钢筋水泥，顶部罩着工程吊车。20 年代末，这些建筑已经成了这座城市傲慢的标志，似乎坚固却又转瞬即逝，似乎真实却又虚妄，如曼哈顿页岩般坚硬，又好似飘渺失重的高巢，形态与能量的冲击令他们名实相符，连水手都无法描绘高钻架上的这艘纵帆船之上承载的最顶层的航行：这是探月飞船，云霄耙机，还是擎天一柱？像一支满载着雄心壮志的无敌的石制舰队，他们以马尔科姆·考利所谓的“动态稳定”驶破这个岛屿深处最坚固的花岗岩。

在街头生活的“振幅和急流”中看到梦想，在沐浴着红汞色的日光中排成长队等待在 42 号大街滑稽剧院门外的人们；在流浪汉过夜，专门上演三人戏的影院拥挤，烟雾缭绕的阳台上；在优雅的大街永不落幕的廉价巡回演艺团在市集生动粗俗的小消遣中；在百老汇环状的时代广场上霓虹灯炫目的色调中；在穿越早已被书报亭，小贩，马车，乞丐，擦鞋匠，公用电话亭，卖花女和有轨电车堵塞的峡谷中遭到“熙来攘往的平凡而花哨的观众漩涡”荡涤的越野障碍赛首发站的 25000 辆马车中，杰克逊可以看到梦想。在 700 万人每天“像包在玻璃纸中晒干的无花果一般”挤压在一起漏斗般地通过纽约地铁系统的黑通道登上喧哗汽车的街底，他也能看到梦想；穿过“甘草缎带”大道，向北来到第三，第六或者第九大道的哈莱姆区时他亦能看到梦想。而在途径的每条街道底下，瞥眼望去的一瞬间，他就能看到点燃梦想的反差：一边是石灰岩的联排住宅和名人楼塔；

159

和查尔斯在纽约，约 1931 年

另一边是一排排剥落了外墙的无名租户。

纽约是一座理想之城，野心勃勃的人们被吸引到这里，像麦尔维尔笔下被吸引到海上的智者一样。他们忍受着喧嚣、肮脏、冲突与困惑，甚至对此无意识地沉溺与迷醉。他们宣告自己——像惠特曼，麦尔维尔，托马斯·沃尔夫，和其他成百上千不断涌入的睿智之士一样——是永恒地接受异乡人的曼哈顿的主人。约翰·多斯·帕索斯写道，“这个城市充斥着想要发现奇迹的人们。”

没有人比杰克逊·波洛克更渴望奇迹。

但纽约是查尔斯的世界：从最初的凤凰城养老院开始，这是一连串特殊之地的归宿。查尔斯轻松自在，杰克逊却只是个拘束的客人。他睡查尔斯的沙发，吃查尔斯的女友伊丽莎白准备的食物，跟随查尔斯一起回归有序却陌生的纽约生活。“在某种程度上，查尔斯扮演起了代理父亲的角色，”弗兰克回忆起杰克逊最初的纽约生活，“他像顾问一样为杰克提供建议和引导。”两人总是如影随形，杰克逊仰慕他，他也享受这种仰慕。“他总是温和而敏感，”艺术学生联盟同学回忆，“但却很有判断力。”本顿一家像欢迎艺术家一样欢迎他——据丽塔所述，他“是个不是本顿家的本顿家人”——作为朋友，还为他在联合广场提供了一间公寓，里面有一箱子本顿早期的抽象画，以及一封去本顿玛莎葡萄园度假屋的邀请。

查尔斯，也许和本顿一起将杰克逊领入了美国 20 世纪 30 年代波澜起伏的艺术世界。杰克逊兴许从施万科夫斯基和像戈德斯坦和莱曼那样更博学的同学那儿获知了艺术圈的
160 一些零散的消息，但对于在纽约酝酿的内战他一无所知，也毫无准备。1913 年的军械库展览之后的 20 年来，罗伯特·亨利与乔治·贝洛斯之类的美国现实主义画家的地位受到

了以毕加索和马蒂斯为代表的立体主义和野兽派革命的挑战。约翰·马林和马斯登·哈特利之类的美国艺术家——甚至连约翰·斯洛恩之类更早的现实主义者——都纷纷信奉新的意识形态：主题服从于形式；艺术的未来在于抽象，而并不像斯洛恩说的那样，在于“形象模仿的弊病”。托马斯·哈特·本顿本人于20年代就已经攀上了现代主义的流行花车，在朋友斯坦顿·麦克唐纳–莱特的影响下创作色彩鲜亮的共色主义绘画，在安德森画廊的1916论坛展与莱特和摩根·罗素一同展出作品，还与阿尔弗雷德·斯蒂格里茨的激进现代主义的“291”画廊有友好往来。

但战后十年不稳固的繁荣，鲜有人问津的实验和国际上广泛的幻灭感已经催生了一股反传统，一种在艺术世界和国家层面“回到”传统价值的运动：“一场在全国范围内美国主义的复兴，”本顿这样称呼它。当沃伦·盖玛利尔·哈定都呼吁“不要英雄主义，只要治愈，不要万能药只要常态，不要革命只要稳步恢复”时，爱德华·霍普着手绘制的是一幅异化了的美国的图像记录，而威廉·格罗珀则描绘了穷人与失去产业人士的困境。到1930年，围困在横扫全国的孤立与内省浪潮中的艺术家已经开始反转国际现代主义在美国的命运。

就像杰克逊可以看到的，此时“美国浪潮”尚未被授以桂冠，印象主义和后印象主义还被置于现代艺术博物馆和57大街画廊的神龛内。事实上，这些运动直到1931年才得名。但其势头显然已经树立了。“毋庸置疑的是在艺术世界里，抽象主义的统治已经日薄西山了，”艾贝尔·沃尔特在1930年的《美国艺术杂志》上写道；抽象主义不过是场冒险——“一场别无他物，且已终结的冒险。”阿尔弗雷德·巴尔指出，从1925年到1930年，只有五篇关于现代艺术的文章出现在两本重要的艺术期刊中。美国浪潮已经吸引了诸如信奉抽象主义只属于精英而艺术则属于大众的墨西哥墙画家何塞·克莱门特·奥罗兹科这样的政治艺术家——大萧条已经冷冰冰地证实了这一论调。“著名的1913年军械库展的新奇退去之后，乔治·贝洛斯，托马斯·埃金斯和约翰·斯洛恩早期的风格正在复兴，”某位新兴的现实主义画家写道，“一场美国人的运动，虽然尚未被清晰地定义，已经在酝酿中了。”不到一年，这一论断的作者成了新运动最有说服力的代言人：托马斯·哈特·本顿。

在等待本顿将他安排进艺术学生联盟的间隙，杰克逊报名参加了附近格林尼治之家的免费雕塑课程。这是坐落于巴罗街的社区联盟，提供一系列与艺术相关的活动。由技艺高超的雕刻家阿哈隆·本·什穆埃尔在离琼斯大街两个街区的格林尼治之家的配楼授课。

161 没有一门吃饭的技艺，在温饱和供给上，杰克逊不得不依靠查尔斯——偶尔斯黛拉也提供些小赞助。（失业率虽然很高，但查尔斯打了两份工：自由职业的电影卡片插画师以及西 13 街城乡学校的兼职老师。）这样的帮助虽然出于善意，却只提醒着杰克逊这样的事实：18 岁以后，查尔斯已经拥有了杰克逊想要的一切：同事的羡艳，本顿的青睐，女友，工作，稳定的经济来源，独立和情绪上的坚毅——这尤其是杰克逊可望不可即的。最初曾对杰克逊的"朝气，酒窝，会闪光的漂亮牙齿"着迷的伊丽莎白也开始感受到掩藏于表面之下的阴郁情感。"杰克逊似乎嫉妒在纽约接触的每一个人，"她记得，"尤其是查尔斯。虽然只要他愿意他可以一直充满魅力，但他逐渐开始滋生出一种愠怒、怨恨的态度。""杰克逊刚来纽约时，"另一位家庭成员表示，"他把多数时间花在了克服［与查尔斯的］竞赛感上。"他好像在说，"我就在这儿。现在看看我吧。"就像过去那样，杰克逊坚信获得关注的唯一方法便是打败他的大哥。"要成为世上最好的画家，"同伴兼画友杰罗姆·卡姆罗夫斯基回忆，"杰克逊首先必须成为家里最好的画家。"

九月底，他离开了查尔斯的寓所，在几个街区以外给自己租了一间房。

1930 年 9 月 29 日，杰克逊开始了在艺术学生联盟的课程。坐落在西 57 街一栋沙色法式文艺复兴建筑中的联盟与他之前去过的任何学校都不同：这座宏伟的建筑有精雕细琢的壁柱，拱窗，大理石礼堂；学生们，尤其是与手工艺术学校的相比，更多样化。在礼堂，没有班长、着装要求或是记过烦扰他；在浴室，没有足球帮等着强制将他制伏。那儿，用曾于 30 年代就读的学生的话说，"惊人的宽松"。

1875 年，雷米尔·威尔马斯和少数学生从美国国家设计学院出逃后在第五大道韦伯琴房楼上的空房子建立联盟时，他就想用这种方式管理学校。拒绝在被允许接触人体模特之前麻木地照着塑料模型花上几年的苦差事，他们决定创造一种松散协作，"巴黎画室"式的氛围。虽然有个寒碜的开端，联盟却空前繁盛，并于 1892 年搬迁到了 J. 哈登伯格·亨利设计的宏大的法国文艺复兴广场。此外，哈登伯格还设计了附近的广场饭店和遥远的达科塔。但联盟依然保留着谦卑的目标，对于多数艺术学校普鲁士式的课程依然
162 是敌对的。1930 年，建校 55 年后，依然不存在规定课程，也没有试过规范指导，没有既定的学期，没有年级，亦不存在考勤。入学资格的获得依然是依靠推荐，并没有限制在同一班级逗留的时间，只要每月缴纳相对昂贵的每课时 12 美金的学费（若学生存在经济困难，也可豁免学费）。管理委员会由联盟成员选举的 12 名学生和教师组成，负责制定政策决策，但极少操纵训诫事件，同时负责邀请艺术家任教。

在联盟短暂的50年中，放任自由的行政机构，出色的师资和努力奋进的学生一起吸引了一群背景多样的卓越艺术家出现在师资队伍名单中：威廉·梅里特·切斯，托马斯·埃金斯，奥古斯塔斯·圣高登斯，乔治·贝洛斯，罗伯特·亨利。同学生和师资一样，最后的课程也是一锅大杂烩。“联盟居于国内艺术院校之首的原因之一，”1913年军械库展的参与人，并在同年成为联盟校长的插画家约翰·斯洛恩表示，“在于它为对艺术如饥似渴的学生提供了一份多样化的营养菜单，从保守的到极端现代的。联盟的学生可以像在自动贩卖餐厅选购食物一样自助选择他的学习。”

在这样一个松散、创造力十足的环境中，杰克逊本应蓄势待发。没有那些规矩，教练，老师和总是妨碍他的要求，他那一直被抑制的与查尔斯竞争较量的能量本应得到释放。然而，他只在艺术学生联盟发现了他在其他地方同样也发现了的东西：挫败感。尽管眼前有幸运的自由和机遇，只在铅笔触及画纸的那一刻，他却迟早要面对在艺术学校经历的相似命运。

对杰克逊来说，最令人畏惧的一刻来自汤姆·本顿的9号画室。独自坐落在15楼楼顶的9号画室有改建的阁楼般的温馨氛围，是个课堂不会被其他喧闹地经过礼堂的学生搅扰的死巷。白天，阳光从朝北霜冻的窗口撒下，屋子里落满了柔和、平直的光线。夜晚杰克逊上第一节课时，窗户在漏斗形的电灯光的映衬下成了一扇扇浅蓝色的背景幕。

他的第一感受或许与两年后步入本顿班级的阿克塞尔·霍恩相似。

他们围绕着站在教室角落的模特紧紧挤成一个小组。落座在凳子上，在腿上支起画板，每个学生都用杂货店买来的铅笔在棕色的包装纸上忙碌地勾勒着图案。有几个蹲在看台上，以模特为核心形成一个坚固的团队。那是一个有着宜人的圆润轮廓线，皮肤有如温暖蜜桃的年轻姑娘。她也坐在凳子上，且与旁人十分不同，因为这是个没拿画板的裸女。除此之外，她似乎就和其他人一样专注。

本顿不相信课上详尽的介绍或者渐进的带入。一周只安排两次评论，没有本顿，杰 163
克逊也可以十分轻松地开始本顿的课程，像霍恩那样。“班长”——是个每月收学费以换取自己学费豁免权的学生——也许只会在日常事务上作些评论，但一切依然照常，并没有因为一个新同学的出现起任何波澜。

本顿的第一次如约查看在第二天，周二，9月30日。老生听出楼梯上他焦躁的脚步声，知道他一到五楼大厅他们就必须把问题准备好。在画室门口他就会大声叫唤，“有人想要评论吗？”如果没有立即的回应，他便很快消失。“他不会走近直到你让他看点什么，”霍恩像其他同学一样，从没有这样干过。一开始，杰克逊也像许多同学一样没跟老师交谈过一句。当被召唤过来解答问题时，本顿也许会提供一些例如“韵律”，“结构属性”或是“实与空之间的关系属性”的泛泛的评论；如果要求展示，那么就拿只铅笔或是炭笔在学生习作上勾勒一笔“修改”；或是给出一番讲解。他的评论通常与面前的作品没有多少关系。“比起艺术，他谈论的更多的似乎是人生，”赫尔曼·切里回忆，“他会讲些为艺术而艺术的东西然后便重新回到现实。”

本顿的课堂风格也许很轻松，但杰克逊很快发现，他的教学方式并非如此。每周15小时的画室时间基本都奉献给了裸模。通过偶尔的指点和班长的选择，本顿传递的是他认为作为画家最真实的目的——“能让作品表达柔软度、张力、形式的投射与后缩从而组成完整的人体。”本顿戏称之为“空心和隆起”——这成了他本人作品中独特的波状线的近义词。对本顿来说，这些投射与后缩是“米开朗琪罗男子雕塑典型的巴洛克韵律”的图像的对等物；他的模特选择标准来自于他们空心与隆起的男性特征，摆的姿势也为了强调他们的轮廓。他鼓励学生通过抚摸模特裸露的身体——不论男女——来探索人体的形式地带，“来判断特殊肌肉和骨骼的方位和形状”。（有忌讳的模特很快知道要避开本顿的课堂。）

课上真正的作品是在室外完成的。30年代初的联盟学生彼得·布萨回忆，本顿“没
164 有兴趣观察我们在做什么，他感兴趣的是我们的原则和想法。”从9号画室到联盟二楼的图书馆的途中站满了被本顿遣来研究他最喜爱的老大师作品的学生：研究米开朗琪罗与丁托列托的空间韵律；分析鲁本斯和伦勃朗复杂的构图和色调；研究丢勒，舍恩高尔和坎比亚索的立体主义实践；看卢卡·西诺莱利，马萨乔，曼泰尼亚，布鲁盖尔，甚至亚述人浅浮雕的优美比例。埃尔·格列柯瘦长的人体和夸张的轮廓尤其符合本顿空心与隆起的论调，杰克逊最早期的素描簿里全是对埃尔·格列柯的研究。在人体课上，本顿要求学生在作画时除了看到成品还要识别创造了成品的绘图术。“当你看着一件成品，”布萨还记得他这样说，“你看的只是建筑的外壳。要懂得识别其中的绘图术。”但在本顿看来，绘画分析远不仅仅只是观察而已。另一位联盟学生马尔文·朱尔斯回忆本顿让他们分析老大师时的艰难方式：

> 图像的每一部分都必须要打散成块，之后是重新建构——从马的骨盆到外伸的手的转动的每个部分。之后，你要打散色调——换句话说，光从哪儿来的？做完这

米开朗琪罗西斯廷天顶的两幅人物习作，铅笔和彩色纸上铅笔，$13^{7/8''}\times16^{7/8''}$

> 些之后，你要用一张透明纸盖在画上，用一系列的白色与黑色填入块状物来呈现色调关系的结构。

“本顿让我们做的工作有很多，”杰克逊的同学回忆。“他的学生根本没多少时间吃饭。”

享受过施万科夫斯基轻松的实验，本顿的严厉就像当头浇的一盆冷水。杰克逊拙劣的技巧，在手工艺术已然非常尴尬，在这里，这个满眼都是专业学生，某种程度的技巧必不可少的地方更是一种可笑的障碍。回忆起这些早期的课程，本顿曾在1959年的采访中谈道：“[杰克逊]是个门外汉……他的头脑绝对没有任何逻辑思考的能力。孺子不可教也。”对杰克逊来说，甚至连能摹图——用一张半透明的纸盖在老大师的复制品上，临摹出对象的主要轮廓，以此来理解其中的空间关系，并需要评分——都成了一项“殊荣”。此类练习会暴露对铅笔控制能力的缺乏，有时甚至接近某种肢体缺陷。不论是缺乏耐心还是缺乏协调性，他就是无法驯服自己的手去追随临摹纸下的线条。“该死的，他每一次都只能把纸放在画边上，徒手模仿，而不是摹图，”彼得·布萨回忆。那时他还会有意避免人体难临的部分，尤其是忽略脸部空虚的圆圈和截去的双手。

虽然挫折众多，杰克逊还是狂热地画着，屈身于素描板前，绘出本顿的学生特有的“潦草，涂鸦似的”小笔画。“他会在极小的细节上费很大的力气，”同学乔·德莱尼表示，

“他就是这么敏感。没到他想要的样子之前他是不会罢休的，但事实总不能如愿。”他会在一个臀部和大腿或是帐幔的褶皱上修修改改，直到上面布满了黑黑的铅笔印。“杰克逊的人物很容易就成了毛发最浓密的，”阿克塞尔·霍恩在本顿的班级回忆录上写道，“[杰克逊]和他的工具之间总进行着痛苦的持久战。”德莱尼记得在某节课上，埋头素描的杰克逊突然把铅笔扔在了地上，挫败地从凳子上跳了起来。“我受够了，”他大叫，打破了教室往日的安静，“我要离开这个该死的地方。”接着就从画室跑了出去。“学生时代的杰克逊一直在挣扎，”哥哥查尔斯回忆，“挣扎着想让东西变得他想让它们成为的样子。我不知道是不是画画本身的问题，但以适合他的方式将事物以某种有序的方式落在纸上确实是个问题。”

像往常一样，杰克逊的挫败和痛苦因为围绕在他身边的一群醒目的天才加剧了。艺术联盟是30年代早期支离破碎的纽约艺术圈的一块试金石。被强大的师资吸引，城里许多有抱负的画家纷纷来到此地检验他们的才能。“意欲搭上这趟车”的不知名的学生源源不断地流入。怀抱理想的青年才俊们受到振奋也开始流入流出联盟课堂，只要负担得起学费或是获得经济援助，便一直驻扎下去。“我们当时都很年轻，”杰克逊的某位同学回忆，“我们都相信自己才华横溢，并且能够成为迄今以来最伟大的画家。”

第一堂课上，离杰克逊几个座位之外的地方坐着一位穿着得体、口才了得的学生。他叫费尔菲尔德·波特，是个23岁的哈佛毕业生。据传言所述，他曾在托洛茨基巡游欧洲时给他作过生活速写。但杰克逊最羡慕的不是他的贵族出身，而是他拿铅笔时自信的
166 样子。9号画室不远，18岁的哈利·霍兹曼监督着亚伯拉罕·所罗门·贝林森的素描油画班。比杰克逊早来一年的霍兹曼拥护塞尚的作品和罗杰·弗莱的艺术评论。当杰克逊还在为立体主义形式和文艺复兴实践中的“螺旋反向”挣扎时，霍兹曼已经进行抽象主义的实验了——比杰克逊最早的抽象作品早了10多年。当杰克逊还在努力掌握空心和隆起时，另一名联盟学生，詹姆斯·布鲁克斯，已经开始拒绝这一原则了——“我们已经有太多矮胖肥圆的东西了”，拥护毕加索的他嘲笑道。通过查尔斯，杰克逊认识了加利福尼亚同乡赫尔曼·切里。来到联盟不到一年，他就已经步入了本顿内部的门徒圈。像本顿一样矮小结实的切里已经加入了查尔斯和由本顿爱徒组成的“密苏里帮”：乔·米尔特，伯纳德·斯蒂芬，阿奇·穆斯克，这些人都从中西部来到汤姆门下学习。查尔斯亲密的朋友米尔特是个含蓄的绅士，“一个梦想家，”“诗意”的画笔描绘了许多美丽的图像。渐渐地，他和查尔斯被认为是本顿最得意的门生。而14岁的奇才纳桑·卡兹（后来改名为纳

撒尼尔·卡兹）的存在让杰克逊成了联盟中的“小儿科”式人物。10岁在密歇根赢得艺术奖项之后，卡兹来到了纽约，凭借精湛的结构素描技艺与看似喝不倒的私烧锦酒酒量在诸多年长的同学中赢得了较高的声望。

通过本顿，杰克逊在餐厅找了一份勤杂工的工作以换得三餐。在那儿，他时常见到由一个漂亮女人和一条俄国狼狗陪伴左右的阿希尔·戈尔基，浑身散发着忧郁而庄严的个人魅力，似乎在等待接受觐见。“堂堂六尺身高，”一位传记作家表示，“一头浓密的浪漫黑发垂在前额，满脸胡须，长着一双沉思的大眼睛”的戈尔基的身影令人印象深刻。他直到1926年才加入联盟，但经常去餐厅用餐，在某种程度上想要凭借自己披着披肩的高大身影和傲人的学识给杰克逊这样的新学生留下深刻的印象，但主要目的却在于俘获像约瑟芬·福克斯和史蒂芬妮·德·乔治这样的女学生的芳心。纳撒尼尔·卡兹记得，他会用“十分忧郁的俄国音调”向学生们恳求，“来我的画室，让我来治愈你，我将给你一切”。但有时在人头攒动的餐厅，德·乔治只会笑笑，断然拒绝他的进攻，因为，据卡兹所述，“她想找的是有钱人，而非天才，而阿希尔·戈尔基又算的了什么呢？”

甚至连在这段时期与杰克逊短暂同住的马努埃尔·托勒金都似乎成了威胁。一位同学回忆“杰克在绘图上并不怎么能干而托勒金却十分出色”。两人虽然常在一起，他们常有的“玩笑”却开始变得别有他意。“他们总是互损对方，”那位同学回忆，“杰克叫他土耳其人，这称呼总会把马努埃尔惹怒。这称呼听起来还算和善，但在他们看来却是直击痛处。”托勒金在文学和艺术学识方面慢慢滋生的自负只能令裂缝加剧。在同学的印象中，他“衣冠楚楚”，除了在享有声誉的艺术学识联盟的常规生活，他几乎“不交际”。 167
他在食堂为杰克逊分担过一段时间的清扫工作。那时，他曾试图嘲笑亚美尼亚人戈尔基的欧洲大陆人的傲慢与“奇离古怪的语言”。“托勒金能言会道，总喜欢跟人解释他的东西，”阿克塞尔·霍恩回忆，“总爱把东西理顺，也总爱下定义。”来到9月不久，他就开始写诗。

淹没在周围人的雄心壮志中的杰克逊退回到了沉默愤恨的墙内。多数同学只看到一个“穿高筒靴，面容稚气”的害羞、情绪化的男孩。第一次见杰克逊，阿克塞尔·霍恩就注意到了他的表情——“笑时勉强地紧一紧嘴角的肌肉，眯着眼睛时像是在清晨眺望山霾，皱眉的样子似乎（确实是）是在不断尝试着理解一个叫人困惑的复杂世界。”对别人来说，这样的表情似乎是“呆若木鸡”或者“老实愚钝”的。“杰克逊好像总是处于恍惚中，”一位同学回忆。曾有一段时间，德国表现主义画家乔治·格罗兹的任用问题在学生中引起轩然大波，并在食堂（同时也在报刊上）掀起了一场关于由斯洛恩还是约纳斯·李执掌管委会并成为联盟民主灵魂的论战。对此，杰克逊却不置一词。甚至在课堂讨论中，他坚决保持沉默。被迫作出“明确”的回应时，他会说些不痛不痒的，“我同意大家的意见。”“我觉得让他理智地谈点艺术都不太可能，”卡兹说。在自传中，本顿这样描述了杰克逊的拙嘴笨舌：

> 他逐渐发展成了某种语言障碍，并变得完全不爱说话。有时我看他很艰难，当试图明确地表达在他混乱的思想中翻腾的想法时会憋红了脸异常尴尬。最终，那些想法总逃不出最后的一句话：“天哪，汤姆，你懂我的意思！”其实我难得有时候懂。

来到纽约不到一年，杰克逊开始重蹈覆辙，回到离开洛杉矶时的孤僻和抑郁。去年与查尔斯频繁通信之后，与其他家人的通信几乎已经断绝。鲜有几封提笔写给家人的信都夭折在了写字台上，有时候几个月都没法完成一封信。从未有完整的信件寄出过。他开始不加选择地毁掉自己的画，查尔斯不得不作出干预，挽救一些他能挽救的。“杰克仿佛在外窥视着，”伊丽莎白回忆，“对那些能够公开享受自然平凡快乐的人似乎充满了嫉妒。”

无可避免的，杰克逊开始在酒精上寻找清醒时触不可及的归属感。在纽约，私卖的威士忌在西五十八街的联盟大楼后面非法经营的酒吧就能买到（“只要敲敲门告诉他们是本尼介绍来的就成”）。如果不想出大楼，杰克逊只要在餐厅四处走动的募捐箱里扔一角
168 硬币或是两块五就可以买得一瓶贴有高级英国商标的私烧锦酒的一部分。一旦喝醉，杰克逊的朋友就多了起来：他的酒友包括乔·德莱尼，诺克斯维尔，田纳西来的黑人卫理公会传教士的儿子，以及来自纽约北部的英俊的困惑少年布鲁斯·米切尔。卡兹与托勒金一开始经常参与杰克逊的狂欢，有时还有像乔·米尔特和伯纳德·斯蒂芬这样的学长。出于不同的原因和目的，几乎所有的联盟学生都喝酒。越来越频繁地，消失了的杰克逊会来到某家酒吧，那么至少在这个夜晚，他是波洛克家中最好的画家。“我们抛开一切肆意狂欢，”乔·德莱尼回忆，“我们开怀畅饮，并很清楚自己在干什么，直到抵达真诚相对的高点。”在某次这样的时刻，在真诚相对的高点，杰克逊向德莱尼吐露，“乔，你要知道我有多棒。”

尽管挫败感越来越强，他所见之处却处处是威胁，在纽约度过的第一个冬天满是陌生的灰色图景，杰克逊还是紧紧抓着梦想不放——“他似乎总想成为第一名，”卡兹回忆——白天在学校狂热地默默努力，每晚喝酒咒骂好支撑自己第二天继续。这是与绝望间的一场调情，并且只有一人能阻止他跨越雷池。

169

12

本顿

20世纪50年代的一个夏日，完成了重大的滴画作品和充满了凯旋般的展览的杰克逊·波洛克和弗朗兹·克莱因、西德·所罗门一同在东汉普顿的海岸护卫者沙滩消夏。三位艺术家都被沮丧和幻灭感笼罩着。“我们在感叹多数人缺乏艺术的趣味，”所罗门回忆。有人半开玩笑地建议，如果所有努力都失败了，他们还可以“抛掉一切去教老太太们水彩”。三个男人大笑起来，一个流传久远的笑话由此诞生了。自那以后，他们常会互相打趣“全身而退”后在老太太俱乐部的“职业生涯”。

像他们那一代的其他艺术家一样，波洛克、克莱因和所罗门敏锐地察觉到对多数美国人而言，艺术不过是老太太们的玩意儿。他们继承的审美世界成形于维多利亚式样的感伤，并几乎完全由女性执掌。误入歧途的男人们，说得好听一点儿，被局外人认为是无以为生，徒劳无功的，说得难听一点儿，则是娘娘腔。像赫尔曼·切里这样对儿子一贯强势的父亲们，挂在嘴边的是“你究竟打算以什么为生？”，而像波洛克家的母亲那样的女士则会像培育温室花朵一般培养儿子们的艺术抱负。

早在19世纪中期，工业革命开始将妇女从生产者转换为消费者，将艺术转变成消遣时，形成两派对立观点的力量已然积聚了能量。在詹尼·迈克鲁织地毯卖给邻居时，女儿斯黛拉却在为窗帘加蕾丝，给宝宝们做镶边衣裤。斯黛拉或许已经很卖力地劳作，某些程度上像母亲一样卖力，但她的志向来得更高远一些。詹尼只期望全家吃饱，而斯黛拉希冀的则是精致闲适的生活——她那成沓的妇女杂志中宣扬的生活。她也成了女性主义者，文化历史学家安·道格拉斯所描述的为追求更有竞争力的经营将陈旧、小团体的男性市场撇在脑后，替换为为感伤文学和艺术而生的广阔新市场的百万妇女中的一员。“美国文化，”道格拉斯写道，“似乎决心建立一个永恒的母亲节；来满足“作者与读者对不加批判的自我认同与自我的嗜好瞬间满足的巨大需求。”19 世纪 50 年代，《汤姆叔叔的小屋》大获成功，而《白鲸》却箪食瓢饮，一文不名。美国阴柔化、感伤化的“大众文化”时代已经觉醒。 170

杰克逊和他的艺术家朋友们继承的是一种集中在儿童训练方面的历史的负担。这是独特的美国遗产。没有哪个地方有那么多父亲像鲁瓦·波洛克一样认为丧失男子气概或者“没能力维生”是反自然的罪恶，也没有哪个地方有那么多像斯黛拉这样的母亲那样通过给儿子灌输雅致的情感和对“文化”的尊重来培植他们的理想。在这样的养育下，无怪乎三四十年代，以至于 50 年代艺术圈的男性艺术家会被鞭笞着不断去斗争抗衡，去平息自我的不安全感，在父亲的禁令与母亲的渴望之间获取平衡；以至于女性艺术家统统遭遇他们的驱逐；以至于他们不得在酒吧间受夹道鞭笞，咆哮怒骂，互掷亵渎，肆意打斗，执着而拙劣地模仿着男性气概。“在那样激进的男子气概下，”偶尔造访纽约最负声名的艺术家酒吧雪松酒馆的莱斯利·菲德勒回忆，“总弥散着歇斯底里的绝望气息。”

没有比托马斯·哈特·本顿更绝望的画家了。

20 年前，杰克逊·波洛克还没有喝酒，没有暴脾气，也没有横霸艺术圈成为人尽皆知一号人物，本顿却早已经在美国艺术地图上投射了保罗·班扬[1]式的影响力。没有人的咒骂比本顿的更顺溜。“本顿的话常会让我脸红，”本顿 30 年代初的学生马尔文·朱尔斯表示，“我使用的可是全国海员工会劳工组织者的措辞。”没人能像本顿一般犀利地连番轰炸，燃起如此激昂的愤怒。1935 年，本顿向一群记者表示，“博物馆是由一群稀有的，夹着尾巴走路，手腕吊着提线的蠢蛋经营的。”没有人的画像本顿那样宏大而野心勃勃。30 岁时，他便开始创作一套由 35 个大型面板组成的，他希望能后横扫捕获整个美国历史的史诗级墙画。没有人比本顿更狂暴。据目击者所述，在与六尺四的大块头民歌手伯尔·艾弗斯的打斗中，本顿从壁炉抓起一根拔火棍，“正好击中艾弗斯的头盖骨”。没人像本顿这样树敌众多且旷日持久。“左派将他抨击为沙文主义者，”他的自传中提道，“右派指控他激进甚至将其归位共产主义……博物馆界鄙夷他是奥索卡来的乡巴佬……甚至连某些自由派都顾忌他的地方习气。”也没有人比他更男人。“他虽然矮小身材却很健硕，”

1　保罗·班扬是美国传说中的英雄，他是个伐木工，住在美国西北的伐木营地里。他由于力大无穷，伐木快如割草而威震四方。——译者注

171

汤姆·本顿

赫尔曼·切里回忆。“他的声音低沉，人很强壮，满是决心。他讲去妓院的故事。他将男子气概演绎到了极致，一字一句都那么有男人味。”

就是以这最终最伟大的角色，“男人中的男人”的角色，本顿为美国艺术作出了最持久的贡献。正是在这样的力量之下，不论他的艺术如何遭到拒绝，他的政治观点如何遭到谴责，整整一代的艺术家都受到了本顿男子气概的原型的熏陶和影响。海明威为一代作家带来了什么，本顿就为一代美国画家带来了什么，在有意无意间，他成了他们衡量自己时对照的典范——酒徒，斗士，叛逆者，煽动者，登徒子，颠覆者，旁观者，美国人，或是艺术家。

没有人比杰克逊·波洛克更能彻底地感受到，并惊叹折服于本顿极大的个人魅力。没有哪个波洛克家的外人能对杰克逊的发展造成如此恒久的影响，直到数十年后，他把它传递到了李·克拉斯纳手中。甚至到那时——当本顿的艺术理论、风格、课堂技巧（它曾潜移默化地进入杰克逊的潜意识又在他的艺术中默默游走）早已随风消逝——本顿人格不可抵挡的铭刻力量依然历历可辨。对于他的习性，脏话，好斗，酩酊大醉，他的粗俗和厌女观，杰克逊心甘情愿做一个早有潜质的学习者。但在更深的层次，这两个年纪 172
相差 20 余载的男人并不那么像老师和学生，连代理父亲和儿子都算不上，因为他们是一对不可调和的伙伴——这样的不可调和根植在他们对艺术，对艺术家角色深远的矛盾情绪中。在根本上，本顿对杰克逊的影响基于一种两人之间相互传递的深层的、无法言说的感同身受，就好像相似的材料总倾向于形成相似的形态，相似的过去总倾向于塑造相似的人。

乍一看，托马斯·哈特·本顿与保罗·杰克逊·波洛克除了出生在密西西比河同一侧之外似乎没有什么共同之处了。不像 1912 年的科迪，1889 年本顿出生前的半个世纪，密苏里西南的尼欧肖小镇已经有人定居了。在科迪，没有哪幢房子同本顿父亲建在高地上俯瞰小镇的大房子那样显赫。这栋宏伟的房子是木石结构，里面还有镶锡边的浴缸，中央取暖，带玻璃罩的温室等等稀奇东西。1889 年 4 月 15 日，托马斯·哈特·本顿在这栋乡村大宅漂亮的围墙中出生了，而往北 250 英里，14 岁的斯黛拉·迈克鲁闷闷不乐地干着农活，12 岁的勒鲁瓦·波洛克也在为邻居家犁地。

虽然汤姆·本顿声称他的祖先们来自“南部山区”，比起“潮水贵族”更“边疆”，但本顿家族——以廷格利的标准来说——至少称得上是贵族。“家族中的大英雄”当属 30 年来在美利坚合众国参议院为民主党发声，兼总统顾问，小农界的骄子，甚至在蓄奴的密苏里拥护金本位制和废奴的参议员托马斯·哈特·本顿。本顿一家对“老金条本顿”如此自豪，以至于他们希冀每一代子孙中都出至少一个托马斯·哈特式的人。所以，当父亲也名为托马斯·哈特的梅塞纳斯·艾森·本顿（“梅塞纳斯·艾森·本顿”）用家族中最显赫的名字来称呼自己的大儿子时，没有人感到意外。

像老金条一样，汤姆亦被本顿氏族的威尔士血统诅咒而又庇佑着。他遗传了本顿家族的体格——矮小健壮，随着年纪的增长愈来愈魁伟——以及本顿人的性情——人前好斗爱煽动，人后暴躁情绪化。“从前革命时期在北卡罗莱纳默默无闻，到田纳西边疆的冒险，”汤姆·本顿在晚年颇具后见之明的叙述中表示，本顿氏族“总热衷于参与冲突斗争，不论是因己或因敌而起。混乱和骚动似乎是这个家族的宿命。”

事实上，汤姆·本顿家中的多数混乱都源于他的父亲梅塞纳斯·艾森·本顿与母亲丽兹·怀斯。他们充其量是一对不合适的夫妻。与父亲没有多少共鸣的儿子称他“不论在何种意义上都算不上是个罗曼蒂克式的人物——小个子，粗脖子，红皮肤，留着红胡子，凸着大肚腩。”而母亲呢，在汤姆饱含倾慕的讲述上，是个“高个，苗条，黑发棕眼的德克萨斯美人，在钢琴前的歌声和银铃一般悦耳”。她是沃克西哈奇的怀斯家13名家庭成员中的宠儿，继承了苏格兰－爱尔兰祖先的“凯尔特”容貌，其先人在迁至德克萨斯的某个历史时期与威尔士的本顿家共享卡罗莱纳丘陵地带。就像本顿家赋予后人以争强好斗的个性，怀斯家也将来自自我道德优越感的与生俱来的自尊传承了下去。怀斯家的成员大抵是一群简单而没有文化的人物，但他们已将自己的骄傲与敏感归结为“上帝选民”的情结。这一点在个性强硬的怀斯妇女身上分外真切，据汤姆所述，“她们自认为是基督选定的新娘，若非如此，起码也位列上帝最亲切的密友之一。”

173 年轻时，丽兹·怀斯和姐妹们一样怀有自以为是的虔诚，但渐渐地，她的愿望投射在了更为世俗的回报上。像斯黛拉·迈克鲁一样，她向往精致的生活，充斥着午宴、流苏阳伞、正式派对和“墙上挂油画”的生活——简言之，淑女的生活。而事业成功，抱有政治抱负，拥有镶锡边的浴缸的大宅子的梅塞纳斯·艾森·本顿是她通向这种生活的关键。

在公众场合，这两种糟糕的相异个性在推动梅塞纳斯·艾森·本顿的政治生涯方面确实起到了惊人的互补效果。本顿的新夫人身着圣路易礼服，在丈夫频繁的政治晚宴上扮演起了雅致的女主人的角色。在一个只有男人才有投票权的年代，她那“浅黑肤色透出的俊俏”赢得了多个州党魁的支持，连她在派对上拒绝邀请其他女性的举措也鲜有政治反响。妻子的魅力和丈夫的敦厚——连同他对东方银行家和铁路大亨的民粹主义观点——很快就将梅塞纳斯·艾森·本顿造就为美国国会最适宜的候选对象。

不论这段婚姻彰显着多大的公众优势，它从一开始就意味着两人的灾难。“丽兹·怀斯也许曾经是个温顺的未婚妻，彬彬有礼，巧舌如簧，”汤姆·本顿多年后写道，“但一旦拿到了结婚证书，她就把结婚誓言抛到了脑后，果断地维护自我。”当本顿家的“大众平民路线”遭遇怀斯家的优越感，结局便是无休止的家庭战役。

上演威逼、欺骗、苦肉计和频频昏厥的伎俩之后，丽兹很快便俘获了败阵的新夫婿。有孕之后，她很快将他驱逐出了婚房，除却要孕育更多孩子的特殊情况，再没有将他迎回。父亲要是半夜试图回房，孩子们就常被母亲愤怒的尖叫惊醒。在夜里被吓醒多次的汤姆·本顿后来回忆：“接下来几天，我能感受到她的气恼和愤慨。”对丽兹来说，“性是魔鬼再清晰不过的显现，虽然在婚姻中不得不忍受，却是件肮脏的事。”

育儿问题成了梅塞纳斯·艾森·本顿与丽兹·本顿的终极战场，大儿子托马斯·本顿则成了矛盾的聚焦点。“很小的时候，我就习惯于将冲突和争吵视作生存的基本要素。”

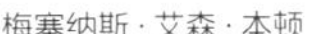

梅塞纳斯·艾森·本顿

伊丽莎白·怀斯·本顿

梅塞纳斯·艾森·本顿给予儿子的也是家族中最显赫的名字，但有着凯尔特黑肤色和怀斯家族性情的汤姆·本顿却一直是属于丽兹的。小小年纪，他就伴随她出入父亲禁入的更衣室仰慕她的衣着，后来给为她的搭配提供建议。像杰克逊小时候一样，他观察着母亲“忙碌的双手”织出精致的线绣和绒绣。妈妈为他设计服装，而他后来为妈妈的刺绣设计图案。像斯黛拉·波洛克一样也照料着一个花园的丽兹尤为喜爱玫瑰。她的花园“更多的是本着艺术品的精神打理的，”汤姆饱含钦慕都写道，“……是对超越了利己主义，步入了客观成就领域的自我的某种表达。”小小年纪的汤姆对母亲以花园中的花朵为原料进行餐桌布置的艺术有着“与众不同的兴趣”，并亲密地和母亲一起为频繁的午宴、晚宴和派对作精心准备。“她的品味大抵与90年代美国妇女杂志的品味相符，”本顿写道，“她具备某种审美共鸣，一种能从精致事物中获取愉悦的性情。”本顿对母亲最生动的记忆，像查尔斯·波洛克对斯黛拉的记忆一样，源自这样一幅画面：“一匹壮硕的被她昵称为雷克斯的白马拉着我和妈妈坐在带蓬顶的高高的轻型马车上驶过城镇广场，男人们纷纷向她脱帽鞠躬。”

每次汤姆出门，丽兹都会给他打包午餐，他会无一例外地回赠一束野花或是几个柿子。晚上，他会穿着白裤子和带铜扣的蓝夹克和母亲一起围绕尼欧肖小镇广场散步。当他处于“青春期”时，母亲会让相信晚上手淫的男孩会在睡梦中死去，并下地狱。她为他筹划派对直到他离家——当然照旧让除自己以外的女性都吃了闭门羹。

汤姆·本顿也许在母亲充斥着纸牌游戏、巴黎时尚和园艺的世界很自在，但他从没

175 

3 岁的托马斯 · 哈特 · 本顿

有停止过对另一个天差地别的世界的向往。

和鲁瓦·波洛克一样，只有被男人的圈子包围，梅塞纳斯 · 艾森 · 本顿才会感到舒坦。作为一个生性快活，对接地气的土话和奥索卡人的讲话节奏格外敏感的豪爽男人，梅塞纳斯 · 艾森 · 本顿一天中的多数时间在他的律师事务所度过，用笑话、故事和包装着政治智慧的五花八门的奇闻异事来取悦他政界的三朋四友。混迹在他办公室的男人们可跟他不一样，汤姆 · 本顿形容他们是“胡吃海喝，爱说理，能为抽剩的粗雪茄屁股讨论上好长一阵的男人”。他们的世界如果还不能说是病态的话，就是一个加了着重号的世界，是一个男人的世界，“永远沾染着烟味”，并且从一开始，汤姆 · 本顿就被这个世界拒之门外。

梅塞纳斯 · 艾森 · 本顿错过了儿子大部分的童年，长期奔波于全州，“为政治生涯打桩铺路”。但汤姆一定已经意识到，除却政治事业的召唤，父亲的缺席定有他因。和鲁瓦 · 波洛克一样，梅塞纳斯 · 艾森 · 本顿很早便远离了家庭。在儿子的记忆中，他一直以来都是个“严肃，不苟言笑，有时暴躁多疑，很难控制自己的情绪的男人”。一个人独处的时候，他养成了“一种古怪，费解的与自己交流的癖好”。他时常被听到与自己激烈地对话，在手边没纸的情况下花费数个小时做一些没有匪夷所思的大额数字的加减乘除。出于仕途需要，他还一味插科打诨，但只要送去最后一名客人，他会“在郁郁寡欢的沉默中退回书房，让自己迷失在［他］古怪的算术游戏中”。

176 汤姆早期在父亲遥远的男性世界赢得一席之地的努力纷纷以失败告终。知道梅塞纳斯 · 艾森 · 本顿热衷打猎，为了达成目的的汤姆卖力练习。但当梅塞纳斯 · 艾森 · 本顿用猎杀在尼欧肖宅子的屋檐凿洞的啄木鸟来考验他时，他却止步不前。他曾打掉过其中一只的翅膀，但受伤的小鸟在他跟前可怜地拍打翅膀的景象令他甚为不快，以至于他再也不愿意拨动扳扣。在梅塞纳斯·艾森·本顿打猎团中，众所周知，他成了“迄今最糟糕，最害羞的猎者”。

1896年，梅塞纳斯·艾森·本顿在国会赢得了席位，国内事务论战的战场也转移到了华盛顿这个更为宏伟的舞台。“对美妙的首都生活满怀憧憬”的丽兹随即投身于又一轮的政治与外交接待中。凭借得克萨斯美人高挑的身材和自然和蔼的仪表，颇受欢迎的丽兹很快成了装点华盛顿政界的丽人。流言难免四起：“国会最不起眼的男人娶了华盛顿最美艳的妇人。”

很快，丽兹开始着眼于更高级社区的大房子。碍于密苏里选民的看法和“尽可能保持华盛顿生活低调的需要，”梅塞纳斯·艾森·本顿的反对引发了一系列激烈的冲突。汤姆曾在回忆录中讲述了这样一场争吵：

> 听到父母异乎寻常的争吵后，我跑到了临着A街的小客厅看到我母亲摊在父亲脚跟前的地上，两眼翻白……父亲的脸涨得通红，很是吓人，他连忙将我推出门外，那一刻我意识到一定出了什么大事情。

第二年秋天，本顿一家搬进了一处“与其社会地位更相得益彰的住所”。和斯黛拉·波洛克一样，丽兹·本顿不计后果地醉心于实现她的杂志梦想。

本顿的刺绣图案和插画技艺让丽兹坚信汤姆有着某种艺术天赋。于是她便煽风点火似的想要购入“绘画铅笔，墨水，蜡笔，写字板和绘画纸”，试图点燃的天赋与才华的小火星。她将儿子的照片带着身边，没一会都能赚取恭维和赞叹。刚进入华盛顿弗斯学校时，母亲的客人们“都说我一定接受过一些训练，”汤姆回忆，“甚至还说我天生就是艺术家。”但丽兹显然不需要外部的刺激，从一个教汤姆在纸牌上画水彩花冠的上了年纪的妇女，到科克伦美术馆和乔治城西部高中的更正式的课程，她已经安排好了一系列的艺术训练。

说服不了梅塞纳斯·艾森·本顿——儿子表示，在梅塞纳斯·艾森·本顿眼中，艺术不过只是老太太和娘娘腔的消遣——这项事业多么愉悦的汤姆决定只将无可争议的男性气质择为绘画的主题——启动的列车；1898年缅因号战舰在哈瓦那被炸毁时则画爆炸的 177
战舰。美西战争爆发前夕，他开始画“在飘动的旗帜下行军，在想象的战场发射子弹”

的士兵。梅塞纳斯·艾森·本顿给了他一套和有关印第安人的书，于是印第安人便出现在了汤姆的写生簿上。丽兹试图将他的天赋导向更恰当、更有教养主题，却遭到了汤姆的抵抗。在早期一堂以“极度的失望”告终的艺术课中，他发现老师只画花朵。“对于一个画战舰，士兵行军，野蛮的印第安人和神话英雄的人来说，”汤姆写道，“老师‘娘娘腔’的主题让我感到恶心。”

本顿后来表示，父亲“对图像有种清教徒式的厌恶和不安”。事实上，本顿厌恶的是他的妻子及其泛滥的文化野心，深受其害的当然还有儿子的艺术梦想。前者对他的威胁越大——对此他完全无力控制——他对后者的憎恶和阻挠就越强烈。尽管他并未完全禁止绘画课和艺术课，但在梅塞纳斯·艾森·本顿眼里，所有这一切都是浪费时间，明知徒劳却仍不懈地抗议，“必须要让这孩子学点什么”。但当梅塞纳斯·艾森·本顿和他抽雪茄的伙伴混迹在办公室时，绘画和课程——像时装和派对一样——还在继续。

汤姆后来写道，“很遗憾父亲认为他有一个不正常的儿子。”

1902年，丽兹被引荐给了西奥多·罗斯福总统。撰写了老金条传记的罗斯福对密苏里的本顿家族有种特殊的兴趣，而丽兹，当然“也为总统对自己慷慨的关注而倾倒”。那些作为常客出入白宫的年岁有如“第七重天堂”，据汤姆所述，“也许是她一生中最幸福的岁月”。

凭借与总统的特殊交情，被自豪湮没的丽兹与1903年夏天回到了尼欧肖“为乡亲们指导华盛顿的社交礼仪”。在她精心的监管下，增加了室内管道系统的尼欧肖宅邸焕然一新——当然废弃了镶锡边的旧浴缸——新债务也随之而来。在梅塞纳斯·艾森·本顿支持者频繁的聚会上，她会用华盛顿风格的晚宴招待客人，崭新的瓷器银器摆设、分道而上的菜式以及各式各样的美酒，让“从来都将食物一股脑儿摆上桌”的尼欧肖人看得瞠目结舌。

这样的排场很快成了梅塞纳斯·艾森·本顿的政治毒药，汤姆回忆，镇上人都传言本顿家族已经变得“极度自命不凡”。

[父亲]一直劝告母亲保持低调，凡事从简，穿着不要过于华丽，尤其不要过多谈论“我们在华盛顿的生活”。“是这些乡亲将我们送入华盛顿，夫人，不要羞辱他们，”他这样说。我母亲奉上过于奢华的午宴之后，吃晚餐时，他们经常会为此争吵。但她常常有很好的辩驳的理由。“不要在孩子们面前批评我，先生，”她会一边这样说，一边靠在椅子上抹起眼泪。

整个夏天，顽固不化的丽兹会绕法院广场散步，展示她的全套华盛顿装束。“母亲令 178
他们全都相形见绌，”汤姆表示。还没等到秋天会华盛顿的日子，梅塞纳斯 · 艾森 · 本顿就预见他可能要失掉 1904 年的大选，而丽兹则“陷入了歇斯底里和昏厥，因为他的缺乏勇气和‘将孩子们的前程置之度外’吵闹不休”。“你决不能把他们带回那个小乡村，先生，”汤姆记得他哭着说，“你必须给他们一个进入世界的机会。”

然而在 1904 年 11 月 8 日，梅塞纳斯 · 艾森 · 本顿失掉了国会的第五轮任期。

消息传来时，丽兹 · 本顿正在派对上。某位朋友的日记开头记录了她当时的反应：“[她] 如死灰一般靠在墙上，像要昏过去一般，深红的法兰绒帽子和苏格兰玛莉王后一般的裙子也没有盖过脸上的苍白，她这是自掘坟墓。”本顿一家于 1905 年夏天回到了尼欧肖。之后不久，华盛顿的板条箱运抵时，丽兹遭受了一轮精神崩溃。她终日以床为伴，两个姐姐从德克萨斯被召来照顾她。梅塞纳斯 · 艾森 · 本顿也好像从世上消失了。凤凰城农场出售之后鲁瓦 · 波洛克遭受的，梅塞纳斯 · 艾森 · 本顿在 1904 年大选失败后也尝到了。他再也不主动涉足政事。反而开始忍受“情绪的诅咒”，在密闭的书房越呆越久，加减长串的数字。

汤姆 · 本顿不像母亲一样因父亲的倒台而感到羞耻和压抑。回到尼欧肖后，他很快改变了无所事事、娘娘腔的生活。

他开始摒弃艺术。不画画了以后，他在法院广场的巷子游荡，打完架后迅速跑回家向父亲炫耀衣服上的血渍。陷入妄想的梅塞纳斯 · 艾森 · 本顿诅咒接管了尼欧肖的“共和党的无赖”唆使本地混混攻击他的儿子，但显然，汤姆的胜利让他很高兴。打架持续了几星期，直到教堂的夫人们开始抱怨本顿家的孩子“惹事好斗”。

他开始埋头于农活和打零工，并开始在私下和其他男孩子在游泳池会面，在那儿“锻炼口才，并领略嚼烟叶抽烟草的艺术”。虽然只有 5 尺 $2^{3/4}$ 高（也是他成年后的身高），他加入了尼欧肖高中足球队。才打几轮比赛，被大块头的对头痛扁的汤姆很快被踢出了球队。之后，他开始摔跤，这是一种靠韧性而非体型取胜的运动，而汤姆本人则是一座蕴含了无穷坚韧的宝库。同时，大抵是作为某种安慰，他开始着迷于拿破仑的丰功伟绩，并对后者形成了“某种无比专注，心无他物的英雄崇拜”。同时，他也开始喝酒——谁说一个只有 5 尺 $2^{3/4}$ 的男孩不可以加冕男子气的徽章？

然而在 1906 年夏天，他被丽兹与绘画的“魔力”召回了。忍受着言过其实的大男子 179
习气的发作与折磨，他会长时间地呆在母亲的更衣室和玫瑰园，留恋于各种受他谴责的

“娘娘腔”的举动。星期六早上，他会练拳击，下午，跟着年长的男孩去看滑稽戏，晚上陪丽兹看歌剧。身着上浆的衬衫坐在佩戴者珠宝观赏瓦格纳的《唐豪瑟》或《帕西发尔》，被感动得流泪的汤姆会跑回家，在灵感的阵痛的驱使下用彩粉画画下他最钟爱的场景。

与此同时，在仍旧没有获得父亲认可的前提下，他开始把素描和油画称为“制图”。这个说法源自他的祖父，他仰慕的“马鞍制造商”和“小提琴制造商”，怀斯爹爹。如果梅塞纳斯 · 艾森 · 本顿反对儿子称为艺术家，那么他还可以称为一名“制图者”，像木匠和铜匠一样用双手过活。

因这样的对话受辱的丽兹——他的儿子怎么可以做木匠——把汤姆介绍给了自己的钢琴老师，卡尔霍恩老师。卡尔霍恩老师是个穿昂贵的定制套装，举止优雅，“出入上流社会的阅历丰富的男人”。和枯瘦，简朴的怀斯爹爹不一样，卡尔霍恩老师的“嘴巴和下巴有些肿胀”，是个“十分健谈的人”，能用他的欧洲旅行，频频造访拜罗伊特音乐节所见的奇闻异事和对瓦格纳的喜爱让汤姆和丽兹着迷。“我们都难以相信他住在杰斯帕县，”汤姆写道，“他那么具有大城市的气息。”被卡尔霍恩老师施了魔咒的汤姆会给前者展示他的素描和粉蜡画。

> 他对我的画很感兴趣，告诉我我是他见过的最了不起的男孩子，我几乎已经接近于真正的艺术家了，在成为专业画家的道路上不能让任何东西阻挡我的步伐。“你必须上艺术学校，”他说，“接着去巴黎。”

巴黎和“波西米亚”的故事一度让汤姆忘记了“制图”和怀斯爹爹。“[他的] 故事和恭维卓有成效，”本顿写道，“他让我认为自己与众不同，并和他一样，属于一个不一样的世界。”

1906 年夏天，没有入读艺术学校的本顿与在乔普林附近规划矿业产权的勘探队雇佣成为一名标尺手。这项摸爬滚打的艰苦工作无疑很合梅塞纳斯 · 艾森 · 本顿的意。乔普林是个“蛮荒的金矿小镇……其罪孽深重的诱惑力在整个密苏里西南部都算得上臭名昭著。”多年以后，本顿会将那个夏天视为一个不安分男孩的解放，“那阵无法抑制的瘙痒的产物，普遍存在于西部男孩心中，告别家乡，家庭和熟悉的食物，来到某地接受考验。”

> 星期六晚上，我来到镇上转转。我们家在乔普林有熟识的朋友，都是些体面 180
> 人，但我有意避开了他们。我离家就是为了与体面作别……我去了沙龙喝了啤酒，往老虎机里投五分镍币。我是个真正的男人，17 岁，无拘无束。

事实上，丽兹·本顿小心翼翼地监管并批准了所有的暑假计划，她坚持汤姆必须与乔普林的亲戚——都是些他声称要回避的“有头有脸的人”——住在一起，并按期造访卡尔霍恩老师的画室以期结识“正派的年轻人”。本顿并没有时常光顾沙龙喝啤酒往老虎机投镍币，事实上多数的周六夜晚他都坐在旅店餐厅，抿着开胃酒，全神贯注地聆听卡尔霍恩老师讲述下一次的巴黎之旅。某个这样的时候，一位老者建议汤姆陪同他“共赏艺术之都”。一谈起巴黎，本顿“就兴奋起来”，并许诺一定会去请求父母的许可。

但卡尔霍恩老师却另打了一副算盘。

> 我发现他看我的眼睛很奇怪。那眼神像想要戏弄你的姑娘的眼睛……但我很清楚其中的用意，因为在华盛顿也曾有酷儿们试图接近我，从年长的男孩们那儿我也知道此类人都有些什么样的喜好。

“既尴尬又心生厌恶，”本顿愤然离席。按他自己的说法，从此他再没联络过卡尔霍恩老师，即使“多年后他还记得离开时那个平日里如此泰然自若的男人脸上现出的落寞神情”。

而在第二年，本顿就接受了卡尔霍恩老师的建议进入了芝加哥艺术学院。两年后，巴黎之行也得以实现。

在自传中，本顿记录了另一个版本的选择艺术作为职业的故事。1906 年炎夏，照西部电影的风格，故事发生在密苏里，乔普林上院的酒吧和妓院。他站在酒吧喝着啤酒，注视着一排酒瓶子后边，挂在墙上的一幅裸女像。突然，一伙“咧着嘴笑的小伙”看到他那么聚精会神地看画便开始骚扰他。“他们用所有能想到的关于那幅画的污言秽语痛斥了我，”本顿写道，“我难堪得满脸通红。”年轻的汤姆准备迎接挑衅，坚称自己是在研究那幅画而并非因为画中的姑娘赤身裸体，只因为自己是个画家，他想弄明白那东西“是

181

“花花公子”时期的托马斯·哈特·本顿与杰克逊·波洛克

怎么画出来的”。

“哦，你还是个画家，矮个子？”有人窃笑道。

“当然，对天发誓！”他答道，“而且还画得不赖。”

“原来我从未如此认真地想过，”他写道，“我要成为画家。当然，在上院的插曲之前，我也从不认为自己是名画家。”

这就是汤姆·本顿想让世界相信的故事——无疑，也想让自己相信的故事；一个充满了地方特色与纯正美国西部人物的故事；一个女人不过意味着单维的欲望对象的故事；一个可以让怀斯爹爹——也许甚至是梅塞纳斯·艾森·本顿——理解为何一个男人想要成为艺术家的故事。

事实上，汤姆·本顿所有的作品，从开始的列车素描到后来的大墙画，都有母亲不可磨灭的印记。所有的一切——喝酒，打架，诅咒和狂欢——都是对父亲丝毫不妥协的否定所背负的某种时而绝望，时而苦涩的致歉。刚从华盛顿回尼欧肖时，心中横亘着爸爸仕途沉浮的愧疚感的汤姆开始打架纵酒滋事，他本人将之称为“复原”时期。如果按照这样的定义，那么接下来五十余年的本顿神话，杰克逊·波洛克熟识的那个汤姆·本顿，亦是某种不折不扣的复原。甚至连绘画本身——“那些凸着肌肉的阳刚的巨人”，巨型墙画，对西方神话人物，征服及友谊主题的关注——都是“复原”的一种形式。无休止的斗争亦是如此——不论是艺术上的、政见上的还是私人的——都如同法院广场的打斗一样激烈而不顾一切。

在芝加哥艺术学院，他留长了头发，压在圆顶窄边礼帽底下，身着他的“天才装备”，为自己的装扮在芝加哥南区挑起了社区恶棍的嘲讽进而演变为打斗混战而欢欣鼓舞，沾沾自喜。在巴黎，“他给自己买了巴尔扎克式的手杖……穿紧身的定制西服，戴飘
垂的披肩和法式贝雷帽……渴望哪怕是有一点接近成功的左岸艺术家形象也好。”朋友们 182
称他为“小巴尔扎克”。但致歉，付代价，“复原”的迫切需求依然在心中灼烧：他会去芝加哥体育馆疯狂健身；而在巴黎，“他早就因为经常在酒馆喝酒打架和姑娘们吵架而臭名远扬了。”

但他从来没有放弃过丽兹。接下来几年，她会弃梅塞纳斯 · 艾森 · 本顿而去，来纽约与汤姆同住。后来，汤姆会跟随她来到长岛大颈区，在那儿他们一起生活到汤姆加入海军。第一次世界大战期间，母亲让他免于参战。他从未向母亲谈及交女朋友的事情，但婚后是在妈妈家里度的蜜月。尽管妻子反对，他还是邀请丽兹到玛莎葡萄园随他一起消夏，还在附近帮她新建了房子。晚年，他还一如既往地帮母亲设计刺绣的图案。

小时候去探望怀斯爹爹时目睹的某个场景令汤姆 · 本顿念念不忘。在德克萨斯沃克西哈奇火车站，一列志愿者被装载上了列车，驶往“西班牙内战”的战场：最后一排靠近车厢阶梯的地方传来一声恐怖的尖叫，有个男孩从队伍中跃了出来仓皇逃走。正规军将他抓了回来。被推上车厢阶段时，他像个小男孩似的大叫“”。我们身边所有的女人，甚至有些男人也抹起了眼泪。我也哭了。

本顿冲回家想把这个场景画下来，但画出来的却不是那些永久地停留在他记忆中的东西。在生命的尽头，汤姆 · 本顿依然能够以摄影般的精准回想起这些画面，因为过去的 70 年来，它们一直在他脑中反复闪现。

这就是杰克逊 · 波洛克于 1930 年 9 月初次结识的汤姆 · 本顿。那时本顿 41 岁，至少在表面上是杰克逊渴望成为的楷模；是他父亲膨胀了的男子气与母亲艺术追求的理想结合。但在杰克逊看不到的内心，他依然在孜孜不倦地追寻某种情感的出路——这意味着一场关乎身份与愿景的考验，而杰克逊恰恰也面临着如出一辙的困境。

183

13

杰克·萨斯

杰克逊能在各种层面与查尔斯争夺汤姆·本顿的宠爱，也许出于某些他自己都没想到的原因——背景优势。“[杰克逊]没钱，乍眼一看也没什么才华，”本顿在自传中写道，“但他的性情立刻就会让人对他心生怜悯。”

至于为什么杰克逊能博得本顿的同情，本顿的情感投入又为什么能从杰克逊身上得到回报，这个问题两人都不大可能去深究。然而从一开始，两人必定是感应到了某种相互的、不可言说的共识，即两人都处于某种不定的轨迹，都是被托马斯·克雷文称为“某种奇怪的不规则发展”的受害者。连杰克逊的同学们都意识到了两人之间特殊的联结。“从初次见面到杰克逊去世，两人一直都在一个频率节奏上，”艺术学生联盟的同学乔治·麦克奈尔表示。“这种频率甚至是身体上，姿态上的。你几乎可以说，两人是相互联结的。”乔·德莱尼的观点则更简明扼要：“本顿是个怪人，只有和他一样的怪人在一起时才会自在。而杰克逊是最怪异的那一个。”

奇怪的是，杰克逊的缺乏才能却强化了学生和老师间的纽带。“杰克的天赋似乎处在最低容忍值，”本顿后来写道，“学东西很难入门，看到比他灵巧的学生，常常自责自己太愚笨。”如果说本顿同情杰克逊的困境，只是因为在他自己的学生时代曾听过太多同样的批评。连朋友也觉得他早期的作品“笨拙”，“模仿得很差劲”，“很粗糙”。“[汤姆]对时下的各种主义顶礼膜拜，”他的密友，批评家托马斯·克雷文写道，“却毫无将信服的错觉赋予模仿的优雅和自如。”本顿的传记作家表示，“缺乏画技的挫败感”几乎将他逼入绝境。这种情形持续了在艺术学校学习的一整年，在此期间，他“大多烂醉如泥”。杰克逊退出联盟餐厅讨论组时，本顿也在巴黎的咖啡馆受到了惊吓，因为这种地方常有“比他更有才华，更有能力”的，诸如乔治·格罗兹、迭戈·里维拉这样的艺术家出没。

184

《杰克逊·波洛克》，托马斯·哈特·本顿作，约 1935 年，纸上墨水，$8^{1/2''} \times 11''$

对于杰克逊的论调“天赋——像哈罗·莱曼，菲尔·戈德斯坦，甚至查尔斯所拥有的——并非艺术事业成功最必要的条件”，本顿也深信不疑。这显然源于他对于自身能力的怀疑。他让杰克逊向隐逸的后浪漫主义风景画与海洋画家阿尔伯特·平卡姆·赖德看齐。赖德几乎都不能将一只船画得和同时代的温斯洛·霍默一样精巧，但这并不妨碍他在狂暴的笔触中捕捉大海汹涌的强度和波涛的翻滚。“强烈的兴趣”，本顿表示，成为艺术家的雄心，才是最重要的；“而杰克逊就具备这些东西”。事实上，是杰克逊对自身缺陷的不安与过于强烈的渴望的反差令本顿想到了自己的学生时代。和杰克逊一样，他也忍受过课堂上的羞辱和同学窃窃私语的嘲笑，却没有向伟大的梦想屈服。“我希望成为天才”，本顿这样写道，他早年在芝加哥艺术学院的学生时代，“憎恨质疑这一点的人。”后来在巴黎，当他遇到加州画家斯坦顿·麦克唐纳－莱特时，他写道：“我们只在一件事上意见一致，除了我们自己之外的所有巴黎人都很愚蠢。”在联盟，本顿也以同样的策略对待杰克逊，在他旷日持久的自我怀疑中，为杰克逊的抱负掷下了一根救命绳索。“我见过太多有天赋的人因为缺少必要的内在动力而放弃追求艺术，”他在自传中记录了这一常与杰克逊分享的观点，“这样一来，杰克缺少天赋的事实似乎都变得无关紧要了。”

学生时代的本顿也曾十分敏感，容易取悦他人，从一种学说跳跃到另一种思想，从
印象主义到新印象主义，到塞尚主义，到立体主义，到共色主义，到结构主义，总在 185
“左顾右盼寻找出路”。他的政治观点也随“每一股”风尚的流转而转变。1916 年在纽约

遇到了马克思主义者约翰·魏克瑟尔之后，他便宣布自己成了马克思主义者。后来，遇到了哲学家约翰·杜威，便开始信奉杜威的实用主义历史观——就好像轻而易举地就被克里希那穆提的神秘主义俘获，多年后又转投本顿门下的杰克逊。本顿对自己的抱怨亦适用于杰克逊“不论我与世界有何种接触，不安全感都如影随形”。

然而，除了相同点，对这个每周二、五在9号画室的素描板上弯腰驼背，疯狂涂写的男孩，本顿还萌生了某种欣赏。在尼欧肖时，他就容易被不像自己那么精致世故的年轻人吸引。他年轻时代的朋友都是粗俗，“缺乏教养”的乡村男孩。他很怀念在弗吉尼亚的诺福克作为海军绘图员服役时的日子，“身边都是尚未被审美病毒感染的来自卡罗来纳腹地，田纳西乡村，或者是整个南部的男孩子，他们的经历虽然各异但我却感受到了某种惺惺相惜的纽带”。在诺福克当水手的精彩经历过后许多年，他抛下妻子，常在炎炎长夏带着像比尔·海登这样的爱徒来到南部，“消失在腹地”。据他所述，海登“是个长得很好看的年轻人”，两人曾共享一面旅行车背——“一起凑合着搭厨房，卧室和工作室”——在七次这样的旅居中有一次时间长达数月。在艺术联盟的课堂选择爱徒时，他遵循的也是同样的标准，大都是些来自西部和“缺乏教养”的类型。

本顿对于同性的惺惺相惜在他对异性近乎厌恶的冷漠中得到平衡。据他的传记作者所述，“他总会完全无视女学生。”某位这样的学生回忆，“本顿认为女人就不应该当画家。”丽塔·本顿忍不住告诉朋友，“汤姆之所有讨厌女人是因为他妈妈”。

后来，在50年代到60年代之间，对在乡村男孩身上显示兴趣这一点，本顿变得越来越慎重，只在某次评论意大利农家男孩之美时这样表示：“谁又能不被他们吸引呢？”在他一如既往的对浸淫于“阴柔之风”的艺术世界的痛斥中，他开始畏惧与其他男性最平常不过的肢体接触，他发现越来越难掩盖自己对与年轻男子为伍的过分喜好，同时，他对同性恋原本招招致命的攻击开始变得越来越丧失底气。“汤姆，”姐姐米尔德丽德曾告诫他，“你申辩得太多了。”后来，不仅是姐姐，连儿子，几个好朋友，他的传记作者都开始相信，汤姆·本顿一直以来都在同他的同性恋倾向作无力的抗争。

186 不论老师的青睐源自何处，杰克逊已经沉溺其中。虽然父亲一直以来都不乏关爱，但在本顿的关怀中他找到了从前苦苦寻觅而不得的男性认同。本顿与鲁瓦·波洛克的外形甚至都有某种相似：一样矮小的身材，一样自以为是的好斗，一样布满皱纹的脸庞和皮革似的大手。在自我证明的长久斗争中，杰克逊终于寻到了同盟。

他迅速抓住了这种优势。据同学所述，在课堂上，他试图将本顿的技术和主题“落实到最后的笔触”。模仿本顿的地方主义在学生中很普遍，但杰克逊不仅将地方主义视为一种技术，还作为一种哲学和生活方式来崇尚。他“像小狗一样追随着本顿”，哈利·霍兹曼回忆，“不论本顿做什么，他也想跟着做。”如果本顿将自己视为“西部画家，”那么杰克逊也会莫名其妙地成为西部的——而且蓦地成了最西部的那一个。他开始散播关于他“边疆家庭的”故事，讲在怀俄明的农场挤过的奶牛，讲成为他童年生活一部分的野马、狼和水牛。但他身着牛仔装备——高筒靴，牛仔帽如此等等——出现在联盟餐厅时，他确信雷金纳德·威尔逊之类听了杰克逊蛮荒西部故事的同学会相信“这是来真的”。“杰克逊总戴一顶牛仔帽四处转悠，”同学菲利普·帕维亚还记得，“他有足够的理由蔑视我们这群‘外国佬’。他就是这么以西部和中西部为傲。”当本顿询问起他在洛杉矶的老师都有谁时，他轻车熟路地自嘲道，“都是些加州疯子”。

查尔斯的女友伊丽莎白认为自己了解杰克逊的动机：与查尔斯争夺本顿的宠爱。“他像那些野心勃勃的男孩子一样来到了本顿面前，施以甜言蜜语得到自己想要的，”她这样回忆。“他压根不像有些人认为的那样是个贴心可爱的男孩。”连杰克逊那些在本顿的班上学习了至少一年，见识过他拙劣画技的朋友们都能感觉到，拜倒膝前的崇拜背后是灼烧的心。“他极度的坚定，”某位同学回忆，“是个很现实，并且善于利用某种关系的动机强烈的人。”

不论出于抱负、执着还是情感需求，在未来的几年中，杰克逊在本顿内心深处赢得了一定地位，进而取代查尔斯的努力最终成功了。但成功需要付出代价。本顿也许声称与诺福克的水手同伴惺惺相惜，那些男人“因不爱思索而不那么冷淡自负，难以取悦”，但没人比汤姆·本顿更执迷于自我，更喜好沉思。撩开故作姿态的纱帐，他比不经世事的乡村男孩杰克逊来得更偏执于自己的心灵。对本顿知之甚少的杰克逊但凡对本顿的过去有一点了解，那么这位艺术家饱含男子气概的理想形象似乎就能回答很多阴郁而棘手的问题。艺术是项“娘娘腔”的活动吗？通过夸大艺术的男性气质——通过刻画阳刚人物的肌肉线条，用冷硬、粗俗的术语来讨论艺术；描绘男性世界的妓院和体育馆；通过有男人味的谈吐，打扮，诅咒，像男人一样去喝酒打架，本顿意在抹去艺术女性化的属性。

但本顿对男性人物和男性身体的着迷却统统来自另一个源头。对杰克逊来说，在本顿对于理想艺术家的建构中，没有要素的融合，也没有终极的出路，在路的尽头，只有与不成熟自我的对峙与搏斗。在这个过渡时期，本顿的理想，连同其对于各式“男子气”

187

左:《得州狭长地带的油田》(本顿),1926—1927,乌贼墨,纸上铅墨,$7'' \times 8^{3/4}''$
右:杰克逊的临摹作品,20 世纪 30 年代早期,石膏板油彩,$18'' \times 25^{3/8}''$

行为暗含的特许,只不过放大了杰克逊问题的症候——自虐式的酗酒,爆发的暴力行为——却无法解决这些问题。它只能给予杰克逊的愤怒以特殊的性状与爆发的出口,而无法将之平息。

1930 年秋天,本顿开始为社会研究新学院的一组墙画卖力工作,这是他的首次大型墙画委托。十年前由一批进步学者和教育家创建的学院刚刚在西 12 街 55 号落成漂亮的新校区。尽管事先已经委托何塞·克莱门特·奥罗兹科定制了墙画,但迫于本顿的支持者的抗议,校方同意为“真正的美国艺术家”额外抛出一枚橄榄枝。本顿的墙画将被置于新建筑背面俯瞰南花园的三楼会议室 30 平方英尺的宽敞空间内,而奥罗兹的作品则被挪到了餐厅。

作为本顿新晋的得意门生,杰克逊无疑参与了众多的筹备工作。如果说联盟课程要求的细致和投入令他感到挫败,那么导师为社会研究新学院的墙画所做的艰苦筹备工作一定让他感到绝望。作为老师,本顿严厉苛刻,厉行纪律;作为艺术家,他可以说细致到了吹毛求疵的程度。在选好主题之后——技术和美国社会的转变,他开始分类整理自
188 己庞大的素描库寻找合适的人物形象。“他有个大抽屉塞满了全国各地取材得来的素描,”某位学生回忆。过去五年深入穷乡僻壤累积而成的大量素描,筛选再筛选,一幅“粗略的美国图景”开始浮现于眼前。本顿后来将这些素描按大概的主题分为几类:工业,乡村宗教,人与流行文化。渐渐的,通过一系列初步的油画小稿,他继续将三大类主题分别置入会议室门窗的九块小画板内。

接着,他把素材再次细分到小画板的场景中。《改变中的西部》画板包括钻油、焊管、测量、牧牛放羊的场景。某些场景从他的素描簿上直接借用——例如,钻油来自对 1927 年德州平锅柄(panhandle)之旅的记录。其他的场景则需要重新创作素描。例如表

现钢铁工业的画板，他来到马里兰的伯利恒钢铁厂绘制了几个锻造线上的工人的场景。妻子和儿子与城市与乡村学校创建者卡罗琳·普拉特一起为表现教育的场景摆造型；查尔斯的女友伊丽莎白为电影院场景当模特；本顿的朋友，《群众》杂志编辑马克斯·伊斯特曼与知名滑稽戏演员佩吉·雷诺兹则成了地铁场景的模特；而在“签名”场景中有本顿的赞助人阿尔文·约翰逊的坐像，他正与本顿分享一杯私酒。在这个辛劳的筹备阶段，本顿邀杰克逊来画室担任“活动模特”。尽管本顿后来否认墙画中有任何杰克逊的影子，但他对照着杰克逊的形体，创作了很多素描，让他在背景中摆出多种姿势和动作：收割，锯木，测量，采煤，铸铁。

下一步，为了让素材的合成更精炼，尤其为了正确地平衡明暗区域，本顿对墙画的每一部分进行了黏土基线凸现，或者说立体模型处理，利用一个无罩的灯泡从各个角度照亮场景来加强阴影。偶尔，他会画一些小人物来观察颜色如何影响亮度。利用这些黏土模型，（从文艺复兴画家丁托列托的技术改进而来）本顿创建了另一套水彩，胶画颜料蛋彩画的学问，殚精竭虑地预见并解决真实的作画场景中会出现的任何问题：色彩交互，水洗效果以及高光替代。

这些前期准备对杰克逊来说一定是过于冗长了，但本顿却可以为它们正名。像他仰慕的文艺复兴大师们一样，他曾选择蛋彩画——干颜料中混入蛋黄和水——他只有翻阅400年前的古老文献才能找到这种制作困难，不再流行的媒介的调制方法。因其在线条精确性和塑型方面的潜力，蛋彩画被视为一项绘图起草的技术，和油彩相比给予了本顿更多的控制力。它可以层层叠加而制造出更深更透明的色泽，干了以后，和油彩画相比，有更长的寿命。

最后，是与意大利文艺复兴的历史联系吸引了像本顿这样的艺术家主张美国艺术的复兴。但蛋彩画是种没有回旋余地的介质。油画颜料可以修改润饰——溜笔，误滴，错笔，甚至连色点都很容易被修正。蛋彩画中的错误是永久的。但对汤姆·本顿这样一丝不苟的策划者来说，这是完美的媒介。

几个月后，当所有准备最终就绪，绘制工作转移到了新学院附近的12号大街，由阿尔文·约翰逊筹备的空旷的大阁楼。然而，在本顿可以下笔之前，他需要先构架好墙画的九块画板。蛋彩画对涂层表面和艺术家有着特殊的要求，此时在本顿身边协助的首席助手赫尔曼·切里和杰克逊发现他们又开始了另一轮精心的准备步骤。在1/3英寸的弧顶架加固的墙板上，他们胶上了厚亚麻布，接着铺上七层石膏——胶，水，与白垩粉的膏状

189

《城市活动与舞厅》，托马斯·哈特·本顿，社会研究新学院墙画画板之一，1930-31，胶画颜料与亚麻蛋彩，油彩上釉，92″×134 1/2″。中央，伊丽莎白·波洛克为电影赞助人原型；中右，丽塔与小本顿为母亲与孩子原型；右后，本顿本人为酒客原型。

混合物——以及两层马丁韦伯，一种能令画板覆上霜白色的商业复合油彩。至此，整个900平方英尺终于呈现出光滑的表面。本顿一个人在每块画板上绘出成比例的网格，并煞费苦心地将素描中的图像一平方一平方地转移到珍珠白色的亚麻画板上，并放大。设计完成后，他开始用胶画颜料——由胶，色素与水制成的，借自文艺复兴墙画绘制技术的速干混合物——作底色草拟图像。

最终，画板就绪，可以开始作画。本顿通常是一个人干——什么人都不可以碰画布。杰克逊如果在，也只在一旁看着。这是他第一次目睹如此杰出的艺术家从事这样重量级的创作工程。在最后的创作阶段，据托马斯·克雷文所述，本顿属于那一类“精力无法估量的艺术家，有持久的驱动力……每天工作12到15小时”。但克雷文提到的精力体现在本顿对艺术和细节的执着中，而不诉诸他的画笔。他会系统、一丝不苟地画，几乎从不背离他细致的计划。“他有一个可以遵照的公式，”曾协助本顿完成后期某幅作品的马尔文·朱尔斯表示，“很机械，毫无激情可言。一切都视明暗透视、造型和用色而定。所以对他的学生来说，‘作’一幅本顿并不难。”

对本顿来说，激情早在接触图像的那个瞬间，在他停在田纳西的路边勾勒农舍，或

190

《钢》，托马斯·哈特·本顿，1930—1931，胶画颜料与亚麻蛋彩，油彩上釉，92˝×117˝；右：杰克逊摆出工人的造型

者在德克萨斯博格的酒吧用快速几笔线条捕捉“大块头”的石油工人容貌的那一刻消失殆尽了。在反复的勾勒和钻研中，在努力协调让石油工人的形象与其他场景人物，并使各个场景和谐并置时，所有的挑战都已经遭遇且被降服了。德克萨斯石油工人触及《改变中的西部》的光滑表面时，他已经成了一个更广阔的架构中以不可逆反的媒介为形式的色域及阴影中的一个要素。“他抽干了人物的人性，”朱尔斯表示，“他们变成了人体模型。”将本顿称为“设计大师，溶解协调差异与看似不可能的主题矛盾的艺术家”的克雷文承认他的艺术缺少“情感的伟大深度”。

当他望着终于开始下笔作画的老师如此心无旁骛地投入，却又始终能够保持自控，杰克逊一定希望自己亦是如此，但这样的希冀也一定是枉费心机无济于事。因为迄今为止，至少只有“情感深度”才是他唯一拥有的东西。

墙画项目将杰克逊更进一步引入了老师的职业与个人生活。越来越频繁地，课后或白天在画室时，本顿会将他邀至哈得孙大街的寓所。从联盟学校出发，他们会搭地铁到14号大街，那儿挤满了慢吞吞地挪入新建的救世军教堂（Salvation Army Temple）具有装饰艺术风格的大门的失业者。而从画室出发，穿过一幢幢黑漆漆的闲置仓库后只要走五个冷清的街区便可抵达。杰克逊曾在去年秋天造访过本顿的寓所，但一直是以查尔斯弟弟的身份。1931年初，对纽约渐渐感到幻灭的弗兰克躲在了哥伦比亚，而查尔斯出于对

191

杰克逊摹仿本顿新学院墙画《炼钢》，20 世纪 30 年代早期，石膏板油彩局部，18″ ×25″

伊丽莎白的承诺则忙于应付他的教职，所以杰克逊时常独自前往。在与查尔斯秘而不宣的竞争中，此时他可以声称自己首战告捷。

在自传中，本顿会表示杰克逊那些寻常的造访毫无特殊之处。“我喜欢像朋友一样对待我的学生们，”他写道，“邀请他们来吃晚饭，参加派对，这样一来就能对他们一视同仁。”这在后来确实如此，但当杰克逊开始他的定期造访时，他是唯一一个享受随意进出特权的联盟学生。连密苏里同乡乔·米尔特和首席助手赫尔曼·切里都从未在晚上陪伴本顿回家。1931 年末本顿组织乐队时，一群学生会在周一晚上聚集在哈德逊大街的本顿家排练，但留下吃饭的凤毛麟角，更是没有人能在不排练时造访。

192 杰克逊在本顿的寓所创造了一个新家庭，比被他抛在身后的那个家更和谐有爱。像查尔斯和弗兰克曾经那样，本顿夫妇不在家时，杰克逊会给四岁的小本顿洗澡，给予这个忧郁的黑发男孩以波洛克家从来不存在的关爱。汤姆和丽塔在的时候，杰克逊很沉默寡言，但只要与小本顿独处，他便会兴致勃勃地聊上几小时，第二天，小本顿一定会激动地说起在回家路上杰克逊没完没了地讲述的“叫人毛骨悚然的西部神话”。这些慷慨的关爱令很少有机会与父亲待在一起的小本顿很受用。“杰克很快成了这个小孩的偶像，”本顿在自传中写道，“至此，杰克成了我们的首席保姆。”

很快，杰克逊也成了本顿家首席的地板、窗户擦洗工和杂物修理工。“[丽塔]总能找到小差事给他做，”她的外甥女回忆。只要身边有现钞，杰克逊总会收到现金（照看孩子一晚上50美分，擦洗每天5美元），如果没有，那么会有食物款待。如果马努埃尔·托勒金陪同杰克逊做家务，那么丽塔总会让他洗地毯——这在托勒金看来是种族歧视。对剥削十分警惕的伊丽莎白·波洛克认为丽塔“在利用汤姆小团体中的学生。她在利用他们”。如果事实确实是这样，那么杰克逊并不在意。在哈德逊大街，他不能与查尔斯匹敌竞争，他似乎也成了查尔斯——最受宠的长子——在斯黛拉那儿欲求不得的东西他逐渐在丽塔眼中找到了。

没有哪个女人像丽塔·本顿那样慷慨地满足了杰克逊对母爱的希冀。和年轻的斯黛拉一样，丽塔是个喜欢烹饪、有着丰满臀部和胸脯的健壮女人。但两人的相似之处仅此而已。斯黛拉是苏格兰－爱尔兰及德国裔，而丽塔·皮亚琴察有纯正意大利的血统，来自米兰某个小镇的铜匠家庭，年轻时就来美国却一直改不掉自己的口音。（她认为英语是种野蛮的语言）“她是个不折不扣的意大利人，”外甥女玛利亚·皮亚琴察表示。“她一直保留着自己的口音。她可以令那些欧裔美国人对她入迷。”如果说斯黛拉容貌粗犷，那么丽塔则十分精致，还有一丝孩子气。（“与米开朗琪罗有几分相似，”外甥女表示。）斯黛拉保守，而丽塔则有点放荡不羁。她总松着扣子，栗色短发富有弹性，大屁股走起路来一摇一摆。高兴的时候（那是她的常态），她会发出“颤颤”的笑声。斯黛拉总爱凶巴巴、冷冰冰地谴责，丽塔却喜欢嘲笑，鄙视，抱怨。斯黛拉开心的时候会点头赞许，要是有多余的派，会切一块给你，丽塔则会喜形于色地轻抚你、恭维你，甚至会兴致勃勃给五十个人做意面。“她天生就是这个世上的母亲，”时常见到丽塔光脚穿过沙丘草坪，胸脯一起一伏，大裙子被海风扬得老高的玛莎葡萄园的邻居表示。“她永远都是母亲的形象，”皮亚琴察表示，“似乎胸前配着大写的M字。她喜爱甚至是崇拜孩子，她的孩子，所有孩子。”

对丽塔和斯黛拉来说，所有男人本质上都是孩子——汤姆·本顿更是如此。1917年，他曾是她在切尔西社区协会自由艺术课程的老师。她发现他的某些姿态十分孩子气，很美国，很迷人。在自传中，本顿将丽塔描述为一位“戴红帽子，黑眼睛，苗条又漂亮的姑娘”。不论漂亮与否，他给予了她与全班女生同样轻描淡写的对待。

但丽塔坚持了下来。五年来，等待汤姆在诺福克的服役结束，等待他从母亲大颈区的房子过完夏天或是短暂的探访回来，丽塔风雨无阻地将两人的关系推上了圣坛。丽

193

丽塔·本顿

兹·本顿用尽一切办法阻止两人的婚姻——咒骂，赌气，昏厥。她声称丽塔的意大利出身配不上本顿家的子孙。但丽塔下定决心要把汤姆从丽兹的蕾丝网中夺过来。最后，顶着各方的质疑——汤姆的朋友“认定［他］只是玩玩而已，［本顿］不可能与任何女人维持永久的关系”——汤姆和丽塔于1922年2月19日在纽约圣方济大教堂结婚了。然而，皮亚琴察家的短暂接待后，新婚夫妇就跳上了直接驶入丽兹大颈区房子的出租车，接下来三个月都在丽兹责难的怒目而视中度过。本顿会叫丽塔“妈咪”，但丽兹却一直是“妈妈”。

194 在哈德逊大街本顿寓所度过的夜晚令杰克逊目睹了另一种完全不同的婚姻。频繁的斗嘴，蔑视的咆哮，长篇大论的亵渎，来势迅猛的激烈指责取代了长时间的沉默和持久的紧张关系。邻里的孩子们常会跑到本顿家门前来拓展他们的词汇量。“他们总是相互对喊”，其中一个名叫玛戈·亨德森的小孩回忆，“他的用词能让一个孩子听得目瞪口呆”。另一位客人记得饥肠辘辘的汤姆会对厨房里的丽塔这样叫喊，“该死的女人，还不开饭”，而丽塔会用带口音的英语尖声回应：“不要讲粗话，汤姆。”“不论汤姆如何对待她，”玛利亚·皮亚琴察表示，“他最后总会得到应有的惩罚。她有治他的办法——但在人前她绝不会令他尴尬。”最受她青睐的惩罚方式是驳斥他精心呵护的大男子形象。“她会说些‘可怜的汤姆，他总那么疲惫’之类的话，”皮亚琴察回忆，“言下之意，不言自明。她有自己的一套。”要是汤姆喝多了，她会狠狠地训斥：“意大利男人从来不会喝醉！”

本顿夫妇关系之透明，交流方式之火爆一定让杰克逊震惊，但这些夸张的吵嘴巧辩之后，他看到的无疑是夫妻俩不可动摇的誓言和承诺。“汤姆很独立，但却假装事实并非如此，他就是丽塔命中注定的男人，”邻居兼友人罗杰·鲍德温这样表示，“丽塔有她欧洲女人处理婚姻的方式，她有很强的占有欲，但她知道什么时候该默默走开。”

汤姆·本顿在公众场合中着力塑造自己大男子主义的形象，但在私下里，他“将一切一应俱全地交予丽塔掌控，”某位朋友表示。还没结婚之前，丽塔就放弃了自己的艺术追求，全力支持丈夫的事业。早年，她设计帽子，为时尚周刊当模特挣得房租和食物。为了让他专心作画，她帮他置办衣物，理发，给他读邮件。后来，在生计和家务之余，她在收藏家前展示丈夫的作品，乞求更多的墙画创作委托，安排展览，斡旋酬金，培植经销商，不知疲倦地推广汤姆·本顿。“从生意的角度上来看，”某位朋友表示，“是丽塔成就了他。”

与鲁瓦与斯黛拉·波洛克之间的妥协完全相反，丽塔接受了汤姆的不完美并义无反顾地支持他的理想，但斯黛拉却一味谴责鲁瓦的弱点，颠覆他的梦想。这应当成为理智婚姻的范式。

在杰克逊所有捕获小本顿想象力的故事中，有一则关于小英雄“杰克·萨斯”的冒险故事。冒险发生在一个“野马，悄悄出没的白狼，遗失的金矿，神秘的无人营火”的世界。“我们最早是从我们羡慕的儿子口中听到这些事情，”汤姆·本顿在自传中写道，“而那个来自杜撰的英雄杰克·萨斯，那个探索，解开，并征服了所有这些神秘的英雄，”事 195
实上，并不存在。多年后，杰克逊会偶尔和密友提起童年的故事，但杰克·萨斯的传说意味着他意欲盘点糟糕的过去，并赋予其秩序的最初努力。事实上，在只有他的兄弟见识过的废弃的干涸沟壑，走失的野马，印第安坟地，山熊，峡谷雷暴和危险的印第安废墟，印第安小种马群，谷仓的斧头，科迪的狼群中，潜伏的只有未知的威胁——而这全部的未知和不可控萦绕于他的童年，等待在幻想中“被探索，解开，征服”，进而被疏浚。“杰克·萨斯，”本顿写道，“必然是摒弃了所有挫折的杰克逊·波洛克。”

196

14

旧爱

1931年6月初，杰克逊与马努埃尔·托勒金离开纽约搭顺风车去洛杉矶旅行。表面上，这是一次写生之旅，成形于本顿带领被选中的学生去看真正的“美国图景”之后。但事实上，和本顿每年的探险一样，它有着更为深远的意义。在汤姆·本顿的图像学中，所有真正的男人不可避免地终究要上路。“内心的躁动”是男子气的先决条件；对上路的向往和性冲动一样自然，密不可分。“婚姻没有成为我的羁绊，”他在自传中坦诚地表示，“但我开始感到乏味，开始渴望自由。”劝勉训道兼以身作则，本顿敦促他的男孩们像男人一样去体验真正的美国，杰克逊决心响应这样的号召。最终，在19岁的年纪，没有桑特的支持，查尔斯的监护，他——几乎是——孑然一身地出发了。

托勒金在联合广场的农贸市场找了一辆载草莓的宾夕法尼亚卡车。“我走上前去问司机，‘如果我们帮忙卸草莓，能载我们去你们要去的地方吗？’他说，‘当然，上车吧，’……之后，我们就在车上过夜了。”下一程，使用相同的策略，两人玩跳房子游戏一般地一直走到了克利夫兰。没来得及记录凯霍加河旁燥热又死寂的工厂，两人就搭上电车来到了小镇的西边，那儿有径直往西去托莱多、芝加哥，和往西南去代顿和印第安纳波利斯的路——然后两人便开始等车。

忽然间，他们发现自己身处巨大的人流中——几乎有两百万人，多数是年轻人——在大萧条的头几年突然涌上了美国街头。他们做出搭车的手势等了几小时，身边是熙熙攘攘的缓慢行进的失业者和流离失所的家庭——他们吃力地从一个小镇辗转至另一个小
197 镇“看能不能碰上有偿付能力的亲戚或者慷慨的朋友”，某当代杂志这样描述。在两到三天多数是徒步的旅程中，他们来到了印第安纳波利斯。而因阵亡将士纪念日汽车大赛聚拢来的流浪者仍滞留在铁路站和廉价咖啡馆无处可去。

疲倦，因缓慢的行进而受挫的杰克逊提议扒货运火车去圣路易斯。对“害怕”被抢劫的托勒金来说，进入流浪汉和无业游民的世界——众所周知，在那种地方，不到五元美钞就可以叫一个人丧命——简直是疯了。“马努埃尔害怕丢了小命，”妻子阿拉克丝表示，“扒的可是一辆开动的火车，马努埃尔知道自己做不到。”上路还不到一周，哥俩就分道扬镳了。在辗转多次长途搭车后，托勒金在四五天后抵达了洛杉矶。这会儿彻底孑然一身的杰克逊后来怀念起扒火车的经历时这样表示：“我一下子就被甩得看不见踪影，那家伙实在太快了。”他不得不等另一列走 40 号线去泰瑞豪特的慢车。40 号线上搭便车的旅行者众多，以至于整条路看起来像一支游行的队伍。在印第安纳的落脚点，他曾给查尔斯寄去明信片报告近况：“……体验了最神奇的闪电风暴，我随时可以死去了。”

某天夜里在泰瑞豪特，他与当地警察起了冲突——无疑为了努力实践汤姆·本顿的榜样。具体情况我们不得而知，但在给查尔斯的信中，杰克逊模棱两可地提到的“矿工和妓女”显示当时所涉的所有要素在接下来十年都会变成他最具自我毁灭性的放纵模式：可以厮混的女人；强硬暴虐的男人（在此指的应该是在泰瑞豪特烟煤场上工的黑脸矿工）；以及无处不在的私酒。同后来一样，那天晚上杰克逊也是以最终的入狱收场。

在圣路易斯，他跟随其他的过往旅客来到了一直沿城市河畔延伸的辽阔的“胡佛村”。在乱糟糟的铁皮瓦楞搭建的棚屋和浮木披棚中，上千流浪者和失业者，黑人，白人，忍受着夏天的炎热、恶臭和飞蝇。沿 40 号线出城，他发现搭车变得越来越困难。路上唯一的车似乎只有硬塞着赤贫家庭，捆绑着他们财物的“跛腿福特”。穷人的车没有位子，失业者担负不起长途旅行，富人不太情愿带上一个独自旅行的 19 岁小伙子。杰克逊很幸运地遇到一位偶尔在邻镇通勤的旅行者：从圣路易斯到富尔顿（他曾在那儿寄过一张明信片给查尔斯）；穿过密苏里河到布恩维尔；到有交通去堪萨斯城的斯威特斯普林斯。托皮卡城外，奥索卡山脉最后的波峰延绵成无穷无尽的大平原——“在那儿，这个星球的弧度对肉眼显而易见。”经由曼哈顿和萨利纳，穿过被没收抵押的农场，闲置的机器，过度开垦的干枯田地和汽车同树木一样罕见的往前延伸的大路，几乎大部分的行程杰克逊都是徒步完成。出埃及记还未到来，但在穿越没有日影的广阔区域的过程中，缺水缺钱已经让杰克逊摈弃了所有不必要的活动。

随着搭车间隙的等待时间越来越长，日头越来越烈（有记录表明，高温和低降水量 198
已经让泥土变得松弛，几年后，被风沙侵蚀区的“沙尘暴”一扫而空），杰克逊变得越来越没有耐心。在南堪萨斯城，也许是在威奇托附近，他又跳上了一辆货运列车。这次，他成功了。

爬上货车的那一刻，杰克逊进入了另一个世界：“一个全新的社会维度”。在回忆录中，埃里克塞·瓦里德这样描述了某次相似的旅行，这是一个“伟大的地下世界”，其中的栖居者“以黑锡罐为食，晚上在厢式车取暖，白天在平板车上晒日光浴，偷得一日，恭敬地祈求另一日，靠拳头甚至剃刀打架，在拥挤的车厢一角盖着毯子翻云覆雨”。如果之前杰克逊希望爬上一列空旷的货车车厢来避开拥挤的高速路肩，那么他很快发现自己错了。几乎有上百万的美国人，多数是年轻男性，栖居在“这片丛林中”，他们这样叫它。“扒货运火车的人比客运列车的人来得更多，”杰克逊的同学，在30年代常扒火车的乔·德莱尼表示。像杰克逊在给查尔斯和弗兰克的信中描述的那样，这儿鱼龙混杂，“从杀人犯到寻常的失业者”。还有像流浪者之王泰克斯这样的职业流浪汉，其名号——“泰克斯–流浪者之王”——不仅被刻在他的专属座椅上，从缅因到加州的廉价旅店的墙上也随处可见。但在丛林中也有罪犯，被遗弃者，逃学的青少年，四处奔波的骗子，遭驱逐的一家，农场被抵押的农民和成百上千失去工作但不想成为家庭负担的年轻人。

列车载着杰克逊往南穿过俄克拉荷马指向西边的指状物，又驶向德克萨斯平锅柄的白色锅底地带。杰克逊知道，四年前汤姆·本顿走的也是同样的路线，这一路勾勒出后来出现在《改变中的西部》墙画中新兴的城镇和钻油塔。而现在，列车驶过，杰克逊能看到石油钻塔下的黑色淤泥在热气中闪闪发亮，只有一条街道的中部城镇的商店门面看似繁华，实际却和投机者承诺的一样空洞。在铁皮车厢中，温度攀升到了华氏一百度以上，所有人不得不来到车顶或平板车上感受热风。如果发现一辆为阿马里洛或卢博克市某个石油大亨装载极易腐坏的美味佳肴的空调车（俗称“冰箱”），那便有了庆贺的理由。一大块偷来的冰块逆风放置，能为哪怕最烫人的热风增加一丝凉意。穿过德克萨斯进入新墨西哥的高地沙漠时，很少在途中停留，一口气驶过从图克姆卡里、圣罗莎、阿尔伯克基到盖洛普的上百公里。

对杰克逊这样一直受宠爱，从未缺吃少穿的男孩来说，货车旅行无论如何都是个艰难的开始。除非愿意去乞讨、偷窃，即使是最年轻，最有魅力的旅行者也会饥肠辘辘。在多数地方，一条面包只要一角硬币，一顿饱餐只要两角五分，但一角和两角五分意味着几小时的劳作，而工作是最稀缺的东西。凌晨四点天还不亮，装面包的卡车把早上的货卸在后门时，人们就一个接一个来到了当地的简易商店。来得晚的只能去咖啡店或者施粥场排上数小时的队寻找免费食物。多数饭店会给流浪汉一杯咖啡（“你什么也不用说，他们看打扮就知道你在赶路”），有的甚至会给上一个夹有根本不值得留下的剩菜三明治。

像任何暗娼阶层一样，丛林被捕食新人的不可见力量控制着。区域划分与线路策划 199
依据市民分发免费食物的慷慨程度和巡视货运场的当地铁路巡查员的性情。老油条们很清楚哪些火车司机会有意留出几节空箱车，以免乱哄哄的流浪者攀上开动的列车，在一节节车厢之间跳来跳去寻找“空位”，或是依附在煤水车上，脸被飞扬的煤粉熏得乌黑。然后，这样的慷慨非常罕见。就像杰克逊已经意识到的那样，在铁路上什么都不容易。在多数货运场，巡查员们备好了棍棒和左轮手枪清理列车上没有买票的乘客。德克萨斯治安官们尤以围捕流浪汉并一鼓作气将他们关押数月而臭名昭著。

这不是胆小者或懦弱者的生活——杰克逊却既胆小又懦弱。“这几乎是最糟糕的处境了，”德莱尼表示，“事实上，再没有更糟糕的了。出门在外没钱也没目的地，你和野兽没什么不同——还是只危险的野兽。”对杰克逊这样的年轻男孩来说，最平常的危险莫过于徘徊在拥挤铁路路基的年长的男人以及那些拥挤的货物快车。塞瓦里德这样描述了第一次在丛林遭遇同性恋的经历:“我情愿相信这只是英国某些男子学校和巴黎波西米亚区才会发生的事。在我身边一下子冒了出来。我看到那些与青少年结伴旅行的呆滞鼓胀的眼睛和飘忽不定的声音。这些男人被称为‘狼’。”这些狼的年纪有大有小——搭火车穿梭于各个城镇之间，寻找同性恋聚集的咖啡馆，从人群中嗅得机会，几晚的报酬就能在丛林中维持数月。塞瓦里德表示，一个“体格健壮，十分诱人”的16岁男孩一晚上就能诱骗他的受害者们交出他们身上带的所有东西——包括衣服。几乎每个新人都会遭受测试——老狼会摸清他到底是不是身无分文，小狼则会判断他的东西是否值钱。“如果你是只羊，他们会一路追踪，”德莱尼这样回忆不可避免的冲突，“如果你不是，他们很快能发现。他们能看穿你的眼神，从你的脉搏判断继续跟你周旋是否会招来麻烦。”

从堪萨斯城到加州一星期的火车旅行在杰克逊身上发生了什么，我们不得而知。在 200
多年后的酒后吐真言中，他告诉托勒金火车上的日子“很糟糕”，“很吓人”。另一位联盟同学记得杰克逊曾格外专注地倾听他在丛林被骚扰的故事，并饱含同情，且承认“年纪小的时候他也曾有过某些同性恋经历”。不论发生了什么，杰克逊一定在旅行中付出了代价。6月29日，杰克逊抵达洛杉矶，健康状况一塌糊涂。之后与他见面的朋友回忆，“我几乎都没认出他来。”一头漂亮的金发已经剪去，只看到一团团乱发悬在脑门上。他的脸上满是疙瘩。连行事风格和性情都变了。杰克逊可以说是筋疲力尽，头发蓬乱，一个星期后才回到家见到他的斯黛拉在给弗兰克和查尔斯的信中表达了自己的忧虑："[杰克]旅行回来后看起来十分疲惫。他需要休息，需要吃东西。他在旅行中不止一次挨饿。要是我知道他爬货运火车流浪，我一定会担心得要命。他会搭上小命多少次或者落得终身残疾。"

然而，一旦回到纽约，要向兄弟们和本顿一家报告旅行的情况时，杰克逊决心表现得男人一点。那样一来，从他的导师口中说来便是他将考验变成了明信片般完美的旅程，像本顿新学院墙画一般鼓舞人心。"我的旅行很棒，"他写道，"遭到几回攻击，蹲过两次监狱，挨饿了很多天——但仍是段值得的经历。如果不是没钱了还会继续往前走。"在杰克逊的口中，堪萨斯城不再是那个遭到重创，饱受干旱打击的地方，而是成了"麦子快要成熟，农民准备丰收的沃土"。

杰克逊没有提圣路易斯河边贫民窟的"糟糕和贫困"，只说看见"打扑克，吹牛，在密西西比跳舞的黑人"。矿工和妓女，他写道，"为泰瑞豪特增添了几分令人神往的色彩"，接着又加了一句充满本顿式反资本主义色彩的言论，"他们处于饥饿边缘——为两角五分钱卖命——是在自掘坟墓。"谈起扒火车的日子，他只提到了曾遇见"有意思的流浪汉"，最后用空洞的修辞总结道："货车上挤满了无数走南闯北的人。"

回来几天后，在加州的炎炎烈日下，杰克逊在老友唐·布朗与桑特在蒙特西托大道上租下的某处"漂亮"地方恢复身心。房子坐落于洛杉矶市中心东北几英里一个绿草茵茵的山坡。当沙漠风洗净了空气，通过房子便能望到这座高速发展的城市延伸到太平洋的弧形的蓝色海岸线的全景。一年来断断续续的通信后，渴望延续关系的杰克逊没回来几天就与贝尔特·帕西费科联系，并邀请她来蒙特西托大道的房子。尽管不是很情愿——
201 她已经和另一名手工艺术高中的学生开始约会——第二天当杰克逊和桑特正要在车库门上完成一幅半成品墙画时，贝尔特带着妹妹奥拉和宝莲来了。姑娘们被眼前的一幕惊呆了。杰克逊一直在喝酒，脸上和行为习惯上都还留有这次旅行的痕迹。"我实在不能忍受再多看他一眼，"贝尔特回忆，"他看起来一团糟，完全不是我曾经认识的那个杰克逊。"奥拉无法掩饰自己的厌恶。"我如实告诉他，他看起来糟透了。"被拒绝的刺痛，因酒精而变得大胆的杰克逊一下子变成了虐待狂。他一把抓过宝莲试图亲吻她。她反抗时（"他看起来那么脏，我甚至不想他碰我，"宝莲事后表示），发生了短暂却尴尬的拉扯，敷衍地告别之后，贝尔特·帕西费科在杰克逊的人生中永远消失了。"自此之后我们再也没见过他，"奥拉说。暑假还没开始，杰克逊就已经丧失了自视强悍，实为贫乏的男性雄风。

7月4日周六白天的酷暑退去之后，杰克逊、桑特和阿勒瓦驱车来到相对凉爽的赖特伍德。鲁瓦·波洛克丢掉了去年春天开始的大松树的停车管理工作，但又在旧营地附近的联邦公路项目找到了活干，并给杰伊安排了一份工作。波洛克一家终究没逃过大萧条的现实，赖特伍德的重聚更是史无前例的压抑。两年前风行的“素食”现在更是成了经济需要；完全是没钱买肉了。虽然鲁瓦和杰伊都找到了工作，桑特仍在《时代周刊》领着一份稳固的薪水，但关于未来的谈话中隐隐透露着某种焦虑。“[杰伊]和我还在工作，”鲁瓦写信给查尔斯，“但不知道能维持多久。桑特的工作也没有丢……[但]他的很多同事都失业了。”花了一个礼拜在杰伊和父亲的工程队找活干的杰克逊沮丧地和桑特回到了蒙特西托大道。他们走之后，鲁瓦向同样失业的弗兰克吐露心声，“希望[杰克在洛杉矶]也能找到工作，但这简直是奢望。”

无所事事焦躁不安的杰克逊又和手工艺术高中的旧友混在了一起。自从他离开以来，施万科夫斯基从前的爱徒，如哈罗·莱曼和菲尔·戈德斯坦都已在洛杉矶不大却蒸蒸日上的艺术圈获得了相当的声名。当杰克逊还在为控制隆起和空心而挣扎时，他们已经开始和洛沙·斐特尔森及本顿的旧友斯坦顿·麦克唐纳－莱特成立了独立的艺术圈，并担任导师。他们拥有自己的 先锋画廊，斯丹利·萝丝的好莱坞书店——被描述为“文化中心，私人酒吧，博彩点的结合体”——还有属于他们自己显赫的收藏家，路易斯与 瓦尔特·阿兰斯堡，在后者位于好莱坞由弗兰克·劳埃德·赖特的家中，他们可以欣赏阿兰斯堡从军械库展购得的毕加索，布朗库西和杜尚的《下楼的裸女》。和本顿一样，洛沙·斐特尔森和麦克唐纳·莱特也从意大利文艺复兴获取灵感，但他们已在巴黎立足并且将他们的学生们抛入立体主义和超现实主义的世界。在他们的影响之下，戈德斯坦早已摒弃了奥蒂斯，向属于自己的异质风格挺进，将空建筑、斜倚雕塑和乔治·德·基里科的空脸模特结合在专业品质令人吃惊的绘画中。同时，哈罗·莱曼还在组织交响乐团之旅，新古典唱片的私人演奏以及对于哲学大部头的每周评论。

在这众多成就的裹挟中，杰克逊的不安全感迅速浮出水面，那个夏天与老伙计们虽 202
然处得亲切诚恳，却也不是滋味。虽然他的评论透露着一副不定是谁离开谁的口气，但他一定感受到了令他和大伙分道扬镳的日渐增大的差距。“那群家伙很是如日中天，”8月他写信给查尔斯，“我成了他们眼里最逊的那一个。”

在初夏和旧伙伴的重聚中，杰克逊看到了一张新面孔：一个带金丝框眼镜，穿上好的沃伦波上衣，戴博尔萨利诺帽的瘦小严肃的年轻人。杰克逊被他的直接和内涵，以及对艺术和政治的激进思想和清晰的阐释吸引了——和莱曼、托勒金的舌齿伶俐完全不一样。直到好好聊了聊，杰克逊才意识到他曾见过这个年轻人。去年夏天，他在报纸上读过一篇关于洛杉矶区高中学生组织示威游行抗议美国海军陆战队开进尼加拉瓜，并同一位名叫鲁本·卡迪什的学生首领通了话。此鲁本·卡迪什即彼鲁本·卡迪什。“那让我们很快熟络起来，”卡迪什表示。“他是个坏男孩，我也是个坏男孩。我们一开始就有很多共同语言。”两人越聊越相见恨晚。卡迪什与弗兰克·波洛克的女友和未来的妻子玛丽·莱维特从小在加州安大略湖就彼此熟识。和杰克逊一样，卡迪什去年秋天被学校开除后也去了纽约寻找新方向，只不过年中便回来就读奥蒂斯艺术学院。在那儿他遇到了菲尔·戈德斯坦，两人创建了自己的工作室。然而最终，奥蒂斯对卡迪什来说是一段失败的经历。“那地方管制严格，”他回忆。“画石膏素描之前决不允许画人体素描，做这个之前不能做那个。”春天，卡迪什和戈德斯坦的独立“画室”成了让奥蒂斯难堪的存在，他们被要求离开。“你们不需要奥蒂斯，”学院对他们说。之后很快，也就是在杰克逊到来的几周前，卡迪什遇到了桑特·波洛克。

虽然似乎是命运将两人带到了一起，杰克·波洛克和鲁贝·卡迪什看起来并不“般配”：书呆子气的俄国犹太少年面容严肃，走路飞快，头发剪得很短，宽脸的美国男孩则有一头金黄的卷发，穿牛仔靴，长着酒窝。杰克逊的祖先在独立战争前就来到了美国，
203 而卡迪什家在世界大战前夕还在立陶宛维尔纳逃避沙皇的迫害。他的父亲，萨缪尔·舒斯特途经德国来到芝加哥的俄国游台区，改名换姓，做起了专营仿木纹和大理石纹的建筑墙画的生意（这一技术很快就被乔治·勃拉克写进了立体主义词汇）。1920年，长子鲁贝7岁时，卡迪什一家搬到了洛杉矶，那儿宜人的气候对萨缪尔的慢性支气管炎有好处。直到1925年横穿美国去纽约探望叔叔，他的艺术理想才逐渐成形。莱布·卡迪什在第二大道尽头繁华的犹太社区开了一家名叫维尔纳剧团的戏院，首演了《恶灵》之类的剧目。在卡迪什的记忆中，他的叔叔作为一名“文化狂热分子”曾将他引荐给大卫·布尔柳克之类的朋友，并带他出入展览和博物馆。有一次去参观大都会博物馆，14岁的鲁本突然产生了顿悟。“我在寻找一幅库尔贝的裸女，”卡迪什记得，“我完全为其中的情色意味折服了。我当场立马决定要成为一名艺术家。”

除了他令人敬畏的技艺和学识，杰克逊更仰慕卡迪什对艺术，对艺术唤醒、劝诫与摄人心魂力量的感觉。与常令杰克逊自叹不如的戈德斯坦的自如灵巧和莱曼冷峻而聪慧的精准不同，卡迪什的艺术风格与他的激进政见一样的直接、热烈、绝对的坚定。而卡

迪什呢，自认作品缺少自己信奉的不经大脑的紧迫，却羡慕杰克逊原始艺术能量的庞大储备。从一开始，他就预见了整个世界要花上二十载才能看到的东西：这个粗暴、热情、未经受训练的 19 岁男孩因为缺少技巧，拥有一种能为死气沉沉的东西注入生命的“魔力”。“杰克好像会变戏法，”卡迪什回忆，“他看事物的眼光好像这就是为他而生，为他的艺术而生的。”

度过 7 月的尾巴进入 8 月初创历史新高的热浪——两周以来每天气温都飙升到华氏 100 度以上——两个男孩一起参观博物馆和画廊，寻找晚上喝啤酒时卡迪什口若悬河地赞叹的捕捉了直接性、即时性，和情感力量的艺术作品。在离蒙特西托大道不远的西南博物馆，他们见到了西南地区和大草原地区的印第安手工艺品——有的展示在情景再现的环境中——和太平洋海岸的印第安篮子：从东加利福尼亚的厚编薄柳条篮到精致的阿留申海草篮。在离波洛克家从前位于西 15 街平房大院不远，博览会公园附近的洛杉矶郡立美术馆，他们绕开了老大师的作品和当地艺术展览，直奔荒芜的地窖徜徉在南太平洋文化的“人类学”展品种——来自南太平洋帕瓦文化的装满了大胆雕刻陶碗的玻璃柜，水手从菲律宾带回的雕花刀柄剑柄，印有生动几何图案的塔帕纤维布。“我们不得不躺下才能到看清那些器皿的底部，”卡迪什回忆，“那些奇妙的东西就这样被困在那儿。那时， 204
那些东西只被视为人类学的数据，但我们并不在乎。我们可以盯着他们数个小时，而不是在将时间浪费在洛杉矶郡艺术协会设立在上层的展览上。我们知道什么是真正的活力和力量。”

8 月中旬，鲁瓦从赖特伍德捎话来告知营地有两个职位空缺。杰克逊虽然并不情愿，但鉴于工作的稀缺和洛杉矶的炎热，他邀请托勒金一起加入这场事后证明命途多舛的探险。工作内容是将砍倒的树锯成标准长度以便劈成柴火过冬。锯树使用的是本顿在《中西部》墙画中描绘过的两人锯。一个人推，另一个拉，每天干上 10 到 12 小时。即使在营地干了一辈子，这也是叫人筋疲力尽的工作。对于在纽约赋闲一年的杰克逊和托勒金来说，这更是艰辛难熬的折磨。每天早上，监工会来记录的木材堆的尺寸，相应地支付酬劳——通常给些零钱。连从来都“铁石心肠”的斯黛拉都感觉有些心疼。“杰克和托勒金在切木头，”她写信给弗兰克，“那一定是辛苦的活儿。再次适应艰苦的工作之前，他们不可能切得快。”

吹着山风的男孩们希望山谷里攀新高的热浪能有所缓解，却是痴心妄想。在太阳底下，疲惫，连带整个夏天内心焦灼的挫败感一齐袭来，所有脾气都在这一刻爆发了出来。

关于谁在两人锯上干了大部分的活，两个人吵得不可开交。开车去营地取磨快了的锯子时，托勒金控诉监工——鲁瓦的某个朋友——晚上偷偷取走木块堆中的木头。被激怒的杰克逊一把抓起支在两人之间的刀片，将刀刃抵在了托勒金的脖子上。挣扎着自救的托勒金松开了方向盘，车子偏离车道，危险地向道路边缘的悬崖偏离出去。“他说他要割了我的脖子，”托勒金后来这样告诉妻子，“这一刻我真担心我会丧命。”

之后，托勒金很快便离开了赖特伍德，不久工作结束了。几个星期以来精疲力竭地努力，杰克逊却几乎没赚几个铜板。“今天我的工作结束了，”8月下旬他给查尔斯写信，“该死的除去开销后却没剩几个子儿——还不够吃盐的。”然而，他没有立刻回洛杉矶，而是在营地又待了几个星期。除了与卡迪什在一起的时光，这个夏天让他在社交上被疏离，在创造力上也变得麻痹涣散。“我没画什么值得说的东西，”他和查尔斯坦白。

对鲁瓦·波洛克来说，这个夏天——尤其是杰克逊在营地闲逛的最后那几个星期——不过证实了他对小儿子最糟糕的忧虑。现在已经54岁的鲁瓦在压抑和病痛中度过了前半辈子，而今只担心是否能保住工作，是否有体力继续养家糊口。

205 随着积蓄骤减，人生的失意时时折磨着他。初夏，他曾写信给纽约的弗兰克，“真希望我们都回到农村，经营一个农场，养猪，养牛，养马，养鸡——你觉得呢？你们这些小子都在家里的农场的那段时光是最幸福的。”在鲁瓦看来，这档子，连最有手艺的工人都极度渴望工作，都处于温饱边缘，杰克逊的无所事事简直太危险了。他的艺术事业同查尔斯的不一样，似乎毫无养家糊口的可能性。甚至连向来以自我为中心的托勒金都感受到了两人之间的紧张关系，后来他把鲁瓦与杰克逊的关系形容为“迄今最不像父子的父子”。在八月煽动人心的炎热中，鲁瓦再也掩饰不了自己的恼怒。同去年夏天一样，在某个时刻，他终于爆发了，让杰克逊清醒地意识到自己将要面对的是一个多么灰暗的未来。

又一次，杰克逊向查尔斯寻求安慰与指点：

> 我不知道该尝试什么，做什么——越来越意识到这个惨痛的现实：我急切地需要谋生的手段——而且这样一来我就要休假。更糟的是，对此我毫无兴趣。回纽约倒是不难——我想在那儿应该能找到活干——你觉得呢？

查尔斯显然很快便回复了，鼓励小弟弟回到纽约，因为9月22日星期二，杰克逊便启程去了俄克拉荷马州。有位女士雇他当司机，而俄克拉荷马州是目的地。那个夏天激化了他心中的矛盾，撕裂了理想与挫折之间的创口。“爸爸觉得我只是个没用的混混，”他写信给查尔斯，“妈妈还一如往常爱我。”

在纽约，等待杰克逊的也不全是欢迎。

怨恨杰克逊争宠，恼怒查尔斯的默许和纵容，伊丽莎白以晚秋般肃萧的冷漠迎接他的归来。“多数女人和丽塔一样，”伊丽莎白回忆。“他们对他爱抚骄纵，但一想到他对查尔斯所做的一切，我就忍不住以冷眼相待。”然而，出于经济上的考虑，查尔斯安排杰克逊睡在自己位于十号大街的画室，并分享不情不愿的伊丽莎白在霍雷肖大街四十七号的新寓所准备的三餐。而本顿一家，尤其是四岁的小本顿则以无比的热情迎接杰克逊的归来。

夏天与卡迪什一起的时光重新燃起了杰克逊的艺术抱负。他又开始着手创作，至少有那么一阵子往常的许多困难似乎已经不再是问题。在联盟，他重新注册了本顿的课程，现在已经改名为墙画课，但与去年的相比仍是换汤不换药，以至于十年后本顿坚称自己从未教授过任何墙画课程。本顿的青睐比之前更能激发杰克逊的优势。课外，避开其他
同学，两人在哈得孙大街的本顿寓所开小灶。本顿会帮杰克逊修改素描，直接在学生的 206
素描簿上展示技巧。因为这些特殊待遇，杰克逊开始在班上出类拔萃起来。按本顿简洁为上的标准，马尔文·朱尔斯的学院派风格的解剖图（马里兰艺术学院四年学习的成果）在老师那儿得到了一个“大大的叉”，杰克逊更粗糙有力的版本却得到了大肆赞赏。“我将他的一幅粗犷的分解图作为课堂展示的样本，”本顿后来写道，“来显示我们试图获取的并非是单纯的临摹，哪怕是立体主义的临摹，而是有可塑性的理念。”

而在课外，杰克逊体验到的只是失败和挫折。他加入了定期在食堂窥听刚入教职的阿希尔·戈尔基与斯图尔特·戴维斯之间活泼对话的大军。“戈尔基虽然没有教我们，但却影响了我们所有人，”菲利普·帕维亚回忆，“他在杰克逊心中留下了深刻的印象。”杰克逊试图模仿戈尔基的画室行话和历史分析，然而效果确实差强人意。“杰克逊一直都努力想要变得更有文化内蕴——不仅精通美术更通晓文学，”1930年夏天来到联盟的小惠特尼·达罗表示，“但无论如何，他还是缺少理论技巧。对他来说，一切都出于情感，而非理智。”杰克逊却仍坚持不懈地与理念挣扎搏斗，试图通过成串的关键词的堆砌，像捡拾碎片一样来帮助自己铺陈阐述，不至于丢失观点。杰克逊曾与查尔斯在二手书店买过一卷《民族学局刊物》。对于编辑认为哲学发现必经洞察、辨识和分类三个阶段的观点，他

据理力争。他用铁丝网一般潦草的笔迹写道，“从对一般状况的粗略印象，到逐步把握事物（熟悉一般状况的内容），他需要做出甄别，甄别他所分类的东西。从这些名相中诞生出推论。”

这套理论却没有令任何人信服。至今还是杰克逊对头的伊丽莎白·波洛克回忆：“他说的话从来都没逻辑，总是词与词生硬的堆叠。”连对他宽容有加的导师都承认杰克逊的短处。“他的脑袋绝不可能作逻辑性的阐述，”本顿说，“孺子不可教。”但当杰克逊对自己的笨嘴拙舌感到沮丧时，本顿又很快帮他辩护：“视觉艺术深邃的源泉事实上是远不能用语言表达的。”

不仅是语言的局限，杰克逊也在检验自己艺术的局限。夏天见过戈德斯坦灵巧的油画后，他第一次冒险尝试油画（多余的开销无疑落在了查尔斯头上），又一次发现自己陷
207 入了与工具“持久的运动战”。“杰克总在与颜料画笔打架，”同学阿克塞尔·霍恩后来写道，“颜料画笔会予以回击，油画布就是这场斗争的见证。”他的早期油画表面就是一团痛苦骚乱的扭曲。而在赢得斗争所付出的努力中，他常半途转换媒介。霍恩记得杰克逊画过的某张肖像画便是连续使用了漆、油彩、粉笔，铅笔和墨水来达成人像的和谐。但即便是本顿宽容的眼睛也在这些努力中看不到任何有价值的结果。他称杰克逊为“非常优秀的水彩画家”，——假设本顿的多数同僚将本顿视为糟糕的水彩画家，那么这项殊荣实在难以令人信服——但却认为他的油画缺少“人性的特质”。不论本顿有没有表达叫人失望的评价，杰克逊已经很清楚地意识到了这一点。他只要看看他的寓所，看看挂满查尔斯作品的墙壁，就能明白自己的画——至少，用本顿的话来说——是多么缺少真正的技艺。在对霍雷肖大街画室的为数不多的造访中，弗兰克记得又一次吃惊地发现那儿展示的只有查尔斯的画作，杰克逊把自己的都正面翻转面对了墙壁。

直到第二年春天，在第二届一年一度的华盛顿广场户外展中，杰克逊才鼓起勇气展示了自己的作品。1932 年 4 月下旬，沿麦克道格尔小巷（MacDougal）的一长溜人行道，杰克逊·波洛克第一次举行了公开展。他等了一整天，坐在路边，带着红色印花大手帕为乔·德莱尼的炭笔肖像摆造型，并一边等待着买家——五到十美元就能买走一幅签名原创。但并没有人买。

杰克逊人生中唯一的光明依然来自本顿哈德逊大街的寓所。在那儿，小本顿继续被杰克·萨斯的冒险故事迷得神魂颠倒，而丽塔也一如既往地在拌她那罐有名的意面酱时开怀大笑。然而在 1931 年秋天，与本顿一家独享的愉悦时光却因为口琴捣蛋鬼的到来而

208

《波洛克肖像》，乔·德莱尼绘，1932，纸上粉笔，10″ ×7 1/4″

遭到了威胁。

汤姆是在去年春天开始构想这个乐队的。历经新学院墙画完成后的压力和倦怠，他开始玩弄儿子的口琴，并发现在摆弄这件乐器上自己有与生俱来的天赋。这一枚火花——本顿称之为“天堂的显现”——触及了所有热情的迸发，从而将给予所有学生包括丽塔和小本顿的热情一并耗尽。他开始尝试巴赫、珀赛尔、库普兰和若斯坎·德普雷的片段，但很快又转向更适合自己的乡村盛宴：民歌，山村叙事曲和乡村布鲁斯。“如果谁漏掉一个音符，那么便要罚五分钱，”本顿在自传中写道，“但随着音乐难度的增加惩罚变得越来越昂贵，只好作罢。”本顿对作曲抱有的热情近乎滑稽效果：每个节拍他都会跺着脚，哼鸣着，“手舞足蹈”。倘若并入其中的节奏因为喝了私酒的缘故迟缓下来，其他乐手就一并加入直到地板震颤灯泡晃动。

虽然气氛有如马戏团一般，本顿的学生却没有过多在意危及他们地位的周一晚上的“音乐会”。很快，所有人都加入了：查尔斯吹口簧“(我吹得很糟)”，托勒金吹口琴，丽塔和阿克塞尔·霍恩弹吉他，伯纳德·斯蒂芬弹扬琴，最后连小本顿也吹起了笛子，演奏《美好的夏日时光》和《孤独绿谷中嫉妒情人之歌》之类的曲子。对于那些没有接受过乐器训练的，总会有卡祖笛或是用粘薄纸的梳子制成的自制乐器。想要超过别人的杰克逊

《孤独绿谷中嫉妒情人之歌》，托马斯·哈特·本顿，1934 年，布上油彩及蛋彩，41 1/4"×52 1/2"，杰克逊为吹口琴的人物摆造型

（多年前早在赖特伍德，杰克逊就已经放弃了口琴）买了一把二手小提琴开始自己瞎搞起来。几个小时令人沮丧的练习后，他把小提琴砸了个粉碎并开始尝试查尔斯的乐器口簧。在托勒金小小的指点下，虽然远谈不上真正的掌握，但也算可以加入乐团了。“[我]弹不了这该死的东西，”在给父亲的信中他如实表示，“但似乎能让我晚上睡得好一些并感到乐趣。”本顿对杰克逊演奏水平的评价能够用来描述杰克逊当时的整体状况：“如果算不上非常好的话，那也是充满热情的。”

初雪过后的某个时候，本顿发烧卧床，口琴捣蛋鬼不得不取消排练。这场病——杰克逊以为只是伤寒或者“小恙”——却来得不是时候。得益于新学院墙画的成功和丽塔不遗余力的推广，惠特尼美国艺术博物馆的朱莉安娜·弗斯委托本顿为博物图书馆创作另一个系列的墙画。“运气不好，生病的时候得到了工作邀约，”杰克逊写信回家。对本顿来说运气不佳，对杰克逊来说并非如此。本顿卧床，那么杰克逊就可以和丽塔有更多独处的时间——照看小本顿，分担汤姆的那份家务，有时甚至和她一起出席某些社交场合。她总爱不断地恭维他——“从一开始，她就叫他天才，”她的外甥女回忆——用迷人的声音对着她的眼睛轻声细语，抚慰他挫败的心灵，挑战他的羞怯。“她爱和人调情，”杰克逊的某个同学回忆，“很活泼，十分地中海。即使是和二十个人坐在一起，她也有方法让你觉得这顿饭是为你特别烹制的。”

在玛莎葡萄园：带贝雷帽的杰克逊，戴帽子的丽塔·本顿和玩狗的小本顿

人生中第一次，杰克逊感受到了飘飘然的诱惑。

这并非丽塔·本顿第一次跨越调情与引诱的界线——甚至也不是与波洛克兄弟的第一次。1928 年，完成穿越巴拿马运河 18 天航行的弗兰克·波洛克刚到纽约，一头金发，皮肤晒得黝黑，激起了丽塔·本顿心中的涟漪。那时像现在一样，也是两情相悦。“她的魅力让人很难抵挡，”弗兰克回忆，“她的嘴唇和妈妈的不一样。她的脸瘦削光滑，一头黑发和闪亮的眼睛——是个撩人的意大利女人，十分撩人。我从没见过这样的美人。”虽然查尔斯有所警告，但不久后的某次，弗兰克独自和丽塔待在本顿家的厨房。“她说她一直在读有关女同性恋关系的《寂寞之井》，我说，‘这太可怕了！’由此，她提起了有关性的话题，就我们两人在那儿，我感到很不自在。”后来某天夜里，他送丽塔和某些朋友去哈莱姆俱乐部。半途去了夜总会看表演，喝了十几杯，当时有个名叫“蛇臀”的男脱衣舞者弓着身子在地上表演了 20 分钟的“蛇舞”，弗兰克感觉到丽塔把手放在了他的膝盖上。“我不太习惯这种事，只记得当时很尴尬，”弗兰克说，“不愿相信这是真的。”

无疑，杰克逊迫切希望这是真的。和贝尔特·帕西费科结束于几次家庭晚餐的尴尬的六星期意味着杰克逊对性挫败最糟糕的恐惧。不论是童年的娇宠，被排除在家务之外，甚至是平庸的艺术资质，都不及未被征服的童贞令他被驱逐于波洛克兄弟之外。

汤姆·本顿对于性能力也有苛刻的标准。当被问及写生旅途的“社交生活”，他会一边好色地咯咯笑道：“你知道狗是如何——好吧——我也一样。欲望来了，就来了，仅此而已。”杰克逊一定无从得知本顿的妓院传奇比路易斯·杰伊在凯巴布的营火边讲的牛仔故事还要丰富多彩。在他周围，他看见同学们都践行着本顿拉伯雷式的幻象。“我们都是天才，”赫尔曼·切里表示，“而且我们都有姑娘——不是枕边有佳人便是试图与佳人朝夕相处。”从温文尔雅，“喜欢并从来不缺性感女人”的痞子阿希尔·戈尔基到对未来妻子阿拉克丝·瓦尔塔布颠忠贞不贰的托勒金·“马努埃尔”，即使妻子在西海岸而他在纽约，他也能迅速地获得满足。对于联盟周围诸多诱人的模特儿，马尔文·朱尔斯回忆，“你一般不会遭到拒绝。”连15岁的纳桑·卡兹都是联盟25美分的周六夜派对的常客，那儿的姑娘有时候会在半醉半醒中裸奔到中城区警车经常光顾的五十七号大街。“姑娘们赤身裸体狂欢很常见，”卡兹回忆，“我曾和某个这样的姑娘跳舞，她身上只有炭灰。走开时，
211 我意识到她一半的衣服都脱在了我身上。”

虽然身边有各式各样寻欢作乐的机会，杰克逊却依然莫名地孑然一身。“他太英俊了，和电影演员一样好看，”伊丽莎白表示，“但我从没见他交女朋友。他似乎很怕女人，我从来都不能理解。”本顿后来将杰克逊的沉默寡言归结为“‘障碍’，不断折磨他的心理障碍……让他在素描，油画，所有尝试的活动，包括在性上‘停滞不前’”。最终，性成了比艺术更令杰克逊挫败的东西。“在素描上他至少还有能与之搏斗一番，”阿克塞尔·霍恩表示，“却不可能有那么多女人愿意让他搏斗。假如想有后续发展，想要持续的关系，他必须要付出更多。但他却从来没有。”

直到丽塔·本顿的出现。不论丽塔是否有意引诱，人生第一次，杰克逊在她的关注中读出了混合着母性和所有波洛克兄弟都难以抵挡的性意味。第一次，性似乎成了一种可能性。

早在40年代，杰克逊与师母“有染”的传闻就已经在艺术界流传——多数是杰克逊本人传播的。弗兰克曾回忆与杰克逊在1954年的一次谈话：“在画室门外他告诉我他和丽塔有私情。我很震惊，但那时桑特来了并确认了此事。这件事只有我们几个兄弟才知道。”“我很震惊，”杰克逊的朋友兼首位传记作者，B.H. 弗莱德曼表示，“他是这样告诉我的：‘我上过她。’曾经有段时间。”各种貌似可信的剧本流传开来。“我能想象她这样做是为了帮忙，”杰克逊联盟的某位同学，“为了帮他解决某些尴尬的问题——以一个母

亲的方式。你可以说，像意面和同情一样。”风言风语甚至传到了汤姆·本顿耳中，却对其可信性不置可否。“当然，如果这样想杰克，”汤姆在 1964 年的访问中表示，“他会恨我的。”

事实上，这场风流韵事，像其他即将到来的一样，只存在于杰克逊的想象中。丽塔与杰克逊调情，戏弄他，也许甚至折磨他，这是不可否认的（恐怕还要很多年丽塔才能完全理解她在杰克逊摸索探求性满足的过程中所起的作用）。她的关注也许不过旨在激发他的男子气概，增强他的性自信，但却适得其反。近乎二十年之后，在某个坦诚的时刻，杰克逊向妻子李·克拉斯纳承认，“丽塔·本顿和我嬉戏，挠痒，让我兴奋起来，但真到关键时刻，她拒绝了。”

丽塔的拒绝，与一直以来的创作挫折以及冬日的严寒让杰克逊陷入了抑郁的深渊。
曾经有段时间，在画室，他成天抱着脑袋，无法工作。虽然一直在喝酒，但如今，覆雪 212
的灰云席卷而来的是自洛杉矶以来就不曾再体会的旧时的绝望和空虚。偶尔的深夜狂欢现在成了每周末的必修功课，近而成为持续一周的放纵。有时他会消失几天，在朋友家的沙发或者地下酒吧走廊的木锯屑中醒来。狂欢通常在切尔西的某个地方，与乔·德莱尼与布鲁斯·米切尔一起进行。从那儿，他会跌跌撞撞地来到纳桑·卡兹位于上城林肯广场拱廊的天窗画室，那儿有可供跳舞的阿特沃特肯特收音机和立式钢琴。卡兹通常喝得太醉了，以至于完全没注意到杰克逊什么时候踉跄着进来喝了几杯，又踉跄着出去。“我整整醉了三年，”卡兹回忆，“从 14 岁到 17 岁。没什么稀奇的。”

周六晚上，杰克逊会去觥筹交错、姑娘撒欢的联盟舞会。里奥内尔·汉普顿的银色乐队让舞厅充斥着刺耳的爵士，嘈杂的混音好似小漩涡一样在拥挤的舞池爆发出来。杰克逊从来不跳舞：清醒的时候太害羞；醉酒的时候又头晕恶心。他大多只是默默望着散发出玉米威士忌臭味的人群，接着转身离开赶赴另一场派对。之后，他会冒雪来到上东区或者中央公园以西的阁楼派对，那儿住的是联盟对艺术一知半解的阔气学生——“那儿可都是风花雪月，”乔·德莱尼的黑皮肤在那儿并不受欢迎。当然，按当时的标准来看，只要有工作你就属于富人阶层。工作日，58 大街的地下酒吧总在营业中，前提是杰克逊没喝醉还记得密码。不论是丽塔那儿挣来的几角几分，还是斯黛拉偶尔给的美钞，杰克逊统统贡献给了一个名叫弗罗斯特·杰克的私酒贩子。“没关系，”享用着自己那一份额的卡兹记得，“至少我们没有喝瞎。”廉价却更危险的是玉米威士忌，成桶成桶地从北加州或者宾夕法尼亚运来。在街上发抖，用袜子过滤固体酒精的流浪汉眼里，连那东西都是琼浆玉液。

1931 年平安夜，周旋于各种派对的杰克逊和托勒金享受着华盛顿广场的节日灯彩。碰上成群捧着蜡烛穿过布利克大街黑走廊的礼拜者时，他们也随着队伍向东，穿过包厘街，来到第二大道上优雅的希腊复古式圣诞教堂。“杰克逊径直走上了圣坛，”托勒金回忆，“击倒了所有东西——蜡烛，十字架，圣餐杯，所有东西。”警察来了，托勒金陪同杰克逊来到警察局，十有八九是查尔斯将他保释了出来。

在杰克逊的冬天里，只有打架、争吵和远至 125 号大街哈莱姆区的周六夜放纵。不止一次，狂欢以警察将他扭送入狱终结——如果喝得太醉不能走路，只能一路将他拖到警局。哈德逊河码头的那晚托勒金在场，“对文明表示愤怒”的杰克逊猛地冲入了冰水中。“我不得不跳进去救他，”托勒金回忆，“否则，他一定会淹死。”早在 1932 年，卡兹就表示，“大家都知道杰克逊是在自取灭亡。”

213 酒精带来的愤怒并非偶尔也并非意外。伊丽莎白记得杰克逊“冷漠而绝望地燃起内心的愤怒只为说些侮辱人的话”。不论有意与否，它们都以可怕的精准性瞄准了杰克逊最深切的挫败感的源泉：瞄准了那些有碍他的雄心壮志的拦路虎。对于多数小有成就的同学，清醒时他还能保持恭敬沉默；一旦酒精发挥作用，他就成了那个苛责它们的作品，质疑他们男子气的煽动者。有时，某位同学回忆，“他会迅速地上下打量你，好像在决定是否要打断你的鼻梁。”他越清晰地辨识出你的天赋，那么你越有可能挨揍。

而对于哥哥查尔斯，挫败感的终极源泉、波洛克家的礼仪规矩令杰克逊不得不寻找间接表达自己愤恨的途径。“在公众场合，他的行为举止十分迷人可爱，”伊丽莎白回忆，“但一旦在我们家，他会阴沉懒散起来。他从来都不合作。杰克逊简直是恩将仇报，好像查尔斯只是某个陌生的房东。”

女人是杰克逊又一特殊的受害群体。不喝酒时的杰克逊英俊、内敛、稚气而可爱，但只需一点酒精，他就会对女人显露出“好斗火暴”的一面。他天生的不善言辞变成了冷酷，破坏力强大的沉默；他大男子的傲慢箭矢标枪般地迸发出狂暴的攻击性言论；偶尔，情绪上的愤懑会酿成暴力虐待。“在派对上，他会走到某位女士跟前，把脸贴上前去，说些粗鲁威胁的话，”某个同学记得这样的场景。随着他的“威名”传遍联盟——“女生们都害怕他，”菲利普·帕维亚回忆——杰克逊只能被迫依赖幻象而非醉酒来平息内心的性魔鬼，消磨那些现实生活中绝不可能，却在餐厅的流言蜚语中层出不穷的性神话。“他吹嘘过各种‘战利品’，”某位同学记得，“但显然他不过是在夸大其词而已。”

波洛克家的成员鲜有人了解杰克逊最阴暗的一面。1932 年初和弗兰克一起去十号大街的画室时，玛丽带来了一位女友，萝丝·米勒，一个不十分漂亮的文静姑娘——“喜欢喋喋不休，不算惊艳”，据玛丽所述——长一头黑卷发，橄榄色的肌肤，“对艺术没什么特别的兴趣”，但渴望交新朋友。去杰克逊公寓的路上，两个女人“错买了一瓶威士忌”，玛丽记得，“并不知道酒精对杰克逊意味着什么，对波洛克家和酒精的纠葛一无所知。‘好戏’还没开始。我们自作聪明——这可是禁酒令时期。我们不过想对杰克友好一点，来个小小的派对”。

“派对”进行得不能更顺利。萝丝立刻对这个深沉的，长着淡褐色眼睛，容易害羞，214
总爱古怪地眯眼看人的小伙产生了兴趣。起初，他以为墙上那些漂亮的油画是杰克逊画的，逼迫他解释为什么另一些油画面朝墙壁挂着。杰克逊用斧子将当时很稀罕的柴火劈成小块丢入大腹便便的火炉。在温暖的炉火中，玛丽很快忘掉杰克逊向来不招人喜欢的事实（最后一次来访时，他把她的新帽子丢在了壁柜底层，还压了一大堆衣服在上面）。一人一口威士忌，弗兰克分享了家庭成员最新的消息（桑特在《时代周刊》的工作岌岌可危），抱怨纽约（还将持续一年的大萧条也许会让乐观的预测落空），并哀悼在新闻业谋得一份工作的艰辛。

在没人意识到会发生什么时，杰克逊已经醉了。

他开始来势汹汹地用手抓萝丝。她试图打掉那只手，但萝丝的无视反而让他更加大胆起来。“他变得十分粗鲁，”玛丽回忆，“算不上骚扰，却很粗暴地对待她，推她，恶言侮辱。我从没见过他这样子——他以前可是个和善的年轻人。”玛丽抓起杰克逊试图将他推开。这绝不是任性的小男孩耍脾气胡作非为，玛丽记得当时曾这样想，“这太卑劣了。我怕他会伤到她。”被怒气憋红了脸的杰克逊对玛丽爆发了。一个冬天的不满像火山爆发一样倾泻而出。对自己一手造成的所有苦楚而言，没有任何东西任何人会屈从他的意志，甚至铅笔刷子也是如此。而对于那年夏天编织的梦想，他却只感到前所未有的四面楚歌。所有的努力，多年的梦想，而他依然是最差的那一个，在这个日渐冷漠，让人心烦意乱的世界，小弟弟希冀这个同样日渐冷漠，让人心烦意乱的家庭施舍多一点的关怀。

在一刹那，他从炉火边抓起了斧子架在了玛丽脖子上。“你是个好姑娘，玛丽，我挺喜欢你，”杰克逊朝她吐了口唾沫，“我并不愿意砍掉你的脑袋。”那几秒，时间仿佛凝住了，万籁俱寂。他转过身，往查尔斯挂在墙上的那些油画砍了下去。那一击劈裂了油画布，留下斧子深深嵌入了墙中。

杰克逊也许有意选了一幅查尔斯的得意之作。不仅如此，这也是他为数不多的几幅已经出售的作品。它之所以还在画室是因为查尔斯从买家那儿借回作为展示。连查尔斯——向来沉稳淡然的查尔斯——回来时都显然十分生气。在伊丽莎白的许可下，也许是在她的坚持下，他让杰克逊另寻住处。

但家人不可能完全将杰克逊遗弃。一个兄弟对照料他感到厌烦，或是对杰克逊的以德报怨怀有怨气，那么这一责任将落到另一个兄弟肩头。这一模式将在未来几年循环往复，每位哥哥都将轮流肩负起杰克逊监护人的重任。“对于四个哥哥来说，杰克逊好像是个残疾儿童，”伊丽莎白回忆，“好像他是瘸子，失了一条臂膀，或是哑巴。所有的哥哥都意识到他某方面的残缺，都认为自己必须将他护于羽翼之下。”

215 这回该轮到弗兰克了。虽然已经在离白天削土豆皮晚上在哥伦比亚法律图书馆的工作只有几个街区的西 114 街的公寓舒舒服服安了家，弗兰克还是搬到了市中心和杰克逊合住一间房。两兄弟在离梅西百货不远的废弃仓库中某个隐蔽、狭窄、无窗的空间度过了接下来的冬天和春天。“在某个角落里，底层有个小小的地下酒吧，”弗兰克回忆，“半夜，也许两三点的时候，他们会经过人行道，将成桶的啤酒搬到地下室。你会听到重击声。当然，这是非法的。”房间仅能容纳一张双人床和一个衣柜，但鉴于弗兰克要干两份工作——从早上五点一直到午夜——以及通勤上花去的大量时间，两兄弟几乎难得见到彼此。“我们只在我睡觉的几小时待在一起，”弗兰克回忆。

一天晚上，摸索着来到床边的弗兰克发现有人占据了那个本该属于他的位置。萝丝·米勒又回到了杰克逊的生活中。

查尔斯画室的那晚之后，没人比杰克逊更惊讶于萝丝的坚持。在弗兰克眼中，萝丝算不上漂亮，“还算吸引人，看着很健康”，显然也十分孤独。在被介绍给杰克逊之前，她经常和玛丽与弗兰克去看电影。“弗兰克会在第一幕时拉着我的手，”玛丽回忆，“第二幕则轮到了萝丝。她还没男朋友。”表面看起来“含蓄”而“柔弱”，萝丝和玛丽一样是个孤身一人在全国奔波的顽强的犹太姑娘——从不缺工作，也不缺钱。“无疑在我看来，”弗兰克表示，“应该是她引诱的他。”某次在杰克逊房中筹划深夜约会时，玛丽买了一打红玫瑰，并插到了杰克逊床边衣柜上的牛奶瓶中。“献给萝丝和杰克，”玛丽回忆，“因为他俩那晚将有一场重要的邂逅。”

那个晚上发生的事并没有记载，但这段感情很快便灰飞烟灭了。虽然萝丝不缺钱，但两人却从未加入弗兰克和玛丽的约会，杰克逊也从未胆敢拜访她的父母。他们的联络仅仅限于地下酒吧之上、低矮的天花板之下的那片空间。“她只和我们呆过两三个晚上，”
弗兰克回忆。最后一次，弗兰克下班回来轻轻地敲门，吃惊地发现是萝丝开的门，她一
个人，穿戴整齐，显然正准备离开。“要是我，绝不会在半夜将她逐下床，让她一个人从 216
那样一个地方回家，”弗兰克记得当时曾这样想，“当时是午夜，我起码会把她送到地铁
站。但杰克甚至都没有下床。他一动不动。我就此爬上了床。”

夏天，这段关系就此终结。“萝丝写信给我说，她不知道发生了什么，”玛丽回忆。“对他失去了兴趣，毋宁说，她已不能再勾起他的兴趣。”

217

15

回到往日

帮助杰克逊的努力持续了1932年整个春天。在查尔斯的提醒和斯黛拉的劝说下，波洛克一家回应了洪水般倾泻而来的家信，试图稳住杰克逊下跌的精神状态。从莱特伍德，鲁瓦说了一些寻常道歉并推荐了几篇《国家》杂志上的文章让儿子关注。桑特抱怨他被《纽约时报》裁为了兼职。甚至良久不语的杰伊，他已经整个儿投入了将会最终害他丢掉印刷的活儿的联盟活动，也捎来了一封关于“发现自己”的说教信。斯黛拉写了好几封信，用她个性中特有的细心周密的字眼询问他的饮食起居和穿着。杰克逊的外套顿时成了满城风雨的事件，斯黛拉显然认为，杰克逊的问题可以归咎到，至少部分归咎到那件他从高中起穿到现在的破旧蓝色外套。最终，弗兰克负责任地站出来，尽管他深陷债务，仍带杰克逊去了梅西百货花12美元给他买了件全新灯芯绒外套。斯黛拉也寄了钱，尽管数目少得可怜；桑特也寄来了一幅画的复制品。也许在斯黛拉的鼓动下，查理·布鲁克威，一个波洛克家在里弗赛德的朋友，来到波士顿，在地下酒吧楼上杰克逊的小房间里看望了他。

背着杰克逊，家人逐渐达成一致，认为他正在经历“成长的烦恼”，只是私酒的唾手可得和纽约堕落糜烂的生活方式夸大了这个问题，除此之外不过只是寻常青年的成长的阵痛——用查尔斯的话说“一个敏感的人从青年脱胎换骨成长为男人的过程中通常会有的压力和紧张”。全家人一致认为，最好的解药，是参加有益健康的活动和给予他密切的关注，由查尔斯和弗兰克分别负责。尽管纽约有超过百万的失业者，查尔斯还是设法给
218 杰克逊找到了一份兼职工作，在格林尼治之家当管理员。但这只是权宜之计。随着查尔斯申请了洛杉矶的教职，弗兰克计划了6月与玛丽的西海岸之行，独自一人在纽约的夏季这个情绪的暖房中无所事事，杰克逊会变成什么样？

4月，查尔斯的申请落空以后，所有人都松了口气。但是，与其将整个夏天都用来在伊丽莎白的怒视下看护杰克逊，不如安排他加入弗兰克和玛丽的西部行。为了解决花费，杰克逊鼓动了小惠特尼·达罗同行，对他说“离开令人窒息的、封闭的城市，重返绿色乡村”对身心健康的好处。他是普林斯顿毕业生，事业蒸蒸日上的卡通画家，著名律师克拉伦斯·达罗的远方表兄。杰克逊告诉他需要分摊“25—30”美元，比他画一个卡通赚的钱还少。“我从没有到过纽约州日内瓦以西，我认为这是一个很棒的、千载难逢的机会，”达罗回忆道。另一名联盟学生J. 帕尔默·肖普，愿意和他们同路但只到盐湖城他家那儿为止。

1932年5月29日，一行五人乘坐亮丽的黄色1926年帕卡德6旅行车出发了。玛丽花165美元买下了这辆车，波洛克家的男孩子们绞尽脑汁把它整得凑合能开。弗兰克和杰克逊轮流驾驶，他们沿着北面的路径从纽约、安大略、密歇根、伊利诺伊，穿过密西西比，然后登上起伏的爱荷华农田高地。他们离廷格利只有不到50英里的路程，但他们马不停蹄地经过了这里。旅途中最精彩的是内布拉斯加州约克市一个不可思议的小镇，位于奥马哈西南100英里。在那里，玛丽的叔叔看到他年轻的侄女和四个胡子拉碴的未婚男人一起旅行，目瞪口呆，“他们看上去又野蛮又毛茸茸的”。“他是扶轮社的主席，半个镇都是他的”，玛丽说，“我想我们让他难堪了。”

在怀俄明州夏延，一阵突来的风刮走了帕卡德的敞篷。就像是约好了的，本来在6月总是万里无云的药弓山天空，转眼间阴云密布，倾盆大雨一路跟随他们到了盐湖城。肖普下了车。他们一行又继续向南，停在了布莱斯峡谷国家公园。5年前，杰克逊曾和桑特、罗伯特·考特和牛仔路易斯·杰伊来过这里。不幸的是，杰克逊把这次旅程的时间都花在了一个泥潭里，在雨中挣扎着对付一个接一个没完没了的爆胎。接下来的行程追溯了一条熟悉的路：从凯巴布高原附近的亚利桑那州边界，下到莫哈维，再上行进入圣盖博山和莱特伍德熟悉的松树芬芳中。他们在鲁瓦的旧公路营地过了最后一夜。“那里没有床”，达罗回忆，“所以我们睡在地板上。我们没有带任何厚衣服，而且小屋在山顶上。我从来没有那么冷过。”第二天早上，他们下山进入了里弗赛德附近的橘园峡谷。

和这次旅行相仿，接下来的夏季也是重回往日。既然工作的可能性连个影子都没有，杰克逊夏天大部分时间都在蒙特希托路斯黛拉那所能够俯瞰洛杉矶的房子里度过。这本可以是在里弗赛德切斯特纳特街的房子里：桑特越来越不稳定的工作付了房租，他和杰克逊拼一张床睡；弗兰克睡在起居室的长沙发上；鲁瓦偶尔下山来和家人一起吃饭。曾 219

有一天，达罗也来和他们共进晚餐。他已经在圣塔莫尼卡租了个住处，“他们都是很简单的人”，他回忆道，“我感觉自己像从东部来的陌生人一样不自在。杰克逊的妈妈是个强硬的女人，显然家里都听她的。他爸爸是个勤劳的工人，喝酒，从我能看出来的情形是这样。晚餐时只有些平常谈话。”

杰克逊在这个夏季为数不多的乐趣之一是和鲁本·卡迪什的团聚。两人会坐在蒙特希托路那所房子的厨房里畅所欲言地聊艺术与政治，聊上几个小时，而斯黛拉就在一旁往梅森玻璃食罐里储藏水果和蔬菜。卡迪什的谈话中充满了流亡墨西哥墙画艺术家大卫·阿尔法罗·西凯罗斯的革命情怀修辞。西凯罗斯 1931 年来到洛杉矶组织了一个小型青年艺术家“工作室”。受他的共产主义政治思想（他曾因在墨西哥的反政府工会活动被判入狱）以及作品中发自肺腑的力量的影响，卡迪什成了他的狂热信徒和助手，有时还是司机。“他是一个精力充沛富有魅力的人”，卡迪什回忆，“我很愿意为他做任何事”。自杰克逊上次与他见面之后的这几年中，卡迪什在好几幅室外墙画上都协助了西凯罗斯，这些作品不仅挑战了绘画的传统技法，更挑战了在一个工会仍被憎恶的城市中公众的忍耐。一幅是《十字架刑》，描绘了拉美人被绑在十字架上，上方是像秃鹫一样栖息着的美国资本主义的那只鹰。

西凯罗斯希望通过他的工作室，能最终建立一个国际“画家联合组织”，以像《十字架刑》这样煽动性的公共作品来支持工人革命。（卡迪什在他的下一幅墙画，为洛杉矶共产主义俱乐部所作的作品《画家联合组织》上署了名，在当地报纸引起了轩然大波。）卡迪什早已将西凯罗斯介绍给了他的好几位朋友，包括菲利浦·戈德斯坦和桑特·波洛克，所以当杰克逊前来度夏时，他迫不及待地安排了一次见面。为了作准备，他们俩长途跋涉穿过了整座城来到邱纳德艺术学院，去看西凯罗斯描绘一名劳工组织者唤醒一群工人的墙画。但是，无论是对这幅墙画还是最终见到时对西凯罗斯本人，杰克逊都反应冷淡。“杰克逊对西凯罗斯不屑一顾”，卡迪什回忆，“他说‘奥罗兹科才是真正的艺术家’”，指的是比西凯罗斯名气更大的同胞，何塞·克莱门特·奥罗兹科，“‘他的《普罗米修斯》才是真正该看的’”。

尽管被奥罗兹科作品的强度和直观深深打动，杰克逊依然继续在汤姆·本顿关于形式与控制的观念下挣扎。在桑特和卡迪什的扶持下，他度过了相对平静的夏天，却创作了又一批折磨人的素描。即使在联盟两年以后，素描也不是件轻松活。每一张白纸就如同一场与自发性的作战，下笔的每一条线都充满风险。没有哪种“正确”是可以不费吹灰之力自动获得的。就算是他最成功的尝试，也不过是本顿沉着确信的、起伏的线条粗糙而参差不齐的模仿。曾有一度当卡迪什皈依了西凯罗斯，当本顿挨着奥罗兹科作画，杰 220
克逊一定也感觉到了他自己不着调的模仿与这些墨西哥墙画艺术家的作品之间某种同源关系——它们的能量，它们的率真以及情感上的自由。本顿坚持理智的控制，墨西哥画家却给出了更广阔的可能性，他们甘愿冒险。本顿否认了自发性，他们却欣然接受。尽管从查尔斯带他看的第一刻起，杰克逊就仰慕奥罗兹科的《普罗米修斯》，但必定是从某一刻起，他才开始觉察到与之的一种同源关系，而查尔斯，以他所有这些本顿风格的精雕细琢和精致的感性，则永远也不会发现。

与此同时，远离了联盟课程的苛刻，远离了纽约和与查尔斯的对抗，另一种素描开始出现在杰克逊这个夏季所创作的"毛糙"的、表现平平的模仿作品中。偶然地，他和自发性的作战会演变为一场溃败——人物的比例，下笔稍不耐烦，就会变得离经叛道；涂鸦会不可控制地生长直至填满整页纸。当在沮丧中，他会故意不去纠正一个错误而选择索性一错到底，结果就是一幅绝无仅有的画。开始是对埃尔·格列柯的习作中圣人衣袍的褶皱，到后来却变成了奥罗兹科般明暗的嬉戏。一幅躯干像的轮廓会变成一束蜷曲着的线条。在杰克逊所有的尝试中，这些仍然是要被丢弃的失败之作，它们更多的是沮丧的产物而非灵感，因而起初不免要被扔掉。但是，在他与鲁本·卡迪什在梅森玻璃食罐边的谈话中，他也许早已开始注意到它们的重要意义。"我告诉他高更的话"，卡迪什回忆，"总有一天，会出现一个以色彩与色调作画的人——不带任何指向自然存在的形象。它的结果将会如同音乐"。

除了与惠特尼·达罗去墨西哥恩塞纳达的短途旅行，以及，毋庸置疑，就在杰克逊老家街区的竞技场举行的第十届奥林匹克运动会带来的喧闹之外，夏天就这样优哉地过去了。到了九月，杰克逊和达罗计划了从南边的路线返回纽约。（弗兰克和玛丽已经各自回了。）达罗经杰克逊的推荐，花一百美元买了辆哐啷作响的旧福特，坐着这辆车，两人出发穿过了亚利桑那的高原沙漠，新墨西哥和德州的狭长地带。

几年来，杰克逊头一次感觉到了一种掌控，自信令他容光焕发、兴致勃勃。在寸草不生、向远方延展的公路上，他可以扮演达罗这个羞涩城里男孩的大哥哥——达罗的杰克就是杰克的桑特。"我以前从没有去过沙漠"，达罗回忆，"但你可以感觉到，杰克逊如鱼得水"。在杰克逊的坚持下，他们绕开城镇和出租公寓而选择露天睡在沙漠中，晚上睡

细部，20 世纪 30 年代中期，铅笔和彩色铅笔在纸上，18" ×12"

20 世纪 30 年代中期，墨水和蜡笔在练习纸上，8 1/2" ×7"

在蛇和仙人掌中间冻成冰，白天则在黑色轿车里烤到焦。当方向盘交到达罗手里时，杰
221 克逊就靠到乘客一侧，翘起他的牛仔靴搁在仪表盘上，吹起他的口簧“直到土狼开始抱怨”，抑或卷一支野牛达勒姆的烟，用大拇指甲一弹钻石牌厨房火柴就点燃了。“杰克逊一直在做本顿那样的人做的事”，达罗说，“我们远在西部，他让我知道在那儿他有多么好。我们试着嚼烟草，但是，当吐到车窗外时，它们一下子就被吹回到我们脸上。”晚上，杰克逊燃起了篝火。“一次他打了只野兔，我们吃了它。我猜他家以前是猎人。”早上，杰克逊起床总是刚好赶上看日出——“他喜欢这样的生活”——然后烧鸡蛋培根或者一罐豆子。“我们几乎从不在餐馆吃”，达罗说，“我们也几乎没有停过车。”

不过他们的确有过短暂停顿，那通常是为了画些速写。用一套全新的中国墨——长方形的水溶性色粉 / 蜡笔颜料，在滴水没有的沙漠中，只能用口水来湿润它——杰克逊感到一种前所未有的自信的冲动。“他会在上面吐口水然后以土地色挥笔画下沙漠的景色”，达罗记得，而他认为自己更多的是个卡通画家而不是搞绘画的，所以基本只是在一旁看。面对着童年的风景，感受到在波洛克家族眼中与开阔无垠的公路联系在一起的那

种自由，杰克逊很快就放弃了所有“螺旋平衡”或是“凹凸理论”的努力，把绘画交给了自发性。“他作了一幅有仙人掌的沙漠风景，太阳从背后升起”，达罗回忆起当时，“用身体强有力地在纸上画下”，用色是“自由……疯狂不羁、非本顿的手法”。

然而，本顿的主题却无法回避。穿过阿马里洛和德州狭长地带，杰克逊目睹了本顿《改变中的西部》所画的油塔和衰败的独街小镇。在阿肯色州，他们偏离路线专程去看 222
农民采摘 9 月的棉花，就如同鲁瓦 · 波洛克 37 年前同拉尔夫 · 提德里克一起见到的那样，也如同本顿所画的那样。向南到达新奥尔良，他们看到了黑人工人从沿着密西西比河一字排开首尾相连的船上卸下香蕉，装上一捆捆棉花——“那些黑人—真是出色的工人 !”杰克逊这样写给母亲。在田纳西山区，他们游览了本顿的美国的心脏地区，走在本顿几年前才走过的路上，每一处城镇、每一次回头眼前都闪现着一幅幅本顿的素描。

出发第十天，正当兜里仅剩下十个子儿的时候——刚好够叫人把福特拖走——他们到了纽约。对于杰克逊来说，经历了前一个沮丧的冬季以后，这次旅行算得上是一次小小的胜利，胜过了夏天的恢复期：没有惹事，没有发脾气，没有醉酒。“他是一个惹人喜欢的、友好的人，”达罗回忆，“我不记得和他之间有过任何的难堪或是不愉快。”甚至就在波洛克第一次尝到醉酒滋味的同一片让人口干舌燥的沙漠里，也没有喝过——这是他从与查尔斯竞争的灾难性的两年中恢复了自信的，至少是部分恢复，最确定的标识。达罗并不喝酒，他说“我记得我们从沙漠中的一家乡村店铺里买了一瓶冷牛奶”，“我们‘喝’的问题在于找不到什么东西能解渴喝个够。我们这一路滴酒未沾”。

当他抵达纽约，杰克逊充满了对未来一年的乐观情绪，就是伊丽莎白给他的冷遇也没法让他气馁。查尔斯却并没有完全忘怀斧头事件把它从记忆抹除，但再次准备担当起看管杰克逊的责任。不顾伊丽莎白尖酸的反对，杰克逊立马就搬入了查尔斯位于卡明街的新工作室里。这是一座老房子内的相对宽敞的两居室公寓，位于西村一条被杰克逊称作“快活的意大利街”的路上。伊丽莎白现在在附近华盛顿广场的一家房地产中介做临时工。她既住工作室，也住街对面的公寓。这座公寓是她和查尔斯的第一个固定安家居所，与一对苏格兰夫妇共用同一间一楼的厕所（“另一个时代发臭的残骸”）。到了夏季，在不去他们的沙丘帐篷的旅行间隙，他们就已经把查尔斯的工作室移入前屋，把杰克逊的床和一些画移入后面的小屋。杰克逊和伊丽莎白只在吃饭时间才打照面，他们在烛光下共享一盘意大利面和一杯加利福尼亚红酒——有一阵子，查尔斯穷得没钱点电灯——隔着桌子怒目相对。“他从不直视我”，伊丽莎白回忆道，“他很怕我，这也是自然，因为我这人说话像蛇一样毒。”

在艺术学生联盟，接待则要热情得多。新学期在10月3日星期一开始，一开学就迎来了开门红：刚从马萨葡萄园岛回来的本顿指定了杰克逊为班长。对于大多数学生来
223 说，这个职位最多也就只是行政管理的需要，但是对于杰克逊，这既意味着经济上的减负——班长可以免除每月12美元的费用，还意味着被认可。在两年的内心矛盾以后，本顿终于承认杰克逊是位艺术家。接着洛杉矶的暑假，自驾的回程，查尔斯不计前嫌的欢迎，在这一连串的好事之后，被任命为班长再次表明了生活顽固的碎片终于开始一块块各就其位了。上课开始的几周，杰克逊面带愉快的笑容向同学问候，而不是同学们印象中情绪化的牛仔般的沉默寡言。这是头一次他明显地感觉到自己是属于这个群体的其中一员。

与联盟放任自由的教育理念和长久以来的惯例相合拍的是，杰克逊对他职责内的那些事务漠不关心，几乎忽略。“我想他并没有点过名，因为没人在乎点名”，他的同学阿克塞尔·霍恩说，“他会知道谁注册了谁没有，所以可以认得出混进来的不速之客。但他无所谓，大家也都无所谓，真的。他行事相当低调。如果风大了，他会去关窗。”只有在一件他职责范围内的事情上杰克逊特别上心：挑选模特。虽然宣传的是“墙画”，但本顿的课仍然是“写生课”，也就是说为裸体模特画素描是上课的核心步骤。模特们提供一周的工作时长，然后换去其他班级或者学校。男女模特每周轮换，但是杰克逊的注意力就像本顿一样，几乎只专注于男模特。“他的选择相当谨慎，”乔·德莱尼回忆，“他希望他们具有他所能找到的最完美的身体。”本顿早就发现鼓起的肌肉远比女性的线条更能表现他的凹凸理论。所以，他最喜爱的模特不是来自于在联盟班级中巡回使用的那组标准模特，而是来自于酒吧和健身房中的男性世界。他们是像“老虎”艾德·贝茨一样的男性，那是一个有着“生长得十分美妙的身材”的黑人。马尔文·朱尔斯通过贝茨的哥哥和汉克·克劳森发现了他。贝茨的哥哥是阿波罗剧院的保镖；汉克·克劳森是一个魁梧的金发瑞典人，白天当模特，晚上是职业摔跤选手。贝茨和克劳森两人都算得上是杰克逊以及本顿偏爱的人。克劳森也在西海岸当模特和拳击手，回来常常能从奥蒂斯带回麦克唐纳-莱特班上的新闻。每个周一，杰克逊都会给模特在椅子或高脚凳上摆造型，以强调他人体的起伏。在这周的其他每一节课上，模特都将保持同一姿势。“本顿是偏爱肌肉和骨骼类型的人”，惠特尼·达罗说，“而且我还记得波洛克对模特又是戳又是捏，来向其他同学展示哪里是肌肉以及它们是什么感觉。弄得模特们有时有点生气不悦。我不认为今天

的模特会允许这么做。”

本顿仍然在每周二和周五出现在楼梯的最上端为大家答疑，但了解他的学生从他的声音中听出了漫不经心。在过去的这个夏天，他完成了为惠特尼美术馆的图书馆所作的墙画《美国生活的艺术》。随之而来的知名度，加上对新校墙画的批判性关注，开始将他 224
拽离联盟并拉入名流和争议的漩涡。他并不打算抗拒这股趋势。新校的墙画巩固了他的名声，却对减轻他一直持续的经济窘况没有帮助。（“我改善了我的威士忌的牌子”，本顿以这样的说法概括它们给他的生活带来的经济影响。）惠特尼的委托，从另一方面来说，使他能够偿还债务并帮助他的作品形成牛市，丽塔对此已经能够娴熟运作。

正当美国重新变得时尚起来的时刻，本顿的作品捕获了公众的眼球。十年中，美国的艺术家、作家和批评家几乎放弃了这个国家——有些的确如此——而陷入“巴比特，扶轮社和鼓动者”之中。在这之后，大萧条的苦难带来了无声的庆祝。恩斯特·海明威、弗朗西斯·斯科特·菲茨杰拉德、约翰·多斯·帕索斯以及其他许多“迷惘的一代”从欧洲返回了家园。1932 年，也就是本顿完成了惠特尼墙画的这一年，威廉·福克纳在《8 月之光》中描写了他在密西西比的家；约翰·史坦贝克为《天堂牧场》第一次转向了他的加州故土；詹姆斯·法雷尔在《少年朗尼根》中重访了他那赤贫的芝加哥青年的街巷和台球房；还有约翰·多斯·帕索斯出版了美国三部曲中的第二本书。同一年，非小说类书籍的销售冠军是詹姆斯·特拉斯洛·亚当斯的《美国史诗》，一段深入美国往事的自我批判之旅。

甚至就在当时，本顿就已经意识到他被偶然地推到了一股“远比艺术更为宽广，更为深刻”的浪潮的风口浪尖。“我们在心理上与这个时代的旋律一致，”本顿写道，“我们几乎免不了会获得某种成功。”他的墙画赋予了横扫全国的骄傲与理想主义以具体的形式，而荒谬的是，这个国家正处于每况愈下的境地。在艺术领域中，这些墙画也使得长久以来在“欧洲”抽象主义与本土成长的现实主义之间的矛盾变得明确具体。20 世纪 20 年代，大批画家在风格上背井离乡。像本顿一样，许多人赴海外学习并将毕加索与马蒂斯的抽象主义带回给了困惑的公众。在 20 世纪 30 年代，这些艺术家同样也感受到了作家们所感受到的回归的驱使。抽象主义是外国的，现实主义是美国的。而在现实主义者中——真正的美国画家——汤姆·本顿是最显眼的、最直言不讳的，以及以《时代》杂志的话说，“最具阳刚气概的”。其他先驱者，格兰特·伍德和约翰·斯图尔特·柯里，默默无闻地在纽约之外的媒体真空中工作：伍德在爱荷华州石头城，画着鲁瓦·波洛克在小男孩时工作过的同一片起伏的田野（在 1932 年，伍德和本顿还未曾谋面）；柯里在康涅狄克州韦斯特波特画着家乡肯萨斯的自然和心理风景。于是，无须竞争，衣钵就落在了本顿身上。几乎是一夜之间，他成了艺术领域民族主义运动的声援者，那些批评家不恰当地戏称之为“地方主义”。“伍德、柯里从来没有，我也从来没有”，本顿声辩道，“在任何时间任何地点，忠于美国的任何一个地方区域。”

在许多方面，美国艺术最新的这种“主义”在汤姆·本顿身上找到了最佳代言人。几
225 乎在“美国潮”这个词被创造出来的 10 年前，据弗里德里克·路易斯·艾伦说，纽约的鸡尾酒会和巴黎的咖啡馆仍然充斥着对美国的批判，称其为“一个标准化的、遍地机器和处处守旧的地方”，对此，“有头脑有品位的人自然要更喜欢欧洲自由的空气”。早在这个时候，汤姆·本顿就已经开始了他个人的遣返归国。

对于一个像本顿一样沉浸于自己的过去的人，他的艺术也许最终将不可避免地照亮——或是遮蔽——返回的道路。他作为艺术家的最初几年的特点就在于一系列试图与自己的本根决裂的尝试，尽管它们全部以失败告终。1911 年，在巴黎度过 3 年后他回到了密苏里州并向梅塞纳斯·艾森·本顿展示了他的抽象共色主义绘画。“他爸爸看了一眼挥洒的色块，”本顿的传记作者这样写道，“……认为他的儿子已经疯了。”本顿一直以来都避免他的共色主义导师摩根·罗素和斯坦顿·麦克唐纳－莱特那种严格的抽象主义，回到纽约，他更是无法从他的作品中消除最后一点再现的痕迹。在这个城市又度过了 13 年，他在“半抽象”和“高度一般化”的风格中也挣扎了 13 年。之后，本顿在 1924 年回到了尼欧肖他父亲临死的床前。又一次，古老的家族影响——欠下的债和对最后和解的愿望——对他的艺术发展产生了深刻影响。他在自传中深情地写下了他的感受：

> 我无法坦白地说出当我看着父亲死去、听着他朋友们的声音时我的反应，但我知道，在他去世后，当我回到东部，我被一种强烈的渴望所感动，我渴望能更了解美国这个我曾经从他的老伙计们的只言片语中一知半解的国家。……我被一种想从新捡起童年那根断了的线的渴望所感动。

于是，本顿开始了对自己的过去长达 10 年的探索——巧得很，这也是美国的过去；这场探索可想而知从田纳西山村他父亲儿时居所的附近开始，最终引向新校与惠特尼墙画，它们正处于这样一个时代：这个国家自身，遭受了经济惨剧的动摇后，同样也“被

一种想重新捡起往昔岁月那根断了的线的愿望所感动”。

本顿很快就懂得如何利用天时地利，往他频繁的演讲和采访中塞满了小时候从他父亲的巡回选举活动那里听来的狂热爱国情绪的民粹主义修辞。“这个时刻到了，”他在《艺术》杂志中写道，“是时候让本土艺术家们停止像画商一样做欧洲艺术的风向标了。”就像公众对他绘画的简明直白和色彩缤纷很受用一样，媒体也对他语言的粗犷质朴和绘声绘色感到相当受用。据他的传记作者说，“他总是蓄势待发地迅速给最后一幅画上色完工，抨击对手，或者和那家他曾对其声称他通常需要喝上足够的酒才能想出个故事的媒体嬉笑欢闹一阵”。他从报纸评论员中，吸引到了近乎狂热的赞助，比如《纽约时报》的美国优先运动倡议者[1]爱德华·奥尔登·朱厄尔，他称《今日美国》为“迄今为止最为真诚的美国墙画”。本顿自己则为地方主义提出了重量级的有理有据的辩护，引用从 19 世 226
纪法国乐观主义到战后社会史的所有种种，但是最唤起公众情绪的，还是他那充满着淳朴形象又满载着对自己往事的感情的民粹主义修辞。“我们先驱的艺术也许是朴素”，他写道，“但它们是真诚的，并且是勤恳辛劳孕育的成果。追溯过去，它们有许多保存了下来流传至今，在藏匿于遥远深山的小教堂中，仍时而能听到这些音乐，尽管朴素、却与大城市教堂能听到的任何音乐一样纯真。”即使是在这些早期的、回荡着上帝与国家的言辞的攻击中，他的老友已经能听出这位拳击手正为一场真正的战斗热身。

最初为现实主义的正名，到了喜欢争强好胜一辩高下的本顿手上，很快就演变成了对抽象主义的闪电战。早在 1924 年，他父亲去世的那年，他就这样写道：“我们可以问一问，一块桌布和一个苹果，从人类的价值来看，是否值得所有这些为了让它们具有图画吸引力而耗费的努力。”这番话针对的是塞尚的静物画，许许多多现代抽象主义绘画都在能在这其中追根溯源。“静物，以及它同样无意义的几何对应物，被高深的、高调的标题及解释崇高化了——这种尝试的努力是要将意义投射到空的器物上。”1932 年，本顿又重提了这些论断，通过不假思索的公共评论，有时甚至是醉话，提取出了它们蛊惑人心的本质。仅仅几年以后他就对一位纽约的记者称，“如果把它们留给我，我将不会有任何博物馆。我将让人们买走这些画作并挂在厕所，或者任何人们有时间能看它们的地方……

1　美国优先运动，美国优先委员会，见 https://en.wikipedia.org/wiki/America_First_Committee。民族主义与亲纳粹：后文有左翼媒体指责地方主义是“早期法西斯主义”。——译者注没人去博物馆。我希望我的画能卖到沙龙、妓院、基瓦尼斯俱乐部和扶轮社，还有商会——哪怕是女人的俱乐部。”本顿从赞美“我们的先驱和他们朴素的艺术”的美德，转向了另一种更为阴暗的民粹主义传统：智识上的抨击——指责东部的那套，实际上是在美学的核心腹地犯下了对老实人的欺骗。“艺术仍然有希望重新成为一种活的东西，”他写道，“让平凡的活生生的人感兴趣，而不是作为一堆吊在为美学的半吊子和业余哲学家而设的机构的冰冷的墙壁上，大体上都是对死去的虚荣的留念。”

抽象主义者以呐喊的愤怒回应了本顿的论断。“我们讨厌它”，后来帮助建立美国抽象艺术家群体的乔治·麦克奈尔这样回忆，“我们对此的感觉就像今天人们看待神创论——不进反退而又愚蠢，完完全全就是愚蠢。”左翼媒体指责地方主义是“早期法西斯主义”。阿希尔·戈尔基摒弃了地方主义，认为它是“为可怜人而作的低级艺术”；其他人则嘲讽了这种民族主义论调，尖锐地指出本顿的墙画技巧是从意大利大师那里搬来的。“通过一种稀奇古怪的悖论”，一位著名的画商写道，“本顿先生咄咄逼人地穿着意大利莎笼入乡随俗，（格兰特）伍德先生用弗兰芒语口干舌燥地为爱自己的祖国布道。”

227 但是本顿将草根语汇和艺术复仇主义的杂糅，让其他人陷入了自我怀疑的恐慌中。大多数的抽象艺术家都带有强烈的政治性——共产主义者或者共产主义者的同情者——还有许多人本来就对抽象艺术本质上的精英主义感到忧虑不满。正如奥罗兹科和其他墨西哥墙画家指出的那样，如果艺术是为人民而作，那么人们怎么能去维护一种人民无法理解的艺术呢？艺术家杰罗姆·凯能后来说道：“尽管大多数人抗拒地方主义者对美国乡村的美德的吹捧，但他们仍尊重其中对艺术的社会责任的呼吁。”

但是，不久之后，政治战胜了艺术。本可以与社会现实主义艺术家例如雨果·盖勒特或是路易斯·卢作维克寻求建立同盟的，本顿却试图用他的民族主义痛击他们。他对约翰·里德俱乐部的与会艺术家们说他们“画不出关于美国的任何现实，因为他们源自欧洲的先入为主的共产主义观念让他们无法对美国的体制有真实感受”。在一段时间里，社会现实主义持续拥护本顿——1933 年 1 月，他的作品，与柯里和乔治·比德尔的作品一起在约翰·里德俱乐部一场名为“艺术中的社会观点”的展览上展出。最终，他的反对被证明反而对社会现实主义大有益处，他们的马克思主义成了地方主义者的沙文主义国家情结最受欢迎的替代者。以一种颇为讽刺的方式，本顿的斗争增加了一种观点的合法性，即艺术可以被用作社会启蒙或宣传的工具，这种观点在接下去的 10 年中将会激励美国艺术朝向一个本顿从来无法想象的方向发展。

经过1932年的秋天，争议变本加厉。有了托马斯·克雷文作为“撒手锏”，加上媒体大多站在他的阵营——他那犀利、粗俗的评论获得了大卖——本顿与对手互相痛击，夸大事实、煽动情绪、诽谤中伤轮番上场。当本顿在一个正值毕加索、马蒂斯和勃拉克都在巴黎工作的年代断言“巴黎没有艺术家—— 一个都没有”的时候，连他的崇拜者都畏缩了。被他诋毁的人以大肆奚落回应。“本顿是个下流的名字”，麦克尼尔回忆道。“我们尊重社会现实主义的意图，但是我们对本顿只有鄙视。他实在做得太出格了，超过了容忍的底线。在第五大道上的咖啡馆里，这个名字甚至提都不能提。你得当作根本没他这个人。他就像废弃物一样。”当批评家真的谈起本顿时，给予的嘲讽的骂词正如同后来堆在科林神父、马丁·迪斯以及其他“头脑狭隘，心地险恶，蛊惑民心”的30年代公众人物身上的一样。本顿以对整个艺术界的猛烈抨击回应了这些指责，搬出了他所认为的最具打击性的指责——娇弱。在愈演愈烈的粗鲁和刻薄的言辞中，他将抽象主义对当代艺术的扼杀怪罪于那些娇弱的男人，尤其是同性恋的身上。

> 对于任何个人的行为和品位在道德上给人带来的厌恶和震惊都轮不到我插手。
> 如果年轻的绅士，或者年长的，喜欢穿女人的内衣、培养出格的举止，对我来说都
> 无所谓。但是，对受它们影响以及被它们培养出来的艺术，却不是无所谓的。当 228
> 矫揉造作的兔子（男同性恋者）通过讨好和微妙的默许纵容，登上权力和裁判的位
> 置，购买并展出，基于那种神经质的突发奇想且受制于过分精致教养的、他们那种
> 人的典型风格的美国绘画时，则绝不是无所谓的。

在联盟中，杰克逊以及他的周一晚上的音乐家同伴们，跳去了为本顿辩护的阵营，成了阿克塞尔·霍恩所说的“崇拜者的中坚力量……将（地方主义）提升到了狂热崇拜的高度”。在午餐的餐厅里，本顿的名字越来越成为“狗娘养的”的直接代名词，杰克逊则加入了老师对毕加索的攻击并附和了他对同性恋的敌视和谴责。“他喜欢那样的谈话，”菲利普·帕维亚这样回忆。但是，如果没有本顿敏捷的才思调动气氛让话题发酵，杰克逊的观点很少能提升到“极为本能反应的高度”以上。当马尔文·朱尔斯试着解释他的观点，认为印象主义画家的用色比诸如本顿之类的一成不变的现实主义画家更“真实”的时候，杰克逊却生硬简单地回答道：“哦，是吗？那是你的愚蠢。”帕维亚记得向杰克逊解释本顿一面拒绝欧洲的影响一面又欣然接纳意大利文艺复兴“南蛮子文化”的虚伪，却

行不通。“杰克逊不是健谈的人，”米尔顿·雷斯尼克说。“他会反驳你，但更多地以‘要打架吗？’这种方式”的杰克逊直肠子策略倒是在约翰·里德俱乐部的公共辩论时更有用。本顿在那儿的“稀奇论断”太容易激怒听众，以至于会议后来演变为了一场“叫嚣混战”。当一个“被激怒的共产党分子”操起一张凳子朝讲台扔去时，杰克逊和他的同学跳到讲台上在他们的领袖身边组成了一道警戒线。

不久本顿班上的学生数量开始急剧减少，从杰克逊 1930 年刚入学时的 29 人，到 1932 年秋天的仅仅 7 人。本顿粗俗的语言和严厉的批评总是把那些年长女性的“更年期群体”吓远远的，而她们在联盟的入学群体中占了一大半。“如果她们注册了，过不了多久也会放弃，”另一个本顿的学生护卫马尔文·朱尔斯回忆。但是现在，随着公众讨论的升温，到课率急剧下降到了联盟非官方的最少人数底线。出于课程可能被取消的紧张，本顿派了杰克逊和班上其他剩下的“忠实的本顿门生”到联盟的餐厅，在下一次每月注册的时段去招募“新的、天真的、不知情的”学生来充数。“这样的招募并没有持续很久”，朱尔斯说，“但至少最后达到了定额”。

尽管杰克逊有着狂热的忠诚，本顿越来越醉心于更大的论战，他们相处的时间减少了。现在，杰克逊去哈德逊大街用晚餐，其他客人——评论家，作家，记者，任何能推进这些事件的人——占据了舞台中心。“我们在饭桌上与客人有很多热烈的讨论，”本顿几年后回忆，“（但是）杰克从不参与……他没什么口才。要想对谈论的话题感到游刃有
229 余，他读的书还太少了。”尤其是，杰克逊似乎弄不懂地方主义背后的理论：本顿觉察到“他跟随了本顿这个榜样，但只是因为形式而非内容”，“他没有……我对历史的那种兴趣”。杰克逊仍然为偶尔的素描摆姿势并帮助本顿准备他的石膏板；他仍然参与星期一晚的音乐剧；但是他越来越感到被自己的导师背叛和抛弃。

在 1932 年深秋，谣言传出另一件重大墙画的委托将考虑给本顿，杰克逊在这时看见了一个收复失地的机会。尽管本顿拒绝雇佣杰克逊参与前一个夏天的惠特尼墙画（本顿曾写道“杰克逊并不能胜任这项工作”），杰克逊开始制作一系列陶土雕塑土的模型，涂成黑色和白色，就像他的老师为新校的墙画做准备的那样。惠特尼·达罗记得杰克逊这些粗糙的小模型如同“卷曲的物件，有着有趣的曲线和强烈力量的物件”，杰克逊急切地把它们拿到联盟征求本顿的意见。马尔文也提交了小模型供本顿审阅，据他所言，他们的目的丝毫不难猜测：“我们都希望能得到参与墙画制作的机会。”

在 1932 年的冬天，本顿接受了印第安纳州的委托，为 1933 年芝加哥世博会的一个

展览制作一幅描绘印第安纳的“社会历史”的墙画。这项任务将耗时八个月。最后，他一个学生也没有带，从而避免了做决定选择任何一个。不过，在离开之前，他倒是帮助安排杰克逊成了联盟的正式成员，授权他周六可以使用制图工作室。这一荣誉给了他一些安慰。

本顿离开后仅仅天，杰克逊就收到消息得知他真正的父亲已经病重。

事实上，鲁瓦·波洛克已经病了一段时间。他才 55 岁并且比他的任何一个儿子都强壮，但是常年的修路工作和营地生活让他付出了代价，有些显而易见，有些不易察觉。在一张 1930 年夏天他给弗兰克的照片中，他注视着照相机，像往常一样紧闭嘴唇，像学校男孩一样握着那马鞍皮革一样的巨大双手，他发亮的蓝眼睛在疲惫的皮肉后面挣扎坚持。对于他一生中身体所受的所有磨难，真正的折磨并不是自然之手造成的。

这绝不是说自然因素没有造成他们的创伤。自从在科迪，冬季就对鲁瓦特别残酷——“太多的冷气流，太少的力气活，”他会这样说。之前几个冬季，在赖特伍德附近的乡村公路营地，伤风和流感就像雪一样不可避免。所以当他在 1932 年的最后一天回家过新年假期时，虽然感觉不同寻常的疲倦还发着烧，却没人当回事。斯黛拉以为又是流感，照料了他一整个双休日，到了周一，他又回到营地按时上班。考虑到桑特的工作岌岌可危而杰伊又时不时失业，鲁瓦的工资对于家庭的生计就前所未有地至关重要。他一 230
走，斯黛拉就离开去和一个里弗赛德的朋友住几天。

仅仅在营地过了两天，鲁瓦就垮了，再次回家。当时玛丽·莱维特正好来拜访，而且波洛克家早已把她当成了媳妇，所以，当电话联系不到斯黛拉时，她就尽力照顾了鲁瓦。不用医生告诉，她就知道他的情况远比流感严重得多。桑特和杰伊都同意：他们的爸爸绝不会因为平常的感冒这点事而旷工。当斯黛拉终于回来，她的镇定反应让玛丽吃惊：“她似乎准备好了要承受所有事情。”不过，她一反往常对去医院的抗拒，同意带鲁瓦去位于洛杉矶市中心学院路的法国医院。经过一系列无法确诊的检查后，医生怀疑这可能最终还是流感。“他们说，‘回家休息，坐在太阳下，会好起来，’”玛丽回忆。

鲁瓦·波洛克，大约 1930 年

但是，鲁瓦并没有好起来。与此相反，整整三个星期之久，他都在与越来越长时间的虚弱、发烧、恶心和出汗抗争。他的体温一下子飙升到华氏 100 度。斯黛拉从她的红色牛皮面装订的食谱里搜寻着匆匆记下的那些，标记着在过去 30 年里鲁瓦在某个日子曾经喜爱的菜肴的记录。但是就连他的食欲也时好时坏日渐萎靡了，有很长一段时间她最有效的药都对他使不上力。尽管情况不断恶化，斯黛拉尽可能地对查尔斯、弗兰克和杰克逊保守了消息。不过，在一封她于杰克逊生日前写给他的信中，在汇报鲁本·卡迪什等老友的近况及对他的暑假计划的愉快询问的字里行间，她流露出了担忧：

231 > 洛杉矶今年无疑是受到了地震重创然后是格里菲斯公园火灾超过一百个人被活活烧死米莲山火灾摧毁了蒙特罗斯与格兰达尔后面的集水区怪不得这个区域的洪水那么猛烈比以往报纸报道过的任何一次都更厉害超过三百人丧生许多人的尸体都无法找回。

事实上，杰克逊可能早就从玛丽那里听说了鲁瓦的状况。对于没有好转以及医院没有给予足够的治疗，心烦意乱的她早已在给杰克逊的一封信中打破了家庭的沉默。

最终，在 1 月 30 日周一，鲁瓦的体温到了华氏 102 度而且症状越来越严重，斯黛拉和玛丽带她去了位于市区东部北州街上的洛杉矶郡总医院，玛丽在那里联系了他的叔叔，S. S. 莱宁博士。莱宁为他做了检查。同一天，杰伊告知了他在纽约的兄弟们莱宁博士的初步诊断："恶性心内膜炎……心脏渗漏的一种坏状况。"他对这种病的痛病折磨形容得非常简要——"心肌在内部和外部增生，导致涌入的血液没有了空间"——但显然说出了事态的严重性。"要想说服（爸爸）认识到做事要适度是非常困难的，要不是有什么吃不消的情况让他在某个时刻停止的话。"同一封信上，杰伊汇报说桑特最终还是丢了他在《时报》剩下的那点兼职工作。有一阵子，至少，鲁瓦还能继续收到部分工资，但那不会持久。

鲁瓦生病的消息令杰克逊大吃一惊。收到杰伊的信当天，他就坐下来给父亲写信。以波洛克家的典型风格，信中没有露骨地恳求或是表达爱意，只是不自然地努力说服父亲他这样工作不生病才怪。他谈到学校和课程是"累得见鬼"。"如果我能够学到些什么，"为了引起鲁瓦对不屈不挠的毅力的尊敬，他写到一门新课，"我会花一整天并且坚持三年或四年——直至以后的整个人生。"他父亲对他作为艺术家是否有能力养活自己一直以来都表示怀疑，作为回应，杰克逊写道，“艺术家的境遇已经比从前大大改善了……大腹便便的金融家正转向艺术来逃避今天有些残酷而又强大的现实。”

在一种绝望的克制下，杰克逊一次次回到鲁瓦的社会主义者的修辞上。纽约的生活“对无业游民来说非常残酷，”他写道，“（但是）毕竟，他们是今天社会宽裕的一族。他们没那么容易破产。”他为本顿辩护说他是一个值得学习的榜样，因为“他将艺术从闭塞的工作室提升到了他身边真实的世界和发生的事，这些对于大众来说具有普遍意义”。他劝父亲不用担心钱，因为“没人有钱。这个体制已经触礁，所以没必要试着付清房租还有所有随着物价涨上去的胡扯的东西”。最后，作为结尾，他援引了他父亲不知疲倦的乐观主义：“我们这儿的天气出奇的好，事实上大多数时间就像是春天——有时有一点点冷，但冷得刚好能让人打起精神。”

到了二月中旬，检验结果确认了莱宁博士的诊断。鲁瓦·波洛克患的是“恶性心内 232
膜炎”，一种心脏瓣膜的细菌感染。自从在凤凰城牧场的那些阳光明媚的日子起，鲁瓦就知道他患有“心脏瓣膜泄漏”，也许是由于小时候一场风湿性心脏病的发烧，或是更早在子宫内的发育不良。也许他不知道——也许他选择忽视——心漏的心脏是虚弱的，工作越重，心脏泄漏就越严重，人也就越虚弱。“这个病症是因为过重的工作，”杰伊给纽约的兄弟们写道，“他肌肉发达的强壮身体负担过重，直到筋疲力尽。”

一旦确诊，结果就无法逃避。“这是致命的，”杰伊写道，“医生承认他们无能为力，也许会拖一年，也许过不了这个星期。”

就是到了这个时候，家里的一些人对于鲁瓦的病仍然感觉到了一种怪异可怕的恰当，弗兰克——紧随鲁瓦其后，家里最具诗人气质的人——半开玩笑地在一篇悼念文中提到了一首黑人诗，“我的父亲死于心碎。”鲁瓦的病痛不是由于一次偶然的机会细菌侵入了健康的心脏，而是由于先天的不足，就如同童年时的失落与疏离一样无法痊愈，就如同在爱荷华农舍里母亲奄奄一息的画面一样令人无法忘怀。无论鲁瓦离开廷格利再远——下到密西西比，到怀俄明，亚利桑那，到加利福尼亚——不管他为了修补这个缺少关爱的家庭再怎样辛苦工作，他也不能停止心脏的泄漏。“有时我觉得我的人生是一场失败”，他在五年前写给杰克逊，“但是在生活中我们无法改变已经过去的事情，而只能尽力将现在的事做到最好。”

斯黛拉以坚强的态度接受了这个消息并且坚持谁都不要告诉鲁瓦。在信中，杰伊告诫他的兄弟：“我们没有告诉爸爸他的麻烦的严重性，所以你们给他的信里也别提这事。”

当鲁瓦不久从医院回到家，斯黛拉和他聊了夏天的安排并计划了一次到纽约的旅行，这样鲁瓦就可以见到他的第一个儿媳妇。为了让他这些日子过得更舒服一些，她打开了折叠沙发床，又加了垫子，堆上枕头，这样他就能坐起来看到起居室东窗外“美丽的、金色的山峦”像岁月侵蚀的台阶一样绵延至远处的圣盖博山。在晴朗明媚的日子他可以看见老博迪的白色覆盖物悬挂在赖特伍德的天空。斯黛拉给了她所能给予的一切——“阳光、新鲜空气和鲜花”——但是“透湿的夜汗”和高烧却只是越来越严重。他“一声不吭”地忍受持续的病痛。玛丽和阿勒瓦在桑特加入百万求职大军时常常过来帮忙照看。在2月28日，鲁瓦的第56个生日，他们接到了一封来自查尔斯、弗兰克、杰克逊和伊丽莎白的电报。“听到你们的消息他非常高兴”，斯黛拉回信道，“这对他很有好处因为他为你们每一个人骄傲。”

在3月4日，周六的早上，鲁瓦·波洛克打开收音机等待收听新总统富兰克林·D.罗
233 斯福开始就职演说。他和其他几千万挤在收音机边焦虑的美国人一样，渴望知道“罗斯福对这场灾难（将会）作何回答”。据弗里德里克·路易斯·艾伦说，那天是一个寒冷、灰暗的日子，但是演讲者却充满了“那种人为的喜气，充满了士气高涨的乐观调子，事实上，因为他知道担忧、害怕的民众正在听他说话”。在履行完誓言部分后，另一个声音从噼啪啦的无线电信号声中传来，一个强有力的美国佬声音。“胡佛总统，首席大法官，朋友们”，他开始说：

> 这是一个可以坦率、大胆地说出实话的绝佳时刻。我们也无须退缩而不去诚实地直面我们国家今天的现状。这个伟大的国家将会承受苦难，就像它一直以来已经承受的那样，也必将复苏，必将繁荣。所以，首先，请让我坚持我坚定不移的信念，那就是，我们唯一需要害怕的，是害怕本身。

没有人能比鲁瓦·波洛克更能品尝这个时刻。整整40年，他目睹了这个经济体制的愚蠢和不公，眼睁睁看着它给自己的生活带来了满载的辛劳，从童年异化的劳动，到高中时候成为廷格利孤立的、陷入围攻的社会主义者，到过上一种不断受到重创并最终被市场击败的生活——农作物的价格，战争份额，土地投机——即使他强有力的双手也无法左右。当收音机里的声音将降临在这个国家头上的灾难怪罪于“人类产品的交换规则”时，简直就好像他旧时的英雄尤金·V.德布斯归来宣布他的胜利：“金融家从这个文明庙堂

的高座上仓皇逃离”。

演讲不到十分钟就结束了，但是鲁瓦·波洛克的欣喜持续了一整天，他搜索着电波热切地希望听到有关回应的报道。有时，杰伊觉得很难相信他的父亲像医生所说的那样病重。“他精神很好并且有战斗意志，”他回忆。第二天早上，是个周日，收音机一早又被打开了，刚好赶上播放第一条简讯，罗斯福宣布接下来的一周为全国“银行假期”，官方延长了许多州早已为了遏制银行倒闭潮而强制实行的“假期”。广播一直开着，现场直播了来自盐湖城的摩门教教堂合唱团的演出，以富有感召力的几句摩门教的赞美诗作为开始和结尾：

来吧，来吧，圣人，
没有苦工，没有累活和恐惧，
却有欢乐沿着你的路走来。

没过多久，在中午时分，鲁瓦开始抱怨呼吸困难。随后开始疼痛——“巨大的疼痛，”杰伊记得，“（我们）觉得时候要到了。”但是斯黛拉坚持去叫医生；她后来抱怨道，呼吸
困难“是看上去唯一的麻烦”。整整六个小时，在沉默了一辈子以后，当斯黛拉试着安抚 234
他时，鲁瓦放声呼喊了出来。

最后，在下午六点，杰伊出去叫医生。在接下来的两个半小时中，鲁瓦和斯黛拉单独在一起。当他挣扎着呼吸时，她紧紧拥着他，事后她说，当时她想着，“她的父母如何取笑她，因为她居然被一个社会主义者追求，当时县里的唯一一个。”她对自己保证，鲁瓦是无论如何也不愿意带着不可治愈的疾病生活的——他们曾经谈过，大致上——尤其是这种让他不得不待在室内、被枕头圈住、远离那片他深谙它的性情的土地的疾病。她自己曾在结婚的第一年试过，把他带入室内，带入她少女梦想中的维多利亚客厅，带入科迪有着蕾丝窗帘的都市别墅，带入奇科的小木屋，甚至带入简斯维尔宾馆边缘的华美装饰。但是，就像在凤凰城一样，他总是又要跑出门，甚至穿着周日的礼服把一双大手弄得脏兮兮的，在亚利桑那的沙地里寻找芬芳的黑土和他男孩时候梦想中一望无垠的犁沟。对于鲁瓦，室内是一个噩梦开始的地方，是他的妈妈和姐姐死去的地方，是他的爸爸抛弃他的地方，是麦特·波洛克陷害他、丽兹伤害他的地方，也是斯黛拉和她的男孩们背弃他的地方。但现在，他却身处室内，斯黛拉的臂膀拥着他，呼吸越来越困难，被

贝奇·迈克伊在临死前留下的熟悉的虚无淹没。

大约在 8∶30，正当杰伊打开房门，鲁瓦看了一眼斯黛拉，试着说话。“母亲，”他开始喘着气低声说，“我想我挨不到早晨了……”斯黛拉猜想他要多说一些，但是，他破损的心脏放弃了。她久久抱着他。灵戈尔德县孤独的社会主义者终于摆脱了土地。

在打电话给里弗赛德的桑特并安排处理了遗体以后，杰伊开车到西部联盟办公室，在 3 月 6 日凌晨 1∶27，给在纽约的兄弟们发去了电报:“爸爸在今晚 8∶30 过世了，我们可以照料所有事情。”

16 235

走出虚空

在纽约，等候已久的电报并没有搅起多少外露的悲痛。查尔斯在哥伦比亚法学图书馆留了一条消息:“告诉弗兰克父亲过世了。”即使是在这条消息被转送出去以后，弗兰克还得被劝说才愿意离开半天。“我已经知道爸爸不行了,”他解释说。上午晚些时候，三个兄弟聚在查尔斯的工作室，一起读电报并度过了“默哀时刻”。很快他们就解散了，因为打电话或是去一趟洛杉矶参加葬礼都太贵。而且，他们仅有的那一点点钱也没办法弄到手——罗斯福关了银行。“我们无法参加葬礼这件事没怎么太影响我们,”弗兰克回忆，“葬礼是一件我们没有亲身经历的事。”在查尔斯的提议下，他们决定写信。

在这次见面的过程中，杰克逊始终沉默如石。“我完全没印象（爸爸的去世）对杰克有任何影响,”查尔斯说。弗兰克也注意到了杰克逊的古怪镇定，但并没有对此上心:“杰克逊和爸爸的父子时间比我们短得多。而且杰克似乎能够不流眼泪地承受住这种震惊的事情。他长大以后我就不记得他哭过。”几天以后，杰克逊给斯黛拉，桑特和杰伊寄去了一封简短的信。

> 我真的无法相信爸爸走了。从所有这些信件中我们都无法完全意识到他病的严重性。我多希望我们可以来——你们三个人不得不肩负起所有事情，这太难了——而且亲身在场更是难以承受。妈妈，请求你，不要让自己太悲伤——这件事是人生中不可避免的，但当然不是像爸爸这么年轻。尽管如此，我还是感到欣慰，因为他没有卧床不起很久，不用承受巨大的痛苦……我不太会说话——但是会让它过去——会很快再写给你。

3月10日，周五，鲁瓦的遗体被封入了格兰道尔森林草地墓园的教堂地下陵墓。对于一个工作于土地、热爱土地的人来说，这是最后的尊严，但是坟地太贵了。公墓位于
236 圣莫妮卡山脚下，只有一小段路程，斯黛拉、杰伊、桑特、玛丽和阿勒瓦开车到了那里，罗伯特和玛格丽特·路易斯·阿奇博尔德、他们来自圣塔安娜的姐妹以及几个皮肤粗糙干瘪的、鲁瓦在莱特伍德路政队里的工友在那里与他们汇合。就像鲁瓦的一生，这是一场简短、低调的葬礼，本应有眼泪，却无人哭泣。斯黛拉一直都保持着她铁石心肠般的镇定自若，从此以后也再没有重回过这个墓地。

仅仅在悼念者散去后的几个小时，大地就开始摇晃。在短短几分钟之内，从长滩到帕萨迪纳，上百座房屋，包括手工艺术高中在内，坍塌为一堆堆瓦砾和尘埃。据当地报纸的报道，地震的震颤从母鸡身上晃出了额外的蛋，还导致瘸子突然能够迈腿走路。连蒙特希托路下面的山丘都感觉到了震动。其他地方的悼念者可能将地震看作是某种征兆，但是波洛克一家却照旧过自己的日子，就像什么也没有改变一样。

事实上，所有的事情都不一样了。查尔斯和弗兰克头一次生硬地拒绝斯黛拉希望他们这个暑假回趟洛杉矶的请求，尽管过去的三年里他们每年夏天都会回去。在给家里的信中，他们声称没钱跑这一趟，但是当时玛丽就怀疑他们的理由："如果是斯黛拉过世而鲁瓦要他们回去，"她记得当时这样想，"你可以确定他们最终都会去做。"没钱并没有阻止弗兰克在6月横穿整个国度去见玛丽，也没有阻止查尔斯跑去芝加哥的世博会。3月末，杰克逊写信给妈妈，"我只能希望我们能在你们身边……我们这个夏天都会尽可能回来"，但是当他5月得到了一个搭便车的机会时，他却拒绝了。鲁瓦的儿子们在想的事情，只有弗兰克，这个鲁瓦最喜欢的儿子，愿意承认："爸爸应当获得比他拥有的更好的休息。如果他留在亚利桑那，他会获得巨大成功并成为一个富有的人。"鲁瓦早在16年前斯黛拉坚持离开凤凰城时就已开始踏上死亡之路；害死了他的并不是繁重的工作，而是背叛。"母亲仍然拥有她的男孩子们，"弗兰克这样想，却不敢说出，"最终她还是得到了她想要的。她想要这个家，最后也得到了它。她并不怎么太想念父亲。"

对于杰克逊，鲁瓦的过世就如同12年前突然离开简斯维尔带给他的摧毁性打击一样。从卡尔牧场到圣伊内斯，经历了一连串持续不断的争吵和掐架，杰克逊从没有停止博取他父亲的认可。但是有一件事情越来越成为他们中间的障碍：杰克逊想要成为艺术家。尽管从没有公然地反对任何一个儿子的志向，鲁瓦·波洛克从杰克逊高中时起，也许更

早，就确信，他的第五个儿子是没出息、优柔寡断的人，一个溺爱的家庭保护了他太长
时间，使得他免于辛苦工作和自立自强。在鲁瓦看来，杰克逊对艺术的兴趣恰恰代表了
他对在现实世界的沉浮变迁中打磨性格的又一次逃避；而他在纽约的生活，在查尔斯的 237
祖护下，这种依赖别人的状态就没完没了，这就是他所有麻烦的根源。

杰克逊尝试了每一种安抚的方式。在一封1931年他去莱特伍德度夏仅仅几个月后写的信中，他费了九牛二虎之力试着说服父亲，他致力于艺术的决心是真诚的，而且，艺术家的“工作”与修路工人的没有什么两样：

> 我每天早晨去学校并学到了艺术领域中值得去学的东西。对我来说，现在将这些知识吸收进来只是时间和努力的问题。再给我70年我想我就可以成为一个很棒的艺术家了——当一名艺术家这就是生活本身——我的意思是以此为生。而我说的艺术家不是这个词的狭隘意义所指的那类人，而是说一切建造东西的人——制作铸造土地——不论它是西部的平原——或是宾夕法尼亚的铁矿石。说到底玩的都是建造这个游戏——有的用画笔，有的用铁铲。

在其他时候，他不无崇拜地写到本顿，写到他的绘画“工作”，写到在巨大的墙画上工作所需的纯粹体力劳动，还有他与“日常经验中的元素抗争”。本顿是鲁瓦·波洛克会与他共事或与他喝上几杯的那类人，杰克逊告诉他的父亲，本顿和斯黛拉装模作样的文化和查尔斯矫揉造作的书法是异类；总而言之，他是个艺术家还是个男子汉。但是现实总是辜负杰克逊苦心经营的愿景。1932年12月，本顿拒绝雇佣他为印第安纳墙画的助手，而联盟又拒绝了他的教职申请（理由提及了“坏习惯”）。对于鲁瓦·波洛克来说，当然，任何人只要是没法找到工作，不管他自己怎么称呼自己，都“只是个游手好闲的懒汉”。

1月，当杰克逊进入了约翰·斯洛恩的素描班学习后，他的处境又一次拐向了更坏的情况。斯洛恩的事业以卡通画为开端，他的油画展现了与此相似的对美国生活轶事的新闻性的共鸣。杰克逊可能希望斯洛恩会是个像本顿一样纵容的老师。像许多其他艺术家一样，斯洛恩受到了1913年军械库展的启发而从现实主义转向了现代主义，并利用他的素描课程来向学生们介绍被本顿公然谴责的“欧洲”立体主义。但是他向现代主义的转变不知怎么走了火。他并没有努力趋向更激进的绘画风格，而是养成了一种钟表匠人般的对手法和工艺的专注，致力于一种特殊的、通过影线和交叉影线的阴影来为人物塑形

从而实现雕塑般的体块感的方法。

不管它是什么，这是一个与本顿的“凹凸起伏”风格分道扬镳的世界，他对韵律的强调甚至以牺牲比例为代价。在联盟两年后，杰克逊突然又一次不知所措；突然间又成了初学者。“本顿容忍了杰克逊的绘画尝试，”马努埃尔·托勒金回忆，他同杰克逊一样在本顿离开后转到了斯洛恩的班上，“事实上，联盟里的所有老师都在容忍他，除了约翰·斯洛恩以外的所有老师。但是不管杰克多么努力，他就是不能画得逼真。这对他来
238 说是不可能的。”

2月，杰克逊退了课。一个月后，鲁瓦去世，随之而去的，是所有说服他的希望。不再受到本顿式的幻想的束缚以后，老魔头又回来了。

1933年5月，杰克逊整个放弃了绘画。长久以来因为缺少天赋而沮丧的他，放弃了查尔斯和斯黛拉那种败坏的艺术，开始去创造一个属于他自己的艺术身份，一个能告慰鲁瓦·波洛克灵魂的艺术身份。

他转向了雕塑。

当还是个青年小伙子的时候，鲁瓦学习了乡村石匠的技艺，与他未来的岳父，约翰·罗宾森·迈克鲁，并肩建地基和铺路。在他的结婚证上，他自豪地登记了他的职业“石匠”。杰克逊无疑从他的哥哥们那里听到了鲁瓦在科迪那些日子的故事，在碎石厂工作，搬运铁矿石，做着各种各样的石匠工作。后来，他在亚利桑那和加利福尼亚见到了父亲工作的场景，沿着岩层周围开路，从路基上清除巨石，再铺上沙砾。杰克逊关于父亲最生动的印象——在凤凰城岩石遍地的地平线上工作，从驼背山的石头后面抓住一只钝尾毒蜥，在卡尔牧场边上的方岩上撒尿，在樱桃溪印第安遗迹被巨石绊了一跤，在大峡谷的边缘露营——编织成了一张无意识的关联网，几年以后在他那巨石般的雕塑和对搬运黏土的着迷中浮现出来。

从杰克逊到了可以去工作的年龄起，鲁瓦就曾公然地敦促他去学习石匠并去“做为你自己好的事”。甚至在杰克逊去了纽约以后，当他带着对汤姆·本顿的热情以及致力于艺术的最新决心回到莱特伍德度夏的时候，鲁瓦还提醒他，他需要“一项能谋生的本事”，而石匠活就是一门能卖钱的手艺。用一种平民主义修辞，杰克逊紧张地回答说艺术家的工作和石匠的工作实际上是一样的。“新艺术家的工作就是与木匠—石匠一起去建造，”他写道，指的是离艺术学生联盟仅仅几个街区的洛克菲勒中心的建造。“生活的艺术是构造——规划——将混乱规整的工作”。但是，对本顿小心翼翼的技巧和查尔斯的先

发优势的沮丧日益增长，使他越来越容易接受鲁瓦灌输给他的那一套。1932 年 2 月，在莱特伍德的一次冲突后，他在公开的调解努力中写道，“尽管我想雕塑就是我的媒介，但我永不会满足，直到我能用一把凿岩锤，将堆成山一样的石头打磨得合我心意……我想去采石场找活干——或者墓碑工厂——我可以在那里赚一点点钱同时了解石头以及如何切割。”1933 年 1 月，在他得知父亲入院仅仅几天以后，杰克逊被他的第一个雕塑班录取。

甚至早在奇科的时候，当杰克逊捡回鸟蛋然后带给父亲去辨认，他就已经用雕塑家的眼光来看待物体了。在手工艺术高中阿格涅斯 · 马丁的陶土塑型课上，他的抽象形象 239
“获得了一些鼓励”——足够让他有兴致加入这群会把他们的雕塑作品安排专业人员烧制上釉的同学。他将几十块石灰岩和砂岩搬运到马努埃尔 · 托勒金的后院，在那里不知疲倦地用锤子和凿子削凿它们。杰克逊后来告诉托尼 · 史密斯，“他来纽约本来是为了学习‘像米开朗琪罗一样雕塑’的”。在本顿的素描课上全身心地浸润了整整一年以后，他在 1931 年夏天回到洛杉矶，在鲁本 · 卡迪什的帮助下，从洛杉矶河里捞到了一块鹅卵石，花了好几天从早到晚地捶打它。“从一开始，杰克逊就对雕塑有强烈的兴趣，”卡迪什回忆，他自己则在 20 年后成了一名雕塑家，“跟随本顿学习的全部时间里，他都没有失去这种兴趣。”到了 1932 年的夏天，当莱昂纳德 · 斯达克给了他一本关于米开朗琪罗雕塑的书时，他早已熟悉了约翰 · B. 弗拉纳根的作品，一个忧虑的、酗酒的、来自北达科他州的爱尔兰人，他强有力的、原始性的小型兔子、小鸟和鱼的雕像违反了新古典主义雕塑的所有原则。

尽管有着长期的但游移不定的兴趣，当杰克逊 1933 年 1 月加入这个位于琼斯街的格林尼治之家裙楼的石刻班时，他仍然还是个新手。不过，训练方面的不足，被他以信念弥补了。“我参加了一个石刻的上午班，”他自豪地对父亲写道，“我想我喜欢它。目前我还没做出什么东西，只是试着削平一块圆石，还有磨平我的手，但这非常好玩也真他妈辛苦。”

杰克逊在格林尼治之家的老师是阿哈隆 · 本 · 什穆埃尔，一个 30 岁、皮肤黝黑、外表英俊的埃及犹太后裔雕塑家，就算是在艺术圈这个充满怪人的世界里，他也仍然同裴廓德号上的费拉达一样古怪、一样具有异域色彩。出生于纽约的阿奇莱维特，本 · 什穆埃尔的职业始于为他从事动物标本剥制工作的父亲切割木型，在作为“纪念碑石匠”的一段学徒期结束后，他成了雕塑家威廉 · 佐拉奇的助手。作为一个狭隘、冷峻、常常被朋友们形容为“愤怒”的人，本 · 什穆埃尔将学生视为必需但却不受欢迎的负担。据本 · 什穆埃尔30年代晚期的一个学徒伊萨多尔·格鲁斯曼说，“他根本不是个老师”，“他从不和你讨论你要做的。他就只给你一块石头叫你自己去刻——这就是你能见到他的最后一次”。经历了斯洛恩的没完没了以后，本·什穆埃尔的漠不关心对于杰克逊来说一定是乐于见到的解脱，哪怕代价是一只磨平了的手。

尽管有明显的不同，本·什穆埃尔，一个埃及犹太人，与本顿，一个密苏里州的威尔士人，仍然有相似之处。暴躁，固执己见，粗俗，还爱出风头，本·什穆埃尔展现了一个甚至比本顿更为夸张的男子气概的漫画形象。鲁本·卡迪什回忆，“他是个非常严厉无情的、纽约街头的那一类家伙”，“一个难对付且满嘴脏话的人。所有东西都是‘他妈的’、‘狗屎’以及所有这一类的脏话，这说明他不打算成为一种阴柔女人气的艺术类型”。尽管
240 从不酗酒，他爆发出来的脏话连篇的亵渎和暴力比本顿还有过之而无不及。曾听过盛怒中的本顿说话的纳桑·卡兹回忆说，“什穆埃尔有着世上万物中最肮脏的嘴巴”，“而且他不管身边有些什么人。他曾当着他的邻居的面叫他们‘干你娘的蠢货’”。朋友们把他看成“绅士般的怪物”，有着“太多个性”，他的“奇特”行为的价值是以让人受惊吓的程度来衡量的。仇敌们给他贴上“怪物”、“疯子”和“像臭虫一样疯狂”这些标签。他以粗暴、羞辱性的敌意对待女性，甚至比本顿更过分。“对他来说，女人都是‘骚货’和‘婊子’，”一个学生回忆，“你知道，比如‘给我拿杯咖啡你这个婊子。’他总是在说他是怎样的一个淫棍还有他有多喜欢干女人。”但是，就像本顿，他的征战事迹纯属虚构；他很少和女性交往，结婚很晚，这就引起了人们对他的性无能或是潜在的同性恋倾向的一系列怀疑。

不久，杰克逊在本·什穆埃尔位于简街35号的私人工作室当工作室学童，离第八大道不远。这是一座老式的框架楼房，有一扇简朴的门通向一个露天院子，本·什穆埃尔在这里存放他的石块并常常在户外工作，即使冬天也是如此。楼上，立体派画家拜伦·布朗恩有一间公寓和一个画室。年仅14岁就成了本·什穆埃尔的学徒的纳桑·卡兹对这份工作的回忆是“协助他完成手头的工作以及打扫工作室”。卡兹也在那里存放他自己的雕塑，他对老师的回忆是“非常难以共事。非常难搞”。同杰克逊一样，本·什穆埃尔也是个没有纪律性的工作者，工作完全是随心所欲。根据他的情绪，凿掉一大块巴尔花岗岩的棱角敲下的第一榔头，和他在年轻女子肖像的嘴唇上最后一圈更平、更精细的一凿之间，几个月时间可以一晃而过。在工作期间，伴随着铁榔头持续不断的敲击声的，是滔滔不绝愤怒的、字字分明的辱骂的独白。“他觉得所有人都糟糕透顶”，卡兹回忆说，“如果他喜欢你，那他就是喜欢你。如果他不喜欢，他就恨透了你。”但是本·什穆埃尔语言

中的狂暴从来不波及他的凿子。长年累月的雕刻——从墓碑到门槛，从柔和的田纳西大理石到从拆除的建筑废弃物中拣出来的奇形怪状的国产砂岩的各种材料——给予了他对石头的感觉，他称之为手艺人的“第六感”。对于石头中的形式，这种感觉告诉他的，比他的双眼所能告诉的还要多。尽管他有时使用烧制后的陶土或浇铸铜工作，尽管他的风格变化于弗拉纳根的近抽象风格与他的导师佐拉奇的浑圆纪念碑风格之间，他潜在的审美总是一种雕刻师的美学。“他懂得如何切割花岗岩，”他后来的朋友米尔顿·雷斯尼克说，“他知道他的工具，并知道如何把它们用起来。他知道所有的诀窍——他觉得它们是那种只可意会不可言传的秘密之一。”

如果说本·什穆埃尔和本顿一样骄傲、好事，那么部分是因为，他同样也在与自己进行着一场战役。早几十年，他绝不会被认为是个雕塑家，甚至不会被认为是个艺术家。在 18、19 世纪，一个“雕塑家”的工作不是始于斧凿和石料，而是始于精美的素描和小模型。依照它们，建一个金属－木头的支架，雕塑家将在上面用黏土一点一点地建立起 241
形式：将这块柔韧的材料塑造、揉捏、打磨成神话人物、预言场景、名人和富豪的塑像，或是一个时期其他受欢迎的题材，这些大多数都只有一英尺高。罗丹的《巴尔扎克》，丹尼尔·切斯特·弗伦奇的《林肯坐像》，甚至巴特勒迪的自由女神像成形时都只是台灯大小的放在工作室桌面的物体。当完成之后，这个小型陶土的原始作品可以通过石膏模型转制成青铜——或者也可以在烧制前使用指标装置，先用石膏或黏土放大到真人大小。再或者，它可以被用来雕刻。只有到了这个时候，才需要找来石刻匠人以及一块牢固稳妥的合适石料。石刻匠人将会用指标装置对原模型进行一系列精确的测量并将它们转标到一块未经雕刻的石头上，标明哪里需要削掉。早期的石匠使用一把简单的锤子和一把凿子来将原始设计转移到大理石上；他们的后代使用一把压缩空气凿。不管使用何种方式，其结果都是一件与原作一模一样的或是放大了的复制品，由石匠勾勒草拟并常常最终完成于他们之手而不是雕塑家。即使是罗丹也将每一下榔头的敲打专门留给了其他人的双手。大多数时候，榔头，圆凿和尖凿是石匠的工具，不是雕塑家的。雕刻是一门手艺；雕塑是一门艺术。雕塑并不是有了陶土模型就完事儿了——建筑装饰，纪念碑篆刻以及所有这些——都是手艺匠人的活儿。

这项技艺有着很深的渊源和独特的发展脉络。先于本·什穆埃尔的美好时代的雕塑家继承了米开朗琪罗，而米开朗琪罗则是从罗马人那里习得，而罗马人又是从希腊晚期的雕塑家那里偷得，是他们第一次将石头从自身的重量中解放出来，被用以塑造违抗了重力的飞翔中的仙女和随风轻拂的衣袍。在20世纪最初的几十年里，在产生了毕加索的《吉他》和布朗库西的《吻》的这场对学院派的反叛中，美国艺术家例如弗拉纳根和佐拉奇，谴责了雕塑家和石刻匠的传统划分。他们主张，一个直接用他的材料工作的雕塑家才是地地道道的雕塑家。1921年，贺拉斯·布罗德斯基，一位声援“直接雕刻”的美国批评家，摒弃了传统雕塑，认为它是“一片大理石糕点的海洋”。

杰克逊热情地回应了弗拉纳根和佐拉奇的理论，带着标志性的激烈和粗俗，就像和本·什穆埃尔是一家子一样。在加入格林尼治之家的工作室仅仅一个月之后，他退出了斯洛恩在联盟的素描班，取而代之参加了第二个雕塑班，洛朗·罗伯特的晚间“制模”课。洛朗是个美国化了的法国人——“一个布列塔尼和布鲁克林的地道本地人”——他的直接雕刻结合了弗拉纳根的天真质朴和法国现代主义的欧陆精致。“相当有味道”，评论家亨利·麦克布莱德对洛朗的雕塑这样评价，“它们流露出所有各种原始的触感，并与当下的感觉水乳交融。”尽管他认同直接在石头和木头上雕刻这种最新喜好，但洛朗对用陶土
242 或石膏做模型也同样认可，并常常根据石膏模型来烧制大型作品。这种灵活性和他宽厚和善的性情，以及继承得到的财富在一定程度上使他避免了一场由直接雕刻运动的其他领导人发动的意识形态战争。

洛朗的课每晚在地下室的工作室中开课，和本顿的课一样，学生照着一位裸体模特学习，每周从黏土桶内取一铲黏土。“如果你的作品好，你可以去烧制它”，杰克逊的同学菲利普·帕维亚回忆道，后来他被他的父亲，一位烧制师–雕刻师，送去了意大利学习雕塑，“如果作品不好，就重新丢回桶里。”这里的挑战也与本顿的课相同——比例与控制——而杰克逊同样遇到了在所有媒介都令他沮丧的“障碍”。出于胆小以及没有安全感，他局限于依赖仅仅某几种他认为能算得上擅长的技巧。“他只想制作小型的人物，就像为本顿的墙画所作的那些，”帕维亚回忆。他自己同大多数班上的学生一样，已经是全职的雕塑家和技艺纯熟的制模师了。“他只是模仿本顿。一边是我们，都是正经的雕塑家，而另一边他却在制作本顿风格的小人，有着粗壮手臂的工人类型。”一次，当洛朗在每周两次的查看中发现了这些怪物，他只是，也总是，温和地给予鼓励。“他真的是慈父般的老师类型，”帕维亚回忆，“不管你做什么对他来说都没关系。他只是鼓励你。他并不怎么指导你。”（一种典型的评语是：“嗯，你这里可以去掉一点还有那里一点点。”）在这种有教养的客气背后，洛朗也许发现了帕维亚以及其他学生所看到的，也就是马丁太太四年前就意识到的：“波洛克有着下沉的韵律，”帕维亚记得，“他真的对此有着与生俱来的感觉。”

但是有感觉并不能满足杰克逊。同样，在附近洛朗公寓内的定期派对，或是课后到五十八街上的私营酒馆“实地考察”，在禁令的黄昏时期，酒馆的门天天敞开而啤酒突然被视为合法——这些也都不能满足他。归根结底，洛朗的课，只是另外又一门艺术课程，与斯洛恩甚至本顿的课一同深深扎根于同一个美学和学术传统。

如今，鲁瓦·波洛克在三月过世了，使得杰克逊背离了这个世界转而投入他父亲曾经的要求：一份自足并劳有所得的工作。在得知鲁瓦去世的消息后，他当即就写信给斯黛拉：“我有许多想为你和爸爸做的事情——现在我要为你做，妈妈。不再做梦并且把它们付诸实际行动……我还是在混日子，没有任何确定的迹象表明我能通过作品获得报酬。”三个星期以后，他还在为他父亲的去世而出神，还仍然无法放下。“我总感觉我希望能更了解爸爸，”他写给斯黛拉，“我想着能为他和你做些什么——很多话都没有说出口——而现在他一声不响地走了。”这周的晚些时候，杰克逊终于为他的父亲做了些事：他从洛朗的制模课上退了学，也退出了联盟，将整个人毫无保留地完完全全投入了“雕塑”——或者正如他自己在家信中形容的，“切割石头。”“它引起了我深刻的兴趣，”他写道，“相 243
比于绘画，我更喜欢它。”

这个春天的其余时间，杰克逊都在本·什穆埃尔位于简街和格林尼治之家裙楼的工作室工作，他被允许以兼职的卫生工作换取场地和材料的使用。从一把铁锤和一把斧凿开始，然后换成一把尖凿，在哪怕只是形象的一角开始从空白的石头中显现出来之前，他会对一小块石头凿上好几天。如果尖凿的角度太深或者锤子太用力，石头就会从头到尾裂开；如果太浅或者太轻，凿子会被反弹回来，仅仅弄出点尘土，对石头毫发无损。像本·什穆埃尔一样，他也没有计划或素描草图，只是对石头中的形象有个构想。在经历了本顿为墙画做的精致准备、对立体派和体积模型的学习、斯洛恩精确的交叉影线和洛朗的“这里一点点那里一点点”以后，杰克逊一定为雕刻艺术中男性化的直接而感到振奋，对这种将冰冷无情的凿子对着石头未经雕琢的面容直接开凿的勇敢而感到振奋。

真正的雕塑家，本·什穆埃尔论述说，总是专注于探索的过程，“持续地在他们脑中搜索，将他们个人的、独特的精神内心世界以三维的形式呈现出来”。但是，虽然本·什穆埃尔可以从他的“内心世界”提炼出形象，投射到石头上，并在释放它所需要的几个星期甚至有时几个月的时间里包吃住，但杰克逊的脑海却常常是一片混乱。从他的无意识中生成的画面变得太快，而石头又回应得太慢，每一凿都一锤定音不容修改。在素描和绘画中，他可以对他的形象画了又修改，试着通过留下改变的痕迹来修补它，常常用不同的媒材，强行让千头万绪的变化形成一个单一、狂暴的图像。但凿子，却既太不灵活又太具决定性。锤子每敲一下，形象会随之改变，在空白石头上突变或者有时索性消失得一干二净，使杰克逊不得不在各种未完成的阶段抛弃石头。曾到访过琼斯街的裙楼的阿克塞尔·霍恩，仍记得杰克逊的沮丧:“杰克给我看了一部分他正在做的石头。它们都没有完成而且显示出剧烈挣扎的迹象。材料强烈地抗拒着他。”虽然他继续“雕刻”了一段时间，但杰克逊一定早已意识到雕塑——或者说至少本·什穆埃尔式的雕塑——并不适合他的想象和他的性情。对于这样一种抗拒、易碎又不容出错的媒材，他的“精神内心世界”太混乱，太不安，太多层次，太变化无常了。

在杰克逊制作的几件作品中，只有一件到达了完成的终点；只有一个形象在他的脑中被坚定地保持了足够长的时间，让他得以从一片空白中把它敲打出来。奇怪的是，对于杰克逊这个在油画和素描中尽可能地避免人脸的人来说，这是一个小型的头部石像，仅仅四英寸高。只有脸部在石头中清晰浮现。这是一个死去男人的脸——悲哀但顺从。这是为鲁瓦·波洛克而作的死亡面部模型。

244 春天的晚些时候，杰克逊陪伴本·什穆埃尔一起来到了他在宾夕法尼亚的上布莱克艾迪附近的度夏住所。这是一座位于费城东北部巴克斯县郊区一条几英里长的双向乡村公路尽头的老房子。房子被一个巨大的石头院子包围，这个无人打理的院子堆满了本·什穆埃尔喜爱的材料：石灰岩、砂岩、田纳西大理石，以及简直成了花岗岩的地理学展示，如维斯特里花岗岩，巴尔花岗岩，苏格兰花岗岩和考普斯伯格花岗岩。这个花园还起到了防御栅栏的作用，在敌意的左邻右舍中保护本·什穆埃尔。“当地人都讨厌他，因为他的下流嘴巴，”一个本·什穆埃尔曾经的学徒，后来为雅克·里普希茨做助手的伊萨多尔·格鲁斯曼回忆说，“他总是诅咒别人，总是和当地人干上，而我就得站出来帮他。”在巴克斯县的这个春天里，杰克逊遇到了一个不那么出名的雕塑家，名叫理查德·戴维斯，一个瘦弱娇小、年近三十的人，自认为也是本·什穆埃尔的“学生”。作为一个来自纽约的富家子弟，戴维斯也是他老师作品的热心的收藏者，而且常常从他自己在波克诺斯山克雷斯科附近的避暑庄园长途跋涉地去上布莱克艾迪专程拜访。杰克逊毫无疑问期待着这样的来访，把它当作从本·什穆埃尔情绪化的暴政中的一种解放，同时，和大都市来的戴维斯一起品尝当地啤酒也是一个告别与滴酒不沾的老师共度难以忍受的“旱季”的机会。

C. 1933，石雕，高度 4″

但是，尽管本·什穆埃尔有着喜怒无常的脾气和阴暗的情绪，尽管可以预见会有无酒可饮的整整三个月，杰克逊仍然决定作为工作室的帮工留在上布莱克艾迪度过暑假，而不是与弗兰克或马努埃尔·托勒金横跨国境去看母亲——他曾答应会回去。“（学徒）会（给杰克）提供一个获得实践经验的机会，”弗兰克写给玛丽，竭力解释杰克逊的变心，“而且暑假在户外对他有好处。他很遗憾不能回来，要不是因为钱太少而他又不愿意向家  245
里要钱。”

事实上，杰克逊在鲁瓦去世后的这个月没能回家看望母亲只是一种模式的一部分。同一个月，他同样回避了查尔斯和弗兰克，花大量的时间与本·什穆埃尔待在简街或是巴克斯县。4 月初，他随查尔斯和伊丽莎白一起从卡尔明街搬到位于东八街 46 号更宽敞的公寓内——35 美元 1 月租下整一层楼——但仅仅住了很短一段时间。不出几周，他就去了本·什穆埃尔在宾夕法尼亚的房子度过夏天。

没有记录记载当杰克逊 1933 年 5 月抵达上布莱克艾迪之后发生了什么，也没有记载他随后很快突然离开的原因。也许是因为孤独——这是他第一次完全依靠自己，几百里之内都没有一个家人。也许是因为他发现了先前尚未觉察到的本·什穆埃尔古怪性格的一些方面。比如，他可以突然爆发出极端暴力或是怪异的个性习惯。“他对黄油有着病态的憎恨，”格鲁斯曼记得，“如果他看到桌上有黄油，他会把它扔出去就像见了鬼一样，然后说，‘你能从黄油染上梅毒’。”或者也可能是因为，没有酒精的日子让杰克逊有限的节制力和自控力负担过重。不管何种原因，他只住到理查德·戴维斯这个季度第一次上门

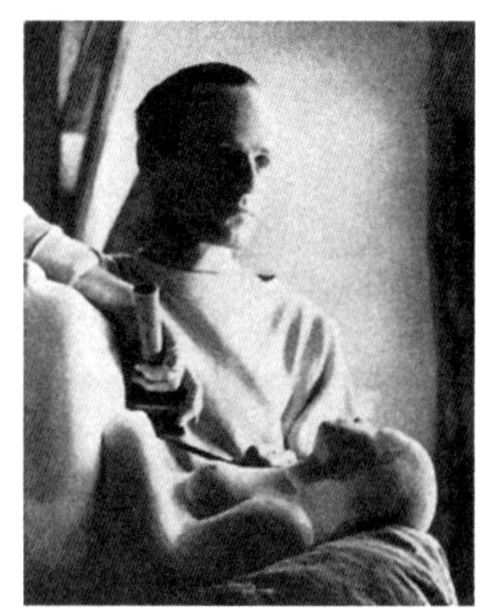

理查德·戴维斯

来吃甜点。显然，这不是一次心平气和的分别。他再也没有回过简街的工作室或是格林尼治的工作室，也很少再提起本·什穆埃尔这个名字。

这个夏天剩下的几个月，杰克逊都待在戴维斯甚至更为偏远的小屋，位于波克诺斯七松山的山坡上。这所房子隐藏在黑暗、树木浓密的山谷中，本地人称这里为“魔鬼洞”。房子因常年闲置而破败凋敝，起居室和卧室里有一个大型的壁炉，厨房有一个圆
246 肚子的火炉。就算是夏天最晴朗的日子，树叶也几乎把光线完全的遮住了。打破四周宁静的，只有松鼠和鹿的窸窣声，野鸡的喃喃细语，还有偶尔，野生火鸡用喉音的叫唤。“去那个山谷就像是去德拉库拉伯爵的城堡，”一个常去那片区域打猎的本地居民回忆道，“那里真的雾气太大，你必须得小心不要开枪误射到人或者让自己迷路。”

杰克逊是如何在魔鬼洞度过这个长夏的尚不得而知。戴维斯告诉他的兼职女佣，埃塔贝拉·斯特尔姆，杰克逊是他的“男仆”，尽管她还是继续做她平时做的那些家务活。这两个男人显然一起在这个偏僻的工作室画过素描，这个工作室通过有屋顶的过道连接着另一间小房间。偶尔，戴维斯会安排模特从纽约来一个周末，为他们的素描，或有时的黏土模型摆姿势。当他感觉一件黏土雕塑特别成功时，就会拿到城里去找人将它烧制出来。这两个人很快就建立了日常作息。他们早晨会去斯特尔姆的房子品尝她的奶牛的牛奶和院子里的蔬菜；然后，他们会一起做晚餐——经常吃戴维斯最爱的炖羊肉，杰克逊学会了它的做法。如果附近的克拉斯科消防站举办广场舞会，戴维斯和杰克逊会陪同斯特尔姆和她新婚的丈夫一同前往。“我们先叫他们来我们家，”斯特尔姆回忆，“我们会

玩牌，喝啤酒。我们自己酿的酒。然后我们就去跳舞。我那时才十七八岁，杰克也就是个孩子，和我一样。”在消防站舞会上的好几个迷人女孩子都仰慕这位“好看”的年纪大一点的男子和他“身高体壮”的年纪小一点的同伴，斯特尔姆回忆，但是“从来都不是女朋友。不，没有，没有。哪个女孩都不是”。这个夏天，杰克逊和戴维斯有好几次赶两个小时的路程去纽约，住在戴维斯位于中央公园西面的顶层豪华公寓。

除了这些大概的情节外，杰克逊和戴维斯共度的这三个月中的其他事情都鲜为人知。虽然杰克逊在接下来的秋天和冬天继续时常拜访波克诺斯的小屋，但他从没有向家人和朋友提起过这个夏天，也没有提起过戴维斯这个人。恰恰相反，他利用戴维斯的支持更加疏远了母亲和哥哥们。有了暑假的收入——或许是戴维斯直接补贴给他的钱——他在东五十八街褐砂石的富人房子里租了一间房间，第一次试着自食其力。虽然本顿已经从印第安纳回来，而且邻近他租的房子，但他却没能够注册联盟的课程。他仍然时不时地上那儿去——同学们记得偶尔能在乔治·伯里曼的素描课上看到他，还有一次在午餐室里与阿希尔·戈尔基争论——但是与许多老朋友都疏远了。他不再给家里写信，而且在谈话中，不再提到他的家人也不再吹嘘查尔斯的成就。

坚持独立仅仅是第一步，他表现出一种新的、不顾一切地想要证明他的男子汉气概的冲动。尽管不再上本顿的课，他仍然忠心地参加周一晚上重新开演的口琴捣蛋鬼，在本顿的卡通式的逞能和欢快的友好中，他从来没有像这样尽情享乐。当去做客用晚餐时， 247
他会在汤姆离开去上晚间课程后继续在那儿逗留，享用丽塔带着打情骂俏的关心，然后回到出租房间内把他们的风流韵事大肆透露给朋友们。谣言很快传开，杰克逊不无心机的沉默和醉酒时的自吹自擂更是推波助澜。在联盟的派对上，酒——自 1933 年 12 月 5 日起就可以合法取得，13 年以来的头一次——成了神奇的试金石。在女人周围，它将他变成了“发春的狗”，不是得寸进尺就是恶语毁谤。阿克塞尔·霍恩回忆起一次在派对上见到杰克逊“咆哮着穿过走廊，就像林神狂热地追求受惊吓的仙女……从这个我所认识的最温和最内向的人变成了一条喷火的火龙！”在男人周围，它把他变成了“印第安野人”，一个“躁狂症患者”，一个“海德先生”[1]。“他的酒品很差，”马尔文·朱尔斯回忆，“我们常常必须把他从争论中拉开才能防止打架。”在哈勒姆的波多黎各人的舞厅，他的好斗引起了一场与“陌生人”的持刀打斗，极有可能致命，尽管他显然在这一劫中毫发

1 “海德先生”是罗伯特·路易斯·斯蒂文森的作品《化身博士》中，双重人格的主角 Dr. Henry Jekyll 的邪恶人格。——译者注

无损。他事后跟一个朋友说，“如果美国人和别人打斗”，“他们就互相揍对方。但是没有谁需要丧命。但在那里，在哈勒姆，有人丧命才算完事”。

但是，就算是与死神擦肩而过也没能让他清醒多久。在圣诞节之际，口琴捣蛋鬼受邀到乔·埃·斯宾加恩的市区别墅。他是一位哥伦比亚大学的教授，同时也是一位社会活动家，常常邀请志同道合的朋友到他位于上西区的优美别墅一同分享对人权、经济改革和欧洲法西斯威胁的看法。这次的假日聚会是一场正式的活动。斯宾加恩的年轻太太艾米，曾经是艺术学生联盟的学生。她雇用了额外人员，另外准备了大量的酒水和开胃小吃的盛宴，还特地安排邀请她曾经的老师汤姆·本顿及他的口琴小乐队来为客人表演。

本顿由一群人陪同到来：杰克逊，马努埃尔·托勒金以及其他乐手，还有玛利亚·皮亚琴察，丽塔·本顿魅力十足的侄女，刚刚从布鲁克林高中毕业进入她叔叔汤姆“复杂世故的波西米亚”世界。在斯宾加恩家，“女佣人向你问候，男管家徘徊在你周围递给你金色顶端的香烟，”皮亚琴察回忆，“我从没有见过这样的场面。”乐队随着本顿的顿足拍子演奏着他们的曲目，托勒金吹口琴，杰克逊勉强吹着口簧。“我不知道该怎么去理解杰克逊，”皮亚琴察回忆，“他是个美丽的年轻男子，一个英俊的男孩，而且非常寡言少语。除了在他喝醉的时候之外很难和他沟通，不过他经常喝醉。”

当音乐终止，杰克逊径直朝酒水吧台走去。

在喝下了几杯之后，玛利亚可以看出杰克逊“完全就是在找人打架。他有一种特别的奇怪之处，一下子他就觉得这种布尔乔亚的氛围冒犯了他”。在某个时刻，他踉踉跄跄
248 地向两个穿着晚礼服的男人走去，嘟囔着大概是“道貌岸然”之类的话。拳头横飞，酒水吧台一下子就被毁掉了。在这之后，“是一场混战，”皮亚琴察回忆，“我所能记得的是杰克逊抓起我的手就跑，因为警察正在来的路上。我觉得很难为情因为这些人只不过是热心好客，一点儿错也没有。但是杰克逊却得意扬扬，挫伤的指关节让他兴奋不已。”

如果杰克逊想以这样的英勇冒险赢得玛利亚的少女芳心，那么当她开始与马努埃尔·托勒金约会时，一定对他是个不小的打击。自从在莱特伍德的夏天起，这两个老朋友就开始渐行渐远，但托勒金 1934 年在法拉吉尔画廊的个展和他成功追到玛利亚这两件事则超出了杰克逊的容忍范围。乔·德莱尼回忆起在这一时期某晚的一场痛饮中，杰克逊脱口而出“我才不把托勒金当回事！”马努埃尔告诉许多人说，秋天的某一个时候，他半夜醒来看见杰克逊站在他床前，醉醺醺的，挑衅地拿着刀，尽管后来他否认了这一事。皮亚琴察试着修补他们之间的间隙，邀请两人共同来参加在她家公寓屋顶上的意大利面

阿希尔·戈尔基和彼得·布萨

晚餐，但是他们很快就喝上了然后开始吵架。“然后他们就打了疯狂的一架，”皮亚琴察回忆，“他们在房顶上扭打在一起打滚，有一会儿滚到了房顶的边缘。我真的吓坏了。我知道他们肯定会掉下去而我会在楼下发现两个人都死了。”

大约就在这一时期，杰克逊结交了一位新朋友，一个不受过去纠缠的朋友，名叫彼得·布萨，是个矮小、感情充沛的人。他刚刚在五十八街的学生寄宿房租了间房间并在联盟入了学。他是从大学出逃的难民——在卡内基工业学院读了两年后无力负担学费——来自匹兹堡的意大利裔美国家庭，他们的家产在股市暴跌中损失殆尽。布萨成了杰克逊徒增的焦虑的最好倾听者。两个人长时间待在五十八街的小房间里，调侃多疑又小气 249
的、每晚都给他们吃烤豆子的爱尔兰房东，画素描，还有喝酒。和杰克逊一样，布萨也刚刚失去了父亲，一位西西里的教堂墙画画家。他同样，也是为了一种模糊但是迫切的悔过的补赎而离开家庭。用一种温柔、忏悔的声音，他告诉杰克逊他在逃票偷乘火车时被“狼”[2]羞辱，然后反过来，他又去羞辱下一个进入丛林的新猎物。“乘坐火车的共同经

2　暗涉 William S. Hart 的无声电影《Wolves of the Rail》。——译者注

《女人》，C. 1933，在纤维板上的油画，$14^{1/8''} \times 10^{1/2''}$

验让他们从第一天起就有了话题”，布萨回忆，“它让我们一见如故”。

一直以来，在杰克逊的家中，有一些领域是被禁止的，而与布萨的谈话是他能够探索这些领域的第一个机会。“他告诉我他遇到了问题并且正在试着渡过难关，”布萨说，“我说，‘是酗酒吗？’他说，‘不，这只是一部分。就是那个问题才引起了酗酒。’但是当他开始说到他的问题时，我说，‘到底是什么？’他就会突然失言痛哭，说他自己也不知道。”那时，布萨就会耐心的倾听。“我确定他遇到了让他心动的男人”，布萨回忆，“而我觉得他被一些这样的经历困扰。他不需要任何人告诉他他有同性恋倾向。而我要说的只是‘不管怎样能过去就好’。”

整个秋天和冬天，杰克逊往返于恶魔洞的小屋和秋季免费狂欢派对上的酒精与大男子主义行为之间；来回挣扎于与彼得·布萨探索灵魂的对话和他那焦躁的愤怒无厘头的爆发之间。“从这一分钟到下一分钟，他简直判若两人，”玛利亚·皮亚琴察这样回忆。布萨，从联盟的小道消息听到杰克逊每一次暴怒的各种传闻，被“两个杰克逊·波洛克”
250 给搞糊涂了。“我注意到了他行为中的矛盾性。所以我对他说，‘见它们的鬼，所有关于你的到处说三道四唯恐天下不乱的狗屁话——我觉得你非常温和。’”对此杰克逊回答道，“永远不要把温和当成懦弱。”自虐的漩涡——两年前他的家人曾将他从中救出——又一

《感伤之旅》，阿尔伯特·平卡姆·赖德
画布上的油画，12" ×10"

次失控地旋转起来。朋友们发现越来越难把他“竖着”弄回家。他会猛冲上街，冲着车辆喊“从我身上碾过”，砸开商店橱窗，然后陷入“昏迷”般的沉默。两年前的狂饮也许会结束在朋友家的沙发上，而现在则荒唐地结束在阴沟里。在驶向哈德逊的夜船上举办的一场联盟派对上，伴随着爵士在黑暗的河面回响，杰克逊旋松了所有的灯泡，把人群都丢进了黑暗里，然后摇摇晃晃地爬上了栏杆的顶端，疯狂地摆动。“他挥舞着手臂，”菲利普·帕维亚回忆，“大叫，‘我要跳了。我要跳了’，然后我们都笑掉了大牙。”突然，杰克逊转过身背对着人群注视着黑暗，好像他真的就要跳了。纳桑·卡兹、伯纳德·斯蒂芬，还有其他好几个人拉住了他，奋力把他拖到甲板上，此时他又奇怪地变得温顺呆滞。“杰克逊总是带给你一种虚无的感觉，”乔治·麦克奈尔说，“好像他生活在洪荒之中一样。”

在1933年这个狂乱秋季的某些时候，杰克逊重新回到了绘画。可以推测，他在周末造访恶魔洞的小屋期间继续从事着雕塑，但他公开回到这一媒介还要再过上十年。不过，驱使他转向雕塑的情感需求尚未得到满足。当他重新开始绘画时，出现的图像并不是汤姆·本顿的明信片式的西部景象，而是黑暗、压抑的死亡的图像。对着一个他从伯里曼的解剖工作室“借”来的头骨，他画了一些至今仍如噩梦般无法释怀的场景：一个体形巨大、胸部下垂的女人被五个枯槁的人形和一个脱离肉体的头骨包围着；一个女人——也 251

《西行》，1934—1936，组合板上的油画，$15^{1/8''} \times 20^{7/8''}$

许在哀悼——悬浮在一具巨大的动物骨架之上，与此同时一群骷髅脸正包围着她。这已不是本顿的风格了。在下垂的胸部或是弯曲的膝盖处仍有凹凸风格的回响，但是复杂交织的短促、起伏的线条已经被骇人的涌动和出人意料的猛戳所代替，画面上满是杰克逊那么长时间以来一直挣扎着企图压制它们的骚动的笔触。没有本顿矫揉造作的喜气，却有着阿尔伯特·平卡姆·赖德令人着迷的情绪化，杰克逊应该在曾展出过本顿作品的法拉吉尔画廊看到过他的作品。观摩了赖德小画幅厚涂的画布（而且，毋庸置疑，也阅读了1932年法拉吉尔画廊总监弗雷德里克·纽林·普莱斯提供的关于赖德的专著），杰克逊被这些反映了他自己的磨难的画面所深深吸引：像《感伤之旅》这样晦暗的画面，一个带着大礼帽的男人开着一辆像灵车般的货车，谨慎地驶过一个弯道驶入月光下的远方。在《西行》中，杰克逊画了同样的货车，转移到了他童年时代的土地上，弯过同样不祥的弯道，四周是狂怒的天空中末日景象般的云卷和与翻滚搅动的风景。在普莱斯的另一幅绘画《乘风而逝》（后来被认定为复制品）中，在隐约怪异、月食般幽暗的月光中，骑着马手持镰刀的死神正穿越过贫瘠的土地，他的目标，显然，是一头毫无防备的、在一棵枯槁的树下吃草的阉牛。在杰克逊同一个景象的两幅画中，死神变成了一个牛仔，阉牛变成了一具骷髅骨架，但是死亡的主题依旧是常态。

就在这些画中，回忆第一次侵入了杰克逊的艺术——不是信手拈来的、本顿墙画式
252 或杰克逊早年本顿式的作品中的如画回忆，而是来自于他自己童年中特定的记忆：凤凰城外慑人的公牛，斯黛拉翻了的货车，大峡谷边狂奔的印第安种小马。在类似《西行》

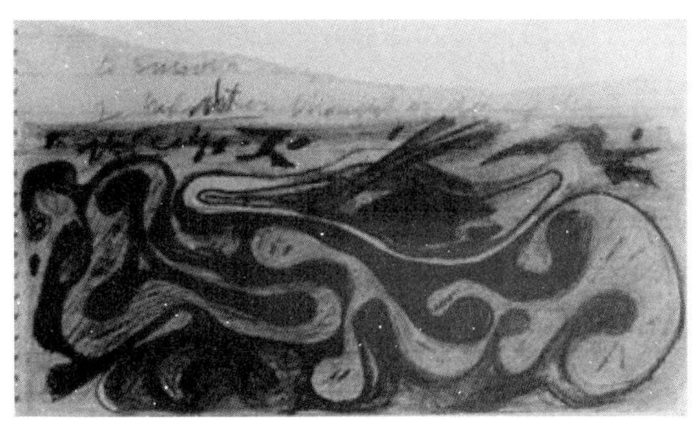

30年代中期，铅笔和蜡笔在练习纸上，4″×7″

和《马车》这样的作品中，在鲁瓦式的货车司机催促他的马匹的形象中，在奇科的风车磨坊塔、科迪的长途赶牲口的人和奥兰德注水沉箱的形象中，往昔岁月得到了隐射。有一幅未命名的画作，其尺寸在这一时期显得异乎寻常的大，画中杰克逊描绘了农民一家聚在谷仓，周围围着一群鸡，这几乎可算是一幅正式的肖像画了。毫无个人特征的、图腾般的母亲和父亲形象赫然耸立于画幅的两侧（杰克逊在日后将一而再再而三地回到这种构图）。母亲的形象高耸在父亲之上，手中抱着一个没有具体脸部形象的孩子，而另一个孩子小心翼翼地从母亲的身后向外窥视。一个丁点儿大的娃娃一样的孩子不安稳地坐在面如骷髅的父亲膝上。前景中，两个大一点的孩子，已经洞悉了性的秘密，一起赶着一头母牛和一头公牛。炽热的谷仓透着一种威胁，像是要升起将他们吞没；黑色的天空布满了一道道厄运征兆般的橘色和红色的条纹。就像两堆火焰升起的烟一样，杰克逊惨淡模糊的过去与莱德黑暗、骚动的风格的交织随处可见。天空低沉地逼近，大地痉挛地抖动，太阳和月亮，常常晦暗朦胧，发出微弱的光亮，人物运动于毫无面部特征的明暗对比中。它们不是噩梦的图像，而是当第一次感知到恐惧临近时，在遭遇无法解释的黑暗的第一瞬捕捉到的焦虑的梦境。

彼得·布萨回忆，杰克逊对父亲之死的沉迷将他引向了对“命运”和“机遇”有关的问题的追问，以及“他所为何事，落得如此下场”。有人——也许是理查德·戴维斯——给了他一本《白鲸》，杰克逊把这本书啃了几遍——“他一定不止试着读了一遍，而是十遍”，布萨回想——也许他读出了船长亚哈在看似无常的人生中对意义的痴迷追寻：

一切可见的东西，人，都不过是硬纸板做的面具。但是，在每一件事中——在

未命名（家庭场景），1930—1934，纤维板上的蛋彩画，$26^{1/4''} \times 42^{1/4''}$

> 253 当下的行动中，这些无可置疑的行为——却有着前所未知但遵循着理性的事情，从非理性的面具背后显现出它的面目。如果人类可以奋力一击，击穿那面具！

杰克逊对在任意无序的表象下发现一种类型模式——面具之下的面孔——感到痴迷，这种痴迷使他迷上了街边的扑克游戏和三张牌魔术。“他喜欢赌博，”布萨回忆，“而且在纽约，那个时候，如果你想赌博，只需上街角兜一圈。它们启发了他的领悟，在偶然性背后有逻辑，事情的发生遵循着某种节律，从来没有所谓的任意和随机。”在格林尼治村，一大清早，杰克逊会极其入迷地追踪警察的马匹在马路上留下的尿液痕迹。“一次，一个警察把他逮了个正着，还差点把他送上法庭，”布萨回忆，“但是我说，‘不，你抓错人了。他会以此为题给你写篇论文。’我说，‘他在上大学，这是他研究的一部分。’那个警察真的搞不懂我们，就让我们走了。不过，杰克逊确实对这档子事感兴趣。”

在素描作品里，杰克逊转向了“涂鸦”来探索任意性。小片的涂鸦第一次出现在了信笺、便签和大幅素描的边缘，肆无忌惮地伸展侵入其他图像——有时是一些几何图形，有时是一些漩涡，有时会用彩色铅笔或颜料返工。偶尔，失去控制的图案侵占了一整张纸——也或许是有意地放纵——也许是为了掩盖隐藏其中的一幅较早的图像。

同一年，杰克逊画了他的第一幅自画像。这是这一时期自我专注、自我欺骗和自我 254
伤害的一个恰当的顶点。在其中，22 岁的杰克逊将自己画成了一个孩子。他只有九岁或者 10 岁——那是鲁瓦 · 波洛克离开家时他的年龄——苦恼的，瘦弱的，眼睛深陷的。他从赖德式的阴暗中向外张望，一半在黑暗中，企图隐藏他的恐惧。这幅画并不是根据一张老照片所作；而是他在镜中看到的自己的脸。它是内心的虚空。玛利亚 · 皮亚琴察在这张作品完成后见到了它的样子。“我感到它非常具有揭示性，”她回忆，“这是一个疯子的画作。它是一个内心波澜起伏的人所作的极度痛苦、极度坦露的画……如此这般的仇恨在这个小男孩的脸上沸腾。”与其他一些画作一起，这幅自画像标识了杰克逊艺术上一个新时期的开始。他发现了一个全新的、取之不尽用之不竭的主题：镜中惊恐的小孩。抛弃了美国往事和本顿的往事，取而代之的是他发现的这条追溯往昔的路，一条通向他自己的往事和他自己的潜意识的路。他将会从虚空中抽离出图像。

255

17

无畏的青年

杰克逊最近一次闹事的消息终于传到了它意欲达到的观众那里。1933 年正值冬季的一个深夜，布鲁斯·米切尔和惠特尼·达罗出现在了位于第八街的查尔斯·波洛克的家门口，告知杰克逊被捕了，被抓去了附近的杰弗逊市场监狱。他在一家本地夜总会横冲直撞并侮辱了一名警官。尽管事后他轻描淡写地称之为“一桩小事”，但在当时，查尔斯却对面临的犯罪起诉万分焦虑。他向恩斯特·霍维，一个英国人，伊丽莎白的朋友，寻求帮助，来为杰克逊的行为出庭作证。在第二天的传讯上，霍维，一个庄重严肃的年长者，几乎不了解这个被指控的人，说服了法官给杰克逊一个“严重警告”，放他一马。

不管杰克逊是否得到了教训，他的家人显然是得到了。在他独立生活仅仅两三个月以后，杰克逊被邀请回到第八街的公寓与查尔斯和伊丽莎白同住。另一场对他的拯救努力开始了。

大多数时候，家里人都像往常一样对他悉听尊便。“我曾希望杰克今年能为了他自己走出来，”弗兰克在 1933 年年末给查尔斯这样写道，“当我想实际情况使现在这样的安排更为明智。”伊丽莎白则远没有那么乐观。“他带着这种特有的不满、自私的情绪来到两个非常相爱的年轻人中间，而且极大地影响了他们自己的生活，”她回忆，“他和我的相处行为就像是休战时候的军队。”不顾伊丽莎白的反对，查尔斯投入越来越多的时间和精力来使他的小弟弟能一门心思并保持冷静。通过将杰克逊的小工作室与公寓其余部分分隔开的墙壁，查尔斯保持了一种非同寻常地煞费苦心的警觉。“我的工作室在前面，所以我可以对杰克逊的活动有所知晓，”他记得，“我知道他正经受着地狱般的挣扎。”一有机
256 会，他就会在杰克逊的门前停下，“察看他正在做些什么”。也许是在查尔斯的提议下，两兄弟都为在格林尼治之家的一个墙画计划准备了草图。技术纯熟而且一如既往地深谙

潮流的查尔斯，描绘了一个手推车小贩被一辆大卡车撞倒（在资本主义体制的压迫下工人的命运）；而杰克逊，在棕色的包装纸上，以赖德式的昏暗的蓝色调子，用油彩简要画了五个弹奏乐器的人，令人想起本顿的周一晚间音乐会。尽管两人的艺术生涯一直都有着某种联系，但这是两兄弟第一次，也是唯一的一次合作。

在查尔斯带来的鼓舞下，杰克逊挺过了这个冬天——这个季节越来越成为一年中最麻烦的时候。春天的晚些时候，杰克逊拜访了在玛莎葡萄岛的本顿一家，治疗以这种方式继续进行。从侄女玛丽·皮亚琴察那里听到了关于杰克逊饮酒情况的丽塔，尤其热心地愿意提供帮助。

5 月的一部分时间和 6 月里，杰克逊得到了舒展，在葡萄岛混着咸味的阳光下戒了酒。“没有酒精的时候，他非常安静”，本顿回忆，“不是忧郁，只是安静。我们对他有吸引力。我猜想我们是吸引了他。从我听到的故事来看，我相信他在玛莎葡萄岛的时间比他这一生其他任何时间都更快乐。”与丽塔一起，杰克逊采摘了蓝莓，从附近的浅水湾中挖蛤蜊。8 岁的小本顿教他帆船。汤姆雇他做园丁的活儿，粉刷房子，还有砍柴火。每天中午时分，全家人会“一拥而出穿过荒漠的沼泽”去加入沙滩上其他夏季居民的野餐，然后在滚烫的沙子上一丝不挂地晒个太阳浴——好几年前汤姆将这项活动介绍给了目瞪口呆的岛民。如果他想一个人待一会儿，杰克逊就会在迈南莎附近的山间游荡，时而画些田园牧歌的风景和海景的素描或油画。当太阳终于开始落入戈海德灯塔的身后，丽塔会摆一桌丰盛晚餐，有乌贼意面，蛤蜊烧意大利细面条，龙虾，还有从迈南莎的渔民那里获得的最新鲜的鱼；然后，杰克逊会早早离席去屋后的鸡棚——被戏称为“杰克的小棚屋”。没有收音机，没有玩牌，没有留声机，却有一只清晨四点报晓的公鸡，一天早早就结束了。

但是，不管是从一个代管家庭还是从葡萄岛的海边空气，人们期望得到的总有限。丽塔，毕竟，既给予了安慰也带来了焦虑。而在木瓦小房子里的亲密和与世隔绝更加惹恼了对本顿的一种无法言说的恨意。尽管对这一情况还完全不知情，汤姆察觉到了在杰克逊不可捉摸的情绪化背后的一种矛盾。“他大多数情况下是个安静、内向的男孩，”本顿事后回忆，“即使是和愉快的人在一起，他也透露着一种不愉快的气氛。”

在仲夏，查尔斯和杰克逊驾驶一辆 1926 年福特 T 型车，开始了一次最终全程 8000 英里的穿越国境之旅。这是杰克逊五年中第四次这样的旅行。

257 当斯黛拉·波洛克不开心的时候，她一气之下就会把全家赶到一个新的地方，冥冥中希望在另一个地方，命运会对他们好一些。由于无法面对困难，她将搬迁——只是行程公里数的增加——视为危机时刻的最终出路。这一招，她的儿子们青出于蓝而胜于蓝。十几年间，在一个旅行还是件艰苦、费时且常常伴有危险的事的时代，他们以巨大的、穿越大陆的情感宣泄的动能，在乡村间跳东跳西地开着老掉牙的汽车行驶了几千英里。远早于汤姆·本顿敦促他的学生去感受乡村小路中的美国，杰克逊·波洛克就已经从塞弗里德以外的路上、从破旧的T型车的轮子上寻求安慰了；同时，很久以后，他遇到危机的第一反应就是堆公里数远离它——开得越快，堆得也越快——去追寻斯黛拉永远也没能找到的目的地和逃逸的速度。

1934年之旅的托词是去兑现他们去探望在洛杉矶的寡妇母亲的陈年允诺。但其实远不止这样：他们的路线太迂回，节奏太不紧不慢，而在洛杉矶的停留却太短暂。根据波洛克家的标准，旅行准备一向很详尽。他们卷上铺盖带上行军床从而省去了住旅店，还带上炊具节约伙食费。查尔斯还记得“我们用在高速公路边找到的木材来准备食物”，“到了晚上我们只在教堂的院子或者学校里找个地方安顿一晚”。路线首先引领他们来到了宾夕法尼亚西南的煤矿区，经过尤宁敦再跨越莫农格希拉河进入弗吉尼亚西部，那里的矿井大多已经闲置了，城镇也不景气得令人绝望。在查尔斯顿附近，吹入敞开的空煤窑的风给方圆几里的所有东西，包括过路的汽车，都裹上了黑色尘土。1929年以来，煤炭的价格和产量都暴跌了。在煤矿公司形成的镇上，在公司扣除了房租、爆破费用和保险后，即便是月挖45吨之多的矿工，他的债务到了月底也将会比月初陷得更深。矿工们被迫给他们的孩子规定“进食日”——很少能超过每周三天。

第一站是肯塔基州哈伦县，就在穿过塔格佛克的坎伯兰山里。1931年，罢工的哈伦县矿工与携带枪支的警察在伊瓦兹的战场上发生了一场激战，四人丧生，并且诱发了与矿主、美国矿业工人联合会以及国家卫队的对峙。共产党很快利用了这场暴乱以及随后的袋鼠审判（在审判中，矿工被起诉谋杀警官），称他们打响了马克思预测的阶级斗争的第一枪。在接下来的三年里，哈伦县就成了激进的纽约知识界的热门圣地。满满一列车显赫的作家、知识分子，从纽约来这里朝圣，包括西奥多·德莱赛、约翰·多斯·帕索斯、舍伍德·安德森、爱德蒙·威尔逊和马尔科姆·考利。但是这场战役还是输了。在查尔斯
258 和杰克逊经过此地时，联盟的运动已经从肯塔基州消失，它的最后的同情者也已被迫离开了矿井。

从哈伦县，兄弟俩跟随丹尼尔·布恩的荒原之路穿越了坎伯兰岬口然后到达大烟山起伏的乔松高原。杰克逊和惠特尼·达罗在1932年回加利福尼亚的路上曾穿过亚拉巴马州，为了避免重复这条路，他们转向了正西方的诺克斯维尔，然后蜿蜒地沿着田纳西边缘绵延的山脊行进。过了那什维尔，道路终于跳入了二百英里宽的密西西比河谷；从田纳西河到孟菲斯，几乎连一座小山丘都没有。到了孟菲斯，这个本顿曾停下脚步游览“布鲁斯的故乡”比尔街并画下了一些困倦街景的地方，他们看到了几英里宽的密西西比河奔腾旅程的最后一站，沿着它的水道弯转卷曲，用马克·吐温的话说，就像“一条长长的、柔顺的削下来的苹果皮”。由于迫不及待地向往新奥尔良，兄弟俩于是在孟菲斯转向南，直接下切穿越密西西比河闷热无风的夏天，略过——塔拉哈奇县、亚洛布沙县和亚祖河——这些名字是这片区域的原著居民留下的仅有的东西了——然后走出河谷进入广阔的三角洲—— 一万平方英里的密西西比河沙，一粒粒地，从远到怀俄明州科迪的肖松尼河岸漂流至此。

对于查尔斯来说，去新奥尔良的旅行可不仅仅是一次观光之旅。在这个国家建立之初的几十年，新奥尔良是斯特利维尔的故乡，美国唯一合法的红灯区。战前风格的“宫殿”和街边成列的小房间里艳丽闪亮的暗娼——从她们那儿最低25美分不管什么样的享乐都买得到——有关这些的传说激起了少年的幻想。尽管斯特利维尔已经被正式关闭了长达15年，它的神话仍在延续，同样延续的还有围绕它滋生的庞大经济。新奥尔良有名有姓的老鸨——像康迪斯·威利·皮亚查，约西·阿灵顿和露露·怀特，还有上百名小规模“单干”的——被驱散却并不气馁，重新渗透到了周围地区，包括法国区，将新奥尔良的传统传承下去。“该有的事总会发生，”一位当地的地下导游带着怂恿吹嘘道，“那些不能在这里得到满足的人，骨子里一定都是同性恋。”

十有八九的可能性是，这里才是查尔斯真正的目的地。计划斯特利维尔之行不仅仅只是变个花样让杰克逊在夏天远离纽约（还有远离麻烦），也不仅仅是为他陷入困境的灵魂的普通治疗，而可能是为了解决家人所认为的杰克逊的真正问题：他在性方面的发育迟缓抑或偏离了方向。不管流言是不是传到了查尔斯的耳朵里，他的担心有许多理由。弗兰克当然汇报了他给萝丝·米勒的冷遇。伊丽莎白心直口快地指出杰克逊对一段严肃、持久的恋人关系毫无兴趣。而且，就是到了22岁的年纪，令查尔斯自己入迷的性方面的奇闻逸事，杰克逊却还没有表现出任何真正的热情。在几个兄弟中，杰克逊的无动于衷变得令人尴尬而可疑。在这里，体验着传说中斯特利维尔的遗风，查尔斯或许可以帮助 259

他最年轻的弟弟重振雄风。

那个晚上，他带着杰克逊去了红灯区。“女人们在门廊上邀请我们进入，”查尔斯回忆，“‘25 美分，什么方式由你喜欢。’”杰克逊喜欢哪种方式并没有记载。事实上，对那个晚上，查尔斯唯一记得的事就是他和杰克逊谁都没再提起过它——这不是一个好兆头，因为波洛克兄弟对性征服的故事总是有滔滔不绝的热情。

过了密西西比河，大平原就是个“新撒哈拉”。穿过半个德州，甚至都还不是沙漠，从博蒙特到圣安东尼，查尔斯和杰克逊就目睹了风沙侵蚀区南缘的荒漠景象。杰克逊曾在 1931 年的旅途中就看出了迹象，但在那以后，1933 年的夏季让中部地区百万公顷的地表土壤成了细微的尘埃。在那一年的停战日，一场严重的沙尘暴在达科他的草原上升起，远到纽约州奥尔巴尼的正午都不见天日。公路、房子、动物和人都消失在了 1933 年这场“黑色风暴”留下的月表景观之下。当波洛克兄弟七个月后来到这里时，一切几乎没有改变。温度似乎一直高达华氏一百度，每一秒钟都有荒凉的农舍、农用器械和棚屋顶从“一人高深”的堆积物下探出头来。在厄尔巴索，道路上开始挤满了拖家带口的农民，他们开着破车，比杰克逊家的车还要古老破旧——1925 年的道奇、1927 年的拉萨尔和 1923 年的破烂不堪的福特 T 型车，还有高高地堆着床垫、炊具还有孩子的卡车——所有这些都同查尔斯与杰克逊一样，驶向加利福尼亚这片希望的热土。“这一年正是俄克拉荷马州大移民的那年，”查尔斯回忆，“还有干旱。我们全看见了。”

他们在凤凰城外短暂地停留了几天，看望了老朋友明奇一家和莫里斯一家。最后，查尔斯和杰克逊在 7 月末的某一天抵达了洛杉矶。

对所见到的事他们始料未及。

大萧条终于击溃了波洛克家。桑特在鲁瓦逝世前不久丢了他在《纽约时报》的肥差，然后就再没人能找到一份稳定的工作了。有一段时间，杰伊到路上在父亲的岗位上工作，桑特加入鲁本·卡迪什一起在办公室的保险箱上画人造木纹。卡迪什记得“我们做一次能拿二十五块”，“这已经很多了”。但是不久，这样的工作，就像南加利福尼亚的大多数工作一样，也难觅踪影或是被更便宜的劳动力吸走——正是查尔斯和杰克逊看到堵在路上的那些成千上万无家可归的人。当弗兰克 1933 年夏天回来时，家里又多了一张嘴巴而仍然只有断断续续的工作——十天在电厂，每天很少超过几个小时的工作时间，只有精干
260 巴瘦的工资。整个冬季，弗兰克和桑特试着在新成立的土木工程管理局登记（CWA）（到

一月，全国有 400 万人口通过 CWA 赚取十五美元一周），但是地方项目的腐败将他们拒之门外。斯黛拉自从鲁瓦去世后就不再付蒙特希托路房子的租金了，同时，由于商店买的食物已经成了奢侈，她就拓展了她屋后的园子。杰伊拿出了他存的每一分钱买了头产奶的山羊，然后又开始存钱买几只兔子和鸡。在 1934 年春天，他迫不及待的向查尔斯保证，"我们饮食有了着落，而且将设法继续维持……用我们后院里牧场的牛奶、鸡蛋和肉我们可以维持到直到有办法解决这种烂透了的状况为止。"波洛克一家已经好几年过得紧巴巴了，但是现在，在每个人的记忆中这是头一次，他们正失控地滑向赤贫。

对于从富裕跌入贫穷，没有人的感受比桑特更剧烈。四年里，甚至是在经济危机之后，他在《纽约时报》的影印工厂的工作保护了他免受家中和外界社会日益涨潮的焦虑。他养成了昂贵的品味——在车、衣服和朋友上。"桑特赚了很多钱，"鲁本·卡迪什回忆，"但他全都花光了。一双 30 美元的鞋，180 美元的西装。"有钱同样使他很轻易就能回到里弗赛德与阿勒瓦共度周末。当他不在里弗赛德也不在蒙特希托路的房子时，他会与一群不靠谱的、放纵自我的朋友一头扎进城里，那些人总是遇到要花钱的"麻烦"，而桑特又总是觉得自己有义务帮他们。"（他们）大多数连干掉他们的火药都不值"，杰伊向弗兰克抱怨。

当失业终于落到他头上，工资停了，桑特乱了手脚。就像其他几百万在 30 年代初期被剥夺了饭碗的、依靠工作来获得自尊的人一样，桑特尽可能维持他的体面习惯。卡迪什回忆，"即使是当他失业的时候，他来我工作的地方，所有东西都整洁入时。从来不穿蓝牛仔裤。我们画保险箱上的木纹，而且还使用油彩和溶剂。但是桑特始终穿着西装来这里。这是他在《纽约时报》工作的方式。"当拒绝这种贫困生活的努力失败后，桑特，就像杰克逊一样，诉诸酒精、自我沉溺和高速驾驶。一次从洛杉矶的派对上醉酒归来，他把车撞到了电话亭上。"他就是要走极端，"玛丽·波洛克回忆，当时她就坐在无篷座位上，"那就是他的目的。"在另一个派对上，他爬上了一所房子的屋顶然后试着要跳到旁边的一棵树上。"他没跳成功，"玛丽回忆，"但他太醉了所以也没伤到。"他的沮丧常常发泄在洛杉矶郊外的阿斯科特高速上，他在那些卡车边上开赛车，以闻所未闻的每小时 90 英里的速度；或者发泄在去旧金山的路途上，仅仅六个小时就开了 450 英里。

在有钱的时候，桑特放弃了素描本和关于童年时代的绘画，而选择欣赏从查尔斯和波洛克身上间接感受到的艺术成就。但是，有了鲁本·卡迪什和菲利浦·戈德斯坦这些朋友代替原来巴结攀附的圈子，他对艺术的兴趣又回来了。1932 年末，在卡迪什的怂恿下，

菲利浦·戈德斯坦和鲁本·卡迪什在桑特·波洛克的墙画前

261 他加入了西凯罗斯的“湿墙画班”。不久他就成了卡迪什和戈德斯坦的助手，不仅学习了绘画技法，也学到了他们的激进政治。

但是桑特对艺术的努力总是更接近于环境使然而不是一种持续投入的热情。“他并没有像菲利浦、我、杰克，或是这个圈子里的任何一个人一样，产生想成为画家的愿望，”卡迪什回忆，“他只是想和我们一起。”杰克逊同样感受到了他哥哥的艺术抱负被说得多么崇高，同时又多么多变。在桑特加入西凯罗斯的工作室不久，他就写道“当你没工作的时候，就亲近你的艺术”。近亲——有在乎的事情或是有在乎的人——不论是对一份工作，或是一个兄弟——对桑特来说是唯一重要的事。有一段时间，在杰克逊去了纽约之后，他那些做事出格的朋友就满足了这种需求。他有着雕塑般的外貌特征，结实、肌肉发达的体格，还有着动人可爱的乡村男孩的举止，很容易就能交上朋友。卡迪什说“这个男人身上有一种温暖的感觉，非常、非常有吸引力”。但是在这种温暖和男子气概的背后，有一种深刻的空虚，无论是卡迪什还是阿勒瓦都无法填补。前者 1934 年春天与戈德斯坦一起去了墨西哥，后者本来就是个没有抱怨、自我满足的人。桑特需要的是一个特殊的被他照料的人，一个和他一样不完整的人，来平息他自己心中的魔鬼。

杰克逊和查尔斯在抵达仅仅几周后就一起离开了洛杉矶，桑特在经历了过去几年所有的来来回回后，头一次真正感到了心碎。“你们走了以后留下了孤独，我们真的很想念 262
你们”，斯黛拉给查尔斯和波洛克写道，“我为桑特感到遗憾，他几乎崩溃，还哭着说讨厌看着你们离开，他想要和你们一起走。”

不可避免的事短短一个半月后就发生了。在那段时间，自从回到第八街的公寓后就被伊丽莎白关在家里的杰克逊，在休斯顿街上找到了一间只供应冷水的公寓；与此同时，在洛杉矶，桑特继续与阿勒瓦强词夺理地争吵：“没有钱我们就没法结婚，如果没法结婚，或许我们的关系就应该断一段时间，去认识其他的人。”

1934 年 10 月的某一天，桑特到了纽约——“怀揣 34 美分，一身加利福尼亚的着装。”他是来就职一份他似乎生就适合的工作：照顾杰克逊。没人能比他更适合这项任务或是完成得更好——这是幸运的，因为在后来的几年中，杰克逊会比以往任何时候更需要这种照顾。

那个桑特前来拯救他兄弟的纽约，是一个自己也需要救赎的城市。五年的大萧条已经把 20 年代传说中的那个城市的最后一丝活力和乐观耗尽。刘易斯 · 芒福德观察到，“新资本主义这艘骄傲的、永不沉没的‘泰坦尼克’触到了冰山且已经倾覆。”即使是罗斯福，在扭转“紧缩银根和市场担忧”的灰色浪潮时也显得力不从心。在新政开始的 20 个月内，物价飞涨，工资暴跌，还有一大波移民潮拉开了序幕。像国家复兴署（NRA）这样度蜜月式的复兴努力已经走到了尽头，1600 万人仍然处于失业，还有另外 100 万人正在罢工（仅 1934 年一年就有 1800 次罢工）。全面的阶级战争在几个城市爆发了，四处弥漫着斗争的气氛。与杰克逊不同，有的人，还关心着让人晕头转向的个人和民族创伤以外的事情，对他们来说海外还有更不祥的、战争来临的烽火信号：德国的冯 · 兴登堡的逝世和阿道夫 · 希特勒的上位，西班牙的内战，埃塞俄比亚和意大利军队的边境冲突。“在纽约的知识分子中，”那一时期的历史学界称，“有一种强烈的不祥、黑暗的预感。”斯宾格勒红极一时。《西方的没落》如同黑云一样笼罩在这座城市的上空。

在街头，曾经引起震惊、愤怒和同情的景象已经成了常态：公园里朝不保夕的人在长椅上死气沉沉地扎堆，带着纸袋装的行李；大批穿着灰暗衣裳有灰暗面容的人倚着墙，占满了人行道，等着赫斯特先生的咖啡车，在地上收获烟头，从垃圾箱里收获报纸，成列站在每一个空旷的地方卖15元一支的花或苹果或橙子或报纸，或擦鞋，或干脆乞讨。在晴朗的印第安夏日，他们会成千上万地涌入市中心。从桥下和单坡棚屋，从地铁站和火车站台，从中央公园干涸的蓄水池里的胡佛村，从伊斯特河码头上硕大的紧急避难所，那个人体的恶臭“不比牛甜，不比马香”的地方，他们蚂蚁一样汇集起来——起初组成
263 了面包救济摊密密麻麻的队伍，然后填满了灰蒙蒙的公寓和街角。他们不是美国传统意义上的流浪乞讨者。一个市避难所的门卫告诉马修·约瑟夫森，“今天，我们正拥有一个非常好的社会阶层。他们其中一半绝不是什么流浪汉。”他们大多数只是失业的人，这是一个巨大的、随处可见的新阶层——在最坏的时候，光纽约就有100万人之多。并不是所有人都无家可归。过了莱克星顿大街以东以及西面的第六街，林立着一排排一望无际的“大萧条棚屋”，瓦楞铁皮村。在那里，人行道已经毁坏，绝望的气氛触目惊心，婴儿因营养不良而死亡，死人被丢在街上，冬天，身份不明的人被发现冻死在废弃的仓库。在更为永久性的社区，比如村子，有一种叫“上救济站”的游戏。小女孩们操纵她们的娃娃，向扮演救济站工作人员的其他小女孩们表演她们的家庭困境。男孩子们则玩一种更残酷的游戏“罢工纠察”，游戏中他们会向对方大叫“工贼”，然后模拟激烈的街头打斗。在更高级一点的街区，谈话常常转向自杀。有一则关于宾馆前台服务员询问客人的笑话广为流传：“你要一间睡觉的房间还是跳楼的房间？”

每四个人中就有一个失业，每十个失业的人中就有一个无家可归，以这样一个城市的标准来看，杰克逊和桑特·波洛克过得还不错。杰克逊在村子南面找到的“公寓”只不过是一幢废弃商务楼的顶楼，孤零零地立在休斯顿大街两侧成堆的碎石烂瓦和大萧条棚屋之中——有时候两者之间几乎难以区分。可能不用付租金，但这是一处光秃秃的、谷仓似的空间，既没有暖气也没有热水。“为了让他们注意到我们，我们得向窗户扔石头。”玛利亚·皮亚琴察回忆，她常常和她的朋友玛德莲一起在从克莱因百货下班回家的路上顺道来坐坐。“我们会看到他们的脑袋在很高的半空中，然后他们会下楼，去他们的工作室我们得爬上这么多楼梯，而那里真的就是一大间什么也没有的空房子。”为了劝说阿勒瓦不要来纽约加入他们——她正盼着来——桑特写信告诉她这里令人失望的状况：“这是个糟透了的地方，就是城里一个猪圈！”“桑特不希望我去，”阿勒瓦说，“他说那里对女人来说不合适，而且有时会非常冷，他们不得不烧家具取暖。”不管是不是猪圈，皮亚琴察和其他人却常常来这里——尽管他们如果来吃饭就需要自带锅碗瓢盆。但如果说这个地方不适合女人，那主要是因为桑特和杰克逊在石灰剥落的墙上画了重口味的“色情墙

画”。“他们还真是调皮，”皮亚琴察回忆说，“他们是那种随地小便的男孩子，总是做那样的事情。我和玛德莲非常努力地克制自己不去注意他们。”

在本顿一家的帮助下，两兄弟在位于西十三街的城市乡村学校找到了一份工作。那是一所根据约翰·杜威“在行动中学习”的理论基础建立的循序渐进式学校，为三至十二岁的儿童开设。汤姆与丽塔认识学校的创始人卡罗琳·普拉特和她的搭档海伦·马洛多年，而且还常常和她们一起在玛莎葡萄岛度夏，很有可能他们早已将杰克逊介绍给了这两位 264
年长的女士。在几年之内，马洛就会被卷入杰克逊的堕落和他家人不惜一切拯救他的这出闹剧，但早在1934年，他和普拉特就已经是出手大方的捐助人了，尽管关系还不太近。每晚清洁五层楼高的学校并每周擦洗一次，她们给两兄弟每人五美元的劳务费——只有像玛丽·皮亚琴察那样在克莱茵百货的售货员工资的一半，但也足够吃喝以及油钱了。杰克逊对稳定工作有过的唯一经历就是在父亲的工地上干活，因此他憎恨这种没意思的循规蹈矩的倒垃圾和扫厕所工作。鲁本·卡迪什回忆：“他就是无法以一种循规蹈矩的工作所需要的方式工作。”

丽塔·本顿，杰克逊在大萧条最黑暗的日子里的另一位守护天使，试图想办法贴补他在城市和乡村学校的微薄薪水，但是却发现，“杰克逊是个非常骄傲敏感的年轻人，根本没办法给他钱。”好几年之中她都在想方设法多给他几个子儿——安排帮闲的零工、延长帮小本顿看小孩的工作时间、背着他匿名给他家订了送货上门的牛奶——但是到了1934年，连本顿也没有几个钱可以花了。尽管汤姆的知名度不断提升——他登上了1934年《时代》杂志的封面——他的大幅画作的需求市场却几乎蒸发了。在一个沮丧的艺术市场，充斥着神经紧张、手头缺钱的收藏者，只有他的尺寸较小、相对便宜的瓷器碗盘卖得还可以。

在丽塔的促使下，杰克逊参加了由乔布·古德曼授课的位于亨利街社会服务所的免费瓷器工作室。这是1932年纽约州劳动救济项目中所谓的“教师计划”的一部分。在本顿那里开了小灶，杰克逊“迅速获得了成功”，据汤姆说，“制作了一些俊美叫座的作品”，被丽塔展示在了她在本顿的画商法拉吉尔的画廊地下室专为不知名的年轻艺术家而设的临时画廊里。“我们于12月1日开幕，一直持续到圣诞节假期，”丽塔回忆道，“杰克·波洛克，马努埃尔·托勒金和我打扫出了这个地方。本顿先生和我买了刷墙的油漆……到12月24日，我们卖出了价值好几千美元的绘画。”在接下来的六个月中，她卖出了杰克逊所作的每一件碗碟——除了六个，他作为礼物送给了她。虽然感动却向来实在，她坚持付了钱。

在 1934—1935 年冬天的某个时候，新政实施后的第二个冬天，杰克逊和桑特加入到了 400 万家庭和 700 万个人之中，接受政府的直接救济。对于生活在纽约的 150 万人来说，这样的救济来得正是时候。无情的冬天漫长而严酷。在酷热的夏天之后，温度跌到了十几度甚至个位数，而且看起来要死赖在那儿。一周接着一周，报纸满载“营养不良率普遍上升”和医疗诊所及救济机构“挤得谁也救不了”的报道，杰克逊和桑特很容易
265 遇上一打打死于冬季饥饿的人中的一个，在最终的、丧失痛感的神志失常下漂游在雪中。这就是威廉·萨洛扬出版了《秋千架上的大胆青年》/《勇敢的空中飞人》的那一年。故事讲述了一个饥饿将死的青年，漫步游荡在城市的街道，感受着正在迫近的死亡带来的头晕目眩，在精神失常的高空秋千上，他悬在半空中，“没有重量的人形”来来回回地漂浮于“微不足道的现实的真理”和“微小的永生的物质原子”之间，漂浮在生与死之间。“饥饿，”阿尔弗雷德·卡津在对萨洛扬的故事的赞美中写道，“完美地表达了 1934 年外部世界的残酷决绝。”

对于杰克逊和桑特来说，冬天的确阴森冷酷，但事实上，并不那么有威胁。一面在城市和乡村学校工作，一面有杰克逊卖碗时不时赚到的钱，再加上领到的一点点救济金，两兄弟很少有挨饿的时候。有时，以在大萧条时期的标准，他们甚至还算富裕。雷金纳德·威尔逊常常造访，还陪他们一起去拉维洛特里餐厅，一家位于西休斯顿街 92 号的街区小餐馆。“那是我们最喜欢的地方之一，”威尔逊回忆，“一家极好的餐馆，很实惠，可以花不到一美元就吃上一顿像样的饭。”如果，在其他一些时候，他们付不起一美元——当杰克逊把卖碗得来的钱用来买威士忌——那么还有别的没那么好的餐馆，一美分一杯咖啡或者隔夜面包，花 25 美分就可以吃上一顿。如果连这都不行，他们可以加入到那 81000 个人中每天忍受排队领救济粮的粗鲁无礼和落魄潦倒，只为那一罐稍微有点蔬菜的炖菜，三片不新鲜的面包，还有一罐水汪汪的咖啡——尽管在这期间一直都有工作的查尔斯绝不会允许波洛克家的人遭受这样的屈辱。

“他们在城里过着现挣现吃的生活，”阿克塞尔·霍恩回忆，“他们百无禁忌毫无约束。至少他们给别人的印象是这样。”给人这样的印象是波洛克兄弟乐于看到的。杰克逊喜欢逢人就说起他在第五大道位于贫民区的一段与一个衣着考究的遛狗男人相遭遇的故事。“我开始抚摸小狗，说着‘好乖的狗’”他告诉小本顿和其他人，“然后我蹿到那男人跟前对他说，‘你这个狗娘养的，你在喂狗而我在挨饿’，然后我揍了他。然后警察来了。他

们给了我结结实实一顿打，我伤得住进了医院。”（事实上，据丽塔·本顿说，是狗主人而不是警察给了杰克逊一顿打。她在警察因为头部受伤而将杰克逊送到了圣·文森特医院然后指控他侮辱和殴打以后，被警察叫了过来。这样的指控，就像其他许许多多对杰克逊的指控一样，很快就被抛到了脑后。）

桑特同样吹嘘和怒斥大萧条的艰苦，还有他和杰克逊，就像几百万其他劳动者一样，如何被逼到靠偷食物来过活。他给鲁本·卡迪什详细写了他们的贫穷：“在这个见鬼的城市里挣日子，得花上一个人几乎所有的时间。其他的时间要用来一只手握住你的蛋免得它们冻住，另一只手偷土豆。光是这座城市里成千上万的人所受的苦就足以令人震惊。”

如果那个冬季杰克逊和桑特真的在街上偷过吃的，那也不是因为他们饿晕了，而是 266
受到了古德·达斯特兄弟身上那种坏男孩气质所打动，而用政治修辞加以掩饰。另一位在纽约安然度过了大萧条的艺术家回忆说，“有时，偷窃就是他们的荣誉勋章”，他还见到联盟的同学在垃圾箱吃垃圾，“他们想向人们显示他们并没有对这些事情躺倒认输”。而事实上，杰克逊和桑特总是有钱买酒，偶尔还够下馆子，甚至还能有点结余在弗兰克结婚时候寄给他。当他们有钱花的时候，他们就像往常一样——就像他们妈妈——花在最好的东西上。伊丽莎白·波洛克回忆，“即使是在大萧条时期，就那么一点点钱，他们还是有一种奇怪的讲究劲，对于我这样的纽约人来说有时真觉得跟个娘儿们似的。……我总是在地下楼层讨价还价，和我的天性比起来，他们总是上顶楼买最好的，哪怕意味着没钱买别的东西。”

自从里弗赛德以来，他们第一次又聚在了一起，远离斯黛拉和阿勒瓦，“杰克和桑特”很快恢复了他们在南加利福尼亚的橘树林和灌木丛生的溪谷中玩的神气牛仔的老把戏。但是，在灰色的曼哈顿街头，游戏的效果却是天差地别。即使戴着他的牛仔高帽穿着牛仔靴，桑特还是又矮又敦实；他拖着调子说着类似“比蚱蜢的屁股还要小气”的农村土话，不经意间扮演了一个只有杰克才会认为逼真的漫画式的人物。“桑特就像个蠢蛋”，他的艺术家同行杰罗姆·卡姆罗夫斯基这样回忆。“在曼哈顿看见牛仔的唯一可能就是当马戏团来的时候——除了有桑特在的情况下。杰克逊就站在他身边，穿着牛仔裤和靴子。他们是怀俄明小屁孩。”他们这次并没有驾着破旧的T型车呼啸在圣加百利山间，而是探索了村子里的酒吧和夜店。那里，在禁令时代残存的乌烟瘴气和大萧条的绝望中，他们继续着从前始于大峡谷边缘一丛篝火旁对男子气概和归属感的追寻。

“他们俩都喝酒，”阿克塞尔·霍恩回忆，他常常目睹他们醉酒后的滑稽举止，“但只对杰克有显而易见的效果。桑特喝得很多，但从不会像杰克那样行为出格。”现在，如同当年，杰克逊蹒跚着踉踉跄跄，自甘堕落。“他会一下子朝四面暴发。他会去追女人，会到处扔东西，大喊大叫，挑衅每一个人。”现在，如同当年，桑特会扶他起来安顿他上床。霍恩说，“当杰克逊失控的时候，他总是能看见，而他是冷静的”，“哪怕这就意味着他要进来冷酷地把杰克逊打晕——这样的事我看见好几次了”。“桑特照看杰克逊”，雷金纳德·威尔逊回忆，“帮他摆脱麻烦，把他从酒吧安全带回家。没有他杰克早就没命了。”

但是，在桑特的关怀中有一种深刻的、挑衅的东西，一张“可以搞砸”的许可证，杰克逊对此了解得再清楚不过。“真正的问题是在桑特来了以后在所有事情上都替杰克逊作决定的时候开始的，”马努埃尔·托勒金后来说，“他应该由他自个儿去。”但是就像雷
267 金纳德·威尔逊回忆的，“桑特的工作就是杰克”，如果没有杰克逊的出格，没有他的酗酒和自虐，桑特就失去了工作。1953 年，在一次位于棕榈园的艺术学生联盟募捐活动上，杰克逊的一位同事哈罗德·安东和杰克逊的口角迅速升温到了互相推搡的阶段。桑特并没有把杰克逊拉开，恰恰相反，他跳到了杰克逊的肩膀上，开始猛打更高一点的安东。“他们就像詹姆斯兄弟，”彼得·布萨回忆，他惊讶不已地看着他们，“就像是与一个有四只手的巨人打架一样。”当安东逐渐后退，杰克逊开始抱着桑特的双腿，在震惊的人群中东摇西晃的走动，而桑特“寻找着眼前所能找到的最高的人，然后在他嘴上来上一拳”。据布萨所说，“他们差点引起了一场骚乱。”

自从在凤凰城杰克逊贡献了他的指尖以来，并没有改变多少。两兄弟仍然紧锁在他们自我毁灭的相互拥抱中。尽管有连月的醉酒狂欢，尽管有半夜的寻人、酒吧间的打斗以及漫长的回家路，桑特从未试着让杰克逊远离酒精，而杰克逊也从未试着戒掉。与此相反，被贫困和饥饿包围着的他，乘着熟悉的、酒精的高空秋千，逃到了一粒往昔的尘埃中，那是他还算开心的日子。这只是他自我的迷狂，远远不是饥荒的最后时刻，在矫揉造作的背后，甚至深深地令人满足。又一次有桑特在身边，他全然不害怕会坠落深渊。

18 268

美国绘画的远大希望

1935年8月1日早晨，杰克逊和桑特·波洛克醒来得到了一个令人震惊的消息："他们在招聘艺术家。"人们胳膊下夹着作品，冲到街上，在村子里将这个新闻传到家家户户。梅·塔巴卡·罗森伯格，1950年代艺术批评的领军人物哈罗德·罗森伯格的妻子，是其中一个听到了提醒的人。"他们就像孩子到了动物园一样兴奋地叫喊着"，她事后写道，"'快，带上几幅画。快！拿上任何裱好的然后跟我来。快！'"

在接下来"令人兴奋不已的疯狂"中，具体细节已经很难获得。零零碎碎的解释在街角和食堂来回游走：政府建立了一个"艺术计划"，他们会付钱给画家作画，"得每天签到"，报酬超过20美元一周。在长年累月的赤贫之后，在冷水房子和空空如也的画廊里煎熬之后，这个村子里两百余艺术家和艺术学生中的大多数人都难以相信他们的耳朵。"就像是中了张1000万的彩票，"其中一位回忆，"我们简直不敢相信可以获得稳定的报酬，23美元一周，就只是画个画。这是听到过的最疯狂的事情。"

这项援助可谓雪中送炭。

在经济崩溃以来的6年中，美国的艺术界几乎停止了存在。价格跌到了1929年水平的1/3，进口暴跌80%，艺术原材料的生产缩减了一半。在商业插画做兼职的艺术家所遭遇的失业率，比肯塔基矿工或是杰克逊在上次西部之行时看到的奥基农民还要高。广播的成功破坏了杂志和报纸插画的市场，只残余了少数电影和旅游海报艺术家，比如像查尔斯·波洛克。雕塑家被禁止参与价值数十亿美元的公共建设——基本上是唯一的建
设项目——政府为了削减开支禁止装饰性的土石工程。连稀少的私人资金——由专门的 269
合作画廊吸收比如丽塔·本顿的画廊——也几乎蒸发了。一群纽约艺术家找到欧洲买家，向他们"以任何合理的东西"交换他们的作品。那些继续作画的画家仅仅是因为"出于

习惯”，据一种说法“(站在) 画架前画着他们心知肚明没人会买的画”。他们不需要总统在 1933 年的委命来告诉他们，“对于绝大多数美国人来说，非商业性质也非工业性质的、作为高雅艺术的绘画和雕塑，并不存在。”

所以，无怪乎迎接政府宣布的最初欢庆过后，是怀疑和不信任。即使在 8 月 1 日注册的艺术家在接下来的那周已经回来，并收到了第一张 23.86 美元的支票时，怀疑仍然徘徊在人群中。有的人公开怀疑银行是否会兑现支票；没多少人有银行账户。“然后一个侦察员带着好消息出现了，”梅 · 罗森伯格讲述道，“十四街的荷恩斯百货的饮料酒水部可以为所有顾客兑换支票。艺术家全体出动。喝个痛快；因为明天，你就失业了，是人们的普遍心理。如果像现在这样，没人相信会持续一个月。”在最初的几个星期，艺术家们把每一个子儿都能多快就多快地花了出去，他们的理论是:“政府总归没办法从居无定所的混混身上榨出钱来。”他们去看牙医——很多人是自 1929 年以来的第一次；买了音乐会和剧院的票，上精美的餐厅用餐，还有许许多多的酒水——总之，一个犹豫不决的政府没办法收回的任何东西。

逐渐的，随着每周的支票从美国财政部持续地寄来，这些钱“开始像是真的”，而它的意义也开始逐渐被人们了解。“在这之前，我完全不知道你可以通过当个艺术家来谋生，”彼得 · 布萨回忆。抽象艺术家阿瑟 · 毕杰 · 查理的女儿梅赛德斯 · 马特自己也是个画家，她回忆道:“这真是棒极了。你简直无法想象只要画画就能拿到那笔钱有多棒。这是对于我以及这个国家有关艺术的最重要的事。”即使是那些最初犹豫的艺术家也很快蜂拥去了这个新项目。威廉 · 德 · 库宁辞去了他为 A.S. 贝克鞋店设计橱窗展示的每月 250 美元的工作。一位朋友回忆他曾经说过:“我想明白了，如果我在某个职位上工作，我是贫穷的。如果我画画，我只是没有钱而已。”但是，对于大多数像杰克逊和桑特这样的艺术家，他们一直靠可怜巴巴的一点点救济金和偶尔的零工生活，一周 23 美元已经是一笔财富了。他们“痛痛快快地干了一场”，梅 · 罗森伯格回忆:

> 他们开始看地方，没有选择便宜的公寓，而是租了光线充裕的地方，花每月 20 甚至 30 美元租了宽敞的小型商业套房，厕所开裂，墙壁破损，金属顶篷，还有日光。他们成了熟练的木匠、水暖工、高明的电工，可不是只是知道怎么给台灯连电
> 270 线。他们相互学习互帮互助，安装了水槽和灯具还有煤油暖气和煤气炉……所有这些都基本上没花一点钱。他们油漆了成千上万平方的地板和墙壁以及锡质天花板，

花了天知道多少时间和精力，于是那间昏暗肮脏、令人沮丧的着了火逃都没法逃的地方变成了令人妒忌的、宽敞的静谧之岛。

但是新的工作室，新的生活方式，和在许多场合下新的搭档，都只是发生在 1935 年这个令人欢欣鼓舞的 8 月的最初和最表面的转变。

在短得令人惊讶的时间内，美国的现代艺术世界即将诞生。

就如杰克逊和桑特从他们的个人经验中所知道的那样，那个夏天宣布的“艺术计划”并不是政府打算救助失业的、一贫如洗的艺术家的第一次尝试。早在 1932 年，当时的执政者富兰克林·罗斯福为纽约的艺术家签署了一项特殊的以工代赈项目。由国家救济总指挥哈利·霍普金斯构思的这个项目只直接影响了大约一百位艺术家，但却使得许多课程——像本·什穆埃尔在格林尼治之家的雕塑工作坊——能够对广大的青年艺术家，比如杰克逊开放，否则他就无法负担这些课程。就职演说后的三个月，艺术家乔治·比德尔写信给了他之前在格鲁顿的校友，现在的总统罗斯福，敦促联邦政府对艺术家直接支持。他的请求传到了富有同情心的耳朵中。到了 1933 年 11 月，如今已是土木工程管理局（CWA）主管的霍普金斯，就已经为维持纽约社会服务所的“教师计划”和男孩俱乐部而提供联邦资金了。

但是，比德尔以及其他罗斯福身边的人，包括霍普金斯，认为仍有必要提供更直接、更系统的资助。在 12 月，他们成功留出了 CWA 庞大的失业救济款项的一小部分用以建立公共艺术计划（PWAP）。在财政部的授权下，PWAP 将会雇佣艺术家来为公共建筑的装饰创作“迄今所能达到的最高质量”的艺术。尽管和后来的努力相比这并不算什么，但 PWAP 仍然是一座里程碑。这是美国政府第一次直接资助艺术事业。

不可避免地，这项计划激起了火爆的争论。业内，机构被边缘艺术家和自封的“艺术家”所包围。一位研究新政时期艺术计划的历史学家写道：“洛杉矶的第一位申请者是一个‘会画点画’的水管工。随之而来的是潮水一样涌来的画小幅自然风景画的上了年纪的妇女们，艺术学生，和寒酸潦倒的商业艺术家。整整四分之三的南加州申请者都不是真诚善意的艺术家。”因为是州政府负责检验每位申请者的合法性，而不是联邦政府，所以标准千差万别。桑特和弗兰克于 1933—1934 年冬天申请 CWA 的职位失败后发现，地方政治可以让联邦政府最为好意的举措无能为力。在地方官员对救济项目和前卫艺术

271 都抱有敌意的南加利福尼亚，同样没几个艺术家能够合格。在气氛要友好得多的纽约市，又有太多人符合资格。艺术家被派去清洁和修护城市的雕像和纪念碑。

纽约的项目也并非就没有遭到怨恨。对于一场酝酿已久的关于艺术的唇枪舌战，联邦的慷慨解囊只起到了煽风点火的作用，一边是现代主义者——尤其是年轻的、倾向左翼且失业的艺术家，他们认可比德尔的主张，认为艺术应当跟随墨西哥墙画主义者的榜样，记录这个时代“历史性的社会革命”—— 一边是传统主义者，他们大多上了年纪而且报酬颇丰。当惠特尼美术馆的总监朱莉安娜·弗斯，一位现代主义者，被任命为 PWAP 的区域主席时，所有主要的艺术团体的主席都指责她“很明确与某一个艺术运动站在一边”而且偏向“职业艺术家中的很小一部分人”。杰克逊和桑特仍然在本顿的权威之下，站在针对弗斯的保守主义批评一方。“这里有个女人管着所有的艺术项目，”桑特写给鲁本·卡迪什，“一个设计政治的女人，迫不及待地想看到工作都给了她那些男同性恋的私党们。她是条母狗，事实上就是个艺术的独裁者，而且很快就会成为对纽约所有艺术的一个严重威胁。”约翰·斯洛恩持有更乐观的看法，他将伴随着联邦政府在艺术界的每一次新行动的猛烈内讧归结为“将玉米撒入鸡圈可想而知的结果。鸡飞狗跳是难免的”。

白宫也同样是一幅鸡飞狗跳的情景，在关于替换 PWAP 这个议题上划分了意识形态的战线。财政部的爱德华·布鲁斯提议的计划是彻底取消将“需要”作为资助艺术家的参考标准。质量将会是唯一的标准。布鲁斯清楚，在一个到处都是紧迫需求的时期，财政部必定会拒绝为一项不是基于必需的救济项目提供资金。所以他提议，这项计划的资金将来自于联邦政府出资的建设项目，从建造成本经费中专辟百分之一用于“美化”。另一方面，霍普金斯正酝酿一项更为宏大的计划，号召“终止救济金，扩大郊区复兴计划，让接受救济的人为有用的项目工作”。霍普金斯的这项具有民主精神的提议认为，一个艺术家多多少少应该被给予与其他任何工作的人一样的对待，并应该被给予一份与他或她的能力相适应的工作，能赚取“足够维持健康和体面”的工资。正在这场为赢得罗斯福的支持而战的激烈争论仍在持续之时，在 4 月 28 日，仅仅过了四个半月的时间，PWAP 的资金就已经用尽，超过 3700 位艺术家被赶回了领取失业金的生活。出于对出尔反尔的官僚的厌烦，艺术家们的反抗倾向与日俱增。在 1934 年到 1935 年间，艺术家联盟的成员人数增长了超过一倍。

尽管纽约的许多 PWAP 项目都已被放弃，还是有一些被转给了地方上的以工代赈机构——紧急救助局（ERB），其中就包括位于亨利街社会服务所的乔布·古德曼的瓷器课，也就是杰克逊在去年冬天参加过的课程。在 1935 年初的某个时间，杰克逊又一次注册报名了古德曼的课程，这一次是人体写生。该课程同样也得到了市救济机构的赞助。尽管
只是将本顿在联盟教的那一套旧瓶装新酒（38 岁的古德曼事实上曾经是本顿的学生），这 272
个课至少能提供写生模特和免费的材料。2 月，杰克逊从救济名单中被挑选了出来，依据他跟随本·什穆埃尔的雕刻经历，被指派去了纪念碑修复工程，这是另一个从 PWAP 中救出来的项目。1.75 美元每小时的工资还算丰厚，但是这份工作——用溶剂清洁位于第 100 街上和里弗赛德大街上的消防员纪念碑的粉色大理石——又脏，又冗长，且正值隆冬，寒风在冰冻的哈德逊河席卷而过，还冻得够呛。每日往返北部——乘坐污垢斑斑的第九大街有轨电车——无疑考验了他对逆境和节制的承受力。

春天，天气和工作条件都得到了改善，杰克逊被派去清洗联合广场上的乔治·华盛顿骑像，此处离他在休斯顿街的顶楼公寓只有 20 分钟的走路路程。那时，桑特已经加入了他，而这份工作也就成了饮酒与坏男孩逞能的又一个借口。玛丽·皮亚琴察记得那个春天的一天下午，她在联合广场的工作中间休息时“一大群人聚集在雕像的周围，里面就有杰克逊和桑特，用夸张的动作用力擦洗着马，引人注目地擦洗着它的屁股和下部。每个人都在大声嚷嚷。”

不久，在一个监督得非常松懈——如果还算有监督——的课程上，杰克逊不知怎么总是要招惹他的导师的责难。6 月，他就从“石刻师”被降级为“石刻助理”，报酬也被裁减了一半，只有 85 美分一小时。他在修复项目里继续干了一个月，郁郁寡欢地清洁彼得·库伯位于交通拥堵的库伯广场的奥古斯塔斯·圣·高登斯像。

与此同时，在华盛顿，艺术津贴在 1934—1935 年冬季期间的中止给了罗斯福的反对者以筹划攻击的时间。他们争辩说，这项艺术计划是新政中最浪费、最执迷不悟的，是“新政的无益劳动”。据马修·约瑟夫森说，“政府应该为艺术家和白领提供‘没用’的项目这种看法，被诬蔑为既不道德同时还破坏经济。”即使如此，霍普金斯仍向前推进了他的这项庞大的劳动救济项目，其中包括了对艺术家的大规模补贴。作为一个直言不讳的爱荷华人，他的长老会传统在对社会道德的固执坚守中显露无遗，霍普金斯以愤怒回应了那些批评家：“去你们的，（艺术家）也要吃饭的，和其他人一样。”针对国会中那些坚持认为艺术家应该被“派去干锄头和铲子的活儿”的人，霍普金斯公然回击了他们：“他们整天就想着这些，修路的钱……我们不会对这些计划中的任何一个让步。我认为这些是生活中有益的事情。他们是重要的……最明白的事实就是我们还做得不够好。”

艺术家们举手赞成。到 1935 年的夏天，整整两年时有时无的津贴，严格的“质量”控制，短命的项目，还有不公正的选拔程序已经留下了太多愤怒和怀疑。6 月，桑特·波
273 洛克写给鲁本·卡迪什，描述了在这个经济“破罐子”中，大多数艺术家发现“这里的总体情况，尤其是对于艺术家来说，没有任何改善，有的只是夸大的姿态和华盛顿官僚的废话。一直都在说会有更多的项目计划，但是通常都是没完没了地耽搁着。“

同月，罗斯福最终解决了这场布鲁斯和霍普金斯的战役，双方的提议他都批准了。于是，布鲁斯手里的财政部艺术救济计划（TRAP），和霍普金斯覆盖庞大的 CWA 旗下的联邦艺术计划（FAP），几乎在同一时刻开工了。有着相对高比例的非救济艺术家并且怀着崇高的抱负，TRAP 很快被戏称为救济项目中的“丽兹酒店”。对身份地位在意的艺术家，尤其是那些早已习惯了“被许可”的风格和主题的那些人，被 TRAP 的高薪和精英声誉所吸引。马努埃尔·托勒金是杰克逊朋友中唯一的 TRAP 艺术家。而在 1935 年 8 月 1 日，带着前所未有的“只需画画别无他事，就可获得每周 23.86 美元”的承诺，向杰克逊和他的朋友们问好的，则是霍普金斯的 FAP——高出 14 倍的工资以及最终多出十倍人数的付款名单。

事实上，以工代赈在 1935 年的夏天伴随着公共事业振兴署（WPA）的建立而开始，而 FAP 只是这个庞大引擎的一个微不足道的齿轮。公共事业振兴署这一机构正是霍普金斯让美国脱离救济回归工作的梦想的实现。“那些被迫接受施舍的，”他说，“不管多么不愿意，总是先遭遇同情，然后被鄙视。”在接下来的 6 年中，公共事业振兴署将会雇佣平均 2100000 位工作者，花费 20 亿美元，并启动 25 万个项目，从梳理落叶到建机场。在这样史诗般的全局下，艺术项目扮演了相对微不足道的角色。仅仅百分之五的 WPA 资金（大约 4600 万美元）和百分之二的员工（大约 38000 人）被分配到了创意和表演艺术，包括联邦音乐计划，剧院计划以及作家计划。

在罗斯福和霍普金斯用以“增大开支从而刺激经济复苏”的广阔资金海洋里，这是眼泪般的几滴，但是它对于艺术社群的影响力却是洪水般的。四个月内，2000 名艺术家加入了 WPA 的工资名单。在纽约市，据马修·约瑟夫森的说法，当时只有 200 位严肃艺术家，报名人数却超过 1000 人。之后那一年，全国有将近 6000 人受雇于这个项目。尽管筛选程序因州而异，在纽约市，几乎任何一个接受救济的、可以画出一幅能装裱的作品的人都一夜之间成了自食其力的艺术家。在所有被以工代赈的努力直接或间接影响到的工业和商业中，只有艺术“产业”实际上达到了完全就业。

在像艺术界这样又狭隘又孤立的小圈子里，如此大规模的干预不可避免地会产生巨
大的混乱。哈利·霍普金斯试着将联邦津贴的副作用降到最小限度，通过咨询专家，例
如纽约艺术家救助项目的管理员奥德丽·麦克马洪，以及任命博物馆馆长和天主教品位 274
的艺术爱好者霍尔格·卡希尔作为 FAP 的总监。尽管如此，政府官僚与艺术许可的联姻
从一开始就困难重重。“我们是落后的土著而他们是英国殖民者，”彼得·布萨说，他同
大多数杰克逊的朋友们一样很早加入了 WPA，“政府想向我们灌输他们的教化，只不过我
们并不想被这样教化。这是真正意义上的文明的冲突。”

当桑特申请 FAP 工作的时候，他发现“有相同姓氏并住在同一户住所的两人”不能同时提取 WPA 支票——这项规定的设计显然是要使联邦的资金能惠及尽可能多的家庭。为了能够符合条件领取他的 23.86 美元，他要么得搬出休斯顿街的顶楼公寓，要么更改他的姓。一贯以来，都是考虑杰克逊为先。不出几个星期，桑特·波洛克成了桑特·麦考伊。“我改了我的名字，”1935 年 6 月他写信给鲁本·卡迪什，“为了不被人认为是杰克逊的哥哥——政治原因。”

WPA 的规则还迫使许多艺术家头一次遇到了想成为什么样的艺术家的问题，尽管只是以似是而非的方式提出的。根据项目的指导原则，画家要不制作墙画，要不制作架上绘画——不可以两者兼有——然后再根据选择分部门。桑特唯一的艺术经历就是他在洛杉矶同西凯罗斯、戈德斯坦和卡迪什一起的墙画绘制，可想而知，他被分配到了墙画部门。杰克逊在油画方面有着令人称道的表现，而墙画方面只有短暂的经历。他本应参加架上绘画部门，但却因为不愿和桑特分开，加入了墙画部。此时，乔布·古德曼被委托制作一幅 FAP 墙画并邀请杰克逊来协助他。这无疑帮助杰克逊轻而易举地作出了选择。

选择墙画还帮杰克逊摆脱了可怕的“记工制”：要求架上绘画艺术家到一个有人监管的地点报道，登记，然后每周画满规定的小时数。“在五十七街上有一个工作的地方，”画家乔治·麦克奈尔回忆，“就只有那一个地方。当然，我不喜欢那样，没人喜欢。那意味着打乱你的一天，就像是去办公室上班一样。”在墙画部，杰克逊得以避免丢人现眼的“架上绘画工厂”，不过他也没能逃脱所有的纪律。墙画指导可以自由制定自己的纪律标准，而乔布·古德曼是名声在外的“严格执行纪律”的人，一个本顿式的理论家，要求一定的出勤次数，和一整天实实在在的工作，不是在他位于第十六街的工作室就是在场地上。不然，墙画部门的艺术家就只需要对付巡回督导的偶尔“视察”——一般是他们的同伴，还常常是富有同情心的朋友——只需看到一点“有进展的迹象”就能蒙混过关。

政府的干预给艺术圈内长期积怨的政治斗争带来了新高度和新时刻。传统主义者紧紧控制着州 FAP 的筛选委员会，可以操控技术的分级从而偏向他们自己。一个艺术家被
275 评定为“不熟练、中等、熟练或职业”决定了他或她的工资。在 TRAP，艺术家们被明确地鼓励为项目创作客观绘画而把抽象绘画留给他们自己的业余时间。在极少的情况下，当现代主义者从传统主义者那里夺取了特权的时候，偏袒的潮流又会倒过来。在纽约市，以伯戈因·迪勒和哈利·霍兹曼为首的为数不多却十分热心的一群抽象主义者，为墙画部的抽象艺术家们创立了一个小型的保护摄政，委派墙画给名声显赫的抽象艺术家比如阿希尔·戈尔基，斯图尔特·戴维斯，拜伦·布朗，杨·马图尔卡和伊利亚·博洛托夫斯基。

但即便只是如此小规模的反抗，也常常被规章制度挫败，每幅墙画都被要求有赞助人——学校，公共图书馆，或者类似的、有意愿接受它的机构。赞助人一般都倾向于偏爱传统主义者：一所服装学校要求一幅描绘“着装的故事”的墙画；一个机场则会喜爱航空业的历史。杰克逊也参与了制作的一幅古德曼的墙画，《现代文明的精神》，被安置在皇后区的格鲁弗克利夫兰高中，而李·克拉斯纳为 WNYC 设计的抽象作品则落得个无家可归。在这个项目的第一年开始创作的、超过一千幅的墙画中，只有微不足道的一小部分是抽象画。“我们有很多人在致力于抽象墙画”，乔治·麦克奈尔回忆，“但是整个情况却像是虚构的。我们做了很多却从来没有做出什么。他们从来不被放置到场地上”。在给鲁本·卡迪什的信中，桑特·波洛克（现在是麦考伊）为“陷入了负有政治责任的官僚主义的艺术家的困境”而悲哀：“如果，一旦有艺术家有机会在墙上画画，就会被臭名昭著的、由极端爱国者乔纳斯·李领头的艺术委员会绑架。所以结果就是，作出来的几幅墙画只是最低级的墙上平面装饰。”

出于对政府规定的沮丧和憎恨，艺术家们发动了一场针对官僚主义的游击战。桑特·波洛克的改名只是成千上万个小冲突中的一桩——有的为了艺术自由之名而战，有的在艺术家和项目官员——通常也只是别的某些艺术家——之间扮演类似罗宾汉的劫富济贫的游戏。许多人同时打零工并隐藏额外的收入，然后用这些钱来租更好的公寓——这当然也没有上报——或者去乡村消夏。没有哪一种“暗中颠覆”活动比对 WPA 的供应搞小偷小摸设计的范围更广。查尔斯·麦托克斯曾在项目的第一年协助了技术项目的监管人，雕塑家大卫·史密斯，并且为 WPA 在第三十九街的分配中心窗口配备人员。他回忆说，“我们估算分配额中有 25% 的损失来自偷盗。许多艺术家因为没能拿走他们想要的而十分愤恨”。作为官员一方的报复，麦托克斯和史密斯仔细地计算了需要多少尺寸以

及覆盖画布需要多少颜料——“我们考虑了如果有人用了过多的颜料”——计算了需要消耗多少稀释剂，以及一把刷子最多可以画多少“英里”，然后严格根据计算得出的需求量发放供应。

最终，霍尔格·卡希尔，FAP 的总监，放宽了最麻木不仁的一项制度性干涉。他废 276
除了怨声载道的“记工制”的规定，允许艺术家在自己的工作室根据自己的时间安排画。随后不久——也许不是巧合——杰克逊就从墙画部转到了架上绘画部。在新的规章下，艺术家只需要定期到 WPA 的办公室汇报（通常每月一次），然后完成指定任务量的最低要求（通常是一个月到六周左右完成一幅），甚至就是这么松的要求也还可以为适应个别艺术家的工作习惯而做调整。

与此同时，政府的慷慨解囊，就像是冰川，从根本上重塑了艺术界的海岸景观。从业余打工的必要中大获解放的艺术家们，相互之间有了更多的相处时间。在 WPA 办公室，在艺术家联盟，在顶层公寓和酒吧还有餐厅，他们聚会、聊天以及，有史以来第一次，他们有了一种真切的集体感。“这真是一种突破”，彼得·布萨回忆。“我们都是年轻人，那时候还没有美术学硕士学位这种鬼东西，所以 WPA 几乎就等同于一个艺术研究生项目。这是我们共同的经历。这真的是我切身感受到的第一个艺术集体。”艺术家们互帮互助的故事传开了，通常是互相包庇对付愚蠢的规定。项目里为数不多的女性艺术家其中之一说道：“人们相互帮助真是一种美妙的感觉。我们在一起，并且关心——严肃的事情，关心彼此。”另一位艺术家说，整个项目“就像一个快乐的大家庭”。

很快，在村子里的酒吧和咖啡厅，一种群体身份正在逐渐形成。它的存在将持续超过二十年。这是一种建立在大男子主义和啤酒基础上的男性身份——查尔斯·波洛克称之为“画家间的哥们情谊”。一位雕塑家依布拉姆·拉索说，“这个项目改变了很多东西，但是居于首位的是改变了艺术家的形象。它结束了当个艺术家总有点不那么男人的观点。”在禁令下偷偷摸摸喝酒带来的快感已经根深蒂固，于是它成了新集体中最主要的仪式。WPA 的工资支票引发的兑付纵乐早就“和军队、水手的工资日狂欢没什么两样”了。

后来，酒吧间的大男子主义愈演愈烈，变成了艺术竞争和相互间恶狠狠的怨恨。“所有的艺术家都树敌，”查尔斯·麦托克斯回忆，“越出色的艺术家，就越树敌。项目里面有很多敌对的人。”个人的敌对，在对项目经费和偏好的政治操纵下反过来变得更加恶化，使得旧的裂痕更加深入——政治的，哲学的和艺术的——在同心同力自力更生的表面之下进一步瓦解着这个集体。不出十年，批评家就会将他们个人偏好的“楔子”插入这些裂缝，让杰克逊的世界四分五裂。

最后，项目还改变了艺术家集体与外界社会的关系。这种转变自始至终都是罗斯福与霍普金斯宏伟计划的一部分。他们希望，这项计划能够成为“人们对艺术家之成就的兴趣”的象征。甚至 TRAP 的爱德华 · 布鲁斯也希望政府的支持会“在美国首次让艺术家
277 意识到，他不是孤立的工人”。然而到了 1936 年，这个项目早已不再能拉近艺术家和公众的距离，而是让两者越来越背道而驰。

当在一个沃尔伍斯的女售货员一周 50 小时的工作时间只赚 10.80 美元的时代，当其他许多人还只有 7 美元一周，当博士在莫宁赛德公园露宿、职员们还在睡铁轨的时候，杰克逊和他的艺术家同伴们，其中只有少数人有子女要抚养，却能通过没有人监管的工作赚取 23.86 美元一周，还只需在家完成，公寓还常常是免费的。作为交换，他们被规定只需要每四到六周制作一幅作品，这幅作品在多数情况下，还只能被束之高阁。就算是与其他劳动救济项目的工人比，艺术家也是养尊处优的一群得宠的人。与每个艺术家每月花费政府 100 美元相比，WPA 的工人（大多数被归类为建筑工）平均只花费政府 60 美元每月。“参加 WPA 的工人简直就是贵族阶层的一部分，”鲁本 · 卡迪什回忆，“我认识的所有艺术家几乎都变得前所未有的富裕。”

“这世界本来就该抚养我”，这种理所应当的态度在普遍的作弊和小偷小摸的行为中初次显露，但是激进的联盟组织却给予了它政治合法性。这些小组始于 1933 年的失业艺术家团体，随后成了艺术家联盟。与 PWAP 同年成立的艺术家联盟将逐渐产生的集体感正式化，既反映出这个项目中的共同经历，也反映出了对官僚主义的敌人的共同感受。对于这个敌人只有集体的声音才行之有效。指着共产主义国家中艺术家与国家的亲密关系，这些团体申辩说政府有义不容辞的供养艺术家的义务。由于这项计划“剥夺了工人在他们自己选择的职位工作的权利”，政府做得还不够称职。不是所有艺术家都认同这个看法，但是大多数，比如杰克逊，越来越不把每周的财政部支票看成仅仅是意外之财。7 年之后，当二次世界大战让政府津贴中止之时，艺术界已经沉迷于一种在联邦计划开始之前的波西米亚岁月里闻所未闻的生活方式和繁荣的程度。被剥夺了种种好处之后，艺术家会张开双臂欢迎在战后出现的画商这个新物种，期待它既能召回昔日的繁荣，又能用新事物替换掉老的“民众兴趣的象征”。“毫无疑问，政府的赞助让艺术家们认为如果没有某种赞助他们就活不下去”，鲁本 · 卡迪什说，“这也是波洛克学到的：总得要有人给钱，不然巧妇难为无米之炊。”

1935年春天，汤姆·本顿和丽塔·本顿离开了纽约。这一年的早些时候，在一次赴中
西部的演讲之旅中，本顿被邀请出任堪萨斯城艺术学院的绘画部主任。为了使这份邀请
更有诚意，一群被本顿在芝加哥世博会上的印第安纳墙画所打动的密苏里人，以一个与
之相当的委托项目的可能性吊起了本顿的胃口。（最终，密苏里立法机关被本顿不容置疑 278
的政治和艺术资历证明说服，批准了16000美元的州议会大厦墙画项目。）援引艺术活动
在这个国家中部心脏地带的繁荣，本顿试图给他的离开换上一副地方主义的面孔："我感
受到，作为一个西部艺术家，我的作品中最出色的部分是源自西部主题的启发，我应当
找到一条途径参与到发生在我故乡的这一变迁中去。"

事实上，本顿在纽约已经待得太久了，他曾受到的欢迎早就在打发他离开了。在《艺术文摘》和《艺术前沿》长年累月的口舌之争，时不时地夹杂着酒后的狂暴，已经让他到处树敌而同盟者寥寥。即使是像刘易斯·芒福德这样亲近的朋友，喜欢与本顿相处但在政治上却属于现代主义者阵营的人，也认为本顿的艺术不过是另一个他个人的尴尬古怪之处。在他的自画像登上《时代周刊》封面之时，举国上下正享受着一波政府补助的"地方主义"艺术之际，本顿却生着闷气郁郁寡欢地度过了他在纽约的最后一个无甚产出的冬天。4月，在度过了23年之后，他清空了他在东八街的工作室，打包了他的画作和家具，装上卡车——也许叫杰克逊和桑特帮了忙——离开纽约驶向了密苏里，在告别的镜头前对报社的记者宣称纽约"丧失了所有的男子气概"。

四个月以后，查尔斯·波洛克前往华盛顿特区，在安置管理局就任。这是一个政府机构，专门用于安置贫困农民，为他们提供更好的土地，更新的设备，以及免费的培训。这两宗离别并不是没有联系的。本顿原本想带上查尔斯，给他在杰弗逊市的墙画做助手，但是却在最后一刻不明原因地撤销了邀请。"我想应该是与丽塔和伊丽莎白有关，"查尔斯事后回忆，"就是妻子之间的不合吧。"行程的取消迫使查尔斯重新考虑他正在陷落的事业。尽管他的绘画已经在法拉吉尔画廊展出，被杂志复制了多次，甚至被《纽约时报》带有褒奖意味地提及，但他与自食其力的艺术家的距离并不比以前更近。电影海报，艺术课和伊丽莎白的工资都是收入支柱。他本可以报名参加联邦计划，但他的骄傲排除了一切带有救济意味的东西。"要加入WPA，你得达到贫困线，"他回忆说，"而我不想沦落到那个地步"。长久以来，汤姆和丽塔是他唯一的赞助人——尽管买的很少，却常常帮他介绍，为画廊展出游说还为他安排工作。没有了他们，前景可以说是十分黑暗。伊丽莎白不遗余力的、丽塔式的对潜在买家的游说并没有获得多少成功，而她挖苦人的怨恨

倒开始不单单只在对杰克逊的敌意中才显现出来。在加利福尼亚，斯黛拉说起卖被子来暂时缓解贫困。全家的自尊岌岌可危。安置管理局似乎提供了一条出路。对于农村地区未受过教育的农民来说，重新安家往往意味着巨大的伤痛，这个机构因此开设了一个特
279 殊服务部门来帮助他们保护文化遗产。作为这项努力的一部分，音乐学家查尔斯·西格开始录音和记录美国的民谣音乐。查尔斯的工作将会是为西格的项目所写的几卷乐谱本画插画。8 月，他把第八街公寓的钥匙给了桑特和杰克逊，与伊丽莎白一起，在九年的努力之后放弃了纽约。

在一年之前，失去本顿或查尔斯之中的任何一个都会让杰克逊陷入又一轮的自暴自弃直至精神崩溃。但是到 1935 年，他那脆弱的世界或多或少已经围绕着桑特安定了下来。就像劳动救济计划将查尔斯从资助杰克逊的经济压力下解放了出来一样，桑特帮他解放了情感负担。“有任何对杰克逊来说难以对付的情况出现在他面前，”鲁本·卡迪什回忆，“桑特会处理。”杰克逊还是喝酒，常常喝到他不能承受的限度，但已经没了前几年那种自我毁灭的冲动。他们两个人搬出了休斯顿街的顶层公寓，搬进了宽敞的、相比之下更豪华的第八街上的公寓。两人一拍即合地同意杰克逊要了前面的大房间，有着理想的北面的光线——这曾经是桑特的工作室。至于卧室，杰克逊选择了毗邻的小房间，也就是他之前住的地方，而桑特则搬进了后面的大卧室。一间通向起居室的小房间被分配给桑特做了他的工作室，尽管他很少用。

经济有保障，还有桑特的关心，在这样的温室里，杰克逊开始兴旺发达。搬去第八街事实上标识了一段为期两年的、情绪相对平稳同时创造力异常活跃的时期的中点。

早在 1934 年的春天，甚至在桑特到来之前，杰克逊就已经表现出从父亲去世以后那一年的困惑和消沉中恢复过来的迹象。在本顿的学生中有一个很出名的堪萨斯当地人提奥多·瓦哈尔。他指派给查尔斯的一组平版印刷品激起了杰克逊的兴趣。他迫不及待地找到了瓦哈尔在麦克道格街上的印刷店。“他突然闯进来说，‘我要做一幅平版印刷’，”瓦哈尔回忆。尽管杰克逊对平版印刷的方法一无所知，瓦哈尔还是给了他一块现成的石头“只是想打发他”。如同是在温习他的记忆——自从他完整的创作出一幅画到现在已经过去几乎一年了——杰克逊很快在石头上画下了一些草稿，依然带有本顿与莱德的痕迹：马群与农场工人，迫近的天空和骚动的风景。那个春天的晚些时候，在玛莎的葡萄岛，他画了海的素描，以及岩石嶙峋的海岸和门纳穆莎港湾的帆船，手法格外明晰。在本顿的帮助下，他试验了用水彩将他在帆布上本顿式的油画复制到纸上。最初是在葡萄岛，

《采棉人》，C. 1936，24"×30"。一幅典型的项目画

然后是在与查尔斯横穿国境的旅行中，他记录下了在接下来的几年以其他方式和其他形式再次出现的图像——有的记在纸上，更多的是记在脑海中。一片密西西比棉花采摘工的田野会变成一幅宁静的、本顿式的奇闻轶事的油画；一幅葡萄岛海湾的简单水彩画变成浓重的、厚涂的莱德式的大海；一位从海里出现的沐浴者则会被画成瓷器上的神话人物。

杰克逊已经开始形成了一些习惯，它们将会让日后试图为他常常不标日期的画作断 280
代、尝试为他的风格发展找出线索的艺术史家感到困惑和沮丧。尽管始终扎根于本顿的课堂，他已经开始自由实验其他风格、其他方法，和其他媒材。“在那时候，他正开始急切地寻求不同的解决方法，”雷金纳德·威尔逊回忆，“你可以感受到他的雄心壮志。”一幅本顿式的习作之后接着会有莱德式的海景，都是以半抽象的手法灵感迸发一气呵成。到 1935 年，桑特的到来再次点燃了他对墨西哥墙画的兴趣，另一种风格又加入到了他变幻不拘的杂糅中。2 月，尽管布鲁克林博物馆首次展出了他的其中一件作品（一件小型作品，也是本顿式的水彩或水粉画，取了个古朴的名字《打谷者》），杰克逊却在休斯顿街的顶楼公寓的墙上画着巨大的、猥亵的、奥罗兹科式的墙画。当他在 1935 年年末第一次见到莱德作品在克里曼画廊的全面展览时，他已经去过了在百老汇和第 155 街的美国印第安人博物馆，那里唤起了他对墓地和悬崖边住所的深藏的童年回忆。

在杰克逊的试验中，没有哪一处比他 1934—1935 年冬季在丽塔·本顿的敦促下完成的瓷碟和瓷碗更激情洋溢。在这些色彩斑斓的瓷器狭小、令人难以置信的表面上，他第一次完整地展现了他全部的影响力和创造力。在一件 8 英寸的碗的底部，一个模糊的棕色人形站在海岸边，太阳眼看正落入一片暗红、蓝、白的混沌的雷雨云砧之后。狂暴的海面回应着狂风暴雨的天空。在一只 9 英寸的椭圆浅盘上，一艘帆船驶过明媚的葡萄岛海，而同时，不祥的、莱德式的阴云正在逼近，似要吞没太阳。在一只烟灰缸的底部，随着两个工人正奋力钻着空气钻，简洁、颤动的线条喷薄而出，一幅社会现实主义的群
281 像，在赤褐色、黄色、蓝色和黑色的阴影中分裂为近乎抽象。在一只 18 英寸的盘子的朝上一面，一个本顿式的牛仔被捕捉到正在干着一件冷血、非本顿式的事情：他在射杀他的瘸马；同时，在不协调的趣味性的笔触下，几抹白色让大地熠熠生辉，而在后面的天空中，一场紫色的、莱德式的暴风雨正在集结图谋复仇。在一只 17 英寸的浅碗上，一个消瘦的、普罗米修斯式的神话人物从葡萄岛的波浪中升起，仿若米开朗琪罗的裸体，转过他那本顿式的背部望向一艘在莱德式的汹涌的海上艰难挣扎的帆船。

造访在 9 月搬到了纽约的哈罗 · 莱曼，让杰克逊重新认识了老大师。随着莱曼不知疲倦的引领，两个人遍览了纽约的博物馆和画廊，特别是第五大道上新开业的弗里克美术馆。“他们有埃尔·格列柯和戈雅，还有伦勃朗”，莱曼回忆，“杰克逊复制了一幅埃尔·格列柯的小幅作品《逐出神殿》。”在这不久之后，在桑特的邀请下，鲁本 · 卡迪什和菲利浦 · 戈德斯坦在墨西哥生活了半年后抵达了纽约，在波洛克兄弟的地板上简单住了下来。他们带来了年轻人对墨西哥墙画艺术家风格上的粗糙的鄙视，尤其是里维拉，但是却对西凯罗斯的“动力学”和奥罗兹科的富有情感的造型重新燃起了热情。1936 年上半年，杰克逊提交了一份奥罗兹科风格的墙画提案。

与卡迪什一起，杰克逊游览了中央公园西路的美国自然历史博物馆，再次重温了参观洛杉矶郡立美术馆地下室的大洋洲艺术展的夏日之旅。“我们会直奔在西北海岸印第安人展室的大型石刻那里，”卡迪什回忆，“那些作品非常具有感染力。”同时，在位于国王街的 WPA 办公室以及村子里的咖啡馆和餐厅，杰克逊聆听阿希尔 · 戈尔基兴致勃勃地高谈阔论鲁奥和毕加索，以及一群自称为超现实主义者的欧洲艺术家。

这些新旧图像在杰克逊的想象中转换和结合，他向各个方向追寻去捕捉它们。在乔布 · 古德曼位于第十六街的工作室内，他尝试了制模，这是自他三年前在洛朗 · 罗伯特班上的失败尝试以来的第一次。机会来源于机缘巧合，对于墙画的准备工作，古德曼坚持要求用蜡制作小模型，就像本顿所做的那样。“做这些文艺复兴式的小模型真把（他的助

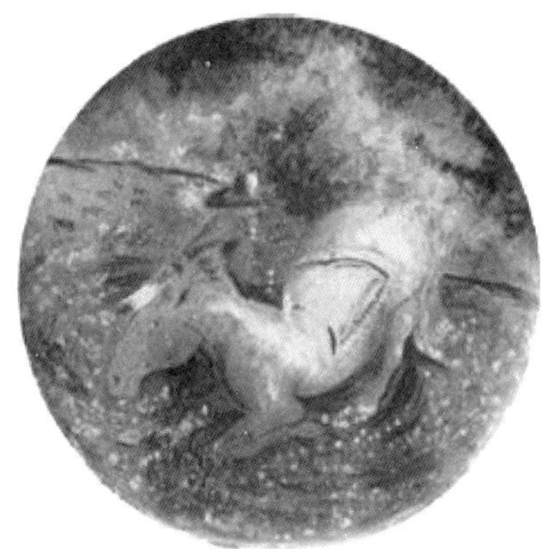

左: C.1934，在瓷盘上上漆，直径 18″，背面刻有“For Rita/Jackson”
右: C. 1934，在陶瓷碗上上漆，直径 17″

手们）弄疯了”，查尔斯·麦托克斯回忆，作为项目主管，他曾经见到过古德曼的墙画，“所以几乎每个在那儿工作的人都在用蜡制作属于他们自己的东西。”据麦托克斯所说，这些助手就像学校学生，会等到午休，这样他们就可以制作“较为自由的东西”。我们并不知道这些遮遮掩掩的雕塑阶段持续了多久，抑或杰克逊制作了多少件，但是至少有一件让他足够满意地认为值得花力气拿到布鲁克林法院街上的小铸造厂将它铸造成铜塑。这是一件小型的、复杂的、肢体交错的作品，一只型似鸟儿的动物和一个男人形象的人
物，越过浮木般的错综复杂的屏障互相拥抱，或是打斗。当他提交一幅墨西哥风格的墙 282
画提案、聆听着哈罗·莱曼关于拉斐尔和伦勃朗的滔滔不绝的高谈阔论、浏览着西北海岸印第安人的图腾图像之际，在制作一幅本顿式的墙画的工作中，杰克逊创作出了一件雕塑作品，这件作品跨越了抽象艺术的分水岭。可是，不到一年，他就将提交给架上绘画部一系列平和宁静的本顿式的风景画，与他最早的教室习作几乎难以分辨；而 20 年以后，在他生命的尽头，他依然还在“实验”奥罗兹科的风格。

如此这般倾泻而出的创造力和实验性并没有被漠视。杰克逊在人生中头一次开始听到窃窃私语的赞誉。当他 1934 年春天去了玛莎葡萄岛以后，本顿写道，“我认为你留在这里的小幅速写十分了不起。你的用色丰富而又美丽。你是有天赋的好小子——你所要做的就是坚持下去。”与赞扬参半的是一些保守的言论——同样的保守之辞将会在接下来的 20 年中伴随着他。“你应该花点时间画素描，”本顿禁不住补充道，“但我不知为什么，不认为你留在这儿的这些作品缺少素描。似乎它不需要素描。”由于对学生的沮丧情绪十

未命名，C. 1935，铸青铜，$6^{1/2}$" ×9" ×$4^{3/4}$"，前与后

分敏感，本顿的表扬也许有些夸张了，但是即使是私下对他们的侄女玛丽·皮亚琴察说的时候，汤姆和丽塔也坚持杰克逊“是个天才”。（几年以后，重新回顾杰克逊的作品，本顿的说法更为慎重。“到 1934 年，”他写道，“杰克逊展现出了一种特殊艺术种类的构图才能。”）

至于更广泛的公众评价，据杰克逊的理解，则要保守得多。在这一时期展出的三幅作品中——在布鲁克林博物馆展出的《打谷者》，市立艺术委员会临时画廊的《采棉人》和法拉吉尔画廊的《怀俄明州科迪》——只有最后一幅“卖出”——换来了一套西服。尽管如此，在他的朋友中逐渐达成了一种共识，那就是杰克逊，用查尔斯的话说，“杰克逊知道自己要做什么。”查尔斯·麦托克斯记得曾经在见到了杰克逊为墙画提案画的草图
283 后想，“他是这群人中间的佼佼者”。当鲁本·卡迪什在 1935—1936 年的冬季抵达纽约时，他可以见到杰克逊的“自信心逐渐开始凝成一股，因为许多人都认为他勤奋有为，有两下子”。这样认为的人其中之一是伯戈因·迪勒，墙画部的主管。另一位参与计划的艺术家杰克·特沃科夫回忆起与迪勒的一次交谈，“（他）和我聊了一位他认为是这个计划中最有天赋的画家。他把他看成是美国绘画的远大希望。他的名字叫波洛克，而这几乎是我头一次听到这个名字。”

19 284

地方主义的解药

在这样的创造力巅峰状态下，杰克逊又一次与大卫·阿尔法罗·西凯罗斯相遇了。这位革命性的墨西哥画家的活力和多产在年轻的激进艺术家中具有传奇般的色彩。仅仅四年前，两人在洛杉矶有过第一次简短的会面，奇怪的是分别后却无联系。不过这一次，他们擦出了火花。

离开洛杉矶之后——在地方政府的邀请下——西凯罗斯去了布宜诺斯艾利斯，在那里他继续追寻着在世界范围内建立“艺术家联合会”的宏图大志。1936 年 2 月，他抵达纽约，代表墨西哥参加美国艺术家代表大会。在乔治·格什温的资助下，他留在了纽约，然后在几周之内，开始组织了另一个艺术家“工作坊”，与卡迪什、戈德斯坦和莱曼曾在洛杉矶参加过的类似。据西凯罗斯介绍性的声明说，它将会是“一所传统与现代艺术技艺的实验室”。这份声明由杰克逊的老同学哈罗·莱曼向艺术家联盟朗读：“我们将实验各种艺术家所能运用的现代工具……我们邀请你们所有人前来与我们一同工作并帮助我们建立和发展我们所开展的工作。”

在 38 岁的年纪上，西凯罗斯仍然还是个“墨西哥艺术的顽皮男孩”，一个年轻气盛、“时刻准备着丢下他的绘画摊子冲到街上示威或者朝资本家的窗户扔石头”的人。他 1898 年出生于墨西哥奇瓦瓦，有着一位放荡不羁的父亲，同杰克逊一样，童年中不负责任的双亲和漠不关心的教育在他的心里留下了惧怕的阴影。他在 13 岁就首次入狱，而后更是多次入狱；14 岁他离开家加入了革命的巴塔隆妈妈，一支为推翻波费里奥·迪亚斯而奋斗的童子军；到了 15 岁，他成了一名好战的中尉。在这之后，西凯罗斯的人生或多或少沿袭了同样的格局，因为战斗从战场上转移到了街头，转到了字里行间以及他的绘画中。他在 1923 年写道，“艺术的理想目标应该是一种涵盖一切的美，涵盖教育与战斗”。尽管 285

大卫 · 阿尔法罗 · 西凯罗斯

不是个酒鬼，他和杰克逊一样有着对暴力的偏爱以及“无法控制的过激行为”。当他说话，尤其是说英语，他夹枪带棍的语言就像铆钉枪。鲁本 · 卡迪什回忆，“无论他是在谈论花生还是政治，所有事情都是火药。”据一个观察者说，他是个“着了火的人”。

与杰克逊如出一辙的还有，西凯罗斯也有让热情和魅力对他缴械投降的本事。他对“阶级战争”的革命热情常常显现出孩童般的理想主义，而炽热的情感强度使他具有强烈的个人魅力。阿克塞尔 · 霍恩在桑特和杰克逊之后不久加入了工作坊，他回忆：“西凯罗斯总是事件的核心，这就使你总想要靠近他。”桑特当时正在洛杉矶工作坊的外围工作，当他把杰克逊带到了在联合广场的工作室并将他介绍给西凯罗斯时，据目击者称，他们即刻就产生了一种深刻的联系。“他们之间很有默契，”鲁本 · 卡迪什回忆说，“他们似乎以一种奇特的方式回应着对方。他们都能感受到对方的张力。当你让他们两个同处一室，他们就会交换想法相互试探对方。”在另一个朋友的记忆中他们两个“异常和谐”。几乎是当即，他们之间就建立了一种酒吧间的身体亲密，大多数工作日都以五分钟的掰手腕和打闹开场。不止一次，助手们发现他们正倒在地上“扭打成一团”，压在对方身上打滚，就像是小青年在打闹。

四月，当杰克逊和桑特抵达时，西凯罗斯位于东十四街 5 号的巨大顶楼公寓正在为即将到来的五一国际劳动节庆典做准备而忙得不可开交。在户外，一个不同于往年的温暖春天让联合广场的气氛预先升温；而在室内，超过十几位艺术家——包括莱曼，霍恩，克拉拉 · 马尔，路易 · 福斯达特和乔治 · 考克斯，加上一群年轻的雕塑家，还有一群跟随
286 西凯罗斯的拉美西班牙语系的“核心”艺术家们——正狂热地制作着标语、海报和一辆

巨型彩车。其中许多人同时也在为联邦计划工作（考克斯与杰克逊一起正在为乔布·古德曼的墙画工作）；所有人都是不拿工资义务干活。“人们自愿贡献时间和精力，因为通过这种方式可以参与到当下，”阿克塞尔·霍恩回忆，“一种参与到艺术事业的前卫潮流中、为新观念的发展做出贡献的方式。”尽管西凯罗斯对所有的工作者都称呼为“同志”，而所有的参与者也认为他们自己是“参与实践的艺术家”而不是学生，但还是可以观察到一种事实上存在的等级制度，其中，与大师最亲近的拉美艺术家圈子占据了最上层的地位。与西凯罗斯在洛杉矶共事过的哈罗·莱曼担任了对美国学生的临时指导。尽管厌烦莱曼的自视甚高——“他整天说个不停他有多了不起，”霍恩回忆说——包括杰克逊在内的大多数人还是服从于他精湛的技艺。在等级的另一端，据莱曼所说，杰克逊和桑特“言听计从”地“扮演着最基础的助手的角色”，他们给其他人已经画好的草图上的大块区域填色。霍恩记得，“杰克逊从没有扮演过主要的角色，他从没有提供思路。他在这些事情中从来没有出谋划策过。并不是因为他还稚嫩，而是因为做那些事他没安全感。大部分的绘画由莱曼和西凯罗斯完成。”

当5月1日临近，工作室的混乱也随之升级：颜料、画板、工具、彩车的部件和布景的片段在露天空地上堆成了山。喷枪的滋滋声、压缩机的突突声、钻床和线锯的咯咯声、榔头的敲击声还有从敞开的窗外传来的联合广场上的轰隆声，从早响到晚。在这样的嘈杂中艺术家之间的对话只能用喊。查尔斯·波洛克在4月中来到这个工作室看望弟弟时，连他都没法再保持一贯的镇定沉着，后来形容这个场景“匪夷所思”。说实在的，与查尔斯和杰克逊曾经遵循了螺旋平衡的艺术学生联盟第9工作室相比，西凯罗斯的工作室是一个无所畏惧、耀眼夺目的新世界，石破天惊地引入了一种思考艺术的新方式。“你无法想象这样的体验对于年轻人来说是多么有魅力，”鲁本·卡迪什说，“与我们在艺术学校所经历过的人体素描有多么不同。（西凯罗斯）颠覆了认为再现对象是艺术中唯一有价值的东西的整个观念，颠覆了所有新古典主义的理想，以及所有希腊罗马的传统。”

在他的工作室中，西凯罗斯以孩子般的观察和惊奇的眼光“文思如泉涌”，佳作迭出。绘画自身即是一项永无止境的探索，尤其是新兴的工业绘画颜料，例如硝基漆——一种为汽车研制的、基于硝基纤维的合成颜料。（西凯罗斯对新颜料的热情为他赢得了一个与此相关的绰号。）像硝基漆这样的合成树脂不仅仅比有机油脂更坚固、更持久、可塑性更高，更关键的是，它们是新事物：是科技时代的产物。有什么材质更适合于一种“属于”那个时代的工人们的艺术？“喷漆有那么多运用的可能性，我们把各种东西都试了

个遍。”阿克塞尔·霍恩说，“我们四处甩它，让它滴下来，喷它，用斧头砍它，我们还把
287 它点着，就是为了看看会怎么样。”他们把它用于薄纱般的轻盈的喷雾，也尝试了运用厚重、黏滞的一团。为了获得轮廓鲜明的边线，他们在喷的时候采用了模板或夹纸框。至于纹理，他们加入了沙粒和纸，木片和小块金属。霍恩说“就像是高中的化学课”，“老师一离开教室大家就蜂拥而上到化学药品柜。抓起点什么就往水槽里仍然后再把火柴点燃丢进去看看会发生什么”。失误（“失败的实验”）很容易被刮去——新颜料“几乎一瞬间”就干燥变硬了。他们没有使用粗帆布或是比利时亚麻布，而是用了水泥墙壁、美森耐纤维板，还有用钉子钉在一起的胶合板，就像房子的护墙——工业表面适合工业颜料。哈罗·莱曼声称，“早在 1936 年，我们就宣布了架上绘画的死亡。”

新的材料需要有新的手法和新的创作图像的方式。一名画家应当像一名工人一样工作，西凯罗斯这样认为。为了上色，他会使用喷枪；上石膏，就用石膏枪。在联合广场的工作室一角竖立着一架丝网印刷框，长久以来一直被认为仅仅是商标制作的工业用具。西凯罗斯利用它复制了艺术品的原作，还复制了五一节庆典的海报和标语牌。为了制造逼真感，西凯罗斯依靠了新的、更精确的制像技术：照相术。为了制作肖像画，他会用摄影术将小型的人像放大到巨幅的美森耐板上，再用喷枪绘制放大后的图像。“许多人都在使用这些材料，用这些方法，”霍恩回忆，“但是他站出来说，‘这些在艺术中全都能用’。”

不管是多大的图像，西凯罗斯从不画素描或是底稿，而是更喜欢直接画——与他的绘画材料“合作”。他研究了颜料的动态特性——它的密度，它的黏度，它的流速——试图将这些特性结合到图像中，让颜料自身共同参与绘画的创作。据霍恩所说，在一个与杰克逊在施万科夫斯基的教室里看到的情况类似的实验中，西凯罗斯将一块胶合板绑定在一张（从一家本地餐厅里“解放出来”的）旋转圆桌台上，然后将不同颜色的颜料直接从颜料罐倾倒在了转动的台面上，创造出了“夺目的色彩光晕”。“偶然”图像同样也通过另一种方法获得，将不同颜色的颜料倒上一块板，然后往它的顶部倒更稀薄的颜料。当稀薄的颜料开始向下淌，就会在层叠的颜料上形成一道道细流，创造出“最美轮美奂最不可思议的图案”，哈罗·莱曼回忆。而图案，反过来，也意味着图像。通过引导颜料的流淌——用刷子或调整表面的倾斜来引导流向——西凯罗斯能够“抓住”图像并发展它。“他的图像很多都以同样的方式开始”，莱曼说，“随着颜料自己的溶解，他可以从中提炼出图像并发展它们。这不仅仅是西凯罗斯的某一种手法，而是成为特指的、独一无

二的那种手法”。那一年的某个时候，在拜访阿克塞尔·霍恩的公寓时，杰克逊将画布铺在地上，打算通过在其上滴撒颜料来复制西凯罗斯的手法。

对于杰克逊来说，西凯罗斯的工作坊完成了本顿曾许下但却没有履行的承诺。尽管本顿也攻击欧洲现代主义，“正统美学”和“墨守成规”，但他却始终都不可动摇地、根 288
深蒂固地停留在西方艺术的传统中；与此同时，西凯罗斯却为艺术的样貌提供了一个全新的视野。当本顿埋头于四百年历史的卷帙中试图重建文艺复兴时期墙画的方法和技艺时，西凯罗斯则转向了五金店的喷枪、硅或石棉板，并豪言壮语要“放逐那些‘一端有毛的棍子’”。当本顿还在像米开朗琪罗和丁托列托在几个世纪前那样从事着墙画和架上绘画以及草图时，西凯罗斯则绘制了彩车，当然还包括墙画、横幅、标语和集会装饰。收集彩图，石膏打底，调制蛋彩颜料，为塑像土模特打光，转画底稿——在杰克逊见识过了本顿为新校墙画所做的为期几周的漫长准备工作后，当见到精神矍铄、瘦而精干的西凯罗斯，站在铺在他面前地面上的二十五平方英尺的画作上，手持喷枪，向着巨石一般大的图像上喷射硝基漆时，他一定感到了一种释放。据阿克塞尔·霍恩回忆，“西凯罗斯工作室中的实验所具有的一些内在的可能性，为（杰克逊）在技巧上的不足提供了一条出路”。甚至只来过一次的查尔斯，也立刻就被眼前所见的颠覆性力量所震惊——“对约定俗成的手工程序的违抗”，“偶然的效果”和“规模”。他事后写道：“整个氛围就是对地方主义的一剂解药。”

同时，它也是其他问题的解药。

有再多的无理取闹和口出狂言，对“男同性恋”有再多的谴责，汤姆·本顿的艺术也永远都属于丽兹·怀斯和斯黛拉·波洛克的世界，一个有着貂毛笔、姿态优雅的线条、漂亮的颜色和文艺复兴均衡构图的世界。这是一种精致、掌控、压抑和含蓄的艺术，杰克逊永远也无法使之与他对男子气概的自我形象的追求相调和。另一方面，西凯罗斯是一位鲁瓦·波洛克会喜欢的艺术家：他的政治立场，他以工人般的方式对待艺术家的营生，他对材料深刻的尊重，他对工作的热诚的投入，他对工作的实际用处有着实用主义的考虑，甚至于他的作品的尺度。在父亲去世前，杰克逊曾试着说服他一个艺术家就是个干着“建构”这项工作的工人，就像木匠和泥瓦匠的工作一样。本顿自己吹嘘，是他“将艺术从闷热古板的工作室提升到了外面的世界和艺术家的经历，而那对大众同样有意义”。现在，三年之后，是西凯罗斯而不是本顿，接下了吹嘘的接力棒。

四月间，随着五一庆典的准备工作加速进行，志愿者们让工作室的里的人员数量激

五一庆典与乔治·考克斯（最左端）和西凯罗斯一起游行

增，杰克逊大多数时间都花在了为细铁丝网和纸模制成的彩车做木框外壳上。由西凯罗斯和他的跟班构思的设计，需要一个大型的中央人物代表华尔街的资本家，他伸出的手
289 中握着一头驴和一头大象——意为暗示“对于工人阶级而言，两个政党皆被人民的敌人所控制”——以及一台大型打点计时器，每当被一把巨大的、装饰着共产主义锤子和镰刀标识的活动锤子敲击时，就会分开并朝着资本家人物吐出一段卷带。西凯罗斯称之为“对色彩缤纷的动态纪念碑雕塑的一次尝试”，并意图让它能够同时代表华尔街的巨大政治权力和北美人民推翻资本主义体制的团结一致的决心。

据霍恩说，有了车以后（查尔斯不久前把他的福特 A 型车签字转让给了他的弟弟们），杰克逊立马就成了“需要什么东西就派他去拿的那个人”。5 月一日早晨，他和桑特帮忙把巨大的彩车部件从防火逃生梯搬下来，在楼下的街道上组装起来，再拖到游行的舞台区域。这次庆典是迄今为止规模最大、最和平的一次，从全国各地远道而来的各种劳动团体和政治活动分子将他们的派系分别放在一边，在纽约市 1500 名和蔼可亲得令人惊叹的警察的注视下，一起庆祝干草市场暴乱五十周年纪念。由一个酷似希特勒的、双手沾满血腥的胖子拉开序幕，“缓慢移动的游行队伍”包括“所有阶层和所有种类的组织起来的工人”，据第二天的《纽约时报》称，“从裁缝、引人瞩目的造船工人、教师、律师、作家、舞蹈家和演员到游手好闲的 WPA 工人”。“公众照单全收”，哈罗·莱曼回忆，他紧张地跟着彩车，生怕它散架。“他们沿途一路都支持着我们，除了一小部分反对分子喊着贬义的口号。”随后，作为观众站在等待聆听游行尾声的演讲的人群中，杰克逊与 WPA 的朋友乔治·考克斯摆出自豪的姿态与看上去焦虑不安的西凯罗斯拍了合照。

随着庆典落下帷幕以及夏季的临近，工作坊逐渐变得空空荡荡。手头刚有点宽裕的WPA 艺术家都计划着离开纽约去度假；西凯罗斯为了筹钱参与下一轮政治活动而开始接手一系列的私人委托。“他总是在工作，”勒曼回忆。“在这样（冷清）的时节人们会逐渐远离，只有核心人物会留下来——那些墨西哥人，其他的拉丁人，还有一部分，很小
一部分的美国人。”杰克逊和桑特谁也不在留下的美国人之列。到了 5 月底，他们来到联 290
合广场的工作室还不到两个月，两人就都不来了。其他仍然去的人记得曾见到波洛克兄弟俩时断时续地在工作室持续工作一直到第二年年初，也就是当西凯罗斯离开纽约前往西班牙加入共和军的时候，但是全情投入的状态早已结束。这是一场实验，而不是一次教育。

但是，这次实验的确让杰克逊亲眼窥见了艺术的可能性：在尺寸上、材料上、方法上，甚至在对艺术的本质属性的基本假设上。现在剩下要做的，就是去实现这些可能性——这是一个甚至连西凯罗斯也感到心有余而力不足的任务。“我正处于对艺术的形式感到前所未有的不安中，”他在 1936 年 12 月对参加了纽约工作坊的人写道，“我还没有跨过实验的桥梁走上产出的大道。”

在杰克逊的记忆中，接下来的这个前程无忧的明朗夏日不逊于以往任何时候。他不仅有了自由——这多亏架上绘画部马马虎虎的规章制度，有了一辆能让他施展自由的车，另外，多亏了 WPA，他还有了享受自由的钱。最棒的是，他有桑特作伴。他的陪伴曾经让他熬过了大萧条时期最艰难的岁月，现在很可能又将为他最美好的 1 年锦上添花。自从在里弗赛德的那个幸福美满的夏季，当他们把快要散架了的 T 型车的排挡滑出让它沿着莱特伍德的群山驰骋而下之后，杰克逊至今不曾再有过这般持久的幸福。

就像在里弗赛德，波洛克男孩们总是上路来庆祝。去北部看奥罗兹科在达特茅斯学院的新墙画仅仅是长途旅行之一，春季短短的几个星期已经被各种深入周边广袤乡村的远程旅途填的满满当当。他们还向西去了煤田，向西南进入了德拉瓦河沿岸起伏的田野和灌木覆盖的低矮山丘。“这见鬼的乡村还真他妈美，”杰克逊在 A 型车的无篷座位上向风中喊着这些话。初夏，当可以加入那些通过救济计划而终于负担得起离开纽约的艺术家军团时，杰克逊毫不犹豫地扑向了这个机会。莱特伍德的记忆和与桑特一起共度漫长乡间岁月的愿景无疑萦绕在杰克逊的脑海中，他安排了与邻居伯尔尼 · 夏尔特和联盟的同学雷金纳德 · 威尔逊一起租了一座老式的“荷兰”农舍，带有 60 公顷的土地。他们四

人总共的花费才只有每月 15 美元。

桑特等了多久才告诉杰克逊这个消息并不得而知。他也许在夏季头上的几个星期里，陪同其他人去了在宾夕法尼亚州埃温纳附近的房子，至少留给了杰克逊几天旧时的欢乐。然而，到了 6 月底，他不得不放弃保守他的秘密：他已经向阿勒瓦求婚并得到了接受。她将会在几周之内从加利福尼亚前来这里。

20 291

一场人类情感的反常混乱

曾有一段时间，杰克逊从巴克斯县延绵的青山绿树和野外的寂静中得到了安慰。这座房子，同大多数点缀在山坡的农舍一样，不过是一所有些年代的石头壳，有着肆意生长的杜鹃花和历经岁月的暗沉，前部深而长的门廊分开了低矮的灌木丛，四周大豆、玉米和冬小麦乱蓬蓬地一岁一枯荣。像许多巴克斯县的农庄一样，这一座早在几年前经济崩溃带来的银行倒闭的第一场灾难之时就凋敝了。夏季，清澈的阳光加上及臀高的草丛中野花的补救，让这座陈年旧宅暂时有了节日的氛围。

结果，巴克斯县农民的不幸反倒成了纽约蓬勃增长的艺术家和作家的意外之财。有了 WPA 的闲钱和闲暇，他们纷纷奔向乡村生活——在 20 年代那是富裕人士的专属。就像在格林尼治村，住宿条件常常是斯巴达式的——巴克斯县很少有农舍配有暖气或自来水或浴室——但这已经足够让他们去构筑安逸闲适的幻想了。从杰克逊的农舍出来，沿着吉格尔山公路向下，S. J. 佩雷尔曼已经在为他在《纽约客》上关于巴克斯县生活的系列幽默短篇做准备了。不远处，小说家约瑟芬·赫布斯特在邻里间传开了闲言碎语，兴奋不已地聊着她那些共产主义同情者的谣言八卦。杰克逊搬来的那年，多萝西·帕克和她的丈夫阿伦·坎贝尔，买下了一座农场，就在同一个镇——丁尼肯。尽管房子翻修现代化了，他们却总是在附近多莱斯镇的戴尔磨坊餐厅开伙，常常有赫布斯特以及外来客人的陪同，像莉莲·海尔曼。仅在两英里之外的法国镇，在河的新泽西州一侧，阿瑟·凯斯特勒和纳撒尼尔·韦斯特两人都来到了这里定居度夏。在这几个颇有声誉的小团体之间还坐落着上百间石头农舍，居住着成百上千的不知名的作家和艺术家。他们像杰克逊一样，认为能逃离城市的酷热，5 美元、10 美元一个月的租金不算什么。

尽管有许多社交机会，杰克逊把大部分的时间都花在了与夏尔特、威尔逊以及他们 292

在巴克斯县与杰伊·桑特在一起

的某位常客一起在宽敞的门厅里作画上。鲁本·卡迪什定期登门，据他说，“在那儿他们常常钻进树林里去画从沼泽里冒出来的树和树根。去画那些东西。”三个单身汉的大多数夜晚都花在了一个老式的灶台边，“轮流试着烧出我们的妈妈以前烧过的菜，”威尔逊回忆。如果要从这种孤岛生活中暂时抽出或是暂时同其他人分别一会儿，他们就会驱车沿着吉格尔山公路向下向着河边驶去，经过斯多弗的磨坊，穿过一座廊桥，进入俄温纳镇，他们在那里的威廉商店购买日常补给，还与当地人谈天说笑。俄温纳镇，也就是距迪拉瓦尔运河不远的一群坚固的石屋，从来没有过西方意义上的繁荣；但是，就像附近山丘里的那些农舍一样，它也曾经有过一段好时光。在1930年以前，当驴子还在运河边拉船的时候，运河水手们撑着满载拉克瓦纳煤矿和巴克斯出产的谷物的驳船将它们送往布里斯托和费城的市场，而舒适宜人的俄温纳镇成了他们饮酒、玩牌和狩猎的地方。现在，如果想找俄温纳镇鼎盛时期的日子里那些刺激的夜生活，游客就得开车去里维尔，大约在西北方向七英里的地方。他们会发现那里没有任何村镇，而只有两栋楼房分立在洛克莱治路的两边，一栋是商店，另一栋是宾馆，名叫保罗里维尔。“那是个微不足道的小地方，我们曾经去那里玩过桌球、喝过啤酒，”威尔逊回忆。

不过，没有什么能比得上杰克逊在汽车轮子后面所找到的独处和逃避的乐趣。驾驶填满了漫长的夏日时光，甚至超过了绘画，它还帮杰克逊暂时忘记了回到纽约后等待他的即将到来的生活。也许杰克逊与桑特一起旅行了太长的路程，以至于现在，任何的旅行，就算是没有桑特同行，也成了一种在心中留住他的方式。朋友们常常能看见杰克逊驾驶着福 293
特 A 型车，飞奔在俄温纳、里维尔和多伊尔斯敦之间粗犷、布满沙砾的路上，在皮德蒙特山麓低地起伏的大地上留下一路尘土飞扬。从北部弗林特山松林遍野的山坡，到南部大西洋海岸平原，或是到城里短暂地转一下完成 WPA 的任务提交，杰克逊为了逃避不可避免之事奔驰了成百上千英里。“杰克逊是个让人惊心动魄的司机，”陪伴了杰克逊好几段旅程的威尔逊回忆说，“他开得飞快，而且不管什么路只要能走他都走，要是他感觉到有人干涉了他的权力，他就会被激怒。”也许就是这个夏天，杰克逊与卡迪什——时常当桑特的替身——前往了位于俄温纳西北 22 英里的宾夕法尼亚州伯利恒，去那里一座绵延一英里的伯利恒钢铁厂写生。坐在工厂围栏外、手持速写本的他们被伯利恒钢铁的保安逮个正着，并被拖去了办公室。“他们想知道我们在做什么，”卡迪什回忆，“他们把我们关在那儿，用各种方式恐吓我们，还拿走了我们所有的素描。最后他们还是放了我们。”在离开镇上的时候，他们在一个酒吧停了下来，当两人讲述了自己的故事后，当地的钢铁工人都过来为他们干杯，当他们是英雄。都是些“波兰人”，卡迪什回忆，“硕大、强壮的人”。

杰克逊在阿勒瓦到来前的几星期填鸭式地能开多远开多远，但是任何事物，即便是酒精，都无法阻止近在咫尺的恐慌。7 月中旬，在他们即将返回纽约的那个最后的晚上，夏尔特和威尔逊惊恐地在房间听到屋顶传来一阵吵闹声。威尔逊回忆，他们“看见杰克逊在屋顶的尖顶之间来回跑动，朝月亮一边挥舞着拳头一边喊着，‘你这个该死的月亮，你这个该死的月亮！’”

1936 年 7 月 25 日，在纽约市一个令人奄奄一息的闷热潮湿的周六，桑特 · 波洛克迎娶了阿勒瓦 · 康纳威。从他们去圣加百利山那次经人介绍的认识算起，已经过去了将近 9 年。一路上，桑特想方设法地拖延再拖延，而阿勒瓦都忍受了下来且毫无怨言。当她抵达纽约，他在最后一刻又弄了一出；表面上因为政治原因，他坚持他们的婚礼需要由一位黑人部长来主持。作为这段漫长虐恋的最后受虐，阿勒瓦花了整整一周在这个陌生的城市里徒劳无果地寻找，直到桑特最后动了怜悯之心。婚礼在市政厅举行，现场有醉醺醺的杰克逊和一个完全陌生的人作为见证人。

依照她的方式，阿勒瓦蹑手蹑脚地搬进了第八街的公寓，几乎没有打扰一丝一毫。只是在桑特的卧室，现在是他们的卧室，她准许自己有一些自我表达式的奢华派头：一张刷成白色的老式铸铁床，上面盖着刺绣被子。桑特清理了壁橱三个隔间中的其中一个。“我很明白自己即将面对的处境，我不想让他们反感，”阿勒瓦回忆，“我竭力谨慎不对这个家改动太多。我不想干涉他们的关系。”她将华美、浅棕色的长发编成精致的圆环，就
294 像皇冠一样，几乎不贸然走进前面的房间——尽管对后屋敞开着门，但那里被默认是杰克逊的地盘。她在卧室绣花打发时间，或是在厨房，她做饭的好手艺很快就吸引了客人们上门，比如哈罗·莱曼，他每周有三四天总是踩着开饭的点到。

但这些还不足以平息杰克逊的不满。婚后仅仅几周，他接受了本顿一家的邀请去玛莎葡萄岛，并怂恿桑特和他一同前往。因为“太贵”而否决了度蜜月计划才没几天，桑特就收拾行囊加入了杰克逊的速写之旅，从纽约穿过康乃迪克州和罗德岛，到达马萨诸塞州的伍兹霍尔。他们在那儿搭上了去葡萄岛的渡船。本顿尽管现在生活在堪萨斯城，但仍然去那里度夏。整整两周，在 8 月的闷热中，阿勒瓦在第八街的公寓来回徘徊。“这是个陌生的城市而我又不认识任何人，”她回忆。“我这一辈子也没有这样孤单过。”

桑特的婚礼只是让杰克逊在性方面的困境变得更为紧迫的一系列事件中的最后一桩，也是最为戏剧性的一桩。1935 年 4 月，弗兰克与玛丽结婚，留下连一丝结婚的前景都还没有的杰克逊一人在家。“他的哥哥们以娶回老婆这种方式背叛了他，”一位老友这样说道。不管他去哪里，都看到了这种威胁。口袋里有了 WPA 的钱以后，原先在大萧条的普遍禁欲时期暂时搁置了婚约的人们，越来越多地开始重新打算；婚姻又变得可行了。1936 年，菲利浦·戈德斯坦在波洛克家的第八街公寓搭铺借宿了两周，他吹嘘他美丽的未婚新娘穆萨·迈克金；赫尔曼·切里顺道进城，他被一段感情的破裂而弄得郁郁寡欢心灰意冷;布鲁斯·米切尔，杰克逊在艺术学生联盟里一起喝酒的老朋友，娶了奥利维亚·道恩；伯尔尼·夏尔特，他在巴克斯县的室友，遇见了准新娘耐恩·韦伯；就连马努埃尔·托勒金，尽管仍然徘徊在纽约，已经开始与在洛杉矶的忠贞的阿拉克丝传出结婚的风声。

已经到了 24 岁的年纪，杰克逊还在为他在性方面该如何立足而挣扎。在与萝丝·米勒的感情崩溃后的很长一段时间里，他与女人的大多数接触只是简短的、粗鲁的、在派对或酒吧醉酒后的肉体交换。从阿哈隆·本·什穆埃尔那里，他学到了表达仇恨的耸人听闻的新方式。这种方式甚至让汤姆·本顿对女人的刻薄和厌恶相比之下都黯然失色，简直算得上彬彬有礼。“本·什穆埃尔与女人的所有接触，不管是多平常的接触，都基于性”，他的学生纳桑·卡兹回忆，“他会跑到上街的女人跟前，抓她们的私处。”据另一位学生

回忆，“他喜欢谈论女人的月经或是胸部下垂来羞辱她们。他总是把最禁忌的话说出口来羞辱她们。”这些是杰克逊会一再援引的一整套辱骂诋毁的方式，以此来保护自己免于陷入被禁止的对亲密关系的渴求。

在一次派对上，伊丽莎白·波洛克犯了个错，将他介绍给了派对的女主人，一位阳光的单身女性，将近四十岁，被伊丽莎白形容为“一个惹人喜爱的人”。在一饮而尽后， 295
杰克逊整晚大部分的时间都坐在角落，虎视眈眈地注视着欢庆的场面。突然，没有任何预兆地，他愤怒地穿过屋子走到那个女人跟前咆哮，“你是我见过的最丑的该死的老贱货！”家里人开始在互相之间讨论杰克逊“没有带过女人回家是多么的不正常”。一度，杰克逊意识到了这些闲言碎语并毫无疑问地被此激怒，于是他以一种拙劣的方式，试图终结旁人的闲话。一次中午回到家，查尔斯和伊丽莎白听见在五楼的平台有“窸窸窣窣”的声音和“一个女孩惊恐的反抗”。“杰克逊正试图强行把一个年轻女孩推进他的房间而她正在抵抗，”伊丽莎白回忆，“他推她，真把她往前强行推进门。当他把身后的门摔上时，她看起来害怕得要命。”透过墙壁，查尔斯和伊丽莎白听到了争吵，然后，仅仅几分钟之后，听见杰克逊“野蛮地推她走过走廊然后跟着她下了楼”。

桑特 1934 年秋天的到来将杰克逊从更严重的恶行中解救了出来。就如在里弗赛德，他的陪伴满足了杰克逊对亲密的需求，与此同时，也稳固了他的男子气。“性方面，杰克逊一直是个硬汉，”一位在这一时期与杰克逊相识的艺术家同行回忆说，“他并没有与其他人有过任何一种持久的关系，而是与桑特保持着家人的亲密。”由于世事艰难，“约会”是负担不起的奢侈行为，杰克逊于是与桑特一起度过了不受威胁的两年，他的性欲被安全地限制在舞池的爆发和酒吧间的怪异举止。他甚至没兴趣像在艺术学生联盟的那几年一样再惹事了。在搬入了第八街公寓获得私密空间后，在楼梯平台上的那一幕再也没有发生。常常上他们家的哈罗·莱曼回忆说:“我再也没有看到有女孩在那儿。”

在阿勒瓦到来的前些时候，杰克逊好几次被撞见与一个叫“西尔维娅”的女孩在一起，“一个普普通通的女孩，”阿克塞尔·霍恩回忆，“相当高而且非常羞怯——就像杰克逊——她显然对‘找男朋友’这事感到棘手。他们的相互吸引一定是因为大家都在感情上不顺利——同病相怜。”人们仅仅对她的高个子和毛茸茸的金发有印象，她很少出现在杰克逊的生活中，以至于他大多数朋友，包括莱曼，从未见到过她，而见到过她的也并不知道她姓什么。

8月从玛莎葡萄岛返回后，杰克逊就迫不及待地跳上A型福特狂奔向巴克斯县重新加入到伯尔尼·夏尔特和雷金纳德·威尔逊之中。两个月后——当树木早已开始改变颜色，当其他短期的居住者早已离开逃回了城市（包括夏尔特和威尔逊）——杰克逊还在那里，就像是在躲藏，他驾车在颜色逐渐褪尽的山峦间穿行。他在法国镇附近找到了一处小农舍，位于特拉华河的新泽西一边，主人很慷慨地以五美元每月租给他。那个地方看上去
296 一定是个强行自我流放的完美场所：一间有着十八英寸厚的石墙的单人房，一间依墙而搭的厨房，和一间就寝的阁楼。四周围没有树木遮挡从加拿大长驱直入特拉华河谷的寒风，只有一只生锈的水泵和田野里一大片丛生的老掉的大豆。

尽管如此，在上城里作短暂停留的时候，杰克逊谈起在法国镇过冬，向桑特吹嘘他说服了西尔维娅与他一起去乡村。“他有种浪漫的情怀，以为他俩会在这座小房子里共同度过整个冬天，”阿勒瓦回忆。不论西尔维娅事实上是否去了或是到底去了多久，不管怎样，据鲁本·卡迪什说，杰克逊无法与一位女性单独相处超过“几个小时”。“他对怎么与性别对立的人开始一段谈话一无所知，”阿克塞尔·霍恩说，“就算开始了也不知道该怎么让谈话进行下去。”如果西尔维娅果真去了，她也许只是待了足够让杰克逊为她画一幅肖像的时间。（“他一定感到极其震惊，居然终于有人愿意为他做模特”，霍恩说，这幅肖像事后交到了他的手里。“画得并不怎么灵巧。杰克逊费尽力气想要唤起一个具体的人的形象，却搞不定这些颜料。”霍恩后来丢弃了这张画。）如果，看上去似乎更有可能的是，西尔维娅从未到访过这座法国镇外的石头小屋，或者只做了短暂停留，那么杰克逊整个10月都是独自一人在这个荒凉的农舍里度过的，喝酒取暖，抑或行驶在荒芜的山间，用精致的幌子隐藏他夸下的海口。

那个月的晚些时候，他撞毁了A型车，毫无疑问是在醉酒的时候。当桑特向查尔斯汇报这起事故的时候，他像往常一样为他找借口。“杰克很不幸地撞上了一些混蛋，”他写道，“结果是这辆老福特可以永久地躺下安息了。另外那人的车撞坏的程度需要花费八十块钱，似乎这得杰克来付。”有了八十美元的重负，又被冬季困在了这个狭小、冷风嗖嗖的单人房里，杰克逊第一次遭遇了什么叫作真正的孤独，他很快就屈服了。十一月初，他回到了第八街的公寓，避重就轻地解释说因为那所小农舍“太冷了”。在那之后不久，阿勒瓦注意到西尔维娅退出了杰克逊的生活。

随即，麻烦来了。杰克逊的夜间劫掠又死灰复燃，沿着第十三街、十四街和第六大道一路在酒吧间进进出出，就如同桑特还依然陪伴着他一样。到十二点他就醉了，凌晨

两三点，他就变得跌跌撞撞、暴力、病态、神志不清——或者干脆不省人事。酒保拒绝他进入或者把他扔到街上，有时一见到他进入门厅就赶他走。他会在没钱的情况下买酒，然后又去下一家酒吧四处讨酒喝。每个晚上，桑特总是试图在最初的几个小时矛盾地不去注意杰克逊的离开，然后，一到了午夜，就像上了发条一样开始出去寻找他。“（杰克逊）会失踪，我们总是穿街走巷地徒步去找他，”常常参加寻找的鲁本·卡迪什回忆说，“我们会去熟悉的、常去的地方比如第八街上的一元酒吧。”有时候，他们会在几个小时徒劳无果的搜寻后回到家，却发现杰克逊昏睡在自家沙发上。更家常便饭的情况是，他们在街上找到他正对着月亮大喊大叫，或是弯着身子倒在一间酒吧，欠着钱。这样的情 297
景重复上演了上百次。如果杰克逊正在暴怒中，桑特就会驯服他使他平静下来，或者，朝他下颚来上结实的一拳让他清醒，但无论怎样，最后的结局都会杰克逊依靠在桑特的肩头而告终，像个孩子般温顺地走过漫长的回家的路。“我记得桑特当真是把杰克逊拖上那些楼梯台阶的，”一位经常听到这对兄弟深夜回家的笨重脚步和跌倒声的邻居回忆说。一旦回到公寓内，他们会踉跄地走到厨房，这样桑特就可以把杰克逊舒舒服服地安顿在椅子里再给他倒上一杯咖啡。即使在这种情况下，杰克逊也会突然暴怒或放声大哭，但无论发生什么，桑特都会坐在他身边，拥着他，抚慰地哄他直至睡去。

这样的情节有一种惯例程序的意味。杰克逊很少踏足“常去的地方”以外的酒吧，而桑特，据阿勒瓦说，“似乎总是知道去那里找到他带他回家”。更敏锐的旁观者比如雷金纳德·威尔逊，在这些出事的烽火信号背后看到的是赌气闹情绪。“对杰克逊来说最重要的是不论在任何时候只要杰克逊需要桑特，他都愿意为他暂时搁下阿勒瓦”，威尔逊说。不过，为了拴住桑特，杰克逊不得不不断地让危急情况升级。所以烂醉的情况变得越来越频繁，越来越自我摧残，并历时更久。到了圣诞时节，他索性一次消失个三四天，再以一种“无法形容”的状态回家。

阿勒瓦既对杰克逊的愤怒情绪感到害怕，同时又为几乎每晚对她婚姻生活的侵犯和一早隔壁房间上演的窸窸窣窣低声细语的亲密场景感到气愤。不像伊丽莎白，她继续以最温柔的姿态对待杰克逊，但是她意识到了那些夜晚荒唐行为中隐藏的挑战并给予了坚决回击。她记得“告诉桑特我不想见到（杰克逊）这个样子”。从那以后，当她听到他们踉踉跄跄地上楼时，她就在卧室锁上房门拒绝出来，直到杰克逊去上床。淡漠，不被认可，而后又被拒绝，战线终于拉开。

杰克逊并没有直接报复阿勒瓦，而是转而将怒火发泄到其他女人身上。在艺术家联盟举办的周六晚间舞会上，他会贸然上前抡起拳头干架，随意对她们动手动脚或亲她们。“他的行为往往非常过分，”彼得·布萨回忆，“他几乎像狗一样凑到女人边上，低下头嗅她们。他可以通过气味辨别一个女人有没有来月经，如果她有，他会告诉她这事。”东倒西歪地横穿舞池时，他会插到情侣中间拆散他们，口吐下流话，然后，引发干架。桑特同样也在这种情况下解救杰克逊。“他曾经几乎每个周六都因为挑起事端而被逐出联盟舞会”，查尔斯·麦托克斯回忆。喝得酩酊大醉而毫无羞耻的杰克逊然后会从第十六街和第六大道的联盟顶层公寓蹒跚走到最近的地铁站，乘坐 A 线火车到哈勒姆，“试图到那里勾搭妓女，”布萨这样回忆道；他绝不敢与之同行。

杰克逊简直就如同为了斩断他开始一段关系的任何可能性而发动了一场战争。鲁
298 本·卡迪什回忆：“他总是做出格的事，说出格的话。他总是在不合时宜的情况下喝得大醉。女人从来都是他抑郁的源头。”在 1936—1937 年的这个醉醺醺的冬季，他的攻击性的自我保护只被对方瓦解过一次。在临近圣诞节的一次艺术家联盟舞会上，他碰上了一对正在跳舞的情侣，然后插足两人中间，冒失地将女人搂到自己手中。她比他年纪稍大，有着一张有趣却不怎么动人的脸——突出的鼻子、厚重的眼皮以及为了藏起她的坏牙齿而不得不尽量闭上的鼓出的嘴巴——但却有着紧致、傲人的身材。她显然比杰克逊预想的要更顺从。他把她拉得更近然后开始将身体在她身上摩擦。“你想要干一次吗？”他用被啤酒浸泡过的咕哝声低声耳语道。她感到了他的勃起，就把他推开了。“那情景就像是条狗跳到你的大腿上，”一位目击者回忆，“他正想要高潮。”愤慨之下，那女人狠狠甩了他一巴掌。这一记一定让他震惊得瞬间恢复了清醒，因为据目击者称，他很快道了歉。接下来发生的事就更出人意料。“他开始试图博得我的好感，”几年以后这个女人告诉她的朋友，“我被他吸引了，而且喜欢上了他，然后我们就一块儿回家了。”如果那会儿发生了什么，对它的记忆也很快就消失在了酒精的迷雾中，事实上，差不多整个 30 年代记忆都被酒精淹没了。四年后，当这个女人重新出现在他的生活中，杰克逊早已忘了这茬事，也忘了这个女人的名字——李·克拉斯纳。

动荡混乱的情感生活不可避免地溢入了杰克逊的艺术中。

与桑特、伯尔尼·斯蒂芬、菲利浦·戈德斯坦和雷金纳德·威尔逊一起，远行 300 英里来到新罕布什尔的达特茅斯学院观看奥罗兹科的墙画系列《美国文明的史诗》，重新点燃了杰克逊长久以来对《普罗米修斯》的作者的痴迷。据彼得·布萨所说，杰克逊保留

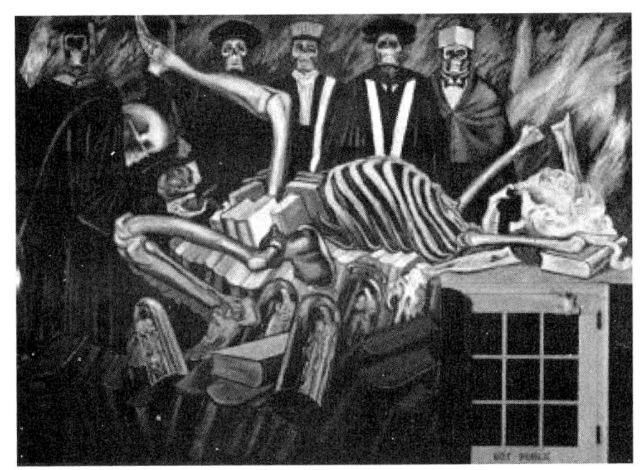

《现代世界的上帝》，奥罗兹科，1932—1934
墙画，120˝×119˝

着一幅波莫纳墙画的大型复制品，挂在他工作室的显眼位置。同时，当被问及，他不假思索地认为这是“现代以来最伟大的绘画”。他的这种夸张，至少有一部分是卡迪什和戈德斯坦前 1 年冬天从墨西哥带回的热情的回声。尽管总的来说瞧不起“墨西哥遥遥领先的先驱文艺复兴”——里维拉独具风格的“粗俗”和西凯罗斯的“低劣”——但是，他们却对奥罗兹科有着另外一种新的、更为复杂的欣赏。戈德斯坦自己在那时的画作如果说有什么可圈可点的话，那就是过于精细了，而他还挑剔奥罗兹科“太受情绪控制”，不过也赞赏了他形式中的造型感。而对杰克逊来说，表现主义与情感是奥罗兹科的魅力的关键。在达特茅斯贝克图书馆地下阅览室的巨大墙画组不仅仅是构图与塑形的杰作，它还是图像的景观，给予杰克逊触电一般的感受。

在这十七幅作品重叠的场景、变换的情绪和暴力性的图像中，奥罗兹科暴露了墨西
哥“文明”所走的歧路，从阿兹特克人祭到科尔特斯的到来直至 20 世纪的军国主义。在
这一万花筒般的图像长卷中，杰克逊的目光尤其被其中的两幅所吸引。一幅是名为《现 299
代世界的上帝》的画板中，关于现代教育的噩梦般的场景。在一个看似像撒旦崇拜的仪式情景中，五个面如头骨的“学者”主持人，形同怪诞的骷髅——半人半动物——正在一张摆满书籍和钟形标本玻璃罩的桌子上接生。另一个头骨脸的人物带着学位帽，扮演助产士，手捧一架微小的胎儿骷髅，而母亲正因为疼痛的反射踢着她的骨瘦如柴的腿。另一幅图像——在组画的最末尾，靠近出口——是一个巨大的普罗米修斯般的人物，正跨出阴影进入阳光般的黄色、橙色和红色中，一个巨人似的基督在画板边缘竭力向外，

在图画平面和外部世界的交界处呼之欲出，好似只要再向前一步就会踏在阅览室的地板上。在他两腿间的地面上躺着他降临的巨大十字架；在他手中，是曾砍下它的斧子。四周，是他前来摧毁的“文明”崩塌的废墟——废弃的武器，宗教的圣象，文化的碎片。如同普罗米修斯，他正承受苦难：他的双手和双脚灼有圣痕，张着窟窿；他的双腿皮开肉绽，露出皮下失血的肌肉组织；他的脸上带着悲痛，伤痕累累。如果波莫纳的《普罗米修斯》展现了受难，那么奥罗兹科的复仇的基督则描绘了火山喷发般的痛苦。

杰克逊趁着在汉诺威时画了墙画的速写，然后回到了纽约，将它们放置一旁。在桑特婚后与他一同前往葡萄岛的时候，杰克逊同以往一样，画了些平和的风景速写以及海景的水彩。直到他在十一月回到纽约，被迫面对他自己的恶魔时，奥罗兹科的恶魔形象才开始在他的脑海中回响。

整个冬季，当杰克逊没喝醉或是从宿醉中恢复过来的时候，他会钻研奥罗兹科展现给他的黑暗风景。他的速写本上满是瘦骨嶙峋的半人半兽、怀孕的女人——有的子宫中
300 怀着动物骨架——十字架、锁链、头骨以及皮开肉绽的躯体。在好几幅素描中，从子宫孕育的人物已经被钉在或是绑在十字架上，有的已经变成了尸骨残骸。在那个冬天创作的其中一幅画，杰克逊描绘了奥罗兹科的头骨脸学者耸立于一具伏倒在地的人物之上。另一幅中，他借用了《现代世界的上帝》的整个噩梦场景来尝试营造他自己的地狱景象：一头骷髅般的“母性野兽”躺在地上，正在分娩一个无形的胎儿，她的周围被一群淫邪的骷髅脸包围。以一种近乎婴儿的姿势向她弯下身去的，是一个无脸的女性形象，可能是母亲、婴儿、助产士，抑或三者皆有。

父亲死后，杰克逊画了黑暗的、莱德式的“家庭肖像画”——有着巨大、下垂的乳房的赤裸的母亲，被一伙骷髅围住。自那以来，他就再没有如此直率地闯入过他的无意识的地下世界。大约在阿勒瓦到来的两年后，外部世界折磨他的问题，以一种痛苦的直白在他的艺术中上演了。而又一次，核心的人物是斯黛拉·波洛克。在现实世界中，斯黛拉也许是不容置疑的，但是在画布上，在纤维板上和纸上，她遭到了报应：一个怪异的形象，赤裸、无脸、肿胀、粗暴无情。在现实世界，杰克逊只能通过无节制的酒吧烂醉和舞厅的闹剧，通过自虐的惹是生非和公共场合的羞辱间接地表达他的愤怒。但在艺术中，用奥罗兹科的冷酷语言，他学会了表达那些无法表达的感情。在强加于反复出现的无脸女性形象上的残酷与野蛮中，他找到了一种方式来实施他那由来已久的、对恶有恶报的执念。钉在十字架上的胎儿，子宫里带出来的受难——在对出生和受难的图像偏执

《现代移民的精神》，奥罗兹科，1932—1934
墙画，120″×120″

的混合中，他得以为自己的痛苦塑像，同时发泄对斯黛拉的怨恨，是她将他送入了这痛苦 301 
之中。她成了奥罗兹科墙画中头骨脸的助产士和行刑者，同时也是怀孕的骷髅骨架，正怀着她的骷髅宝宝将它送入这个苦难的世界。

在奥罗兹科毛骨悚然的画面上，杰克逊又加上了来自他个人经历深处的另一个形象。自从看到斯黛拉操控被套在她的马车上的马匹——正如同她操纵着她的丈夫和儿子们——杰克逊就不仅将马看成是男子气的象征，还看成是一种性方面的暧昧不明的提示。奥罗兹科墙画中怀孕的牲畜尸体与它巨大的骷髅骨架和野兽般的头骨，也许激发了这种由来已久的联想。鉴于一个接一个的女人——丽塔、阿勒瓦、西尔维娅以及不久以后的贝奇——引发了对杰克逊本人性倾向的令人折磨的疑问，马开始出现在他的艺术中，时而显现为骷髅，时而连接着人体，常常是在变形的过程中，正转化成鸟或是公牛——以及其他从儿时起就令杰克逊着迷的、与雄性气概联系在一起的动物。

在这如冬日一样漫长的五朔节的氛围中，杰克逊不知怎么竟得以常常时不时地重回现实世界，这些时间足够他绘制一系列平和的风景画以及本顿式的趣闻场景。像所有联邦计划中的艺术家一样，他知道 FAP 通过出售上交的作品来支付资助费用，因此那种讨

两幅都在 1936—1937 之间画的，.铅笔和蜡笔画在纸上，14" ×10"

人喜欢的再现性的图像更容易被接受，因为它们卖得更好。但在 1936 年以后，这样的绘画变成了习作，单薄敷衍地被完成，好像他对这种再现的诡计已经没了耐心。他真正的艺术精力被施展到了其他地方。他的想象力从遍体鳞伤的情感生活中抢救出了新的主题和新的风格，完美地记录下了他的人生低谷。西凯罗斯开启了杰克逊从传统材料中解放出来的过程——“一端有毛的棍子”——同样，奥罗兹科撬开了杰克逊的无意识这个潘
302 多拉的宝盒，并随之释放了他的想象力。

圣诞节的庆祝，包括一只丽塔·本顿送来的火鸡，也只是将杰克逊推入更深的绝望中。烂醉和恢复的日子开始占据他大量的工作时间，以至于连为了应付 FAP 的宽松要求所画的“习作”也成了负担。“在画画这事上不怎么走运”，他以一种没希望的口吻对查尔斯写道，仿若回到手工艺高中最糟糕的日子，“把我最后一幅画拿回来再花点时间——他们不喜欢水里的形式——如果是幅好画我绝不会同意。”

就在这段时间，在西凯罗斯临走奔赴西班牙内战的前夕，举办了好几场颂扬他的派对。当被问及推荐一些人作为受邀的与会嘉宾时，这位墨西哥艺术家从所有之前工作坊的助理中单单挑出了杰克逊：“‘你得叫上杰克逊。你得叫上杰克逊！’”鲁本·卡迪什记

得他强调过。第一场闹腾的欢庆活动在西区的一家巴斯克餐馆举行；第二场则在一个艺术家的阁楼公寓内。西凯罗斯向他显摆了一把墨西哥支持者赠予的象牙柄左轮手枪。在某一刻，正当那些醉醺醺的客人们要举杯向临行的英雄祝福，却发现人不见了。而波洛克，据阿克塞尔·霍恩说本来“他污秽的吼叫在这种时候总是特别引人注目”，可是也不见了。很快两人就被发现在桌子下——扭打在一起。还没从第一次西凯罗斯告别会的酒劲中恢复过来的杰克逊在这第二场中已经喝得酩酊大醉，并且扑向了这位荣誉嘉宾。两人以前就常常“到处打闹”，但这一次，杰克逊不是在闹着玩儿。“他要他的命”，霍恩回忆，惊恐地说不出话来，看着两人扭打在一起互相掐对方的脖子，双方都“无声地暗自要将对方掐到窒息。杰克疯狂而亢奋，西凯罗斯无力地挣扎着自救”。直到桑特赶来现场用“下颚上敏捷的一拳”将杰克逊打晕才得以打破僵局。四位客人将杰克逊抬到 A 型车里，然后桑特把他带回了家。

到这个份上，桑特已经无法再找借口了。深秋时节，当查尔斯写信谈及让斯黛拉搬到纽约与桑特和阿勒瓦同住的可能性时，桑特不假思索地就拒绝了这个想法。为了让家里人买账，他扯上了经济限制和联邦计划资金在未来的不确定性，但是私下里他向查尔斯坦白，如果搬来，“将会把杰克逊逼上绝路”。最后大家理解了斯黛拉是麻烦的一部分而非解决途径，以及，杰克逊的“一出又一出”并非如家人所想的只是青春期的过渡现象。

1937 年 1 月，桑特走上了最后一步。基于“一连串的情绪不稳定的时期……表现为完全丧失自理能力以及对他人的责任”，桑特认为杰克逊“患有精神疾病”并认为应该去看精神科医生。对于习惯了通过压抑和否认来保护自己的一家人来说，这是一项前所 303
未有且毫无疑问令人苦恼的招认：杰克逊需要帮助的方面不仅仅是酗酒，更是他的童年。“你知道，”桑特写给查尔斯，“像他的这种问题是根深蒂固的，往往是因为童年，而且得花漫长的时间才能抚平。”在寻找能够“帮助（杰克逊）找到自我”的精神科医生的过程中，桑特转向了在城市与乡村学校的卡罗琳·普拉特和海伦·马洛。马洛与市里的一个荣格分析师小团体有联系，她对杰克逊的问题尤为感兴趣。她为桑特推荐的精神科医生无疑来自于荣格学派的同事像凯利·贝恩斯，一位认识荣格且翻译过他的好几本著作的女士。尽管桑特很明显被分析医生的资质所打动，甚至对结果颇为乐观，家中的大多数人却与杰伊的妻子阿尔玛所见略同，从一开始就抱着怀疑态度。“杰克逊并不想要这样的帮助，”她说，“他要的是被关心。”

正当杰克逊开始接受治疗的时候，他又作出了新决定，跟随哥哥的榜样为自己找一个女人。机会自动送上了门。二月初，汤姆·本顿和丽塔·本顿来到城里，丽塔在波洛克家第八街的公寓里组织了一个派对。这个契机是市立美术馆举办了一次展览，包括了许多本顿以前学生的作品，他们后来毕业进入了联邦计划。口琴捣蛋鬼自然再次献演：伯纳德·斯蒂芬演奏杜西莫琴；桑特，马努埃尔·托勒金和本顿自己演奏口琴。但是杰克逊的注意力在别处。整个晚上他都盯着一位“苗条、漂亮”的年轻女子，棕发齐肩，背靠着窗户，坐在前屋一侧的高脚凳上，一面弹奏着班卓琴一面用甜美的高音唱着田纳西民谣。她是位“可爱的女孩，有着美妙的嗓音和甜美的脸庞”，而据鲁本·卡迪什所说，杰克逊“完完全全地为她痴迷”。

她的名字叫贝奇·塔尔瓦特。她的声音清晰而穿透人心，她的口音带着山区标志性的令人愉快的卷舌韵律，还有她的名字是她自己的，而不是经理指定的。然而在29岁的年纪上，贝奇却不算是杰克逊眼中未见世面的天真无邪的少女。出生于田纳西州东部洛克伍德镇的富裕家庭，乳名“瑞贝卡”，她迷上了戏剧后，通过费城一所声名显赫的女子学校进入卫斯理学院。与她同样才华横溢的姐姐／妹妹一起，她被位于华盛顿市的金史密斯工作室学院录取，在那里学习并教授了八年音乐和舞蹈。

尽管接受了广博的训练，包括有一年在巴黎，贝奇却从没有冒险离开她的老本行太远。“我们是山里的乡巴佬，”她说，“在我们家，人人都会唱歌……我的祖母教会了我最美的歌，比如“《美丽的安妮·劳里》和《芭芭拉·艾伦》”。事实上，当她抵达杰克逊门前的台阶时，她刚从《芭芭拉·艾伦》的录制现场回来，那是查尔斯·西格在国会图书馆的民间音乐计
304 划的一部分。在华盛顿时，她遇到了查尔斯·波洛克，将她介绍给了伯纳德·斯蒂芬，一位在艺术学生联盟的老同学。正是斯蒂芬那晚将她带来了波洛克拥挤的公寓。

贝奇·塔尔瓦特

杰克逊瞬间的心醉神迷没有逃过旁人的眼睛。“那场面挺让人感动，”鲁本·卡迪什回忆，“杰克逊看得出神。他就那样注视着，好像她对他施了催眠术一样。”贝奇只记得他是个忠实的听众。“我想他喜欢我的演奏，”她说。可是当她没有在弹奏时，杰克逊仍

然注视着她；当她离开，他跟着她出门。尽管像往常一样醉醺醺的，但是显然某种东西阻止了他在门厅上演往常发酒疯的一幕。“他就那样跟着我，”贝奇回忆，“我下几个台阶，他就跟几个台阶。当我停下，他也停下。”到了街上，“他在我后面保持着一段距离，当我转身去看，他会迅速躲进某一家的门厅。我想这都是为了试探。”最后，在亚斯特尔街地铁站，她转过身，温柔但是坚定地对他说，“杰克，我不想你和我一起回家。我一个人没事。”她的一位朋友安排她住在阿勒顿，一家在第五十七街上专为接待青年女性的宾馆，她生怕如果他出现在那里会引起绯闻。

杰克逊立即就开始计划他们的第二次会面，这几乎是万无一失的事情，因为她的班卓琴落在了第八街的公寓里。夜里，他坐起来，良久拨弄着这把五音双弦琴，并向他的朋友询问推荐班卓琴的“一本好的入门书”。他无奈地写给查尔斯，“我现在所能做的全部，只是把它弄出调来”。但是一起玩音乐只是杰克逊整个幻想的开端。在接下来的几个月中，他开始在他的想象中建构一段强烈、精致而完美的恋情。对于他的朋友像卡迪什 305
和托勒金，尤其对于阿勒瓦和桑特来说，他为痴情而慷慨激昂。“他深深陷入了对她的爱情中，”卡迪什回忆，“他为她疯狂。”

但事实上，他们的感情并没有那么强烈。尽管她又去波洛克家的公寓吃了几次饭，贝奇从没有把杰克逊想成朋友之外的任何人——“一个受折磨的、感性的人，令人同情。”在他们关系比较近的四五个月中，杰克逊从没有想她展示过自己的绘画或是带她去画廊、美术馆，或是将她介绍给他的朋友们。他们唯一的交集，事实上，只是几次上第八街的公寓用餐并在桑特面前显摆。“我们从没有出去约会过，或是下馆子，或任何类似这样的事，”贝奇说。在他们打电话聊天这样比较难得的情况下，杰克逊也从没有谈起过他的家人、他的过去、他的抱负或是他的绘画——“他完全没有把绘画以及任何这类事情挂在心上”。他从没有告诉过她正在接受的治疗，或是去过莱克星顿大道上她晚间唱卡巴莱夜总会幕间节目《顽皮顽皮》的那个改宗的教堂。而他也无法对贝奇的生活和思想做深入的了解。如果他了解，他就会发现她的青梅竹马男朋友，同时也是她想要嫁的人，梅森·希克斯，即将结束表维医院的实习和住宿，并且现在正住在离她唱歌的俱乐部仅仅几个街区的地方。

尽管有着难以逾越的鸿沟，杰克逊和贝奇却共度了许多时光，不仅足够支撑杰克逊的幻想，还得以让她对他的苦境感到同情。他也可以是个有魅力的人——尤其当他戴着“一顶硕大的牛仔帽”穿着浆洗过的阿勒顿衬衫出现时——但是不苟言笑。“他简直像是两个人，”贝奇回忆，“我了解到他是个痛苦的、不快乐的人，但同时也非常感性非常有爱心。他似乎挺复杂……我猜想他对自己的得失太在意了。尽管她从没见到过他喝醉，偶尔她也能感受到醉酒的后遗症。一天，当他们正一起走着，看见一位女士牵着一条小狗。“这激怒了他，”贝奇回忆，“他走到那个女人跟前然后开始踢那条狗。他感到非常愤怒，有人居然可以对一条狗那么着迷。我很怕警察会过来。”在那次意外之后，害怕潜入了她的好感。“他待我总是很绅士很亲切，但我很害怕在公共场所与他一起，怕他会制造尴尬的场面或是让我难堪。”

时不时地一起用餐和偶尔的亲吻将杰克逊的幻想维系了整个冬天。到了春天，索性代替了现实。酗酒一直持续，但是瞒过了贝奇，也没有被持续的心理咨询发现。桑特努力想乐观地看待情势，在六个月的治疗之后他向查尔斯写到，他注意到“从杰克逊的角度看，情况有了一些好转”。但情况仍十分严重——严重得令他没法让杰克逊独处。

这一年初，查尔斯搬到了底特律去接受一份工作——全美汽车工人联合会周报《联合汽车业》的版面编辑和政治卡通漫画师。抵达后不久，他就写信邀请桑特来与他汇
306 合——希望有了两份可靠的收入，他们可以给斯黛拉一个安居的地方。尽管他在联邦计划前途未卜，纽约的生活也不容易，桑特还是拒绝了这个提议。杰克逊是他的首要责任。“我并不想给人感觉我想当杰克的奶妈，”他回答说，“诚实地说我害怕把他单独留在这里没人看着的后果。”然后，为了缓和他这番话暗示的极端后果，他又退一步说，“没什么要紧情况，他只是必须要有人看管并且明智地引导他”。

在疯狂酗酒、秘密对抗、收效甚微的治疗和创造力被拘禁的情况下，贝奇·塔尔瓦特是杰克逊所剩的最后的绿洲。“我总感觉我与他在一起的那时，是他的个人生活一团混乱却找不到出路的时期，”贝奇回忆，“他似乎不知道自己在那里。我想这是他之所以被我吸引的原因。”

当她要离开纽约返回田纳西的时刻到来，她迟迟没有告诉他。在她说了以后，他请求最后见一面和她道别。午餐前，他们在白色城堡饭店不可思议的荧光般的光辉中见面了。那里离第八街公寓不远。他走进来，拿着一枝白色栀子花，然后送给她。“当时真的好感动，”她记得，“这就是他美好的一面，真的太美好了。”然后，在白色瓷砖以及汉堡和洋葱香气的包围中，杰克逊请求她嫁给他。她在回答前迟疑了一会儿，想着这个问题，但完全没有认真地考虑过可能性。这与他们之前的关系简直风马牛不相及。“我们的背景，我们的所有都那么不同，”她说，“我会是这个世界上最不适合他的人，而他对于我

也是，我能感觉到……我知道他正在困境中而我却不够强大。我彻头彻尾是个懦弱的人。我没法应对。”她想到了桑特和阿勒瓦。“他们有完美的婚姻，他也想和一个阿勒瓦一样的人结婚，一个可以带给他那些东西的人……如果他可以有像桑特一样的生活该多好，有一位阿勒瓦一样的可人儿。看上去那就像是他想要的，而我知道我不是那个人。”但是她并没有说出她的想法，而是以最温和的语言向他解释她对职业的规划以及它们与婚姻将会多么的矛盾。如果她真的要结婚，她说，也会是与在洛克伍德的青梅竹马，梅森·希克斯。说完这些，她就带着栀子花离开了。杰克逊再也没有见到过她。“这真令人痛心疾首，”她回忆，“他似乎懂了我对他的感觉所以并没有因此而恨我。”

与贝奇坐在白色城堡餐厅时，杰克逊似乎是明白的，但一旦她走了，他在绝望中崩溃了。据马努尔艾·托勒金说，他变得“狂暴”，烂醉如泥整整一周。鲁本·卡迪什记得杰克逊如何“坐在角落里苦思冥想”着这个“他梦中的女孩的消失”，而空荡荡的公寓带来的孤独，无疑更加剧了伤痛——桑特和阿勒瓦搬到了乡村，在那里度过春天和夏天。从没有独自承受过孤独的杰克逊于是前去投奔了他们。

但是这次，巴克斯郡的青山并没有给他多少安慰。除了只是偶尔光临的鲁本·卡迪 307
什外，几乎杰克逊的整个圈子都瓦解成了两两一组。桑特带着阿勒瓦，伯尔尼·夏尔特

阿勒瓦，穆萨·戈德斯坦，杰伊、杰克逊和菲利浦·戈德斯坦在巴克斯县

带着耐恩，而在附近租了一座别墅的菲利浦·戈德斯坦，则常常过来炫耀他年轻美丽的新娘子穆萨。对杰克逊来说，这种各自成双成对必定令人痛苦地提醒了他的孤单。到7月中旬，在一段短暂、不愉快的逗留后，他离开了巴克斯郡去追逐他唯一还存有希望的幻想。

去往玛莎葡萄岛的航行慢透了。如果杰克逊不是如此沮丧抑郁，抑或如果不是一个人前往，这一程过夜汽船在宽阔、黑暗的长岛峡湾走廊的航行也许能为危机四伏地滑向彻底乱套的人生带来短暂的平静。从纽约出发的新拜德福德航线的夜船以富丽的装潢、奢华的住宿以及高雅的氛围著称，即使是较为拥挤的按男女分隔的统舱隔间也不逊色。但杰克逊的脑中萦绕着贝奇·塔尔瓦特，他刚秘密地给她写了一封信；挥之不去的，还有对于去年夏天与桑特一同逃往葡萄岛的回忆。

第二天一早，7月21日，轮船抵达了新拜德福德，杰克逊在那里换乘了前往葡萄岛的渡船。两个半小时后，当夏日的骄阳高悬在大西洋的上空，他迈步踏上了奥克布鲁弗的码头。这个遍地是姜饼屋的小镇早已熙熙攘攘地充满了假日胜地的各种活动：孩子们
308 在木板人行道上滑着旱冰或骑着旋转木马；情侣们散着步走过舞厅或在沙滩上晒着日光浴。走投无路下，杰克逊这是第一次未经通告不请自来，所以在码头的尽头并没有人迎接他。知道本顿家没有电话，他打给了在奇尔马克的一家杂货铺，请店员给沿路往下大约一英里远的本顿家带个消息。他将消息的称呼特别注明是给丽塔，而不是本顿，请她来橡树崖的轮船停泊点接他。

过了好几个小时，店里唯一的店员才找到人将这个消息转交到山上。在这段时间里，杰克逊越等越焦躁。当他沿着环湖大道闲逛路边的哥特木匠店铺时，发现了一家酒水店，于是就买了瓶琴酒。他后来称这原本是打算送给汤姆的，但是社交上的客套缛节很快就屈从了自我的渴望。“没过多久，”本顿后来讲述，“他就开了酒瓶喝了个痛快——他管不了那么多了。”在奇尔马克，丽塔终于得到了杰克逊到来的消息，马上开着家里的斯图兹冲出去接他。当她到了那儿，杰克逊的耐心却早就用完了。在给杂货店打了第二次电话后，他决定自己去奇尔马克。他用最后的钱租了辆自行车，然后靠着醉酒后的固执决心，出发穿越十八英里的岛屿。但不一会儿，琴酒“掌控”了他。据本顿对那天情况绘声绘色的复述，当他看到一群女孩儿在他前面穿过马路，“他迅速上去追逐她们，并像个印第安人似的大喊大叫”，“把她们赶上了人行道。后来，不顾众人的谴责，他追了街上每个

他看到的女孩”。

包系在自行车后面，一手拿着琴酒瓶子，一路穿梭在宁静的橡树崖街道上，咆哮着驱散前面的女孩儿们——杰克逊·波洛克在玛莎葡萄岛醉酒的画面，成了本顿以及后来的编年史家说笑的固定谈资。“当（本顿）得知发生的事，”本顿的传记作者写道，“（他）觉得太有趣了，简直希望他自己也这么干一回。”事实上，本顿所描绘的漫画式的笨拙和嬉戏般的骚扰画面背后，实际情况是，杰克逊正处于发自内心的怒火中。那些被他推挤出道路的女孩所感到的危险是真实的。当杰克逊在蒙特西托路的车行道上企图抓宝莲·帕西费科时，当他醉醺醺地对萝丝·米勒动手动脚时，当他用斧子威胁玛丽·波洛克时，以及当他，被查尔斯和伊丽莎白目睹却难以置信地，将走道上的女孩推拽进房间时，她们所感受到的正是这同一种威胁。

最后，杰克逊失去了平衡，从自行车上摔了下来，划伤了脸。被一位受害者叫来的警察以酗酒和扰乱治安的罪名逮捕了。在位于埃德加镇的法庭上，他对两项指控都认了罪。因为付不出十美元的罚金，他被从轻发落到了空荡荡的郡监狱。那晚，埃德加的地方法官致电奇尔马克的杂货店，通知店员告知本顿，波洛克先生被捕了，而且将在监狱过夜。第二天早上，本顿一家，包括十一岁的小本顿在内，开车去了埃德加镇将杰克逊 309
带回家。在交了罚金后，本顿不屑一顾地将这次事件归为“只是闹着玩”。

正是因为丽塔暧昧的青睐，杰克逊才来到岛上，而沮丧抑郁也跟了过来。杰克逊接下来的三周时间一直在两者间徘徊着。放松与情绪化轮流交替，他的大多数时间都与丽塔一起度过：在那莎奎萨池塘挖蛤蜊，去门纳穆莎购物，到俯瞰峡湾的荒野去采野莓。不与丽塔一起的时候，他就缩回到独处中，常常从城堡后面的小径往回走，经过橡树丛和一片片的野草莓，从维斯克博斯克峭壁上眺望整个大西洋。他创作几幅小型作品，包括一幅小本顿的帆船的小型椭圆画，他将它给了来做客的本顿的侄子，名字也叫托马斯·哈特。

一天，一封写给杰克逊的信抵达了茱萸树角的小邮局。贝奇从田纳西来信，用更为温和的语言，重复了在白色城堡所说过的那番话。她显然希望，进一步的解释能缓和杰克逊的伤痛。而那些语言恰恰适得其反。收到信不久，他迎着猛烈的山风漫无目的地走上了一座小山，然后，以极度的小心翼翼，画了一幅夜来香的小型习作——沿着石壁丛生的，以及生长在房屋和谷仓的灰色瓦片上茂盛葡萄藤中成千上万花朵中的一朵。

到了八月中旬，他回到了纽约，还有那间空荡荡的公寓——桑特和阿勒瓦又一次去了巴克斯郡——他小心翼翼地包好这幅小画，将它寄给了贝奇，随之还附上了一张字条：

亲爱的贝奇——

请原谅我笨拙的字迹。收到你的来信时我正在奇尔马克，那种情况下我延长了在那里的假期，这个星期才回来。我太爱那个岛屿了（生活、花儿和对大地真正的热爱）。人的情感落到现在这个混乱的地步真是令人沮丧。但我正竭尽全力让自己安心去做一些有创造力的作品。

……关于你的计划，贝奇，我很高心你正在做着自己喜欢的事，我也觉得你这么做是人之常情。此时此刻，我正经历感情上的强烈动荡。在未来我应该会有起色。现在我很清楚我不能带给你快乐的生活。宽广无垠的大西洋让我意识到了这一点。趁我还没忘却—— 一朵夜来香的热情——你见过夜来香吗——如果没有，我将这一朵送给你。贝奇，我致以我全部的爱，为你的远大未来感到由衷高兴。我希望你能不时地和我保持联系，还有，如果你来纽约能来见一面……

我最深情的敬重，

杰克逊

310 在附言中，他又补充道：“关于班卓我会按你说的——留着它，喜欢它，到时再寄给你……杰克逊。”

（贝奇·塔尔瓦特从没有要回过她的班卓。在收到杰克逊来信后仅仅两个月，她就嫁给了梅森·希克斯然后回到了纽约，他在那里开始了事业。在接下来的20年中，她从远处关注着杰克逊的事业。她从杂志和报纸上看到他的作品图片，想着“好样的，杰克逊！好样的！”但她从没有和他保持联系或是去看望他。一次，她看见了波洛克展的公告。“我很想去，”她记得她曾这样想，“我很愿意再次见到杰克逊，走上前去对他说‘还记得我吗？’”但是她没有这么做。“我有另外的人生，冒然走出去是犯傻。一旦一段感情结束了，它就结束了。”据鲁本·卡迪什所说，对杰克逊来说却从来没有结束。“如果贝奇来找他，”卡迪什说，“那他得醉上三个星期。”）

等到桑特和阿勒瓦9月中旬回到城里时，杰克逊的酗酒状况死灰复燃了，并前所未有的猛烈。据鲁本·卡迪什说，杰克逊突然似乎只有一个目的：“完全的自我毁灭。”不管是桑特还是卡迪什都认为杰克逊的精神状况不可能跌落到比去年冬天还要糟糕的地步，但是突然间，情况似乎是，他终于又下跌了最后一段距离，落入了彻彻底底的疯癫状态。六个月的治疗被一个挫败的暑假一笔勾销。“他每次喝酒都变得狂暴”，常常接替桑特的“奶妈”职责的卡迪什回忆说，“他变得狂暴且做出非常可怕的事情，让自己陷入令人无法忍受的状况中。”他的酗酒越来越在暴力中爆发。几乎没有一晚他不是斗殴的肇事者或受害者，要不就两者皆有。当他喝的酩酊大醉回来时，他的衣服“污秽不堪恶臭熏天”，好像他睡到了阴沟里——这还真的常常发生。许多附近的酒吧拒绝为他服务，但是他总是记不得是哪几家，因为他从来不记得自己做了什么，在什么时间去了哪里。当他开始尝试去不常去的地方，在凌晨两三点把他找回来就变得越发困难了。越来越经常，陌生人会发现他倒在街上不省人事。大多数人都只是无动于衷地走过，以为他只是喝够了出来歇歇；有的人叫来警察。一些人试着帮他回家，试着在他身上搜出一条电话号码或一个地址或从他嘴里套出一个名字。还有的人早就知道他。“我正和朋友走在第六大道，”卡兹·纳桑回忆，“突然看到杰克逊被酒吧扔到了大街上——真是滚到了马路上。我把他转过来对他说，‘杰克逊，你在这儿见什么鬼？起来！我陪你走走。’而他说，‘不，让我去吧！’两个彪悍的保镖还站在门口，他竟说，‘那些杂种刚刚那把我丢出来了！我要回去。’我说‘你疯了吗？’但不管我怎么拉他，他还是一直要爬回去，沿着人行道把自己拖回那个刚刚被扔出来的地方。”

以不同寻常的少见坦率，桑特向查尔斯承认他对杰克逊的状况“极度担心”。 311

在第八街的公寓，面对着与日俱增的侮辱，阿勒瓦勉强维持着善良的中立。一天早上他走进厨房，看到桌布被剪成了碎片。杰克逊用一把屠宰刀攻击了它。当杰克逊回到公寓后，差不多每晚都要上演的场景已经不再是一种仪式性的、性交后的平静。在他走上楼梯后，杰克逊经常仍然十分暴力且有强烈的施虐倾向，而安抚他所花的时间也越来越长。“他回来的时候总是一副疯狂的样子”，卡迪什回忆，“极其疯狂。你无法想象。”

早在这一轮的酗酒之前，阿勒瓦就已经感觉到了威胁，感受到了被杰克逊的愤怒情绪所拘禁，她发誓只要和他同在一个屋檐下就绝不生孩子。但是对新的危险必须要采取更为直接的行动。从巴克斯郡回来不久——也是在阿勒瓦的坚持下，当然也在她的允许下——桑特建了一个隔间，使得前屋被从整个公寓隔绝了开来。他试着缓和这样的打击，向杰克逊解释这样他就可以有一个“私密的工作室”。

即便有了私密工作室，杰克逊的工作进度仍慢到只有偶尔的突击。每次酗酒都要连着一整天——有时是好几天——躺在床上或一动不动地坐在椅子里，被“难以形容的罪恶感”怔住。“那种自责！老天，他是那么的自责！”耐恩·夏尔特回忆，“他记不得他做了什么，但通过旁人的沉默他知道，不管是什么，一定糟透了。”阿勒瓦回忆走过客厅尽头的那间小卧室的门口，看见他一动不动地坐在床沿上，头埋在双手中。好几个小时甚至好几天，他一直处于近乎休克的抑郁中，对酗酒和他的内疚一言不发，也从不道歉——“只是对整件事沉默”，卡迪什说。他也不画画。除了在偶尔的情况下之外，他从不在醉酒的状态或是之后低迷、迟缓、沉默的恢复状态下画画。最终，他会走进厨房开始进食。那是恢复的第一个迹象。“最后他会把自己弄干净，”卡迪什记得，“然后才能回去工作。”

在这之前，杰克逊的醉酒和消沉的循环通常还会在两次轮中间留有几天“风平浪静”的日子，足够他完成四到五幅画和一打素描。但现在，这个循环越来越紧凑，甚至还重叠——下午才刚恢复当晚又消失。结果是，在1937—1938年的冬天，在过去维持了他的生计的创作爆发变得越来越少、越来越短促。不过他倒是像以往一样，将葡萄岛之行的一些速写和水彩转画成了油画。（这也许是他在位于五十七街的新WPA联邦艺术画廊开幕展上展出的夏季水彩画中的一幅——这也是他在这个冬季唯一的公共展出。）为了完成WPA越来越艰巨的任务要求，他转向了那种在现实生活中远离他的宁静的平庸，绘制了
312 轻柔的风景和死气沉沉的美国事物。在他隐秘的痛苦中，这些作品看上去一定平静得格格不入，简直像出自他人之手。更具宣泄性的，是那些残酷、棱角分明的、奥罗兹科式的素描，以及从他的无意识中不断浮现的偶有的油画。

12月上旬，杰克逊沉沦的势头被本顿的来访打破，他来纽约接受限量版俱乐部的颁奖。在口琴捣蛋鬼的重聚活动上，他邀请了杰克逊、桑特和马努埃尔·托勒金来堪萨斯城度过圣诞假期。对于波洛克家的人来说，旅行的期待总是有治愈效果的，但对杰克逊，还有对见到丽塔的额外渴望。不幸的是，就在计划出发的日子前夕，桑特退出了，而本来提供车子的托勒金得了腮腺炎。不容置辩地，杰克逊买了长途汽车票，带着仅剩的零钱，从港务局汽车站出发，乘坐38个小时的灰狗巴士，穿过阴冷荒凉的大西部冬天，前往了堪萨斯城。

在位于瓦伦汀路的本顿家两层楼的石灰房子里，杰克逊受到了冷热不一的迎接。丽塔一如既往的热情、慈爱，自从杰克逊第一次见到她以后的这几年她有点发胖而且变得更加丰满。而本顿却比在葡萄岛时变得更加严厉冷酷，也许是因为在艺术学院的一场正

在酝酿中的政治暴动，他是其策划者。早年的自我有意识的简洁早已开始慢慢地转变为本顿晚年的怪诞漫画风格。现在，他似乎酒不离手；他的火爆脾气变得更加一触即发，他的语言变得难以置信的粗俗。他与丽塔的关系也变了，杰克逊一定也注意到了。他们的母子关系之实在夫妻关系的伪装下更显而易见。“他会大吼大叫，喝着酒，一直这个样子，”一位在堪萨斯城的朋友回忆，“然后丽塔朝楼下喊，‘汤姆！上床睡觉！’然后他就乖乖停下然后上楼去了。”

在杰克逊住下的两周中的大部分时间，本顿白天都外出去了艺术学院，留下杰克逊与丽塔几乎二人独处。小本顿在他的前保姆那里所享受到的关心照顾如此之少，以至于他事后都无法回忆起这次造访。就如同丽塔妥善、机智地管理着本顿的事业一样，他也将杰克逊的经济困境揽入她的旗下，鼓励他在本顿外出期间在工作室画画。当他顺从地绘制了四幅小型的冬日风景后，她安排将其中的两幅出售给了朋友。这份买卖为杰克逊筹到了足够买回程车票的钱。

到了晚上，当本顿回来，杰克逊常常出门任由自己与本顿在学院的学生一起淹没在一轮轮假日派对中。劳伦斯·亚当记得其中的两场派对，“不带女伴的派对上”“大喝特喝”还有“打架的丰功伟绩”，包括印第安摔跤。一贯对打闹比对谈话感到更自在的杰克逊高兴地加入了“学生小子的寻常斗殴”并被大家以“本顿在纽约的弟子”所接受。远离桑特而又与丽塔感觉日渐亲密，杰克逊在黑暗中捕捉到了一线开阔的天空。他的荒唐 313
的醉酒行为换了口味，融入到了随着季节而来的斗志昂扬和玩闹的大环境中。

但是，将他带到堪萨斯城的那个热切的幻想，迟早将在礼貌的假象中破灭，这只是时间问题。在临走的前夜，杰克逊借了酒胆，终于对丽塔倒出了那么久以来在他的想象中被秘密藏匿的感情。七年禁忌的渴望和暗自窥望、对她丈夫和她对孩子的关心的妒忌；七年看着她在国王海滩上裸体晒日光浴，或是赤足探入池塘的水底寻找蛤蜊，找到了一只就仰头大笑；七年母性的爱恋和肉欲的诱惑，都在一瞬间涌入脑海化为激动人心的吐露真情的短暂瞬间。他宣称他爱她，他一直爱着她，“她是他理想中的女人，也是他唯一爱过的女人。”然后，在幻想的最后狂想下，他请求她嫁给他。

除了“拒绝了他”以外，丽塔怎样回应杰克逊的内心爆发并没有记载。不管他是否像贝奇·塔尔瓦特一样试着以尽量温和的方式，还是摇摇头一笑了之，其结果都是毁灭性的打击：七年的幻想在点头之间灰飞烟灭。

他的第一反应是愤怒，不是针对丽塔而是针对本顿，以杰克逊受折磨的内心看来，是他的名望和近水楼台的便利站在了他和能带给他安宁的唯一女人之间。据本顿后来给一位朋友的说法："在（丽塔）拒绝了他后，（杰克逊）跑去本顿那里说‘你这个该死的，我以后会变得比你更有名’"。到晚上来了第二波反应，他离开了瓦伦汀街的房子一头扎进派对和酒吧还有自我毁灭的老路。第二天他一早就回来了，"过量的威士忌让他病得不行"，丽塔立刻穿上外衣开车送他去看了医生。即使是本顿最后也承认杰克逊的"疾病"。"医生后来告诉我他的行为是‘确诊’的，"他写道。

在堪萨斯城的酗酒只是序曲而已。在敷衍了事地去看望了底特律的查尔斯后，杰克逊回到了纽约，然后又将自己投入了大漩涡。不出一个月，桑特写信给查尔斯。而在他坚持的乐观以及一如既往的不愿责备杰克逊背后，流露出了绝望：

> 我们夏天的计划非常不确定，除了一件重要的事，那就是带杰克离开纽约。只有靠他自己付出值得嘉奖的、勇敢的努力，他才能让自己不出乱子……（他）急需从纽约这个城市解脱出来。

此后不久，可能是在查尔斯的促使之下，本顿邀请杰克逊加入一次从5月28日起为期六周的写生之旅。但3月和4月，酗酒的状态仍然持续，杰克逊的成果产出大大地被延缓了，甚至停滞不前。控制更严密的新WPA的签到和作品要求成了几乎不可能完成的
314 负担。到1938年，这项计划持续处于缩减资助名单的压力之下，而一度被宽松执行的规章制度，如果还算得上是执行的话，也突然变得紧迫了。一个杰克逊应该向WPA递交画作的日子，朋友们记得曾见到他穿着睡衣跑着穿过街道，手臂下挟一幅画，赶截止时间。其他日子里，他以"骇人的病态""几乎静止地"坐在房间里，索性把截止时间全都错过。迫切想要杰克逊留在联邦计划内的桑特，让朋友们以他的名义在工作室里搜寻挑选画作交差。如果他们找不到合适的画作，或者错过了截止时间，伯戈因·迪勒，现在的架上绘画部总监，会替他"扛下"。

尽管时不时地酗酒失常，桑特还是希望最迟到5月与本顿的旅行将会扭转杰克逊一日不如一日的状态。到了月末当杰克逊最终申请准假离开时，却被拒绝了——他已经请了太多假。这一次，显然，是压垮骆驼的最后一根稻草。不久，他就不见了。

他离开了整整四天去完成人生中最长、最毅然决然的自我毁灭的尝试。他希望，甚至是决心，这将是他的最后一次。整整四天，他游荡在下东区的酒徒街上，成天喝着

“雪莉酒和廉价烈性威士忌”，在臭水沟不省人事，在别人的尿液里被警察推醒，却又开始喝。在第四天——污秽，暴力，断片儿，病态——他被带到了表维医院。医生告诉桑特杰克逊患有“精神崩溃”。不顾杰克逊的反对，桑特坚定顺从地，寻求海伦·马洛的帮助，安排将他的弟弟委托给了一所精神病医院。

但是直到 6 月 9 日，当他因为“持续旷工”而被联邦计划正式除名，杰克逊才接受了无法逃避的事实。鲁本·卡迪什去了表维医院看望他，他回忆:“他待在酒徒街上，心里清楚这不是他待的地方”，“他不是普普通通的喜欢喝酒。他整个已经走上了危险的方向。”

6 月 12 日周一，桑特带着杰克逊向北驱车 35 英里，抵达了位于纽约州白原市的纽约医院，将他留在了那里。

315

21

退缩

有着奢华的石头和紫红色砖的外墙，外围是一圈铸铁栅栏，纽约医院——或者，如人们习惯叫的名字，布鲁明德尔——赫然耸立于白原市的宁静郊区，像一个暗淡的维多利亚时代的魅影。“那是一座巨大的旧精神病院，”一位病人后来写道，“一家私立精神病收容院，和表维或温达勒这样的公立精神病院相比，它在某些方面不那么恐怖，但也够呛。”

惧怕医院，被剥夺了酒瓶，又被切断了与家人的联系，杰克逊在最初的几天一定既害怕又沮丧。穿着白大褂的陌生人给他做了平生第一次完整的身体检查，第一次神经学检测，第一次拍 X 光。带着被标记为“慢性酗酒”的档案，他被安排来来往往地穿梭于不同的诊室和医生之间——内科医生、眼科医生、儿科医生、喉科医生、牙科医生还有泌尿科医生。在男病患病房，护士带着白帽子，像海鸥一样来回徘徊，时刻警惕诸如“紧张、抑郁、焦虑、性沉溺、臆想症、精神错乱、强迫症或恐惧”等信号。医院工作人员认为这些是酗酒的“突出精神症状”。每个人，甚至其他病患，都教导要警惕“自杀倾向”。

杰克逊被归类为“自愿入院患者”，尽管布鲁明德尔的医生不怎么信任所谓的自愿；离开的诱惑太大了。所以，杰克逊同所有自愿患者一样，都被要求签署“酗酒者证明”的申请表。由两位外来医生检查确认他确实属于“酗酒者，适合作为治疗对象”，然后申请被韦斯切斯特郡法官批准。杰克逊被遣回医院接受“为期不超过 12 个月”的照顾。尽管仍然属于正式的自愿入院病患，他不能在未经主治医生的允许下擅自离开。

初始几周的治疗主要围绕“休息，增加营养和液体的摄入，以及适当排泄”的原则
316 进行。酒精是严格禁止的，晚间患者必须按时上床就寝。那些睡不着的人被安排延长泡

位于白原的纽约医院，又名布鲁明德尔

澡时间，给予蒸汽暖阁熏蒸，温湿包裹，紫外灯治疗和按摩。这些都被认为是优于镇静剂的选择。杰克逊也被安排进行“高热量”和“充足液体”的饮食控制。有规律的羞辱性的“结肠灌洗”保证了适当排泄。尽管被认定是“自由”病患——这意味着他可以随意地在大厅和空地走动——但杰克逊从来没有拒绝治疗的自由。邮件和包裹被送往一个办公室接受违禁品检查。拒绝饮食安排的病人会被强行喂食，或者如果需要的话，被插管喂食。而那些抗拒诸如热水泡澡和适当营养摄入的，在“冲动、麻木不仁或违抗性行为”中执迷不悟的，电击疗法将会是最后的令他们清醒的方式。

第二个阶段的治疗是“充实生活”。医院提供患者广泛种类的体育活动来使他们的双手和大脑在戒毒的折磨中有事可做。自从 1821 年建成以来，在其他精神病院仍然依靠镣铐、电热棒和放血的时代，布鲁明德尔独树一帜地成了“精神恢复”的先驱—— 一种新的、更人性化的对待精神病患者的治疗方式。来自富裕小康家庭的患者被给予了隐私空间、洁净的住宿条件、宽敞的场地、监督管理下的外出郊游，还有其他“在情况允许之下尽可能给予其正常理性人之对待”的各种活动。几年来，这种以仁慈的方式善待患者家庭中令人尴尬的棘手问题，收获了许多纽约最富裕家庭的感激——梅西、惠特尼、古尔德——他们的慷慨资助将这所老精神病院变成了名副其实的胜地。设备高档的保龄球、

317 沙狐球、台球、日光浴以及扑克牌被引入，除此之外还有两个全套设备的健身房，六个网球场和一个高尔夫球场。女性通常参加有专人监督管理的健身和舞蹈课，而男性，通常他们都不到 30 岁，大多参加“竞技游戏和高强度锻炼”，认为“出汗排毒”可以加速他们的康复。室内，在满是精美的东方风情的地毯和维多利亚家具的宽敞客厅里，男人和女人们穿着便衣阅读或休息。围着钢琴边，一小群病人正为定期的晚间娱乐活动做准备。在半圆拱顶的会议厅里，患者们在舞台上排练即将到来的戏剧和歌剧表演。在白天，像杰克逊这样的自由病患可以在空地闲逛，欣赏繁茂的异域花卉——据传言是弗雷德里克·劳·奥姆斯特德亲手种植的——还可以探索边上极尽奢华的“贵宾别墅”，专为“神经错乱的富家子弟”而预备。到了晚上，医院员工会组织室内游戏，舞会和非正式社交聚会……各种“能代替酗酒带来的轻松感”的活动。

除了杰克逊这样的义诊性质病例之外，大多数在布鲁明德尔的病患——那些经过了良好的社会化却深陷烦恼的富家害群之马——在这个熟悉的、温泉水疗的温润氛围中如鱼得水。一位医生将他们描述为“愉快活泼、和蔼可亲、侃侃而谈、高要求难伺候又会说话嘴巴甜”的一群人。就像长途游轮上的旅客，利用他们有限的自由把日子过到极致。

然而，对杰克逊来说却是另一回事。总是羞怯而又拙于社交的他突然发现他被一群陌生人所孤立，无法借助酒精来缓和这种格格不入，又惧怕加入竞技比赛，同时毫无疑问，对桑特和阿勒瓦共赴巴克斯郡度夏把他撇下的景象难以释怀。在抵达后不久，他写给桑特一份简短的消息，不无向往地在最后说：“我想象现在你们已经从农场里收获了许多食物了吧。”

对于童年的模糊回响并非巧合。在现实世界中，杰克逊遁入了白原市的山林寂静中，但是他的思绪，回到了凤凰城牧场边那个令人望而却步的疗养院——那个位于干旱河谷畔遥远而恐怖的地方，那里满是病人且永不康复。一位杰克逊的医生后来回忆了他在医院的最初几周，说道：“（他）相当焦虑，就像敏感的人常有的那样，正患有抑郁症。平息他的情绪和重塑自尊仍然任重而道远。”

尽管被指派给了爱德华·艾伦博士，一位非常受人尊敬的全职医生，出生于新英格兰毕业于哈佛，但杰克逊的病例吸引了医院助理医学主管、住院医师詹姆斯·哈顿·沃尔的关注，他是酗酒及其治疗领域的专家。沃尔是个谦恭、绅士的南卡罗来纳人。他在 1928 年来到布鲁明德尔成为住院医师并开始对“酒精性精神病”的治疗产生兴趣，而这在当时还仍被其他精神病患者认为是对他人的干涉。从那时起，他已经完成了多项关于酗酒病患的研究并正在为一项男性酗酒的长期研究积累详细的记录。杰克逊完美地与这项研究计 318
划相匹配，因而很快成了沃尔博士的特别研究对象。

作为一个弗洛伊德学说的信徒，沃尔的治疗由鼓励每个患者“为自己卸下包袱，用自己的话来讲述人生经历”开始。尽管沃尔的方式极其温和而又细心周到——他后来谈到“治疗师一定要确信这名患者确实能够引起他的兴趣”——杰克逊却用顽石般的沉默筑起了堡垒。当沃尔无能为力地转向桑特，他遭遇了同样的防卫，那些回忆不是不准确就是过于主观。不过，逐渐地，沃尔的坚持和那种能让人信服的南方人的魅力松动了杰克逊的防御，接着，他内心世界的魔鬼们第一次浮现了出来。

尽管杰克逊的心理咨询记录仍然属于未公开的隐私，但是显然，以沃尔后来的写作来看，他从杰克逊的过去中发现的大部分信息，都证实了他正在构思的关于酒精性精神病根源的理论。同他超过一半以上的病例一样，杰克逊并不是家里唯一一个有酗酒问题的人。尽管对沃尔来说，这主要是由于鲁瓦（或弗兰克或桑特）竖立的这个榜样而非他的基因造成了杰克逊的误入歧途。他在治疗了杰克逊仅仅六年之后就写了这样的话：“亲属中借助酒精来解决个人问题的榜样对于一个人的性格塑造有着强有力的影响。”据他的研究，酗酒的母亲大多数是典型的“强势（的女人）不仅企图主导家中的父亲，还包括孩子们，企图掌控他们的生活”。“在男性患者的例子中，”沃尔写道，“宠溺、纵容而又过度保护的母亲相当常见。”另一方面，如果父亲是酗酒的男人，典型的表现则为“不参与对子女后代的管教，以及在一些情况下在孩子幼年时就疏远家人”。就这些情况的任何一种而言，鲁瓦·波洛克都与沃尔的模型相吻合：“一个懦弱的个体，为他的儿子竖立了一个坏的模仿类型”，一个“缺乏强有力的个性、过于逆来顺受、对母亲和孩子屈服让步”的酒鬼。

在沃尔看来，一个强势的母亲和懦弱的父亲颠覆了原本正常的身份识别过程。由于无法识别温顺的或缺失的父亲形象，男性酗酒者倾向于产生一种“病态而又矛盾的对母亲的依恋”。其结果是，沃尔发现他的男性病患“倾向于同母亲过于亲密……因而似乎发展出了一套女性化的对待生活和处理问题的方式”。对大多数的酗酒男性来说，像杰克逊，这种扭曲的识别所带来的危害在他们的青春期就开始初见端倪。在来自同伴的压力下，他们的性需求被放大，对母亲的亲密关系转变为了“不断滋生的憎恨和冲突的来源”。难怪，青春期正是大多数男性酗酒者开始喝酒的时期。“当酗酒现象随着青春期的到来而出现，”沃尔报告说，“并十分糟糕地在患者的想法中与性能力挂钩，我们就可以发现一种模式被开启，在这个模式中，最深层最基本的人际关系却建立在谬误的基础之上。”如此一来，当沃尔得知杰克逊“对女性深刻的惧怕”以及他的所有恋爱都在失望
319 和悲剧中结束，他也就不会感到意外了。虽然在这几年，他的病人中只有少数表现出了“明显的同性恋倾向”，沃尔仍然将这种行为视为仅仅是一种被夸大的母亲识别的表现，同时也是一种潜藏在大多数酒精性精神病患者身上的“女子气的生活方式”。在男性病患提到的寻求治疗的所有原因中——包括恋爱或婚姻失败、亲属亡故——第二常见的原因即是“对同性恋的矛盾”。

显然，为了强化杰克逊对父亲的识别不足，沃尔敏锐地指派他参加医院的园艺活动。从包罗万象的各种技能性的消遣活动中（花篮编织，书籍装订，木板印刷，扫帚制作，烹饪，编织藤椅，针织，皮革加工，印刷，地毯编织和机制），沃尔引导杰克逊参与了金属加工——尽管也有绘画、素描和雕塑可选——这一安排显然是为了强化男性化的自我形象。“金属匠和木工的工作经常能吸引他们，”沃尔写道，“因为（男性）病人将它们视为是具有男性属性的工作。”

那年夏天杰克逊在金属加工工作室打造的几件铜质饰板和碗证实了沃尔的分析。在一只小型铜碗的外围，他描绘了一列男性在性狂欢中腾跃。在一块铜饰板上，一个巨大、肌肉发达的男性裸体跨坐在一头被解除了拴绳的蹒跚而行的阉牛上。性的主题，以及根据预先草图绘制的这一事实，说明这些是有意为之的结果，或许还是沃尔希望帮助杰克逊探索他的性身份而怂恿他的结果。桑特后来回忆沃尔“认为（杰克逊）热衷于绘画男性裸体的兴趣至关重要”。这些作品代表了杰克逊首次有意识尝试用他的艺术探索他自身的无意识。这一过程早在几年前就已经开始，但是直到在布鲁明德尔的这个夏天，以及在沃尔对弗洛伊德理论的执着促使下，杰克逊才走出了决定性的一步。在那里的最后日子中，这一过程变得十分突出。他制作了一个大型的铜饰板，其上是两个男性裸体斗志昂扬的拥抱着，周围围着寓言人物。他将这一作品送给了沃尔，并破天荒地，一起附上了一份图像的详细解释。“他称之为男人的一生，”沃尔后来写道，“离开幼年和双亲，交配，（在）最上面是生活的混乱，在左面是一个男人帮助另一个男人，底部是死亡。我几乎可以从这些深思熟虑的讲述中听到他娓娓道来。”

但杰克逊还有别的不可告人的理由来利用他新获得的洞察力打动沃尔。

早在八月，仅仅在他被接受入院后的两个月，杰克逊就坐立不安地想要回家。但沃

尔决定有效的恢复至少需要六个月。大多数患者待了九个月，而一些人则持续了整整十二个月，这是酗酒证明的指导规范所允许的最长时间。杰克逊能获得解放的唯一办法就是让医生相信他已经完全康复了。用曾博得本顿和西凯罗斯青睐的同一种热切的天真和天才的忧虑的组合拳，他也打算吸引沃尔的好感。“他是个聪明又肯合作的病人，”沃 320
尔回忆，“很快就有了实实在在的进展。”到八月末，医院给出了暂定的探亲假时间并且给了延长。九月初，杰克逊就获准得以回纽约度过短暂的探亲访问假期，这是一项优厚待遇，也是治疗进入最后阶段的信号。“我在这里的时间可以被延长到九月底，”他在月初写信给桑特，“你这周能回来一趟接我过去吗？你方便的任何一天都可以——我会自己坐火车回来。”

在这次提前准释中，杰克逊的艺术起到了说服的作用。通过艺术，他可以展示“对解决内心问题的兴趣和好奇……”这被沃尔视为是成功恢复的核心基础。就这样，他的铜碗和铜饰板，以及它们夸张的男性形象和用心的解说文字，成了杰克逊近乎神奇的恢复的铁证。“很明显在这儿的是一位有天赋的艺术家，”沃尔说，“我能从他的作品中（看见）美好和坚强，就像我能从他本人身上感受到的一样。”做出这块铜饰板，对沃尔来说，显然是令人折服的证明。（也许他在杰克逊恭维的“一个男人帮助另一个”的描绘中看到了自己。）“这真是一件可爱的作品，”沃尔总结道，“而他也是个可爱的人。”在九月三十日，仅仅过了三个半月，在“再也不碰酒杯”的保证之下，杰克逊出院了。

这是一个灾难性的先例。通过博得治疗师的喜爱，杰克逊不仅浪费了一个获得真正康复的难能可贵的机会，他还养成了一种习惯去暗中控制接下几年他将接受的治疗。尽管杰克逊仍在酗酒并且反反复复地旧病复发，沃尔和艾伦只是许多被说服缩短或终止治疗的医生中的第一批，同时也是被他的艺术分心，抑或被一种治疗艺术家带来的偷窥癖的快感所蒙蔽的人中的第一批。不出意料，沃尔在这个暑假过后深信杰克逊已经康复，亦确信了他的这一简短治疗的有效性。“在我的印象中，”沃尔说，“我们都对他作为病人所做的工作感到满意”。十几年以后，一次在贝蒂·帕森斯画廊举办的波洛克展的时候，沃尔致信杰克逊，“我有着对你非常愉快的回忆，一直都非常乐意与你共事”，并邀请了这位他曾经的病人重回白原作为朋友小聚一次。

与之截然相反的是，杰克逊却是充满了恨意地从布鲁明德尔回来，对沃尔打探他的私人世界感到愤怒，更对自己允许他的进入而感到愤怒。他告诉朋友他所受到的禁足完全“不值得”，并且，在后来的人生中，很少提及那个浪费时间的夏季。偶尔在聊天中提起这件事，据一位他的朋友说，他会“变得非常愤怒”。“他想要整件事彻底过去不再过问”。几年以后，同为艺术家的阿帝里奥·萨勒梅也在精神疾病中心待了一段时间。他对杰克逊提起了他们的相同经历，杰克逊当即大发雷霆冲出房间。在10年以后，他仍余怒未消。“他告诉我他不觉得（那次）治疗有效果，”一位杰克逊在三四十年代后期的朋友罗杰·威尔考克斯回忆，“也不认为那对他有任何好处。他说那全是桑特的主意而他只是
321 附和，他很遗憾他这样做了。”

回到了第八街，杰克逊本就漫不经心、白费精神的戒酒努力，很快在朋友和家人的一番好意下瓦解了。在回家后仅仅几天，杰克逊收到了一封本顿的来信，他显然知道了整件事。“我坚定地认为你是一个出色的艺术家，”他写道，“（但）你如果不斩断那些胡闹的把戏并投入工作，你就是个蠢蛋。”褒奖的话无疑是受欢迎的，但这样的规劝却着实过于轻描淡写而且模棱两可。考虑到本顿自己对精神分析的不信任以及他对威士忌的喜好，很难说“胡闹的把戏”指的是杰克逊的酗酒还是他接受的治疗。同一个信封里丽塔的信则非常清楚非常令人宽慰，只不过又触到了旧伤疤：

> 这四个月以来我一直在担心你，你不知道收到你的消息我是多么如释重负。我们都祝福，并祈祷你能够安顿下来重新工作——真正努力工作用心画画——没多少人的作品能做到微言大义——汤姆和我还有许多其他人对你寄予厚望。

不幸的是，大多数的“其他许多人”，像彼得·布萨和艾克赛尔·霍恩，都只知道杰克逊“为了戒酒出去了一段时间”。没有任何消息提及了精神问题的治疗。“威利和瓦特”，附近的雪松酒吧老板，只是在初夏时收到了杰克逊一封莫名其妙的消息：“我这几天不能在城里，”他写道，“你能让桑特·迈克伊兑现我的支票然后请他喝杯啤酒算在我账上吗——谢谢。”受到不知情的朋友们的邀请松动了他的意志，又缺乏治疗的后期巩固，杰克逊的决心并没有坚持很久。“他真的想要戒酒的，”阿勒瓦回忆，“但是他的朋友第一次给他递酒的时候，他当然接受了——这下好了！”

一旦杰克逊开始喝酒，1938年末的这几个月为他提供了继续喝下去的充分理由。9月底，阿道夫·希特勒和内维尔·张伯伦在慕尼黑会面，全世界都焦急地期待从一场似乎越来越不可避免的战争中释放。家里的事情是，10月，查尔斯和伊丽莎白为斯黛拉·波

洛克带来了家中第一个孙辈（终于在27岁的时候，杰克逊不再是家里的“宝贝”了）。

但不管怎样，最迫切的担心还是联邦艺术计划危机四伏的状态。早在9月中，还在医院的杰克逊就已经请求能重新获得架上绘画部的职位。整个10月和11月，他每周都去WPA位于国王街的办公室查看申请情况。每次，他都被早已麻木不仁的官员打发走。在华盛顿，特克萨斯州州议会议员马丁·迪斯的非美活动调查委员会，在夏季听证会上给了联邦计划致命一击，成功为其打上了“共产主义者的温床”以及“庞大、无可匹敌 322
的新政鼓吹机器中的又一个环节”的标签。甚至早在罗斯福的中期选举获得的国会支持一败涂地的耻辱之前，许多WPA官员和艺术家就觉察到谢幕的时刻临近了。11月23日，杰克逊终于重新入职——但工资被削减了。仅仅几周之后，当哈利·霍普金斯，这位新政的老战士，从WPA辞职，人们的担忧变成了绝望。“从所有的迹象看”，桑特1939年写给查尔斯，“这也许是我们最性命攸关的一年。”

在他刚从布鲁明德尔回来，前路尚未明了的那几周，杰克逊尝试性的重新开始了工作。沃尔博士在10月和11月期间为杰克逊安排了好几次重回白原的后续回访，在他的建议下，杰克逊继续了始于那个夏天的、通过金属加工的方式来进行的“身份治疗”。整整几个月，他回避了绘画，取而代之专注于“男性化”的活动比如雕塑和平版印刷。同时，他也绘制了一些瓷碗，一部分是因为在等待WPA的职位时试图赚一点钱。这种媒介对杰克逊的吸引力在于它既易于交易又相对自由。画布和画架被它的繁文缛节所束缚；他们承载着训练、上课、构图的重担，承载着查尔斯和本顿还有所有竞争者的重量。与此相反，一只碗或一只盘子却邀请人们去嬉戏—— 一纸廉价又可随意丢弃的对自发性的许可证，有了它，他就可以自在地探索他自己的艺术未来了。

在一只创作于1938年12月的碗上，他绘制了一个他称之为“我的一生”的场景。在右侧，一个本顿式的男性裸体向着远处的两匹马射箭，那两匹马正飞奔着穿过布满红色云彩的天空。左侧，是源自奥罗兹科的母亲形象——甚至还带着一张墨西哥人的脸——蹲下身正要生产。中间，一个婴儿像胎儿一样蜷缩在一丛火焰之中。底部，一艘帆船在莱德式的波涛汹涌的海上颠簸。如果说杰克逊赋予了这令人不解的比喻某种深意的话，不管是什么，这样的画面显然是之前逝去的一切的总览，是对无意识以及他所学到的将它们付诸表达的语汇的一次盘点核查。在布鲁明德尔生活了一段时间以后，他开始集结调遣他的力量，排演这个暑假的感悟，试验在艺术与无意识之间新的、有意识的联结。

后来，杰克逊在一次重返白原时赠送给了沃尔博士一只碗，他在其上描绘了一卷卷

“男人的飞翔”，C.1938，在瓷碗上上漆，直径 $11^{1/8}$"

红色、黄色和蓝色的裸体，漂浮在一个像奥罗兹科的《火人》一样光辉四射的中心人物的周围。两边是近乎抽象的曲线的裸体舞蹈。当他交给沃尔时，他将画面描述为——也许是为了更合沃尔的心意——“男人的飞翔”。沃尔友好地回应了，赞许地评价了女性形式的魅力。同样的形式也出现在了圣诞节后他送给本顿的一只碗上，只是其中的抽象的舞蹈已经完全越出了可辨认的范围。线条仍在——强烈动感的黑、蓝和绿色反衬于黄色
323 的底色上——但制约它的现实形象已经消失了。杰克逊创造了他自己的形象，与奥罗兹科一样充满精神分析的意味，却又如同他的无意识，既私人又超然。鲁本·卡迪什回忆："在（杰克逊）离开了布鲁明德尔之后，他第一次开始运用偶然因素。画面变得非常抽象，就像是隐入了地下。"

杰克逊的邻居，爱德华·斯特劳丁也许第一个目睹了他的下一波崩溃。直到 1 月，桑特和阿勒瓦还带着充满希望的自豪指望杰克逊最近显示出的“好转”。艺术家朋友们被他最近作品中的品质和自信迷惑。但是斯特劳丁，一位和蔼可亲的立陶宛房屋油漆工，见到了困扰中的那个男人，而不是那个意气风发的艺术家。新年过了之后的某个时间，他发现杰克逊变得甚至比往常更加沉默寡言。“变得你在半个小时之内都没法让他开口说一个字，”斯特劳丁的妻子，瓦利回忆，“当你终于让他说话了，他一次也只说一个词，就再不多说了。我们看得出他每一天都变得越来越抑郁。”其后的那次崩溃——也许是又一

次旷日持久的酗酒——让每一个人，尤其是桑特，出乎意料。

被逼到了绝望边缘的桑特，又一次转向了海伦·马洛。

早在1934年的冬天，当他与桑特一起在城市乡村学校工作时，杰克逊就开始时断时
续地拜访马洛位于第十二街的上流富人住宅了。在他入院前的地狱般的日子里，她既提
供了富有同情的倾听，又给出了针对治疗和康复的实实在在的建议。觉察到了一场危机
将要到来，她与桑特商量在最后一刻安排了杰克逊成为布鲁明德尔的义诊病人。自从出 324
院，他与她的见面就变得越来越频繁。“他会在午夜甚至更晚的时候来，”邻居瑞秋·司各特，同时也是一位朋友，回忆说，“当他上这儿来的时候，总是醉得晕晕乎乎，你知道。要慢慢让他清醒过来，不然就不说话。”这个夏天的弗洛伊德分析绝大部分注意力都集中到了他与母亲的关系上，可想而知，在这之后，杰克逊开始懂得马洛在他的生活中所扮演的角色。沃尔知道马洛对这个案例的兴趣，他甚至可能开出了要二人增加接触的处方，一方面监督杰克逊的进展，另一方面帮助他修正对斯黛拉“矛盾的身份定位”。不管出于何种原因，到了第二次崩溃的时候，马洛终于被卷入了杰克逊激烈动荡的情感世界的中心。一个深夜，司各特被杰克逊敲打马洛房门的叫喊声惊醒：“让我进来，让我进来！”

扮演着一个代理母亲的角色，马洛具有所有斯黛拉不具备的特质：果敢，善言，不拘礼数，善解人意。斯黛拉喜好蕾丝和纱巾，而且总是冲动消费，而马洛却穿着男子气的衣服，戴图书管理员的护目镜，并且“不太在乎穿衣打扮之类的事情”。斯黛拉是个矮胖敦实的人，而马洛则高瘦纤细，像把夏克椅。在亚伯拉罕·林肯被刺杀的两个月后，马洛降生在费城，她是在远离爱荷华廷格利长老会的那种严苛无情的、一种良好的教养中长大的。她的双亲是富有的贵格会教徒，为她提供了坚实的教育，通过指导和劝解的箴言帮助她在心智和道德方面获得成长。他的父亲，查尔斯·亨利·马洛是一位书商和出版商，曾对她说：“我希望你有自己的想法，而不是按照我的方式去做。”在后来50年的人生中，马洛用反叛的方式追随了父亲的话。作为童工法的早期改革者，她很快在1900年代早期的商业联合会运动和女权运动的领导层中都获得了晋升。在一种实用主义与理想主义热情不同寻常的融合中，她组织了罢工，撰写传单，还调查了劳工虐待。她甚至在激进的小册子《群众》的编辑委员会中做过短期的工作，直到其被最高法院的小奥利弗·温德尔·霍姆斯饱受争议的决议镇压。“不管她从事什么，”她的朋友刘易斯·芒福德回忆，“她总是个反叛的角色。”

在社会改革的街垒上度过了50年，马洛成了对理念、对人和对运动的探矿杖。一路

走来，她赢得了改革同僚们的友谊与尊敬——有时是不得不让人臣服——比如塞缪尔·龚帕斯、路易斯·布伦迪斯、托斯丹·范伯伦、约翰·杜威和芒福德。然后，在 1919 年，她放弃了所有这一切。“（她）抛开了她毕生关心的事情，”芒福德写道，“就好像那些都是被弄脏了的衣裳。”与老友卡罗琳·普拉特一起搬到了第十二街的房子里，在索然独居中学习心理学和人类学。“她目睹了她曾在其中工作甚至以宗教般的情怀为之献身的那些运动，走上歧路，”芒福德写道，“她下定决心要通过回溯到最早期（孩童时期）的人类行
325 为模式，来找到这些运动流产的根源。”

50 年后，在 70 岁的年龄上，她遇到了杰克逊。

那些年挫败的理想主义远没有让马洛遭受苦难，相反却留给了她一种卸下包袱后对人性弱点的感怀——芒福德称它为是“放下羞怯的浪漫主义”——它邀请人们敞开心扉进入私密，即使是对杰克逊这样少言寡语的人。尽管从来没有受过专业心理医生或是精神分析师的培训，她很快就自然而然地进入了这一角色。她的谈话充满了诸如“将注意力转移到人类生存的境遇（以及）对他人的不幸给予热心的回应”之类的语言。“杰克逊似乎总是对于一段不包含性成分的人际关系感到更自在，”彼得·布萨说，“我想这帮助他对年老的女性比如马洛倾诉自己的问题。”除此之外，杰克逊可能还因为另一个原因而感到放松，马洛更感兴趣的，是他的人，而不是他作为一个艺术家。虽然小时候她曾与马科斯菲尔德·帕里斯是玩伴，后来在《拨号盘》编辑部工作——也就是查尔斯·波洛克曾寄给在奥兰德的弟弟们的杂志——相比于艺术本身，马洛总是更在乎导致了艺术产生的、人类的“创造性冲动”。

马洛的理论更多是基于行为科学家的成果，比如查尔斯·斯科特·谢灵顿爵士和詹姆斯·布莱恩·赫里克，而不是基于更受欢迎的弗洛伊德和荣格学派。她认为冲动是人类所有行为的生理学的建构砖块，同时，教育真正的目的，是以一种能够保障持续“生长与发展”的方式，去分离和重构这些砖块。因为冲动是能够被引导的，没有任何行为是完全自发的。看似自发的行为其实只是无意识的“反射”。如果说在布鲁明德尔的夏天让杰克逊看到了画什么，那么马洛的理念也许为他提供了如何去画的第一个提示。与其采用有意识的象征符号——十字，怀孕的女人，马或牛（就像奥罗兹科做的那样）——杰克逊也许可以凭借冲动去画画，索性绕过头脑中的意识。越是自发的绘画，或者越是自发的笔触，就越准确地反映了他的无意识。

虽然与杰克逊有了频繁的对话，杰克逊显然也对她敞开了心扉，马洛却从来没有将

自己视为是除了朋友或说知心话的人以外的任何人。当他在 1 月遭受了第二次崩溃，她
毫不犹豫地建议他重新开始专业的治疗。但不是去布鲁明德尔。因为某些不明的原因，
马洛和桑特都没有强迫杰克逊回到医院。显然，甚至没人想到过要去通知沃尔博士杰克
逊的旧病复发。也许沃尔尖锐的分析让杰克逊感到窘迫。也许执着于家族荣誉报喜不报
忧的桑特还没有做好承认失败的准备。不管出于何种原因，总之这次的决定留下了另一
个危险的先例。在接下来的人生中，杰克逊将会乐此不疲地从一个医生换到另一个医生，
就像斯黛拉总是从一处房子搬到另一处一样，在一个医生那里待的时间仅仅刚好够他缓
解即刻的愤怒刚好够他施展他的魅力以及学来几个新词汇，却从来没有待上足够他获得
真正治疗的时间。在外人看来似乎是在竭尽全力地寻找解决情绪问题的途径，而实际上，
只是为了逃离自我的暴露。几年以后，当他的痛苦也像他的艺术一样，成了公众关心的
焦点，杰克逊的妻子和朋友们将会对他早年接受的不称职的治疗深恶痛绝。事实上，除 326
了极个别的例外，杰克逊得到的治疗刚好称心如意——不多也不少。“（治疗）从来不能
在任何方面让他成长，”杰克逊在 1940 年期间认识的一位艺术家弗里茨·布特曼观察道，
“他只是把治疗当成拐杖。”

治疗的频繁更迭也意味着治疗理念的频繁更迭。第一次也是最重要的更迭发生在 1939 年初，当海伦·马洛为了寻找一位治疗师来代替信奉弗洛伊德的沃尔时，她转向了她的朋友凯利·贝恩斯，一个纽约小型荣格团体的领导者。贝恩斯于是推荐了这一团体中的一位最新加入的成员，一位年轻的分析师约瑟夫·亨德森。

在接下来的一年半中，杰克逊或多或少将会每周一次地拜访亨德森在东七十三街的家中办公室。尽管与杰克逊许多功过参半的治疗尝试相同，但亨德森的这一治疗阶段将会证明，治疗令他在艺术上获得的益处远胜于精神上。

327

22

原型与神秘力量

约瑟夫·亨德森在欧洲学习了九年，曾做过荣格的实习生。当凯利·贝恩斯将他推荐给海伦·马洛时，他刚刚回到美国。在35岁这个相对比较大的年纪，他还依然是个没有经验的分析师，从欧洲逃离了一场一触即发的战争，奋力要在纽约这个充斥着德国分析师，尤其是弗洛伊德派分析师的城市为自己建立功名。出于对贝恩斯的感谢，以及对与艺术家一起工作的机会的兴趣，他同意免费与杰克逊面谈。

亨德森是一个矮小、纤弱的人，鹰钩鼻和尖下巴，让他的脸带有一种装饰主义风格雕塑的光洁流动气质。在欧洲大陆那种一丝不苟的、良好教养的优雅表面背后，却潜伏着一个像杰克逊一样土生土长的美国人。1903年生于内华达州埃尔科，约瑟夫·路易斯·亨德森是雄心勃勃的精英家庭的雄心勃勃的后裔。他的曾祖父是内华达州的第二任州长，他的父亲是一位名声显赫的农场主，他的舅舅是美国的参议员。尽管对他的家族帝国兴趣寥寥，亨德森却带着家族的雄心壮志迈入了东部最上乘的学堂。在劳斯维伦斯学院，他跟随了一位卓越的年轻教师，名叫桑顿·怀尔德；他将他引向了心理学和艺术。当怀尔德去普林斯顿继续研究生部的工作时，亨德森以本科生的身份跟了过去。后来，在“对未来的迷茫时刻”，他游荡在加州伯克利的各种“沙龙”之间，直到遇到了贝恩斯一家。他们给了他荣格的画作《现代人的曼陀罗》的一幅复制品，以及一本荣格的《向死者的七次布道》，当即他就明白了他的人生将要致力的方向。“就在当即的此时此地我决定，”他说，“如果能够做到的话，我要去拜访写出了这本书的人。”

在荣格位于苏黎世的美丽湖畔小屋边上，古斯纳特高级住宅区的索恩宾馆，聚集了一个军团之多的正在受训的优秀分析师。从一开始，亨德森就决定要让自己从他们之中
328 脱颖而出。为了努力引起这位大师的注意，他宣称他致力于成为一名精神分析师的命运

约瑟夫 · 亨德森医生

是在梦境中向他揭示的。（在整个生涯中，他会以“向梦境寻求引导”的方式来作出他的职业决定。）但荣格并不感冒。他以温文尔雅的方式告诉亨德森，“如果你真的对精神分析感兴趣，先去上一所医学院。”亨德森果然就去做了，在伦敦大学的医学预科入学了。然而，在最后毕业考试的前夜，他梦到了“一匹白马驰骋在黑暗的海上”被老鹰杀害，他将这个梦视为是一个迹象，象征医学院并非是他的命运之所在——这一领悟第二天得到了确认，他的考试失败了。最终（在做了另外一个关于“一条貌似鳐鱼的黑色鱼”的梦后）他通过了考试，并在1934年，通过娶了艾琳娜·达尔文·孔福德，也就是查尔斯·达尔文的曾孙女，为他融入欧洲的知识分子界添上了圆满的一笔。在医学院期间，据一位同事说，他常常回到苏黎世，对荣格的东西“照单全收”，并且加入了他的信徒的内部小圈子，而他们所接受的训练内容就包括了给这位 55 岁的老大师当作分析对象。

1938 年秋天，亨德森携妻女一起回到了美国。一开始，他就难以适应在纽约相对的孤立和默默无闻。虽然与凯利 · 贝恩斯有社交联系，也有普林斯顿的老朋友比如怀尔德，职业上的认可却并未光临。先到一步的弗洛伊德密使，像奥托 · 兰克和桑多尔 · 费伦齐，与弗洛伊德本人在 1909 年的巡回讲座，已经在公众的关注中插上了他们的旗帜。即使荣格 1937 年姗姗来迟的在耶鲁的讲座也并没有松动多少弗洛伊德派对纽约的掌控。只有在

纽约之外，在遥远的西部“对力比多的创造力垄断有一种清教徒般的抗拒”的地方，荣
329 格的理论找到了生长的土壤。一直到了1938年末，一文不名甚至还没有执照的亨德森眼看着他的老校友怀尔德，因为备受赞誉的百老汇剧《我们的小镇》而被授予了普利策奖。不久以后，一位名叫杰克逊·波洛克的“高大、沉默寡言的男人”，走进了他的办公室。

彼时，与荣格的一场场诊疗还记忆犹新，亨德森的脑中正全副武装着理论，他迫切地想要建功立业，于是决定将杰克逊作为他的模型案例。荣格本人即是一位艺术家，并建立了关于象征和“想象性心智”的精密理论。如果他能够用杰克逊证明这些理论，亨德森也许可以吸引大师的注意并为他停滞不前的职业生涯带来突飞猛进。亨德森向一位朋友回顾了他与波洛克的早期接触，据他说，“对他来说，波洛克只是以荣格理论研究艺术家的一个例子”，“让他感兴趣的是艺术家如何能够‘被塞进荣格的那一套里’”。由于荣格的理论决定了分析必须聚焦于未来而不是过去——追寻“最深处的自我”，亨德森摒弃了对于杰克逊过往经历的询问：他的母亲，父亲，家庭状况，孩童时期，或性经历。为了避免让他人的错误玷污他的分析，他拒绝浏览杰克逊的求医史或是之前的诊疗记录。他同样拒绝与先前的治疗师沃尔·马洛博士对话，也同样拒绝了桑特。“（杰克逊）被简单认为他本人即足以说明他的所有”，亨德森后来说。所以，他只能获得杰克逊自己选择对他说的事情。“（杰克逊）解释说他不认为他真的是他看上去的样子，”亨德森回忆，“他正因为酗酒的问题而处于衰弱的状态，以及他觉得自己不如他的哥哥。”亨德森对桑特的全部所知只有他“必定会留意波洛克是否去赴约然后回到家而没有失控或是走进酒吧”。尽管对杰克逊的酗酒问题知情，但他选择忽略它。荣格曾教导过，只要这样的行为是以一种允许“真实自我显现”的方式来组织的，分析师则不必担心。所谓的“管理”工作，当然，应该是桑特的。后来，亨德森会开玩笑地说，“也许他的酗酒对于让他能维持活跃状态是必需的，如果不介意这样的表达方式的话。”

不谈家庭，不问过去、朋友，以及先前的治疗，杰克逊几乎没有可谈论的话题。看着他紧张不安地坐在办公椅上，亨德森想“他似乎沉浸在内心的思绪和感受中”。亨德森后来写道，偶尔他会尝试漫不经心地“说说自己”，不过“会以一种客观的方式，而且只提到他生活中最表象的一些方面”。好几个星期，亨德森忍受着漫长而又收效甚微的咨询诊疗——“这甚至都算不上咨询”，他承认——而随着每一个令人沮丧的小时，他毫无疑问也觉得自己职业突破的机会正在溜走。

直到杰克逊带来了一幅素描。

如果我们不了解亨德森所处的思想世界，就不可能理解杰克逊的艺术对他以及对他的治疗进程的影响，这个世界，就是卡尔·古斯塔夫·荣格。

荣格认为，每个人，都有潜能成为一个健康、状态良好的人类：一个四种人格相互 330
协调的人，或者说，四种“机能”（直觉，情感，感觉和思考）被“整合”入一个平衡的整体。在一般情况下，一个人的内心潜能或“胚胎的种质”只有在经历了漫长且艰难的自我发现的过程后，才会逐渐进入意识并从中显现出来。这个过程荣格称为“个体化”——也就是成为一个独立个体的过程。根据荣格的另一核心理论，每个个体又与生俱来地具有一种“集体无意识”，也就是一套本能的模型，包括图像与行为，它代表了这一种族所积累的精神经验。荣格将这些本能模型称为“原型”并系统阐释了他们在个体化的过程中所扮演的重要角色。荣格认为，从种质到“整合”的历程是内在的，但它却以伴随着这一过程的原型的出现为标志，它意味着一个人已经从集体无意识中“发现”了某种模型并将它提升到意识认知的光明之域中。从而，通过依照出现在个体的意识中的原型——例如通过做梦——治疗师就可以追踪病人在整合过程中的进展。

但原型远不只是个体化进程中的副产品。根据荣格的理论，它们是预先存在的精神现象，储存在无意识中，无论它们最后是否被发现。因此，一个失常的人（人格的不均衡）能够“重新获得整合”，只要他能够意识到合适的原型。荣格将之视为是治疗师的职责所在：不是去揭示过去找出病人何时何地因何走上了歧路，而是要去帮助病患看清回归正轨的路，将他们引向标记了正确路径的原型。不同于弗洛伊德，对荣格来说，符号的价值首先是治疗的，而非诊断的。每一次，病人在分析师的帮助下，在他自身的无意识中“认出”了原型，这就表明他向着整合、向着健康又走出了一步。

在这个人为操纵的符号世界里，荣格将艺术家视为“符号的制造者”。“艺术创作的过程，以我们现在所能探知的全部情况来说，”他写道，“包含着一种使原型变得生动的无意识。”艺术家们有一种得天独厚的特殊洞察力—— 一种“一种图像 / 视觉的想象力，对幻象的洞察力”——使得他们拥有进入符号和原型的无意识世界得天独厚的通道。“艺术家深入到无意识的原始图像中，”荣格写道，“通过将它从无意识的最深处提升，他将它带入与有意识的价值的关系中，因此改变了它的形态，直到能根据他们的能力使它被同代人接受。”当面对真正的艺术之时，荣格认为，“我们会惊讶，会怔住，茫然无措，对之起戒心甚至感到厌恶……它提示我们的不是关于每日生活，关于人生的任何事，而是关于梦境，关于夜晚的恐惧和我们有时在不安中感受到的心灵深处的黑暗”。就像亚里士多德笔下的悲剧作家引诱他的观众去“认识”一知半解的真相一样，荣格具有图像/视觉想象力的艺术家将“本真的原始经验”与他的观众联系了起来，将他们引向“个人
331 与集体心智的综合”，从而带领观众中的每个个体都向着整合靠近一步。作为一个群体，艺术家构成了司祭人员，为全社会提供治疗。如同符号将个体的精神带入平衡一样，艺术家也将社会带入“平衡”。

荣格有关艺术的理论有一部分是基于对弗洛伊德理论的回应。弗洛伊德将艺术诋毁为精神病患者寻求逃离现实的“满足替代物”——荣格称之为“基因误区”。弗洛伊德致力于探索一幅艺术作品被创作出来的个人条件，而荣格关注作品的精神意义。荣格写道：“是艺术注解了艺术家，而不是他的缺陷或是他个人生活中的冲突。”弗洛伊德认为艺术作品中的无意识符号解释了艺术家生活中被压抑的事件，而分析师的任务就是与病人协作，让这些事件进入意识并“通过这些事件开展治疗”。荣格则相信符号代表了能够引导患者康复的当下事件。通过辨认这些符号并鼓励患者进行类比，一位分析师就能够帮助患者“推动深化梦境”朝向作为最终目标的“个体化”发展。当弗洛伊德似乎将艺术贬为不过是一种诊断的工具或传记式的研究，荣格却欢呼艺术的治疗力量以及艺术家洞见幻象的职责。“一幅艺术作品中最核心的，”荣格写道，“是它能够从个人的生活中升华，并从作为个人的诗人的精神和心灵的诉说，升华为发自全人类的精神和心灵的诉说。在艺术领域里，个人的视角是一种局限——甚至是一种罪。”

一见到杰克逊的素描，亨德森立刻就把握了它作为治疗工具的价值——同时也是他的职业机会。既然荣格强调符号生成，那么为什么亨德森先前不询问杰克逊的工作就成了疑问。或许释梦是亨德森最偏爱的治疗手法，抑或他也许只有在杰克逊拒绝谈论他的梦时才尝试了其他方法。

从那以后，每次的治疗都聚焦于一件或两件作品。起先提供的作品是创作于治疗开始之前的，有着奥罗兹科的风格，充满了“人类形象以及极度痛苦的、被肢解或跛足残废的动物”，亨德森回忆——亨德森热情高涨地探索这一系列生动而又令人不安的形象，识别其中的符号并试图与杰克逊建立关于它们的意义的对话。在一次早期的治疗访谈中，杰克逊带来了一幅以三原色和浓重黑色轮廓线构成的强烈骚动的水粉画，描绘了耶稣被钉死在十字架上的场景，令人联想起奥罗兹科在达特茅斯的《精神的现代迁徙》。杰克逊显然边听边在做笔记，于是亨德森解释了四种心理的功能并将它们赋予了水粉画中的四种颜色：直觉，黄色；思考，蓝色；情感，红色；以及感觉，绿色。（在只有三原色的情

1939—1940，在纸上的水粉画，$21^{1/2"}\times 15^{1/2"}$

况下，他强行将“感觉”指派给了一小块带有一丝绿色色调的弄脏的黑色。）据亨德森的理论，狂暴的运动以及画中四个人物的扭曲确证了杰克逊的四种心理功能正处于危险的失衡状态。被钉上十字架的人物中代表了“直觉”的黄色指示“（波洛克）自己高度发达的直觉功能不需要任何他人的帮助，但却实实在在地需要时不时地将它从令人折磨的孤立中拯救出来。”在一些令人鼓舞的符号之中，亨德森说到，有十字架（从钉上十字架的 332
主题中可以认出），它代表了抽象原型，而位于右上角的红色的圆点代表了太阳。两者都可以被视为是新的“秩序符号”——或者说是重回整合之路上的路标。

亨德森后来将这种阐释／治疗的过程形容为“分析师（从比较神话学知识出发）与病患（从他对原型图像意义的主体内心感受出发）一起合作形成背景或语境，在其中，原型的个体意义得以浮现”。不幸的是，杰克逊拒绝了合作。“他不具备自由联想，”亨德森感到遗憾，“也不愿与我讨论他对我的评论的反应……我必须满足于只说他在任何时候都能吸收的东西，而那并没有多少。总是有长时间的沉默。我的大多数评论都围绕着他的素描中原型象征的自然属性。”

这样的“评论”既涵盖了基本的定义和简单的概念（比如一幅画中的两种形式代表了杰克逊心理中的“两个极端之间的冲突”），也包括了更深入、复杂的分析。杰克逊有一次带来的素描画了一棵树和盘绕在树根的蛇，回应这幅作品时，亨德森解释蛇“通常包含了精神成长的原则，就像树干所暗示的那样，通过树干它可以到达并进入无意识中识别与生成的层面，就像树枝所暗示的”。而在杰克逊的案例中，盘绕的蛇表达了“一种退缩回无意识状态的行动（被称为）轮回，表达了一种不活动的、孤立隔绝的婴儿状态”。

333 每一种新的阐释都需要进一步的解释。为了解释轮回，亨德森向杰克逊展示了荣格在《金花的秘密》中一幅衔尾蛇的插图，并向他解释其中的意义：“曼陀罗的一种简单形式，代表了圆融相合”——这个解释又进一步要求他解释曼陀罗以及荣格对“心智的生—死—重生的轮回”的信念。亨德森同时还向他演示了荣格式的图像分析工具中最基本的一种：曲线和圆形表示女性冲动；直线和尖凸的线条则表示一种男性冲动。

然而，越是深入挖掘杰克逊绘画中的符号学，亨德森就越是感觉不安。在荣格的理论中，只要艺术家的工作是从他的无意识中全然自发的（以荣格所谓的“图像 / 视觉想象力”的方式），他的艺术才能就是一种“本真的、原初的经验”。否则，艺术家就会陷入自我意识或是陷入某种“心理模式”，而他的艺术也将变成“派生的或是从属的……是其他事物的表征”。所以，既为了杰克逊的治疗也为了他自己的事业，亨德森“实验”的成功，完全取决于杰克逊的绘画是否自然自发地进行。先前对艺术家的精神分析案例——荣格自己分析了歌德的《浮士德》、但丁的《神曲》、瓦格纳的《指环》和马尔维尔的《白鲸》中的象征主义——从没有遇到过这样的问题。在那些研究中，荣格和他的学生只处理了已经完成的作品，而不是在正在进行的治疗语境中处理艺术家本人。

随着每周治疗谈话的继续，杰克逊对荣格的理论和术语越来越熟悉，亨德森于是面临着与日俱增的一种可能性，那就是他用以阐释的绘画，事实上，早已不再是“真实的象征性的表达”，而只是处理过的图像，被精心设计来用以展示荣格的象征符号而不是去探索它们。

即便杰克逊在初次治疗时对荣格的心理学一无所知（似乎是这样），即便他的绘画在开始时的确是自发的（似乎也是这样），即便他在没有受到亨德森怂恿的情况下不断地带来画作（似乎不是这样），这样的本真状态也不会持续很久。杰克逊是极易受到影响的学生，太需要得到关注，也太容易让自己迎合、讨好像亨德森这样一个父亲形象的人，从而抵抗他的分析师所偏爱的诱饵，不管亨德森掩饰得有多好（似乎不是这样）。耐恩·夏尔特与她的丈夫伯尔尼在杰克逊问诊亨德森期间在第八街的公寓住了好几个月。她回忆了他在治疗后回到家谈起他所“学到”的东西。据夏尔特所说，亨德森告诉杰克逊“从无意识的角度来看绘画中发生了什么”。“他们（杰克逊和亨德森）探索了杰克逊的‘涂鸦’中所有潜意识素材，”她回忆，“以及可以追溯到文化层面的符号。”尽管从没有阅读过荣格卷帙浩繁的著作中的任何一种——在 1939 年其中两种已经被翻译成了英文——杰克逊从他与亨德森的治疗谈话中所收集到的，就已经足够他在给查尔斯写的信中解释“阿尼玛”与“阿尼姆斯”的区别了。“他考虑要将这些融入他的绘画。”彼得 · 布萨回忆说。

顺理成章，杰克逊对这些新观念、新图像的热情被转移到了他带给亨德森的那些绘 334
画中。被亨德森“发现”和解释的符号很快成了杰克逊每周带来的画作的主旨：中国道家的圆形，代表了对立的和谐统一；纵向的“世界之轴”，代表了“自我的强度”；新月则代表了女性；蛇代表了无意识；交叉线（或箭头，或手臂）代表了两极的冲突，尤其是男女两性的冲突；骨盆代表了生育、性或母亲，抑或三者皆有之；曼陀罗代表了轮圆具足。偶尔，杰克逊会这周画一幅速写，用来测试亨德森的反应，然后下周再以完成度更高的方式重复画一遍。为了表明他的男子气，他夸张地画了棱角分明的形象，以及在两幅涂鸦中，画了狂暴、混乱的参差不齐的线条。尽管这样的做法显然是自我有意识的行为，亨德森却继续将每一幅新作视为是“自然”形成的画面。

到了 1939 年年中，杰克逊已经开始根据分析师的需要为他量身定制图像了。但是亨德森的阐释却变得越来越精密深奥。尤其是一幅在这一时期完成的铅笔和彩色铅笔的素描，为他提供了杰克逊这一案例的梗概。这幅画能够如此恰当、清楚地展示荣格的理论，以至于他在后来的几十年中都还用它作为教学的示范案例。在这幅画中，杰克逊画了两个无头的类人形象，互相背靠背形成了一个三角，他们张开的手臂在顶点交叉，如同帐篷的支柱。在他们两人中间立着一根矮柱，其顶端的椭圆形区域包含了一根有四片树叶的树枝。一条蛇盘绕在柱子的底部。在中央群像的上面和背后是一个“简略的女性躯干像”，用黄色铅笔浅浅地勾画而成。两边是一头公牛和一匹马，正从躯干像背后越出来。据亨德森说，柱子不仅仅代表了阴茎；它同时也代表了世界之轴以及杰克逊新发掘的、让他的精神生活归序的能力，这种能力使得他能避免像以前一样重新落入“怪兽的魔爪”中。这两个形象事实上更像是两条巨大的腿，象征着在饱受折磨的崩溃之后杰克逊的“现实生活功能”的恢复。新月形状，概括的盆骨形态，以及解剖学特征的含混代表了矛盾的对立获得了和谐统一，而中心包含着一小株植物的椭圆则提示了“精神成长

给亨德森，这幅素描概括了杰克逊的内在旅程，
大约 1939—1940，蜡笔和彩色铅笔在纸上作画，$12^{1/4}$" × $18^{3/4}$"

与发展的原则”。总而言之，亨德森总结说这一次的阶段性绘画，是从杰克逊的无意识中第一时间挖掘出来的，它宣告了在几个月的治疗期间，他的内在自我向着整合取得的进步。这番言论所没能提及的是，在亨德森初次讲解了这幅画之后，杰克逊在一个月内又将草图至少反复画了七次。

作为一个对原型的治疗效力深信不疑的人，亨德森也许认为，杰克逊每周的绘画，尽管是精心设计和自我意识的产物，但仍然能继续具有某些内在的治疗价值。杰克逊坚持虚构的理由则更为复杂。他并不情愿深度讨论荣格的理念，有的时候也的确不能胜任，
335 但尽管如此，杰克逊仍然被它们所吸引。毋庸置疑他对荣格给予艺术家的崇高地位以及他对艺术中无意识所扮演角色的强调感到欢欣。但他同时也被荣格理论所具有的那种神秘气质的弦外之音勾起了兴趣，例如集体无意识，视觉 / 图像想象力和原型。充满幻想的童年留给他的，就是使他总是难以抗拒精神逃遁的潜在可能性，尤其在危难时刻。在那方面，荣格只是简斯维尔熊舞和奥海镇的克里希那穆提的后继者。

但是，与亨德森的共谋同时也实现了一种更为基础的、更为自私的需求。在亨德森身边，杰克逊是安全的。在他们的每周治疗中，没有对斯黛拉或鲁瓦或桑特的刨根问底，没有企图去打捞凤凰城或简斯维尔的痛苦回忆，抑或诱骗坦白关于性的令人不安的事情。亨德森从不询问杰克逊有关他最近自毁性的酗酒。在最初的几个治疗访谈过后，随着亨德森慢条斯理地从一幅画讲到下一幅，一边指出一边解释，几个小时的时间就形成了令人放心的长篇大论的抽象独白这种固定的模式：没有关于浪漫主义色彩的失败的谈话，

也没有性识别或狂躁抑郁。只有绘画作品才是值得关心的。只有绘画才是所需要的，“可以帮助（杰克逊）建构他的思考功能从而获得对生活和艺术的更为理性、客观的认识”，亨德森这样认为。现实生活中发生的事情与潜意识中发生的相比不足为训。

在现实生活中，当然，杰克逊仍在酗酒。

亨德森回忆，在一次尤其严重的自我摧毁性的酗酒后，海伦·马洛致电了亨德森，质问他这位艺术家是否得到了“充分的重视”。马洛对以人遭受折磨为代价换来的知识上的严谨没有多少耐心，以她的个性当然会要求知晓什么样的精神治疗会无视患者生活中最紧迫的问题而专注于阐释速写草图。亨德森礼貌地回应道，肩负起杰克逊的“现实功 336
能”——也就是，让他远离酒吧——应该是桑特的职责，而不是他的。除此之外，杰克逊在他的治疗访谈中一直都是冷静清醒的。几年之后，亨德森称他感到十分“惊讶”地回顾了“在他跟着我的第一年中我竟没有费一点心去发现、研究或是去分析（杰克逊）的个人问题，我尤其不明白的是我为什么似乎都没有尝试过要治愈他的酗酒问题”。他告知说，让这种“非主流分析”合法化的理由是，这样做对杰克逊的艺术有好处。“因此我的职责是要提升在他身上的个体特性的福祉，”亨德森写道，“而不是去拯救或是去改造他的痛苦的自我”。

在他狭隘的宿命论中，亨德森也许是在应和荣格自己。“由于他们在做人和个性方面的不足，艺术家的生活，”荣格在1933年写道，“就像是遵循了某种法则一样是不如意的——并不是说悲剧……几乎找不到这个法则的例外，一个人必须要为他的创造力的火苗这种神圣的天赋付出昂贵的代价。”荣格推论说，因为艺术家必须在一个方向上投入如此之多的能量，以至于几乎不可避免的，他的功能的天然平衡会被搅乱。（荣格曾研究过毕加索的绘画并认为艺术家属于“精神分裂症人群”。）约瑟夫·亨德森算老几？岂能借治疗一位创造者而破坏了“创造力的火苗这神圣的天赋”？

如果与亨德森的阶段在治疗上是失败的，那么在艺术上它却是成功的。除了探索大量新的丰富的图像外，杰克逊还成功地像在布鲁明德尔一样，将精神分析的洞见转变为了艺术上的突破。荣格认为艺术是治疗性的这一理论，将杰克逊从黑暗、自我沉浸的奥罗兹科和莱德式的画面推开。他开始尝试更轻盈的笔触，更饶有趣味的画面，以及更为开放的构图。在杰克逊逃离天赋对艺术的专制的漫漫长路上，荣格认为真正的艺术源于无意识这个观点（“无意识中的一切都在寻求外在的显现”）扮演了重要角色。从布鲁明德尔的实验之后杰克逊立刻就产生了这样的想法，它进一步加强了杰克逊对自发的图像生成的依赖而不是那些他曾试着从本顿那里学来的、小心翼翼的科学的方式。早在他给亨德森的最后一幅素描中，杰克逊已经开始抛弃先前对“正确”的线条的追求，那种再现的线条，那种查尔斯可以画出而他却不能的线条，并转而致力于向内探索“正确”的线条，一种与外在世界无关却能完美表达内在世界的线条。“他可以凭空画出一幅画，”彼得·布萨回忆，“他通过向内观察来工作，而不是向外。他曾说过如果你能画出内在的世界，你将需要远远不止一辈子的时间。”

亨德森对杰克逊的艺术还有另一项持久的贡献，尽管是不经意之举。亨德森是一个被纳瓦霍印第安奶妈养大的孩子，据他自己说，他“痴迷”于印第安文化。还在医学院的时候，他就拜访了祖尼和西亚部落，去看那里的玉米舞，还拜访了霍皮人去看著名的蛇舞。在距离回美过只有几个月的时候，他为伦敦的分析心理学俱乐部做了一场关于这
337 些仪式的讲座。在荣格的理论下，亨德森相信，殖民者会“继承”被他们取代的土著人的种族记忆，因而他认为杰克逊的无意识已经具有了印第安的图像并鼓励他将它们“发掘出来”。尽管频繁地光顾洛杉矶的西南博物馆和纽约的美国印第安人博物馆，杰克逊最初的尝试却出乎意料的未受其启发：在这一时期绘制的两幅在水粉纸上的铅笔涂鸦，一幅是相互缠绕的蛇（一个亨德森曾向他演示过的主题），而另一幅是一个有头饰的印第安人，和到处都能见到的烟草模特漫画没什么两样。

但他的想象力已经情不自禁地被吸引了过去。在亨德森的引导下，他开始探索纳瓦霍人沙画中美妙绝伦的用色和其中丰富的图像；西北海岸的特林吉特人彩绘的皮裙上大胆的几何图样；以及他与鲁本·卡迪什在游览美国自然历史博物馆时看到的海达人的图腾柱上复杂、精美的雕塑般的块面。试用亮黄色、红色、蓝色、绿色和黑色的“印第安色盘”，他画了几何形的印第安母题的水粉画：皮毛箭盾，蛇，鸟，以及闪电霹雳。令他尤其着迷的是类萨满教面具上美轮美奂的雕刻和富有创造力的变形——从海达人扭曲的形状，到长角的夸扣特尔人“令人惊恐的侧面”，到钦西安人的超乎想象的精致。

这一时期，一次在自然历史博物馆，杰克逊遇到了保罗·温格特，一位著名的美国印第安艺术学者。温格特惊讶地发现一位年轻的画家专注地盯着一件大多数人还都只是看稀奇的作品，他问道：“你为什么会对这些画感兴趣？”“这是艺术”，杰克逊断言；温格特回道，“似乎没有其他任何人这样认为。”

彼得·布萨回忆，是这些画中的动物形象引起了杰克逊的兴趣。“他对两个，有时是

大约 1939—1942，蜡笔和彩色铅笔在纸上作画，
14″×11″

更多的动物在同一画面中联系起来的方式感到着迷”。为了颂扬人类与自然处于完全和谐的存在之中的神话时代，夸扣特尔、贝拉库拉、海达、钦西安和特林吉特部落的艺术家们常常描绘人类向动物学习技艺，或是与动物交配并生育出“超自然”后代的情景。在将人类的眼睛、耳朵或鼻孔与动物的爪子、尾巴、鳍结合在一起的雕刻中，动物性的过去与人性的现在被并置在了一起。

杰克逊将这些图像看成好像是直接从他自己变化无常的想象中经过变形涌现出来的。从很小的时候，他就对动物既着迷又害怕，不管他们是他所熟悉的谷仓前空地上的居民——鸡、公牛、马儿——抑或是在他的幻想世界中咆哮的熊、土狼和野马。像所有的事物一样，这些动物在他的想象世界里时常处于持续的嬗变过程中，从这个形体转变为另一个形体，从动物变成人再从人变回动物，就像现实世界中物品的空间移动那样轻而易举。现在，被锚定在了面具和雕刻中，它们开始出现于杰克逊的艺术里，既在他带去 338
给亨德森的素描中，也出现在了油画作品中。这是一种新风格，但主题仍然是对最深处的往事的唤起：在一种朦胧的情欲中一头公牛正攻击一个女人；一头公牛变形为一个男人，或是正好相反；一匹马变成一条蛇；一条抽象的蛇盘绕在女人的腹中。这些正是他在为本顿画的“绒毛素描”以及为本·什穆埃尔所做的未完成的雕刻中无法捕捉到的、变换不定的图像。在印第安图像中，他终于为他的无意识中变幻莫测、转瞬即逝的图像找到了在二维平面上呈现的语汇。

在他与沃尔和亨德森的治疗中，正如同他在艺术上与本顿和奥罗兹科相遇一样，杰克逊展示了他吸收理念的能力，通过他的无意识再造进入到他的艺术中，成为他自己的创造。到了 1939 年年中，他的图画语言早已超越了荣格图像学的神秘世界。“波洛克有意思的地方是，”一位艺术家同事乔治 · 麦克奈尔说，“他来自非常坏的影响，比如本顿、墨西哥墙画艺术家以及其他反绘画的影响，但是仍然，不知怎么，像通过一种点金术，他全盘接受了所有的负面影响并将它们变成了正面的东西。这是个奇迹。我们其他人都只是沿袭着正轨，因此这样的神奇没有发生。”

在接受了几乎十年的“坏影响”后，余下的，就是拭目以待杰克逊的点金术在更精美的材质上是否会起作用。如果他可以将亨德森的荣格原型引导转化为天才的灵感，那么当他遇到巴勃罗 · 毕加索这块真金时，将会有什么“奇迹”？

23 339

不朽的暗示

对于整个美国，对于波洛克，1939 年都是期待的一年，像一个问号悬挂在没有尽头的 30 年代的尾巴上。大萧条过去了（或者说政府是这样宣布的），却还没有任何东西来取代它。毋庸置疑，不是繁荣。950 万人仍处于失业，成千上万的人还颜面扫地地依附着 WPA 这条生命线，同时，欧洲传来的新闻正一天比一天更让人觉得厄运当头。结局是一个真空，是绝对的静止，身处其中的人们用情绪来预卜未来。

没有任何事像世博会那样抓住了这一迫切而又矛盾的气氛。1939 年 8 月 30 日，世博会在纽约法拉盛的草地上开幕。杰克逊·波洛克是千千万万人中的一员，花了 75 美分呆呆地看着被旗帜包裹的、树荫遮蔽的宪法市场，排队穿过超现代的、色彩编码般的展会，在展会的中心建筑泰隆大厦和裙楼——是展会上唯一被涂成全白的大楼前摆拍。周围的其他场馆，着粉彩并带有花园，占据了几乎 1200 公顷，每一公顷都渗透着赤裸裸的乐观主义，刻意的做作完全没法让人相信。世博会的主题是“明天的世界”（潜台词是要人们放心），到处都在展示着未来。在西屋电器馆向参观者介绍了未来的媒体、电视，并将他们的名字签在了一颗驶向 6939 年的时间胶囊上。在波登公司的展览“未来的农田”上，是机器，而不是农夫或是农夫的儿子们，完成了挤奶的工作。在通用汽车公司大楼，未来世界展示之旅带领博览会的参观者穿过遍地汽车、无忧无虑的 1960 年。当游览结束，每位参观者会被给予一个蓝色和白色的按钮宣告“我已经见到了未来”。

对杰克逊来说，1939 年的夏季标记了他就医治疗的一周年纪念。如同桑特在 3 月写信告诉查尔斯的那样，尽管仍在接受亨德森的治疗并且仍然“有着生活和绘画上的问题”，但至少他重新回到了生活当中，而不是从布鲁明德尔的栅栏后面远远地观望。6 月，340
他陪同桑特和阿勒瓦以及一群朋友一起来到了巴克斯郡芬代尔镇附近的一座农舍，距离他两年前曾度过了几周悲惨日子的弗兰奇顿的房子只有几英里。杰克逊总是能在宾夕法尼亚的乡村中找到安慰，但这个夏季他似乎尤其被它的宁静之美所感染。“他被群山所打动，被田野，被它们的美。”曾与杰克逊一起驾驶敞篷车在山路上驰骋游览的耐恩·夏尔特回忆，“我说，这里多么美，而他说，‘你不要说它，你要吸入它。它会成为你的一部分。它渗透到你心智的创造过程中然后又会出来’。”然而在这一刻，杰克逊似乎更关注他的心智而不是创造过程。尽管他花了几个小时在路上、在背后的群山间交错纵横的小径上，他却很少速写。“他甚至都不像以往一样随身携带速写本，”夏尔特回忆。“他不再在现场画画了。”从这种休憩中走出来活动一下的时候，他会艰苦跋涉地到附近一处废弃的采石场涉入齐膝深的水中，或者开车进城去采购补给品，抑或就这么看着阿米什人的马队从容不迫地进进出出。到了晚上，活动主要围着厨房的大铸铁火炉展开。大多数食物都来自后院的花园以及周围无人问津的果树。除了偶尔烘焙个派什么的，杰克逊很少帮忙人们所谓的“农活”。

没有了电，就没有设备，没有灯管，也没有深夜的一切。黄油和啤酒放在井里冷藏。每晚都有客人现身。有的，像杰克逊的哥哥杰伊和妻子阿尔玛，还有乔和玛格丽特·米尔特，索性搬了进来。其他人，比如爱德华和瓦利·斯特劳丁以及菲利浦和穆萨·戈德斯坦，在附近也租下了一座农舍，但“所有人都一起采购一起做饭”，瓦利·斯特劳丁回忆。“那是个疯狂的夏天。”饭后，在微弱的亮光下漫长的几个小时，聊天的话题从艺术转到八卦，都是他们频繁地去城里提交工作、向 WPA 监管员报到或是领取支票时带回来的。

这个夏天有了一种立竿见影的治愈效果，尽管只是暂时的。这是一年中第一次杰克逊试着要控制饮酒。一位朋友的妻子记得在那个夏天的一次阁楼派对上见过他。“所有的人都在喝酒，除了杰克逊·波洛克。”她说，“我想，‘哇，他还真是管得紧。’然后其他人和我说，‘他不能喝酒，他有病’。”

当杰克逊把目光放远，投向这田园牧歌般的夏日景象之外，未来却显得远没有那么美好。自从去年秋天迪斯委员会将反罗斯福的愤怒发泄到了联邦计划以来，黑云早已经聚集在了 WPA 的头顶。1939 年 1 月，新的国会，在嗅到了血腥味之后，从计划名单中裁减了 1500 名艺术家。3 月，桑特写信给查尔斯：“我们因为联邦计划被查了。不知道会有什么后果。”因为在知情的情况下做了欺骗性的更名，桑特害怕最坏的情况会发生。“如果他们追查到了我那通谎话，也许就会把我关进监狱再把钥匙丢掉。”

341 6 月，斧头终于落下，不仅仅落在桑特的头上，还有整个联邦艺术计划的所有艺术家。只要从联邦领取工资超过了 18 个月，他们的资格就自动终止。总共超过 775000 名工作者在那年夏天失去了他们在 WPA 的职位。此外，所有 WPA 的聘用人员被要求宣誓效忠。在更名为 WPA 艺术项目、从联邦项目降级为了一揽子州立项目并削减了联邦资金后，这个计划虽然从夏日的肃清中死里逃生，但却只是它前身的影子。那些逃过裁员一劫留下来的人则成了州和地方政府反复无常的控制的受害者。（在几个月之中，许多地方官员要求重启那个让人担惊受怕的强制账户，要求艺术家向中央工作室汇报）不幸的人，包括桑特，倒是解放了。杰克逊被留了下来仅仅因为他去布鲁明德尔的那段时间中断了他的工龄。到第 2 年 5 月，他的 18 个月才会到期。

1939 年 9 月 1 日，当人群还在比肩接踵地涌向通用汽车的展览意欲一窥明天的世界时，德国军队入侵了波兰。

1939 年，在人们的眼睛都聚焦于未来的这一年，在某些时刻，杰克逊·波洛克无疑也将目光投向了他自己的未来。当许多艺术家以上街游行、占领 WPA 办公室、结成人墙与警察对峙并被拖入监狱来回应联邦计划的裁员和削减时，大多数人都清楚这艘巨轮正在沉没。没有了联邦计划以后，生活的前景让像杰克逊这样的艺术家开始直面一个金融危机以来的这 10 年中几乎被遗忘的事实：对于一个美国的前卫艺术家来说，根本就没有成功这回事。20 年代从巴黎回来的充满现代主义激情的这一代美国艺术家，没有任何一个人能爬上有着毕加索与马蒂斯的这座艺术神殿中甚至最低的一个神龛。少数人，比如杨·马图尔卡和瓦克拉夫·维塔莱西，在总的来说较为保守的堡垒中获得了教职，例如在艺术学生联盟。许多人，如本顿与马克思·韦伯，索性放弃了他们一部分甚至全部的现代主义理想。更大多数的人，在这 10 年的上半叶，在降临在所有类型的艺术家头上的一穷二白默默无闻中苦苦挣扎。

联邦机会带来了一些缓解，但并不是救赎。现代主义运动坚实地扎根于巴黎。“在 30 年代末，有一种感觉认为美国艺术永远也不能企及这样的地位，永远也不能在美学上与法国艺术平起平坐，”克拉斯纳回忆，“绝对没有人能想到美国绘画能与法国绘画匹敌，不仅是当时，而是永远。我不记得有任何人在当时甚至想到过那样的词汇。”即使是阿希尔·戈尔基，一位在才华、知识、都市风度和成就上不输给杰克逊那一代人中的任何一个的艺术家，也希望渺茫。在 30 年代末的一个晚上，他与一群艺术家聚集在威廉·德·库宁的画室中探讨美国艺术进退两难的窘境。戈尔基以一段对未来之惨淡光景的宣告开始

了这次会面："我们被打败了"，然后他提议了一种非正统的解决途径。"戈尔基建议我们
342 一起画一幅群画，"同在房间里的李·克拉斯纳回忆。"（他说）'有的人素描更好，另一个人可能有更好的点子，还有的人擅长色彩。我们要做的就是坐下来好好讨论一下，想出个办法来。然后我们就各自回家做自己的那部分，再把东西带回这里一起决定该由谁来画素描，谁来画，谁来上色。'"这项计划不久就无人问津。据克拉斯纳所说，艺术家们回到画室里，看了眼画布，就绝望地举手投降了。

画廊展览成了维系美国艺术家与法国绘画的"力量与生气"之间的生命线。就像殖民者一往情深地注视着来自他们祖国来的精美、无瑕的神像一样，他们一窝蜂地前往皮埃尔·马蒂斯画廊、瓦伦汀·杜丹辛画廊、朱利安·列维画廊，以及其他最具影响力的欧洲画廊，去看立体主义、表现主义和超现实主义大师们的作品。"人们会很清楚要去的是哪一家画廊，想要去那里看什么，"克拉斯纳说，"我们会怀着极大的期待翘首企盼那些展览。不是你或许看到这些或是看到那些的随便看看；我们是如饥似渴地去看。"

在欧洲艺术家的成就这座高不可攀、遥不可及的高峰顶端，站着毕加索。"他画完所有能画的，而且画得比所有人更好。"一位观摩者感叹，"他已将绘画的资源穷尽了……毕加索让人绝望。"戈尔基无不向往地说，哪怕能达到只是毕加索品质的"一丁点儿"，他也心满意足了。一些评论家开始怀疑在毕加索之后是否还有艺术。"在那个时候，"里昂内尔·阿贝尔说，"人们都在说，在毕加索之后你怎么可能做革命者？在毕加索之后你怎么可能还做得出与众不同的东西？"一位评论家毫不含糊的宣布："毕加索是过去、现在和将来最伟大的画家。"

这就是杰克逊在 1939 年展望自己的未来时所面对的前景：无数个世纪堆积起来的西方艺术，追溯到拉斯科洞穴，不可动摇地扎根于欧洲的土壤，在毕加索这位耸立的巨人这里被推向顶端。

杰克逊当然无法得知，世界已经到了巨变的边缘；不出三年，美国将会拯救"欧洲传统"；不出五年，纽约将会代替巴黎成为艺术世界的中心，而美国艺术将会颠覆欧洲累积几个世纪的显赫优势；抑或是，不出 10 年，杰克逊自己将在同一个舞台与毕加索相遇。

第一个让杰克逊瞥见这一英雄般的未来——并帮助他实现这个未来的人——是约翰·格雷厄姆。

约翰·格雷厄姆

作为一位从他的第二故乡——俄国的革命暴行逃离的波兰中产阶级难民，格雷厄姆与杰克逊生命中的前任，汤姆·本顿，鲜有共同之处。尽管很明显喜爱杰克逊，格雷厄姆扮演了一个自始至终都首先是艺术方面，并仅限于艺术方面的角色，而不是情感方面的——比之于和本顿的暧昧关系，这是一个健康的转变。格雷厄姆同时还代表了对本顿的“美国第一”口号的最终拒绝——杰克逊已经在与西凯罗斯与奥罗兹科的实验中为此  343
排演了多年。格雷厄姆频繁游历欧洲，并声称他认识毕加索，在与这位大都市气质的人交友的过程中，杰克逊宣告他已经为面对欧洲人做好了准备。

就如同本顿，格雷厄姆也是一个体格异常雄健的男人。传言他曾赤身裸体会客，还一边聊天一边表演杂耍的把戏。（甚至在他 60 多岁的时候，他还可以不用双手做头顶倒立。）同鲁瓦·波洛克一样的强壮矫健，有着强有力的双手和双臂以及冰蓝色的眼睛——他以内在能量而非体格主导他人。“在你走进房间的那一瞬，你一定能感受到格雷厄姆在哪个位置，”画家路德维格·桑特说，“（而且）他总是那个房间里最出众的。”穿条纹丝绸衬衫，法兰绒的裤子，双排扣的上衣，戴手表和表链，露出袖口，系平整的领带，有时甚至还带着单片眼睛（都是从第三大道的二手货商店买来的），他穿着这样一身打扮，挺着生硬的背和像骑兵军官一样微微弯曲的腿走路，他的确曾经是骑兵军官。每天早上，他把整张脸都要刮一遍，只留下他最自鸣得意的两弯眉毛和一撮包围在嘴角的、魔鬼般角度的胡子。“他是个爱出风头的人，”罗恩·戈尔乔夫说，“只要引大家开心什么事都做得出来。”

令人惊叹地饱读诗书又见多识广，格雷厄姆是稀奇古怪、不容置辩又常常前后不一的见解的源泉。威廉·德·库宁回忆在30年代曾见到他在五一游行中行进，一边热情高涨地反复高喊“我们要面包！”一边挥着戴着优雅的米黄色麂皮手套的手。当杰克逊在1939年见到他时，格雷厄姆才刚刚开始显露对神智学、点金术、命理学、占星术和神秘学的兴趣——正是这样的兴趣让他后来宣称他自己是“一位世界级的沟通天才，有着神秘的高超力量”。他早就相信“任何重复的行为——甚至如熨烫衣服这样的日常行为——都是祷告的一种形式并且将人与圣神力量连接起来”。在所有的事情中，他尤其讨厌吸烟（因为它的“原始”性，而非因为不健康）和水泥（他强调说，“水泥的增殖或是对它的使用是现代社会最具毁灭性的力量”）。“他从不因为任何同其他人一样的原因喜欢或者讨
344 厌某样东西”，格雷厄姆的朋友罗杰·威尔考克斯回忆。

除了对有钱女人出于实用主义的偏爱以外，格雷厄姆还是一位公开的恋物癖者。不止一次，在东汉普顿附近的海岸护卫者沙滩上，一位女性晒日光浴者睁开眼睛发现格雷厄姆正盯着她的脚。“对于女人，他有恋物癖”，威尔考克斯说——恋足癖，恋斗鸡眼，甚至恋血。在派对上，威尔考克斯记得曾无意中窥听到了格雷厄姆与一位别人刚刚介绍给他认识的女士之间的交谈：

> 格雷厄姆：“你血流得多吗？”
>
> 女士：“我不明白。你是什么意思？”
>
> 格雷厄姆：“我的意思是你血流得多吗？女人都流血，你知道的，而我非常想看到你流血。”

当被问及为什么他画中的许多女人在脖子和脸颊处都显示有伤口时，格雷厄姆回答，“因为所有的女生都该受点伤。”尽管如此，女人们回想起他来总是“魅力非凡”，“极其优雅”而且“非常睿智”。海达·斯特恩伤感地说道：“如果所有的艺术家都有如此这般迷人的性格该有多好。”

格雷厄姆性格的根源——更像是怪异的拜占庭镶嵌画——正是现代艺术史上的一小桩秘事。不像在青年时期广泛写作的本顿（并且随着趋近暮年他变得越来越坦诚），格雷厄姆对于自己的过去像是一位无情的编辑。“没有人确切知道关于他的任何事，”斯特恩回忆，“他可以有任何过去。”各种传说填补了这块真空，包括声称他与皇室家族是密友

（他仍保存着一尊沙皇比古拉斯的塑像在他的桌面上）。格雷厄姆对这个迷团感到欣喜若狂，并时常往其中添加他自己的修订版本，它们随着他年事渐高而变得越来越扑朔迷离、自相矛盾。最终，他宣称一只鹰将他搁浅在了大洋中央的一块岩石上，他的母亲，一个女巫，发现了他。“当我长大，”他写道，“（母亲）向我解释我是朱庇特与一个凡人女性的儿子，这就是为什么她不得不把我送到人类中去生活，尽管我不完全是个人类。”他的年龄，就像他的出处，也随他的情绪变化而变动。在不同的时间，他声称自己 100 岁，460 岁，或者 2000 岁。最后，大概是为了平息这档子事，他索性宣布自己永生。

记录说明约翰 · 格雷厄姆事实上是伊万 · 格弟安诺维奇 · 多布罗夫斯基，1887 年生于华沙。现存有关于他祖上的好几个版本的说法：他是一位被沙皇军队征用的苏格兰雇佣兵的后裔；他是一位俄罗斯伯爵与英国女人的儿子；他是一个白俄罗斯贵族家庭的子弟。他的身上有贵族血脉——母亲一方是德国，父亲一方是波兰——尽管早已稀释得所剩无几了。他的家人，显然，属于许许多多在 1863 年起义后逃往了基辅（格雷厄姆在那里 345
受洗）的被剥夺了财产的波兰上流人士，当时波兰还仍在被瓜分。多布罗夫斯基一家一定携带了大量的财富，因为，尽管受到了对波兰流亡人士一系列的压迫，他仍然就读了皇家学会和基辅的一所大学，获得了法律学位，结了婚，并成了两个孩子的父亲。当俄罗斯加入了第一次世界大战，他加入了皇家骑兵的一支小分队，这支队伍有个花哨的名字“野战师切尔克斯军团”，由沙皇的弟弟迈克尔大公爵指挥（后来简称为，沙皇迈克尔二世）。他担任军衔较低的掌旗官。几年以后，格雷厄姆毫无羞耻地将他的骑兵生涯润色了一番，声称他属于沙皇的皇室卫队。事实上，他大部分的服役都在罗马尼亚边境，是大公爵被围困的部队中成千上万骑兵中的一员，并远离沙皇尼古拉斯在巴拉诺维奇的战地总部。然而，格雷厄姆证明了他是位卓越的骑手，同时，显然，他还是位英勇的战士，曾至少获得过一次表彰英勇的圣 · 乔治十字勋章（或许据他说，曾有三次之多）。

1918 年，战争方退场革命又登台。尽管格雷厄姆后来宣称他加入了克里米亚的反革命行动，被布尔什维克逮捕入狱（被与沙皇关在同一个牢房），并奇迹般逃脱了死刑审判，但记录却显示他不是逃跑就是从新设立的波兰边境偷渡到了华沙并直奔向西，在他从南安普顿登上前往纽约的汽轮前，他仅仅停留了刚好让第二任妻子维拉在德国生下孩子的时间。

尽管他在俄国期间显然对艺术没什么兴趣，格雷厄姆却就读了斯洛恩在艺术学生联盟的课并很快脱颖而出。在热切渴望得到承认的美国人中间，他找到了乐于接受他那种生气勃勃的创造力的观众。在他们面前，他将自己呈现为一位欧洲大陆艺术家，一位立体派的拥护者，曾受委托朝圣了格特鲁德·斯泰因、保罗·艾吕雅还有安德烈·布勒东，还与称得上是前卫艺术的化身的艺术家们过从甚密——尤其是毕加索。（在整个20年代和30年代，他不断地吹嘘自己经常赴欧洲打探最新的发展并与老友会面——尽管所有这些说辞后来都受到了质疑。）虽然他的艺术直到死后很久都基本不被看好，但格雷厄姆的天才智慧，假托的与巴黎的连带关系还有鬼灵精怪的性格几乎立刻就为他赢得了在青年艺术家中的追崇。一位传记作家曾列出了他的资质："一位学者，研究艺术和女人；一位智慧而尖刻的讲故事能手，专讲荒诞奇闻和冒险故事；一位立体主义的劝诱改宗者，还善于挖掘有天赋的年轻艺术家。"最终，他的"挖掘"圈子包括了阿希尔·戈尔基，斯图尔特·戴维斯，让·伊克斯塞隆，阿道夫·戈特利布，多萝西·德纳尔，以及威廉·德·库宁，格雷厄姆在30年代中期将他介绍为"美国最优秀的年轻画家"。格雷厄姆的另一位门徒是年轻的雕塑家，名叫大卫·史密斯，他在纽约波尔顿兰町度夏时就住在格雷厄姆附近。"他一年一度的巴黎游让我们能够对抽象艺术的事件保持消息灵通"，史密斯后来
346 写道，克莱门特·格林伯格称格雷厄姆是个"在野传教士"。

1933年，格雷厄姆与第三任妻子艾琳诺分开，同时他感到沮丧——也许是因为他自己的作品，只是对毕加索的分隔主义的狂热模仿；也许是因为反现代主义潮流在纽约艺术圈的兴起（这股潮流将会让托马斯·哈特·本顿声名扫地）——他索性彻底停止了绘画，转而加入了一个小型的俄罗斯移民准宗教团体，与成员们一起居住在一座几近坍塌的棕色石头房子里，格雷厄姆称之为"隐休院"。发誓要过"艰苦的斯巴达式生活"的格雷厄姆在街坊和市集乞食为生，在冬天会盛一大碗雪放在桌上"清新空气"。一位在这一时期见到过他的朋友还记得他与五年之后当杰克逊见到他时的那个激情昂扬、魅力四射的约翰·格雷厄姆有着怎样的天壤之别。"他让我想起了犹太裁缝，"杰罗姆·卡姆罗夫斯基说，"有点儿驼背，有着和蔼的声音和温和的性格。"

但是格雷厄姆就像是被掉了包一样变了个人。1935年，他出现在巴黎，凭着魅力，一路进出画廊、画室与前卫艺术界的咖啡馆。那年刚好同在巴黎的大卫·史密斯写道："（格雷厄姆）的引荐以及能够进入私人收藏让我得以在那里闯出一片天地。"在家中，同样，格雷厄姆凭着一篇开创性的大作《原始艺术与毕加索》（这本书吸引了杰克逊的注意力）以及一本博学、固执己见甚至略带古怪的书《艺术的体系与辩证法》一夜成名。在这本书中，他从"年轻的杰出美国画家"中点名了杨·马图尔卡，米尔顿·埃弗里，斯图

尔特·戴维斯，马克思·韦伯，大卫·史密斯，威廉·德·库宁，埃德加·李维，博德曼·罗宾逊以及 S. 沙恩，并大胆地加上了“他们其中一些人毫不逊色于欧洲同辈艺术家中的佼佼者，有的甚至更为出色”。

或许是这本书将格雷厄姆带入了希拉·丽蓓男爵夫人的视线中。她是古根海姆收藏的一位专制的德国总监。1938 年，尽管书中对她藏品中的明星艺术家康定斯基的评价不高，但她仍不计前嫌地聘用格雷厄姆作为秘书，管理在广场酒店的大型私人展示并协助将藏品转移到一个更为永久的安家之处的计划。1939 年，从墨西哥的旅行回来后，他和第 4 任妻子格雷厄姆·康斯坦斯，在格林尼治大道 54 号租了一间公寓并开始物色新的工作。同年秋天，曾时不时地来第八街的公寓短暂打铺寄宿的杰克逊的朋友耐恩和伯尔尼·夏尔特搬到了格林尼治大道 56 号，与格雷厄姆家共用一个消防通道。耐恩·夏尔特回忆杰克逊与格雷厄姆很快就遇到了对方——在夏尔特的公寓，或是在第 6 大道上的华尔道夫餐厅——格雷厄姆是那里的常客，抑或是一次格雷厄姆在自己工作室中举办的周六下午茶会上。

经过他们随后在格雷厄姆的公寓中共度的许许多多时光，正值 27 岁的杰克逊与刚刚年逾半百的格雷厄姆之间培养出了一段亲密而又不可思议的交情。“杰克逊在约翰的生活中占据着一个特殊的位置，”一位朋友回忆道“在戈尔基或是任何其他的画家所占据的位
置之上。”意料之中，心领神会的格雷厄姆很快就被杰克逊的热情与天真所吸引。艺术家 347
罗恩·戈尔乔夫，格雷厄姆后来的一位门生这样回忆，“他认为杰克逊是个原始主义者，是个无产阶级”，“他对杰克逊有点势利，但同时认为他相当深刻。对他来说，杰克逊是个土包子——但有着深刻的天性”。康斯坦斯·格雷厄姆回忆了丈夫第一次到访第 8 街的工作室回来以后如何热烈地赞美杰克逊的作品:“他说波洛克真是疯了，但他是位伟大的画家。”

这种推崇备至对杰克逊的影响，无论怎么夸大都不会过分。在他作为艺术家的这 10 年中，头一次，他被人当回事，还不是被老师或是某个同事，而是被一位他认为见过大世面的，认识了毕加索、马蒂斯、蒙德里安和其他人的，一位对西方艺术有绝对话语权威的人。“格雷厄姆是我们的纽带，”同一时期的另一位年轻艺术家莉莲·奥兰尼说，“他是播撒蜂蜜的蜜蜂。”鲁本·卡迪什还记得每当见到格雷厄姆时他所感到的那种油然而生的自信，“他是一位从欧洲回来的人，至今为止都远在一般的美学家之上。你走进去，而

他就是古鲁[1]。你只需坐在他脚边聆听。如果他提到你，比如你的作品令人激动这样的话，意义是非同小可的。”

格雷厄姆是第一个看到杰克逊的艺术中正在发生着什么的人，第一个说出，哪怕只是沾一点边、甚至还是有条件地说出，他的艺术中可能蕴藏着天才的种子。“到底是谁活见鬼相中了他？”威廉·德·库宁后来反问道，“别的艺术家很难看出波洛克在做些什么——他们的作品与他的大相径庭……但格雷厄姆却能看出来。”

格雷厄姆的邻居耐恩·夏尔特回忆当杰克逊前来做客时曾听见“许多激动人心的、关于艺术的讨论”一直持续到深夜。尽管很多时候压低了声音，但格雷厄姆谈论艺术时就会变得活力四射。有一种说法这样描绘他：在他的黑暗、堆满了艺术品的公寓里来回踱着步，他的光头在富兰克林古董火炉的黄色火光下熠熠发光，时而停下讲解一件加蓬人的指甲崇拜，“理论，推断，连珠似炮的论断，向朋友们的耳朵（灌输着）艺术的言论和关于20世纪最伟大人物的私密的奇闻逸事。于是，在听众的脑子里，蒙德里安每天只吃一个鸡蛋这件事就与重要的是‘绘画的边界’这个观念混在了一起。（对格雷厄姆）来说，艺术是一种生活方式，同时也是看世界的一种方式。”

在接下来的两年中，杰克逊将会通过格雷厄姆的眼睛来看世界。

他将会看到非洲艺术。早在20世纪20年代，格雷厄姆就将非洲艺术称为是“一切艺术中最伟大的艺术”。到了30年代，在格林尼治街的公寓中就充斥了各种异域风情的物件，包括一个约鲁巴人的头盔面具，一个古鲁战争的面具，还有一件加蓬巫师的面具。这其中有许多都是他在为《名利场》的出版商——弗兰克·克劳宁希尔德——收集更为出众的藏品的过程中得到的。无不骄傲地，又充满爱意地，格雷厄姆将这些藏品
348 展示给了杰克逊以及其他的访客。在谈话中，他会拿起一件喜欢的藏品满心欢喜地轻抚它，一边滔滔不绝地将它形容为“抒情的”、“威严的”或是“叹为观止”的，一边解释它是如何植根于一种与西方艺术“截然不同的法则”中——植根于格雷厄姆所谓的“精神性的情感”中。

他看到了艺术与无意识之间的联系。格雷厄姆对原始艺术的敬仰，就像亨德森一样，折射了他的信念：“原始种群……比所谓的文明人更易于进入他们的无意识心灵”。但格雷厄姆对无意识的力量和重要性的信念却比亨德森小心翼翼的符号象征要更进一步。“我们

1 印度教或锡克教的宗教导师或领袖。——译者注

应当这样理解，”格雷厄姆在他 1937 年里程碑式的文章中声明，“无意识的心灵是一种创造性的因素，是力量与一切知识的来源和储存之所，从古至今是如此，将来亦是如此。”他坚信艺术家的挑战在于投入到“往事的深谷中，回到第一个细胞形成的时刻”，并“将清晰的无意识带回到我们的意识中”。毋庸置疑，没人能比杰克逊·波洛克更多地投入到往事的深谷中。在十几年的时间里，在从克里希那穆提到海伦·马洛等众多不拘一格的思想家的引领下，杰克逊一直在他的艺术的边缘与无意识嬉戏，以既非鱼亦非兽、既非纯粹的艺术又非有效的心理分析见解的素描和饰板引逗着迫不及待的分析师。他似乎在等待着一个信号，一个点头——从艺术界，而不是精神分析界——来许可从“内心”获得的意象是值得被称作艺术的。约翰·格雷厄姆给了他这个信号。

他能看到线条。不同于那些认为色彩是绘画或构图的精髓的欧洲现代主义者，格雷厄姆论辩了线条卓越的重要性。“手势，就如同声音，反映了不同的情感。”他在《体系与辩证法》中写道，“艺术家的手势就是他的线条，它落下又升起，每当讲述不同的事物时都有不同的震颤。”在所有的西方大师中，格雷厄姆尤其欣赏伟大的绘图家：保罗·乌切洛，安格尔，塞尚和毕加索。他还将一种对艺术与无意识之间关系的全新思考方式介绍给了杰克逊：“自动书写”。在发掘无意识的努力中，格雷厄姆相信，线条是最为敏感的地动仪：尤其当其从意识的操纵中解放出来并被允许成为“自动的（automatic）”。书写笔迹一定是“真实无法作伪的……（不是）意识的但却是坦诚而自由的”。显而易见，没有谁的线条，比杰克逊的更坦诚、更自由。事实上，他越是试图约束他的手，他的手似乎就越想顺自己的意志行事，来回应从意识之下的某个地方传来的信号，在那个地方，图像与现实世界中的事物仅有着转瞬即逝的相似之处。甚至早在遇到格雷厄姆之前，他就放弃了对本顿定义的老一套“正确”线条的苦苦追寻，并着手探索一种反映他内心世界的线条。但是，是格雷厄姆给了这种线条名分。

他看见了新的可能性。“模仿自然，技法或是训练出来的技巧都和艺术无关，”格雷厄姆在《体系与辩证法》中宣称，“没有任何一种技巧上的完美或是优雅能创造出一件艺术品”。毫无疑问，没人能比杰克逊更清晰地体会缺乏技巧上的完善和优雅。身处一群像 349
戈德斯坦、托勒金、勒曼、米尔特和夏尔特这样的绘图高手之中，一直到 1940 年，对他的“天赋能力”的怀疑都仍困扰着他。同年夏天，他写给查尔斯，他人在期待他的作品变得“清晰”起来。格雷厄姆的话打消了这些顾虑。

格雷厄姆的支持助涨了勇气和信心，同时又从观念中解放了出来，杰克逊最终开始追求一种真正个人的意象，对格雷厄姆来说，这才是对天才的终极考验。“一件艺术作品既不是忠实的再现也不是扭曲，”格雷厄姆在《系统与辩证法》中写道，“它是一种艺术家本真的心智－情感反应的直接、不加修饰的记录。”没有哪个艺术家的“心智－情感”体验能比杰克逊的更直接，更不加修饰，更本真。“那不是他有意为之的东西，”瓦利·斯特劳丁说，“从来都不是‘我想要达到什么目的所以才这样做’。这完全不是他的作风。杰克逊是追随内心的冲动来作画的。”

他还看到了毕加索。

杰克逊第一次与毕加索相遇是在 1922 年，他在查尔斯寄给奥兰德的《拨号盘》复印件上看到了一幅速写的复制品。到了杰克逊进入艺术学生联盟的时候，毕加索在美国艺术家中已经成了激烈争议的焦点。在 9 号工作室楼上，本顿辱骂他和他的追随者们，而在楼下的餐厅，阿希尔·戈尔基（他早已与格雷厄姆有所接触）赞扬他为当今世上最伟大的画家。杰克逊在洛杉矶度过的所有夏天中，至少一次以上，他曾与卡迪什、戈德斯坦和勒曼一起去瓦尔特·阿兰斯堡家里，在那里展出着好几幅毕加索的立体主义绘画。在 1934 年，他和桑特透过纽约大学图书馆的窗户良久注视着毕加索的《三个音乐家》。在追随本顿的几年中，他曾在《艺术书刊》上，以及市中心偶尔某个商业画廊举办的毕加索展上看见过毕加索的复制品，但它们对他的影响还是被本顿老一套的反感湮没了。

然后，到了 1939 年 1 月，他见到了《格尔尼卡》。

不幸的是，杰克逊从没有记录下他对这一决定性事件的印象，不过他的确一而再地回到第五十七街的瓦伦汀·杜丹辛画廊，就是在那儿，为了给西班牙内战的难民筹集资金，艺术家协会展出了毕加索抗议轴心国对一个微不足道的、毫无防备的西班牙小城的全面轰炸的巨幅天才之作。有的时候杰克逊独自前往，有时与其他人一起，画草图，或者只是站在那里感受这伟大的灰色巨大体块带来的震撼。11 英尺高 25 英尺长，它赫然耸立在这不起眼的画廊空间中，就像一艘搁浅的轮船，它的形象看上去被放大到了超自然的比例：一只手上长着四肢般粗的手指，被切开的脑袋有巨石一样大，一匹马向着天花板暴怒地仰起前蹄，一个有着剑一般舌头的女人尖叫着，一个则紧紧抱着她死去的婴
350 儿，另一个站在窗前惊得大喘一口气，还有一个正惊慌失措、手忙脚乱地跑向毁灭的场景。每一处，世界都成了钉子般的尖刺、影子和粉碎的断肢。自从与查尔斯一起去朝圣奥罗兹科的《普罗米修斯》以来，杰克逊还从来没有对一幅画有如此这般发自肺腑的回应。他曾无数次前往那里，其中一次，偶尔听到一位艺术家作出了毁谤性的评价，杰克

逊甚至发起挑战要与他“到外面去决斗”。

《格尔尼卡》让杰克逊真正认识了毕加索。几乎立刻，他那赤裸残酷的画面就开始进入他带去约瑟夫·亨德森那里做心理咨询的素描中：畸形扭曲的素描，呐喊的人物，他们仰着头，露出牙齿，大张的嘴里露出剑一样的舌头。11月，阿尔弗莱德·巴尔在现代艺术博物馆的毕加索大型回顾展，在号角齐鸣、犹如加冕典礼般的崇敬中开幕了。《艺术新闻》上，阿尔弗莱德·弗兰肯福特为毕加索献上桂冠称其为“现代绘画的大师”……“他对他所处时代的艺术的影响超过了任何人”，“是20世纪最具想象力最为先进的艺术家”，“是被除学院外几乎所有人认可的经典”。同时，远离了公众的大吹大擂，在格雷厄姆位于格林尼治大道那黑暗的、堆满雕塑的公寓里，杰克逊与这位格雷厄姆称之为“大师”的艺术家的亲密接触也早已开始。

震惊得出了神的杰克逊，聆听着格雷厄姆无比闪耀的简述——或许是杜撰但无疑至少经过润色——如何与毕加索会面，如何与他共享一瓶红酒，谈论着西方艺术，看着他作画。每一桩关于他个人的轶事都以赞誉修饰：“毕加索随便丢出一句话，”格雷厄姆说，“成群的艺术家一辈子的成就就是在这上面做文章”。在这个冬天剩下的时间以及接下来的一年里，杰克逊常常上格雷厄姆的公寓与大师“交流分享”。

毕加索的作品中格雷厄姆最为欣赏的是《镜前少女》，“分隔主义”时期的毕加索将纯色碎片聚集起来，如同搪瓷碎片一般，再将它们安置在浓重的黑色轮廓中。格雷厄姆仰慕这类作品不仅因为它们的力量，还因为它们的那种直率。剥去了塑型和透视之后，它们就丝毫不再尝试去创造虚拟的深度了。格雷厄姆宣称，文艺复兴，带着对三维的天真的固执坚持，是“艺术中最为堕落的时期”。是毕加索的天才“驳斥了塑型和三维绘画这种编造的虚构艺术”。（仅仅在几年之后，克莱门特·格林伯格就会打着“平面性”的标语接上格雷厄姆的论述。）某天他会抨击信奉清教主义的盎格鲁-撒克逊人对卫生的强迫症——这方面他责怪美国人对意外和人际接触的鄙弃——第二天他就会详细阐释不同媒介的内在局限性。

就像格雷厄姆的理论一样，毕加索的艺术让杰克逊着了迷，但绝不是因为它的新奇，而是因为它让他感受到了始料未及的熟悉。在它们身上，所有的线索，所有那些潜藏在他自己绘画中的、长达十年挣扎着呼之欲出的模糊的观念，最终汇到了一起。他看见了原始艺术的影响力，就像毕加索1907年的影响深远的作品，《亚维农少女》（杰克逊后来 351
告诉李·克拉斯纳这件作品“对他具有非同小可的重要性”），作品中艺术家从西非的丹

C. 1939—1940，彩色铅笔作画于纸上，9″×8″

部落借用了一种细长的面具图像。他看见了对艺术与无意识之间关系的确认。“毕加索的绘画与原始主义艺术家的一样，也同样易于进入无意识，”格雷厄姆写道，“另外还要再加上有意识的智慧。”他看见了对天赋的拒绝。这是一位有着最令人目眩神迷的技巧天赋却又为了获得最真挚的图像而拒绝了天赋的艺术家。

用毕加索为《格尔尼卡》做准备的速写作为范本，杰克逊第一次开始尝试创作属于素描自身的现实而不再去奋力对付他所熟悉的日常现实。随之而去的是离谱的本顿式的线条和实验性的涂鸦。现在的这些，是坚定的、富于表现力的作品，其中的线条以一种近乎无瑕的自信回转卷曲，渐宽渐窄。一个女人回过头，张着宽大的椭圆形嘴巴尖叫。马匹在惊恐中腾起前蹄，一头公牛用蹄子刨着地面：每个形象都以几笔流畅的线条得到准确、简洁的塑造。

杰克逊还从毕加索的艺术中辨认出了他自身无意识中正经历着巨变的图像。在《亚维农少女》中，毕加索将妓女变形成了半人的动物而脸部则是非洲面具。在《镜前少女》中，他捕捉到了正变形成为某种茂盛的植物形体的、有着如成熟水果般胸部的年轻女子的身体。在整个这一时期中，这些图像以及毕加索其他的一些图像，像《熟睡的裸女》，完全迷住了杰克逊，他甚至开始了自己的变形实验。在一个系列的画中，人类的头部变形成了他曾在格雷厄姆的文章《原始艺术与毕加索》的插图中看到的爱斯基摩面具。在《斜倚的女人》中，一个女性形象在宽幅水平画布上慵懒地伸展着。尽管有着丰满的胸

爱斯基摩面具，胡珀湾地区，阿拉斯加

《诞生》，C. 1938—1941，46" ×21 3/4"

部，她仍然具有某种放荡和不育的特质，她那瘦骨嶙峋的手、凶残的嘴巴和发育不良的、
狗一样的腿暴露了这一点。她就是杰克逊的奥罗兹科风格素描中食尸鬼似的女性形象， 352
只不过现在他捕捉到了在变形过程中的她，一半骨架一半女奴，一半威胁着生命一半确信着生命，在一张既长着险恶的倒刺又同时繁茂诱人的床上招引。

在其他作品中，毕加索无意间引用了杰克逊最为私密的意象，他童年时代的动物寓言集。在《格尔尼卡》这一时期的墨水素描和水粉画中，同样的动物原型比如鸡、马和公牛以前所未有的怪异组合和变形出现：一个人身鸟头的人扛着一头垂死的公牛；一只鸡变形成为一匹身披羽毛的马；一个长着牛头的男子正吃力地搬运着一匹死去的母马，在这个单一的形象中，男人、女人和马三者在四肢、蹄子、脸和煽动的、张开的鼻孔的爆发中结合在了一起。就像《格尔尼卡》，这些素描以一种无意识的语言对杰克逊诉说着，而在别的艺术家中却知音寥寥。

《有米诺陶的构图》，毕加索，1936
墨水和水粉在纸上作画，$17^{1/4"} \times 21^{1/2"}$

但在所有毕加索的图像中，没有哪一个能像公牛形象一样迷住杰克逊的想象。在 20 世纪 20 年代末和 30 年代的大部分实践中，公牛以各种媒介、各种化身出现在了几十幅毕加索的作品中，从《斗牛的公牛》中真正的公牛，将马匹开膛破肚还顶伤斗牛士，到
353 古典神话中幻想的公牛。对于杰克逊来说，他在《艺术周刊》的页面上效仿的毕加索对公牛的痴迷，恰恰是另一个确证：遥不可及的、羡煞众人的毕加索竟固恋于从童年时代起就潜行、恫吓于杰克逊的无意识的同一种动物。追随着毕加索的先例，同时也跟随着自己内心的想象，杰克逊开始让公牛充斥于他的油画和素描中，不仅仅是真正的公牛，还有幻想中的。约翰·格雷厄姆也许告诉过他，超现实主义者将米诺陶的角视为“厄洛斯（力比多）和桑纳托斯（死之愿望）的符号，是弗洛伊德精神动力学中无意识起作用的支柱”，另外，米诺陶的家，那个迷宫，事实上是对无意识的隐喻。但是对杰克逊来说，米诺陶只是头公牛，在主宰着无意识中所有图像的、不可阻挡的变形的进程中，它被捕获。是公牛推翻了他母亲的马车，变形成那个斥责他的农民，变形成那个不爱他的父亲，变形成威胁到他那脆弱世界的所有男人。

尽管他聆听着格雷厄姆的讲述，并对毕加索照单全收，然而杰克逊也早已开始超越他们二人。在技法上从来都无法复制毕加索的图像，他别无选择，只能通过自己的想象来处理并以自己的线条来重新讲述。通过这种方式，杰克逊在技巧天赋上的匮乏反倒成了一种幸运。甚至就在他跟随格雷厄姆学习的同时，其他技巧上更为优秀的艺术家例如戈尔基和德·库宁也正为了能以大师的眼睛看世界而试图重新装配他们的想象力。甚至

就在他们全身心地投入于显然是来自毕加索超现实主义时期的杰作的同时，杰克逊——永远封锁在自己的头脑中、站在自己的双眼之后——却开始将从毕加索这里学到的，从美国印第安艺术中学到的，以及最终，从他的往昔岁月中学到的，整合成为具有令人惊叹的原创性的绘画。《格尔尼卡》中受到惊吓的动物成了他童年中令人恐怖的动物——刺耳的鸟，凶残的马，和威胁着人的公牛。原始面具中那种祥和的、救赎的变形成了怪诞的半人半兽，而毕加索笔下撩人的女人转身成了骇人的鸟身女妖。

《鸟》是波洛克大约这一时期的作品，在其中，一个巨大的类似鸟的生物张开双翅 354
几乎伸到了画布的边缘。在下面躺着两个断裂的脑袋——一个也许是女性，一个是男性——都是毕加索式的侧脸。在顶上，一只眼睛从画布向外窥视，目露凶光。这只鸟同时既受了惊吓又令人心惊胆战。这些元素在形式上的组织安排如同印第安绘画，风格是毕加索的，素描十分粗野，主题也许是从荣格，也许是从美国印第安艺术中借鉴来的，也许两者兼有之。但是它的图像却毫不含糊地属于杰克逊，因为其中的恐惧是杰克逊的。这只鸟，事实上，是谷仓围院的鸡，从对凤凰城农场的记忆中打捞出来，威慑着一个手无缚鸡之力的两岁男孩，与他那透着弱小的目光四目相对，同时又因自己的命运落入斯黛拉血腥的手中而感到恐惧。

即使是在跟随本顿、莱德、西凯罗斯和奥罗兹科，接受艺术“训练”几年以后，甚至在遇到了亨德森、荣格还有格雷厄姆以及最终毕加索之后，杰克逊喧嚣动乱的无意识仍然是他的艺术动力的引擎。

355

24

天才的代价

自从在里弗赛德的山丘间为兔子和围篱桩画速写的日子起，杰克逊唯一的抱负就是成为波洛克家最出色的画家。热情之火驱使着他度过了几乎长达十年的艰难困顿。然而到 1939 年，查尔斯已经就职于密歇根州立大学教授书法，桑特正在寻找一份“真正的”工作来养家糊口，而杰克逊也走到了渴望与热情所能带他走到的最远处。接近 30 岁，他的发际线已经开始后退，未来没有联邦计划的庇护，也不能再打天真无邪或者问题少年的牌。光有潜力，哪怕已经被认可的潜力，也是远远不够的。

遭遇毕加索，格雷厄姆等于给了他一个新的查尔斯去追随，并将他童年的热情用以实现一个更大的抱负：成为一名严肃的艺术家，甚至可能是伟大的艺术家。

杰克逊开始重新绘制他的交际圈。“他知道单凭一个艺术家孤军奋战是行不通的，”鲁本·卡迪什回忆，“他从本顿那里学到了这一点，你得召集一群人一起。”到现在为止，杰克逊的圈子主要是被他的情感需求所塑造——尤其是对兄弟般的同志情谊的渴望。从 1939 年起，他终于开始冒险深入前卫艺术家的小圈子，通过格雷厄姆与他们打交道，令他感受到与艺术上的同道中人与日俱增的亲密。出乎意料的是，尽管有着百科全书般的人脉和出了名的爱牵线搭桥，格雷厄姆却很少做中间人。一位格雷厄姆学者认为，不管多么热切地希望将未来具有影响力的人物聚集起来，比如斯图尔特·戴维斯，大卫·史密斯和威廉·德·库宁，“(他)更愿意将波洛克占为己有”。

尽管如此，在随后的几年中，杰克逊还是得以见到他的其他许多门生：大卫·史密
356 斯，被格雷厄姆称为“美国最优秀的雕塑家”；史密斯的太太，多萝西·德纳尔，也是一位雕塑家；埃德加·李维，另一位格雷厄姆口中的“年轻卓越的美国画家”；海达·斯特恩，1941 年移民来美国的一位罗马尼亚艺术家；还有戈尔基的工作室同事，一个荷兰人，

德·库宁。这是一个多元的群体，基于共同的理想以及疏远保守的美国艺术主流的共识而形成的松散团体（“知道谁是画画的以及大概画些什么”）。他们在一些临时的场所聚会，比如华尔道夫和斯图亚特餐厅，拉特纳餐厅，罗曼尼·玛丽餐馆和廉价杂货店，气氛活跃地聊及巴黎最近的展览，当期的《艺术书刊》，或“格雷厄姆对毕加索近况的最新讲述”，还有互相间老生常谈的抱怨被拒或是遭受了不公正的待遇。哈罗德·罗森伯格称之为“那些厮混的岁月”。

逐渐地，一半有意一半无心地，杰克逊与他的老朋友们渐行渐远了。有的人像本顿一样离开了这个城市：雷金纳德·威尔逊去了纽约州伍德斯托克、斯图亚特·艾迪去了爱荷华、阿奇·穆斯克去了科罗拉多。而其他人，包括乔·米尔特、伯纳德·斯蒂芬、布鲁斯·米切尔、纳桑·卡兹和乔·德莱尼，与他们的关系好一时歹一时。一帮老朋友剩下的几个仍继续不定时地在第十三街的德国酒吧碰面、胡闹、玩牌，当然还有喝酒，但热情已经从他们的交情中褪去，就像已经从地方主义运动中褪去一样。

对杰克逊来说，从口琴捣蛋鬼实实在在的酒吧世界到严肃的咖啡馆争论，这种转变并非易事也从未彻底实现。在社交方面寡言少语又在心智上缺乏安全感的杰克逊很少参与到即兴讨论中，而这恰恰是格雷厄姆核心圈子的命脉。他更倾向于待在边缘，在条件允许的情况下一次见一个人。而日常陪伴，他则转向没那么具有威胁性的朋友，大多数是他在 WPA 认识的：和他一起说服了商业画廊“尝试入行”的像路易斯·邦斯，常常与他随行去新泽西度假的伯尔尼·夏尔特，约翰·斯洛恩以前的学生路易斯·瑞贝克，还有弗莱德·霍克，他为杰克逊的作品“发狂”，也博得了他不无感激的钟爱。

新朋友并不是新抱负的唯一迹象。在格雷厄姆的说服下，杰克逊认同一位严肃的艺术家同时也是一位学识渊博的艺术家。与格雷厄姆令人惊叹的博学和近乎照相式过目不忘的记忆力相比，杰克逊对艺术史和理论的理解都可以说最多只是碎片式的、杂乱无序的：来自本顿的莱德和文艺复兴，来自本－什穆埃尔和洛朗·罗伯特的现代雕塑，从卡迪什、桑特、戈德斯坦和西凯罗斯那里接触到的墨西哥艺术，最后还有亨德森介绍的美国印第安艺术。在知识的积累上，他所熟悉的这些最多也只算得上是些小山丘，更何况在它们之外还有广袤无尽的无知的平原。与阅读书籍相比，他更倾向于去博物馆和美术馆，但在 1939 年以前，这些阅历并没有将他的知识面提升多少。当朋友们上城里来，他会花上几天，甚至几个星期，游览画廊观看最新的展览，但是在酩酊大醉的时候，几个月里也不会去一趟五十七街。游览美术馆，也同样，更像是联络兄弟感情而不是学习知识而 357

且常常以“上迈克索勒来几杯麦芽啤酒”作为收尾。在桑特、鲁本·卡迪什、哈罗·莱曼和其他人的陪伴下，杰克逊继续光顾自然历史博物馆，偶尔也会去美国西班牙裔协会，还有富人区的第五大道博物馆，弗里克和大都会美术馆。所到之处他都能发现吸引他眼球的东西：在西班牙协会，埃尔·格列柯作品的“火焰般的活力”；在弗里克，一幅意大利文艺复兴湿墙画的复制品展示了“一匹马大张着鼻孔抽着气正在嗅一具尸体”；在大都会，则是伊特鲁里亚艺术的人物（莱曼回忆“杰克逊认为他们有着如此这般的确信与坚毅的力量”）。现在他定时拜访亨德森和格雷厄姆，他们二人使他变得敏感，他开始更细致地观看在自然历史博物馆和美国印第安博物馆展出的原始艺术作品。1941 年 1 月，他和格雷厄姆参加了在现代艺术博物馆举办的“美国印第安艺术展”，并观看了纳瓦霍艺术家在美术馆的地面现场演示沙画创作。

除此之外，在格雷厄姆的教导下，杰克逊开始将更广阔的视野投入到前卫艺术中。他紧追马克思·恩斯特、伊夫·唐吉以及其他超现实主义艺术家在朱利安·列维画廊的展览。在保罗·罗森伯格画廊，他研习了表现主义大师的作品比如保罗·克里、瓦西里·康定斯基和马克斯·贝克曼。[1941 年 6 月，桑特写信给查尔斯：“(杰克逊的) 想法我想应该与贝克曼那类人的思想有关（贝克曼拼写有误）。”] 在瓦伦汀·杜丹辛画廊和皮埃尔·马蒂斯画廊，巴黎画派作品的重要展览接连不断，他在那里见到了胡安·米罗的画作。这位西班牙超现实主义者的生物形态图像和异想天开的离奇风格手法将对他的作品产生尽管迟到却持久的影响。越来越频繁地，在与过去明确的了断之下，他开始独自一人参观这些展览。“当你成了一名严肃的艺术家，”耐恩·夏尔特还记得他自己的解释，“你就不再成群结队地去看展了。”

在随着地方主义和墨西哥墙画主义的壅水漂浮了十年之后，是什么尽管姗姗来迟，却最终将杰克逊带入了毕加索与巴黎学派的湍急水流中？评论家，甚至杰克逊的朋友，在他适时转换阵营的背后发掘了一种活跃的、对艺术政治的精明慧眼。“毫无疑问，”杰罗姆·卡姆罗夫斯基说，“杰克逊能感觉到他的事业将会去向哪里。他在本顿的上升期投入本顿门下，当本顿没落之时又跳到毕加索那儿。”

杰克逊的职业变动有多精明？他对艺术史走向的阅读——在智识和政治上——有多么深入？比如格雷厄姆那本谜一样抽象的《系统与辩证法》，比如分析立体主义和综合立体主义的形而上学，又或者荣格哲学的神秘晦涩，他到底真正读懂了多少？在这一时期，杰克逊的熟人常常能从他那长时间的沉默和为数不多的、晦涩的谈论中读出他无法抓住

思维的关键问题——他不证自明的缺乏阅读让这一推断变得更为可信。事实上，可以这 358
样说，他只知道那些他能从谈话中吸收理解的细节，而且尽管有非凡的吸收能力，他从没有完全掌握任何一种启发了他的理论在分析上的精妙之处。他所有的理解都是直觉性的，不是智性的。“他有一种美学上的聪慧，”约瑟夫·亨德森说，“但不是哲学上的聪慧……在基本上未受过教育的情况下，他学到了很多且有着高度发达的直觉……他的想象力可谓天马行空。”之后另一位治疗师总结道，杰克逊是“高度聪慧的，远比他看上去要聪慧的多，但全赖直觉。他在表达想法方面的无能是有两方面的——他不能吸收语言也无法运用它们，但是他却能抓住最细微的非语言符号……他的聪慧在无意识中发挥作用而没有将自身转入意识中。”

对杰克逊来说，分析的过程从来没有离开过画布；从来没有飞跃到语言的层面。“他所有美妙的感觉和智慧都在他的绘画中，”鲁本·卡迪什说，“他的敏锐和明辨都聚焦于绘画。当和他一起去美术馆，他说的不多，但却有着非常专业的眼光。”独立于图像的理念与其说无法理解，不如说是杰克逊认为它们无关紧要。一位艺术家同伴记得杰克逊“对立体主义的本质没什么兴趣。他不想聊这个话题，但是却随时会去看这些作品”。据卡迪什回忆，“他能够理解这些绘画的强度，而这就是关键。当蒙德里安对他的作品说了些很棒的话，他会很激动。当玛塔回应了他的作品，他也同样兴奋。再没有比玛塔和蒙德里安还要搭不着边的两个人了。图像是唯一重要的东西。”

同样的话也可以用来解释杰克逊的政治眼光。他的人际关系也同样遵循着他对艺术的那种令人惊异的直觉性的敏锐。尽管没办法胜任随着年岁增加而逐渐开始的、牵扯到拉帮结派的关系操纵，他却能够十分有效地自顾自按自己的意愿行事。他也并没有不屑于运用强大的个人力量去讨好、哄骗，或伤害他生命中最重要的那些人，无论是生活上还是事业上。“杰克逊知道挑什么话说能彻底摧毁你的情感，”罗杰·威尔考克斯说，“他这样伤害了一个又一个朋友。”但是没有哪次看起来是他别有用心的。所以，如果杰克逊从某种形象被描绘成另一种形象，从本顿到奥罗兹科到毕加索，那既不是因为追求理论的决心，也不是因为政治利益的长远眼光。而是一种自然的、半有意识的行动，受到敏锐的美学直觉和一种根植于往事中的、想要获得认可的需求的双重支配。如果这些行为看起来像是难以置信的有政治远见的行为，那只是因为杰克逊童年的准绳有着异乎寻常的持久和敏感。

到了 20 世纪 40 年代中期，杰克逊开始看到新的努力带来的成果。“杰克干得不错，”桑特在 5 月写信给查尔斯说，“在与他的天性完全不相称的线条方面尝试了多年努力以后……（他）找到了一种真实而又具有创造力的艺术。”无论多么关爱他的人，曾经也视他为问题青年而对他不屑一提，现在，他们越来越多地开始把他当作一位严肃的艺术家。
359 瑞秋·司各特回忆了大约 1940 年的一次事先未打招呼的到访：“一天晚上，杰克逊正与邻居一起用晚餐，他们的窗户正对着我们的。当他无聊的时候，他走出来到了我们的公寓。他已经一半晕晕乎乎了，但非常灵光。他与我的丈夫（比尔·司各特）进行了长时间愉快的谈话，他也是一位艺术家。事后，比尔说，‘那是个聪明人’。”甚至就连鲁本·卡迪什这样的老朋友也开始注意到杰克逊身上新的“光晕”——那是过去的张力和新的自信的结合。“他有办法让局面燃烧起来，”卡迪什回忆。在一次扑克游戏上，火柴被用作筹码，杰克逊为了着重强调关于毕加索的一个观点而捶了桌子，结果一整盒火柴被点着，燃起熊熊火焰。卡迪什说，“很显然，杰克逊有着能做成事情的火花”。

1940 年 5 月末，在拜访了杰克逊的工作室后，海伦·马洛打电话给亨德森博士告诉他一个好消息。“我今晚见到了杰克逊·波洛克，”她汇报说，“他以暴风雨般却十分令人着迷的方式滔滔不绝地讲了几个小时关于他自己和他的绘画的事。我不好说，但在我看来我们手上有一位天才。”

在马洛参观了他的工作室不久，杰克逊就被联邦计划开除了——他的十八个月到期了。一周后，在 1940 年 6 月 3 日，海伦·马洛去世。

一连串的打击粉碎了他刚刚建立起来的脆弱的自信。在马洛去世的那个夜晚，他一头扎入了自布鲁明德尔以来最凶猛的一场狂饮和暴力。也许就是在这个晚上他毁掉了几打自己的作品，用厨房刀具不断猛砍并将碎片扔出窗外，让它们像五彩的装饰彩条一样飘散在大街上。据卡迪什说，杰克逊将那些仍然摆满了工作室墙壁的旧时本顿式的画作留给了他最超乎寻常的愤怒。“他不想让世界看到他曾有过任何与本顿的联系”。

一开始，亨德森满不在乎地试图将这次狂饮无度视为仅仅是“(为)一位特别的朋友的一次真正光荣的觉醒”。然而，随着“倒退”的行为在马洛的事情平息后仍然持续，就连亨德森最终也不得不承认他们的治疗如果还算有效果的话，也只能算是收效甚微。他毫无疑问担心，这样的旧病复发会整个瓦解他的荣格学派的治疗方式的有效性，这才亡羊补牢——也许还是在桑特的坚持下——放弃了对杰克逊素描作品的分析。“在那以后

（我）停留在了他个人意识层面的问题上，”他回忆，“而不是无意识层面的图像。”（他或许还屈尊地推荐了《饮酒常识》，一本为饮酒者而作的实用且毫无荣格色彩的自我帮助手册，杰克逊曾在那一时期阅读过。）

头一次，亨德森开始问关于过去和家庭经历的问题。很快他就“发现”了杰克逊童年时期“在个体层面的人性剥夺”以及他“对‘全然付出的母亲’的需要”的实情。他甚至还做了诊断报告：杰克逊患有一种类似精神分裂的紊乱，其特点是在“暴力亢奋”与“麻痹孤僻”之间的轮番反复。亨德森将这种形式的内省与“加入部落的新成员在入会仪式上”的精神状态做了于事无补的比较：在仪式上，“刚开始磨难就将他瓦解，而这 360
种瓦解是为了使他从男孩成长为男人”。据亨德森说，杰克逊的这种看似无止境的醉酒就是类似当一个夸扣特尔族印第安人因喝了盐水而被激怒时的“狂野的情绪发作”。两者都是对一种情绪上健康稳定的成人阶段的前景乐观的序曲。杰克逊正经历一场“仪式性的死亡”，从中他将会获得“仪式性的重生”。

在后来对杰克逊的病情的描述中，亨德森干脆将旧病复发归咎到了马洛的死上。“由于在童年早期缺乏关爱，他事实上承受了巨大的孤独。这至今也没有得到充分的弥补。”亨德森写道，“他开始通过与一位年长的女性朋友建立亲密关系来获得补偿，他信任她的关心，但不幸的是，她在他得到一个新的位置所需要的安全感之前就去世了。”

不管马洛的死是否真的触发了随之而来的漫长抑郁，或仅仅只是恰好吻合了标识杰克逊情感生活阶段的、周期性消沉中的一次。不管怎样，其结果是一样的。没有工作也没有马洛的母性关怀，杰克逊很快重蹈覆辙。“他决意要喝，”耐恩·夏尔特回忆，“没人能拦得住他。突然一下他的动机就变得非常强烈。就是一股冲动。有段时间他情况还不错，然后一下子就不行了。”每次，都是杰克逊的艺术首先遭殃。他的产量急转直下——他告诉朋友他“每天都迫切地想画画”，但“却再也不可能了”——最近的成功让这种无奈显得更令人沮丧。期望越大失望也越大（这种动态过程将会带着毁灭性的力量在十年后重复）。

同从前一样，杰克逊会通过抨击他的竞争对手来发泄挫败感。喝醉了语无伦次，他来到了阿希尔·戈尔基在联合广场36号的公寓。六英尺四英寸高并且“格外强壮”的戈尔基，礼貌地接待了杰克逊，直到杰克逊称他的绘画为“什么都不是就是一坨屎”，随后戈尔基警告要把他扔下台阶。在马努埃尔·托勒金的一次作品展上，他将画从墙上撕了下来，把画廊的赞助人打了个落花流水。托勒金在联邦计划（其中一幅作品已经被白宫收购）以及法拉吉尔画廊的成功仍让他耿耿于怀。后来，杰克逊围攻了托勒金在范达姆街 25 号的公寓楼，对着窗户投掷石头，以富有技巧的疯狂将它们一块一块打碎。

然而，没有谁的成功比菲利浦·戈德斯坦更令他耿耿于怀。甚至早在 1936 年他抵达纽约之前，戈德斯坦就已经是《时代》杂志一篇文章的主题了。尽管他为 WPA 所做的墙画设计没有像杰克逊的那样成功，但是，他经常参加小型的、高知名度的公共赛事，并且一贯能获胜。1938 年，他为纽约世博会 WPA 馆设计的墙画被接受了，同时被接受的还
361 有安东·瑞弗莱基耶。接下来的整整一年杰克逊耳朵里都充斥着他从批评家和公众那里获得的热情赞扬。夏季的尾声到来时，戈德斯坦的墙画《延续美国技艺》，经过公众投票，被授予了最佳世博会户外墙画的一等奖。此后不久，杰克逊写给查尔斯，勉勉强强掩饰他的沮丧和苦楚："所有这些比赛我都没有参加……菲尔（戈德斯坦）和他的妻子在一些小项目上得了几个奖。我还是在尝试重回联邦计划。"

当他没有在街上醉到令人瞠目结舌的程度，或是没有对竞争对手发动战争的时候，杰克逊就会和平常一样整天待在工作室里修养，头埋在双手中，面无表情地一次坐上几个小时。日复一日，亨德森曾经描述的精神分裂般的状态越来越频繁地上演为"沮丧与兴奋"的双重戏剧。在夏天的晚些时候，他郁郁寡欢地写信给查尔斯："关于工作和其他事情我没有太多要说的——只是我正在经历激烈的改变……上帝知道会有什么结果——到目前都只是负面的东西。"从 30 年代初以来，他第一次考虑了自杀。一位朋友记得曾见过他的一幅素描，其中一个男性形象"被一根粗线吊着"。"据我理解这是自杀的暗示，"她回忆，"但我觉得这个话题太敏感了没法说。"

在马洛死后的几个月中，杰克逊花在约翰·格雷厄姆在格林尼治大道的公寓中的时间前所未有的多。毫无疑问，格雷厄姆对"深刻的天性以及天赋才能总会招致情感上的灾难"这种说法的信念给了杰克逊一些安慰。"悔恨，痛苦，孤独和最终的崩溃"——这些，格雷厄姆说，"是天才的代价"。强烈地觉察到亨德森对杰克逊的治疗并不成功以及他的酗酒问题，格雷厄姆让他们关于艺术的讨论承担了一部分治疗的维度。（尽管对荣格的无意识理论颇有兴趣，格雷厄姆觉得，单就治疗而论，"弗洛伊德才是正路"。）后来，在回忆中，朋友们会说格雷厄姆是杰克逊的"非专业治疗师"，但格雷厄姆自己拒绝了这一标签。据另一位格雷厄姆曾在相似的问题上帮助过的艺术家称，他的治疗手段"就是倾听"。

9 月，在好几次梦到横跨国土的火车旅行之后，约瑟夫·亨德森打包了行李，前往旧

362

维奥莱 · 德 · 拉斯洛

金山。对他的宏大抱负来说，由弗洛伊德主义主导的纽约精神分析圈被证实“太沉闷”。（亨德森后来将会建立旧金山 C.G. 荣格协会，这是美国荣格研究的杰出中心之一。）他的离去，仅仅在马洛逝世后的四个月，显然没有在杰克逊的生活中引发哪怕是最轻微的怆伤，甚至没有一场寻常醉酒。杰克逊给了他一幅水粉作品作为临别的礼物。

值得讨论的是，亨德森对杰克逊的情感健康最重要的贡献在于他对继任者的选择：维奥莱 · 德 · 拉斯洛博士。德 · 拉斯洛是一位生于瑞士的分析师，师从荣格，在伦敦曾与亨德森一同学习，她刚刚从伦敦抵达纽约。亨德森并不是偶然选择了一位女性继任分析师。他后来写道，“对于一位有着这种恋母情结的男人来说，由一位能够临时扮演母亲角色的女性分析师来治疗，通常很管用。”一位肥壮、和蔼可亲的女人，在四十出头的年纪，举止谦逊，韶华已逝，有着弯月形的眼睛和阿尔平宁的圆脸，德 · 拉斯洛很快填补了海伦 · 马洛的死在杰克逊的生活中留下的空缺——尽管她致力要“避免有可能妨碍治疗的介入”。接下来一年中，每周两次，杰克逊迫不及待地长途跋涉来到位于西八十四街二十七号德 · 拉斯洛与她的两个儿子一起居住的公寓楼。

从某种程度来说，这些治疗仅仅只是在重复亨德森与他所经历的过程；最开始的几次几乎完全只有沉默。“关于他的童年我几乎一无所知，”德 · 拉斯洛回忆，他事先并没有和亨德森讨论杰克逊的案例，“简直没法说清他的话少到什么程度。他非常拘谨。”又一次，只有当杰克逊把素描带到了治疗咨询中的时候，这个死结才被打破。然而，不同于亨德森，德 · 拉斯洛给出了尽可能少的荣格主义的阐释。“我们只是一起坐下来看看这些素描，”德·拉斯洛回忆，“而我从中拾取能告诉我一些东西的不同元素。这就是普通的调查，真的——完全没有系统而且是建立在互相之间的意气相投之上。我不指责，也不批评。我试着去理解。”与一位母性人物之间意气相投、相互理解，毫无疑问，正是海伦·马洛曾经给予的，也正是杰克逊最迫切需要的。仅仅在治疗开始的几个月后，他就尝试着安排想在治疗的界限之外见到德·拉斯洛。“我很愿意在办公室之外见到他，”她回忆，“但他住得很远而且大部分的时间都处于喝醉或是半醉的状态。所以尽管他愿意，我也愿意，却没办法见面。”但杰克逊仍然把在那时赞助了德·拉斯洛的治疗费的约翰·格雷厄姆带去了一次平常的治疗。

363 5月，杰克逊劝说德·拉斯洛给征兵局写信并要求以心理问题为由延期。她起初犹豫不决，认为“军队将会对杰克逊有好处，将会让他成为真正的男子汉”，但是最后默然接受了。1941年5月3日，她写给了第十七地方征兵局的医疗审查官：

> 亲爱的先生，
>
> 杰克逊·波洛克是J.L. 亨德森博士推荐给我的病患。在过去的六个月中，由于在适应社会环境方面具有困难，波洛克一直在我这里做一系列的心理分析治疗。我发现他具有封闭且不善言辞的个性，同时又十分聪明，但在情绪上却十分不稳定，形成或维持任何一种人际关系对他来说都十分困难。我认为这一问题具有深层的根源而非出于任何流于表面的逃避倾向，或是出于世界观方面的不成熟。
>
> 尽管在这几个月中他尚未表现出任何精神分裂的症状，但是在访谈的过程中，很明显能够发现在他精神不稳定的表象下具有某种潜在的精神分裂性情。由于这一原因，我斗胆建议，波洛克应当被移交进行精神病学的检查。

三周后，杰克逊在巴斯以色列医院完成了所建议的测试。在从德·拉斯洛处取得了另一份申明证实了他曾就诊于布鲁明德尔之后，他被鉴定为4-F，不合格。（他后来告诉一位朋友军队拒收了他，因为他有“神经质”。）在当时，这一定看上去是一个轻松的解决方法，但从长远看，杰克逊总是为那些被他视为有失男子气概的软弱时刻付出代价。

有了德·拉斯洛的支持以及在10月重返WPA，杰克逊的生活得到了改善，他重新开始作画。到了1941年夏，他连续第三年享受了巴克斯郡的阳光和清静的隐居生活。“他似乎控制住了饮酒的问题，”那年夏天加入到波洛克兄弟和夏尔特兄弟当中的艾达·邦斯回忆，“我从没有看到过他喝酒。”那年夏天最重大的事件是发现了一辆老旧废弃的帕卡德，就冲着它，杰克逊、伯尔尼·夏尔特和路易斯·邦斯像小男孩一样干了几个星期。

然而，在巴克斯郡的矮树篱之外，未来正朝着那届已被淡忘的世博会永远预想不到的方向飞驰。1941 年夏，几乎整个欧洲都落入了纳粹的手中。巴黎，这个杰克逊世界中的艺术家中心，在德国占领形成的围墙之下消失了。毕加索是留守在城里的少数几位艺术家之一。（当一位德国军官访问了大师的工作室并见到了《格尔尼卡》的复制品后，他敬仰地问道，“是你做的吗？”而毕加索答道，“不是。是你们做的”。）马蒂斯撤到了尼斯的薇姿，而其他人，包括未来主义者，以一种得体端庄的溃败逃到了纽约这块安全宝 364
地。6 月 22 日，正当杰克逊对老帕卡德小修小补的时候，300 万德军战士扫荡了苏联的边境直逼莫斯科。

而在家门口，WPA 也蹒跚着走到了尽头。在 2500 幅墙画、17000 件雕塑、108000 幅架上绘画和 240000 幅版画之后，公众的忍耐度和政府的钱都终于用尽。对“共产势力的渗透”和“波西米亚凿工”的群情激愤给予了它最后一击。那些尖锐地抱怨“共产主义者也应当享有联邦工作”或是认为向工作室报告“毁掉了来之不易的曙光”的艺术家们，听上去越来越像是赫斯特报所指责的那种“忘恩负义者和颠覆分子”。“一冬天的起起落落，”桑特这样形容，“落是大多数。”成千上万的人，就像桑特和杰克逊，时断时续地为联邦计划工作，有的甚至不止一次失业，生活在永无止境的对下一轮法律干扰的恐惧中。一轮整肃招致又一轮整肃，以 1939 年的衷心誓言为开端，并在一次旨在清除 WPA 中现存，以及过去的共产主义同情分子的国会强制执行令中臻于圆满。“他们以那些人是红色分子为由把人像苍蝇一样丢出来，”桑特在 10 月对查尔斯写道，“就因为签了一个什么请愿书……对共产党分子进行投票。我记得我们签了所以就紧张地等着斧子落下来。他们一天就在我的部门开掉了 20 个。没有纠正的机会……他妈的蠢成这样我都想把自己揍一顿——但谁想得到他们竟然使了这么赤裸裸的粗暴招数。”

大多数艺术家认为是战争带给了他们不公正的待遇，艺术家乔治·麦克奈尔这样概括道：“这是最好的时代，紧随其后的却是最糟糕的时代。30 年代，我们年轻而乐观，但后来欧洲的战争开始了，所有的一切都化为了尘土沙砾。人生的所有美好愿景都戛然而止。”

杰克逊的个人世界，同样，也化为了尘土和沙砾。斯黛拉，在 1939 年就搬到了廷格利去照顾她的母亲。而随着“詹尼”迈克鲁的情况恶化，她开始想要搬去新的地方生活。当查尔斯一再提议纽约的时候，桑特以几乎无保留的恐慌回应了他。所有他一直以来对全家隐瞒的难堪秘密在一封给查尔斯的信中如倾泻般抖了出来——杰克逊的入院，随之而来的治疗，发现“明确的神经机能疾病”，“抑郁躁狂症”和“自我毁灭”——所有这些都指向一个不可回避的结论：“由于（杰克逊）部分的问题（也许是大部分）总的来说在于童年的家庭关系，尤其在于与母亲的关系，在这时让他见到她将会令他非常难受并将可能是毁灭性的。”

但桑特也还有另外没有言明的理由说不。在纽约生活了七年之后，他走到了“一种进退两难的状况”，鲁本·卡迪什回忆，“什么都不算数。”尽管在少年时代展现出了天赋，桑特想要成为一名艺术家的努力却始终不太热心，既因为照顾杰克逊这桩耗时的投入，也因为他们共同的过去。“他认为他什么都不是，”卡迪什说，“他觉得自己只配做最无尊
365 严的、报酬最低的工作。他永远都只是个帮手。”在过去的七年中，桑特帮助了杰克逊。现在，离联邦计划的终止只有几个月的时间，甚至可以倒数日子，而他还有一个妻子要供养，甚至，他还希望，有一天能有个孩子。在这样的时候，他看到其他人比以往更加需要他的帮助。

1941 年早春，阿勒瓦宣布怀孕了。

杰克逊之前的支持体系正在瓦解。正如同孩提时代与查尔斯的竞争已经不再能够在艺术上激励他，与桑特的亲密关系，在持续了 29 年之后，也不再能在情感上支持他。远胜于战争的打响和 WPA 的终结，意识到这一点无疑是杰克逊的明日世界中真正的恐惧。

1941 年末的几个月，三个事件联手拯救了他。11 月，约翰·格雷厄姆邀请他参加次年一月在迈克米兰画廊举行的法国画家和美国画家展。杰克逊的作品将会首次挂在毕加索和马蒂斯的作品旁展出。12 月，日本袭击了珍珠港，将美国带入了战争并加速了将国际艺术界送到杰克逊门前的步伐。

而在这期间的某个时间，李·克拉斯纳出现在了他的工作室门口。

25 366

李·克拉斯纳

据家族流传的说法，雷娜·克拉斯纳是在 1908 年 1 月怀上的，那天她的母亲，安娜，与他的父亲在美国结合。

他们在 3 年前分居两地，隔了半个地球远在乌克兰的小村子什匹科夫，奥德萨以北。在那儿，就在车站，啜泣的亲友和怀疑的邻居围着他，约瑟夫发誓要在美国努力工作，寄钱给他的妻子和四个孩子让他们一起过去。这种誓言在犹太人小村庄附近的车站听得多了——却没有多少人坚持。"一个人去了美国，就等同于是死了，"另一位移民者回忆。但约瑟夫·克拉斯纳却是个靠谱的男人，钱也的确过来了，超过两百美金——在一个犹太人之间的经济活动被严格控制、营养不良是普遍现象的社区，这已经是寻常人家几倍的财富。这些钱刚好够买五张从奥德萨到不莱梅再到纽约的统舱票。

同成千上万的俄国犹太人一样，克拉斯纳一家来到美国是为了逃离圣经连祷文般冗长不休的折磨。1881 年起，由俄国神圣议会的检察官煽动起来的反闪米特杀戮反复扫荡了整个国家，在他们的聚集区击溃了成千上万的犹太人。1903 年 4 月 20 日，在基什尼奥夫，一群用镐与平锹武装的工人突袭了市区的犹太人聚集地，杀害了 120 人，超过 500 人受伤，并且烧毁房屋使近 10 万人无家可归。1903 年的大屠杀发动了潮水般的犹太移民新浪潮，比 19 世纪 80 年代的集体杀戮更甚。随着 1904 年初的俄日战争爆发，那些固执留守的人则面临着应召入伍参加俄国军队的命运。即使是像约瑟夫·克拉斯纳这样虔诚笃信而又不在意的人也不再能无视面临的危机，不再能够相信降临在他身上的历史力量只不过是"和平年代的一点恼人的小事"而泰然处之，兜售烟草并对镇上的拉比履行舒卡的职责。

1905 年，战舰波将金号上的叛变者在敖德萨港的台阶上面对着沙皇皇家卫队的刺刀 367
的同一年，约瑟夫·克拉斯纳在附近的什匹科夫离开了他的家人并在同一个码头驶向了另一片国土。据一位从那里来的移民说，那里所有人“都高大苗条而且……穿着黄色的裤子戴着高帽子”——那就是美国。三年后他在埃利斯岛上迎接家人。

团圆了的克拉斯纳一家在纽约东部布鲁克林区杰罗姆街的一所小房子里安顿了下来，约瑟夫在离家不远处的布莱克街市场租下了一个货摊卖鱼。雅各布 · 利斯早就声称这片区域是“倒胃口的小贫民窟”，但是和什匹科夫烂如粪土的世界比起来，这已经是应许之地了。

但是令人不解地，克拉斯纳一家保持着不与周围的新世界沾染。同 150 万在世纪交接之际从东欧移民过来的许多犹太人一样，他们并没有真正抛开他们的犹太小镇——他们把它带了过来。在杰罗姆街上，旧的家庭单元模式很快随着约瑟夫担当起疏远的、受尊敬的权威人物——“一个不能随便和他说话或议论他的人”——而恢复了原型，这是俄国犹太家庭的常见模式。情绪化而又内向的他总是第一个“伸张道德权利”却总是最后一个执行实质性的处罚。

安娜 · 克拉斯纳是个爱争论、信奉实用主义、板着脸的女人，比她的丈夫年轻 10 岁，却有着远超她年龄的忧虑憔悴。“所有事都是她的，”她的一个女儿这样回忆。如果她对孩子们严厉，是因为她自己并没有童年。11 岁就结婚的她在 20 岁前就生了五个孩子。一个去世了，留下三个女儿——伊迪斯，伊瑟尔和萝丝——和一个儿子，安娜的骄傲，伊兹（后来叫作艾尔文）。长女在市场工作，搬运沉重的货物像是梭子鱼、鲤鱼和白鲑鱼，而且“做着所有本该是家中男人做的事情”。艾尔文和安娜在家帮她打理家中的财务。不像她缄默不语的丈夫，安娜是个脾气暴躁又具对抗性的人。她从来不用“打”的方式惩罚人，而是“用嘴发泄脾气”，据女儿露丝说，她常常用连珠似炮的责骂弄得孩子们哭哭啼啼。偶尔，当她寻求从现世世界的重担中逃离，她不仅会转向宗教，还会像许多犹太小镇中的女性一样，转向神秘主义：一个灵魂、诅咒和超自然力量的世界。她在俄国的婆婆，皮萨 · 克拉斯纳，曾是一位灵媒和预言师，而她也将同样的恐惧和迷信传给了孩子们。对雷声——这被认为是特别强大的不祥征兆，她和她的女儿们会跑到厨房的火炉
368 边在十足的恐惧中紧紧抱住彼此，直到雷鸣过去。

1908 年 10 月 27 日，雷娜 · 克拉斯纳就出生在这样一个家庭。这个家，从一开始就已经每况愈下又混乱不堪：一位遥不可及又经常不在的父亲；一位情绪化且脾气暴躁爱争吵的母亲，常常大声喧闹地怀念俄国的家；一个女大当婚的长女；还有一个深陷俄狄浦斯三角的、篡位夺权的儿子。这同时还是个封闭、自成一体的家庭，对外人怀有敌意，

克拉斯纳一家，约 1908 年；雷娜（勒诺）在她父亲的膝上，伊兹（艾尔文）站在中间

哪怕是血亲，而这种文化的根源却来自千里之外。“家中的任何一个成员”，李后来抱怨，“总是突然蹦出我听不懂的语言”——一种刺耳的音调不是希伯来语，就是俄语或是意第绪语，仅仅带着“些许的英语”。外人叫她“勒诺”，但家人总是使用她的意第绪语名字，雷娜。她说，这就如同“住在伏尔加格勒或是什么地方的某个小集中营”。或者与一大家子陌生人住在一起。几年以后，她形容童年时代的她为“一个怪人”而且还是个“流浪者”，并承认她最早的记忆是一股燃烧的、想要离家的冲动。

在勒诺三岁的时候，另一个孩子出生了。她的意第绪语名字叫尤戴尔（被她的一年级老师蹩脚的读音糟蹋后变成了“阿黛尔”），但是对外人，她的名字叫露丝。尽管常常相伴左右，这两个年幼的姐妹却从不亲密。在一张两人念小学时拍的照片中，她们在杰罗姆街房子前面的台阶上摆着姿势，穿着一样的安息日外套，留着一样的齐边内卷发。露丝的手轻放在李的膝上；李的手臂以一种做作的姿态伸到了妹妹的肩膀后面搂着她。李已经熟知要面带笑容；露丝则不自然地盯着镜头，显然不习惯姐姐的这种关怀样子。“我并不尊敬她”，露丝回忆，“她不能影响我而我对她也不能。我们没有任何共同之处。”

事实上，露丝留给她的印迹比她知道的要多。她不仅是安娜宠爱的那个，并且因此得以免除强加在几个姐姐头上的“不干到累垮不能停”的规矩，她还是家里最漂亮的一个。约瑟夫和安娜·克拉斯纳的其他孩子并不都很迷人。他们大多数不是遗传了爸爸伸

369

尤戴尔和雷娜，约 1916 年

出的下巴和突出的眼睛就是遗传了妈妈的长鼻子和浅眉毛。李，很不幸，遗传了爸妈的所有缺陷。露丝则恰恰相反，看起来简直完全不像是个克拉斯纳，亲戚们老远地跑来欣赏她并为能够炫耀她或是在周末旅行时带上她的好处而争先恐后——李却从没有被邀请参加过这些旅行。

对她的看护人的嫉妒，与其他家人的疏远，还有对引起他人关注的渴望，让李转向了内心。“从很小的年纪开始”，约翰·本纳德·梅尔，一位后来的朋友评论说，“李不得不为自己发明一种生活。”同杰克逊一样，她创造了一个幻想的世界来补偿现实世界的不足。穿着安息日的服装，在服装上她总是加上一点特殊的润饰比如一个蝴蝶结或是饰带，然后她会沿着荒废倾圮的街道漫步，在每一座房子前停下作“社交访问”。因为东纽约以及毗邻的布朗斯维尔和新地块是整个欧洲前来这里的犹太人的中转站，杰罗姆街成了异域文化风情的世博会，刺激着这个小女孩的想象。来自德国的家庭，莱曼一家，住在一边；法国来的家庭，格兰维尔一家，住在另一边。“空气中总是飘着异域食物的美妙香气，”李在几年后回忆，“不同的食物，不同的语言，不同的文化。这是一种非常欧洲式的气氛。它让我很有大人的感觉。”

既是家中的独子，同时在父亲不在的情况下，又是家中唯一的男性，艾尔文主宰了克拉斯纳一家。更确切地说，他威胁着这个家。与家中权威的源头安娜结为亲密同盟以

370

艾尔文·克拉斯纳

后——“她对他简直就像丈夫一样”，露丝回忆——艾尔文就在他冷酷的责任感所允许的范围内津津有味地享受行使体罚的乐趣。“你不得不对我哥哥感到害怕，”露丝回忆，“如果他说要扇你耳光，他就会扇你耳光。他从不威胁，他直接就会这么做。他在边上的时候我们简直要死了。”

即使是这样，李也崇拜他。早在她能够阅读前很久，她会跟着他到图书馆然后在一个安全距离外坐下，拿着一本书，而眼睛则飞快地在难以辨认的《格林童话》和艾尔文缓慢而专注地翻动果戈理、托尔斯泰或屠格涅夫的场景之间来回瞥。到了晚上，她会恳求他读给她听——“无论是什么他现成手上的书，都没关系，”露丝说。就算当他举起手威胁她别再纠缠惹他烦，她也会坚持。在学校，她只是不情不愿地自学读书，而在后来的生活中，她会连哄带骗地用计让朋友们大声朗读给她听。在家，艾尔文允许她听他的恩里科·卡鲁索的录音是极罕见的优待。

艾尔文的一切对于李来说，就像是查尔斯·波洛克对于杰克逊一样。在一股想以他的形象改造自己的冲动下，她学会了他的言谈举止，他的脾气，甚至他火爆的性格。“艾尔文是个固执难对付的人，”露丝回忆，“他从不听任何人的废话，还可以让你说不出话。所以李就变得比他更加难对付。艾尔文有火爆脾气，但是要你先踩到他脚趾，惹到他才会发脾气。李则没有任何预兆就会爆发。”后来，家庭成员称艾尔文和李是“坚不可摧之物和无坚不摧之力量”。

当艾尔文宣布放弃犹太教，李，在十二三岁的年纪，很快效仿了。“正当我的父母和一位当医生的远方亲戚喝茶的时候，我闯入了客厅，”李后来讲述，“我宣布我和宗教的事已经完结了。”（李对安娜的嫉妒，对她与艾尔文的亲密的深切觊觎，让母女关系变成
371 了一生的敌对。“她总是在报复我的母亲，”露丝说，“她生活中所有出问题的事情都是母亲的错……母亲的阴影困扰了她一生。”）

但是所有这些都无法让艾尔文满意。如果杰克逊至少从他的大哥那里获得了道德和生活上的帮助，那么李则得到了公然的敌意。“她想让艾尔文与她亲近，”露丝回忆，“但他从不这么做。从来不。”本质上就是个心胸狭隘、善于操纵又愤世嫉俗的人（他终身未婚），艾尔文对李的奉承谄媚的兴趣只因为他是个虐待狂。她越是试着讨好他，他的虐待就愈演愈烈。后来生活中，“如果李没有做到他要她做的事，”露丝说，“他就会径直走掉。常常每隔一段时间，她就会闹情绪，而他会立刻责骂她。他会说，‘如果你不闭嘴，我现在就立刻走掉，你就再也别想见到我了。’她知道他真的会这样做，所以她就闭嘴了。”

在五岁的年纪，李·克拉斯纳就已经被锁在了一场将会塑造未来她与所有男人关系的抗争中。有着不可撼动的、受虐狂决心的她总是挑出像艾尔文一样孤僻、虐待而又难以调和的男性，然后以一再的老实顺服放纵自己迷失在他们身上。在后来的 30 年中，她有半打的次数重复这个循环，每一次都换一个男人、每一次都决心绝不重蹈覆辙。

对抗和虐待是她从艾尔文那里能够得到关注的唯一形式，因此，她自己也养成了这样的性格。在学校，她拒绝演唱宣告“耶稣基督（是）主”的圣诞颂歌，因为，她抗议道，“只是他并不是我的主”。在家，她对着他的舒卡父亲谴责犹太信仰，并对她的信仰指派给女性的角色嗤之以鼻。作为一个青年，她将少女时代生活的具有世界文化氛围的周边邻里视为无法忍受的“奴隶状况”，而她的那些邻居，无论有何种多姿多彩的文化渊源，都是无可救药的庸俗美国人。由于深信这个世界也按照他家中的残酷法则运行，她带着作战的准备，走入了这个因与艾尔文共处的岁月而变得更加残酷的世界。“你没办法和李只是说说话，”露丝说，“哦，不！在你还没机会打上招呼以前她就会把你的头咬下来！”

在后来的生活中，李常常谈及与他人的“冲突”，哪怕她指的只是在街上打个寻常照面。这是一个发人深省的用词。对她来说，所有与他人的交流都是冲突：越是痛苦，越是火爆，她就越满足。从年幼时就上了瘾，一直到冲突恶化的虐待的顶峰，她就是要寻求这样的经历，就如弗里茨·布特曼所观察到的一样，她总是生活在“敌对的边缘”，对

自我控制和礼貌斯文发动秘密的战争，从每一次与他人的相遇中搜寻出她觉察到的隐藏恶意，总是尝试挑起他人的拒绝从而成为她无罪的辩护。

对雷娜·克拉斯纳来说，艺术是她的终极冲突。

没有任何记录解释了她的第一次艺术冲动是从何而来。尽管当她还是个孩子的时候，
她喜爱临摹报纸广告上的美丽女郎的图片，但李后来称她将艺术作为职业的意愿是“随 372
意的”，那只是因为“听起来比文秘类的工作更有生气”。杰罗姆街的房子里唯一的艺术品是艾尔文的一幅伊莎贝拉皇后将珠宝赐给哥伦布的油画复制品。但艾尔文的热情留给了俄国文学巨匠和恩里科·卡洛索，而不是艺术。不过，他常常去图书馆以及在手摇留声机前的那些夜晚的确让李看到了美学成就的可能性，看到了一个“美不在于外而在表面，报酬也并不一定是物质”的世界的存在。

1922 年，14 岁的雷娜从布鲁克林的第 72 公立学校毕业并申请了位于曼哈顿的华盛顿艾尔文高级中学，也就是城里唯一允许女生就读艺术专业的高中。她的申请被拒绝了。而这只是后来的许许多多次拒绝的开始：来自她的家庭，来自学校，来自她的宗教，来自艺术界，更来自社会本身。这是一条许下了无尽冲突的路。

同杰罗姆街上的其他邻居一样，克拉斯纳一家到美国寻求经济上的安定。但几个世纪的《塔木德经》的教诲也渗透到了像克拉斯纳这样的犹太家庭，让他们对文化有着近乎崇敬的热爱，用俄语叫它的名字。抽象派雕塑家依布拉姆·拉索的家庭从乌克兰迁到了埃及，然后又搬来美国。他记得在小时候曾偷听到的那些对话，从以前国家来的朋友们会围坐在俄国式的茶壶边用俄语聊《塔木德经》。“我不知道这个词的意思，但我能从他们声音的语调听出他们对它极其尊敬。”克拉斯纳一家所生活的乌克兰的这一区域，事实上，是沙皇时期俄国犹太文化的中心之都，而敖德萨，则是“东方巴黎”。

然而，就算是在敖德萨，艺术也从未享有过文学或戏剧甚至音乐所享有的崇敬。“绘图艺术毫无疑问在我们的生活里没有任何地位，”一位在俄国波罗的海区域长大的画家莫里斯·斯特恩说。将语词圣神化的塔木德经文化，却被圣经对圣像的禁令剥光了外衣。除了创始蜡烛、祈祷的披巾和其他礼拜用品以外，这种文化几乎不存在视觉传统。当一名艺术家意味着生活在“尊敬的领域之外”，既无经商能给予的金钱收益，又没有《塔木德经》能给予的尊严。或迟或早，李以及其他这一辈的犹太艺术家会把艺术世界重塑为一种与他们父辈的价值观更为相符的形式——一种能更为积极地回应对金钱的诉求和被书

写的文字的形式。然而在那时，似乎并没有任何一种整合是可行的。成为艺术家就如同从高空悬崖上跳入“非犹太的外邦未知世界”——没有文化、宗教以及家庭的任何回报来为这一跳做缓冲。

但李的反叛更为深远。不同于她的男性同胞，李同时也反叛着她的性别——或者至
373 少，反抗她的性别在犹太文化中依据传统所扮演的角色，被欧文·豪威形容为“社会地位低下同时又担当繁重劳务”。犹太女孩被认为应该“娴静谦恭”并在可能的情况下，有一份工作——至少得是个售货员，最好是当教师。（当教师被认为是一种不擅自闯入男性特权世界而又能不失尊严地赚取一份较好的收入的方式。）一旦结了婚，犹太女性就被期待做安娜·克拉斯纳所做的这些事：操持家庭——甚至还要“越俎代庖”监管孩子们在家庭企业中的工作——但却不能有意见并绝对不能对他们表示不满。

同被传统锁进了“从女售货员到家庭主妇的进程”中的其他犹太女孩一样，李意识到自己被一些在什匹科夫的犹太小镇闻所未闻的理念所激励，至少被引得躁动不安——那些美国的理念。犹太女孩“现在开始珍视当下的幸福”，据豪威所说：“有的人甚至被她们有权拥有自主的人格个性这样革命性的思想所深深吸引。”像斯黛拉·波洛克以及她在中西部的杂志姐妹们一样，犹太女性很快“在凌乱的家庭公寓中开创出属于自己的一角，即一个能够让她们对流行样式的诱惑做出回应、表现优雅的派头和教养的地方”。在后来的生涯中，李同时生活在这两个世界中，交替更迭地在自立与妥协于“不是妻子也不是母亲的独立女人，是无法生存的”这一信念之间挣扎；她逃避了婚姻，却很少离开男人生活；她坚持自己的独立，却拒绝学习驾驶直到不惑之年；她夸耀她的艺术抱负，却常常为了集中精神取悦男人而将作品长期搁置。在每一段关系中，她都表现出了属于她这一代人的两难境地，而在内心深处，那一场与艾尔文的漫长而隐秘的战争仍在持续。

尽管如此，李的所有这些喧闹的反叛，她的家人却几无察觉。如果说她的父母对她的失望比不上他们对一个儿子的失望的话，那也只是因为他们本来就对她没什么期望。“一个女孩子为了艺术牺牲事业，”曾经也和李一样有着雄心壮志的恩内斯汀·拉索说道，“其实并没有什么事业可以让她牺牲。”这是最终的、离别时刻的羞辱；使得她苦苦追寻的冲突的高潮一下子落了空。最终，她施予报复——先是从她的姓中去掉了字母 s，然后又整个改掉名，从雷娜变成了性别指向不明确的“李”。几年后，当一位朋友问她父母对她作为艺术家的事业有什么贡献时，她回答说：“一件淡紫色的毛衣”。

李在布鲁克林的女子高中度过了沮丧的一年，期间她通过装饰灯罩、瓷器和毡帽自食其力。随后她再次申请了华盛顿的艾尔文中学，这次她被录取了。然而遗憾的是，通勤往返曼哈顿的刺激和学习艺术没能让她的成绩有起色。事实上，艺术是她最差的学科。多年以后，她在重复当年艺术老师刻薄的评价中获得一丝隐秘的快感:“我打算给你的艺术 65 分让你通过，不是因为你应得这个分数，而是因为你在其他所有课上做得如此出色。”但不光彩的分数和嘲笑反而为她壮了胆。于 1925 年毕业后，她申请了坐落于格林尼治村边缘库伯广场的库伯高等科学艺术联盟学院女子艺术学校，并被录取。为了庆祝， 374
她制作了二十幅花卉的小型作品送给所有在布鲁克林的老朋友们。

同阿尔弗雷德 · 卡津和一代在布鲁克林长大的艺术家和知识分子一样，李 · 克拉斯纳“迫切地想要远离一切伴随了她成长的事物”。而逃跑的目的地就是曼哈顿。一直以来，她生活在它的阴影下，离它仅仅一个小时不到的有轨电车车程（新建的高架火车甚至用时更短），总是时不时地一瞥它那喧嚣骚乱的光彩。“它展示了一种生活风格，对我们来说它的吸引力就像初次见到时带给我们的恐惧一样巨大。”另一位来自布鲁克林的难民马修 · 约瑟夫森写道，“它强烈的都市气质和振奋人心的节奏似乎要让周围的区块都黯然失色、相形见绌，完全就像是农村。”1926 年，大萧条来临前最后的黄金年代，李跨过了布鲁克林大桥开始了她作为艺术家的新生活。几十年后，她回忆道:“越过大桥简直就像是抵达了另一个世界……像是在 1900 年突然来到了巴黎。这是我的救赎。”

然而，还没等她脱身甩掉过去，她就开始在新的环境中重新复制过往的经历。和杰克逊一样，她从未通过来到曼哈顿真正逃离她的家庭，她只是重铸了它。对于僵硬死板又压迫专制的犹太小镇家庭生活，她用传统学院训练的严格纪律作为代替。（在库伯联盟，班级依照“画室”划分，在第一画室，学生依照手和脚的石膏模型画画；在第二画室，是躯干的模型；第三画室，是对着整个全身人像。直到第四画室才会有真人模特。）为了给她这个无坚不摧的力量找到坚不可摧的目标，她相中了查尔斯 · 路易斯 · 辛顿，一位在第二画室的雕塑家和指导教师。辛顿并不掩饰对李的作品的不满（他称之为“乱七八糟”）尽管，据李说，他“以彻底的遗憾和绝望”最终还是将她升入了第三画室。“我同意你的晋升，”辛顿告诉李，“不是因为你达到了要求，而是因为我拿你没办法。”以她的古怪方式，辛顿勉为其难的晋升比她顺理成章得到的更让她受用。

为了上演她和艾尔文关系中的其他侧面，自我否认、卑躬屈膝和模仿较劲，她转向了她的另一个指导教师，维克多 · 赛门 · 皮拉尔德。作为巴黎高等美术学校的毕业生和众多关于素描及解剖的书籍的作者，皮拉尔德对独创性的关注少于他对技法的关注，尤其是他自己的技法。李则证明了她是个非比寻常老道的、仰慕他的学生，并习得了一种与她的老师如出一辙的素描风格，以至于当皮拉尔德开始撰写一本教学手册的时候，他聘用李为他提供一部分的图示。李高兴坏了。“维克多·皮拉尔德是第一个买我的艺术的人，”她说，“我因此得到了大概十美元的报酬。然后我想，这真是太容易了。”1928 年的夏天，她被招入艺术学生联盟乔治·伯里曼的素描课，期待能获得同样的成功，但却事
375 与愿违。就算她已经为了讨好伯里曼更为随意的品位而调整了自己学院风格的人像技法，他还是继续“鄙视她的作品”。据一位朋友说李被伯里曼的拒绝“激怒”，但与此同时也“从中获得了坚强的力量”。

同年夏天，正值她与一群第五大道的朋友共用一间位于第十五街的工作室时，李为在同一幢楼中工作的著名人像雕塑家摩西·温纳尔·戴卡尔做模特。正是戴卡尔向她建议，库伯联盟“并不是一个有真正雄心壮志的年轻艺术家适合待的地方”，李这样回忆，并鼓励她申请美国国家设计学院，一所美国当时最负盛名的艺术学校。尽管成绩差强人意，学院仍然录取了她，但有个让人不寒而栗的条件，她得从第一画室开始重新经历一次艰难的进程，从画模型开始。

李于 1928 年 9 月来到了位于第 109 街和阿姆斯特丹大道的美国国家设计学院，同年，杰克逊·波洛克进入了手工艺术高中。她怀着无比期待迎来了第一堂课，而典雅的维多利亚风格的周遭环境以及来自世界各地的学生更让她欣喜若狂，可是这一切在指导教师走入教室的那一刻都彻底破灭了。这个人就是查尔斯·辛顿，她在库伯联盟的死对头。“我们对视，然后意识到这是徒劳无用的，”李回忆，“因为在学院他不能晋升我。这需要整个委员会来决定。所以我们又一次和对方卡在了一起，所以就这样了。”

又一次，僵硬的学院教条被证明与她曾试图逃离的专制的家庭生活如出一辙。“在学院，我像其他人一样马不停蹄地试着做到最好，”她后来说，“只是我从来都没有做到最好。对我的生活来说，像学院派那样是永远不会获得成功的。”只不过，她有多用功、用了多长时间的功仍然是个疑问。到了第一学年末，在这所僵硬、保守的，即使是最能适应的学生也“很少能与教师们处得来”的学校里，她在学生和教员中获得了这样的名声：“麻烦讨厌的人”、“难以置信”、“自作聪明”以及“自命不凡”。一位老师在她的档案中写道，“这个学生永远都会是个麻烦”。

不可避免的矛盾在 1929 年秋天到来。在辛顿的模型素描课上克制了整整一年以后，

克拉斯纳的外光派画法自画像，1929，在亚麻布上作的油画，$30^{1/8''}\times25^{1/8''}$

李决定逃离。只有一个办法：她必须要提交一幅能够让整个教员委员会“批准”的油画。在第一年随后的暑假，她开始着手准备的就是这件事，为了避开城市的炎热，她到父母位于长岛亨廷顿的新房子里工作。

这是一幅自画像，恰合时宜。她的形象充满了巨大的画布。她捕捉了正在从事她最重要的活动时的自己，画画。画布的一个角从右边伸出；她穿着画家的罩衫，套在她的浅色、短袖的毛衣外。一只手紧握着一把画笔和一块脏抹布，另一只手藏在画布后面，画下的正是描绘这一举动的油彩。虽然工作室里是各种装备，她站立的背景却是印象主义风格的深色树干和印着斑驳阳光的灌木丛。温暖的阳光照射在她的背和光脖子上。这是一张怀疑的、脆弱而又反叛的脸，所有的意味都在那斜眼睨视的轻轻一瞥中。她没有 376
改动脸部特征，只是用阴影和大理石的肤色缓和了它们。这就是李·克拉斯纳想要被人看见——被审判的样子。

到了秋季，她将画提交给了教员评审委员会。雷蒙·P. R. 尼尔森，一位肖像画家同时也是评审团的主席，看了一眼就挥手拒绝了。“你在玩肮脏的游戏”，他说，朝她摇动一根手指。“如果你在室内作画，就绝不要假装是在户外做的”。李解释了她是如何将镜子挂在树上以及如何受了炎热、虫子和镜子反光的苦，但他人对她的话却充耳不闻。尼尔森以及其他裁判拒绝相信一位初级阶段的学生能够画出即使只能勉强算作成功的户外人像。因为惊喜，也许也因为被李无法无天的抗议所威吓（“他的反应让我觉得十分震惊”，她回忆），不管怎样尼尔森最终让她通过了——但有考察期。

但李拒绝留意尼尔森的警告。十二月，她被抓住试图画地下室中为另一个班级准备的鱼的静物写生，这是一个女子被禁止入内的区域。因“未经允许私自画像”而被处以短暂停学。

那个冬天的后来，在一个周六下课后，李和一群同学一起乘地铁从学院来到了位于第五大道 730 号的“美国藏法国绘画作品展”。这是位于亥克舍尔大楼新成立的现代艺术博物馆举办的一场现代法国绘画展，包括了毕加索、马蒂斯和勃拉克的作品。对于李来说，这次展览“如同爆炸一般击中了我”。随后的星期一，同一群人在学院集合并组织了一次小规模的政变行动。课前在工作室里，他们拉下了厚重的、模特摆姿势的红色天
377 鹅绒帷幕背景——它那维多利亚式的庄严突然间成了所有种种学院传统专制的象征——并把模特的站立台从墙壁踢到了房间中央。李回忆，模特是一位黑人男性，当他出现并开始脱掉他“光亮方格图案的短夹克衫”时，这群人大喊“不！穿着你的夹克！”就在这时，指导老师走了进来，看见了他的班级变成了这副无政府主义的样子。“我拿任何人都没办法！”他大喝一声怒气冲冲地转身离开。

那天，李的其中一个共谋是一位高大、深色皮肤、帅得超乎寻常的男人，她疯狂地爱上了他。伊戈尔·潘杜霍夫有着艾尔文·克拉斯纳也有的东西：光环。早在 1928 年，也就是李到来的那年，他就赢得了学院为表彰杰出艺术家的四个主要奖项，并被一致公认为是学校最有前途的学生。两年后，他获得了一份与久负盛名的罗马奖同一个重量级的旅行奖学金。就是在这样一个不走运的、大萧条时代的纽约，伊戈尔也过着一种迷人的生活。他的生活是如此令人羡慕，以至于当他向派对上对他趋之若骛的女性诉说孩提时逃离俄国的艰难痛苦时，他得到的更多是不解而不是同情。对他们来说这些故事不知为什么总不那么真实——就像是好莱坞编剧笔下的浪漫故事。

事实上，伊戈尔的整个生活都笼罩着一层30年代电影中轻纱似的、光辉华丽的虚幻。身高 6 英尺 2 英寸的他在任何人群中都是如此惹眼，他的行动有一种敏捷的夸张，以炫耀卖弄般的姿态装饰着他的移步来回。一开口，他那深沉、金嗓子般的男中音，带着一丝口音，穿透凡夫俗子的喋喋不休。他有着高额头，深邃的目光和精致的、微微带着肉窝的下巴，和这个时代的任何一个出色男人比都毫不逊色：罗纳德·考尔曼，罗伯特·泰

伊戈尔·潘杜霍夫

勒，威廉·鲍威尔。“任何人对他的评价首先都会说这个人多么英俊啊，他长得像埃罗尔·弗林”，一位30年的老友罗纳德·斯泰因回忆说。所以有些事听起来一点儿也不夸张。几年以后在一次慈善拍卖舞会上，伊戈尔中标了当晚最值得选择的拍卖品——与女演员维罗妮卡·莱克共舞。当这对男女走上舞池——他系着优雅的黑领带，她则一袭闪耀的礼服——他们似乎是天生一对。另外这尤其符合伊戈尔的作风，他“不花兜里一分钱”就赢得了这一竞拍。

第二天，照片刊登在了纽约的报纸上，所有人都好奇这位与维罗妮卡·莱克一同翩翩起舞的电影明星究竟是谁。

他是谁我们并不完全清楚。像许多1918革命的避难者一样，他声称自己是具有贵族血统的白俄罗斯人——沙皇的表亲。当革命迫使他一家逃离时他只有七岁，先来到了土耳其，短暂停留后来到了巴黎，后来在那里的一家学院工作室学习了绘画。最后来到了美国，投奔了他的姑姑奥尔加，一位宗教崇拜和素食主义的献身者，嫁给了一个富有的佛罗里达商人。如果古怪和炫耀是潘杜霍夫家的遗传，那么它一定是沿着奥尔加这一脉遗传下来的。“她是个世俗、迷人而又世故的女人，”伊戈尔的老友穆里埃尔·弗朗西斯 378
回忆，“但有一点古怪。她会把裙子固定在腰间，然后戴着帽子蹲下去刷地。”

伊戈尔代表着所有李的生活中缺少的事物，所有她离开家庭、宗教和布鲁克林想要去追寻的事物。克拉斯纳一家是穷人也是工薪阶层，而伊戈尔是富人也是贵族——或至少穿着裁剪得天衣无缝的西装坐在十二气缸的黄色铬合金的林肯敞篷车里时看起来是。约瑟夫和艾尔文是冷漠而寡言少语的，而伊戈尔却唠叨、外向而且礼貌殷勤到让人害怕。李是个纽约东部单调土气的孩子，伊戈尔则是巴黎的宠儿。李是个犹太人，伊戈尔则是白俄罗斯人——在当时这是和犹太人最不沾边的种族了。（据梅·罗森伯格说，“在俄国他的家人所知道的唯一有关犹太人的事情就是如何杀他们”。）李又矮又丰满，而伊戈尔则又高又阔气时髦还帅气得令人惊叹。李拼命努力想成为一名艺术家，而伊戈尔却似乎天生就是。

伊戈尔对李的吸引很难追根究底。被许多朋友轻描淡写为仅仅是伊戈尔的又一个古怪之处——原来他的怪异之处居然多得让人惊恐——“伊戈尔有些地方不太对劲，”穆里埃尔·弗朗西斯回忆，“有些不太正常。他总是很迷人，但你可以看出他有着黑暗的一面。”

这个黑暗面就是酗酒。伊戈尔是个“臭名昭著的酒鬼”，据李的侄子罗纳德·斯泰因说，“我从没有见过喝那么多还生活得好端端的人”。李在 1929 年与他见面时也许还不知道酗酒的问题，但是她毫无疑问注意到了埋藏在这之下的困苦和脆弱。当她在大约 30 年
379 代的某个时间发现了这些，“她反而更加爱他，”梅·罗森伯格回忆，“（她）说只有当一个男人迫切想要得到一些他无法得到的东西时才会去寻求酒精。”

历来放纵的她让自己投入了这段感情。1932 年，当伊戈尔从奖学金资助的罗马之旅回来后，他们就搬进一间公寓同居在一起了。

很快，李退出了她的艺术家事业。在多年的奋斗和对峙之后，几乎就是在她的艺术探索最为激动人心的时刻，她决定“从这个领域撤退”。事实上，与其说是一次撤退，这更像是一场溃败。她不仅离开了艺术，还一路倒退回到了一个犹太女性所能拥有的最为传统和保守的志向：成为教师。她加入了在纽约城市大学的一项教师训练计划。

李后来试图将这一突然的出尔反尔解释为经济上的需要。毕竟，当时正处于大萧条最深重的时间，而且有的人必须得赚钱生活。但没有什么借口能掩盖事实。就是李自己也一定意识到了在她职业生涯的某个关键时刻，她的志向落空了；以所有她的作风和修辞来说，她的火焰燃烧得没有那么旺盛。在大萧条最艰难的时刻生存了下来而没有放弃抱负的，大有人在，比如杰克逊；他在废弃的房屋里用铺地的木板生火还偷了食物，只有这样他才能有钱买画布。

380

克拉斯纳肖像，潘杜霍夫，20 世纪 30 年代早期，彩蜡笔和水彩在纸上作画，22″×25″

抛弃了她的波西米亚式独立以后，她陪伴他进出派对、夜总会、舞厅和富人区的时尚咖啡厅，开着黄色林肯车自豪地坐在他身边。她跳着他教她的舞步。她穿着他为她挑选的服装：一件简单的套装日常穿；亮色的丝袜以突显她的腿部；一件异域风情的裙子是他用零碎布拼成的；一件修女的衣着为变装派对而装备。“两人之间的其中一个共识就是由（伊戈尔）来挑选她穿的衣服，”梅·罗森伯格回忆，“虽然一直付钱的是李。在那之后，她总是穿得非常惊艳。”伊戈尔还为她设计了妆容，有时用好几层睫毛或是在眼部周围画几个大圆圈，最后再在她的头发上加点睛的几缕生动艳丽的羽毛，或是偶尔一顶鲜艳的红色假发。

李心甘情愿地把自己交到了皮格马利翁的手中。不出几年，曾经那个从布鲁克林杰罗姆街来的相貌平平、叛逆的犹太小女孩就摇身一变成了时髦优雅、聪明尖刻的年轻女士。弗里茨·布特曼还记得她“容光焕发而又快乐”。在她转变之后不久遇到的莉莲·奥兰尼回忆，“（她有着）一种高傲能够让别人着迷、让人心动”，“她有那种动物般的活力和肉感，也就是我们后来所谓的性感魅力”。

为了维持他们欢歌笑语的生活方式，伊戈尔放弃了现代主义而拾起了肖像画。就算是在大萧条时期，一位肖像画艺术家也能够赚到丰厚的报酬，只要他作画能轻巧谨慎。“他画的大多数是漂亮女性和她们的孩子，”穆里埃尔·弗朗西斯回忆，“或者只有漂亮女人，个个有着美丽的天鹅般的头颈”。总是想着等到能够负担得起的时候重回现代主义的伊戈尔虔诚地带着李一起出席各种画廊的开幕典礼和美术馆展览，与她分享他尖锐的美学批判，教给她观看新艺术的眼光。“他很早就在所有人之前带来了关于毕加索的书籍和《艺术书刊》杂志，”弗里茨·布特曼回忆。他将她介绍给了戈尔基和德·库宁，并且当现代主义的老师汉斯·霍夫曼在纽约开办了一所新学校时，他是第一批报到的人之一。但是金钱和社会工作的光彩被证明要比现代主义的美学肾上腺素更使人上瘾。据朋友说，“伊戈尔似乎在想要成为一名严肃的画家与生活在丽人的世界中挣扎摇摆。”

但这不仅仅是关于金钱。当约翰·利特尔问潘杜霍夫为上流社会的女士画一幅肖像能有多少报酬时，他回答道：“能拿到多少钱取决于你陪她睡得怎么样”。伊戈尔常常吹嘘他与客户的性爱挑逗，不仅如此，在这个小圈子里，流言不可避免地传到了李的耳朵里。“朋友们试图告诉她，”利特尔说，“但是她拒绝听。”当其他艺术家埋怨他自以为是的优越感，他的作品轻率随意的风格，他醉酒后对他人的辱骂，或是他在道德上的懒散倦怠，李却不是充耳不闻就是为他找借口。如果他把才能用在了社会名流肖像上，那么是因为他想对朋友大方一点，她会这样说。如果他在喝醉后的狂乱中辱骂了脾气温和的詹姆斯·布鲁克斯，那是因为布鲁克斯辱骂他在先。“如果伊戈尔出去喝得酩酊大醉，而且闯了祸，”梅·罗森伯格说，“李会叫住除他之外的每一个人责怪一通。”

甚至当伊戈尔的虐待在众目睽睽之下转而针对她时，李也从不反抗。“她如此这般地
381 疯狂爱着他，以至于她能原谅他的所有，”利特尔说。当伊戈尔当着她的面对朋友说“我喜欢和丑陋的女人在一起，因为这样让我觉得自己更帅了”时，她连眉头都不皱一下。“他折磨她，”弗里茨·布特曼说，“但她从不抱怨。李受虐狂的那一部分享受着它的每分每秒。”

事实上，尽管众人埋怨的声音日益渐长，但李显然决定了要与伊戈尔共度余生。在30年代中期，他们搬入了在下西区破败仓库中的一间更大的公寓，与梅和哈罗德·罗森伯格以及另外一个租户一起共享这个山洞般的空间。李带伊戈尔拜访在长岛格林隆的父母，约瑟夫和安娜·克拉斯纳在那里买下了一座小型农场；还去了布鲁克林的海洋大道，妹妹露丝与她的丈夫威廉·斯坦在那里定居了下来。伊戈尔闪亮的黄色敞篷车将整个街坊的人都吸引到了他们的窗前，“一个个张大了嘴，”露丝回忆，“（伊戈尔）从那辆车里出来是那么的魅力非凡。”然后，他会带着李和露丝在一家昂贵的餐馆用餐。“当服务生

拿来账单，伊戈尔会掏出一张百元大钞，没人能兑得开，”露丝·斯坦回忆，“在那时候，百元大钞已经是很大一笔钱了。所以他就会签单。当然他从来没有付过一个子。他或许拿着那张百元大钞把整个纽约都用遍了。”

如果说克拉斯纳一家把伊戈尔当成了女婿，那是因为他们以为他就是。在整个30年代，李让他的父母和姐妹们以为她和伊戈尔已经结婚了。“他们从来没有主动说过任何信息，”露丝说，“但是又一次他说，‘你难道从来没有好奇过我们的关系吗？’然后我说，‘那么，你们结婚了，不是吗？’他没有否认。”

出现问题是在1934年，当李在城市大学学习了两年并在格林尼治村当餐厅招待以后，她决定“不想干任何教书的事”并重新开始了绘画。当政府的第一次救助计划PWAP在12月打开大门时，李在队伍的最前面等候着报到。

一种新的竞争意识起初几乎不为人知。尽管两人都仍然怀着现代主义的梦想，他们却在不同的世界工作：伊戈尔在矫揉造作的社会名流画像领域，而李则在精雕细琢的早期联邦计划的世界。但是冲突在所难免。

一天晚上，伊戈尔回到家，说笑着对李和罗森伯格讲了学校里发现激动人心的新理念的轶事。当晚，李决定她也到那里去。

霍夫曼的“学校”占据了一间独立的巨大房间，由欧洲设计师弗雷德里克·基斯勒设计，位于西九街38号的一幢大楼内。当李穿着她最具欧陆气质的套装—— 一条紧身裙和一间黑上衣，网格丝袜和高跟鞋——步入其中，她看到了一幅熟悉的画面：大约20个学生正在画架前紧张专注地工作着。但是显然这里不是国家设计学院。在一张朝向画架的桌子上，有人小心翼翼地摆放了一个红色的球，一段色彩鲜亮的布，一副扑克牌和一件 382
破损的陶器，边缘上挂着一张舒洁面巾纸。在这一堆物品的后面挂着一张皱玻璃纸。一盏台灯的光线掠过玻璃纸变为了光影的碎片。

学校志愿的注册登记员，莉莲·奥兰尼（后来称为弗雷德里克·基斯勒夫人），被李的“动物吸引力”和“肉感”所吸引。她几乎都没有停下足够长的时间来看看李的学院素描作品集就马不停蹄地冲下楼到霍夫曼在主楼的小隔间告诉他，“一个独特的学生，一个名叫李·克拉斯纳的女孩”，想要报名入学。“你一定得给她奖学金”，奥兰尼坚持。霍夫曼当即就同意了这一请求，然后向克拉斯纳解释了她将会需要的东西：斯莫尔水彩纸，炭笔，炭笔擦和画板。几天以后，李再次来到这里开始了她的第一课，为全新的开始摩拳擦掌。

然而，还没有过多久，杰罗姆街就显示了自己的威力。“她真的引起了骚乱，”另一位学生约翰·利特尔回忆，“她非常的粗鲁，尤其是对其他女生。如果一个女生把画架搭在了她和模特中间，她会直接挤到她前面。”有几个女生像奥兰尼和雷“布达”·凯泽尔（后来为查尔斯·伊姆斯夫人），的确热情地回应了李的都市风气质和风格，但是大多数人都认同玛利亚·皮亚琴察——当时同为霍夫曼学生的丽塔·本顿的侄女，认为李“对这个世界怀着愤怒”。“她总是表现出一副生活对她不公的样子，”皮亚琴察回忆，“她是个女人，而人们不把女人当回事。”她是个艺术家，在30年代想成为一名成功艺术家并不容易。除了这些，她是犹太人，而她却似乎不怎么想当一个犹太人……而且她当然不喜欢自己长得丑。她总是表现出挑衅要打架的样子，而且量你也不敢向她挑战。

然而对于兄长般的人物像约翰·利特尔、乔治·麦克奈尔和弗里茨·布特曼，李是派对的生命。在一个首要活动就是“无所事事”而谈话成了夜以继日的最主要娱乐形式的时代，李·克拉斯纳是个令人眼花缭乱的健谈的人。“她非常活泼而且直率，”乔治·麦克奈尔回忆，“直言不讳并且十分快活。她会把她对人和事物的看法说出来，非常清楚。”“她总是喧嚷而且总是具有一种强烈的生气勃勃的气质，”弗里茨·布特曼回忆。尽管无论如何她都算不上是个知识分子——她一生都拒绝阅读——但李对人有着敏锐的感觉，一种敏捷、刻薄的聪明，以及对词语和短语超乎寻常的耳朵。当熟悉的词语无法表达时，她会自己创造（“这是我们现在说的这种状态的前状态”）。当它们让她感到无聊，她就选择忽略（“然后部长说道，‘你接不接受达达的马蹄——我接受”）。约翰·利特尔记得一次与李一同沿着麦迪逊大道走着，她在一家画廊的窗口看到了一幅法国艺术家莫里斯·德·弗拉芒克晚期的风景画。“它看上去是用了冷霜画成的，”利特尔评论道。“它没用雪花膏画真是太可惜了，”李反驳道。

383 在霍夫曼的学校，对李的绘画评价各异。一些同学，像乔治·麦克奈尔，认为她是一位“画家的画家，一位专业的艺术家”。“学校的其他学生对李非常看重，”莉莲·奥兰尼说，其他人，像比阿特丽斯·瑞贝克，认为“没人把李当成是个正经的艺术家。说她是个优秀的艺术家比说她是个美女还要荒谬”。不过对李来说，唯一在乎的是来自霍夫曼的认可，并且从第一天起，她就集结了所有过往岁月的情感资源，出发去赢得这一认可。

同约翰·格雷厄姆一样，汉斯·霍夫曼也是这一伙小型的、大胆开拓的欧洲“传教

汉斯·霍夫曼

士”中的一员。自19世纪20年代起，他就将现代主义的新福音书带给了美国的艺术家。1930年，在快六十岁的年纪上，霍夫曼来到了加州大学伯克利分校，然后又去了位于洛杉矶的乔伊纳德艺术学院，最后，在1932年，来到了纽约。不像格雷厄姆是在来到了美国以后才获得了——或者说创造了——他的专业领域，霍夫曼亲手带来了关于欧洲现代主义百科全书般的知识以及对新运动的大师们名副其实的了解。在1904年他从故乡巴伐利亚被吸引到了巴黎，这个现代艺术的麦加，他在那里生活了10年。当革命性的立体主义和野兽派创立之际，他与毕加索、勃拉克、德朗和其他艺术家过从甚密。霍夫曼除此之外还带来了一种严格的课程训练——在一个还仍然处于探索、界定自我的运动中闻这是所未闻的事物。在大夏米埃尔，一间巴黎的画室，作为与马蒂斯同窗的学生，他既有着对执教的热情，又对充斥于他的教学理论中的马蒂斯的作品心怀敬意。当1941年战争打响时，他回到了慕尼黑并以马蒂斯在巴黎开设的学校为效仿对象，开设他自己的学校。

在纽约，霍夫曼在艺术学生联盟教授了短暂的一段时间，随即就发现这里的氛围——渗透着传统思维和本顿的修辞——并不友好。1933年，他离开联盟并创立了第一所他自己的“学校”。学生不仅被他的欧洲经历所吸引，更重要的是被他魅力非凡的个人
风格所吸引。不像对教书不怎么感冒的本顿，霍夫曼在画室这个学院氛围的环境中以及 384
在“亲爱的导师”这个角色上风生水起。他是个令人印象深刻的人——据学生描述，“强壮得像座大山”，“体形也是”——与他的“德国式的巨大自我价值感”倒是般配。一会儿圆滑练达而又超然无争，下一分钟却又喜气洋洋、激情四射，他在教室里的出现总是像催化剂一样，是不同的身份的结合：性情中人的艺术家，不吝帮助的良师和劲头十足

的爱出风头的人。这种结合，在从 1933 至 1958 年这四分之一个世纪里，对一代美国艺术家留下了永久的影响。“他把巴黎带到了纽约”，一位曾经的学生这样说。“我们所有人都不知情。而他真的把话带到了。”

所谓的“话”指的是，传统的艺术其实并不是真正的艺术，而只是一种复制—— 一种聪慧却执迷不悟的模仿自然的努力。与传统画家利用透视构图的伎俩来让图像“假装”三维不同，现代艺术家认识到并接纳了媒介的局限性：尤其是，画布的平面性以及油彩的惰性。

霍夫曼对传统艺术的批判并没有什么新鲜的。即使是他对画布的平面性的布道，尽管之前很少能在美国的教室里听到，也早在 1890 年的欧洲就已经被莫里斯 · 丹尼反复讲述过了。他将颜色用音乐作的比喻是高更早在 1888 年就已经作过的比喻。真正全新的，对像李 · 克拉斯纳这样的受困扰的学生来说是真正具有启发性的，是他将这些抽象的宏大主旨运用到了对于一个艺术家来说最为核心的困境：在一张空白画布上该做些什么。

欧洲的现代主义也许将绘画从“真实的专政统治”下解放了出来，但在这一过程中，它又制造了一系列新的问题。如果共同的目标不再是以令人信服的方式复制真实，那么一个艺术家又该遵照什么原则来画下油彩？这一笔和下一笔之间又是什么关系？艺术家该怎么能够判断上一笔，或是下一笔，是否正确？一幅画到什么程度可以算“完成”？并且，当它完成了以后，一位艺术家——或者一位评论家——该如何去评价它，或者将它与其他作品作比较？什么样可以被言明的准则能够让一幅马蒂斯的作品被认为是“伟大的”，或这幅马蒂斯比另一幅“好”，或者，马蒂斯作为艺术家比杜飞更优秀？霍夫曼正是为这些迫切的问题提供了答案。

在任何一幅画中，他论述说，从第一笔颜料被画出的那个瞬间起，各种各样的张力就产生了：这一笔颜料与空白的画布之间的张力，这一笔的颜色和画布的颜色之间的张力，这一笔颜料覆盖的空间与除它以外的空间之间的张力。第二笔会影响所有这些张力并产生新的张力。如果下一笔用的是另外一个颜色，那么一整套全新的张力将会产生——暖色与冷色之间，后退色与前进色之间。加上一条线条则复杂程度就呈几何数量级增长——内部与外部、实心与空心、趋向性与稳定性之间的张力。如此这般，一笔又
385 一笔，一个颜色又一个颜色，一条线又一条线。（“放一个点在平面上，让平面去给你反馈！”他会这样说。）霍夫曼将每一种张力形容为各竞争力量或元素之间的“推拉式”，并主张他的学生用这些张力的能量“激活绘画表面”。当然，终极的目标是控制这些张力

以达到被霍夫曼认为是一切伟大艺术的目标的状态:“平衡”。一幅在推与拉、力量与阻力之间维持了平衡的画，创造了另一种真实，远比任何仅仅只是学院派对自然界的描绘要来得更为深刻。

霍夫曼对艺术的形成过程的描述也许有些深奥，但至少，这样的描述可以拿来争论、实践以及复制，而且重要的是，可以用来教授。在他每周两次的学生作品综述上，他反复强调同样的主题，敦促学生们“保持图画的平面性”，“让颜色唱起来”以及“用最少去表达最多”。他常常评价一个学生的素描“缺少推拉张力”或是“有个洞”——也就是说，平衡被打破了。有时，一幅糟糕的画会激起他关于“如何驾驭色彩”、“为什么色彩之间有时协调有时冲突”的长篇大论。另外的时候，评价则高高在上般简要:“这不对，那个是错的，这个颜色是浊色，你已经丢掉了图画平面”。他常常说，“等待着被画出的神秘、完美的画面”。更为重要的是，霍夫曼给出了一种谈论现代绘画、思考它的质量的通用语言，这种语言避免了简单思维的似是而非同时又不至滑入主观主义的泥潭中。

霍夫曼也有诋毁者。有的学生认为他“自大，吹牛，自我中心”，并且对他最喜欢说的格言——“不要把它画成平的！但是它必须是平的！”——满不在乎，认为这不算什么本事倒更像是句胡言乱语的废话。但大多数，像李 · 克拉斯纳，紧紧抓住他的每一个词。“这真的太棒了，”乔治 · 默瑟回忆，“我们会喘着气从教室里出来，大家都又重新集中在了新的可能的方向上。”甚至当他对自己的观点忘乎所以的时候，当他支离破碎的英语化成了德语的时候，他们也会尊敬地从头坐到尾。据几年以后入学的拉瑞 · 里弗斯说，霍夫曼“使我们怯懦的心变得强大”，并“膨胀了”我们对伟大的妄想，“直到你能清楚地看到你的名字排在从米开朗琪罗到马蒂斯……到霍夫曼自己的这一长串名字之列”。

汉斯 · 霍夫曼确实是李 · 克拉斯纳矛盾的钟情的理想对象。带着显著的喜爱与憎恨的混合，她后来回忆霍夫曼是如何“向我走来，看我的作品并以半英语半德语的夹杂给出评价，不过显然都是我听不懂的东西”。当他走出房间，她会问同学，“那个人对我说了什么？”以她本能的对抗情绪，她很快就发现了霍夫曼的沙文主义。(“汉斯认为女人作为艺术家比男人更优秀，直到她们坠入爱河，”梅 · 罗森伯格这样说，“在那之后，男人 386
就变强了而女人则变弱。”）一次，他对一幅李的素描评价说，“这太棒了，简直看不出这是女人的作品。”

对于李，这些话弥漫着硝烟。很快，一场游击战就在专横独断的老师和他最坚定自信的女学生之间打响了。“有好几次，”她痛苦地回忆，“他朝我走来，夺过我的手上炭笔，开始在我的素描上画起来。”一次课上，他在做每两周一次的点评时，在一幅李认为画得尤其好的作品前停了下来。（这幅画已经获得了好几个其他同学的称赞。）在简单看了看这幅画以后，霍夫曼将它从画架上取了下来，将它撕成了四片。他把碎片从新按上了画架然后宣告说，“这才叫作张力”，然后径直走开了。

李就像是内疚的孩子一样，在当时一言不发，但后来她愤怒地向朋友抱怨。“我狠狠发作了一通”，她回忆。不过尽管如此，她还是继续在学校做霍夫曼最热情的仰慕者和模仿者，嚼着他的陈腔滥调——“这里有个洞”和“保持图画的平面性”——以及，据其他同学说，迫切地想要画出霍夫曼不离口的“完美画面”。“她没有非凡的头脑，”梅·罗森伯格说，“但却有着敏锐的头脑，而且她能够轻而易举地学会她想要学的东西。”

如果不是因为大师传奇般的寡言少语的话，李无疑会学霍夫曼的绘画风格和他的语汇。尽管有时自以为是，霍夫曼却掩藏着对自己作为艺术家的能力的巨大疑虑，并且他的作品确实对除了最亲密的朋友以外的所有人保密。甚至他还禁止学生进入他的工作室，给的理由是“他不希望他们抄袭他”。不能够模仿她所崇敬的艺术家的作品，李转向了霍夫曼所崇敬的艺术家：马蒂斯。她在来到这所学校之前就已经将马蒂斯视为了效仿的榜样，但出于讨好霍夫曼的目的，她诉诸全方位彻底的模仿，在她的一些作品中，引入了马蒂斯早期作品如《为〈生命的喜悦〉而作的习作》中点彩画派的“破碎笔触”（于 1936 年在现代艺术博物馆展出）；在另一些作品中，则引入了马蒂斯的色彩，他成熟的涂绘技法，甚至他的主题。

但霍夫曼同时也是立体主义在美国的“一位领军倡导者”，同时，与约翰·格雷厄姆一道，是毕加索热情的仰慕者。李回忆在课上，老师的喜好如何“像钟摆一样”在两位现代主义巨匠之间摇摆不定。不可避免的，李也随之摇摆，画了成千上万张基于毕加索的立体主义草图的炭笔素描，以及基于毕加索分离主义作品的油画例如《抽象人形》。1939 年，她见到了《格尔尼卡》，然后，至少是在一段时间内，她停止了摇摆。“它把我打出了房间”，她说。情况真是如她所说的这样。在她看到这幅画的第一眼，她就离开了画廊并绕着这个街区转悠了“四五圈”，然后才回来看第二次。有一阵子，她的所有绘画都在向毕加索的平面色域以及厚重的黑色轮廓线致敬。

然后，在 1949 年，在一次包括了三幅她的毕加索式抽象作品的展览上，她遇到了皮

李在汉斯·霍夫曼工作室，20 世纪 40 年代早期

特·蒙德里安，那位最近刚抵达纽约的荷兰至上主义运动大师。在近七十岁的高龄上，蒙 
德里安是一位给人印象深刻、魅力非凡的人：苦行主义般的消瘦，优雅，并是个典型的欧洲人。李为之倾倒。当蒙德里安抽出时间来看她的作品时，她怀着期待同时“紧张到反胃”。“非常强烈的内心韵律，”他温和地评价道，“保持下去”。

这虽然算不上多么响亮瞩目的赞扬，但李仍然珍视它。“哦，这是多么美好，多么的美好。”她说，“我很久以来一直都铭记着，很久、很久以来，至今也依然记得。”她在以前就曾试验过蒙德里安有节制的简约风格，但这次相遇在一夜之间使她成了一名狂热的崇拜者。与霍夫曼学校的同学伯尔·法恩一起，她开始产出黑色格子的作品，嵌饰着红色、黄色和蓝色的矩形，几乎与蒙德里安自己的作品别无二致。在一段时间里，“除了蒙德里安外别无他人，”她后来承认，“蒙德里安在那一刻掌管了我的生活。”

就算事业上取得了圆满，李的个人生活仍难免解体的结局。李在西十四街住了长达七年，梅·罗森伯格“从未听到他们喉咙响过”。在这之后，她和伊戈尔搬到了位于东九

街的新公寓里。他们的新室友，迈克·罗威，看见的是一对完全不同的情侣。据罗威说，
388 与之前喜气洋洋、伶牙俐齿又聪明伶俐的她不同，现在的李是“一位紧张、严肃的人，不再随便说话或者闲聊”。对伊戈尔的不负责任和出轨现在都打开天窗说亮话——“他的确是个阅历丰富出入上流社会的人，但也是个放荡的人，与女人私通滥交”——与此同时，在与罗森伯格相处的几年宁静时光之后，李的对抗情绪终于发出了声音。“我常常能听到他们发生口角，”罗威回忆。其他朋友回忆起李是如何在伊戈尔的虐待下怒不可遏地昂首以对。他会说“我并不是反闪族人，我反的是犹太人”，而她会回击“你真是狗娘养的”，这种争执会持续好几天。（伊戈尔的家人甚至拒绝与他的犹太女友见面，这是两人之间发生摩擦的一个持续根源，还可能是李公然拒绝一个真正婚姻的背后缘由。）当伊戈尔强迫她即使不结婚也和他组建一个家庭时，她拒绝了。“她告诉他，她不想毁了身材”，李的妹妹露丝回忆。在李的朋友之中，流传着这样一个谣言，认为她曾堕胎打掉了与伊戈尔的孩子。正是在这一段摩擦上升阶段的某个时间里，李在艺术家联盟的派对上，与一位高大、笨拙、从“西部什么鬼地方”来的醉醺醺的叫杰克逊·波洛克的人踏入了舞池，据一些目击者称，她自己也试了一把出轨这件事。

到了 1937 年，火花和欢乐的日子就宣告终结了，尽管距离他们的关系结束还有两年。李，最初是伊戈尔热切的艺术作品，现在正一心一意地在霍夫曼的学校里追求着自己的艺术。最终，“她几乎没有时间给伊戈尔，”弗里茨·布特曼说道，“她正埋头忙着发展自己的事业。”与此同时，伊戈尔，十年前最初被赞美声环绕，而现在却陷入了更深的无聊、放纵和酗酒，沦为在海洋游轮的头等舱乘客中兜售肖像画。两个人的命运似乎以一种怪异的方式联系在一起：李上升得越高，伊戈尔堕落得就越深。“他们的问题是，”最了解他们的梅·罗森伯格说，“李正在吸引越来越多的关注。”对于大多数李的现代主义朋友来说，忽略不提伊戈尔已经是仁慈的举动。在一次造访李和伊戈尔的公寓时，哈罗德·罗森伯格赞美了她的作品而没有赞美他的。“这种事情发生的越来越多，”梅回忆，“人们开始忘记关心伊戈尔的作品。”据莉莲·奥兰尼说，“没有人再把他当成是对李的威胁，甚至没有再把他当成是个艺术家。他没有被当回事。”甚至也没有被李当回事。她开始指责他愚蠢可笑的方式，最初还只是小心翼翼地，后来越来越咄咄逼人。梅·罗森伯格回忆，“看到这个做繁重无聊苦工的人已经不是她当初认识的那个获奖无数、前程无量的浪漫天才，她感觉被欺骗了。”

最终，在 1939 年的某个时候，伊戈尔消失了。“李害怕极了，”梅说，“她报了警并

查看了人员名单。她从未想过会结束。”但事情就是这样。一周后，她收到了从佛罗里达寄来的信。伊戈尔搬回了父母家，想向他要回他为她画的肖像。梅回忆，“她拒绝相信他真的离开了她，直到看到这封信。”她再次见到他至少要到一年以后。

虽然漫长的敌意和疏远终于收场了，但李却无比悲痛。如果是冲突，无论多么充满 389
怨恨，她都能够熬过去；但是被抛弃却比死还不如。“当她失去了伊戈尔，当他没有留下一句话就走掉，”梅回忆，“这给了她致命的一击。”

在接下来的两年中，李让自己沉浸在艺术与政治中。她为艺术家联盟组织示威游行来抗议缩水的政府津贴。与霍夫曼学生的主流分道扬镳后，她加入了美国抽象艺术家协会（AAA），一个追随蒙德里安的领导拒绝一切绘画主题的组织，尽管她仍然继续与霍夫曼学校的朋友一起混。像以前一样，她更喜欢与男性为伍，尽管许多老圈子里的男性都是同性恋者，他们至少提供了社交的多样性。乔治·默瑟，一位苗条、帅气、出生于波士顿、哈佛毕业的画家，成了常伴左右的人。像伊戈尔一样，这位贵族出生、有教养的默瑟所生活的世界与李截然不同（他在哈佛的朋友中有大卫·洛克菲勒和约瑟夫·普利策）——尽管李对他的工匠气的绘画以及盎格鲁撒克逊系白人新教徒的沉默寡言没什么耐心，而且两者的结缘也没有升温。

但是，逛美术馆、天天看电影狂欢、政治争论和无休止的廉价杂货店的闲聊都无法填补伊戈尔离开留下的空洞。李需要寻找更多的东西，更特别的东西。

一天晚上在位于东五十八街的咖啡社，她短暂瞥见了她所寻找的东西。在那里，哈利·霍兹曼为刚刚从一场疾病中康复的皮特·蒙德里安组织了一次派对。当黑泽尔·斯科特演唱时，李和庄严从容的蒙德里安，这个她所仰慕的人，走到了跳舞的人们的边缘，只等待着合适的拍子。当音乐变成了布吉伍吉舞时，蒙德里安在她的耳边低声说“就是现在！”然后他们一起摇入舞池。即使是在68岁的高龄上，蒙德里安也“有着优秀的节奏感（同时）喜好复杂的舞步”。李则是个时髦的、衬托的舞伴——这是与伊戈尔的欢乐时光的另一项遗产。四面八方的头都回过来，人们的目光似乎跟随着他们移动。“我以为，‘当然，他们是在看我们’。”李记得，“‘当然，他们在看我们因为我是在和蒙德里安跳舞’。”但当她转过身，她才看见人们终究不是在看她，而是在看他们身后“某个看上去美轮美奂的电影明星”。

对于李来说，这几年的空虚和不完整一定像是某种惩罚。就像是伊戈尔的离开，它们是某种警示。她与他的对立太直接，逼他逼得太过分，吸引了太多关注，索取的太多，摩擦又太频繁。早些年，那些恭顺、自我否定的日子，还相对快乐一些；相互较劲的几年则是十足的地狱。下次她就学乖了。

为了提醒自己，她在画室的墙上草草写下了她所钟爱的诗人的几行诗句：兰波的“地狱一季”：

390 我该向谁兜售自己？
该崇拜哪一种野兽？
什么圣像遭到了攻击：我伤了什么样的心？
我要坚持怎样的谎言？在怎样的血液里蹑行？

乔治·默瑟是成千上万在 1941 年的最后几个星期里应征入伍的男人中的一个。得到这个消息的几天之内，李·克拉斯纳爬上了长长的台阶来到了杰克逊·波洛克的工作室。

26 391

传奇

李·克拉斯纳喜欢讲故事。在75岁的高龄上，她会坐在长岛别墅房前厅的硬背椅子上，向策展人、画商、学者、学生、朋友，或前来向“波洛克的遗孀致敬”的无穷无尽的任何一个拜访者重述这个故事。通常，她对他们所有人都没有耐心。通常，他们有关杰克逊的问题让她恼火。在他去世后的这25年中，她成千上万次地回答了关于他的每个问题，大多是在纸媒上，她想那样已经够了。但是，她永远不会厌烦，也不会觉得无聊或是恼火，讲述他们相遇那天的故事。

她首先会用满怀深情的激动嗓音，以1941年11月初格雷厄姆在一个寒冷的早晨造访她的画室的故事作开场。艺术家亚里士多德摩斯·卡尔迪斯带他顺道来看李的作品。两位男士在第九街的门廊遇到了她 。“(格雷厄姆)看了看我然后说，‘你是一位画家’”，李回忆。“我想，‘我的天，那个人的洞察力太神奇了’，然后我说，‘你怎么知道？’他指着我的腿，我的腿上有颜料溅到的痕迹。”接下来是关于一分钱一张的明信片的事。格雷厄姆在这次造访之后不久就寄给了她。“我正在策划一场在富人区画廊举办的展览，关于法国和美国绘画，知名度很高，恕不赘述。”格雷厄姆写道，“我有勃拉克，毕加索，德兰，斯贡札克，S.戴维斯，还有其他人！我想要你最近的一幅大画。”

李受宠若惊。即使已经说了几百遍，她的声音仍充满了激动与惊讶。“都是些最一流的东西，”她说，不知不觉就用了现在时态，“格雷厄姆要策划一场欧洲巨匠的展览，而且只有几个美国画家参展，可能三个还是四个，而他想要我加入。”她立即想知道其他还有哪些美国艺术家也将会参展。当格雷厄姆给了她名单，只有一个名字是陌生的：杰克逊·波洛克。“我很惊讶，因为我以为我认识所有纽约的抽象艺术家。”她不愿去问格雷厄 392
姆这个人是谁——“这样就暴露了”——于是就去与在艺术家联盟和AAA的朋友们详细

李和杰克逊在斯普林斯，大约．1946 年

讨论，彻查“杰克逊·波洛克到底是个什么人？”但似乎没人知道。她问了同在格雷厄姆名单上的威廉·德·库宁，但是他耸了耸肩。最终，在伊迪丝·格莱格尔·哈尔珀特在市中心的一家画廊的开幕式上，她遇到了路易斯·邦斯，一位 WPA 的朋友。“顺便，你知道一个画家，波洛克吗？”她顺口问道。“当然，”邦斯说，“他就住在你附近的街角上。”

“我简直对我自己恼火，”她后来说，“单就因为这里有个我从未听到过的名字就已经让我愤怒（不仅如此）这个人住第八街而我就住在第九街就更让我火大。”纠正这个忽视刻不容缓。“我一时兴起，就这么走到了波洛克的工作室，向他介绍我自己。”

她三步并作两步上到五楼敲了敲杰克逊的门。“我后来发现这不是平常的情况”，她会附带提道，“杰克逊平时并不怎么理睬别人敲门。”但这一次，他应了。“我敲门，他就开了门，”她会以达希尔·哈米特式的简明扼要的风格继续说道，“我介绍了我自己，说我们都要在同一个展览上展出。他说‘进来。’”故事讲到这里，她有时感觉有必要提一下他们之前在 1936 年的艺术家联盟舞会上相遇的事。“事实上，我们好几年前见过一面，”她很快补充道，“但是我已经忘了第一次见面的情形，他也一样。”

多年以来，李用了各种各样的语言来形容当她走入杰克逊的工作室、第一次看到他的作品时她的反应。眼前的景象“给她留下了强烈的印象”，“令她感动”、“征服了她”、

“震慑了她”、“令她愕然”、“惊呆了”。她“感受到了一种前所未有的活生生的力量的存在。”她“感觉到地面好像在下沉”。她“完全能够理解波洛克所做的事非同小可”。她“几乎要死了”。在一次访谈中，她引用了自己的话，直白地说：“我的上帝，就是这些！”

在所有的讲述中，李很少提供更多的细节。她很少谈到杰克逊——他长什么样，他是什么反应，他说了什么——也很少提到她对他的反应。简直就如同他没有在场一样。她很少提到在地板下沉的那最初的几分钟之后发生了什么。她的确告诉过一个采访者，当她对一幅画给出了肯定的评价时，杰克逊说，“哦，我不敢肯定这一幅有没有画完。”而李回答道，“千万别再动它！”另一次采访中，她指出，在她离开之前，他们约定了他将拜访她的画室。但这样的花边新闻也寥寥无几。对于李来说，关于他们第一次见面的故事只想传达一个信息，那就是：让李·克拉斯纳无可救药地一见钟情的，不是杰克逊·波洛克，而是杰克逊·波洛克的艺术。

这是一个具有戏剧性而又让人心满意足的故事，李重复了一遍又一遍。但是不管它多么让人信服或被重复了多少遍，都无法让它成为事实。

当李在 1941 年 11 月爬上了通向杰克逊工作室的阶梯时，她早就已经知道她要见到的这个男人是谁。据许多目击者称，她不仅记得与杰克逊在艺术家联盟舞会上的尴尬相遇（“他就是那个整个儿踩在我脚上的人”），自从那时她一直在远处关注着他的事业。事实上，她或许远在登门拜访之前就已经把杰克逊选为了一位可能的情人。当然，这种设想仅仅在她的脑中。艺术家联盟的同事还记得她曾试着填补伊戈尔·潘杜霍夫离开留下的空虚却不成功。“她在找男人的事情上有许多问题，”阿克塞尔·霍恩说，“这就是他被杰克吸引过去的原因。她不是个漂亮的女人，但她非常主动而且在男人面前十分招摇。我的印象是大多数男人，比如像我，会对她相当反感。”李在到访杰克逊的公寓的几个星期前刚满 33 岁，她开始担心“再也没有男人会娶我了”。据一位朋友说，她在他们见面的前晚形容自己为“一个老女人。一个操蛋的老女人。”她从人群中相中了杰克逊，从此便开始对他留心。迈克米兰展为第二次尝试提供了完美的机会。

当她到来时，杰克逊并不在画室，他正坐在楼房前部的小卧室里，头埋在双手中，从前晚的酩酊大醉逐渐恢复过来。当他开门，她没有看到任何画，只有一间狭小、乱七八糟而又臭气熏天的斗室。终于，他带她到了隔壁的工作室，在成千上万的马丁森咖啡罐中，在破旧不堪的柳条椅背后，他的画随意散乱地靠墙堆着。一些基于毕加索，一

《魔镜》，1941，油彩和混合金属，画在画布上，46″×32″

394 些基于奥罗兹科；有几幅可以追溯到本顿时期——从海伦·马洛死后的那场狂暴行为中幸存下来的那几幅。《戴面具的影像》，《魔镜》和《鸟》散乱在糟粕中，鲜为人知也不引人瞩目，没有一幅超过三乘四英尺大。总的说来，这不是一次能打动人的展示。他毋庸置疑是个前途无量的艺术家，不然格雷厄姆也不会将杰克逊的名字加到名单上，但这种情况也绝不是巧合，阿克塞尔·霍恩在那时仍偶尔去他的公寓，据他说，“（李）或是任何人为他的作品所倾倒在那时候都是不可能的”。“那是在1941年，对他的艺术的品质着迷到那种程度还为时尚早。他作为艺术家还仍然没有成形”。

不管后来怎么说，在那个时候李显然是认同这一说法的。有关系亲近的人记得她从他们第一次见面回来以后陷入对杰克逊疯狂的爱恋中（“她认为他是这世上两只脚走路的一切事物中最美好的”），但并不确信他在艺术上的才华。当她向梅赛德斯·马特和梅·罗森伯格这样的朋友吐露她“遇到了一个她非常非常喜欢的人”时，她刚开始甚至都没有提到他是一位艺术家，更别说称他是伟大的艺术家。在给乔治·默瑟的信中，她从来没提起过杰克逊的作品，但却“句句不离杰克逊”，默瑟回忆说：“‘他简直无法形容，他多么俊美，他无与伦比。’”后来，李承认这一天给她留下的最强烈的印象之一不是他的作品，而是他的“美轮美奂的强有力的双手”。直到一个月以后，她才鼓起勇气请梅赛德斯·马特到杰克逊的工作室认真地评价他的作品。

梅赛德斯倒没有李那么保守。“梅赛德斯一见到他的作品就认定它们是卓越非凡的”，贝茨·祖格鲍姆回忆，“她是第一个。李跟在梅赛德斯后面。”但那要到梅赛德斯的丈夫 395
赫伯特也参观了他的画室并添上了他的赞许之后。最后，李加入了这一支由格雷厄姆发起的，规模虽小却在不断壮大的、赞美的合唱。到了那时，她早已“深陷在感情中了”。“他们第一次在一起时，不是因为她认识到了他内在的任何天赋，”一位在他们相识之前就与李和杰克逊同为好友的朋友说，“而是因为恰巧有这个人而且他还单身。”

不过，过程也并非易如反掌。如果说李对他们第一次见面的美学反应慢半拍的话，那么杰克逊的情感回应则可以说几乎是无精打采的。在她对这个故事的后续修正中，李喜欢从她看到作品的第一眼直接跳到“生活在一起”——好像他们的结合是顺理成章的。事实上，这段过程要慢得多，远没有那么浪漫。即使李好不容易弄到了杰克逊前来参观她的工作室的承诺，他的出现也要到好几个星期以后了。当他来找她，他很快发现李和斯黛拉·波洛克也并非毫无相似之处。“我问他要不要咖啡，”她回忆，“他说要，所以我就转身回到走廊上去拿我的外套并对他说‘我们走。’他看着我一脸不解，所以我说，‘那个，如果你要咖啡，我们得下楼去药店买。你不会以为我会在这里做吧？’我从没见过任何人这么惊讶。”事实上，她从来没开过厨房里的煤气；她不知道火炉是不是还能用；而且她的食物柜里空无一物。

第二次见面的时候，杰克逊记得，李小心翼翼地对他提到他们第一次见面的那次艺术家联盟阁楼舞会。李也许以为这算是一种进展——尤其是当他们第一次的相遇不仅仅是跳了一支笨拙的舞——但这与她后来形容的旋风般的追求相去甚远。又过了一个月，杰克逊才与她有了第一次正式的“约会”——带她去了麦克米兰展的开幕式。在这期间，她数次来到他的画室，他们还偶尔外出去喝啤酒或咖啡，但仅此而已。一位朋友记得曾在麦克米兰的展览开幕前见到过他们俩在一起，“但他对她并不认真”。对于一个在美国国家设计学院里“到哪都不会不带避孕措施”的女人来说，这是一场令人尴尬的慢热开场。“如果一个男人让我感兴趣，那就真的让我感兴趣，”李有一次谈起她的学生时代，“我会和他睡觉因为我想更好地了解他也期望他能更好地了解我。这就是我的道德。”

最终，杰克逊反应了过来。他开始在李持续的关注中看到一种斯黛拉从没有给过他的、排他性的母性关系的潜在可能。“他找到了一个‘妈妈’，”伊丽莎白·波洛克说。像丽塔·本顿一样，李流露出自信与控制。“她很少被困难难倒，”据艾索·巴齐奥蒂说，“她的这种不费吹灰之力吸引着杰克逊。他与人交往的性情中就没有这种变通圆滑。”李在传统的魅力上所欠缺的（一位杰克逊的朋友说她长得“像山羊”），她用优美柔软而散发肉欲的身体和热烈的性感来弥补绰绰有余。“杰克逊在两人中长得令人印象深刻得多，”杰罗姆·卡姆罗夫斯基回忆，“他简直长得像白兰度。但是李在说话和争论的时候则更令人
396 印象深刻。”除此之外，她那巨大、坚挺而饱满的胸部在他的兄弟中引起了轰动。像贝尔特·帕西费科，她还颇有才华，这一点对杰克逊来说一直非常有魅力。阿勒瓦回忆，当杰克逊非常罕见地在公寓内谈论李时，他通常会说到她的绘画：“他认为对于一个女人来说，她是一名非常优秀的画家。”

李既对杰克逊着迷（或许始于 1936 年），同时，也对他所处的那个陌生的世界着迷。“我认为杰克逊是百分百的美国人，”她后来坦率地说。“他是美国人——至少五代以来都是。我知道的其他艺术家都出生在其他国家或是他们父母刚到了美国以后就出生的。”对于一个母亲走下从乌克兰出发的船九个月后就出生的犹太女孩来说，杰克逊，事实上，比这位神秘的白俄罗斯人伊戈尔·潘杜霍夫还要更具异域风情：一位在最最遥远的土地上土生土长的、就在哈德逊河以西的那个人。

终于，格雷厄姆的认可给了杰克逊不可或缺的光晕——那种特殊的东西，像是蒙德里安的声望，或伊戈尔的绚丽夺目，或是霍夫曼的个人感召力——也就是，在李看来，一种最强有力的激发情欲的东西。（她早就试图诱惑格雷厄姆的麦克米兰展候选名单上其他人中的至少一人，德·库宁，但却没有成功。）1 月的一个晚上，她正与格雷厄姆和杰克逊一起从格雷厄姆的公寓走回来，正当这时，一个矮小，“滑稽、穿着一件长到脚踝的大衣、戴着一顶礼帽的男人”向他们走了过来并“热情地”拥抱了格雷厄姆。格雷厄姆介绍了他——“这是弗雷德里克·基斯勒”——然后转身介绍杰克逊。“这位是”，他说，在脑中搜寻着正确的词汇，“是杰克逊”——低沉的嗓音扩散开去响彻这个空旷的广场——“美国最伟大的画家”。这一句措辞的声音和寒冷的空气一起带走了李的呼吸。在一阵长时间的停顿后，基斯勒，另一位早期现代主义的传教士，缓慢地抬起他的礼帽并深鞠一躬“几乎碰到了人行道”，李记得。当他抬起身，他转向格雷厄姆用清晰的声音在他耳边问，“北美还是南美？”

这就是李所需要的全部确认了。到麦克米兰展开幕时，距她造访他的画室已经有了两个月的时间，她与杰克逊都找到了他们各自所需要的。就像李所表达的，他们算得上是“吻合”。“我们知道我们都可以给对方一些东西，给予各自独特的孤独一些回应。”克

莱门特·格林伯格先前就已经认识了李，不久也将遇到杰克逊，他对此则抱着不那么富有同情心的观点。他说，“他们互相对对方有好感，因为除此之外再无别人会看上他们”。最终，李热衷于讲述的这个故事至少在有一点上是准确的：他们的结合在某种意味上是注定的。他们，艾索·巴齐奥蒂评论道，“在精神上互相嵌入了对方”。

“美国与法国绘画展”与 1942 年 1 月 20 日在麦克米兰公司开幕。尽管一心专注于战争的纽约人完全忽视了这场展览，对杰克逊来说它仍然是一个里程碑。他的油画《诞 397
生》，骚动的画布上毕加索式的脑袋正变形为印第安面具，挂在其中与毕加索、鲁奥、莫迪利亚尼、马蒂斯、勃拉克、博纳尔、德朗和德·基里科的作品为伍。美国艺术家的候选名单并不像李所期待的那样是少数人的独享（她后来误导了人们认为她和德·库宁是展览上唯一的美国人）。它包括了斯图尔特·戴维斯，弗吉尼亚·迪亚兹，帕特·科林斯，瓦尔特·库恩，和 H. 李维特·普蒂，另外还包括格雷厄姆的两位俄国朋友，亚历山大·瓦西里耶夫，大卫·布尔柳克。在这样一群人中，尤其是在美国人中间，任何人都不太可能被观众单独注意到，但杰克逊却不同。在一篇题为《混合物》（Mélange）的评论文章中，詹姆斯·雷恩写道，杰克逊的作品“涡旋式的动态人物总体上与（斯坦利·威廉）海特的相像”。这算不上多么强烈的赞美（雷恩认为迪亚兹“轻易赢得了展览”），但至少是这 10 年的努力最后拿得出手的东西，而且它来得正是时候。在展览开幕的一周后，杰克逊庆祝了他的 30 岁生日。

对于李，麦克米兰展是另一种意味上的里程碑；她的画，一幅源于毕加索风格的抽象绘画，悬挂在了马蒂斯与勃拉克之间。她回忆：“仅仅参加了那次展览并且能与波洛克一起，所带给我的前所未有的感受就已经征服了我。”

趁着这股新鲜的热情，李迫不及待地把杰克逊带出去见人。她首先带他去见她在“富人区”的朋友，马特一家。梅赛德斯·马特是一位令人神魂颠倒的美丽女性，她曾在 30 年代与李一起做过模特并就读霍夫曼的学校。她的丈夫，赫伯特·马特是一位瑞士出生的平面设计师和摄影师。他在欧洲认识了贾科梅蒂兄弟以及约瑟夫·亚伯斯和费尔南·莱热。于是顺理成章地，马特在城里东四十二街的住宅成了画家、雕塑家、批评家、策展人和设计师的“聚会地”。莱热在 20 世纪 30 年代刚来美国时就住在三楼。（“他是个令人难以置信的厨师”，赫伯特记得。）亚历山大·考尔德在地下室保存着他的《马戏团》。当马特一家人举行娱乐活动，他们的客人包括了佩吉·古根海姆，詹姆斯·约翰逊·思维尼，还有詹姆斯·思罗尔·索比，现代美术馆绘画雕塑部的主任。

但这天晚上，他们的客人只有李·克拉斯纳和杰克逊·波洛克。这是李的众多令人沮丧的社交事件中的第一次。“我们坐在客厅里试着聊天，”她回忆，“但是杰克逊一句话也没有说。”同样少言寡语的赫伯特也一言不发。两个女人只得“连珠似炮”似的说话，直到梅赛德斯请求离开为孩子洗澡。而李希望如果两个男人被单独留下他们也许会“找到共同语言”，于是她也一同跟了过去。“过了一会儿我们停下手中的事情想听听楼下是否有动静，”梅赛德斯回忆，“但是却鸦雀无声。没有一丝声响。我们就有些慌了。我对李说，‘哦，我的天，你得下楼去。’”事实上，在这沉默中，两个男人正在为一段十分亲密的友谊打下基础。“在女人们消失后，”赫伯特·马特回忆，“杰克逊说，‘这真是个生活的好时代。’在那晚接下来的时间里，这点燃了我们很多的思绪。”

398 李在霍夫曼学校的朋友则没有那么容易被打动。那些女人们——尤其是一群能言善辩的、理直气壮的女人——不假思索地拒绝了这个新来者。“我不能说他是以得胜者的姿态走入我的生活的，”莉莲·奥兰尼坦白说，“(我们)是一小群有偏见的、自以为优越的人，而且我们对李的评价很高。他似乎不如她。”被拿来和那个光鲜耀眼、性格外向、先他一步进入李的人生的人作比较苦了杰克逊。“我们都很喜欢伊戈尔，”奥兰尼回忆，“以及他那种华丽俊美。所以，当杰克逊来的时候，我们认为李是在妥协。”赫伯特·马特也许被杰克逊安静的力量所打动，但大多数李的朋友都认为这是头脑笨拙的表现。“他看上去像是在拖累李，”奥兰尼说，“就好像她是老师而他是迟钝的学生。”他们还对他的艺术持有非常大的保留意见。“我们对绘画非常严肃，但我们并不能肯定他的那种杂乱无章的绘画与现代艺术的方式相符。”当他们发现杰克逊曾跟随本顿学习，那个现代主义的大敌，他们的怀疑得到了证实。

总的来说，李圈子里的男性朋友相比之下不那么有敌意，尽管也远远算不上热情。在麦克米兰展之前，李带杰克逊来到了威廉·德·库宁位于西二十一街上的工作室，将杰克逊介绍给了这位声望远播的年轻荷兰人。李回忆:“我不认为他们有任何一个对对方有好感。”在她为他安排见即将离开参加海军的约翰·利特尔的那天，杰克逊不见了。“他可能是在哪个酒吧，”李说，这说明即使是在他们关系如此早的阶段，她就已经意识到后面的危险隐患了。那晚当杰克逊后来出现以后，利特尔“相当喜欢他。他很安静并且害羞。他并没有想要让人眼前一亮。他不像我的一些艺术家朋友那样横行霸道”。克莱门特·格林伯格在一家酒水仓库当客户估价师的那时候，曾在门口的人行道上遇到过李与杰克逊，他的反应也大致相同。“那边走来李和一个戴着灰色毡帽穿着大衣的家伙”，格林伯格回忆。“他看起来一副中产阶级的样子。”据他描述，李有了格雷厄姆的话撑腰，“就以一种没教养的态度说道，‘这个人即将成为一名伟大的艺术家’”，“杰克逊看上去极为尴尬。他有一张开阔的脸。他没说什么话，就是勉为其难地笑笑。”

李对霍夫曼圈子里的反应可谓百折不挠，她最终鼓起勇气将杰克逊介绍给了霍夫曼本人。在气喘吁吁地登上了五层楼的台阶后，挑剔难取悦的霍夫曼对着杰克逊不修边幅的工作室的景象“惊呆了”。“霍夫曼的学校整洁无暇，”李回忆，“我们没有用碱水擦地但还不如这样做。索性连地板都腐蚀一层。”而杰克逊的工作室，正相反，是“令人难以置信地一团糟”，数以百计的咖啡罐散落满地，到处都是干掉和正在变干的颜料。在一堆烂摊子的中央，霍夫曼找到了杰克逊的颜料盘，一支画笔横搁在上面。当他拿起画笔，整个颜料盘都粘带着被拿了起来。“这个情况简直把人活活气死，”霍夫曼抱怨。“这就是我要的，”杰克逊回敬道。这一刻起，这场见面迅速恶化。“作为一个老师，霍夫曼一直都在谈论艺术，”李回忆，“最后，波洛克再也没法忍受了，于是说‘我对你的理论一 399
点也不感兴趣。要不拿出来要不就闭嘴！让我们看你的作品！’”因为杰克逊无疑知道，霍夫曼很少展示他的作品，即使是对亲密的朋友，于是两人就这样在沉默的僵局中盯着对方。

这次社交灾难以后，李与杰克逊被上了一课：当杰克逊的行为不把对方当回事的时候，李就不再精心策划将他介绍给她的朋友们了。这种妥协十分有效，尽管这导致了一些难堪的时刻。梅·罗森伯格的丈夫哈罗德在华盛顿特区的作战新闻处工作，她借一次周末旅行的机会造访了李，她惊讶地看到一位“看起来不太说话的穿着粗布工作服的男人”在李的画室里。“他就坐在那里，”罗森伯格回忆，“而李也不介绍他。她一点也没有提到他，不管是当时，还是后来在午餐桌上。离开的时候我对他说了再见。我以为他是个清洁工，或者一个什么聋子或智力有缺陷的人，她给他点小事做做。当我第二次来这里，我惊讶地发现他又在这里。然后李告诉我这就是杰克逊·波洛克。”

李和杰克逊的关系也许没有在李的朋友圈里搅起多少热情，但在东八街四十六号，人们以毫不掩饰的喜悦和解脱的感慨迎接了它。阿勒瓦在十二月中旬第一次见到李时发现她是一位“非常直爽，喜欢亲力亲为管事的那种女人”，“她激起了自信：既在我们身上，也在杰克逊身上”。阿勒瓦确实有理由燃起希望；没有人比她更迫切地想要甩掉杰克逊。几年以来她都在用计谋避免怀孕，等着她和桑特能够负担得起一个属于他们自己的地方的那一天。最终，就像是下最后通牒，她在 1941 年 9 月 9 日生下了一个孩子，凯伦。“她怀孕是为了分裂这个家，”她的儿子杰森·麦考伊说，“她已经和杰克逊一起住了 6 年，她受够了。”阿勒瓦一刻不停地开始利用李的到来带给她的机会。1942 年初，在她的坚持下，杰克逊开始在李的工作室度过大部分夜晚。当他白天回到第八街的公寓，公用的门已经上了锁。

2 月，杰克逊的房东以战争紧迫为由，随随便便地再一次涨了租金，这已经是今年的第二次。“敲诈勒索已经开始了，”桑特写给查尔斯，“而我们是受害者。”原本计划即使难以想象的事发生了，即使桑特搬出去住也仍然要在这间公寓继续住下去的杰克逊，现在将面临更为令人不安的处境——寻找新住处，10 年来他将第一次独立生活。走投无路之际，桑特去向房东求情，以没钱和他的婴儿还小为托词。“我和房东谈了一次，看情况我们应该能达成让步的协议。”他在 3 月给查尔斯写道，“我宁可这样，因为搬家在那个时候（会）很困难。”

相当困难，尤其考虑到桑特的工作前景。尽管悼词重复了一遍又一遍，联邦计划却紧抓着最后一线生机不放，但是，在征兵和与战争相关的工业生产激增的情况下，落幕已经事到临头。在国家的危难关头，没人有理由给健全的人提供为就业而安排的工作。
400 1941 年，当位于海空航站楼的一幅桑特从 1938 年起就开始画的墙画终于完成后，他第二次失业了。在这之前，联邦计划下的工人就被出让给了战斗力，而联邦计划名单则成了地方征兵委员会的“采购清单”。对桑特来说尤其可怕的是，据传言说军队将开始征用已婚有子嗣的但没有“受雇于战备生产行业”的男性。5 月，在杰克逊在艺术学生联盟中的酒友比尔·海登的帮助下，桑特找到了一份为斯佩里陀螺仪公司做木匠的工作，在一家位于康涅狄格州迪普里弗的旧钢琴工厂。很快这里就被匆忙地改装为为军队生产滑翔机的地方。

在这动荡变革、前路未卜之际，斯黛拉·波洛克写信说她要来纽约。在九十四岁的高龄上，詹妮·迈克鲁终于撒手人寰。在她还是一位 12 岁的小女孩的时候，就已经目睹了她的哥哥离家从军死于内战。她的丈夫死于一战爆发的前夕。朋友们感叹说，就算是像詹妮·迈克鲁这样意志坚强的爱荷华女人，三场战争害死她绰绰有余。在东兰辛作短暂停留看望查尔斯和伊丽莎白后，斯黛拉启程向东去往了娄斯戴普斯。尽管什么也没说，但大家都明白她这次是来住下去的。

即便有李的帮助，斯黛拉即将到来的消息对杰克逊来说仍难以承受。在她预期到达的前一晚，他消失了。第二天早上，李被一阵焦急的敲门声惊醒。是桑特，他询问杰克逊是否在李这里睡过了夜。“没有，怎么了？”她问道，既困惑又不安。“他在表维医院”，桑特沉重地说。他叫她一起去医院。“我的天，到底发生了什么？”她一边匆匆穿上衣服冲出门一边问道。对于李这还是第一次。她后来坦白“我震惊得脑子一片空白”。

当他们赶到医院，杰克逊“看上去糟糕极了”，李记得。“他们告诉我们，他们在某个街上的什么地方发现了他。他完全失去了意识。”在杰克逊床边，桑特简单地吩咐了一些事情：“让他上床睡觉，给他牛奶和鸡蛋，还要让他在晚上和母亲吃饭前及时振奋起来。”显然，对于桑特这不是第一次。李负责任地听进了这番话，桑特就离开去陪斯黛拉了。当杰克逊睁开眼睛，他看见的只有李一人。现在他是她的职责所在了。“这就是你能找到的最好的宾馆了吗？”李拖长了腔调说。

李按桑特所说的做了，这顿晚餐，就像波洛克家一贯的用餐一样，没有丝毫摩擦的迹象。“那是我第一次见婆婆”，李回忆，“我被她的厨艺所折服。看着她摆盘，我从没有见过这样的排场。她烧了所有菜，烤了面包——发酵的丰满度无与伦比。”在席间，她难以置信地对杰克逊耳语道，“你们这些人每天都这么个吃法吗？”

李永远都不能理解杰克逊与他的母亲之间的战争。由于很早就断绝了与家庭的纽带，她无法懂得斯黛拉持续在她的儿子们身上施加的影响力。“李对家庭是所有问题的根源这种说法抱有很大的怀疑，”杰森·麦考伊说，“这是她的盲区。”杰克逊的敌意只是令她不解。“对我来说与（斯黛拉）相处很简单，”她说，“（所以）我当时想，杰克逊到底在搞 401
什么？为什么他一直对自己的妈妈闹个没完？她是位很好的女士。”当时，李甚至没把包厘街的烂醉与斯黛拉的到来联系起来。

斯黛拉在纽约居住期间，并不是每个见过她的人都像这样视而不见。艾索·巴齐奥蒂曾来第八街公寓用餐，并对这对母子之间的紧张关系记忆犹新。“走上楼梯，我们就能听到音乐，音量响得所有东西都在震颤。那就是个危险的信号。”一次在家中，巴齐奥蒂感觉到了“危机四伏”：

> （杰克逊）那天晚上很古怪。你能感觉到你说的任何一句话都有可能成为导火索。斯黛拉穿着深色的衣服。她是个好看的女人，但你丝毫读不懂她。她就像是个美国印第安妇女。她像尊雕塑一样坐了一整晚，一动不动，但她把所有事情都看在眼

> 里。她和杰克逊之间的关系十分紧绷。两个人之间的所有事情不用说话就心知肚明。她对他非常了解，他对她也一样。就像是两只猫并排坐着。他们之间什么事也没有，但却有一种张力在两人之间来来回回……整个晚餐期间我不停地在想薇拉·凯瑟说过家庭是艺术敌人那一番话。

斯黛拉为期三个月的逗留对杰克逊是种考验。母亲与儿子从未在同一个屋檐下度过一个晚上。每天夜晚，两人之中必有一人在李那里过夜。“必须要保护我的奶奶远离我叔叔的恐惧，”阿勒瓦的女儿凯伦说。白天，斯黛拉采购东西，“处理政务”，通常是在李的公寓里。她对杰克逊和李两人都施压，要他们把艺术家朋友们都带来让她见。在留宿期间，她一次也没有提起过对杰克逊艺术的评价，尽管据李说，她的确“以杰克逊的艺术家朋友们为骄傲”。斯黛拉日后将会沉醉于杰克逊的成功，现在只是未来情形的第一个迹象。他的世界，正是她赶着她的家人穿越整个美国西部所要追求的。

八月，阿勒瓦、凯伦和斯黛拉与桑特一起搬到了迪普里弗。8 年前来到纽约想要成为一名艺术家的这位“古怪的牛仔”，如今与他的新家人——以及斯黛拉一起，搬到了一间小公寓里。这番折腾，他也只是交换了负担。他将第八街的公寓和艺术抱负留给了杰克逊，把杰克逊留给了李。“（桑特）为了照顾杰克逊奉献了天知道多少时间和精力，”一位家人说道，“从某种意义上说，他的生活因此被摧残得枯萎了。我不认为这句话说得很过分。”现在，轮到李了。

桑特从第八街的公寓搬出的那一刻，李搬了进来，并且，与桑特如出一辙的是，她也立刻被杰克逊的需求“淹没”。“她完全否决了她的自我，”弗里茨·布特曼回忆，“一个如此强悍的女人可以委曲求全到这个地步，着实令人惊叹。”杰克逊之外的所有事都突然成了“无关紧要”的了，李回忆，“他就是重要的事。我为他做的永远都不够。他不容
402 易。但在最开始，他接受了我的鼓励，我的照料和我的爱。”就如同阿勒瓦和桑特六年来所做的一样，她操持着这个家：买东西，洗衣服，“持家”，甚至接受杰克逊的个人差事比如为家人买礼物。她“非常懂得如何打理生活”，艾索·巴齐奥蒂说，“正好与杰克逊的笨拙合得来”。“他自己什么也做不来，”克莱门特·格林伯格说回忆，“如果他去火车站给自己买张车票，他在路上就能把自己灌醉。”据瓦利·斯特劳丁说，“（李）还得提醒他吃饭。”

但是，想要杰克逊吃饭，李就必须得烧——这是她从未做过的事。几乎是连夜，她就从空空如也的食品柜开始，去搜集食谱，安排菜单，烘烤面包。她在狭小的厨房里辛劳几个小时，准备了精致的两人餐。“我想要扮演这个角色，”她后来说，“我无法突然之间不做女人，无法不去爱”。一天早上，彼得·布萨在华道尔夫餐厅偶遇了她。“她十分焦急赶时间，”布萨回忆，“她说，‘如果我不上楼，没有将杰克逊的早餐准备好的话，他会暴跳如雷’。”她的穿着也配合着杰克逊，就像她曾穿着打扮去配合伊戈尔，换下欧陆的时髦装扮，换上居家穿着。在短短几个月中，她把自己从“波西米亚女郎”转变成了“派克 & 派克女孩”。她还成了杰克逊的发言人，联络他的亲戚，帮他打电话，甚至说出他的思想。“她总是在说，‘波洛克认为这样，波洛克认为那样’，”梅·罗森伯格回忆。

最终，李做出了对她来说意味着终极自我否决的举动。人生中，她第二次几乎停止了画画。“她在杰克的事上太忙了，以至于丝毫没有一点儿时间留给自己”，瓦利·斯特劳丁回忆。尽管她仍然保留着在第九街的画室，她很少回到那里。同样的画在画架上放了超过一年。“我猜这不会是彻底的终止，”弗里茨·布特曼说，“不过怎么才算终止呢？死了才算么？间隔的时间太长了以至于一次心血来潮和下一次之间不可能有任何艺术上的联系。”在接下来的三年中，李一幅画也没有完成。后来，她将这一段称为她“断片儿”时期，仿佛她丧失了所有的自我意识而只看到了杰克逊和杰克逊的艺术。“她从不错过任何一个谈论杰克逊作品的时机，”斯特劳丁回忆，“但她从不提她自己的。”在很长时间里，只有杰克逊的作品挂在第八街的公寓里。“在那一户家里，”鲁本·卡迪什说，“只有一位画家那就是杰克逊。”一些李的朋友认为工作的中止得怪罪于杰克逊——“是他让她放弃绘画”，米尔顿·雷斯尼克说，“像许多让他们的妻子放弃的艺术家一样”。梅赛德斯·马特还记得李抱怨她的画“对杰克逊来说是个麻烦”。但李的退出的确有理由。“她的画曾经赶走了伊戈尔，”梅·罗森伯格说，“她很小心与杰克逊之间同样的事不要再次发生。”

从 1942 年春起，李在杰克逊生活中所扮演的助理角色甚至延伸到了联邦计划上。被 403
卷入了珍珠港轰炸带来的爱国热情的 WPA 管理员，迫不及待地将困境中的残余劳动力拱手让给了负责战争和海军的干事们。三月，艺术、博物馆以及手工业计划都被重新组织成了 WPA 的战争服务分支。纯粹“创意性”的项目被废弃了，少数没有离开联邦计划应征入伍或就职于国防工业的人被分配去为坦克和战舰绘制迷彩伪装，或设计宣传海报。在这些被遗弃的项目中，有几年前就许诺给李的位于纽约公共电台的墙画委托。在对事到临头又变卦的盛怒之下，她向罗斯福总统递交了请愿书，要求将联邦项目从地方政府手里收回，同时让艺术家能够为“这个国家的文化”做贡献。但当给她提供了一个战争服务项目的总监职位时，她眉头都不皱一下就欣然接受了。这项工作是设计 19 个百货商场的橱窗展示，宣传在当地学校和大学举办的战争相关训练课程。作为总监，她不仅可以设计展示，还可以选择她自己的助理。当然，她的头号选择就是杰克逊。从四月一直到九月，她陪伴他去 WPA 的工作室，并宠爱地看着他工作——或虚度光阴。“就好像是，他被女王指派去处理那个项目，”一位同杰克逊一起工作的同事回忆，“李显然很照顾他。”

杰克逊与老朋友的疏离可以说在格雷厄姆的影响下就已经开始了，而李的影响加速了这个过程。即使是相对新近结交的朋友，比如夏尔特一家和斯特劳丁一家，也不再扮演桑特和阿勒瓦同住在这里时他们所扮演的日常角色。“她保护着他，”耐恩 · 夏尔特回忆，“在李进入了这个画面之后，我们就在阴影里了，所有的朋友都是。她没有赶我们走；他只是不像以前那样常来了。”当鲁本 · 卡迪什在服役期间出差顺道登门时，或彼得 · 布萨造访时，李都得体客气地招待了，但即便是他们也感受到了她的关心像是在杰克逊周围围起了厚重的遮蔽帘幕。后来被李称作“褪落”的过程的首当其冲的受害者，就是杰克逊的心理分析师，维奥莱 · 德 · 拉斯洛。从她与李的第一次见面起，德 · 拉斯洛就预感自己在杰克逊生活中的角色将会被取代。“杰克逊常常把女性当成情感的庇护所而被她们吸引，”德 · 拉斯洛回忆，“所以他在李身上找到了避风港我一点不诧异。同时我也认为她对他有好处。她知道她在干什么，也知道他在那个时候需要什么。”当德 · 拉斯洛与杰克逊的治疗阶段在 1942 年夏天的某个时候结束后，双方对分别都非常心平气和。“这是一个自然而然的过程”，德 · 拉斯洛说。出于感谢，杰克逊提出让她随意挑选在他工作室的任何一幅作品，但她拒绝了，说她并不想混淆他们之间的工作关系。

与德 · 拉斯洛的分别以及杰克逊和其他朋友之间的逐渐孤立给了谣言滋生的土壤：李在操纵杰克逊，“有部署地让他与之前的朋友脱离”，“摆脱任何不能给他帮助的人”，培养他获得艺术上的成功（却没有人幻想过经济上的成功）。开始这些留言还比较收敛，后
404 来竟演变成了完整的一个传说：“她比他聪明许多并管理着他的事业”，里昂内尔 · 阿贝尔说，大胆概括地如是断言，“她才是这一事业挑大梁的人。她从一开始就计划好了整件事：如何使他被接受以及让他大获成功。如何攻击敌对的画家和敌对的运动。”

就像在所有引人入胜的传说中一样，几乎每个人都能从中找到一些有用的真相。那些难以相信杰克逊会如此草草地抛弃他们的老朋友们，就可以责怪李从中作梗。李的朋友——就莉莲·奥兰尼这样的许多人认为李为了陪衬杰克逊不惜让自己“变得暗淡”——就可以安慰他们自己，她并没有完全妥协放弃她的艺术追求，只是换了途径。据一些人说，“如果没有了李（·克拉斯纳），就绝不会有杰克逊·波洛克。”与李在20世纪30年代曾有过愉快的短暂交往的伊利亚·博洛托夫斯基说，“波洛克所有的聪明才智都来自克拉斯纳”。“杰克逊被一个清晰的幻灵所指引，也就是李，”野口勇说，“她是他的代理人，管她是天使还是巫婆。”

而现实中，李并没有布局或是设计宏大的谋划：她甚至都没有给过建议。刚开始，她有的只是满腔热情，她的幻想，以及渴望实现两者的热切。“就算我的确想这样，”她后来说，“我也不可能就这么走进来告诉杰克逊做这个做那个。”最能说明问题的，当然是，她其实并不想。被主宰才是她所幻想的，而不是去主宰别人。她的艰巨任务不在于行使她的意志，而在于参与并实现杰克逊的意志。“杰克逊和艾尔文在这方面正好是一类，”李的妹妹露丝·斯坦说，“如果杰克逊想要事情这么办，那就得要这么办。”日后那个铁面无情的、善于操纵的李·克拉斯纳起初只是操心的家庭主妇，匆匆赶回家料理丈夫的伙食。汉斯·霍夫曼后来回忆“她（为了杰克逊）放弃了所有的时间。她十分贤惠”。尤其在买卖的事情上，她对杰克逊的决定言听计从——就像她在与他相处的岁月中一如既往所做的那样。“李没有真正的经商意识，”克莱门特·格林伯格说，“在紧要关头，她会崩溃。是杰克逊对自己的决策有勇气。李处理电话并做一些细节上的事情。”

不管李做了什么，她是出于热情，而不是个人的野心。如果她让杰克逊与他人疏远，这是因为她想让他更需要她。如果她保护他免于竞争或攻击对立的画家，那是因为她懂得他缺乏安全感且很快——常常过快——就能觉察到侮辱怠慢。如果她将他介绍给了“那些对他登顶有积极影响力的人”，那是因为她真诚地相信他的才能——如被她的痴心迷恋放大后所看到的那样。如果她中止了绘画，那是因为她不想和他发生竞争——而不是因为，像有的人所说，“杰克逊非要这样”。她绝不会让事情变成这样。“李完全地献身于杰克逊和他的事业，”瓦利·斯特劳丁说，“完完全全。这就是为什么她放弃了她曾拥有的一切以及曾经的那个自己。”

（在杰克逊死后，李死守着他的画作，承受着压力拒绝整体出售，相反，在长达30 405
年的时间里，她谨慎地以合适的价格少量分给了合适的博物馆和藏家。在她过世时，他有成千上万的作品仍在她的私人收藏中。据一些说法，她就是在操纵市场，让波洛克的作品的供应量保持低位而让价格居高不下。朋友们赞扬她的精明。有的则更进一步。“杰克逊·波洛克的夫人，”哈罗德·罗森伯格在1965年写道，“经常被认为是几乎凭一己之力，在她丈夫死后推高了当代美国抽象艺术的价格。”但李的动机却完全在另一个领域。对李来说，价格和市场与杰克逊相比都无关紧要。即使是在他们第一次见面的40年后，她的行为与其说是基于机智的市场头脑，不如说是基于一种更老、更持久的谨小慎微。“她不是想要抬高价格，”在60年代与李一起参与为杰克逊的绘画定价的同事的唐纳德·麦金尼说，“一部分的原因是她无法作决断，而出售一幅画必须得要她作决断。但在更大的程度上，这是因为爱。事情很简单，她非常爱他，以至于她不想失去任何他的东西，哪怕是最小的一幅素描，除非她确定不得不这样做。她不愿失去代表了他的任何东西。”）

这种传言还抹杀了杰克逊在他自己的“发现”中所扮演的角色。是李独自一人成就了一切。她比杰克逊更“善于辞令而又头脑冷静，还更激进更‘政治’”，有许多人脉并且正是她的介绍让杰克逊的事业起航。对杰克逊来说，说得好听些是李宏大蓝图中的一个傀儡；说得难听些，就是个碍事的。为了说明后者，李会兴高采烈地讲述亚历山大·考尔德于1942年初造访杰克逊工作室的灾难性经历。“在看了画作之后，（考尔德）说，‘他们都如此的密。’他的意思是画中完全没有空的地方。而杰克逊答道，‘哦，你想看一幅没那么密集的，一幅有敞开空间的？’他返回去拿另一幅画，却带了一幅最最密集的。他就是这么干得出来。”这里的信息是清楚的：李不仅仅只是为杰克逊成就了他的事业，她是在杰克逊拖后腿的情况下还依然成就了他的事业。

当然，事实上，她得到了非同小可的帮助：从她自己的朋友那里，尤其是安排了考尔德上门拜访的马特，从杰克逊的朋友那里，甚至从杰克逊本人那里。约翰·格雷厄姆的迈克米兰展让杰克逊的事业开始腾飞，但在展览之时，他还几乎不认识李，而杰克逊已经是他的日常伙伴达两年之久。是杰克逊带李上格雷厄姆在格林尼治大道的公寓喝茶，在那里，克拉斯纳回忆，“你不用说话，只需要听。”另一位杰克逊的朋友，如本·卡迪什，在最宝贵的资源上帮助了他们——买家。1942年，一次从军队出差，他将艺术家简妮·雷诺，和收藏家艾米丽·戴维斯带到了第八街的工作室。当他回到旧金山，他说服了旧金山美术馆的馆长，格雷斯·麦坎恩·莫利博士，在她的下一次东部旅行时与杰克逊见面。最终，这三个女人都将买下波洛克的主要作品。

* * *

根据这种传言，李对杰克逊插的这一手，没有哪里比在杰克逊的艺术中更显眼。一 406
位评论者写道："所有见证了李对杰克逊的影响的人，都将之形容为是深远的。它的意图在于将他从反映了原始、早期风格的粗糙、野蛮的表现主义模式拉开，并将他的注意力引向巴黎画派那精深的、世界性的艺术。"在这一种和其他近似的传言版本中，杰克逊一贯是以"乡巴佬"的姿态出现的，是李向他揭示了现代主义的奇观。"克拉斯纳让杰克逊与现代主义的美学建立了联系，"芭芭拉·萝丝写道，"以及一种比本顿狭隘陈腐的排外主义更国际化、更深邃的艺术观。""她以自己的智慧和背景给了波洛克莫大的帮助，"伊利亚·博洛托夫斯基说，"因为他原本是本顿的学生。"这就好像杰克逊走出了本顿的工作室，投入了李·克拉斯纳的双臂中。这种说法不仅仅忽视了杰克逊与格雷厄姆接触的两年，甚至还忽视了艺术本身，据麦克米兰展的一位观众说，"他的艺术立刻就被其他画家辨认出具有同巴黎画派的艺术如出一辙的智慧。"

不过，对于当时李的朋友以及传言供应商来说，一位艺术家的门第世袭几乎与他的艺术同等重要。为了让杰克逊，这位名誉扫地的本顿的乡巴佬学生，培育出伟大的艺术，他的单薄的、地方主义的血脉必须与现代主义这支真正的贵族血统混合。由于对杰克逊与格雷厄姆之间的深入接触并不知情，许多现代主义者将李·克拉斯纳视为杰克逊与现代主义主流之间唯一的联系。她的血统，沿袭自霍夫曼，无可挑剔。[霍夫曼后来说，"(波洛克)从来都不是我的弟子，但他是我学生的弟子。"]随着杰克逊事业的新星冉冉升起，传言的始作俑者把越来越多的功劳归于李，直到杰克逊的逝世，有的人甚至仍主张说，对他们在杰克逊艺术中的"相互角色"的任何终极评价都是"不可能的"。

李在与杰克逊的关系开始之时显然决意要启迪杰克逊。在两三个月的时间中，从她想让他申请加入霍夫曼学校这桩用错了力的努力开始，她一直都在规劝他"转投"现代主义并悔过他的无数罪行。"我第一次见到波洛克的时候，我们在很多事情上都有分歧。"她后来承认。事实上，他们几乎在所有事情上都意见不一。她批评他的绘画"不够抽象"；他嘲笑她依照现实生活来画画。他不懂立体主义或者说不怎么当它回事；她则对荣格的东西说呸。她会不断地修改她的作品；而他"喜欢一锤子买卖"。他不欣赏马蒂斯和蒙德里安；她辱骂西凯罗斯（据流言他曾染指暗杀托洛斯基的行动）。他甚至仍保留着一丝对本顿的敬意；李搞不明白怎么会有人"把（本顿）当真算成是个画家"。杰克逊对绘画没有想太多；李则绝不会"闭嘴去画画"。仅有的几件有共识的事情之一是对毕加索和《格尔尼卡》的敬意。但是甚至这也触发了争执：李将形式的特性（她所欣赏的）与精神

特性（她所摒弃的）相区分，而杰克逊则拒绝将两者割裂开来。那些是漫长、大嗓门、
407 互相吹毛求疵的几个月。在一不留神的时刻，李承认这是“一场激烈的转变和动乱”。显然，就算是爱情，也无法在艺术的鸿沟上架起桥梁。在第八街，杰克逊继续在毕加索和荣格的道路上工作，而在第九街，那时还仍然在画画的李，继续在霍夫曼式的抽象领域劳作。史蒂夫·惠勒还能回忆起一次当杰克逊来到她的工作室，看到她“尝试给杰克逊示范如何实现霍夫曼总是挂在嘴边的‘完美画面’”。

在杰克逊的工作室，这种敌对终于到了紧要关头。“（李）试着告诉杰克逊他这是在做什么，什么是立体主义，”当时在场的彼得·布萨回忆，“但杰克逊像往常一样打发了她。”一气之下，李从杰克逊的颜料盘抓起一支画笔然后，为了着重强调一个论点，朝画架上杰克逊未完成的一幅画戳了过去。布萨没法儿知道她是不是故意让画笔碰到的，但它确实碰到了，留下了一个显眼的深红污点。杰克逊爆发了，“继续，他妈的这东西你来画！”然后大发雷霆地离开了。

据李说，几个月后他们的关系才修复。期间，显然，她得到了教训。“很长一段时间里，这是我们最后一次聊到美学，”她简洁地承认。事实上，她从此再也没有对杰克逊开口提过现代主义这档子事。放弃了意识形态的战事后，她退回到了相对安全的、她称之为“三句不离本行”的——简洁、实在地对各个具体作品的评价。“（杰克逊）会具体地谈他面前的作品，”她说。在逛博物馆和画廊的时候，他们用咕哝、点头和赞许的各种响声之类的“简略表达方式”交流。偶尔，一方或另一方会嘀咕，“了不起的画！”

适时地，李会强烈地否认她和杰克逊曾经有过任何艺术上的讨论——或者，暗示地说，有过任何的分歧。“任何话我都实实在在地要打他才能让他开口，”她告诉一位采访者，“我们从来没有讨论过我们的作品。”她在另一个场合说，“我们不聊艺术”，“我们从没有过那种关系”。好像最初各怀恶意的那几个月从来没有过一样。

逐渐的，李的艺术理想，就像她的所有其他事情一样，被内心深处迷恋的暗流所捕获。她放弃了霍夫曼依照“自然”的创作方式——静物，模特和风景——却尝试“依照内心”来创作——“就像杰克逊所做的那样”。她有意识地试着“丢弃立体主义”，“投弃所有的客观性，直达自己的内心深处来获得图像”。“波洛克太过难以满足，”一位朋友说，“他对李来说太强势。他在艺术上把她涂抹掉了。她不知道他从何处获得了这种力量，她本人也从来没有接近过这种力量的源泉。”

值得肯定的是，李从没有声称她有过。那一部分的传言大体是出自别的嘴巴和别的

议论。“我敢说，我唯一有可能的影响，”一次她说，“是让波洛克意识到了马蒂斯”——
这种说法被杰克逊在 1942 年从晦涩的棕色和奥罗兹科的红色转变成了白热的粉红色、紫
色和马蒂斯的绿松石色所证实。她同样还可以为她的“三句不离本”的实实在在的、累 408
积的影响邀功，尽管她并没有这样做：不假思索地评价、欣赏地点头和不解的表情，这
些微不足道却持久的细流，在时间长河中，无疑影响了杰克逊的艺术轨迹。“李对杰克逊
来说至关重要，对此毫无疑问”，克莱门特·格林伯格说，“但不在于将新艺术介绍给了
他，他早已知道，甚至不在于训练了他的眼光，那是他自己的。她的真正贡献在于告诉
了他在他自己的作品中，什么是好的，什么是坏的，在于做了他的编辑。

在终极的层面上，李的真正贡献完全不在于艺术，至少不是直接的；她的贡献是情感的。她给了杰克逊斯黛拉自始至终都拒绝给予的：全身心的投入，排他的唯一，永远将他放在首要的位置——甚至高于她自己的事业——以及性的满足。这是杰克逊曾经苦苦寻找了 30 年未果的了解。“杰克逊是一个等待着被催生的孩子，”一位朋友回忆，“而李能立刻看到该做什么能让他开心。他是她创造的艺术品。”从 1934 年桑特来到纽约以来破天荒第一次，她营造了一个情感的开放空间，至少在一段时间里，让杰克逊能够与他内心的魔鬼相较量而不会被它们征服。“她的影响是言语无法表达的，”艾索·巴齐奥蒂说，“她深深地保持着对他的需求以及他的艺术需求的敏感。没有她，两者的面貌都将截然不同。”

有了她，有了她带给杰克逊的情感生活的秩序，杰克逊终于得以将他那动荡狂乱的精神力量集中于绘画中。几乎是在同一时刻，战争的浪潮正在改变着艺术世界的面貌，将新人和新的理念带入了他的触及范围。这将会证实一次命运的巧合。与传言截然相反，李并没有将杰克逊拖入西方艺术的主流。她无须这么做。是它找上了他。

409

27

灵感的源泉

1939 年 3 月 16 日是星期四，清晨，当在第五大道和五十六大街街角的邦维特·特勒百货商店里购物的顾客们向橱窗望去时，无不为眼前的景象惊得目瞪口呆。很多人驻足凝望。有些人彼此会心地相视而笑。还有少数人则径直冲到经理办公室去投诉：虽然以前“乱七八糟”的橱窗展示他们也见识过不少了，但是像这样的东西还是头一遭遇到——如此“伤风败俗，”或“尺度惊人”。经理试图解释说，商店聘请了“世界顶尖的超现实主义艺术家”来设计橱窗，但是无济于事。“这根本不是艺术，”一位顾客说，“简直是变态。”

没有人比萨尔瓦多·达利更希望看到这场轩然大波并自得其乐。离开巴黎后，在到达纽约仅两周后，他就受邀为邦维特的两个橱窗创作具有超现实主义风格的“怪异装饰”。昨天夜里，他忙活了一整晚，然后那些满脸困惑的百货店工作人员将他的计划付诸实施。在其中一个名为“白昼 / 那耳喀索斯”的橱窗里，一具头顶长长的红发和几根绿色羽毛的人体模特，踏入到铺着黑色波斯羔羊皮的蓄满水的浴缸里。几只无实体的怪异的手在水面漂浮着，每只手都擎着一面镜子。另一个叫“黑夜 / 沉睡”的橱窗里，全裸的模特躺在显然是由烧得通红的煤块铺就的床上。她的头部上方有是一具动物头颅，一位记者称其为“被填充了的战利品”，另一位记者则将其描述为“一个水牛床头架”。达利还贴心地把它定义为“一头头颅被割掉的梦游水牛的头和蹄子，它硕大而凶猛，因为沉睡千年而变得瘦削衰弱”。

当达利对邦威特顾客的反应沾沾自喜时，商店的管理层却高兴不起来。到了中午时分，“白昼”中身披羽毛的模特和“黑夜”中的沉睡模特就被移走了，取而代之的是两具身着裁剪得当的西装的，站得笔直的服装模特。然而此时，达利布置橱窗的消息传遍了大街小巷，近至五十七大街的艺廊，远至格林尼治村。当杰克·波洛克与彼得·布萨听说此事之后，立即前往中城区去探个究竟，看看“到底什么样的艺术品会引起如此大的骚 410
动”。同时，一直在圣莫里茨旅馆补觉的达利也决定去看看他手工打造的作品。当看到被更换的橱窗时，他尖叫着，“气冲冲地冲进”拥挤的商店，“操着西班牙语和法语怒吼着，”一位客户回忆到。他本来是“受雇来创作一件艺术品的”，他激动地宣布，不要把他的名字“和普通的橱窗布置扯在一起”，他那著名的小胡子因愤怒而发抖。无论是商店经理，还是之后请来的律师都完全没能平息达利的怒气，他横冲直撞地穿过化妆品柜台和衣帽部，径直来到饱受争议的橱窗前。一踏入橱窗里，在街上聚集的人群的众目睽睽之下，他开始将自己的作品拆掉。他猛地一拉浴缸，结果浴缸松动后滑落下来，穿过橱窗摔个粉碎。受到惊吓的达利失去平衡，也随着浴缸一同跌到人行道上。

“我们刚走过来，”布萨回忆道，“就听见大厚玻璃窗坠落的声音，只见达利正坐在人行道中央的浴缸旁边……杰克逊为此笑了好几天。”杰克逊可能也在第二天的报纸上注意到了这则消息，即夜间法庭的法官对达利扰乱治安的行为实行了缓刑处理。“这些特权，”法官道，“看来是一位性情古怪的艺术家该享受到的。”

达利的滑稽行为向毫无准备的美国宣布了超现实主义的到来。接下来的三年里，几乎超现实主义运动的所有人马都将到齐：尼古拉斯·卡拉斯，马塞尔·杜尚，马克斯·恩斯特，安德烈·马松，罗伯托·玛塔，戈登·昂斯洛·福特，沃夫冈·帕伦，曼·雷，凯·赛琪，库尔特·塞利格曼和伊夫·唐吉，以及这一团体高傲的领军人物安德烈·布勒东——他们都是在欧洲艺术家和知识分子为逃避战事而出走的大潮下纷纷来到美国的。这一浪潮也为美国带来了从立体主义（莱热）到风格派主义（蒙德里安）的其他运动的领军者，但没有任何一个运动像超现实主义的到来那样大张旗鼓，人数众多；也没有任何一个运动有着如此立场明晰的发言人和训练有素的队伍，以及具有新闻价值的狂欢喧哗和惊世骇俗的艺术修辞。“对于很多像我一样的美国年轻艺术家来说，”彼得·布萨说道，“说到底，这似乎是一场包罗万象的艺术运动。”

实际上，达利的古怪姿态仅仅暴露了处于超现实运动核心的混杂性。在20年间的各种尝试中，没有任何艺术家，哪怕是像毕加索那样富有远见和创造力的艺术家，能够以连贯的意象抓住超现实主义那深奥的文学精髓。曾经出现过暂获成功的诸种尝试，甚至也不乏某些伟大的艺术流派，然而运动的口号和愿景仍未实现。

一个艺术运动以否认艺术本身的存在而开始，这并非多么令人震惊的状况。 411

和众多虚无主义理论一样，超现实主义源于二战后的绝望和幻灭感。这场本可避免的战争不可理喻，耗费巨大，让许多欧洲艺术家和知识分子，尤其是亲历自己这一代被元气大伤的年轻人坚信，传统的资产阶级社会已土崩瓦解。愤懑、失意而又负罪感深重的他们向传统绘画和雕塑发起猛烈抨击，因为后者与不值得信任的秩序保持着紧密联系。他们对传统艺术品嗤之以鼻，称其为"资产阶级的珠宝"，并尽情地嘲笑艺术常规。1919年，马塞尔·杜尚展出了一张西方艺术的伟大肖像《蒙娜·丽莎》的照片，并在照片上画了胡须和山羊胡。第二年，弗朗西斯·毕卡比亚将一只玩具猴粘在画板上并为其命名为"伦勃朗肖像，塞尚肖像，雷诺阿肖像"。就连这场运动的命名本身也不无任意而荒诞的意味。一群艺术家将一把刀插进字典里，正好翻到达达这个词条上：达达在法语里的意思是一种儿童旋转木马。达达派领军诗人雅克·瓦谢将该运动的哲学理念简单概括为："艺术并不存在"。

然而如果艺术不存在，艺术家也就不存在。一些达达主义者公开表明自己全新的哲学理念，全然放弃了艺术。1920年，杜尚抛弃了他的"反艺术"创作，转而从事工程和象棋研究。另一些人，如瓦谢，则干脆用自尽来放弃一切。不过，大多数达达主义者在意识到虚无将导致一事无成后，及时地进行了"辩证式的转换"。在历经三年由独断的布勒东主持的各种争辩和论战之后，旧有的运动围绕着不那么虚无的提议进行了重组，当被合理诠释时，艺术不是非理性力量的工具，而是探索非理性力量的工具。达达变身为超现实主义。

欧洲正处于弗洛伊德及其心理分析理论的时代——这个时代致力于研究这样一种观念，即理性生活受非理性生活的支配。在战争后的大规模反思中，每一个知识圈的新运动都在这位维也纳医生的诊疗台上发生了转向。布勒东曾于1921年拜访了弗洛伊德并随后写信给他，这封信被弗洛伊德描述为"我收到过的最打动人的一封信"。然而布勒东对弗洛伊德理论的治疗精髓毫无兴趣。他无意去治愈心灵世界中的困扰，他想去开发它们：去打开一扇无序内在世界中的窗口，而不是关闭它。根据一位研究超现实主义运动的历史学家所言，"[布勒东]对弗洛伊德精神活动过程的细节并不那么热衷，他想利用的是这样一个观念，即经验、思维和欲望中还存在着大片尚未被发掘的，隐匿于有意识的日常生活背后的宝库。"布勒东说道，开发这一宝藏的方法就是通过梦境、自由联想、文字游戏和催眠——任何"在理性所施加的控制不在场时而起支配作用"或"处于所有审美或道德关注之外"的精神活动。超现实主义者们将这种心理活动称为"精神自动主义"

（psychic automatism），并称赞其为“思维的真正功能”。因此，能够从理性、审美和道德中解放出来的艺术家会创造出反映“高级现实”（superior reality）的艺术作品。布勒东在 412
其著名宣言中总结了他的理论：“梦境与现实这两种状态似乎互不相容，我却相信未来这两者必会融为一体，形成一种绝对的现实，即*超现实*。”

事实证明，布勒东的精妙理论用语言表述起来比用图像表达要简单得多。不难理解，艺术家们很难彻底摆脱“所有美学关注”。布勒东对有意识控制行为的禁止到底是应用在内容上还是风格上呢？这种回避针对的是意象的选择，还是表达这些意象的方法呢？艺术家为了捕捉“万能的”梦境，是否应该尽可能准确地再现梦境中所见之图景呢？又或者艺术家是否应该尝试着在梦境状态——一种有意识控制行为被最小化的状态——中作画呢？围绕着这一核心难题，超现实艺术很快陷入一场斯文的论战中。

在一个阵营里，以萨尔瓦多·达利和雷内·马格丽特为代表的艺术家“描绘”了他们的梦境，用错视画法的细节表现了怪诞但仍可辨识的意象。达利自由地借用弗洛伊德的理论，创造了一整套狂热的性意象（切腹、手淫、阉割、雌雄同体），并称其意象为“手绘的梦境照片”。马格丽特也向精神分析理论借鉴，他那些房间大小的苹果和悬浮石块的意象是以弗洛伊德的观点为基础的，即梦的错位反映了重要的无意识联想。然而为了传达这些现代心理学的洞见，达利和马格丽特都依赖于以 19 世纪新古典主义的学院式精准画法而描绘出来的平实意象。

另一阵营中，一群由让·阿尔普和胡安·米罗领导的艺术家们对意象进行实验，这些意象不只是过去无意识经验的记录，而是无意识的直接*产物*。他们将他们创作图像的方法称为“自动主义”，因为理论上讲，艺术家的行为是自动而无意识的——“完全不受理性控制的影响和支配”。为了得到真正的自动而无意识的图像，他们让自己远离艺术家所有传统的创作支撑物：时间、规划、内容、天赋以及传统材料。奥斯卡·多明戈把黑色水粉颜料涂在两张蜡光纸之间并用力挤压，然后再将纸撕开看看受挤压的颜料形成什么图案。马克斯·恩斯特在一种叫作*拓印法*的创作过程中，将纸张置于如地板板材之类的粗糙物体之上，然后用软芯铅笔在纸上摩擦，创造出幽灵般的图像。沃夫冈·帕伦则运用一种被称为*熏制法*的技术，在画布前挥动点燃的蜡烛，留下一道灼烧和烟熏的痕迹。

没有任何一位艺术家像安德烈·马松那样毅然而然地同“*绘画－绘画*传统的精细技法”决裂，这位巴黎高等美术学院的毕业生曾在西线前线的战壕中身受重伤。他的创作的初始材料是十分传统的钢笔和墨水，“任自己的手快速游走于画纸上，形成纵横交织的线条，图像便跃然于纸上。”当他持续被技巧的侵入（画笔的阻碍）所困扰时，他就转而采用一种不为人知的媒介，将胶水铺洒到画布表面，在上面洒上沙子，然后将剩余物拂
413 去，露出黏在胶水上的沙块。然而对此他仍不满意，1927 年他开始尝试着直接从颜料管里挤出颜料，先将画布铺平，后将颜料直接挤在画布上，形成长而粗的线条。

这些都是预先性的实验。然而，今年仅仅几之后，马松就放弃了这些尝试，回归到一种更轻松舒适而带有幻觉色彩的风格中去了。也许他那“过于文学化的想象”在所有美学关注的缺席下并不适合艺术创造的要求。和他的同行们相比，他比任何一位都更接近发掘无意识领域的超现实主义目标，然而却需要另一位艺术家—— 一位有着更丰富、更易于接近和更具有冲击力的无意识的艺术家——把马松的探索点变为伟大艺术的源泉。“潜意识是我们灵感的源泉，”作曲家维吉尔·汤姆森说道，“有些人需要用水泵，而有些人则不得不堵住喷涌。”

在寻求真正的超现实主义意象时，一些欧洲艺术家几乎被布勒东忽视了，他的最初且唯一的热爱是文学。作为一位受过训练的诗人和评论家，他更愿意用自己十分擅长的复杂的文字游戏来探索无意识领域。他认为艺术仅仅是“可悲的权宜之计”，是一种作为通向文学讨论的跳板的表达形式（他将这一观点传承给了一代美国艺术评论家们）。布勒东对抽象派艺术尤其不太友好。对他而言，只有具有“图像主题”并“能转换为语言”的作品才称得上是超现实主义。到了 1929 年发布第二次超现实主义宣言时，他实质上已经将抽象艺术从超现实主义正典中剔除出去。他说，自主主义是一种生活方式，而非绘画风格。当达利升为宫廷画师这一非官方地位后，失宠的马松告别了超现实主义运动。

正是超现实主义这种受到认可的、幻象式形式首先抵达美国。早在 1932 年，画商朱利安·李维就向纽约艺术圈展示了来自巴黎的最新艺术革新：“焕然一新的超现实主义”，即一场将以下艺术家的作品汇聚一堂的展览，基里科、达利、马克斯·恩斯特、马松、米罗、毕加索、皮埃尔·鲁瓦、马塞尔·杜尚以及一位美国人，约瑟夫·康奈尔。尽管李维将几位从技术上来讲并不算超现实主义的艺术家也囊括进来，他还是严格遵守了布勒东设定的艺术分界线（接下来的 10 年内他一直如此），只展示符合隐含在展览标题中的寓意的作品。而评论家则称赞这一新运动为“错视画法的回归”，进一步助长了李维的错误。一位评论家将超现实主义定义为一种“艺术家将所见之对象线条清晰地描绘下来”的风格。

这是一个注定会把多数美国年轻艺术家排除在外的定义。实际上，除了李维和少数几个艺评家，幻象式超现实主义在美国艺术圈内几乎没有任何同盟。如李·克拉斯纳那样的激进青年抽象主义艺术家指责超现实主义对 19 世纪错视技法的依赖。以汤姆·本顿为例的地方主义者对超现实主义的心理主题嗤之以鼻，认为其不可救药地具有反美国特点。即便是对这一新运动赞赏有加的少数评论家也建议，超现实主义应该关注美国题材——这一提议肯定会让布勒东惊骇不已。1934 年萨尔瓦多·达利的美国之行并未为超现实主 414
义争取到什么新朋友。尽管他那夸张高调的个性，在公众面前的怪诞举止，以及辞藻华丽的演讲为其赢得了广泛的关注，然而这一切只加深了公众的这样一种印象，即超现实主义是一个大多数美国艺术家难以在其中找到认同感的单一流派。只有极少数懂法语，且一直关注杂志《米诺陶》（*Minotaure*）动向的人们才了解超现实主义那仍隐于美国大众视线之外的另一面。

直到 1936 年 2 月阿尔弗雷德·巴尔在纽约现代艺术博物馆举办了“立体主义与抽象艺术”这一展览，超现实主义的另一面才开始进入公众视野。许多美国艺术家是从巴尔撰写的画展图册上第一次了解到自动主义和“抽象超现实主义”。这次展览和图册都聚焦于马松、米罗、克利和阿尔普的作品，这些作品展示了自动主义创作技法。巴尔形容这些作品是“在放弃有意识的控制的半催眠状态下完成的”。通过将这些观念融入到立体主义的画展中，巴尔不但启发了可能包括杰克逊在内的美国艺术家，还赋予了抽象超现实主义短暂的合法性。

在接下来的 12 月里，随着一场美国博物馆有史以来规模最大的展览的举办，超现实主义艺术终于在美国爆发了。这场仍由巴尔策划的展览名为“精彩的艺术，达达和超现实主义”汇聚了差不多七百件五花八门的各类参展作品，其评论界关注度超过 1913 年军械库展之后的任何一次展览。展出作品包括曼·雷的《情人》（*The Lovers*），马克斯·恩斯特的《帽子造就人》（*The Hat Makes the Man*），梅拉·奥本海姆的《皮草早餐：茶杯，茶碟与茶勺》（*Fur-Covered Cup, Saucer and Spoon*）以及“所有和超现实主义运动稍微沾亲带故的艺术家们”的作品。在被达利滑稽而无害的行为举止误导了五年以后，美国艺术圈终于意识到超现实主义视野的宏大抱负和黑暗力量。然而除了刘易斯·芒福德这个引人注目的例外之外，大多数评论家并不欣赏超现实主义带来的震惊感。他们称其为“赝品”，“混乱”，“胡闹”，“荒诞至极”，“超级骗局”。玛莎·戴维德森在《艺术新闻》（*Art News*）杂志上撰写文章，称公众“肯定会觉得好笑或者是被激怒”，如果有些画作“让观看者感到反感，那就正好达到了它们想要达到的目的”。戴维德森并非唯一一个注意到库尔特·施维特斯对达达主义美学观念的简短总结的评论家：“艺术家吐出的一切都是艺术”。

阿希尔·戈尔基是少数几个无视批评，欣然迎接超现实主义艺术的美国艺术家之一。从很多方面来看，戈尔基是第一位美国超现实主义者：第一个背诵超现实主义宣言，第一个阅读《米诺陶》，第一个将超现实主义理论融入自己的绘画中。紧随戈尔基之后的是来自宾夕法尼亚州里丁的威廉·巴齐奥蒂和来自芝加哥新包豪斯的杰罗姆·卡姆罗夫斯基，后者于1938年秋季来到纽约，并在第二年夏天纪念沃夫冈·帕伦的聚会上遇到巴齐奥蒂。这些艺术家刚刚同地方主义和社会现实主义者们进行了思想上的交锋，他们断然拒绝达利那种具象的、魔幻式的意象。“我们把达利看成一位插图画家，”另一位早期的美国超
415 现实主义者彼得·布萨回忆说，“这是用来称呼一位艺术家的最不堪的词汇了。”但是抽象派超现实主义是一大发现。对自动主义技巧的大量应用吸引了一众沉溺于塑形研究的艺术家们。在接下来的几年里，美国艺术家抓住这个诱人的、尚处于萌芽状态的新观念并将其化为己有。“自动主义，”罗伯特·马瑟韦尔说，“是首个被介绍给美国的现代创作理论，其引进时间之早，足以让美国艺术家进行大胆尝试，甚至比他们的欧洲同行更富冒险精神。”

巴齐奥蒂比自马松以来的任何一位画家都身体力行地对超现实主义理论进行实践。和戈尔基一样，他仔细研究了米罗和让·阿尔普的有机形状，并对浇筑（倾倒颜料）这类的自动主义技巧进行实验。他乘坐地铁去哥伦比亚去研究罗夏墨渍测验。他还不厌其烦地在他的朋友圈中广泛宣传超现实主义理论，其中一个朋友就是杰克逊·波洛克。

当巴齐奥蒂解释超现实主义时，杰克逊如何对其做出回应，不得而知。他的艺术受奥罗兹科、布鲁明黛百货公司和荣格心理分析的影响，他用了多久才看出超现实理论和自己的艺术创作之间的相似点？当他从巴齐奥蒂对自动主义之无意识状态的解释中倾听到（大概是在他初遇约翰·格雷厄姆之前的数月里）对自己高度个人化创作方法的回声时，他是何其的惊讶？在多久之后他又意识到他比任何美国艺术家都有更充分的准备——无论是艺术上还是心理上——来实现超现实主义的承诺？

显然杰克逊和巴齐奥蒂的讨论颇有似曾相识的意味。大约在1939年秋季或冬季，两位艺术家来到杰罗姆·卡姆罗夫斯基在苏利文大街上的工作室，二人就杰克逊1936年在西凯罗斯的工作室的实验是否构成超现实主义者所定义的“自动主义”技法展开热烈的

讨论。巴齐奥蒂不相信一位名誉扫地的墨西哥墙画家抢了超现实主义的风头，他“试图说服［杰克逊］，在争辩中占领上风，”卡姆罗夫斯基回忆说，“他充满热情地谈到新式绘画的自由和技法，他注意到有一些夸脱漆罐，并询问自己能不能用它们来向波洛克展示［创作技巧］”。在卡姆罗夫斯基的一幅“进行得不太顺利”的作品上，巴齐奥蒂用一把调色刀蘸着白色颜料以螺旋形状滴在画布上。一两分钟之后，他后退几步，并将这些螺旋形“诠释”为“鸟巢”。然后他把调色刀递给杰克逊，杰克逊“甩动手腕，做了几个快速鞭打的动作，将颜料抛洒到画布上”，根据卡姆罗夫斯基的描述，当他完成时，“他拒绝就作品的意义给出任何评论。”不久卡姆罗夫斯基也拿着自己的调色刀加入了他们，整个“展示过程”很快就退化为一种“非常自由的行为”。当他们停下来时，卡姆罗夫斯基认为巴齐奥蒂已经“证明了自己的观点”，而杰克逊则仍在“苦苦地思索”。

杰克逊有足够的理由感到迷惑不解。巴齐奥蒂的展示的确是对西凯罗斯的工作室的重复。这次像当时一样，一道游离的颜料可能代表着动物的线条；一大片喷漆代表卷曲 416
的头发；旋涡式的线条代表鸟巢。这些创作里没有什么新东西。让杰克逊感到迷惑的可能是自动主义这种超现实主义理论承诺了更多东西，不是达·芬奇那种对墙中裂缝进行解读的游戏，正如巴齐奥蒂所解释的那样。至少这一理论比罗夏更接近荣格。图像应该源于无意识领域，而不仅仅是在那一领域寻找标签。“一切在出现时都是自然而然地喷涌而出，”马克斯·恩斯特写道，“这种展示的伟大之处在于不会迷失，正是在这里艺术家的手参与进来，不是为了添加而是为了记录。”到底无意识领域中的何种真理被一团线条“记录”下来，并被解读为鸟巢或者一捆线抑或是龙卷风漏斗呢？尽管做了不少尝试，巴齐奥蒂仍然没能超越“解释涂鸦”的方法来解决最基本的超现实主义问题：如何对无意识图像实行有意识的最少量艺术控制。

不过杰克逊仍然从温文尔雅的巴齐奥蒂那儿收获良多。作为希腊移民之子，巴齐奥蒂扮演着杰克逊的另一个代理父 / 兄的角色，后者不可避免地会被他吸引。他拥有一切资质：身材矮小，和鲁瓦一样体格健壮；和杰伊一样曾是个拳击手（他认为拳击为绘画做了最“有心理实用意义”的准备）；他极富魅力，善于社交，像查尔斯一样博览群书。他的家庭也像杰克逊家一样，经历了大萧条时期的经济崩溃。他受的“教育”包括卖报纸，擦鞋，为私造酒者放哨，在制帽厂打工，制造彩色玻璃，最后终于在国家美术学院报名参加了莱昂·克罗尔（Leon Kroll）的授课班。无论走到哪里，他都会带着一把雨伞（不管什么天气）和他的妻子埃塞尔（Ethel），她是一位有着敏锐洞察力和智慧，富有伟大的奉献精神和拜占庭式的宁静外表的女性。一位朋友回忆看到他们时，“二人穿得像一对在阴郁的星期天漫步的骄傲的上班夫妇……”他们“密不可分”，相偎相依共度一生，或许还有来生。

自1939年起，巴齐奥蒂就成为杰克逊同规模小但颇为活跃的美国超现实主义团体的联络人，这一团体在欧洲人到来之前就业已存在。1940年春，他们观看了一场沃夫冈·帕伦的作品展，这位奥地利超现实主义者曾在慕尼黑同霍夫曼一同学习。帕伦的画中那奇异的梦境，使用烛烟技法而创造出来的抽象背景，以及布满粗糙不齐之形（刀，骷髅以及骇人的鸟嘴）的前景，这一切都更凸显了约翰·格雷厄姆当时一直在解释的自动写作与巴齐奥蒂的超现实主义游戏之间的联系。同月，杰罗姆·卡姆罗夫斯基在皮埃尔·马蒂斯画廊见到了双双出现在米罗画展上的杰克逊和巴齐奥蒂。杰克逊当然已经对米罗的有机形状和优雅构图十分熟悉，因为至少自1938年起桑特就开始在詹姆斯·布鲁克斯的指导下创作航海站的墙画，布鲁克斯是米罗的热情崇拜者，但是关于米罗在生物形态方面的创造力，杰克逊还有很多要向巴齐奥蒂学习，这种创造力在巴齐奥蒂自己的作品中越来越明显。

417 巴齐奥蒂敢于尝试的勇气仍然要归功于马松，1942年初，马松新近的应用错视技法的画作同时在威拉德画廊和巴克霍尔兹画廊展出。正是在那儿，杰克逊第一次见识到了这位避世隐居的法国人的泼墨技法和蜿蜒曲折、迷宫般复杂的线条。当然这种技巧也没什么新奇的。自西凯罗斯的工作室时期以来杰克逊就不时将颜料直接从颜料管里挤出来。1940年，他已经将提奥多·瓦哈尔的工作室洗劫一空，把他所有颜料管里的颜料都直接滴到一张画布上。“我回来时，工作室里一团糟，”瓦哈尔回忆道，“不用问就知道是谁干的。”但是马松的图像绝对不是一片混乱。这种技法在西凯罗斯的工作室里不过是一种工匠掌握的技术，在杰克逊手中是一种涂鸦形式，而在马松那里却是一种创造细腻而具有心理表现力的抽象图像的新方法。

到1942年冬季为止，杰克逊一直抓住任何可能的机会来实践他自己的“超现实主义实验”。根据彼得·布萨的回忆，杰克逊曾坐在公共事业振兴署工作室里的桌子旁，“将颜料从颜料管里挤出来，只是为了看看颜料流向何处”。“他说起‘自由中介’，”布萨回忆道，“说这是超现实主义的元素，你不去碰画布，只让颜料自动落在上面”。数年后当一位朋友问起杰克逊“超现实主义运动对你的影响有多大？”时，他答道，“能让我真正理解和接受的唯一一个人就是马松。”

很显然，比尔·巴齐奥蒂也以一种不同但同样深刻的方式“打动着”杰克逊。两个人的关系被埃塞尔·巴齐奥蒂称为“无意识的合作”。巴齐奥蒂比之前或之后的任何人都更能分享杰克逊同他的艺术之间的焦虑关系。“当我远离画布时，”他写道，“我以尽可能现实的眼光来审视世界。当我回到画布前，世界变得神秘莫测。正是在这里，画布上寥寥几笔就让我踏上了迷宫般的旅程。”和杰克逊一样，巴齐奥蒂靠近绘画时，就像一位进入竞技场准备同魔鬼作战的角斗士。“发生在画布上的一切对我来说不可预知，充满惊奇，”他说，“一旦我感受到任何迹象，我就开始凭直觉画画。当我创作时，或当画作完成时，主题就呈现出来了。”

巴齐奥蒂还让杰克逊懂得，“谈论艺术就是玷污艺术”，“我们不该掀起那么多面纱”。根据妻子的说法，巴齐奥蒂认同马蒂斯的观点，即“艺术家应该把他们的舌头割掉”。他还十分拒斥“学术研究的矫揉造作”，认为“有些领域是语言文字不应该擅自闯入的”，埃塞尔·巴齐奥蒂说。他和评论家、交易人和美术馆馆长保持距离，以避免“陷入”口舌、争吵和不可避免的妥协境地中。在巴齐奥蒂看来，降临到艺术家头上的最可怕厄运就是成为一个“虚伪的骗子”——指的是那种摒弃“自己的王国”，错误地去寻求接受和认同的艺术家。这是杰克逊领悟得比较透彻的忠告——也可能过于透彻了。

1941 年冬季，杰克逊可能陪同巴齐奥蒂去聆听了戈登·昂斯洛·福特在社会研究新学院举办的关于超现实主义的讲座。如果他的确去了，他听到的内容也许鼓舞人心，但是没什么新鲜的东西；昂斯洛·福特认为，艺术家应该“审视自身的内心”以寻找创作题 418
材。不过这些讲座的确标志着美国短暂而独立的超现实主义运动开始走向终结。昂斯洛·福特是一位 1937 年起一直待在欧洲的英国艺术家，他此行是来宣传超现实主义的真正要义，也就是布勒东的教义。之前存在的一切否是一种背离。（数年后他仍自称是“将超现实主义绘画引进纽约之人”。）

欧洲人已经来了。

欧洲超现实主义者到访美国常被宣扬为美国艺术的伟大催化时期。“对观念的挑战创造了浩大的运动，”皮埃尔·马蒂斯说，他的纽约画廊极大地得益于欧洲艺术家的突然到来，因为他举办了这些艺术家的艺术展。“美国艺术家与［超现实主义艺术家］的相遇是一种契机。”“他们在这里的出现时无法抵挡的，”埃塞尔·巴齐奥蒂说，“其重要性怎样强调都不为过。这些极富魅力的人有着纯熟精湛的艺术方法。他们掌握着形式，而美国人一直在寻找形式。欧洲人带来的观念非常有吸引力。这些观念具有催化作用。仿佛一簇火苗和另一簇火苗相遇变成一团巨型的火焰。”

这种无心的比喻却是恰如其分。实际上，超现实主义者的到访带来的是巨大的摩擦、激烈的争议和积怨，却少有创造性的火花。超现实主义观念——这些数年前漂洋过海来到这的观念——的确有巨大的催化作用，但是结果证明，无论对主人还是客人来说，这种访问本身都造成了不和，适得其反。它不但没能刺激美国的超现实主义运动，反而在顶着新标签追寻新办法的过程中将美国艺术家逐出超现实主义殿堂，抹黑了超现实主义的名声，并在接下来的四分之一世纪里掩盖了它对于美国艺术的贡献。

在最初，很少有美国艺术家实际上见到了他们的新客人。这些超现实主义者们自成一伙，排外而冷淡，和其他如蒙德里安和莱热这样的欧洲来访者不太一样，这两位艺术家都“真心喜爱并享受纽约的风土人情”。他们频繁出入同一家咖啡馆和免费法国餐厅，然后坐在那儿用餐，交谈只限定在彼此之间，并抱怨纽约的天气、食物和忙乱的节奏，“怀念巴黎的小酒馆”。他们只在极少数美国人家中举办的派对上聚会，比如伯纳德和贝奇·莱斯，这两位有足够的财力来资助这些欧洲人高雅的品位，并且在文化上有种不安全感，因此甘愿忍受这些人纡尊降贵的傲慢态度。夏日里，他们一起度假，聚集在像汉普顿海滨度假胜地这样的独立村落群，由亲法的美国人萨拉·墨非和吉拉德·墨非为他们提供饮食，尽情满足其一切需要。有些人为了“远离一切”移居到康乃迪克州，比如马松。“他们都是糟糕的自以为是的家伙，”克莱门特·格林伯格说，“美国人太肮脏了。”超现实主义者极少能讲英语，有些人即便能讲，也拒绝说英语。

超现实主义者们只有偶尔才会越过文化屏障去迎接本地人。马歇尔·杜尚和库尔
419 特·塞利格曼就努力让自己易于接近。戈尔基是布勒东和唐吉比较喜欢接触的人，而马特一家也总是那么受欢迎。但是多数新来的人的交流仅限于像梅赛德斯·马特和弗里茨·布特曼这样会讲法语的极少数美国人。“超现实主义者们的到来仿佛远道而来的皇室贵族驾到，”梅·罗森伯格写道，“对于粗鄙之人来说他们是神圣想象的持有者；是穿行于糖衣蜜罐的丛林中的旅行者。”

根据马克斯·恩斯特的说法，这种傲慢而充满鄙夷的腔调是由布勒东设定的，“他坚持一切非法国的东西都是愚蠢的”。从到来那一刻起，布勒东鞠躬并亲吻女士的手，谈吐间用词准确，代表着欧洲超现实主义的最高境界。一些人被迷惑了。“布勒东可能会与你交谈 15 分钟，”埃塞尔·巴齐奥蒂回忆道，“但这 15 分钟让你永生难忘。”其他人则被他

被放逐的艺术家。从左至右，前排：罗伯托·马塔·埃肖朗，奥西普·扎德金，伊夫·唐吉，马克斯·恩斯特，马克·夏加尔，费尔南·莱热；第二排：安德烈·布勒东，皮特·蒙德里安，安德烈·马松，阿梅德·奥占芳，雅克·里普希茨，帕维尔·切利乔夫；后排：库尔特·塞利格曼，尤金·贝尔曼

"专横的和似神职人员一般居高临下的傲慢态度"刺痛。其仰慕者叫他教皇，并对其抱着毕恭毕敬的态度，这种态度在他们的美国东道主看来，就算不令人反感，也是显得颇为矫揉造作的。"这些成年人给予［他］的拥护和尊敬着实令人惊讶，"贝奇·莱斯说道，"他至高无上，这一点在他的仰慕者脑中根深蒂固。"布勒东任性地行使着他的权威。"他充满偏见，"大卫·哈尔说，哈尔是布勒东短暂创办的《VVV》杂志的编辑。布勒东拒绝学英语——担心英语会污染他的古典书面体法语——他不吃鸡蛋，憎恨同性恋。他命令他的追随者之一，尼古拉斯·卡拉斯，要么结婚，要么就面对被逐出其团体的结果。他 420
特别热衷于室内游戏，他操控着巨大的权力，对别人进行小小的羞辱。他最喜欢的是自己发明的一个叫真相的游戏，游戏玩家必须吐露他们内心深处的感情隐秘。佩吉·古根海姆很鄙视这个游戏，称其为"一种公开进行的心理分析形式。我们暴露的事情越糟糕，其他所有人就越开心"。尤其是布勒东，他像一位毫无幽默感的严苛小学校长那样制定了游戏规则，哪怕最轻微的触犯规则他都会尖叫着"犯规！"。"谁要是多嘴说了不合时宜

的话，他会大怒。”古根海姆回忆道，“游戏的一部分就是惩罚那些抢话的人。”惩罚内容包括“蒙着双眼爬进一个房间并猜出是谁亲吻了你”。

在充满战地调动任务和战时物资短缺的背景下，超现实主义者不问世事、任性放纵的生活方式在很多人眼里显得肤浅而不负责任，让人恼火。“在这个国家里，到访者们表现出一种从容而优雅的生活方式，”梅·罗森伯格写道，“无论是萎靡不振还是充满激情，他们看来度过了一段美好的时光，一段对在知识领域内相对平和的时光。”当一群人认为莱昂诺尔·菲尼用一堆堆秋叶和喷过香水的粪便来装饰公寓十分有趣时，美国人该对这群人做何感想？他们的艺术和诗歌中的异想天开、抒情方式和享乐主义看起来似乎是有意冒犯了其东道主们更为实用、阳刚和清教徒式的感受力。他们对布勒东不加质疑的绝对服从不乏极权主义思想控制的意味。他们对美国不加掩饰的蔑视往好了说是不懂感恩——其时美国正为解放欧洲而奋战——往坏了说简直就是叛逆不忠的。（达利展出一幅画有被击落的美国飞机的作品，引起了轩然大波。）他们对文学主题的过分关注，对“画笔”的轻蔑，看起来极为愚钝落后。

更糟的是，这些欧洲闯入者赢得了美国交易人、收藏家和美术馆的越来越多的关注——这种关注本来已经极为稀缺。不仅仅只有像朱利安·李维这样的上城区画商，他总是有意回避年轻的美国艺术家，并收到来自布勒东的美学逐客令；不仅仅只有巴尔这样的“现代艺术博物馆之人”，他们总是更青睐于欧陆艺术家。真正令人烦恼的是一些刚刚起步的收藏者如何“一口气收掉法国人的全部艺术创新之作”，尤其是伯纳德·莱斯。“［莱斯］仅有的钱都花在了欧洲艺术家身上，”罗伯特·马瑟韦尔回忆道，“到了他拥有我们给他的任何美国画作的程度。”

与欧洲人的亲近不禁酿成怨恨和蔑视，还产生了对其艺术的更为现实的评价。比如，威廉·德·库宁发现他和莱热及法国抽象主义艺术家让·艾利翁在同一间工作室，艾利翁最近刚从战俘集中营逃出来。“一天，我看着自己的创作，”德·库宁后来对里昂内尔·阿贝尔说，“然后我说自己的创作和他们的一样有趣。它也的确也很有趣。”阿贝尔记得“能将自己与莱热这样的一流画家比较对［比尔］来说意义重大”。整个美国艺术家阵营
421 也有了同样的领悟。大卫·史密斯这样说起蒙德里安和里普希茨，“我们见过他们，发现他们是和我们一样的人，他们并不是神”。杰克逊·波洛克也开始思考这个无法回避的问题。“我不明白，”他在1943年对采访者说，“为什么现代绘画的问题不能像在别处那样在这儿［美国］解决。”

到 1942 年底，尽管布勒东通过《VVV》的出版试图为挽救自己霸权地位做最后的努力，超现实主义已成为混乱不堪的运动，其早期的信条已被派系内斗和痛苦的颠沛流离破坏了。弥漫于战时美国的“什么都能做”的积极态度给美国艺术家带来了勇气，让他们重拾信心，争先恐后地踏入超现实主义留下的缺口。

在接下来的混乱中，杰克逊·波洛克不过是个旁观者而已。到了 1942 年，就算不是特别出名，他也已经广为人知，被普遍认为是“一块未被打磨的璞玉”，这多半要归功于格雷厄姆的引荐。在美国超现实主义者中，领跑者是戈尔基和巴齐奥蒂。但是两人都不适合政治战场。尽管戈尔基极富学识，广受尊敬，但是他的美学感受力过于多变，无法担当起思想倡导者的角色。（“戈尔基就像一头母牛，”杰克逊对一位朋友说，“你知道，它们搜寻草料并吃下去，然后回到牛棚，仍在不停地咀嚼着……”戈尔基会花数小时看着毕加索的作品，然后回到工作室，用戈尔基的风格创作一幅毕加索式的作品。）1943 年戈尔基在弗吉尼亚州的一个农场里待了九个月——这是他在纽约以外多次常住的最早一次——已经显现出喜怒无常和情感疏离的迹象。巴齐奥蒂是更有可能性的候选人。在所有那些后来自称是“美国超现实主义运动奠基人”的人当中，巴齐奥蒂是最配得上这一称呼的人。然而他回避争名夺利的决心已定。“他只关心艺术追求的完整性，”埃塞尔·巴齐奥蒂说，“他完全遗世独立。……我们都和评论家、画商和美术馆馆长颇为熟悉，但是他从未进入这些人的轨道。”当然正是在这一轨道中，争名夺利的斗争从未停歇。

罗伯托·马塔·塞巴斯蒂安·埃肖朗是一位从未有过这种疑虑的艺术家，他被简称为马塔。祖籍为巴斯克人，生于智利的马塔一直住在巴黎，1937 年他加入超现实主义艺术圈之前，曾跟随勒·柯布西耶学习建筑。尽管他以放浪形骸的浪荡子而著称，拘谨而一本正经的布勒东还是接受了他，称其为“亲爱的儿子，显而易见的继承者”。然而 1939 年，就在欧洲艺术家逃离法国的大浪潮到来之前的近两年，马塔就已经弃别巴黎来到了纽约。和其他随后到来的欧洲人不同，马塔年轻且会讲英语，与美国艺术家交往频繁，善于交友。罗伯特·马瑟韦尔的反应是比较有代表性的：“他是我见过的最精力旺盛、富有诗意、魅力四射且聪明过人的年轻艺术家。”“马塔就像一个点火者，”贝奇·莱斯说，“他能够点燃任何人对于艺术的想象和热情，是一个极具爆发力的人物。”在布勒东到来前的那年，马塔“和所有人都有接触”，稳稳地步入那些自认为是超现实主义者的美国艺术家的行列。 422

作为唯一一位在纽约的“欧洲”超现实主义者（除了已经名誉扫地的达利之外），马塔能给扮演和自己的野心相配的普罗米修斯式的角色。在巴黎，他是前途无量的超现实主义门徒。孤身一人在纽约时，他是“天才”。年仅 30 岁的他凭着手中几幅自己创作的作品，就在皮埃尔·马蒂斯画廊开了画展，这是他任何一位美国朋友都难以企及的荣誉。然而布勒东的到来改变了一切。“[欧洲人]来了之后，没人再去关注他。”史蒂夫·惠勒回忆道，他当时还是位年轻的艺术家，“他被推回到阴影里。围绕着《VVV》杂志周围的老一代超现实主义者不想和他有任何关系。他们认为他是个自命不凡的暴发户。”

饱受布勒东和其他人唾弃的马塔开始设计他的报复计划。根据惠勒的说法，“他说，‘去你妈的，伙计们，我会有自己的运动的。’”当然，开始一场新运动的唯一起点就是在美国人中间。“通过和其他更年轻的美国画家结盟，”惠勒说，“他可以趁机攫取权力。”主要是通过和巴齐奥蒂的接触，马塔得出结论认为，自动主义是唯一能为美国艺术家保留了发展力的超现实主义思想，很快他就将自己升级为自动主义的捍卫者。在约翰·格雷厄姆的麦克米兰画展之后不久，马塔开始布置秘密的计划，利用一个抢尽布勒东风头的事件，再给予其大胆的一击，彻底结束欧洲人的艺术霸权。罗伯特·马瑟韦尔的说法根据“他想将超现实主义者们呈现为头发灰白，无法适应当下现实的中年人，让他们难堪”。这次展览只有美国艺术家——还有马塔。“他意识到如果他能自己发起一场运动，或哪怕是自己策划一场完美的展览，”马瑟韦尔说，“超现实主义者们会说，嗯，他是个超现实主义者，而且很有天赋；但假若有另一个团体做出了比超现实主义者们更大胆和完美的亮相，那么他就如愿以偿地达到了让他们难堪的目的。”

马塔向巴齐奥蒂描述了他的计划，希望后者能帮助招募朋友加入自己新运动来，但是巴齐奥蒂又一次拒绝参与。但是他的确提供了一个他认为有可能回应马塔计划的艺术家名单，这一名单包括戈尔基，卡姆罗夫斯基，布萨，德·库宁和波洛克。然而由于反欧洲人的仇恨情绪已经在美国人中间扩散开来，马塔决心找一位本地的协办人，这样能够给他的新运动一种美国认同感。他选择了罗伯特·马瑟韦尔，一位来自加利福尼亚的不知名年轻艺术家，马塔是在 1941 年夏天的墨西哥之旅遇到马瑟韦尔的。对于有贵族气派和阶级意识的马塔来说，马瑟韦尔看起来似乎是不二人选：有着斯坦佛和哈佛大学的教育背景，很有教养，富有大都市气息，能言善辩，野心勃勃——在很多方面简直就是马塔自己的美国版本。

实际上，这是个极为糟糕的选择。

*　　　　*　　　　*

罗伯特·马瑟韦尔在自己的工作室，1943 年

罗伯特·马瑟韦尔的名字第一次出现在美国超现实主义年鉴上的时间相对较晚。1937 423
年，现代艺术博物馆的超现实主义画展刚刚结束，戈尔基和巴齐奥蒂已经开始阅读《米诺陶》杂志，并对超现实主义意象进行实验，马瑟韦尔还是个 21 岁的哈佛研究生，不慌不忙地读着博士学位。1939 年，当巴齐奥蒂把杰克逊带到卡姆罗夫斯基的工作室去调解围绕着自动主义而产生的争论时，马瑟韦尔正在俄勒冈大学教授哲学。1940 年他来到纽约，他承认自己不认识任何美国艺术家，也没兴趣结识他们。由于更钟情于“法国氛围和环境”，他向库尔特·塞利格曼学习雕刻，并开始喜欢在逐渐扩大的难民社区周边闲逛。直到 1941 年夏天，在墨西哥旅途上认识了马塔、马塔的妻子以及芭芭拉·莱斯（伯纳德和贝奇的女儿），马瑟韦尔才最终了解了超现实主义。“在那个夏天的三个月里，”他后来说，“马塔教给了我关于超现实主义的长达10年的知识。”他在墨西哥城拜访了沃夫冈·帕伦，巴齐奥蒂和杰克逊去年观看过帕伦在朱利安·李维画廊上的展览。也是在这次旅途中，马瑟韦尔还遇到了自己的伴侣—— 一个皮肤黝黑，具有惊人吸引力的墨西哥女演员玛利亚·费雷拉，一位朋友将她形容为“一只娇小而反复无常的，跳来跳去的瞪羚”。

从墨西哥回来之后，马瑟韦尔开始在马塔的帮助下第一次认真作画，为了迎合欧洲艺术家的团体加倍努力。最初，他的率性引起了他们的兴趣。大多数美国人就算不是充满敌意，也是一副爱理不理的态度，而马瑟韦尔——形容自己“受法国文化的熏陶”——却毫无畏惧地大步迈进超现实主义者们的聚会，与他们展开学术上的交谈。“我会同马克斯·恩斯特聊天,”他回忆道,“在我来之前［他］也许是第一个拥有哲学学位的画家……
424 他十分愿意谈论学术方面的话题。”在公开场合，恩斯特和其他人容忍着这位鲁莽的年轻人，他们经常用机智而夸张的评论来戏弄他——“你有巨大的发展潜力”——而他却总是将这些当成赞美之词。他后来告诉采访者，在“寻遍文化世界以求人才”的过程中，欧洲人对他的智慧、品味和英俊的外表留下了十分深刻的印象。“他的容貌颇为令人赏心悦目,”罗杰·威尔考克斯说，他的妻子露西亚经常作为东道主来招待在汉普顿度假的超现实主义艺术家们，“他的圆脸看起来天真而又可爱，他彬彬有礼而且充满热切的渴望。”布勒东甚至选了马瑟韦尔作为《VVV》杂志的第一任编辑（部分原因是他半心半意地想搭起和美国艺术团体之间的桥梁)，尽管在创刊号发行之前马瑟韦尔就被解雇了。

然而在私下里欧洲艺术家们却嘲笑着他。根据露西亚·威尔考克斯的说法，“他过去经常悄无声息地让自己融入这个团体，但是根本无人关注他。”恩斯特斥其为“一个笑话”。将所有美国人都视为天真无知之徒的布勒东也反感其知识分子的矫揉造作，并不无侮辱意味的称其为“小哲学家”。甚至是马塔有时一不留神也同意他“是个饶舌大王和华而不实的蠢货”。

然而在1942年，马塔的这位新门徒却被派上了用场。为了给创建新运动的关键性“亮相”做准备，马塔和马瑟韦尔发起了进行招募和宣传灌输的一系列密集活动。凭借巴齐奥蒂的名单，他们带着自己的想法拜访了艺术家们的工作室。马瑟韦尔负责安排会面和介绍工作——“他很有本事，能讲各种力量会聚在一起,”彼得·布萨回忆说——然后马塔会对运动本身作进一步解释：需要在“超现实主义‘内部’的年轻人中掀起一场革命”；有必要“揭露超现实主义者们，它们是一群与其当代世界不再合拍的教条主义画家”；需要“依靠更为真实的心理自动主义技法”。接下来马瑟韦尔会迫不及待地对超现实主义理论进行一番冗长的解释。一位艺术家回忆说“自己对此感到厌烦，因为马瑟韦尔说的比马塔做的还多”。1942年的春秋之际，马塔和马瑟韦尔将他们的活动开展到戈尔基、波洛克、德·库宁、卡姆罗夫斯基和布萨的工作室，收到了褒贬不一的评论。戈尔基有些困惑，德·库宁不感兴趣。不过卡姆罗夫斯基和布萨比较感兴趣，波洛克“兴奋不已”。“知道马塔喜欢自己的作品，他喜不自胜。”鲁本·卡迪什回忆说。把巴齐奥蒂算上，马塔现在有了六位艺术家——他自己，马瑟韦尔，巴齐奥蒂，布萨，卡姆罗夫斯基和波洛克——这些人足够掀起一场运动了。

数年之后，马瑟韦尔宣称他利用这些聚会“启蒙”了波洛克和其他艺术家，让他们走进“超现实主义谜团”中——这一说法引来了艺术家的朋友们的放声狂笑和嘲弄。

1942 年 10 月 14 日，欧洲超现实主义艺术家们在麦迪逊大街的怀特洛·里德大厦举办了他们在纽约的首次公开展，“超现实主义的最初文本”展。美国艺术界从未见过这样的场面。作为策划仪式的大师，杜尚将两英里长的线捆在老房子室内的立柱上，将空中的 425
线束作为拍卖画作的背景。孩童玩闹的声音在大理石厅堂里回响，由杜尚雇的一队年轻人在舞厅里踢足球，玩跳房子游戏和抛接子游戏和跳绳。可鼓励客人加入玩耍之中。在拼凑这次展览时，布勒东把超现实主义的范围扩得很宽。除了米罗，马松，恩斯特，塞利格曼和马格利特，他还将毕加索和克利的作品囊括进来，这两位艺术家都拒绝被贴上超现实主义的标签。他甚至屈尊地挂起美国艺术家巴齐奥蒂、马瑟韦尔和大卫·哈尔的作品，尽管他们在场的妥协条件是他们的作品被放在超人和神父的图片旁边。尽管彼此之间的裂痕在扩大，布勒东还是展出了马塔的作品。然而达利是不能被原谅的。总的来说，这是一场有说服力、充满活力的展览。如果说超现实主义者已经萎靡不振，他们在艺术界的统治已经受到威胁，至少在展览开幕之夜的大理石柱和愉快的赞助人那儿找不到任何这类迹象。

在布勒东盛大展示的阴影下，马塔开始准备自己的展览了。佩吉·古根海姆的新画廊本世纪艺术画廊（Art of This Century）就在“最初文本”展览后的一周开张了，她已经表达了对马塔举办“新美国自动主义者”展览计划的兴趣，也似乎认同马塔要超过布勒东的远大理想。现如今马塔手里有了思想、艺术家、策划和赞助人，他需要的只剩下艺术。

为了重建布勒东在欧洲艺术家中间应用自如的“社团”感，马塔安排艺术家和他们的妻子在他十二大街的公寓里一起聚餐和玩“游戏”，这里有剧院般的、开阔的空间，曲线形的帆布墙壁是由弗雷德里克·基斯勒设计的。游戏的名字叫“精美的尸体”，这是超现实主义者们最著名的室内游戏，是20年代由唐吉和杜尚以儿童游戏为模板发展而来的。在游戏的开始，一位参与者在一张纸上写下一个词或一句话，然后将纸折叠传给下一个人，第二人在不知前面写了什么内容的情况下再添加一个词或一句话。当所有人都参与了之后，把纸打开，写在上面的“诗句”被大声朗读出来。（这个不同寻常的名字来自通过这种游戏规则而得来的第一个句子：“精美是尸体将会喝未熟的葡萄酒。”）根据埃塞尔·巴齐奥蒂的说法，此游戏的目的是“找到彼此心灵的汇聚点”。然而结果常常是在俳句和不知所云的东西之间。杰克逊写在一幅素描空白处的一首“诗”是比较典型的：

舞蹈的努力
长着号角的城市
白色的厚度。

由于对最初的尝试有些失望，马塔的客人们试图对句子进行重新排列。（这一任务落到了马瑟韦尔身上，他是这些人中的知识分子。）当这么做不奏效时，他们决定“作弊”，
426 要求所有参与者写下的内容必须与一个共同话题相关，比如“什么是狐狸？”马瑟韦尔回忆说，“一个雨夜里，主题之一就是雨，然后一首极美的诗篇就诞生了。”

坐在马塔的帆布椅（也是由基斯勒设计的）上围成一圈的客人包括罗伯特和玛利亚·马瑟韦尔夫妇；比尔和埃塞尔·巴齐奥蒂；彼得·布萨和他未来的妻子让娜·朱耶；马塔的妻子安；李·克拉斯纳；以及独自坐在角落里的杰克逊·波洛克。“杰克逊不太参与到游戏里，”埃塞尔·巴齐奥蒂回忆道，“他不想和这么具有揭秘色彩的事情扯上任何关系……这一直是痛苦的来源。”爱社交的马塔对杰克逊反社会倾向的沉默寡言感到困惑。他称杰克逊为“封闭的人”。只有当大家创作男性和女性的自动式素描并对之进行心理分析时，杰克逊才会活跃起来。“杰克逊正对这很在行，”彼得·布萨回忆说。

尽管马塔很显然有意将这样的夜晚变成定期活动，然而在几次聚会后，关注度开始下降了。杰克逊只来过两三次——至少有一次是和李一起来的。马瑟韦尔一度试图在其位于第八大道的公寓里继续这个活动，杰克逊至少出席了在那儿的一次活动，但是兴趣很快消减下来。在多则不超过六次少则只有两次的晚间活动之后，他们放弃了尝试。

对马塔的计划具有更重要意义的是 1942 年 10 月开始每周六下午在他位于第九大道的工作室里聚集的一群艺术家。他要在这些活动中塑造他的新运动。没有开胃小菜，没有游戏，也没邀请任何艺术家的妻子，这一点倒是和超现实主义者的厌女症倾向保持了一致。（超现实主义者“对待女性就像对待法国贵宾犬一样，”李·克拉斯纳曾抱怨说。）除此以外，参加者还是同一群人：巴齐奥蒂，卡姆罗夫斯基，布萨，马瑟韦尔和波洛克。马塔回忆说，杰克逊是“最痛恨群体这一想法的”，但还是来了，马塔的名气和他对杰克逊作品的热情说服了波洛克。正如马塔宣布的那样，这些活动的目的在于“寻找人的新的意象”。整个计划简单直接，不可改变：他们要在特定主题的基础上创作自动主义绘

画作品。有一周里，他们聚焦于“自然元素”——火、水、土、空气——并试图在纸上捕捉艺术家们对这些元素的反应。接下来一周，他们思考的是“如果把你及眼睛蒙起来去游泳会是什么样子。”马塔对自动主义方法和理论的大多数解释对于美国人来说并不陌生，但是根据卡姆罗夫斯基的说法，“他为这一主题带来了如此多的活力，以至于他说什么都不重要了。”

一个特别让马塔着迷的主题：“一天中的时间”。自从德·基里科那永远空无一人的露天广场之后，时间一直是超现实主义者们的关注点。从达利的融化的钟表到贾科梅蒂的《清晨 4 点的宫殿》，“超现实”这个概念本身就暗含了从时间和延续性的传统法则中梦一般地抽离出来。马塔希望通过运用真正的自动主义原则，他能就事件、空间和无意识之间的关系这个问题做出更新颖和强有力的宣言。“超现实主义很大程度上是充满［梦境］
的夜间世界，”卡姆罗夫斯基说，“马塔想为白天的时间创造一个相似的世界。”如果他成 427
功了，他就能在超现实主义自己提出的条件上超过他们。

然而杰克逊和他的同伴们对超现实主义的条件并无兴趣。他们只想作画，而不是发表宣言。在他们看来，马塔的计划听起来比较可疑，似乎有点像布勒东将艺术仅作为对空洞的形而上学的粉饰的做法。不过出于对聚会主人的尊重，他们还是同意尝试一下。按照马塔的指示，他们将日常活动和想法记录下来，目的是去发现“同一时刻有哪些共同的图像闪现于头脑中”。李·克拉斯纳记得一次活动后马塔指示大家“画出一天中的时刻”，杰克逊回来后十分困惑。尽管这些美国人被马塔的画打动了，然而他们对他的“教条主义”越来越不满意。“我们一起合作得很融洽，只是马塔越来越热衷于争辩，”彼得·布萨回忆说，“我们更感兴趣的是形式上的可能性和运作方式，［但是］马塔却认为这样有点缺乏文化修养。”根据卡姆罗夫斯基的说法，“马塔已经到了这样一个地步，与其说他是在推动自动主义技法的发展，还不如说是他在推动通灵和巫术这些狗屁玩意——我们对超现实主义中的这些算命和占卜的东西毫不关心。”尤其是杰克逊，他抱怨“一切太像游戏，不够严肃”，并拒绝去做记录——“这让他想起家庭作业，”布萨说。这类聚会开始还比较友好，渐渐变得“很紧张”。一次当马塔在展示超现实主义的烛烟技法时，杰克逊转身用大家都听得见的声音对布萨私语道：“没有烟我也会这个技术。”

这一切最终在冬末的一次聚会上结束了，当时马塔提议每个人带回家一幅骰子，在每一小时的整点时刻掷骰子，并记录下出现的数字。“这已经是杰克逊再也无法忍受的，”布萨回忆说，“他起身离开了。”

杰克逊离开后不久，佩吉·古根海姆也撤出了对马塔展览计划的资助。她的兴趣不过是探索性的，尽管她也感受到布勒东王朝统治下的束缚，但是她还尚未为一场宫廷政变做好准备。不过她给包括杰克逊在内的美国年轻艺术家一个机会，就是参加计划于1943年春季在本世纪艺术画廊举办的拼贴画展。马塔对自己同其超现实主义导师的决裂也有了新的想法，他改变主意一定程度上是由其美国门徒的意外反抗引起的。“马塔的效忠总是犹疑不决的，”埃塞尔·巴齐奥蒂说。然而在接受其重新回到阵营之前，布勒东要实施一次奇怪的报复。“在一次聚会上，”海达·斯特恩回忆说，“马塔必须通过给自己身上打上烙印来赎罪——至于在身体的什么部位我也不清楚。”

马塔的投降显然让罗伯特·马瑟韦尔策划了那个“美国自动主义运动”的继承人—— 一个尚未形成，只存在于马塔野心勃勃的规划中的运动。马瑟韦尔毕竟是马塔亲自挑选的美国联络人；为了招募艺术家他曾陪伴马塔四处走访；事实证明他在社交、政
428 治和艺术上都具有精明的头脑；他还是个出色的组织者；最重要的是，他认识佩吉·古根海姆，她的新画廊和奢华而炫目的生活方式已经让她的重要地位迅速蹿升到可以和布勒东媲美的地步。杰克逊相信，没有马瑟韦尔的影响力，古根海姆不可能发出拼贴画展的邀请。

当然没有人比马瑟韦尔更渴望有权力和影响力的地位。作为超现实主义活动的新进者和旁观者，他比多数人都更清晰地目睹了布勒东的庞大势力。对自己的所见，他惊叹不已又心生羡慕。马瑟韦尔当时的一位密友哈利·霍兹曼回忆说，马塔投降之后不久，马瑟韦尔冲进工作室大声说，“布勒东让我害怕……他能成就一位艺术家，也能毁了他。”霍兹曼试着让他冷静下来。“你到底在意他什么？我们不需要这些人告诉我们该怎样思考。”“这对你来说当然没什么，”马瑟韦尔回答说，“但是我需要权力。当我有了权力，我也可以有那样的视角。”

不管马瑟韦尔多么渴望权力，没有人愿意给他权力。对于他的宏大抱负，欧洲人嗤之以鼻，美国人则怨恨不已，人们对他的自命不凡报以愤恨和嘲弄的态度。在他们看来，他是个长着娃娃脸的新来者——也许能言善辩且有说服力，却没有任何获取领导权的合法条件。当所有人挣扎着一起挨过大萧条时期，本顿肆意而猛烈的抨击，以及WPA计划的意识形态斗争时，他又在何处？他的画作又在哪里？一直到1942年为止，甚至很少艺术家见过马瑟韦尔的美术抽象作品，即便有些人见过，也会质疑作品的完整性。40年代初期，当一位朋友意外来到马瑟韦尔的工作室，发现他正跪在地上，将米罗画作中一些

形状的摹图拼凑在一起。“这不是真正的绘画，”罗杰·威尔考克斯说，“杰克逊以及差不多所有人都清楚这一点。”

对于一个刚花了五年时间来获取哈佛大学的哲学博士学位的人来说，走这样的捷径是可以预见的。“他是富有文学才华的那种知识分子，”一位俱乐部的前成员说，“这在当时是很出众的。他没有扎根于绘画。我们所有其他人都是以绘画为根基的。”然而马瑟韦尔却想给他们上课，用一种居高临下的口气为大家讲授在数年里已变成通行货币的艺术理论。大多数美国艺术家感觉受到了侮辱，也就不奇怪了。

然而真正的侮辱和艺术没什么关系。而是和钱有关：罗伯特·马瑟韦尔是银行家的儿子。

对于像波洛克这样的艺术家来说，这就是最根本的、无法原谅的罪过，这些艺术家们曾在大萧条时期勉强糊口，曾加入共产党或至少参加过游行，他们的家曾因没收抵押财产和破产而损失惨重。“马瑟韦尔生于大富之家，从头到脚的每个毛孔里都散发着金钱的光芒。”哈利·霍兹曼说，他表达的观点多数艺术家都认同，“他从来就没吃过苦。他压根就不知道贫穷为何物。”尽管后来对此也有所否认，当时的马瑟韦尔很显然并未刻意掩饰他的家族遗产。尽管没有可见的收入来源，他住在第八大道一所宽敞的公寓里，并 429
去墨西哥和其他异域风情之地去避暑和度假。他解释说他父亲是旧金山富国银行的总裁，也在金融破产中遭受了重创，但是对于认定是银行家促成了市场崩盘的一代人来说，这种情况不过是金融家应得的报应。马瑟韦尔坚持说他每周只从父亲那儿领到50美元，但那已经是公共事业振兴署薪水的两倍，一些朋友怀疑他母亲向他提供了额外的资助。

然而多数艺术家还是将愤恨埋在心里，用对待欧洲人的同样的谦逊甚至是顺从来对待马瑟韦尔，他越来越能从欧洲人那里找到认同感。很多人，像杰克逊一样，都被吓到了——如果不是被马瑟韦尔的学识，那么就是被他的权势、财富和社交关系所营造出来的幻象。“杰克习惯于确保自己不会忽视一个重要人士或有可能成为重要人士的人，”鲁本·卡迪什回忆，“他尊重的如果不是马瑟韦尔本人，至少也对他的地位毕恭毕敬。”如果马瑟韦尔像他宣称的那样在1942年10月将杰克逊介绍给佩吉·古根海姆，那么杰克逊就更有理由与马瑟韦尔保持友好融洽的关系。“结盟开始形成了，”史蒂夫·惠勒说，“杰克逊深知马瑟韦尔算不上优秀的艺术家，但是他也知道马瑟韦尔有权有势，所以他不会站出来告诉马瑟韦尔他是个满嘴胡言乱语的混蛋。”在马瑟韦尔初次拜访之后，可能是在李的帮助下，杰克逊安排马瑟韦尔与霍夫曼和德·库宁会面。结果却不那么令人满意。霍夫曼对马瑟韦尔所讲解的自动主义的心理分析内容充满敌意，杰克逊在那天的短暂拜访时狂饮了几壶酒，不得不由马瑟韦尔和年迈的霍夫曼将他背回到公寓。“这可是个糟糕的差事。”马瑟韦尔回忆说。同德·库宁的会面也泡汤了。很显然杰克逊忘了告知其会面时间，当马瑟韦尔抵达时他还在睡大觉。

通过另一个一反常态的精明姿态，杰克逊建议马瑟韦尔和他为佩吉·古根海姆的拼贴画展共同创作。“他作画的时日比我长多了，”马瑟韦尔后来说，“在空间、光线和材料方面都有着比我专业得多的一整套计划。”如果不是出于某种精明的权宜之计可能还加上来自李的压力，鉴于杰克逊对群体创作的拒绝以及对马瑟韦尔的反感，他不太可能会愿意同别人分享他的工作室。两人于 1943 年春天共度了一个漫长的下午，期间杰克逊“对材料的粗暴使用”令马瑟韦尔震惊不已。他把纸张撕开，向上面吐口水，并用粗头火柴灼烧纸的边缘。“总的来说，他在创作时的那种狂暴是我以前从未见过的，”马瑟韦尔说，“我仍记得自己如何越来越紧张地看着他，心里升起莫名的恐惧。”这些事只会让杰克逊和理性的马瑟韦尔之间的不同更加突出，后者在二人初次见面时不无鄙夷地注意到杰克逊当天穿的那件 T 恤衫。（在一次典型的言不由衷的恭维中，马瑟韦尔假意表达了对杰克
430 逊的“左撇子智慧”景仰，并将他和“《欲望号街车》场景中的马龙·白兰度”相比较，只是“白兰度比杰克逊更有克制力。”）

马塔失败的地方正是马瑟韦尔成功的地方，即便没有他同胞的爱戴。目前为止，他是十年内两种惊人观念的最雄辩而具有说服力的代言人：自动主义和欧洲艺术家统治的终结。任何阵营的美国艺术家都会同意，至少在理论上，绘画比理论更重要，对他们来说，是时候取得和欧洲大师比邻的合法席位了。他的“造型自动主义”理论融合了超现实主义哲学和现代主义者的在造型方面的理论，不过它仅仅停留在理论阶段上——只有文本没有图示说明。和之前的布勒东和马塔一样，马瑟韦尔仍缺乏一场新运动中最重要的元素：引人入胜的艺术。

马塔是正确的：要想夺取欧洲艺术家的光环，激励美国艺术家付出最大的努力，一个前所未有的，更美丽而让人信服的“亮相”是必需的。如果意象对了，整个运动自会自成一体。尽管马塔充满热情，组织了各种社交聚会和工作坊，然而他一直没能激起必要的创造性火花。无论是艺术家还是佩吉·古根海姆这样的画商，对他的新运动的兴趣都在失望中消散殆尽。尽管进行了各种精明的策划，马瑟韦尔最后也还是失败了。然而

他们的努力却留下了一种推动变革的无尽动力，也留下了一种对即将到来的胜利亮相的急切而普遍的期待；超现实主义思想扎根于弗洛伊德的理论和一战之后的幻灭情绪，它在追寻表达方式的过程中已走过数十年，最终它将找到合适的意象；和周边正在进行的战争一样，这些意象也将宣告美国在全世界的新的领导地位。

简言之，美国艺术界已经蓄势待发，为新突破做好了准备。

431

28

精彩至极

在创作计划行将失败的日子里，李为杰克逊营造了安全的感情避风港，他仍然领着政府工资，并完成了他最早的代表作。这些画几乎是意外之作。1942 年的春季和夏季是彻底的失败。斯黛拉的到来，李的热心和殷勤，计划的不确定性，以及桑特的离开，这一切都让杰克逊疲于应付，或者根本应付不了，只能创作几幅敷衍了事的素描。然而在 9 月份，李搬到第八大道的公寓里，这给了他第一次充满自信地公然面对十多年来一直折磨着他，充斥于他想象中的魔鬼，而他在过去几年里学到的东西——格雷厄姆和毕加索，亨德森和荣格，马塔和自动主义，米罗，马蒂斯，甚至是西凯罗斯——都教给了他一整套新的意象。这一切体现在他 1942 年最后三个月里创作的三幅画中，画中的意象比他以前的作品都更具原创力，更引人入胜，错综复杂，纯熟精练。

在《速记形体》(*Stenographic Figure*) 中，一个丑陋畸形的女人坐在一个羞涩、骨瘦如柴的男人对面。当她把什么东西（也许是食物）递给他时，她灰色的巨大手掌横穿整个画布，这一姿势既慷慨又危险。这个主题——占有欲强且奉献一切的，让男性丧失元气的女性——自 30 年代初以来一直贯穿杰克逊艺术的始终，不过这个意象却崭新得令人惊异。在这件作品处于创作中的数月里，斯黛拉去纽约拜访了杰克逊和李几次，她已经从杰克逊的奥罗兹科式素描中难以和解的怪物转变为熟悉的，仍让人有些畏惧的悍妇。她的胸部不再是巨大、柔软而空洞的，而是像李的那样浑圆、坚挺而丰满。实际上，斯黛拉已经变成了李，这可以从她尖尖的舌头、昆虫一样的眼睛和枯槁的凝视以及含糊不清的占有性姿势识别出来。尽管仍然呈现出内向而自我否定的倾向，这个男性形象不再是仅有头盖骨的受害者，不再是个孩子。

在他的作品中，不再有对骨瘦如柴的女性的恶意讽刺画，也不再有令人压抑的阴郁

感。烧焦的调色板和奥罗兹科的喧闹笔触也不复存在。取而代之的是毕加索和马蒂斯的 432
那种明亮而自信的色彩。视觉上不再给人以噩梦般的幽闭感，而是突然变得宽敞而明亮。为了突出这种新发掘到的游戏感和趣味性——这是对当年早些时候他观看米罗的回顾展时的回应——杰克逊在画布上点缀了一些由棉布置成的数字、字母、线条和涂鸦。很显然这些涂鸦都是后添加进去的（有些或者所有东西都是在签名之后加进去的），他们可能隐晦地暗示了当时正在马塔的工作室里进行的自由主义技法实验。彼得·布萨目睹了这些画作的几个创作阶段，他回忆说杰克逊原本想把整个词语放上去，但是后来认定这些词语让人分心，因而就采用了“任意的涂鸦”和“他认为比较幸运的数字”（尤其是 4 和 6，这两个数字反复出现在他的街道住址里）。

《月亮女人》（*Moon Woman*）是对李的更为直接的致敬，在这幅作品中，杰克逊描绘了初次在他面前展现的充满女性性征的、脆弱而亲密的脸庞。女人那呈圆形的头部线条柔和，五官精雕细琢，其侧脸呈现出毕加索式的画风。她没有露出牙齿，也没有狂野的眼神。她的一只手抬起，靠近嘴边，姿态中带着一种忧虑或是少女般的沉默和含蓄。另一只手拿着一枝花。她的手不是干瘦的手，有着丰满浑圆的手指。她的身体是由一系列具有美感的黑色线条构成的，整个身体裹在粉色和各种柔和的蓝色色调里——淡蓝，皂蓝，天蓝，海蓝色——四周是极为美丽的一片片由树莓色到紫红色的色块。画布的左侧是一排蓝色的椭圆形，每个都形状里面都刻着简单的图案，它们整齐地排列在一起，仿佛珠宝商精挑细选出来的浮雕宝石。在亨德森的动物寓言素描和早年粗俗的大地母亲之后，《月亮女人》是一件令人惊讶的作品，温柔而又抒情，毫无疑问，它反映了杰克逊同李在一起的最初几个月里所感受到的放松和满足感。

性的满足也让杰克逊第一次在画布上面对最敏感的话题：他自己的性身份问题，自从在菲尼克斯参加了艾芙琳·波特举办的茶会之后，男性规则和女性规则之间的内心斗争就一直在折磨着他。在《男人和女人》（*Male and Female*）中，这种对立又一次摆在桌面上。在桌子的两端，瘦高的黑色人形面对面摆出立体主义式的阵仗。右侧是一块黑板似的平板，杰克逊在上面画了更多的数字，一个人形半隐在平板后面，它有着富有曲线的胸部，和月亮女人一样的粉色肌肤，毕加索式的怪异头颅，以及《速记形体》中鸟身女妖的悬垂着的下颌。但是也能看到生殖器和射精的迹象。左侧的人物也同样十分含混，它有着匀称的胸部，毕加索式的错位眼睛上长着浓密的睫毛，并且还有睾丸和一根超长而疲软的阴茎。只有一件事是不含混的：杰克逊因终于发现了自己的潜力而得意洋洋。

当右边的人射精时，左侧的白色柱状物向空中欢快地射出一股黄色、红色和黑色的物体，
433 然后在空中像焰火一样散开，运用的是自动主义技法的泼墨和滴墨后产生的多颜色爆炸效果，这一切——第一次——暗示了伟大的滴画法时代的到来。

这种兴奋却没维持多久。1942 年 12 月外部世界的频发事件打断了杰克逊的创作喜悦。七年多之后，富兰克林·罗斯福总统宣布公共事业振兴署“光荣退役”。艺术项目最终走到了尽头。几年内，政府仓库开始悄然将上百幅未安置的画作和旧铜废铁一起论磅拍卖掉。墙画或被涂上一层公共机构惯用的绿漆，或丢失，有些被愤怒地毁掉，根据一种说法，架上画被“一些官僚带回家放在潮湿的储存室里，或扔到垃圾焚化炉里”。两年后一批埋藏已久的艺术项目时期创作的画，包括几幅杰克逊的作品，出现在曼哈顿的一家二手商店，这一消息引起了巨大轰动。一位管道工曾以每磅四美分的价格在政府拍卖会上买到这批作品的全部，本来是想将画布作管道保温之用。当他发现“管道发热时，油画颜料就会发出难闻的气味”时，就把这些画卖了。听到这一消息后，包括杰克逊在内的艺术家们火速赶到卖画地点，以每幅 3—5 美元（墙画 25 美元）的价格回收了他们的作品。

李和杰克逊都苦苦地将联邦艺术计划坚持到底。在 10 月份完成了百货商店的橱窗展示后，李又从战时服务部接到一个为海军征兵站设计海报的项目。她立即将杰克逊召回到身边，杰克逊当时得到一个艺术项目在布鲁克林开设的一个金属薄片加工训练的差事，他在那度过了短暂而羞辱的八天（薪水减少了 40 美元），然后李又将马塔“工作坊”的其他成员——布萨，杰罗姆·卡姆罗夫斯基和比尔·巴齐奥蒂——招募回来，加入她自己的工作组。“你能想象到的在执行计划时最为散漫的一群艺术家，”布萨回忆说，“我们大部分时间都在创作自动主义绘画，而不是战争宣传画。”两个月之后，他们收到了解聘通知书。

尽管有各种警示的迹象和预期，当最后时刻到来时，很少有艺术家能真正泰然接受。很多人早就忘了如何找到并维持一份稳定的工作。年轻艺术家对没有政府慷慨资助的艺术界几乎或完全没有印象。这七年里，艺术社群和联邦计划几乎是同义词。“大家脑中一个共同的问题，”一位艺术家回忆说，“就是‘公共事业振兴署之后的生活将何去何从？’”

和很多艺术家一样，李、布萨和巴齐奥蒂选择了一个政府资助的职业培训计划，这样的计划旨在让大家从坐等政府发薪到踏入真正的职场这个转变更容易些。他们以一周 17 美元的“薪水”（大概是艺术计划的收入的一半），参加了曼哈顿东六十七大街的纽约贸易学校提供的机械制图课程。根据李的说法，他们要绘制“大片的机械草图”，复制很

多页的刻字。在享受了多年的创作自由之后，这份工作也许是个愚蠢而无聊的苦差事，不过至少能付房租了。434

然而这根本不足以满足杰克逊的自尊。尽管也被分派到了相似的布鲁克林课程里去，他要么从未出现，或被开除，或者参加了几天之后就放弃了。当斯黛拉在 2 月去拜访他时，发现他失业了，仅仅计划在未来的某个时日“参加某个课程”。而且，李的一周 17 美元的薪水远远不够支付房租、衣食和创作材料的费用。尽管杰克逊像很多艺术家那样在公共振兴署倒闭之前就从其储备里尽其所能地解救出来大量画布和颜料（把画布绑在腿上，然后装作若无其事地僵硬地大踏步走出来），然而当战争中断和转移了供给线时，艺术家需要的物资就变得越来越贵。当自己沦落到在商店行窃以获取颜料时，杰克逊不得不承认他们已经“一贫如洗”，唯一的解决办法就是找一份有报酬的工作，尽管这让人不太舒服。

通过他在艺术学生联盟的昔日好友乔 · 米尔特，杰克逊谋得了一份作为“橡胶清洗工”的夜间工作，在创意版画制作者为口红管、领带、围巾和盘子上的图案进行丝网印刷，这是一家位于第十八街的密不透风的血汗工厂。出于经济需要和对米尔特的感激之情，杰克逊在油墨和噪音中勉强撑了两个月，饮酒量飞速上升，创作量却急剧下降。

如果杰克逊想要恢复他的创作量，必须要找到可靠的经济来源，这一点越发明朗。李曾一度希望自己能为他提供资助，然而她也在五天之后就丢掉了一个制图的工作，根据她自己的说法，“这是这一职业的结束。”另外，杰克逊不想让她工作。“其他艺术家都是由妻子资助，”李说，“但杰克逊不想让我出去工作。他希望我待在家里。”由于杰克逊不能边工作边画画，而李又失业了，只剩下一个办法:“杰克逊下决心卖画为生，”李回忆说。

这是一个荒谬的想法。除了联邦艺术项目，没有任何美国先锋艺术家完全靠卖画所得养活自己。甚至没有人尝试着去这么做。多数艺术家——牙医赫伯特 · 费伯和西摩尔 · 利普顿或设计师威廉 · 德 · 库宁和约翰 · 利特尔以其他工作为生——或者妻子有工作（阿道夫 · 戈特利布和巴奈特 · 纽曼）。有一些艺术家靠富有的家里养活，如马瑟韦尔和布特曼。但没人敢把自己抛向当时实际上并不存在的当代美国艺术“市场”。联邦艺术项目所宣称的将有创造力的艺术家的作品融入美国日常生活的目标惨遭失败。1940 年，在经历了五年的“教育”之后，美国公众在当代艺术上的支出还不到五万美元。整个市场——包括庞大的传统机构——以每年两千或两千多美元的水平资助着仅 150 位艺术家。

更糟糕的是，到了1942年，欧洲大师们的大量涌入又吸走了人们对现代艺术的少量兴趣。多数自己就是欧洲人的纽约画商为了能代表这些到访者而你争我夺。像古根海姆和现代艺术馆这样的美术馆向他们百般献殷勤。像莱斯夫妇和墨非夫妇这样的美国收藏家为他
435 们举行宴会，为他们提供住所，并购买他们的作品。吉普赛·罗斯·李这位由脱衣舞演员变为全民偶像的明星于20世纪40年代初开始收藏现代艺术，一位朋友回忆说，“除了马克斯·恩斯特，其他任何人的作品她都不会瞧上一眼。”

实际上，对于想要靠作画为生的美国先锋艺术家来说，只有一个地方可以投靠。只有一人既是显赫的收藏家，又是画廊所有者，既有财富，又有胆识（或者说有怪癖）从相对无名的艺术家——哪怕是美国艺术家手中购买作品。这个人就是佩吉·古根海姆。

担任美国先锋艺术的救世主这个角色对佩吉·古根海姆来说是全新的。和当时的很多美国精英一样，她一生的大部分时间都沉溺于欧洲艺术——还有欧洲艺术家之中。童年唯一的欢乐就是她和父亲，本杰明·古根海姆，每年夏天的欧洲之行，否则的话她的童年则“充满痛苦”。当本杰明于1912年在泰坦尼克号的沉没中去世之后，佩吉在她和父亲曾经共同经历过的欧洲大陆上，开始了毕生的追寻，去寻找一位能替代她父亲的男人。当她有能力时，她就迫不及待地逃离家庭——“那些愚蠢而古板的资产阶级群体”——以及国家，加入到那些在20世纪20年代侨居巴黎，挤满了巴黎的咖啡馆和夜总会的人群中去。她时常出入一些蒙帕纳斯的时髦酒吧，比如多姆和圆亭这两家，她穿着金属丝面长裙，眉毛精心剃过，留着齐耳短发，手持20英寸长的烟斗。当时那些伟大的沙龙聚会让她流连忘返，她开始在蒙帕纳斯的工作室举办自己的沙龙。一天晚上，朱利安·李维和马歇尔·杜尚来到沙龙，发现“那里挤满了人。海明威，庞德，谷克多，纪德……我不知道都是什么人在那里”。

在巴黎时，佩吉与劳伦斯·维尔相遇并结婚，维尔是个游手好闲的懒汉，相貌英俊，魅力十足，情绪反复无常，他持有美国护照，却在欧洲出生和受教，“比那些侨居者更有法国气质”。佩吉叫他“波西米亚之王”。佩吉和他孕育了两个孩子，六年之后，她走出了这段婚姻，她已经厌烦了维尔在公开场合大发脾气——一次他攻击了饭店里的枝形吊灯——以及和他姐妹克洛蒂尔德之间的乱伦关系。不到一年她又找到了一个新情人，一个拜伦式的、喜欢酗酒的英国人约翰·霍姆斯，他讲话的“口音让她为之震撼”。他是个颇有天赋的作家，更是个天才的交谈者——“他讲起话来活像苏格拉底，”佩吉夸耀

佩吉·古根海姆与赫伯特·里德在伊夫·唐吉的一幅画前，1939年

道——接下来霍姆斯和佩吉共度了五年光阴，这是她一生中最快乐的时光，她时而感到受益匪浅，时而又因为他的酗酒而发怒。霍姆斯死于一场常规手术，因为麻醉剂和体内的酒精产生了反应，为此佩吉一直责怪自己：她疏忽大意，忘了提醒医生他前一夜一直在喝酒。“每个我爱的人都离我而去了，”她悲叹道。

在又经历了几次失败的恋爱关系之后，佩吉对男人绝望了——至少暂时是这样——
并转而投身于艺术。尽管她个人倾向于早期绘画大师的作品，收集这些作品可能过于循
规蹈矩，难以想象。然而，先锋艺术，“自身就携带着让人震惊的力量”。在马歇尔·杜
尚的帮助下，她搜集了一系列抽象和超现实主义作品，并在1938年1月24日开办了她 436
在伦敦的第一家画廊，热恩·古根海姆。

对古怪新奇有着特殊爱好的佩吉，不可避免地被超现实主义者们的时髦风格和无尽的享乐主义吸引了，年轻的已婚画家伊夫·唐吉对她有着特殊的吸引力，无论在艺术上还是在床笫之间，他很快成了她的激情所在。（众所周知，佩吉很难在艺术家和他们的艺术之间做出区分。）“唐吉很爱我，”她在回忆录里坚持说，“如果他不那么孩子气，我可能会嫁给他……但是我需要一个父亲，不是一个儿子。”据说她还和富有的英国作家兼艺

术家罗兰·彭罗斯（据佩吉说，他只有在把女人的手腕捆起来时，才能和她睡觉——“这样度过一夜让人极为不适，不过要想和彭罗斯过夜，这是唯一的方式”），以及萨缪尔·贝克特都传过绯闻，这位爱尔兰人有着绿色的眼睛，佩吉认为他的诗“比较幼稚”。

经历几年的财政亏损后，佩吉决定关闭热恩·古根海姆，开办一个新的美术馆。“我觉得如果反正都要赔钱的话，还不如赔得多点，去做一些真正值得去做的事情。”她说。她做事不容易半途而废，从不羞于向别人询问建议，她向以下这些人寻求了帮助，顶尖的英国艺评家赫伯特·里德，奈丽·凡·杜斯伯格，风格派画家特奥的遗孀，以及霍华德·普策尔，年轻的美国画商。为了筹划中的美术馆她开始以接近每天一幅速度收购画作。由于并不像其家族名声所传的那样富有，她设定了一个限度，每幅画不超过一万美元。她经常能以不到一千美元的价格直接从艺术家朋友那里买到画。和她父亲一样，在
437 她的私人生活里，她既可以非常慷慨大方，也会变得令人难以解释的吝啬。除了性，艺术是唯一能让她沉迷之物。“她允许自己每年只买一件不超过125美元的裙子，”她的朋友兼短暂的情人大卫·波特说，“整整一年里她在开幕式上都穿着同一件裙子和同一双黄褐色长筒靴。她把大把的钱花在艺术家和他们的作品上，我非常钦佩她这一点。”

迫近的战争结束了佩吉的美术馆计划（她担心德国人会炸掉她的画），并最终让她和她的超现实主义朋友们离开了巴黎。离开之前，她试图把画作放在罗浮宫的官方人员那里妥善保管，“但是他们认定我的收藏根本不值得保管，”她回忆说。对佩吉乃至整个欧洲来说，战争的威胁让人无法再忽视美国了。自从1927年她最喜欢的姐妹贝妮塔去世之后，佩吉再也没有回过故乡，她还发过誓永远不再回去。然而战争之需压倒了那些旧伤。1941年初，她将自己的收藏打包整理好，在上面标上“家庭用品”，用船运至纽约。

但是她仍然没有做好回家的准备。她似乎觉得欧洲的任何地方都比美国好。在随同的陪伴下，她经常会去维希法国政府统治下的马赛，超现实主义团体的大部分人（布勒东，马松，布罗纳，多明戈，林飞龙）都聚集在一个荒废危旧的别墅里，同被驱逐的命运做最后的抵抗。在这里，在美国参战的前夕，她同另一位欧洲艺术家，德国超现实主义者马克斯·恩斯特坠入爱河——他温文尔雅，“外表精致”，比佩吉年长十岁。“他有着灰白的头发和大大的蓝眼睛，”她后来写到恩斯特时说，他经常画危险的鸟类，“并长着一个鸟嘴般的英俊的鼻子。”

1941年7月13日，佩吉终于登上了泛美航空的客机从里斯本飞往纽约。与她一同离开的还有欧洲幸福生活的鲜活纪念：她的前夫，维尔；他们的两个孩子，辛巴达和佩金；

她的良师益友布勒东（单独坐船离开，途径马提尼克岛）；还有她的情人恩斯特。作为一个战争前夕在美国的德国公民，恩斯特变得有点难堪——尽管佩吉不是能轻易被难堪到的人。在珍珠港事件和美国对德宣战之后，她嫁给了恩斯特。“和敌国侨民活在罪恶中，我可不喜欢这个主意，”她俏皮地说。

从她踏上美国土地的那一刻起，佩吉就将纽约当作一个宾馆，而不是一个家。在超现实主义者的包围中，她开始在新大陆上重建她在欧洲被迫放弃的生活方式。

在一个充斥着难民的城市里，这是个相对简单的事情。她在纽约东区的一个死胡同里找到一座俯瞰东河的大型连栋房。两层起居室宏大而气派，透过巨大飘窗上的陈旧窗格，第五十一街的画面有一种失真的效果，仿佛置身于伦敦的库克街或蒙帕纳斯大道。就在这儿，在一群昼夜不休的狂欢者中间，周身被她钟爱的艺术收藏所包围，她要从中断的地方重新开始。她留着漆黑的秀发，吐着血红的口红和浅绿色的眼影，戴着不太相称的巨大耳环（她的衣服以十分艺术的方式被撕开，显示出她没有穿内衣），她穿梭于客 438
人之间，给他们带来便宜的威士忌、薯片和粗暴的评论。在她的四周，客人们三五成群地用法语愤愤地抱怨着美国食物，并期待着重返法国的那一天；布勒东设计着他的邪恶游戏；恩斯特则端坐于飘窗前一把雕饰华丽、十英尺高的维多利亚式宝座上，根据一个客人的说法，看起来仿佛“魔鬼靡菲斯那般冷酷”。当地媒体被这一切迷惑了，他们称这座房子为“超现实主义者在美国的总部”，将佩吉奉为这一群体的“投资天使”。“她几乎是用收集画作来资助这一团体，”一位美国《时代》周刊的记者写道，“[还]计划明年秋天开设一家曼哈顿美术馆来展示这些作品。”

这一计划中的画廊实际上是要重新恢复早前创办伦敦美术馆的计划，战争粗暴地中断了伦敦计划。佩吉认为没有理由因为她现在身在美国就改变计划。从始至终这都是一个欧洲项目。恩斯特和布勒东将担任顾问；恩斯特的儿子吉米将担任她的秘书；弗雷德里克·基斯勒将负责画廊的设计，这位生于罗马尼亚的“没有作品的指挥家”自 1926 年就一直在美国。在这个核心集团里，霍华德·普策尔是唯一的美国人。

佩吉在西五十七街的一个杂货店上面找到一个双层阁楼，基斯勒将这里设计成一个像佩吉的公寓那样隔绝、独立而又自足的空间。所有纽约风景都被摒弃了。天窗和窗户都被涂黑。用料的选择并不受战时物资短缺的影响（或者说不受佩吉的气愤和高昂花费的影响）：亚麻，桉木，荧光灯。基斯勒的目标是“打破把人和其周围的艺术隔绝开来的物理和心理屏障”。画作被拿掉了画框，远离墙面悬挂在半空中，然后被削断的棒球棒推向观众，通过移动的架子突然出现在观众面前。墙体本身是用帆布衬板制成的，在背景中弯曲而凸起，这样是为了不给空间下定义或不为观者提供参照点。所有这一切都让作品同其周围的环境产生“互动”，而画廊本身却对场所和时间，对美国和对战争都浑然不觉。

佩吉的目标是开设一家“尽可能将现代艺术大师一网打尽”的画廊。她按照凡·杜斯伯格和里德在巴黎为她准备的名单，在恩斯特、布勒东和普策尔的陪同下，突袭了纽约的多家画廊。在为期几周的购买之后，她本已不凡的作品收藏又增添了杜尚、德·基里科、米罗、马列维奇、阿契本科、贾科梅蒂、克利、里普希茨、奥占芳和唐吉的作品。为了让涉猎范围宽广一些，她额外收了一幅毕加索立体主义时期的早期作品和一副蒙德里安的水粉画。至于美国艺术家，仅购买了一幅她的多年好友、珠宝商亚历山大·考尔德的作品（他们在巴黎相遇，但是佩吉完全没想到亚历山大是美国人），以及一件抽象画家约翰·费伦的作品，他的妻子伊内负责出版开幕展的图录。

439 正如它所记录的展览那样，这本图录是欧洲沙文主义的精心杰作。布勒东以“超现实主义的伟大物理－心理趋势”为题写了一篇介绍性长文——当然是用法语——维尔将其忠实地翻译成过热的英语。布勒东还想出一个主意，把每位参展艺术家的眼睛的照片收录进去（为了强调他的理论，即和艺术家如何看待现实相比，真正的现实没那么重要），并在每一幅浓密眉毛的模糊照片旁附上艺术家简传。这本图录还包括让·阿尔普写的一篇简短前言，恩斯特和英国雕塑家本·尼科尔森的文章，为求平衡，图录还收录了蒙德里安的一篇小文章，一条未来主义宣言，和一条现实主义宣言。恩斯特设计了封面，维尔撰写了题目：“本世纪的艺术”。佩吉十分喜欢这个题目，因此索性用其为自己的画廊命名。最后，佩吉还带点伤感意味地将这本图录献给她已经去世近九年的英国情人，约翰·霍姆斯。

1942 年 10 月 20 日，本世纪艺术画廊的开幕是一个纯粹的胜利。除了闪烁的灯光让人看不清画有点烦恼之外，基斯勒成功地将看似不可能的事情变为现实：他的成果已远胜上周在怀特洛·里德大厦举办的超现实主义最初文本展。铺天盖地的首展人群穿梭于他的创作成果之间，在画作之间躲闪，向佩吉祝酒，用法语大声表达着他们的钦佩之情。人们注视着基斯勒的“七面椅”，它是用多种亮色的漆布装饰起来的，可作椅子、桌子、斜面讲台或画架之用；在蓝绿色的地板和帆状的墙面上；在“动态的画廊”里，有一种充满奇妙装置的小型拱形结构，里面包括放有保罗·克利作品的传送带——按一下按钮，就会看到一幅克利的作品——一个装有杜尚作品的巨大旋转装置，以及摆着布勒东肖像画的玻璃陈列柜。有人称这一切为“科尼岛”。

被邀请来参加特别展映活动的媒体对之抱以矛盾的狂热态度。“超现实主义马戏团！”《信使》杂志惊呼道。“各种主义泛滥”，《新闻周刊》以此为标题。一位作者将活动描述为“一种炼金术士之梦，一场噩梦和一流的宿醉之间的混合体”。即便是满腹狐疑的评论员，也绝对不会对这场活动有任何无聊感。“从没有任何一场展览让我震惊，我惊讶得眼球几乎要从眼眶里跳出来了。”《太阳报》的评论员写道。这正是佩吉所希望达到的突破。在一个急缺奢侈铺张的战时世界里，她和她的欧洲追随者们震惊了整个艺术界，引起广泛关注。“她给大家留下了极为深刻的印象，”朱利安·李维不无羡慕地承认说，“[她]在一切都蓄势待发的时候来到了这里。”

画廊对佩吉来说也许是个胜利，然而对多数美国艺术家来说，却是另一个失败。基斯勒大胆而冒险的设计同样也让他们激动不已。（在大萧条时期依靠无产阶级画廊的残羹冷炙勉强糊口地度过了十年后，他们欢迎纵容享乐的艺术的到来。）“当你走进本世纪艺术画廊，”鲁本·卡迪什回忆道，“你就会知道在纽约没有任何一个地方会给你带来这么多的能量和活力。”不过他们的兴奋也夹杂着失望：他们中间没有任何一位艺术家被收进佩吉的“现代艺术总览”中。（约翰·费伦是展览中的唯一一位美国人，30年代的大部分时间他都是在巴黎度过的。）即便是初次文本展也象征性地展出了几位美国艺术家的作品。 440

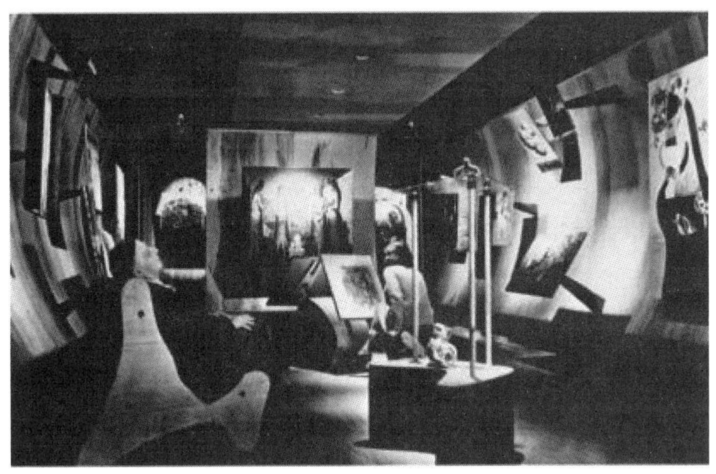

本世纪艺术的超现实主义画廊，由弗雷德里克·基斯勒设计，他坐在左侧他设计的七面椅的一把椅子上

佩吉曾发誓她的画廊将会是“新观念的研究实验室”，它的目的是“为未来服务，而不是记录过去”。这是否意味着美国艺术在未来没有一席之地？布勒东和恩斯特显然是这么认为的，而佩吉凭借其新地位带来的权威，似乎也同意这一观点。尽管美国艺术家为本世纪艺术画廊的成功震惊不已，他们也不禁疑惑自己是否要分享这份荣誉。

尽管在首展之夜她身着白裙，戴着不对称的耳环（一只是考尔德送的，另一只是唐吉送的）穿梭于兴高采烈的赞助人之间，实际上佩吉已经开始对她的欧洲良师益友们失去了好感。她那不安分的眼睛已经在寻觅新东西了—— 一种艺术，一位艺术家，一个情人。也许三者都有。她从来没费心去区别三者之间有什么不同。

这种疏远何时开始不得而知。佩吉从小被一个喜欢调情的父亲，一个“糊里糊涂”的母亲和一连串严苛到残酷的保姆带大，这让佩吉总是对怨恨、不信任感、不忠以及对不忠的恐惧特别敏感。这一切早晚都会破坏她的各种关系——无论是和艺术运动还是和男人之间。对于当下，她总是感到异常兴奋或深深地幻灭。她醉心于欧洲超现实主义长达十年，这种亲密关系开始走向恶化的最早明显迹象，是围绕着布勒东在其杂志《VVV》上为她的画廊刊登广告产生的争论展开的。为了迎接预期中的开幕式，恩斯特曾答应给予她自由空间，作为对她慷慨资助的回报，然而她一直支持的布勒东却食言了，他辩解说他“已经为真理、美和艺术作出了牺牲”，她做些牺牲又何妨？佩吉对这种忘恩负义的行为极为恼火。她的女儿佩金也很生气，管超现实主义者叫“鄙俗的人”，布勒东认为这一控诉实在是有违一个 17 岁少女应有的礼仪。这次小矛盾的结果是，本来计划于 1943
441 年 3 月举办的《VVV》杂志封面展被取消了。佩吉又匆忙拼凑了一场展览以填补缺口，在这次展览上，她故意展出了布勒东的死敌萨尔瓦多·达利的三件作品。

然而裂痕却不仅仅在钱的方面。和布勒东之间的小争执让佩吉失望烦闷，但马克斯·恩斯特的不忠却让她心碎。尽管他们的婚姻从来就不是佩吉所渴望的那种疯狂激情之旅，但她一直坚决拒绝面对他们的关系行将结束的现实。“她爱上了他，”埃塞尔·巴齐奥蒂回忆说，“他尊重她，并觉得她是个有趣的人。”两人的脾气秉性截然相反。1942 年夏天，在佩吉不知情的情况下，恩斯特在长岛的阿马甘西特租了间房子，在那儿他偷偷和年轻貌美的超现实主义画家多萝西娅·坦宁会面。到了 10 月画廊开展时，佩吉已经从恩斯特的昏睡和懒散中看到了自己的命运——他很少在她早上离开之前起床。为了报复，她开始引诱马塞尔·杜尚，杜尚那教士般的冷漠时而激起她的欲望，时而又惹她恼怒不已。尽管佩吉自己不承认，根据各种流传的说法，这场引诱以失败告终，这又给了她一个同超现实主义者分道扬镳的理由。12月，恩斯特亲自负责挑选计划在1月举办的以“31个女人”为题的画展的参展作品。佩吉后来开玩笑说这次展览应该被限定在30人。这31位艺术家之中就包括多萝西娅·坦宁。

1943年3月，恩斯特搬出了佩吉的寓所。在恩斯特的离开和布勒东的反目之间，超现实主义圈子里的大部分人都离开了佩吉的河滨宅邸。就在成功举办展览五个月后，佩吉就同其钟爱的超现实主义艺术家团体在相互指责和幻灭失望中分道扬镳。她的处境有点像那些美国艺术家，在欧洲人刚刚到来时热烈欢迎，然而近距离接触后又弃之而去。因此，当评论家克劳斯·曼（托马斯·曼的儿子）在《美国信使》杂志1943年2月号这期发表对超现实主义者的猛烈攻击，称其为“客厅里的无政府主义者”，并宣称整个运动就是一场骗局时，佩吉并未立即跳出来为他们辩护，这也就不足为奇了。“我既不是超现实主义的支持者，”她在写给《艺术文摘》的一封信中说，“也不是他们的辩护者。”

随着恩斯特和布勒东的离去，佩吉不得不转而从其他人那里寻求指导。即将担任现代艺术美术馆绘画和雕塑部主任的詹姆斯·约翰逊·思维尼被提升为主要精神导师的非正式位置，但他和画廊事务保持了距离。知识渊博、四处游荡的霍华德·普策尔是年轻美国艺术家的艺展主办人，他代替吉米·恩斯特担任了佩吉的秘书、事务总管和“替罪羊”。马塔和美国艺术家的亲密联系使他免于同布勒东成为一丘之貉，是佩吉核心圈子里的唯一一位“欧洲”超现实主义者。（正是在这一时期，佩吉表明了她对马塔举办一场“美国自动主义艺术家”画展计划的兴趣。）思维尼、普策尔和马塔一道将佩吉和本世纪艺术画廊推向一个全新的方向。她第一次开始搜寻她认为在精神上是超现实主义者的美国年轻艺术家。她还开始从新的口味出发，重新评价那些就在数月前她还不屑一顾的美国画家。 442
这些画家之一就是杰克逊·波洛克。

在40年代早期对杰克逊不屑一顾是轻而易举的。和马塔、马松的画作不同，杰克逊的作品并不讨布勒东理论的喜欢。它们并非像达利的手绘梦境照片那样细致精美，也不是马格利特的那种贴近学院派气息的油画。它们不像唐吉的梦境风景那样经过细致的调整，也不像米罗的抽象“磁场”那般构图优美。尽管杰克逊绝非理论家，然而他的作品却非常重视“自动主义”理论，突出了自发性、心理能量和无意识意象，因此要求观赏者也抱之以同样认真的态度。“要想喜欢上这些作品，必须得费点力气，”彼得·布萨回忆说，“它们可不是容易理解的作品。”吉米·恩斯特称其作品“令人震惊”。“然而你越是近距离地观察作品，就对它们进行越多的思考，”布萨说，“你看的越多，它们看起来就越好。”但是对那些私下或潜意识中仍然坚持优雅、完整以及格调这些旧有观念的人来说，杰克逊那密集、骚动而制作粗糙的油画仍然是一个需要后天的修养才有可能会喜欢上的作品。

思维尼是在 1942 年第一次让杰克逊的作品进入佩吉的关注视线的。那年春天，思维尼的一位老朋友赫伯特·马特在参观了杰克逊的工作室之后，在思维尼面前对杰克逊大加赞赏（对于克制拘谨的马特来说这是个相对过于激动的状态）。思维尼的回应是礼貌但不置可否的。“他有点像考尔德，”马特回忆说，“如果艺术家不是来自于欧洲，他是不会感兴趣的……他不会做任何承诺，只答应亲自去看看。”（思维尼记得自己同意去看看仅仅因为“马特和我欣赏作品的方式相同”。）参观了杰克逊的工作室之后，思维尼回来向佩吉汇报：“我对她说这个人的作品有点意思。”他当时甚至可能还把佩吉介绍给了杰克逊，一旦他这么做了，他觉得自己对马特的义务就算完成了。“之后就是佩吉和［杰克逊］两人之间的事情了，”他说。当然，1942 年春天的时候，佩吉脑中想的是其他事情和其他艺术家，特别是马克斯·恩斯特。她并未忘记那次相遇——大卫·波特记得当杰克逊的名字在谈话中出现时，她评价说，“思维尼对我说他是个很重要的艺术家”——但是她也没有继续这个话题。

下一个在佩吉耳边提到“波洛克”的是霍华德·普策尔。在杰克逊的艺术生涯里，没有人比普策尔更关键而又默默无闻，普策尔是一个肥胖而酗酒，患有癫痫病的同性恋，热衷于艺术，对艺术品质有着准确无误的鉴赏力。他嗜好马提尼酒、喜爱美味佳肴，隐藏在他的烟斗和猫头鹰式的眼镜后面的是对现代艺术的普罗米修斯式的热情。“他每月付二十美元，他必须要得到作品，”朱利安·李维回忆道，普策尔从李维那里买过一张戈尔基早期的画作。交谈时，他经常因激情而几近窒息，不可控制地结结巴巴，肥胖的双颊
443 涨得通红。尽管他健康欠佳，一贫如洗，个人生活一团糟——他富有的母亲认为他“是个愚蠢而令人尴尬的讨厌鬼”，拒绝向他提供资助——普策尔还是以疯狂的高效率管理着佩吉的各项事务和画廊。佩吉通过毫不留情的侮辱他来表达自己的感激（“她待他如奴隶一般，”她的儿子辛巴德回忆说），然而这却是将他们二人维系在一起的奇怪纽带的一部分。

杰克逊是 1942 年夏天和鲁本·卡迪什在纽约做短暂拜访时遇到了普策尔。普策尔和

卡迪什在洛杉矶时就彼此认识，普策尔生于新泽西，在旧金山长大，当时在好莱坞大道经营着一家画廊——他是洛沙·斐特尔森的好莱坞现代美术馆的继任者。早在1934年，普策尔就曾提醒关系紧密的小范围洛杉矶艺术界去关注超现实主义，并与1937年开始将唐吉、恩斯特和米罗的作品卖给其画廊的一小撮来自“电影圈”的客户。遗憾的是，即便是好莱坞也没有对普策尔的现代主义视野做好准备，因此1938年他关闭了画廊去巴黎旅行，在那儿他遇见了佩吉。

在所有后来声称自己第一眼就看出杰克逊的天赋的人中间，霍华德·普策尔是极少数确实独具慧眼的人之一。根据鲁本·卡迪什所说，普策尔在看见杰克逊作品的那一刻就用了“天才”这个词。不久之后他在写给戈登·昂斯洛·福特的一封信里面又用到这个词。“他写信给我说他发现一位美国天才，”昂斯洛·福特回忆说，“这个天才就是杰克逊·波洛克。”很快，这个词又传到了佩吉那里——普策尔无法抑制他的激动心情——但是她却再次不予理会。普策尔坚持不懈，向佩吉展示了一些杰克逊的作品，可能还指出了杰克逊对1942年整年在大都会博物馆举办的“为了胜利的艺术家”展所做的贡献——然而这些努力都无济于事。即便是来自马塔的有力推荐也显然白费力气，杰克逊在这一时期参加了马塔的“工作坊”。杰克逊故意没有参加在怀特洛·里德大厦举办的超现实主义最初文本展，这对普策尔没什么帮助。 实际上，在所有年轻美国艺术家中，佩吉个人最喜欢的是巴齐奥蒂，后者的作品一直被布勒东“认可”，且在初次文本展上参展。

在布勒东和恩斯特于1943年3月离开后，普策尔慎重地提起杰克逊的名字，建议将他的作品收录在本世纪艺术画廊计划即将在4月举办的国际拼贴艺术展。这一次佩吉答应了。另外，她已经征集了吉普赛·罗斯·李的一幅拼贴作品。她答应了一位曾是脱衣舞演员的艺术家，怎么能拒绝普策尔推荐的天才呢?

杰克逊的拼贴展作品被放在马瑟韦尔的作品旁边，在许久未获赞誉后，他的作品获得了佩吉在《国家》杂志的好友评论员简·康诺利的好评。不过普策尔为杰克逊设计了更宏大的计划。拼贴展一结束，他就说服佩吉恢复赫伯特·里德的提议，在伦敦博物馆策划一场“年轻艺术家春季沙龙”展。这场展览将以全新的形式，几乎仅收录美国艺术家的作品，这表明佩吉在画廊开幕之后的七个月里，在普策尔的劝说下已经向前迈了多大的一步。除了马塞尔·杜尚和皮特·蒙德里安，连评判员都是美国人：思维尼，索比，普策 444
尔以及古根海姆。规则很简单：任何三十五岁以下的艺术家都可以向评判团提交作品（尽管据传言，佩吉在各位评审员见到作品之前对它们进行了“编辑”）。评判员将通过意在撇除偏见的投票体系，从提交作品中选出最好的四十或五十件作品。这次竞赛的消息在《艺术文摘》上一公布，格林尼治村的闸门就被打开了。被隔绝于画廊圈之外多年的艺术家们胳膊下夹着画作在西五十七街三十号排起了长队。霍华德·普策尔亲自来到杰克逊位于第八大道的公寓，挑选了几幅他认为杰克逊应该提交的作品，免得杰克逊去忍受耻辱，其中一件就是《速记形体》。

然而普策尔的计划却白费功夫。无论他如何小心翼翼地再三将佩吉引到井边，她就是不去喝水。当看到《速记形体》时，她斥其为“可怕”。到了评审们碰头挑选作品的那天，她脑中唯一和杰克逊有关的想法是，如果杰克逊的作品最后没能入围，普策尔和马塔会作何反应，她也知道它们绝对不会入围。

蒙德里安是最早到达的评审——他想拥有充足的时间思考，来给予每件作品公平的对待——当佩吉和普策尔四处奔走，忙着做最后的安排时，蒙德里安开始查看佩吉在画廊墙边排列好的展品目录。他身材高大，身穿双排扣外衣，戴着牛角框眼镜，一副学者派头，他慢慢地从一幅画走到另一幅画前。当他来到《速记形态》前时，用手摸着下巴驻足观看。佩吉抬头望去，看见他在波洛克的画前呆住不动，就冲过来道歉。“相当糟糕，不是吗？”她说，更像是在陈述一个事实，而不是在提问。“这不是一幅画，对吧？”蒙德里安并未作答。几分钟之后，他仍在凝视着波洛克的作品。佩吉则越发不安，觉得有必要详细解释一下她的意见。“完全没有任何训练可言。这个年轻人问题严重……绘画的问题是其中之一。我认为不应该把他的作品收到展览里来。”蒙德里安又摸了几下下巴。“我不太确定，”最后他开口说话，“我在试着理解到底发生了什么。我认为这是目前为止我在美国见过的最有趣的作品……你必须密切注意这个人。”

佩吉惊呆了。“你不会是认真的吧，”她说，“你不能把这和你作画的方式相提并论。”仿佛在指导学生，蒙德里安耐心地回答说，“我作画的方式和我思考的方式是两回事。”

佩吉不再提出反对意见。同样的话，从普策尔那里说出来是胡言乱语，而从蒙德里安嘴里说出来就是绝对真理。几乎两年间佩吉对杰克逊的艺术一直持拒斥态度，现在在数分钟之内就转变了态度。每位评审员走进房间后，佩吉就把他拉到波洛克的画前说，“看看我们有多么令人激动的作品！”（数年后，佩吉夸耀说，“波洛克的作品对我来说很容易接受。他的艺术势不可挡，精彩绝伦，让我一见倾心。”）在佩吉的态度逆转中不难看到某种玩世不恭，或商业头脑，或二者兼而有之，但曾目睹了这一场景的吉米·恩斯
445 特却有着更为惺惺相惜的理解。“她愿意去倾听，愿意去受教，愿意去观察……她的态度

毫无虚假和做作。”

这个后来被李·克拉斯纳称作“蒙德里安点头”的被反复讲述的故事很快成为波洛克传奇的一部分：年逾古稀的抽象主义艺术泰斗跨越意识形态鸿沟，向年轻的美国表现主义艺术家张开双臂。这是至高无上的赞许。在所有欧洲大师中，只有像毕加索这样的艺术巨匠才能做出更令人信服的判断。对于美国艺术家来说，这个故事象征着抽象主义的真正火炬正从旧世界传到新世界。这也似乎预示着抽象主义者与幻灭的超现实主义者之间即将结成的联盟。在杰克逊·波洛克的一幅画上，佩吉·古根海姆，马克斯·恩斯特的妻子及布勒东的赞助人，同风格主义的创始人蒙德里安达成了一致。一场新运动注定要从这样看似不太可能的结合中应运而生。

尽管听起来颇为令人满意，蒙德里安的点头这一传说实际上并非故事的全部。

蒙德里安那天并不是本着纯粹调解争端的精神来到画廊的。他接受邀请担任评审团成员，仅仅因为他担心他的门徒和赞助人哈利·霍兹曼不会受到其他评审，尤其是佩吉的公平对待。当举办沙龙的消息公布时，哈利本人正在西海岸。这是他为霍兹曼能做到的最起码的事。霍兹曼是霍夫曼的学生，他于1940年曾经将住在巴黎一间阁楼上的蒙德里安从绝望而困顿的绝境中解救出来。（“如果没有哈利，我现在已经死了，”蒙德里安温和地坚持说。）“他写信给我，”霍兹曼回忆说，“说他参加评审团的唯一原因就是确保我会出现在［展览］中，因为佩吉不喜欢我的作品。”在弗里茨·格拉尔内的帮助下，蒙德里安从储藏室中找回霍兹曼的一件雕塑作品，并将其提交给评审团，弗里茨是位瑞士流亡艺术家，他也将这位年迈的荷兰人视为自己的“导师”。

在遴选作品的那天早上，显然蒙德里安决心要就公正判断这个问题给离经叛道的恩斯特夫人上一课。通过选出一件超出其著名的品位和鉴赏力范围之外的作品，并为其辩护，他能以身作则地展示他希望佩吉能给予霍兹曼的那种开明的思想。没有任何作品比波洛克那满是涂鸦的疯狂画作更能超乎寻常地违背他的信条，或能更好地表现他的开明和包容。吉米·恩斯特记得，蒙德里安在阐述他对波洛克作品的辩护时，非常直接地祈求大家要有包容的心态。“所有人都假定我只对自己的作品内容感兴趣，”据称他这样对佩吉说，“［但］艺术和生活中有太多可以且应该得到尊重的东西。”这个巧妙的策略奏效了。评审团的确给予了霍兹曼的雕塑和《速记形体》以“尊重”。

让佩吉高兴的是，评论者也给予了同样的尊重。“至少这次，未来之路露出一丝希望之光，”她的好友简·康诺利在《国家》杂志上写道。对于参展的33位艺术家，她评论说，

446 “他们都很有前途”，尽管她选出马塔、马瑟韦尔和其他几位艺术家的作品作为“乐于拥有的画作”——这是对佩吉的需要的友好致敬。“还有一件杰克逊·波洛克的大幅画［原文如此］，”康诺利补充说，“我听说这件作品让评审团对其充满幻想。”这是一句名不副实的评论。她或是没有自己的意见，或是她选择对自己的意见有所保留，通过一种展前的宣传效应来维持热情的表象，这种宣传无疑是以佩吉作为后盾的。罗伯特·寇特兹在《纽约客》上撰文，表现出更多的热情而不是审慎。他意识到这场展览是一种在“高等现代绘画的两个孪生分支，抽象主义和超现实主义”之间的撕裂，他认为杰克逊的作品是展览上最有前途的混杂作品，“让人想起马蒂斯和米罗的奇特风格”。“我们有了真正的重大发现。”他断定。

杰克逊心花怒放。“随着这幅画的展出，事情有了真正的突破，”7 月他在给查尔斯的信中写道。比寇特兹的评论更令人振奋的是他从普策尔那儿听到的蒙德里安之点头这个故事。“看在上帝的份儿上，杰克逊听到这个故事时我也在场，”鲁本·卡迪什说，“我记得他激动不已，因为是蒙德里安走出了关键性的一步，蒙德里安选中了他。他激动得像个孩子。”

然而激动之情却不能用来付房租。

对于个别幸运儿来说，本世纪艺术画廊的第一季展览的确带来了一些经济和评论方面的成功。马瑟韦尔以 85 美元卖掉了他的拼贴作品。巴齐奥蒂在春季沙龙的两幅作品被以每幅 150 美元的价格买走。但杰克逊就没这么幸运了。蒙德里安可能是在《速记形体》前赞许地点了点头，但是他并没有买画，也没有任何其他人买画。1 月就开始的经济下滑一直持续到春季。到了四月，杰克逊仍在丝网印刷店上夜班，过去的每一周都变得愈加沮丧；李仍在接受成为绘图员的培训；佩吉·古根海姆还没有买杰克逊的画。尽管普策尔颇为乐观，杰克逊能以画维持生计的那一天看起来遥遥无期。

当非具象绘画博物馆提供了一个工作机会时，杰克逊找到了临时的缓解，这个博物馆是古根海姆收藏品的新家，杰克逊的朋友山姆·费比恩和罗伯特·德尼罗也在那工作。博物馆的原则是雇佣年轻艺术家来填补从经理人到门卫的所有职位空缺，只要他们能严格遵守博物馆的规矩。为了帮助杰克逊渡过难关，德尼罗发明了一种“伪造”能满足博物馆需求的非具象素描的方法。“他会把馆藏作品的复制品进行混合拼凑，”一位朋友回忆说，“然后又用素描对其进行临摹。”

或是在德尼罗的帮助下，或是独自进行，很快杰克逊创作了一批非具象素描，并在4月14日接受面试时将他们带给博物馆馆长，古怪的希拉·丽贝男爵夫人，她带着浓重的德国口音，宣布这些作品要么是“非常出色的”，要么就是“一点也不出色。”当杰克逊回家时，李帮助他起找了一份颇有讨好意味的说明（“我一直对你们的工作以及非具象艺术博物馆十分感兴趣，有一段时间……”）说明的结尾还附上一句不太巧妙的暗示（“我 447
愿意继续在这个［非具象］领域创作，然而发现这样不可能，因为我夜间工作，这样的话白天就没有精力去画画和素描”）。另外，他还附上了一份匆忙完成的“个人简历”，唯一的目的是重复德尼罗教他使用的那些暗语：“主体空间”，“空间张力”，以及尽可能多地使用到的“非具象”。尽管十分直接，这个策略还是奏效了。丽贝立即送来一张支票，用来帮助支付一些美术用品的花销，在收到又一封逢迎谄媚的信之后，她为杰克逊安排了一个“画作保管人和修理员”的位置。他于5月8日星期六开始工作。

正如他父亲十多年前就注意到的，杰克逊·波洛克在每个方面都不适合正规职业的严苛要求。不过为丽贝男爵夫人工作不算是普通的职业；它是镜中之旅。

这家博物馆成立于四年前，是制铜业大亨所罗门·古根海姆送给其情妇丽贝男爵夫人的幽会礼物。他不送她貂皮和珠宝，而是为她买下康定斯基、克利、弗拉芒克、夏加尔、阿尔普、莫霍利–纳吉、德劳内、康本东科以及她个人最喜欢的鲁道夫·鲍尔的作品——员工们都叫他“泡泡鲍尔”，因为他那糖果色的圆圈已经成了他的标志。她将鲍尔的多数作品（具象画作一直放在广场酒店的古根海姆套房里）存放在位于东第五十四大街24号一件经过改建的双层可移动展室里以供展出。墙壁，窗户和沙发都覆盖着灰色法兰绒；空中飘荡着巴赫的音乐。一个卫兵守在隧道入口处，一位接待员坐在前台回答问题。根据一位工作人员的说法，所有这一切只是为了“每天大概两个参观者”提供服务。

每天早上，矮胖的男爵夫人会来到展馆，手臂下面夹着最新一期的《现代银幕罗曼史》杂志，“她衣着考究，但是总是稍显凌乱，”怀抱着宠物小狗，并用杂乱的英语大声发号施令。她后面经常跟着鲍尔，一个漫画式的“德国军官”形象，穿着鸽灰色的鞋罩，白色亚麻衬衫，戴着金色袖扣和领巾式领带。男爵夫人误入歧途地用大笔慷慨的赏金来回报鲍尔的“低劣的”艺术，以至于他目前住在“泽西海岸富丽堂皇的豪宅里”，他经常来博物馆查看日渐增长的他的作品收藏。当男爵夫人和她的随从经过时，门旁的守卫会提醒其他工作人员。据说，她曾因员工推荐别人去其他的画廊，未经她许可结婚，甚至是画出一个具象图形这些理由而将其解雇。无论是对员工还是对艺术家来说，“她简直是个纳粹，”露西亚·萨勒梅回忆说，当杰克逊开始在这工作时，露西亚是画廊的接待员。丽贝还雇人秘密监视员工之间的谈话，并“记下参观者和员工的关于作品收藏的对话”。由于本身也是个艺术家，她觉得自己可以随意“改进”年轻艺术家提交给她的画作，在这儿加个三角形，或在那儿添个圆点。对于她的普鲁士规矩，画廊员工们不断地以游击
448 战术来应对。“大家都在她背后做鬼脸，蹦蹦跳跳扮小丑，”萨勒梅回忆说，“他们还取笑一些她收藏的艺术作品，尤其是鲍尔和丽贝的。”一次莫霍利－纳吉创作的一面雕塑墙倒掉并摔坏了，一位员工错把雕塑碎片当作垃圾，“将其清扫干净扔掉了，”利兰·贝尔回忆说，他曾担任过前门的门卫。贝尔的真正工作是保证男爵夫人拿到电影杂志，有一次在向一位参观者打招呼时，他兴高采烈地对其他员工大叫，“我们又多了一位狱友！”还有一次他偷偷将宾·克罗斯比的唱片塞进音响系统，打断了巴赫的音乐，惹怒了男爵夫人。

最初的几个月里，杰克逊从中午工作到晚上六点，一直待在地下室里，制作和修理男爵夫人用来珍藏康定斯基和鲍尔作品的大型木框（叫作“巴盖特”）。除了清洗和悬挂画作，或操纵工作用梯，他很少有机会去楼上的阁楼。每天午饭时分，贝尔就会到地下室来，两人会在温和友好的气氛中讨论整整一个小时。“他会嘲弄阿尔普，”贝尔回忆说，“他会说，‘画一幅阿尔普的东西对我来说很容易！’提到蒙德里安他会做鬼脸，他尤其讨厌克利，因为克利只画小幅作品，从来没画过大幅画。”贝尔的到访是杰克逊唯一放松的时候。他很少能见到德尼罗或让·伊克斯塞隆，前者上夜班，担任门卫和巡夜人，后者独自一人在储藏室工作。这份差事有些无聊，但很轻松，不过杰克逊却讨厌这种不合理的负担。因为他很少在上午十点或十一点之前起床，这份工作实际上剥夺了他白天绘画的黄金时间，留给他危险而无所事事的夜晚。那份夜间丝网印刷的差事至少能让他在可以随意狂饮的时间里忙起来——不是在任何时间都不能饮酒。

与此同时，他在等待佩吉·古根海姆的消息。六月初，春季沙龙已经开始进行到第三周，他的画还是没有卖出去。男爵夫人决定拒不参加这次展览，这让杰克逊获得了一些安慰。根据贝尔的说法，杰克逊生活在恐惧中，怕被发现自己是个“具象”画家。“他十分担心为此丢掉工作，”贝尔说。

对未来的不确定，以及漫长、乏味而孤独的工作都对他造成了伤害。一天晚上，德尼罗上晚班迟到了，他发现污水槽的龙头一直开着，电梯底坑和部分地下室已经被水淹了，而杰克逊却不知所踪。还有一次，男爵夫人严厉责骂了工作人员，因为“地下室被弄得乱作一团”，并要求他们那晚离开之前必须清理干净。晚饭之后，当几位工作人员返

回博物馆准备清理时，发现杰克逊“喝得醉醺醺，把整间地下室拆得七零八落，像个疯子似地把家具扔得到处都是”。

最后，六月中旬时，普策尔在顺便拜访杰克逊的工作室的时候给他带来了一个好消息：佩吉要来拜访他了。

普策尔已经付出了太多努力和时间，他不能听天由命，对这次会面置之不理。他开始每晚都来第八大道的公寓，经常留下来用晚餐，向杰克逊简要介绍他比任何人都更了解的主题：佩吉·古根海姆。“他告诉杰克逊该怎么做，以及该如何表现，”李记得，“杰 449
克逊做了充分的准备。”

或者普策尔是这样认为的。不巧的是，佩吉选择拜访杰克逊的那一天，6月23日星期三，恰好是彼得·布萨大婚之日。为了赴约杰克逊不得不从婚礼现场匆忙赶回来。即便是远远地看去，李已经看到了麻烦：一大群人，免费的酒水，对职业的焦虑——所有这一切都会化为灾难性的后果，她祈求杰克逊从婚礼上偷偷溜走。当他拒绝了她的请求之后，她决心护送他到婚礼现场，再陪他回来，而不是独自在家等待佩吉的到来。当他们到了第五街的婚礼现场，李才发现杰克逊将担任伴郎。除此之外，整个下午，事情的发展过程和李最糟糕的噩梦一模一样。周围全是酒徒和半生不熟的人——所有客人都身穿礼服，包括杰罗姆·卡姆罗夫斯基、弗里茨·布特曼、托尼·史密斯和田纳西·威廉斯——杰克逊守在酒吧旁边。到了仪式开始时，他已经步履蹒跚，摇摇晃晃。在新人宣誓时，别人听到他喃喃而语，“结婚是一件多么傻的事情啊”，就在一神教的牧师要求交换戒指时，杰克逊昏过去了。李则十分镇定，她扳开杰克逊的手指取出戒指，然后将其递给布萨。

然而麻烦才刚刚开始。她将杰克逊扶着站立起来之后，带他踉踉跄跄回到第八大街，希望步行能让他的头脑清醒一下。但是他们到达时，他仍然迷迷糊糊，语无伦次，而佩吉随时都可能到来。她越来越绝望，拉着他来到附近的华尔道夫餐厅，强迫他喝了杯咖啡。（在李对整个故事颇为滑稽的美化式复述中，“[杰克逊]提议克拉斯纳陪他到街角的杂货店喝杯咖啡。”）他刚一清醒过来恢复神智，李就急忙将他带回到公寓。

就在他们走到门廊的时候，佩吉突然从大楼的前门冲进来，怒气冲冲，几乎语无伦次。她倚着楼梯扶栏，摆出一副仿佛受了史诗般莫大苦难的姿态，看起来活像一个前卫的美狄亚，她戴着不对称的耳环，穿着凌乱的衣服，脚蹬短袜——这让人完整地看到她没剃过体毛的双腿——她诅咒着刚刚没能爬上来的五阶楼梯，抱怨着她羸弱的脚踝，并痛骂那些让她承受这种侮辱的人，尤其是普策尔和李。在李和杰克逊（他一看到佩吉就立刻清醒过来了）对她进行了长达十五到二十分钟的哄劝之后，佩吉才同意爬回到工作室去看画。在公寓里，她第一眼看到的是一大批签名为“L. K.”的画作。（为了节省开支，李最近放弃了她位于第九街的工作室，把自己的作品存放在杰克逊的公寓。）“L. K. L. K. 到底谁是 L. K.？”佩吉不耐烦地厉声说，“我又不是来看 L. K. 的画的。”

佩吉对杰克逊的作品表现出了更多的热情——她特别感兴趣的是一幅水彩素描，《燃烧的风景》（*Burning Landscape*），后来她买下了这幅画——但她仍然有所保留。普策尔一
450 直催促她在本世纪艺术画廊为杰克逊举办“个人”展。这一大胆的姿态不光表明佩吉对杰克逊艺术的支持，还标志着她与欧洲超现实主义者的决裂，以及她对整体美国艺术产生的新的兴趣。通过 1942 年底一场以美国超现实主义者约瑟夫 · 康奈尔作品为主的展览，以及二月举办的法国抽象主义艺术家让 · 艾利翁的个人展，她已经朝这一方向迈出了试探性的第一步。但是如果为杰克逊这样一个既非超现实主义者也不是欧洲人的艺术家举办画展，等于是踏上了不归路。尽管仍偏向于巴齐奥蒂的作品，佩吉目前已经将蒙德里安对《速记形体》的评价内化于心了。根据李的描述，佩吉称此作品为“美国最美丽的画作。”然而到 6 月 23 日为止，她仍然没做好迈出最后一步的准备。离开之前她对李和杰克逊说她会派马塞尔 · 杜尚来看画。杜尚的反应将会一锤定音。

这可不是个令人振奋的消息。普策尔无疑曾告诉过杰克逊，杜尚对《速记形体》的回应一点也不热情。打那以后，杰克逊只在闭展之后的本世纪艺术画廊里碰见过 56 岁的杜尚一次。愤怒之下他将杜尚设计的沙龙海报从墙上扯下，撕得粉碎，然后揉成一个球递给目瞪口呆的杜尚，怒吼着说，“你知道该把这东西扔到哪儿。”

第二天杰克逊回到博物馆，对利兰 · 贝尔倾诉了心中的焦虑。“他对杜尚是否会给他机会这件事不太乐观，”贝尔回忆说，“他还担心即便杜尚认可他，佩吉 · 古根海姆为他举办了个展，展览会一败涂地，男爵夫人发现他原来根本不是非具象艺术家，他会被解雇。”仅仅数周之后，贝尔却被解雇了，因为男爵夫人的探子偷听到他向一位来访者推荐了另一家画廊举办的蒙德里安展。杰克逊被从地下室调到地上来，顶替了贝尔作为保安和门卫的旧职，这一调动让他重新接触到阳光和其他人。不过现在他忧心忡忡，对这些都不在意了。“他和任何人都不深交，”露西亚 · 萨勒梅回忆说，“他给人一种独来独往的印象。他看起来总是偷偷摸摸的——好像在盘算什么别的事情。”

7 月初，在大家焦急地等待中，杜尚终于露面了。

幸运的是，杰克逊此前低估了法国人那众所周知的冷漠态度。正如莉莲·奥兰尼所言，“[杜尚] 根本不关心。”杜尚是最后一位来到美国的欧洲艺术家，任何认识他的人都不会对此感到奇怪。尽管有能力摆摆架子，他却“从不介意穿着旧衣服，晚饭只喝一碗汤，”埃塞尔·巴齐奥蒂回忆说。他对杰克逊的艺术也“毫不在意”，尽管这就是他能表现出的最大的热情了。在到访工作室之后，他给佩吉的汇报仅仅是“不算太糟”。然而，对惜字如金的杜尚来说，即便是“不算太糟”几个字也会被认为是一种盛赞了。突然之间，推动佩吉朝杰克逊的领域前进的力量变得不可抵挡：思维尼，马塔，普策尔，现在甚至还加上了杜尚。她没有理由再拒绝了：杰克逊·波洛克将成为她的新门徒。 451

普策尔负责解决细节问题。接下来的 9 月里，本世纪艺术画廊将为杰克逊举办个人画展。为了保证杰克逊准备画展时能“在平静中创作”，佩吉付给他每月 150 美元的固定报酬，为期一年。到了年底，预付报酬的总数（1800 美元）将会从本年度卖画所得中扣除，再减去 1/3 的佣金。这样对于杰克逊来说，要想从合同中赚取额外的收入，画廊必须卖掉他价值超过 2700 美元的画。如果画廊的销售额小于这个数，他必须用他的画将差额补上。此外，在普策尔的怂恿下，佩吉还委托杰克逊为其新公寓的入口画一幅墙画（原来那幅旧作仍然飘着马克斯·恩斯特不散的阴魂）。普策尔迫切地想要看到“规模更大的画作是否能释放出潜藏在波洛克小幅作品中的力量”。

对于一位美国艺术家来说，这是前所未有的交易。即使在欧洲人中间，除了非正式的、不固定的资助之外，一位艺术家能从画商或收藏家那里获得其他的收入，是十分罕见的。“马塔和皮埃尔·马蒂斯的交易可能是独一无二的了。”里昂内尔·阿贝尔说。佩吉以极高的姿态表明了她对杰克逊未来的审美信心，以及她在经纪上对未来艺术市场的信心。就其自身而言，这是一个比画廊本身更为大胆的决断。

可以理解，杰克逊简直欣喜若狂。当普策尔把这一交易条件带到第八街时，李正在长岛的父母家中拜访，然而杰克逊却迫不及待地告诉她这一好消息。“我已经签下了合约，”他在 7 月 15 号那周写信给她，“……一切都很激动人心。”这之后不久，他离开了在非具象艺术博物馆的工作。至于是他自行离职还是被解雇的，不得而知。一位朋友回忆说，杰克逊提起过，一次男爵夫人“拿着一把巨大的标尺，将他的一张素描撕下一角”，并且说“这样看起来更好些”，杰克逊“就离开了，再也没有回去过”。一位同事回忆说，他“因为向德国佬顶嘴而被开除了”。“在唱片音乐和疯子馆长之间，我让他们解雇了我。”

杰克逊做好了画画的准备。最终他能够以一位艺术家的身份来赚钱了。他不再是他父亲眼中的那个永远也做不好的孩子。他实现了自己童年的承诺，“不再去做梦，将梦想转化为实际行动。”佩吉·古根海姆掀掉了最后一个阻挡创造性成就的感情障碍。如今，在内心的宁静、艺术灵感的迸发以及经济上的保证之下，他开始疯狂地创作。他推倒了自己工作室和桑特工作室（现在名义上是李的工作室）之间的隔墙，为他将给佩吉的公寓创作的墙画安置了一个撑架。这是一幅巨大的空白帆布，长 9 英尺，宽 20 英尺，但杰克逊毫不畏惧。突然之间，一切皆有可能。“看起来的确很大，”他在给查尔斯的信中得意地写道，“但是却精彩至极。”

29

452

面纱背后

到 1943 年 8 月，一幅幅画作仿佛掀起井盖的喷油井那样源源不断地涌出，创作速度达到几乎每周两件作品。总是杂乱不堪的工作室突然间满是色彩鲜艳、潮湿的闪闪发光的大幅帆布油画，画布在闷热的夏日里干得很慢，气味浓重的空气里弥漫着松脂油和亚麻籽油的味道，一堆堆颜料罐总是开着，这让空气的味道变得更加浓重。画作斜靠在桌椅旁边，或互相靠在一起，根据一位访客的描述，整个房间像是“有人撞翻了一个巨大的纸牌屋”。在这一片混乱中的某处，一个身形肥胖的人驼着背，穿着汗水浸湿的短袖汗衫和布满油斑的长裤，嘴里叼着烟，正狂热地在一张帆布上创作，在那些不速之客眼中，他的作品看起来数周之前就已经完成了。杰克逊总是让三到四幅作品同时处于“未完成”状态。他会在等待其他油画的颜料风干的同时，再创作一幅或两幅作品。但没有任何一幅画是安全的。一天，一件在角落里被冷落了数月的作品映入他的眼帘。第二天，他将整幅画都进行了重新创作。看报纸时，他会突然瞥见“瑕疵”，笨拙地在椅背四周搜寻，拿起手边最近的随便哪支画笔把瑕疵修改过来，然后又重新拿起报纸。几乎每寸画布都被创作和再创作达十几次。他对颜料的使用很迅速，不假思索，笔触充满短暂而果断的爆发力，他一边创作一边对色彩、形式和构图进行实验。这是一种冒险的创作方式——彼得·布萨将其比作“玩双骰子游戏”——但这就是杰克逊最擅长的创作方式。

他几乎是立即重新获得了调色板、旺盛的精力和表达的自如，这一切都是之前在冬天创作的作品所不具备的，冬季作品是在联邦艺术计划结束之前完成的。可以说，长达七个月的不确定和相对的停滞状态给了他更多的视角去审视过去四年的经验教训。在《月亮女人裁剪圆圈》（*The Moon-Woman Cuts the Circle*）中，他赋予一个荣格式的图像以形象化的生命，将其与个人图腾（斯黛拉的刀）中的元素以及米罗的生物形态的形状结合

453

《月亮女人裁剪圆圈》，1943 年，42" ×40"

起来。几十年以后，研究荣格的学者会抓住这幅画的标题，从那隐晦的意象中梳理出一篇复杂而详尽的荣格式分析，这个标题参考的是一个古代印度神话。（一个年轻人看到一个女孩在月亮上的葡萄藤上荡秋千，他心生嫉妒，割断了藤枝，让女孩骤然跌落在地球上。）在分析过程中，他们会将作品意象归功于杰克逊对深奥晦涩的荣格文本的细读，以及他对印度传说的渊博知识。实际上，即便是在亨德森的照料下，杰克逊对荣格的深奥学问的兴趣也不过是小学生的热情。到 1943 年夏天，亨德森和德·拉斯洛已经变成美好而遥远的记忆，荣格式意象也被归入杰克逊那浩如烟海的个人意象贮藏室里——其华丽而精致的思想内容早已被去除干净，将之减至必要的元素，这些要素服务于杰克逊的视野，而不是荣格的视野。《月亮女人》这一别出心裁的题目可能是杰克逊一个朋友的主意；或更有可能一直徘徊于杰克逊的想象之中，直到一个意象显现出来。然而，一旦一幅画开始创作，没有任何神话——甚至是杰克逊也不太了解的神话——能够控制画笔的运笔。他遵循作画的程序，就像他遵循模特的线条那样。荣格的奥秘已屈服于印度意象，印度意象屈服于米罗，然后又屈服于构图的直接需要。从没有迹象表明，杰克逊在面对一张空白的画布时，头脑中除了引导他运笔的“总体观念”，还有其他东西。（当被问到开始作画时他脑中是否存在“预先形成的意象”时，杰克逊带着怀疑的口吻回答说，“没有，因为你看，它［还］没有被创作出来。”）

杰克逊总是这样创作。他早期的本顿素描本上记录了他在主题和技巧、现实和即兴创作之间的挣扎。由于无法让自己游离的线条服从于模特的“事实”，早期他不得不去应付以难以预期的方式发展和转变的意象带来的构图上的挑战。到了1943年，只是术语的名称发生了变化：被本顿称为“愚笨”的手法，被约翰·格雷厄姆叫作“自动书写”，又被超现实主义者叫作“自动主义技法”。无论如何命名，这是杰克逊唯一擅长的绘画方式。 454

在一张8月完成的油画中，他开始画一头牛的粗糙轮廓，这是一个富含个人意义的意象，以遥远的地平线为背景——和本顿式的素描一样简单直接。然后他用精细的点彩画法在轮廓的周围画上“一整片”的彩色斑点和零星的点滴，让轮廓变得模糊不清——这是一幅由蓝绿色、黄色和琥珀色组成的超现实主义梦境图。当背景马上要把公牛的轮廓吞没时，他拿起一把大画刷，把黑色的轮廓进行重新修改。与此同时，他在画布边缘处加上浓重的黑色书法，让图像变得更为复杂。在一次尝试中，他将公牛的色彩黯淡而模糊的下腹部改成不规则锯齿状的线条，这代表着乳头——也许意在探讨性向不明的问题，也许因为一些先前的修改意外产生了这样的效果。然后他把画放在那晾干，不过问题仍未解决：一个站在抽象背景上的经过反复创作的意象，四周被自动主义者的信手涂鸦包围。当他数天，可能数周之后重新面对这幅画时，他又一次试图突出核心轮廓，用白色高光来减弱反复勾勒之后造成的“多重曝光”效果。最后他终于对核心意象满意了，他以雄浑有力的粗大笔触，将大部分点画出来的天空和令人分心的书法用蓝灰色覆盖住，然后签上了名字。

这幅画就是著名的《母狼》(*She-Wolf*)。标题和图像之间的矛盾引人注意。“当我第一次看到这幅画时，”阿克塞尔·霍恩回忆说，“我发誓波洛克是想画一头小牛。我看着画说，‘他在试着画出一头小牛。’然后我看到了标题，《母狼》，我猜想标题是被人后加上去的。”和很多人一样，霍恩怀疑是李或思维尼或普策尔选择了这一标题，或是因为他误读了图像（乳头令人迷惑），或者可能性更大的是，他更喜欢充满神秘色彩的“母狼”，而不是平淡无奇的“母牛”或“公牛”。（出于对这个标题的好奇，佩吉·古根海姆问李，她是不是做了杰克逊的模特，李则尖刻地回答说，“当然是我做了他的模特。”）不管标题的起源是什么，命名对杰克逊来说毫无意义。他在开始创作一幅画时，脑中从来不会思考标题的事情，之后在为作品命名时他经常采纳朋友和访客的建议。他很反感那种意图

"解释"画中意象的标题，在之后的创作生涯中，他会把自己的画作用数字编号，以防止人们在图像中搜寻标题。这幅取名为《母狼》的画从来就不是一个对现实中的公牛或狼的评论。它是对另一截然不同的现实的表现。在 1943 年创作的画中，从来没有像现在这样，"[杰克逊的] 无意识大获成功，"他的朋友詹姆斯·布鲁克斯说。"从某种意义上说，
455 他走进了另一个世界。"

*　　　　　　*　　　　　　*

在古根海姆展览之前创作的大批作品中，杰克逊一直都在努力克服一个老难题：如何协调真实世界和自己的想象世界之间的关系。多年来，这一难题的焦点落在天赋上：他能否如实地画出一个人，或一头牛？他是否会画出一幅与他自己无意识中的意象更能密切呼应的画来—— 一个正在变成牛的人？抑或是一个根本无法识别，却通过连杰克逊都没法解释的图腾表达了他无意识中的隐秘的意象？在本顿课程后的十年里，他已经尝试了很多调解这些不同现实的方法——奥罗兹科充满心理内涵的意象，毕加索的变形，荣格的象征手法，最后是自动主义——但没有任何一种是让他完全满意的。没有任何一种捕捉到了无意识意象的复杂和能量。纯粹的抽象画也让他感到失望。在他少数的，尤其是以陶瓷碗为基础的实验作品中，抽象细节缺乏那种他以往的可以识别的意象所激发出的心理强度。公牛的图像——或是一个女人，或一把刀，或一张桌子——伴随着其所有的童年共鸣，有一种驱动着杰克逊完成整个画作的力量。而抽象画，尤其是霍夫曼所鼓吹，并由公然自称是自动主义者的马瑟韦尔所实践的正统抽象主义，缺乏关键性的净化能量。

然而表现却具有自身的危险。那些强大而能够产生共鸣，足以为一幅画提供能量的意象也富有危险性。它们——具有毁灭力量的女性，进攻中的公牛，模糊的性向——就是杰克逊最需要压抑的意象。纵观其一生，他经历的情绪上的大起大落时期也是他创作出最鲜明意象的时期。布鲁明黛医院之后的两年间，梦魇般的怪异女人和骨瘦如柴的丑陋婴儿意象萦绕在他的想象中。所有最为黑暗和可怖的真相几乎不受任何约束地在其有意识的世界中徘徊游荡——它们披上焦虑的外衣，只有酒精能够平息这些焦虑——还出没于他的艺术世界里，比如在《秃头女人与骷髅》(*Bald Woman with Skeleton*) 和《持刀的裸体男人》(*Naked Man with Knife*) 这些作品中。在李的支持下，他已控制住这些魔鬼，甚至开始学会在《速记形体》和《男人和女人》这样的作品中面对它们。然而恐惧仍然存在，就像抽象画的需要和它所带来的隐蔽处一样一直存在。

《秘密守卫》，1943 年，$48^{5/4}$" ×75"

在两个世界里都未得到满足的杰克逊，在二者之间的边界上游走，在可辨识和模糊难辨之间，在表现和抽象之间来回摇摆不定。没有哪幅画比他自 1942 年底之后的十二个月里创作的三件作品更清楚地暴露他面临的这种困境。三幅画中的基本意象都是围坐在桌子旁边的人，这是直接从其童年时期抽取的意象。西德尼·贾尼斯将三幅画中的第一幅《寻找符号》(*Search for a Symbol*) 称为“谈判桌上和桌旁的角色”。左边的人物是位女性，这可以从她的花裙子和长睫毛判断出来；右边的是一位男性。在二者之间叠加在桌子上的是另一个人物的碎片，这是一个杰克逊有意抹掉的人形。只有一双眼睛，几个生
物形态的图形，以及两只胳膊。很显然在创作的初期，中间的人物是由一根脐带和女性人 456
物连在一起的，他的一只胳膊在她周围挥舞着。而另一只与身体脱离的胳膊则躺在桌上，似乎与左边的男性人物的阴茎连接在一起。附近的一只鸡让这种令人不安的结合更为危险——对杰克逊来说，鸡一直是阉割和肢解的象征。

仅仅七个月或八个月之后，杰克逊就在另一画作《秘密守卫》(*Guardians of the Secret*) 中唤来了同样的魔鬼。画面的场景仍是一群人围坐在桌前。在已经完成的画作中，仅有两个人物清晰可见，在桌子两端各有一人，这和《速记形体》、《寻找符号》以及《男人和女人》中的布局是一样的。其他形体则若隐若现，在大量各种形状和颜色的覆盖下模糊难辨。但是在杰克逊工作室拍摄的一张照片显示，创作过程中的《秘密守卫》中有五

鲁本·卡迪什为杰克逊拍摄的照片和杰克逊为卡迪什拍摄的照片，1943 年；背景是创作中的《秘密守卫》

个人围坐在桌子旁，而不是两个人——远处坐着三个人，桌子两端各有一人。在创作的某一阶段，《秘密守卫》就是在餐桌旁的波洛克一家的群像画。画里甚至还有盖普，它有着独特的长鼻子、白色眼罩和棕色的爪子，趴在画面下方的桌脚旁。然而在之后的数次修改中，只有心爱的盖普的画像被保留下来。后面的人物可能是兄弟俩，被简化为难以辨认出人形的抽象图案。两边的人物是斯黛拉和鲁瓦，他们虽然被保留下来，但是已不再是照片里容易辨识的人物。到杰克逊创作完毕时，他们已经变为毫无特征的“图腾式图案，”完全是隐约可见人形的各种线条、形状和颜色构成的混合体。

457 但是家庭群像中的杰克逊又在哪里呢？他没有将自己画进去，这是否反映了在鲁瓦去世后的十年里，他一直没能摆脱的疏离感？答案也许就在覆盖于波洛克一家围坐的桌面之上的迷宫般的黑白书法图案里。在创作中的《秘密守卫》这张照片里，我们看不到最后加上去的数字和自动主义式涂鸦（和《速记形体》中的一样）下面隐藏着什么，只能看见它和作品的最终版所呈现出的画面十分不同。正如《寻找符号》那样，《秘密守卫》中的核心人物失踪了，杰克逊出于隐匿及隐藏真相的需要，在创作完成的最后时刻将他们抹掉了。

到了年底，杰克逊已经是第三次重返同一主题了。画布差不多长五英尺，宽八英尺，是他到目前为止的艺术生涯里最大的画布，在这张竞技场一般的画布上，他又一次与揭示还是隐藏这对相互矛盾的需要展开斗争。结果是画里都是狂暴而爆炸性的意象，充满了夹在两个世界之间的人物形象，他们在现实内外穿梭跳跃—— 一段肢体，一只眼睛，一张脸，一只手，一个阴茎，一对臀部——但是这些图案仅仅作为线、形状和颜色而相互关联。和《秘密守卫》不同的是，没有什么不是经过抽象法混杂在一起的。画面上仍

458

《帕西法》，1943—1944 年，$56^{1/8''} \times 96''$

有桌子，这次是浅蓝色的椭圆形桌子，人物盘旋于桌上—— 一个在左边，三个在右边，可能背景里还有更多人物。和《母狼》不同的是，这里杰克逊并未在创作的最后时刻通过填充背景或加亮轮廓以突出重要人物。背景，人物和书法图案都竞相引起观者的注意。在困惑的思绪中，杰克逊敢于揭开核心人物的面纱，但也只是露出一些诱人的碎片，而在《秘密守卫》里核心人物是出于隐匿状态的。桌子中央仰卧着某种动物，它的后腿在空中抽动。它的嘴张开着，仿佛在大声呼喊。它可能被开膛破肚了。围坐在它周围的人物可能准备将其作为美餐尽情享用。除此之外，意义在抽象化中被吞噬了——无疑，这正是杰克逊的意图。和杰克逊的很多标题一样，画作的标题，《帕西法》（*Pasiphaë*）也是后来的拼凑结果。即便是杰克逊最初的题目《莫比 · 迪克》（*Moby Dick*）也和画作本身没什么明显的关系。但是《帕西法》对杰克逊艺术的蕴意却很清晰。他的意象伴随着心理力量和完整的个人回忆，已经挣扎着接近抽象主义的边界线了。

在年底以前，他将跨过那条界线。

当杰克逊在想象的世界中摸索时，现实世界中各种事情也接踵而来。普策尔时常拜访第八街的公寓，来为杰克逊打气，享用李的厨艺，敦促杰克逊加快创作速度，同时也是为了逃离他在东第五十七街只有一个房间的孤零零公寓。拜访本是为了抚慰人心，不过随着 11 月 9 日开展仪式的临近，倒是普策尔这样一个以多虑而闻名的人反过来需要安慰。每次他在门口出现，因刚刚爬过长楼梯而气喘吁吁时，李都觉得他看起来比以前更紧张更忧心忡忡了。他和佩吉的名声，以及画廊的声誉都取决于杰克逊的画展受到怎样的评价，无论是在专业评论方面还是在商业方面。由于担心没有任何收藏者会去冒险购买杰克逊日益青睐的大画幅作品，普策尔恳请杰克逊中断刚刚开始的《帕西法》的创作，集中精力去画一些更适合谨慎的购买者收藏的“小幅画作”。九月期间，杰克逊不得不创作了《受伤的动物》（*Wounded Animal*），一幅长仅三十英寸、宽三十八英寸的作品，以及几幅他尚未命名的抽象派习作。十月初，本世纪艺术画廊举办了德·基里科作品展，到这时为止，所有杰克逊画展的主要参展作品都已创作并运送完毕。杰克逊在最后一个月里匆忙地准备了几幅更小画幅的作品，包括几幅水粉画和素描。同时，为墙画而准备的巨型画布覆盖了他的工作室的整面东墙，画布上还一笔未动。

在画展前的数月里，杰克逊和普策尔共进晚餐，一同参加开展仪式，共赴塞戈维亚的音乐会，而佩吉·古根海姆却很少能见到她的新门徒。倒也不是和恩斯特的决裂让她
459 分了心——通常来说，感情创伤会让她径直来到画廊埋身于工作中。这一次让她心烦意乱的是相思病。去年冬天，自从得知恩斯特的不忠之后，她遇到一位年轻英俊的叫作肯尼斯·麦克弗森（Kenneth Macpherson）的红发英国人，并且狂热地坠入爱河。“她的确为他疯狂，”李·克拉斯纳说。尽管已婚且是坚定的同性恋，麦克弗森被她认为是完美的伴侣。“在我最需要他的时候［他］走进我的生活，”佩吉后来写道，“他立刻给我一种平静感，当坐在他的臂弯里时我感到非常幸福，比过去几年里的任何时候都幸福。”九月，她和麦克弗森搬进位于第六十一街的一栋双层褐沙石高档住宅中的一间复式公寓（她委托杰克逊为这间公寓制作墙画）。尽管他们住在不同的楼层，佩吉对他“更像对待一位女性朋友而不是情人”，麦克弗森仍是她的慰藉之源。“你知道，你可以有风流韵事，那种没有性的外遇。”佩吉坚持说。有他作为后盾，她甚至不需要往常那些装腔作势的表演就熬过了与恩斯特离婚后的痛苦时期。

由于个人生活中这么多的意外事件发生，佩吉倒乐于把画廊交给普策尔打理，包括指导杰克逊准备十一月的画展这一工作。在和杰克逊仅有的几次会面中，她发现他具有“某种男人 / 孩子般的”迷人魅力，尽管他的沉默寡言让她觉得不自在和难为情（她说他让她想起“一只本该待在自己洞穴里的落入陷阱的困兽”）。当佩吉有话对杰克逊讲的时候，她越来越多地去找李·克拉斯纳交谈。

没有人像李那么卖力地为杰克逊的个展进行筹备。利用附近的华尔道夫餐厅的付费电话，她安排着杰克逊越来越拥挤的个人时间——来来去去的拜访者（在他完成画作之

前，她将访问者的数量控制在最低），关于展览的咨询，安排运送作品——还要保持与普策尔的不间断的对话。“尽管我不工作，”她写给斯黛拉，“……我看起来每时每刻都在忙碌中。”当哥哥弗兰克和桑特进城时，李还帮忙照看他们的小孩。她随时让斯黛拉了解“正在发生的好事情”，并为她的 68 岁生日挑选鞋子（杰克逊正好错过了生日）。这样无私的奉献在斯黛拉看来并不奇怪。根据阿勒瓦·麦考伊的说法，杰克逊一家让她觉得李和杰克逊已经结为夫妇了。

看起来李十分成功地在扮演她的新角色。一些朋友认为这个角色非常适合她。“我记得她在艺术家联盟的时候，”阿克塞尔·霍恩说，“她有推销和宣传的天赋。”埃塞尔·巴齐奥蒂认为李“在公共事业振兴署培养了一种管理人员的气质”。她可以不费吹灰之力将很复杂的事情讲清楚。不过梅·罗森伯格和其他一些老朋友却对李担任的新角色不敢恭维。“李是一个出色的推销员，”罗森伯格说，“她很聪明。她具备了一位农夫的品质。她运作起来仿佛每个人只留意自己就行了。”对于离开了李的营销天赋杰克逊是否还会发展得这么好这个问题，杰克逊朋友们的意见是有分歧的。一些人，比如彼得·布萨，认为
杰克逊“连一部暖气都无法卖给因纽特人”，而且就算他能卖出去，“也不想和推销策略扯 460
上任何关系”。而以杰罗姆·卡姆罗夫斯基为代表的其他人则回忆说，杰克逊十分了解公众关系的重要性。“尽管是个如此不善言辞的人，”卡姆罗夫斯基说，“他却总能和评论家或收藏家打个招呼。”

然而大家在一点上达成共识，有一件事李比杰克逊做得出色得多：应付佩吉·古根海姆。

“总的来说，”佩吉的传记作者写道，“认为佩吉慷慨大方且和她相处最为融洽的人是最不需要她帮助的人。”不巧的是，没有谁比李·克拉斯纳更需要佩吉——佩吉没有一刻不在提醒李不要忘记这一点。她命令李把杰克逊画展的一千二百多个通知塞进信封，并为其写好地址，然后仅仅因为李弄错了三个通知，就当着其他员工的面将李狠狠地训斥了一番。“就因为我浪费了九美分，她把我骂得狗血喷头，”李回忆说。有一次在行驶的出租车上，佩吉叫司机停车，“然后她站在下水道的检修孔上，撩起裙子，直接在上面小便，”这一切让李惊得目瞪口呆。布菲·约翰逊说，佩吉总有办法“让其他人明白，他们实际上无足轻重”。还有一次，佩吉邀请李和杰克逊去她家共进“只有几个人的”晚餐，她告诉李早点过来，好看看肉糕的烹饪方法“是否正确”。当李到了之后，发现“两位女仆在削土豆皮”，还有“大量的肉”。结果这个派对是为五十人准备的。佩吉正焦急地等

待李来做肉糕。“准确地说，这可不是我来享受餐饮服务的场景，”李挖苦地说道。

在伤害背后，两个女人之间无疑也存在某种扭曲的感情。佩吉对她的姐妹哈泽尔是既宠爱又残忍，而李也以同样的受虐式的逆来顺受接受了埃尔文的伤害。“她们会吵架，和好，然后更频繁地吵架，”大卫·哈尔回忆说，他经常看到李战战兢兢地守在画廊里，而佩吉则在享用她通常要进行三个小时的午餐。“她们俩很相似。”实际上，虽然在年龄上相差 12 岁，她们却很相似，尽管她们自己不承认这点。两人都是来自矛盾重重的大家庭的任性而倔强的孩子。显然两人都缺乏外形魅力，都是依靠智慧、品味和漫不经心的态度，而不是以外貌取胜的女人。两人都对自己的身材颇为自豪。（佩吉尤甚，在 45 岁时，她仍故意穿那种能让她的胸部有种“从布料下面汹涌弹出”之势的裙子，据一位朋友回忆。）两人都喜欢找同性恋男人做情人。两人都“如钢似铁般强硬，”根据克莱门特·格林伯格的说法，“习惯于支配别人。”

尽管她们之间有着诸多相似点，两个女人之间的针锋相对还是不可避免的。对李来说，佩吉是个“疯子”，一个“有钱却没品位的”、操控欲强的慕男狂和“婊子”。而对佩吉来说，李是个尖刻而自不量力的坏女人，是贪婪的下层俄裔犹太人的绝佳典型，佩吉的那些德裔犹太亲戚们一直试图将他们赶出美国，这个女人“本应该出去找份工作”来
461 资助杰克逊，而不是寄生于佩吉。然而，两个女人共同的朋友中，不止一个人怀疑二人争吵的真正原因是杰克逊。“他很感激能有机会创作墙画，”李后来说，“他是有感恩之心的，但她却想让他每晚在床上向她证明。”

李默默地承受着她的新角色带来的各种侮辱，虽然缄默并非她的性格。普策尔在第八街公寓享用了多次晚餐之后，在给杰克逊的一张感谢便条中称李为“你的顶级厨师”。李在纽约独自闯荡 20 年，上过无数课程，求学于霍夫曼的学校，参加过公共事业振兴署的争斗，以及和蒙德里安共度错乱的夜晚，在经历了这些之后，李放弃了自己的工作室，与一位饱受不稳定情绪困扰的酒鬼同居，为了钱重返模特职业，把自己的大部分画作都打入储藏室的冷宫或扔进垃圾堆，自己学会烹饪，让自己受制于佩吉·古根海姆，这一切到底是为了什么？如果她在同杰克逊的关系发展到这个阶段时问这个问题，无疑她期待着能从仅仅几周之后就要开始的画展里找到答案。

随着画展开幕这一天的临近，杰克逊让自己保持着审慎的自信。普策尔的工作做得很出色，他将画展之前掠过画廊的每一阵赞美的微风都捎带给杰克逊。“古德斯皮德夫

人想要你在芝加哥［艺术俱乐部］办画展，”他在10月初写道，“克瑞丝·克罗斯比也想请你在她华盛顿的画廊办展。估计剩下的［画］数量不够了。”“［詹姆斯·思罗尔·］索比今天下午来过，”这是又一个普策尔为杰克逊建立信心的消息，“他对你的作品很是着迷……［他］预言你将成为这一季的新的焦点人物，而且，和过去那几季轰动人物不同的是，你会经久不衰。”普策尔绝不是给予杰克逊鼓励的唯一源头。在为画展筹备的3个月里，杰克逊在他的画室里招待了不少客人，并颇为难为情地接受了一番赞美。1943年夏天，鲁本·卡迪什作为一名艺术家兼记者在前往印度和中国的旅程中途经纽约，他称自己被“征服了”。“我知道自己正在目睹非常重要的东西，”他后来说，“美国艺术版图上爆发了一座新火山。”在同一拜访中，卡迪什的朋友简妮·雷诺迷上了作品《魔镜》。8月回到旧金山之后，她写了封信，以五百美元的价格买下了这幅作品。这是杰克逊的第一宗大买卖。不久以后，旧金山博物馆的格雷斯·麦坎恩·莫利博士又邀请杰克逊举办一场素描展，她还充满渴望地久久凝视着《秘密守卫》（最后她将作品买了下来）。曾经见证过杰克逊早期挣扎和奋斗的雷金纳德·威尔逊，在度假时路过工作室，他被杰克逊在艺术和生活中的巨变惊呆了。“我的上帝，房间里到处都是画，杰克逊处于创作巅峰，兴奋至极，”威尔逊回忆说，他觉得《母狼》这件作品特别“让人震撼”。“之前我一直担心他会变成什么样。”西德尼·贾尼斯是一位收藏家兼作家，去年在李的鼓动下，他拜访了杰克逊，并为他即将举办的“美国的抽象和超现实主义艺术”画展选了一幅画，9月他再次到访，并又一次惊诧于杰克逊艺术在仅仅一年内的显著变化。“有幸拜访你的工作室让我 462
十分享受，”不久之后他写道，“我认为［《寻找符号》］是我见过的最富争议和挑衅性的美国作品。”（贾尼斯后来在他的展览图录中复制了《秘密守卫》，在他的书中复制了《母狼》。）克莱门特·格林伯格是李的朋友，他的志向从创造艺术转为批评艺术，也爬上楼梯专门拜访杰克逊。同样，詹姆斯·约翰逊·思维尼也来过几次，一次买了一张素描，还有一次给杰克逊提供了一份在纽约的布法罗教授艺术的工作。“我认为他不会接受这个工作，”李写信给斯黛拉说，“但是收到这个邀约肯定让他精神为之一振。”实际上，那个夏天在所有到过工作室的访客中，只有杰克逊的家人未对新作品作任何评论——这种吝于评判的态度是李永远无法原谅的。弗兰克瞥了一眼新作品，显然认为他的弟弟已经精神崩溃，失去自制。“我认为是我的画让他担忧了，”杰克逊在信中对查尔斯说。

最美妙的胜利，也许是来自于个展开幕前一周哈罗·莱曼的到访。杰克逊带着这位高中老同学来到本世纪艺术画廊，向他炫耀已安装好的画作，并将他介绍给佩吉和普策尔，而这两人也是之前莱曼在洛杉矶画廊时期的旧相识。“杰克逊不停地对我说，‘看我现在在艺术界的进步多么大’，”莱曼回忆说，“‘现代艺术博物馆买了我一幅画，这就是我的个展，多了不起啊。’”对杰克逊来说当然是了不起的。对莱曼可就不一定了，他刚刚搬到纽约的伍德斯托克，尽管天赋惊人，却仍然默默无闻。

开展前的一周里，杰克逊心情很好，尽情体味着这种人生的莫大讽刺。他刚刚送出了最后一批普策尔要求的“小画幅作品”，包括他交给思维尼的油画《冲突》（*Conflict*）；还有将卖给佩吉的《燃烧的风景》；以及几幅水彩画和素描。普策尔十分满意。“这些小幅画［总的来说］比其他那些都好，”他写道，一如既往地给予支持。11 月 1 日，一条画展的公告在《艺术文摘》上登出，普策尔和杂志编辑莫德·莱利（Maude Riley）的交情确保杂志对画展进行了显著而赞许的宣传。文章还附含了一篇艺术家传略——“生于怀俄明州，后居于加利福尼亚和亚利桑那州”——以及一篇佩吉的洋溢着赞美之词的宣传词，可能由普策尔执笔。“我认为这次画展可以说是美国当代艺术史上的一个事件，”援引佩吉的话，“我认为［波洛克］是最强大而有趣的美国艺术家之一。”

或许，如果佩吉的赞美不那么过度和浮夸，更超然而公正一些，杰克逊就会对接下来发生的事情有更多的心理准备。应佩吉的请求，詹姆斯·约翰逊·思维尼为展览图录写了一篇简介。印好的图录在开展仅仅几天前送到画廊时，杰克逊就在第一时间读到了这篇简介。

> “天赋，意志，天才，”就像乔治·桑写福楼拜那样，“这些都是像湖泊、火山、
> 463 山川、大风、星辰和云朵那样的自然现象。”波洛克的才能是爆发式的。它充满火焰。它不可预知。它无法无天。它从尚未结晶的富饶矿藏中喷涌而出。它铺张而具有爆发性，杂乱无序。
>
> 然而年轻的画家，尤其是美国画家，往往太过于谨小慎微而不敢表达自己的主张。这好比一盘美味佳肴在端上来后不立即享用，任其变凉。我们需要的是更多不在乎评论家和观众的感受，听从内心冲动去作画的年轻人——为了以自己方式去表达事物而不惜毁掉一张画布的画家。波洛克就是这样一位画家。
>
> 诚然，波洛克需要自律。然而要从修枝减叶中受益，一棵植物必须要有活力。在艺术里，我们对自律的实行太过熟悉，深思熟虑似乎能带来更多好处。波洛克能抵得住这些好处。他在早期师从托马斯·本顿时，就显示出很强的传统学院派创作

> 能力。今天他的信条是显然是来自雨果，“用现实让自己稳定沉着，把自己抛入海洋。这个海洋就是灵感。”
>
> 在年轻画家中，杰克逊·波洛克生气勃勃，特立独行，具有与生俱来的敏感，他给了我们一个非同寻常的承诺。如果他能带着勇气和诚意继续发掘他目前已经展示出来的这些品质，他会实现那个承诺。

杰克逊越往后看越愤怒。读到最后一个字时，他扔掉图录，气得咬牙切齿，不停重复着那个刺痛他的词：“缺乏自律”。无论思维尼的本意是多么善意，他的确戳到了痛处。“不可预知”，“尚未结晶”，“杂乱无序”，“冒险毁掉一张画布”——对杰克逊来说，这些字眼都指向一个意思：“缺乏自律”——这一批评让他回想起高中时代以及在本顿课堂上的羞辱。“他勃然大怒，”李回忆说，“简直气疯了。我从未见过他如此生气。”害怕他会去与思维尼对峙，李——她倒觉得这是一篇“写的不错的介绍”——设法说服杰克逊写了一张感谢便条，这样才是更恰当而周全的。毕竟，思维尼积极地服务于现代艺术博物馆的初级咨询委员会，而后者已经表现出要购买《母狼》这件作品的兴趣。“亲爱的思维尼，”便条开头写道，这是李惯用的称谓方式，“我已读过你为图录撰写的前言，十分激动。我很高兴——我相信，你所说的自律会随着更深刻而完整的人生经历而自然而然地发展出来。”在结束语里，杰克逊有意或无意地暴露了李的手笔。“十分感谢，”他写道，“我们会实现那个承诺——”

写好信之后，杰克逊仍然郁郁寡欢。就在开展前的几天，他带着《寻找符号》来到画廊和思维尼会面。这是一幅较为节制的小幅画，创作于《速记形体》的同一时期。根据有些叙述的说法，杰克逊在读完思维尼的介绍后重画了这幅作品，使它看起来更“有节制”。当他把画向思维尼展示时，据说他说，“我想让你欣赏一幅真正自律的画。”

*　　　　*　　　　*

画展于1943年11月8日开幕，它并未完全吸引住艺术界的目光，也没有让杰克逊·波 464
洛克瞬间成名。回想起来，这一展览获得其神话般的地位，是后来的事情了。大多数参观者都和克莱门特·格林伯格的反应差不多：“起初我并没有被击倒。直到后来后来才意识到自己看到的是什么。”即便这场展览是革命性的，也不是因为杰克逊的画作，而是因为有史以来第一次，一位美国先锋艺术家获得了来自商界和评论界的密切关注。

在那个温暖得不可思议的11月傍晚，本世纪艺术画廊的访客并不拥挤。在白色墙壁的“日光画廊”里，有足够的空间供观众靠后站，细细审视 16 幅画作，在画幅规模上，从只有 1 平方英尺大的小幅《冲突》，到壮观的《秘密守卫》。在价格上，从 25 美元的素描到 750 美元的《秘密守卫》不等。人群中点缀着几个身着制服的人——战争最终抵达了第 57 街。抽象派雕塑先驱依布拉姆·拉索来自迪克斯堡，趁休假时来到画廊。李的朋友乔治·麦克奈尔和约翰·利特尔穿着一尘不染的海军白色制服。格林伯格和卡姆洛夫斯基也出席了画展，和他们一起来的还有赫伯特·马特和梅赛德斯·马特，他们将未命名的画作借给画廊以供展览，这幅画是杰克逊作为礼物送给他们的。杰克逊自己则忐忑地站在屋子中间，佩吉将他置于自己和思维尼之间。“思维尼为了帮助我让波洛克一举成名做了不少工作，”佩吉后来写道，“我觉得波洛克像是我和思维尼的精神上的后代。”有些人甚至觉得他长得还真有点像他们的孩子，他穿着西服，打着领带，双腿僵硬地站在那儿，胡子刮得很干净，双手紧握，眼神在蓝绿色地板上飘忽不定，当佩吉派头十足地将他介绍给别人时，他紧张地打着招呼。一位客人说，他让人想起“一个穿戴整齐，准备去主日学校上学的小男孩”。李并没有被外表欺骗。她站在门附近的桌子旁，一边回答问题，分发展览图册，一边以“一分钟 60 次”的频率瞄着杰克逊。她知道他喝醉了。可能还没醉到要当众出丑的地步，不过已足够引起别人的注意，惹人反感了。在当晚佩吉介绍他们认识之前贝奇·莱斯从未见过杰克逊，他十分肯定杰克逊喝了“至少一夸脱的酒”。在杰克逊到场的朋友中，更多人被他的西服领带弄得有些不知所措，却没注意到他来来回回往卫生间里跑了多少趟。之后，尽管李不同意，佩吉还是在肯尼斯·麦克弗森的公寓里为杰克逊举办了一场派对。

关于画展的第一波评论没有出现在报纸上或杂志里，而是在格林尼治村附近的酒吧和咖啡店中传播。意见存在分歧。佩吉曾经青睐的欧洲超现实主义者们公开宣称杰克逊是他们群体的一员——马克斯·恩斯特称他为“一个苏丁般的狂野之徒”；马塔的评论是，他“非常像马松”——然而私下里他们却嘲笑着他。罗杰·威尔考克斯回忆说，尽管他们自诩十分崇拜原始艺术，超现实主义者们却因为杰克逊“缺乏修养”而鄙视他；为寻找原始艺术家而长途跋涉到美洲西北部是一回事，而完全接纳原始艺术家，将其视为在
465 社会地位和艺术上与自己平等的人，又是另外一回事。根据李·克拉斯纳的说法，超现实主义团体认为佩吉不仅与他们决裂，还放弃了自己的标准：“整个即将离去的群体都对因为佩吉接纳了杰克逊这样的人而愤懑不已。”

杰克逊的朋友们都同意鲁本·卡迪什的观点，认为“杰克逊取得了爆炸性的突破”，

但很多艺术家则没表现出那么大的热情。莫里斯·坎特是杰克逊在公共事业署结识的一位画家，据一位朋友说，莫里斯“大动肝火”。“他说，‘这不是画！’他简直气炸了头。”不止一个画展的参观者在佩吉的留言簿上潦草地写下脏话。其他人则径直走出画廊。“波洛克把我吓坏了，”一个人说，“我不得不离开。或者这家伙病得不轻……我就是没办法接受。”巴勒肯·格林是美国抽象艺术家联盟的第一任主席，他想起了斯图尔特·戴维斯对抽象主义的定义：“从潜意识里喷出的嗳气。”

十一月中旬，文字评论开始出现，很显然展览和普策尔预测得完全一样，引起了巨大争议。自画廊开办以来，从未有过这么大规模的宣传。《时代周刊》、《太阳报》、《国家》、《党派评论》、《艺术新闻》、《艺术文摘》和《视野》杂志都特刊登载了关于展览的评论。

然而如果杰克逊还念念不忘他童年时想要获得纯粹赞美的那种渴望，他一定会深深失望。评论家都还不如思维尼客气，有些甚至更为残酷。亨利·麦克布莱德为纽约的《太阳报》撰文，将作品比作“一个充分摇晃的万花筒。再晃一两下就会让到处飞散的彩色恢复秩序——不过观看的人对这不太确定”。当然，也有一些宝贵的赞美之词。在为《纽约客》写的评论中，罗伯特·寇特兹称杰克逊为“一个真正的发现”。“他的用色一贯丰盈而大胆，”寇特兹写道，“他的创作手法很成熟，设计十分优美而流畅。”“我们喜欢所有这一切，”《艺术文摘》评论说。展出的小画幅作品赢得了和画幅尺寸不成比例的赞誉，尤其是《受伤的动物》和《冲突》两件作品，一位评论者宣布这两件作品是“美国艺术家创作的最为特色鲜明的抽象画”。

然而多数评论者还是公开支持思维尼的意见——钦佩杰克逊的大胆创新，纵容他的任性妄为，表达着对他未来发展的有条件的乐观态度。“多数抽象画都很庞大，几乎所有作品都有一种华丽而铺张的浪漫，虽说不上是粗暴而野蛮的浪漫，”《时代周刊》的爱德华·奥尔登·朱厄尔写道，“这实际是一种隐晦而朦胧的风格，尽管在艺术家创作过程中一切变得明朗而清晰。”“杰克逊先生笔触强劲，他总是对自己的想法进行反复实践，创作得过于用力，这让他的作品产生一种浮夸的效果。”“波洛克是在探索，”《艺术文摘》的评论员写道，“他在每张画布上都开足马力拼尽全力……到处都是螺旋形和漩涡。”

然而，没有人能像克莱门特·格林伯格在为《国家》杂志里撰写的一篇早期艺术评论里那样，明白无误地捕捉到思维尼那宽容而又充满矛盾态度的语气。“在我认识的画家中，［波洛克］是第一个能从黯淡而含混的色调中获得一些正面的东西的艺术家，这种色

调是大量美国画显著的共有特征，”格林伯格在文章开头写道，总是用一个负面评价伴随
466 着正面评价，以求平衡。“杰克逊稍大幅作品以大量的泥土为材料，这是他最富原创性和野心的尝试，尽管技艺还不够完善。他年轻而富有活力，他承担的太多他还无法完成的任务……他因同时在多个方向发展而精疲力竭。”在《秘密守卫》中，“空间被收紧，却没能形成一幅图景”，而《男人和女人》则“游走于架上画的强烈张力和墙画的柔和平淡”。格林伯格的结论甚至也不太确定。“波洛克经历了米罗、毕加索、墨西哥绘画等等对他的影响，并在 31 岁时超越了这些，以自己的风格创作多数作品，”但是，格林伯格用不祥的语气补充说，“他在追求风格的同时很容易重新被某种影响制约。”

杰克逊画展中唯一能让评论家们毫不含糊地热情高涨的方面就是：他是美国人。

珍珠港事件之后，国家完全投入到战争中。每天战事频传，来自意大利、非洲、俄罗斯和太平洋的报道充斥着报纸的头版。就在开展两周前，美国海军陆战队入侵了太平洋地区的塔拉瓦环岛，遭到顽强抵抗，伤亡十分惨重。战争的残酷细节占据各大报纸长达数周，在城市里又一次掀起了对战争债券控诉、集会和演讲活动的浪潮，而城市里已经到处充斥着新闻短片、物资配给票、宣传海报和途中的士兵。不可避免的是，评论家对佩吉举办的让众人期待已久的美国前卫艺术家画展的评价也同样具有广播和社论文章中弥漫的爱国情绪。“[杰克逊的]抽象画远离巴黎，”《艺术新闻》的评论员兴奋地评价道，“并包含一种有节制的美国式愤怒。”评论者们对杰克逊地地道道的美国经历特别有兴趣，并尽可能地将这种经历投射到任何作品中。“他的作品是很私人化的，”一位评论者说，“尽管偶尔你能感受到印度文化的影响。”《纽约客》的评论在第一句中称杰克逊为“一位年轻的西方艺术家”，承认毕加索对他的影响，并指出毕加索的影响并未削弱杰克逊艺术中的“基本力量和活力”。格林伯格的整篇文章都弥漫着一种在美国艺术批评中从未被觉察到的，希尔顿·克雷默后来提到的“行进中的历史感”，这是一种具有包容性的不可逃避的乐观主义—— 一种必然的宿命。

评论的试探性口吻让杰克逊不知所措，灰心丧气。冒犯和侮辱让人更容易接受些。最初一周期间，他常去画廊，“怕万一会有收藏者来访，”李·克拉斯纳回忆说，但评论开始出现之后，杰克逊兴致全无。当然，李仍然每天早十点在画廊开门时就到（比佩吉早了一小时或更多），并一直在画廊待到晚六点闭馆。当她回到公寓时，杰克逊会问起有没有卖掉画，每次她只能答没有。在为期三周的展期最后，只卖了一副素描——是被肯尼

斯·麦克弗森买下的，按照佩吉的说法，麦克弗森从未真正对杰克逊的作品发生过兴趣。

与此同时，用作佩吉的墙画创作之用的画布原封未动，画布仍然平放在画室的东墙 467
边，自 7 月以来就一直被放在那里，当时杰克逊为了给墙画腾出空间，热切地将通往桑特旧工作室的墙推倒。当李从画廊回家时，她常常会看到杰克逊坐在客厅，手臂抱住椅背，呆呆地望着白色墙壁，“整个人越来越抑郁”。他试着画几幅素描和“卡通画”——他很少画这些东西——这些小幅图像都没“迅速发展为”大幅画。出于绝望，或许是听从了李的建议，杰克逊考虑了其他可能性。彼得·布萨记得杰克逊费力地创作了一批大型拼贴画的“习作”。“我对他说，‘我说杰克，这又不是公共事业振兴署的艺术项目。你的计划不需要获得委员会的同意。就像画架上画那样去创作吧，只是规模大些。’”然而尺寸并不是问题。过去数月在意象上探索的结果是十几张画——完全是图像的泛滥、层层叠叠的图像以浓密的小色块的形式彼此相互冲突，相互掩盖——这一探索过程突然莫名其妙地中断了。当 12 月 23 日比尔和巴齐奥蒂来吃晚餐时，这块画布仍然原封未动。

像鲁本·卡迪什这样的朋友很清楚，创作的障碍并不是在画布上；而是在杰克逊的头脑中。“我以为这是一段酝酿期，”卡迪什说。“不管发生了什么，都是在内心深处发生的。其他艺术家画草图，而杰克逊的一切准备都是在心里完成的。我觉得，在一切准备就绪的时候，该发生的自然会发生。”但是佩吉·古根海姆却不愿无止境地等待下去。12 月的某天，她通知李说她希望墙画能及时送达，好赶得上简·康诺利 1 月在佩吉的公寓为她举办的派对。当李略有迟疑时，佩吉提醒她画作本应该在 11 月的画展时按时完成。她还很明显地暗示，如果杰克逊不交出作品，每月 150 美元的津贴可能会被收回。

尽管最后期限已到，杰克逊和李还是在康涅狄格州的迪普里弗同斯黛拉、桑特、阿勒瓦以及他们两岁的女儿凯伦度过了圣诞节和新年。这次拜访没能促成杰克逊无疑一直期待的“杰克和桑特”的和好。在过去一年半里，兄弟俩只见过一两次面。这段时间两人之间产生了巨大的鸿沟。桑特在一个他称作“垃圾堆”的小镇上“忍受”生活的折磨，为了撑起新家每周工作 78 小时。他根本无暇和他任性的弟弟追忆旧日时光。杰克逊所了解的关于桑特的一切——里弗赛德那个身材健壮、神气活现捣蛋鬼；大峡谷边上那个抽着烟斗的伙伴；纽约大街上那个戴着牛仔帽的大胆年轻人——已消失得杳无踪迹。“桑特很为杰克自豪，”詹姆斯·布鲁克斯说，“但是他搬走后就把杰克抛在一边。他决心靠自己成为一位真正的父亲。杰克逊并不适应这一切。”

回到纽约后，离康诺利的派对仅剩一周时间，杰克逊把自己锁在工作室里，李也不

468 准进来。每次他出现时，她能透过门廊看到画布，仍然一片空白。最后，他索性让她离开整个公寓。她回到长岛的父母家，希望在她离开期间，杰克能找到丢失的灵感。然而当她在最后期限前一天回到公寓时，他仍然坐在那呆望着空空如也的画布。那天，约翰·利特尔后来发现她出于一种恐慌的状态。“我不知如何是好，”她说，“明早画必须完成，可杰克逊还没开始。”当利特尔提出走进工作室看看时，李拒绝了，担心这样会打扰到杰克逊。利特尔记得，她只能搓着手说，“我不知明天会发生什么。”

夜幕刚刚降临，杰克逊开始画画了。“我脑中有一幅图景，”多年后他对朋友说，“这是一幅狂奔的景象。”显然和桑特共度的这一周唤起了早年的记忆，关于大峡谷和狂奔的野马的记忆。在画布右侧，他用黑色的巨大笔触画出潜意识和想象之间如幻影般移动的图形：来自于普罗沃、路易斯·杰伊、考特和桑特的“红色”。突然间野马群出现了，在马群后面和四周，是一片混乱的动物臀部、腿和迎风招展的马鬃交织在一起，黑色的线条在惊恐中穿过巨大的画布，横冲直撞。然而粗黑的轮廓刚刚减弱，图像就开始彼此变化，重叠，交融，消灭。新的图像出现了，旧的图形被变形。人变成马；马又变成牛。最后，狂奔的景象包含了“美国西部的所有动物”，根据杰克逊自己的叙述，“牛，马，羚羊，以及水牛。所有动物都在该死的画布上狂奔。”杰克逊画下一团团漩涡线条，让其贯穿整个画面：这些线条自我复制不断增加，它们围绕着黑色的桅杆，仿佛本顿笔下的裸体人像的肌肉，线条有青绿色、紫红色和黄色，它们突出了模糊的图像，又让显著的图像变得更模糊。然后他用白色填满了线条之间的空间，在湿湿的画布上大胆尝试使用软泥，画下粗犷的笔触。最后，泼溅在画布上的黄色和红色颜料下，可以辨识的图像的最后碎片部分也消失了。最初的狂奔画面所剩无几，只留下剧烈的能量、满画面的混乱和原始的惊恐。自1938年他在陶瓷碗上的实验之后，杰克逊已经推动图像超越了表现画，超越了精细的观察，将其隐匿在面纱背后。

颜料刚刚晾干，杰克逊就拆掉了框架，将画布卷起，将二者送到佩吉位于东六十一街的公寓。然而当他在低矮的一楼的电梯门厅里组装作品时，他发现画作太长了——几
469 乎有一英尺长。他夜不能眠，心烦意乱，惊慌不已，他在画廊给佩吉打电话。“他变得非常歇斯底里，”佩吉回忆说。那是在他开始酗酒之前。得知杰克逊那天会在她公寓里，而且“对他的嗜好了如指掌”，佩吉在她离开家去画廊之前把酒都藏了起来。但是杰克逊很快就找到了。他的来电变得越来越狂乱。他乞求她“立即回家，帮他把画安放好”。最后

她叫来了马塞尔·杜尚和大卫·哈尔，劝说他们来挽救杰克逊。“佩吉想让我们把画钉起来，”哈尔回忆说，“但是它的尺寸大了 8 英寸，所以我们就把画得一端切掉 8 英寸。杜尚说，这种画不需要那 8 英寸。我们把这些告诉了杰克逊，但他完全不以为然。”这时，杰克逊已经烂醉，根本无心在意这些。他语无伦次，摇摇晃晃地走进了公寓，康诺利的派对已经在筹备中，杰克逊穿过房间，拉开库尔兹的拉链，尿在了大理石壁炉里。

魔鬼又被放出来了。

470

30

水果和坚果

对杰克逊来说，成功也是一种惩罚。每个艺术生涯的顶峰之后的几个月内都会伴随着一段感情失控期。一些朋友只是把这种情绪低落看成是周期性的，仿佛月相的不同阶段，其来来去去和生活中的各种事件毫无关系。其他人，比如说李，则把他的抑郁同酗酒关联起来，进而又将他的酗酒和画展联系在一起。“杰克逊常在画展前后酗酒，”她后来说。另外一些人，如彼得·布萨，则总是觉得很意外。“每次他不再喝酒了，我就以为他痊愈了，”布萨回忆说，“然后我总是向他祝贺。他会说，‘是啊，我再也不需要那东西了。’然后他又恢复原形。”

从不同的角度看，他们说的都对。杰克逊的抑郁当然有规律，或者说至少他似乎特别容易受到抑郁困扰的时段是有规律可循的。如果他的情绪波动被画成图表的话，就是一条处于间隔两年的波峰之间的一条曲线。从 1926 年发现桑特与女孩们亲近之后他的绝望，到 1938 年的崩溃，再到 1942 年斯黛拉来纽约之前的放纵，偶数年份似乎特别严重。但是李也是对的。某种程度上，抑郁和酗酒的规律是和杰克逊生活中的事件相对应的；这种规律会被改变——有时是坏的改变，如 1933 年鲁瓦的去世让他彻底崩溃；抑或是好的改变，比如 1942 年斯黛拉离开后李的到来减轻了他的痛苦。同样，准备画展的压力，开展的焦虑，甚至评论的语气都能加快或减缓下一次的情绪波动。

布萨也是正确的：每次情绪波动将他击倒时，没人比杰克逊自己更意外。

甚至是他第一次画展后所面临的模棱两可的赞誉也足以在 1944 年迅速让他变得消沉。固定的工资让他能经常买酒。在禁酒令和大萧条之后的 10 年里，酒精变成了身份的
471 象征；成功是用一个人喝什么酒来衡量的。“一个人破产的时候喝咖啡，”赫尔曼·切里回忆说，“一旦你有足够的钱买酒了，就说明你富起来了。如果你能买得起威士忌而不是啤

酒，你就成功了。”成功也将别的圈子的人带进杰克逊的生活里：收藏家，画商，策展人和其他艺术家。他们想要参观他的工作室，和他共进午餐，想采访他。由于急着宣传她的新门徒，佩吉接纳了这些人。她安排他与有意向的买家碰面，与博物馆官员共进午餐，却并未意识到陌生人和酒精对杰克逊的毒害有多么深。“他简直像一头猪，”佩吉的妹妹哈泽尔回忆说，她有时会陪伴佩吉共进工作午餐。

可以肯定的是，杰克逊的名气越响，人们对他让人难堪的失检行为就越发宽容，他就越发过分，引起众怒。一次在切尔西酒店的餐厅用午餐时，他吐在了地毯上，弄得周围的客人和侍者四处逃散。即便是佩吉也有她的极限。最终，她不再“带着杰克逊四处炫耀”，并劝他不要再来画廊。杰克逊仍有自控能力——费城的收藏家 H. 盖茨 · 劳埃德夫人在见过杰克逊后说他是个“非常不错”的人——然而这种优雅客气很快就变成了例外。查尔斯 1944 年初访问纽约时的经历已变成了家常便饭。“我带了几个朋友到汤普森大街的提挈诺餐厅吃晚饭，杰克的表现很糟糕，”查尔斯回忆说，“他把晚饭弄得一团糟，然后在用餐过程中他直接起身就走。”史蒂夫 · 惠勒记得有一天，他看见杰克逊一大早独自坐在华盛顿广场中央的公园长椅上。“那是一幅悲伤的景象，”惠勒回忆说，“他不言不语，只是在嘴里嘟囔着什么。所以我们穿过广场去了一间酒吧，在那痛饮了一番。”

正当杰克逊蹒跚着接近崩溃的边缘时，成功却在向他招手。《秘密守卫》被送至辛辛那提市，参加西德尼 · 贾尼斯在 2 月举办的“美国的抽象画和超现实主义者”画展的开幕仪式，然后开始五个城市的巡回展；同月里，《月亮女人裁剪圆圈》和《母狼》又要被送到罗德兰岛的普罗维登斯，参加现代艺术博物馆举办的“十二位当代画家”巡回展，行程包含十一个城市；之后不久，一幅未命名的“小画幅作品”被大卫 · 波特在华盛顿的 G 地画廊买走；5 月，《男人和女人》在皮诺卡斯卡画廊展出；11 月，《疯狂月亮 – 女人》（*The Mad Moon-Woman*）在第五十七街的莫蒂墨 · 勃朗特画廊崭露头角。在交易中，有几幅画成交了：托马斯 · 海斯买下了《受伤的动物》；卡第的朋友简妮 · 雷耐尔买下了《魔镜》；而之前认为杰克逊“非常不错”的劳埃德夫人则从旧金山美术馆犹疑不决的格雷斯 · 麦坎恩 · 莫利手中亲手买走了《男人和女人》。

像收藏者们那样，媒体似乎也开始对杰克逊充满热情。罗伯特 · 马瑟韦尔为《党派评论》的 1944 年冬季号撰写了一篇评论，在这篇评论里，他熟练地赞美了杰克逊，同时还宣传了自己：“[杰克逊] 代表着年青一代艺术家的希望。能获得如此评价的画家不超过 472
三人。”克莱门特 · 格林伯格见到佩吉公寓的大型墙画后，立即抛掉他早前评论中那模棱两可的语气。“我只看了作品一眼，”他回忆说，“我心里想，‘这才是伟大的艺术’，我知道杰克逊是这个国家里最伟大的画家。”

与此同时，杰克逊则收获着战时极端爱国主义的好处。到了 1944 年，美国艺术和美国武力一样，似乎开始走向全球范围的胜利，杰克逊·波洛克被塑造为打头阵的先锋。他不仅是典型的美国人（德·库宁和戈尔基都是外国人；巴齐奥蒂也刚来美国不久；马瑟韦尔的贵族气息太浓；而罗斯科是犹太人），还是突破性的艺术家，他在被欧洲人占据的本世纪艺术画廊建立了自己的阵营。《艺术与建筑》的编辑邀请杰克逊为 1944 年 2 月号提交一篇短文，谈谈他对美国艺术未来的观点。当他对这样一份文学任务犹豫不决时，编辑建议可以改为访谈。显然杰克逊对此仍感到颇为紧张，他接受了建议，由罗伯特·马瑟韦尔采访他，并协助他回答问题。

你在哪里出生?

1912 年 1 月生于怀俄明州的科迪。我的祖先是苏格兰人和爱尔兰人。

你去过什么地方?

我在加利福尼亚州和亚利桑那州的一些地方游荡过，从未去过欧洲。

想出国吗?

不想。我不明白现代绘画问题的解决在本土和在别的地方有什么区别。

作为一个西方人，这对你的作品有什么影响?

我一直对美国印第安艺术的造型特质印象深刻。印第安人掌握了画家的真正绘画手法，他们能捕捉到合适的意象，并对什么是可画的题材有一定的理解。他们的色彩基本上是西方的，但他们的视野具有所有真正艺术最基本的普遍性……

为什么你更喜欢住在纽约而不是西部的家乡呢?

纽约的生活比西部更热闹，更苛求，也更紧张和丰富；各种令人兴奋的影响举不胜举，让人有更多的收获。同时，我对西部有一种确定无疑的感觉：比如辽阔广袤的土地；在这里只有大西洋会给你这种感觉。

然而艺术中这种逐渐上升的爱国主义情绪的确将一个问题摆在了先锋派阵营面前：如何将自身同 20 世纪 30 年代名誉扫地的地方主义运动区分开来。杰克逊（和马瑟韦尔）
473 直接谈到了这一问题。

> **你的作品和托马斯·本顿的截然不同，在他那儿的学习对你的作品有何影响？**
>
> 同本顿的学习是很重要的，因为这为我提供了日后可以针锋相对的基础；从这点上来看，同他合作，好过同一个对立立场不那么强烈且反抗性较弱的人合作。
>
> **你认为可能存在纯粹的美国艺术吗？**
>
> 在这个国家里，孤立的美国艺术这一观念在20世纪30年代曾颇为盛行，然而在我看来却十分可笑，就像创造一种纯粹的美国数学或美国物理学那样荒唐……

不过杰克逊并不准备挫败让其事业起飞的爱国主义的锐气。“美国人就是美国人，”他补充道，承认20世纪30年代的先锋艺术家中不可想象的事情，“他的画会自然而然地具有这个特点，不管他是否情愿。”然而他并像地方主义者那样对欧洲艺术进行抨击。他忠实于现代主义艺术教义，承认“过去一百年间的重要绘画作品都是在欧洲完成的”。但是这种赞美严格地讲是回顾性的。“美国画家，”他说，“总的来说，已经从头至尾地错过了现代绘画的重点。”这里传达的信息很明确，也很流行：对于美国艺术来说，卑躬屈膝地甘为二等公民，逆来顺受地处于次要地位——无论是过去，现在还是将来——的日子已经一去不返了。在孤立主义时期，地方主义者呼吁独立的美国艺术。战争期间先锋派为美国艺术的成功奠定了基础。

美国媒体一致力挺杰克的原因，恰恰是阿尔弗雷德·巴尔厌恶他的理由。深受普林斯顿大学和哈佛弗格美术馆的多年熏陶，这位衣着随意、教养深厚的巴尔先生曾在波士顿郊外的一所女子大学担任艺术教师，彼时他27岁，初次引起现代艺术博物馆创办者们的注意。自被任命为馆长以来，15年里他一直致力于将欧洲文化带入仍处于蒙昧状态的美国课堂。他心系欧洲现代主义，孜孜不倦地搜集那些深深扎根于欧洲现代艺术中的后印象派、立体派和野兽派的作品。博物馆选择收藏由查尔斯·伯奇菲尔德和马斯登·哈特利这些美国艺术家创作的作品，很大程度上也是为了记录勃拉克和毕加索这些欧洲巨匠的影响力。认为美国抽象派艺术家，尤其是像杰克·波洛克这样离经叛道者应在巴尔的现代主义艺术殿堂上享有一席之地，这一观念让这位一贯泰然自若、贵族派头十足的馆长惶惶不安。按照巴尔的哈佛同学兼好友林肯·科尔斯坦的说法，巴尔的偏见“与其说是反对美国艺术，不如说是敌视抽象主义”，不过到了20世纪40年代中期，二者几乎是可以互换的概念。“我觉得可以公平地讲，抽象表现主义者们获得的支持主要来自斯维尼，而不是巴尔，”科尔斯坦说道，并承认他本人也“不太喜欢波洛克。” 474

1944年5月，巴尔批准博物馆购进了《母狼》这幅作品。

8个月前，詹姆斯·思罗尔·索比初次推荐购买这幅画，六个月前，博物馆将其列为欲购馆藏名单。这期间，采购咨询委员会主任西德尼·贾尼斯和詹姆斯·约翰逊·思维尼一直在大张旗鼓地，以隐秘而又热切的方式说服巴尔，650美元买下《母狼》是物有所值。贾尼斯已经决定在他即将付梓的《美国的抽象艺术和超现实艺术》一书中，用《母狼》替换掉《秘密守卫》，而斯维尼也已经计划将这件作品收录在2月至5月的博物馆巡回展中。到了5月，巴尔下定决心之前，这幅画已经被全国观众欣赏过，并获得了颇为可观的参展记录。贾尼斯还试着劝佩吉·古根海姆降价。"他说他们最多能支付得起600美元，"李·克拉斯纳回忆说。"她能否把价钱降到450美元？"佩吉回击说，"去告诉他们，干脆找我姑姑［即西蒙·古根海姆女士，博物馆的著名赞助人］把差价补足得了。"

在同严肃而一本正经的巴尔的午餐聚会上，杰克逊表现得十分规矩。"他一言不发，"多萝西·米勒回忆说，她是公共事业振兴署联邦一号计划主管霍尔格·卡希尔的夫人，而卡希尔当时是绘画和雕塑部的馆长助理。"用餐期间，从头至尾［他］只是坐在那儿听阿尔弗雷德讲话。最后阿尔弗雷德问了几个问题，［波洛克］的回答都十分中肯。""这次聚会也不是……——实际上是一次十分美好的午餐，我觉得他很有感染力。"如果巴尔还需要进一步被说服的理由的话，只需打开《时尚芭莎》的4月号就可以了，上面刊登了一篇思维尼撰写的题为《五位美国画家》的文章。"五位"艺术家之一就是杰克逊·波洛克，而随文章彩色复印的寥寥几幅画中就包括《母狼》。据李·克拉斯纳说，正是《时尚芭莎》的这篇文章"让交易一锤定音"。

在5月2日的会议上，采购委员会投票决定购买《母狼》和罗伯特·马瑟韦尔的一幅拼贴作品，《潘乔·维拉的死与活》。（欧洲人对马瑟韦尔有着更高的认同感，而将杰克逊的画和马瑟韦尔的作品搭配在一起购买，可能又是一次为了安抚巴尔的情绪而做出的尝试。）按照思维尼的说法，尽管巴尔对杰克逊的作品"没表现出特别高的热情"，可他还是勉强接受了委员会的推荐，两天之后，采购订单被批准了。仅在杰克逊于本世纪艺术画廊举办画展之后的六个月，欧洲人独霸艺术界的坚固堡垒就被攻陷了。佩吉听闻此消息之后给杰克逊和李发了电报：

> 很高兴地通知你们，博物馆以600美元的价格买下了《母狼》。
>
> 爱你们的佩吉

佩吉有足够的理由心花怒放。仅在现代艺术博物馆的购买交易达成三周之前，她已在普策尔的敦促之下，以几乎与原来一模一样的条件与杰克逊续了一年约。《母狼》的售出让杰克逊的作品收益增至近 1500 美元，这比签订原始合约之后的九个月期间她付给杰 475
克逊的报酬还多出 150 美元。另外，她现在拥有一幅 20 英尺大小的墙画，已获得评论界的高度评价。佩吉突然清醒地意识到，对他的资助实际上很可能会赚大钱，她以前所未有的热情全身心地“投入”到大肆宣传波洛克的任务中。“我努力让人们对他的作品产生兴趣，”她颇为骄傲地写道，“而且一直是乐此不疲……一天，底特律著名收藏家哈利·温斯顿女士亲临画廊，要买一幅马松的画。而我则说服她买了波洛克的作品。”佩吉一心要为波洛克创造声誉，有意将他的作品卖给合适的买家——用她的话说，这是“把他介绍给真正的顾客”——她还经常把画作为礼物赠予收藏家和阔绰的朋友，希望能为他引来大手笔的交易。

对杰克逊来说，《母狼》的售出也是一个转折点，只是这一转折却是朝着相反的方向。尽管这一合约在佩吉眼中似乎越来越有利可图，而在杰克逊看来却越来越糟。因为这迫使他不得不在任何一年里卖出价值 2800 美元的画，“勉强挣出”年度收益，而这几乎是不可能的。毕竟，11 月的画展代表着他两年里创作的最佳作品，而本世纪艺术画廊计划举办的下次画展要等到 1945 年 4 月。这样的话，他每月靠 150 美元维持生计——这比他和李从振兴计划中赚到的钱加起来还要少——在可以预见的未来一段时间里都是如此。在自豪地告诉查尔斯续约事宜仅一个月之后，他就在信中用颇为苦涩的笔触写道，“我现在每月从画廊那儿赚 150 美元，这点钱几乎入不敷出。要多赚点钱就必须在一年里卖出很多作品。”对此查尔斯也许比较同情，然而其他家人则颇为震惊。一位广受关注，其作品登上《时尚芭莎》的艺术家的收入怎么会如此可怜？私下里，他们对“缺乏认可”而愤愤不平，并对每月 150 美元的“低收入”嗤之以鼻。《母狼》售出之后不久，斯黛拉向查尔斯抱怨说“[杰克逊] 当然没从中赚到什么现金”，然后又不解地补充说，“我猜他认为自己能续约一年已经很幸运了。”

两种不同的情绪背道而驰，摩擦不可避免。无论是佩吉作为艺术品交易人的能力，还是她对自己的许诺，杰克逊都不免开始产生怀疑。他向普策尔抱怨，说佩吉对宣传和广告的投入还远远不够，却抽取三分之一的巨额佣金。数月过去，一幅画也没成交，而佩吉却忙着为巴齐奥蒂、马瑟韦尔、大卫·哈尔和马克·罗斯科这些“竞争对手”准备即将举办的个展。1944 年 5 月的年轻艺术家春季沙龙展上只有杰克逊的一张小幅彩绘，一同展出的还有巴齐奥蒂、海达·斯特恩、吉米·恩斯特、阿帝里奥·萨勒梅的画作。这次沙龙在《读者文摘》上掀起了对佩吉诚信问题的猛烈攻击，同时还有一波排山倒海的批评之声，因为有些人“察觉到古根海姆展出的艺术天才的水准有所下降”。关于佩吉要在战争结束之时关掉画廊并重返欧洲的谣言一直没断——当盟军 6 月进入法国时，这一
476 预测突然显得不那么遥远了。更令人不安的是，有迹象表明霍华德·普策尔可能会离开画廊，留下各位艺术家们独自对付反复无常的古根海姆小姐。这些模糊不定的消息，足以促使马瑟韦尔在给巴齐奥蒂的信中提议他们“最好尽快为自己另做打算，因为［佩吉］无法保证他们的未来”。当然，马瑟韦尔和巴齐奥蒂这些艺术家倒可以投奔其他交易人——实际上两人已经收到山姆·库兹的邀请——然而无论普策尔留下还是离开，杰克逊都因合约而不得不与佩吉捆绑在一起。

到了 5 月，杰克逊的焦虑已经到了到了很严重的地步。普策尔试图宽慰他:“也许——我的意思是可能——1945 年初你的作品会正式被展出”，他语气迟疑，根本没起到抚慰人心的作用，“你的成功会更稳健和持久，不会受到销售压力和广告宣传的影响，不需要太多的社会运作。”

杰克逊的不满情绪在佩吉看来更像是无耻的忘恩负义。（对她来说），她一直忍受着他“狂野而令人生畏”的绘画风格，巨大而笨重的画布，他精于算计的女朋友，乖戾阴郁的脾气，以及酩酊大醉后的种种丑态，毫无怨言。佩吉认为马瑟韦尔的作品虽“功力较弱”但卖起来“更顺手”，而杰克逊那浮夸的巨幅画作和他本人“令人极为头痛”的行径，让作品交易难上加难，因此和马瑟韦尔比起来，杰克逊简直就是画商的噩梦。她认为，如果考虑到他堆积起来的那些障碍，她付出的努力已经异常成功了。“我确实一直在卖［杰克逊的］画，”她坚持说，“卖掉的不多，但还是有那么几幅……他根本不帮我卖画，因为他总是醉醺醺的。”在她看来，让波洛克家颇为诟病的 150 美元月薪不仅仅是前所未有的慷慨之举，简直就是巨大的牺牲。基于此，她抱怨说，“我把所有精力都投入到［为波洛克］卖画中去，忽视了画廊里其他的所有画家，导致很多人弃我而去。”

实际上，杰克逊和他的家人都已习惯了斯黛拉对“只求最好”这一观念的误解，他们大大低估了佩吉的节俭成性。饭店用餐时，她会招摇过市地计算账单，然后嘴里低声咕哝着她的食客应该“出去找份工作，别再寄生于她”。在她自家的餐桌上，用餐花费也“通常十分清减”，她还会密切监督客人的用餐情况。如果有人没吃光盘里的食物，她会直接将剩菜放回到上菜用的大碗里，喃喃自语道，“好东西不该浪费。”“她并没有营造出

一种乐于施舍的氛围，”她的传记作者轻描淡写地提道，“……尤其是对正在接受她慷慨施舍的人来说。”（杰克逊寄希望于佩吉的“乐于施舍”，也初次说明了他对即将面临的经济挑战是多么缺乏心理准备。在杰克逊的艺术生涯中，他从来没能去充分理解别人面临的经济制约和窘迫——尤其是他的那些画商——去约束他家人的过高期待，或是控制自己的花销。）

成功不但没像杰克逊预期的那样收益巨大，还带来了隐性的更大花销。迄今为止，最出人意料且糟糕的就是他朋友圈中发生的转变。有些人，比如巴勒肯·格林就是不喜欢 477
他的艺术。立场坚定的抽象主义者弗里茨·布特曼觉得杰克逊的意象已经陷入充斥于佩吉·古根海姆周围的超现实主义的大染缸里。“开始办展之后，”彼得·布萨说，“我们所有人之间就产生了隔离感。”约翰·格雷厄姆是第一个彻底切断联系的人。根据一位两人共同的朋友的说法，格雷厄姆认为杰克逊背叛了毕加索和现代主义传统。然而到了1943年，格雷厄姆自己也同现代主义教条渐行渐远，开始倾向于在其后期作品中占主导地位的关于炼金术和神秘主义的意象。李·克拉斯纳怀疑“格雷厄姆离开杰克逊是因为他说过，一位艺术家成名后就会失去灵魂”，然而，格雷厄姆却并未因毕加索名扬四海而看轻他。另一位不相信成功的艺术家是比尔·巴齐奥蒂——无论是杰克逊的还是别人的成功。在巴齐奥蒂看来，杰克逊已经落入一张“巨网”——他用这个名称来指代由画商和博物馆馆长形成的关系网，正是这些人“一直在诱捕艺术家，然后吞噬他们”。阿勒瓦·麦考伊回忆说，“耐恩·夏尔特也充满愤恨，因为杰克逊得到了她丈夫伯尼没得到的东西。他们嘴上不说，但是恨意却十分明显。”连最近刚从印度回来的鲁本·卡迪什也开始变得十分冷淡。

对一个急需获得认可的人来说，这样的疏离导致的后果是灾难性的。为了填补空虚，杰克逊又开始酗酒，酒精给他带来忏悔和永恒的慰藉。然而自从上一轮的纵酒狂欢之后，他又找到了新的主题来折磨自己和周围的人。“你带个漂亮姑娘去参加聚会，”哈利·霍兹曼回忆说，“他会走过来抓住她的手不松开，并说道，‘你知道，我是个伟大的艺术家，’真是可悲。”比阿特丽斯·瑞贝克回忆起杰克逊喝得酩酊大醉，“到处吹嘘自己有了新想法以及他打算怎么付诸实践。没人把他的话当真，他却不停地大声吹嘘”。五月，有一次他喝多了，不无挑衅地冲进了路易斯·瑞贝克在二十一街的工作室。“杰克逊试着告诉瑞贝克他不应该再创作那种再现风格的作品，”比阿特丽斯·瑞贝克回忆说，“他应该创作杰克逊那种风格的画。他声嘶力竭大喊大叫，可我丈夫就是不听，杰克逊就抡起一把锤子说，‘我要宰了你。’真是像孩童一样幼稚。”

成功也让杰克逊挤进了陌生的朋友圈。11月的展览后不久，他就在佩吉和李的怂恿下开始频频出现在著名收藏家伯纳德·莱斯、简妮·雷耐尔以及佩吉自己举办的聚会和晚宴上。这些社交活动嘈杂喧嚣，令人眼花缭乱，玛塔总是用他那些令人捧腹大笑的故事逗乐大家，而马瑟韦尔则滔滔不绝地发表对马拉美的看法。置身于众多陌生人中间，面对这样游刃有余得令人生畏的社交能力，他活像个“失魂落魄”的可怜鬼，沉默寡言反而让他更引人注目。根据一位朋友的描述，当他要讲话的时候，也通常是通过李来传达，“让人不免猜想波洛克自己会不会用相同的话来回应别人。”他大多数时间只是“安静地
478 坐在那里，面带微笑，”喝得醉醺醺，梅·罗森伯格回忆说，“如果有人过来说，想喝一杯吗？他会说好的——像个乖巧的小男孩，或者说更像个乖巧的小女孩。他觉得这些人购买他的作品，所以他必须和善地对待他们。”

佩吉试图和杰克逊上床，这只是个时间问题。基于对佩吉在这方面的名声的了解，李和杰克逊肯定对她居然等了这么久感到惊讶。两人对佩吉的事情都有所耳闻，比如她奇特的性癖好，她和唐吉还有彭罗斯的风流韵事，她数不清的情人，她宣称“几乎和每个见过的男人”都睡过觉，还有她可以在任何地方、任何时间做爱，哪怕“被玻璃清洁工看到”。佩吉在性方面是个杂食动物，她男女通吃，根据某个特别耸人听闻的说法，她连狗都不放过，其露骨和直白程度令人震惊。当然，她最钟爱的猎物还是“各种男人”，不过除此之外，她并不去做特别的区分，以同样的狂热追求着异性恋和同性恋男人。“她使出浑身解数，要和阿尔弗雷德·巴尔上床，”多萝西·米勒回忆说。有些人怀疑佩吉实际上更钟爱同性恋情人，因为他们“对中年女人有着更高的容忍度”，而且“很喜欢让女人对他们发生兴趣”。一个朋友认为佩吉的所有性爱方式有着“同性恋的倾向”：“她经常同他们混在一起，”约翰·理查森说，“并和他们寻求一夜情。”

这些“一夜情”的对象之一就是杰克逊·波洛克。大约是在1944年初的一个晚上，趁李出差以及杰克逊醉得无法找到拒绝的托词时，佩吉设法将他引到了自己的卧室。根据李的说法，佩吉已经预谋有段时间了，还暗示说如果杰克逊真的心存感激，就该知道只有一个方法能报答她的恩惠。

杰克逊之所以能这么久不和佩吉有床笫之欢，并非出于忠贞或清醒冷静。即便已经和李共处两年，杰克逊仍然未能走出性焦虑的困扰。李带给他的抚慰和平静是脆弱的，没有什么能比佩吉的慕男狂式的需求更能轻而易举地将这种平静打破。那一晚在一败涂

地中达到高潮——尽管在事件的叙述中对具体细节的描述各有不同。又一次，佩吉声称杰克逊睡着了，而且在她的床上又吐又尿，“还把她的内裤扔到窗外”，这些都很可能发生过。至于性事本身，佩吉只是说“非常不成功”，考虑到佩吉不加选择的性口味，还有她喜欢编造在性方面的胜利，这种描述可能的确是有失脸面的经历。数年后，当被问及此事时，杰克逊的回应一如既往地像他回答所有关于自己风流韵事的八卦那样：露出会意的微笑，开个粗野的玩笑，或神秘地喃喃自语，给人留下这样一种印象，“他很可能做了，但如果他什么也没做，仅仅是因为她还不足以让他情动。”几个朋友回忆起他说过，“要干佩吉的话，你得先在她头上蒙上毛巾。”

然而和她周围的禁忌之爱比起来，佩吉放纵的性狂欢还没那么令人咂舌。

反对任何婚外性行为的奉行清教徒道德规范的布勒东离开之后，麦克弗森和他周围
的一群“雅典人”（麦克弗森喜欢用的称呼）的到来，让佩吉的公寓迅速乱哄哄地挤满了 479
来自纽约艺术圈内外的同性恋。多数人都是被视为“不良分子”而免除战时服役。他们“出现在公寓里是因为没别的人了，”佩吉的儿子，当时正在服役的辛巴达回忆说，“多数人都被征兵入伍了。”

也不是所有人去当兵了。置身于喧闹拥挤、充满异域情调和欢乐激情的纽约，杰克逊·波洛克仿佛一只沉入朝生夕逝的潮池深处的蛤蜊，深陷其中难以自拔。

战争严重破坏了杰克逊本已摇摇欲坠的性自信。尽管延迟入伍本应该免了杰克逊在军队服役的痛苦，然而当他目睹卡迪什、詹姆斯·布鲁克斯、乔治·麦克奈尔、约翰·利特尔、伯戈因·迪勒、伊利亚·博洛托夫斯基、贝茨·祖格鲍姆、乔治·默瑟、依布拉姆·拉索这些朋友，甚至还有哥哥弗兰克都身着戎装应征入伍时，他又遭受了一种完全不同的精神创伤。尽管这些人中只有极少数有机会远渡重洋，目睹战争的人更是少之又少，但他们至少“置身于其中”，投入到了伟大的事业中。他们不是那些身穿便服畏缩不前的社会垃圾，后者被辛巴达描述为“年纪太大，或是男同性恋中的娘娘腔，要么就是4F”。无论是辛巴达还是美国公众都没把这几类人作太细致的区分。一位像杰克逊这样年轻有为、身体健康且尚未婚娶的男人却不准备奔赴沙场，这极有可能会被认为是患有某种难以启齿的隐疾。而杰克逊作为艺术家的身份就为这一切提供了最阴暗的解释。罗伯特·马瑟韦尔初次出现在征兵局时，被问到的第一个问题就是，“你是同性恋吗？”当马瑟韦尔予以否认时，征兵局的人根本不信，坚持认为任何住在格林尼治村又是艺术家的人一定

是同性恋。马瑟韦尔提醒他们自己已婚，但是征兵局还是不分青红皂白地将他归为免除服役的“不良分子”。在义务兵役机构的公告中，艺术家也通常和“理发师、衣帽制作人、设计师和室内装潢师”归并在一起，这一群体的勇气、爱国精神和男子气概都是备受质疑的。

这些在佩吉公寓里夜夜笙歌的同性恋交际花们，完全符合以上那种不太招人喜欢的典型形象。他们和女主人一样对战事浑然不觉。根据辛巴达的叙述，他在休假探望母亲时，“如果他们之前没见过我穿军服，根本不知道我参军了。所有这些人仿佛都不知道战争的存在。”他们喝酒，做游戏，编排短剧，然后继续狂饮。没人提起卡西诺战役，彼得格勒大救援，或底特律的种族骚乱。唯一能反映世界范围内的各种冲突的线索，就是帕克·泰勒或有时佩吉自己拖进公寓的一脸困惑的年轻水手。即便有情绪的爆发，也通常是围绕着艺术或爱情，很少扯上政治。

佩吉的“多汁的水果”（梅·罗森伯格的说法）包括来自现代艺术博物馆的一小撮人。如果聚会开始进入乏味状态，他们当中最活泼的人会脱掉衣服，赤身裸体冲过人群，在那些常客的欢笑声中爬上旋转楼梯。在一阵阵这样的纵情狂欢中，百无禁忌，房间里的
480 所有人无论怎样胡闹都不算出格。在这些吸引了他爱慕注视的面红耳赤的围观人群中就有杰克逊·波洛克。

杰克逊对佩吉·古根海姆周围圈子的涉足到底有多深不得而知。根据一个记载，杰克逊和现代艺术博物馆的那裸奔者“曾经常在一起嬉闹”，有时杰克逊喝多了就会消失在佩吉的会客室或麦克弗森的公寓楼上，在这里“完全自由而开放”的性爱司空见惯。然而由于杰克逊那破坏性的焦虑感，他不太可能无忧无虑地参与到任何性活动中去——即便是在酒精的作用下。然而古根海姆首展后的一年里，他脑中显然存在挥之不去的同性情结。尽管同性情结有着威胁自身性身份的危险，他还是沉浸在纽约艺术界的同性恋亚文化中，常常光顾位于喜来登广场南街区第七大道的乔治酒馆，这里是一群来自芝加哥包豪斯的同性恋及其他各色人等聚集之地。“这儿也不算真正的同性恋老巢，”一位酒吧的老主顾回忆说，“他们不会在门口让你声明自己的取向是什么，不过也就如此而已。”弗里茨·布特曼的世交，老朋友田纳西·威廉斯经常加入乔治酒吧的这群人，并对“弥天大谎”评头论足，语气颇为尖刻而诙谐。“我和弗里茨，还有田纳西·威廉斯一起坐在酒吧里，”彼得·布萨回忆说，“然后田纳西说道，‘彼得，你知道的，这个世界里不是基佬就是傻瓜。”

杰克逊还常去约翰·利特尔在格拉梅西公园的公寓，在那儿他总能见到利特尔的朋友沃德·班尼特，而利特尔 1944 年刚从海军服役回来。杰克逊也许对自己的性身份一直困惑，但是班尼特——他 25 岁，曾经是霍夫曼的学生，有着一头“浅黄色头发”和运动健将的外形——却注意到所有明显的迹象。“我没和他上床，”班尼特说，“不过他对我肯定有兴趣。我的意思是我本来有机会和他上床，但我对他没兴趣。我很喜欢他——他清醒时那么可爱，招人喜欢，喝醉时却那么疯狂。如果我有兴趣，我们之间肯定有发展的可能，但是我真没兴趣。”

其他人却有兴趣。一个常去乔治酒吧的青年艺术家“特别容易被警察、卡车司机之类的粗犷型男人所吸引，”据彼得·布萨说。“所以他迷上了杰克逊，后者能毫不费力地把他抓起来扔到房间里。”布萨回忆说他听到这个人曾经吹嘘，他如何等到杰克逊“喝得烂醉”且“毫无防备”的时候才把他带到自己和田纳西·威廉斯在 11 街合住的房子。“如果［这个家伙］想要搞他，杰克逊又能怎么办呢？我知道肯定发生了，”布萨坚持说，“我的朋友们总是笑谈起这件事。”多年以后和布萨提到的这个人取得联系，他羞涩地承认自己只是“吻过”杰克逊一两次。然而布萨又说，“他现在的措辞倒是文雅起来了。”

如果杰克逊的焦虑允许同性性行为的发生，当时的情景可能是像布萨描述的那样： 481
他狂饮作乐到不省人事，扮演着被动的角色（为了避免采取主动而产生的要求和后果）。在自己潜意识的深处，杰克逊是一个渺小而卑微的人，会回忆起桑特，以及与人共享床铺的童年时光。（10 年后，当同性恋话题在杰克逊的生活中再次浮出水面时，报道的相遇过程和布萨描绘的几乎一模一样。）早在 1944 年，至少有一个人对布萨的叙述信以为真：李·克拉斯纳。“李知道他对我有兴趣，”沃德·班尼特回忆说，“这让她心烦意乱，气得发疯。”数年以后，她向几位密友吐露“［杰克逊］喜欢男人。他对同性恋一直有着特殊的爱好。他对此颇为焦虑，你知道，怀疑自己是否……”后来鲁本·卡迪什告诉一位采访者说，“我知道杰克逊男女通吃”，并确认桑特“十分担心”他弟弟是同性恋。

除了身边人的提供的证据之外，杰克逊与同性恋牵扯的最有力证明，就是伴随着这种情结排山倒海而来的自我憎恨情绪。在 1944 年的冬末春初期间，他的酗酒和自虐达到了顶点，这是布鲁明黛医院之前从未发生过的。约翰·利特尔回忆说，他记得杰克逊曾在雪松海湾和一位职业拳击手寻衅打架——“那个家伙转身抓住杰克逊说，‘你想让我把你的鼻子揍扁吗？’”——然后冲到街上，在路过的所有酒吧里买醉。到了凌晨两三点钟，他穿梭在空旷的街道上，大声吼叫：“我要干你们所有人，我要干翻这个世界。”“干”变成一个执着的念头。“他热衷于一件事，”史蒂夫·惠勒回忆说，“就是带我四处逛，然后晚上挨家挨户地敲门。这些都是他认识的女人。然后他会说，‘我今晚要找人上床，史蒂夫。’我会说，‘去吧，随便你。’这样我们就穿过格林尼治村，她们一听到杰克的声音，听出来他醉成什么样子，就把灯全部关掉……我想他试图向我证明他有能力出去搞定女人。但他从未成功过。最后他在某个酒吧里闷闷不乐地喝着啤酒。”

通常都是在乔治酒吧。杰克逊的半夜胡闹越来越多地结束于同性恋聚集地。一天晚上，丽塔·本顿的侄女玛利亚·皮亚琴察在乔治酒吧遇到杰克逊，应杰克逊的要求，她邀请他回公寓欣赏她的画。杰克逊一到公寓就找到一瓶威士忌，“几乎在数分钟内就将酒一饮而尽，”皮亚琴察回忆说，“然后开始踉踉跄跄地在公寓里蹒跚而行。”最后她好不容易把他领到一家饭店，“给他点了咖啡和吃的”。然而，这也是个错误的决定。“我们刚踏进餐馆，他就开始一发不可收拾。他真是把那地方弄得一团糟，然后餐馆的人抓住我们，把我俩撵了出来。实在太尴尬了。”在人行道上，几个人从附近走过来聚集在杰克逊四周。“我不知道他们想干什么，但他们好像认识他，”皮亚琴察说。她又羞又愤，而且确定如果她报警的话，警察会把杰克逊带到表维医院，所以皮亚琴察就径自走开了。
482 “我就把那个混蛋扔在那了，”她说，“到此为止。他身上没什么值得偷的东西。而且这些人看起来也不像打劫的。他们在他身边逗留，等待我离开。之后他们做了什么我就不知道了。”

正如他和佩吉的性挫败事件一样，杰克逊对同性恋风月圈的涉足暴露了他和李之间每况愈下的关系。从去年秋天开始，李就在朋友莎拉·琼斯的引荐下，定期拜访一位叫伊丽莎白·赖特·哈伯德顺势疗法医生，以治疗持续很久的腹痛。既是营养师又是心理分析师的哈伯德相信情感健康和生理健康的内在关系，并经常为生理疼痛给出针对行为方面的治疗方法。很可能是在哈伯德的催促下，李在杰克逊十一月展之后很快就开始维护自己的独立性。她几乎是单枪匹马地说服佩吉在三月为汉斯·霍夫曼举办一场画展。即便是有普策尔的支持，说服工作也是一场硬战。“佩吉对为汉斯办展极不情愿，”莉莲·奥兰尼回忆说，“从超现实主义者这方面而言，霍夫曼就死定了。但李的确为了他据理力争。”佩吉后来对自己的决定颇为后悔——“她坚信［霍夫曼］为画廊带来了不好的影响，”李说——但是对李来说这次画展却是一个振奋人心的成功。

李的注意力得到了分散，杰克逊对此显然是欢迎的。根据一种说法，他甚至帮助李劝说佩吉为霍夫曼开展，因此也在一定程度上也受到了“责备”。然而他一如既往地找到了表达自己反对意见的方式。当普策尔和贝茨·祖格鲍姆来到第八大街的公寓，带杰克逊同去出席霍夫曼个展开幕式，杰克逊坚持要先过街去买点补给。几分钟之后他踉踉跄跄地回来了，醉醺醺的，浑身上下都是颜料。“这么短的时间里，他就已经酩酊大醉了，”祖格鲍姆回忆说，“颜料管里的颜料挤到他体面的套装上，弄得满身都是。场面十分狼狈。”

1944 年初的某时，李从鲁本·卡迪什位于十二街的工作室那里取回了她的画架，她将画架暂存在那里，是因为此前杰克逊为了给大型墙画腾出空间，拆掉了她工作室的一面墙，并把画架立在他的旧卧室里。正是在那里，两年来她第一次开始创作新的作品。这些年来发生了很多变化。杰克逊向她展示了一种新的绘画方式，自伊戈尔·潘杜霍夫从霍夫曼学校回家以后，李就决心要尝试一下。“我放弃了模特和静物，”她叙述道，“我开始将一张空画布摆在面前，除此之外别无他物。”将霍夫曼和“立体主义抽象画家”弃置一边，她尝试着像波洛克那样描绘出“发自内心的东西”。“只有在杰克逊有了一定的影响力之后，[李] 才开始重新自我定位，”史蒂夫·惠勒回忆说，他也曾是霍夫曼的学生，“她没有去尝试创作霍夫曼常常谈起的完美画面，而是开始效仿波洛克—— 一部分采用徒手绘画，一部分是在四周涂涂抹抹。”然而当她开始触及内心时，发现自己两手空空。颜料聚集在画布上——有时有一英寸那么厚——但是意象却很难合并起来。“我把大 483
片的颜料洒在画布上，却一无所获，”她回忆说，“大量的颜料铺上但毫无进展。”她称其为“枯坐在画架上”，并后来承认道，“一切都非常令人沮丧”。

如果杰克逊从未对李说过“我不想让你画画”（正如李后来所宣称的），那是因为他从来都没有这个必要。两年前，他们似乎达成一个默契的协定：他向作为艺术家的她表示尊敬——“一位优秀的女画家”，他常常这么叫她——而作为回报，她则甘愿放弃自己的艺术抱负。尽管李否认说，“我可没把我的画藏在橱柜里；它们就挂在墙上，紧挨着杰克逊的画。”然而没人记得见过画，根据一些访客更具体的回忆，她的作品“不见踪影”。“无论是哪位访客，都是来欣赏杰克逊的画作，”鲁本·卡迪什回忆说，“而不是李的”。她重返画布，尽管灰心丧气且一无所获，却打乱了两个自我之间的微妙平衡。“这让杰克逊很不安，”贝茨·祖格鲍姆回忆说，“他骨子里总是有种不安全感，李重新开始作画，你能看出来这让他颇为困扰。”

六月初，汤姆·本顿在去往玛莎葡萄园的路上途径纽约。“一天门铃响了，我伸出头朝下看，看到本顿那张缩短的脸正在抬头看我，”李描述说。杰克逊跑下五级台阶去迎接他昔日的恩师，激动之情溢于言表，他们已经两三年没见面了。几乎同时，在杰克逊的提醒下，本顿要求去看看李的画，这一提议让李吓坏了。“我知道自己的工作室里有什么，”她颇为伤感地回忆说，“杰克逊也知道……我正在经历这样一个阶段，我的画布上堆积着大量灰色颜料，没有形成任何意象。这不［是］最佳状态。”不过她还是把本顿领到工作室，勇敢地向他展示了自己的一块“灰色厚板”。“我站在画布前，本顿一言不发，”李回忆说，“沉默令人难堪。”他站在那儿，看起来“有点不知所措，有点尴尬”，直到最后，杰克逊终于开腔，建议他们去喝杯啤酒。

李竭力为这件事辩解——“我正经历一段艰难时期，也不在乎别人知道”——但是杰克逊的敌对情绪却无法忽视。在此之后不久，有一次杰克逊在李离开工作室之后，拿起画笔重新修改了一幅她尚未完成的作品。数年前，她曾经以同样的方式考验他，在他的画上添上一笔，来试探爱和诚实之间的边界。现在轮到她成了被考验的对象。她回来看到画后，立刻在“狂怒”中爆发，把令人恼怒的画布划破，几天都不和杰克逊说话。提到他们关系中的长时间冷战状态，她后来说道，“那段时间，我真的对任何人和物都提不起兴趣。”

这件事只是让酝酿了两年的仇恨情绪浮出水面。在那个阶段，“他们相互竞争得很激烈，甚至无法在一栋房子里共同创作，”鲁本·卡迪回忆说，他此后不久接纳李回到紧挨
484 他工作室的空房间里创作，“他创作时不能忍受她在旁边。她也无法忍受在他旁边。两人之间的对立突然发展成你死我活的局面。她已经习惯对他的存在视而不见。”

就在最后的摊牌似乎不可避免时，杰克逊和李决定去度假。六月中旬，他们将第八街的工作室转租给伯纳德·斯蒂芬，动身前往马萨诸塞州的普罗温斯敦。这不是第一次——也不是最后一次——他们试着换个环境，用美景来解决他们之间的问题了。

然而有所改观的只有景色。这段在科德角之夏的与世隔绝的度假时光像一面放大镜，去年冬天积累的焦虑和怨恨都被无限放大，到了一点即燃的程度。即便是沿着海岸线的长途驾驶也变成一场煎熬。李故意安排和她的前男友伊戈尔·潘杜霍夫同行，他们乘坐的是伊戈尔那辆抢眼的铬黄色林肯轿车。杰克逊向来都不太喜欢这个油腔滑调的白俄人，一夜旅程结束时，他已经嫉妒得发疯。几天以来，三个人在汉斯·霍夫曼位于米勒山的房子里饱览了普罗温斯敦海湾的美景，约翰·利特尔和沃德·班尼特也在那租了个房间。对杰克逊来说，霍夫曼也让他想起了李往日的生活——和她的画作——他的在场就会让杰

克逊闷闷不乐。他们刚刚抵达的那天，杰克逊就不得不陪同利特尔和李来到霍夫曼的工作室，塞缪尔·库兹正在那儿为霍夫曼的首展选画，他刚刚为他的新画廊签下了霍夫曼。介于李在本世纪艺术画廊办展中所承担的角色，利特尔和库兹在选画时都很信赖李的眼光。根据利特尔的说法，杰克逊自始至终都在“恼怒的”沉默中注视着整个过程。

出于报复心理，杰克逊对沃德·班尼特的素描作品表现出了极大的兴趣。“我只是个学生，”班尼特回忆说，“但是他总是过来看看我在创作什么。”两人常在沙滩上散步。有一次两人甚至合作创作同一幅画，这让李颇为懊恼。“那是一块我们在海滩上拾到的帆布，”班尼特说，“我们只是在上面涂了些颜料。不过是个玩笑。”无论是不是玩笑，李都气得脸色铁青。她途经三百英里大老远跑到这儿来，可不是为了眼看杰克逊被别人抢走，不管是男人还是女人。这一点她和玛利亚·皮亚琴察表示得很清楚，后者那年夏天也在科德角度假。皮亚琴察回忆，当杰克逊在街上看见她，立刻“满怀热情地”朝她跑过来。“为何不来工作室和我们喝一杯？”没等李打断，他就开始提出邀请。“杰克逊，今天下午我们已经有约。”“好吧，那明天过来怎么样？”他还不放弃。“明天我们要去画廊，”李反对说。“她就这样把事情定下来了，”皮亚琴察回忆说。“第三次邀请时，很明显她不打算让邀约成行，所以我说，‘好吧杰克逊，回头见，’然后我就走开了，整个夏天都没再见他。”几天后，杰克逊把李介绍给耐恩·夏尔特和伯尔尼·夏尔特。这次会面十分友好——两对夫妇甚至互拍照片——但是在耐恩·夏尔特看来，很显然“李觉得我们配不 485
上他们”，此后四人再也没有聚过。

霍夫曼的房子的客房安排很快就难以运转了，在来这里不到一个星期之后，李和杰克逊就同意搬走。这是两人在那个夏天唯一一件达成一致的事情。他们的新住处离市中心更近一些，——这是一间位于布莱德福德大街上的旧船屋里的二楼小公寓，这条街被称为普罗温斯敦的“乡间小道”，它的房子看不到镇上美丽的港口景观。从狭窄且只有一个房间的小窝里，杰克逊和李“只能看见房子间的一抹蓝色，还得伸长脖子”，根据一位邻居的说法。不过从其他方面看，这种房子却是具有原汁原味的科德角风格，风光迷人，景色如画，墙面覆盖着浅灰色，被雨水冲刷成斑驳形状的瓦板，距海滩只有步行几分钟的距离。

几天以来，李满怀希望。他们每天去新沙滩游泳和晒太阳，李的皮肤晒得黝黑，而杰克逊则晒伤了。“我剪了个平头，看起来有点像一个去皮的萝卜——或甜菜，”他在给桑特的信中写道。傍晚时，他们会注视着葡萄牙渔民那些粉刷着亮色油漆的渔船从“后侧”——离岸不远处的当局部水域——缓缓驶入，“远足者们”在经过一周的探险后从浅水区回到斯蒂瓦根和乔治斯海岸的热闹的深水区，他们的中甲板上堆满了黑线鳕和鳕鱼这些银光闪闪的战利品。他们有时闲逛到商业街，这是镇上的主要街道，让杰克逊略感羞愧的是，他几乎是这里唯一处于兵役年龄的男性平民。在对德国潜艇的高度恐惧时期，日落时灯光不再像往常一样闪烁，马克斯·恩斯特被驱逐出小镇，就是因为神经质的官员害怕他会从海边窗口向潜水艇发出信号。汽油供应仍十分紧张，汽车还很少见。和往常一样，这里到处是咸咸的空气，阳光和鲜鱼，渔民免费向当地艺术家们提供新鲜的鱼，认为这样会给他们“带来好运”。“在我眼里，普罗温斯敦现在看起来好多了，”他在给斯黛拉和桑特的信中写道。

然而，夏天田园诗般的日子很快就被两位不速之客的到来破坏了。先是霍华德·普策尔，站在皮肤黝黑的当地人中间，他看起来肤色苍白，都市派头十足，显得那么不合时宜。他来这里后宣布，他已经离开本世纪艺术画廊，正在筹建自己的画廊。他受够了佩吉的“三明治男孩”。他还吐露，佩吉计划在下个展季后就关掉画廊，并将其全部收藏赠予旧金山美术馆。尚未和佩吉解约的杰克逊被这个消息惊呆了。在他那兴趣变幻无常的老板面前，普策尔一直是杰克逊的主要支持者和守护者。如今看来普策尔要把他丢给佩吉，很快佩吉也会弃他而去，把他扔给陌生人。自打她来美国那天起，关于佩吉在罗伯特·马瑟韦尔的鼓励下重返欧洲的谣言就到处传播，马瑟韦尔急着把其他艺术家引荐给作为竞争对手的画商，然而到 1944 年为止，没有确定日期，也没有敲定馆藏作品的安
486 置问题。这样看来，普策尔的消息看来是焦虑和一厢情愿的产物，而非内幕。然而，杰克逊却对此深信不疑。“霍华德已经离开画廊了，”他在普策尔抵达的第二天就写信给桑特，“这消息让我很难过。佩吉计划明年冬天以后关掉画廊。”

然而这个有关佩吉的消息可能还没有接下来的事情让人痛苦：普策尔邀请李加入他的新画廊。这对于对未来重新开始焦虑的杰克逊来说，是个毁灭性的打击，他用他所熟悉的唯一方式进行反击。

一个明显的反击目标就是汉斯·霍夫曼。李不光为他在本世纪艺术画廊安排画展，还引荐他同塞缪尔·库兹签了约——鉴于佩吉即将抽身而去，这一恩惠在杰克逊看来似乎更加伤人。更糟的是，李在霍夫曼的房子里建起了自己的夏日工作室——这是又一个宣布独立的标志，让人怒火中烧。从社会交往上来看，杰克逊和霍夫曼一直以来都是“摩擦不断”，根据乔治·默瑟的说法，在这个夏天的社交接触中，两人的关系没有任何改善。

一次著名的交锋中，杰克逊试图把霍夫曼拉进关于艺术的争论中。“杰克逊试着向［他］了解自己关于意象的观念，”弗里茨·布尔特曼回忆说，那个夏天他正好也在普罗温斯敦。“他说如果你从自身出发去作画，你就会创作出比风景更庞大的意象。”据李说，霍夫曼回应道，他建议杰克逊“从自然中取材进行创作”，正如霍夫曼一直以来的做法，尤其是在普罗温斯敦这样的地方，这里的沙滩和海洋在他看来都是巨大的灵感源泉。“我即是自然，”杰克逊挑衅地回答，为后世的作家和评论家留下了少有的颇有深意的只言片语。这场交锋的大多数版本都是以波洛克那笛卡尔式的宣言而告终，但实际上是霍夫曼结束了这场论争：“然而如果描绘内心世界，你就是在重复自我。”也许是意识到这个机敏的回答如此具有预见性，杰克逊闷闷不乐，默不作声。

在舌战中处于下风后，杰克逊又拿起了他最熟悉的武器。七月初在一次霍夫曼工作室里的聚会中，他喝得烂醉，执意要爬上霍夫曼作画和睡觉的露台。当霍夫曼和他的学生弗莱德·霍克在楼梯上勉强追上他时，杰克逊抡起画架朝他们狠狠砸过去。所幸他没砸中，画架飞了出去。霍夫曼惊得说不出话，但是米兹·霍夫曼却大发雷霆。她立即将杰克逊从房子里赶了出去，那个夏天李和杰克逊都没再见过霍夫曼一家。

另一位不速之客是田纳西·威廉斯。根据一种说法，他“顺便拜访”了杰克逊和李，开始他提着手提箱居无定所，几周以后，他在美国立体主义画家卡尔·克纳斯的车库楼上租了一个房间。“他总是蹭吃蹭喝占便宜，”约翰·梅尔说道，这些故事都是李讲给他的，“他靠着他们白吃白喝，后来他们终于无法忍受。”然而李无法忍受的并不是威廉斯白吃的那些顿饭，也不是他在创作《玻璃动物园》（*The Glass Menagerie*）空闲时每天骑车过来拜访，更不是他和杰克逊在沙滩上的嬉闹作乐——“他曾把我扛在肩上淌进水里，”威廉 487
斯在回忆录里写道，“然后毫无恶意的嬉戏玩闹。”让李真正抓狂的是，有时杰克逊和威廉斯会一同消失在科德角那清凉的雾夜里，且这种情况越来越频繁。

正像李担忧的那样，杰克逊正被重新拉回到他们曾在纽约竭力逃开的放荡的同性恋圈子。这种诱惑不是直接来自威廉斯——他称“杰克喝了啤酒后就会变得不那么讨喜，没有吸引到我”——而是来自于一个六到八人组成的小团体，这些人每晚都在朱利安·贝克的工作室碰面，这间工作室位于市中心附近的商业街旁边的杰克船长码头上。贝克是一位耶鲁大学的十九岁学生，他一直是个有志向的画家，直到一年前他遇到了自己未来的妻子，朱迪斯·玛丽娜。玛丽娜把贝克的注意力转移到戏剧上，并将他荒废破旧的工作室改成临时舞台。［三年后，两人创办了颇具影响力的活剧场。］“他们经常会放映一些

田纳西·威廉斯，圣塔莫尼卡，1943 年

小成本商业影片，”沃德·本内特回忆说，“他们欢迎任何想要加入他们活动的人。这种做法很有巴黎特色。”不过在贝克的工作室里还进行着一些专为精英观众而设计的活动。露台是性爱活动的指定地点，大多数是在男人之间进行，尽管偶尔有女人溜进来，而偷窥者在这儿总是受到欢迎的。“整个地方都同性恋气息十足，”本内特回忆说。那个季节，杰克船长码头的常客有贝克，威廉斯，一位叫比尔·喀纳斯特拉的耶鲁大学的年轻学生，夏至时，又多了杰克逊·波洛克。围绕他们周围的是一群特别的“极端狂热分子”，威廉斯称其为“一群在表维医院或旧时的英国精神病院都找不到的疯子”。

这群人中最疯狂的就是喀纳斯特拉。威廉斯叫他“土生土长的反传统派”，“‘垮掉一代’的先行者”。喀纳斯特拉会带领包括杰克逊在内的六到八个人在午夜出发，跑到普罗温斯敦空旷的街道上寻找未关的窗户或半拉起来的窗帘，就为了能偷看一眼性交的场面。
488 “我们在太平梯上爬上爬下，偷窥人们做爱，”本内特回忆。“这个家伙对每个人身在何处，哪里上演着性爱场面都了如指掌。不光是男男性爱，还有常规的性爱。”根据威廉斯的说法，喀纳斯特拉对哈佛大学的环境也十分了解。“他有一张剑桥镇的地图，上面用 X 标出了有可能偷窥到精彩性场面的遮阳窗帘的具体位置。”每次夜间出行都“精心策划”，喀纳斯特拉会在“深夜两点回来，激动得发抖——有时还会如痴如醉地描述他如何幸运地透过那些窗子看到了亲昵的场面”。在普罗温斯敦，另一个喀纳斯特拉喜欢常常出没的地方是位于清教纪念碑后面的天主教墓地，那年夏天的一个晚上，一个当地女孩在和这群同性恋出城寻欢作乐时在这儿摔断了腿，杰克逊和喀纳斯特拉因此被拘留。

杰克逊很可能被喀纳斯特拉吸引了，后者身材修长，头发黝黑，有着浅色眼珠，他的朋友说他“相貌英俊”，“富有诗人气质”。可以肯定的是，二人都被同样的恶魔附身。当喀纳斯特拉清醒的时候，他“异常安静，非常讨人喜欢”，据他的朋友内尔·布莱恩说，他说话有点结巴，能够让人放下戒备，恶意全消。布莱恩回忆说，和杰克逊一样，喀纳斯特拉喜欢“编织幻想”，不同的是他的媒介是语言，而不是颜料。喝得烂醉时，他“完全变了一个人，成了心怀求死愿望的狂野之徒”。“当比尔喝醉的时候，他那些诗意的想象以一种荒诞的方式喷涌而出。他曾闯入我举办的一个化装舞会，并把自己扮成了食尸鬼，他的脚和脸都涂上了银灰色。他带来了自己收藏的珍贵的歌剧唱片，并将它们散落在地板上，然后拧开啤酒桶，光着银色的脚丫在唱片上开始翩翩起舞。他在洒满了啤酒的破碎唱片上跳来跳去，双脚不停流着血。然后他走进厨房，打开烤箱，把头伸进烤箱里看看自己能撑多久。接着他又走到室外，跳行汽车的引擎盖，开始从一部车跳到另一部车上。”

喀纳斯特拉的朋友们叫他“失意的艺术家”，并将他带有自毁倾向的古怪行为归咎于“性方面的问题”。

那个夏天对杰克逊来说也很快变成了自我毁灭。同威廉斯和喀纳斯特拉的夜游，朱利安·贝克工作室里的那些荒唐场景，他内心可能感受到的欲望，甚至还有同威廉斯的海浪嬉戏，所有这些都需要某种惩罚或否定。性总是要付出代价，而禁忌的性爱更是代价高昂。尽管他晚上仍然光顾杰克船长码头，但他也开始频频出入当地的一些酒吧——商业街附近上的船厂附近的老殖民地酒吧，曲奇酒吧，这些都是渔民的小酌之地，还有东边的马克酒吧——只要能喝到不省人事，或最好能挑起打架斗殴，任何地方都行。一次哈伊姆·格罗斯在龙虾坊穿过一条小路。“我正和一个朋友在一起，［杰克逊］醉醺醺的，火药味十足，”格罗斯回忆说，“他无缘无故就羞辱我，总想寻衅打架。他是个满心怒火的人。”带着同样的愤怒情绪，杰克逊还撞上了利兰·贝尔，后者是他在非具象艺术博物馆的朋友。“真是一个可怕的场景，”贝尔回忆说，“他喝多了，开始谈论克利和阿尔普，并嗤之以鼻，他在煽风点火。他说，‘如果你喜欢那些狗屎，你就永远无法成为画 489
家，’我只说了句，‘去你妈的，杰克逊，见你的鬼去吧。’”大家都开始躲着杰克逊，他走到了酒吧门前，坐在窗户边，“这样他能看见所有人，”格罗斯说。只要稍微被激怒，他就会跳起来，拳头攥紧，敲打着窗玻璃，并扯着嗓子咒骂，“求别人给他一拳”。沃德·本内特记得见过烂醉如泥的杰克逊公然在拥挤的酒吧间地板上小便，并发出挑战，看谁敢来阻止他。

到了八月，李越来越抓狂。在同威廉斯和喀纳斯特拉的胡作非为和狂饮作乐中，她几乎没机会见到杰克逊了。虽然二人仍然偶尔一起游泳，但大多数夜晚，她都是在眼巴巴地一家接一家酒吧的寻找中度过的。玛利亚·皮亚琴察还记得那个心酸的场面，她看见李“在城里四处游荡，装作满不在乎的样子说，‘你见过杰克逊吗？’整个夏天她无时无刻不在茫然地寻找。这肯定不是件容易事儿”。当杰克逊最终现身时，通常已经是凌晨时分，他的状态证实了李最担心的事情。“杰克逊在普罗温斯敦时的状态已经到了非常糟糕的地步，”沃德·贝内特回忆说，“李只是将他带回家，给他清洗干净，把他放上床，然后第二天又任其离开。”她此前安排从纽约送过来的一卷卷画布仍在工作室里尚未拆封。

绝望之中，李转而向杰克逊的家庭求助。八月中旬在探望她生病的父亲回来途中，她顺便拜访了桑特在迪普里弗的寓所。包括斯黛拉在内的全家人两周之内纷纷来到普罗温斯敦。如李所愿，杰克逊夜间冒险结束了。到了五一劳动节，田纳西·威廉斯已经离开了（他跟着喀纳斯特拉回到了哈佛，并在喀纳斯特拉法学院宿舍里面完成了《玻璃动物园》，宿舍四周堆满了从当地墓地里偷来的基石），两周里，在斯黛拉不易察觉的注视下，杰克逊晒日光浴，回忆过去，在日渐消退的海角阳光中同桑特“尽情地游泳”，为夏天画上了完满的句号。

杰克逊赢了。他不但让李疏远了她的导师霍夫曼，还有效地阻止了她，她一夏天“一点工作都没做”。更不同寻常的是，他的胡作非为促使斯黛拉和桑特从康涅狄格州远道而来拯救他。从很多方面来看，这个夏天也是对未来的一种预示。像之前的桑特一样，她被紧紧地桎梏在杰克逊那矛盾的怀抱中。她整个夏天都是在不确定、寻找和等待、担忧和倾听的痛苦中度过的，这些折磨过后，她仍然在意他。

杰克逊的未来更隐晦地书写在比尔·喀纳斯特拉的命运中，后者他再也没见过。喀纳斯特拉从法学院毕业后遇到了“一位非常强大的女人”，一度把酒戒了。然而好景不长。在结婚前夕，女人“改变了主意”，根据一位朋友的说法，她离开去了芝加哥。喀纳斯特拉又开始酗酒。此后不久，一次在纽约地铁里，他上身探出车窗，地铁向前快速行驶时，他被一根柱子削去了脑袋。

31 490

逃离

就在杰克逊和李从普罗温斯敦返回时，1944—1945展季开始了。佩吉的画廊再次开张，各种派对重新开始，杰克逊还是那么脆弱和心无寄托，很快就被新一轮的酒精和焦虑击垮了。到了十月，他“已经又和从前一样烂醉了”，鲁本·卡迪什说，他以前目睹过杰克逊的低潮期。在一次李安排的、旨在补救夏天时和霍夫曼产生的裂痕的晚宴上，杰克逊喝醉了，开始生闷气，然后继续喝，大发脾气后喝得更多，最后昏过去不省人事。这已经成为一个熟悉的日常程序：百无聊赖的白天，然后在漫长的夜晚里消失不见——李从来都不知道他去了哪——最后当杰克逊出现在门口，“身上肮脏不堪，极力表示殷勤”时，一切以宽恕的仪式告终。

冷冬袭来，当华盛顿广场角落的树变成炭灰色时，杰克逊几乎放弃了作画。一张大尺寸油画《八中有七》（*There Were Seven in Eight*）——开始创作于去年春天的古根海姆墙画的余味之中——还尚未完成，斜靠在起居室的墙边。他力所能及的仅仅是陪同鲁本·卡迪什去斯坦利·威廉·海特的位于第八街公寓斜对面的17画室。在那个毫无特色的顶楼里，两位昔日好友一起刻铜版画，印刷试样，彼此有着令人宽慰的默契。白天，这个工作室就是一些像安德烈·马松、胡安·米罗和马克·夏高这些欧洲艺术家的朝圣地，他们曾在他巴黎的工作室里与海特共同创作，后来德国人悬赏要拿海特的人头，因为他印发了描述“如何制作扔向德国坦克的燃烧弹”传单。但据卡迪什说，杰克逊“无法在周围有人的时候创作”，所以这些艺术家只在晚间和周末工作室空无一人的时候到访。（卡迪什做过海特的印刷工，所以有工作室的钥匙。）海特自己是个热情而“充满活力”的人，颇有逍遥派之风，他有时会和他们一起喝杯啤酒，或是在工作室的艺术家们青睐的当地酒吧，或是在他位于威沃立坊的房子里。 491

在白马酒馆，阿尔伯特客栈酒吧或是雪松客栈酒吧那烟雾缭绕的黑暗中，处于在清醒和不省人事之间短暂切换中的杰克逊谈起了“灵感之源，以及无意识创作的界限问题”，海特回忆说。古根海姆墙画创作之后的几个月里，他一直沉溺于艺术以及其他方面的无能状态，“当你深入发掘，探索如何能超越那个层次并进一步创作出新内容时，问题就来了”。然而这种一闪而过的反思稀有而又转瞬即逝。几杯啤酒下肚后，杰克逊再一次“迷失”——而显然这也正是他求之不得的。

到了十一月，即便是当地的酒保们也拒绝配合他那些轻率鲁莽的自毁行为，他不得不请朋友来做调和的中介。约翰·利特尔记得一次回家发现杰克逊坐在门阶上，他颤抖着，正在等他回来。“他说出的唯一一句话就是，‘让我们去喝杯啤酒。’”他们来到阿尔伯特客栈的酒吧，但他们刚刚坐定，酒保就冲出来对杰克逊吼道，“你给我出去，不然我报警！”出去后利特尔问道，“你对他做了什么，杰克逊？”“我昨天来过这里，”杰克逊解释说，并难为情地笑笑。当他们试着去街对面的一家“破烂的夜店”时，也遭遇到同样的待遇。“他们看了一眼杰克逊说，‘哦不行，你不能进来！’”利特尔回忆说，“这类事一晚上会遇到五六次，可见他已经臭名远扬。”尽管困难重重，杰克逊总能找到狂饮的办法。初雪飘落时，他又一次在大街上游荡，就像30年代时那样，被脏兮兮的雪堆绊倒，逼停汽车，冲着行人大喊大叫。一位朋友回忆起看见他在雪地里小便，“他左右摇晃地喷射尿流，并吼叫着，‘我能把尿喷向整个世界！’”

白天日渐缩短，胡闹行为却持续得越来越长。“他很多时间都消失得无影无踪，”卡迪什回忆说，“不是几小时，而是几天都不见踪影。”不过有一点与30年代不同。如见他倒在酒吧柜台或雪堆上渐渐失去意识时，喊出的是李的名字，而不是桑特。如今在家苦等的人也不是桑特，而是李，她时而闷闷不乐，时而歇斯底里，时而勃然大怒，时而恐惧不安，她时刻倾听着大街上是否有他的动静，或楼梯上是否传来他的脚步声。“每次杰克消失时，”卡迪什回忆说，“李就会发狂并开始寻找借口，把错误推卸到别人身上。她在公寓里踱来踱去，喃喃自语，‘杰克逊随时会回来的。’”

实际上，杰克逊却悄悄消失了。无论是李或别人做什么，显然都无法阻止他。

当李向波洛克家人求助时，她得到的只是不愠不火的同情。桑特和阿勒瓦早就尽量让自己远离他们和杰克逊共度的那六年，期间充满痛苦和不愉快的回忆。在桑特的坚持下，斯黛拉多数情况都对问题视而不见。她偶尔会在李返回长岛的家时进城“照看”杰

克逊——1943 年李的父亲生病后，她回家越来越频繁——然而斯黛拉在场时杰克逊从不 492
胡作非为。李也一直惊讶于斯黛拉对杰克逊有一种奇异的镇静和安抚力量，这在普罗温斯敦就表现出来了，如果桑特同意，李愿意让斯黛拉永久住在公寓里。没有任何其他人能放缓杰克逊堕落的脚步。

不过，李还做了一件好事：她找到了另一个斯黛拉。

就在夏季之前，李曾试图劝说杰克逊恢复治疗。普罗温斯敦的种种情绪崩溃更坚定了她的决心，同斯黛拉的相处体验也提供了解决办法。1944 年秋季的某时，她说服他去拜访了她的医生，伊丽莎白·赖特·哈伯德。尽管官方的称谓是医学博士，哈伯德医生却绝不仅仅是一位家庭医生。她非常规的“整体”疗法让她远远超越了治疗生理疼痛的领域。“她坚信自己的工作是半心理学，”她的女儿伊丽莎白·赖特·哈伯德二世回忆说，“当她对病人说‘女士，你儿子患哮喘就是因为你的缘故’时，很多病人就和她疏远了。”哈伯德喜欢对全体家庭成员进行整体治疗（有时还包括家庭宠物），而不是单独医治，她很乐于接纳杰克逊来看病。第一次会面是以一连串的“心理”问题开始的，比如“你喜欢雷暴雨吗？”“对你父母有什么感觉？”

杰克逊通常会避开这种想要探索其心理的企图，他或是释放魅力，或是避而不谈，或是火药味十足。然而，正如李所期待的那样，他被哈伯德震住了。她有着“巨大的胸部，”身着暗色服装，蓝灰色头发，穿着紧身塑身衣，方形下巴，腰板笔直，她的声音深沉而男性化（在电话里通话时，人们总是对她说“是的先生”），伊丽莎白·哈伯德简直就是斯黛拉·波洛克。“第一次见她时，她就让我想起斯黛拉，”鲁本·卡迪什说，“她有着同样的身材和姿态，以及很多西部女人共有的那种气质——话不多，但一旦说出来就是认真的。”尽管生于曼哈顿，而不是西部，哈伯德的确是一位了不起的女性，她在男性占绝对主导地位的医学界为自己争得了一席之地。作为哥伦比亚大学内外科医学院的首届女毕业生，她在贝尔维尤医院获得了住院医生的职位——也是第一位获此殊荣的女性。她蔑视同事们的侮辱，离开主流医学到日内瓦学习顺势疗法，然后回到费城的哈内曼医学院教授免疫学理论。“她是真正做出贡献的女人的先锋，”她女儿说，“她有一种力量。她仿佛是一个好女巫，一个行善女巫。”在她位于东 84 街的 20 号办公室里，哈伯德为穷人提供免费治疗，并照顾着一群病人的整体需求，在不同时段，这些病人包括达律斯·米约、乔治·奥里克、亚历山大·考尔德、莉丽·庞斯、玛琳·黛德丽，到了 1945 年初，还有杰克逊·波洛克。

493

伊丽莎白·赖特·哈伯德

哈伯德的帮助来得很及时。离本世纪艺术画廊的三月展只剩几个月了，杰克逊几乎没有任何参展作品。在完成古根海姆墙画后的数月里，他只画了几件展览级水准的作品，几幅画都具有相同风格，浓厚而抽象，富有节奏感。他试着做了一些改变：在《夜之舞者》(*The Night Dancer*)中采用尖锐而凸凹不平的线条，来替代巨大的、流动的曲线；在《夜之仪式》(*Night Ceremony*)中采用烟灰色的杂乱赭色块，而不是明亮的青色和蓝绿色。在《夜之雾》中，他甚至后退一步，跳过了抽象线条，直接采用《帕西法》里的破碎意象。然而到了夏季，去年的创作劲头彻底烟消云散了。他秋天在海特工作室里心不在焉地敷衍了事，并未创作出艺术作品，反而徒增沮丧。“他发现［蚀刻版画］根本不是他的创作媒介，”鲁本·卡迪什回忆说。材料的阻力，图像的颠倒，酸液的干扰，让整个操作过程十分困难，这并不适合杰克逊唐突而缺乏耐心的默想。“他和最终的成品格格不入，这让他十分沮丧。”1945 年初，杰克逊得知佩吉在芝加哥艺术俱乐部为其安排了一场三月的单人展，和纽约展在同一个月。现在他需要为两场展览作画。

因为没有新作品展出，杰克逊放弃了圣诞节前在本世纪艺术画廊办展这个黄金时段。这一季的首展艺术家是威廉姆·巴齐奥蒂，他在长时间的创造力衰退期后适时地一跃而起，取代了已经延期的贾科梅蒂的展览。巴齐奥蒂展结束后的三天，罗伯特·马瑟韦尔的多媒介艺术盛大而华丽地开展（共包括 48 件作品，杰克逊只有 15 件）。如果杰克逊的这些艺术家朋友们的多产还没引得他不快的话，那他们收获的评论肯定让他难以释怀。巴齐奥蒂的作品“是一种自发的设计，是在阵阵灵感迸发的狂热中一气呵成”，莫德·莱利在《艺术文摘》中这样写道，而且巴齐奥蒂的水粉画也呈现了“无限丰富”的色彩。甚至克莱门特·格林伯格也大力赞美他，称巴齐奥蒂是“十足的天才”，一个“天生的画家，纯粹的画家”，并称马瑟韦尔“几乎是创作过了头”。但是没有任何成功能像经济收益那 494
样刺痛人心，处于战时经济的复苏期，两场展览，尤其是巴齐奥蒂的作品，是可靠的利润来源。

随着他的画展以及合同续约的临近，他的工作室仍空空如也，佩吉的进款大大缩水，远远低于 2800 美元的收支平衡线。杰克逊深陷泥潭，怀着嫉妒和抑郁的心情目睹着他同僚们的成功，唯有格林伯格的那句声明能给他慰藉：“从现在开始，美国绘画的未来取决于［马瑟韦尔］、巴齐奥蒂、波洛克以及少数其他人的创作。”

哈伯德的帮助无法逆转波洛克走下坡路的局面，但它的确在紧要关头修复了他挽救三月画展所需要的情感能量。鲁本·卡迪什回忆说，在开展前的几周，当走进工作室时他被惊呆了。“就在几天之前这里还空空如也，他做什么事都是拖到最后一分钟……几个月一无所获，然后突然一打作品出现了。这是一个巨大的、爆发式的创作期。”没时间开辟新领域。主题、尺寸、色彩和复杂性都是由紧急需求而快速决定的。他为芝加哥画展画了马的系列——这是熟悉的主题，同样熟悉的毕加索风格，更像是出自绘图员而不是画家之手。他还为本世纪艺术展创作了许多米罗风格的简洁作品，他用生动的单色背景在裸露的帆布上描绘图像，高光处采用粉蜡笔和刮花法来予以突出（挂掉未干的颜料露出白底，这样为他节省了等待颜料变干的时间）。不过仓促中并未损失一切。尤其在刮花画中，速度和简洁达到了叹为观止的效果。其中一幅画，一匹瘦长的骏马躺在地上，四蹄朝天，仿佛悬在亮紫色模块中的雕塑体。杰克逊三月前仓促完成的仅有的几幅大尺寸作品也更多的是一种重复而非探索：《图腾，第一课》（*Totem Lesson 1*）重返《帕西法》中的碎片化意象，只是这次用了更多紫色和橙红这些糖果色；《图腾，第二课》（*Totem Lesson 2*）和《二》（*Two*）则呼应了《秘密守卫》和《男人和女人》里的图腾形状和含混的个人神话。在久未完成的《八中有七》中，杰克逊对过去的回顾达到了疯狂的高潮。过去五年里的几乎每一种风格，从《魔镜》到《哥特式》（*Gothic*），都出现在这幅粗糙绝望、充满不和谐音的油画里。仅在达到古根海姆墙画中的登峰造极后的一年里，杰克逊就在创作道路上迷失了自我。

到了为画命名的时候，杰克逊的低落和消沉在那一连串颇具黑弥撒风格的标题中展露无遗——《黑布上的地平线》、《黑色上的正方形》、《夜之舞者》、《夜之仪式》、《夜之雾》、《夜的魔法》——还有一幅画的标题含蓄地提到了海伦·马洛，《H. M. 肖像》（*Portrait*

495

《图腾，第一课》(*Totem Lesson 1*)，1944 年，70″×44″

of H. M.)（马洛的魂灵很可能是被同样母性十足的哈伯德的外表召唤而至的）。疯狂的创作速度一直持续到开展前的几天。3 月，卡迪什带着一位叫大卫·斯里维卡的加州青年雕
495 塑家来到工作室，观看杰克逊的最后一搏。“他手持画笔激烈而迅速地画着，”斯里维卡回忆说，“我那时还是个新手，从没见过这种场面。真是看得惊心动魄。”

1945 年 3 月 19 日是个热得出奇的星期一，画展在这天开幕，观展人群比 15 个月前更为人数众多，且更热情。包括斯黛拉·波洛克在内的一些不惧酷暑的观众们，顶着华氏 80 度的高温，穿过 8 个街区结伴来观看佩吉公寓楼里的巨幅墙画。不过评论者们的意见仍有所保留。大多数人都对他笔法中的活力和表现力赞赏有加，但是在其作品传达的意义——如果有意义的话——究竟为何这个问题上却看法不一。霍华德·德芙里在《时代》里提出疑问，杰克逊“巨大而潦草的彩色画面”是否“在表现手法中得以清晰地阐明，以便和观众建立真正的交流”。他还把一些充满“弥漫四溅的颜料和飞舞的形状”的画比作“墙板碾磨厂里的一场爆炸”，——这句评价没有任何反讽意味，让人想起人们首次看到马塞·杜尚 1913 年军械库展中的《下楼的裸女》时，对其所作出的挖苦性描述。帕克·泰勒在《视野》杂志上抨击波洛克的“笔法粗糙且神经质，活像烤通心粉”，并总

立于《古根海姆墙画》前的杰克逊

结道，尽管杰克逊“对创作题材有着强烈的热忱”，然而他“似乎没什么特别的天赋”。泰勒是欧洲超现实主义艺术家的喉舌，这些人仍对佩吉的背叛耿耿于怀。莫德·莱利在《艺术新闻》中评价了杰克逊同其绘画作品的关系，但是抱怨说他“总是火药味十足……对一切都充满挑衅”，“无论是主题，还是你我这些观者”。她以一句如今我们都很熟悉的哀怨之词结束了文章：“我真的搞不懂它在表达什么意思。” 

所有评论家中，只有克莱门特·格林伯格态度明确，敢于发出强烈的赞美之声。“杰克逊·波洛克的一人展，”他在《国家》中写道，“在我看来已让他成为同时代实力最强的画家，也许是自米罗之后最伟大的画家。”格林伯格对杰克逊那些支离破碎的色彩并置有着霍夫曼式的吹毛求疵，认为这样造成了“豁口和裂缝”，除此之外，他已经放弃了之前的那些模棱两可的评论。“我找不出更有力量的赞美之词，”他承认道。波洛克不仅是米罗之后的最好画家，他还是立体主义的答案——为那个困扰了美国艺术界近十年的问题提供了答案：“毕加索之后是否还有艺术？”

格林伯格对他的那些缩手缩脚、心存疑虑的评论界同行予以了振聋发聩的斥责，这样的谴责有意或无意地巩固了他作为先锋艺术杰出评论家的地位。“立体主义退场后，巴黎学派中存在某种自欺欺人的现象，”他写道，“在波洛克身上没有丝毫的自我欺骗，他对自己作品的外表丑陋毫不畏惧——所有深刻的原创艺术起初都外形丑陋。”如果其他评论家对他的作品反响不佳，那是因为他们看得不够仔细，格林伯格暗示说；他们是自己偏狭品味的受害者。一幅画是否赏心悦目，这并不重要——平庸的眼光无知而又怠惰——重要的是它是否“原创”，这一界定需要的不仅仅是训练有素的眼光，还要有预见未来的洞察力——也就是格林伯格的眼光。李 · 克拉斯纳这代美国艺术家所接受的训练是模仿业已被理解和接受之物，格林伯格给他们带来的是翻天覆地的变化，而具有彻底的原创精神的杰克逊，则处于这个颠倒世界的顶端。

但即便是克林伯格的盛赞也无法让杰克逊提起精神。和评论家不同的是，他心里清楚自己在古根海姆墙画和《夜之仪式》这样的作品上花了多少时间，以及二者之间有多少艺术差距。他知道大多数画是如何在仓促之间迅速完成的，也明白这些画的意象相对
497 而言是何其肤浅和缺乏底气——以及它们本来可以更完美一些。尽管格林伯格对其赞赏有加，但是杰克逊肯定心里清楚，第二次个展没有第一次那么华丽而纯净。（数年后，格林伯格自己也承认，他对 1945 年画展的评论，至少部分来说是对第一场画展的迟到回应。）意识到这些——加上画卖得惨淡——让杰克逊郁郁寡欢，把格林伯格溢美之词带来的鼓励抽干殆尽。即便是金钱也失去了它的修复力量。到了四月他的合同需要续约时，佩吉勉强同意给他的收入分配加倍，条件是拥有他在未来一年里创作的所有画作。 但是杰克逊也认为这样的慷慨之举在一定程度上是个谎言。巴齐奥蒂和马瑟韦尔已经离开佩吉，二月他们加入了塞缪尔 · 库兹的新画廊，佩吉则拼命挽留杰克逊，怕他也离她而去。

到了五月，过去一年压抑已久的沮丧、失意和自我怀疑已经达到一触即发的地步。

当菲利浦 · 戈德斯坦 1945 年回到纽约时，他已经不再是菲利浦 · 戈德斯坦，他成了菲利浦 · 加斯顿。他在爱荷华城教了四年书，其时犹太人还比较少见，四年的教书生涯让他完成了自高中时代起就一直思考的转变，那时他在自己卡通画上的签名是“菲利浦 · 戈德斯坦”。爱荷华的岁月还给予了他的艺术以新的形式。中西部的地方主义霸权和他妻子穆萨对于感情主题的口味对他产生一定影响，他创作了一系列寓言式作品，这些作品在一幅名为《如果这不是我》（*If This Be Not I*）的大尺寸画中达到巅峰，画中充满了滑稽丑角和天真的孩童——画的标题取自穆萨最钟爱的鹅妈妈的故事，是关于一位失去自己个性的女人的故事。

加斯顿的转变让他在纽约的老朋友们十分吃惊。早在公共事业振兴署艺术项目时期，他就因通俗易懂的主题和纯熟的笔法而频频获奖。然而打那以后的四年里，纽约艺术圈时过境迁，加斯顿的新作品在很多人看来更像土里土气的古怪玩意儿，被克莱门特 · 格林

伯格精准地被描述为：“低级媚俗的劣质品”，这一词汇是他最近刚刚为评论界用语做出的贡献。当他的画展［标题为《万圣节派对》（*Halloween Party*）和《感伤时刻》（*Sentimental Moment*）］于 1945 年 1 月在市中心美术馆开幕时，仍然受到了曾在公共事业振兴署艺术项目中占主导地位的传统主义者们的热情赞美。朱莉安娜·弗斯在第八街的惠特尼美术馆将加斯顿的画放在“显耀位置”，当一群评论家和写手被问及能否说出几个“终将永垂史册的，仍在世的美国或外国艺术大师时，他们都把加斯顿列于名单的首位。不过在日渐强大的先锋主义阵营里，他古怪的作品对熟悉他的人来说已成为令人难堪之作，对不熟悉他的人则是一个笑柄”。

对杰克逊来说，加斯顿一直是惹人艳羡和嫉妒，让人充满挫败感的人。自手工艺术高中时代以来——那时加斯顿善画而杰克逊笨手笨脚，加斯顿从不缺女孩的包围而杰克
逊孑然一身——加斯顿就是杰克逊发泄郁积已久的童年怨恨的对象。十多年来，杰克逊 498
痛苦地承受着加斯顿的成功——人们对他艺术成就的赞美，美丽的妻子，薪水丰厚的工作——这些让杰克逊自身的缺陷格外醒目，令人难堪，简直是对他个人的侮辱和冒犯，再加上加斯顿的极度自信，几乎让人忍无可忍。“菲利浦会和所有人展开竞争，”哈罗·莱曼说，“无论是在私人生活还是艺术领域上，他都要超过别人。他有着不可思议的野心和抱负。”现在，借着《如果这不是我》的成功，加斯顿再一次享受着胜利的成果，而杰克逊认为这一切本该属于他自己。

1945 年 5 月 7 日的欧洲胜利日后不久，桑特在第 8 街的寓所里为“老伙计们”举办了一场派对：这些都是来自美国艺术学生联盟、公共事业振兴署项目和加利福尼亚州的朋友，很多人最近刚刚从战场回来。由于 1 月在市中心美术馆办展，且 10 月要参加卡耐基研究所的年度竞赛（他将在赛中荣获一等奖），加斯顿不得不暂驻纽约，所以他出席了聚会。很快激烈的争吵开始了。“大家越喝越多，”同样参加了聚会的哈罗·莱曼回忆说，“喧闹声越来越响，突然杰克逊冒出来，他低声咕哝着，想要说什么——你知道，酒精会让人舌头变硬。他猛然起身，朝菲利浦大喊：‘妈的，我就是受不了你画画的那一套！我真是受不了！’”莱曼当时就站在加斯顿身边，他记得加斯顿当时“惊得目瞪口呆”。杰克逊的话——正是心里的想法——淹没了房间里所有其他的声音。“［菲利浦］的确深受打击，”莱曼回忆说，“从脸上就能看出来……他已经开始觉得自己正在被世人忽略，被其他人超越，成为过气的艺术家。杰克逊的爆发只不过把这个问题摆在了所有他在乎的人的面前。”关于接下来发生的事有不同的说法。加斯顿后来对朋友说，杰克逊威胁说要

把他从窗户扔出去，引发了二人长时间的互殴，差点要了彼此的命。莱曼则回忆说，加斯顿在震惊中呆立着，沉默良久，直到聚会的喧闹声在周围渐渐响起，将他包围。其他亲历者则坚持说，加斯顿“情绪崩溃，放声大哭”。没人记得打过架。（有人后来宣称，这次在杰克逊公寓里对峙的结果是，加斯顿放弃了《如果这不是我》中的伤感主义，开始尝试抽象主义风格。）

到了 1945 年年中，李已经绝望了。冬季的各种胡闹行为和类似于加斯顿争吵的事件都让她下了决心，杰克逊需要朋友们的援救，以及自救。

她开始坚持让他娶她。她自己也承认，在这三年里她一直“完全反对结婚”，现在却突然之间发出“最后通牒——要么结婚，要么分手”。李后来把自己这种令人侧目的出尔反尔归于父亲的去世——“就在那一刻我撑不住了，突然很想结婚。”不过她过去从未被父亲的正统思想束缚住，20 年代她公开和伊戈尔 · 潘杜霍夫（Igor Pantuhoff）同居，家人还以为他们已结成夫妻。李还说她和杰克逊的订婚如旋风般迅速（就像他们第一次
499 相会）：“我［对杰克逊］说‘你必须做个决定。’他对我说，‘我已经决定了。我们要结婚。’然后我问，‘我们什么时候去市政厅领结婚证？’”实际上，从 1944 年 11 月约瑟夫 · 克拉斯纳去世的那天，到 1945 年 10 月最终拿到结婚证的那天，这中间历经 11 个多月之久。

同时，李制定了带杰克逊去避暑的计划。她再一次发现了一个可怕的事实，这是查尔斯和桑特十年前就意识到的——在城市的炎热天气中，杰克逊的状态比平时更糟糕。然而自从去年夏天的种种灾难后，再赴普罗温斯敦度假显然绝无可能。

7 月初，鲁本 · 卡迪什和芭芭拉 · 卡迪什夫妇带上他们的两个孩子，三辆自行车和一只狗，在费城火车站登上“特快列车”，去长岛东端度假，在那里他们从比尔 · 海特处租了一间海滨“小屋”。他们离开时认为杰克逊和李会到科德角过夏天。然而他们刚刚抵达就收到一封信。“他们在信中说今年不可能再去科德角了，”卡迪什回忆说。和妻子商量后，卡迪什发出了邀请。夏天已经过去了一个多月，杰克逊急不可耐地接受了邀请，他“把画笔刷洗干净”，把第八街工作室转租给刚从战场返回的老朋友詹姆斯 · 布鲁克斯，跳上东去的第一班火车。尽管李对卡迪什颇为警惕，但是离城以后，杰克逊终于归她一人所有，这让她松了口气。

对杰克逊来说，这是一个悠闲的夏天。这间坐落在加德纳斯湾边上的小房子离水域距离非常近，高高的海浪会拍打到房基，有时鱼儿还会在厨房门口搁浅。从距离前门廊几步之遥的地方，他们往西能看见阿克卡伯纳克海港，像一片尚未被开垦的新大陆，丰饶而无人打理，往东则能望见海湾，听见海上的声音，以及远方的海水，东边和西边的唯一区别是他们反射的光线性质不同。轻柔而带着咸味的海风穿透陈旧的板条墙，拂过暗红色窗帘，从远处的巴恩斯码头带来了渔船的声音和钟声。房子本身“小而破旧”，根据芭芭拉·卡迪什的说法，房子的屋顶摇摇欲坠，要靠手泵抽水，而且没有电，不过杰克逊很少待在室内，所以并不介意。早上，他和卡迪什会在冰凉的水中淌水，在水底搜寻，循着一团团海泥的踪迹捞蛤蜊——正如丽塔·本顿教他的那样。之后，当太阳悬于空中最高点时，他们在门廊上喝几杯啤酒，然后他们会疯疯癫癫地爬上划艇，曲折前行到海浪升起的地方，捉几条鱼做晚餐。“有一次他捉到了一条河豚，”卡迪什回忆说，“那条河豚开始膨胀，在船里跳来跳去，杰克逊兴奋地像个孩子似的上蹿下跳。我以为他会从船上掉下去。”

在背风侧也能寻得乐趣。向后退走到阿马甘西特甘泉路上，只需骑车几分钟，会看到卢兹海岬的沙丘和矮栎树丛已经被大片的马铃薯地代替，继续走几英里，就到了阿马甘西特城。杰克逊和鲁本会沿着刚刚铺好的狭窄道路狂奔，沿途卡迪什的狗跟在后面跑 500
着，他们进城购买供给，寄邮件，打电话，并尽可能多地买啤酒，放在自行车的后座上。骑自行车出游时，他们通常还要在哈罗德和梅·罗森伯格位于奈克路的家里停留片刻，杰克逊非常喜欢他们三岁的女儿帕提亚。周末，比尔·海特和妻子海伦会从城里过来，和他们一起捞蛤蜊和烧烤，并品尝李无与伦比的蛤蜊浓汤。大卫·斯里维卡乘火车从纽约过来留宿一晚，他睡在门廊上。罗伯特·马瑟韦尔也正在附近盖房子，但是整个夏天杰克逊只见过他一次，“正骑着自行车去什么地方”。“他们之间的交流还是毕恭毕敬的，”卡迪什回忆说。然而身处卢兹海岬的门廊上，马瑟韦尔的小算盘，古根海姆的派对——甚至8月7日霍华德·普策尔致命的心脏病发作——都和太平洋战争一样看起来那么遥远。几天以后，陌生而含糊不清的消息传来，又一颗炸弹被投向日本，战争很快就要结束，杰克逊听到这个消息时正躺在沙滩上闭目养神，眼皮都没抬一下。

李却没有享受到他的平静。夏天把杰克逊从纽约拯救出来，却没能挽救两人的关系。“她本以为夏天的度假会对杰克逊有治疗作用，”卡迪什回忆说，“度假会是一剂万灵良药，他们会做些浪漫的事，在海滩上漫步，他再也不想酗酒，再也不愿狂欢作乐或离开她。”然而，李既不会开车，也无法在自行车上保持平稳，她整个夏天的多数时间都在这间钓鱼小屋里或周围，做饭，和芭芭拉·卡迪什聊天，或照看卡迪什的孩子们——据卡迪什说，所有这些活动“都让她难以忍受”。即便是在海滩上漫步，杰克逊也通常是和卡迪什在一起，正如李所担心的那样，没有一天两人不是在狂饮中度过的。杰克逊没有像在纽约时那样睡在门槛上，但是他也并没有创作。“整个夏天她都怒不可遏，”梅·罗森伯格回忆说，“因为卡迪什和杰克逊在喝酒。他们玩游戏，哄笑打闹，讲笑话，就是不画画。”

罗森伯格回忆说，当他们同意为有裂缝的屋顶加瓦翻修时，“他们要求的第一件事就是啤酒。他们在屋顶上站起来，开始把旧瓦片拆掉，然后他们坐在裸露的横梁上，腿悬在半空不停地踢着屋顶，说说笑笑。很快他们要再喝点啤酒。”这样的欢闹随着李的到来戛然而止。“我正把几瓶啤酒递给他们，被她撞了个正着，”梅回忆说，“他们都是成年人了——本可以自己去拿啤酒。然而她气得面色铁青。”夏天的大部分时间李都很生气，她同杰克逊和卡迪什的相处活像波莉阿姨同汤姆·索亚和哈克·费恩间的关系。一次两个“小男孩”试图骑自行车飞奔过一块刚刚铺满沥青的小路时摔倒了，回家时浑身沾满了沥青，芭芭拉·卡迪什狂笑不止。李则暗暗不安。当最后芭芭拉终于哄着李到船上钓鱼时，
501 一场暴风突然向他们袭来，将他们吹向大海。“她不懂怎么划船，有段时间看起来情况不妙，”芭芭拉回忆说，“我把两人安全地带了回来，可我们的船刚抵达海滩，李几乎要晕过去……她不太善于运动。”

暴风雨是极少数李无法怪罪到鲁本头上的事情之一。如果杰克逊喝多了，那是因为卡迪什和他在一起；如果他因为醉酒而变得“不可理喻”，那是因为卡迪什“总能找到替他辩解的方法”；如果他在画画，而不是在街上玩游戏，或为罗森伯格一家做制作手工艺品，那是因为卡迪什鼓励他这么做。“她责怪斯黛拉，责怪桑特，责怪我，责怪周围每一个住乡下的人，”卡迪什回忆说。（后来，李采用她最拿手的武器来报复卡迪什夫妇，她有一种通过压缩或省略令她不快的人和事来重新编造历史的能力。在后来的访谈中，她将与卡迪什夫妇在卢兹海岬共度的六周缩减为“一个周末”。1956年，她不准卡迪什参加杰克逊的葬礼，只有当波洛克家人威胁说，如果不允许卡迪什出席葬礼他们就会联合抵制葬礼仪式时，李才让步。爱恨交织中的她，不知道何为适度。）

李很怕回纽约。尽管笼罩在卡迪什的不良影响下，这个夏天至少扭转了杰克逊长久以来的低迷状态。在卢兹海岬的门廊上，他会喝醉，有时烂醉如泥，但周遭既无行车也无酒吧，至少他还是可控的。没有去年那些可怕的不确定性，以及无数长夜里数小时的

等待。远离卡迪什以及夏天的那些消遣活动，她似乎可以断定，杰克逊也许可以开始工作了。8 月末的某时，有一次在陪同卡迪什夫妇初步考察一些当地的待售房屋时，李咨询了那个地区的冬季租赁情况。回到纽约后不久，她就抛出了问题。“我对杰克逊说，我们一同去那过冬，你看这个主意怎么样？我们可以把第八街的公寓租出去，只带一些画布，看看我们是不是喜欢这样。’”杰克逊很惊讶，“他说，‘离开纽约？你是不是疯了？’”

几周后杰克逊宣布，“我们要离开纽约。”这次轮到李吃惊了。“在这么短的时间里他就变得积极，”她回忆说，“我不知道发生了什么。”

杰克逊后来提到，为了等詹姆斯·布鲁克林找到新公寓，他在第八街公寓的沙发上度过了几个不眠之夜，然后他改变了主意。这是一个典型的波洛克式的解释：简单，实际，不拐弯抹角，完全脱离真相。实际上，他态度转变的原因多样而复杂，其根源要追溯到童年时代。和婚姻一样，乡间为他提供了竭力效仿其兄弟们的机会，查尔斯和桑特都离开纽约建立了自己的家庭。乡间也是鲁瓦·波洛克曾经生活过的地方。（1945 年秋季，弗兰克也搬到农场，在鲁瓦留下的地方定居下来。）乡间是生儿育女之地，夏天时同卡迪什 502 的孩子还有帕提亚·罗森伯格的玩耍嬉戏，让杰克逊急于成为一名父亲。乡村还是逃避之所，在这里杰克逊可以抛弃城市生活中的阴暗角落。“根本上来说，波洛克并不是移居到［乡村］，”丹·米勒说道，“他是在逃离某些东西……他亲口对我说的……过去在纽约发生的一些状况是他想逃避的，就是某种联系。”但乡村最终是另外一个全新且完全不同的地方，仿佛一张空白的画布，杰克逊可以再一次尝试着让自己的世界恢复正常。和斯黛拉一样，他必须相信未来的路上一切皆有可能。

杰克逊一答应下来，李开始以惊人的速度做着离开的准备。阿克塞尔·霍恩那年秋天在一家酒吧里看到杰克逊，他正盯着一桶啤酒，看起来“有点不知所措”。“我说，‘怎么了杰克逊？’他说，‘你知道我们刚刚买了所房子，但是我都不知道怎么买的。’”霍恩回忆说，“他怎么也想不明白。”就在杰克逊态度大转变的几天，也许是几个小时之内，李已经给房产代理人打了电话，后者在夏天曾带卡迪什夫妇看了几座房子。“杰克逊特别喜欢其中一座，”李记得，“他说，‘这就是我们要住进去的房子。’”当她得知那座房子已经被卖掉了，她联系了罗伯特·马瑟韦尔，后者正在招募其他艺术家也和他一起搬到东汉普顿地区。马瑟韦尔立即安排李和艾德·库克见面，库克是一位兼职房产经纪人。

在库克带看的房子中，有一个建于世纪之交的双层农房，坐落于斯普林斯的壁炉路上，斯普林斯是靠近阿马甘西特的一个小型社区。这是一栋外形气派而坚固的房子，占地五英亩，前院种着古树，后院有一个谷仓和几间外屋，还有一片美得令人窒息的草地，延伸到阿克卡伯纳克河和远处的海港。这座房子有着不规则的贴有墙面板的外立面，宽大的屋檐，窗边百叶窗，宽敞的前门廊，以及侧面的飘窗，都是斯黛拉·波洛克喜欢的类型。然而房子的内部仅是在卢兹海岬的“小棚屋”基础上稍微修整了一下。至少还有电，厨房里有自来水，但是没有浴室和供暖设备。租金是一个月 40 美元，如果他们打算买下来，房价为 5000 美元。——付全款现金，不讲价。库克认为房子“实在是便宜”。李打算租下来，但是令她惊讶的是，杰克逊却想买下来。“我们连付房租的 40 美元都没有，”李后来说，“更不用说买下房子的钱了，所以我说，‘杰克逊，你脑子没出问题吧？’他回答说：‘李是你总说我不该让自己为钱担心；我们别想那么多，尽管去做吧。’”他们达成了一个妥协：他们先租房六个月，在这段时间里，保留买房的选项。杰克逊似乎认为，在接下来的四月会有奇迹发生——或者李会创造奇迹。斯黛拉过去都是带着渺茫的希望买房子。他们签了合同之后，不得不从库克那借了 40 美元付押金。

李的下一个难关，婚姻，也更为艰巨。桑特曾经要求找一个黑人牧师来主持婚礼，
503 和桑特一样，杰克逊坚持要对两人的虔诚做最后的考验。“他想举办一场教堂婚礼，”李回忆说。当李建议直接去市政厅领一张结婚证时，杰克逊摇摇头。“嗯哼。我又不是狗。不用证明。要么教堂婚礼，要么不结。”李开始在全市寻找能为“一位从不去教堂礼拜的犹太人和一位未受洗礼的长老教会信徒”举办婚礼的教堂，这很困难。她向梅·罗森伯格求助，一起帮她搜寻。“我们给电话簿上的每个教堂都打了电话，”罗森伯格说，她不记得杰克逊宗教信仰的名称，称其为“某个小众的西方教派”。拉比教士也拒绝了他们。最后，梅给一家荷兰归正教堂打了电话，“因为我听说这里牧师是自由派，我对这个人说，‘我有个大麻烦，我希望你能帮我解决，因为你是荷兰人。除非这两个人能在教堂举行婚礼，否则婚礼就会取消，而他们不结婚就继续同居下去，这是罪过，所以拜托你了。’”让她吃惊的是，这位名为查尔斯·J. 郝伦比克的牧师竟然同意了——“上帝会理解的，”他说。（他对教堂会众不是特别确定。据李说，他要求二人“对此保密，不要［生出］是非”。）

杰克逊还有最后一个要求。他想让梅·罗森伯格担任两个必需的证婚人中的一个。李本来想邀请哈罗德·罗森伯格和佩吉·古根海姆，但是杰克逊不想找哈罗德，只想邀请梅。（两人都不想家人在场。）当收到邀请时，佩吉冷淡地回应：“你们为什么要结婚？你们难

道不是结婚很久了吗？”她想知道还有别的什么人在场。李告诉她梅·罗森伯格会到场，佩吉就拒绝出席。（她把梅和另一个女人弄混了，她曾经因为回忆录手稿的编辑问题和这个女人产生争执。）李又去询问杰克逊的意见。“如果梅不去，我也不会到场，”他虚张声势地威胁说。就这样在 1945 年 10 月 25 日，星期四的下午，杰克逊、李和梅·罗森伯格三人相约在位于第五大道二十九街的大理石牧师会教堂的哥特式拱顶下碰面。住在教堂里的监护人奥古斯特·舒尔兹成了第二位证婚人，他沉着冷静。李筋疲力尽——她和梅整个早上都在忙乱地找一顶帽子，这是牧师要求戴的。杰克逊很庆幸——李可不想让彼得·布萨婚礼那难堪的一幕重演。三个人中，梅是最兴奋的。“这是一场很美妙的仪式，”她回忆说，“牧师的演讲很精彩，他谈到了宗教，以及他们各自的宗教信仰，还有上帝。一切都很优美。我被改变了。”

梅请他们吃了顿午饭作为庆贺，之后李和杰克逊回到了公寓，公寓正经历着搬家的最后混乱阶段。几分钟内，李在霍夫曼学校的朋友雷·伊姆斯未提前通知就突然到访，她来自加州，现在是设计师查尔斯·伊姆斯的妻子。“我告诉她我们刚刚结婚，”李回忆说，“她转身下楼，一会又回来了，拿着一瓶香槟，我们就庆祝了一下。”杰克逊还打电话给杰伊和他妻子阿尔玛，分享好消息，二人暂时住在弗拉辛。“这完全是个惊喜，”杰伊回忆说。当天下午晚些时候，他们赶到公寓以祝贺这对新婚夫妇。“在我看来杰克没什么变 504
化，”杰伊回忆说，“可能有一点腼腆。”在木条箱，盒子和一卷卷画布中，关于乡间新宅和新生活的谈话确证了阿尔玛·波洛克一直相信的理论。“婚姻做了它应该做的事情，”她边回忆，边思考着，“它给了李更多的控制权。”

一周之后。最后的准备已就绪。公寓租了出去（詹姆斯·布鲁克斯租下了前屋，杰伊和阿尔玛租下了后屋）。画作都打包送往本世纪艺术画廊，一方面为了安全保管，另一方面或许是因为在杰克逊的合约条款中，画的所属权归佩吉。他们带到斯普林斯的物件只有几本素描本，未完成的画布，几幅水彩画和摞成山的日常用品。李还单独打包了几幅她自己的画上路。普策尔去世后，他的画廊关闭了，再没有其他的地方放置李的画作。那些不值得搬走的画儿早就被她毁掉了。临走前，杰克逊从杰伊那买了一些印第安毛毯和地毯，因为事先听说了布鲁克岛吹来的凛冽寒风，而且没有供暖的房子冻得人瑟瑟发抖。作为回报，波洛克答应送杰伊一幅画，但由于所有的画作都被打包送走了，他不得不以后再挑选。（他后来没能找到机会选画。杰克逊去世后，李拒不遵守当初的协议。）

最终，在 11 月 3 日这个周末，一阵强劲的“东北风”横扫漆黑的街道，夹杂着雨和冰雹，杰克逊和李爬上了一位屠夫的卡车的驾驶室，这辆卡车是他们从梅·罗森伯格的兄弟那儿借来的，他们启程了，驶向正午的黑暗。

第三部分　斯普林斯

32 506

重新开始

独眼的丹·米勒是空军飞行员，也是乡村地区的博学人士，他负责管理着斯普林斯的杂货店和当地的共济会团体，并讲述了不少关于“野牛皮”杰克逊·波洛克的轶事。不过他最喜欢的故事还是杰克逊和名叫查理的农场老工人的相遇，查理“见识不多，但能赶马车，也会割草”。一天，正当查理把马群拴在米勒家窗外门廊柱上时，杰克逊开着他的福特 A 型轿车喧嚣驶过。查理目睹他经过，摇了摇头。“那个老波洛克，”他对米勒说，“是个懒惰的杂种，你说是吗，丹？”米勒倒是挺喜欢他的新艺术家邻居，他说，“你说他懒是什么意思？”查理又摇了摇头，似乎表示强调。“为什么我从来没见他干过一天活，”他说道，“你见过吗？”

从卢兹海岬穿过阿克卡伯纳克河就是斯普林斯，这里有一片分布松散的房屋，如果杰克逊来这里是为了躲避纽约城里别人的窥探、人们的责难和疏离感，那他选错了地方。他该去距离斯普林斯南几英里的东汉普顿的小型避暑社区，在那儿他会过得更舒服，当地的居民——大多是有深厚教养的贵族后裔——他们更能理解艺术家。一百多年来，包括托马斯·莫兰、蔡尔德·哈萨姆、奥古斯塔斯·圣高登和斯温斯洛·霍默在内的一众画家和雕塑家用独树一帜的创造力熏陶着当地居民。在 19 世纪 70 年代的砖瓦俱乐部里，人们每周碰面在长宽均为八英寸的瓦片上作画，从砖瓦俱乐部到罗伯特·马瑟韦尔的孔赛特圆拱屋，艺术家以及他们的怪癖都被植入了东汉普顿生活中的方方面面。[托马斯·莫兰帮助建立了梅德斯通俱乐部，这是一个壁垒森严的疗养场所，可以打网球、游泳和打高尔夫球，哈萨姆和后来的马瑟韦尔都是这里活跃的会员。] 1931 年，镇里竖起了一栋外形美观的白色砖砌建筑物，一个会所，用来展示艺术家们的成果：描绘了海滨游泳者的印象派油画，“颇具英国风格”的乡间风景的水彩画，描述海滨烤蛤野餐会、渔民以及

507 本地风光的素描。即便是带着欧洲人倨傲清高、喜欢玩古怪游戏的超现实主义艺术家们，在这里也受到欢迎。当漫步在东汉普顿和阿马甘西特附近的沙滩和街道上时，马克斯·恩斯特、让·艾利翁、费尔南·莱热，甚至是布勒东这些人也不由赞叹这里“巴黎风格的”天空，又不会引起关注——除了偶尔的几个粗鄙的游客会停在当地的加油站询问，“我们在哪里能找到超现实主义者？”

然而斯普林斯却是完全不同的一片天地。东汉普顿丰富多彩，充满大都市气息，而斯普林斯排外而落后：一群渔民和农夫组成的骄傲而内向的小型共同体，彼此之间由错综复杂的内部通婚联系在一起，这里的厕所仍是室外的，艺术家被认为是懒鬼，人们的财富与自然，而不是股市密切相关。东汉普顿有会馆；斯普林斯有共济会团体。东汉普顿的梅德斯通俱乐部里人们可以享用高尔夫球手的早午餐；而在斯普林斯只能在强哥儿彼特的酒吧与烧烤店里吃吃聚餐会的家常便饭。对东汉普顿的人们来说，任何来自于斯普林斯的人和事都“低一个层次”——人们说起这句话时的语调，听起来仿佛斯普林斯是月亮的阴暗面。

向来如此。尽管和东汉普顿一步之遥，斯普林斯在精神气质上更接近它北面的邻居，加德纳斯岛，这是一片嵌在长岛东面分叉点之间的月牙形的神秘土地。早在1639年，一位名叫里昂内尔·加德纳斯的英国工程师从印第安“酋长”怀恩戴克买下了这座岛，此前他已经拥有南福克的大部分土地，包括南汉普顿和斯普林斯的早期殖民地。自那以后三百多年来的大多数时间里，加德纳斯和他的后代们一直掌管着岛南端的大型宅邸的私人封地。跟随加德纳斯而来的英国水手们并未在岛上定居，小岛已成为里昂内尔家族的私人领地，而是在斯普林斯这个最近的“陆上”小镇落了脚，这些人和他们的领主一样高傲而偏狭。1945年杰克逊抵达时，在斯普林斯占主导地位的仍然是以下这几个家族——本内特、米勒、金、帕森斯、莱斯特和塔尔梅奇——他们仍然靠海为生，操着里昂内尔·加德纳斯的船员们的伦敦腔。所有人都可以被叫作“老弟”——比如“是的，老弟”。女人则被唤作“靓妞”，孩子们被称为“小家伙”。表示强调时，词语通常要说两遍。三百年间，斯普林斯居民们唯一一件取自新世界的东西就是他们的名字。他们管自己叫博纳克人，这是曾定居在海港和小河附近土地上的阿克卡伯纳克印第安部落的名字，海港和小河的名字也取自这些印第安人。

连大萧条和二战也没有对斯普林斯带来太大变化。捞自海中的蛤蜊和扇贝，以及田间种下的土豆的年收成都没受太大影响。罗斯福的失业补偿政策多少缓解了丰饶和匮乏的季节性循环，然而丹·米勒的杂货店仍是半年时间在收款，半年时间在赊账。李·克拉斯纳推测，她在周围目睹到的艰辛和破败仅是大萧条的余震。“这些人还生活在这样的条件下，让她倍感压抑，”一个朋友回忆说，“尽管国家其他地区已经从萧条中复苏，这儿 508
的人还陷在极度贫困中。”他抵达之后不久，李就提出要给邮递员的推车进行粉刷——“仅仅是为了把它装饰一番，让它有个更亮丽的外观”——但是令她惊讶的是，这样的请求竟被拒绝了。刷上一层漆也不会好看多少，就是变了个样而已。“博纳克佬就是博纳克佬，”一句在东汉普顿颇为盛行的话这样讲，“他们就是这副德行。”

在这样一个平静且一成不变的小团体里，杰克逊的到来引起了很大关注。农场工人查理并不是丹·米勒唯一一位密切关注着“这位有着两个姓的新来者”一举一动的顾客。最初几周里，谣言满天飞。据传他只在午夜以后工作；他睡到中午才起床；他有纽约的大笔财富做后盾；以及，最难以置信的是，他计划全年都在斯普林斯安营扎寨。在强哥儿彼特的酒吧里，莫顿·爱德华讲述了杰克逊如何在东北风肆虐时抵达这里，结果发现他的房门紧锁，而自己却把钥匙丢了。所以他浑身湿透地敲开爱德华的门，寻思着爱德华也许有能打开自己家门的那种钥匙，“因为莫顿的房子和杰克逊的房子同龄”。这个故事被传为笑谈，成为人们小酌数杯的下酒菜。此后几周里，人们总是谈起“这对搬到奎恩家古老房子里的来自城市的奇怪夫妇”，并在无车无煤的条件下艰难挨过冬天。当杰克逊骑着自行车前往米勒的杂货店时，他们会把他指给邻居看，并说，“那个疯疯癫癫的艺术家来了。”年轻的男孩子们会悄悄靠近窗户，小心翼翼地透过冰凉的玻璃窗朝里面窥视，想要看他一眼。“你有没有看到他没有扎腰带，而是用一根绳子兜住裤子？”一个邻居对另一个说道，或者“你有没有注意到他从不刮胡子和梳头，也从不穿戴整齐或者去教堂？”他们还注意到他经常到丹·米勒的店里买酒，频繁地出现在强哥儿彼特酒吧——沿着马路和他家只有一英里的距离。他们急切地倾听者来自邻居的第一手汇报：比如他并不像一般艺术家那样自命不凡；他看起来不过是个“普通男人”。有人甚至引用了一句博纳客人的恭维话，形容杰克逊“像尘土一样平凡无奇”。到了像爱德·哈尔特这样的博纳克人终于肯向他们的新邻居打招呼“哈罗”时，杰克逊已经是当地名人了。

但是做名人也有不好的一面。杰克逊虽然已经租了房子过冬，但内心里却是一个向往夏天的人。博纳客克人管这些人叫“漂游族”，说起这个词时他们会嘟嘟嘴。杰克逊也许是个艺术家，但是和其他漂游族人一样，“他从不拿着铁锤和锯子出去干活儿，”艾德·库克说道，杰克逊刚到这里时，艾德当时还是斯普林斯的居民，“也没见他去捕鱼或干点别的什么活儿，所以说他还是一个漂游族。”漂游族善变、放纵且一无是处，他们夏天占据海滩，然后在第一次霜降前离开。最要命的是，他们都很有钱。“他们可以随心所欲，想买什么就买什么。”库克回忆说，“他们的孩子如果遇到麻烦，他们也能用钱来解决。”骄傲的博纳克人也察觉到了像巴勒肯·格林这样的漂游族对自己的鄙视，格林发现
509 当地人“十分愚蠢木讷，我都不愿意在他们身上浪费时间”。即便是像梅·罗森伯格这样好心的漂游族也找不到除了“淳朴”之外更好的词来形容博纳克人。

然而这些漂游族，和鱼和蛤蜊一样，都是这个地区不可或缺的自然资源，博纳克人赖以为生，以维持自己微薄的收入。归根结底，正是这种依赖性让他们成为和杰克逊完全不同的人。他既不看不起人（尽管李是这样），也不富有（尽管一直有传言说他背后有富人资助），但他肯定不是一个博纳克人。一次在他放下戒备吐露衷肠时，他对乔治·希德·米勒说，“有一天我也要成为和你一样的博纳克人。”米勒冷淡地回应道，“那你只能再等上四百年了。”斯普林斯和其他任何地方一样，出名是要付出代价的。

1945 年 11 月的一天夜里，当杰克逊和李破门而入他们的新家时，李终于拥有了她一直渴望得到的一切：独自一人的杰克逊——没有事事干涉的家人，没有酒吧和酒友，没有派对和佩吉，也没有寻欢作乐的基佬们。这一次，她会让一切步入正轨；这一次，她要重新掌控他们的生活，让杰克逊能重新开始作画。

很快李发现自然成了她最强大的盟友。1945—1946 年的冬季是十年来天气最糟糕的一个冬天。从东北部吹来的风夹杂着来自加拿大的雨雪；从南面吹来的风则带来了飓风。哪怕是在几百英里以外，一场风暴能把一阵湿冷的狂风以每小时八十英里的速度，穿过跨越公海，砸向加德纳斯湾的海口，狂风经过卢兹海岬，跨越阿克卡伯纳克海港，一路上迎来了它们的第一个障碍——他们的房子和嘎吱作响的窗户，风呼啸着穿透松动的木板。整个十一月和十二月里，咆哮的海风让户外之行便成了危险之旅。“今天早上我打开门，”杰克逊给纽约的朋友写信说，“在撞到五百码以外的谷仓侧翼之前，我的脚都没碰到过地面——好大的风。”这样的天气里，对酒的渴望都没能把他逼到室外去。他唯一能做的就是把厨房里的炉火烧得旺旺的，蜷缩在杰伊卖给他的印第安毛毯里，通过不停地抽烟和喝咖啡来取暖。“简直就是地狱，”李后来回忆说，“[没有] 燃料，没有热水，也没有浴室。眼前一片粗陋的景象。”

在少数风停下来，天放晴的日子里——天空几乎就没变蓝过——李必须要依靠她的

机智才能把杰克逊拴在家里。最初几周，房子周围总是有活儿需要干。房主把房子弄得一片狼藉，“到处都塞满了东西”，房子急需清扫。为了搭起自己的工作室，他花了几天时间将楼上的卧室之一清理干净。然后起居室必须准备好，这样李才能在那儿作画（暴风吹进来时，房子冷到在哪儿都没法创作的地步）。一件活刚做完，就会冒出别的事情：一场大雨过后，地下室的水泵出了故障；门廊地板开始下陷；起居室的烟道无法打开。杰克逊甚至无暇顾及外屋的状况：谷仓里，冰冷而生锈的农场用具和公路设备已经堆到了房椽，工具房里太满，门都打不开。另外，如果他们决定不留下来，或者无力筹钱把 510
房子买下来，他们所有的工作就都白费了。沮丧之中，杰克逊写信给路易斯·邦斯：“需要干的活儿没完没了——有时候真让人郁闷。”

即使沮丧和匮乏的条件有时变得让人难以承受，杰克逊却无处可逃。由于没有车，他的行动被限制在自行车能到达的范围内：有时候只能走一英里——正好是到强哥儿彼特酒吧的距离。在初到的几周里，他已经去了酒吧几次，但不是为了喝酒，而是为了酒吧脾气暴躁的老板妮娜·费德里科准备的丰盛的乡间早餐。杰克逊买自行车的两美元也正是费德里科借给他的。和博纳克人一样，强哥儿彼特酒吧的人们并不习惯公开表达感情。这里没有杰克逊所喜欢的那种酒友之间的情感交流；只有单身男人，或偶尔有一对同伴，彼此保持一定距离地伫立于缭绕的烟雾中，伴着比鲍普爵士乐，警惕而不苟言笑，仿佛海边的岩石。数月以来，甚至没有人去和杰克逊打招呼，他在一两杯啤酒下肚后就闷闷不乐地回家了。“起初他对当地人不是太友好，”罗杰·威尔考克斯回忆说，“他们对他也很不友善。”

另外一个比较方便买酒的所在就是沿着马路几百码以外的丹·米勒杂货店——距离很近，在最糟糕的暴风雨天气里也能很快到达。当杰克逊没能搭上朱利安·列维的车前往东汉普顿时，他就会在杂货店购买颜料和日常用品。拿起一两箱啤酒，然后和其他所购物品一样“记在账簿上”，再简单不过了，尽管冬天里没什么喝酒的地方可去，只能在家里忍受李那不快的怒视。

很快，杰克逊发现丹·米勒杂货店里最有效的镇静剂不是酒，而是米勒自己。米勒不苟言笑，和多数顾客都是“一丝不苟地公事公办”，他很快就喜欢上了这个来自城市的新邻居。俩人经常在杂货店旁边的办公室里共度几个小时。米勒对自己的嗓音颇为自信，所以总是他在讲话，杰克逊在倾听：话题越是神秘难测和“高不可攀”，杰克逊就越热情的回应，他低声呢喃，频频点头称是。米勒巨大的啤酒肚证明他也是个好酒之人，他是个天生的心理学家，能看穿杰克逊的粗暴和沉默寡言。不长时间，他们的交谈就发挥了治疗的功能——这是一种不具任何威胁性的非正式治疗，杰克逊反应良好。

李并未试图阻止两人的会面，但她不喜欢两人在一起。从一开始，她就以混杂着怀疑和鄙夷的眼光看待博纳克人：怀疑他们在杰克逊身上的企图，鄙视他们的土里土气。像斯黛拉在菲尼克斯时那样，她一直远离人群。“李只会打声招呼，仅此而已。”当地的水管工艾德·哈尔特回忆说，“她躲在那儿，从来都不和集体有太多的联系。”很多十年来来过这座房子的当地工人都是在杰克逊的葬礼上第一次见到李。她和有车的邻居玛丽·
511 路易斯·道奇去过杂货店一两次，爱伦·塔勒玛在派对上见过她几次，“但是她只和自己的小圈子来往，”塔勒玛回忆说，“如果你顺便过来和她聊天，她肯定从来不会邀请你进屋。”

李不予理睬的并不是只有博纳克人。抵达之后不久，杰克逊给鲁本·卡迪什写了一封信，表达了他对房子的极大兴趣，描述了乡间生活的艰苦。他还沉浸在卢兹海岬之夏的美妙回忆中，并催促卡迪什一家也来斯普林斯找自己的一片天地。然而当他们一家在一月的一个冷天中到斯普林斯时，在门口迎接他们的却是李。“我们本打算和他们住在一起，”卡迪什回忆说，“但是当我们到达时，李说，‘我猜你们来这儿是为了再一次把杰克逊灌醉吧，’然后就什么也没有了。”盛怒之下的芭芭拉·卡迪什对她丈夫说，“让我们离这个巫婆远点吧”，然而两人后退，回到了冷风里。他们再也没有回到这栋房子，直到十年后参加杰克逊的葬礼。春天时，他们在新泽西乡间买了一座农房。杰克逊在二月还写信给卡迪什：“你们什么时候过来？”

当吉姆·布鲁克斯和夏洛特·帕克“不顾李的反对”搬到这边来时，差不多同样的场景也发生了，他们在蒙陶克安顿下来，后来在那儿买了栋房子。威廉·巴齐奥蒂和埃塞尔·巴齐奥蒂也接到杰克逊的邀请，可是刚走到杰克逊家的前门就不得不马上离开，“因为李身体欠佳。”即便是李自己的家人也被暂时驱逐。“我们在纽约的时候关系密切，然后她搬走［去了斯普林斯］，突然之间我们就疏远了，”李的姐姐露丝说。杰克逊家人的情况稍好。在杰克逊的坚持下——他想炫耀一下他的新房子——家人要来这里享用圣诞晚餐。不同的是，只有一个客人能跨越李在杰克逊周围围起的感情封锁线，自如地穿梭：这个人就是斯黛拉·波洛克。

李刚刚开始理解斯黛拉对于杰克逊的控制力。无论他多么怒不可遏，无论他多么抑郁，甚至到了难以安慰的程度，斯黛拉都能让他平静下来。她的在场就具有催眠的效果。一看到她被紧身衣紧裹的身体，擦得锃亮的鞋子，以及完美整洁的手工服饰，杰克逊马上就变回一个孩子。对自我的专注和痴迷的汹涌巨浪回流了，汇聚成童年时期的涓涓细流，突然之间，他变得像青春期的少年那样惶恐而警觉，对妈妈的每个眼神都极为敏感——时而可爱讨喜，时而闷闷不乐，时而目中无人，时而与众不同，时而是“坏小子”，时而又是妈妈的“乖孩子”，这一切都随着母亲那些不易察觉地认可和赞许时刻变化着。“波洛克有一张很刚毅的脸，”托尼·史密斯说，“……［但是］在他母亲旁边，他看起来却像个小男孩。”她到来之前，他彻夜狂饮胡闹，她离开之后，他的愤怒一发不可收拾——“仿佛他一直在小心地约束着自己，”一个朋友观察说——但只要她在身边，他就完全沉静下来，安静得令人害怕。

对于斯黛拉的这种力量，李既憎恨又羡慕。她认为斯黛拉是个“愚蠢而无聊之人”，根据梅·罗森伯格的说法，斯黛拉的在场让李满心不快。但是杰克逊的需要被优先考虑，1946 年初，杰克逊要为本世纪艺术画廊的一场四月展做准备。李已经用家务琐事和没完没了的修缮工作把他在斯普林斯的最初两月填得满满的，但是没有画画。现在暴风雨季节 512
已过，通往外屋的小径上的泥泞脚印被冻在冰里，积雪已经让景色大为不同，杰克逊有越来越多的夜晚是在强哥儿彼特酒吧度过的。让李更为困扰的是，他已经开始寻觅，想买一辆便宜的二手车。与此同时，他们从纽约带来的一卷卷画布仍放在楼上的卧室里原封未动。确信斯黛拉的出现会让一周的工作安然无忧，李准备安排斯黛拉一月份过来。根据罗杰·威尔考克斯所言，杰克逊在母亲抵达之前花了一整天来制作点心和烤馅饼，“就是为了向妈妈证明自己做得到”。当晚，他消失在大雪纷飞的黑暗中，快到天亮时才醉醺醺地回来，神志不清，语无伦次。然而当斯黛拉乘的火车一进站，他却带着孩子气的笑容前去迎接。

一天下午，杰克逊走进厨房，斯黛拉、李和梅·罗森伯格正在厨房等着去教堂。在冬日明亮的阳光下，他打量着李，情绪立刻由晴转阴。“你脸上涂的是什么玩意？”他问道。

“就擦了点胭脂，”李回答道，她常用小女孩的声音来化解这样的紧张时刻。

但这次不奏效了。“杰克逊暴跳如雷，”梅·罗森伯格回忆说，“他大喊，‘我的妻子不可以化妆！’”李跳起来还击说，“但是你妈妈也擦胭脂！”“就是这样，”梅·罗森伯格说，“接下来两人大吵一番。他变得十分狂暴。我从未见他打过谁，但这次他差点动手了……他母亲坐在一旁观望，仿佛在戏院里。我惊得目瞪口呆。”

这次斯黛拉介入了。“杰克逊，坐下来，”她命令说，他便坐了下来。“这是真的，”她坦白道，“我的确涂了胭脂。”“可是你从前从来不用的啊，”他抗议道，声音在梅听起来仿佛一个受了伤害的十岁小男孩。“但我是为了你呀，杰克逊，”斯黛拉解释道，“你父亲去世的时候，我眼睛肿得厉害，看起来很可怕。我不想让你们这些孩子看到我的狼狈相。我知道你会害怕的。我只为我的孩子们才会这么做。”根据梅的描述，这时，“她的泪水涌出双眼”。“这是我，”斯黛拉说，“为你做的牺牲。”

当李和梅惊讶地目睹这一切时，杰克逊马上变了一个人。“他的反应像是松了一口气，”梅回忆说，“他坐在她身边，头靠在她肩膀上，两人像母亲和婴儿那样来回摇晃着。”李和梅一时间都“哑口无言”。

斯黛拉的到来在其他方面也起到了安抚作用。让李高兴的是，杰克逊开始作画，这是自打他们搬过来后的第一次。在她逗留期间，他开始创作四五幅作品，包括 1944 年以来规模最大的那幅。在《孩子继续》(*The Child Proceeds*)里，他画了一个正在生产的女人——这个孩子一半是胚胎，一半是个男人——他站在母亲的对面，一支箭从他心脏上穿过。在《太阳景观》(*Sun-Scape*)里，他在背景上描绘了亚利桑那州的地平线，挂在地平线上画是他的记忆中的小鸡。一个砍掉的头颅放在地上，隐匿在一片节制的混乱中。最后，在一副由杰克逊自己命名为《割礼》(*Circumcision*)的大尺寸画作中，他用最私密的意象探索了自己最隐秘
513 的焦虑，将《帕西法》和《八中有七》中的黑暗虚空同更深层次的恐惧结合起来，这种恐惧他在母亲在场时仍能感受到，未受割礼的他一直以来都在逃避自己的童年时代。

《孩子继续》，1946 年，43″×22″

不管多么令人不安，杰克逊的多产让李高兴的另一原因是：她已经决定让斯普林斯的现状变成永久状态。

对杰克逊来说，乡间生活仍是种短途旅行。“李和我尝试乡下生活已经有段时间了，”他在 1946 年初给路易斯·邦斯的信中写道，“离开纽约一段时间，[这种] 感觉不错。”但是李却确定她找到了自己一直在寻觅的东西——也正是杰克逊需要的。自他们抵达后，他差不多一直都很清醒。虽然在强哥儿彼特酒吧偶有失态，但至少过

去两年的长时间一蹶不振的局面有所扭转。她仍渴望回到曼哈顿——“我是个城市人，”她坦白道——但是她已经习惯于将杰克逊全部据为己有。为了这个目的，乡间生活的艰辛和匮乏看起来只是个小小的代价。

还有三个月就到了决定是否把房子买下来的时候了，李还需要 5000 美元。当地银行帮不上多大忙。其中一家拒绝了杰克逊买车的一百美元贷款申请。银行能提供 3000 美元的房贷，但是李还需提供两千元的首付。要搞到这笔钱，只能去找一个人：“钱袋夫人，”佩吉·古根海姆。

也许是早就预见到这样的紧急需要，自从关于杰克逊合约的最后一轮谈判结束之后， 514
李就一直试着修复她和佩吉之间摇摇欲坠的盟友关系。作为缓和的姿态，她答应编辑《世纪之外》（*Out of This Century*）的部分原稿，此书是佩吉去年冬天写的不乏丑闻的回忆录。出于一种不安全感和好出风头的表现欲，佩吉把手稿的副本在自己的圈子成员中分发，希望获得认可，然而这种认可却从未到来。和很多人一样，李认为佩吉“更应该坐在精神分析师的躺椅上，而不是写书”，但出于外交关系的考虑，她将意见藏于内心不予表露，甚至还计划在书的护封的正面和背面放上杰克逊的作品。

然而当李最后提出借款 2000 美元的要求时，佩吉没有放弃拒绝的机会，还不无嘲讽地加上一句，“你怎么不去问问塞缪尔·库兹啊？”被激怒了的李真去找了库兹。“我去见了库兹，”她回忆说，“他同意借钱，但要我们明白，杰克逊必须来他的画廊。”当然，这恰恰是李所期待的回答，她兴高采烈地把这个消息转述给佩吉，后者的反应不出李所料。“你怎么能这么做，”她勃然大怒，“这么多人，你偏偏选了库兹！我死也不会让你们去他那儿。”佩吉既对李大为光火，又真担心杰克逊会弃画廊而去，纠结之中，她咨询了收藏家朋友比尔·戴维斯以及大卫·波特，两人都建议她把钱借出去。她甚至于一月初拜访了他们，就为了亲自验证李关于杰克逊在新环境里“更快乐且富有创作力”的说法是否属实。

到下一个星期五时，她就让步了。“简直没有比这更好的了！”杰克逊在给鲁本·卡迪什的信中得意扬扬地说，“佩吉和比尔［·戴维斯］周末过来了，她很喜欢这个地方，体会到了这个主意的妙处。”一旦佩吉同意出资，其他事就好办了。东汉普顿银行同意提供 3000 美元的贷款，卖家奎恩一家答应以 150 美元的价钱将房子和谷仓里的所有东西便宜卖给他们。在贷款条款方面和佩吉做交易就没那么容易了。她同意从杰克逊每月 300 美元的津贴里扣掉 50 美元，直到无息贷款还清。然而作为回报，她坚持要杰克逊把包括

《帕西法》在内的三件作品拿出来作为抵押。到了二月末，他们签署了贷款文件，交易完成。杰克逊拥有了人生中的第一套房子。“现在有一大堆活儿要做，”他写信给卡迪什说，“不过这难不倒我。”

经历了买房子的兴高采烈后，接下来的四月展却有点让人扫兴。在十一幅参展作品中，有将近一半是去年搬到斯普林斯之前画的。在斯普林斯所创作的画中，只有《割礼》和《小国王》（*The Little King*）有一定的说服力和感染力。展览结束后，杰克逊也承认了这点。“我发觉搬到那儿［斯普林斯］去不是件容易事，”他写信给路易斯·邦斯说，“这个地方的光线和空间都发生了变化，而且需要干的活儿一箩筐。但是［我］感觉自己开始
515 静下心来创作了。”对杰克逊来说，这场画展只是一个借口，他可以借此机会重返纽约，并短时间内重新投入到艺术界的汹涌急流中去。他匆匆了解了一下那些正在为身在俄勒冈的邦斯做准备的画家同行们，不由流露出一丝怀旧情绪，怀念那个已被他置于身后的热烈而时刻备受关注的纽约生活。

> 乔·米尔特现在纽约，在工作之余搞了点创作——这是一些令人兴奋的作品，带有个人风格的抽象画。吉姆·布鲁克斯……也从军队返回，在创作抽象作品……我认为巴齐奥蒂是你提到过的最有意思的画家——戈尔基启动了一个全新的、更好的创作方向——从毕加索到米罗——康定斯基和玛塔。戈特利布和罗斯科现在在创作一些让人很有兴趣的东西——还有普赛特-达特。现代艺术博物馆的太平洋群岛展——在过去四年里的同类展览中独占鳌头。斯皮瓦克也正朝着抽象主义风格的方向努力。拜伦·布朗仍然在华丽而技法纯熟的道路上行进……加斯顿已经堕入到重复同一模式的地步——显然他的作品势头渐弱，没有进步。

考虑到杰克逊在作品中投入的精力以及取得的突破是多么有限，那么四月展却收到评论家善意的好评就有些出人意料了。“杰克逊·波洛克是最有影响力的美国青年抽象主义艺术家之一，”《艺术新闻》判断说，“在最近的一次展览中，他更是巩固了这一地位。”对于杰克逊在画作表层方面的精湛技艺，一位评论家给出了听起来还算悦耳的批评，说这样“经常会让他难以到达造型艺术的乐土”。克莱门特·格林伯格在《国家》里为这场展览辩护，称其是“过渡性的”。“多年来波洛克的第三场画展，”克林伯格写道，“不能和［波洛

克］去年展出的大画幅作品《图腾一》和《图腾二》相提并论。但这一切仍足以证明——尽管它偏离主题，有很多弱点——他是 40 岁以下最具原创性的当代架上画画家。”

如果整个艺术圈不是在忙于应付佩吉于三月出版的《世纪之外》这本传记，无论怎样，杰克逊的展览本来可能会受到更为密切的关注。一位书评作者提议说，“考虑到书中涉及的那些关于佩吉慕男狂倾向的内幕以及其他疯狂的行径”，也许《神经错乱》（*Out of My Head*）才是更适合本书的标题。虽然备受广泛的指责和声讨——媒体给佩吉贴上了标签，称其为“踩着轮子的欲望动物”，而她的世界就是一间“波西米亚闺房”——这本传记在五十七大街人手一本。

然而当“丑闻炒作的成功”到达顶点时，杰克逊已回到了斯普林斯，在这里，一个更为重大的事件让他震撼不已：春天来了。

那年的春天来得特别早。墨西哥湾流以及随之而来的暖风，已经催得紧靠沙丘而生的熊莓果的粉红色小花开始绽放。这预示着接下来的季节转换。猝不及防的当地农夫们马上给绿毯一样的黑麦草地松土，为种植土豆做准备。渔夫们也把大围网抛入水中，此 516
时大片迁徙中的条纹鲈鱼和竹荚鱼群正游过海岸附近，在海面上闪闪发光。空中，塘鹅、剪水鹱和海洋海鸥正朝北飞去，和它们同行的还有本地珩科鸟和矶鹬，它们短途往返于斯普林斯和北极栖息地之间，以及飞往北方大冻原的加拿大雁。

自从目睹过简斯维尔下面金黄色大地的春季丰收景象之后，杰克逊已经有 20 年没见过真正的乡间春天了。据李说，他被深深地震撼到了。“我们来这儿的第一个春天里，他常花几个小时，有时甚至是一整天四处游走，”她回忆说。“他像个孩子似的去探索一切”——阿克卡伯纳克海港的潮汐水域周围的盐水沼泽，高高的米草像动物皮毛那样被海风吹开，露出在里面栖息的一群群绿嘴黑鸭和燕鸥，布满水草的“小溪”从淡水泉中流出，小镇因此清泉而得名。杰克逊有时脚蹬长筒靴，有时赤脚，他沿途随着沼泽地的基本地形变化循路而行——覆盖着绿色灌木的小山和圆丘；山谷里，海篷子草在春天变成淡绿色，在松软、海盐浸润的土地上蓬勃生长。有时他会无意中碰到一块半埋在激流中的巨型卵石，其表面覆盖着一层植被。地质学家管它们叫“冰川漂砾”——指的是在大陆上被裹起来的巨石，在冰川撤退时落在了这里。在港口向陆的一侧是一小片橡树、北美红杉和菊科灌木丛——多数大树在 1938 年的飓风中被吹倒了；在靠海的一侧是卢兹海岬和吉拉德海岬的沙地沼泽。

杰克逊从来不会错过在海岬附近海滨周围的月牙形山脊上散步的机会。“他喜欢出去观察山丘，”李后来回忆说。他会坐在草丛密布的山顶上，凝望着春季里温和的海水，海水慢慢地改变着此前被寒冬暴风所吹裂的海滩的形状，远处，他看见博纳克渔民的渔船，他们正在加德纳斯海湾李捕鱼，海鸥和燕鸥在上空盘旋，他们在风中如纸风筝般飘来荡去，有时一只鱼鹰会俯冲下来捉鱼。在沙丘的背风处生长着海滩李，北美油松则盘踞在迎风的斜坡上。在阳光的映照下，淡水峡谷底部的蔓越莓格外发红，红色翅膀的画眉在筑巢，麝鼠和鹌鹑在蓝莓点缀的灌木丛里窸窣作响。

李的殷切照顾和疾驰而来的春天带来的意外之喜让杰克逊大受鼓舞，他开始了人生中也许最快乐的一年。然而尽管他心思细密复杂，他几乎没能去理解这种新近发现的快乐。即便是他亲自设计并雄心勃勃地犁出了一个种满蔬菜和甜瓜的花园，即便他收养了一只混血牧羊犬并用其童年伙伴的名字为其取名盖普，即便他自豪地测量这土地，并谈起“他自己的农场”以及“他打算如何改造农场”，他显然没意识到自己是在重演过去。

李既不理解杰克逊心满意足的原因，也不关心。仅在一年前，他的人生看起来似乎
517 只有巅峰和低谷，而现在他终于找到了一个水平点，这就足够了。“有些时候［杰克逊］很快乐，”李曾经回忆起在斯普林斯的早年时光时说。“他喜欢这栋房子，喜欢在花园里闲荡。”他还爱着李。毕竟，她是他重塑艺术生命的重要部分。自 1942 年以来，这是他们第一次把彼此关系中极易破坏的平衡保持在了平稳的状态上。“当我咆哮着痛骂某人混蛋时，”李回忆说，“他会让我平静下来。”她后来把这一时期描述为一段“惬意充实、有

和杰克逊的狗盖普在一起，约 1946 年

家庭氛围”的时光。他们睡眠充足，睡得很晚，中午就在花园里种地——杰克逊负责挖掘和播种，李负责浇水和除草——下午两人在室内工作——杰克逊在楼上的卧室里画画，李打扫房间，购物，准备晚餐。（第一年的大部分时间，她的画架仍没有打开，放在起居室角落里一次未用过。）有时，他们会在下午晚些时候一起骑车进城，一路呼吸着新播种的马铃薯地和路边绽放的樱桃树苗浓郁而香甜的气味。其他时间，他示意她和他一起步行去沼泽地和沙丘，“或者我们可以在门前露台上坐几个小时，去凝视前方的风景，彼此无须交流一言，”李回忆说。至少暂时一段时间内，纽约、普罗温斯敦，以及杰克逊各种无可逃避、无限循环的烦恼被抛之脑后了。

在 5 月 17 日的周末，当白色和粉色的山茱萸花开得正旺时，斯黛拉、桑特和阿勒瓦来到了斯普林斯，给斯黛拉庆祝 71 岁生日。几天以来，当杰克逊充满自豪地炫耀他的房子和花园时，过去和现在交织在一起。

创作热情的爆发正和斯黛拉的到访在一起，杰克逊记录下了这次短暂的相聚。在《水牛》（*The Water Bull*）中，他回忆起了那头曾让他母亲的马受惊的水牛，把他们甩在路边的倾翻的马车，农夫的那只猛烈拍打他的戴着手套的手——所有这一切都置于亚利桑那州沙漠里经阳光暴晒而褪色的各种色彩之中。在《茶杯》（*The Tea Cup*）中，他用暗冷的色调描绘了艾芙琳·波特家的门廊，重现了他在门廊里“玩过家家”的一个下午，而波特的小狗特里克西则在旁边观望着。在《鸟的努力》（*Bird Effort*）中，他捕捉到了混杂在一起的尖锐的鸟嘴、翅膀和危险刀锋。在《黄色三角形》（*Yellow Triangle*）和《钥匙》（*The Key*）中，他又重回自己最喜欢的意象，家里的餐桌上铺满了食物，桌子两侧围坐着

518

《钥匙》，1946 年，59″×84″

安静而羞怯的人形图像，由于异常浓重的笔触而变得模糊难辨。无论是风格上还是心理上，这些创作于1946年春的画作都充满了对往昔无怨无悔的怀旧之情。经历了两年的浮夸、严肃的色调和厚涂法之后，杰克逊回到了他1943年在《速记形体》和《魔镜》这类画中曾采用过的风格，即颜料涂得比较薄，人物有着灵活柔软的肢体。下午的光线洒满二楼的工作室，春的气息将他包围，他重新发现了马蒂斯的配色风格，亮红色，石灰绿，紫罗兰色，桃红色，粉红色，凫蓝色，以及自《魔镜》之后就再未使用过的类似水彩画的一系列柔和色。无论是在艺术上，还是在生活里，杰克逊都在清点着过去：他重拾早期的那些风格、色彩和意象，正如他复苏对鲁瓦·波洛克的记忆时所做的那样；他充满创意而富有感情地仔细观察和考量着自己的成就；反复体会着他一直在寻找的解脱感，哪怕只是暂时的。

然而和斯黛拉·波洛克一样，杰克逊焦躁不安，永不满足。刚刚适应了新的生活方式，习惯了这栋房子，并且艺术创作也有了头绪，杰克逊就开始在这三个方面寻求变化。这种对变化的渴求是从修缮房子开始的，和斯黛拉如出一辙。在夏季和秋季期间，他给楼上卧室粉刷一新，把谷仓和工具房清扫干净（选了一些物件挂在墙上），安装了一个简陋的卫生间，把后院门廊用篱笆围起来，并雇了惠特尼·哈斯特克粉刷整个屋面——昔日的棕色墙面被刷成白色，护窗板刷上蓝色。杰克逊认为这看起来“很庄重大气”。

但是夏季最大的工程是给谷仓搬家。房子购买成交以后，杰克逊就一直在不停地打量着谷仓原来的结构。它位于房子和港口中间，做工作室的话距离太远——尤其是在冬天——做车库的话离港口又过近。李还抱怨说谷仓挡住了她欣赏水景的视线。解决办法
519 就是把它朝着房子的方向向上移动，从视线里挪开。刚刚抵达的邻居罗杰·威尔考克斯也答应出手相助，他对机械有着敏锐的感觉。他的计划很简单：先用横梁把四面墙捆在一起，防止它们四散，把房子从石基上整个托起（没有地板），在小屋下面打上木桩，只需把房子整个推至相应位置即可。这是个缓慢的过程——新址比旧址高五英尺，离北面有五十英尺远——然而，即便杰克逊在打水泥地基的时候拉伤韧带，他们还是认为靠自己能够完成计划。

当6月10日，也就是搬离旧址的那一天到来时，整个过程却慢得出奇。“每次我们把屋子撬起来向前推的时候，”威尔考克斯回忆说，“它只能挪大概五英寸。”威尔考克斯建议杰克逊找个本地渔民，因为他们的卡车后面放着用来拉捕鱼围网的绞车，但杰克逊“不想去麻烦那些家伙”。不过到了这天快要结束时，谷仓只微微移动了大约“四到五

波洛克在斯普林斯的工作室

英尺”，杰克逊终于失去了耐心。“妈的，”他说，“这样下去我们永远也不能把它搬上去了。”第二天，他雇了一个当地渔民，渔民熟练而灵巧地把房子装上木制滑动底盘，用钩子把它固定在卡车上，然后将其拖上混凝土底座。几天时间里，杰克逊又把临时的支柱挪开，并在北墙的上方高处敲了一个大洞当窗户。李建议他在位置较低的地方再装一扇窗，杰克逊回答说，“不不，创作的时候我不想被外面的景色打扰。”李回忆说，尽管杰克逊喜欢欣赏港口风景以及乡间风光，“他想让自己的工作室与外界完全隔绝”。

杰克逊心里肯定清楚，这是一个不太可能实现的要求。这种世纪之交的建筑结构只能部分地免于外界因素的侵蚀——夏天被过度使用，冬天被废弃。经年的霜冻和冰融让陈旧的木板收缩变形，日光透过宽宽的缝隙照射进来。从木板上的节孔射进来的太阳光束穿过总是布满灰尘的室内。主“屋”是一个长 18 英尺、宽 20 英尺的空间，是用来放拖拉机和货车的，这里的四面墙高 12 英尺，三角墙高 18 英尺。西墙有两个紧扣在生锈轨道上的巨大滑门，每有微风吹过，门就会嘎嘎作响。在南面的干草堆下面，之前有人 520
在那搭了一个储藏室，储藏室有一个离地的小门，几扇窗，以及两个独立的通道门。室内，沾着水渍的灰褐色墙面到处都安装了架子、挂钩和临时储藏柜。头顶上，大片的砂浆从天花板的板条上掉落下，旧布片塞住了接缝。天花板很高，让整个空间看起来比实际要大一些，所以即便是杰克逊将颜料罐、画笔、稀释剂、画架、画布、绷画布用的框架、各种用具和几件旧家具乱七八糟地堆放在架子上或墙边的地板上，房间仍然显得十分空旷，仿佛一座回声荡漾的废弃矿井。

在这个高阔而破旧的空间里，杰克逊的艺术创作和谷仓相比似乎是个更棘手的问题。

毫无疑问，他在春季时创作的像《茶杯》和《钥匙》这类画在技巧上已十分纯熟——这样的成就也让他乐在其中——然而这些作品并未有新的突破。早在三年前的《月亮女人》中，杰克逊就以更高的热情和更深刻的洞察力采用了与马蒂斯相似的色彩和构图。从风格上来看，他似乎在退守原地。他不安现状，却又对未来的方向毫无把握，他只能继续在自己的道路上探索。《蓝色无意识》(*The Blue Unconscious*)是杰克逊在给谷仓搬家之前就开始创作的大型画，搬好之后才完成，画中熟悉的意象—— 一张桌子两边是图腾式的人形，桌子下面趴着家庭宠物狗——开始分解为更为模糊的碎片，很像三年前创作的《秘密守卫》。《旧日之物》(*Something of the Past*)里，图像几乎完全消失不见了(只有宠物狗依稀可见，和《守卫》里一样，它蹲在那儿，或是酣然入睡，或是有所畏惧，位于画面的最下方)。正如1943年末时所做的那样，杰克逊游走于抽象和表现的分界线上。在《旧日之物》和《帕西法》里，他竭力保留无意识意象的迫切的情感需求，这种图像在抽象主义的面纱后面时隐时现。在完成古根海姆墙画两年半之后，重获情感解脱并登上职业生涯成功巅峰的杰克逊再次做好了实现突破的准备。无论是在心理上还是在艺术上，他花了两年时间从古根海姆墙画和《哥特式》的创作强度和艺术激情中隐退出来，并逐渐恢复正常状态，这两件作品是他第一批真正的非具象杰作。正如酗酒后的狂躁抑郁期一样，他艺术创作期的循环也给了杰克逊第二次机会。这次，他抓住了机会。

杰克逊对1945、1946年间的早期风格半心半意地重复着，而仅在六个月后，他的创作就开始出现令人震惊的原创“滴画法”图像，到底是什么事件，以及事件之间发生了怎样的联系才促成了这种转变，不得而知。可以肯定的是，李的大力支持给他带来了一定程度的心理稳定感以及性满足，这让他能专心创作。(接下来的四年时间将是他一生中持续最长的未受干扰的创作多产期。)拥有了自己的房子，过着田园生活，这些稳定因素都给了他一种家庭安全感——这感觉对于一个童年时代伊始就面临四分五裂的家庭的小
521 男孩来说，一定是极大的满足。

然而，从短期来看，至少有两件在当时看起来似乎不那么重要的事情，影响了杰克逊前进的轨迹，从而改变了他的最终目的地。

第一件事情就是春天的某个时候，一次他在房子里创作时，决定把画布平铺在地板上。当时，这只是一个用来解决实际问题的实用性手段：为《钥匙》而准备的画布长五

英尺，宽七英尺，固定在铺着帘布的撑架上画布的尺寸过大，很难垂直放置在狭小且低顶的楼上卧室里。即便是铺在地板上，“[它] 几乎占据了整个空间，”李回忆说，“他都不能在画布周围走来走去。”数年来，当杰克逊要对作品进行修改或从不同的角度进行观察时，他总是把画架上的画儿转来转去，或是从侧面扶着画架，或是干脆把它们倒过来。有时，他甚至在画布未摆正的情况下创作。然而，新的摆放法提供了无限的可能，可以随时从任何一个角度观看。也许是因为卧室的局促狭窄，这种变化未对《钥匙》这幅画产生太大影响。可是当杰克逊一搬进经过改造的谷仓，他就开始尝试这种新技巧，在谷仓里，无论多大的画布都能在画架上撑起来，他多数时间都跪在地上，从一边挪到另一边，从各个角度对图像进行创作和修改。

这种变化的效果很快开始突显出来。在《蓝色无意识》里，他得以完成了他在《帕西法》里尝试过的意象的碎片化处理，而无须借助浓红的笔触反复涂抹。他发现，从四面八方来描绘图像的某部分，会自然而然地打碎整体图像，正如我们从某个角度所看到的图像那样。这种方法也更准确地反映了他自己独有的观看之道，即物件在被真正地观看之前必先从各种角度进行旋转和理解。他在铺在地板上的画布上创作，围着它走来走去，立于画布之上，或是在旁边躬身审视，这一切最终让他发现一种崭新而陌生的满足感。在某种程度上，新的创作方式满足了一种内心深处的难以言喻的需求，这种需求一旦被激发，就会开始寻求更充分、更直接的满足。

第二个关键性事件是七月克莱门特·格林伯格的周末到访。尽管克林伯格是杰克逊艺术的坚定支持者，但自经人介绍认识后，四年里两人却私交甚少。大部分时间里，格林伯格都刻意回避与艺术家的交往，他认为，艺术家通常都很“愚蠢而无聊”。“艺术界并非我的研究重心，”他回忆说，“我更像是艺术圈里的一个观光客。”实际上，他更像一个流放者。1939 年至 1940 年间在《党派评论》担任编辑时，他竭力想为自己在文学界争得一席之地，却以失败告终。包括菲利普·拉夫、戴尔莫·施瓦茨在内的一些同事认为格林伯格既自大又资质平庸，他很快开始把评论的目光投向其他领域。“至于 [格林伯格] 成为艺评界第一把交椅这件事，”威廉·巴雷特写到这儿时，引用了拉夫的一个说法，“原因 522
很简单：实际上我们周围的文学评论者已多如牛毛，格林伯格觉得打入艺术圈可以更方便地避开竞争。”拉夫说对了。通过参加艺术学生联盟的夏季活动，在霍夫曼学校听了几次课，同李·克拉斯纳及伊戈尔·潘杜霍夫观看了几场画展后，格林伯格就轻而易举地在

和克莱门特·格林伯格及海伦·弗兰肯特尔在一起

《国家》杂志上赢得了艺术评论者的位置，他最初的评论文章之一记录了一位名不见经传的年轻艺术家的画展开幕式，这位艺术家就是杰克逊·波洛克。

从两人的初次共同亮相的情况来看，艺术家和艺评家似乎完全匹配：杰克逊的画颇具活力，粗犷豪放，野心勃勃，格林伯格的文风真挚而热切，充满阳刚之气。然而几乎三年之后，在李的撮合下，两人才开始一段友谊。尽管颇为蔑视艺评家这个群体，尤其对格林伯格的学识持怀疑态度，李还是向他的重要地位屈服了。“他正帮我们站稳脚跟，”她对约翰·本纳德·梅尔说，“见诸报端和被评论是非常重要的。”“她把他看成是不喜欢但又不可或缺的对象，”她的侄子罗纳德·斯泰因说，“一个可以加以利用和操纵的人，能够增加杰克逊的曝光率。”也许她认为，杰克逊搬离纽约后比以往更需要保护人和支持者，因此她把格林伯格列在斯普林斯的第一个夏天里受邀来此欢度周末的少数几人名单里。

从格林伯格乘坐的火车抵达东汉普顿车站的那一刻起，李就扮演起了一名魅力四射的精明女主人。“李和我会坐在厨房餐桌旁谈上几个小时，”格林伯格回忆说，“我们会喝杯咖啡，然后凌晨三四点钟才去睡觉。”他长着一张充满警觉的脸，却满面愁容，未老先衰的秃顶和蛋圆形的头让他看起来比实际显老，迂腐且学究气十足。他颇为享受和李的
523 这些交流，后来他承认“她对我来说很重要。我总是能从她那儿学有所得”。根据李的一个朋友的说法，格林伯格学到的多是“霍夫曼那套换汤不换药的东西”，接着他又把她的理论重复一遍，并自信地将其据为己有，贯穿于他所有的对话。

这种自信很快变成了他批评的标志性话语，他的批评既是根深蒂固的精神上的不安全感的产物，也是他长期以来对马克思主义的冷淡介入的结果。毕竟，正是美国抽象主义的革命性精神——为了推翻艺术体制和欧洲霸权而奋战——吸引着他接近先锋艺术，进而是杰克逊·波洛克。到了 1946 年，他已经放弃战前马克思主义的术语，但是他关于艺术及艺术评论者的观点仍然受“历史必然性”这一坚定信念的影响。和阶级斗争中的战士一样，艺术家要么推进革命事业，要么原地不动；他们要么顺历史潮流而进，要么倒行逆施，退守于过去。艺术评论者的职责是在理论的界限内为这个目标规定范围，并召集艺术家参与其中。

格林伯格的“目标”就是架上画的“平涂法”。他认为，由于一幅画不过是布满可视数据（比如颜料）的二维表面，判断画的“美感”只能参考表面颜料的形式特性，而不是外部现实或超验的形而上学。任何一种意象都应该被禁止，因为它显示的是三维，因此违反了图像平面的“无景深性”。“内容是一团乱麻，”他曾说。一幅画就是一幅画——带有光泽的颜料涂抹在平面上，笔触和颜色交相呼应。“毕加索，勃拉克，蒙德里安，米罗，康定斯基，布朗库西，甚至李、马蒂斯和塞尚都是主要从他们创作的媒介中获得灵感，”他在 1939 年时写道，“他们艺术的精彩之处首先在于，他们对于空间、平面、形状和色彩等方面的创新和排列问题有着高度的关注。”当然，格林伯格心里清楚，霍夫曼数年前曾有过基本类似的说法，莫里斯·丹尼、罗杰·弗莱和其他几位艺术家也在更早的时候讲过同样的话；然而，作为一个对画家持鄙夷态度的真正的知识分子，格林伯格需要更高的权威。他在实证主义中找到了这种权威，实证主义认为，知识只能建立在经验的“实证”数据上，因此现象的研究只能从一种现象和其他现象之间的形式关系出发。“我们的时代是科学的时代，”威廉·巴雷特在《逃避者》（*Truants*）中写道，“实证主义是我们这个时代的科学哲学，毕竟［格林伯格］必须要和历史中更深层次的时代精神步调一致。”马克思主义和实证主义的结合已经不可思议，然而后来格林伯格更难以置信地借鉴了德国道德哲学家伊曼努尔·康德的理论。（“也不能说格林伯格‘把康德的理论理解错了’，”巴雷特写道，“不过看起来他似乎只读了康德著作的前 30 页或 40 页。”）1946 年，格林伯格的理论和他的影响力一样还只是处于萌芽阶段。不过他的独断和自信却已趋于成熟。“我们这一代都是天才，”他曾确信地说，“我们没必要听取和吸纳别人的建议。”

但是还是有必要给他们一些建议。当他于七月末走进杰克逊的工作室时，他正是这
么做的。 524

工作室里，差不多创作完毕的《蓝色无意识》被立于墙边等待晾干。在地板上，杰克逊已经开始创作《旧日之物》。格林伯格长时间地观察着，他“眯起眼睛，眉头紧锁，嘴唇微微抿起，手指压在眼睛下方，这样能看得更清楚一点，”根据一种说法。“他的目光有时是匆匆一瞥，有时是长时间的凝视。无论如何，审视之后他总是要评判一番。一幅画或是一流，或是二流，或是完全不入流。”此时，格林伯格的目光被地板上一幅布满密集的黄色色块的画所吸引。他后来回忆说，这幅画让他想起了杰克逊为佩吉·古根海姆所作的墙画，他曾称其为“杰克逊最好的作品”，他还想起了另一幅他十分钟爱的作品《哥特式》。对他来说，这两幅早期作品以其深藏不露的意象，密集的构图，华丽而丰盈的表面，完美地例证了他的理论：在画里，颜料就是颜料；表面就是表面；很显然二者都无更多的奢求。1944 年以来，杰克逊重新引入了意象，放弃了“自己天定的使命”，这让一直对他十分关注的格林伯格越来越失望。对他来说，《蓝色无意识》是代表这种倒退的另一典型，尽管他对形体的碎片化和纹理丰富的颜料表层赞赏有加。不过尚未命名的新画作不但不乏可取之处，似乎还承载着真正的希望。根据对这次紧张会面的另一叙述版本的说法，格林伯格最后指着地板上的画，慢吞吞地说，“这幅画挺有趣的。为何不再创作十幅八幅这类的作品？”他那习惯性的拖长声调的南方腔微微掩盖了自己的布鲁克林口音。

当格林伯格讲话时，杰克逊认真聆听。他和李一样清楚，过去三年里格林伯格的支持在推动自己的事业这方面发挥了多大作用。保罗·布拉什（Paul Brach）记得，杰克逊多年以后还因“格林伯格力挺自己而受宠若惊，感恩戴德”。同样的感恩之情还延伸到了任何敢于对自己不吝溢美之词的评论家身上。一位朋友回忆说，50 年代时他曾目睹杰克逊有一次手里紧握一篇好评文章。“尽管文章充斥着当时评论界的陈词滥调，杰克逊还是对它毕恭毕敬。他对能影响自己命运的评论家或任何人都充满敬畏。”毋庸置疑，杰克逊还具有敏锐的政治直觉。“要善待格林伯格，”他曾对弗里茨·布特曼说，“如果他喜欢你的作品，他就会帮到你。”

格林伯格对《旧日之物》充满热情，杰克逊倒一点也不意外。他了解评论家对古根海姆墙画的赞美，也知道格林伯格喜欢密集构图，并坚信纯粹的抽象才是绘画唯一的合法形式。仅在数月之前，两人曾一同出席过珍妮特·索贝尔 1946 年在本世纪艺术画廊举办的画展，并被她那些布满抽象线条的小幅作品“打动了”。格林伯格认为索贝尔的思维有点古怪，这位来自布鲁克林的 52 岁老奶奶自学成才，她的绘画道路上所遵循的轨迹和杰克逊很相似，但是时间上稍短一些。她的创作始于 1939 年，最初是一些具象性的图形，

哥特式（*Gothic*），1944 年，油画和瓷釉画，$84^{5/8"}\times56"$

渐渐地形成了她个人化的类超现实主义风格，这种风格中，“面部特征和其他形状都是由看似完全抽象的网罗交织在一起的线性图案演变而来的”。格林伯格后来宣称索贝尔的展览，尤其是《音乐》（*Music*）这件作品——“整体设计采用了松针似的笔触，人脸和形体隐匿于其中”——对“波洛克的作品产生了重要影响”。

实际上，促使杰克逊创作出《旧日之物》的各种影响力中，索贝尔的影响是最小的。从本顿课堂素描本里的早期涂鸦，到最初出现在陶瓷片上的抽象图案，杰克逊一直在尝试着“密集”构图——在现有的空间上均匀分布图形元素。这一时期的一件未命名作品显然是一个具有先见之明的实验，它和后来完全成形的满幅作品惊人地相似。在他为约瑟夫·亨德森画的那些素描中，隐藏在超现实主义怪物和毕加索式的侧面图之间的是一张张抽象和半抽象“涂鸦”，有时只限于画面中央，有时散布在四面。杰克逊非常喜欢的马塔的“自动式”素描，尽管不是遍布画面四边，这些画却暗含着一团团线条，这些线条无限延伸，组成优雅而密集的网络，将整个画面覆盖。在《速记形体》这类画中，杰克逊采用了自动主义画派的涂鸦法，把图像均匀地布满整个画面，这样既让形体模糊难辨，又打破了形体和背景之间的僵化式构图原则。杰克逊有可能看过索贝尔 1944 年的展览，或在西德尼·贾尼斯的《美国抽象与超现实艺术》（*Abstract and Surrealist Art in the United*

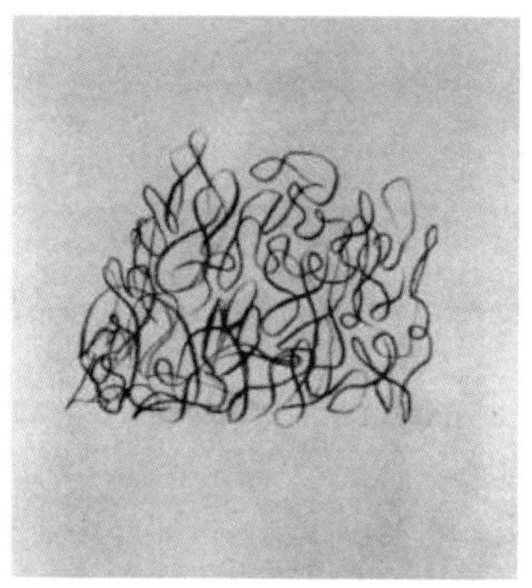

约 1939—1940 年，纸上彩色铅笔画，8″×8″

States）一书中见过《音乐》的插图，但可以肯定的是，他同年还看过马克·托比（Mark Tobey）在威拉德画廊举办的“白描”绘画。白色笔画织成的密集网络，和东方书法一样优雅，给杰克逊留下了极深的印象，在给路易斯·邦斯的一封信中，他形容托比这个来自西海岸的艺术家是个“例外”，他打破了“纽约是美国唯一一个能让（真正意义上的）绘画作品大获成功的地方”这一规则。

在普罗温斯敦时，也就是·索贝尔和托比举办画展的同一年，杰克逊和沃德·本尼特曾共同创作，他们要在一张海滩上拾得的旧画布上绘制图像，尽管这样的图像还不适合放进构图框架内，可以看出，他心头萦绕的仍是蕴含在古根海姆墙画中的各种可能性。回到纽约后，他开始有意识地对在素描簿里对全幅构图进行新的实验。几张纸上，他把一团团紧凑的线条和形状放在中景里，仿佛被旋风抛撒的碎瓦片。这一切代表了马塔那些理智的网图，托比那些密集的城市风景图的狂暴一面。它们还没发展到像索贝尔那些密实的色块组合那样布满整个画面，也没有失去作为杰克逊无意识层面的触点的人物意象。不过在经历了 1945 年和 1946 年初风格上的歧途和倒退之后，这些图像确实开辟出了一条通畅的道路，这是一条重要路线，它将 1944 年的巨型墙画同克莱门特·格林伯格于 1946 年走进杰克逊工作室时所见画作中的那些碎片化意象连接起来。

在接下来的夏季和秋季里，杰克逊继续追寻着这条《旧日之物》标识的道路。在《热气中的眼睛》（*Eyes in the Heat*）、《鸣叫运动》（*Croaking Movement*）、《蚯蚓》（*Earth Worms*）和《闪烁的物质》（*Shimmering Substance*）这些画中，他采用厚重的、“密集得令人

1944 年，纸上墨水画，19″×24″

窒息”的大量颜料，从各种不同角度将整张画布填满。《蓝色无意识》中游走于抽象主义
边缘的意象完全消失不见了，取而代之的是一片混沌而细小的笔画和厚涂技法，几乎无视
画布的边界。没有格林伯格的鼓励，杰克逊是否还会继续采用这种全幅图像？在古根海姆
墙画的创作之后，格林伯格是否让他重新踏上了自己一度退出的道路？或者说只是赋予了
他已经开始跋涉的那条道路以合法地位？《蚯蚓》和《闪烁的物质》这类作品可以简单地 527
被看作是杰克逊对格林伯格“这种画应该画上十幅八幅”那句要求的回应。尽管新工作室
里有足够的施展空间，按照杰克逊的标准，这一时期的所有画都是尺寸较小的试探性作
品：最大的《鸣叫运动》仅长 4.5 英尺宽 3.5 英尺；最小的《闪烁的物质》仅为长 2.5 英尺
宽 2 英尺。显然，即便是在创作的时候，杰克逊也能感觉到这位评论家在背后密切关注着
自己。完成《热气中的眼睛》时，他对李说，“这是为克莱姆［·格林伯格］画的。”

这种积极的回应带来了回报。接下来的二月里，在为同一批画（和杜布菲的画展）写的评论中，格林伯格不出所料地表现出极大的热情。文章的开始他申明原则——“作品表面的经过重构和再创造的平面性中蕴藏着一种张力，正是这种张力构成了［杰克逊］艺术中的力量”——然后他比较了杰克逊和杜布菲：

> 再一次和杜布菲一样，杰克逊用均衡的全幅手段来处理画布；但是这次他似乎比法国艺术家更能得心应手地处理更多的变化；并能在创作中融入更具冒险精神的

> 元素——黑色轮廓和富有创新意识的装饰性基调——他以惊人的力量将这些整合到平面中去。

最后，格林伯格特意对杰克逊作品中明确意象的消失大加赞扬，“波洛克已经超越了需要借助象形文字来让自己的诗歌表达更为明晰的阶段，”他写道，“他的创新可能因其抽象性和没有确定的定义而具有更长远的意义。”

格林伯格参与了这些画的策划，并对其进行评论，就算这让杰克逊或格林伯格稍有不安的话，两人倒也没什么好抱怨的。两人都如愿以偿：杰克逊获得好评；格林伯格实
528 践了他的理论。这意外地开启了一段互惠的共生关系，在接下来的十年里，这种关系起初对杰克逊和他的艺术十分有益，后来却变成了灾难性的影响。

在接下来的夏季和秋季里，杰克逊欣然享受着前所未有的大力支持。七月和八月的每个周末，总会有一批新到的客人在东汉普顿叫来乔治·舍费尔的出租车，要求去“波洛克家”。这些客人有比尔·戴维斯——是仅次于佩吉的最热心的杰克逊作品收藏者——以及他妻子艾米丽——刚刚从加州回来的赫伯特·马特和梅赛德斯·马特;还有弗莱德·霍克和简妮特·霍克。李甚至让杰克逊邀请了他们在第八大道的蓝领邻居，爱德华·斯特劳丁和瓦利·斯特劳丁来共度劳动节的周末。夏末的斯普林斯分外美丽，木槿和情人草开始在沼泽草地上蔓延，麒麟草布满了田地的边缘。

景色美得摄人心魄，杰克逊一天都不愿错过。整个夏天杰克逊只做了两次纽约短途旅行—— 一次是在六月，另一次是在九月，其时佩吉终于宣布并证实了谣传多年的消息:她将关掉画廊。尽管佩吉拒不承认，霍华德·普策尔去年的去世的确是个致命的打击，她仍对他的忘恩负义愤愤不平。打那以后，没有了普策尔的精准眼光，画展的质量每况愈下，很多佩吉早年挖掘的人才都去了其他画廊。“一切都让人忍无可忍了，”她抱怨道。她下定决心，1946—1947 年这一季将是她最后一次艺术展。

由于急于超过当年的最低工资，并想为买新房子赚点外快，杰克逊央求佩吉在闭馆之前再为他办一次展。佩吉不太情愿地答应了，无疑她认为，尽管距离杰克逊上次办展的时间不长，但是他的作品比其他展出的画家更好卖。然而迟至今日，她只能勉强将杰克逊的画展塞到 1 月 14 日和 2 月 1 日之间——这个时段是异常冷清的淡季，圣诞节刚刚过，离春天的到来还有很长一段时间。

返回城里期间，杰克逊和李同杰伊、阿尔玛、詹姆斯·布鲁克斯以及夏洛特·帕克一起待在第八大道公寓工作室旁边的小房间里，30 年代中期杰克逊曾暂住这里。熟悉的环境招来了昔日的阴魂。“他时好时坏，”夏洛特·帕克回忆说，“状态刚好了一会，喝了几杯酒后又旧态复萌，无法无天。我们很担心，因为桑特不在场，没法保护他免于伤害自己。”

不过一回到斯普林斯，杰克逊似乎这么多年来第一次没有失控。当他喝酒时——这是常事——也是为了寻求陪伴，并未为了忘却。到了秋季，他甚至获得了强哥儿彼特酒吧那些酒友们的认可。渐渐地，他们开始介绍他去一些其他博纳客人经常光顾的去处：苗圃景观小屋的酒吧；阿马甘西特消防队附近的弗兰克·艾克榆树酒店，以及更远一点的在卡瓦尼亚罗的酒吧——“东汉普顿唯一一家博纳克人愿意去的酒吧，”一位顾客说，“因为在那儿没人装腔作势。”很快，斯普林斯警察就把杰克逊列入需要被送回家的当地酒鬼 529
的名单里。“杰克逊来这儿的最初几年里，”一位波洛克的邻居回忆说，“警察还能起到保护他的作用。他的问题还只是小打小闹。”

除了可以畅饮的新去处，那个夏天杰克逊还寻得了一位新酒友。罗杰·威尔考克斯身材高大，有着一张猎狗般友善的脸，是“那种你愿意把自己的人生经历对他倾囊相诉的人”，根据一个朋友的说法。实际上两人之前见过两次，一次是 30 年代末期通过约翰·格雷厄姆的引荐认识的，还有一次是在古根海姆开幕展上。不过直到 1946 年 4 月在拉尔夫·曼海姆的家中被再次介绍，两人的友谊才稳固下来。和杰克逊一样，威尔考克斯也刚刚在阿马甘西特买了一栋旧房子，有时需要从占有欲强的强势妻子那儿逃出来松口气（一个朋友将露西亚·威尔考克斯形容为“和李一样的女强人”）。不过让两人结为密友的还是开怀共饮。

威尔考克斯是个颇具神秘色彩的人。他没有固定职业，似乎从不工作，却显然比波洛克一家过得富庶得多。他自称靠名不见经传的发明专利费才过上优裕的生活：一个发明是全室地毯刻花机，另一个是纺织制造业中测量纺线密度的机器。“我每个月只要打开信箱就能收到一张支票，”逢人问起他就会不假思索地这样答道。关于他神秘的军队服役经历也存有诸多疑问。（后来他承认自己曾在“情报部门”工作。）他甚至对自己的年龄也闪烁其词，尽管显然他比杰克逊年长，可能大十岁左右。

对于过去威尔考克斯也不是全然回避。强哥儿彼特酒吧的小隔间里，几杯啤酒下肚之后，他会把经历丰富、坐姿多彩的一生中的各种轶事说给杰克逊听，滔滔不绝地讲上

罗杰和露西亚·威尔考克斯

几个小时：他在佛罗里达南部度过了多苦多难的童年，那时的迈阿密还是“一片环绕海湾的蛮荒之地”；三岁时第一次用锄头杀死一条响尾蛇；不停换工作，辗转于各州之间——在佛罗里达画过广告牌，在纽约做过电气工程师，在德克萨斯州当过建筑师，在俄亥俄州担任过设计师，然后在纽约又成了一名艺术家（仅仅几个月后，他就断定自己并没有成为艺术家的“强大动力”）。一路走来，每个人生驿站里，威尔考克斯都会“用脑子来思考，而不是依靠苦力，”他会发明一些新装置让工作变得更轻松，并让自己致富。到了二十岁时，他已经在蒸蒸日上的霓虹灯生意中发了一笔财，后来又破产。十年后，正当他要积累下第二笔财富时，他决定放弃尘世，到佛罗里达海岸附近一个人迹罕至的小岛上过“原始”生活。这种生活持续了四个月，“足够盖起来一座小木屋了”。他永不安分，爱好社交，根本无法过隐士的生活。

下一站是基韦斯特，这是一个处于海军小镇和艺术家聚集地交汇处的奇异之地。借着自己的冷幽默和与人为善的举止，威尔考克斯很快就在两边都站稳了脚跟：白天在海军里担任顾问，晚上则同田纳西·威廉斯和伊丽莎白·毕晓普这些作家混在一起。他还成了莱斯特·海明威船上的常客，在那儿他经常能碰见莱斯特那臭名昭著的哥哥，欧内斯特·海明威。“他是个自命不凡的混蛋，”威尔考克斯回忆说，“一个假装充满男子气概的伪装者。紧要关头他会让别人替他出头打架。他笔下写的一直都是那些他希望自己在现实中能做到的事。身材上来看他是个大块头，但是他不值一提。”

威尔考克斯广博的人脉让杰克逊印象深刻。在作为艺术家的仅仅六个月时间里，他结交的艺术家几乎和杰克逊在整个30年代结交的一样多。童年时代起，他就对八人组的成员欧内斯特·劳森和莫里斯·普雷德加斯特有所了解。在俄亥俄州的哥伦布画廊学校里，他遇到了地方主义风格的三位领头人：本顿、伍德和柯里。20世纪30年代末在纽约时，无论是本·本恩的现实主义艺术家圈内，还是每晚在斯图亚特咖啡馆碰头的戈尔基和德·库宁的现代派艺术圈内，威尔考克斯都同样受到欢迎。他机智冷静，心直口快，因此在焦虑而好辩的美国年轻艺术家中尤其德高望重。正是这种在动荡的30年代尤为稀缺的“稳健踏实”吸引了去往基韦斯特途中的露西亚·克里斯托芬尼特，一位生于叙利亚的超现实主义画家。1945年，露西亚和马克斯·恩斯特、多萝西娅·坦宁，以及超现实主义阵营的残余部队一同生活在东汉普顿，早在巴黎时她就和这些超现实主义者熟识，并在他们美国流放期间给予支持，威尔考克斯服役结束后就和露西亚结了婚。就在几个月后，这对新婚夫妇被介绍给杰克逊·波洛克。

露西亚以大马士革人特有的热情好客欢迎她丈夫的新朋友。自丽塔·本顿之后杰克逊还是第一次遇到如此令人宽慰而充满母性的人。从另一方面看，由于李十分担心威尔考克斯会是另一个鲁本·卡迪什——永远会去诱惑杰克逊酗酒——因此总是爱理不理。她毫不掩饰自己对他们夜晚外出厮混的怨恨，每次提起露西亚，她都会露出嫉妒而轻蔑的眼神。

* * *

尽管杰克逊的事业终于又迎来了春天，然而过去的种种纠结又出现在当前。新的矛 531
盾发生了逆转，当他提议家庭需要添丁时，李却意外地拒绝了他。“她说她不会和他生孩子，”梅·罗森伯格回忆说，“永远不会。过去他一直喝酒，她不想生孩子，因为不知道他何时又会开始酗酒。”（数年后，她对一位朋友直言不讳地说，“我可不会和一个疯子生孩子。”）不管出于什么原因，这一申明打碎了杰克逊希望像他父亲和兄长们那样组建大家庭的梦想。“他气得发狂，”梅·罗森伯格回忆说，“所有话题都是关于结婚和生儿育女的。”根据罗森伯格的说法，杰克逊突然觉得李把他“骗”进了婚姻。

不过夏季的喜悦和成功很快冲散了危机，这在某种意义上表明，尽管杰克逊对李的拒绝提出抗议，但不需要和其他家庭成员分享这位母亲的爱，这倒也让他自得其乐。正如一位朋友评价的那样，“一个家庭里有他这样一个孩子就够了，”这道出了很多人的想法。

受伤的不是杰克逊，而是李。她确信杰克逊可能会离开她另组家庭，因而开始在闪烁的目光中捕捉背叛的蛛丝马迹。纽约短途旅行回来后，李发现杰克逊曾开着马瑟韦尔的MG高级敞篷轿车带玛利亚·马瑟韦尔出去兜风，她立刻妒火中烧，暴跳如雷。根据罗杰·威尔考克斯的说法，玛利亚是个喜欢“和所有人打情骂俏”的美女。尽管杰克逊抗议说自己是无辜的（可能是有根据的），李还是将马瑟韦尔夫妇从杰克逊的生活中赶了出去。马瑟韦尔回忆说，当他下次经过杰克逊家时，杰克逊从房子里出来，走到车旁，充满歉意地对他说，“李不许我再见你。”虽然这种关系的疏远并未造成多大影响——杰克逊从未喜欢过马瑟韦尔的作品，后来还叫他“狗娘养的”和“骗子”——杰克逊还是被狠狠教训了一番。接下来的夏季和秋季里，当李外出时，每次有女人来访，他的态度都是颇为冷淡——在门廊里接待她们。

春夏季里的干劲支撑着杰克逊熬过了秋季的暴风雨。在压低的天空下和日渐微弱的光线里，他有规律地创作着，十一月底前完成了所有参加一月展的作品。为了尽可能增加展出作品的数量，他把早在春季创作的具象绘画以及七月格林伯格到访之后创作的全幅作品一并送去参展。为了证明显而易见的风格断裂的合法性，他给每组作品都起了名字：楼上卧室里画的叫“阿克卡伯纳克河”系列；谷仓里完成的叫“草之声”系列（包括《蓝色无意识》）。

同罗森伯格夫妇一同驱车返回纽约之后，杰克逊和李又和杰伊、阿尔玛、桑特、阿勒瓦、凯伦以及斯黛拉在迪普里弗度过了感恩节。“自从远离城市以来［杰克和李］看起
532 来气色非常好，”斯黛拉自豪地对弗兰克说，“今年他已经完成了几件一流作品。”然而到了星期六，在自豪地向全家人发出来斯普林斯过圣诞的邀请之后，杰克逊中断了假期。他急着回到斯普林斯和他的谷仓里去。

令李惊讶的是，尽管参展作品已经寄往纽约，冬天也已经开始，杰克逊却继续不辍地创作着。在最冷的早晨，他会为自己做一杯“乞丐咖啡”，用能找到的所有衣服把自己裹得严严实实，艰难地跋涉到谷仓。室内，旧木板上覆盖着一层霜，之间的缝隙挤满了雪。但是光线！据李说，下雪天时，“雪会发出冷光，会产生一种奇妙的白光，杰克逊沉迷于这种光带来的奇特体验。”然而光线转瞬即逝。他起床很迟，在刺骨的寒冷里不停地画着草图，手冻得发麻，能坚持一两个小时已经很幸运了。“但是他在仅有的时间里完成的事，”李说，“已经很不可思议了。”

圣诞团聚因大雪而取消，但是斯黛拉在 12 月 30 日来到斯普林斯待了两周。第二天，新年前夕，巨大的灰色云层从加拿大横扫而来，大雪突降。数日内，白色的天空和雪白的大地之间难以分辨；白色的溪流消失在白色海港和远处的白色海洋中。笼罩着洁白光线的短暂时日里，杰克逊紧裹在衣服里防寒，为取暖他点了一根烟，手已冻得发麻，几乎握不住画笔，就在这样的条件下，杰克逊改写了西方艺术的进程。

533

33

驻足于空间中的记忆

这是一个再简单不过的姿势。他一只手拿着一罐黏稠度被稀释到和蜂蜜一样的油画颜料。另一只手握着一根棍子——可能就是他用来将颜料和松脂的混合在一起的棍子。他跪在一小幅画布旁，将木棍在颜料桶里蘸一下，然后挥舞着木棍将颜料洒在画布上。木棍朝下，一股颜料拧成的细流从一端滴落到画布上。颜料在画布上汇成涓涓溪流。木棍上的颜料流光时，细流变窄，然后变成时断时续的液滴。他不断重复着这一动作。每次都有新收获：如果他放慢动作，溪流会混搅在一起；加快动作，溪流会收窄；靠近画布，溪流分布均匀；离画布稍远，溪流泛起涟漪。颜料流一条接一条地流淌。细流开始重合交织。当手臂略过画布时，一个粗糙的圆形显现出来，而手腕轻转，则一个精美的椭圆形诞生了。通过给颜料里添加更多的稀释剂，他能把线条抛得更远。对于工具的使用，他也颇有心得：硬毛刷比木棍承载更多的颜料，能滴成一两个完整的圈，但是它容易淹没线条。当他摇动刷子时，溪流变成大雨。关于这一点也有办法控制，他可以稀释颜料，在刷子上少涂些颜料，或让刷子离画布表面略高些。木棍需要蘸取更多的颜料，不过它有助于生成更精细而连贯的线条，当颜料特别稀薄时，会形成露珠一般的薄涂层。每个发现都被融入越来越稠密的图网中去。

杰克逊因何开始运用滴画法创作？他的灵感源自何处？自滴画法 1947 年出现以来，这个问题一直吸引着艺术家、评论家和艺术史家的关注。关于他如何“发现”这一技法的故事不胜枚举。其中一个说法是，一次他在纸上创作时一只不好用的钢笔开始“滴出墨水，把墨水弄得到处都是”。多数故事都是和某种意外相关：颜料被稀释过度，弄洒了颜料，或是一怒之下把刷子扔了出去。还有一种说法很具体，说他把一罐颜料踢翻在李

534

创作中的波洛克，1950 年

的一幅画上。当地的油漆工惠特尼·哈斯特克则认为，自己在桌子上清洗油刷，杰克逊在看到这张桌子时有了灵感。但是大多数博纳克人则倾向于相信一个更简单的解释，杰克逊是在喝醉的时候发现了滴画技法。

然而艺术家同胞们就没那么友善了。很多人都认为根本不存在什么“发现”。带着那种事后聪明的严苛，他们指出杰克逊滴画法的先例无处不在：超现实主义者们就抛掷过颜料；马克斯·恩斯特曾用木桶滴画；马松则用胶水滴画。“最开始这样做的是沃夫冈·帕伦，”弗里茨·布特曼昂争辩说。其他人则坚信是斯洛·福特或毕卡比亚；还有些人认为是米罗。杰克逊的成功也要归功于很多美国先驱：巴齐蒂奥早在杰克逊之间就采用过滴

535 画法，德·库宁、雷斯尼克、卡姆罗夫斯基和戈尔基也用过。“所有的滴画创作都始于戈尔基，”菲利普·帕维亚坚持认为。一位名不见经传的艺术家米莎·莱姿尼科夫声称，自己早在30年代中期就朝画布投掷过颜料。“大家都在用滴画法，”布特曼说。刚从杰克逊首次滴画展归来的雕塑家大卫·史密斯甚至喃喃抱怨说，“我也会滴画啊。”汉斯·霍夫曼宣称，早在20年代，自己还在慕尼黑的时候就运用过滴画法。而米兹·霍夫曼则被杰克逊的成功触怒，到处散布谣言说杰克逊在40年代见过霍夫曼的滴画技法，显然对其进行了剽窃。

当艺术家们的争执不休告一段落时，评论家和艺术史家的辩论开始了，他们大着笔墨，在滴画法的真正“起源”问题上互不相让。有些人认为其起源于原始部落的萨满教仪式，另一些人则坚持它源自纳瓦霍沙画画家，还有些人提出其源头是爵士乐的“基本节奏”和“即兴”重复乐段。克莱门特·格林伯格则颇有预见性地发现，滴画法源于对形式和颜料的冷静而迫切的要求。“[波洛克]想要一种不同于他人的优势，”格林伯格假定，“画刷的笔画有一种你意想不到的直切空间深处的前沿性。”数十年之后，李·克拉斯纳的崇拜者在李的画作里发现了“分色主义者对割裂、破碎和离散的关注”，而这种关注就具有以上提到的那种前沿性。评论员们的态度发生了一百八十度的大转弯，他们把杰克逊的滴画同欧洲现代主义的宏大传统联系在一起。“我认为可以毫不夸张地说，”格林伯格写道，“杰克逊1946年至1950年的[滴画]方法是在毕加索和勃拉克放弃分析立体主义的地方将其重新捡起。”格林伯格的广阔视野中的空白留给后来的学者去填补，正如希尔顿·克雷默所言，“他们要去将新近的艺术史变为瓦格纳的尼伯龙根指环。”

实际上，杰克逊的确不是第一个朝画布滴落、倾倒、泼洒、溅泼和投掷颜料的艺术家。早在1877年，艺评家约翰·拉斯金就曾批评麦克尼尔·惠斯勒，说他为了表现《坠落的烟火》(*The Falling Rocket*)中四溅的红色和金色火星，“公然将一罐颜料抛洒出去”。正如杰克逊的艺术家同僚们立即指出的那样，他们中的很多人都曾在不接触颜料的情况下将其用在画布上。所有人每天都是这样，地板、画架和衣服上满是泼洒、滴落和飞溅的五颜六色的颜料。像霍夫曼那样，有些人用泼洒颜料来达到“边缘的或‘色彩丰富’的效果”。还有些人像恩斯特和马松那样，为了追求“意外而得”的图像效果而发明出使用颜料的新方法（恩斯特在装满颜料的木桶底部戳了几个洞，然后将颜料桶在画布上方来回摇摆）。另外一些人，比如巴齐蒂奥和卡姆罗夫斯基则，则将颜料从颜料管里挤出来，并任其以“自动的”模式下落。（颜料管里的颜料过于稠密，很难滴落出来或泼溅。）

杰克逊对恩斯特的创新性尝试有所了解，并参与了巴齐蒂奥的试验。事实上，1947 年出
现的“革命性”的滴画法甚至不是杰克逊最早的滴画作品。11 年前，他就在其西凯罗斯
工作室里泼过颜料，而之前的七年前，他还在施万科夫斯基的工作室里将颜料滴在表面
上洒了水的玻璃板上。早在 1934 年，他就在丽塔·本顿的陶瓷碗底洒过颜料。1943 年， 536
出于对肖像图案的研究，他将颜料滴落或以弧线形洒在《男人和女人》的部分画面上。
第二年，他第一次把颜料泼在画布上，主要是为了追求形式。最近在 1946 年，他对滴画
的试验仅仅是为了退回到更传统的技法上去。

1946 年的最初几天里，发生在杰克逊谷仓里的大事并非新技法的发现。无论是过分稀释颜料，愤怒中把画刷抛出去，还是不小心滴出颜料，抑或是踢翻一罐颜料，这些说法对他来说都完全没有必要。这一技法已经尽在他的掌握中。他缺的是一种视野—— 一种能赋予那些精美而唤起共鸣的线条以生命力的观看之道，一种丰富而生动的想象力，能让那些线条通过数以千计的圆环悬浮于空，让每个新的环形都和上一个那样充满张力和表现力。1947 年初，杰克逊在自己身上找到了这种视野。和他所有的新发现一样，这样的发现是他后退的收获，而非前进的结果：是对过去的顿悟。“绘画就是自我发现的过程，”杰克逊曾说，“每个出色的艺术家都是在描绘本真的自我。”

从某种程度上看，滴画是合乎逻辑的下一步骤。一旦杰克逊于 1946 年夏开始在地板上画画，他就会短暂地重返对滴画技法的试验，这几乎是不可避免的。从施万科夫斯基到西凯罗斯，再到巴齐奥蒂，这些实验一直都是在地板上进行。无论有意还是无意，把画布铺在地板上就会自然而然地引入滴画法。但是这一次，这一技法却有了新的回响。多年来他一直采用各种技巧来掩饰，或者至少是模糊处理意象——这样做更多的是出于个人的含蓄风格而不是艺术信仰。然而就在那个夏天，克莱门特·格林伯格授予了这种新的需要以合法性。他提出，艺术的目的在于“延续立体主义扁平、抽象和‘净化’的过程”。因为“艺术的纯粹性在于愿意去接受特定艺术媒介的局限”，而任何具体意象都会破坏这种纯粹性。他在写给 1946 年画展的评论中赞扬了杰克逊，称其“有一种源于立体主义的自制倾向”。从格林伯格对《蓝色无意识》的反应来看，显然他认为仅对意象碎片化处理还是远远不够的。意象应该被完全抹除。（“如果有什么是杰克逊在泼墨画里该坚决抵制的，”他后来说，“那就是意象。”）然而杰克逊还依赖无意识意象的情感力量来让自己的作品充满活力。只有在《古根海姆墙画》和《哥特式》中他才得以在大幅画面上保持了同等水平的活力和无意识“真相”，无须借助明显的意象。为将自己对具象的迫切

537

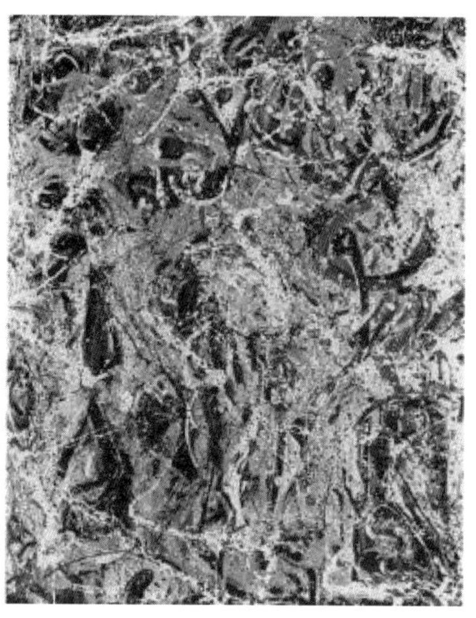

《星系》，1947 年，油画，铝和砾石在画布上作画，$43^{1/2}$" ×34"

需要同格林伯格的终结意象的要求调和起来，杰克逊重新采用了墙画的解决办法，只是规模小了很多。在第一批滴画作品之前的满布绘画系列中，他设计了一些文字图像——被李描述为“头部，身体部位和奇妙的生物”——然后用层层厚涂法将其覆盖。

这种奇怪而反复无常的过程让李颇为困惑。“我问杰克逊，为何他在某一特定意象呈现出来后还要不停地画下去，”她后来叙述说，“他说，‘我特意要给意象蒙上一层面纱。’”

起初，杰克逊的泼墨试验对模糊意象这一程序产生的效果微乎其微（证明这些尝试的确也仅仅是试验）。在其早期的滴画作品之一《星系》中，画刷勾勒的图像在层层泼溅颜料下仍清晰可辨。唯一改变的是那层“面纱”。如今画面上不再是织锦般繁复细密的曲线图案，而是一层点缀着铝的有着精致透空图形的半透明屏障。显然杰克逊对这种旧法新用颇为满意（这样他就无须再弯着麻木的膝盖，跪在地上费力地将巨幅画布的每一寸都涂上厚彩）。在接下来的如《水漾小路》（*Watery Paths*）和《魔灯》（*Magic Lantern*）这样的作品中，他沉迷于浓密性和复杂性的各种新的可能中。在《巢》（*Nest*）和《漩涡》（*Vortex*）中，他追忆了早年和巴齐奥蒂和卡姆罗夫斯基进行的那些艺术试验。几乎是马上，画刷描绘的图像开始完全消失在更复杂而丰盈的网格图案后面。线形和斑点状的颜料具有了新的重要性；滴画法不再仅仅是另一种模糊处理意象的方法，而是一种创造意

538

《漩涡》，大约 1947 年，油墨和砾石在画布上作画，$20^{5/8''} \times 18^{1/4''}$

象的新方法。

一直以来，杰克逊异常活跃的想象力就使得他以一种极特别的方式去观看世界。桑特回忆，他常在幻想中遨游，把现实事件重新编排，以配合自己的情感需要。他会坐在那儿几个小时，一动不动地盯着物件，并触摸它们，“仿佛他能爬进物体内部”。“每当杰克逊观察事物时，”杰克逊后来的一位密友尼克·卡罗内（Nick Carone）回忆说，“他都仿佛能钻到事物的毛孔里，捕捉到它最细微的分子结构，哪怕是像一只烟灰缸这样最微不足道的物件也获得了生命，动了起来。”对大多数人来说静止不动的对象，在杰克逊那高度活跃的想象世界里却成了各种视角和潜力的模糊体。这一直都是杰克逊和现实之间的冲突，无论是在生活里还是在画面上：这种想象千变万化，永不停歇；它和无数的可能性发生共鸣，很难清晰准确地将其记录下来。然而即便是他把这些想法付诸纸上，它们还是不停地在他心灵之眼中变幻，旋转，变位，幻化为完全不同的其他事物，只留下粗糙的线条和令人沮丧的交叉影线这些痕迹。他在雕刻上所进行的短暂尝试更为失败。当他将木板外围慢慢凿掉时，中间的人形和人脸就开始像托钵僧一样旋转。原始艺术和毕加索都给他指明了一条道路，他开始捕捉自己所见的各种形变，而荣格则为他提供了引人入胜的概念框架，然而直到 1947 年，他仍在搜寻能让世人以他的观看之道来看世界的方法。

然而，杰克逊的视野里不仅只有活跃的想象力。如果他看见别人无法察觉的动作，如果物体似乎在空间中旋转和变形，一部分是因为，在他的眼中，一切就是这么发生的。在杰克逊的记忆中，他一直饱受幻觉魔咒之苦。这些幻觉的出现毫无预兆，短则一瞬间，长则几分钟。40年代末，多年的缄默之后，杰克逊向罗杰·威尔考克斯描述了这一痛苦，这些年里他甚至对李也守口如瓶。“在正常状态下，他睁眼会突然看见那些旋转的图案，”威尔考克斯回忆起杰克逊是这样对他说的，“打旋的线条和图像，成涡状盘旋的大粗线条。一切仿佛真实发生的……他想知道自己的视力或心智是否出了问题。”在研究了和虚构力相关的视觉现象之后，威尔考克斯安慰他说，“这只是视神经的暂时失常。问题出在大脑里，而不是眼睛里。”杰克逊松了一口气。“至少我的眼睛没什么毛病，”他说。（后来，威尔考克斯又在医学和光学杂志中研究了这个问题，并根据杰克逊的描述得出结论，
539 “这不过是视神经交叉的机能障碍，是由大脑皮层枕叶中的知觉网路的疾病引发的，这一障碍会映射到视网膜上。”这种无痛的视觉障碍的通用医学名词叫视觉偏头痛。根据威尔考克斯的说法，起初杰克逊并没有意识到滴画图像和旋转幻象之间的联系。“他说自己创作最早的滴画作品时，感觉有些东西似曾相识，但到底是什么却不得而知。”直到创作了更多的滴画作品时，他才完全认识到其中的联系。“然后他意识到早在画出这些图像之前，就已经见过它们，”威尔考克斯说，“这是他亲口对我说的。”）

杰克逊最终找到了对自己来说最完美的意象：一个能让他从对铅笔和纸张、画刷和画布、凿子和石块的毕生的担忧中解脱出来的图像，所有这些工具都是效率太慢，一成不变，且过于外显；这一意象将蕴含在画刷中沉重而隐晦的能量稀释成潜在于线条中那绵长而富有诗意的力量；它还能通过杰克逊的想象之眼捕捉到每个旋转和形变，无论多么稍纵即逝。在最初的几滴颜料落到画布上的时间里，从木棍或硬刷一端抛出来的一股股颜料开始形成一个头颅的侧面，然后变成一头牛，一匹马，一只鸟或一把刀。用乔治·麦克奈尔的话来说，杰克逊“像魔术师一般”从自己身上把艺术变了出来。他飞速驰骋的想象力和颜料内在的不可预知性产生了一系列的“意外之举，”他可以在自动主义与人为控制之间的持续对话中对这些“意外”置之不理或加以利用。“他像一台机器般作画，”尼克·卡罗林说，“不过这台机器是在另一层面上运作。这是一场意识和无意识的对话……它处于永动状态中。”当他“置身于一幅画中”，图像是永恒的。“我不知我的图像来自何处，”他曾对克莱门特·格林伯格说，“它们自然而然地出现了。”当灵感暂时耗光时，他就把画布放置一边静静等待，有时几个小时，有时数天，等待下一次灵感的迸发。

当意象的绵长线条完全跳出表面时，最终的突破实现了，杰克逊开始在画布上方的

空中创作，在三维空间里追踪循环的图像。“杰克逊告诉我他不仅仅是在抛洒颜料，”尼克·卡罗林回忆说，“他是在画布上方的某处勾勒某种物件的轮廓，某种真实的东西。”李称其为“空中创作”，创造了“之后落地的空中形状”。另一位目击者描述了杰克逊如何“从颜料罐里拿出木棍或画刷，然后以曲线形在空中一扫，高高地略过画布，这样黏稠的颜料落地之前在其上盘旋时会形成拖曳的图案，之后落在画布上，然后留下经过时的痕迹。与其说他在画布上创作，不如说是在空中作画。”

这对于总是对画作表面心灰意冷的杰克逊来说倒是最后的解放——在现实中。现在 540
他可以公开地创作能带给他艺术以活力的图像而不必担心暴露或格林伯格的指责。无论“空中形状”是多么明显，当落地时它们变成无法解读的一片片颜料——一位作家称其为“外星代码”。有时——不可避免地——一个图像在朝画布漂浮时仍具有可以辨识的形状，让人不免产生猜测，杂乱的线条下可能还隐藏着其他图像，即便是在最密集的抽象画中，杰克逊仍是个潜在的具象画家。根据李的说法，杰克逊实际上一直是个具象画家，不过他的具象是昙花一现的创造，先是半空中片刻存在于翻转的颜料中的“不见踪迹的虚无幻象”，继而消失得无影无踪，仅在画布上留下它们被抽空的“皮囊”。杰克逊并未放弃具象；他和立体主义者们一样对具象进行了改造。他没有打碎图形，而是将其包裹于线条中，然后保留包装材料，因此“骗过了挑剔的审视”，用保罗·勃拉克的话说，就是“空中作画，然后让重力描绘图案”。困扰其内心视野多年的那些私人意象——斯黛拉的世界和餐桌、谷仓的小鸡以及危险的公牛——从来都是只存在于一个维度上。这些意象盘旋于平面之上，而非隐匿其下，层层颜料之下，意象之“基本的衡力、活力和动力都清晰可见”——根据杰克逊自己的描述。

杰克逊新的绘画方式带来了另一种更深层次的满足。自童年开始，他就把画画这种行为同斯黛拉和查尔斯联系在一起：对质感和触感的强调，对色彩的敏感，对品质的关注，对手工艺的自豪，还有独处的时光。杰克逊一直对“色彩绚丽的颜料”钟爱有加，布德·霍普金斯说道，“对实物的美十分关注”。他对作画材料也有着一种像斯黛拉对厨房用品那样的迷恋。即便是在物质贫乏的年代，他也追求完美绝不将就。哪怕手里只有极少的钱，他也会冲向约瑟夫·迈耶的店里买上一套新画刷和上等的颜料。“还有谁会四处奔波，就为了寻找银色、金色和带有金属质感的颜料？”霍普金斯问道，“还有谁会如此担心颜料滴落或飞溅的方式？”当时，疑虑最重的评论者们也不免注意到杰克逊“对画具画材的强烈感情”。和斯黛拉一样，他总是大费周章地做好准备工作，小心翼翼地铺开画布，精确地对其裁剪，用他的大手将其敷平，轻拍画布的四角将其弄平整，仿佛在为一件条纹衬衫的袖子和背部画样。

但是新的技法改变了一切。新技法让他离开了画布——这是斯黛拉进行近距离工作的地方——重回鲁瓦·波洛克在做男性工作时的直立姿势，他放弃母亲那紧绷的手腕运动，回到父亲那宽厚的手臂姿势。不止一位参观过工作室的人注意到，杰克逊对待画布就像农民对待自己的土地。“他站立的样子，他凝望画布的眼神，他在画布上创作的方式，总让我把他想成一个农夫，”赫伯特·马特说，“画作就是他的石头，树木和土地。艺
541 术就是他的山水风景。”托尼·史密斯也感到“他对土地的感情和他把画布铺在地板上创作有关……似乎［画布］就是大地，而他在上面播种花朵”。

画布也许是杰克逊的土地，但他播撒下的并不是花朵。他和几位朋友提过，当他后退一步，审视自己最早的一幅滴画作品时，一段记忆骤然“涌入脑中”。“他看见自己在一块平坦的岩石上，站在他父亲旁边，”杰克逊在斯普林斯时的邻居帕斯第·苏斯凯特回忆说，“看着父亲小便，并在石头表面上尿出形状……他长大了也想效仿。”对成年后仍以坐姿解手的杰克逊来说，父亲在岩石或大地里撒尿已经成为男性性能力的原型，这一原型通过多年来和他兄弟之间的“撒尿比赛”而更深植于他的无意识中。到了他成年时，撒尿——尤其是在公众场合——已然成为男性阳刚气概的最佳宣言——有时是他最能接近性能力的方式。“我们有时在酒吧喝酒时，”罗杰·威尔考克斯回忆说，“他会径直走到室外，就在门外解手，而不是去男厕所。外出开车时，他会停在路边，光天化日之下小便。他从车里出来，没有任何预先的提醒，直接把车门打开，根本不注意是否有人过来。他就这么做了。”彼得·布萨记得杰克逊对排尿的浓厚兴趣。“他总是把裤子前的纽扣解开后小便，”布萨说，“他的一个兄弟告诉他，在欧洲，如果你约会的时候找不到公共小便池，你可以当着约会对象的面，径直走到一栋楼下面去解决。他对这一做法很感兴趣。”他在家时也很少用卫生间，并对访客说，“我来自西部，你们尽可以在后院小便。”他不光在佩吉·古根海姆的壁炉里撒尿——也许是在床上尿过——还在梅·罗森伯格、露西亚·威尔考克斯和玛格丽特·米尔特这些朋友家中的客房床上做过同样的事——而且经常在和李同宿的床上小便。

站在画布前，从木棍的一端把一股股颜料抛洒出去，杰克逊找到了现实中与他渐行渐远的性能力。一个女人问他，“当你画完（一幅画）的时候你是怎么知道的？”杰克逊

答道，“当你做完爱的时候你是怎么知道的？”饱受不举和尿床问题的困扰，杰克逊在画室里却能自如地“控制颜料的流向。”和性能力一样，创造力归根结底是一场撒尿比赛。“切利乔夫富有创造力，”他说，“但是他能力被挥霍掉了。”不可避免的是，谣言开始四散，说杰克逊的确会朝着画布撒尿。约翰·格雷厄姆一直拒斥抽象画——称其为“随便敷衍的艺术”——他说，“一个孩童在街上随意尿溺，是很可爱的事情，可如果一个成年人也这么干，就没那么好玩了。”然而杰克逊还是个孩子，以他目睹的父亲的那种方式肆意向画布抛洒着迟来的男性宣言。通过泼洒颜料，不管是以缓慢的曲线滴落，还是以细密紧凑的环形抛掷，杰克逊扮演着鲁瓦·波洛克——尽管在复杂精细的拼接图像以及颜料的华丽多彩这方面，他总是与斯黛拉更为相像。

数年后，马克斯·柯兹洛夫写道：“当［杰克逊］最终让画具脱离了画布，让一股股 542
颜料摇曳飞腾着穿过空间，如雨滴般洒落在画布表面时，这位浮夸而笨手笨脚的艺术家是以最精细而优美的舞步在美国艺术界大展拳脚。滴画，仿佛是他的意识领域在空中的括约肌，真正地在艺术创作的征途上改变了他的身份。”

543 # 34

天生一对

1947 年初，李的精神十分紧张。她遗传了母亲的迷信倾向和父亲糟糕的宿命论：事情越向好的方向发展，她就越不安——而此时形势再好不过了。尽管天气寒冷，杰克逊却比任何时候都卖力。“那时他全力以赴地创作，”罗杰·威尔考克斯回忆说，他几乎每天都去杰克逊的工作室。对于新的作品，李不知做何感想，但是她相信杰克逊的直觉。“我对他工作室里所见的一切都很感兴趣，”她说。他的酗酒问题得以缓解，睡眠质量也更高了，这很大程度上要归功于斯黛拉的频繁到访——他几乎一夜能睡足 12 小时。每天最初的几小时里李在房子里走路都是蹑手蹑脚，生怕吵醒杰克逊。

1947 年 1 月的首展成功让李更加焦虑不安。似乎没人注意到画作中奇怪的断裂性：八张大幅彩色具象作品和七张图案繁复的小尺寸抽象画。有关作品的评论寥寥无几，但总的来说都是正面评价。正如所料，格林伯格对满幅作品大加赞扬，称其是“[杰克逊] 艺术生涯中重要的一步”。更令人意外的是他对《茶杯》和《钥匙》这类早期“象形图”的宽容态度，这些作品曾被他在工作室里严厉批评过。他特别喜欢这些画中马蒂斯式的色彩，他坚信，正是这些色彩成就了“[波洛克] 图像表面的连贯性和力量”。格林伯格还利用这个机会提出另一个他最钟爱的主题：“像几乎所有具有真正原创性的后立体主义作品那样，正是内在于经过建构和再创造的表面扁平性中的张力促成了 [杰克逊] 艺术中的强大力量。”杰克逊的全新色调还吸引了《艺术文摘》的本·沃夫（Ben Wolf）的目光。他以《闪亮的物质》中“精心搭配的浅色系”和《旧日之物》中的“克制的黄色系”为例，保证这场画展“肯定会引起对色彩具有高度敏感性的观赏者的浓厚兴趣”。在《艺
544 术新闻》上，也有一种明显的如释重负的声音，认为杰克逊的“比如《钥匙》这类的最新作品更庞大而色彩丰富，更易于吸收贯穿于他所有油画作品中的基本能量”。

东汉普顿的海岸护卫者海滩上

在画展短短两周的展期内，唯一的骚动是由佩吉·古根海姆引起的。离计划好的闭馆时间还剩下仅仅四个月，佩吉十分焦急，尽其所能地想卖掉所有作品。除了正在展出的 16 幅画之外——根据与杰克逊签的合同，所有这些画都归佩吉所有——她还有几十幅之前画展中未卖掉的画。为了卖掉巨幅墙画，她孤注一掷，将公寓楼的大厅向画展观众重新开放。“佩吉最后有些不顾一切，”西德尼·贾尼斯说，“她恳求别人买上一幅波洛克的画。”

佩吉的竭力推销尽管有点不顾颜面，但还是奏效了。画展上画卖得很好，比尔·戴维斯在开展之前就买走了《茶杯》和《闪亮的物质》。杰克逊虽没拿到钱，但作品的好评还是激励着他熬过了冬天。这一切对李的影响却正好相反。根据梅·罗森伯格的回忆，到了春季时，她已经“被一种毫无缘由的恐惧所左右”。每当杰克逊酣睡，她独自一人在房子里时，“她会突然断定房间里过于安静了，［杰克逊］已停止了呼吸。每次这种情况发生时她都会告诉自己一切都是胡思乱想，但很快又不可遏制地恐惧不已，没有任何逻辑说理能给她宽慰。”

很快到了初春时，李的焦虑似乎有了源头。离佩吉的离开仅剩几周，可杰克逊还未找到新画廊。数月以来，佩吉沿着五十七大街来来回回地推销着杰克逊，想找个人接盘，这样她好甩掉每月支付 300 美元的包袱，任何人都可以。按照合同，她不但要在接下来的一年里继续支付杰克逊薪水——这一责任现在被她看成一个沉重的负担，让她恼火不已——她还有几十幅杰克逊的作品没有卖掉，这些画未来的价值主要取决于她的继任者

545 的精明眼光和勤奋推销。然而她急于推销的原因，也正是没人敢接手的理由。欧洲现代主义的高端画商，如皮埃尔·马蒂斯和考特·瓦伦汀（Curt Valentin）“不会去染指”佩吉旗下的那些年轻美国画家。“我根本看不见他们。”马蒂斯用一句带着口音的过时句子来表达对他们作品的嗤之以鼻：“根本不是我的菜。”朱利安·列维正准备关闭画廊。两年前，塞姆·库兹曾提出聘用杰克逊，而自从他从佩吉那里接管了罗伯特·马瑟韦尔和比尔·巴齐奥蒂之后，就不再急于要接纳杰克逊了，因为他不想去容忍一个酒鬼。曾经的社会名流贝蒂·帕森斯去年10月在莫蒂墨·勃朗特的部分旧址处开了一家新画廊，她欣赏杰克逊的作品——“我为他疯狂，”她说——但是她出不起他合同里的价钱。她签下了佩吉旗下的其他艺术家——马克·罗斯科，巴奈特·纽曼和克莱福特·斯蒂尔——而当佩吉坚持杰克逊和同他的合约是一揽子买卖时，帕森斯还是拒绝签下杰克逊。时间所剩无几，佩吉甚至尝试了希望更加渺茫的其他可能性，比如玛丽安·威拉德，以及招纳了爱德华·霍普和杰克逊的导师汤姆·本顿等这类现实主义画家的几家画廊。然而仍然没有人愿意接手。

最后，她无计可施，只好向帕森斯做出让步。如果帕森斯答应在下一季（1947—1948年）为杰克逊办展，并担任佩吉所拥有的杰克逊作品的代理商，那么佩吉将继续付给杰克逊每月300美元的工资，直到合同于1948年2月15日到期。当然，只要佩吉发放津贴，那么她就会坚持最初的合同安排，即所有杰克逊的新作都归她所有，杰克逊只能选一幅留给自己。为了让条件看起来更诱人，也为了激励帕森斯能更尽力地为杰克逊谋利益，佩吉提出让帕森斯以自己认为合适的方式出售新作品，并保留全部佣金。不过，早期作品由佩吉来定价，而且所有收益也由她保留。以佩吉的标准来看，至少这已经是个异乎寻常的慷慨提议了。帕森斯可以将杰克逊的画展出一整年，没有任何风险，以弥补一场画展的花费。

但帕森斯还是犹豫了。和库兹一样她很担心杰克逊这个狂暴酒鬼的臭名声。20年前，她因酗酒问题和第一任也是唯一一任丈夫离了婚，并逃离了黄金时期的好莱坞，因为“这里永远都是在狂喝滥饮”。由于害怕再次上当受骗，很显然她觉得应该谨慎行事，亲自到斯普林斯去探个究竟，看看杰克逊是否真像李声称的那样已经“安定下来”。

这次会面简直是两个截然不同的世界的碰撞：帕森斯容易紧张激动，是朗德·迈克伊芙尔小姐的女子精修学校毕业生，也是纽波特和棕榈滩的社交名媛；波洛克是亚利桑那州自耕农的儿子。生于西十七大道四十九街的家族豪宅里——房子后来被推平，为了

贝蒂 · 帕森斯

建造洛克菲勒中心——帕森斯是新英格兰贵族禁欲主义和南方挥霍享乐风气的不稳定混合体。她的父亲是华尔街经纪人，也是耶鲁大学第一任校长的后裔，在 1929 年的经济衰退中破产；其母是来自新奥尔良的美人儿，血液里流淌着的法国人活泼而欢乐的性格特质。——“感谢上帝创造了法国人！”帕森斯感叹道——她如饥似渴地阅读，喜欢吃早 546 
餐时喝冰镇薄荷酒。伊丽莎白 · 皮尔森 · 帕森斯继承了父亲的严谨和母亲的渴望。青春期在社交舞会和女子精修学校度过，她设法混进了拉什莫尔山的雕塑家格桑 · 博格勒姆的培训班。早年她和斯凯勒 · 利文斯顿 · 帕森斯的婚姻维持了 3 年，之后以离婚告终，这是她家族史上第一桩离婚案。（她的祖父对离婚恼怒不已，将她从遗嘱中除名。）对帕森斯来说，婚姻破裂简直是天赐良机。她不仅摆脱了酗酒成性且有同性恋倾向的前夫，还得以追求毕生的两大挚爱：艺术和女人。

和很多其他人一样，贝蒂 · 帕森斯在 13 岁参观 1913 年军械库展时经历了某种艺术顿悟和启发。八年之后，她离婚后搬到了巴黎，和阿尔伯托 · 贾科梅蒂同班学习雕塑，并加入了一个包括格特鲁德 · 斯泰因，爱丽丝 ·B. 托克拉斯，莎拉 · 墨非，亚历山大 · 考尔德，曼 · 雷，野口勇，哈特 · 克莱恩，马克斯 · 雅各布，特里斯坦 · 查拉，哈利 · 克罗斯比等在内的侨民圈。她颧骨很高，头发又短又直，臀部瘦窄，还有“达 · 芬奇式的前额”，让她看起来像一尊精心制作的装饰派艺术风格的雕像。走在大街上，人们常把她误认成另外一位同时代的典型女性：葛丽泰 · 嘉宝。“当你看着贝蒂时，你会看到一种斯芬克斯式的神秘和嘉宝式的冷漠，”索尔 · 斯坦伯格说。1933 年她返回美国并搬到加利福尼亚州，在那儿，她遇到了嘉宝本人以及玛琳 · 黛德丽等其他影星，并与她们结为好友。回到纽约的家中之后，她又将玛莎·格雷厄姆和埃莉诺·罗斯福介绍进她显赫的女性朋友圈。

在斯普林斯时，帕森斯和波洛克小心翼翼地回避着彼此。杰克逊那有如定时炸弹一般的坏名声让她畏惧。“他的整个节奏或是敏感或是狂放，”她说，“你从来都搞不清他会吻你的手还是朝你扔东西。”她“喜欢他的相貌”——他的活力，他“魁梧的身材”——并觉得他比去年巴奈特·纽曼在一次聚会上把他介绍给她时看起来高了些。杰克逊阴郁
547 的反复无常和过分发达的男性身材都让她精神紧张。“贝蒂对什么破事儿都紧张兮兮的，”杰罗姆·卡姆罗夫斯基回忆说，“她是个社交界贵妇。”

正是帕森斯身上的这种“社交界贵妇”气质让杰克逊不安。她那“连珠炮式的紧张兮兮的笑声”和“小女孩似地真诚而细嫩的声音”，和她的社会名流背景有点矛盾。杰克逊也知道她的同性恋倾向，根据他的朋友哈利·杰克逊的说法，杰克逊感觉受到了威胁。然而最终，她对他的艺术的崇拜让杰克逊态度有所缓和，以她浪漫而文学化的眼光来看，他的艺术反映了美国西部广袤而开阔的空间。即便是他带她到工作室去参观新创作的“滴画”（那时他还没把这些作品叫作“滴画”），她也会用那紧张而尖细的笑声恭维他，这种笑声至少听起来是不无欣赏和喜爱的。“贝蒂奉行这样一条原则，如果你无法理解一件作品，那它很可能是好东西。”帕森斯的好友兼画廊投资人海达·斯特恩回忆说，“因为人们很少会喜欢上新事物。”意识到帕森斯是自己作品的唯一买家，杰克逊在接下来的整个周末时间里展示了他最富魅力的一面。“他拉着她的手，巧妙地讨价还价，为了上位竭力推销自己。”哈利·杰克逊回忆说，“他不仅仅是在启发她，他简直是在求爱。”

这些努力奏效了。回到纽约后，帕森斯接受了佩吉的提议。五月，佩吉已将文件起草好——这些正式手续让帕森斯有些意外，她本以为只要口头上有约束力的合同就够了——两个女人签了合同。然而谁都没能高枕无忧。在斯普林斯，杰克逊发着牢骚。说帕森斯不像佩吉那样“有容忍力，”而且“作为一个画商也不够有执行力”，并抱怨自己被关在整个交易过程之外。“我又不是奴隶，”他对罗杰·威尔考克斯抗议说，“他们不能就这样把我卖了。”而帕森斯也对新合同颇有戒心，迟迟不肯和他单独签约，这激怒了杰克逊。尽管对他的艺术充满热爱，但是她不免觉得佩吉像扔垃圾一样把他“丢给了”自己，“因为没人愿意冒险去给他办展。”反过来，佩吉对杰克逊和帕森都保持提防。由于分道扬镳之际还心存疑虑，她叫詹姆斯·约翰逊·思维尼替自己留心二人的动向。

1947 年 5 月 31 日是个星期六，这一天快结束时本世纪艺术画廊最后一次关闭了大门。基斯勒的革命性独创，多功能椅子被拍卖，超现实主义展馆的曲面型桉树墙画被卖给富

兰克林·西蒙百货商店，里面的作品被放进储藏室，仅带着她的两只拉萨狗，佩吉动身去了威尼斯。她再也没见过杰克逊，也没和他说过话。

到了在斯普林斯度过的第二个夏天，李就已经把一天的日程安排得十分妥当了。一切安排都以杰克逊的需要为中心。早上他醒来之前，李就已把房间打扫干净，并料理好花园——她小心翼翼地摘下电话听筒，这样来电声就不会吵醒他。客人们，尤其是那些在她的波西米亚式生活时期就认识她的人，都对她过度整洁的房子惊讶不已。（夏洛特·帕克讥笑说，“可能这就是杰克逊为什么会酗酒的原因。”）用过早餐后，杰克逊会在一点左右退隐于谷仓里，李开始负责接电话。她保留了一份名单——收藏者、画商、艺 548
术家、朋友——这些是她经常保持联系的人。如果杰克逊有问题要问帕森斯，她也会把问题列入电话名单里。“杰克逊害怕给自己的画廊打电话，”一个朋友说，“不管是为了要一百美元还是看看画是否卖了出去。对他来说，表达和坚持自己的想法和意见是件很难的事情。”这对李来说却轻而易举。她很喜欢各种日常操作和生意交往。“生意经流淌在她的血液里，”梅·罗森伯格说。清闲的一天里，打完电话之后，她有充足的时间在花园里继续工作，购物，准备晚饭，或在夏天晚些时候把食物罐装和储存起来，为了冬天享用。无论怎样，她总是会在五六点钟把一切准备好，然后杰克逊从谷仓里出现，喝上一杯啤酒，再去海滩散步。在那儿，天色渐晚，到了晚饭时间，他们会同威尔考克斯一家、马塔一家或是罗森伯格一家一边交谈，一边共进晚餐，这些人在李看来都是“安全的同伴”。

李还会未雨绸缪，尽可能地提前把夏季周末到访的客人都安排满。最安全的客人当时是斯黛拉，她在春夏两季来过几次。她认为杰克逊新创作的滴画作品是“一流的”——她还用这个词来形容他的花园。另一位获得李认可的客人是伊丽莎白·赖特·哈伯德。她带着“重重的霍克白葡萄酒，留着乱蓬蓬竖起的头发，身穿脏兮兮的黑色连衣裙，”她会突然到访，带着她吵闹不安的家人来斯普林斯过周末。杰克逊一如既往地喜欢有孩子在身边。“他把我领到谷仓里，给我看他靠墙摞在一起的画，”当时只有十岁的莫雷·哈伯德回忆说。当莫雷问道，“你为什么要把颜料洒得到处都是啊，傻瓜？”杰克逊笑了。“他喜欢我们的原因之一是，”哈伯德的女儿小伊丽莎白说，“我们对绘画一窍不通。”另一位安全的客人是鲁丝·斯泰因，李的姐姐，她是同丈夫威廉和12岁的儿子罗尼一起来的。两姐妹之间已经疏远多年，但杰克逊对鲁丝的喜爱压倒了家庭不和。“那段时间他是个非

549

一个斯普林斯的夏季午后，约 1948 年，和盖普以及杰克逊的宠物乌鸦呱呱（落在李的头上）在一起

常棒的主人，”鲁丝回忆说，“我们都不想回家了。”

不管客人何时到达，李总是在厨房里忙碌。她自学了斯黛拉的厨艺。“这是典型的美式烹饪，”罗纳德·斯泰因回忆说，“焖烧牛肉，肉汁，填馅，土豆，色拉。”对于吃着犹太－乌克兰菜谱长大的鲁丝来说，中西部的食物带有一种异域风情。杰克逊偶尔会挤进厨房烤个馅饼——“但要在他心情好的时候，”斯泰因说，“有时他也会帮忙擦干盘子，但是通常他会把一切都交给李打理。”

他们共同生活的方方面面都奉行着这一规则：妇唱夫随，除非偶尔杰克逊主动直抒己见。“李包揽一切，”斯泰因回忆说，“有问题出现了，杰克逊会说，‘是的，我们要把抽水马桶修一修，’李不会提出反对，然后马桶就修好了——接着李又回去忙展览的事了。”办展意味着重塑世界，一切服务于杰克逊的需要，尽可能减少他的焦虑，将其创作时间最大化。她根据他的情绪来引导客人，告诉他们何时以及如何接近他。“她会说，‘你可以这样去问他，可以谈谈这个，说说那个，’”斯泰因回忆说，“她通常是对的。”他们是完美的一对搭档：杰克逊去创作，李为他创造条件。“在那些日子里，这就是我们认为我们必须要做的——精心培育。”帕斯第·苏斯凯特说，“好吧，这是一种受虐，但为了培养出一个海明威或波洛克，这一切还是值得的。”

克莱门特·格林伯格是另一个常客。他后面总是跟着一个年轻的女朋友，他会陪波洛克夫妇去海边，或和杰克逊一起骑车去东汉普顿。在他到访的那年春天里，他带着杰克逊和李去靠近海边的大型“农舍”里观看了米罗的私人收藏作品，当地人把这一地区叫作“城市开发中心”。每次参观后，不管早晚，格林伯格和杰克逊都会回到谷仓看画，探讨“杰克逊艺术的未来走向。”格林伯格毕恭毕敬，但态度坚决。“我会直说一幅画或好或糟，或者一幅画的某一部分或好或糟，”格林伯格回忆说。“这是我唯一的谈话方式。”杰克逊专注地聆听，之后他会带朋友们穿过工作室，并自豪地指着画作说，“克莱姆喜欢这幅，克莱姆喜欢那幅。”

一段开始于利益需要的关系却发展成了真挚的友谊。对格林伯格来说，杰克逊的陪伴消除了他在《党派评论》那群人中一直感受到的不安全感。格林伯格讲话缓慢而生硬无趣，当有善于表达的说话者在场时尤其如此，因此他发觉杰克逊是个毫不苛求的理想听众。他被杰克逊的不苟言笑和阳刚气概所吸引——完全不同于自己那种喜欢吹毛求疵，充满戒备的装腔作势之态：如此直率，没有任何心机与算计——如此典型的美国气质。和李·克拉斯纳一样，格林伯格的大部分成年时光都是在竭力逃避过去。“哪个头脑正常的人想当犹太人？”他会反问道。他出生于布鲁克林的一个立陶宛和犹太裔家庭，同时学会了意第绪语和英语。他全家曾短暂地住在弗吉尼亚，接下来的有生之年里，他说话
一直带着那种在弗州习得的——虽然不完全令人信服——有教养的南方口音。大学毕业 550
后，他拒绝加入成衣和纺织品批发的家族生意，“看似无所事事地”在家待了两年半，自学拉丁语、法语、意大利语和德语。最终他妥协了，短暂地为其严厉而难以通融的父亲工作了一段时间，后来他发现，“我做生意的欲望实在没能发展成一个爱好。”

打那以后，格林伯格和过去的斗争在强硬的男子气概，以及对马克思主义的热忱中表现出来，1936 年离婚后，这种矛盾更体现在他的厌女症倾向上。佩吉·古根海姆动身去欧洲之前，在她公寓里举办的派对上，格林伯格的“高谈阔论”激怒了马克斯·恩斯特，后者拿起一个塞满烟灰和烟蒂的大烟灰缸就朝格林伯格秃顶的脑门上扔去。在未出版的回忆录里，梅·罗森伯格记录了这个事件：

> 克莱姆跳起来掐住恩斯特的脖子（恩斯特的身材几乎只有克莱姆的一半，且他的年纪更大）。他本来可以得手的，因为恩斯特正被自己讲的笑话逗得喘不过气来。然而尼古拉斯·卡拉斯（他很年轻，身材瘦高纤细，面容英俊，心理脆弱）抡起拳头给了克莱姆重重一击——让所有人都意外的是——居然打中了！也许是克莱姆没站稳，否则这太令人难以置信了，因为尼科的拳头也许只能把一个婴儿击倒。不管怎么说，现在是尼科怔怔地盯着坐在地板上的克莱姆，后者几乎快钻到钢琴底下去了。恩斯特和其他客人笑得前仰后合，而克莱姆带来的女孩儿吓坏了，她把几片阿

> 司匹林塞给还处在恍惚眩晕之中的克莱姆，并递给他一杯水。他按吩咐把药吞了下去，几秒之后他开始大叫，称自己对阿司匹林过敏，现在他无异于是被下了毒！

“克莱姆的女孩们”通常都是活泼天真的非常年轻的女孩，她们愿意为纽约艺术圈的入场券出高价。“我对这个男人充满敬畏，而且被他身边的那些人震慑住了，”其中一个女孩回忆说。不过对于这种震慑感，格林伯格要价高昂。“他总是吓唬我，”那几年里和格林伯格约会的菲力斯·弗雷斯说。一次他在派克大街的水沟里发现一只半死的老鼠，“他抓住老鼠的尾巴将其拾起，然后在我面前晃来晃去，”弗雷斯回忆说，“我当然尖叫着跑开了，但是他拎着老鼠在后面追我。他有严重的施虐倾向。”

格林伯格的生活和批评里一个常见主题就是挑衅。“被所有人攻击是个好兆头，”他说。“如果你对多数意见都不持反对态度，那肯定出了什么问题。”正是同样爱挑衅的本能起初吸引着格林伯格去关注杰克逊那引发巨大争议的艺术。“他绝对是有托洛茨基主义综合征，”弗雷斯说，“他不喜欢任何大众流行的东西。他一定要找到一种让人震惊，人们彻底反对的东西，那才是他会喜欢的。”在格林伯格眼中，他和杰克逊是结成伙伴的破坏分子。

格林伯格的关注进而让杰克逊受宠若惊。克莱姆上过大学，会说几门语言，对文学似乎有着百科全书式的渊博知识，讲话时掷地有声，信仰坚定，至少在杰克逊面前是这
551 样的。作为一个高中辍学生，杰克逊对书本知识和学问的尊敬根深蒂固，也许可以追溯到鲁瓦·波洛克那个装着玻璃门的书架上去。他的很多朋友觉得，这种尊敬也许有些过头了。“他是个乡下孩子，对大城市和东海岸激进的犹太知识分子敬畏有加。”保罗·勃拉克说。当格林伯格发表意见时，杰克逊从不当面挑战他，甚至在格林伯格不在场时，他也生怕反驳和冲撞到他。弗里茨·布特曼回忆起一次和杰克逊聊起神秘主义——这是格林伯格深恶痛绝的话题——之后杰克逊还觉得有必要提醒一下，“不要对克莱姆提一个字”。

尽管“对格林伯格的一切话都专心倾听，”一位朋友回忆，杰克逊从未真正理解格林伯格的理论——正是这些理论奠定和巩固了他在20世纪艺术等级排位中的位置。在众多朋友中，米尔顿·雷斯尼克是唯一一个意识到一个事实的人，即格林伯格的思想“对杰克逊来说一直是个谜”。“他无法把握这些理论，”雷斯尼克说，“平面性，立体主义空间，格林伯格的所有这些说法根本没有被领悟和消化。如果他对你诚实以待，如果他觉得能和你敞开心扉，他会直言自己真正理解的东西少之又少。”当然重要的是，无论是格林伯

格还是杰克逊，他们都不在乎杰克逊是否真理解了。启蒙并不是最关键的。他们各取所需，无须多言。“杰克逊从来就不是个无聊的人，”格林伯格曾说，“他没必要为了让自己显得很有趣而滔滔不绝。”

杰克逊也不失时机地对这段新的友谊加以利用。

1947 年，菲利普·加斯顿获得了古根海姆研究基金，杰克逊对这个消息愤愤不平，他写信给约翰·梅尔，询问关于如何申请此奖的信息。9 月和 10 月期间，他卖力地起草了一份申请声明。短短的两段话虽然不是出自格林伯格之手，却无不渗透着他的思想和评论技巧的影响。在对杰克逊一月展的评论中，格林伯格宣布“‘架上绘画的历史终结’”。(“波洛克指明了一条超越画架，超越可移动的画框的道路，也许是一条通往墙画的道路——也许不是。”）在声明的第一句话里，杰克逊在格林伯格停下的地方展开：“我意欲创作出介于架上画和墙画之间的可以移动的大型画。”作为格林伯格对古根海姆墙画的赞美的呼应，杰克逊自豪地宣称，“通过为佩吉·古根海姆小姐创作了那幅放置在其公寓里的大型画，我在这一绘画类型里开创了先例。”和格林伯格的评论一样，杰克逊的声明蕴含着正在萌芽状态中的艺术史的意味。“我认为架上画已成为一种将死的形式，现代情感的趋势正朝墙画或墙画发展。”不过，为了显得不至于过于激进，声明以一句谦虚的注释结尾，“我认为从架上画到墙画的完全过渡来说，时机尚未成熟。我通过深思熟虑创作出来的作品还处于半途状态，仅是一种指明未来方向的尝试，还远未到达终点。”

哈罗德·罗森伯格帮助杰克逊撰写了另一份声明，这一份是为《可能性》(*Possibilities*) 552
的首期而作。这是一本由罗森伯格和罗伯特·马瑟韦尔共同编辑的评论杂志。和古根海姆申请信相比，这篇文章比看起来更像是出自杰克逊之手，但是格林伯格的影响仍然可见。

> 我的绘画并非源自画架。我几乎很少在作画前将画布铺开。我喜欢把未展开的画布定在坚硬的墙面或地板上。我需要坚硬表面的阻力。在地板上我更自在些。我感觉这样更接近画面，甚至成为画的一部分，这样的话我就能在画布周围走来走去，可以在画布四面创作，差不多就是身处画中。这和西部印第安沙画画家的方法很相近。

古根海姆学者奖的申请被拒绝了，《可能性》只发行了一期之后就彻底停刊。但是在这个过程里，杰克逊通过与格林伯格的接触掌握了相关思想的一套基本词汇，他对这些思想似懂非懂，并将其高度简化，这套词汇将在他未来十年里的公开声明中频繁出现。

在著名英国刊物《地平线》（*Horizon*）中，格林伯格终于能畅所欲言，发出自己的声音。这是一个嘹亮的号角，即便是以格林伯格自己的标准来看，这个号角也吹得有些傲慢和目中无人：马蒂斯不像塞尚那样“冷静而实际”——尽管后者有点“妄想症”；美国艺术一直沉溺于“畸形和精神错乱的作品”；只有毕加索的立体主义作品是伟大的；康定斯基在“发现灵性”时就发疯了。所有伟大的主题都是逐渐展开的。“波洛克的力量在于其图像显著而突出的平面……那种厚重、煤烟色的扁平性开始——但仅仅是开始——成为晚期立体主义的强项。”“正是它的物质主义和实证主义……让他的画成为西方最先进和最有希望的艺术。”但无论对艺术还是对人，令格林伯格最着迷的还是美国和美国性。他对莫里斯·格雷夫斯、马克·托比不屑一顾，认为他们“过于狭隘，以至于失去了趣味性”。他宣布最终裁决：“当代美国最有力量的画家，唯一一位有希望成为重量级画家的人……［是］杰克逊·波洛克。”为什么？因为“［他的艺术］蕴含的感情［是］完完全全美国式的。我们可以邀请福克纳和梅尔维尔来做这种本土的暴力、愤怒和强硬的见证人”。最后，格林伯格提出，美国雕塑家大卫·史密斯的艺术“和波洛克的艺术一样，可以称得上是一流的”。格林伯格的结论是，波洛克“将我们从为美国艺术充满歉意的窘境中解救出来”。

两月之后，《时代周刊》用一篇题为《最好的？》的专栏文章，以轻蔑的口吻报道了格林伯格的宣言。通过将格林伯格的几段溢美之词同他挑选的三位艺术家的小幅画作放在一起，杂志的用意得以巧妙地传达，这三位艺术家是：波洛克，史密斯和汉斯·霍夫曼。“美国存在好的绘画艺术吗？”文章的开始问道，“英国的高端精英杂志《地平线》把美国扫了一遍，发现了三条透射过来的光束。‘美国最有力量的画家，’曼哈顿评论家克莱门特·格林伯格写道，是创作了这幅作品的杰克逊·波洛克。”之后附上的《钥匙》的复
553 制画，并非像后来的报道那样被印颠倒了，而是被缩小成长 1.5 英寸，宽 2.5 英寸的黑白模糊图片，好像画原本就这样似的。

在帕森斯画廊的第一场画展之前的一个月，杰克逊感觉比任何时候都强大——无论是在身体上，感情上，还是在创造力上。斯黛拉于圣诞节拜访了斯普林斯之后，给弗兰克写信说：“杰克正忙着全力以赴地准备［1948 年］1 月 5 日的画展，今年他创作了不少

一流作品。他们夫妇俩状态很好，离开城市对他们还是很有好处的，他们对新家也很满意。”家庭生活的快乐转化为工作室里的自信。整个夏季和秋季以来，他的画尺寸越来越大，越发复杂，且更加大胆。很快，杰克逊铺在地上的画布太大了，跪姿已经无法应付。俯视画布，在其周围操控作画过程，一手泼洒颜料，另一只手擎着颜料罐，这一切需要一整套新的流程和动作。他还开始对网状图案的密度和质地进行尝试，从《北斗七星的反光》（*Reflection of the Big Dipper*）中开放的线条到《突变》（*Sea Change*）密不透风的丛林。他发现他可以像《漩涡》中那样把线条画成环状，也可以像在《磷光》（*Phosphorescence*）中那样将线条放直，仿佛一层松针。他可以像在《流星》（*Shooting Star*）中那样把线条轮廓分明地刻在颜料基层上，也可以像在《大教堂》（*Cathedral*）那样任其彼此相互渗透，融入到画布里。他对画材进行创新性试验，采用沙砾、钉子、方针、纽扣、钥匙、梳子、香烟或火柴来制作画的表面纹理，并用金属铝颜料，让画作的表层更生动和丰富。（后来格林伯格派的评论家们对这种游戏似的试验大肆渲染，认为它们提供了现实主义的内容，但并未违反禁止诉诸具象图形的原则，或是制造出具有深度的幻象，但并未妨碍图像平面的完整性。）他还开始尝试用瓷漆——常用的房屋涂料——他可以在路边丹·米勒的店里大量购买，比油画颜料要便宜得多。

到了十二月，杰克逊已经完成了画展的所有作品，并邀请他的邻居拉尔夫·曼海姆和玛丽·曼海姆来工作室为其作品的命名问题出谋划策。（至少有一幅《大教堂》已经定好了标题，如果不是按照格林伯格的思路命名的，至少也是获得了他的完全认可。在《地平线》的评论文章里，他曾将杰克逊画作中的神韵同宏伟的哥特式大教堂的风采相提并论。）曼海姆，一位法国和德国文学翻译，则毫不意外地倾向于使用充满浪漫气质和文学色彩的标题，如《迷人的森林》（*Enchanted Forest*），《路西法》（*Lucifer*），《磷光》，《魔灯》，《突变》，《五英寻深》（*Full Fathom Five*）和《水漾小路》。根据李的说法，杰克逊双臂交叉站在一旁，似乎对大家的认真态度和崇拜颇为享受，他并不介入讨论，只是静静地“对［别人提议的］标题否认或赞同”。

开展前的一周，杰克逊和李一起回到纽约，在李的姐姐鲁丝·斯泰因第五大道下街区的家里住了一段时间。开幕前夕，杰克逊难以入睡，和鲁丝聊到深夜。“他有一种让你觉得自己就是不二人选的天赋，”鲁丝回忆说。而鲁丝·斯泰因也有着自己的天赋；她从祖母那里继承了超自然力量。不止一次，她那洞穿一切的洞察力都让杰克逊惊讶不已。那 554
晚，“他想知道自己艺术生涯的未来，”她记得，“我能从他身上预见到什么，以及他会不

《大教堂》，1947 年，用油画颜料和铝粉涂料在画布上作画，$71^{1/2''} \times 35^{1/16''}$

会成功。”鲁丝把杰克逊的大手放在膝上，专注地循着深深的掌纹仔细观察。“有一天你会名噪一时。”她对他说。杰克逊大笑道，“我应该在画展上设个摊位，你给所有人都算算命，这样的话，就算我的画卖不掉，至少还能从你那儿赚点钱。”“我们都笑了，”鲁丝回忆说，“但是他却信以为真。上帝啊，他真的深信不疑。”

如果以杰克逊的期待作为衡量标准的话，这场画展是个巨大的失败。没人知道该对这些乱糟糟的一团网状图案作何评价，很多图案还用铝装饰，在帕森斯空荡荡的无窗画廊里闪闪发光。《纽约客》的评论员罗伯特·寇特兹哀叹道：“有时完全无法交流。”开展之夜到场的寥寥几位客人在纯木质底板上来回踱步，有些人非常不满，（海达·斯特恩认
555 为作品“过于狂放不羁”）；其他人则绞尽脑汁想说点什么［另一位画家约瑟夫·格拉斯科则只会重复说着“激进、激进、激进”这个词］。如果有佩吉在场，她那难以抗拒的个人魅力、洋溢的热情和毫不羞怯的自吹自擂可能会拯救这个夜晚和这场画展，然而帕森

斯可不是佩吉·古根海姆。佩吉像个政客那样斡旋于人群之中，而帕森斯则徘徊于人群边缘，冷淡而略为羞怯，“宛若一个守护在侧的女祭司”。佩吉会竭力挖掘潜在的买家，而帕森斯似乎有意避而远之。“收藏家不敢向她询价，”她旗下的艺术家之一赫伯特·费伯回忆说，“因为看起来她似乎并不是真想把画卖出去。”毫无疑问，杰克逊听闻了帕森斯放任不管的态度——“我给他们提供了展出场地，”她说，“剩下的就靠他们自己了。”——但是眼见自己的新作首次亮相就被泼了冷水，这显然还是难以忍受。尽管整个开幕式从头至尾他都保持着紧张而清醒的状态，然而最后一位一脸困惑的客人刚刚离开，他就和家人及数位好友冲向阿尔伯特客栈的酒吧。三轮双份的波旁威士忌过后，他一把抓过阿尔玛·波洛克的帽子，将其撕得粉碎。

评论家评价画展的言辞就没那么悦耳了。四年前杰克逊的首展之后评论界对他一直以来的容忍似乎就在一夜之间消失殆尽了。“无足轻重之作，”《艺术新闻》杂志的评论员说道，“是对托比的精细白色画的误入歧途的呼应，”除了“压倒性的能量”和“单调的紧凑”之外别无他物。寇特兹在《纽约客》里对杰克逊作品中“巨大的能量”给予了蹩脚的赞美，甚至高度评价了几件小画幅作品，不过寇特兹对如《路西法》、《北斗七星的反光》和《大教堂》这样的大多数主要作品的结论却是颇为严苛的：“仅仅是能量的无序而混乱的喷发，因此毫无意义。”在《艺术文摘》里，阿隆佐·兰斯福德甚至对其冷嘲热讽，自帕克·泰特勒提及“烤通心粉”之后，人们就再没听到过这种充满讽刺的语气：

> 波洛克目前采用的方法似乎是一种自动主义技法；显然他在目不转睛地凝望空中时，不慎将一只蘸满颜料的画刷掉在了画布上……凭借着大量的铝粉涂料，一个多彩而令人激动的画面形成了。可能这还导致了自米开朗琪罗手绘西斯廷教堂以来最严重的颈痛。

只有克莱门特·格林伯格立场坚定，不但重申他对波洛克的大力支持，这种支持引起很大争议——“[这场画展]代表着迈出的另一大步”——而且还对那些持不同意见的缩手缩脚的评论者们的判断和诚意提出质疑：“[波洛克的]新作[只]对那些并未和当代绘画保持真诚交流的人来说是一个谜。”他的文章用了很多烹饪词汇做比喻（铝粉颜料产生“一种油腻的过熟效果”；这一波洛克艺术生涯的新阶段需要进一步的“消化吸收”），和琐碎挑剔的批评（“作为一个注重色彩的艺术家的弱点”）；以及没有根据的尖刻的对比和区分［《哥特式》“在风格、和谐性和逻辑必然性这些方面和他新近最好的作品相比略逊一筹”；《迷人的森林》（*Enchanted Forest*）“和《大教堂》相似，但是在力量上差了一些”］，是具有典型的格林伯格式辩论风格的评论。在提及几个熟悉的主题（“在当今时代，绘画
556 艺术越来越拒斥画架，日渐向墙画靠拢”）之后，格林伯格语出惊人，以颇具煽动性的话语结尾：“总有一天，波洛克会成为［可以和约翰·马林］匹敌的20世纪最伟大的美国画家——没有任何其他美国画家创作出这样独特的作品。”

但是格林伯格的主导主题是发展中的艺术史。在这篇评论里，他比以往任何时候都更加卖力地试图将杰克逊纳入到合理发展中的现代艺术的时代精神。“自蒙德里安以来，还没有谁［像波洛克那样］把架上画发展到这么远的地步。”格林伯格认为《大教堂》是画展中最有力量的一幅，他写道，“［它］让人想起1912至1915年立体主义时期毕加索和勃拉克的杰作之一。”通过把杰克逊和这两位现代主义的顶梁柱联系起来，格林伯格巧妙地回应了批评他支持波洛克的那些人。没人怀疑蒙德里安、毕加索或勃拉克这些天才；没人会质疑分析立体主义的革命性意义。毫无疑问，平面性是现代主义的梦寐以求的目标，按照格林伯格的说法，这一目标的达成现在落在了杰克逊·波洛克身上。总之一句话，他就是毕加索的合法继任者。

然而为了让这一主张更令人信服，格林伯格不得不提出，杰克逊的突破是他埋头于分析立体主义理论和实践中的结果，杰克逊曾和毕加索展开了艺术和思想方面的对话，他一直沉浸在被格林伯格称作绘画的“修行和熏陶”的状态中。“正是波洛克的作为画家的修养，使得他对［这种］［强调画面平面的］趋势具有高度的敏感性和容纳力，”格林伯格坚称。

在数次拜访斯普林斯后，格林伯格心里一定清楚，这样的断言是站不住脚的。杰克逊对毕加索的主要兴趣并非是在其分析立体主义风格的作品上，而是在20世纪20年代和20世纪30年代时的分隔主义绘画上。杰克逊绘画中那些被格林伯格同毕加索、勃拉克和蒙德里安的遗风关联起来的方方面面——克制的色彩，浅窄的空间，和满幅构图——并非杰克逊直接得来的，也并非受了什么“地位显赫”的艺术家的启发（如托比），或者根本就没有什么源头可以追溯。他和艺术巨匠之间的“对话”很大程度上都是格林伯格自编自导的独白。杰克逊曾和几位朋友坦承，他既不理解也不关心什么分析立体主义。他的作品有着完全不同的创作源头。除了格林伯格之外，唯一有可能让杰克逊意识到滴画具有某种立体主义关联的人就是李·克拉斯纳，不过李认为两者毫不相关。

（据李说，杰克逊后来告诉他，李“并不认同”格林伯格关于杰克逊艺术的理论——尤其是他将杰克逊指认为“晚期立体主义者。”）

然而，格林伯格感兴趣的不是事物的过去，而是其未来的走向。只要能服务于他关于现代艺术进程的宏大视野，事实是无关紧要的。杰克逊并不是一个追求历史精确性的人，再加上对格林伯格给予的支持的感激，他欣然配合着对方。这样他的愿景也就超越了事实。

尽管画展受到恶评，但这还不是最糟糕的。2 月，佩吉最后一张 250 美元的支票寄到了邮箱里。杰克逊已经和帕森斯签了明年的合同，为期 1 年，但是合约里没有关于每月 557
津贴的条款。也没有任何从 1 月画展中拿到“额外收入”的可能性。销售情况颇为惨淡。杰克逊那些惊世骇俗的新作让多数收藏者和评论者们“觉得他们的猫猫狗狗也许能画得更好”。（一个让人难堪的反差是，一位名为瓦尔特·菲利普的前杂耍演员同时在艺术家画廊举办了描绘小丑的水粉画画展，作品在展出首日就卖光了。）到闭幕为止，杰克逊的画展仅卖出两幅画，不包括卖给比尔·戴维斯的那一件，后者在游历欧洲时曾安排李为他挑选和预留作品。但是确定卖出去的画作寥寥无几。按照旧合同条约，所有收益都归佩吉所有。

离佩吉最后一笔工资发下来的时间还有不到一个月，波洛克夫妇已接近赤贫。为了节省煤炭，他们一次性把房子里的一层房间取暖，白天把楼上封闭，好把楼下的温度控制在尚可忍受的范围内。厨灶用的木材一捆要 21 美元，实属难以负担的奢侈品。天气转冷时，他们就干脆弃房逃回城市。又一次回到纽约时，杰克逊到东 19 街拜访了巴奈特·纽曼和他的妻子安娜丽。“他和巴奈特去了街角的新星市场，这样杰克逊就能兑现一张 10 美元的支票，”安娜丽·纽曼回忆说，“结果支票被拒付而退回了。”

回到斯普林斯之后，杰克逊试图通过其他方法养家糊口。为了支付斯普林斯杂货店的 56 美元的账单，他提出送给丹·米勒一幅画。米勒觉得每个人都有赊账的权利，就接受了这个提议——这让多数当地人以及他的妻子奥黛丽都很惊讶。当她拒绝把这幅画挂在房子里时，杰克逊又拿出三幅画供她挑选。米勒最终还是选了最初的那幅画，不过他把画挂在了商店办公室的墙上。（杰克逊去世后，他把这幅画以 7300 美元的价格卖掉了。）然而丹·米勒却是个例外。大多数杰克逊的债主都“不愿把赌注压在他的画上，”据一位邻居说。和很多镇上的人一样，他们认为杰克逊的遭遇虽值得同情，却也是在预料之中—— 一个疯子艺术家的命运残酷而多舛，这似乎是适得其所。

到了三月，形势已十分艰难，杰克逊不得不去找工作，这可是他自艺术项目结束后第一次去求职。李提出出去工作，然而杰克逊的自尊却不允许她这么做。他“对这件事非常介意，”据李说。他找到朱利安·列维，想在他的母校求得一个教职，后者在艺术学生联盟里任教多年。列维对其遭遇充满同情，但是解释道，“鉴于杰克逊的行为，不会考虑他的请求。”当杰克逊转而向老友彼得·布萨求助时，得到的回应仍然是拒绝，后者其时在库伯联盟学院教书，这个学院也是保守派的阵营。“我在上课时他来见我，”布萨回忆说，“他说他想教书。我四下看看课堂上的学生——他们的所学和杰克逊的东西完全不是一回事——说道，‘你能在这里教些什么鬼东西呢，杰克？’他一言不发。他知道我是对的。所以就转身离开了。”绝望中，杰克逊又找到约翰·利特尔，利特尔战前靠设计布料大发横财，他一直保密，不向李这样的托洛茨基派朋友透露关于工厂的半点风声。“杰
558 克逊找到我说，‘也许我能干些织布的活儿，’”利特尔回忆说。然而一切仍未如杰克逊所愿。纺织厂开在蒙陶克附近，杰克逊和罗杰·威尔考克斯必须步行十二英里到蒙陶克去签约。（威尔考克斯的旧福特车已经报废。）他们觉得工作还过得去，一小时的报酬为一美元，但是工头不肯预付一笔钱给威尔考克斯修车。离开交通工具，这份工作不可想象，所以最后他们步行返回，仍然一无所获。

贝蒂·帕森斯同情杰克逊的遭遇，并尽其所能地从杰克逊大批画作中生出些钱来，以便让杰克逊有点收入。她一直在朋友中间大肆推销杰克逊，并敦促弗里茨·布特曼来帕森斯画廊参观，而布特曼继而又催促其姐姐穆里埃尔·弗朗西斯（Muriel Francis）去画廊看画。当新奥尔良人弗朗西斯—— 一个天生的经纪人和代理商——表现出对《流星》的兴趣，并有意在一月画展上购买此作品时，帕森斯立即给在威尼斯的佩吉写信，心痛而遗憾地向她汇报“波洛克夫妇身处的严重的经济困境”，并恳请她放弃卖画收益，以便波洛克夫妇能马上拿到钱，这样能“暂时帮助他们摆脱拮据的状况”。佩吉这样做的回报是，她可以拥有未来的某件作品，作为已售出作品的替换。在帕森斯提出请求后的一周，佩吉于 4 月 12 日发来一封措辞简洁的电报，同意接受这个提议。帕森斯和李都很惊讶，佩吉居然没提出附加条件。“[佩吉] 就这样消失得无影无踪了，”帕森斯说，“她要么幼稚至极，要么冷酷无情。”李不知道应该把佩吉归为哪一种人。“那种认为 [佩吉] 为杰克逊尽心尽力甘愿奉献的想法简直是异想天开，”她后来说，“她径自离开，让杰克逊陷入孤立无援的境地——这就是她最大的贡献…… [她] 道一声再会，然后指望你靠自己脱

离困境。”佩吉接受提议的两天以后，弗朗西斯用分期付款以几百美元的价格买下了《流星》，帕森斯急忙把支票给了波洛克夫妇。她没有从这笔钱里扣掉自己的佣金。杰克逊后来稍带夸张地将这段经历讲给一位采访者，“靠这幅画，还有我用脚趾从海湾里挖出的一些蛤蜊，我们坚持了一年。”

就在《流星》售出的那个月里，威廉·德·库宁在新伊根美术馆的首展开幕，并获得一致的好评和盛赞。突然之间，那些格林伯格，也只有格林伯格用来赞美杰克逊的话语，被大家用来追捧德·库宁：“对激情和技巧的异常专注……汹涌的能量……精湛的技艺……丰盈而艳丽。”几天之内，现代艺术博物馆就从画展上买走了一件作品，整个艺术圈开始了充满认可和赞誉的热切讨论。（在艺术家中间，德·库宁已被崇拜和尊敬了很多年了。）这场喧哗和骚动不可避免地又刺激了杰克逊的竞争意识。特别是在艺术事业停滞不前时，他很可能觉得本该照在自己身上的聚光灯已经移向他处。德·库宁画展结束后，在一个名为牡蛎养殖王杰克的海鲜餐馆里的聚会上，杰克逊“像一门上了膛的大炮一样冲进来，”艾索·巴齐奥蒂回忆说，“他对所有人都破口大骂，无论什么话都不能取悦他。 559
他用来贬损好友的方式是我前所未见的。每个人都吓得脸色惨白。我的意思是，有发生肢体冲突的危险。没人知道他会不会突然操起家伙朝你扔过来。”暴怒中的杰克逊朝阿希尔·戈尔基走过来，后者正斜倚着墙，静静地用一把经常随身携带的小折刀把铅笔削尖。当杰克逊迂回着走向他时，戈尔基“直视着他，仿佛在说，‘你给我小心点，’巴齐奥蒂回忆说”。杰克逊径直走到戈尔基透射出阴影的额头下，在其面前站定，用一连串的脏话对其大肆谩骂，主要矛头指向戈尔基的绘画。戈尔基拿起铅笔，身体前倾，继续削着，眼睛并未从杰克逊身上移开。每削一下，小刀离杰克逊的喉咙更近了一些。“对不起，波洛克先生，”戈尔基最后打断杰克逊说道，“你我二人是完全不同的艺术家。”有那么一刻，气氛十分紧张，两人互相对视，眼神紧锁住对方。“场面活像一出舞台剧，”巴齐奥蒂说。“他们都在试探彼此的底线。”直到比尔·巴齐奥蒂在人群中大喊一声，僵局才被打破，“杰克逊，你为什么不闭上你的臭嘴？”杰克逊就不作声了。

1个月之后，这群艺术家们将之前的明争暗斗暂时搁置一边，协同作战，去对付他们共同的敌人：艺术体制对美国抽象艺术的不断抵制。时至1947年10月，格林伯格在《地平线》杂志上注意到，美国的先锋艺术家们仍然“默默无闻，其声誉仅限于由一群狂热分子，迷恋艺术的不合时宜的怪人组成的小圈子内，这些人在美国被完全孤立，仿佛他们生活在旧石器时代的欧洲”。最近一件触犯到他们尊严的事情，就是波士顿现代艺术学院的院长詹姆斯·S.伯劳在解释学院将“现代”更名为“当代”的决定时作出的声明。这则声明实际上是对“现代”艺术的完整性和诚信的侧面攻击，他批评现代艺术“晦涩而虚无”，是故意行骗。早前在波士顿进行了抗议活动之后，一群由布莱德雷·瓦尔克·汤姆林领导，曾在帕森斯画廊参展的纽约艺术家们，开始鼓动其他纽约艺术家对他们给予支持。在斯图尔特·戴维斯工作室组织了会议之后，接下来的五月里他们在现代艺术博物馆策划了一场示威游行。杰克逊也在游行的艺术家当中，他们举着海报，公开谴责那些继续支持欧洲艺术和艺术家的反动艺术评论者和美术馆。令人沮丧的是，十年来杰克逊已经在艺术创新上突飞猛进，而艺术界的步伐仍然严重滞后。

自从搬到斯普林斯之后，夏天变成了杰克逊休养生息、恢复元气的季节。这和纽约的主导生活模式正好相反——冬季是多产的季节，而夏季则危机四伏——现在冬季成了空档期，主要活动包括处理画廊事宜，往返于纽约，冬夜漫长而寒冷。夏季逐渐成为乡间漫步，会亲访友和作画的时光。冬日赋闲的部分原因要归咎于那个画室。尽管冬季里他有时会在谷仓里创作，但是日照时间很短，各种不适感令人却步。而到了夏天，除了
560 极热的几天之外，谷仓倒是个荫凉安静之处，高高的天花板和从阿克卡伯纳克湾吹来的微风送来了清凉。无论面对什么样的危机，无论处于抑郁症恶性循环期的什么阶段，夏日的到来总能让杰克逊精神为之一振。

伴随着1948年夏初的是另一个明确的振奋人心的消息。6月中旬，他接到一封来自伊本·迪马李斯特信托基金委员会的信，信中宣布他已被选为第二年信托收益的受益人。1938年由来自匹茨堡的伊丽莎白·B.迪马李斯特创建的迪马李斯特基金会，致力于为那些“想要摆脱对作品的公开售卖的经济依赖”的艺术家们提供一笔单年度的基金。这笔奖金总额约为1500美元，不足以和佩吉提供的薪金相提并论，但至少可以应对下一年可能出现的经济困境。整笔基金分四次分发，第一笔于10月到账。在委员会信头所列出的名单中，只有一位有点印象：约翰·H.思维尼，此人显然是杰克逊最早的支持者詹姆斯·约翰逊·思维尼的亲戚。思维尼在促成杰克逊的这次本来看起来希望不大的当选中到底发挥了什么作用，不得而知。（据贝蒂·帕森斯说，思维尼“好不容易”说服其他人选了杰克逊。）一段时间以来，帕森斯都在竭力为杰克逊争取到一份补贴金，却没能成功，然而这个消息传来时，她还是很意外。在威尼斯和思维尼一直保持联系的佩吉·古根海姆可能为这件事做了铺垫，但是这笔奖金背后最有可能的推动力应该是李，她代表杰克

逊不厌其烦地暗中组织各种活动，这让她和思维尼也保持着经常性的联系。

对李来说，夏天无异于竞选季，这是一个充满战略性邀请，家中过夜的周末来客和各种社交活动和不动声色的宣传的时间。1948 年夏季期间，来访客人名单包括约翰·利特尔，贝蒂·帕森斯，弗莱德·霍克和珍妮特·霍克，巴奈特·纽曼，怀弗里德·祖格鲍姆和贝茨·祖格鲍姆，山姆·亨特和艾迪斯·亨特，詹姆斯·布鲁克斯和夏洛特·帕克，乔治·默瑟，当然还有克莱门特·格林伯格。可能就是在这个夏天，李听取了比尔·戴维斯的建议，邀请了林肯·科尔斯坦来过周末，后者是阿尔弗雷德·巴尔的密友。李还在夏季来此度假的越来越多的各色居民中深挖人脉关系，比如为《纽约时报》写文章的作家兼哲学家杰拉德·塞克斯和他的妻子布菲·约翰逊。“在我看来，”约翰逊说，“李是看中了我丈夫作为一名作家的身份，这对推销宣传杰克逊大有帮助。”同样，在一贫如洗的艺术家看来，剧作家乔·利斯和妻子米莉也是既有钱又有名的人。

尽管资金短缺，李总是能挤出点钱来做周末招待的费用（就像杰克逊总能弄到酒钱）。当有特别场合时——格林伯格到访——她会拿出珍贵的几美元，到德莱森市场去买几块牛排，这是东汉普顿的“上流社会”光顾的肉铺。当杰克逊在后院烧烤时，李在房间里忙着社交之夜的正经事——向大家展示贴满照片、评论和布告的文件夹。平时她十分谨慎，不会邀请客人来过夜，生怕打扰杰克逊的创作，但是访客从不间断。赫伯特·马 561
特和梅赛德斯·马特夫妇，以及古斯塔夫和维塔·彼得森夫妇在壁炉路租了一栋宽敞的房子，两个女人几乎每天都会在进城的路上接上李。下午晚些时候，忙完了工作室里的活儿后，杰克逊会去找赫伯特，后者正在这个地区拍摄一部关于亚历山大·考尔德的电影，或者步行至马特家的房子，与女人和孩子们在附近海滩上共度日落前的几个小时。到了周末，当古斯塔夫·彼得森从城里回来后，三对夫妇会驱车到东汉普顿一处海滩，男人会打扑克或玩 21 点，女人们则看着孩子们玩耍或游泳。为了逃避希特勒的征兵，彼得森于 30 年代末离开德国，他觉得杰克逊“具有浓浓的美国气质”。

这对杰克逊来说是田园般的闲适时光。“他和我们的孩子玩在一起，仿佛他自己就是个孩子，”维塔·彼得森说。

一天，这群孩子赤脚冲进杰克逊的工作室，他们的脚踩到一张还未完成的画布上，在画布上留下了沾着颜料的小脚印。“梅赛德斯和我吓坏了，”彼得森回忆说，“但是杰克逊只是笑了笑。他说，‘哦没事没事，不用放在心上。让他们进来好了，’结果脚印就成了画的一部分。”在海滩上时，杰克逊和孩子们会一起在沙子里玩耍，或一起搜集鹅卵石。“他自身有着一种温柔的气质，”彼得森回忆说，“一种会把孩子吸引过来的天真气质。”在平时的下午，当男人们离开时，他会坐在沙丘草上，讲述自己青年时代的故事，以及他给奶牛挤奶，沙漠中狩猎，跳火车，逃票乘火车，欣赏全国各地的风景这些经历。孩子和母亲们都对那只叫盖普的狗的神奇冒险经历特别着迷。

每天在工作室里，来自过去的那些意象会在想象中上演，在空中成形。

驱使杰克逊将女人视为母亲以及孩子视为兄弟姐妹的需要同样也塑造了他和男人之间的友谊。正如20世纪30年代时那样，他周围逐渐形成了一个形同兄弟的如家人般的朋友圈。这些朋友包括约翰·利特尔，杰克逊经常和这个英俊而彬彬彬有礼的南方人一起钓鱼，但两人很少交谈。当利特尔在附近买了一栋破旧不堪的斜盖式房子后，杰克逊开始渐渐对长达一年的艰苦的房屋翻新工作有了兴趣。还有罗杰·威尔考克斯，一个更加平易近人的同伴，他和杰克逊有着同样的习惯，喜欢长时间泡在酒吧里，一言不发地呷着啤酒。威尔考克斯还是杰克逊的威士忌酒的来源，所以到了1948年时，李已经禁止他来家里拜访，因为她坚信如果杰克逊只喝啤酒的话，不会那么快就醉倒。赫伯特·马特是个安静而令人舒心的伙伴，在那些慵懒的夏日午后，杰克逊常会兴冲冲地去找马特。马特当时年仅30岁，但是他身上那种欧洲人的冷静和瑞士人的沉默寡言像极了查尔斯，这使他看起来更成熟些，几乎有着一位父亲的特质。在马特去蒙陶克和东汉普顿为考尔
562 德纪录片海边取景的途中，杰克逊有时会担任向导和搬运工，他扛着重重的箱子和三脚架，很少问问题，多数时间都是一言不发地跟着马特穿过沙丘。

然而另一方面看，当哈罗德·罗森伯格在身边的时候，却很少有缄默的情况出现。“我从来没见过讲起话来这样妙语连珠、滔滔不绝的狂人，”欧文·豪说道，“过去我常会想，如果有一天我在访问他工作室突然倒地而死了，他会不会停下来？”身材高大、平易近人的罗森伯格用他的笑话和渊博得令人惊讶的评论迷住了杰克逊。杰克逊对谈话内容理解甚少，这对罗森伯格来说并不意外，因为根据罗杰·威尔考克斯的说法，罗森伯格相信大多数美国人，“尤其是异教徒”，“其追求知识的懒惰几乎到了文盲的程度”。不过他和杰克逊的关系从未到对知识孜孜以求的层面。根据梅·罗森伯格的说法，两个大男人很享受一起“做些男孩子喜欢的事情”，比如打扑克，钓鱼，扔石头。尽管腿有点跛，哈罗德还是参与到杰克逊自童年起就很喜欢的摔跤游戏中。“他们活像打闹中的小猫小狗，”梅回忆说。理性的罗森伯格和冲动而粗鲁的波洛克，这是一段奇特而完全让人难以置信

的友谊，但是两个人的幻想都通过这种关系得到了满足。“哈罗德曾经有个早逝的弟弟，年纪和杰克逊相仿，”梅说，“他会教导杰克逊该做什么。如果杰克逊有时变得不可理喻，哈罗德会说，‘够了，杰克逊。坐下来，规矩一点儿。’杰克逊会乖乖照做。当哈罗德把他当小弟弟一样对待时，他就会开心地傻笑。”

还是在1948年的夏天，杰克逊又给他的大家庭里添了两位新“弟兄”。一个是充满魅力的爱尔兰小说家托尼·史密斯，也是杰克逊的酒友，两人早在30年代初就认识。（那时，史密斯认为杰克逊是个粗鲁的乡巴佬，他的艺术“纯粹是一团糟”。后来，他描述说两人第一次见面“糟糕透顶”，杰克逊“面色阴沉，紧张兮兮，一幅悲惨的样子”，以至于史密斯暗自对自己说，“我得赶快离开这儿。受不了这个家伙。”）在众多通过贝蒂·帕森斯重新走入杰克逊生活中的人——马克·罗斯科，巴奈特·纽曼，杰罗姆·卡姆罗夫斯基——中，史密斯只是其中一个。杰克逊对史密斯为卡姆罗夫斯基2月份在画廊举办的作品展设计的“流动”画板印象深刻，之后不久，他即邀请史密斯和帕森斯来斯普林斯，共同探讨为他下次画展做出同样设计的可能性。最终史密斯放弃了设计画板的主意——他觉得杰克逊的画幅尺寸过大——但这些两人之间的化学反应却是良好的，见面后两人的关系即刻亲密了许多。史密斯对杰克逊艺术的态度甚至发生180度的大转弯，称其“伟大”而“震撼人心”。尽管两人在第一个夏天只见过一两次，他们的友谊却打下了坚实的基础，这段友谊对杰克逊的创作和情感生活产生了深远的影响。

那年夏天，另一个新加入的兄弟是哈利·杰克逊，一个24岁的前海军陆战队队员，他第一次接触杰克逊的作品是在《戴恩》（*Dyn*）杂志的书页上，其时他刚在塔拉瓦攻击战中受了伤，正在复原中——这距离波洛克在本世纪艺术画廊首展开幕还有几天的时间。
那时，战争已经把哈利伤得“体无完肤”，在波洛克的《母狼》里，他发现了某种“完全 563
逼真而真实，诚恳而充满现实感的东西”。“这个人有着深刻而直接的感受力，”哈利后来说道，“他画风粗糙，他的创作并非源自于指尖。波洛克的画里有种我在战场上的感受。那是一种发自内心的，本能的感觉。”五年后，哈利成为一名年轻的艺术生，在布鲁克林美术馆师从鲁菲诺·塔马约学画，当时他住在曼哈顿下东区，1948年1月他在参观波洛克于贝蒂·帕森斯画廊举办的滴画首展时经历了同样的顿悟。他和画家女友格蕾丝·哈廷甘是少数发现波洛克那饱受争议的新画风“非常迷人”的人，他们反复将画展看了很多遍。同样，波洛克的艺术似乎满足了哈利对于“某种深刻而直接的东西”的追求。从波洛克的画廊同事索尼娅·塞库拉那儿，他听说“佩吉·古根海姆抛弃了杰克逊，他目前

哈利·杰克逊

孤独而忧郁，因为争议过大，没有年轻艺术家表示会喜欢他的作品”，哈利给普林斯斯打了电话。波洛克的回答是，“好吧，妈的，那你就过来吧，该死的。你还他妈的等什么呢？”哈利即刻动身，搭顺风车连夜赶路，于早上七点到了波洛克的家门口。波洛克无疑还没睡醒，他走到沙门前，“身着背带裤和农夫穿的那种蓝色牛仔外套。”哈利回忆说，“我看看他，他看看我，然后我们简单地打了声招呼‘你好啊’。我们走出房门，走到后门的草坪上蹲下，仿佛两个正在挖土的庄稼汉……我们一见面就惺惺相惜，相见恨晚。”

对一个坚持艺术本真性的人来说，哈利对自己的人生经历却没那么诚实。哈利·夏皮
564 罗出生在一个犹太家庭，父亲在他没出生时就离家而去，母亲是一个来自中西部的农妇，在芝加哥牲畜饲养场附近经营着一家小饭馆，哈利极力否认自己的过去。和斯黛拉·波洛克一样，哈利的多丽丝姑姑对自己的这个侄子百般溺爱，并对他的文化培养寄予了很高的期望，常带他去芝加哥艺术学院。但是小哈利还对那些常常光顾他母亲餐馆的“牛仔”十分着迷，他们把牛群送到饲养场后回到餐馆用餐。

青少年时代的最初几年，哈利一直都在他姑姑的艺术期望和自己的牛仔情结之间寻求平衡。有一段时间他在一家芝加哥驯马场打工，负责照看马匹。但是他渴望真正的西部。有一次他在《生活》杂志上看到一篇介绍怀俄明州 30 万亩的干草叉牧场的图片文章，

他立即动身离开芝加哥，赶往西部。14 岁时，他签约干草叉牧场，在那做了一名帮工，学习如何“骑马和套马”。到了 20 岁他志愿申请加入海军陆战队时，哈利的“人格蜕变”（用保罗·勃拉克的话说）完成了。一个“可爱的犹太男孩”成长为“大草原之子”。数年后，他带母亲来到怀俄明州，并教育她道：“这就是你生下我的地方。”

哈利对自己新身份的操控游刃有余。他长着方形下颌，身材魁梧，神色忧郁，面容英俊，一言一行活像杂货店卖的通俗小说中的人物。当讲述他和波洛克的初次见面时，他轻而易举地表现出那些与自己的新身份相符的特点，讲话时跳跃的节奏，脱口而出的脏话，牧场简易宿舍里的那种吹牛皮和高谈阔论：“[波洛克]是个老家伙。我对他以礼相待，给了他很多自由行动的空间。‘尽情享用你想要的空间，是你的地盘。’他的态度是，‘你要是胡乱干涉我，我就把你打得满地找牙。’但是你明白，这种对话是没有敌意的。这是一种游戏。是波洛克和我初遇时就开始的游戏。一切和我在牛仔之乡时没什么区别。我们所做的和那时一模一样，这是一种仪式。”

毫不意外，哈利很快赢得了波洛克的心。凭借他牛仔的风姿和健壮英俊的外表，哈利极其酷似波洛克的哥哥桑特。近一周的时间里，两人都在“深挖过去”，以满足对方的幻想。波洛克用一些自己过去在西部的虚构故事来款待这位年轻的崇拜者——在怀俄明州度过的童年，以及给奶牛挤奶的繁重劳动——对这些，哈利则用怀旧和追忆往昔来予以回应。白天时，他们坐在后院里嚼着干草，把蚱蜢的腿扯下来。有一两次他们一起在房子周围捡零活儿做做，比如把旧的抽水马桶换掉（结果证明，波洛克对这些活“有点笨手笨脚”）。晚上他们会去丹·米勒的店里大量购买啤酒，然后彻夜痛饮，边喝酒边“讨论和分析旧书和杂志上的艺术作品”。很显然，波洛克让哈利想起了汤姆·本顿，哈利曾有意或无意地以本顿为榜样塑造自己。“他和我唠叨个没完，我耳朵都他妈起茧子了，”哈利回忆说，“[他]拿出《艺术书刊》这本杂志，并仔细分析丁托列托的作品的细部，解释了这里或那里的构图；他的所作所为让我想起了汤姆·本顿：从威尼斯的文艺复兴到汤姆·本顿。从汤姆到杰克，从杰克到哈利。” 565

很显然，李注意到了两人颇为夸张的友谊中滑稽的一面，并“早就忍无可忍了”，哈利回忆说，“她不喜欢[波洛克]和我一起瞎混，虚度时光……她努力装得很客气，但是如果眼神能杀人的话，我早就死了很多次了。”然而为了给哈利留下深刻印象，波洛克故意在李的控制下对她揶揄戏弄。“晚上李下楼叫波洛克上床睡觉时，”哈利回忆说，“他说，‘啊闭嘴，你这个臭婆娘，去拿杯咖啡来。’他对她十分粗鲁。”这是为了表演给哈利看的汤姆·本顿式的厌女和虐待倾向。“不过她床上功夫很娴熟，”当哈利对李普通的外貌评头论足时，波洛克带着歉意说道。他叫她“你这个该死的淫妇”和“你这个骚货”。“除了床上功夫好外一无是处，”他说话时斜眼看着哈利。“哈利，告诉你，她很有耐力。”两人会放声大笑，据哈利说，“李对这一切却颇为享受，她自己有着半受虐的倾向。她喜欢被波洛克拳脚相加。”

也许李以她自己独有的方式享受着这一切。毕竟，对虐待和羞辱她已习以为常。但是她和波洛克的关系还有另外一面，这一面是波洛克试图不让哈利这类朋友看到的。不少其他访客认为李是施虐者，而杰克逊则是受虐待的人。“她总是对他挑三拣四，”简妮特·霍克回忆说，“教训他应该这么做或不能那样做。她会说，‘杰克逊，你还没把垃圾倒掉。’”不管是关于垃圾，他在其他人面前的行为，制定时间表的重要性，他的花销，还是关于他唱机声音该放多大，“她总是骑在他头上作威作福，”夏洛特·帕克回忆说。当山姆·亨特和艾迪斯·亨特夏天来访时，李在他们面前表现得“像个驯狮员”，大喊着“杰克逊！”让他对自己俯首帖耳。

他们的关系中有着两面性。有时，李会发号施令——“她就是没法不发出指令，”根据恩内斯汀·拉索的说法——杰克逊则言听计从；第二天杰克逊大发雷霆，又轮到李俯首称臣。有时在饭桌上她会步步相逼，让他把自己的想法讲清楚；第二天她又会主动给出名称和定义来“掩护”他的无知，不让他陷于尴尬境地。有时他制订了和哈利同游怀俄明州的计划；而第二天他又坦承，“李可能不让我去。”有时李表现得像“一只小老鼠”，山姆·亨特回忆说，而杰克逊则像一只“大黑熊，”他们之间的“一幕幕仿佛情景喜剧‘蜜月新人’里的情节”；第二天“她又以家长式的作风全面控制了他”。“几乎像是在玩游戏，”哈利·杰克逊在描述这对夫妻每天的你来我往时说道，“他会彻底激怒她，而她好像还挺喜欢这样的；然后她又去惹怒他，他也颇为享受。”二人关系中早年的那种单向的崇拜和爱慕早已消失得无影无踪。取而代之的是具有创造力的紧张关系，为了争夺日常生活中广袤的无主之地而进行的循环往复的你争我斗式互惠互利的关系，它既满足了李的占有欲，也满足了杰克逊希望被占有的需要，而这种关系表面上很难被察觉到。这是一种另类的爱，即便是目睹两人冲突的人们也能感觉到这些虚张声势姿态背后的挚爱
566 和忠诚。“杰克逊和李注定相伴相随，”哈利·杰克逊说。毫无疑问他们是彼此相爱的。

然而这最终是一段彼此消耗对方的爱情，两人付出的代价都无法持久维持这段关系。

与此同时，杰克逊将稳定的情感支持转化为一幅幅作品。1948 年的夏秋两季是他一

生中迄今为止最多产的季节。在两年时间里，他已经把滴画技法完善为一种有着惊人力量和范围的工具：1948 年的最后一批作品之一《木马》（*The Wooden Horse*）中有着一种禁欲主义的、米罗式的优雅，画中，他将摇摆木马的马头（在约翰·利特尔新房子下面的碎石堆里挖出来的）固定在装在木板上的棕红色棉帆布上，只在周围加上赭红色的形状和红色、白色以及黑色的精细、不连贯的线条轮廓；还有《1948，作品第 1 号》（*Number 1, 1948*）中放射的鲜艳色团，这是一张涂着耀眼的白色磷光颜料的长 5.5 英尺宽 8.5 英尺的画布，与之交织在一起的是杰克逊那精细的黑色网状图案，画布上方布满了杰克逊引以为荣的手印，这也许是对他和父亲一起在亚利桑那州探寻的印第安人遗址的呼应，当然也是他日渐增长的信心的标志。

信心大增的另外一个标志就是他决定放弃传统的命名方式，用数字标明绘画作品，也许这是一种误入歧途的自信。这样做的理论依据（杰克逊的不少朋友都在这个理论中察觉到了格林伯格的影响）是数字会让图像远离关于内容的陈旧过时的概念。绘画毕竟仅仅是画布上的色彩，而像《大教堂》和《夜之声》（*Night Sounds*）这样引人发思的名字具有对主题或情感内容的暗示，只会让观者真实的感知产生偏见。然而在实践中，数字在各群人中引发了更大的困惑：艺术家，画商，还有收藏家。数字的分配多少都是随机的，并不是按照时间顺序来命名，连杰克逊都弄不清楚数字和图像的关系。他免不了要求助于比较随意的指认方法，通常是把作品的主色调（《1948，作品第 4 号：灰与红》；《1948，作品第 12A 号：黄，灰，黑》）或主要特征（《木马》，《白色凤头鹦鹉》），有些命

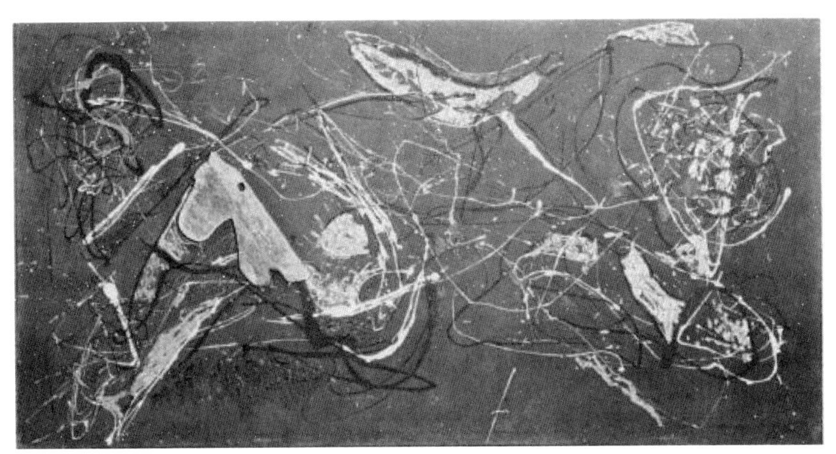

567

《木马》（1948，作品第 10A），35. 5″ ×75″

名与画作本身永远紧密地联系在一起。数字还蕴含着一种被图像本身所掩盖的同质性。比如,《1948，作品第26号》有着灰色单色浮雕画法的视野，黑色和灰色的带状图案，有些画得很松散，有些是泼溅到画布上去的，它们和白色背景上的幽灵般的银色丝带交缠在一起。在柔和的交错图案上又滴上了一层细黑线条构成的网格结构。一团铝粉颜料下面是几乎模糊难辨的层层灰蓝色、绿松石色，湖绿色色块，这些色块下面，只有在边缘处才可见色泽华丽的铁锈色背景。穿过铝粉颜料画成的浑浊体，杰克逊还在画面上喷洒了鲜艳的黄色和红色条状图案和白色雾状飞沫。

杰克逊日益提高的控制力对作品产生的浑然天成、不着痕迹的意外效果是个威胁，为了保持住这种效果的优势，杰克逊不仅尝试不同色彩，还在尺寸、形状和材料等方面不断变换。他在复合板、金属和纸板上创作。在上半年资金严重短缺的时候，他经常用钉在纤维板或贴在木板上，用石膏粉磨硬的纸张代替画布。他变换着网状图案的浓稠度，从《1948，作品第5号》中的多彩而艳丽的涂层，到《黑、白、灰》(*Black, White, and Gray*)中透明的旋涡式花纹。他能把颜料拉伸成细若游丝的线，然后将其打漩成巨大的一团线条，或者将其堆积成巨大的色块，或者二者交替进行，如《黑色、白色、黄色与红色之上的银色》(*Silver over Black, White, Yellow and Red*)这件作品中，厚厚的白色浮花图案上方点缀着条约的环形银线。他在颜色背景上采用深色色调，为了达到醒目效果，在深色背景上用浅色调。在《阿拉贝斯克》(*Arabesque*)中，深锈色的底色上铺满了黑色和灰绿色的开放式线条，这为令人炫目的华丽白色图案提供了背景，这些白色图案横跨巨大的淡红色画布，旋转，弯曲，仿佛火焰周围的火星的轮廓。《阿拉贝斯克》还是少数几幅波洛克用来对巨大的尺寸和形状进行试验的作品。除了一幅圆形浮雕画(这是他画的第二幅也是最后一幅圆形画)之外，还有几幅狭长的横幅作品：如《白色凤头鹦鹉》是一幅长3英尺宽9.5英尺的深色底色的作品，画布上布满了被黑色网状结构网住的红色、白色和蓝色碎片，还有充满活力的《夏日时光》(*Summertime*)，长不到3英尺，宽18英尺的银色画布上，黑色线条像狂欢节时的狂欢者那样从一端翻滚到另一端，线条四周点缀着少量欢快的红色、蓝色和黄色，四周被仿佛烟花棒放出来的嘶嘶作响的银色火花包围。

1949年1月，当杰克逊在帕森斯画廊的第二次画展临近时，他有足够的理由感到欢欣雀跃。崎岖不平的人生碎片最后终于拼成一幅完整的图案，第一次以来，人生中的重要关系——和李，斯黛拉，格林伯格还有一众手足般的兄弟们之间的关系——似乎满足了他希望被关注和认可的强烈需求。李持续的支持和奉献至少暂时平息了性功能障碍带来的恐惧感，每天在工作室里，渐渐地，他过去生活中的团团乱麻开始在画布上慢慢展开。

*　　　　　　*　　　　　　*

然而，即便是在成功之中，仍然存在危险的信号。从职业角度来看，格林伯格的赞 568
扬给杰克逊招致了更多的敌人而不是朋友，而帕森斯画廊的销售仍然滞后。杰克逊在画室里生出的那些自信很快在支付不起的账单和遭拒付的支票中烟消云散了。与此同时，昔日的伙伴们却都在进步中。1948 年不光是威廉·德·库宁举办首展的一年，还是比尔·巴齐奥蒂荣获现代艺术美术馆的阿尔弗雷德·巴尔抽象超现实主义购买奖的一年。

然而最令人难堪的——对杰克逊来说也是最难以理解的——就是菲利普·加斯顿的不断成功。就在杰克逊递交的古根海姆研究基金被拒之后的一年里，加斯顿就获得了去意大利研修一年的罗马奖。自从 1945 年二战欧洲胜利纪念日那天两人发生冲突之后，加斯顿已经获得了古根海姆研究基金，在卡耐基竞赛中获胜，于华盛顿大学求得了一席职位，并赢得了《生活》杂志上一篇文章的大肆赞美。他还放弃了那种让传统主义者们青睐有加的带有错视效果的矫揉造作的风格。在意大利时，他全面接受了抽象主义，“仿佛重获新生，”米尔顿·雷斯尼克回忆说。在有些人看来，这是一次迟来的，不那么令人信服的转变，但即便是作为一个抽象主义艺术家，加斯顿仍能得到体制的认可，这种认可正是杰克逊一直求之而不得的。H.W. 詹森是加斯顿在华盛顿大学的同事，按照他的说法，加斯顿的新作是“蒙德里安可能会创作出来的作品，前提是他一直在观察印象派艺术家而不是立体主义画家”。

回到家中，斯黛拉对杰克逊的关注也逐渐减少。1948 年 1 月 26 日，就在杰克逊 36 岁生日的前两天，阿勒瓦诞下一名男婴，即杰伊·康纳威·麦考伊（也就是后来的杰森）。大家一致同意，他是个很漂亮的小男孩，斯黛拉立即宣布这个孩子由她来照顾。“一个可爱的小男孩，”她写信给弗兰克说，“……［他］像极了杰克逊。”既要照看婴儿又要应付其水痘的发作，斯黛拉已经有数月未去斯普林斯。桑特也为了养活自己的大家庭而超负荷工作，一年能出游一次已属幸运。

离开了斯黛拉那善于稳定人心的影响，杰克逊和李之间的“创造性紧张关系”更容易失控。李已经开始对一些流言蜚语（毫无根据的）闷闷不乐，据传，1948 年夏天，杰克逊和梅赛德斯·马特或维塔·彼得森关系暧昧，或者和两人都有一腿。“关于不正当关系的想法让她抓狂不已，”哈利·杰克逊说，“她对我恨之入骨，因为我吸引了杰克逊的大量关注，可看在上帝的份上，毕竟同床共枕的人又不是我俩。”李的妄想症有充足的理由。夏天的大部分时间里，彼得·彼得森和哈伯特·马特都不在，而李每周至少一天要进城去拜访哈伯德医生。李也很清楚，她的老朋友梅赛德斯喜欢“品味一切、打听一切、尝试一切”的名声。此外，据弗里茨·布特曼说，“维塔和梅赛德斯都是美丽动人的年轻女人——这自然是当时的李根本不具备的优势。”李的怀疑让杰克逊得意扬扬，他故意让李疑神疑鬼，并从中获得一种病态的乐趣。一次晚宴中，当着李的面，他拉过一个女人
569 大声宣布，“我爱所有的女人，”梅·罗森伯格回忆说，“他似乎是在和李玩游戏，只是李完全不自知。”有时候在深夜，他会站在邻居家的窗外——当丈夫们不在家时——高声尖叫，喊出充满性恐吓的话。当然每次关于这类事件的消息最后都会传到李的耳朵里。

在夏末的一次晚宴上，这种“游戏”变得越来越恶意。“我们正在打牌，”鲁丝·斯泰因回忆道，“有一个女人很喜欢杰克逊，而且毫不介意李会知道。然后李和这个女人大打出手。杰克逊起身，摇摇晃晃地走到了门廊上坐了下来。接着李也走出去坐在了他旁边。他用力甩甩胳膊说，‘滚开，你这个臭婊子。我恨透了你。’但是她仍坐在那儿，双臂环绕着他，亲吻着他，直到怒气烟消云散。”

1948 年的夏天的确激起了杰克逊沉寂已久的激情，但和梅赛德斯·马特或维塔·彼得森毫无关系。

那个夏天另一位光顾波洛克夫妇家的人是伊戈尔·潘杜霍夫，他在加州社交圈混了几年后不宣而来。时间对伊戈尔的古怪性格并不仁慈。在 20 世纪 30 年代看起来温文尔雅而英俊潇洒的他如今显得蠢笨而无精打采。维塔·彼得森不但没有被伊戈尔庄重的举止迷住，反而觉得他“女里女气，身体羸弱，举止浮夸得似纨绔子弟。我们都以为他是同性恋，但李否认了这一猜测”。对伊戈尔所谓的“东方魅力”完全无动于衷的不仅只有彼得森夫妇。梅·罗森伯格回忆起杰克逊对伊戈尔的到访“呆若顽石，没有任何反应”。“他在这待的时间越长，”梅回忆说，“杰克逊的心情就越灰暗。”其他人则注意到，伊戈尔不发一言就能“让杰克逊暴怒”。某晚在海滩上，维塔·彼得森发现杰克逊“整晚都怒气冲
570 冲”。突然，他毫无预兆地扑向潘杜霍夫。俩人在沙土里扭打了一会，直到彼得·彼得森将他们拉开。互殴时伊戈尔划破了嘴唇，然而奇怪的是，他仍待在波洛克的房子里，没有离开。

几天后，一次和约翰·利特尔而及沃德·本尼特共进晚餐时，杰克逊又上演了一出酒后闹剧，四处乱扔盘子和家具，并把装满碗碟的高高的橱柜推倒。（“盘子摔得粉碎，”本

斯黛拉和外孙杰伊（杰森）· 麦考伊

尼特回忆道，“这时约翰说，‘我们还是离开这儿吧。’”）当李惊恐地目睹着这一切时，杰克逊正满屋追赶着伊戈尔，最后追到前院里，其时下了整整一天的雨将草坪变得泥泞不堪。这时伊戈尔转过身来和杰克逊面对面对抗。“他们开始在泥泞中打作一团，”本尼特回忆说，“但是场面很怪异。他们不像是真打架，倒像是在一边摔跤一边接吻。”

1948 年之夏还标志着李重返绘画创作。在斯普林斯的最初两年里，她几乎停止了创作，让数月的时间在各种短暂的工作期之间流过。起初确有一些实际原因：如只够给一个房间取暖，杰克逊要准备画展；房子需要大量的修修补补。当老借口用光之后，李又编造了新的理由：她没法在起居室画画，因为“它是敞开式的……你知道，没有任何隐私，你没法把门关上”。杰克逊把工作室搬到仓库后，李并没有接手他曾工作过的那间面积更大、采光更理想的西南厢卧室。她将其作为他们共同的卧室，并选了一间面积较小、采光较差的东北朝向的房间作为她的工作室。夏季里，有客人要去招待，还要去讨好收藏家和画商。1946 年和 1947 年夏天，一位稀客发现了坐在画架边的李，墙上却没有悬挂她的任何作品。（在 1948 年初经济十分紧张的几个月里，杰克逊都是在她从纽约带过来的几幅自己的作品上画画。）迟至 1948 年夏天，维塔 · 彼得森回忆说，“为了［杰克逊］，也为了避免可能的竞争，李已经完全放弃了绘画创作。”

只要李还没表现出重拾画笔的兴趣，杰克逊就想尽办法鼓励她。罗杰 · 威尔考克斯记得他说过，“我给你装好了三张画布。我把大幅卷轴的四边给你切好了；我不想让尺寸那么大。我准备好了脚蹬架，而且把它改成了适合你用的大小。”根据威尔考克斯的说法，李谢过杰克逊，把画布拿到她的工作室，可是后来当杰克逊问道，“你打算创作那几幅画吗？”她却意兴阑珊地回答，“不了，可能我下周会开始，我也不确定。”正是杰克逊建议李“可以尝试一下镶嵌画”，并为她拼好了两张台面——房子里的家具不够——并启用了他在公共艺术振兴署项目留下的一块镶嵌片：碎玻璃片及瓷砖同钥匙、硬币、贝壳、鹅卵石还有珠宝捏合在一起，在水泥中被固定住。“他几乎要逼着她去画画，”一位朋友说，“他为她找到车轮，给她提供零件，教她如何颠倒着铺瓷砖，并帮她浇灌混凝土。”

可是一旦李在 1948 年春天或夏天的某时开始认真创作时，杰克逊的热情却消失了。
571 李喜欢说她和杰克逊经常“受对方礼貌的邀请”去参观各自的工作室。实际上，李总是立刻回应杰克逊的邀请，而她自己总是要邀请杰克逊“三四次”，他才有所回应。“我对他作品的热情，”一次她坦承，“比他对我作品的热情要大得多”。当他过来参观时，也是“满腹牢骚”，朋友们注意到，而且他的评价只限于几句格林伯格式简短而生硬的评论：“这件不错”或“那件完全不行”或“继续画下去，不要拖延”。“他虽然鼓励着她，但对她的作品却不屑一顾，”哈利·杰克逊回忆道，“他对她的态度就是视其为‘无作为的小女人。’他带我上楼去欣赏她的画，并称‘这就是李的小破画。’他几乎不愿在她身上浪费时间，并认为自己在这方面所做的一切都不过是为了鼓励这个小女人。”丽莎·佛萨格弗斯是摄影师欧文·潘的妻子，也是李的朋友，根据她的说法，“他的态度几乎和毫不留情的批评一样让人灰心泄气。”

显然李察觉到了这一切。为了避免冲突，她只在杰克逊熟睡时画画。“为了创作她必须起得特别早，”佛萨格弗斯说，“她丈夫情绪有一点点变化，她的创作就会受到影响。”

夏末时，李邀请了室内设计师兼画廊老板贝莎·舍费尔来斯普林斯的家中作客。舍费尔对一张马赛克嵌花式桌子特别感兴趣（李曾赠给瓦伦汀·梅西和海贝·梅西夫妇一张这样的桌子，为了感谢他们送给自己一卡车急需的家具），并提出要将其纳入她正在筹备举办的以现代绘画和雕塑为主题的室内装饰展。当“现代房屋的复兴”展于 9 月在舍费尔画廊开展时，李的桌子被来自《世界电讯报》(*World Telegram*)、《先驱论坛报》(*Herald Tribune*)、《纽约时报》和杂志《建筑论坛》(*Architectural Forum*) 的评论员们单独挑出来大加赞扬。只有《时代》杂志称李为“画家 J. 波拉克的妻子［原文如此］”。为庆祝李的成功，舍费尔邀请波洛克夫妇去她优雅而放满古董的纽约公寓共进晚餐。

结果是一场灾难。不顾舍费尔的反对，杰克逊开了第三瓶红酒并一饮而尽。当舍费尔这位端庄而古板，年逾五十的南方贵妇提出反对，并试图从杰克逊手里夺回酒瓶时，他奋力反抗，并质问道，“像你这样的老太婆还能性交吗？”接着他把怒火发泄到家具上，把所有伸手可及的古董家具都推倒，包括一件稀有的中国屏风。当舍费尔去报警时，杰克逊已经醉得不省人事了。

类似同伊戈尔互殴以及贝莎·舍费尔家中的闹剧这样的时间昭示着危险的阶段。哪怕是身处成功里，杰克逊又开始酗酒了。

夏季时，由于专注于招待客人和创作，他喝的比较少；冬季时，天气寒冷，生活枯燥。他酒喝得多些；除了斯黛拉到访，他几乎没有一周没喝高过。白天，通常喝啤酒——李常常亲自去买上几箱，以确保他在自己的监督下喝酒。晚上，他在强哥儿彼特酒吧和罗杰·威尔考克斯共饮威士忌。他开始喝得很快，威尔考克斯回忆说。“我喝一杯的时候， 572
他已经喝了三杯，接着我喝三杯的时候，他已经喝了五杯。在某些时候，根本没办法阻止他。他就这么一直喝下去，直到倒下。”李已经学会了隐忍地承受这些短暂的风暴：当杰克逊因为狂饮而错过市区的约会时，李要编造借口，或者在最后时刻撤回周末邀请，因为“杰克逊感觉不太舒服”。在到达晚宴或聚会现场时，她总是习惯性地溜到吧台前，焦虑地瞄一眼排成一排的酒瓶，然后在主人耳边低语着“慢点喝”。当杰克逊冲出房间，或醉倒在沙发上，她急忙过来道歉。这类事件可能造成诸多不便，有时甚至十分尴尬，但是这和她在纽约目睹的狂野的，长达一周的狂饮胡闹相比实在不算什么。

然而到了 1948 年秋，自毁的倾向又死灰复燃。部分原因应该归咎于杰克逊的新车。他从迪马李斯特信托基金拿出 90 美元，购买了一辆和他同桑特在里弗赛德一同驾驶过的破旧 A 型福特车。车开起来很不顺手——当它还能被开起来的时候——但给了他四处走动的机会。自搬到斯普林斯以来，他第一次不用再依靠朋友搭车去东汉普顿的酒吧，也无须在寒冷的夜里步行去强哥儿彼特酒吧。突然之间，李不光要担心他是否保持清醒，还要为他的安全操心。当他整夜不在家的时候，要担心的问题不再是他在哪儿醉倒了或者谁在照顾他。“[杰克] 有一辆福特轿车，”斯黛拉在给弗兰克的一封信中郁闷地说道，“他不应该酒后驾车，[或者] 他会毁了自己或别人。”

但是如果杰克逊决心要自我毁灭的话，他不需要一辆车。1948 年 7 月初的一次聚会上，他向《党派评论》的编辑威廉·菲利普斯挑衅。坐在旁边的赫伯特·费伯记得，“当意识到杰克逊准备朝自己扑过来时，威廉面色惨白。杰克逊喝得烂醉，变得十分狂暴。

晚饭之前，他穿过地板，抓起苏·米切尔的一只鞋，后者是格林伯格带来的女人——那次聚会她穿了一双看起来十分昂贵的鞋子。波洛克把鞋撕扯成两半。”当其他客人还在盯着鞋子时，杰克逊已朝一扇敞开的窗子奔去，开始试着往楼下的街道上跳，菲利普斯和马克·罗斯科猛冲过去，最后把他拉回了房间。这场混乱中，阿希尔·戈尔基自始至终都无动于衷地站在一边，闷闷不乐地用手指拨弄着削过的铅笔。他戴着一个颈托，因为在一场交通事故中他摔坏了脖子，用来作画的那只胳膊也暂时瘫痪了。

几周之后，时年 44 岁的戈尔基在自己的工作室里上吊自杀。

1948 年秋，在和贝莎·舍费尔的关系决裂之后，杰克逊看起来似乎会在自毁的道路上步戈尔基的后尘。然而，就在数月后，他将开始一生中最多产的两年——在这两年里，
573 酒精几乎没有参与他的生活，这是他成年后第一次也是唯一一次；两年间，他的艺术终于呈现出他想象力中的全部力量。这次命运的逆转由一件倒霉事开始，发生在深秋的一天杰克逊从丹·米勒的杂货店回家的路上。那辆 A 型福特车无法启动，杰克逊又喝了啤酒，有些微醉，他胳膊下夹着一箱啤酒，摇摇晃晃地踩着自行车的踏板。自行车撞上路上的一块碎石路面，车子从他身下滑了出去，他朝后侧方倒下，摔在啤酒箱上。酒瓶摔得粉碎，玻璃碎屑四处飞溅。他站起来，叫嚷着朝自行车狠狠踢过去，嘴里咒骂着，胳膊上滴着血。几分钟后，他坐在东汉普顿医务室里，镇上一位叫埃德温·海勒的新医生在为他缠绷带。让杰克逊意外的是，海勒对他的酗酒问题了如指掌。

然后他说，他有治疗办法。

35 574

名人

1948 年，艺术界为一位新星的到来做好了准备。

市场虚位以待。认为每个家庭车库里该有两台车，每顿饭都要吃肉的战后消费性支出的浪潮最终席卷了第五十七大街。1940 年至 1946 年期间，曼哈顿私人画廊的数量翻了近四倍。1944 年之后，许多画廊的销售额每年都会翻两倍或者三倍。艺术不再是富人专有的嗜好——如梅隆家族，弗里克家族，巴赫家族以及怀德纳家族——艺术成了消费品，和罐装啤酒、尼龙袜和高尔夫球一样，成了中产阶级唾手可得的东西。“历史上第一次，”马克思主义历史学家赛尔热 · 居尔博特写道，“艺术成为日常生活的一部分，环境的一部分，成为中产阶级的家庭装饰。”1942 年，当金贝儿百货商店开始售卖威廉 · 伦道夫 · 赫斯特收藏的早期绘画大师的作品时，其竞争对手梅西百货也不甘示弱，用“低价销售”来予以反击，它在《纽约时报》上宣布：“伦勃朗、鲁本斯等人的经过鉴定的原作……价值 130000 美元的威廉 · 伦道夫 · 赫斯特收藏，我们的价格最低……只需现场支付价格的三分之一作为定金，余款可分几月支付，外加服务费。”当梅西百货以 6894 美元的价格售出伦勃朗的《老人的画像》(*Portrait of an Old Man*) 时，金贝儿则以“震撼超低价”9999 美元卖掉了《孩子的画像》(*Portrait of a Child*)。

美国已准备就绪。1946 年，当欧洲仍然被半掩于战争的废墟中，沃尔特 · 李普曼已宣布“美国的世纪”开始了。“命中注定，”他在一本巴黎杂志上宣布，“从现在开始，美国会成为西方文明的中心，而不再处于边缘地位。”去年，《视野》杂志骄傲地宣称“纽约现在已成为世界的艺术和文化中心”，对此，评论家热尔曼 · 巴赞具有预见性地嘲讽道：“难道巴黎画派会变成纽约画派吗？”一些欧洲人对未来看得更清楚。“美国绘画……的发展突飞猛进，”评论家雷昂 · 德刚在 1946 年警告道，“年轻的画家以高强度的工作节奏 575

投入到创作中去，总有一天……［美国］会找到自己的原创风格……我确信美国人正走在通向伟大艺术时期的征途上。”

媒体也准备好了。新近形成的消费者－收藏者大军需要购买建议。他们清楚自己想要艺术；他们向往美国艺术（战时形成的爱国主义仍很盛行）；有些甚至渴望先锋艺术（因为这也是洛克菲勒家族和布利斯家族青睐的）。然而在庞大的范围内，很多经验尚浅的收藏家缺乏自行甄别的信心。仅有少数人会去画廊参观画展，如贝莎·舍费尔策划的“现代房屋的复兴”展（“The Modern Home Comes Alive”）和塞缪尔·库兹的“为乡村住宅所作的现代绘画：宽敞生活空间中的重要绘画”展（“Modern Painting for a Country Estate: Important Paintings for Spacious Living”），这些画展的举办有助于向他们传授（推销）新艺术的相关知识。然而，大多数想寻求购买艺术品建议的消费者还是求助于他们购买其他一切产品时所参考的途径：媒体——尤其是杂志。他们优先选择的杂志就是《生活》。“杂志决定了你的品位，”居尔博特写道，“［因此］《生活》成为消费者的权威鉴赏渠道。”

1948 年 10 月，《生活》杂志在现代艺术博物馆的顶层召开了由 16 位批评家组成的“圆桌会议”，应要求，他们要对法国和美国画家的各种作品进行评论。连续几个小时，16 位专家严肃地彼此交换着各自的意见和想法，他们的交谈被一旁嘶嘶作响的录音机收录下来，照相机的快门声此起彼伏。他们的谈话内容经过大量编辑后同作品的复制版一同被刊登在 10 月 11 日那一期上。当杰克逊的《大教堂》被挑选出来并讨论时，格林伯格称其为“杰克逊一流作品的典范，国内最近创作的最好作品”。他的赞同者有哥伦比亚大学的迈耶·夏皮罗，詹姆斯·约翰逊·思维尼，最令人意外的是还有大都会博物馆馆长弗朗西斯·亨利·泰勒。持反对意见的有奥尔德斯·赫胥黎，耶鲁大学的哲学教授狄奥多·格林，《艺术新闻》的编辑和出版人阿尔弗莱德·弗兰肯福特，后者让人比较意外。维多利亚和阿尔伯特博物馆馆长利·阿什顿爵士冷嘲热讽道：“这倒是一件很漂亮的印花绸作品。但我不明白它为什么叫《大教堂》。”这也许算是负责任的艺术批评，但是却没给出任何确定的建议，更糟的是，充其量只是一种无聊的报章杂志。

问题是，杂志报纸的需要并不是艺术之需。专家给出了一些不太实际的意见，但是光有意见远远不够。媒体在艺术中和在其他一切领域中的关注点是一样的，他们只看重“故事性”：作品是否生动？是否有冲击力？是否具有“充满人情味”的视角？他们追寻的既不是理念也不是运动，而是人——或者说最好是富有个性的人：英俊的外表、魅力、非凡的感召力和吸引力，或者紧要关头时的个人气质。他们要的是争议性。像萨尔瓦多·达利和托马斯·哈特·本顿这样与众不同的艺术家发现了这点，他们得到媒体的关注并非因为其所言内容，而是因为言说的方式，他们并非因为观点，而是因为大胆的作风而吸引眼球。最好能引起读者的怒气、震惊，或义愤，这总比什么反应也没有要好。媒体追求的是艺术浪漫的一面——被放逐的天才，饱受折磨的灵魂，像詹姆斯·迪恩或恩斯 576
特·海明威那样的艺术家（视觉效果）。正如克莱门特·格林伯格所理解的那样，他们寻找的是成功者——不是庸常之人，不是楷模和榜样，也不是合作伙伴，而是赢家，胜者。他们会为最优秀的人和事搜寻任何理由和借口。能满足一个野心勃勃的国家对歧视性对比的胃口的任何素材。无论是职业棒球联赛的年度最佳新秀，诺贝尔桂冠摘取者，还是电影学院奖的赢家，他们只想要一流选手——最好的，第一名的，唯一的。“大家都在等待着伟大的美国画家的到来，”布德·霍普金斯说道，他的艺术生涯始于 1948 年，“一切只是时间问题。”

然而，要想成为公众关注的中心，杰克逊必须得戒酒。

贝莎·舍费尔公寓事件已敲响了警钟。李无法再继续视而不见——无论是为了杰克逊还是她自己考虑——不能再假装他处于可控状态。她不是没试过去化解问题。回到斯普林斯后，她立即敦促杰克逊写了一张致歉纸条：“谢谢你在我们逗留纽约期间对我们的热情款待。希望你能原谅我的不当行为和因此引起的不便。”不过舍费尔不打算像其他人那样宽宏大量。几周后，她像复仇天使一样来到东汉普顿，愤怒地提出起诉（后又撤回），控告杰克逊对她人身攻击，威胁要将其逮捕，送去坐牢，并发誓要起诉，要求赔偿损失（这几乎和坐牢一样让李害怕）。很快，对于整个事件以及舍费尔的愤怒的夸张报道就在艺术界传遍了。这证实了像山姆·库兹这样的画商多年来的说法：杰克逊是个酒鬼，总是招致比他自身的价值大得多的麻烦。

最终在克莱门特·格林伯格、贝蒂·帕森斯、罗杰·威尔考克斯和李的共同央求下，舍费尔的怒气得以平息，并撤销了指控。但是这件事的后遗症却提醒李和其他人要警惕新的现实问题。杰克逊的酗酒问题不再仅仅威胁到他自身的安全和头脑清醒状态，也不再仅是李自己的痛苦。突然之间，这个问题变成了影响他的创作、名誉以及成名机会的迫在眉睫的危险。

面对危机，李最终放手去向外界求助。在一次去东汉普顿医疗中心进行常规检查时，她向年轻的医师埃德温·H.海勒吐露，杰克逊“那时酗酒问题很严重，”她后来讲述，“他建议我把杰克逊带到他这儿来看看。”李解释说“没人告诉杰克逊去这么做，但那一刻早晚会到来……”这一时刻就在杰克逊从自行车上摔下来之后不久，并结束于海勒医生的检查台上。海勒是来自萨格港的当地人，他刚刚从康奈尔医学院毕业，并回到长岛的南福克镇行医。他从未治疗过酒精上瘾问题，因此对杰克逊的状况很感兴趣，认为其不能仅用内科角度去医治，但也不至于采用心理分析疗法。他用简单而平实的术语解释说，
577 酒精是杰克逊的“自身的毒药”。“有些人不能吃菠菜，”他说，“而你就是不能酗酒。”他阐述道，杰克逊不是对酒精上瘾，而是对饮酒所带来的快感不能自拔。为了帮助他在没有酒精的作用下也能找到这种快感，海勒给他开了一剂镇静剂——根据罗杰·威尔考克斯的说法，叫苯巴比妥和大仓丁——并嘱咐他“每次你觉得想要喝酒就把这药吃下去，它会让你平静下来。但是绝不可以把它和酒混在一起服用”。他安排杰克逊每周来诊所一次，以便监督他的进展情况，并根据需要调整服用剂量，“对他的问题畅所欲言”。最后，他对杰克逊说:“每当你觉得酗酒的渴望过于强烈时，马上给我打电话。”

令李惊讶的是，药方似乎起作用了。杰克逊称自己数年里从未感觉如此平心静气。不久他就给迪普里弗的桑特致电，宣布自己已经“永久戒酒了”。“当桑特听到这个消息后，”阿勒瓦回忆说，“他挂掉电话就说，‘如果杰克逊成功了，我也能做到。’然后他真的做到了。”（杰克逊忘记把镇静剂的事情告诉给桑特和其他家人。）三周之后杰克逊和李来到迪普里弗过圣诞假期时，杰克逊的“洗心革面”成为波洛克家族最轰动的新闻——“没有比这更好的消息了，”斯黛拉说。“杰克和李在这儿，我们度过了一个美好的圣诞节，”她告诉查尔斯。

> 他滴酒未沾。我们都很高兴。杰克一直去汉普顿的一位医生那儿接受治疗，圣诞节的三周里他什么酒也没喝，希望他能坚持下去，他说他想戒酒，然后自己找到了医生，医生告诉他要把红酒、啤酒等一切酒精抛至一边，因为酒对他来讲无异于毒药……医生还说一切都取决于他自己。

然而杰克逊还没经历过考验。晚秋和初冬气候异常的怡人。画展的准备基本已经就绪，杰克逊把大多数时间都花在约翰·利特尔的新房翻修上。利特尔摔伤胳膊之后，维修工作暂时中断，杰克逊又把注意力转移到自己的房子上面，他把餐室和厨房之间的隔断以及楼梯一并拆掉，为款待客人创造出宽敞的空间——李每年夏天都要邀请客人来。和

斯黛拉共度的圣诞节也不算是真正的考验。自打李认识他以来的这么多年里，只要有斯黛拉在场，杰克逊从未失控过。

真正的考验在 1 月来临。即便是持乐观态度的斯黛拉也忧虑不安。“画展才是考验，而且对杰克来说是个艰巨的考验。”她写信给查尔斯说，“如果他能不依赖酒精就撑过这一切，那才是我真正希望他能做到的事情。”

1 月的最初三周里，杰克逊都埋头于最后的准备工作中。1 月 21 日星期五早上，他和李驱车进城，二人驾驶着一辆借来的小型旅行车，车厢后面放着一捆制作画框用的木板条，以及已被卷成一束的最后一批画作。那晚，桑特和阿勒瓦从迪普里弗来到纽约。这是桑特两年以来第一次度假，但是他仍严守着自己戒酒的誓言，杰克逊也一样。李安 578
排他们住在格蕾丝·哈廷甘位于东河附近的 33 号大街上的小公寓里（波洛克一家拜访期间，哈廷甘搬去和哈利·杰克逊同住），但是周末时，杰克逊大部分时间都在画廊里，他和托尼·史密斯以及一众艺术家们长时间工作，为了在星期一开展前及时将展出作品绷在框架上并悬挂、摆放妥当。当帕森斯路过画廊，顺便查看工作进展时，杰克逊试着说服她将未绷在框架上的画直接钉在墙上（就像他在工作室里那样），这样会将挂画的时间节省一半。然而帕森斯却“斩钉截铁地拒绝了”，她那漠然而彬彬有礼的外表掩盖了她固执和强硬的一面，赫伯特·费伯回忆说，费伯是和杰克逊一同工作的一位艺术家，“她坚持说画作必须要绷在框架上。”尽管意见不合，但帕森斯离开时，杰克逊那平静、专业——清醒——的态度给她留下了深刻印象。

画展在连续几天的“怡人的冬日天气”中开幕，吸引了数量惊人的观众来到贝蒂那容易让人产生幽闭恐怖感的狭小画廊。根据在展前一直关注着波洛克的哈利·杰克逊的说法，波洛克“很紧张，简直是坐立不安，完全不是我认识的那个安静而悠闲地嚼着干草的家伙”。杰克逊很有可能就在大批观众到达之前服用了一两粒海勒医生开的镇静剂，因为赫伯特·费伯记得几分钟后，他看见杰克逊“完全清醒地”站在拥挤的画廊正中，看起来令人意外地“平静和超然”。“所有在贝蒂的画廊里开展的人在开幕式时都会在后屋里存一瓶酒，”费伯说，“但是杰克逊却没那么做。”即便是人群退去，他陪着包括哈利和格蕾丝在内的一众朋友去用晚餐时，他也没像过去每次画展之后那样开怀畅饮。当然，公众的回应——尽管对于弃名称而采用数字来命名画作的方式有抱怨之声——也起了很大作用，他的作品异常受欢迎。（最后，展出的十五幅作品中，十一幅被售出。）不可否认，杰克逊经受住了考验。“杰克逊举办了最精彩的一次画展，”斯黛拉在给弗兰克的信中赞叹道，“[而且] 最棒的是自 12 月 1 日以后他滴酒未沾。他看起来状态好多了，心情也大好，我们都为他有这样的好运气而高兴。”

没人比李更心花怒放。在那些酗酒传闻和有关在画布上撒尿的笑话传开并造成不可挽回的伤害之前，李急于为杰克逊正名，她抓紧时间大力宣传，四处散播好消息：杰克逊·波洛克最终戒酒成功。她抓住每个机会讲述有关海勒“奇迹治疗法”的故事。“他是能真正帮助杰克逊戒酒的第一人，”她说，并坚持杰克逊自从和医生初次会面后就再也没沾过一滴酒。（和杰克逊一样，李总是忽略药物作用，对镇静剂的事绝口不提。）为了让新的疗法更富戏剧性，她不再给客人提供任何种类的酒——这在一个严重依赖酒精的社交圈里是具有革命性的举措。“很快这个令人沮丧的结果流传开来，”梅·罗森伯格提到波洛克家的一次晚餐聚会时写道，“[即] 李打算今晚不提供任何酒精饮料。这个想法简
579 直是火上浇油。”宣传工作获得巨大成功。很快，杰克逊的戒酒经历蒙上了一层神秘色彩。数年后，对他几乎一无所知的人们会引用官方说法，谈论杰克逊艺术创作风生水起的“清心寡欲的那几年”，因为“他滴酒未沾”。

从一开始李就心里清楚，这一切都不是真的。她已经陪着杰克逊在人生过山车上起起伏伏了很多次，已不再相信什么奇迹治疗法。这个神话充其量是一个过于简单化的好用的说法，一个李用来掩饰不那么美好的复杂真相的屏障。

实际上，根据李数年后的叙述，杰克逊从来就没戒酒。实际情况是，在戒酒的岁月里，他可以数周不碰酒，退居到服了镇静剂之后的宁静状态中，当他偷偷小酌几杯时——他后来承认在这段日子里，自己偷藏了一瓶雪利料酒，将其埋在后院里——也很少会发生李最担心的那种完全失控的狂饮烂醉的局面。就算是发生了，也多是私下隐蔽的行为，不是公开出丑。“他会上楼去卧房里，”李后来和一位朋友吐露说，“他就坐在那儿，时好时坏，会发一阵疯。”“流传于世的关于那两年戒酒期的所有故事都是胡说八道，”杰克逊去世后，李的一位密友约翰·李说道，他详述了李关于“戒酒期”的经过修改的故事。“她说他一直就是个疯狂的酒徒。保持正常状态几周以后，他就会崩溃失控……他向来都是那样。”

连周到而乐于助人的埃德温·海勒医生，也不像李描绘的那样是个单枪匹马的奇迹创造者。正如李所了解的那样，其他有能力且认真尽责的医生——沃德·拉斯洛，以及哈伯德医生——都一再告诫过杰克逊要放弃酗酒。显然，有某种其他的理由，一种自我激励的因素，促使杰克逊想要去求助于药剂而不是酒精，促使他愿意和海勒医生保持着

频繁的会面，并让他在酒瘾复发时，刻意躲到楼上的卧室里去以掩饰自己的失控丑态。

和李一样，罗杰·威尔考克斯在贝莎·舍费尔的威胁下开始警醒地意识到杰克逊酗酒的危险性。他在和舍费尔的斡旋中发挥了关键作用，并最终安抚了她。“那时我意识到他的确是个酒鬼，”威尔考克斯说，“和他共饮实际上是在伤害他，他的工作和健康受到损害，如果不戒掉的话，他最终会被酒精置于死地。”过去，每次威尔考克斯提醒他注意酒精上瘾的危害时，杰克逊总是反驳道：“哦，这简直是废话。如果我想喝几杯，我就去喝好了，该死！”不过，舍费尔事件也让杰克逊多少清醒了一些。这次他找到威尔考克斯寻求帮助。“他让我想想他到底出了什么问题，”威尔考克斯回忆说，“他说，‘我想创作，却无能为力。我有一种想要喝醉的需要。这是我无法解释的冲动。告诉我到底哪里出了问题。’”威尔考克斯是个外向而自我独立意识很强的人，他认为精神分析那一套是“愚蠢而故作神秘的胡说八道”，并坚信多数人的问题都源于自身的缺陷，因此起初他对杰克逊的问题并无太多的同情。“我说，‘你为何无法创作？你有颜料，有画布。谁能阻挡你？继续画下去吧。的确，你是个酒鬼。唯一能阻止你成为一个酒鬼的人就是你自己。’” 580
根据威尔考克斯的说法，杰克逊对“自己缺乏自控能力感到十分难过。他不想那样。他相信，想要继续创作，自己需要戒酒”。在确信杰克逊的艺术生涯岌岌可危之后，威尔考克斯终于心软了。接下来的两年里，他扮演着杰克逊的治疗师的角色。与众不同的是，他用最具有务实的术语描述着担在自己身上的重任：“我想知道。这个才华横溢、能力超群的家伙，这个善良而友好的老好人，到底为什么如此困扰和烦恼。到底为何他会招致酒鬼、狂徒、讨厌鬼这样的恶名？”

在完全不知该如何进行下去的情况下——“我以前从未向任何人咨询过，”他承认道——威尔考克斯转而向他最喜欢的杂志《新奇科幻》（*Astounding Science Fiction*）的背页部分求助，在那儿他看到一则一本即将出版的著作的声明，作者是杂志的长期投稿人之一L.罗恩·哈伯德。这部名为《戴尼提》（*Dianetics*）的著作宣称要“把精神疗法简化为一整套简单的原则，也就是工程原理推演出来的结论。”这对于作为工程师的威尔考克斯来说具有明显的吸引力。“没有什么神秘主义，也没有胡言乱语，”他回忆说，“只有一些任何人都能应用的简单直接的原理。”催眠术（哈伯德称其为“白日梦”）是这种疗法的关键部分。通过催眠术，病人可以深入到记忆深处，去发现那些关键性的、长期压抑的痛苦事件，这些事件阻碍了自我的全面实现。只有通过把这些事件拖进意识领域并克服它们，只有通过发现“童年时代时是什么引起了噩梦中频繁出现的那些黑暗而未知的恐惧”，一个人才能朝自我认知和最终的开悟靠近，取得真正的进展。

威尔考克斯曾经在其他朋友身上成功地尝试了哈伯德的治疗方法，但仅是作为一种室内游戏。对于杰克逊，这次他是绝对认真的。“我会提出一个心理问题，”威尔考克斯回忆说，“然后告诉他从一百往回数数。这就需要一定的专注力，让他的注意力集中在问题本身上。然后我轻声说，‘当你数到某某数字，你会睡着，你会睡得平静而安稳，但你仍能够听到我的声音。’”开始杰克逊有点抗拒——“我们第一次尝试此法时，他告诉我他并未真正进入昏睡状态，”威尔考克斯回忆说。然而逐渐地，当杰克逊放松下来之后，他开始睡得更沉，入睡时间更长，期间脑中浮现的记忆开始越来越深入地触及过去。他回忆起高中时，那些校园恃强凌弱的小霸王们嘲笑他的长头发，以及他拒绝打橄榄球。“他说自己被叫作胆小鬼时感觉很受伤，”威尔考克斯回忆说，“如果他像他的兄弟们那样天生身材矮小，人们就不会期待他成为一个大块头的硬汉。但他的确是家里身材最高大的孩子。他必须成为人们希望他变成的那样，高大威猛，强硬粗暴。”

每次探索过去时，威尔考克斯都会带着杰克逊更进一步地回到记忆深处。“你现在七岁，”他会说，“你有什么感觉？”

“我总是在街上闲逛，东看看，西瞧瞧，”杰克逊说道，“但是其他的小伙子们认为这么做很娘娘腔。”

581 年复一年，每次回忆都比上一次的更令人痛苦，威尔考克斯就这样引导着杰克逊回到他动荡的童年。“他孩童时代有很多痛苦的经历，”威尔考克斯在早期谈话中推断道，“他从未彻底恢复过来。他恐惧至极，他害怕他人——尤其是男人——而逃避这种恐惧的唯一途径就是酗酒。”

威尔考克斯最后揭开的关于杰克逊的最早记忆是迄今为止最痛苦的。这是一段关于他乘坐母亲的马车的回忆。

> 我说：“杰克逊，现在你五岁了。你能记起什么？”然后他告诉我在亚利桑那州时，一次他乘坐母亲的马车进城卖蔬菜。他们正沿着马路驾驶，突然田里的一头公牛朝马车奔过来，接着一个骑马的男人侧面冲过来，想要拦住公牛。当公牛靠近时，马受惊跳起，整个车都翻了，杰克逊和母亲被结结实实地从车上甩了出来。他抬起头，看见母亲正躺在地上。这时，那个男人走过来，跳下马，一手拽着杰克

逊的衬衫把他拉起来，另一只手拍打着他的脸，说道，“你怎么能躺在那儿哭哭啼啼？男儿有泪不轻弹。”杰克逊在催眠状态下反复讲述了这个故事很多次。这件事永远在他脑中留下烙印，当他讲给我听的时候，仿佛真的重新体验了这件事。他受到了很大惊吓，以至于开始和我一起泪流满面，大滴的泪珠滚滚而落。我向他保证，只要他在世，我会对这个故事守口如瓶，因为他不想让任何人知道。

这种和威尔考克斯的长时间对话起着宣泄的作用，它无疑平息了杰克逊内心深处的魔鬼冲动，不过到了 1949 年春天，杰克逊的痛苦回忆已经讲得差不多了，两个人对哈伯德肤浅的自助式理论的剩余部分已无任何兴趣。“我们两个对这一理论都不是十分笃信，”威尔考克斯回忆道，“杰克逊说，‘让我们把那些胡言乱语忘个一干二净吧。’”作为替代品，威尔考克斯又提出了另一更符合其务实性情的方法。他将其简称为“让杰克逊有事干”。“我说，‘杰克，每当你有烦恼，且特别想去借酒消愁时，就来找我好了。’”

整个春天和夏天这段时间里，杰克逊都在尽情享受着威尔考克斯慷慨的提议。一周里至少几次，有时是每天一次，他会步行或驱车 2.5 英里来到威尔考克斯的住所，露西亚会热情招待他，威尔考克斯会放下手中的任何事情陪他。两个男人从那里出发，或是走进树林，或是去海滩，他们漫不经心地散步、聊天。“我们探索了从这儿到蒙陶克角的所有海滩，所有偏远的海滩，”威尔考克斯回忆道，“当他处于那种情绪中时，他不喜欢身边有其他人。”很多次，他们沿着海滨越走越远，穿过巴恩斯码头的断崖，经过《乐土》

杰克逊的“海滩”雕塑，约 1949 年

盆地四周那些饱经风霜的水产加工厂，来到沉沙堆积的沙嘴上，这里曾经是开阔的海域，但现在则将长岛和蒙陶克以前的岛屿连接在一起。有几周时间他们都是在约克角港口的
582 东面度过的，两人漫步在“移动”沙丘和长满米草和怒放的野花的盐水沼泽之间。不过杰克逊最钟爱的地方更为偏远，那里海滨向内弯曲，蒙陶克的断崖从海中升起，海滩开始变得崎岖不平，到处是岩石。“那块岩石遍布之地，”威尔考克斯回忆说，“就是每次他想平静下来时我们都会去的地方。”

这样的漫游可以持续一整天。露西亚为他们打包好了野餐的食物，两个人可以一直在海滩坐到日落。多数时间都是威尔考克斯在说话，他讲起自己和杰克逊惊人相似的童年，如和父亲之间的冲突，高中时代的叛逆，杰克逊听得津津有味。他边听边把玩着海滩上的岩石，并随手做了一些小型雕塑立在沙土中。“很多次，我们随身带着一个装着四五瓶啤酒的冷却箱，一路走到他喜欢的这片沙滩上，”威尔考克斯回忆说，“但是我们不会喝。我们会享用午餐，聊聊天，然后我会原路返回，一路上仍然背着这个该死的冷却箱。”在第三次旅途中，威尔考克斯打包了几瓶橙汁，没有再带啤酒。“你想喝点啤酒吗？”出发时杰克逊问道。“天哪，不，”威尔考克斯说。“每次我们带着啤酒，都会原封不动地再拿回来，那么这么做的意义到底是什么呢？”令威尔考克斯惊讶的是，杰克逊居然同意了。“你是对的，”他说，“没有酒我们也熬得过去。”

和威尔考克斯共度的长长的午后时光，让杰克逊人生中第一次体验到了“没有也行”的状态。在进城的旅途上，或罗杰不在身边的夜晚里，镇静剂填补了空白。李对威尔考克斯并不信任，她紧紧抓住对医生的难以说清的信仰而不放，尽可能地敦促杰克逊服药。“她会坚持把药递给他并说，‘吃下这些药，一切都会好起来的，’”威尔考克斯回忆说，“‘［海勒］是个了不起的医生，他会治好你的病。’”然而很大程度上来说，正是威尔考克斯近两年来那有益无害的无条件支持，那如兄弟般温暖的援手，才让杰克逊没有被成名后是是非非的汹涌浪潮吞噬。

*　　　　*　　　　*

583 1949 的夏天是从斯黛拉和克莱门特·格林伯格的常规拜访开始的，入夏很慢，不过只是表面上很慢。格林伯格对一月展热情洋溢的赞美并无太多新意——除了评论的口气似乎过于沾沾自喜之外。他写道，大尺寸作品《1 号》“平息了任何评论者可能怀有的疑虑——坦率地说他也不记得自己有过多少疑虑——以至于他过去用来赞扬波洛克艺术的那些溢美之词看来都是准确而恰如其分的”。不同的是，这次其他评论者开始更多地对格

林伯格那讲究形式的语言风格有所回应。“从象形图案这个流派来看，这是一场精彩的展览，”玛格丽特·劳文格朗德在《艺术新闻》上写道，“作品似乎竭力摆脱空间形式，只把兴趣关注点放在线条和平面上。”威廉·德·库宁的妻子依莲娜在《艺术新闻》上给画展写的评论也带有格林伯格式的色彩，她称赞作品“和画布原始平面截然不同的平面并没有被表现出来”。

“大众”媒体对格林伯格的观点有些抵制。在《世界通讯报》上，艾米丽·吉纳尔的回应带着些许恼怒。“杰克逊在贝蒂·帕森斯画廊展出的大部分画作都像一团团卷曲的乱发，我忍不住想把它们彻底梳理一下。”她甚至还赞扬了几幅作品，因为“其不那么‘随机的’的运笔和空间景深感表明，杰克逊本来有能力成为一名出色的画家”。在《时报》中，山姆·亨特抱怨“现代绘画的土崩瓦解”，并称“在意象或图像事件中缺乏一种情节的展开，令人失望”——这样的抱怨可能会被格林伯格当作溢美之词。但即便是亨特这样的怀疑者也承认画作具有一种冲击力。“杰克逊创作中脱颖而出的是巨大的尺寸，带有高度个人风格的绘画节奏，以及那象征着凶猛而狂暴之雄浑力量的纯书法体隐喻。”

《时代》1949 年 2 月 7 日那期的一篇短评以一句尖锐的批评开篇：“杰克逊的画越来越像一个孩子给葛底斯堡之战勾勒出的等高线地图。”作为证明，编辑们还配了一张《1948，作品第 11 号》的令人费解的黑白复制图。“不过，”评论继续道，“他现在是受品味高雅的知识界人士吹捧的宠儿，被认为是‘美国最有力量的画家。’”由于不愿意，或无法屈尊用一篇自己的独家文章去评论画展，《时代》大段引用了山姆·亨特在《时报》中晦涩的评论，并选出一句特别深奥的短语“净化式的瓦解”来作为画作的解说性标题，不失时机地将先锋评论家和先锋派艺术家狠狠抨击了一通。

斯黛拉三月份的到访——这是自外孙杰森出生以来第一次到访——正好赶上春耕的时间。“[杰克和李] 已经准备好给花园播种，”她向查尔斯汇报说，“他们的那片土质不错，李喜欢挖土，她精通园艺。”逗留期间，斯黛拉特别喜欢和杰克逊有文化修养的朋友们见面，比如克莱门特·格林伯格。“每当我谈起和艺术或文化有关的任何事，”格林伯格回忆说，“斯黛拉就会对房间里的所有人嘘声示意，让大家保持安静。”让斯黛拉高兴的是，杰克逊仍在戒酒，尽管他不得不喝下“大量的咖啡”来对抗海勒开的镇静剂的药效。根据她的描述，杰克逊和李似乎为炎夏的到来做好了准备。“看到他们心情愉快，不再酗 584
酒，我在这儿过得很开心，”她写道，“他会拿酒款待别人。他说这样做的感觉好多了。”

到了五月底，壁炉路的房子里每周末都挤满了人，李的客人名单越来越长，有艺术家、评论家、美术馆馆长、画商和收藏家，这些人曾经——或者很可能——对杰克逊的事业有所助益。在最早的宾客中有一位年轻而富有的菲律宾收藏家和艺术家，阿方索·奥索里奥，他是和伴侣泰迪·德拉贡一起来的。奥索里奥也在贝蒂·帕森斯家出现过，并在一月的画展上买走了《1948，作品第 5 号》，但是直到他四月搬进了位于麦克道格路 9 号的新家后，画作才运到他府上。由于运送过程中画作被严重损坏，杰克逊同意做些必要的“修补”，前提是奥索里奥把作品返还至他的工作室。接下来的一个月里，奥索里奥和泰迪带着画驱车前往斯普林斯，并在波洛克的房子里留宿。27 岁的德拉贡是个芭蕾舞演员，他和奥索里奥是在去年相遇的，德拉贡对这个小镇“一见钟情”，认为这里很像自己的故乡新英格兰。一个月之后，当他们重返斯普林斯来取走经过修复的画作并准备租间房子时，惊讶地发现杰克逊用一层红色颜料对画进行了彻底的修改。

搬进位于耶利哥小巷的赫尔穆特家的大房子之后，奥索里奥和德拉贡以“每周两到三次”的频率去拜访波洛克一家，他们常常会带来大箱的食物和其他礼物，误以为波洛克家斯巴达式的艰苦乡村生活是贫穷所致。李也感激地收下这些馈赠和施舍，甚至刻意营造一种印象——当然已经不再是准确的印象——即她和杰克逊生活在经济拮据的边缘。奥索里奥在杰克逊的画室里也是受欢迎的贵客，在仪式般的赞美和恭维中，他对艺术家的崇拜之情和自身的贵族气质交融在一起。“当阿方索欣赏你的作品时，”一位艺术家的妻子回忆道，“他总是那么优雅而有风度。他不是那种走进来寻思着随便买点什么的购物者，他给你的感觉是，他是一个把能买到你作品看成一种荣幸和优待的赞助人。”为表达感激之情，杰克逊带着两位新客人一起去沿着海滩探索，偶尔还会在赫尔穆特宅邸里过夜。他平静而害羞，是个糟糕的客人。“可能他会整晚只冒出三个词，”泰迪·德拉贡回忆说，“自始至终，他呆坐在那儿像个木乃伊。”更有些趣味的事情是奥索里奥每周都请他们去东汉普顿的电影院看电影，杰克逊“最喜欢看西部片和科幻片，”德拉贡回忆说。

那年夏天，奥索里奥和德拉贡不过是来特意拜访这位“高雅知识界推崇的宠儿”的众多收藏者中最早的两位。这些访客包括已经在此定居的当地名人瓦伦汀·梅西和海贝·梅西夫妇，以及罗塞尼·拉尔金，他们都是市政厅展览的赞助人，新来的客人有杰弗里·波特和潘妮·波特。超然离群的波特是来自名门望族的贵族后裔，其时他正准备辞去
585 百老汇剧场经理的工作，打算搬到东汉普顿，重新融入自然中去，开始其写作生涯。新年伊始时，当他正准备从难以对付的孀妇汉姆林夫人手中购买阿马甘西特的斯托尼山农

庄时，遇到了在乡间小路上开着福特A型轿车四处漫游的杰克逊，后者引起了波特的兴趣。“他的嘴半张着，”他后来写道，“长而粗壮的前臂从脏兮兮的T恤衫两边垂下来，他呆滞的目光直视前方，似乎在寻找斯托尼山庄农场树林远处的什么东西。”对波特来说，杰克逊代表着一种神秘的混合体，他既有艺术家的敏感，又具有很强的动手能力，充满果敢的阳刚气概（他会修车，挥锤干体力活），而这正是有望成为作家－工程师的波特渴望拥有的品质。到了夏天，这种兴趣转化为痴迷。波特开始记录他和杰克逊的每次碰面，每一个“神秘的似笑非笑”，每次尴尬的沉默，计划把这些用作被他命名为《局外人》的小说的素材，后来，在放弃小说的写作计划之后，他又把这些收录到记录了“两个人的性格相似点”的口述传记中。对于杰克逊来说，波特的林肯敞篷轿车，他的贵族气质，以及美丽迷人的妻子都代表着同一样东西，那就是钱，他在剩余的夏日时光里竭力吸引着波特那令人喘不过气来的注意力，希望能卖出去几幅画。

瑞金诺德·艾萨克斯是哈佛大学城市与地区规划专业的教授，那年他在去东汉普顿的阿克卡伯纳克港远足捞蛤时，在朋友的引荐下来到波洛克一家的住所登门拜访。艾萨克斯本以为杰克逊是个“农场雇工，或是游手好闲的当地渔夫”。直到后来当他在厨房里坐定，一眼瞥到挂在餐室中的画时，他惊呼道，“我的上帝！这是谁画的？”这对双方来说，都是有意外收获的一次相遇。艾萨克斯对和杰克逊本人和他的艺术都感到相见恨晚，当天下午他就买下了一幅画——后来又买了两幅——回家后，他高度评价了杰克逊，称其为“本世纪最伟大的画家”。

但不是每个到访者都这么热情高涨。一次克莱门特·格林伯格带着兴冲冲的年轻夫妇彼得·司各特和克罗艾·司各特以及罗伯特·马瑟韦尔参加白天的聚会时，在场的还有其他几对夫妇，杰克逊勉强同意带大家参观他的工作室。一阵尴尬的沉默和几句敷衍的“好极了”之后，有人听见克罗艾·司各特含糊地低声抱怨道，“哦天啊，这可真不是一个下午就能消化得了的。”

不过，和七月在市政厅展览上所激起的愤愤不平的评价相比，这简直是振奋人心的赞美了，杰克逊有三幅作品参展。这次活动名为“17位东长岛艺术家”，是一次当地艺术家的作品展，由约翰·利特尔组织，赞助人是罗塞尼·拉尔金和馆长恩兹·惠普尔，这次赞助遭到了“少女石俱乐部非正规军”组织的强烈抵制。“这是一场突破性的展览，让市政厅几近瘫痪，”吉纳·尼说道。参展艺术家包括詹姆斯·布鲁克斯，亚历山大·布鲁克，约翰·利特尔，贝茨·祖格鲍姆，巴勒肯·格林，索耶兄弟，朱利安·列维，依布拉姆·拉索，以及李，但是众人的关注焦点是杰克逊和他“令人费解的滴画”。“带着白手套的女服务员端茶倒水，为大家提供潘趣酒，”她们看见杰克逊的画就厌恶地躲开，画上镶嵌了
586 烟头和其他碎片。和市政厅通常展示的水彩画、海景画和静物画相比，这场画展活像一间“恐怖屋”，里面的艺术家简直是一群“野人和激进分子”。（有个赞助人和一位艺术家握手后赶紧跑到卫生间洗手。）杰克逊站在他的画作前，身穿粗呢大衣，系着领带，脚上的休闲鞋擦得锃亮，显得比过去几年里要清瘦一些，看起来怎么也不像野蛮人或激进分子。多数人都和他保持安全的距离，暗中对他指指点点并低声说：“就是他。他就是那个画家。”不过杰克逊倒是泰然自若，在烟雾缭绕中连续站立几小时，眼睛盯着地板，竭力躲避着像哈利·汉姆林夫人这样的老主顾们好奇而又愤怒的注视，汉姆林在看了杰克逊的一幅画之后，怒气冲冲地说这样的艺术家肯定栖息在树上。最恶毒的评论来自于那些更为传统的当地艺术家，过去市政厅一直只展出他们的作品。他们指控杰克逊是个骗子，或是更为不堪的小丑——在三周的展期内这类控诉已激起不止一次互殴。然而，笑到最后的却是杰克逊。到展览结束时，他的三幅作品全部售出。

这是一个碎片化的夏天——无论是职业还是社交活动——成名的过程蚕食了大量时间，将杰克逊的生活分割成越来越细琐的碎片。不过仍然有一些获得真正享受的快乐时光：翻修约翰·利特尔的房子，帮吉姆·布鲁克斯买了一辆二手车，和罗杰·威尔考克斯海滩漫步。三月，杰克逊在壁炉路的房子里自豪地为哈利·杰克逊和格蕾丝·哈廷甘主持了婚礼仪式。这是一个很私人的小范围仪式；杰克逊担任了伴郎，李担任首席女傧相，波洛克夫妇的邻居，法官威廉·施灵格“负责打结”。但是这样的时刻被各种必须承担的责任、引荐和交易琐事挤得支离破碎。一月展之后，紧接着就是伊利诺伊大学的一场展览，和两场佩吉·古根海姆收藏展（分别在佛罗伦萨和米兰）。五月，杰克逊用墙面板重新装修了工作室。六月，他和帕森斯协商，重新签订了一份为期两年半的合约；同月，他又准备了一件将要参加八月在纽约现代艺术博物馆开幕的“画家的雕塑作品”展（“Sculptures by Painters”）的作品：这是一件较小的赤土陶器作品，和他在 1935 年偷偷为公共事业振兴署创作的青铜雕塑比较相似。八月，他把《1949，作品第 10 号》借给西德尼·贾尼斯，作为其举办的“男人与妻子”展（“Man and Wife”）的参展作品［李借出了她的《废品市场》（*Junk Dump Fair*）］，这又是一件装在木板上的卷轴式长幅油画作品，同月，他又把一件未命名的作品用船运送到山姆·库兹的画廊，和戈尔基、霍夫曼、托比、马瑟韦尔、德·库宁和罗斯科等人一道参加由野心勃勃的库兹和哈罗德·罗森伯格举办的

画展。这次展览的目的，不外乎就是从语言和图像上为充满活力但仍处于混乱状态的美国抽象艺术确定地位。尽管参展艺术家阵容强大，但是展览远远没达成其宏大目标，部分原因是罗森伯格撰写的那篇晦涩的展览目录论文（“当观众认识到现代画家复制的虚无时，他们的作品就和早期绘画一样……容易理解了”），还有一部分原因是库兹为新运动选了一个令人遗憾的名字：“内向主体性”。 587

如果有一个主题是贯穿整个夏天始终，且为杰克逊越来越碎片化的活动带来一定连贯性的话，那么这个主题就是钱。这意味着不管是去讨好潜在的收藏家，还是去直面市政厅女招待的怒目凝视，寻找新买家成了这个夏天压倒一切的首要任务。佩吉的意大利展（她在巴黎策展的计划失败了）在斯普林斯没产生任何影响，原因之一就是杰克逊和李没从售画收益中拿到钱。佩吉的画展没有收录进任何杰克逊的新近作品，其用意很明确，她感兴趣的是尽快清空库存，而不是如何推进杰克逊的事业。

不过，海外售画的可能性继续吸引着杰克逊和李。逐渐增加的曝光率——这有佩吉的功劳——以及有利的口头宣传都表明，欧洲收藏者们对杰克逊的革命性艺术创新不像克罗艾·斯各特这样的美国人那么抗拒，用约翰·利特尔的话来说，这些美国人仍自我封闭在“市政厅思维模式”里。另一持相同意见的人是阿方索·奥索里奥，他在海外艺术品买卖方面有些经验。几次交谈以后，奥索里奥同意秋季返回欧洲时探索一下在巴黎办展的可能性。同时，杰克逊也继续寻找着更靠近美国本土的新市场。

数年来，格林伯格一直声称“架上画［已成为］将死的艺术形式”，最终会被“墙画或墙画”取代。虽然杰克逊不一定全盘接受格林伯格关于商业现状的描述和判断（在其艺术生涯中，他画了大量“好卖的”小尺寸作品，从未间断过），但他（或李）的确抓住了这一判断在营销层面的意义和启示。杰克逊开始和托尼·史密斯商量是否能像古根海姆墙画那样，受委托创作大尺寸作品，这类作品可以成为房屋设计中必不可少的部分。那个夏天里，史密斯正在为几个家庭的装修做设计。他甚至把自己的几个客户带到斯普林斯的工作室，努力给杰克逊介绍墙画委托的项目，显然这种努力不那么成功。两个人常在一起共处几个小时，史密斯背诵着乔伊斯小说中的片段，用诗歌般抽象的语言谈论着艺术和建筑的联姻，而杰克逊则长篇累牍地讲述着那些关于他西部家乡的半真半假的故事：给奶牛挤奶，给牲口套索，从西南部印第安人那儿学到“第一手”的诗句。“他对西部的本来面貌了如指掌，”史密斯说道，他在西南部度过了体弱多病的童年的大部分时光，“而杰克逊以为我是个纨绔子弟……很明显，［他］认为那些地区的生活比这里的更真实。”杰克逊显然还认为西部的收藏者们更懂得欣赏他想画的那种西部风格的墙画。六月的某个时候，他和史密斯计划开车去加利福尼亚州——可能李也同去——就在接近年末的时候。

不久之后，杰克逊的墙画创作计划得到了一位急于探索建筑和艺术间相通之处的建筑师的大力支持。早在 26 岁时，彼得·布莱克就从普瑞特艺术学院毕业，在那儿他曾师从路易·卡恩，然后担任了现代艺术博物馆的建筑策展人。布莱克聪明而理性，野心勃
588 勃，那年夏天在东汉普顿的一次派对上，他特意和杰克逊碰面，并欣然接受了参观其工作室的邀请。他发现这是一段“绝对震撼”的经历。“那是阳光灿烂的一天，”布莱克回忆说，“阳光照进来，投射在画上。我觉得自己像是站在凡尔赛宫的镜厅前。这是一个炫目而令人难以置信的场面。”

和凡尔赛宫的比照让布莱克有了一个主意，用玻璃和镜面来布置美术馆，“营造一种作品为空间下定义的感觉，而不是反过来”。这个开始在他脑中成形的设计是基于路德维希·密斯·凡德罗的“理想美术馆”计划，这一概念曾出现在《建筑论坛》的一期文章里。密斯的设计特点鲜明而简洁：一层地面，一层屋顶，几根代表着支撑结构的立柱。画作不挂在墙上，它们自身*就是*墙体，或是随意地立在地面上，或是简单地悬于空中，没有任何明显的支撑物。布莱克还提议造一个美术馆的模型，里面放满杰克逊大幅画作的微缩复制品。这个主意让杰克逊很兴奋，他无疑是将其看成了推销墙画定制项目的推销手段。然而当布莱克提出“最好是在里面放上几件［微型］雕塑作品，以形成一种对比效果时”，杰克逊却犹豫了。“你把我当成什么人了，”他气急败坏地说，“我就是个室内装潢师吗？”但是他最终还是把雕塑做了出来，将金属线弯曲和打成环状，然后将其浸在湿石膏里。“看起来他仿佛是拾起一幅那个时期的画，”布莱克说道，“然后将其变成三维作品”。七月的某个时候，杰克逊和李说服阿方索·奥索里奥提供了1000美元的材料费用，布莱克开始制造模型。杰克逊想赶在九月展之前将一切按时准备妥当。

不可避免的是，杰克逊将这种对新买主和营销策略的关注也带进了他的工作室。在工作室里，尽管享用着格林伯格的溢美之词和托尼·史密斯的热情鼓励，杰克逊却有意避开像《帕西法》（长 5 英尺宽 8 英尺）和《路西法》（长 3.5 英尺宽 9 英尺）这类有着墙画大尺寸的项目，而是集中精力创作了不少尺寸小，更容易理解的作品。这是他最早从霍华德·普策尔那里学来的营销知识，后者总是不厌其烦地敦促他的艺术家们要“为谨慎而胆小的收藏者们创作尺寸小一点的作品”。佩吉自己总是抱怨杰克逊的巨幅作品很难

卖。1949年里，杰克逊只画了一幅大型作品，即长5英尺宽8.5英尺的《1949，作品第1号》，一团团密不可透的黑色、黄色、白色、金属银和粉色色块，连同一缕或两缕蓝色色块被裹挟在如此密实而汹涌的漩涡中，仿佛是这个漩涡把颜料从画布的四面八方吸进来。虽然在尺寸上不能及，但在密度和冲击力上能和《作品第1号》媲美的还有其他几幅画：《1949，作品第8号》中，混乱而开放的黑色和灰绿色网状图案和大量泼洒的铝颜料叠加在一起——现在这已经成了杰克逊作品标志性特征;《1949，作品第13号》中，用火柴棍勾勒的杂乱笔触被包围在极为精细雅致的蛋壳白色窗花格图案中；而在《1949，作品第3号》里，不计其数的层层土绿色、黄色和橙色同鲜亮的“一抹抹”白色结为一体——数百条紧密排列的细线条急速穿过扭曲的色块或聚集在其周围。除了少数几幅交响乐般波澜壮阔的作品之外，杰克逊把精力主要放在创作一些尺寸小、主题简单、价格相对便 589
宜些的作品上，多数都是镶在构图板上的纸张上完成的。不过即便是在自我约束状态下，他还是能画出华丽的图像。在《1949，作品第31号》中，他把不吸水画纸的冰冷坚硬特性利用起来，在上面覆盖了一层醒目的蓝色和红色色块，以及一抹黄色。画布上有几处，他让未干的色块自由混合，形成淡紫色、橙色和绿色的云状图案。在画布的其他几处地方，未干的彩色颜料落下后凝干，形成洁白画纸上的天蓝色河流，蓝黑大地上的血红色小溪，以及被精细如丝的白色线条交叉穿过的黄色纹理。这是令人陶醉的——且容易理解的——色彩盛宴，之所以能取得这样的效果，可能是因为杰克逊在画画时脑中系着价格标签。

当画展临近时，他又创作了第三套作品，比前两套尺寸更小、内容更简单。画布大小不超过长一英尺宽两英尺这个尺寸，被镶在纤维板上，这样省去了把画布绷在框架上的麻烦和费用，他用有限的颜色画出一系列醒目的粗体书法体图案——很少超过三种色

和彼得·布莱克一起观看“理想美术馆”的模型

调——并把运笔的动作降到最低。他没有层层叠加颜料，而是将网状图案剥离至最原初的形式——环形，漩涡，飞溅的痕迹——然后将它们隔离开来，仿佛显微镜载物片上的微小的单细胞有机体。

这种快速创作出一些容易辨识且好卖的作品的需要——常常只需轻抖手腕，不费吹灰之力——也促使他对滴画的全新维度进行了探索。这是他第一次从作品尺寸和复杂性的面纱中走出来，进行大胆的试验，在一系列简洁、精致且充满自信的小幅作品中，他终于可以直面过去那些一直让他不安的形式和线条的基本法则。

然而即便是在探索滴画技法的界限时，杰克逊仍然表现出永不满足的特点。也许一切变得太过简单和可以预见，太机械化了。新素材和新的商业需要带来了一些全新的挑战，但他似乎很快就触到了极限。新画越来越让人想起旧作:《1949，作品第 9 号》里那些黏稠的、绳索状的隆起线条;《1949，作品第 4 号》里那些点缀着黄色、黑色和银白
590 色迷宫的鹅卵石。有些画中的笔触甚至重新出现。在 1949 年的一幅小型构图（未命名）中，他尝试使用一种泼墨技法，制造出比《1949，作品第 31 号》中的色彩星云图案更轮廓清晰的完全不同的图像。他的沮丧失意最为显著地表现在《网之外》（*Out of the Web*）里，这是一件大型滴画作品，画中的黑、白、灰、红和黄色色块被纤维嵌板粗糙面上的浓重笔触所覆盖了。等多层颜料自行晾干之后，他用刀在上面刻出米罗式的具有生物形态的图像，然后将所刻图像中的颜料剥掉，露出纤维板底面。即便是当他的抽象图形得以最完整表现时，在杰克逊的潜意识深处，熟悉的形状还是会奋力冲破密网，脱颖而出。

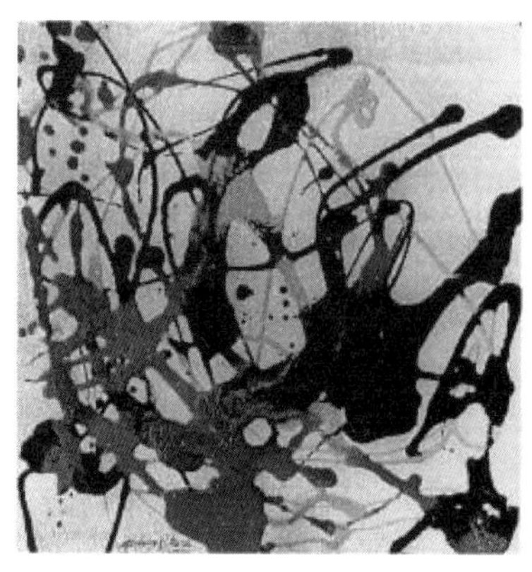

《1949，作品第 28 号，1949》，12″×13″

《未命名》，1949 年，12 1/8″×13″

七月，当《生活》杂志提出要为杰克逊和他的艺术做一期专题报道时，营销的需求再一次占了上风。“我们犹豫不决，思忖着到底是否要在《生活》刊登的文章上冒险，”李后来回忆说，“我们讨论了利与弊。”好处很明显：“一篇好评文章会有助于作品的销售。”弊端则略为复杂。去年十二月，《生活》登载了一篇报道法国艺术家让·杜布菲的文章，外加一整页《烟黑（莉莉）》的复制品，以及一篇满是猛烈批评的评论。这篇评论题为《走向死胡同的艺术：一个法国人的泥浆和碎石画让现代主义沦为一个笑话》，它对杜布菲的作品进行了抨击，称其意图“混乱而不明确”，技巧水平“低下”，并将其“娱乐价值”和“儿童手指画”的价值相提并论。“阿尔·卡普漫画中那落后而愚昧的道格帕奇社区[1]，”评论在结尾处写道，“都比杜布菲的整个疯狂世界要体面得多。”李幽默地称这篇有关杜布菲的评论为终极的“拇指朝下”，并担心杰克逊的情况也不会好到哪里去。“你无法预测《生活》会做出什么事情来，”她抱怨道。从另一方面看，就在这篇文章刊出之后的第二天，杜布菲的经纪人皮埃尔·马蒂斯就提出以他几天前卖出时的价格的双倍重新买回《烟黑（莉莉）》。显而易见，宣传效应无论好坏都有其自身的价值。可能是为了提醒自己不要忘记这个道理，李保留了一份《烟黑（莉莉）》在《生活》杂志上的复制版，并将其钉在壁炉路寓所的浴室门的背面。 591

1949 年 7 月 18 日，当杰克逊和李来到洛克菲勒中心的时代－生活大楼时，心里仍然有些惴惴不安。青年作家多萝西·希柏林被指派来采访波洛克夫妇，她记得杰克逊那天穿了一件粗呢大衣，脚上的休闲鞋擦得很亮，看起来“内心有点忐忑”。而李则冷静沉着，能言善辩。“她会挺身而出，替他发言，”希柏林回忆说，“并对他的话做进一步阐述。”她并非要强势地主导一切或替他说话，她只是想让交流更容易些，有时是为了作些解释。他们俩是绝佳的组合和搭档。他们讲述的故事（从希柏林的记录中无法判断是谁在讲话）是个人幻想、自吹自擂的宣传，以及政治姿态的奇怪混合体，偶尔会触及真相。据称杰克逊是家族里的第一位艺术家。他说，查尔斯和桑特都追随了他的脚步。师从本顿的那些年是“彻彻底底的失败”。他声称，来纽约之前，当他还在西部的时候就开始大量地创作抽象形态，“在雕塑和绘画方面都有所尝试”——可能指的是施万科夫斯基课堂上的那些试验。1935 年至 1944 年间在布鲁明黛医院，亨德森诊所以及表维医院度过的艰难时日则被他含蓄地说成“一种隐居生活”。

1　Dogpatch：美国漫画家阿尔·卡普作品中的社区名。——译者注谈到绘画这个主题时，杰克逊也同样闪烁其词，常常几乎一字不差地重复之前已被记录下来的话。谈到技巧时他说："一位真正的画家必须有自己的东西——去表达个人化的东西。……艺术学徒不应过于注重技巧，而是要专注地去表达自我……如果一个艺术家对一台打字机发生兴趣，他就该去把它画下来。"关于创作习惯，"当波洛克开始画画时，他会彻底地'对一幅画进行创作和思考'，"希柏林记录道，"一口气将一切发挥到极致。当他作画时，他清楚一个图像何时会'自然而然地生成，'但创作结束之后，当灵感远去时，他不得不［重新］去熟悉一下他的画作。"杰克逊对于抽象这个话题的说法可能会让格林伯格比较满意："我尽力远离任何可以辨识的意象；如果这种图像悄然潜入，我会竭力摆脱它……然后画就完成了。我不会让图像左右作品……意象是额外的负担——是没必要存在的。"不过，杰克逊也承认"可辨识的图形最后总会出现"，这可能会让格林伯格不快。

当被要求说出自己最喜欢的画家时，杰克逊只在 20 世纪的画家中提到了德·库宁和康定斯基——既不是毕加索也不是马蒂斯——在已故大师中则提到了埃尔·格列柯，戈雅和伦勃朗。这是他第一次公开提起戈雅，在一定程度上是向他的赞助人阿方索·奥索里奥致敬，后者刚刚赠给他一本关于戈雅的书。杰克逊对格林伯格的致敬则是简略地提到他最近的评论："波洛克认为他是从立体主义者逐渐成长起来的，"希柏林在她的笔记中写道。最后，当被问及对许多评论者如何回应时，杰克逊提道："如果他们愿意把大多数
592 想法（先入为主的观念）抛至一边，认真欣赏一下画作本身的话，他们会乐在其中。就像欣赏花圃中的花朵。你没必要绞尽脑汁地去弄清它的意义到底是什么。"

那天从时代－生活大楼里走出来回家的路上，轮到李和杰克逊开始坐立不安。他们不知道八月份这篇文章登出时，他们收到的到底是大肆赞扬还是尖刻的批评。

不久之后，杰克逊终于接受了丹·米勒的邀请，去试坐一下后者的单引擎小型飞机。他们从丹尼尔斯海湾大街附近的一处草丛密布的狭长地带起飞，飞入夏日的天空中，几秒钟后，大西洋的弯曲突起部分就跃进了地平线。右边，穿过加德纳斯湾逐渐缩小的区域，杰克逊能看见北福克，普拉姆岛，以及远处的康涅狄格海岸；左边，一条狭长的白色沙滩从蒙陶克角绵延伸展至纽约，将绿色的岛屿从星星点点地点缀着航船的海洋分离开来。杰克逊从未飞行过，他颤抖着，又激动又害怕。"我能感觉到他的膝盖撞击着我的膝盖，"米勒后来回忆道。他们一路飞到布鲁克岛，这是一大片海洋中一个形似生物状的

土地，然后他们掉头。这是杰克逊前所未见的关于这个世界的另一番景象，既摄人心魄，又让人兴奋不已的美景。

到了年底，他会升至人生中另一个不同的高度，但兴奋而又害怕的复杂心情却是相同的。

593

36

破冰

杰克逊·波洛克对美国的生活方式是否构成了威胁？当8月8日这一期杂志临近最后交稿时间时，这一问题仍然萦绕于《生活》杂志社的 办公室里。艺术部的资深编辑玛尔吉特·瓦尔加对这个问题的回答无疑是肯定的。乔治·亨特也持相同意见，作为助理编辑他去年才加入这个团队。作为一位曾经师从盖伊·佩内·杜波瓦的画家，亨特在看到杰克逊的《12号作品，1948》的彩色样图时耸耸眉毛，表现得颇为不屑一顾。“他是个极为保守的人，”一位同事回忆说，“所以他自然不会理解杰克逊的作品。”实际上，《生活》杂志社里唯一能理解杰克逊艺术，或者认为自己理解了的人是丹尼尔·朗韦尔，杂志编辑委员会的主席。朗韦尔是个热情而充满活力和好奇心的人，他参观过杰克逊的一月展，并买走了一幅画。“画上有一只苍蝇，但是［丹］觉得这很有冒险意识，”多罗西·希柏林回忆说。不久之后，朗韦尔的一个建议在艺术部掀起轩然大波：“也许我们该做一期关于这个叫波洛克的家伙的专题。”正是朗韦尔作为资深编辑的高瞻远瞩的眼光，才让瓦尔加和亨特收敛起鄙夷的态度，同时有关波洛克的文章初稿才得以成形。

但是还有其他人的目光也在密切关注着：这个人就是亨利·鲁斯，《时代》周刊和《生活》杂志的老板，编辑出版界的独裁者。据说，在他的“雇用打手”主编杰克·杰苏普的协助下，鲁斯一直在自己的保留栏目编者寄语里刊发猛烈抨击现代艺术的评论文章，因此削弱了自己杂志的艺术部的势力。罗莎琳·康斯泰布尔是另外一个不可小觑的力量。鲁斯交给她一个涉猎甚广的重任，即“及时跟踪所有领域的最新先锋运动——文化，科学，文学等等，”根据希柏林的说法，“这样她就能定期写点关于艺术界最新奇前卫的发展的文章。”当然，什么也比不上克莱门特·格林伯格和他那惊世骇俗的宣言更标新立异了，他声称杰克逊·波洛克这个狂野而名不见经传的画家，是美国最伟大的艺术家。最后还有

《时代》杂志出色的编辑亚历山大·艾略特，他傲慢而保守，反对偶像崇拜，“喜欢从摧毁新事物中获得变态的乐趣，”据希柏林说。艾略特是《时代》曾经刊登的对杰克逊作品的两条戏谑式评论背后的始作俑者。“他觉得这是值得取笑一下的趣事，”希柏林回忆说。最后关注杰克逊的人还有希柏林自己，“她并未真正理解抽象表现主义艺术家世界里发生的事情”，但作为一位尽职尽责的研究者，她出席了画展开幕式，并陪伴阿诺德·纽曼去杰克逊在斯普林斯的住所为其拍照，她坚信波洛克的艺术“还是有一定实质内容的”。 594

八月的第一周里，出现在报摊上的文章与其说平息了杂志内部的争论，还不如说在公众中引发了更大的争议。杰克逊的照片下面是一张横跨整页的新闻标题，将格林伯格那富有争议的断言转换为一个追问——“他是美国在世的最伟大的画家吗？”《生活》邀请整个美国来作出自己的选择。

在这张杰克逊显得特别自信的照片下面，文章的开篇语气中立，令人意外：

> 最近，一位文化修养极高的纽约评论家向上图这位一脸沉思与困惑的男人致敬，称其为我们时代的一流艺术家，是成为‘20世纪美国最伟大艺术家’的绝佳候选人。其他人则认为杰克逊·波洛克的创作仅仅是有趣但令人费解的装饰画。还有些人则斥责他的画是一种退步，和隔夜的通心粉一样让人难以下咽。

亨特和瓦尔加的确做到了极尽讽刺挖苦之能事。“评论家想弄清杰克逊为什么在画里的这个地方停笔了，”18英尺长的《夏日时光》的复制品下方的说明文字这样写道。“答案是：他的工作室只有22英尺长。”另一图片标题则提到了杰克逊的“垂涎”颜料。一篇题为《杰克逊如何（用瓷釉，沙子和袜子）画画》的补充报道则戏谑地提出疑问，“他的画到底有没有上面、下面和侧面。”文章引用了杰克逊的那条创作标准——“当我深陷于画中时，我完全不知道我在做什么”——并狡黠地补充道：“为了弄清楚自己到底在做什么，他停下来，现在到了他要‘熟悉一下’自己作品的时刻，最终，在经过冥思苦想，进而涂涂抹抹之后，波洛克决定这幅画完成了，其他人可没资格推断他是否真的画完了。”“多数［文章］都很直接，”希柏林回忆说，“但是我们也觉得这样挺有趣的，因为我们自己也弄不清楚该如何解读他的作品。”

但是文章与其说是关于艺术的，倒不如说是关于杰克逊的。除了简短而略带轻蔑地提及本顿之外，文中对杰克逊接受过的艺术培训，影响他的艺术先驱，他和欧洲现代主

JACKSON POLLOCK

Is he the greatest living painter in the United States?

《生活》杂志上关于波洛克的专题文章，1949 年 8 月，版权所属阿诺德 · 纽曼

义的关系，甚至他在抽象主义运动中的地位均只字未提。这是一篇人物简介—— 一个孤独而不安、富有吸引力的男人（没有刻画其他任何人，哪怕是作为背景陪衬的人物）。在大段的视觉笑料和油腔滑调的词语被发挥到淋漓尽致之后，留在公众想象之中的不是他的画，而是一个站在《夏日时光》作品前的杰克逊，挑衅地将双手交叉于胸前，嘴里挑
595 逗地叼着香烟。这个反传统艺术的艺术家身上具有一种十分典型的美国气质，他来自西部，英俊而粗犷，住在乡下而不是大都市，身穿粗蓝布工装裤，而不是工作服，在仓库而不是专门的工作室里创作，画画时用棍子和房屋涂料，而不是黑貂毛画刷和油画颜料。“瞧他站在那儿的样子，”威廉 · 德 · 库宁看到这篇文章时说道，“看起来活像个服务站的加油工。”“他万事俱备，”布德 · 霍普金斯回忆说，“他就是美国最伟大的画家。如果你想象一下有这样一个人，首先他必须是地道的美国人，而不是移民来的欧洲人。其次他必须具有高大而阳刚的美国式男子气概——他应该是个随性而不墨守成规的美国人——理想中应该是沉默寡言的——如果是个牛仔的话就更好了。他当然不能是读过哈佛的东

部佬。欧洲人对他的影响应该远不及我们本土风情的耳濡目染——墨西哥人，美国印第安人等等。他应该是深深扎根于美国土壤的画家，而不是在毕加索、马蒂斯的熏陶中成长起来。他应该是个标新立异的创新者—— 一个创立自己独有风格的人。我们应该容许他沾染着酒鬼这个美国陋习，也是海明威的恶习。难怪他在通俗杂志《生活》上一举成名，因为他美国气十足，古怪而独一无二，有着一张典型的美国面孔。他的一切都恰到好处。” 596

《生活》杂志上的文章所大肆宣传的是一种海明威式的矛盾重重的个人形象。“37 岁的波洛克，”文章称，“作为一个美国艺术界的闪亮新星脱颖而出，已成为一种新现象。”尽管过去还没发展到这一步，但如今已成为事实。

在宾西法尼亚州的波科诺山，艾达贝勒·斯托姆·霍根从她手中的《生活》杂志中抬起头，对丈夫说。“看啊，杰克逊·波洛克现在出名了。”自 1933 年在魔潭的那个暑假之后，她再也没见过杰克逊。在亚利桑那州的菲尼克斯城，查尔斯·波特仔细观察着照片，想看看能否找到“杰克逊的指尖丢到哪里去了。”在加利福尼亚州的奇科，查尔斯的昔日女友海斯特·格里姆不敢相信是杰克逊，而不是查尔斯成了“著名艺术家”。在怀俄明州的科迪，满腹狐疑的小镇居民们展开调查，想确定杰克逊到底是不是那里土生土长的人。在康尼狄格州的迪普里弗，当当地报纸问起对《生活》上的文章有何反应时，斯黛拉·波洛克承认她并不“完全理解”她儿子的艺术。在纽约，贝卡·塔尔瓦特（现在是梅森·希克斯夫人）读到了这篇文章，并“为他感到高兴”，但并不敢贸然送上祝贺，担心会揭开旧伤疤。其他的旧相识就没那么沉默含蓄了。华尔和艾伦医生从布鲁明黛医院写信过来，礼貌地询问杰克逊出院之后“接受了哪种调适和治疗，”并补充道，“文章开头提出的那个问题，答案显然是肯定的。”瑞金诺德·艾萨克已经能够等不及去写信了。“在我看来，”他直接给《生活》杂志发了电报，“杰克逊的确是美国最伟大的画家。我妻子，母亲和孩子都对我的想法表示热情的支持。”

国内外粉丝们的来信——也没有更好的说法———纷纷抵达壁炉路上的住所。素不相识的陌生人写信给杰克逊，称赞他的作品——“你［已经］掌握了真正艺术精髓的自如和优雅，”北卡罗来纳州达勒姆的丹尼尔·麦弗兰德在信中写道，并作出了个人的评价，“我最喜欢你的 12 号作品。”有些人则索要签名——或提出别的要求。“您能在随函所附的一张卡片上签名，”威斯康星州新伦敦市的 H. M. 布莱姆请求道，“（或者在另一张卡片上滴几滴墨水、颜料或铝颜料也可以）然后把卡片回寄给我可以吗？”“可否请您为我的微缩模型画一张素描？”爱尔兰的诺曼·麦格里斯写道，“用任何一种你想用的创作手段都可以……如果能加上一个小标题那就再好不过了。”

最大的粉丝还是斯黛拉·波洛克，她给亲友写了大批信件，自豪地宣布《生活》杂志上刊登了一篇“精彩评论”，并且还附有一张“他拍得很棒的照片，所以你们一定要看看”。然而几个月以来，只有桑特公开承认了杰克逊新获得的名气。弗兰克、查尔斯和杰伊显然都保持了沉默。

在斯普林斯，人们在街上拦住杰克逊，向其送上祝贺。好友们胳膊下夹着杂志，到他的房子里汇聚一堂。几周以来，这篇文章一直是当地人交谈中的标准话题。“镇上的每
597 个人都在谈论《生活》上的这篇文章，”詹姆斯·布鲁克斯回忆说，“这之后［杰克逊］周围的人们表现得不同于往日，他们在他面前有点难为情。”当然，还有不少博纳克人“不愿承认自己错了，”据丹·米勒说，“他们认为《生活》杂志比波洛克还不正常，这样［他们］心里才能平衡一些。”

在公开场合里，聚光灯下的杰克逊表现得比较得体且略微羞涩。文章刊出后的几周里，他家中的访客发现他很“不自在”，“有些紧张”，“略显尴尬”，还“有一点羞愧”。但是私下里，他沉醉于众人的关注中。“文章的出版让他兴奋不已，”约翰·利特尔回忆说。丹·米勒称其十分“自豪”。怀弗里德·祖格鲍姆“愿意打赌，认为杰克逊毫不介意将自己的名字和‘在世的最伟大艺术家’这个称呼联系起来”。当詹姆斯·布鲁克斯和布莱德雷·汤姆林拿了一本杂志到他房子里时，杰克逊“十分窘迫，无法当着我们的面把文章读出来，”布鲁克斯回忆说。可我们离开后，他马上要求订一百本杂志送到他府上。

然而《生活》上的文章只是前奏。更好的喜事还未降临。

杰克逊 1949 年 11 月的画展无论公开还是私下里都是胜利。私人展在开幕式一周前就开始了，其时杰克逊和李已经搬进了阿方索·奥索里奥在麦克道格巷的寓所。奥索里奥之前回到了菲律宾，为其家族建立的一间小教堂绘制墙画，因此他提出把房子借给波洛克夫妇过冬，作为离别的友好馈赠。泰迪·德拉贡则留在了纽约，几乎每天都在排练，为他和乔治·巴兰钦在纽约市芭蕾舞团共同出演的斯特拉文斯基的《俄狄甫斯》（*Orpheus*）的首演做准备。这是一座舒适的房子，以前是华盛顿广场上的一间大厦的马车房，房屋内部的砖木结构被漆成白色，放满了盆栽植物。楼上是一间有着顶楼卧室的大工作间，卧室一直延伸到阳台，每年春夏，德拉贡都会在阳台上放满鲜花。（杰克逊第一次拜访时

惊呼道，“在这里仿佛置身于乡间。”）楼下的墙上挂着几幅杜布菲的画，奥索里奥自己创作的色彩绚丽的水彩画和蜡画，以及让·弗特里埃和沃尔斯的作品（据说杰克逊对他们的画是这样评价的，“我不知道绘画该何去何从，但肯定不应该是这样的”）。客厅里摆放着一件贾科梅蒂的雕塑。在这样一个随意而优雅，具有田园风味的住所安顿下来之后，杰克逊立即邀请家人来做客。在画展的前一周，斯黛拉、桑特和杰伊都朝圣般地来到麦克道格巷 9 号看望杰克逊，再一次对《生活》上的文章高度评价，并保证一定会出席画展的开幕式。

在公众层面的成功也毫不逊色。《生活》上的这篇文章推动了一波新的期待，11 月
21 日，这种期待达到了高潮。人们蜂拥而至，将帕森斯的小画廊挤得水泄不通，人群都
涌到了门厅里。无窗的空间里，香烟烟雾在上空缭绕。房间里觥筹交错，人声鼎沸，大
家谈兴甚浓，喧闹声让人透不过气来。来客并非寻常之辈。他们不是那些通常为了表
示友情支持而辗转于一个个开幕展之间的朋友和艺术家同伴们。这些气质非凡的男男女 598
女——多数人素不相识——身穿定制西装和著名设计师的名牌礼服。和威廉·德·库宁同
来的米尔顿·雷斯尼克还记得那晚弥漫于帕森斯画廊中那种奇异而全新的氛围。“进门之
后，我首先注意到的就是周围人都在握手，”雷斯尼克回忆说，“当你出席一个开幕展时，
多数时候你所见之人都是你认识的，但是那天很多人都是你从未见过的。我对比尔说，
‘这些人为什么要握手？’然后他说，‘看看四周。这些人可都是有头有脸的大人物。杰
克逊总算是熬到出头之日了。’”

这些“大人物”里有鲁瓦·纽伯格，收藏家和金融家，他整晚都游移不定地站在萨姆·库兹身旁；收藏家伯顿·特里梅和现代艺术美术馆的设计总监小埃德加·考夫曼；《时尚芭莎》的艺术总监阿历克赛·波洛多维奇在布莱克的“完美展品”模型前转来转去，还有德怀特·利普雷，一位富有的画家兼诗人兼植物学家兼语言学家，他在两幅画前徘徊了很长时间，无法下定决心选哪一幅。（最后他把两幅都买了下来。）爱德华·鲁特是贝蒂·帕森斯的贵族好友兼主要赞助人，整晚大部分时间都在和海贝·梅西及瓦伦汀·梅西交谈，夫妇俩是众人中和鲁特地位相当的谈话对象。阿尔弗雷德·巴尔甚至也到场了——这是说明僵局已经被打破的最有力证明。就在数月前，巴尔还在写给贝莎·舍费尔的图录介绍里严厉斥责了彼得·布莱克，认为他不应该大力支持杰克逊。“他说他读了我的文章，并觉得写得很‘有趣。’”布莱克回忆道，“然后他说，‘但我认为杰克逊的作品没有什么值得称道的。’”自从巴尔看了《生活》杂志上的文章后，他的立场不那么强硬了。“他断

泰迪·德拉贡在 1950 年版的斯特拉文斯基的《俄狄甫斯》中扮演俄狄甫斯

定，波洛克毕竟也算是现代艺术大家庭里的一个成员。”

杰克逊站在显赫的来访者中间，清醒而又平静，他身穿短外套，系着领带，脚上的鞋擦得锃亮。“他表现得像个生意人，”鲁本·卡迪什回忆说，“当有收藏者走进来时，他
599 会予以关注。”贝蒂·帕森斯表现出前所未有的积极和踊跃，她穿梭于人群中，压低嗓音向“合适的买主”和任何看起来有购买意向的人报出折扣价格。（即便是库兹在背后怂恿，再加上帕森斯给出的大折扣，鲁瓦·纽伯格还是拒绝为《作品第 8 号》花上一千美元。）李整晚都坐在接待桌旁发放《生活》杂志的重印本。“她并未暴露自己是波洛克夫人的身份，”一位客人回忆说。“这样的话她能更好地了解人们的反应。”

所有评论家都几乎毫无例外地回应了开展之夜人们的热情。罗伯特·寇特兹在《纽约客》上称新作品“更为节制”，“少了些粗粝”，“有一种更深刻的情感和更严谨的秩序感，这大大增加了［作品的］魅力……这在我看来是他迄今最好的作品”。埃米·鲁滨逊在《艺术新闻》里也表现出更为缓和的语气：“［波洛克］在他的最新画作中表达了更强烈的感情，”她写道，“紧密交织的层层彩色线条首先代表着包括形式在内的限制性约束的中断，显然在每幅画中都存在确定的图案和情感。”寇特兹和罗宾逊并不是唯一觉得有必要去解读杰克逊画作的魅力的评论者，这还是破天荒头一遭。克莱尔·巴罗斯夫妇在《先驱论坛报》上发表文章，表达了他们对杰克逊画作的“强烈兴趣”，称“作品彼此间相

互交织互动的色彩同富有节奏感和强度的线条融合在一起”。斯图亚特·普雷斯顿在《纽约时报》提出，色彩是“波洛克的强项”。曾几何时，评论家们拿杰克逊的滴画技法开玩笑，将其比成“烤通心粉”或“一团乱发”，现在他们却争先恐后地搜寻最生动的语言来描述他的作品。“手臂横扫画布，颜料被紧密地编织成层层密网，”罗宾逊写道。普雷斯顿赞赏了“颜料和色彩的融合形成无数小高潮”，每个高潮“都像汉字那样优雅”。寇特兹则高度评价了“交叠颜色绚丽的一串串漩涡状图案”。自《生活》上的文章发表以后，几乎每个评论者看起来都经历了类似的态度转变。杰克逊的画展闭幕一周之后，“当代美国绘画年度展”（“Annual Exhibition of Contemporary American Painting”）在惠特尼美国艺术博物馆开展，亨利·麦克布莱德在给这次展览撰写的一篇评论中，鼓起勇气直言不讳地承认了自己的思想转变。“［波洛克］之前的作品里，颜料似乎是从远处泼向画布的，然而不是所有的颜料都平稳着陆了。现在的作品仍然带有泼墨技法，但是泼图效果更优美，更有秩序，所以我很喜欢。”

并不是所有的评论都是正面的。巴罗斯批评展览“有重复”的嫌疑。“波洛克先生，”他断定，“发现很难把自己信心十足地建立起来的绘画方法的范围进一步拓宽。”斯图亚特·普雷斯顿认为在尺寸最大的作品中的稠密的网络形状“没能形成完整的设计”，并建议杰克逊尝试小一点的尺寸。亨利·麦克布莱德不禁将惠特尼画展上展出的画和一张照片比较，照片中，“从高处俯视，可以看见月光下有一座毫无生气的城市，被战争破坏得满目疮痍，很可能是广岛”。不过如今即便是批评作品的文章，其口气也变得毕恭毕敬；给出的建议也是出于提供帮助的初衷，而不是为了诋毁作品。实际上到了1949年末，只有 600
一篇文章仍然执拗地抵抗着杰克逊声名鹊起的潮流。在《时代》杂志12月26日这期，亚历山大·艾略特向波洛克、格林伯格以及“时髦而空洞的”整个先锋艺术界发起猛烈抨击。在评论惠特尼年展时，他称杰克逊的《作品第14号》是“看不出任何具象的胡乱缠绕在一起的沥青和碎纸屑”，并警告说：“如果［他的］这种画能代表美国当代艺术的最具活力的发展趋势，正如有些评论家断言的那样，那么艺术真已经病入膏肓了。”

但是《时代》孤独的呼声在一片欢呼赞叹的喧闹之中几乎被淹没了。到了12月10日展览结束时，杰克逊卖出的画比以往任何一次画展都要多。除了一小群老主顾之外（托尼·史密斯，奥索里奥，德拉贡和梅西夫妇），帕森斯的销售簿上还出现了一些新名字：特里梅，考夫曼，金伯尔，鲁特，利普雷，普莱斯（Vincent Price，是恐怖电影界一颗冉冉升起的表演新星，也是狂热的艺术收藏者）。杰克逊为小心谨慎的初入收藏圈的买家们创作了大量小尺寸作品，这一策略获得巨大成功。正如一位参加了首展之夜的宾客所评论的：“谁会不乐意花几百美元买上一幅‘《生活》杂志上介绍过的艺术家’创作的作品呢？”连约翰·D. 洛克菲勒（John D. Rockfeller）太太也在阿尔弗雷德·巴尔的独具慧眼的指导下买了一件小尺寸作品（《1949，作品第 23 号》）作为自己的收藏——又是第一次买杰克逊的画。27 件参展作品中一共卖掉了 18 幅，多数是第一周内卖出去的，还有不少在画展首夜即售出。“[杰克] 这次画展是他办过的最成功的一次，”斯黛拉在画展结束后写信给弗兰克说道，“18 幅画 [售出]，其他的作品也有望卖掉。”

尽管彼得·布莱克那引人入胜的模型在原地夸张地展示了杰克逊墙画尺寸的画作，展览上只卖出两幅大幅作品。然而 12 月初，布莱克带着马塞尔·布罗伊尔来到帕森斯的画廊，布莱克知道这位匈牙利建筑师正在为住在长岛劳伦斯的伯特拉姆·盖勒的房子做设计，因此需要一幅放在餐厅里的画。“布罗伊尔深受感染，”布莱克回忆说，“他立即给盖勒夫妇打电话，为杰克逊争取到了一个创作墙画的委托项目。”（条件是画面的背景必须尽可能接近 1948 年作品《阿拉贝斯克》中比较商业化的铁锈色背景。）突然之间，一切似乎都开始向有利于杰克逊的方向发展。

画展让杰克逊和李陶醉在喜悦中，他们不愿再回斯普林斯面对那里单调乏味的冬天和各种苦差事。他们长时间逗留在麦克道格巷的房子里，款待朋友，或流连于各种画廊展览之间 [这些画展艺术家有戈尔基，布菲·约翰逊，理查德·普赛特－达特，赫伯特·费伯，詹姆斯·布鲁克斯，玛丽·卡勒里（Mary Callery）]，重新回到他们熟悉的都市生活中去。李在给奥索里奥的信中写道：“我们出席了几个开幕式，一场美术馆的教育招待会，以及一对姓洛克伍德的夫妇组织的疯狂晚宴派对，我们和他们素不相识，而且这对夫妇根本没出现在聚会上。”在泰迪·德拉贡的引导下，杰克逊去看了歌剧《托斯卡》（*Tosca*），并观赏了芭蕾舞剧《俄狄甫斯》，还欣赏了由尼克·马斯加诺和玛勒·马斯加诺表演的现代舞，这些活动对杰克逊来说都是有生以来第一次。除了现代舞以外，杰克逊对所有这
601 些都表现出极大的热情，很奇怪他认为现代舞“没有任何渐进感或独特风格”。“一切和音乐相关的东西，”德拉贡回忆说，“他都很喜欢。我带他来看斯特拉文斯基的《俄狄甫斯》的排练，他特别喜欢。他完全被歌剧迷住了。”对于杰克逊这种对各种文化形式不加区分的夸张热爱，我们不禁疑惑他真正更喜欢的是哪个，到底是文化本身，还是文化爱好者这个新的身份和角色。毕竟，他自己现在俨然成了文化的一部分—— 一个伟大的画家，可能是美国最伟大的画家。伟大的画家就该欣赏伟大的音乐家，可能还有伟大的舞

蹈家。“他过去常说，‘我不知道你们到底在那儿鼓捣些什么，’”德拉贡回忆说，“‘但你知道我还挺喜欢的。’”当德拉贡在麦克道格巷寓所的钢琴上弹奏肖邦、巴赫、贝多芬和舒曼的曲子时，杰克逊会听上几个小时，他还喜欢听德拉贡将舒曼作为无人赏识的天才那坎坷的一生和自己的生活经历相对比。“舒曼是一个很难理解的人，”德拉贡说道，“他的音乐和后来的曲子都很难让人一见倾心。这和杰克逊的艺术很类似，当我谈起这样的相似点时，他只是笑了笑。”

杰克逊十分享受生活精致奢华的都市生活，以至于决定取消到迪普里弗过圣诞节的惯例之旅。李又重新回到格林尼治村高速而狂乱的社交节奏中，乐不思蜀。她向来不太喜欢波洛克家的这些亲戚，杰克逊不再那么需要斯黛拉了，毫无疑问这对李来说算是个胜利。在迪普里弗，斯黛拉坦然接受了这个消息，显然她对杰克逊给出的理由深信不疑，杰克逊称他和李“在城中的生活累得很——简直是筋疲力尽”。不过家里的其他成员则怀疑真正的隐秘原因是:《生活》杂志上的文章以及大获成功的画展之后，杰克逊没有时间分给家人了。

麦克道格巷寓所里的庆祝一直持续到假期和新年。沉浸在成名的喜悦中，再加上不断供应的镇静剂的作用，杰克逊保持着相对的清醒和克制。根据泰迪·德拉贡的回忆，几个月的合住生活“十分井然有序”。“杰克逊的话极少，”德拉贡回忆说，“他极为沉默，只会偶尔安静地说几句话。”李对杰克逊生活的新篇章充满自信，因此，三月，当埃德温·海勒医生在东汉普顿遭遇车祸身亡的消息传来时，李对这个消息产生的影响并没有多大关注。奇怪的是，杰克逊似乎也对这个消息无动于衷。他目前正处于人生巅峰，海勒医生和斯黛拉一样，对他来说似乎不再是必不可少的了。

杰克逊不仅跨入了一个新的十年，还一路披荆斩浪，迈上了成功的新台阶。自《生活》上的文章发表后，杰克逊声名鹊起，他的名气与其说是靠人们对他现有作品或任何其他作品的反应来维持，倒不如说是借助今非昔比的变化。名气依靠自身的滋养而逐渐壮大。作为“《生活》杂志介绍过的画家”，无论他创作什么作品，如何创作，甚至是否还在创作，他已然成为先锋艺术界不容忽视的存在。身处社会边缘多年，且就在贝莎·舍费尔寓所的崩溃事件的几个月后，各种邀请函纷至沓来，邀请他去出席晚宴、派对、开
幕式、座谈会和演讲。短时间内，他就从边缘地带移到了吵吵闹闹的先锋派阵营中心。 602
一些像罗伯特·马瑟韦尔这样的艺术家朋友们数年里一直认为，杰克逊充其量就是个现

代艺术宏大叙事中一个古怪而无知的山村野夫—— 一个穿着牛仔靴、曾经师从本顿的粗人——然而突然之间，这些朋友不但必须要对杰克逊予以重新认可，把他纳入他们的宏伟视野中，还要向他寻求帮助，好让那些视野和愿景具有合法性。

1950 年 4 月，马瑟韦尔和罗伯特 · 古德诺夫、理查德 · 利波尔德以及阿尔弗莱德 · 巴尔在 35 号工作室主持了一场为期三天的封闭式专题讨论会。杰克逊并没有出席讨论会。然而在讨论会结束时，阿道夫 · 戈特利布建议，与会小组应该向即将在大都会博物馆举办的评审竞赛提出抗议，反对存在于评审会中的反抽象艺术的偏见，这时，杰克逊的名字很快浮出水面。“他是唯一一位引起媒体高度关注的人，”约翰 · 利特尔回忆说，“很明显，如果［杰克逊］参与其中，任何抗议都会更有分量些。”戈特利布显然是赞同的。随即他们在戈特利布位于布鲁克林的公寓里开会，起草了一份抗议书，巴奈特 · 纽曼打电话给杰克逊，叫他立即进城在抗议书上签字。杰克逊拒绝了，但是于当日发了一封表示支持的电报：

> 我赞同［原文如此］向大都会艺术博物馆发出抗议信
> 1950 年的艺术竞赛应该立即停止 杰克逊 · 波洛克

这封信寄给了大都会艺术博物馆的董事长罗兰 · L. 雷德蒙，信中控诉博物馆馆长弗朗西斯 · 亨利 · 泰勒“轻视现代绘画”，并称评审会的选择“并未保证高级艺术有任何被纳入遴选范围的希望，有失公平”。5 月 22 日，这封信出现在《纽约时报》上，标题为“十八位画家联合抵制大都会博物馆：控诉其‘对高级艺术怀有敌意’”。第二天，《先驱论坛报》用一篇题为“十八怒汉”（“The Irascible Eighteen”）的社论文章公然批评了这次抗议。然而六个月之后，当《生活》杂志决定报道这个事件时，这个抗议团体——打那之后被叫成“怒汉”——才固定下来。1950 年 11 月 24 日，杰克逊在詹姆斯 · 布鲁克斯的陪同下特意前往《生活》杂志位于西四十四街的工作室，和 18 位抗议艺术家中的 14 位一同让杂志摄影师妮娜 · 里恩拍照。《生活》杂志本来想让艺术家在摆拍时站在大都会博物馆的台阶上，手持画作，但遭到了戈特利布的拒绝，他说这样会让它们看起来像祈愿者而不是抗议者。“这完全在他们意料之外，”戈特利布说道，“因为没人会拒绝《生活》的任何要求。”这是杰克逊在两年里第二次为《生活》杂志拍照。

就在大都会博物馆惹人非议的“美国今日绘画 1950”展（“American Painting Today

妮娜·里恩为“怒汉”拍摄的照片，1950年1月刊于《生活》杂志。从左至右，前排：提奥多·施塔莫斯（Theodore Stamos），吉米·恩斯特，巴奈特·纽曼，詹姆斯·布鲁克斯，马克·罗斯科；第二排：理查德·普赛特－达特，威廉·巴齐奥蒂，波洛克，克莱福特·斯蒂尔，罗伯特·马瑟韦尔，布莱德雷·瓦尔克·汤姆林；后排：威廉·德·库宁，阿道夫·戈特利布，阿德·莱因哈特（Ad Reinhardt）和海达·斯特恩。

1950”）开展之后不久，14位艺术家的照片在《生活》杂志1951年1月15日这期上刊出，照片中的男女艺术家们表情严肃，穿着考究，杰克逊大概站在众人的正中央，看起来愤怒而自信。里恩拍摄的简单平实的整版人像后面是一篇配有大量插图的关于画展的报道。报道的标题并无明确的立场：“愤怒的先锋艺术家组成的团体带头抗议展览”。不过报道的具体内容对读者来说却并不陌生，文章在第一段提到了“波洛克的滴画艺术”。即便是抗议者们也对这种关注感到很意外。“我们所做的不过就是在这封信上签个名，”照片中唯一的女艺术家海达·斯特恩说，“然后有人给了我们一个名号。一切都被夸大其词了。”18位艺术家中至少有一位怀疑，《生活》杂志把这篇报道当成了“牛仔画家杰克逊·波洛克的连载传奇的下篇”。

曾经无处不在怀疑的情绪正在烟消云散。帕克·泰勒曾将杰克逊的作品比作烤通心粉，时隔五年之后，他在《艺术杂志》（*Magazine of Art*）1950年3月号这一期上公开放弃了之前的观点。“这是［一种］坚不可摧的意象语言，”如今泰勒这样称赞杰克逊的作品，“也是关于纯形式的美丽而精细的图案。”泰勒在文章《无限迷宫》（“The Infinite Labyrinth”）中态度坚决而自命不凡，这篇文章为后来几年里那些围绕着波洛克令人困惑的新意象而展开的乱七八糟的伪诗学评论设定了基调。

> 波洛克的颜料仿佛拖着长尾巴的彗星，穿越空间，打破扁平画布的僵局，闯入业已僵化可见性中。他稠密而夺目的画作难道不正是体现了这个无尽虚空的宇宙的
> 604 内核吗？有某种无法被认同为宇宙的一部分的东西被用来代表宇宙的整体存在。这样我们就领悟到了这些画真正的最终悖论：虚空中的存在。

泰勒的文章发表后不久，另一位声名显赫的持怀疑态度者阿尔弗雷德·巴尔将杰克逊选为代表美国参加六月举办的第25届威尼斯双年展的六位先锋艺术家之一。当然，美国展馆的一半位置仍然会为约翰·马林保留（巴尔的态度转变一直不那么彻底），不过除了这一殊荣，还有《艺术新闻》夏季刊上的一番热情洋溢的赞美——这是巴尔第一次公开赞赏杰克逊的作品。“可能是其同时代画家最具原创力的艺术，”他这样评价波洛克的作品，“……是一趟充满活力的视觉冒险之旅，是到处充满着焰火、陷阱、惊喜和欢乐的游乐中心月神公园。”紧随这些赞美之词之后的是在纽约现代美术馆顶楼举办的一场招待会，被选先锋艺术家中的五位出席了招待会——波洛克，德·库宁，海曼·布卢姆，李·盖奇，里克·勒布伦（第六位艺术家是已经去世两年的戈尔基）——以及80岁高龄的马林。就在一盘盘餐前冷菜和空酒杯（杰克逊）之间，两个艺术时代相遇了，一张照片捕捉到了这一时刻：面容枯槁而苍白的马林披着长发，围巾随风飘逸，每个毛孔都散发着一位性情古怪的画家的气息；而来自当下的杰克逊·波洛克则身穿花呢夹克衫、白衬衫和灰色法兰绒长裤，扎着黑色领带，平底鞋擦得锃亮，和围绕在他身边的那些画廊官员和赞助人难分你我。杰克逊不但没有因畏惧马林在场而退避三舍，反而表现得十分倨傲，而马林则暗中对这位新生代艺术家投以怀疑的一瞥。

仍旧满腹怀疑的不仅仅马林一人。在为纽约《先驱论坛报》撰写的威尼斯双年展的预告中，艾米丽·吉纳尔惋惜地表示，除了马林的作品之外，观赏者“看不到任何被我们主导美术馆、评论家、收藏者和鉴赏家认可的最富创造力和富有成就的天才艺术家们的作品”。尽管此说法有夸大之嫌——毕竟波洛克、德·库宁、戈尔基的作品被列入现代

美术馆馆藏已有多年——这样的评论还是引起了欧洲评论家对美国艺术阵营里的混论状态予以注意。曾几何时，纽约战后的巴黎艺术圈的衰落越来越难以否认，欧洲评论界急于抓住机会向犹疑不决的美国人发起反扑。《听众》(*Listener*) 伦敦评论家道格拉斯·库珀批评美国展厅的六位年轻美国画家“多数都是在模仿欧洲知名艺术家，在很大程度上特别缺乏信念和能力”。库珀在批评时特意提到了杰克逊，并故意用含糊的语言称其“不可否认成为一种美国现象”。在总结了滴画法之后，他将这种技法的结果描述为“一种复杂而又毫无意义地纠缠在一起的绳索和斑点”，并将巴尔对作品的描绘（“一趟充满活力的视觉冒险之旅”）斥为“愚蠢”。其他人则讥嘲杰克逊的画是“融化了的毕加索作品”。 605
一个月之后，《时代》的亚历山大·艾略特欢快地报道了欧洲的反应。“美国绘画看来没在海外制造出多大的轰动，”他在一篇未署名的文章中写道，“在威尼斯的‘双年展’中，美国展馆（主要展出的是阿希尔·戈尔基和杰克逊·波洛克的狂野而朦胧的抽象画）并未在评论界中掀起什么波澜，反响平平。”

实际上，就在评论界一致唱衰的时候，这些画本身却在欧洲画家间引起了极大的兴趣和热情。一位叫凯瑟琳·维维亚诺的画商回忆说，大批年轻的意大利画家在美国展馆前流连徘徊，对杰克逊的三幅作品“激动不已”，尤其是《1948，作品 1 号》(*Number 1, 1948*)，白色的巨大画布上点缀着浓郁的紫色高光和一排手印。“他们喜欢他的作品，”维维亚诺回忆道，“他们马上意识到他是个多么伟大的艺术家。”在和另外几位意大利画家参观展馆时，乔治·莫兰迪说道：“这些美国人很有趣。还没学会游泳就一头扎进水里。”观赏德·库宁的《发掘》(*Excavation*)，他评价道，“有点牵强。太过刻意。”而挂在对面墙上的戈尔基作品却仅仅得到了这样的评价，“这位画家的画有点法国风格。他有点色盲。”可是当莫兰迪转身朝二号画廊里看去并瞥到一幅波洛克的巨幅画作时，他倒吸了一口气，“这才是创新。如此具有生机和活力！”七月，就在附近的威尼斯双年展正在进行中时，佩吉·古根海姆在圣马可大教堂对面的科雷尔博物馆举办了一场她个人收藏的所有波洛克作品的展览。那些被《1948，作品第 1 号》激起兴趣的画家们如今有了深度欣赏杰克逊作品的宝贵机会。23 件作品陈列于莎拉·拿破仑大厅木板镶嵌的墙上——其中有包括《1949，作品第 12 号》和《1949，作品第 23 号》20 件油画，两幅水粉画和一幅素描。夜幕降临时，从人潮涌动的露天广场上望去，被照亮的画作十分醒目，“让所有威尼斯画家们兴奋激动不已，”佩吉如是说。布鲁诺·阿尔菲耶里的一篇评论作为展览图录的介绍被重印，这篇文章最初曾经和杰克逊《可能性》宣言的意大利语版本一同发表于《现代艺术》(*L'Art Moderna*)。文章的口吻充满愤怒不安和含混的态度，它表明了欧洲艺术家从所有抽象艺术中，尤其是波洛克的作品中发现的一种挑战。“杰克逊·波洛克的画代表着一种绝对的虚无：没有事实，没有观念，没有几何图形……没有任何一幅画像波洛克的画那样抽象得如此彻底：从一切中抽离……没有任何一张画更自动而无意识，更超现实主义，更内向含蓄而纯粹。”阿尔菲耶里抱怨道，正是这种纯粹性，使得传统批评无法解读杰克逊的作品。最终，评论家对画作的评价具有如下特点：

·混沌

·毫无和谐感

·完全缺乏结构组织

·没有任何哪怕是最基本的技法

606 ·还是混沌

阿尔菲耶里宣称，一片混乱中展现的并非艺术，而是艺术家。“波洛克打破了作品和自身之间的界限：他的画是最为即时和自发的创作。每张画都是他自身的一部分。”不过评论家应该如何去评价一位艺术家？“他内心世界的价值在哪里？是否值得去了解，抑或完全是平淡无奇的？该死，如果我必须去评判这位艺术家的画，那我感兴趣的不再是画本身，我也不再关心画自身蕴含的形式价值……也就是说，我是以画为起点去探索创作者。”

在交织着愤怒和疑惑的情绪中，阿尔菲耶里得出一个惊人的结论：“杰克逊·波洛克是一位坐在现代艺术最高阶和无偏见的先锋艺术金字塔顶端的现代画家。你可以说他占据的位置过高，但你不能说他的画丑……与波洛克相比，毕加索，可怜的毕加索，这位瘦小的绅士几十年来一直因其摧枯拉朽的艺术事业成为同时代人的噩梦，让同僚们夜不能寐，而今却成为一个为安静的墨守成规之士，一位已成明日黄花的画家。”

至少在欧洲，议论之声已悄然传开。毕加索终于后继有人了。

与此同时，当长岛的农夫们开始给黑麦草翻土，山茱萸恰逢异常温暖的早春可能提早开花时，杰克逊仍然是名人圈里风头正劲的人物。比尔·戴维斯从瑞士寄来一封充满赞美之词的信：“所有仍在创作的在世的欧洲画家（著名画家，并将马蒂斯视为将死之人）

中，在我看来，过去三年里极少有人的创作能和您的作品媲美。”更鼓舞人心的是他在信中还提及购画意图（“我们有再多买几幅作品来丰富收藏的意向”），尽管戴维斯似乎排除了购进一幅主要作品的可能性——这逐渐成为能引起杰克逊兴趣的唯一一种交易。伊戈尔·潘杜霍夫在追逐上流社会的季节性迁徙度假中经过纽约，在壁炉路稍作停留，向杰克逊致以问候，并和他共进晚餐。向来出手阔绰且作风奢华的潘杜霍夫从口袋里掏出一只白金卡地亚手表递给杰克逊。“我想把这个送给你，”他说，“因为你是我认识的最伟大的画家。”

那年春天，杰克逊所到之处无不听到同样的信息。巴尔年轻的弟子彼得·布莱克，常到工作室来观看杰克逊为盖勒所做的墙画的进展情况，并总是以极为讨好的语气谈起，自从十一月展之后，那个模型博物馆就在储藏室里日渐衰败。“在那儿我觉得和他很亲近，”布莱克回忆说，“我年轻而缺乏经验，而他作为一位伟大的艺术家却为我抽出时间，倾听我的所言。”尽管杰克逊的回应最多不过是低声嘟囔，布莱克深信这些嘟囔声也表明了“艺术和建筑之间悬而未决的关系”，他觉得杰克逊的作品与阿克卡伯纳克风景“在空间上有着某种契合”。很可能是布莱克提议，最好由他派人七月去盖勒位于长岛劳伦斯的 607
房子里安装墙画，这样做是为了尽量避免杰克逊和别人面对面交流的尴尬。同意接手这一差事的艺术家乔尔乔·卡瓦隆回忆说，菲力斯·盖勒“气得发疯。她说，‘我竟然花这么一大笔钱买了这样一件垃圾。’”把画表面起皱的地方抚平（“画送到时是像包装纸那样被折叠起来”），然后再把长 72 英寸宽 96 英寸的画布安放在正对着餐厅的一组橱柜后面，花了整整一周时间（多年后，当这栋房产被变卖时，这幅画的价值比整个房子还高。）

另一位在这段夏季来临之前的平静期到访的客人是托尼·史密斯。杰克逊刚完成盖勒的墙画，还没开始新的创作，因此有足够的时间去享受史密斯这位爱尔兰人的魅力以及他那些略微和性扯上关系的奉承话。最近他努力安排的一笔墙画订单失败后，他又立即寻找新的途径，好让自己挤进杰克逊的艺术生涯中。他重新拾起了去年夏天放弃的驱车西行去为卖画做宣传的计划。在忙于背诵《芬尼根的守灵夜》的片段，对天主教神学若有所思以及就艺术和建筑的展开长篇大论之间，他敦促杰克逊“创作一些真正的大尺寸作品”，重返古根海姆墙画那种规模，不管是不是为订单而创作，这都是向收藏者展示墙画尺寸作品之巨大潜力的好办法。

然而直到阿方索·奥索里奥五月从菲律宾返美时，史密斯才找到了他一直在追寻的突破口。和自己虔诚信奉罗马天主教的家庭共度一个冬天之后，奥索里奥在重返充满世俗气息的纽约之后发现，这里的一切异常扭曲。在一次杰拉德·塞克斯和布菲·约翰逊举办的晚宴上，他的怒气终于爆发了。“你能想象吗？”他喊道，敲打着桌面，“整个汉普顿地区没有一家私人礼拜堂！一个都没有！”这次情绪的爆发让他结识了托尼·史密斯，后者也是位虔诚的天主教徒。会面之后，奥索里奥打算委托别人为位于“长岛某处”的一间私人教堂设计方案。史密斯鼓动杰克逊为这个项目绘制墙画，奥索里奥一直都乐于向波洛克夫妇提供帮助，也热情地表示支持。“我对墙画装饰中潜在的巨大可能性激动不已，”奥索里奥回忆说，“我知道这也是杰克逊的兴趣之一。”暂时还没人谈起选址、成本和赞助等问题。“这不是在某处盖一座房子那么简单，”奥索里奥说道，“这是一个简单而宏大，具有象征意义的绝妙主意。这是一颗麦粒，一个橡实，从这里能长出参天大树。”

这是一个充满宏大愿景的春天—— 一座理想中的博物馆，一间具有象征意义的教堂，接受委托到西部去创作墙画——杰克逊也有自己的设想。穿过彼得·布莱克制作的模型博物馆的树脂玻璃墙，杰克逊将目光落在了置于一排排自己画作复制品之中的细金属线和石膏制品上，他开始酝酿一个新的宏伟计划。三月抵达斯普林斯之后不久，他借用了罗塞尼·拉尔金在东汉普顿的陶艺工作室。工作室里，他系着围裙，躬身在陶轮上，用陶土做了一系列像容器一样的小型雕塑。“这是以陶器工艺来创作抽象作品的尝试，”
608 劳伦斯·拉尔金回忆说，“一种将二维画转换为三维作品的尝试。”拉尔金回忆说，杰克逊那制作黏土的手“十分精致灵巧，但是手掌又很宽厚”，“他的操控力很出色”。仅仅几次会面之后，拉尔金就断言杰克逊是一个“伟大的艺术家”。

然而在成名的六个月之后，仅仅作为一名伟大艺术家或雕塑家已远远不够了。杰克逊设定了更高的目标。他一心向往的是大卫·史密斯的美国“最伟大”雕塑家头衔，这一头衔也是格林伯格赋予的。“从一开始，杰克逊的想法就是创作出比大卫·史密斯的艺术更伟大的雕塑作品，”鲁本·卡迪什回忆说，“这会让他登上新的台阶，成为最伟大的艺术家兼最伟大的雕塑家。”不知是因为对在拉尔金工作室的成果不甚满意，还是对大卫·史密斯四月在玛丽安·威拉德画廊举办的单人展心生畏惧，杰克逊尝试了几次之后就放弃了雕塑创作的努力。不过和很多其他的春季宏伟计划一样，要在雕塑艺术上留名青史的雄心一直伴随着他。

四月中旬，当夏天的第一批客人抵达时，杰克逊仍然无法“回到创作中去”。“春天的最早迹象开始显现了，”李在给奥索里奥的信中写道，“[不过] 我的意思并不是万物破土而出，也不是指蛙鸣鸟叫，而是那些早早登门拜访的宾客。”自去年夏天以来，《生活》杂志和大获成功的十一月展把杰克逊从社交圈边缘推至“顶级”受邀贵客名单中。昔日好友急于重拾旧谊；而那些泛泛之交之辈则争相在李排得满满的日程中争得一席之地；整个东汉普顿的精英阶层——过去的几个夏天里，他们最多只是有些热情——如今却纷纷以把“登上《生活》的画家”介绍给自己的交际圈为荣。尽管去年夏天发生了不快，七月，市政厅董事会的态度也趋于缓和，并策划了一场题为“十位东汉普顿抽象主义艺术家”的画展。虽然罗伯特·马瑟韦尔和詹姆斯·布鲁克斯都是在此画展上首次露面，然而所有的关注焦点都集中在杰克逊身上，根据当时的一种说法，他的“令人费解的滴画作品”，“在炫目荣耀中登场”。不久之后，东汉普顿著名的艺术赞助人艾洛伊丝·斯派丝组织了一次参观杰克逊工作室的“实地考察”之旅。“我们乘坐一辆大巴，”参与活动的客人之一贝茨·祖格鲍姆回忆说，“斯派丝夫妇邀请我们来此地是因为想把杰克逊和他的作品介绍给我们。”李对杰克逊的清醒理智状态越来越有信心，她在壁炉路的家中为整车客人举办了一场鸡尾酒派对。

在那个异常闷热的夏天，每周日午后，从李人数众多的大名单中筛选出来的宾客们会聚集在波洛克房子后的铝制草坪长椅上，品尝蛤蜊喝啤酒。杰克逊会带领一小众人到阿克卡伯纳克河的浅水区挖蛤，为午饭做准备，而李则周旋于宾客间，向大家介绍最新的作品评论，并寻找售画商机。带着一桶蛤蜊满载而归后，杰克逊会向大家展示自己的刀功。“[我们]坐在四周，”一位宾客回忆道，“杰克逊用刀切开几十个蛤蜊（其速度飞
快如超人），并将其井然有序地摆在盘子上。刀入蛤壳的动作完美无误。他似乎只需一戳 609
一切就能打开每个蛤蜊。”包围在崇拜者中间，杰克逊似乎很享受这种名人和东道主合二为一的角色。“他通常很少笑，”贝茨·祖格鲍姆回忆说，“但那个夏天，每次我看到他，他似乎都是满眼笑意。”

那个夏天，最尊贵的邀请莫过于受邀赴李的晚宴。餐聚的规模一般都不太大，很少超过八人，这样能让李有效地控制谈话内容，并时刻留意杰克逊的动向。客人名单经过精挑细选，有画家，潜在的收藏者和评论家，既包括过去几个夏天里的常客（克莱门特·格林伯格，彼得·彼得森和维塔·彼得森，约翰·利特尔和约瑟芬·利特尔，杰拉德·塞克斯和布菲·约翰逊，海贝·梅西和瓦伦汀·梅西），也有相关的新客（索尔·斯坦伯格和海达·斯特恩，吉娜·布鲁克和亚历山大·布鲁克，怀弗里德·祖格鲍姆和贝茨·祖格鲍姆，露丝·尼沃拉和康斯坦丁·尼沃拉，克莱福特·斯蒂尔和帕特里西亚·斯蒂尔，以及一位

来自德克萨斯的年轻画家约瑟夫·格拉斯科）。昔日好友将自己的客人引荐过来，他们急于挤进杰克逊的社交圈。约翰和约瑟芬·利特尔夫妇将汉斯·霍夫曼学校的爱丽丝·霍奇斯和莉莲·奥兰尼引荐而来。自上次会面以后，奥兰尼对杰克逊的敌意像不少评论家那样神秘地消失了。“那次拜访期间，我们彼此十分热情友好，”她愉快地回忆道。格林伯格则带来了他的新女伴，一位名叫海伦·弗兰肯特尔的年轻画家，去年刚从本宁顿学院毕业。抱负远大的年轻作家约翰·梅尔——他的到场证明了波洛克新社交圈的包容性——带来了蒂博尔·德·纳吉，后者是经营一家“职业”木偶剧院的匈牙利移民。德·纳吉身上那种欧洲人特有的矜持深得波洛克夫妇的喜欢（衬托了梅尔的夸夸其谈和高调惹眼），夏季时，夫妇俩还为德·纳吉的剧团在布里奇汉普顿的教堂安排了一场演出。杰克逊自己做了一个木偶——将木块切割成形，覆之以帆布，然后“漆上亮丽的颜色”。他还为之编了一个被叫作“火之男孩”的普韦布洛（Pueblo）印第安男孩的故事。纳吉将之改编成一出剧。“杰克逊很喜欢讲那个关于一个想加入名门望族的小男孩的故事，”德·纳吉回忆说，“但成名前他必须先完成三个勇敢的任务。”

尽管社交活动繁忙，但不是所有人都能经常见到杰克逊。一些旧友显然从李的宾客名单上消失了：哈罗德和梅·罗森伯格夫妇，鲁本和芭芭拉·卡迪什夫妇，罗杰和露西亚·威尔考克斯夫妇，詹姆斯和夏洛特·布鲁克斯夫妇——简言之，任何了解杰克逊·波洛克另一面的人都不见了：那个1948年之前还未服过镇静剂，还没登上《生活》杂志的尚未成名的杰克逊。“李忙着招待客人，邀请合适的人来做客，”夏洛特·布鲁克斯说道，“所以我们见他们的机会越来越少。”当然也有例外：约翰·利特尔，他自己也有着不可告人的过去；另一人是克莱门特·格林伯格，杰克逊的声誉对他和李来说都一样利害攸关。不过
610 除此之外，几乎所有1950年之夏去壁炉路拜访的宾客都是慕名而来探访艺术新星的。

毫无疑问，他们如愿以偿。

“走进他的工作室仿佛进入圣殿，”一个崇拜者说，那个夏天，杰克逊家里和工作室里都被接踵而来的仰慕者们挤得水泄不通，“四周弥漫着专注的气氛。他活像禅房中的一位僧侣。你能感受到那种能量和专注力。大家说话时，只能低语。”众人离开时都在谈论杰克逊身上散发出的“灵韵”，称其“很神秘”，“富有诗意”，“令人心生敬畏”，“给人醍醐灌顶之感”，“超凡脱俗”，“像星辰一样闪闪发光”。莉莲·奥兰尼认为他有着“情人的激情”，另一位访客则说道，“他仿佛在发光”。对于唐纳德·肯尼迪这位本地的小男孩来说，杰克逊“颇有名门望族的绅士风度和堂堂仪表”。几乎所有人都以他在场“为荣”。

一个到访者将其比作“某种高贵的动物。仿佛你进入笼中，爱抚一只老虎，凝视着它，你会感到和它共处是一种荣耀”。怀弗里德·祖格鲍姆靠近杰克逊时，“活像一个试图接近老师的学生”，年轻画家约瑟夫·格拉斯科“在和杰克逊讲话时毕恭毕敬，把他当成老一辈艺术家来对待，态度近乎崇拜”。这样，满怀远大志向和计划的春天变成了饱享恭维和奉承的夏天。

突然之间，杰克逊所言的一切被赋予了全新的含义，很有分量，富有洞察力，这些都是昔日无人察觉的。玛塔·维瓦斯认为杰克逊绝少参与到别人的对话中去——“也许一句‘是的’，‘我也这么认为’，或‘我同意’”——“仿佛来自另一个世界”，这些只言片语却是“整晚谈话中最有趣和深刻的”。名人的光环如此强大，以至于杰克逊服用镇静剂之后的长时间沉默都成了他吸引人的地方。“从他的眼神里就可以看出，他不止是在聆听着谈话，他还在脑中进一步完善着对话内容，”布菲·约翰逊说道，“他倒也不是真提出了什么真知灼见，最多一两句话……［但是］他有一张生动的脸。他不发一言，却参与到了谈话中。”

在杰克逊默不作声时，崇拜者们不时热情地用各类知识来填补谈话中的沉默间隙，如罗马神话，詹姆斯·乔伊斯的作品《芬尼根的守灵夜》（*Finnegan's Wake*），威廉·布莱克和T. S. 艾略特的诗歌，约瑟夫·坎贝尔的《千面英雄》（*Hero with a Thousand Faces*），弗洛伊德的《人类和无意识》（*Man and the Unconscious*），皮科·德拉·米兰多拉和阿尔弗雷德·诺思·怀特海的著作，以及整个美国文学。有人说杰克逊常听巴赫和维瓦尔第的音乐，有人说他只喜欢爵士乐，还有人称他特别热衷于格列高利圣咏。和他的画一样，杰克逊成了一面镜子，人们向镜中望去，能窥到自己的映像。对于在哈佛受过教育的奥索里奥来说，波洛克是位知识分子；对杰弗里·波特来说，他是个车迷；对于托尼·史密斯来说，他是个堕落的天主教徒；对哈利·杰克逊来说，他是真正的西部之子；对克莱门特·格林伯格来说，他是形式主义的登峰造极之人；而对于哈罗德·罗森伯格来说，他又是一个存在主义英雄。莱斯利·菲德勒是蒙大拿大学的文学教授，那年夏天也来到斯普林斯做客，在他看来，杰克逊看起来“颇有艺术界的马克·吐温的味道”。

在这个自我确认的过程里，杰克逊心甘情愿地配合着；他想成为别人期待的那种人。他有着敏锐的直觉，细心而专注，强烈渴望被认可，从周围的谈话中尽可能吸收知识和信息，营造出一种和众人打成一片的假象：从托尼·史密斯那儿，他学到了乔伊斯作品中
的段落；从泰迪·德拉贡那儿知道了几位作曲家及其作品的名字；而哈罗德·罗森伯格和 611

拉尔夫·曼海姆则让他了解了几位哲学家的大名，以及关于形而上学的零星知识。杰克逊自己总结出了一套词汇、短语，以及普遍适用的笼统语言，当配之以若有所思的长时间沉默时，总让人误以为他真理解了所有理论，这和他40年代初处理弗洛伊德和荣格的心理分析理论，以及新近对待格林伯格的形式主义艺术语言时的态度如出一辙。

壁炉路之外的世界里，李成了他的传话筒——她时刻不离左右地站在他旁边，面带微笑，在他沉默时，她负责将谈话继续下去，并为总是局促地在他周围挤作一团的观众们总结最新的作品评论。“你有没有看到杰克逊的新作？”她会问，“作品精彩绝伦。”“在和他人谈起杰克逊的作品时，李总是很积极主动，”罗杰·威尔考克斯回忆说，“而他则站在一边，仔细聆听。”无论是在后院的品蛤聚餐和晚宴中，还是开幕展上，她总是敦促客人“买一幅波洛克的画；总有一天它们会价值连城的”。她善于交际，魅力四射，但是生意总归是生意，杰克逊的生意永远优先于其他任何事。“当杰克逊有作品在我的画展上展出时，李会变得特别客气，”艾洛伊丝·斯派丝回忆说，“然而如果没有作品的话，她对我不理不睬。”有一次，看见一位客人在客厅里对着一幅大尺寸作品赞叹不已时，她坚定地宣布道：“这件作品一直待价而沽，没有一万美元我们是不会卖掉它的。”客人惊讶得倒吸了一口气。在电话桌上，她放了几份刊登着有关杰克逊文章的杂志复印件。“她将一切都安排得妥妥当当，”布菲·约翰逊回忆说，“那时候总是要通过接线员才能打进电话，所以要在电话那头等上一会。同时她已将一切准备好，比如他的好评文章，还有已经翻到准确页码的杂志。在宣传杰克逊这方面，她简直可以说是千方百计，不遗余力，滴水不漏。”

走出公众视线之外，李则守护着杰克逊的隐私，极力保护着他，使其免受过去的负面影响。由于他事业中的琐事日渐激增，她的任务变得更加简单：越多人争先恐后来见他，来参加晚宴或参观工作室，她就越严格而冷酷地对访者进行筛选。只有李负责发出邀请，电话响起时，只有李去接。“她一直和人们保持距离，”维塔·彼得森回忆说，“只有少数人能进入他创作的工作室。”极少数时候，当罗杰·威尔考克斯和哈罗德·罗森伯格这样的老友来访时，李总是敷衍地拒之于门外。“只要［杰克逊］还和‘这些玩友混在一起’，”梅·罗森伯格说道，“他是不可能被塑造成一位艺术大师的。”

如果工作室是一座圣殿的话，李就是最高女祭司。她甚至当着杰克逊的面以第三人称称呼他，并小心翼翼地叫他“波洛克”，而不是“杰克逊”，且从不会叫他“杰克”。晚上，当杰克逊拿出纸为客人作画时，“有时他会把绝好的手工纸揉成一团扔在地板上，”一位常

来的访客回忆说，“李将纸从地上拾起，平铺开，压平，整理好，把杰克逊的每一笔随意
涂抹都保管好。”对李来说，杰克逊的任何行为都不该受到责备。“无论发生什么事，她从 612
来不会为他道歉，”一个朋友回忆说。如果赴晚宴的客人已到，而杰克逊仍在创作，她会宣布：“波洛克还在工作室里。我很抱歉，但我们只能先用餐了。”如果他整个晚宴上都令人尴尬地保持沉默，她会解释说：“他不相信语言，只相信行动。”如果他的侮辱性语言和咒骂惹恼了客人，她最多只会承认他“有些难以相处”。如果他因镇静剂服用过量在邻居家昏倒了，不省人事，他也有权一直待在那里，直到醒来。有一次，他在梅·罗森伯格的新床垫上撒尿，但是李坚决拒绝道歉。“他可以随心所欲，”她坚持说，“他是个天才。”

当杰克逊在东汉普顿的邻居伯顿·胡薛于六月代表《纽约客》来采访他时，李在门口迎接了他，并向对待所有访客那样，将他带到了杰克逊面前。两人都是背井离乡来自西部，之前已经通过彼得·布莱克的介绍见过面，因此一见面立刻热络起来。表面上，李在厨房忙着煮一锅沸腾的醋栗冻，而杰克逊则边抽烟边喝着咖啡，“享用早餐”。遇到关于日期和名字的问题（何时搬到斯普林斯？）时，杰克逊总是转向李寻求答案。为了装作恭顺的样子，给出答案之前她总是“愉快地笑笑”。“她是地道的纽约人，”杰克逊骄傲地说道，“但现在变成了一个优秀的园艺师，总是不到9点就起床了。”李则进而将谈话集中在艺术（“杰克逊的艺术充满西部风格，”她说，“这赋予了作品一种广袤感。作品具有浓厚的美国本土气息。”）和生意（“去年秋天杰克逊展出了30幅画，只有5幅没售出，[而且]他的收藏者们对剩下的画也表现出很大兴趣”）上。随后，她跟着他们来到餐厅，杰克逊向胡薛展示了几幅作品。当他忘记了作品名称时，她就在旁边提示（《1949，作品第2号》），并给出作品的详细解释和说明（“杰克逊过去采用的是一些比较常规的标题……不过现在他只用数字来命名。数字是中性的。它能让人如其所是地欣赏作品的本真内容——纯粹的绘画”）。访谈接近尾声时，是李而非艺术家本人对杰克逊的艺术作出了总结：借用彼得·布莱克的一句话，她将其艺术描述为“某种无边框的空间”，最后胡薛把这句话用作刊登在《纽约客》上的文章的标题。

去年秋天，各种访谈、招待以及其他的名流消遣活动接二连三，工作室里一直鸦雀无声。“我已参加了太多聚会，”杰克逊向一位朋友抱怨道，“都找不到做画家的感觉了。”对杰克逊来说，他的艺术一直都是和自己生活中的跌宕起伏紧密相连，而迟迟无法重返创作的状态让他沮丧的情绪与日俱增：去年的成功还未在画布上得到展现。最终五月末，在李的支持、朋友的恭维和公众的关注下，他开始重拾画笔。

613

37

幼年回忆

在《生活》(*Life*)杂志发表文章后的十个月里，缓慢积累起来的雄心和自信的巨大能量，最终冲上画布的时候，其爆炸性是如此巨大，小画布已容不下它。杰克逊需要更大的空间。

托尼·史密斯一直劝告他画点“大玩意”，他争辩说“伟大艺术要求恰当的规模”。彼得·布莱克的博物馆模型被故意安置在画室一角的工作台上，其中的微缩墙画和带镜子的墙壁成了对巨大规模的可能性的持久提醒。加州艺术界一直在谈论要委托他创作墙画的事。(霍华德·普策尔关于巨大画幅的观点一直是错误的：巨大尺寸的杰作在商业上也许是可行的。盖勒的墙画就是证明。)与此同时，格林伯格还在预言架上画的死亡，李则在不断重复着杰克逊画作“空间性”的野性西部之类的修辞。在人们关于尺寸的种种议论的包围中——这既关乎画布的尺寸，也关乎艺术家的名声——杰克逊将白棉布在地板上越摊越大，在不断扩张的空间中试验自己新的勇气。

那年夏天创作的第一幅大画就是《1950，作品第 28 号》(*Number 28, 1950*)。这是一张浓密的网格子画，铝粉漆和白粉洒在由玫瑰色和黄色构成的晕红颜料之上，细细的黑色环线漫游于粗犷的满幅画面，这些细线搅了又搅，涂了又涂，折了又折，细到几乎看不见，造成了一种诡异的痕迹，就像落在银白色冰层上的粉尘。它长 8 英尺 9 英寸，宽 5 英尺 8 英寸，是继六年前为古根海姆所画的墙画以来杰克逊创作的最大的油画。但这只是事情的开始。《第 28 号》油漆未干，他就开始创作另一幅更大的画。尽管大到了 9 英尺 10 英寸 ×7 英尺 3 英寸的地步，他却画得很慢，靠近画布表面，在未经打底的画布上铺洒开一层薄薄的棕黄、淡青、银白和纯白的颜料，不时地在数平方尺的地方排开一条条由小点构成的细线和喷洒痕迹。接着又继续，在各个角落来回走动，或是跨坐在角落

《哥特体》(左),《阿拉伯风格》(上右),《钥匙》(右)

里尽量够到画布中央，直到满幅的形象开始在一层层细网格上积累起来的时候。偶然会 614 
出现一些大姿势——穿过重重色彩的烟雾般迷宫可以看到一些黑色的大道——但是，在每一个大姿势过后，总是更复杂的东西，一阵阵蓝色，浓稠的白色带子，以及少量由绿色和奶酪色构成的星云，几乎无法从画布中分辨出来。当色彩彼此交错、弯曲和模糊时——绿色汇入棕褐色，又与一条黑线交叉；白色弯进黑色，又造成一个蓝色斑点，而且经常是在尚未晾干时就相互交融在一起——新的色彩便诞生了：灰绿、粉红和深紫。在持续了六月份大部分时间的作画和晾干的反反复复的过程中，一个巨大的形象变得越来越浓密，也越来越明亮，当黑线的骨骼几乎消失在色彩绚烂的粉状云雾里的时候，杰克逊简单地称之为《1950，作品第 1 号》(*Number 1, 1950*)。不过，克莱门特·格林伯格在远远地看到这幅画后，被它那薰衣草般的绚丽惊呆了——这是粉红与深蓝交互作用的结果——建议称它为“薰衣草之雾”。

《薰衣草之雾》(*Lavender Mist*)证明了杰克逊拥有在巨型画布上作画的能力，大到足以与其雄心相匹配。然而，尽管有其辉煌的热情洋溢的能量和熟练精致的细节，它在某些方面却仍然不能令人满意。即使只是从画室另一头加以观看，那些他苦心经营的细腻的颜料线、圈和喷洒带，在云雾状的色彩中黯淡下去，而交互缠绕在一起的颜料则在它们自己的晕光中消失不见了。在创作“巨型”画之余，他还画了整整一墙壁小画。只是尺寸缩小了，他视野的规模并没有改变。他仍然痴迷于隐藏，痴迷于填充空间，而不是释放空间。数年来，他一直在模糊自己的形象，痛恨虚空：除了在极其罕见的例外情况下，他总是不情愿让画布留出空白。总要在画布上画上另一层颜料，总要再加上更多笔触、线条、划痕或是颜料滴，以便平息自己的恐惧：他总是担心他的想象力，缺乏手艺感，他的魔鬼，他自我的任何部分，被原封不动地暴露在外。这种恐惧，与他的野心一样深深地植根于他过去的岁月，如今成了通往实现那些野心的道路上最后的绊脚石。为了迈向尺寸巨大的画作——这是他本人认定的伟大的尺度——他不得不松开紧紧笼罩在自己脸上的面纱。

615 他在下一幅画里所做的，就是这个。他只用了一把大大的油漆刷子，一桶黑漆，将自己投入了一张 15 英尺 ×8 英尺 10 英寸的不上底色、匪夷所思的巨型画布中。他不再喷洒，不再精耕细作，而是将拳头般大小和厚重的黑漆，倾倒成绳线，反复地缠绕它们直到形成一个个浓密的结，接着又从里面绕出来，沿着光秃秃的白布走，直到形成新的结为止。他不再从画布的一个小区域向另一个小区域创作，而是一下子在整块画布上漫游一遍；在他从画布一头大踏步地跨向另一头时，他的手能横扫整块画布。他双膝跪地，手臂伸向画布中央，双手到手腕都弄得漆黑，用同一个姿势铺开稠密的油漆带，根据放慢或加快油漆流动的需要，调整倾侧油漆桶的角度。线条升起而又降落，扭曲或者盘绕，像主干道一样分流，或者在黑漆的喷涌中戛然而止。以往属于细腻网线的地方，他缠绕出浓稠、紧绷、毛细血管状的混乱一团；以往属于粉状云雾的地方，他用奔腾的大河一般的线条将其淹没。甚至是从饱含油漆的刷子上掷下的一小滴，也是完整地、圆满地落到画布上，即使从房间另一头看，每一滴都清清楚楚地呈现出来。这是傲慢的书法。自从古根海姆墙画以来，他从未画过如此快速，如此自信的作品，在这幅如今以《1950，作品第 32 号》（*Number 32, 1950*）知名的画里，他将《1949，作品第 23 号》《1949，作品第 26 号》等先前的较小作品中书法性的细微差别（这些作品在放大的细节中探索滴画技术），与《1948，作品第 1 号》之类的复杂画作的大胆的构图控制，结合在了一起。

他的视野终于与尺寸相匹配了。

那年夏末，带着满满的自信，杰克逊迅速完成了两件最大，一般认为，也是他的艺术生涯里最了不起的杰作。后来被称作《一》（*One*）的《1950，作品第 31 号》（*Number 31, 1950*），跟 1950 年夏天创作的每一件杰作一样，比其他作品来得更大。长 17 英尺 6 英寸，宽 8 英尺 10 英寸，《一》既标志着回到了彩色画，也标志着从《第 32 号》的黑白画冒险策略中撤回。与《薰衣草之雾》一样，它也是一个由棕褐色、蓝色、薰衣草色和白色构成的柔和的网络，围绕着一个与《第 32 号》一样清晰的黑色书写性骨架旋转。同样

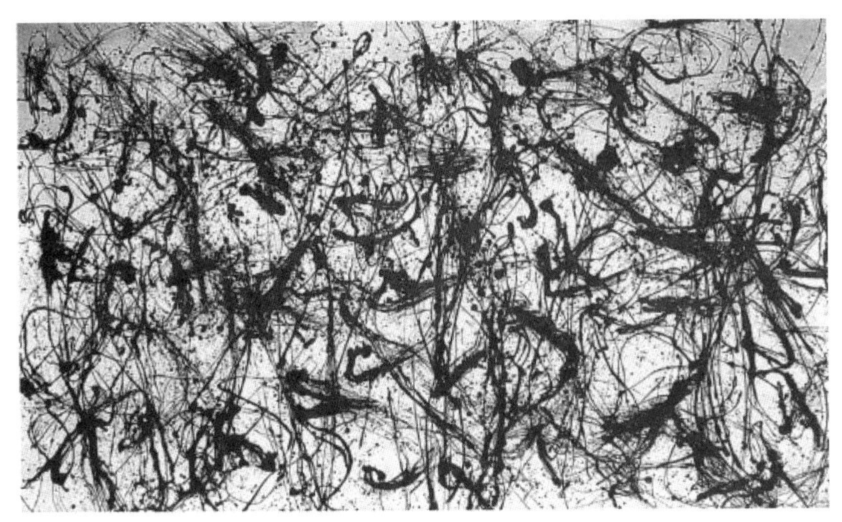

《1950，作品第 32 号》，瓷漆作画于画布上，8′10″ ×15′

跟《薰衣草之雾》一样，杰克逊通过累积来创作形象：由线条和泥沼状的形象，及其交互渗透构成的无限多样的油彩层。巨型画布的每一个角落都展示了他对滴画技术的炫技般的掌控：黑漆的稠密小河，接壤的是灰绿和粉红的稀薄点子；由明亮的蓝色和青色组成的小岛，上面则叠加着纯白的线条和小点；从每一种色彩和形式，到哪怕是最细微的小斑点，都呈现出奇迹般的清晰和确信。然而，尽管这些作品的色彩和风格方面存在着相似性，它们的尺寸却做出了剧烈的改变。《一》当中的一束束线团，并不像《薰衣草之雾》那样融化在坚硬的颗粒里；色彩也没有消融于粉状的云雾之中。网下巨型舞蹈般的环线骨架，仍然清晰可见，将气势恢宏的形象维系于一个单一的、由长长的缠绕线条构成的书写性陈述之中。

不过，一直要等到在那年夏天创作的下一幅画、也是最后一幅大画《1950，作品第 30 号》（*Number 30, 1950*），后来被称为《秋韵》（*Autumn Rhythm*）里，杰克逊才能将《第 32 号》的那种极致的简洁性，与他渴望达到伟大的《薰衣草之雾》里那种平静的复杂性结合起来，并将他对适合于表现这种伟大性的尺寸，与他想要隐藏起来的需求结合起来。跟彼得 · 布莱克博物馆模型里的微型墙画一样（他曾在这些墙画前凝视数个小时），《秋 616
韵》看上去像是某个巨人一下子构思而得，创作而成。一个由黑线组成的翻绳儿游戏穿过长达 17 英尺 8 英寸的整块光秃秃的画布；厚重的线条自上而下以不间断的弧形游走，差不多有 9 英尺；一些较细的线条则如同空翻绝技那样在画布半空里冲下。一缕缕白色和棕褐色的细线好像浮游于由黑线构成的松弛的织物之中，却丝毫也没有模糊它们。几处青蓝色的喷洒带则从画面四周悄无声息地潜入。原始的画布到处都是裂痕。杰克逊终于找到了一种新的书写模式，一种在尺寸和开放性方面都足以匹配其宏大野心的画法，甚至在它继续隐藏着他那些栩栩如生的回忆的时候——这些回忆赋予了每一个富有英雄色彩的环线以俯仰和力矩。

但是，为了达到一定的规模，杰克逊也失去了许多别的东西。为古根海姆所画的墙画里那种黄胆色，《五英寻深》(*Full Fathom Five*) 里的那种深蓝色，以及《老虎》(*Tiger*) 里那种粗犷的橘黄色，被《薰衣草之雾》里那种轻飘飘的粉红色、奶酪色和蓝色所取代；《割礼》(*Circumcision*) 和《白色凤头鹦鹉》那种刺耳的节奏，被《第 32 号》那种笃定的平衡感所取代。《1948，作品第 5 号》那种狂野的不一致，则为《一》当中绝对的可爱所代替，而《炼金术》(*Alchemy*) 和《路西法》(*Lucifer*) 那种黑色的赖得式的混乱状态，则为《秋韵》的清新明快所代替。就在他走向最了不起的凯旋之时，杰克逊的艺术已经暴露了其最大的弱点。在实现大尺寸和控制力的时候，他已经丧失了其桀骜不驯的洞察力，丧失了激励他的艺术达 20 年之久的那种折磨和拷问的批判性的核心。三年之后，倾倒、滴洒和投掷油彩的技术变得太容易：油彩来得太快，他投掷到哪里，哪里便形成套索，线条随时可以加重变细，形象的涨落也太听话了。

早在前些年夏天，杰克逊就已经显示了对其滴画技术的不满迹象。在《网之外》(*Out of Web*)《1949 年第 13 号》(*Number 13, 1949*)《1949 年 6 号》(*Number 6, 1949*) 以及《小
617 构图》(*Small Composition*) 之类的画里，他开始探索新的方向，试图逃避即使在当时看来也只是构图和色彩练习的那种创作路线。粗粝的生物形象，笔触和肌理重新出现了。他还试验了新的材料。但是《生活》杂志上的文章，以及随之而来的成功，切断了他的逃生路线。他不再继续向前探索，反而被拖回容易实现的风格，而这种风格正在不断走向一种生搬硬套的操作模式。早在 1940 年，比尔·巴齐奥蒂就警告过杰克逊不要滑向这样的陷阱，而他所用的词“赝品”，在与杰克逊的谈话中出现得越来越频繁，其含意只在对大尺寸的明星般的痴迷中，才暂时变得模糊一点罢了。

在画室外，成功的礼物同样是祸福相倚的。社会名流的大潮太厉害，杰克逊根本无法阻挡。他在现实生活中的根基太浅，而他童年的需求则太深沉。在被仰慕者所包围，不受批评界的干扰，切断与过去的联系之后，他很快就屈服于那些在他周围打转的奉承

《秋韵》(《1950，作品第 30 号》)，$8'10^{1/2}'' \times 17'8''$

拍马之中。长年累月的不安全感和自我怀疑烟消云散了，剩下的只有一个被宠坏了的孩子，渴望着走到聚光灯下。当大卫·史密斯在那年仲夏来访时，杰克逊自信十足地宣布：“你看，大卫，你是最了不起的雕塑家，而我是最不起的画家。”对格蕾丝·哈廷甘，他吹牛说，“人人都是狗屁，除了德·库宁和我。”有些人认为，提到史密斯和德·库宁，也只是故作谦逊而已。“从根本上说，杰克逊认为人人都发臭，除了他自己，”贝蒂·帕森斯后来回忆说，“他以为他是有史以来最伟大的艺术家。”

作为最伟大的人物，他不欠任何人的债。他不再去博物馆看老大师们的作品，因为，据克莱门特·格林伯格说，“他不想重复他们的错误。”“我给杰克逊看一本鲁本斯风景画的彩版书，”格林伯格回忆道，“他翻了翻，说‘我可以画得比他好。’”格林伯格“大吃一惊”。佩吉·古根海姆也有同样的感觉，当杰克逊不再送她艺术家们的宣言和评论的时候。
“我估计波洛克正在成为美国很重要的人物，”她写道，“但是，他是如此忘恩负义，甚至 618
不再回我的信，没有寄给我《生活》杂志。”（事实上，在准备《生活》杂志上发表的那篇文章时，杰克逊特别要求在文章里不要提到佩吉早年对他的支持。）1950 年 5 月，当山姆·孔茨提议由“十八怒汉”画廊开画展时，杰克逊立刻就予以拒绝。托尼·史密斯曾使他相信，其作品值得在“大范围内”呈现在公众面前，而对他们来说，在孔茨之类的小画廊将画装上框，当作艺术商品来展出，只会贬低他，削弱他作为一个伟大艺术家的地位。其中信息清楚明了：正如他不再需要鲁本斯和毕加索一样，杰克逊已不再需要古根海姆、孔茨，甚至帕森斯。他已经将与他们打交道的事，越来越多地交给李来处理。“他并不想

对着照相机做鬼脸

屈尊处理诸如此类的事情，”海达·斯特恩说，“他们令他厌烦。”

正是在这样一种自认为伟大艺术家的不断加剧的沾沾自喜中，杰克逊遇到了一个叫名汉斯·纳穆斯的年轻摄影师。作为从德国难民营生还的年轻人，他对“帕森斯十一月”画廊展览的感觉也是“糟透了”；纳穆斯对杰克逊形象的兴趣，大大高于对其艺术的兴趣。只是因为他在纽约的老师及《时尚巴莎》杂志的艺术指导阿历克赛·波洛多维奇称波洛克为“当下最重要的艺术家”，纳穆斯才会于7月1日在市政厅举办的“十个东汉普顿抽象艺术家”的画展开幕式上，接近杰克逊。纳穆斯一家租住在水磨坊附近的一个出租房里，他需要在夏天完成一个摄影项目。“我觉得这主意不坏，”他向杰克逊建议说，“如果你能让我过来拍摄你的工作照。”杰克逊不仅同意了，他还特意许诺要为纳穆斯的来访创作一幅新作品。

不久之后的一个周末，纳穆斯扛着两架重重的禄来福来牌（Rolleiflexes）照相器材，来到了壁炉路上的杰克逊家。李和看上去筋疲力尽的杰克逊在门口迎接他。“我很抱歉，汉斯，”杰克逊说，“没有东西可拍了，因为我的画已经画完。”垂头丧气的纳穆斯跟着他们走进工作室，看到一张刚刚画好的画铺在地板上。据纳穆斯回忆，沉默了几分钟后，杰克逊捡起了一桶颜料，重新开始工作——“就好像他突然意识到，这幅画还没有完
619 成。”在接下来的半个小时里，杰克逊继续朝画布上投掷颜料，而纳穆斯的快门不停地响着，只在重新装胶卷时停顿一下。当杰克逊画完时，一直在一旁兴致勃勃地观看整场表演的李，以一个大胆的谎言恭维了一下年轻的摄影师：“她告诉我，直到那一刻之前，她是唯一可以观看他作画的人。”

事实上，波洛克夫妇只是在奉承纳穆斯而已。对李来说，他戏剧性地拍摄杰克逊的工作照所能带来的推广价值，抵得过她对他不受欢迎的入侵和条顿人的傲慢所感到的“不快”。[与往常一样，她是对的：不出一年，纳穆斯的照片出现在《公文包》(*Portfolio*)杂志，一本闪光的、大开本的“摄影艺术家年度作品集”中。]在评估了他们第一次接触后的联系表之后，她事实上允许纳穆斯可以随时到访——这可是一种没有先例的特权。在7月和8月，他还去过几次，在整个夏天拍摄了500多张照片，“只要波洛克在工作状态”，他就在拍照。

对波洛克来说，这些工作接触以及他们制作的照片，只是他所声称的伟大的又一个证据罢了。仅在两个夏天之前，当另一位摄影师赫伯特·麦特在制作亚历山大·考尔德的电影时，杰克逊曾经在一旁观看过。“那时，他不愿意被拍摄，”麦特回忆说，“不过他观察了那部关于考尔德的电影的整个发展过程，变得十分兴奋。”现在，出现在取景框里的已经是杰克逊本人了。与纳穆斯及其他人后来所说的完全不同，他并没有忽略摄影机的存在，而是在摄影机当中得到了揭示。当杰克逊在作画，而纳穆斯在画室里走来走去，躺倒在地板上，站在梯子上，悬挂在阁楼天花板下，跪在画布旁时，孤独的创作行为变成了一种历史性事件。在工作室巨大的画布旁狭隘的整洁通道上，纳穆斯不停地移动着，寻找着最佳的角度、光线，还得避开那飞舞中的油彩。他对艺术本身并不感兴趣，相反将他的相机完全聚焦于眼前的艺术家身上。杰克逊的行动总是“小心翼翼，细致讲究的”，但是，通过将曝光调节到25分之一秒或50分之一秒，纳穆斯就创造出了一种速度和猛烈的能量的错觉——为了阻止油彩从画捧上流下，手腕的轻轻转动都转变成一片紧张的模糊；走向画布的一小步会转变成一种灵感迸发的跃入；尴尬的侧步也会转变成一种自发的吉格舞步；短暂的一瞥则会转变为一种出神的瞪视。纳穆斯的少年理想是做一个舞台剧导演，如今根本不需要指导演员；杰克逊就是一位直觉型的，充满了合作精神的演员。他和李看过每一张照片，也能够理解纳穆斯试图创造的错觉。“这些证据，”纳穆斯说，“揭示了一种合作关系，那时跟现在都一样。”

工作室外，在没有油彩和画笔帮助的情况下，纳穆斯还拍摄了一系列肖像照。在所有这些照片里，情调都是既定的，图像全由杰克逊的脸主宰。“他的脸是我喜欢他的理由，比我学会欣赏他的作品更直接快捷，”纳穆斯后来这样写道。这是一张枯萎的、忧郁的脸——曾经很英俊——带有一种当地的灰色木瓦农民屋的表情，它们通常长时间暴露在南福克镇的狂暴海风和冬天的风暴里：永远都是阴沉皱起的眉毛；深深地起皱和下垂

纳穆斯拍摄，工作中的波洛克

620 的下巴；下陷的面颊和肌肉发达的脖子，泄露了酒精、雪茄和无休止地喝咖啡留下的时光的印记。杰克逊的姿势，在纳穆斯的安排下，突出了悲苦和耗损的双重主题：坐在一辆破损的 A 型车的踏板上盯着中远距离处作沉思状，靠在风化严重、油漆剥落的工作室的墙上，躺在杂草丛生的草地上凝望天空，或是转过头来凝视大地。这是纳穆斯和杰克逊一起合作创作的形象的另一半：一个伟大的艺术家不得不付出的伟大的代价。有个后来的评论者称这些肖像照是“一个受折磨的、痛苦不堪的男人，被自我怀疑所撕裂，是其内心狂飙的牺牲品，这在他歪斜的脸上暴露无遗……是浪漫派天才的形象，被恶魔般的恐惧所攫住”。这也是纳穆斯的照相机精心设计的工作中的杰克逊，围绕着画布的那些模糊运动，出神恍惚的舞蹈姿势，以及他的进攻和躲闪所传达出来的另一面，同样也十分做作。那种性交后的疲乏感，那种精疲力竭和耗尽撤退的表情，只会补足“超人能量”
621 和激情发泄的错觉。那是被捕捉到的艺术家罕见的休息时间，就像创造性的喷发后正在冷却的火山口。

这绝不是杰克逊第一次为摄影师摆姿势。从他首次穿戴查尔斯的帽子和工作服，留起克里希那穆提式的长发，穿上背心和牛仔裤，或者身着鹿皮夹克和牛仔帽站在照相机面前的那一天起，杰克逊就一直在塑造自己的形象，热心地为那些他相信终有一天会注意到这一形象的后代摆姿势。现在，在纳穆斯的编导下，他正在创造伟大的美国艺术家的角色。他曾经与艺术学生协会的桑特分享的牛仔靴和宽边牛仔帽子已经消失不见了，但是那夸张的男性魅力以及“怀俄明州的男孩”的西方情调却保留了下来。“他很想成为一个富有男子气的男孩，”泰德·德拉贡回忆说，“他穿的总是蓝色粗布工作服，衬衫，一副粗头乱服的样子——只要是能抵消那种衰朽艺术家的形象就行，他们通常穿戴整齐，穿着罩衫，头戴贝雷帽。”

杰克逊受到与纳穆斯接触的启发，他开始痴迷于作为一个演员的艺术家的主题。在1950年的那个夏天，他时不时地询问约翰·利特尔、克莱门特·格林伯格和哈罗德·罗森伯格之类的朋友对现代艺术家“角色”的看法，像收集一张拼图的局部那样，收集一幅肖像的碎片，以便在纳穆斯的下一次拍摄前做好准备。戏剧公司的赞助人潘尼·波特（她有时候也做女演员），回忆道说“在冗长而复杂的对话中”，杰克逊问过她“如何塑造一个角色”的问题。“他对演员究竟是什么的问题深感兴趣，”波特回忆说。在镜头的范围外，杰克逊在那年夏天花费了许多时间排练自己的角色：喃喃地说出道听途说的深刻语言和本顿式的不敬言辞；用长长的静默和谜一般的瞪视装出来的备受折磨的姿势；将他罕见的评论与牧场主、牧民、骗子和印第安人的传说联系起来；嘲笑有东部背景的人的特权地位，以及托尼·史密斯、杰弗里·波特、彼得·布莱克之类的粉丝的优雅的感受力；开着他的A型车沿着斯普林斯一带的道路漫游，就好像他与桑特又回到了河岸的艾草山似的，以一种新的庄重的舞台风格，上演那出栅栏桩的牛仔和敏感艺术家的不可调和的幻想曲。

对杰克逊来说，名声是第二个童年，是一个在更广泛、更专注、更宠爱他的观众群面前重现往昔的机会。

罗杰·威尔考克斯还记得那年夏天与杰克逊一道沿着下佐治亚路驾车的情景。他们在一栋楼房前停了车，这栋楼是威廉姆·塞利格森，一个富有的东汉普顿商人的。这是一栋气度不凡的楼房，坐落在开阔、一望无边的草坪上。“十里英一望无垠的完美，”罗杰·威尔考克斯说，“没有树木，没有灌木丛，只有完美，无边无际的绿色草坪。”“你以前见

纳穆斯拍的肖像之一

过这样的草坪吗？”杰克逊激动地说，凝视着眼前那片没有任何杂质的绿色，“这真是他妈的绿色画布。天呐，我真想在上面作画。”同一年夏天稍后，在数天的微风细雨后，他又驱车来到塞利格森家门前，来到那片草坪上。A 型车的轮胎深陷在满是雨水的草地里，
622 在完美无瑕的绿色中留下了泥泞的凹槽。“他在那块草地上驰骋，留下他的记号。”威尔考尔斯回忆说。等到他离开时，草坪上已经全是纵横交错的漩涡线，在雨水中闪闪发亮。

当警察确定杰克逊可能就是破坏者时，塞利格森，一个“表情坚毅严肃，一副大人物模样的人”，开着车到壁炉路上来交涉。令他大感意外的是，杰克逊爽快的承认了。“他只是告诉他，那是全世界最大的一张画，”威尔考克斯说，重叙杰克逊跟他讲过的故事。当塞利格森愤怒地指出，修复这块草坪得花一万美元，而且坚持杰克逊必须负全责时，杰克逊提议说，塞利格森最好让它留在那里，当作一件艺术品。他还补充说，他可以再签上名字。“而后你可以付我钱。”（当塞利格森发现杰克逊不可能弄到这些钱时，他撤回了诉讼。）与斯黛拉一样，李不喜欢这一事件，而其他人则非常喜欢，认为那只是杰克逊不断增长的“自我确信”的标志罢了。

对他的批评家们，杰克逊带着狂暴的怒火予以还击。6 月，当艾米莉·吉纳尔论威尼斯双年展的文章在纽约《先驱论坛报》上发表时，他忧虑了好几天。约翰·利特尔发现他在沙滩上，对着一张皱巴巴的报纸“痛苦不已”。“他正在决定下一步要做什么，”利特尔回忆道，“作为回应，他有大量东西要说，但是，他所说的只是‘我要为她做点什么。’”一周以后，杰克逊吹嘘说，他寄给那位严肃、正直的吉纳尔小姐一条蕾丝女裤，附带一

张便条，上写着她应该“卖个好价钱”。几个月后，当《时代》周刊在《混乱，该死！》的标题下，转载了布鲁诺·阿尔菲耶里的意大利语评论中一些不友好的片断时，杰克逊又怒火中烧，给《时代》周刊发去一封怒气冲冲的信，还向一个朋友诉苦说，“他们针对的并不仅仅是我。他们想要做的是阻止现代艺术。”

即使是在经济危机时期，杰克逊对最昂贵的东西还是钟爱有加。不过现在，作为一
个社会名流，他已经配得上这些最昂贵的东西。在与托尼·史密斯一同去纽约的旅程中， 623
他提议在史脱克俱乐部用晚餐。“哦，杰克逊，我们进不去的，”史密斯抗议说，“你不系领带。他们不会让你进去的。”但是杰克逊坚持己见，“我可以进去的。”“靠什么？”史密斯问。“靠我的名气，”杰克逊反击道。在另一次去纽约时，他的目光盯住了“21俱乐部”。在这些事件中他是否真的如愿以偿，没有记录在案，不过在许多类似的场合，他都被不留声色地拒之门外。

在杰克逊越来越频繁的城市之行中，他的另一个常常驻足的地方，是下第六大道上昂贵的男士商店。里昂内尔·阿贝尔记得看到他在那里，“衣冠楚楚。他把我拉进店门，”阿贝尔回忆说，“那时我根本没有钱，却不得不在那里看他一件接着一件，试穿了三四套衣服——最后全数买走。”像威廉·德·库宁这样的朋友，也注意到杰克逊那时“开始穿出一种耀眼的范儿”，对精美的苏格兰花呢尤其情有独钟。到十一月展览开幕时，挑选衣服成了“仪式般庄重的事”，泰德·德拉贡如是说。“我的天呐，”德拉贡说，“他一定要上佳的休闲服，发型合适，领带得体，还要配套的斜纹棉布裤和完美的便鞋。每一样都要最好的。”

从橱具到为星期日烧烤准备的肉食，同样都要最好的。杰克逊甚至向贝蒂·帕森斯抱怨大多数展览目录做得太差，坚持认为他自己的展览目录要“印在一边硬（印有照片那边）一边软的纸上”，因为“这使形状和尺寸都好看”。对他自己的作画材料来说，他已经放弃使用从丹·米勒那里买来的廉价涂料，开始从纽约颜料生产商莱奥纳多·博库尔那里订购先进的丙烯颜料；此人是丙烯颜料生产方面的先驱。“它非常昂贵，”博库尔还记得，“像镉红之类的颜料大约要四十或五十美元。他通常会购买一加仑这个，一加仑那个。七八种颜料将达到三百或四百美元。但是他好像从未在意过花费。”他从来不在意——无论是玩牌，掷骰子，打出租车，付小费，还是借钱给朋友们。“杰克逊是个玩牌高手，因为输赢他满不在乎，”有个朋友回忆说，“金钱对他来说没有任何意义”。

在《生活》杂志上的文章发表后不久，杰克逊望着那辆A型车停在路边，询问托

尼·史密斯一个了不起的艺术家是否应该开更好一点的车。“你想要什么样的车？”史密斯问。“噢，我不知道，”杰克逊喃喃自语道，“也许是一辆凯迪拉克吧。”

然而，对外人，杰克逊和李仍然装出很贫穷的样子。李很清楚对阿方索·奥索里奥这样的赞助人来说（奥索里奥很喜欢看到自己站在波洛克一家与贫困之间，对杰克逊的挥霍来说他是稳靠的港湾），贫困的表象乃是最关键的资产。为了平衡杰克逊的高级苏格兰花呢装和休闲裤，她不得不完全不沾新衣服，有意年复一年地穿着同一件“可怜兮兮
624 的粗布衣”。甚至当杰克逊咨询彼得·彼得森，“他该如何理财”时，她仍然接受奥索里奥出于对一个伟大艺术家“可叹的边缘体验”的同情而带来的食物。

除了李，唯一对杰克逊秘密的奢侈了如指掌的人，就是贝蒂·帕森斯。到1949—1950年的展览季快结束的时候，她寄给杰克逊一家总共3174.89美元，这是她卖掉4750美元杰克逊的画作所获得的净利。到六月份，总数已经达到了4741.55美元，包括现代艺术博物馆购置《1948年第1号》支付的款项。而到七月份，这个数字已经跳到4841.55美元，包括盖勒的墙画所付的最后一笔款项。那年夏天的某个时候，山姆·孔茨终于说服罗杰·纽伯格以1000美元的价格买下《1949年第8号》，因此杰克逊夫妇的收入达到了6508.23美元。（讽刺的是，正是孔茨喋喋不休地唠叨着杰克逊一家的贫困，最终达成了这笔买卖。）在一个普通蓝领工人年均收入只有2800美元，一个白领年均收入只有3500美元，壁炉路上的一套公寓的按揭贷款每月只需要20美元的时代，6500美元是一种殷实的，甚至是资产阶级的年收入。超过10000美元的年收入，使得杰克逊位列美国最赚钱的艺术家行列——当然也成了最赚钱的前卫艺术家。除此之外，帕森斯深知，波洛克夫妇还常常有额外收入，而且通过直接送画的方式，支付从厨房设备到牙医费用在内的一切开销，从而规避画商的代理费用。然而，杰克逊继续谎称贫穷，不断地要求帕森斯提高画价。当安德鲁·里奇愿意出价1000美元购买《路西法》（1947）的时候，杰克逊公然挑衅帕森斯，要价1600美元，并声称“我对这幅画情有独钟——这个价也更接近我近作的价位”。生意就这样黄了。

六月，战斗公开化了。“我正试图通过某个中介获得一些墙画的委托，在那里我得再付一份中介费。因此，要让我付两份中介费，我觉得不公平。”杰克逊写信给帕森斯说。“我觉得，对我来说，在这条发展路线上开拓我的可能性，这非常重要。但是在你画廊里展出的作品，以及通过你获得的墙画委托——你将收到你的中介费。我希望你会觉得这让你感到满意——我认为，这是让我摆脱财政困境，以及在这方面有所发展的唯一希

望。”事实上，帕森斯并不觉得这个提议令人满意，而且在回信中如实相告。

> 你知道，我想做得公正点，正如我确信你还想跟我在一起一样。我的经验是，任何插手其商业事务的艺术家，都毫无例外地从……中得到好处。至于中介费，我曾与一些中间商探讨过诸如此类的事，他们一致同意，既然我为你付清了一切开销，让你出了名，而市场又有限，我又是唯一可以展出与墙画相关的大型画作的画廊，因此，我必须收取中介费。

帕斯森自己也非常拮据，她指控杰克逊“奢华无度”，事实上靠她前任佩吉·古根海姆的慷慨度日。

然而，即使是帕斯森也不清楚，她从1949年至1950年间寄给波洛克一家的数以千计 625
的钱究竟出了什么事。哈利斯牌苏格兰花呢服装，上等腰肉牛排，以及小赌注的玩牌游戏，这些只能解释其中很小一部分开销。她所知道的就是，杰克逊不知何故，不知何地找到了一种烧钱的行当，在不到一年的时间里，他在这样一个无底洞里倾注了数千美金。

这个无底洞便是他的家。在1948—1949年之交的冬天，与1950年夏天之间的时间里，杰克逊所赚的几乎每一分钱都花在了维修和改建他们位于壁炉路上的房产，以及购买家具和装饰房间上面。起初是老债需要偿还。他早在能够支付得起之前，就开始了这项工作。据格雷丝·哈廷甘回忆，早在1948年夏天，杰克逊总是“拉着哈利·杰克逊在房子里转悠，然后谈起他早已想到的有关房子的计划，以及他想要做什么”。像约翰·利特尔和贝茨·祖格鲍姆之类的邻居打开他们的古老居所欢迎杰克逊到来时，杰克逊再也按捺不住了。1949年初，杰克逊还拮据得很，他就开始在当地手艺人和退休马戏团小丑乔治·劳普的帮助下，将餐厅与厨房，门厅与楼梯之间的隔墙全部拆掉。杰克逊带着孩童般的天真投入这项工作。“当你遇到一根栋梁之类的东西，”另一个当地的工人回忆说，“你得说，‘嗨，杰克逊，有个东西挡住了我手脚，’他会举起大捶，狠狠地将它砸掉。”杰克逊的热情很快就使他冲昏了头脑。某天上午，有个工人来到他家，看到他家的楼板松了，一副凶险的样子。“要是刮一阵大风，”他回忆说，“整层楼板准得掉进起居室里。”

第二年夏天，白漆干后才几周，当李的秋海棠和蕨类植物在崭新的开阔空间盛开时，杰克逊又手持大锤回来安装取暖和管道系统了。多年来，波洛克夫妇已经受够了冷水的不适和煤炉的异常，因此，尽管一直缺乏足够的钱，杰克逊的决心是老早就下定了。他

波洛克一家在斯普林斯家门口，约 1949 年

与曾经帮约翰·利特尔装修过房子的两个博纳克人爱德·哈尔特、迪克·塔勒玛一道，为楼上的新浴室制订了全套装修方案：将安装全新的固定装置和瓷砖，以及楼下那间浴室才有的新固定装置，新管道，新散热器和新热水器。哈尔特与塔勒玛的新公司刚刚开张，对这个赚钱的工作兴奋异常，他们情愿在冬天业务较少，工钱便宜的时候开始，对杰克逊的支付能力颇感狐疑。“我告诉他我很高兴推进这项工作，”哈尔特回忆说，“要是他能够预先准备好数千美元的材料。我不想中途停工。”然而，既然《生活》杂志上的文章已经发表，有了它，财富也就有了希望。仅仅在几天之内，杰克逊就画出了“数千美元”的画，而在接下来的几个月里，他又为这份工作赚到了另外的数千元。

然而，即使在老债偿还之前，杰克逊老早就在画室里折腾开了：重新安装墙面板和天花板，从屋子里拉出一根新的冷水线，替换老电线，这样他就可以开动新的电动化的
626 搅拌机，在当地电工埃尔温·哈利斯的帮助下装上荧光灯。与往常一样，杰克逊总是亲自接洽，谈判，监督工人。他们当中有几个人从未见过李。杰克逊把画商、收藏家以及跟艺术有关的事务交给李处理。除了绿化和少量装饰工作，她则将屋子交由他处理。

在屋外，他种上了灌木和新的花床，扩大了花园，弄到了一台小型割草机修整草坪，在花园里装上了一台小水泵，使浇灌变得更容易。他开始用他那刚刚学会的眼神打亮周围的房产。“他想要建造一个上佳的工作室，想要扩建房子，想要更多的土地，”托尼·史

密斯说，“他常常谈论房地产的附加值，谈论产业投资。”当他发现与他毗邻的一个小木屋最近易手后，不禁勃然大怒。“他走进我办公室，反复殴打我，满嘴的脏话，”买进了那块土地的当地房产中介爱德·科克回忆说，“我认识那个75岁的簿记员老太太多年了，而他却跑到这里撒野。最后我怒不可遏，大叫道，‘滚出去，再也不要回来。’”（科克最终将一半土地转让给杰克逊，用它来交换杰克逊的一幅画。但他岳母不允许它出现在这栋楼里，原因是她“无法在挂有这张画的屋檐下入睡”。）

在屋里，杰克逊重新粉刷了全部墙壁——楼下是白色，客厅是浅黄色——开始重新安排在过去十年艰苦岁月里不断添置的杂乱无章的各类家具，从第八大街公寓里搬来的破破烂烂的柳条椅，到梅西家送的巨大无比的圆餐桌。整个夏天，他都在不停地造访当地的商店和跳蚤市场，搜索用得着的东西。简·格雷夫斯在东汉普顿开有一家古董店，她回忆杰克逊对她橱窗里展示的一个昂贵的法国外省餐柜艳羡不已。“他走进来，问那需 627
要多少钱，”格雷夫斯回忆道，“我感到，无论我出多少价，他都想买回家。但那不是卖的。”然而，他确实在客房里购置了两张床，一只存放毛毯的木箱，镜子，梳妆台和椅子。不管家具何时到达，他都会花费数小时来反复安放，挪动，测算，直到每一个细节都恰到好处，令他满意时为止。“他总是亲自动手，”罗杰·威尔考克斯回忆说，“一切都安排得停停当当。”

名声和财富使杰克逊的终极幻想得以尽情驰骋：扮演斯黛拉·波洛克。跟斯黛拉一样，他在房子上大肆挥霍，想让它成为真正属于自己的东西，就好像通过装修，他就能竖起一道身份的栅栏，以此抵抗与生俱来的空虚和居无定所。对杰克逊来说，房子是将魔鬼挡在外的，躲避喧嚣的恐惧的方法，与距离或速度一样有效；这恐惧一直在说，他的成功莫明其妙地成为一个错误——最好只是一种侥幸，最坏则只是一种欺骗；宏大视野的春天和奉承拍马的夏天，到头来就像斯黛拉的母爱一样只是一种幻觉；他的那些粉丝也最终将被证明跟他的家庭成员，同伴艺术家一样漠不关心，在他们自卫的表面下，暗藏着愤恨而已；而他第二个童年，就像他的第一个童年那样，终会在背叛和抛弃中结束。

十月，杰克逊终于得到了他应得的车：一辆1947年造的、深蓝色的有活动折篷的凯迪拉克。“噢，他对这辆二手的凯迪拉克自豪得很！”伯顿·胡薛说，“这是地位的象征……他可不想保持开A型车的那种谦卑。”拥有鱼尾般的后灯和长矛般的保险杆，这辆凯迪拉克十足如同他的名声：俗丽、喧嚣而又令人分心。而且，在杰克逊手里，也十足危险。

628

38

一只不带壳的蛤蜊

东汉普顿的垃圾场位于小镇以北大约两英里半，阿克卡伯纳克高速公路下到处都是碎石子的山坡的尽头。它坐拥一座小山峰，可以俯瞰加德纳斯湾的壮丽风景。在风清月朗的夜晚，人们可以从垃圾场的一角，逃眺康耐狄格州的海岸线。从海湾吹来的清风，将熟透了的水果的香味吹向东南方，掠过大片开阔的土豆田，一直飘到远方的道路。这是一个静僻，令人喜出望外地方，带有一种私密的风味，只有很少一些避暑的游客才能欣赏。除了周末下午，当大多数当地人前往倾倒垃圾之时，这里游客稀少。1950 年夏天的一个夜晚，甚至连那些白天在那里觅食的海鸥也没有看到，一辆 A 型车驶下高速公路，在沙砾遍地的小山顶突然刹车。车里坐着杰克逊·波洛克和克莱门特·格林伯格。

他们刚刚离开了一个聚会。他俩没说一句话，仅凭默契，就意识到了都需要离开。“我没有告诉他我有多沮丧，”格林伯格后来回忆说，“我用不着说，他早已感觉到。”而且，格林伯格也感觉到，杰克逊也吓坏了。我曾经看到过杰克逊身处粉丝包围中的情景，特别是在《生活》杂志上的文章发表以后，看到他身处一大群阿谀奉承者和仰慕者、谄媚者和怀疑者之中，身处他“仿佛想要找个角落躲起来”的人群中。他曾听到他皱着眉头抱怨说，“我感觉自己就像一只不带壳的蛤蜊。”“他们看到的并不是一个人或天才，”格林伯格回忆道，“他们只看到一个怪人。”杰克逊在潘妮·波特跟前坦白说，“有时候他感到他的皮肤被人扒掉了。”《生活》杂志上的文章成了他的恐惧之源。据简·格雷夫斯回忆，在某些深感恐惧的时刻，他情愿那篇文章从未发表过。它满足了他长期想到得到赞美和关注的愿望，但也搅动了一种更深的恐惧感。“他们只想我站在最高处，”他告诉丹尼斯·哈尔，“好把我从上面轰下来。”

629 那个夜晚，恐惧驱使他与克莱门特·格林伯格一道，来到了小镇的垃圾场。“他说，他做过一个噩梦，”格林伯格后来告诉一个朋友说，“他站在悬崖上，而他的兄弟们却企图把他推下去。”

那年夏天的爱荷华州的爱荷华市，离廷格利不到两百英里的地方，杰克逊为佩吉·古根海姆公寓走廊所画的巨型墙画，挂在爱荷华大学的墙画工作室里。佩吉在回欧洲之前曾试图把它赠予耶鲁，但这个提议遭到了冷落。如今它高高地悬挂在洞穴般的工作室靠近天花板的墙上，光线幽暗，只有塞尔·当斯之类学艺术的学生才偶尔朝它投去嘲弄性的一瞥。上面的屋檐还是成群结队的麻雀的家，“它们在画上拉满了鸟粪，”当斯回忆道，“我们认为这很好。事实上，我们大笑着认为，随着鸟粪加厚，这画越来越好看了。”在华盛顿特区，一个名叫吉恩·戴维斯的年轻画家决定，他无法支付从帕森斯画廊购进的杰克逊的画，把它带到了他所在办公室的邮递处，将它打包退回。“服务员看到它时，哈哈大笑，”戴维斯回忆说，“他们说，它看上去就像鸟粪。”而在纽约的贝蒂·帕森斯画廊，一个匿名的来访者在留言簿上写下了一段愤愤不平的话：“帕森斯是呆瓜，她用垃圾玷污了伟大的艺术之名。这一点也不有趣。这是我见过的最愚蠢的垃圾。波洛克去死吧。”

随着《生活》杂志的文章发展而来的明星效应，不但没有改变批评家们的看法，反而促使他们当中的绝大多数要么公开嘲笑，要么暗中愤恨。要处理前者的情形非常容易：写给《生活》的读者来信表明一个孩子还能画得更好些；一封来自佛罗里达州西棕榈滩的信声称，他在车库门上清洗刷子留下的痕迹，是比杰克逊更好的抽象作品；另一个来自弗吉尼亚州阿灵顿的未来的大师声称“不到五分之一秒”就可以将波洛克击倒在地。由这篇文章引发的嘲弄来信，洪水般汹涌而至，《生活》杂志欢欣异常，照登不误：

> 先生：
> 杰克逊·波洛克是最伟大的在世美国艺术家吗？不！
>
> 先生：
> ……他是画家吗？
> 小弗雷德·鲍沙文，密歇根州大雷庇斯路。

先生：

为何如此轻飘飘地使用“在世”一词？

佩吉·达波拉茨·阿本奈特，佛蒙特州维吉纳斯路。

东汉普顿《星光》杂志的编辑珍妮特·拉特雷，公开反对明星式的疯狂，正是这种疯狂使得杰克逊成为各类会馆上到处受欢迎的人物。她在1950年的一期编者按中写道，
630 她有个五岁大的侄女“不小心将一桶颜料倒翻在一块画布上，结果众人大叫‘这是波洛克最好的画之一’”。当杰克逊读到这篇文章时，罗杰·威尔考克斯回忆道，他唯一的评论就是“呵呵，世上到处都是装成人样的虫子”。不过，据威尔考克斯说，这类批评确实“令他愤怒”，“所有这些东西加在一起，好像都在说杰克逊的作品是一种有意的装腔作势，一个骗局，而他对于被称作骗子总是过分敏感”。

私底下，那些不愿意批评杰克逊·波洛克的画商和评论家，都加入了诋毁他的潜流中。阿尔弗雷德·巴尔，那个在文章中表扬过杰克逊的画作，而且支持过博物馆购买他的画作《母狼》的人，却在私底下狙击他，批评他的画作那种“致命的满幅画的装饰效果”，对那些想要在波洛克的作品里发现更多严肃意义的同行则嗤之以鼻。考特·瓦伦汀坚持他先前的判断，即如果波洛克是严肃的，那他就是瞎子。而查理·伊甘将克莱门特·格林伯格拉到一旁，问道：“你对波洛克不是认真的吧？”其他人则更喜欢《纽约客》编辑威廉·肖恩更加慎重的做法，他拒绝了本顿·胡薛将他对杰克逊的访谈扩展为一个完整档案的建议，指出“让我们等着瞧吧，看看他的名气会发生什么变化”。

所有的嘲笑和愤恨不可避免地会越过李在杰克逊身边划出的警戒线。她无法保护他，不受爱德·科克之类的心直口快的博纳克人（纽约当地人）的伤害；科克与许多当地人一道，都同意杰克逊用扫把作画的说法。“周围的人总是开他的画的玩笑，”科克说。管道工爱德·霍尔特认为，人们花许多钱购买“那些乱七八糟的路线图”真是“疯了”。当地赞助人冷冰冰的态度是更难摆脱的。杰克逊或许从未听说过菲力斯·盖勒称波洛克为她的餐厅所画的墙画是“一件垃圾”，而当有个收藏家那年夏天拜访过杰克逊的工作室，故意两手空空离开之后，说过的话却完全一样。唐纳德·彼得斯和哈丽叶·彼得斯曾购买过数十件先锋派作品，也“不愿意染指波洛克。我很纯真，”哈丽叶·彼得斯（后来的伊斯特班·文森特夫人）回忆说，“我在一个中产阶级家庭长大，而波洛克的东西把我吓坏了。”乔·利斯抵制住了来自李和杰克逊劝说其购买一件画作的反复诱惑，用这笔钱在其屋子

里扩建了一间房。不过，他确实曾把他的内兄哈罗德·考芙纳，一个曼哈顿地产投资商，带进波洛克的画室。“杰克逊正在地板上工作，”利斯回忆道，“而且彬彬有礼。当我们离开那谷仓时，我跟哈罗德说，‘你真该买下那幅画。’他却说，‘我决不会买一个在地板上作画的白痴的作品！”杰克逊把一张素描送给斯图亚特·克劳尼斯。克劳尼斯曾是杰克逊在艺术生学会的同学，那年夏天拜访了杰克逊的工作室。但是，如今已是学会执行会长的克劳尼斯，一点也不喜欢。“我在他的作品里看不出什么名堂，”克劳尼斯回忆说，“我觉得它糟透了。”莱奥纳德·博库尔在处理一单颜料生意时，拒绝接受杰克逊的两幅画作作为替换。（对一个像波洛克一样敏感的人来说，这种来自个人的、直接的轻慢总能深深地伤害人，无论是批评性的赞美，还是画廊的销售。）即使是劳伦斯·拉尔金之类支 631
持波洛克的少数赞助人，也感到了怀疑和嘲笑的逆流的厉害之处。“梅德斯通俱乐部的朋友们，甚至是商会大夏的赞助商们，都认为我们拥有波洛克的画简直是个笑话，或者仅仅出于友情才会赞助一下，”拉尔金回忆道。杰克逊也许是媒体的炒作对象，也许是草地派对上的谈资，但是，对大多数人来说，他的艺术在最好的情况下也不过是慈善的对象，最坏的情况下则只是个笑话罢了。

然而杰克逊的梦魇中真正可怕的东西，还不是来自辱骂性的信件，颠覆性的批评家、幸灾乐祸的博纳克人或是精明的收藏家。它来自其同伴画家们。在构成杰克逊感情生活的过去与现在的循环往复中，他们就是那群宠爱他、嫉妒他、纵容他、吹捧他的兄弟们，即使是在他们把他推向悬崖边上的时候。“他跟其他艺术家相处不快。”康拉德·马卡－雷利说。“他觉得，他们要么嫉妒他，要么憎恨他的作品，要么认为他是个骗子。所有这些都使他不信任他们。”

杰克逊的担心是有道理的。在一个多数先锋派艺术家还在默默无闻地创作，需要打零工来勉强度日的年代，他那种孤零零的、令人目眩的成功——无论是在评论界还是在商业上——都引发了妒忌和怨恨的风潮。“伟大艺术家的神话，”保罗·布拉什说，“莫名其妙地贬低了我们当中的其他人。他成了太阳，而我们却是黑洞。”他那些友善的、在公众场合甚至吹捧他的同伙画家们，私底下都贬斥他是“那个疯子”，或者“怪人”，或者干脆认为他“无关紧要”。汉斯·霍夫曼，那个因杰克逊的走红而感到特别“愤怒”的人，指控他盗用他的滴画技术，而其他一些人则完全诋毁这种画法，称之为“傲慢无礼，没心没肺”。“我们今天认为如此神奇的作品，”尼克·卡罗恩回忆道，“那时人人都认为是野蛮而过分任性的。”与许多艺术家一样，里奇纳尔德·马什通过恶搞来表达他对杰克逊艺术的不屑，他自己创作了滴画，并且把它当作一个笑话在佛蒙特州的伯灵顿的一个展览上展出。前手工艺班的一个老同学撰写了一首诗："他是糨糊的信徒，滴洒和投掷的神……"同年夏天，在玛莎的葡萄园奇尔马克的一个派对上，托马斯·格雷万指责杰克逊喝了一加仑油漆，然后站在一把梯子上向下小便。汤姆·本顿次年出版的自传里的第二版里，对此报以赞赏的微笑，还写下了大量诸如此类的笑话。因昔日高中同学的成功而黯然失色，因而大为光火的菲利普·加顿斯，称杰克逊是一个"非艺术家"。"加斯顿认为自己是画家，"卡罗恩回忆说，"他深知他技艺完善，而杰克逊则十分无能，而且缺乏天赋，不会画素描，因此就试图震惊观众。接着，艺术界突然奉承起他来，他认为杰克逊不过是个奉迎者罢了。后来，人们也就不再关注他了。"人们似乎也不再关注罗伯特·马瑟韦尔。数年来，马瑟韦尔一直"在宣扬杰克逊·波洛克不会画素描"，而他则自信满满地预言"不用五年，他［马瑟韦尔］将被呼唤为美国最伟大的画家。"到 1950 年夏天，杰克逊的成功迫使马瑟韦尔不得不重新考虑他的雄心壮志。

《生活》杂志上的文章给了某些艺术家以口实。"美国艺术界渴望已久。"赫尔曼·切利说，"但没有任何人有机会。直到有一天，突然开了个口子，人人都想往里挤，他们都在你推我攘，彼此挤压。他们是些自我意识强烈到令人可怖的人。那真的很原始，真的。每个人都想占有一席之地，野心冲天。"

但是，除了受挫的野心，杰克逊的同伴艺术家中有那么多人对他的成功愤愤不平，还有另外一个原因。还有另一个人应该对那些嫉妒负责；这些嫉妒点燃了杰克逊的妄想狂，萦绕在他的社会交往中，促使他在那个夏夜驱车前往垃圾处理场的边缘，以寻找慰藉。

克莱门特·格林伯格有一次曾观察到，人们只会感染他们命该感染的疾病。"我从未遇到过一个得癌症的人，"他说，"要是他们不想得这种病的话。"这种理论拥有一种典型的格林伯格腔调：简单、充满了大男子主义色彩、对称、富有诱惑力。这也解释了，到 1950 年夏，会有那么多先锋派艺术家对他心怀怨恨。尽管他是他们的事业的早期鼓吹者，尽管他拥有作为 20 世纪最具影响力的艺术批评家的未来，格林伯格对艺术家却极尽轻蔑之能事。

"做一个艺术家就是成为一个自大狂，"格林伯格后来以如此鲜明的确定性作出这样的断言，"与作家相比，画家教养较差，因此他们装逼的方式，是作家们唯恐避之不及的。”他喜欢说“像画家一样蠢”之类的话，而且总是哀叹“所有艺术家都是令人讨厌的人”。当被问及为什么他要花大半辈子的时间与他们为伍时，他回答说：“在作分析之前，我有一种在我不喜欢的人中间闲逛的能力。”他对个别画家的判断，甚至是对那些他支持其作品的画家的判断，经常是草率而狂妄的。马克·罗斯科是个“不偏不倚的偏执狂……自大狂和哑巴”；雅克·利比西茨是“巴尔干半岛南部的包工头”；马克·夏加尔，“天才的意第绪语剧院的景观设计师”；阿道夫·戈特利布是“一个烫裤子的人”；阿希尔·戈尔基，“一个激进的反犹分子”；法朗兹·克莱因，“一个呆瓜”。汉斯·霍夫曼“令人讨厌”；克利福德·史蒂尔“装逼”；费尔费德·波特，“呆得可爱”；巴奈特·纽曼，“令人厌倦”；威廉·德·库宁，“难以置信的乏味”。

自从1941年前后从文学批评这个更强悍的街区迁移过来后，格林伯格就一直是艺术
界思想上的土霸王。早在1944年，他就开始攻击美国艺术界“极端的折中主义”，指责
其“不健康”，而且不无黑暗地提议“要反抗它，即使冒着教条和不宽容的风险”。在接
下来的几年里，他自作主张，宣扬抽象艺术，支持一项新的批评议程——色彩、画面、
线条、油彩品质、平面性——而且发动了一场反对当时仍占主流的超现实主义的激烈的
游击战。他指控超现实主义试图“恢复‘外在’主题”，“混淆文学与绘画”。在一个很少
有几个批评家会严肃对待先锋派艺术的时代，多数艺术家都想忽略诸如此类充满教条的
过分言辞。似乎只有格林伯格一人欣赏他们“激烈的斗争”。“艺术家们的孤独是人们觉 633
察不到的，压倒性的，持续不断的和毁灭性的，”他在1947年时写道。“在这种情况下要
创造出受人尊重的作品是根本不可能的。五十个人怎么跟一亿四千万人斗？”

然而，到了1950年，格林伯格和艺术界都变了。主要由于格林伯格的努力以及杰克逊在媒体上的成功，抽象艺术的合法性已经得到确立。对这样的成功感到不安的格林伯格甚至撤退到更加狭窄而又教条的断言中：美国抽象画家们正在做的事，“并不仅仅是另一种有趣的实验；它是绘画必须走的正确的，而且不可回避的历史方向——正因为不可回避所以正确”。换言之，格林伯格所界定的抽象艺术，成了“此时此刻唯一有意义的风格”。捍卫抽象艺术的那种激烈，犹太教法典般的炽热，如今转移到了艺术家们的头上。

根据格林伯格一段自己所说的“少年奇事”，他曾梦想成为一个艺术家。当他的野心因不赞成这一梦想的父亲而遭到挫折时，他就在别人的创作中寻找自己的创造性的证据。他把艺术家视为那些任性的孩子，需要调教和“导正”。“对克莱门特来说，所有那些艺术家都是某种白板，”米里亚姆·夏皮罗说，“换句话说，他才是某种意义上的天才。”出

于对艺术家智识的失望，他任意忽略艺术家们自己关于其作品“意指什么”的说法，迫使画作适应批评，而不是倒过来。许多艺术家怀疑，格林伯格宁愿完全撇开所有艺术家。“他不断地强调他的理论，直到画家在其画作中消失，”赫伯特·费伯说，“画也就变得什么也不是，只是油彩，以及支撑油彩的那块画布。”在访问艺术家的工作室时，他既直率又轻蔑——“就像一个不耐烦的家长，”有个艺术家如是说。他目光快速地从一幅画转向另一幅画，嘴里不断地作出判决：“那幅画错了！”或者，更具有毁灭性，“哦哦不错啊”，并因此否定画室里的所有作品。他不仅给出具体的批评意见，而且还会就图像、色彩、笔法和风格的类型提出一般性的建议。他告诉阿道夫·戈特利布放弃他从米罗那里借来的黑白图像，而要“从他的力量出发，那就是色彩”。有个故事是这样说的：当他发现了一本电话簿——法朗兹·克莱因用它来揩拭画笔——上面有一系列浓重的黑色笔触，他就宣布说，“那才是你该做的。”（数年以后，作为遗产的执行者，他会允许油漆从大卫·史密斯的雕塑作品上驳落，因为“史密斯不是一个色彩学家。”）甚至在画室之外，“克莱门特也想控制一切，”希尔顿·克雷默说，“从你的女朋友应该做什么，到你应该签署什么样的合同。”

在一个易怒而又直来直去的先锋派艺术家组成的共同体里，格林伯格的权力和不断增长的教条语气，立刻产生了憎恨和嘲笑。艺术家们在公共场合对格林伯格卑躬屈膝，在私底下却嘲弄性地称其为“要人”、“克莱门特教皇”和“上帝”。“每当你把一个平庸
634 之人当作某个博学者，”梅·罗森伯格说（她丈夫不久就将挑战格林伯格的霸权），“他们就一定想要接管全世界。他们会告诉你如何系鞋带。我从未见过一个拥有权力的庸人会是恂恂儒雅的君子。”

不过，是格林伯格与杰克逊公开而又排他性的同盟关系，才是触发怒火的真正原因。格林伯格在公众中掷下了金苹果，而杰克逊不假思索地冲上去捡起了它。“一旦格林伯格宣布杰克逊是最伟大的美国画家，”莉莲·奥兰尼说，“整个艺术界就炸开了。”

在他们的愤怒和嫉妒背后，许多艺术家都得与其更黑暗的恐惧做斗争：担心他们的世界发生变化；担心媒体的关注赋予格林伯格之类的媒体人物对本来就不安全的收藏家、重视地位的博物馆官员，以及妄想发迹的画商们（“他们当中的多数人来自服装生意人”）产生过分的影响力；担心艺术界不为他们所掌控。像诺曼·布卢姆之流，他们记得那时“你进一家画廊去看画展，而画商们则跟出来问你这些画怎么样，”他们担心这样的日子已经一去不复返了。他们担心格林伯格的崛起正在缔造一个由批评家和策展人构成的“牧师

阶层”，对这些批评家和策展人来说，语言比画更重要，因为他们“是用耳朵看画的”。他们担心阿道夫·戈特利布所说的“被打造出来的艺术家”现象——那些“精通辩证法”，却不会画画的艺术家。那时的艺术界空气里早已有了“人们不是因其作品，而是其他原因出名或臭名昭著”的带有腐蚀性的怀疑言论。康拉德·马卡－雷利就这样说过。“一切都是人为炒作的结果。”他们担心终生与艺术问题做斗争，还不如直接搞好公共关系——“新颖性”和“潜力”——更管用。他们担心格林伯格只是一个先行者，一个打进商业律令的楔子；对习惯于大萧条、公共事业振兴计划、艺术家联盟和五一节游行的艺术家们来说，这种律令是极大的异数，也是令他们深感不安的东西。但是，他们最担心的则是商业化对他们的影响：他们该如何对市场做出回应，在这种市场上，成功成了一种真正的可能性；不管他们是否会，正如纳森·卡兹所说的，“就像三条抢一根骨头的狗一样。”

1949 年深秋，就在论杰克逊的文章在《生活》杂志上发表后不久，他们的担心终于拧成了一股绳：成立一个组织。就在第六大道和第十二街街角的伊布拉姆·拉绍的工作室里，大约二十名艺术家，包括威廉·德·库宁、法朗兹·克莱因、密尔顿·雷斯尼克、菲利普·帕维亚、康拉德·马卡－雷利和乔治·卡瓦龙在内，形成了一个俱乐部，每人捐出十美元，在大学广场附近的东八街 39 号租了一个空间。由于在叫什么名称上达不成共识—— 一个预示着即将到来的事情的不详预兆——他们自己只叫它“俱乐部”。

表面上，这家具乐部是个社交组织，来于艺术家想到找一个聚会和聊天场所的受挫的愿望，“以逃避他们在自己画室里的孤独，与同伴相聚并交换各种看法，”这家具乐部的最重要的史学家欧文·桑特勒如是说。而事实上，其同舟共济的情形，更像是挤在一 635
艘救生艇上的船难幸存者。“它根本不是一个意气相投的团体，”赫尔曼·切利回忆道，“见鬼！一个旁观者会认为他们彼此憎恨。但是，就像婚姻双方，他们不仅不分开，还想着挤在一块。”作为一名来访者，海达·斯特恩发现俱乐部成员“难以置信地充满敌意”。“辱骂声此起彼伏，他们把这叫作思想交流，”斯特恩说，“那真的很可怕。”

因恐惧新的艺术世界，他们绝望地想要抓住旧世界。它牢牢地植根于公共事业振兴署计划的餐厅文化，当时的艺术家因该计划带来的的资助和自由时光而兴奋，一早就在赛姆·约翰逊、罗马尼·玛丽、山·雷莫之类的饭馆和沃尔多夫之类的餐厅侃大山。位于第八街不远的第六大道上的沃尔多夫在过去几年一直被当作这个团体非正式的俱乐部，它与过去的岁月有着直接的联系。在那里，“乡村流浪汉、行为不端者、警察”，还有艺术家们可以抽烟，喝咖啡（比别处价廉物美），而且随时可以改变座位，争论不休。在某张桌子上，兰德斯·勒维汀表述他对包罗万象的主题的看法；另一张桌子上，阿里斯托德莫斯·卡尔迪斯坚持捍卫古希腊文化的优越性；在另外一张桌子上，约翰·格雷厄姆则捂住鼻子，不想让烟呛着。俱乐部成员中的许多人是在公共事业振兴署计划，在艺术家联盟和“美国抽象艺术家”协会的那些平静岁月里认识的——在二战之前，在各种画廊诞生之前，也在格林伯格出现之前。从那时以来的10年里，他们的议程几乎没有任何改变。纯粹抽象艺术家，像阿德·赖因哈特、哈利·霍兹曼和乔治·迈克尼尔之类美国抽象艺术家协会的残部，在他们的老调中加进汉斯·霍夫曼关于“推－拉关系”的新法则。“赖因哈特会说，他无法忍受扭曲的笔触，”菲利普·帕维亚回忆道，而霍夫曼的追随者们则嘲笑蒙德里安的爱好者是“清教徒”或“卫生学校”。甚至是对欧洲现代主义的古老反对——这些反对大多因战争而提出，被当作对马蒂斯的捍卫而在俱乐部里保存下来，现在也因“装饰！装饰！”的愤怒叫骂而被淹没。

与公共事业振兴署计划资助的艺术家们一样，这家具乐部的成员也幻想他们自己的“反叛”和“出格”，而他们却一直遭到反动的艺术机构和不友好的公众的回避。“我们就是落选者沙龙，”康拉德·马卡－雷利说。但是，他们感到被疏离的，并不是过去，而是未来。对格林伯格及其观念的敌意，明确可感；俱乐部成员的讨论故意避开格林伯格提到议事日程上来的那些形式课题。“格林伯格离我们有千里之遥，”俱乐部的奠基人和组织者菲利普·帕维亚如是说，“我们处于完全不同的世界。”俱乐部的夜晚不谈论当下流行的批评问题，却无一例外地陷入激烈的哲学论战之中；他们的议题诸如“为什么一个艺术家会沉溺于绘画”、“艺术的功能”、“艺术家伦理责任的本质”，以及艺术家的“存在角色”。（正是在这些讨论中，“抽象表现主义”这一术语横空出世。）甚至是密尔顿·雷斯尼克之类的奠基人，也发现他们对这些辩论感到“窒息”。“从一开始，观念就被人膜拜，而命题就已经僵化了，”雷斯尼克说。威廉·德·库宁有一次从无休无止的后半夜的吵闹中逃了出来，大叫道，“那完全是一群狒狒！”

636 关于画商、佣金和金钱的事，是禁止谈论的，这一点大家都心照不宣。群展也绝对要禁止，因为“我们不想引入那种破坏性的竞争，”康拉德·马卡－雷利说。除了德·库宁在这个问题保持圆滑的沉默外，很少有几个成员拥有代理商，没有一个人在卖画。“俱乐部的人一点也不关心画商、批评家、收藏家，或是任何人所说的话，”赫尔曼·切利回忆道，“因为不管怎么说，没有一个人在卖画。”跟接受公共事业振兴署计划资助的那些日子一样，谈论金钱只限于工作室所花的小费，以及在画材上讨价还价。俱乐部成员经常交换他们经济困境的自我夸大的传说，当其中有人遭受拮据的困难时，他们就相互募捐。在这样一种团结的氛围里，俱乐部成员找到了平静，甚至尊严。“要是有谁卖出了什么东西，”乔克·杜鲁门回忆说，“就会谣言四起，说他作品的质量一定下降了。”

有那么一些时候，仿佛40年代从未开启；仿佛佩吉·古根海姆从未开张“本世纪艺术画廊”；仿佛新画廊及其投机的经纪人们从未出现过；仿佛格林伯格从未写过一篇评论；仿佛杰克逊·波洛克从未售出过一张画。

从一开始，杰克逊就感到了恶意。1949年新年夜，他第一次拜访俱乐部时，喝得醉醺醺而又好战的雕塑家彼得·格里佩就迎了上来。在说了几句怒气冲冲的话后，格里佩就挥舞起老拳。“主要是嫉妒，”目睹了这场斗殴的伊布拉姆·拉绍回忆道，“因为杰克逊声名鹊起。”同样的不友好以另外一种不那么激烈的方式，渗透到俱乐部的各个角落：从排他性的门禁政策（非俱乐部成员须有成员陪伴或持有成员的介绍信），由手段卑劣的勒维汀看门；到物色新成员时的反对票制度。“没有哪个机构比它更不对杰克逊的胃口，”康拉德·马卡－雷利说，“他从没感到在那里受过欢迎。”激烈的争辩只会凸现他不善言辞；吵吵闹闹的人群只会强化他的沉默寡言。学究气十足的对话只会暴露他在艺术教育上的巨大欠缺。

罗伯特·马瑟韦尔的到来，使得恶劣的形势变得更加糟糕。自从他试图与马塔联手，使美国超现实主义运动脱离布勒东的控制的计划失败后，马瑟韦尔还徒劳地发动了一系列类似的、创立玄奥难懂的“宣言”的尝试，试图使自己成为美国艺术中最重要的角色。1948年，他与威廉·巴齐奥蒂、马克·罗斯科、大卫·海尔和巴奈特·纽曼一道，成立了一个年轻艺术家学校，名为“艺术家的主题”。这个不伦不类的名字泄露了学校反格林伯格（以及反波洛克）的议程：“这意味着，它强调我们的画作不是抽象的，”马瑟韦尔说，“它充满了主题。”当学校开张后，一群由托尼·史密斯组织的艺术家继续在35工作室的名义下开展星期五夜间研讨班（聚会在东第八街35号举行）。马瑟韦尔亲任“主持人”，开展主题、完成度、标题、自我表现、共同体关系、博物馆赞助制度以及公众关注度等
话题的研讨。1950年，他将他智识上的嗜好、学术上的装逼、受挫的野心，以及对杰克 637
逊的妒忌厌恶，带到了俱乐部。“马瑟韦尔是另一类艺术家当中的第一个，”康拉德·马卡－雷利说，“他们是大城市住宅区长大的男孩，一些早已小有名气的人，在参加这一俱

乐部之前在城中早有自己的经纪人。随着他们的到来，俱乐部出现了小组讨论和嘉宾发言，一切都变得更加公开，更加正规化。”对杰克逊来说，也就更加吓人。

即使是在周末舞会期间——当木椅移走，哲学角力暂时中止，而菲利普·帕维亚放起他那意大利民间音乐和爵士乐录音的时候——俱乐部对杰克逊而言仍然是一个陌生的、充满了恶意的世界。作为一个尴尬的舞者，他从未掌握两步舞，更不必说帕维亚引进的塔朗泰拉（一种快步舞）了；他过于清醒，绝不愿意尝试一下。他也无法享受舞会之夜在这幢古老的大楼里贯彻始终的“充满活力的性爱游戏”——这是20世纪30年代艺术家联盟时期遗留下来的作风。“要是你是个漂亮姑娘，你就能自行决定，”菲力斯·弗雷斯回忆道，“在那些夜晚你就能占上风。”俱乐部早期唯一的女成员梅塞德斯·梅特，就是那种能给舞会划出性爱的清晰边界的女人。梅·罗森伯格把俱乐部的性爱私生活，比作那些乡间的广场舞，在那里“舞伴们”在不停的组合中“来来去去”。15年前，趁着酒精壮胆，还有桑特做伴，不管如何不成功，杰克逊倒还会尝试加入厌女者们的游戏。但是现在，对于清醒而又孤独的他，这类游戏只会让他感到害怕。喧闹的性爱游戏，别的艺术家有关“他们‘碰’过的所有女人”的自吹自擂，还有梅塞德斯·梅及其他女人在他面前的挑逗传情，只会让他退缩到自己的壳里去。康拉德·马卡－雷利记得有一个俱乐部舞会的夜晚，他靠墙站着，双手抱胸，眼睛望着别处。“他就像一个谷仓里的大男孩，”马卡－雷利回忆道，“女人对他来说像是另一类奇怪的造物。他从来没有适应过。”海达·斯特恩也在那种场合看见过他，“他温和，安静，却是个局外人。”

偶尔，为了中止谈话，杰克逊会试图拉开与格林伯格的距离，激烈地否定格林伯格明白“他的画说了些什么”，并加入法朗兹·克莱因的谈话中去；后者“对有关大抽象的历史必然性”极尽轻蔑之能事。他反复向巴奈特·纽曼表示，“我从不与批评家讨论画作。”在有一个格林伯格罕见的拜访俱乐部的夜晚，他故意挑起了一次面对面的纷争。“他们彼此叫对方绰号，”康拉德·马卡－雷利回忆说，“然后就撂下话题，跳到别的事情上去。”然而，所有这些半心半意地想要赢回友谊的努力都白费了。到1950年，杰克逊想必已经明白，他的同伴艺术家已经向他关上了大门——把他推到了悬崖边，数年来第一次他能够感觉到自己正在坠落。

没有一个艺术家比李·克拉斯纳更有理由怨恨杰克逊的成功。

638 其他艺术家们的事业因杰克逊而黯然失色，她的事业则差不多可以说被毁灭了。画出了“小图像”（“Little Image”）系列画的那个1948年夏天，她的那些高产的火花，在贝莎·舍费尔公寓的灾难中，突然终结了。杰克逊凭着一时冲动，重新确定了他自己的情感需要的首要地位，疏远了那些年里对李的作品表现出兴趣的第一个来访者。接着就是长长的回归清醒的斗争，再接着是服用镇静剂以及每周接受海勒医生的“治疗”所带来的虚弱症状。在某些时候，李显然接受了这样一个不吉利的预兆：杰克逊的酗酒和她的雄心是不可分割地交织在一起的。“杰克逊戒酒期间，”泰迪·德拉贡说，“李不想做任何事来破坏他们之间的平衡。”“在那时，为了杰克逊的缘故，李彻底放弃了绘画，”维塔·彼得生回忆道，“因为她不想引起竞争。”格蕾丝·哈廷甘还记得李告诉她，“他不想看到任何人在他周围画画。”

1949年秋天《生活》杂志上的文章发表后，李有了一个新的借口，可以不画画了。“波洛克正在突破口，”她说，“我们忙得不可开交。”在为9月展所做的准备，与在麦克道格巷寓所滞留之间，斯普林斯楼上的画室，有一个时期可以闲着数周，甚至是数月。据友人回忆，那是“他们关系最好的时期”——这意味着，对李的艺术来说，也就是最坏的时期。只有在上午，当杰克逊还在睡觉、电话筒搁掉的时候，她才会觉得工作是“安全”的。一天里剩下的时间，她都在应付他的种种需要，从将水果装罐头，到招待收藏家。泰迪·德拉贡将李视作“杰克逊的克拉拉·舒曼。她本人就是一位了不起的艺术家，但她却命中注定要嫁那个丈夫，并成就他。那是她的情结。接着，当他成功之时，靠他生活还不够。她想要靠自己生活”。

在公开场合，李总是否定她妒忌杰克逊的成功。“我没有说，‘为什么你行，而我不行？’”她后来这样告诉一位采访者。尽管她承认“讨厌生活在波洛克的阴影里”，她却坚持认为“那种感觉并没有尖锐到妨害我的工作”。但是，在私下里，不平等的感觉却在发酵。“波洛克那畜生，”她在杰克逊死后向劳伦斯·阿洛威抱怨说，“他拥有那个巨大无比的画室，我却只有卧室。”“她觉得被欺骗，被贬低了，”阿洛威说。而且并不仅仅被波洛克欺骗和贬低了。当巴奈特·纽曼打电话要把杰克逊列入抗议团体（这个团体后来以“十八怒汉”著称），是李接的电话。“李，让杰克逊听电话，这事很重要，”纽曼说，“我得跟他说。”“我从未被邀请签名，”她苦涩地回忆说，“巴奈特甚至不耐烦告诉我究竟是什么事。”到1950年，这样的怠慢已成为常态。她抱怨说：“在那个所谓的圈子里，只有很少几个画家承认我也画画。”

保罗·布拉奇回忆，当同伴艺术们来拜访他们的时候，下面这样的场景是经常发生的：

> 639 他们都在起居室。格林伯格也在场，讨论愉快地进行着。他们都喜欢李。她十分殷勤，他们说李的眼光真不错……人人都在听她谈话。不过，她的角色主要是杰克逊的贤内助。让杰克逊招待这些客人，发起谈话非常困难。他为人木讷，腼腆害羞。而她却举重若轻。她是他的喉舌，而且说得优雅得体。但是，没有人会看她的画作。也没有人会从她本人的画作的角度对她表示尊重。年复一年，日子就此过去。某种内心的悲凉也就这样郁积起来。

在到杰克逊工作室来朝圣的仰慕者的军团中，几乎没有人敢上楼去看看李的小小画室。即使像乔治·默瑟这样的老朋友“对她所从事的工作也没有兴趣”。只有杰克逊的画挂在楼下长长的墙壁上；她的作品则归入幽暗的角落和剩余的空间。晚餐后，当杰克逊把他最后完成的画拉出来向来宾们展示时，没有人（包括杰克逊在内）会要求李也把她的画从楼上拿下来。没有画商打电话来谈她的下一个展览的事，没有记者问她有关过去的事，没有摄影师在她的画室里转悠，捕捉她画笔的挥动，或是记录下她脸部的不同表情。

正是那种附属的角色，激发了久已有之的怨恨。李又一次回到位于杰罗姆街的家里，只能望着她哥哥欧文出门去图书馆研究普希金和托尔斯泰。她可以分享杰克逊的名声，她可以分享他的钱（跟大多数艺术家的妻子不同，她不需要资助他），作为他的喉舌和经理，她对杰克逊的艺术甚至可以拥有权力，但是，她后来却苦涩地抱怨说，“我无法拥有的，就是我的事业。”

与往常一样，她的嫉妒最早采取了模仿的形式。在米里亚姆·夏皮罗所说的“小巧的，可复制的作品——那种搁在腿上就能完成的作品”画了数年之后，她开始像杰克逊那样创作，手法更加大胆。据她的传记作家芭芭拉·罗斯说，她开始“抓住机会开辟新领域，促使自己更加强调自发和自由，在题材和形式方面都是如此”。尽管没有人知道李的画作的精确系年，但即使是保存下来的少数几件作品，也暴露出她在紧紧跟随杰克逊方面的那种幼稚的渴望。（对她的密友，她后来坦承她“与波洛克一起工作”的需要。）在《连续体》（*Continuum*）及其他“小图像”系列作品中，她都借用了杰克逊在《炽热的眼睛》（*Eyes in the Heat*）和《闪烁的物质》（*Shimmering Substance*）中——她经常听到格林伯格对这两幅画的表扬——发展出来的倾倒技法和满幅画形制。在《火山岩浆》（*Lava*）中，她放弃了马蒂斯和霍夫曼那种透明的色彩，转向杰克逊的《突变》（*Sea Change*）和《炼

李与她的“小图像”画之一

金术》(*Alchemy*) 里那种黑色的色彩方案。在《哥特式凝固》(*Gothic Frieze*) —— 一个既反映出杰克逊作品的风格，也反映出格林伯格的批评的标题——她放弃了毕加索式瓷釉般的曲线形式，转向了奥罗兹科《夜的仪式》(*Night Ceremony*) 和《夜雾》(*Night Mist*) 那种吓人的生硬风格。而在《散步》(*Promenade*) 里，她画了一系列“名人”，在情调和表面上都十分接近杰克逊为古根海姆所画的墙画——这也是格林伯格赞美过的画。她也在 640
梅森奈特纤维板的粗糙一面作画，因为她经常看到杰克逊这么做。在多年采用“灰平板”和粗重的厚涂法后，她模仿杰克逊的《茶杯》，在《赭色的韵律》(*Ochre Rhythm*) 里第一次将颜料稀薄地施于画布之上。据罗斯说，她还在多年拒绝超现实主义理论后，开始实验自动主义，从杰克逊的例子里突然发现对“作为心理内容来源的无意识”的尊重，即使她“还没有准备好将她自己的心理内容暴露给公众”。在依据蒙德里安的格子或是霍夫曼的修辞风格创作多年之后，她首次直接用颜料画出完全自动的素描。这一技法最早促使杰克逊画出著名的《母狼》和《秘密守卫》。她甚至放弃了对抽象长达十多年的效忠，画出半具象的简笔人物形象，就像杰克逊《男人和女人》和《速记形体》里的那些人物形象一样。

随着她雄心渐长，她的画幅也开始变大，从肖像画大小的“小像系列”画作，到整个墙壁那么大的《蓝与黑》(*Blue and Black*)。无论是在生理上还是心理上，她都感到了其

《蓝与黑》，李·克拉斯纳，1951—1955，58″×82 1/2″

小小画室的压抑感。“她的早期作品是非常内向的，”艾索·巴齐奥蒂回忆说，“接着，它们突然变得非常外向。李的作品里拥有这样的分裂，就好像她不知道该朝何方向发展。”泰迪·德拉贡注意到，李从50年代初开始“朝着自己的方向走”。杰克逊也留意到这一点，不过在专心致志于他自己的宏大视野的那个夏天，他只是带着降尊纡贵的态度给予了宽容。“他好像在说‘哦，那小女人又开始作画了’，”哈利·杰克逊回忆说，“好像他并没有多想。”而对罗杰·威尔考尔斯，杰克逊只是表达了一种温和的生气态度：“李不断拷贝我，我希望她能停下来。”

然而，李所获得的新的确定性，很快就从艺术扩展到生活中。她不甘心被忽略，公开在杰克逊的来访者面前抛头露面，用花言巧语引他们上楼去看她的画作。“她希望我看她的画，尽管她并不十分在意我。”哈利·杰克逊回忆1950年夏天的一次访问时这么说，
641 “她总是有点嫉妒，我出入杰克逊的画室，却从不去她的画室，尽管我就睡在紧挨着它的那个房间里。”哈利把对李的作品的成见——“一种模仿画，毫无艺术确定性”——圆滑地藏于心中，但是像泰迪·德拉贡、约翰·迈耶斯、约翰·利特尔、琳达·林德伯格以及布拉德莱·汤姆林之类的朋友彬彬有礼而又羡慕的反应，却给了她另外一种确信。诉诸其最喜爱的厨房隐喻的格林伯格，则评论道：“那还是热的，是烹饪。”李把这些当作恭维，欣然接受。7月份，她的一件作品获得了在同业公会大厅举办的“十个东汉普顿抽象艺术家展”的第二名。杰克逊却位列第三。

李的每一个新成功，都在杰克逊脆弱的世界里产生震颤。“她不再强烈地鞭策波洛克，”哈利·杰克逊说，“她开始鞭策她自己。”

就在汉斯·纳穆斯开始拍摄杰克逊之后不久，李就坚持认为，他也得去她的画室拍摄作品。“我从一开始就应该对她多重视些，”纳穆斯说，“因此我们在一起变得很不愉快，我不得不也拍摄她的画作。”

该说说杰克逊的家庭情况了。

自从斯黛拉 1944 年搬到迪普里弗居住以后，波洛克一家想要重新团聚的主意就一直在流传。桑特在康涅狄格，杰伊在纽约，杰克逊在斯普林斯，而弗兰克经常在小镇做生意，只有查尔斯销声匿迹。然而，没有查尔斯的波洛克家的重新团聚是不可思议的。直到 1950 年，当查尔斯搬回纽约，在赛格港租了一处避暑的屋子（那里离斯普林斯只有 12 英里路），这一计划才得实施。1 个月之内，弗兰克·波洛克在洛杉矶将妻子玛丽和 8 岁的儿子乔纳森塞进一辆 1950 年出品的旁蒂克牌汽车，以波洛克家特有的狂热横穿整个美国乡村（“整个旅途中，我父亲每小时开 80 或者 100 英里，”乔纳森回忆道）；杰伊和阿
尔玛离开了他们在城中的公寓，桑特带着他全家还有斯黛拉离开了迪普里弗。在 7 月一 642
个阳光灿烂的周末，他们都汇聚到了壁炉路上的杰克逊家里。那是 17 年来他们的第一个大团圆日。

对杰克逊来说，这次团聚是一年来的庆祝的高潮，是他回顾之路上的最后一站，名声使他得以回溯和重游；也是他吸引家人的注意力的机会，而他早已在一个更大的世界里寻求并赢得了这样的注意力；最后，这还是他获得他最在乎的，唯一一群观众的赞许的机会。

全家人到来的前景令他高度兴奋和紧张。当周末来临时，他夜不能寐，也无法工作。当他一而再，再而三地精心安排接待计划时，李在一旁带着越来越强烈的关切观望着一切；那是他梦想“压倒全家人的胜利”的一刻，下一刻就是那折磨着他的“这一切都将破灭”的梦魇了。

星期六，团圆日的一整天，始于相互介绍。查尔斯、伊丽莎白和玛丽还是第一次遇到李。而分散在全国的孙子孙女们也彼此找到了对方。对查尔斯 10 岁大的女儿杰里米来说，“那是全家大团圆的时刻”。当孩子们在各个房间和阿克卡伯纳克溪河到处转悠的时候（他们对李的镶嵌桌的好奇胜过了杰克逊的画），杰克逊则带领他的兄弟们参观他的工作室。下午，五兄弟领着他们的孩子们到后园玩起了棒球。针对乔纳森的反对意见棒球

643

波洛克家全家福，1950 年。从左到右：最后一排：杰克逊、李、杰伊、阿尔玛、桑特、伊丽莎白；中间一排：阿勒瓦、弗兰克、斯黛拉和杰森、查尔斯、玛丽；前排：卡伦、杰里米和乔纳森

是“男孩子的游戏”，桑特的女儿卡伦，一个“强壮的”9 岁孩子，跟他父亲并肩作战。才两岁大的杰伊（后来更名为简森）还太小，不能玩耍，整个下午就赖在斯黛拉的膝头，他在奶奶怀里度过了这个周末的大部分时光。媳妇们则充分利用这一完美无瑕的夏日，驱车到附近的海滩上。当众人晚上重新聚在桌边时——桌子特意被拉到大房间中央——斯黛拉和李安排了“一个 7 月的圣诞节宴会”，在大量烤肉中达到高潮。餐间的谈话比 17 年前的任何一次聚会都要兴高采烈。“晚餐时充满了欢声笑语，还有各种打趣，以及童年往事的回忆，”伊丽莎白回忆道。除了各面墙上的画——多数是杰克逊特意为这次聚会挂出来的——以及有意避开酒类，这是一次典型的家庭大团圆。“一点口角都没有，”杰里米回忆说，“人人似乎都从容自在。”晚餐后，桌子被清理到一边。一张熟铁的长椅被拖到杰克逊的画作《阿拉伯风格》跟前，大家一起拍照：最初是全家福，斯黛拉抱着杰森坐在正中，查尔斯在她背后；然后是斯黛拉与儿媳们的合照；再接着是斯黛拉与他的儿子们；最后是斯黛拉与她的孙子孙女们。斯黛拉身着黑蕾丝盛装，骄傲地像一块岩石那样端坐在正中央，其他人则围着她不停地换位置，甚至连她也对着相机频频微笑了。

在洛克威尔（美国相片公司）笑脸照相和团圆画面的背后，却是情感的纠缠和混乱，与杰克逊所画的那些绕来绕去的乱麻一样深刻而稠密。

阿尔玛·波洛克尽管带着少女般的微笑，却几乎是拒绝出席的人。她永远无法原谅杰克逊那种醉鬼的冷酷，以及40年代末李在她们前往纽约时表现出来的傲慢。“当他们为杰克逊画展开幕而住在公寓时，李会从阿尔玛那里借衣服，然后就不还了，”杰伊回忆说——正如杰克逊曾经“留下了”她的印度地毯的收藏品一样。当然，杰伊和阿尔玛都没有说什么，但是他们在很久以前就不再拜访斯普林斯了，而且，在阿尔玛的坚持下，他们与查尔斯在赛格港度过周末，避免在杰克逊的屋子里待上一个不必要的夜晚。

在弗兰克·波洛克犹犹豫豫、似笑非笑的微笑背后，则是心事重重的忧虑。就在他们出发前往东部前夕，医生认为他儿子乔纳森“患有严重的疾病”；他在一家幼儿园的工作收入微薄，没有成就感；部分因为这个缘故，他的婚姻也出现了紧张状况。当弗兰克1933年缀学时，玛丽·波洛克毫不掩饰失望之情，而弗兰克的作家之梦也就此告终了。“他像恩尼·派尔那样写作，”玛丽说，“只会写得更好。但是他缺乏动力。”她曾试图鼓励他做记者，“但是他得从最低层做起，”她回忆道，“而他太骄傲了，根本受不了这个。”打那以后，法兰克的生活就成了一系列徒劳无功的妥协——与鲁瓦·波洛克一样。“弗兰克与他父亲最像，”玛丽说，“但是，他们在其他方面也像。他们一辈子都生活在失望潦倒之中。”

与弗兰克一样，桑特也放弃了艺术灵感，转而过上一种普通家庭和工作的生活。差
不多十年之后，这两个方面却都一败涂地。年届不惑的他，仍然是一个倔头犟脑的少年， 644
“痴迷于成为一个富有男子气概的男人”；一个每天一大早就进行严格的俯卧撑和引体向上锻炼的拳击手。“他并不是真的为了锻炼，”他的某个家人说，“他就是感到紧张，充满了好斗，一醒来就浑身不舒坦。”然而，在他的眼睛里，以及在包围着它们的那些线条里，这种紧张情绪老早就已经表露出来了。他在迪普里弗普拉特－里德工厂的秘密军工工作，令他筋疲力尽、易怒、酗酒，患上了莫名其妙的慢性病。在经济来源上，他的工资自从新经济政策以来就没有好过。他被夹在两个孩子和斯黛拉的挥霍之间，甚至还无法买房。与此同时，斯黛拉与阿勒瓦继续展开暗地里的战争。在其家信里，斯黛拉愤怒地指责儿媳，指控她挪用其他兄弟们寄给斯黛拉作为家庭用度的钱——她把它们视为给她本人的。她怀疑阿勒瓦之所以能容忍她的存在，只是为了这些贴补家用的可怜的收入。“不是我，而是钱，”她向查尔斯抱怨说，“他们一直向我借钱，直到榨空我手里的最后一个子儿。家里再也没有钱了，因此只能指望你的钱来抚养孩子。”在团聚日的那个星期六的海滩上，其他的儿媳们都非常同情阿勒瓦。“她们说了波洛克一家的老奶奶的一些话，”

阿勒瓦回忆道，“她们都跟我说，‘我不明白你是如何能够忍受这些的。你如何可能容忍她一直住在你家里？’”

阿勒瓦一心扑在桑特身上，还要外出赚外快养家糊口，她事实上把她的孩子们全部托付给了斯黛拉来照顾——而其结果却很糟。桑特想要让卡伦成为“他的掌上明珠”，他从未有过的小妹妹。而她却长成了一个发育过早、过于肥胖的假小子。用她自己的话来说是“一点也不漂亮”。另一方面，简森却长得过于漂亮：一个“帅气异常的小男孩”，大家都这样认为；他是如此帅气，以至于，当斯黛拉让他的头发长出长长的金黄色卷发时，人们误认为他是女孩子。从出生之日起，他就成了斯黛拉的小男孩：他管奶奶叫“妈咪”，管母亲叫“鲁瓦”。桑特想让自己儿子做一名牛仔，可斯黛拉早就决定简森长大以后要成为一名音乐家。

中间的 17 年对查尔斯来说尤其不容易。年仅 48 岁，他的面孔以及走路的样子却像是将近 70 岁的人了。在红光满面、不苟言笑的面具背后，隐藏着的是他那些仍旧羡慕他的兄弟们看不见的秘密：他早已是一个与抱憾终生的老年做斗争的人了。在本顿的影响下，他坚持社会现实主义太久了。出于被误导的骄傲和支撑家庭经济的需要，他回避了艺术家支持计划，错过了那个十年里最重要的社会和创作经验。最后，就在纽约艺术世界开始呈爆炸性发展之时，他却离开了纽约，前往密歇根，向大学生们讲授书法。“他错过了伟大的艺术运动，”弗兰克说，“而且他明白这一点。他哀叹这样的事实：要是他没有待在安全的港湾里，他的作品就会变得重要得多。他会与纽约画派的其他人一同发展，不久就会成为一名抽象艺术家。”早在 40 年代早期，查尔斯就开始感到自己走错了路所
645 造成的后果。1942 年，他经历了一次艺术上的，也是情感上的“崩溃”。他放弃了教职，拥抱非具象绘画，回到了他童年时代的凯旋的地方亚利桑那。“我花了几个月在沙漠里作画，”他回忆道，“试图抹去社会现实主义的那些年的痕迹。”

七年后在纽约，他仍然想要扭转前面几十年所犯的错误。他在第三大道上租了一个画室，还在圈子画廊（Circle Gallery）举办了一个展览。不过，如今已经有了新的障碍需要克服：他与那位越来越怨气重重、飞扬跋扈的妻子的婚姻正在解体；与一个陌生而又充满了竞争的艺术世界的关系也不顺畅；还有附加在波洛克这个姓氏之上的名声也成了一种负担。在杰克逊成功的中途来到纽约，查尔斯决定不要以自己的姓氏举办画展。艺术界有一个波洛克已经足够了。因此，他称自己是“查尔斯·皮玛”，模仿亚利桑那印第安人的姓氏。在全家团圆的那一天，他根本没有谈起自己的过去，也没有谈及他的新身

份。但是，据友人说，“他的内心却在燃烧。它并没有表现出来，不过在面对降临到他头上的那么多不公时，他的内心却难于平静。”

在那么多失败的生活面前，杰克逊的成功形成了令人难堪的对比。他的兄弟们所到之处，看到的都是他的果实：在晚餐上丰盛的烤肉中，在粉刷一新的客厅里，在起居室优雅的哈特兄弟牌地毯上，以及在新家具、卫生间设备和花园的打理上。在每一张桌子上，杰克逊都堆满了杂志——《生活》《艺术新闻》《艺术文摘》——里面全是有关他的文章，对其作品的评论；凡与他相关的地方，他都做了精细的标记。“在报纸杂志上被人谈论一定感觉不错吧，”杰伊评论道。墙上都是他的画作，包括他自己最喜欢的两张《哥特式》和《阿拉伯风格》。他的兄弟们看不到他富有的地方，杰克逊则急于说出口来。他带着他们参观他的房产，还与他们分享他要购买隔壁的小房子的计划。在工作室里，他谈论着画价、画廊和名气，在某一刻吹诩道：“我是全美唯一一位值得参观的画家。真的没有别的画家可看了。”他还指着工作室墙上的《薰衣草之雾》，对弗兰克说：“要是现在花 15000 美元买下，将来的某一天它会值 10 万美元。”（弗兰克妻子玛丽回忆说：“我可以对你说，那时我们根本没有 15000 美分，别提美元了。”）对那几位被紧紧催逼的兄弟来说，杰克逊的热心听上去简直是傲慢。“我想，我们待在那儿没让他感到难堪这一事实，”弗兰克回忆道，“是因为他仍然是*杰克逊·波洛克*，你懂的。”

杰克逊的自我推广运动暂告一个段落的时候，李又开始了。她很容易就从“和蔼可亲的女主人”的角色，滑向经纪人的角色，她引用评论和价格，语气坚定地向杰克逊那几个生活困顿的兄弟们推销作品，好像他们是富有的收藏家似的。要是某位家庭成员盯着墙上的某幅画看得很久，她就会悄悄贴近，轻轻地说出那幅画的价格。“让我们感到尴尬的事情之一，”杰伊回忆说，“是李的态度：我们没有创作出任何东西，而杰克逊却做到了，而我们的生活的唯一目的，就是买他的画，这样他就可以谋生了。我们应该做出牺牲，这样他就可以继续创作了。那就是她的态度。”在热情的招待和推广的表面背后， 646
兄弟们也意识到了李深刻的敌对情绪。在全家福照片里，她身着精致的夏衣站立，显得格格不入。她的嘴唇因不耐烦而略微撅着，两眼流露出倦怠。“她掌控着杰克逊，”弗兰克回忆说，“她不要来自他那一边——他的兄弟们和母亲一边——的任何干扰。她只是不得不容忍我们而已。她的态度是‘这只是一个时间问题：他们都会离去，而一切都会回归正常’。”不久，这个家庭最初的怀疑——“他们不知道如何看待她”，杰里米回忆道——就转化为真正的敌意了。

与杰克逊的傲慢和李的轻蔑相比，让兄弟们更为痛心的是斯黛拉的形象：一副“静静地端坐在那里”崇拜杰克逊的成功的样子。难道她忘怀了无休无止的家庭危机，令人心烦意乱的种种家信，公开的丑闻，住院治疗，还有家庭的种种尴尬了吗？他们却忘不了。他们也没有忘记，不管杰克逊如何谈论他的画卖了成千上万美元，他却从来没有给过斯黛拉金钱方面的支持。在过去的整整十年里，他一直离家别居，从未长久坚持过某个工作，从未表露过感恩之情，从家里拿走的是钱和食物，回馈的却只有头痛、失眠和生活在贫民窟的场景。既然现在他有了钱，他倒把它们全都花在装饰其工作室，“开辟”起居室，重新安装客卫，而桑特却挣扎在一个小小的公寓里，在兄弟们的偶尔帮助下，艰难地维持着支付能力和家庭和睦。“杰克比我们阔绰得多，”弗兰克说，“但我觉得他从未寄给斯黛拉或桑特一个子儿。”

即便年届不惑，杰克逊依然还是最得宠的孩子——斯黛拉的小孩——而且，正如在凤凰农庄时所发生的那样，他的兄弟们坚定了反对他的决心。他们的愤恨在杰克逊的艺术中很容易就找到了靶子。“家里人认为他在开每个人的玩笑，”杰里米回忆说，“他们并不真的认为他是一个艺术家。”“对杰克的任何一张画，我都转不过弯来，”弗兰克说。在跟着杰克逊穿过工作室时，杰伊只是抽着烟斗，看得直摇头。“那完全是新鲜玩意儿，我一点都不懂，”他回忆道，“它们看起来根本不符合我的艺术观。”对波洛克兄弟来说，查尔斯仍然是家里的画家。他选择将他的不快藏在和蔼可亲的态度和安静地喝饮料的面具背后，这一事实只是加剧了兄弟们的怜悯罢了。无论杂志上是怎么评论杰克逊的，他的兄弟们却仍然分享着伊丽莎白的信念：“当后人做出最终的价值判断时，查尔斯乃是他的时代了不起的艺术家。”

星期六晚上，在想要赢得他亲人们赞许的最后绝望的努力中，杰克逊取出了发表在《现代艺术》（*L'Arte Moderna*）杂志上的布鲁诺·阿尔菲耶里的一篇评论。杂志前些天刚刚寄到。李站在他身旁，试着将文章翻译给客人们听。“你们懂意大利语吗？”他开始时问，心里当然知道他们都不懂。“杰克和李所关心的就是这个，我猜想他们会觉得我们当中的其他人会对它着迷，”玛丽·波洛克回忆道，“他们打电话，想要找到一个会讲意大
647 利语的人，可以把全文翻译出来。他们大声读着它，想要弄清楚它究竟说了些什么。”当家庭的其他成员都转向回文构词游戏时，战线的双方终于形成了。跟弗兰克一样，许多人都痛恨这篇难懂的意大利文章“成了对杰克来说最重要的事情，杰克却忘记了这样一

个事实，即这个家已经有 17 年没有团聚了”。但是，杰克逊仍然用断断续续的意大利语重复着评论的片断，就好像全家人都还在听他似的。“他铁了心要让我们听到，”弗兰克说——尤其是将他与毕加索加以比较的那个段落。“整个夜晚，我好几次听到人们重复着一个短语‘可怜的毕加索，可怜的毕加索’。”玛丽回忆说，“我觉得那很可笑。它被写在文章里，而我却在背景里反复听到它。他对这个表述显然是一副幸灾乐祸的样子，整个夜晚都在重复它。”而全家人早就不在听了。某一刻，阿尔玛绝望地转向杰克逊，问道，“毕加索比你家人还重要么？”

杰克逊如此渴望得到的胜利，却成了一场灾难。他不是在重塑往昔，而是在重新体验它。在那晚拍摄的全家福中，杰克逊站在最边缘，离斯黛拉最远，脑袋僵硬地往后缩，嘴唇松弛，两眼充满了恐惧。17 年前，在一幅自画像中，他的表情如出一辙：一副担心害怕，消瘦衰弱，两眼空空的孩子模样，竭力挣扎着想要掩饰自己的恐惧，当他盯着镜子里的自己，面对包围着他的虚空，感到正在向深渊坠落的时候。

杰克逊从未从这次团聚经历中恢复过来。在整个夏天余下的时间里，他都感到了“可怕的孤独”，彼得·布莱克回忆道。他相信他的同伴艺术家、家庭，甚至李，都已经抛弃了他。相应地，对他来说唯一重要的东西，就是明星效应——他的家、奉承者，以及宏大的愿景。他比以往任何时间都更痴迷于其名声，把自己看作一个伟大的艺术家。当贝顿·罗歇的文章在 8 月号的《纽约客》上发表之时，他洋洋得意了好几天，坚持要求李把杂志寄给每一位兄弟。家庭也许早已四散，但杰克逊却依然被困在其中的战斗中，依然决定要向他们展示他不仅仅是美国最伟大的艺术家，还是波洛克家族最了不起的艺术家。这一执念的能量促使他创作出了《一》和 8 月份的《秋韵》。在一个时期，它甚至取代了酒精的位置——以往他总是抓住的最后一根救命稻草。然而，如果说手段不同，但其目的却相同：自我遗忘。

8 月，汉斯·纳穆斯提议为杰克逊的画作拍摄一部影片。“这是合乎逻辑的下一步，”他争论道，“波洛克的作画方法本身就暗示着一部电影——围绕着画布的舞蹈，持续的运动，还有戏剧性。”到现在，杰克逊本人对戏剧的兴趣，也超过了艺术，因此立刻就同意了。其结果是一部粗糙的七分钟黑白短片，由纳穆斯妻子的手提贝尔与豪威尔摄影机拍摄。关于这部片子，纳穆斯后来所能说的最动听的就是，它“揭示了波洛克作画方法的持续性”——换言之，其画面是动的。

648 不过，影片确实刺激了这两个男人投入更宏大，更有野心的努力的胃口。在确立了与保罗·法尔肯伯格的合作关系之后（法尔肯伯格是与弗里兹·朗和乔治·威廉·帕布斯特——他提供了 2000 美金的运营资本—— 一起工作过的电影剪辑），纳穆斯带着拍摄一部更长的彩色电影的计划，重新来到了杰克逊的工作室。在李的赞同下，杰克逊毫不犹豫地同意了。他有东西需要证明，而纳穆斯可以帮助他实施这一证明。如果说他对这一计划的艺术完整性有所顾忌的话——纳穆斯称其为“窥淫癖因素”——这些因素却不足以使他退缩。被视为骗子的古老担心已经让位于更大的恐惧。

从 9 月的第一个周末开始拍摄，杰克逊就完全屈服于纳穆斯的编导之下。“他知道，汉斯擅长此道，懂得更多的表演技巧，”康拉德·马卡－雷利回忆说，“他也知道，这将有利于制作一部更好的影片。”尽管冬天将至，纳穆斯却坚持要在户外拍摄，以便省去工作室照明的费用，杰克逊也同意了。纳穆斯选择了场地，一块水泥地板，布置好场景——一块长长的画布，一只小凳，几罐颜料——并且指导拍摄。通过目击者的描述，观看完成的影片，整个拍摄过程可以重建出来。杰克逊从镜头之外走进画面，身着蓝色粗布长裤和夹克衫，坐在小凳上，将他那油光锃亮的休闲鞋，换成不系鞋带的、油漆斑驳的旧鞋子。他将休闲鞋搁在一边，走进画布中。他若有所思地盯着画布看了一会儿，然后拾起画笔。停。由于来了一朵云，一些阴影的闯入，也由于刮起了一阵风，这一场景不得不重拍。杰克逊放下画笔，重新穿上休闲鞋，退到一边，等待纳穆斯的指令：慢慢进入画面，换鞋子要慢，在捡起画笔之前，看画布的时间要长一些。杰克逊站在 9 月的微风里，等待胶片重新装上或者光线发生改变，他一直仔细聆听着。由于不确定他得到的暗示，他便问纳穆斯，“我要马上开始吗？”然后是一遍又一遍重拍。

一旦画作开始进行，一切就变成真正创造力的延伸；泼出的油彩是回不到罐子里去的。但是，影片中途还是会突然中断，黑暗甚至在最流畅的姿势中也会随时闯入。由于需要重装胶带，还有其他一些技术上耽搁的原因，几分钟的作画过程往往会拖到一整天，整个周末。下一个周末，纳穆斯重返拍摄场地，随身带着法尔肯伯格建议的需要补拍镜头的一览表：“波洛克鞋子、到处飞溅的令人难忘的油彩、想要抖落这些油彩的粗糙画布，以及表示作画紧张程度的扔掉的烟蒂”的特写。到 9 月末，影片分裂为一系列不断重拍的碎片。颜料罐需要重新搅拌；烟头得重新丢一遍；鞋子不得不再换，如此等等。纳穆斯已经决定要拍摄杰克逊在画上签名的特写镜头。这一简单的动作拍了又拍。

但是纳穆斯还是不满意。当他与法尔肯伯格看毛片时，他意识到“一个主要的元素莫明其妙地消失不见了”。这个元素便是杰克逊。“我意识到，我想要展示创作中的艺术家的完整脸部，”他后来写道，“使其成为画布的一部分，不妨这么说——通过绘画本身走向观众。可是这一点如何做得到呢？”纳穆斯的解决办法（他后来声明说来自梦中灵感），是用玻璃代替画布。通过从玻璃背后拍摄作画过程，他就能捕捉到最重要的因素： 649
杰克逊的脸。而艺术只不过是用来将艺术家装框的框架罢了。杰克逊赞同这一主意——他走得这么远，早已没有回头路了。而且，在他与彼得·布莱克关于理想博物馆的谈话中，他们早就谈到过要创作“这样一种画，它不仅仅悬在半空里，而且还是完全透明的，你可以看穿看透画中的风景”。

杰克逊花了接下来的几周时间，制作了架设玻璃的架子，又制作了一个牢固的脚手架，足以支撑他的重量，高度又足以让纳穆斯和他的摄影机从下面拍摄。与此同时，布莱克从匹兹堡平板玻璃公司弄到了一块六英尺长、四英尺高的钢化玻璃，一种用于汽车挡风玻璃的牢固、防碎材料。当拍摄在10月末某个寒冷的日子开始时，这一计划似乎就遇到了麻烦。纳穆斯蜷缩在玻璃下面逼仄的空间里，几乎躺在地上，寻找着一个能抓住摄影机的舒服机位。摄影机弄好了，光线又坏事了。当镜头直接对准天空时，图像总是处于毁坏的危险之中。当太阳出来时，摄影师只能看到杰克逊的剪影；当太阳偏离时，他又处于一片黑暗之中。

据纳穆斯说，杰克逊也成为“抢跑”的一部分。如果不是那个小小的围观人群——他们的兴趣更多的是在拍摄上，而不是艺术创作上——分散了杰克逊的注意力，就是来自加德纳斯海湾的风，搞砸了杰克逊手里细腻的油彩。从六英尺高的空中看，纳穆斯的形象直接躺在他眼皮底下，挣扎着在胸口调整好机位，大声喊出指令，这一切使得杰克逊想要集中注意力变得更加困难。大风又模糊了他的指令。“现在？”杰克逊大叫道，他无法确定摄影机是否已经开动。有好几天，他“中断了”画作，然后重新开始。但是，与画布不同，玻璃可以清理干净，再次使用。（花钱如流水，纳穆斯再也不能重新购置一块新玻璃。）杰克逊的“抢跑”之一出现在影片的最后剪辑里。在安排鹅卵形和线圈、并用颜料将它们编织起来一分半钟后，他突然停住了，绝望地看着眼前的一切，开始擦拭玻璃。在影片里，玻璃是干净的，他几分钟以后重新开始作画。而在现实中，那是9月的寒风里一种长长的、充满了令人恼怒的等待，是拍摄计划不断地拖延到冬天的无数次开始和停止的结果。

在纳穆斯周末来访的间隙——这些来访越来越成为他与“真实”世界的唯一接

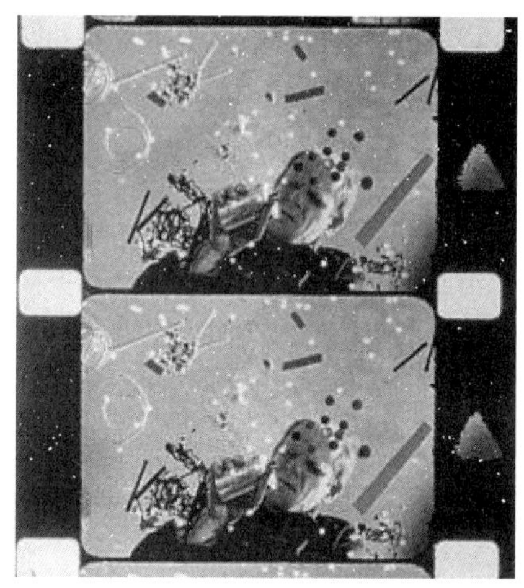

纳穆斯彩色电影中的胶片，1950—1951

触——杰克逊又退缩到自己的世界里，在工作室变得越来越憔悴，艰难地穿行在那年夏天所画的巨型作品之间，只是偶尔创作出一幅较小的、充满了犹豫不决之态的画，那是他为 9 月 28 日在帕森斯画廊举办的展览而作。他的心态在前几年的傲慢自大，与家庭团聚带来的黑暗的自我怀疑之间，激烈地游移不定。有一次，他把李拉进画室，指着《薰衣草之雾》问:“这是一幅画吗？”（“你能想象吗？”李在 30 年之后仍然惊叹不已地说，“他问的不是‘这是一幅好画吗？’而是问‘这是一幅画吗？’”）

在这样一种脆弱的情形下，9 月 20 日那一期《时代》杂志对威尼斯双年展的评论，对他的打击尤为严重。“杰克逊·波洛克的抽象使得专家和业余爱好者们都感到了为难，”650 文章开篇如是说，“业余爱好者们不知道该从波洛克的迷宫里寻找什么；波洛克将画布平摊在地板上，用颜料滴洒在上面，形成了谜宫般的线团。而专家们则不知道该如何谈论这位艺术家。”文章接下去断言，杰克逊“跟着他的画来到了意大利”，而意大利人“根本不理睬他”。当然，这两种说法都不是事实。然而，最令人愤怒的是，这篇文章引用了布鲁诺·阿尔菲耶里那篇评论的大量片断，包括轻蔑地指责杰克逊的画“混乱”的片断，却独独略去了将他与毕加索加以比较的那个奉承的段落。被刺痛了的杰克逊给《时代》杂志发去了一份电报:

根本没有他妈的混乱。我只忙于作画，你们从 9 月 28 日即将展出的我的作品里

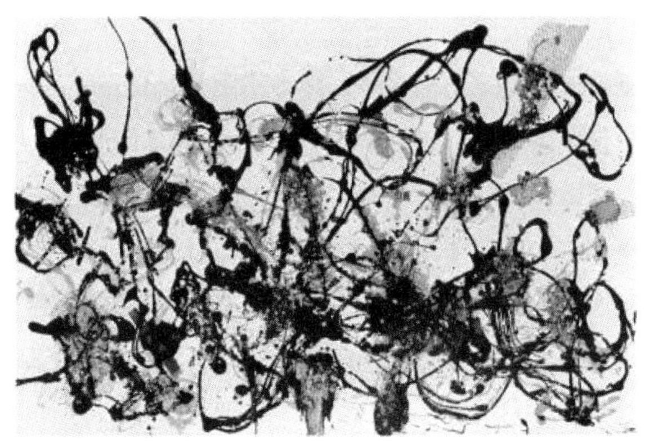

《1950，作品第 29 号》，为纳穆斯彩色电影而创作，油彩，瓷漆和铝涂料；网眼；线圈；彩色玻璃；玛瑙以及玻璃上的大理石，48$^{1/8}$" ×72"

> 就能看到。我从未去过欧洲。想想你们从阿尔菲耶里先生的文章里略去了最令人兴奋的段落。

杰克逊答复中的愤怒令他的朋友们也感到惊讶。“这不像杰克逊在为自己的缺点辩护，”约翰·利特尔说，“他曾经对比这更难听的话不闻不问。”吉娜·基尼认为那篇评论“并不算太坏”，此事不久她曾在阿马甘西特的街上看到杰克逊，发现他“非常沮丧”，没有人能够安慰他。她记得当时曾认为，“他内心还有比这更多的事在困扰着他。”

九月的一个周末，克莱门特·格林伯格从斯普林斯过来观看即将展出的作品。星期天晚上，杰克逊开车送他到东汉普顿站，他俩坐在车里等火车，不时陷入沉默，或者谈论未来。杰克逊显得不同寻常的压抑，格林伯格回忆。“他意识到某些事情正在逼近。”话题转到了即将开始的展览，离开幕只有几个星期了。“我告诉他，我认为那将是他最好的展览，”格林伯格回忆道，“不过我同时也指出它们还是卖不出去的。他不想听到这一点。”当火车到站，格林伯格说再见时，他避开了杰克逊的目光。“我知道出了什么事，不过我不愿多想。”

到了感恩节，杰克逊已抵达爆发的边缘。时间、金钱、耐心和好天气，统统不见了。651
但是，纳穆斯却仍然坚持要作最后一次拍摄。11 月 25 日，也就是紧接着感恩节的那个星期六，是一个晴朗却刮风的日子。那天西北风很大，杰克逊的脸都冻僵扭曲了。他俯身于玻璃之上，感到“冷得可怕”，以至手指都麻木不能握笔了。纳穆斯则躺在潮湿，满是落叶的草地上，强迫杰克逊没完没了地拍摄“最后一个镜头”，中间则充满了“技术延迟”的雷区。杰克逊孤零零地站在脚手架上，在凌厉的寒风里冻得瑟瑟发抖。他一直在等待，抽着烟驱寒，与此同时，三个月以来的内心愤怒、挫败感和自我厌恶，在不断地加剧，终于渐渐流露到表面。纳穆斯注意到杰克逊“很紧张，不完全因为寒冷”。最终，四点半的时候，当最后几缕阳光消失之后，纳穆斯宣布，“我们搞定了！这真了不起，真伟大。”当杰克逊从脚手架上爬下来时，纳穆斯想要尴尬地去拥抱他，但杰克逊头也不回，直奔屋子而去。

李正在厨房里，为迟到的感恩节宴会准备火鸡。为了好好地庆祝一下节日，以及好不容易结束的拍摄工作，她邀请了不少客人参加他们的 8 点钟晚宴。在最后一拨客人到来之前，她还动员了彼得 · 布莱克和泰迪 · 德拉贡，帮她完成了最后几道菜。杰克逊大步走进屋子，身后紧跟着纳穆斯。他“浑身发紫”，据布莱克说，“被可怕的冷风冻坏了”。他一言不发，径直走向厨房的水槽，弯下身去够到橱柜，拖出一瓶波旁威斯忌。那是他们留着给客人享用的。李的脸“顿时变得煞白”。整个屋子都静了下来。站在桌边的布莱克“想说点什么”，但想不出该说什么。纳穆斯只想忘掉此事，走进隔壁的房间，在壁炉前取暖。德拉贡从未见过杰克逊喝酒，俯身靠近李耳语道：“你干吗这么紧张？”她冷冷
652 地回答道：“你不懂。你无法意识到将遇到什么。”对她来说，打杰克逊走进屋子的那一刻起，就知道一切都已经结束了；在贝莎 · 舍费尔家发生的灾难以来为期两年的高产和相对平静的日子已经结束了；杰克逊注定要在今晚将这一切都终结——公开地、悲哀地、戏剧性地将这一切都结束掉。

他倒了满满的两大杯，几口就喝掉了其中一杯。接着，他又将杯子倒满，叫纳穆斯从起居室里过来。他大声宣布：“这是我两年内喝的第一杯酒。”纳穆斯打破了令人不知所措的寂静。“别犯傻了，”他说。但是杰克逊根本不在听。他已经听了纳穆斯整整三个月的指令，而这，显然已经太长了。他灌下了第二杯。至此，李已经从僵持中恢复过来，叫纳穆斯赶快出去，假装回家，更衣就餐。他一离开，电话铃就响了，杰克逊接了电话：布菲 · 约翰逊打电话来邀请杰克逊一家去喝酒。当她提及维奥莱 · 德 · 拉斯洛这个杰克逊 40 年代初的心理分析师，也在她家度周末时，“甚至在电话里你都能感觉到他的脸一下子开朗起来，”约翰逊回忆道，“他说他很高兴过去。”他们应该早点过去，她告诉他，因为她与德 · 拉斯洛还要去梅西家用晚餐。杰克逊热情地表示同意。然而，几分钟之后，李

打电话回去。“杰克逊来不了了，”她冷冷地告诉约翰逊，“他要帮我准备晚餐；我们有客人要来。”约翰逊曾见过杰克逊偶尔为李的晚宴切菜，但是她无法想象，“要是她不想让他去，他还会出现。”

李想要控制毁坏的努力，结果适得其反。他倒满了另一杯，又喝个精光。到其他客观陆续到来时——纳穆斯一家，波特一家，祖格鲍姆一家，还有约翰·利特尔、阿方索·奥索里奥——杰克逊早已喝得步履蹒跚了。大家，特别是纳穆斯试图不管他；大多数客人从未见过他喝醉。但杰克逊无法让人不管。在一阵怒火中，他从搁在起居室门上的雪橇扯下铃铛，向纳穆斯晃荡起来。“杰克逊，放回去！”纳穆斯命令道。

事情糟就糟在这道命令上。纳穆斯说出第二个“指令”的话音未落，杰克逊就炸开了。所有被压抑的愤怒和自我厌恶——从几个月来站在冷风里等待下一组镜头，下一个角度，在预定的时间中作画，在预定的时间中停止，在预定的时间中重复；到几个月来的“我该站在哪里？”“我从哪里走进来？”“我可以开始了吗？”——一股脑儿喷涌而出。所有的装模作样和自我欺骗似乎突然地、令人折磨地变得洞若观火。“也许那些认为画了他们的像，就是从他们身上偷走灵魂的土著人是对的，”杰克逊后来这样告诉一个朋友。他的兄弟们则一直是对的。他想要通过紧紧抓住伟大艺术家的形象的最后稻草——通过赛璐璐来记录艺术完整性的不朽传说——通过与纳穆斯签订浮士德式的合约，从而证明他们错了的绝望努力，只是证实了以下这一点：他就是一个骗子。名望背叛了他，就像他的家人背叛了他一样。

杰克逊愤怒地寻求承认。“你是个骗子，”他吐沫横飞地对纳穆斯说，用他那僵硬的手指指着他。“我不是骗子，你是个骗子。”李想通过把所有人都召集到餐桌上，来驱散正在积聚的风暴，但是杰克逊和纳穆斯把他们之间的争吵也带了过来，导致众人一片窃 653
窃私语。他们坐下，完全不注意周围客人的在场。杰克逊坐了首席，纳穆斯就在他右边。窃窃私语变得越来越紧张。“我不是骗子，但你是骗子，”杰克逊反反复复地说——它们是“一个醉鬼那种令人厌烦的絮叨，”有个目击者回忆道——“你知道我不是一个骗子。我不是一个骗子，不过你却是一个骗子。”突然，杰克逊站了起来，气喘吁吁地瞪着纳穆斯，双手紧紧抓住桌子的一角。“我可以开始了吗？”他带着强烈自嘲的口气道，“杰克逊——不！”纳穆斯下了指令。然后是另一个指令。有个客人还记得想把什么东西扔给纳穆斯，或者大声说道，“‘闭嘴，汉斯。’他正变得自大而又专制。”杰克逊眼睛也不眨一下，直瞪着纳穆斯。停顿许久，他又重复刚才的话，这一次的声音稍微轻些。“现在可以了吧？”纳穆斯立刻大叫道，“杰克逊——这次你不要动！”最后一次，杰克逊咆哮如雷，问道：“现在可以了吧？”但是，在还没等纳穆斯回答，他就把桌子掀翻了天。

在一个爆炸性的瞬间，没有人说话，也没有任何东西在移动。接着，杯盘碟子纷纷砸到地板上。数十只盘子、杯子、茶托、刀叉、调味瓶和碗盏，从长长的桌面上滑落，冲向地板。一些客人目瞪口呆地坐着，另一些迅速退后，以躲避四面八方飞来的火鸡、桌布、调味品、红酒、色拉和奶油洋葱。在某个瞬间，桌子似乎要向坐在杰克逊另一头的李的脑袋劈头盖脸砸来。幸而它向右滑去，像一艘正在沉没的船舰，向一侧倾翻了。

当最后一只碟子的碎裂声消失，屋子里是长长的，令人难堪的死寂。只有杰克逊离开时甩上后门的哐当声，打破了这份寂静。

“起居室，”李对客人们说，“可以喝咖啡。”

杰克逊一定出门了——又到了寒冷之中——然后他才意识到，自己已经无处可去了。海勒医生死了。罗杰·威尔考克斯一年前去了墨西哥。李在屋里。这一次，他已经无法去诊所看医生，也无法在海边平静地散步了。他正在坠落，没有人可以阻止他。从附近的一个酒吧里，他打电话给梅西一家，维奥莱·德·拉斯洛和布菲·约翰逊刚要在他家坐下来用晚餐。“是维奥莱接的电话，”约翰逊回忆道，“我们所能听到的只有尖叫和令人震惊的大笑。‘哦，杰克逊，不。哦，杰克逊，你没有那么做，对吧？’但是，我对维奥莱很熟悉，因此觉得事情有多严重。”几分钟后，杰克逊出现在门前，“东倒西歪，醉态毕露，”约翰逊说，“他冲向维奥莱，就像鸟儿归巢一般。”德·拉斯洛离开桌子，把他领到了另一个房间。透过房门，其他客人能听到从那里传来的模模糊糊的声音。杰克逊用一连串混乱不堪的语言，倾倒着自己的痛苦。“他总是言语不清，”德·拉斯洛说，“不过，当他醉得如此，说的话就几乎无法理解了。”她想安慰他，但一点也不管用。“我不知所措，”她回忆道，“我感到，这一次的伤心将是永恒的，就好像他已经到了生命终点一样。”

39 654

解决之道

风暴以出人意料的速度和狂怒降临了。影片的拍摄工作如期完成。不出数日，大朵大朵的黑云就从大西洋上空来临，使白昼如同黑夜。汽车就像玩具般撞得砰砰直响，掉落的电线则在大街上舞蹈，大树弯曲成了稀奇古怪的形状。在壁炉路上，以每小时 108 英里速度袭来的大风，撞击着画家的工作室，将两棵巨大的榆树连根拔起。纷飞的雨雪鞭打着后园里的脚手架，将阿克卡伯纳克海湾的风景从人们眼前抹去。屋内，李吓得蜷缩在被窝里，因为跟她妈妈一样，她从童年时代起，就相信暴风雪是灾难降临的前兆。

由于恶劣天气的耽搁，波洛克夫妇于 1950 年 11 月 28 日杰克逊画展开幕前夕才抵达纽约。32 件供展览的作品，没有一件拆封或是悬挂——这一过程通常需要花费数天时间。在乔尔乔·卡瓦隆、阿方索·奥索里奥和泰迪·德拉贡的帮助下，杰克逊通宵将为了运输而卷在一只大筒上的画作，一件件拆下来，然后将它们绷在画架上。“它们从未被绷到画架上，”卡瓦隆回忆说，“所以，要把它们弄上去简直够呛。”李和雷·伊梅斯在一旁观看，而帕森斯则一边抽着烟，一边则焦虑地踱步，一边还抱怨着画的尺寸太大了。“你们这些人，”她说，一面拧着她那瘦弱的双手，“你们这些人都画这样大的画，它们这么大，就更难卖出去了。”（那晚被画廊留下来的杰罗姆·卡姆罗夫斯基，认为她的声音听上去“就像丽贝男爵夫人”。）到 28 号下午，所有作品奇迹般地都挂好了，包括那年夏天创作的四幅作品:《薰衣草之雾》、《秋韵》、《第 32 号》和《一》。在帕森斯封闭、无窗的画廊里，它们顶天立地地覆盖了所有墙壁，令观众感到强烈的震撼。“它远不是一个展览，”李说，“它成了一个环境。”

就在最后一张画挂好后几个小时，观众就蜂拥而至。“这是当年最大的画展，”杰伊
说，他是家族里唯一出席画展的人，“艺术界的许多重要人物都出席了。”一些人成功地 655

推开众人退到墙根，远距离观赏画作，而大多数人则放弃了努力，压低嗓门喃喃自语，觉得这些画“要么太大了，要么太强了”。李站在门廊里，一面“微笑着”迎接客人，有意显出一副乐滋滋的样子（尽管前一周发生了那样的事件），一面始终留意着杰克逊。许多观众，根本不看画，排起队伍，只想跟这位“上了《生活》杂志的画家”握一握手。贝茨·祖格鲍姆的同伴，《芭莎》杂志的一位编辑，就是那样一位坚持要自我介绍的人。“跟其他人一样，她就像对待动物园里的某种古怪的动物一样对待杰克逊，”祖格鲍姆回忆说，“我真替他感到不好意思。”杰克逊则西装革履，忠于职守般地站在人群中。据某位目击者说，看上去“绝对苍白而又不可思议的清醒”。画展开幕前可没有时间喝醉。时不时地，他会朝入口处看一眼，想要知道斯黛拉或桑特是否会在最后一刻出现在门口。他俩没有一个出现。而不知名的仰慕者继续往里挤。

正如批评家托马斯·海斯所说，杰克逊这次是倾囊而出，毫无保留。而他的崩溃，当其最终降临时，也就成了灭顶之灾。不存在20世纪40年代那种渐渐滑向自我毁灭的过程，也不存在能够赋予他或是李以拯救机会的那种缓慢的恶化。当多数人发现他滑倒的时候，他其实早已跌得四脚朝天。即使还在粉丝们纷纷涌入帕森斯画廊，争相观看他那年夏天创作的巨型画作的时候，杰克逊却已经步履蹒跚地行走在那些幽暗而熟悉的乡村街道上，向身边的陌生人喋喋不休，对着月亮咆哮。如今好像重新回到了以往的岁月，只是他开始喝波旁红酒，而不是啤酒——在较少的酒吧间喝得次数也较少，但却更多沉醉，更多病态。周围的老朋友也更少了。本顿在堪萨斯城的学生之一乔·米尔特和他妻子玛格丽特住在库帕广场，杰克逊很快就找到了他们。“他会隔着窗户喊，‘让我进去。让我进去，乔。我没地可去了，’”赫尔曼·切利回忆道。如果时间太晚，他会瘫坐在酒吧的电话亭旁，用他那颤抖而悲哀的嗓音打电话给老朋友，“我是个了不起的艺术家。我是杰克逊·波洛克，我是了不起的艺术家。”老朋友中某个受惊的老婆会回答说，“就算你是伦勃朗，我也不在乎。请你不要在半夜三更给人家打电话了。”

起初，李还在另想他法。在麦克道格巷公寓的家里舒舒服服地安顿下来后（奥索里奥和德拉贡在画展开幕后不久就去了巴黎），她以为自己只是进入了新一轮的参观画廊和假日派对的周期罢了，就好像杰克逊的愤怒只是一种正在消逝的暴风雨，假以时日，它总会消逝的。她表面上维持着一切正常的样子，迫使杰克逊去参观：布菲·约翰逊、理查·波赛特－达特、詹姆斯·布鲁克斯、玛丽画廊。然而，看到他的同时代画家们丰收高产，只是加剧了他的抑郁。一个毕加索的展览引起了他古老的对抗欲，而惠特尼美术馆

的戈尔基回顾展，只是让他想到了死亡而已。“90% 的作品我以前都没有看到过，”他写
信给奥索里奥说，“戈尔基生命中的最后几年，方向对头。”杰克逊显然知道他需要帮助，
但是却害怕接受这一事实。在某次酗酒的恍惚中，他蹒跚着来到维奥莱·德·拉斯洛的办
公室，而她正在给另一个病人看病。在李的催促下，他接受了那个易怒、固执的顺势疗 656
法医师伊丽莎白·赖特·哈伯特几个疗程的治疗，但是每次治疗过后，他都会转到一家酒
吧，而不是回到麦克道格巷公寓的家中。直到次日凌晨，人们才会发现他喝得烂醉如泥，
浑身上下散发出贫民窟的恶臭。

李绝望地想要避免杰克逊在贝莎·舍费尔家所犯的那种公共丑闻，一直保守着所有这些事件的秘密。在给奥索里奥的一封信里，她只是模棱两可地提到了“酗酒后的大声叫喊”搞得她无法安睡。圣诞节时，杰克逊拒绝出现在他位于迪普里弗的家庭宴会上，李顿时感到一阵轻松。

当所有这些事件凑到一起的时候，杰克逊的世界很快就开始崩溃了。

格林伯格一直是对的：画展还没有达到销售的水准。“人们前来拜会一个名画家，”贝茨·祖格鲍姆说，“但没有人会想到要买任何东西。”或许，正如帕森斯抱怨的那样，那些大画太吓人了；或许，正如格林伯格所争论的那样，画廊挂得太满了。或许，画价标得太高了：《薰衣草之雾》4000 美元；黑白画《第 32 号》5000 美元；《一》与《秋韵》各为 7500 美元。甚至是那些标题为《纪念品》的小件作品，它们中的大多数标价 300 美元，也无人问津。不管原因是什么，其结果都是一场灾难，帕森斯后来这样认为。在 32 件作品中，只有《薰衣草之雾》，以可怜的 1500 美元，卖给了阿方索·奥索里奥。“对我来说，令人心碎，”帕森斯说，“对杰克逊来说，令人恶心。”格林伯格称之为“可怕的失败”，尽管他本人无法出现在开幕式上。无论出现过什么样的警告的迹象，杰克逊对于这一命运的转折点，似乎都感到惊讶。朋友们描述他交替陷入“深深的苦涩”与“愤怒”之中。他深夜打电话给格林伯格，抱怨说，“你写的所有关于我的文章，对我一点好处都没有。而我愚蠢到相信你写的东西。”而当他听说西德尼·贾尼斯对他的画展恭维了几句时，他凌晨三点打电话给他，大叫道：“我是杰克逊·波洛克，我听说你喜欢我的作品。那干吗不买一幅？”

不幸的是，画展在评论家当中没有激起任何类似的激情。大多数评论家干脆完全忽视它——比轻蔑更令人绝望的沉默。“市中心的人们来看画展，他们认为它很失败，”格

林伯格回忆道，他那一年也没有为杰克逊写一篇评论。“那就是共识。即便我对此心犹不甘，大惊失色。”在《时代》周刊上，霍华德·戴弗里提起了骗子的古老指控。“我比以往任何时候都坚信，”他写道，“波洛克的作品过于接近自动写作，而其内容……几乎可以忽略不计。”只有罗伯特·哥德纳夫在《艺术新闻》上，替杰克逊的“巨型”画作说了几句好话。“波洛克发现了一种纪律，可以释放巨大的情感潜能，混合着一种敏感的陈述，对某些压倒性的作品来说，它们不可能一眼看透——人们得一再回到画面中来。”哥德纳
657 夫特别赞扬了黑白画《第 32 号》，描述它是如何“打开了黑色的韵律……以令人不安的张力舞蹈着，并以近乎催眠的方式令人狂喜地唤起强大的形象”。

那年夏天创作的巨型画作不得不一一撤下。

当奥索里奥前往巴黎时，用波洛克的墙画来装饰一个小教堂的计划，落入了托尼·史密斯热情洋溢却拖拖拉拉的手中。奥索里奥提出可以在巴黎建一个教堂模型，如果史密斯能寄出必要的草稿的话。但同时提醒杰克逊要对“托尼时时加以鞭策”。与此同时，彼特·布莱克设想中的博物馆，依然停留在未实现的理想状态。除了《薰衣草之雾》，展览会上的大型画作一幅都没有卖出去。自从为盖勒之屋创作墙画外，也没有一个墙画的委托付诸实施——无论是在加州还是在别的地方。去年夏天，托尼·史密斯激发的所有期待，都落空了——尽管没有人，特别是杰克逊，愿意承认这一点。二月份，他回拒了为阿历克赛·波洛多维奇的一本书作插图的委托，遮遮掩掩地向奥索里奥解释说，是因为“我在这里把心思集中在墙画上”。他还继续坚持认为，“那里”对他的作品仍然存在着一种巨大的、未经开发的兴趣——如果说不是指整个“西侧”，那至少也是指芝加哥。在预测十月份将于芝加哥艺术俱乐部举办的一个展览时，他写信给奥索里奥说：“这是由密斯·凡德罗伊（原文如此）设计的一个新美术馆——我觉得那里会对我的作品作出正确的反应。”

贝蒂·帕森斯是杰克逊的另一个麻烦。一个农场男孩与社会名流之间被迫的婚姻，即便在最美好的时光，也总是崎岖不平的。既然画卖不出去，贝蒂的缺点立刻就暴露出来了。杰克逊和李都苦涩地抱怨，她染指太多艺术家，就连她朋友圈里的业余爱好者也都代理；而她又不推动销售，没有长远计划，漫不经心地对待艺术家，保留着潦草的记录簿，关心她自己的艺术远甚于销售。李后来称她是一个“画廊业的爱好者”，指责她举办“追求个人满足的展览”。到 1951 年春季结束，也就是在与杰克逊的合同还有一年前，杰克逊早就秘密与其他经纪人接触，指挥他的朋友们离开“贝蒂的垃圾箱”。“她画廊所代理的艺术家当中有许多人感到不安，”他写信给奥索里奥说，“我不知道解决办法，如果

还有办法的话……那里的人们对现代绘画极有兴趣和兴奋——贝蒂却不懂得如何利用它，这实在太糟糕了。”

紧接着十一月份的展览而来的负面效应，给了杰克逊的宿敌以新的口实。自从《生活》杂志上的文章发表后，那些私下里对杰克逊的作品感到忧虑的批评家和同时代艺术家们，如今可以公开地表达他们的愤懑了。他的画作引人注目地缺席于大都会博物馆举办的艺术生联盟二十五周年纪念展。他的名字被列入联盟里那些默默无闻的艺术家的名单。据彼得·布萨说，在三月份的开幕式上，针对他的敌意已经变得“一清二楚”。“他们对待他的方式也许更能激怒了他，”布萨说，“但是，他喝得烂醉如泥，根本意识不到这一点。”

然而，没有哪个地方的污辱，比在俱乐部更明显。看到格林伯格日益增长的权威， 658
急于出名的托马斯·海斯（《艺术新闻》的新编辑），在对格林伯格和波洛克的狂妄一击中，宣称“威廉·德·库宁乃是这个群体中最优秀的艺术家”。“海斯是在玩一场权力游戏，”康拉德·马卡－雷利回忆说，“他推德·库宁，试图取消杰克逊的第一位置。”到1951年初，他已经聚集了许多俱乐部成员，他们当中多数仍然对杰克逊的成功耿耿于怀，形成了一个所谓的“德·库宁阵营”。在杰克逊出现在第八大街那个烟雾熏天的阁楼里的少数几个场合，他都“成了众矢之的”，菲利普·帕维亚回忆道。“他成了众人嘲笑的对象。”在一次特别醉醺醺的、满是脏话的争吵过后，他夺门而出，嘴里咆哮着：“我不需要俱乐部。”

当杰克逊出席由海斯举办的一个俱乐部讲座时，最终的侮辱终于降临了。那个讲座的主题是海斯刚刚出版的新书《抽象绘画：背景及美国阶段》。对宿酒未醒而又防卫意识过强的杰克逊来说，有关这本书的一切都像是抽在他脸上的耳光：书的封套、封底、扉页都是戈尔基《婚约之二》的插图；在插图目录以及正文里，波洛克均被排在最后——而不是常见的按字母次序排列。有个目击者还记得杰克逊“重重地坐在那本书上，就好像他想压碎它似的”。讨论环节中他数度跳起来，吐出一连串脏话，接着，因屈服于周围人的嘲笑，又回到座位上，但仍然不断地挪动他的椅子，用一种愤怒的喃喃声继续抗议。最后，他终于忍无可忍，站了起来，把书扔向德·库宁。“你这是干吗？”德·库宁问。“这是本好书。”“这是本烂书，”杰克逊回敬道。“他把你写得比我好。”

到1951年1月中旬，李已经无法再掩饰真相——对自己和对他人都一样。杰克逊已成了脱缰的野马。在杰克逊难得的清醒时刻，甚至他本人也承认这一点。“我已经跌到了最低点——抑郁和酗酒，”他在一封写给奥索里奥的信里坦白说，“纽约是野蛮的……去年，我终于认为我已经露出水面——但是我猜想，事情并没有变得如此简单。”在同一封信里，他坚持认为伊丽莎白·赖特·赫巴特一直“对他出奇的好”，还笼统地提到了问题已经得到安全的解决。但是，李的看法却截然相反。一月下旬，在现代艺术博物馆举办的“美国抽象绘画与雕塑展”的开幕式上，杰克逊喝了那么多香槟，以至于几次从椅子上摔倒在地。当他被要求向聚集在一起的艺术家们发表演讲时，他吓得拔腿就溜。对李来说，这是噩梦重现，这正是她竭力想要避免的公开丑闻。她追着他穿过整个展厅，一直追到大街上，刚好来得及阻止杰克逊开走那辆凯迪拉克。幸好琳达·林德伯格正好路过，她答应把他们载回家，直到斯普林斯。杰克逊烂醉如泥，根本无法提出抗议，但是强迫林德伯格在穿越长岛的路途上，在每一个酒吧前停下来。在杰克逊致奥索里奥的信里，他承认“他对［纽约现代艺术博物馆的］展览一点都不记得”，但是，他没有解释原因。

李越来越深地陷于纽约与斯普林斯的撕扯中。在纽约，杰克逊可以轻易得到酒精，而在斯普林斯，他又能轻易得到座驾。出于对她自己和杰克逊的生活的担心，她取消了二月份与杰克逊一起驾车前往芝加哥的计划。一个自称为“动力”的芝加哥艺术家群体，邀请他担任这个群体年度展览的评审委员。尽管他对“抗议”的观念持有反对意见，杰克逊却接受了这次邀请，前往芝加哥的费用全部由对方负担。“我想看看芝加哥，而那种经验也许对我有好处，”他写信给奥索里奥说，“不管怎么说，我想试试看。”当李提出退出后，他决定坐飞机前往。

十年里第一次没有李的陪伴，杰克逊完全失去了控制。在前往芝加哥的航班上，他喝得醉醺醺的，直到乘务员再也不想拿酒给他为止。从那里开始，这趟旅行就已经沦为一次加长的狂欢。据格林伯格说——是他推荐了杰克逊担任评审委员——“他在那里的所有时间都处于醉酒状态。”评审过程很快沦为一场闹剧，当又醉又好斗的杰克逊摆好架势，准备跟詹姆斯·莱查大干一仗的时候。后者是个顽固的“半调子浪漫派”，拥有菲利普·加斯顿曾经执教过的爱荷华大学访问艺术家的头衔。（第三位评委，70 岁高龄的麦克斯·韦伯则作壁上观）“由于他们两人（杰克逊与莱查）意见不合，他们把提交的大多数作品都给否定了，”格林伯格回忆道，他后来是从那些参展者们那里听到这场灾难的。在所提交的 850 件作品中，评委会只接受了 47 件，尽管事实是这个展览可以容纳多达 200 件作品。赞助商们愤怒了。“从道理上说，评委会应当评出足以摆满展厅的作品，”上一届评委格林伯格如是说。杰克逊后来形容那次竞赛“令人失望和沮丧”，因为“没有任何新意”。然而，大多数参赛者却不这么看。“杰克逊与另一个家伙在比赛，”格林伯格说，

“比赛谁更严厉，谁更少仁慈。”尽管整个评审过程一直在喝酒，杰克逊倒设法在其短暂的停留中会见了几个重要的收藏家，包括莫里斯·柯尔伯格，他是杜布菲的杰出赞助人。他还回访了里奇纳尔德·伊萨克的公寓，他的《1950 年第 2 号》挂在最醒目的地方。不过，大多数时间他都在喝酒。在 2 月 10 日颁奖宴会前的种种仪式和发言之前，他早已变得醉醺醺，躁动不安，他胳膊撞着旁边的人，喃喃自语各种脏话，堂而皇之地打呵欠。发言者还在絮絮叨叨地说个没完，他就开始当着他的面在桌子上玩起了沉重、镶金的碟子。他高高地把它举到眼前，好像在细致地检查它，拿它当扇子扇，然后像陀螺一样让它打转。最后，他把它举过头顶，转过身来面对正在发表演讲的人，做出聚精会神的样子，接着就听到那碟子在背后砸向地板的碎裂声。

到三月份，李已经深陷绝望之中。赫巴德严厉、老奶奶式的建议，及其顺势疗法已
被证明是远远不够的。杰克逊不需要草药或同情；他需要的只是停止喝酒——立刻就停
止。在赫巴德的推荐下，李咨询了露丝·福克斯，一位 56 岁的心理分析师，特别擅长治 660
疗酗酒。福克斯的方法涉及紧张的心理治疗（每周两到三次“深度分析”）与匿名戒酒互
助者的团队支持的混合。

福克斯通过《生活》杂志知晓杰克逊的名字，她立刻做出了回应。她认为“一个寻求帮助的酗酒者经常可以在 24 小时内解决问题”。她安排了最初的会见，还邀请李“作为治疗团队”的一分子，也坐镇整个治疗过程。福克斯，这个漂亮、冷静的女人问了杰克逊整整两个小时问题，一会儿充满了同情，一会儿又冷若冷霜，既彬彬有礼，又带着强烈的惩戒性。她用不了多少时间，就发现了杰克逊是如何符合她发展出来的酗酒理论的：自我中心，受虐，孤独，冲动，依赖性强，对紧张的忍耐力差，自暴自弃，“渴望全能”，以及“性事上的问题”。他最近痴迷于作为一个伟大的艺术家的自我形象，证实了福克斯的另一个理论：酗酒者倾向于建立这样一种

> 无意识狂想的理论：他就是他希望所是……然后，认为自己是独一无二的和特殊的，他觉得他注定要得到特别的对待。狂妄自大的骄傲，对特殊而又无限优待的无节制的要求，命该得到无条件幸福和溺爱的那种感觉，他应该不需要对自己的行为负责的那种确信——所有这些因素都在无意识中运作，甚至当他并没有喝酒的时候，也多半如此。

与福克斯的前辈沃尔、汉德逊、德·拉斯洛和赫巴德一样，她也认为这些症状可以追溯到“婴儿期的残留迹象”，并寻根至它们的儿童期。她还相信，酗酒有基因成分，无法代谢酒精是遗传所致。因此她自然地探寻到鲁瓦·波洛克的喝酒史。不过，福克斯相信，最重要的因素，即使得酗酒症状“完全压倒人格”的因素，乃是酒精本身的药理学特征。“诱因性的迹象会促使个体大量喝酒，”她写道，“而酒精则强化了这些症状本身。因此个体才会反复回到那具有魔力的物质上来。”

对福克斯来说，化学问题是一切问题的根本，因此化学也成了治疗的起点。她毫不含糊地坚持认为，恢复健康的第一步便是戒酒。跟其前辈不同，她认为“分析一个酗酒者”只是“浪费医生的时间和病人的钱”。她经常看到一些病人，他们认为只要认识到其酗酒的起因——无论是心理上的、家庭上的、财政方面的，还是职业性的——他们就完成了治疗。“然后酗酒者会觉得自己推迟戒酒就完全正当了，”她写道，“而戒酒乃是恢复健康的第一，也是最重要的步骤，除非医生或其他治疗者奇迹般地转移或解决了问题。”
661 对那些缺乏自制的病人来说，福克斯开出了安塔布司，一种新的戒酒硫，与酒混合服下时会产生恶心和呕吐——用化学品对抗化学品。

那是一个开诚布公的谈话，而杰克逊，至少是暂时地，似乎变得清醒了。

李却并不这样认为。尽管福克斯有着镇定自若的风度和并非没有道理的方法，李却不能确定这一治疗管用，或者，即便真的管用，它还来得及拯救杰克逊。在三月初，她“强迫他”——用她自己的话说——起草一份遗嘱。并不出人意料的是，这个三页纸的文件将杰克逊的所有东西都落入李的手中。她将是遗嘱唯一的受益人，也是唯一的执行者。尽管，当杰克逊被迫思考要是李“比他先死”将会发生什么事情时，在法律术语的面纱背后，宿怨还是涌动起来。桑特这位唯一能“理解”他的艺术的兄弟，成了他的遗嘱执行人的第二人选，然后是格林伯格，再后是奥索里奥。桑特还被指定为意外情况下的受益人。要是桑特和李都比他先死，那就由查尔斯、弗兰克和杰伊平分他的不动产——但不包括他的画作。杰克逊太清楚他的那些老哥们对其艺术的看法了。在一封附加的请求信里，他要求他的遗嘱执行人“全权处理他的画作，而不是将它们遗赠给我的兄弟们。将销售收入给他们就是了。尽可能维持画作的完整性”。因家庭团聚而复发的伤口，至今还没有愈合。

与此同时，明星效应则像脱缰的野马继续向前狂奔。在韦斯特利和罗德岛，威利（WERI）电台的听众们听到了杰克逊那干巴巴的、略带鼻音的嗓门从他们的收音机里飘过，他正在向他们解释“现代艺术的意义”。“在我看来，现代艺术就是对我们生活其中的时代的当代目标的表达”，他在回答威廉·赖特的问题时这样说。赖特是杰克逊东汉普顿的邻居，他在1950年的最后一天录制了这次采访的录音。当被问及公众“应该如何看待波洛克的画作”时，杰克逊建议人们“被动地看”，“不要带入一个主题，或者，关于它们正在寻找什么的先入为主的观念……我认为，它们是被用来欣赏的，就像音乐是用来被欣赏的一样。”赖特的大多数问题都带有引导性（“古典艺术家用再现对象来表现他的世界，而现代艺术家则用再现‘对象作用于他的效果’来表现他的世界，可以这样说吗？”），而杰克逊的大多数回答则是人们熟悉的老生常谈（“绘画在这里所走的方向，似乎是离开架上画……而走向某种墙画的东西”）。偶尔，他们的对话也会变成废话连篇：

> 赖特：那个，[木棍]比画笔更难控制么？我是说，更有可能蘸上更多颜料，或者，泼洒更多颜料，或者诸如此类？……
>
> 波洛克：不，我并不这么看。我不——啊——从我的经验看——人们似乎是可以控制颜料的流淌的，可以控制到极高的程度，因此，我并不使用——我并不利用偶然效果——因为我否定偶然性。
>
> 赖特：我记得是弗洛伊德说世上并没有偶然这样的东西。这就是你的意思吗？ 662
>
> 波洛克：我想，跟我的意思差不多。

1月15日，尼娜·里恩的画《性情暴躁的人》出现在《生活》杂志上。即使远在墨西哥（罗伯特·比弗里·哈尔与他妻子芭芭拉正在那里度假），读者也看到了杰克逊像一个“阴沉的狗娘养的”家伙。同月，汉斯·纳穆斯从去年夏天拍摄的影片中截取的剧照，在《公文包》杂志上发表。而在一月份的《艺术新闻》杂志上，它宣称杰克逊十一月在帕森斯画廊的展览是三个年度最佳展览之一，位于约翰·马林的展览之后和阿尔伯托·贾科梅蒂的画展之前。三月份，《薰衣草之雾》及《秋韵》出现在《时尚》杂志由赛西尔·比顿拍摄的身着“最新服饰”的模特儿的整页照片的背景中。说明文字以轻快的、模棱两可的语言称它们是“令人目眩和好奇的画”。五月，布鲁克林博物馆在其第16届“国际水彩画双年展”中，展出了杰克逊的墨水素描《1951年第3号》。同月，纳穆斯的照片又出现在《艺术新闻》杂志上，这一次还配上了罗伯特·古德纳夫的一篇长文《波洛克画了一幅画》。在该文中，滴画技术以令人喜爱的风格得到了详尽的描绘。（“波洛克运用金属涂料，就像古代的画家运用金箔一样，以增强一种神秘感和装饰感”。）也是在五月份，里奥·卡斯蒂利选择了《1949 年第 1 号》，在著名的第九大街展上，与俱乐部的其他成员的作品一起展出。而十月份在芝加哥艺术俱乐部举办画展的计划，也已经制订。那个展览将突出波洛克、本·沙恩和德·库宁。杰克逊的画作随处可见：从奥地利（在那里，有位维也纳批评家写信给波洛克，请求他在他正在写的有关“自动绘画”的书里给予帮助），到日本（在那里，波洛克的两幅画在第三届东京独立艺术展上展出），再到爱荷华州的芒特普林森（在那里，有个爱荷华卫斯理学院的教师写信给杰克逊，想要了解更多有关杰克逊绘画技法的情况）。在欧洲，佩吉·古根海姆收藏的 19 件波洛克作品在阿姆斯特丹、布鲁塞尔和苏黎世巡回展出。而在美国，纽约现代艺术博物馆的巡回展览部，选择了《1949 年第 31 号》（后来代之以《1948 年第 24A 号》），在三年半的时间里，到 25 个城市巡回展出：从北达科他州的法戈，到得克萨斯州的福斯沃斯。在巴黎，由米歇尔·塔皮埃所选的一幅波洛克的作品，在尼娜·达索画廊的“Vehemences Confrontees”展览上展出。还有个苏联的艺术批评家从威尼斯双年展上发回了有关杰克逊的“堕落的资产阶级艺术”的新闻。

对杰克逊来说，如此大规模的明星效应的迟到的爆发，看上去一定不真实，仿佛发生在别人身上，或是发生在电影里。他已经从他自己的形象中异化出来。明星杰克逊·波洛克，也就是他在杂志上看其照片，读其文章的那位杰克逊，是自信、富有创造力、多产而又清醒的艺术家。而 1951 年初，真实的杰克逊·波洛克与这些事情一点也不沾边。自从旧瘾复发，他只在日本纸上画过很少几张墨水素描。他对这些素描是如此漫不经心，以至于迅速调用它们，为三月份在佩里多画廊展览的“画家们的雕塑展”制作了两个拼
663 贴作品，一个纸型雕塑。他对雕塑更是不在乎，他将它们置于室外，很快便解体了。

没有什么东西像纳穆斯的影片那样，使空虚和异化的感觉变得如此清晰。跟那年冬天所发生的每一件事一样，它也以自己的动能量向前推进，而对停顿而麻痹的杰克逊来说，都成了胡扯。纳穆斯和法尔肯伯格花了几个月时间编辑这部影片，准备最终的版本，而且从杰克逊以往发表过的宣言片断中制作了一个脚本。（杰克逊在空白中写下了几处修订意见。）为了赋予电影以“权威性”，他们请杰克逊朗读：

> 我家住长岛东汉普顿区的斯普林斯。我 39 年前出生于怀俄明州的科迪镇。在纽约，我花了两年时间在艺术生联盟学习，师从汤姆·本顿。他是个有强大的人格的

人，要反对他十分不易。现在是 1929 年（原文如此）。我并不从素描或色彩速写开始创作。我的油画是直接创作的。我通常在地板上作画。我享受在巨大的画布上工作的乐趣。

杰克逊的声音以这种单调的、干巴巴的风格持续着。他那干巴巴的、单调的嗓音只是偶尔因紧张而发生一点变化：

有时我用画笔，但常常更喜欢用木棍。有时候我直接从颜料罐中倒出颜料……当我作画时，我头脑里有一个关于我想画什么的笼统概念。我可以控制颜料的流淌；不存在偶然性，正如不存在起始和终结一样。

倒带重播时，杰克逊对自己的声音感到害怕，但并没有抱怨。这不再是他的项目，如果说它曾经是他的项目的话。只有当法尔肯伯格用巴厘岛的民间音乐的录音来创造一种"带音乐效果的"音轨的时候，他才忍不住发问道："保罗，这是外来音乐。而我是美国画家。"纳穆斯和法尔肯伯格回答说，对少得可怜的预算来说，要制作一条原创的音轨，钱是远远不够的。为了打破僵局，李——她不喜欢有关电影的所有东西，但只想避免尴尬——去找了实验音乐家约翰·凯奇。凯奇曾深深地沉浸在为十二音随机音乐电台准备一首曲子，但随后以私人原因辞去了这份工作："我无法忍受波洛克的作品，是因为我无法容忍他的为人。"不过，他确实把李介绍给年轻的作曲家朋友莫顿·费尔德曼。后者愿意为杰克逊的电影配乐，报酬是他的一张墨水素描。"我写电影配乐，就像为舞蹈写乐曲一样，"费尔德曼说。

到 6 月 14 日电影在现代艺术博物馆首映时，杰克逊对影片中的一切都失去了兴趣，除了费尔德曼的音乐。他认为这音乐"也许非常了不起"。当他坐在博物馆黑暗的画廊里，在闪烁的光亮中观看上年秋天熟悉的场面时——穿上靴子，对着画布沉思，搅拌颜料，涂抹玻璃——杰克逊无疑感到了骗子的蠕虫再一次在他内心蠕动。跟那年冬天所有异化了的凯旋一样，这部影片既成了他最近的创造力障碍的痛苦提醒，也成了证实他兄弟们的言论的额外证据：他的名声，就像这部电影一样，自始至终都只是一个骗局。

在那个荒芜冬天的最荒芜日子里，杰克逊拿起了钢笔和纸，开始画素描。在整个

1950 年，他几乎从未碰过速写本。他的野心需要宏大得多的“领域”（他自己的话）。感恩节的灾难之后这批最早的、试探性的努力，甚至一定令杰克逊本人都感到惊讶。去年夏天的所有痕迹都不复存在。巨大的尺幅，抒情的线圈，细腻的网格，优雅的构图，华丽的粉红与黝黑—— 一切都消失了。取而代之的则是黑白两色的狭小而有限的形象，神秘的点子和断断续续的线条，干巴巴安排的泼溅和刷痕，一切都以无情的黑墨水表达。仿佛他是在否定刚刚过去的日子，用压缩饼干式的干巴巴的形象来惩罚自己明星般的浮夸。李也非常震惊和困惑。1951 年初所作的油画，带来了更多的惊讶。杰克逊并没有如李所预料的那样屈服于色彩。尺寸加大了，但形象几乎没有改变——杰克逊称他的新作是“用黑色在油画布上所作的素描”。他开始偶尔使用画笔。1951 年春天，当李走进杰克逊的工作室，在地板上摊着的黑白油画上看到了一个可辨认的形象时，最大的震惊出现了。这是五年内的第一次，人物形象从层层面纱中浮现出来。杰克逊放弃了抽象。“我的某些早期形象开始出现，”他写信给奥索里奥说，“我认为非客观画家（non-objectivist）会发现它们令人不安——那些认为泼出一幅波洛克式的画很容易的小毛孩，同样会感到不安。”

这些形象从何而来？在 1950—1951 年冬天的短短几个月里，杰克逊为什么放弃了使他成名的色彩、技术和理论？除了杰克逊，唯一知晓答案，唯一没有对这些新的、噩梦般的景象感到惊讶的人，便是托尼·史密斯。

史密斯是少数几个在杰克逊重新酗酒后没有抛弃他的朋友之一。跟李那些从不知道杰克逊酗酒，只知道杰克逊的偶像地位的夏季来访者不同，史密斯发现杰克逊是一个有吸引力的醉酒者，正如他曾经是一个有吸引力的清醒者一样。随着冬天的到来，他们之间的纽带，迄今为止还只是一般友谊的纽带，开始在杰克逊的生活里产生引导者的力量。部分是因为一个同伴酒友的同志情谊：史密斯总是乐意分享“啤酒和牛排”。部分则是因为史密斯那种富有智慧的逗笑——即便如罗杰·威尔考克斯所断言的那样，杰克逊“并不清楚托尼究竟在说些什么”。部分地，这是史密斯不间断的奉承，以及他的种种关心中潜在的性欲在起作用。部分地，这也是他对杰克逊脆弱的心态十分敏感的缘故。“托尼头

1950，纸上墨水素描，11″×59″

上装有天线，”他妻子简说。“他清楚杰克逊的问题出在哪里”，而且懂得如何做出回应。有时候，史密斯会引用乔伊斯的话，或者哲学性的自白，来逗乐杰克逊；有时候，他俩会坐上几个小时，一言不发。杰克逊不断强化的幽暗形象，在许多方面也反映了史密斯本人爱尔兰人的忧郁。“托尼和杰克逊是天生的一对，”弗里茨·布尔特曼说，“他俩都是 665
通往地狱之路上的心灵受难者和相依为命的人。”

不管出于什么原因，杰克逊很快就对他年轻的仰慕者投桃报李。“他成了托尼最大的粉丝，”詹姆斯·布鲁克斯回忆说。布鲁克斯是杰克逊介绍托尼·史密斯认识的。“他与托尼的友情是如此令他骄傲，”哈利·杰克逊说，“他对我说，‘见鬼，哈利，他什么都懂，完全能做一个建筑师。’”他给巴黎的奥索里奥的通信充满了溢美之词，甚至连史密斯在教堂工程上的失职也无法撼动这份情感。在史密斯的妻子简与田纳西·威廉斯于1950年下半年前往欧洲后，托尼与杰克逊变得几乎无法分开。那年春天，先是在麦克道格巷公寓的家，后来又在壁炉路上，史密斯几乎每个周末都拜访杰克逊，他们在一起度过了大量夜晚，一起喝酒、抽烟、开车在乡间兜风。两人无所不谈，从东方哲学到杰克逊最新的梦想。“我有个建设性的梦想，”杰克逊写信给奥索里奥说，“我很高兴托尼在这儿可以为我作注解。”

自从约翰·格雷厄姆以来，还没有任何人对杰克逊及其艺术拥有如此巨大的权力——而史密斯，与格雷厄姆不同，急于要运用这一权力。“托尼喜欢创造性地驾驭你，”布菲·约翰逊回忆道，“他喜欢提建议，告诉你该如何画。他总是有所介入，我知道他确实介入了杰克逊的创作。”

正是在这些他俩待在一起的地方，许多时候是在工作室里，许多时候还是在喝得醉醺醺的时候，杰克逊的新形象开始从画布上浮现出来。

史密斯怂恿他“试试新东西”。一段时间以来，杰克逊感到被困于满幅构图及其滴画形象的强烈抽象之中。早在1948年初，他就尝试各种不同的方法——切割、拼贴、笔触、生物形态的形状，以及尺寸——再度体验冒险的刺激性。在诸如《三合一》（*Triad*）与《白色凤头鹦鹉》（*White Cockatoo*）之类的作品里，他甚至与具象形象调情说爱，试图将它们接入他核心记忆的精神能量之中。如果史密斯没有在一年前推动他走向越来越大的画幅，杰克逊很有可能很快就会放弃《秋韵》和《一》的熟悉领地。

但那已是上一年的事了。现在，史密斯想要知道下一步该怎么走。“托尼事实上是在拷打杰克逊，即使他没有意识到这一点，”布菲·约翰逊说。约翰逊的家就是史密斯装修

《1951，作品第 29 号》，左;《人的形象》(《1951，作品第 3 号》) 和《1951，作品第 15 号》在右边;《1950，作品第 32 号》在地板上；造纸雕塑在桌上

的，他也经常看到他俩在一起。“托尼说，‘对了，你已经做得非常了不起，杰克逊，但
666 你下一步要做什么？这会导向何方？你将如何得到发展？’他告诉杰克逊他得改变风格，这使杰克逊备感焦虑。某种程度上，人人都这么做，但托尼是最厉害的冒犯者。”特别是，史密斯通过他俩在一起画速写时他本人所画的具象画的例子，也通过送给杰克逊一本充斥着各种各样事物——细胞、贝壳、发丝、雪片等等——的插图、名为《论生长与形式》的书，怂恿并鼓励杰克逊回到具象。“杰克逊回到现实的形象，是托尼施加压力的结果，”约翰逊直截了当地说，“这是史密斯试图通过别人的手来创作绘画的典型例子。”

史密斯还迫使杰克逊重新接触他以往的形象，亦即何赛·克莱门特·奥罗兹科笔下的 667
形象。（当史密斯问杰克逊，他认为哪一幅画是北美最伟大的艺术作品，而杰克逊毫不犹豫地回答说是“奥罗兹科在波摩娜学院创作的墙画”时，他俩发现了他们对奥罗兹科的共同仰慕。）那年春天，当李走出杰克逊的工作室，看到的那些人物形象，大多是来自奥罗兹科的难民：那些仿佛要在画框上炸开来的乳房下垂的高大妇女、巨型怪兽和扭曲的脸孔。奥罗兹科那种犬牙交错的、阴暗的世界，总是吸引着杰克逊，特别是当杰克逊处于情感骚动的时刻，当那些怪异的形式和黑暗的色彩完美地吻合他的梦魇形象的时候。晚至1949年，他还在自己的素描，以及在其滴画的诞生中，保留着这些鲜活的形象。纵然没有史密斯，杰克逊也有可能在1950—1951年那个创造力萎靡、麻烦不断的冬天，回到那些具象形象。不过，史密斯的鼓励赋予了奥罗兹科的黑暗世界以新的合法性和魅力。在前往史密斯位于新泽西州南奥兰奇的老家的路上，杰克逊遇见了托尼的弟弟、希腊语学者约瑟夫。是他帮助转录了奥罗兹科在达特茅斯所画的墙画的手稿。

事实上，1950年下半年，史密斯甚至通过送给杰克逊一打宣纸和黑墨水，给了杰克逊新的媒介。当杰克逊从紧跟着十一月份的展览长达一月的狂欢中清醒过来的时候，史密斯把这份礼物当作引诱他的朋友回到工作的方法：素描是一个相对容易的过渡；宣纸和墨水很适合在麦克道格巷公寓的家狭窄的空间里使用，而且很对杰克逊因酗酒而变得短暂的注意力的胃口。在滴画技术的微型版本里，杰克逊遵照史密斯的建议，开始用这种纸张非同寻常的肌理效果和吸水性做试验。这种媒介一开始显得怪异和笨拙：墨水和纸张比通常的油彩和画布稀薄得多，也容易吸水得多。倾倒在上面纸张形成的图像，很快会渗透到下面的纸上，形成第二个幽灵般的图像。而他会在这第二个图像上再加上新的黑水、色粉、水彩，甚或是油彩。他使用不同颜色的墨水，但一次又一次地会转向黑色。即使没有史密斯的支持，纸上墨水的黑白画无疑也适合他那黑暗的冲动与不和谐的情绪变化。（维奥莱·德·拉斯洛称它们是“压抑的明确表达”。）从他还在艺术生联盟的笔记本，到《第32号》，他总是将黑白画与素描联系在一起，而素描又总是与自我怀疑相联系。没有了色彩，他就被孤零零地抛弃在一边，只有恒久不变的不安全感伴随着他——不会画素描的艺术家。创作黑白画就像喝酒：一种自我沉溺的形式。（在1月16日为克莱门特·格林伯格庆祝生日的宴会上，杰克逊数年来首次想将这两者结合起来。“那是可悲的，”格林伯格回忆道，“那是我唯一一次看到他在喝醉的时候作画。我认为他后来再也没有那样做。”）

和巴奈特·纽曼（左）与托尼·史密斯在一起

史密斯或许给了他变化的动力，重新建立起了与奥罗兹科的联系，以及适当的材料，但是暮春开始出现的形象，则完全属于杰克逊；恶魔是他的孤独。在倾倒的黑线背后，
668 人体出现了：臂膀、腿脚、双手、眼睛。有时以含混的堆积形式，有时则以不吉的孤零零的形式。还有奇特的动物——两足或四足的动物——图腾形象、斜倚的人物、十字架上的耶稣；以及拥有巨大乳房和空虚面孔的女性。到处都是面孔：有些几乎可以辨认出来，画得很像肖像画，有些则以野蛮人的狂怒涂去。有时候，这些形象压倒了他，以自己的意志打将出来：母亲膝下的一个孩子；田野里的一头公牛；一个与表演者在一起的长着麻木脸孔的女人。他让有些形象浮现出来；有些则在最后一秒通过在签名时将它们挪到一边或颠倒过来则被隐去。他在长长的棉帆布上作画，那是家具商或修帆工留下来的东西，一刻不停地画出一个接一个形象，也不作任何切割。到了需要切割和签名的时候，古老的恐怕就会袭来。“他会问，‘我应该在这里切割吗？这一边应该是底边吗？’”李回忆道，“他会花上许多时间做切割和收拾……那是不同的工序。他在画布上签名的工序更加糟糕。我觉得一切都可以了——顶部、底部、边缘——可是突然，他会改变想法，又疑惑起来。他讨厌签名。签名中有种最终的、不可更改的感觉。”在实践中，杰克逊学会了如何倾倒出他想要的精确形象：从暗示的形象到公开的形象；从抽象的形象到“鲁本斯式的”形象；从《1951 年 11 月 14 日》那种粗暴的压缩到《回音》那种显而易见的抒情。为了强化他的控制力，他开始用玻璃做的巴斯廷鸣管（basting syringes），而不是木杆

《回音》(《1951 年第 25 号》)，瓷漆在画布上作画，$91^{7/8''} \times 86''$

或变硬的画笔。他用它们就能滴出一条线，而不用重新加油彩。“他的控制力真是惊人，”李感叹道，“用一根棍子已经非常难，而巴斯廷鸣管就像一支巨型的钢笔。”画布则像宣纸，当油彩被吸收的时候，就洇出或吸收，形成材料的复杂互动；当它堆积起来的时候，就在奶油色的表面上形成有光泽的形象。杰克逊也曾将素描转移至油画布上，给这种媒介带来了古老的风险、能量和不安全感；而仅仅一年前，它还见证了他最为自我确信的凯旋。
“他挺过来了，但对他究竟做了什么并不十分确定，”约翰·利特尔回忆说（他并不像喜欢 669
杰克逊的“习惯颜色”那样喜欢这些刻板的新形象）。卡罗尔·布雷德还记得杰克逊是如何“担心形象重新回来了”。伊布拉姆·拉绍则认为“他看上去对自己一点也不确定”。

然而，绘画还不是全部。整个夏天，在零星的创作之间，杰克逊继续喝酒。一场狂喝滥饮可以持续两到三周，这期间，整个工作室就在夏天的热浪中空无一人。这样的过程通常始于啤酒，从丹·米勒的店铺里买来，塞进凯迪拉克后座的半打或一打啤酒。啤酒增强了他抵御前往酒吧的冲动的力量。“他会坐在车里，独自喝着啤酒，”罗杰·威尔考克斯回忆说。威尔考克斯五月份从墨西哥回来，发现杰克逊刚好从整整两个星期的沉醉中恢复清醒。“当他喝完六瓶啤酒后，他就做好了见人的准备。”杰克逊很快就重新发现了当地一些曾养活过他的地方：强哥儿彼特酒吧，妮娜·费德里科曾在那里喂他罐头装的条纹鲈鱼和令他清醒的咖啡；东汉普顿饭店里乔·洛里的酒吧，精明的经理曾在那里怂恿杰克逊那沉溺的性格（“他不喜欢任何人对他说，他已经喝够了”，威尔考克斯说，“孩子，那会让他大为光火”）；以及榆树旅店，酒保在那里是如此放纵，以至于他经常“倒头便睡”。促使杰克逊重新回到自我毁灭的轮回中去的那股疯狂的能量，甚至震惊了硬心肠的博纳克人，他们与强哥儿彼特共用酒吧间的凳子。有一天，当电工埃尔温·哈利斯，
670 管道工迪克·塔尔马格看见杰克逊走来时，他们想把老酒瓶藏起来。“可是杰克逊一个健步到达，”哈利斯回忆说，“立刻把它一干而尽……大概过了一个半小时，我接到强哥儿彼特的一个电话，让我把杰克逊带走。”据另一个斯普林斯的邻居埃得·赫尔兹的说法，“他就是嫌自己喝得不够快。”

似乎没有任何事可以将坠落的速度降下来。在露丝·福克斯的坚持下，他参加了南汉普顿匿名戒酒协会的几个集会，但那些努力从一开始就注定是失败的。忏悔仪式对杰克逊沉默矜持、狐疑重重的性格而言，是根本适应不了的。他嘲笑他那些酒鬼同伴是“长舌妇”和“孤独者”，而且自卫地吹嘘说，“他们天生是酒鬼；而我，我只是想喝的时候才喝。”有个朋友形容杰克逊“对匿名戒酒协会来说，他太新了，不对路”。他偶尔出于分析的自我按摩（ego massage）去看福克斯医生，但拒绝服用福克斯开给他的安塔布司。如果不是同时采用心理和药物治疗，福克斯很清楚有意义的进展是不可能的。（“不服用安塔布司，戒酒者经常无法忍受心理分析所带来的挫折感，”她写道，“因此他们倾向于在不同的治疗间隙反复酗酒。”）最后，在五月份一个特别让人震惊的烂醉后，福克斯说服了李把杰克逊转由曼哈顿的一家私人诊所里根医院照看。在那年夏天至少有两次，杰克逊假装在诊所的东六十一大街的门诊部“禁酒”，但却偷偷地在盥洗室藏了一瓶苏格兰威士忌。在某个这样的治疗结束后，瓦伦汀和海贝·梅西捎来了一张令人安慰的便条：“亲爱的杰克逊，海贝和我都爱你，也信任你，信任你所做的一切和即将做的一切——所以我们想帮你，尽一切可能帮你度过暂时的难关，就像眼下所做的那样。”

并非所有人都这样善解人意。到了仲夏，杰克逊的社交生活事实上已经中止。鸡尾酒会和晚宴的邀请书不再潮水般地涌入壁炉路上的家。李也不再需要为客人们的来访而担忧。年轻画家拉里·里维斯和海伦·弗兰肯特尔顺路来表达他们对杰克逊的敬意，向他表示他们“比以往任何时候都更加投入到艺术的怀抱中”。但是，与过去那些年比起

阿方索·奥索里奥在克里克斯的音乐厅

来，那个家看上去几近荒凉。“这个夏天很安静，”杰克逊在向奥索里奥的信里这样哀叹
道，“没有派对……”关于杰克逊最新丑闻的奇谈怪论在东汉普顿不胫而走：他是如何
在市政厅展览上侮辱了波士顿诗人的妻子、著名的女士约翰·霍尔夫人的（“她说她太喜
欢他的作品了，”布菲·约翰逊回忆道，“而他转过头来说，‘放屁’”）；他又是如何在祖
格鲍姆的家里纵酒狂欢，吹牛说“他是有史以来最了不起的画家”。他是那类最坏的客
人，不是表现得可怜可悲，就是表现得可憎可恶。“人们都不想碰到他，”杰罗姆·卡姆
罗夫斯基说，“因为他们永远不会知道他会向哪个方向走。”这些传说使某些人伤心，也
使另一些人兴高采烈，特别是梅德斯通俱乐部的那些成员，他们从中发现了长期以来所
拥有的种种怀疑的证据。那些从未停止过怀疑他的艺术完全疯了的当地人——不管《生
活》杂志曾经怎么评价——开始认为他本人就是个疯子。往年的夏天曾经欢迎过他的朋
友们，装作自己不在家里，当他们听到杰克逊的凯迪拉克接近的时候。“杰夫里会把所有 671
灯熄灭，”彭尼·波特回忆说，“希望他离开。有时我会打开灯，杰夫里就会惴惴不安地
躲到楼上——非常生气。他觉得杰克逊会强奸我，或是在地板上小便。”在罗杰·威尔考
克斯家里，他确实于一夜狂饮后小便过，不过不是在地板上，而是在床上。第二天早晨，
暴怒的露西娅·威尔考克斯手持扫把将他赶出门，称他是“伪装的牛仔”。“她订了规矩，”
威尔考克斯回忆说，“她说，‘我不会再让你走进我的家。你喝醉时，这里不欢迎你。’”
在露西娅的惩罚与李的愤怒（“她认为露西娅没有权利这样对待杰克逊，”威尔考克斯说）

之间，两个男人从此很少再见面；见了面时，“情形也与往日不同了”。

那年夏天唯一的成就，便是替阿方索·奥索里奥物色到了一所房子。在去欧洲前，奥索里奥曾要求李和杰克逊在东汉普顿替他找一处合适的房产。可是那个夏天的大多数时间，杰克逊都忙于喝酒，而李则忙于照顾杰克逊，因此不可能花心思在找房子上。八月初，杰克逊语带歉意地写信说：“我觉得房子的事最好再等等，等你回来再说。”不久，李听说“克里克人”，亦即一处巨大、隐蔽，面积达60英亩的临水地产正在销售。这幢风景如画却已经荒凉的意大利别墅，原是1899年为画家阿尔伯特·海特修建的，坐落在流向佐治亚湖的两条溪流之间。它那不同寻常的U字形结构，使得几乎每一个房间都充满了阳光，看得见水景。这处房产包括一所船屋，一个巨大敞亮的工作室，阳台和花园。在经过一系列越洋电话和电报后，奥索里奥终于飞回美国，完成了最终的购买手续。为
672 了确保从其父亲，一位“令人望而生畏的糖业大王”那里获得必要的资金，也为了确保家庭的最终财产来源，奥索里奥邀请其父来到东汉普顿看房子，并与波洛克夫妇共进午餐。这个计划，跟众多涉及波洛克的计划一样，也以混乱告终。在约定的那天，阿方索错过了前往东汉普顿的火车。没在车站见到阿方索的波洛克，说“啊呀，真见鬼，”据李回忆，“然后消失在一家酒吧，整天都不见人影。”当米格尔·荷塞·奥索里奥乘坐有专职司机的豪华轿车，来到壁炉路上的波洛克家里时，只有李在那里迎接他。

在杰克逊最黑暗的岁月，李从来没有那样强大过。当他们五月份回到斯普林斯后，她的画作开始向巨大的充满了姿势性动态的抽象发展。当杰克逊在自我毁灭性的狂饮烂醉间隙，用黑墨水艰难地呈现他那些被恶魔缠身的景象时，李却画出或重画了她那些色彩绚烂的大型画，奇特地从困扰着她长达十年的幽闭恐惧症中摆脱出来。就好像他的衰弱赋予了她以力量。这种对比甚至没有逃过杰克逊的眼睛：“李正在创作一些最好的作品，”他五月写信给奥索里奥说，“这些画拥有她以前从未有过的新鲜和宏大……而我却来到了只能用黑墨水在画布上画素描的阶段。”

要是杰克逊没有专注于自己的明星效应，他就能发现挑战已迫在眉睫了。李重拾信心已经有段时间，先是在1950年的同业公会大厅画展上，五月份则在第九大街的展览上。在那里，她的画与杰克逊的画紧挨着展出。到1951年夏，她已经不再是“画点画的小妇人”；他也不再能够留下些零头布，绷出“她需要的尺寸”了。现在，她的画作几乎跟他的一样大。为了将她的这些优点推广开去，李劝说杰克逊邀请贝蒂·帕森斯来斯普林

斯看她的近作。帕森特的确印象深刻，但并没有答应为李举办画展，就径自离开了。李再度施加压力。“杰克逊打电话给我，请我为李办一个画展，”帕森斯回忆说，“我说，我从不展出夫妇俩画作，但他一直坚持要办。”对李来说，这是一场胜利——帕森斯开始筹备十月份的画展——但是费用不菲。就在帕森斯来访后不久，杰克逊就陷入了为期两周的饮酒作乐之中，最后以送进里根医院告终。一开始，这看上去像是贝莎·舍费尔的那次崩溃的复发。只是这一次，李并没有让步。不管有没有问题，她照常作画。

杰克逊接下来就反击了，当他知道李最脆弱的地方在哪里的时候。

在一次去纽约的路上，他把她丢在了麦克道格巷公寓的家，在穿梭于酒吧间的远足中消失不见，数个小时后才手挽一个女人回来。“这是那种他捡回来的女人，”安娜丽·纽曼回忆说。她与其先生巴奈特一起，在杰克逊消失的当口正好路过。“他非常尴尬，是因为他没料到巴奈特和我会在那儿，而不是因为李的缘故。他想要让李看到他与那个女人在一起……他确实想要伤害她……当然，李感到受了侮辱。”

差不多在这个时候，杰克逊和一个年轻女人的谣言开始在李耳边浮现。那女人很早就是纽约艺术家团体中的一员。而那些艺术家则是可靠的谣言传播者。她是个苗条、诱人而又美貌惊人的女士，“在静静的蔑视的慵懒姿势中显得最漂亮”。男人们认为她“不 673
可接近”，据尼古拉斯·卡罗恩说，“她是如此漂亮，以至于你根本不敢靠近她。”然而，许多人却确实能够靠近她，包括汉斯·霍夫曼、威廉·德·库宁、怀弗里德·祖格鲍姆、莫顿·费尔德曼，以及杰克逊的老对手菲利普·加斯顿。“与她谈情说爱几乎可以说是通向上流社会的原始仪式，”这个女人的某位情人的妻子这样写道。“不啻为法兰西学院仪式在纽约的对等物。”不管是潜行于俱乐部的集会上，还是出没于东汉普顿的鸡尾酒会上，她都“迫不及待”，梅·罗森伯格回忆说。“她得立刻爱上什么人。”被她那游移不定的眼神抓住的男人之一，便是杰克逊·波洛克。

但是杰克逊与这种“迷人的”外貌及其相伴随的性感，却并不般配。除了他喜欢“与别的小子游玩”，与加斯顿、德·库宁细数女人（战利品）的数量外，他不是喝得不省人事，就是太腼腆，她那转瞬即逝的注意力没有带来任何结果。

然而，这并没有阻止杰克逊利用这些谣言（以及那女人的名声），来折磨李。“他会说，‘小子，她真的妙不可言’，只是为了让李感到不安，”康拉德·马卡－雷利回忆说，“那就是他玩游戏的方式。他找到了她的弱点，他就无情地利用这一点。”贝茨·祖格鲍姆有一天发现李在厨房里，对同一个女人感到“愤怒到了极点”。杰克逊曾利用过她的偏执心理，当着她的面与别的女人调情，但这一次，某种卑鄙的东西悄悄溜进了这种成年人的嘲弄和暗讽的游戏中。他想伤害她。有一天半夜三更从城中回家后，他开进了梅和哈罗德·罗森伯格临时租用的房子的车道。他拼命敲门，用一种醉鬼的大声叫着梅的名字。“他说了可怕，可怕之极的东西，”梅回忆说，“威胁着他要对我做的事，用了最最下流的语言，说我从来没有像现在那样可爱。”她来到窗下——哈罗德在纽约——试着让他小声点。“我告诉他，他会吵醒帕夏，他应该回家睡觉，但他只是在那里叫喊。然后，我看到李坐在车里，显然已经惊呆了。而我也意识到，他只是说说而已，因为李就在旁边。他是在嘲弄她，而她只能照单全收——她曾经是那么强硬。我意识到，她吓坏了。我从未看到过他打她，但是她总是害怕他会打她。”

就在这时，梅听到了楼梯上的声音。她转过身去，看到 7 岁的帕夏穿着睡袍走下楼来，歇斯底里地大哭着，手里握着一把大大的菜刀。“不要伤害我妈妈，”她一面抽泣，一面对杰克逊大叫道。“他说过他想要让我躺下，”梅说，“而帕夏以为这就是要伤害我的意思。”

到了秋天，李已经山穷水尽，什么都愿意尝试了。李向来有“找江湖郎中的嗜好”，约翰·迈耶斯回忆说，“喜欢看疯狂的医生的口味，会使她去寻找路边的吉普赛人，好讨得一服长生不老的药剂。”杰克逊也好不到哪里去。露丝·福克斯长达一夏的尖锐分析和艰难选择，已使他急于寻找某种更富有神秘性的东西——也是更容易接受的东西。对朋友
674 们，他继续坚持认为他不是一个酒鬼，他“像啤酒桶龙头那样可以随时打开关上”。因此，当伊丽莎白·赖特·赫巴德建议杰克逊去咨询一个“生物化学家”，以便找到一种养生法，通过改变杰克逊身体中的化学成分“驱走喝酒的欲望”时，杰克逊和李都迫不及待了。

当然，只有绝望和自我欺骗才会驱使他们，在九月份来到格兰特·马克医生位于华丽的公园大道的诊所。

对一个许诺他人可以过上更长久、更健康生活的人来说，马克医生看上去是一副令人失望的病恹恹的样子。据阿方索·奥索里奥说，他生就一副瘦骨嶙峋的 6 英尺 2 英寸的个子，苍白憔悴的脸庞，患有白化病似的灰白头发，以及红肿的手指上尖长而怪异的指甲，他看上去“就像是恐怖片里走出来的人物”。事实上，他也不是一位执业医生，尽管他的雇员中有 6 个医学博士——某个时期包括赫巴德——根据他的指令为病人开药方。他或许曾经是一位医学博士，但是在他的通信里，他小心翼翼地避免使用“博士”头衔，

只称自己是一家名为“心理－化学公司”的“业务经理”。无论是在办公室，还是在前往东汉普顿的旅途中，他都经常由他那位年老的母亲陪同。他形容母亲乃是他“最佳的活生生的广告”，他勤勉地喂她生化药剂和掺柠檬汁的热开水。

马克也许不一定是一名医生，但他拥有必不可少的“斯文加利式的风度”[1]，而杰克逊立刻就拜倒在其魔力之下。他告诉杰克逊的，恰恰就是他最爱听的东西：他根本不是一个酗酒者，他只是“化学紊乱”的受害者，是体内“铁的成分”不平衡的结果，这种结果可以通过适当的食疗予以纠正：不要食用牛奶产品，大量食用新鲜蔬菜、果汁和鸡蛋。唯一允许的肉食是家禽，但必须是野生的（“不要吃一小时不能飞行 50 英里的鸟类”），而且只能是两小时以前刚刚被打下来的鸟类。（“在东汉普顿，你从哪里去找野生的火鸡？”泰迪·德拉贡问。）此外，马克还开具了每日在一种干净的岩盐溶液里沐浴两次的处方，似乎意在滤去身体里的有害矿物质。不过，这一治疗中最重要东西，却是一种以大豆为基础的“乳剂”，它碰巧是马克自己研制和销售的。这一神秘的健康剂（泰迪称其为“疯狂的奶液”）被装在一夸脱容量的瓶子里，而且要冷冻，“以防破坏其疗效”。马克提供了运输每星期万能药的奇丑无比的冷冻盒子，但是要把它们送到杰克逊那里，而且要使那容器每周一次安全地往返纽约，据奥索里奥的说法（经常由他负责运输），实在是“一场噩梦”。“那盒子会立刻消失在雪松酒吧，或是遗忘在出租车里。”马克认为，要是杰克逊坚持这一养生法，每天都能喝那种乳剂，那么，酒就不能再伤害他：他体内的酒精会“自动达到应有的水平”。不幸的是，在杰克逊聪明的计算中，这一处方意味着，乳剂喝得越多，他就能消费越多的酒水而不会带来任何坏处。“他觉得，一夸脱酒水等同于一夸脱乳剂，”奥索里奥说。终于，马克指示他每周都要返回公园大道接受“分析”——不是精神分析，而是化学分析。他的某个医生会抽取血液和尿液的样本，在杰克逊体内 675
注射小量铜和锌。“哦，天哪，”罗杰·威尔考克斯在听到这一新闻时大叫道，“这治疗比病情本身更糟糕。”

整个秋季，杰克逊每周都去看一次“马克医生”，照样喝（持续地交替喝酒和乳剂），而李则拜访赫巴德医生，同时风风火火地准备她的个展。在帕森斯的春天来访，与 10 月 15 日画展开幕之间，李的作品却经历了一个奇怪的逆转。取代用充满姿势性的抽象来从

1　斯文加利［Svengali］是英国小说家乔治·杜·莫利耶小说《爵士帽》中通过催眠术控制女主人公的邪恶音乐家，后用来形容具有极大吸引力和影响力的人物。

事自由的实验做法的，是她在霍夫曼的艺术学校里，以及从蒙德里安和马蒂斯那里学到的安全创作模式；巨大的画布上出现了狭长而精密安排的色带。甚至连斯黛拉也注意到了差别：“李的作品改了许多，”她给弗兰克写信说。包括桑特和阿勒瓦在内的老朋友，都蜂拥而入她的画展开幕式，恭维她，可是画展还是一个失败。没有一张画卖出去。司图尔特·普累斯顿在《时代》杂志上发表了一篇稍带热情的评论，却招来了李的愤怒，因为他居高临下地称她的画“拥有女性的精确性”。

1951 年 11 月下旬的杰克逊画展，遭遇并没有更好些。杰克逊想趁机凌驾于李之上。在绷画和布置作品时，他居然一反常态地变得小心翼翼起来；他坚持要出一本展览作品目录——认识帕森斯以来他的第一本目录——他还邀请阿方索·奥索里奥写了一篇晦涩难懂的导论，恰当地探索了这一展览的黑暗主题：

> 他的画以一种来自对统一性的信念的有机发展的视觉概念，呈现在我们面前；这种统一性乃是我们生活其中的现象的基础。……海的潮汐与个人梦魇，泡沫的破裂与群众为受害者发出的呼喊，不可分割地融入他的作品的闪光与黑暗之中，就像它们在现实中一样。

在托尼·史密斯的建议下，杰克逊说服帕森斯包销了六张版画构成的作品集，这是根据画展上的六幅画的照片复制，由桑特位于康涅迪格州的埃塞克斯的工作坊丝网印刷。即使有了这些精心考虑，画展作品目录，漂亮的印刷作品集，以及处于鼎盛时期的帕森斯画廊的名声，还有圣诞节前的档期，画展还是以失败告终。与上年的展览相比，开幕式人迹稀少。在整个为期三周的展览过程中，来访者更是寥寥无几。尽管第一个晚上杰克逊很清醒——斯黛拉在场——却以后来大口大口地喝闷酒为展览定下了基调。“上帝啊，”李叹息道，“明晚我们走着瞧吧。”杰克逊已经预见到公众的怀疑。（“那些黑白画很容易受到攻击，”画家保罗·詹金斯说，“人们会说，‘只有弗朗兹·克莱因能画黑白画，只有德·库宁会画人物画。’”）他甚至怀疑它们根本卖不出去。在这两方面，他都料事如神。开幕式之后，他通常被画廊丢在一旁，经常喝得醉醺醺的，孤零零地站在那些冷冰冰的黑白图像前。当查尔斯过来时，他们就去那古老的第八大街的公寓附近的酒吧。“我们刚坐下，杰克就掏出图录，”查尔斯回忆道，“他说，‘我想你得看看这个。我
676 他妈的真是个出色的画家。’”这些话拥有一种奇怪的“终结”的味道，查尔斯想。当维

奥莱·德·拉斯洛冒险来到帕森斯画廊，她立刻就被“死亡的预兆”惊呆了。

当圣诞节来临时，死神真成了杰克逊的心结。不止一人曾警告过他为创作黑白画所使用的德沃拉克颜料（Devolac）能产生有害的效果。“那种材料是如此富有毒性，以至不得不放弃生产，”阿方索·奥索里奥回忆说，“甚至连杰克逊也抱怨它。当他使用这种材料时，他不得不打开窗户。”而当冬天来临，他又不得不关上窗户，但他仍然需要谷仓——既作为一个作画的地方，也作为一个可以避开李，可以喝酒的场所。最后，他购买了一个莎拉曼德牌的煤油炉，一只带有高高烟囱的黑色铁锅。这是一个恶魔般的发动机，简直把李“吓坏了”。“一个满是碎片和各种易燃材料的木结构谷仓，却用那种煤油炉取暖，”她抱怨说，“那真是吓人。”

然而，更吓人的却是杰克逊的心态。由于不明的缘由，波洛克一家那年感恩节没有在迪普里弗聚会，圣诞节也没有相聚的打算。杰克逊枯坐在强哥儿彼特的酒吧，或是谷仓里，眼巴巴地等着“圣诞礼物”到来。他诅咒杰夫里·波特，为了防止外地人前来锯圣诞树，封闭了他最喜爱的逃避路线之一，一条古老的伐木小道。他把圣诞节假期的大部分时间都花在了在不同的酒吧间喝酒上，但是他决定12月28日星期五晚上8点左右回家。

这是一个晴朗、无月的夜晚，道路很干燥，杰克逊开着凯迪拉克上路。这辆凯迪拉克成了他的明星范的唯一痕迹。他沿着斯普林斯－阿马甘西特的公路开得越来越快。在靠近古石高速的交叉路口时，大车突然转向右侧，开到了逆道上，然后脱离公路，一头撞进了交叉道口中心的黑暗的三角形灌木丛中。长矛般的缓冲器撞到了并排着的三个邮筒，把它们撞飞了。汽车继续以60码的速度向前冲，横冲直撞穿过古石高速公路，冲到公路对面的荒草地上。杰克逊终于惊醒过来，猛地向左转，返回斯普林斯路。左侧的两只轮子立刻离开了地面，而右侧的两只则深深地扎进冻土之中。当车子向人行道倾侧时，泥土到处飞溅。当它冲到道路边缘时，右侧又被抛到空中，底盘重重地撞到路堤上，四只车轮在湿滑的草地上疯狂地打滑。没有什么（甚至是一个电话杆）能够阻止车身长、底盘低的凯迪拉克撞得个火光四起。树木和灌木丛向空中飞出，在黑暗中奇形怪状地飞向附近的帆布屋顶。在50英尺以外的道路下，它一头撞进了一棵树的树冠。就在一瞬间，宽大的引擎盖折断，发动机戳穿了仪表板，方向盘刺入杰克逊的胸膛，大车——“他的梦幻小舟”——戛然而止。

静寂了数分钟之后，杰克逊爬出了汽车的残骸，跌跌撞撞地走进了漆黑的夜里，寻求援助。

677

40

神奇的治愈法

在明亮宽敞、空气清新的工作室的一头，贝蒂·帕森斯紧张地在椅子里扭动身子。她一只手夹着烟，另一只搁在瘦骨嶙峋的膝盖上。另一头，像一个行刑队那样面对她的是七个男人：克莱福特·史蒂尔，一副严肃而不同意的样子；马克·罗斯科，像一个躲在厚厚的眼镜和焦急的眼神背后的会计；巴奈特·纽曼，拥有一部海像式的络腮胡子，经常发出强迫性的大笑；艾德·赖因哈特，在严厉的凝神后面掩盖着一副温柔的心肠；赫伯特·费伯和西摩尔·利普顿，两位“牙医般”的雕刻家；以及阿方索·奥索里奥，他在帕森斯画廊的第一个个展刚刚结束。杰克逊也在其中，显得非常安静，而且，不同寻常的是，也非常清醒。他的胸部被方向盘击中的地方仍然隐隐作痛。

为了给帕森斯最后一次机会，他们召集了这个会议。他们已经厌倦了被忽略。他们已经厌倦了被一大群不知名的艺术家挤出画廊，其中许多人是业余爱好者，大多数是女性，但帕森斯却坚持展出他们的作品。他们已经厌倦了她差劲的记录，出借画作的粗心大意，在危机时刻就玩消失的令人气愤的习惯。他们已经厌倦了没有画展目录，没有推广，没有支持，没有销售，最严重的是，没有赚钱。“他们只是告诉贝蒂，‘你瞧，你不能再这样了。’”奥索里奥回忆道。

他们先是提供胡萝卜：如果帕森斯能放弃 12 人（他们 7 人，再加上她本人选中的 5 人）以外的其他任何人，“他们会使她成为世上最著名的画廊经纪人。”当她回避这一点时，他们就挥起了手杖：“要是她不能减少展览的数量，并保证我们得到某些收益，”他们威胁说，“我们就不得不离开你。”

在整个严肃的谈判过程中，帕森斯都被动地坐着，她那交叉在一起的双腿—— 一条穿了只色彩鲜艳的袜子，一条则穿了只灰色的袜子——交叉得越来越紧，悲哀的目光轮

流扫过她眼前7个怒目而视的男人。最后，她直视着“这些精力过剩的人”，说“对不
起。我得对得起自己的良心”。她告诉他们，“这是她的画廊。”奥索里奥回忆道，“如果 678
他们不喜欢她的经营方式，他们可以离开。”她没有告诉他们的是，他们想要她抛弃的许多女画家，既是她的亲密朋友，也是她财政上的支持者。“她感到对这些女人负有义务，”据奥索里奥说，“因此，她只是紧紧地交叉着双腿，否定了他们的提议。”

对杰克逊来说，这无疑是最后一根压垮他的稻草。他早已在委托其创作墙画的谈判中做出让步，尽管她的“多管闲事”仍在刺痛着他。当她丢失画作，或是拒绝潜在的赞助人时，他也没有过多计较。他也能谅解李的画展没有卖出去一张画。他还能理解为什么紧接着李的个展的奥索里奥的画展，只吸引了如此之少的关注。但是，他的黑白画展的失败，超出了他能宽恕的程度。16幅画中只卖出了两幅——几乎没赚到什么钱：一张大画也没有售出，一张中型画也没有出手，甚至连200美金一幅的限量签名版画也没有卖出。她无法责备评论；评论界一无例外都是持支持态度的。在《党派评论》杂志上，格林伯格称这个展览是“一个新的、更崇高的胜利”。“如果波洛克是个法国人，”他写道，“人们早就叫他‘大师’，并围着他的画作沉思冥想了。在这个国家，博物馆馆长、收藏家和报刊评论员，将会长期出于恐惧——如果说还不是出于无能——拒绝相信我们终于诞生了整整一代人当中最了不起的画家。”格林伯格私底下告诉李说：“我终于明白了你明白的事。杰克逊已经学会了素描——像一个天使那样画素描。”甚至是反复无常的霍华德·德弗里也在《泰晤士报》上撰文，同意杰克逊的新作从重新引进具象绘画中获得了“无可估量的进步”。而《艺术文摘》则称这些画是“迄今为止最雄心勃勃、最复杂的作品”。

人们对芝加哥十月份举办的艺术俱乐部画展的反应，没有那么热烈，但好歹也算举办了一场展览吧。跟大多数艺术家不同，杰克逊的画作已经在全世界范围内被看到。他的作品出现在《生活》杂志、《时代》周刊和《芭莎》杂志上。文森特·普赖斯在“今晚秀”节目上将杰克逊的画作向杰克·帕尔展示时，这幅画就出现在电视屏幕上。五月份，现代艺术博物馆在其“15位美国人画展”上，给了杰克逊整整一个大厅来展示作品。有了如此高的知名度，为什么帕森斯画廊无法卖出更多的画作呢？售价为什么不能更高呢？杰克逊并不是唯一在问这些问题的人。里杰纳尔德·伊萨克从芝加哥写信给杰克逊说，他“很惊讶地听说，你在过去的一年里所获得的知名度，并没有促进你的作品的销售”。而比尔·戴维斯也从西班牙写信，对九月画展的“精彩”目录（帕森斯曾拒绝印制）

深表敬佩。“让我知道某些价格，”他写道，“……我认为你的价位应该比过去更高了。”

到 1952 年元旦他与帕森斯画廊的合同到期时，杰克逊早已按捺不住。他告诉帕森斯他不仅要离开画廊，而且还要立刻取走他在参加预展的作品。帕斯森很是吃惊。她曾经提携过他，而整个纽约没有哪一个人会冒这个险；她曾经花了四年时间提高他的知名度；
679 她曾经睁一眼闭一眼，当他直接从奥索里奥之类的赞助人那里收钱，或是用画作抵偿其他开支的时候；她曾经，在某些时候，放弃了她该得的佣金；尤其是，她容忍了他的坏脾气、酗酒和强烈的情绪反复。在一封严谨的、商务式信件的克制中，她几乎无法掩盖她的愤怒。她回了杰克逊一封信：

> 亲爱的杰克：
>
> 我急于向你表明我对此时此刻你想将作品从画廊搬走的感觉。正如你所知道的，所有艺术家都在展览后把作品放在我这里达一年之久，这样我才能有机会弄清楚它们是否可以售出——而且，请别忘记，我支付了你的开支。我总以为这一点在你我之间心照不宣。不过，假如你希望在五月底就把你的作品取回，我也完全能够理解……你永远的，贝蒂

杰克逊没有选择余地，只好让步了。他同意在春季结束时再将作品搬走，并对重新考虑他们之间的合同“持开放意识”，“要是她能成功做成某笔生意的话”。而事实上，他并没有重新考虑的意图。私底下，他已经彻底与帕森斯中断了联系，并指示奥索里奥在他即将于巴黎举办的画展的目录中，删掉有关她的一切信息。后来，帕森斯会断言，她对杰克逊的离去并没有感到怨恨，只有“伤心”和“失望”。然而，就在那时，她毫不留情地将李·克拉斯纳开除出画廊。“这与你的画作没有任何关系，”她告诉李说，“我仍然敬重你是一个艺术家，但是我已经不可能在与你见面时不想到杰克逊，而我却不想在这里想起这层关系。”

在诚恳的让步背后，帕森斯同样明白了那是杰克逊的最终决定。在他不断地寻找最容易的解决办法之时，在他不断地寻找某个能解决他的问题，却不需要痛苦或努力之时，杰克逊已经使自己确信，前一年的不顺都是帕森斯的过错。重新获得他业已失去的明星效应，只是改变一下经纪人的事情。选对了经纪人，就像选对了医生一样，一切都会重新好起来。

这个正确的经纪人——在杰克逊看来唯一正确的经纪人——便是皮埃尔·马蒂斯。“杰克逊认为他应当得到最好的待遇，”约翰·利特尔回忆说，“而马蒂斯则是最佳人选。在整个30和40年代，他都一直代理那个时代的大师们：毕加索、勃拉克，还有他的父亲亨利·马蒂斯。”1947年，当佩吉·古根海姆宣布关闭“本世纪艺术画廊”计划，重返欧洲时，杰克逊曾经访问过位于五十七大街上的马蒂斯画廊。他只是坐在那里看得发呆，心驰神往。到1951年夏，杰克逊的胆子已经更大，尽管还没有大到足以直接跟马蒂斯先生谈。相反，他请求乔·格拉斯哥去接近马蒂斯的前助理凯瑟琳·维维亚诺。“乔问维维亚诺，她认为马蒂斯会不会接受他，”杰克逊6月份写给奥索里索的信里这样吹牛说，“而她绝对认为他会的。”她错了。那年稍晚些，当杰克逊更为正式地提出这一要求时，马蒂斯婉谢了，说他“不展出美国画家的作品”。事实上，正如杰克逊可能早已知道的那样，他确实展出过某些美国画家的作品（洛伦·麦克伊弗和泰奥多·罗斯查克），还有一 680
个加拿大画家的作品（让·保罗·里奥佩勒）。他不知道的是，在马蒂斯拒绝代理杰克逊以前，马蒂斯曾经咨询过马塞尔·杜尚。“你觉得这个杰克逊·波洛克怎么样？”据传他曾经这样问。“他公开投标了。”当那个向来喜欢简洁的杜尚不屑一顾地耸耸肩膀时，事情就这样了结了。

而到马蒂斯说不时，杰克逊已经不再关心此事。他已经找到一个更好的经纪人：格兰特·马克。

马克很快便意识到杰克逊不是那种寻常病人。在数次拜访过奥索里奥的新豪宅，以及在收到某些杰作后（包括《路西法》和《1951年第7号》），他那企业家的本能立刻就兴奋起来了。当杰克逊告诉他艺术家们对帕森斯的不满，以及他们的最后通牒时，他马上就看到了希望。“马克是个轮胎商人，”奥索里奥回忆说，“总在寻找机会设计骗局。”1952年1月，他向顺从、易骗的杰克逊提出了一个方案。艺术界所需要的，不是“经纪人、博物馆负责人、收藏家之类的令人头痛的安排，每一种安排都在他们的私人避难所里挡住了公众的视线，”他争辩道，而是某种个人，“可以将艺术直接放在公众面前。”这样的人可以成为所有主流艺术家的“保护伞”，把他们的作品同时推向公共机构，特别是公司和酒店。

这样的人，当然只有马克。“他想要所有抽象表现主义者都通过他来销售作品，”奥索里奥回忆道。“他将成为美国艺术市场的总策划师。”马克雄心勃勃的计划以及狂欢节上的吆喝者一般的口才，无疑让杰克逊想到了汤姆·本顿十年前最流行的战斗号召。它还正合他对本顿“珍贵的小仙女”和“博物馆男孩”的愤恨的胃口，他本人就抵抗了好一阵子才接受他们。“波洛克陷在让艺术走出艺术圈子的执念里，”巴奈特·纽曼回忆说。作为马克的“推销员”，杰克逊试图将他那些对帕森斯不满的同伴艺术家，都拉到马克的阵营里来。罗斯科、史蒂尔、纽曼、汤姆林出席了马克在公园大道上的办公室里的集会。在四个人中，只有纽曼表达了怀疑。“以前我跟着父亲做过生意，我了解马克那类人，”他说，“‘这是总统的电报’，他会展示那电报（当然是他发给自己的），有桩大生意可做，但他不会告诉你那是什么。”在他们第一次集会时，纽曼问了几个不太礼貌的问题，例如“谁来为画作付钱？”从此就再也不受邀请。

有马克作为他的“经纪人”，相信他能带来财政上的成功，杰克逊就认为他不再需要一个画商。二月，他打电话给里奇纳尔德·伊萨克，宣布从此以后，他将“自己处理画作和推广事宜”。深知杰克逊沉默寡言、不善交际的性格，伊萨克虽然疑虑重重，但还是给予了支持。作为对杰克逊要送他另一幅画的许诺的回报，他同意担任杰克逊在芝加哥的经纪人。“由于我们拥有你的四幅画，”他两天后写信说，“我们其实早已开始了为你在芝加哥开一家画廊的步伐。当然，我们愿意向你介绍给我们的任何人展示你的作品……
681 自从你的画装裱以来，我们估计已经有400人看过你的画；我认为对一个公共画廊来说，这已是一个相当不错的成功了。”

奥索里奥也提供了帮助，尽管他经营的杰克逊的作品，与他自己买进的相比正好相反，远谈不上成绩骄人。在那年年初短暂返回美国的日子里——搬家到了克里克斯——他安排了一个由杰出的天主教徒参加的会议，包括詹姆斯·约翰逊·斯温尼、莫里斯·拉万诺克斯、《礼拜艺术》的编辑、哥伦比亚大学的福特教父、《时代》和《生活》杂志的罗莎琳·康斯泰布尔、奥托与埃洛伊丝·斯派丝夫妇，来正式提出教堂计划。托尼·史密斯终于完成了这个教堂的素描和模型。这个设计需要一系列以“蜂巢形式”出现的“悬挂的六边形”，作为中心主祭台的装饰。一开始，这个计划包括墙壁上的墙画，但在看过纳穆斯的影片和玻璃画之后，史密斯事实上把所有墙壁都换成了玻璃。杰克逊可以在这些玻璃上创作类似的作品。在迈克道加尔山谷的那个会议上，聚集在一起的大佬们“以彻底的不解”表达了对史密斯非同寻常的设计的意见，奥索里奥回忆道。“他们大为震惊，惊讶得说不出话来。”他们既质疑了杰克逊作品的“新教情调”，也质疑了他们自己筹措资金的能力——这个计划，奥索里索说，“没有一个人再对它抱有热情了。”深感屈辱的托尼·史密斯“愤懑地离开了房间”。

对杰克逊自满的新政策来说，一个更重要的试验就是即将在巴黎举办的展览。帕森斯没有在其中扮演任何角色。在巴黎，奥索里奥担任杰克逊的经纪人，在与法国批评家米歇尔·塔皮埃的合作的基础上，组织并赞助了这个画展。塔皮埃去年曾为奥索里奥举办过一个展览。最初的情形看来很乐观。1952 年 3 月初，杰克逊收到了来自塔皮埃的一封热情洋溢的来信："能将你的作品在巴黎展出，既是我的幸福，也是我的荣幸……我相信时机很好，因为眼下的巴黎人对美国绘画感到普遍的好奇。"尽管对汉斯·纳穆斯要求支付其摄影作品过高的价格感到恼火，杰克逊仍然对详尽的画展目录感到印象深刻。这份目录包括一篇由塔皮埃所写的自满的前言，纳穆斯拍摄的照片，以及奥索里奥为杰克逊的黑白画展所写的导论的译文（重新取名为《我的朋友杰克逊·波洛克》）。当让·杜布菲受麦克道格巷之家的派遣，来归还一幅画作的时候，杰克逊强烈要求他翻译塔皮埃的前言（"他干得再漂亮不过了，"杰克逊说。）3 月 7 日，展览在保罗·法奇蒂（Paul Facchetti）的画室开幕，奥索里奥最初的报道（他已经回到欧洲）令杰克逊激动不已。"前来观展的人多得不能再多了，"他写道，"年轻画家和批评家们一次又一次过来，画展已经引起了热烈的讨论。"不过最好的消息还是关于销售的最初报道：据奥索里索说，15 幅作品中已经有 5 幅售出，更多的作品也有可能紧随其后。杰克逊几乎按捺不住激动的心情，他回信说："销售业绩出乎预料——肯定超出了我的预期——围绕着销售的一切消息当然令人满意。"

不过，好消息并不能持久。首先是批评家们加入了辩论。"遗憾的是，报刊并不十分 682
合作，"奥索里奥报道说，"官方艺术圈则一如人们所能想象的那样，既满腹狐疑，又充满敌意。"接着关于销售的真相开始显露。事实上，塔皮埃只卖出了两张画：《1951，作品第 14 号》以 1200 美元的价格卖给了一个名叫波拉克的瑞士人；《1951，作品第 19 号》则以 750 美元的价格卖给了一位了不起的米兰收藏家卡洛·弗洛拉·德·安格里。两张都是小画（由于一个杂乱的原因，那里没有足够的空间展出杰克逊送去的大型作品）。塔皮埃本人购买了另外两张小画（包括《1949，作品第 17A 号》，曾在《生活》杂志上登过照片的作品之一），但是坚持要求打对折。然后是画展的开销：漂亮的小册子、翻译费、照片、推广会、交通费、装箱费、装裱费等等。等到开销全部罗列清楚，塔皮埃 30% 佣金的标准收费结清，杰克逊只赚进了，白纸黑字，1066 美元。而这只是全部混乱的开始。由于法国进口法规的改革，展览不得不在四月底装箱并运出法国，这就造成了大量后勤方面的问题和令人失望的销售。还有，瑞士收藏家波拉克有兴趣购买《1950，作品第 27 号》，却希望因购置两件作品而拿到一个特别的、更优惠的折扣。生平第一次，杰克逊发现自己（与奥索里奥一起）被埋在大量文件和事无巨细的细节里，而所有这些，他以前都扔给帕森斯处理。在跨大西洋交流的艰难，与法国法律的奇葩之间（也有可能是欧洲经纪人狡猾的缘故），杰克逊从未看到那 1066 美元，而他的画作却在运输中“寄错了地方”。

杰克逊画展在巴黎遇到重创的新闻广为流传之后不久，格兰特·马克的计划就崩溃了。杰克逊以典型的矜持口吻说“我与马克博士的交往……与日俱增，直到上星期发生的一个危机时为止”。这些组合拳令杰克逊惊呆了。“在一家新画廊安顿下来，靠自己出面并不容易，”他三月份写信给奥索里奥说。“我感到我被活剥了……整个经验至今还令我头晕目眩。”（可能头晕目眩，尚未清醒。尽管有这样的尴尬经验，他却继续坚持马克的生化疗法达一年之久。）

当 1952 年 4 月 9 日“美国 15 人展”在现代艺术博物馆开幕时，杰克逊仍然没有找到一位经纪人。就在帕森斯因为被鄙视，可能将杰克逊的作品扔在大街上前一个月，他开始在五十七大街上拉网式寻找一个新人。代理杜布菲和马瑟韦尔的山姆·孔茨或许是一个可能的选项，只是有两个问题：他并不喜欢杰克逊的艺术，他也不喜欢杰克逊的为人。在杰克逊的黑白画展期间，他曾以热嘲冷讽的话，惹得李勃然大怒：“不错的展览，杰克逊，不过，难道你不能用颜色吗？”就在现代艺术博物馆画展开幕前几周，杰克逊步履蹒跚地走进孔茨的画廊咆哮道：“我他妈的要比这些墙上的画家好得多！”孔茨要求他离开，而且不打算再让他回来。（孔茨以同样的理由拒绝了大卫·史密斯，称史密斯的作品“不过是一堆破钢铁”，而史密斯是“一个酒鬼”。）

683 杰克逊还试图接洽五十七大街上的查理·伊甘的画廊，威廉·德·库宁和弗兰茨·克莱因曾在那里办过画展。伊甘对杰克逊嗜酒并没有什么偏见——他自己也是一个嗜酒如命的人——而且他还喜欢杰克逊的画作，但是他的空间已经不可能再展览别的画家的作品。伊甘的画廊占据了一栋棕色大楼的顶楼一个小小的 15×15 英尺的房间。有一个贮藏间，过去曾是浴室；一间办公室，过去曾是一个壁橱。伊甘满是歉意地告诉杰克逊：“要是你早十年过来就好了。”（当亨利·杰克逊几天以后前来寻找经纪人时，伊甘告诉他说：“十年后再来吧。”）

别的可能当然是有的。在蒂伯·德·纳吉画廊工作的约翰·迈耶斯，写了一封热情洋溢的粉丝信（“你的作品重重地击中了我……令我大为感动……谢谢你给我带来了这一美好无比的经验”），在信里，他大力暗示杰克逊应当“被更多公众认识”。通过奥索里奥，米歇尔·塔皮埃提供了一份“经营全部或部分杰克逊作品”的合同，承诺秋天来纽约，然后开一家画廊。去年夏天以来，美国艺术家联合会画廊的里维斯·莱文塔尔也一直在向杰克逊献殷勤。凯瑟琳·维维亚诺通过乔·格拉斯清楚地表明，他“在她的画廊可能得到更好的待遇”。当格蕾丝·伯根尼希特开设她的画廊时，杰克逊邀请她前往斯普林斯，用他的A型车载她兜风，有针对性地向她抱怨说，他的价值还没有被公众充分认识到。

但是，所有这些人当中没有一个能提供杰克逊正在寻找的那种艺术家的身份感，或难得的稳定性。“他觉得他是美国最好的画家，”里奥·卡斯蒂利回忆说，“因此理当与世界最优秀的艺术家待在一起。”他根本看不上美国艺术家联合会画廊，认为它是“一家绘画百货公司”（大部分是垃圾）。巴黎画展遇到的不快使他开始厌恶塔皮埃。尽管蒂伯·德·纳吉是朋友，但他开始做画商还不到两年。他曾严肃地考虑过皮埃·马蒂斯长期的助手维维亚诺，而且与李一同参观过她的画廊。“我听说他也许会喜欢由我帮他做展览，”维维亚诺回忆说，“但他只是坐在那里，从未向我开口。”

物色新经纪人的过程开始变得越来越令人绝望。不管是出于蔑视、无能，还是其他原因，帕森斯在那年春季的下半个季度一幅画也没有卖出。在防止其他艺术家跳槽的最后一次努力中，她从一个闺密那里借了5000美金，购进了3幅罗斯科的画，3幅史蒂尔的画——但波洛克的一幅也不买。每月200美元，马克医生的乳剂很快就耗尽了李在他们的好日子里设法积攒下来的微薄储蓄。40年代以来第一次，杰克逊考虑设计丝织品，以补贴家用。他四处谈论要寻找一份教师工作的事，但徒劳无功。他询问杰夫里·波特他的农场是否需要额外人手。有一段时间，他甚至不那么认真地考虑过来自阿姆斯特朗·鲁伯公司请他为一条新的漆布生产线搞设计的提议。据那年春天他很少的几个客户中的一个回忆，寻找新经纪人上的不确定性，捉襟见肘的财政收入，使得他“筋疲力尽，身心交瘁”。同时也陷进了执念之中。画廊和经纪人成了他唯一可以思量的东西。仍然偶尔来访的托尼·史密斯抱怨说：“杰克逊花费他妈的一整天谈论画廊的事……‘哪一家画廊对 684
我来说是最好的？’‘他们都在做什么？’如此等等，就好像他正在制作一份购物单……那只是大量野心勃勃的话，自满的呓语。”

四月份的某个时候，李再也受不了杰克逊的犹豫不决，便接手了这件事。她径直穿过贝蒂·帕森斯的走廊，走进西德尼·贾尼斯画廊，宣布说：“波洛克可以代理了。”贾尼斯起初满腹狐疑。“李，你不认为波洛克的画作市场已经饱和了吗？”他问。她用充满睿智的斜眼看了他一眼。“西德尼，”她说，“你只懂得皮毛。”贾尼斯尊重李“敏感的商业直觉”，但只同意要跟杰克逊本人谈。他仰慕杰克逊的画，但是，与他的那些同事们一样，他也担心杰克逊的性格——“总是酗酒，粗暴，难于驾驭”。对杰克逊来说，贾尼斯是个理想的选择。与许多新的艺术经纪人不同，他白璧无瑕的声誉，可以追溯到 40 年代初，当他的著作《美国抽象艺术与超现实主义艺术》刚刚出版的时候。自从 1948 年开设自己的画廊以来，贾尼斯只展览“最好的艺术”：“他的藏品从不越出一流艺术品雷池半步，”约翰·格伦这样说。在早期，这意味着，他只收藏欧洲画家：毕加索、莱热、蒙德里安、贾科梅蒂。杰克逊在贾尼斯画廊开张的那一年去访问过，那时它正在筹备莱热的画展。“他走了进来，然后坐在一把椅子上，”贾尼斯回忆道，“他就这样坐着，坐着，坐了整整一下午。那时候，他的画正在贝蒂·帕森斯的画廊展出，因此我啥也没说。最后，他走了。”渐渐地，在里奥·卡斯蒂利的帮助下，贾尼斯揽到了一些“最优秀的”美国画家，包括克莱因、戈尔基、巴齐奥蒂和德·库宁。德·库宁数月之前刚刚抛弃了查理·伊甘（这可能解释了杰克逊何以没有早一点跟贾尼斯接洽）。由于只代理少数几位美国优秀艺术家，贾尼斯就能在他策划的展览中注入新思想和新关切，例如“美国前卫艺术展”，就在杰克逊于保罗·法奇蒂画廊的画展开幕后几天，在法国巴黎展出，引发了大量评论。优秀的艺术家总能招徕优秀的收藏家，由此便形成了一个贾尼斯以超人的技术悉心加以培养的团体。

贾尼斯在其他方面也与帕森斯不同。尽管他是一个来自显赫血统的家族的艺术爱好者，他从事艺术品交易却并不单纯出于热爱艺术；他意在通过艺术谋生。他不仅热衷于销售；跟任何一个好商人一样，他还愿意通过花钱来赚钱。如果说那意味着要举办更好的展览，制作更佳的目录，甚至意味着要补贴艺术家，他还是愿意那样做。尽管杰克逊对贾尼斯彬彬有礼的作风并不十分在意（也许，这是杰克逊把他的画廊列在名单末端的另一个理由），在经历了如此多的挫败后，他已经没有更多的机会来吹毛求疵了。

贾尼斯同样没有太在意杰克逊，因此两人对四月末的会见都不抱什么希望。因为只剩下不多的选项，杰克逊是作为一个恳求者出现的，对此，他当然愤愤不已。为什么美国最了不起的艺术家要在寻找经纪人方面遇到麻烦？为什么他得穿上细条纹西装，降尊
685 纡贵地去参加一次面谈？在与哈利·杰克逊坐出租车前往画廊的路上，数月来的拒斥和挫折——不受欢迎的黑白画展，受损的凯迪拉克，格兰特·马克治疗法的惨败，笨手笨脚的巴黎画展，停滞不前的销售，无法解释的家庭拮据——所有这些令人沮丧的事情都一股脑儿涌上心头。当出租车紧挨着一辆豪车停下的时候，他立刻变得怒不可遏。“他妈

西德尼·贾尼斯

的狗娘养的，肮脏的狗娘养的！”他冲着那辆豪车茶色玻璃窗背后的一个暗色人影叫喊道。“真他妈的，我也能穿细条纹西装。”哈利·杰克逊说，“这只是他妈的古老的自撞南墙式的怒气。波洛克想要知道为何什么这些盎格鲁·撒克逊的白人新教徒，这些哈佛和耶鲁送给世界的礼物，这些自鸣得意的家伙，这些穿着考究狗娘养的，能自由出入某些公司和银行的大楼，为什么他们可以干得那么出色，那么受全社会的尊重，而他，杰克逊，即使到了声名显赫的时候，却仍然一贫如洗？”“他们他妈的是谁？”杰克逊一遍又一遍地咆哮着，“他们什么也不是，他们什么也不是。而我是一个人物。”哈利认为杰克逊的愤怒是冲着西德尼·贾尼斯的，他将贾尼斯看作“金钱的象征，而金钱是这个国家唯一值得崇拜的东西”。更有可能的是，正如杰克逊的大多数愤怒一样，它是针对他自己的。毕竟，他离开帕森斯，是为了寻求更多销售，获得更多认可，赚更多钱。他太像贾尼斯了。即使在最美好的时代，仅有艺术也是不够的。他已经享受过太多的明星待遇，如今绝望地怀念着它。

他们来到贾尼斯的画廊时，杰克逊的愤怒已经平息。从那以后，“它只是猫与老鼠的游戏而已，”哈利回忆道，“波洛克想象自己是个了不起的谈判者，但是他就是担心对付不了贾尼斯。”而贾尼斯，显然相信他（和李）能够掌控杰克逊，因此提供了一份合同，杰克逊很快就接受了。当他回到斯普林斯时，他向杰夫里·波特吹嘘说，“我找到了真正的合作者，再也没有比他更好的了。”

686 如果说杰克逊认为在一家新画廊安顿下来，能奇迹般地逆转他长期的衰落，那么他就错了。自我摧毁式的狂喝烂饮，一直持续到 1952 年夏天，一点也不见收敛。跟往常一样，李忍受了这一切。那年夏天中有两次，杰克逊差点把房子烧掉：一次是他喝得醉醺醺地倒在沙发里，嘴里叼着一支烟。另一次李从床上醒来，发现自己身在火堆里。“我到了那里，席梦思还在冒烟，”罗杰·威尔考克斯回忆说，他是接到李的电话后赶来相救的，“我们把它拖到室外，用花园里的水龙头将它浇灭。”

没有人是安全的。拉斐尔·格里比茨博士之类的邻居，经常看见杰克逊在道路旁蹒跚，或者在丹·米勒的店里大灌啤酒（这样的狂饮通常始于至少 20 或 30 瓶啤酒）。朱里安·列维不可思议地望着杰克逊，当他冲进他的画室，从画架上扯下画布，责骂列维在艺术生协会担任教职：“画家们应该作画，而不是教书，他妈的！”他咆哮如雷。许多人向杰夫里·波特学习，当他们听到杰克逊的那辆 A 型车在车道上的声音时，都假装不在家里。他清醒与否无关紧要。他们害怕他可怜兮兮的道歉的样子，就像害怕他发怒一样。在一次去城里的路上，他闯进了一个由多萝西·米勒主办的晚宴，后者是“15 个美国人”画展的组织者。有个客人，一个精神分析师，听说那个著名的杰克逊·波洛克在敲门，她恳求米勒让她跟他谈谈。在与杰克逊待在前厅差不多一小时之后，她回到桌上。“哦，天哪，”她叹息道，“跟他一起工作会要我的命。”那年夏天至少有一次，类似的怪事让杰克逊再次趟在里根医院里，而他根本付不起医疗费。

令人难以置信的是，正当杰克逊的酗酒越来越严重，正当他最需要帮助的时候，他却不再去看露丝·福克斯了。

福克斯一点没有感到意外。杰克逊参加匿名戒酒者的集会，一直是断断续续、漫不经心的。他只有一到两次服用过安塔布司，当然根本没有“下决心要过上清醒的生活”，而福克斯认为这是走向真正康复的第一步。

那时，李和杰克逊都告诉朋友们说，错在福克斯，她既过于教条，又难以合作。他们从根本上反对她对格兰特·马克的生化疗法的批评。然而，真相却是，在杰克逊长久的心理治疗史上，他生平第一次遇到了对手：一个他无法取悦或操纵的分析师。

首先，福克斯毫不犹豫地坚持认为杰克逊是一个嗜酒者之类开诚布公的谈话，无疑给杰克逊贴上了一个标签，而这个标签，恰恰是杰克逊在那些溺爱他的朋友们的帮助下，一直设法加以避免的东西。透过他反复抱怨他对“嗜酒者的傲慢”感到沮丧和不快，她显然看到了他的本质。显而易见的是，从她的写作中，她将杰克逊之类的病人的愤怒和

生气，以及长久、尴尬的沉默，不是视作天才的酬劳，而是视为“操纵”——每一个酗
酒者都擅长的诡计，“好让他们看起来值得得到别人更多的慈爱、关心和照顾”。她能够
理解，为什么像杰克逊那样的嗜酒者，一会儿可以“可爱，迷人，甚至摇尾乞怜”，另一
会儿却“令人憎恶，吝啬，甚至残忍”，然后是“一副孤苦伶仃的样子，傲慢，冷酷，看 687
上去根本不需要任何人”。她看穿了许多嗜酒者“自我中心”背后的东西：害怕被遗弃的各种操纵，自我评价的低迷，小孩子式的愤怒。在福克斯看来，这种强烈的自我投入能阻止他“以成熟的方式爱另一个人”。嗜酒者“经常怀有报复世界的强烈欲望，感到他被世界错待了”，福克斯写道。“那些跟他最接近的人——他最需要的人——通常成了他的恶意的主要攻击目标。”对杰克逊来说——他把治疗看作另一种形式的讲坛，可以体验他的自我，或是发泄他的愤怒——福克斯的洞察投下了长长的冷酷而又令人不快的光线。断断续续的九个月的疗程大大超过了他能忍受的寻找真相的极限。

然而，福克斯致命的错误在于暗示李·克拉斯纳。从一开始，福克斯就试图将李纳入治疗的过程，同情她作为一个嗜酒者的妻子所受到的折磨，通过她安排杰克逊出席匿名戒酒者恳谈会和治疗过程。但是，福克斯对“嗜酒者夫妇”的果断看法，使两个女人处于直接冲突状态。李或许掩盖了以下事实，即她“知道他是一个嗜酒者”，而且，跟许多嗜酒者的妻子一样，她“苦中有乐”、“选择忍受”。她甚至可能接受了福克斯对典型的嗜酒者夫妇麻烦不断的关系的描述：远离朋友，愤愤不平，无休止的争吵，威胁，恶化的性生活，拒斥，冷淡。但是，李对福克斯的结论不可能坐视不管。

按照福克斯的说法，嗜酒者并不是在“人格紊乱”关系问题遇到的孤立个人。事实上，福克斯对嗜酒者夫妇的研究使她相信，李的问题或许比她丈夫“更为严重”，她至少需要“同样的心理治疗或心理咨询”。而且，不管李如何否定这一点，李其实不是真的希望杰克逊康复。与大多数嗜酒者夫妇一样，她需要“主宰一个更虚弱的男人”。而他的康复，事实上，“对她神经过敏的要求是一个威胁：他必须得虚弱、不如她、无助、依赖她”。最糟糕的是，福克斯的研究表明，李事实上造成了杰克逊狂喝烂饮，她“从痛苦中获得快乐，她可以通过准备好争论、吵架和紧张来造成这种局面，她无意识地使她丈夫回到新一轮的酗酒中”。在杰克逊的手中，这种为其开脱的理由成了致命的武器，在他与李越来越频繁的争吵中，他必定利用这些武器来制造最坏的后果：喝酒并不是他的错，而是她的错；她是成问题的一方；她才是需要帮助的人；他唯一的问题便是她。

然而，没有什么比福克斯的研究对未来的暗示令李感到更为后怕的事。对李来说，

下一步将是担心：担心杰克逊会“战胜她”，“担心自己会失去理智”。由于他的自我控制力已经恶化，她就不得不为他们二人承担更多的责任，从而变得更加自恃。这两种变化
688 都只会加剧杰克逊行为不当。渐渐地，她变得“更加暴力、更加孤僻”，直至终了，到最后阶段，她会离开他，要么“出于突发而灾难性的争吵，要么仅仅因为不断积累的紧张关系”。那将是李拒绝接受的令人心惊胆寒的最终结局。

六月，当然是在李的同意，或许还是在她的坚持下，杰克逊通知福克斯，他不会再回去接受治疗了。

这是杰克逊真正康复道路上的最后一次机会。随着酗酒变得越来越厉害，无论是杰克逊还是李，都没有准备好直面会导致不幸再度降临的残酷真相，也没有勇气接受复原的告白和妥协。相反，他们以新的决定，转向更容易、更少威胁的解决办法。李紧紧抓住了赫巴德医生准神秘主义的药剂和幻觉：她而且只有她可以让杰克逊好起来。“他正在走向灾难，”泰迪·德拉贡回忆道，“为了发挥作用，李不得不对他更严厉。”但是，要对他更严厉，她首先得使自己变得更严厉。尽管有其隐情和决心，但那显然不是李可以做的事。因此，她“小心翼翼地准备食疗法，比以往更勤勉地喂他维生素片”，有位朋友这样说，希望奇迹会再度发生。

自从接受马克医生的乳剂，杰克逊也抓住每一个转瞬即逝的机会。神秘主义及其空泛的病原学和神秘的治疗方法，提供了一种易得的避难所。那个夏天，他开始拜访附近一位印第安人舞蹈教师瓦施蒂和他的妻子普拉维娜的夏季别墅。“他花费大量时间跟他们待在一起，”约翰·利特尔回忆道，“要不，李会邀请他们过来共用晚餐。他们谈论了大量神秘之事。”印度的灵魂——婆罗门，或泛神论，开始出现在杰克逊的谈话里。“你知道，每种东西都有灵魂，”他告诉米里亚姆·夏皮罗，“甚至一块石头也有灵魂。”他谈论“普遍的能量”和“树林里的……现实”。他读了全部或部分卡西尔·吉布兰的《预言家》，费迪南·奥辛多夫斯基的《野兽人与诸神》，作者穿越亚洲的神秘之旅的日记。在后面这本书里，他尤其深深地着迷于一个氏族首领的故事：他割下了另一个人的脑袋，然后又魔力般地重新安上去。他还装模作样地阅读占星术，对一个邻居说，“他妈的，当然天堂的星体影响着我们的心理！”他考查托尼·史密斯的东方哲学，再次体验他以前与克里希那穆提和荣格的并不认真的关系。与此同时，他还逗弄史密斯，建议他皈依天主教，甚至错误地告诉他，他父亲的家，也即麦考伊一家，都是天主教徒。

杰克逊也在新朋友中寻找避难所。杰克逊极容易受人影响，又对易得的答案有绝望的需求，因此不可避免地被那些能提供答案的人所吸引。1952 年秋，他就被巴奈特·纽曼和克莱福德·史蒂尔吸引过去了。

杰克逊同伴艺术家当中的大多数真心认为纽曼是某种喜剧人物，一个和蔼可亲的吹牛大王，身着燕尾服，头戴夏洛克·福尔摩斯的礼帽，还戴一副单片眼镜。他让约翰·迈耶斯想起了霍普尔上校，一部 20 年代的喜剧脱衣舞剧《我们的木板房》里的人物：一个 689
“傲慢无礼、衣着光鲜的家伙，总是兴高采烈，夸夸其谈”，杰罗姆·卡姆罗夫斯基如是说。到 1952 年，纽曼那副粗陋的长相，海象式的胡子，表情丰富的脸，动辄哈哈大笑的天性，已经在同伴艺术家和收藏家当中赢得了相当不错的感情，却没有赢得同样程度的尊重。他同时代的艺术家们认为他是一个闯入者和后来者（他直到 1945 年才认真作画）。与马瑟韦尔一样，他们认为他太喜爱文字，尤其是他自己的文字，因此很难成为一个真正的艺术家。（后面几代艺术家和收藏家对他的价值的看法，会大为改观。）事实上，他在这个共同体里的位置，来自他与贝蒂·帕森斯的紧密关系。正是他，1947 年时将杰克逊介绍给帕森斯认识。1950 年和 1951 年，他在帕森斯画廊举办的垂直条纹画的画展（他称它们“拉链”），受到批评家们和同伴艺术家们的嘲笑，而他关于“审美哲学”的写作，几乎无人理睬。即使用当时的标准来衡量，也被认为是矫揉造作的。1952 年春，多萝西·米勒没有把他纳入现代艺术博物馆的“15 位美国人展”，纽曼几乎遭到了灭顶之灾。“他有个幼稚的期待，认为一到两个展览之后，他就能成名，就能卖画，”克莱门特·格林伯格回忆说，“但是，什么也没有发生。人人都不喜欢他的画展。”他感到又气馁又苦涩，从帕森斯画廊撤回了所有作品，发誓从此以后不再在纽约办画展。他还决定，毕竟他并不真的需要成功，“即使卖出了什么东西，那也没有什么要紧的。”唯一要紧的是作画的行动。“与世界作战就是艺术家的命运，”他对一个朋友说，“无名才是真英雄。”

在这种自我强加的牺牲状态中，纽曼与杰克逊·波洛克有许多相同的东西。两人都感到被公众忽视，被他们的同伴艺术家疏离。对杰克逊来说，47 岁的纽曼是一个被宠坏的兄长，一个随叫随到的查尔斯，正是查尔斯与他一起摔跤，带他去看电影（特别是动作片），而且，跟托尼·史密斯一样，还用语言文字引导他。尽管他在杰克逊的狂饮烂醉面前经常望而却步，纽曼却从未鼓励他戒喝，甚至没有鼓励他少喝酒。与露丝·福克斯不同，他接受表面价值，甚至羡慕杰克逊狂风暴雨般的性格。而且，跟他面前的许多人一样，错把杰克逊专注的沉默理解为心领神会。在某个离谱的考察后，他称杰克逊“比我同龄的艺术家们成熟得多”。杰克逊投桃报李，也羡慕纽曼“在谈话方面的真正鉴别力”，羡慕他的个子、他的博学，还有他那和蔼可亲的怪癖。他尤其羡慕纽曼与其妻安娜丽的关系，她赚了很多钱（使得纽曼可以购买精致的西装，把他的大部分时间都花在作画和写作上），却无怨无悔地生活在他的影子里。与杰克逊一样，纽曼也是一个无可救药的纨绔子弟，一度吹嘘他与阿尔·卡篷（美国黑手党老大）雇用的是同一个裁缝。

杰克逊同样被纽曼对艺术的准神秘主义思考所吸引。当纽曼就“概念的广袤性”大发议论，形容一幅画就是“一个有容量的、自持的东西，仿佛就在那颤抖”时，他会露
690 出笑容。纽曼告诉杰克逊，他已经重新激活了美国艺术，就像福克纳和海明威已经激活了美国文学一样。他已经发动了“反对仪式、反对空洞的形式的战斗，转而选择真实的情感”。他奉承杰克逊的画，把它们跟蒙德里安的画相比，说那个荷兰人的“几何学（完美）掩盖了他的形而上学（他的狂喜）”。绘画并不关乎完美，纽曼争辩说；它也无关颜料、表面或色彩；它关乎“对无限的趣味”。“任何人都可以创作出一幅正确的英语句子式的画，”他说，但真正的艺术家只对“大写的绘画”感兴趣。

跟杰克逊一样，纽曼只能从生活中获取灵感，因此，格林伯格认为，才会如此急切地想要证明其简洁艺术的合法性。“画面上的形象如此之少，”格林伯格说，“巴奈特不得不为其艺术生产大量内容，那种托马斯·海斯可能会写的东西。”例如，他那种个人签名式的图像，即条纹画，不仅仅是条纹，而是“他那先验自我”的再现。而那些画本身也不再是画，而是“总体现实被体验到的瞬间”。他断言，在诸如夸扣特尔人之类的太平洋西北的北美印第安人的仪式中，找到了“艺术最高用途的线索”。在纽曼的世界里，艺术不是艺术，而是仪式——一种“庆典式的表演”；绘画也不是绘画，而是形而上学——“一种神秘境界”。让杰克逊感到最有抚慰作用的是，失败也不是失败，而是英雄主义。

至少，有一个原因，使杰克逊从未完全相信纽曼的观念和艺术。“我他妈的一点也不明白巴奈特的画，”他对罗杰·威尔考克斯说，“他就是个不错的家伙，我喜欢他。”但是，在真实世界不断加剧的紧张和挫折面前，纽曼崇高的修辞却为杰克逊提供了某种简易而又临时的避难所。

克莱福德·史蒂尔则提供了不同类型的避难所。史蒂尔在一个加拿大小镇和美国西北部长大，他在他视为深刻坠落和错误的艺术世界中，带来了某种长老会的高洁和福音派的热情的结合体。作为边境地区一个严厉而毫无幽默感的牧师，他认为艺术不仅是一种职业，而且还是最高秩序的一种道德召唤。“任何傻瓜都能在画布上涂颜色，”他说；真

正的绘画却是“一桩良心之事”，真正的艺术家“所创作的画来自真理”。带着他那瘦削、皮包骨头、毫无笑意的脸，坚硬、突出的牙齿，以及亚哈船长一样令人震惊的灰白头发，他打量着艺术作为复仇天使的功能。在一系列猛烈的书信里，他痛击大量敌人。“可怕，尖锐的书信，”尼古拉斯·卡罗恩回忆道，“这些信太可恶了，人们不想谈论它们，因为它们过于私密了。”在这些信里，史蒂尔恶狠狠地谈论“敌人”、阵营和策略，以残酷无情的傲慢痛击他们。作为一个很有天赋的好辩者，他在语言的战争中出现，对负伤的伤疤深感荣耀。对其道德标准的哪怕最小一点背离，都会让他不惜牺牲友情，而他对这一点却深感自豪。

在史蒂尔严厉的价值观面前，没有人是安全的。“他对任何事都无比挑剔，”尼古拉斯·卡罗恩回忆说。他斥责大众丧失理智，注意力全无，视“当代社会伦理”为“一个集权主义的陷阱”。他指责艺术界“由商人控制”，而商人一点也不关心艺术家们的福利或身心健康。批评家则是“刽子手，为迎合大众的胃口把我们制造成汉堡包”，而学者们 691
则纯粹是个负担。（“如果我们允许学者们占优势，他们只会战胜我们。”）经纪人要么是惯于操纵、搜括钱财的老马（如西德尼·贾尼斯），要么是体制的上当受骗者（如贝蒂·帕森斯）。而他的同伴艺术家的绝大多数作品，只不过是“堕落的练习”。在史蒂尔的福音书里，那些亵渎其神圣召唤的艺术家们乃是“人类最应当蔑视的敌人”。他反对群展的“集体主义”，尽管他声言自己是最早的抽象表现主义者，他却指责这个标签是对艺术家的道德自律的侵犯。朋友们也没有逃脱他那些恶毒的书信的攻击。当贝蒂·帕森斯因史蒂尔离开画廊却没能通知她而抱怨时，史蒂尔用一封义愤填膺的信予以回击：“你，仅仅是一个画商，怎么竟敢质疑一个艺术家的行为？”从此，两人数年不搭话。事实上，除了史蒂尔本人，没有人能够达到他那高处不胜寒的道德标准。他是“孤独的先驱”，在道德和艺术的战线上形单影只。

那么，从这个僵硬、利己的和强烈地自我正当化的史蒂尔身上，杰克逊看到了什么？首先是一种同盟关系。正如在反对某些事情时，他是一个激烈而又无情的人，史蒂尔同样也是一个能够迅速作出反应，忠心耿耿的朋友，一个对抗种种阴谋的孤独的伴侣。通过语言的炼金术，他可以将杰克逊的折磨，转化为一首艺术统一性的凯歌。与纽曼一样，他在某个时刻以奉承的姿态出现在杰克逊面前，而那时，绝大多数尊敬的来源都已经枯萎了。他告诉杰克逊，他（与纽曼和史蒂尔一道）已经“改变了绘画的性质”。对史蒂尔来说，杰克逊 1950 年以来的不名誉，只能证明他在道德上高人一等。他没有屈服于商业主义的谄媚；他还是他自己。在明星光环的重压下，他激烈地改变画风，从抽象的滴画向具象的黑白画的转向，这一事实尤其令史蒂尔印象至深。他大肆赞美杰克逊的黑白画，玩味它们所遇到的批评和不解——来自那些缺乏敏锐的道德洞察力的人。“你的展览对那些肮脏的虫豸来说，是一个真正的轰动事件。”他写信给杰克逊说，“看看那些群居在一起的人的困惑表情，实在是有趣。”

史蒂尔则把杰克逊视为一错再错的艺术界的牺牲品，由于他不懂得如何自卫，这一点就变得更加强烈了。在回应一篇责难杰克逊（以及他的）作品的文章时，史蒂尔给作者哈罗德·罗森伯格制作了一个标签，称他是“沙龙里的夸夸其谈者”，“只懂理论的笨人”，“大众攻击个人的出面人物”，而且骄傲地将信件的副本抄送给杰克逊。“[罗森伯格]文章的两个段落十分清楚地侮辱了你我的作品，”他在附带的便条上写道。“由于独特的情形，我发现以书信的形式解开我的弹弓，让我觉得轻松愉快。我希望你还会发现，知道那些傲慢的放肆得以发泄，这至少是令人欣喜的。”他在结尾处安慰杰克逊说，“眼下空气已经干净了。”

692 杰克逊欢迎史蒂尔的支持。他羡慕史蒂尔在充满敌意的艺术家圈子里“处理自己事务”却又能保持奇特的崇高的方式。他也被史蒂尔那些锯齿般的、结壳的抽象画迷住了，如果还不能说是说服了的话。“那家伙有两下子，”他告诉康拉德·马卡－雷利说。他暂时认为自己是三人执政——波洛克、纽曼和史蒂尔——当中的一个，代表了美国绘画最后、最佳的希望。“杰克逊屈服于史蒂尔，”克莱门特·格林伯格回忆说，“这是他第一次加入某个团体。他第一次成为男孩子当中的一个。”为了感激史蒂尔的支持，杰克逊甚至假装自己是个棒球迷，陪同他去绿螈球场，为布鲁克林道奇队加油。

1952年夏天的另一位斯普林斯的来访者是哈利·杰克逊。他自己也有波洛克感到苦恼的毛病需要治疗：一种酗酒和幻想的强有力的混合症。两人曾从一家酒吧喝到另一家酒吧，相互戏闹着击打对方，在喝着啤酒中间交换狂暴的西部片故事。在杰克逊的一再坚持下，他们有天晚上半夜三更打电话给开萨斯城的汤姆·本顿。当丽塔接话筒时，杰克逊含含糊糊地说，“他妈的，丽塔，甜心，我有朋友哈利在这儿，他和汤姆一定得聚聚。”“杰克，这个时候我不想打搅汤姆，”丽塔答应道，她的意大利人口音依然如故，“等你清醒后再打来，你应该为你自己感到羞耻。”

有个夜晚在榆树酒店，杰克逊挤到琴凳上，“开始用胳膊肘儿砰砰地敲打起来，”哈利回忆道，“就像一个爱出风头的孩子。”当经理大叫“你他妈的酒鬼快滚开，要不我把你扔出去”时，杰克逊站了起来，跌跌撞撞地离开了屋子。“这并非因为他是个乖乖孩，”哈利说。“而是因为他知道店主在吧台后面藏着一根他妈的棒球棍。”在走廊里坐下后，杰克逊开始央求哈利（两人之间隔着一箱啤酒），“告诉我怀俄明州是什么样子的。你们整天开车吗？”倒过来，哈利则央求杰克逊跟他一起开始下一趟西部之行——“把他那个纽约佬的脾气给整一整。”只要他喝醉了，杰克逊就“随时准备离开”，但当第二天早晨来临，现实通常就以李·克拉斯纳的面目闯入。“她对哈利非常不友好，”哈利说，“她反对杰克逊跟我去任何地方。她感到那对她是一种威胁。”甚至当他们下楼去强哥儿彼特酒吧时，哈利都感到“像他妈的小孩子偷偷溜出家门”。

当杰克逊和哈利在某个夏夜一起上路的时候，他们并没有向西，而是向东进发，穿越长长的纳皮格地带，那里的陆路狭长，可以看到道路两旁波光粼粼的水面；穿过希瑟森林，那里受惊的鹿类从矮树后面紧张地张望；穿过福特池和蒙陶克湖，来到印第安人居住区植皮丰茂的高原。在这块突入大西洋的没有树林的草原上，蒙陶克印第安人最后一次捍卫了他们反对白人入侵的权利（在法庭上，而不是在战场上）。现在，这里据说是深空花花公子牧场（Deep Hollow Dude Ranch）的旧址。A 型车在泥泞的道路上驶过，出入空旷地带，在那里，春天的时候，有小溪潺潺流过。杰克逊和哈利步行走完最后的路程，这样就不会惊动那些马匹，或是惊醒守夜人，人人都知道他们可是全副武装的。他 693
们坐在圆形围栏的栏杆上，马儿们则忙于反刍、打滚，在黑暗里温和地嘶叫。“波洛克会让我跳到其中一匹马的马背上，光秃秃的马背，根本没有缰绳，”哈利回忆道，“所以我得解下裤带，套在马脖上，勉强能骑着它。”当哈利试图强迫杰克逊加入他的游戏时，他却躲开了。“他这辈子再也不会骑马了，”哈利说，“他也不会重新开始……他只是静静地坐在栏杆上，看着我，似乎就已经满足了。”

无论有没有哈利陪伴，痛饮仍然成为杰克逊选择的补救措施。在同伴合得来的时候，他会陷入深度的、不可参透的幻想之中，一种在不连贯的喋喋不休和长长的、空洞的寂静之间不断交替的状态。在克里克斯——奥索里奥事实上允许他可以任意出入——他可以数小时聆听泰迪·德拉贡演奏他那台漂亮的百雅牌白色钢琴，一件巴黎的“爱乐者”赠送的礼物。“当我离开时，他会走过来，自己在上面弹出叮当声，”德拉贡回忆说，“或者仅仅一遍又一遍敲出同一个乐音。”德拉贡之类的朋友仅能容忍他这种闷闷不乐的阵阵发作，托尼·史密斯却直率地羡慕它们，他告诉杰克逊，他那些由酒精引发的幻想，事实上具有治疗作用，对他的创造力甚至是不必不可少的。

然而，愤怒却是另外一回事了。它们就像夏天的风暴一样突如其来。他会变得“心情糟透了，就像一条可恶的杂种狗，”哈利·杰克逊说。他会大声叫喊，向同伴画家吐出侮辱性言论——“廉价污秽的赝品”，“骗子和傻瓜”——对想象中的敌人挥舞拳头，声称他本人是“艺术家当中唯一的大师”，“还健在的唯一画家”，“是唯一有话可说的画家”。甚至奥索里奥和德拉贡也不能幸免于这些爆炸性言论的攻击。“有时我刚喝了一口，”泰迪·德拉贡说，“你就看到这个怪物不知从哪里钻了出来。”某个夜晚，他追逐吓坏了的罗莎琳·康斯泰布尔，在克里克斯优雅的房间里四处奔跑，眼里满是“可恶的泪液”，奥索里奥说。另一个夜晚，德拉贡发现他在卧室里，用一把碎冰锥狠命地敲击那台百雅牌钢琴。

李想尽一切办法来控制破坏程度，事先叮嘱请客的主人，提供没有酒精的饮料，死死盯牢派对上的酒吧台，指定友人在她不在身边的时候看好杰克逊。她甚至为他买酒，每天带回家一夸脱威士忌——“为了防止他外出，”她说。但是，当麻烦一如往常那样不可避免地降临时，她已经不再立刻对杰克逊做出解决措施。到1952年冬天，她已经学会了“放手，当杰克逊变得过于麻烦的时候”，有一个朋友这样说，“只在需要强制力把他弄到床上的时候，她才会出现。”

李的首要关心对象不再是杰克逊；而是她自己的艺术。在一个毫无创造力的夏天和整天喝得醉醺醺的秋天之后，他在新画廊的个展前只剩下几个月的时间里，杰克逊事实上没有创作任何东西可以展出。李曾经用许诺贾尼斯来挑画，新老画作皆可，来拖延他，
694 但是不久，他就坚持要亲自去拜访杰克逊的工作室。她懂得（即便杰克逊并不懂），即将到来的展览对他岌岌可危的名声来说，已经变得非常关键。“她试了所有方法，想让杰克逊重新开始作画，”克莱门特·格林伯格回忆说，“她四处扬言，‘杰克逊没有在画画！’就好像这是唯一重要的事，让其他事，比如他喝酒，都见鬼去吧。全部努力的方向都不对头。”

朋友们也注意到了李的变化。毫无保留的支持不复存在，前些年那种无私的卑微也一去不复返了。她的命令“越来越严厉”。一些朋友甚至认为，他们在她的新方法中看到了“一种确立某种分离的企图”。“她用铁腕喂养他”，贝蒂·帕森斯观察到。李似乎已经决定，艺术成了容忍杰克逊的幻想和愤怒的唯一东西。当杰克逊和李那年秋天到多萝西·米勒家吃晚饭时，米勒还记得，她看见每当李看着杰克逊的时候，他都“痛苦地”捂

住自己的脸。“别用那样的眼光看着我，”他央求她，“别用那样的眼光看着我！”“我觉得她恨他，”米勒说。

李已经不再是解决办法的一部分，而是问题本身的一部分——也许是，杰克逊谅必想要相信，整个问题的一部分。也许，露丝·福克斯一直是对的。难道托尼·史密斯不是告诉过他“李不是他的最佳拍档”？难道杰拉德·西克斯不是说过“要是他娶李为妻，那他就得喝下双份”？甚至李的盟友之一泰迪·德拉贡，也相信波洛克夫妇“彼此待在一起的时间太多”，并把他们跟他曾经饲养的一对多情鹦鹉相比。“他们彼此杀死对方，”德拉贡说，“当我问纽约的一家鸟类饲养场该怎么做时，他们回答说，‘啊，当然啦，它们是多情鹦鹉嘛；它们就是因为这个才出名的。他们待在一起的时间太多了。’”

杰克逊有一个更为直接的解决办法。他会在她抛弃他之前就抛弃她。也许出于无意识，但也带有一种意志行为的冷静决定和足智多谋，他开始将李驱逐出他的生活。

他们的关系，在过去的几年里一直骚动不安，如今已成了公开的战争。在多年隐瞒他们的差异（以及不平等的成功）之后，杰克逊开始在公开场合猛烈抨击李，告诉她，“滚你他妈的蛋，女人，我自己会弄好的”，当李纠正他的时候。他当着朋友的面称她“婊子”，“脏货”和“该死的丑女人”。偶尔，当客人们来访，杰克逊会与他们一道走到走廊里。“为了单独待上一会，在没有李的情况下，与客人们发展一点点关系，”据某位朋友说，“他一直对李做这样的事。”在不告诉李的情况下，他会将她摆放在家里、从海滩上捡回来的各种小东西送给客人。次日，李不得不打电话给他们，让他们送回来。还有许多诸如此类能伤及李的事情。客人们走了以后，真正激烈的争吵才开始。邻居埃尔温·哈利斯回忆，他曾在后半夜听到从屋里传来的尖叫声。李的妹妹露丝·史坦因曾惊恐地发现，壁炉路上的家庭场景变成了“冠军争夺赛”的战场。当露丝的儿子罗纳德想去 695
拜访时，李直截了当地告诉他说：“你不会喜欢的。”罗纳德觉得她太夸张了，因此还是前往。“她是对的，”他回忆道，“我无法喜欢。白天黑夜，家里都充斥着咒骂声。我从未意识到吵架可以达到这样的水平。从你醒来的那一刻，24小时都是可怕的、诅咒的和大喊大叫的打斗。”四年前，哈利·杰克逊看到的是富有幽默感的小摩擦，而如今，他发现的是“可怕的仇恨，各种深深的怨恨，巨量的对抗”。最终，甚至在香烟牌子的分歧这样的小事上，他们也会大打出手。当杰克逊抽完他的骆驼牌香烟，甚至在半夜三更，他也会开车去商店，而不愿抽李的切斯特费尔德。

接着他开始打她了。

李总是否定，杰克逊即使是在最疯狂、最醉酒的时刻，也没有伤害过她的身体。她所能承认的最糟糕的事是“他对我的感情变得模棱两可”。“从来没有使用过暴力，”她几年后发誓说，“他只是比平时多用了一些下流的词汇。要不，他会摔摔家具。”然而，那时候，当家暴真正发生的时候，认识他们的人并没有感到惊奇。多年来，她一直害怕他，害怕他发怒。以前，在狂怒、烂醉的当口，他可能用手背偶尔打过她。可是，到 1952 年秋，她却鼻青脸肿地出现在人们面前。访客们还记得，在一夜尖厉的吵闹和奇怪的噪音之后，看到她整个早晨都在哀号，脸上和手臂上都是伤痕。认为李是“自取其辱”的哈利·杰克逊，看到杰克逊“在吃饱喝足以后，把那个老女人击倒在另一个房间。哦，见鬼，”哈利说，“我在那里的时候，看到他两到三次把她打得屁滚尿流的。”

有个狂风暴雨的夜晚，晚宴刚刚过了一半，电灯熄灭了。早已醉醺醺、闷闷不乐的杰克逊，“突然大发脾气，把每个客人都赶出了家”。他一手持红酒瓶，一手持蜡烛，跌跌撞撞地穿过漆黑的房子，拿了一把六英寸长的切肉刀回来。“我要宰了你，”他向李咆哮道，“我要宰了你。”这真是终极的解决办法，神奇的治愈法，可以解决他的所有问题。

那晚过后，或者类似的夜晚过后，李明白，已经无法再由她一人来对付杰克逊了。假如他还想画画，她就需要得到唯一可能的人的帮助；这个人也许还有可能控制他，她也是从这个人那里遗传了错误，而这个人的遗弃，也是杰克逊唯一害怕的东西：这个人就是斯黛拉·波洛克。没过多久，她就打电话给迪普里弗的斯黛拉。“你生了他，”她愤怒地说，“现在，你来照看他。”

斯黛拉十月中旬来到，仍然受着一年到头折磨她的风湿病和黏液囊炎之痛。她发现杰克逊和李已到了山穷水尽的地步——数月来的争吵已经产生了深刻的影响。“他俩都感冒了，”她向查尔斯报道说，“……李还感染到一只眼睛。”有斯黛拉看着杰克逊，他就不
696 再喝酒，开始干活了。但对丰沛的灵感来说，这一天来得太晚了，即使他自信这一天终会到来。他得为十一月的画展创作作品，现在已不到一个月了，而他得立刻就创作出来。他开始调用以往的作品，拿来已“完成”将近一年的满幅画，再加上一些书法式的黑色缠绕线；在一张一年前创作的黑白具象画的基础上，迅速覆盖上几层红、黄、蓝和白色的颜料，从而创造出数年前那种复杂的效果。从黑白画展的心理边缘退却后，他再次转向色彩的安全感——“今年，他画了好些色彩鲜艳的好画，”斯黛拉写信给弗兰克说。没有时间——也许也没有精力——创新。即使是极少量完全新创作的画，像《1952 年第 12

号》(*Number 12, 1952*)之类，也暴露了杰克逊急促、空虚和犹豫不定的自信心。面对前一年春天与托尼·史密斯开始创作，从那时以来一直断断续续地在上面工作(一度曾得到巴奈特·纽曼帮助)的一幅巨型画，他考虑了许久。他“许多次”想重画这幅画，李说，“他总是说，‘这次不会成功’。”最后，在想要挽救这幅画(以及昂贵的比利时画布)的绝望努力中，他在浓密、结壳、过度紧张的画面上，以长宽 4×2 为标准，均匀地加上了八条垂直的蓝色柱子，每一条都有 6 英尺长。再加上几张着色的小画，以及前几年创作的至少五幅黑白画(改了一下日期)，杰克逊终于凑足了 11 月 10 日在贾尼斯画廊展出的 12 幅作品。

没有人比杰克逊自己更清楚，这些画根本没有达到他的水准。当开幕式临近时，他感到越来越忧虑不安。十一月初前往迪普里弗的短暂旅行并没有使他平静下来。就在他应约去市中心挂画的前几天，他特意安排朋友开车，因为“他是如此紧张，以至于对他自己开车感到不安，”约翰·科尔回忆道。当他终于来到画展现场时，他几乎立刻就消失了，只在那天夜里在贾尼斯画廊露了露脸，却早已喝醉、过度警觉，几乎拿不牢一把锤子。挂画过程持续到翌日凌晨四点。第二天开幕式上，每个人似乎都同意，展览“非常漂亮”。贾尼斯指挥着收藏家们，“就像一个优雅的音乐家”，有个观众这样说道，他不断地告诉他们“如果你想买一幅画的话，最好现在就买”。并不是每个人都欣赏他的策略——鲁本·卡迪什称他是“神枪手”——但几乎每个人都羡慕他的成绩。斯黛拉无法出席开幕式，因此李安排了伊丽莎白·赖特·赫巴德来代替她监督杰克逊，好让他保持清醒。然而，晚宴正好过半，弗兰兹·克莱因却建议说，“杰克逊，我们离开此地，去喝上一杯吧。”然后，那晚人们就再也见不到杰克逊的人影了。

不过，比贾尼斯画廊的展览更重要的(即使不那么出名)，是一周以后在佛蒙特州的贝宁顿学院开幕的回顾展。

杰克逊和李驾驶奥索里奥的旅行车，穿过麻省西部十一月份的灰蒙蒙的乡野。当他
们到达贝宁顿时，他们被指定住进一个老式的房车里，这辆房车刚刚被改建成一个舞蹈 697
工作室。里面，背靠着已风化了的带有榫舌和凹槽的壁板的，是首次在一起展出的 8 张杰克逊最了不起的作品:《帕西法》和《图腾 II》，创作于他们结婚前的第八大街的那些日子;《钥匙》，创作于他还在与画笔和来自过去的令人震惊的图像做斗争的日子;《1949 年第 2 号》，16 英尺长的令人眼花缭乱的白色盘绕线;《秋韵》巨型环线和华丽的简洁;《1950 年第 9 号》的局促不安;《1951 年第 2 号》出现的人物形象；最后是《回音》的精致素描。

李和杰克逊与海伦·弗兰肯特尔（最左边），克莱门特·格林伯格（中间）以及海伦·威尔赖特（坐着）在一起，在贝宁顿，弗尔蒙特，1952 年

这是杰克逊的第一个回顾展，但其效果却远不止是向后回望了一下。对杰克逊来说，在长达一年的创造性贫瘠，有损人格的寻找画廊代理，以及为填满贾尼斯画廊的展览而滥竽充数之后，这是对一个漫长的、哀伤的往昔的凝视，这一往昔看上去势必像凤凰牧场那样遥远了。

在托尼·史密斯，吉恩·古森的帮助下策划了这次回顾展的保罗·费雷及其妻海伦，在开幕式之后举行了一个酒会。克莱门特·格林伯格和海伦·弗兰肯特尔，与贝宁顿学院的大多数教师一同出席。身着黑西装和黑领带的杰克逊——“像一个承办商”——孤零零地站着，“事实上一动不动”，处于一种恍惚状态，胳膊肘儿整个夜晚都靠在壁炉架上。当古森试图拉他加入谈话时，他只用一些单音节词汇作了回答。但这一次，该责怪的不是酒精——海伦·费雷让李负责照看吧台。有个陌生人冒冒失失地为杰克逊倒了一杯酒，克莱门特·格林伯格马上就干预说：“杰克逊，别碰。”“我没做任何事，”杰克逊说，然后加了一句，“你这个傻瓜。”那一刻，格林伯格感到了他在东汉普顿火车站外的汽车里曾经感到过的同一种预感；他从杰克逊的嗓音里听到了同一种苦涩的放弃：“只有傻瓜才不
698 会接受必不可免的事情。”但是，这一次，他没有感到可怜，只有愤怒。“当他叫我傻瓜时，我感到的是气愤，”格林伯格回忆道，“我离开了他达数年之久。我并没有说出这一点，但杰克逊感受到了……再则，他已经，如果不能说闻名遐迩，至少也已经臭名昭著

了。我意识到战斗已经打赢了。”

回顾展，格林伯格的愤怒，甚至十一月的坏天气，所有这一切似乎都在传达同一个不详的信息。早些时候，格林伯格曾把这些付诸言辞，当他说，他认为贾尼斯画廊的展览“褒贬不一”，所有艺术家“都有自己的轮回”，而杰克逊“长达十年的好运气已经到头了”的时候。甚至是李也这样说。“当你在 1949 年和 1950 年离开酒精时，看看你做了什么！”她对他说，“但打那以来，重新喝酒后，你画过一张真正的画吗？”最糟糕的是，杰克逊深知这一点。根据格林伯格的说法，“他知道自己已经完了，他已经江郎才尽。”他甚至清楚，尽管他为《蓝色柱子》殚精竭虑，“却不成功”。

展览前数周，杰克逊曾去过克里克斯，几个小时盯着《薰衣草之雾》，“似乎想找出什么来，”泰迪·德拉贡说。在贝宁顿，当他以前创作的“真正的画”包围着他的时候，他一定曾经怀疑过，这一切是否真的一去不复返了。

699

41

对抗世界

杰克逊在暴躁不安的恐惧中度过了余下的冬天：喝酒、沮丧，对整个世界生气。工作是不可能了。他安慰自己说，那是天气恶劣的缘故，或是持续了好几个月的感冒的原因，或是乔治·劳普，那个退休的马戏团小丑，在盖木瓦和绝缘板时发出的声音使他无法集中注意力使然。不管出于何种原因，他的艺术戛然而止了。

假如杰克逊不能工作，那其他人也不能。1953 年 1 月，他冲进伊甘画廊的菲利□·加斯顿画展，从墙壁上扯下画作，嘴里还断断续续地咒骂“架上画”、“装饰画”之类。依然爱好做“人上人”的加斯顿，最近突然从他擅长的富有浪漫情调的写实主义作品，转向他声称建立在莫奈基础上的细腻、涂绘的抽象画。许多艺术家蔑视它们，认为它们在最好的情况下，不过是三心二意的派生作品，在最坏的情况下，则是机会主义罢了。“加斯顿在折腾，”参观过这些年初画展的尼古拉斯·卡罗恩说，“他并不理解抽象表现主义运动。他只是想要成功，想要挤进前卫艺术的花名册中。”那年春天晚些时候，杰克逊故技重演，他再次冲进詹姆斯·布罗克斯在格蕾丝·伯根尼希特画廊举办的画展，喝得酩酊大醉，怒气冲冲，“可能还有些嫉妒，”伯根尼希特如此说。

杰克逊拒绝因贾尼斯画廊的展览评论而感到喜悦——仅仅两年前，这样的评论会使他高兴得浑身颤抖。罗伯特·古德纳夫称这些新作品是“撩人的”、“令人狂喜的”。“它们使画廊沸腾着能量。”他赞美“颜料的纯粹感官性”和“材料的先验性”。《艺术文摘》则欢呼这些“辉煌的新作”，尤其发现《第 12 号》“难以置信地令人激动”。在《时代》周刊上，霍华德·德芙里将杰克逊与康定斯基相提并论，而且赞美他的新作“比我迄今为止所见的任何东西都富有更多的暗示”。在听到那么多“混乱”的指责之后，杰克逊谅必
700 会对罗伯特·寇特兹发表在《纽约客》上的说法感到高兴。“我总是觉得，在他作品表面

上的张扬背后，隐藏着的是观念表达的深思熟虑的强烈紧张感。”但是，即便是在最过分的评论中，杰克逊也能发现自己被误解、被低估的断言一次又一次得到证实。有两位评论家拈出《第 12 号》予以特别的表扬，但是两人都将它定性为风景画。还有一些人对他重新回到色彩的决定表示祝贺，暗中斥责前些年创作黑白画是“走了弯路”。

用他们的钱包说话的收藏家们，事实上联合抵制了画展。只卖出了一幅画——就是那幅备受赞美的《第 12 号》，卖给了洛克菲勒家族的子孙尼尔森。杰克逊的同伴艺术家们批评他重复自己，从他的同代人当中“借用”东西:《第 12 号》中大面积的充满感官魅力的色彩来自马克 · 罗斯科;《蓝色柱子》里的垂直线来自巴奈特 · 纽曼。人们达成的共识似乎是：他已经过了巅峰期，开始走下坡路。而杰克逊也许还会就推理过程进行争辩，他却接受了这个判断——这也是格林伯格和李作出的判断。同样也是他自己的判断。“他并没有反对我们不喜欢这个展览，”格林伯格回忆道，“他并不需要借口，或者想要自欺欺人。他知道展览没有达到应有的水平。”

在每一个转折点上，杰克逊都会拒斥赞美而享受批评。粉丝寄来的信——关于版画和复制品的问询，在库帕联盟作演讲的邀请，来自一个哈佛大学本科生的采访要求——只能让他想起过去的美好时光。当多萝西 · 米勒写信告诉他，佩吉 · 古根海姆已经将《五英寻深》(*Full Fathom Five*) 转让给现代艺术博物馆时，他只会抱怨画商们和收藏家们在近年是如何忽视他和亏待他的。比方说，他送往巴黎的 15 张画如今安在哉？从销售得到的收益又在哪里？甚至是一月份的消息，即他的画展被《艺术新闻》的编委会评为 1952 年度第二个最好的个展，也无法削弱他的自怨自艾情绪。约翰 · 利特尔回忆了他当时的反应:“噢，见鬼，他们懂个屁。”

杰克逊需要斯黛拉。一月，他打电话给迪普里弗的她。尽管波洛克的矜持是出了名的，但他还是央求她来斯普林斯。她建议下次她前往纽约例行注射可的松时，会试着安排去看他。一个月过去了，她却没有出现，杰克逊不得不再次寻求伊丽莎白 · 赖特 · 赫巴德的帮助。在赫巴德仍然会对他有好处的一厢情愿中，李让杰克逊独自一人每周一天去市区看病。跟过去的情形一样，他直接从赫巴德办公室到一家酒吧，通常是雪松客栈，然后喝到打烊时为止。在朋友家的沙发上醒来后，他通常会在第二天早晨回家。

春天，他再次请求斯黛拉过去。他反复打电话，每一次都比前一次更紧迫。他提出他去市里接她，这样她就不用独自一人旅行了。但是斯黛拉每一次都有新的借口：她的膝盖太僵硬，已经动弹不得；她的风湿病又犯了；桑特太累了等等。“天气不是下雨就是

701 下雪，要不就太冷，”她写信给查尔斯说。但是杰克逊想必已经意识到，一定另有隐情，某些不能说的事，让她离得他远远的，让他们分离。

1953 年夏天来到时，杰克逊越来越感到孤独和心烦意乱，他把这一切归罪于一人：哈罗德·罗森伯格。

麻烦差不多一年前就开始了，那是在一个晚夏的夜晚，在奈克小道上罗森伯格那古怪的、棕色木瓦的屋子里发生的。通常，李会拒绝邀请，特别是在杰克逊的行为不可预测的时候。但是，罗森伯格那次邀请的不是艺术家，而是他《党派评论》圈子里的作家和友人。李或许希望为杰克逊那摇摇欲坠的名望寻求一点新的支持。不管她的算计如何，她一定后悔那样做了。由罗森伯格主持的高规格谈话，迅速转入极其抽象的话题，同样迅速地将杰克逊抛在脑后。杰克逊在角落里阴沉地喝着酒，开始嘟嘟囔囔地插话“哪来这些个废话”、“狗屁”等等。最后，在故意冷落他一阵子后，哈罗德转向杰克逊，用他那种极端高人一等的语气说:“听着，杰克逊，难道你不觉得已经喝多了吗？现在你需要的是停止打断别人的话，上楼去好好打个盹。”

早已喝得醉醺醺而无法自卫的杰克逊一离开房间，李就爆发出一阵狂怒。整个夜晚就是一个陷阱，她得出结论说。罗森伯格故意在那晚邀请杰克逊，好羞辱他。她以前也见过他那样做：先是灌醉杰克逊，然后等他出丑。她气得暴跳如雷，朝笑眯眯的罗森伯格步步进逼。“你好大胆！”她咆哮道，“你好大胆！他是个名人，而你说话的方式就好像他什么也不是。”罗森伯格站了起来，以夸张的愤怒的姿态立起他那 6 英尺 4 英寸的腰杆子。“别告诉我谁是名人，”他用他尖厉的、怒不可遏的噪音说道，“如果说这里有谁会出名的话，那个人也是我，而不是楼上那个醉鬼。”说得众人大笑。李怒气冲冲地离开了房间。

不久，罗森伯格就着手兑现他的威胁。

一个时期以来，他早已对艺术界的发展感到不快和失望。他长期推广的艺术家，如巴齐奥蒂和霍夫曼，仍然陷于相对无名的泥潭里。除了少数人认可外，他论主体性的写作一直被人们忽略。“内在主体性”展也烟消云散，没有留下任何痕迹。作为罗伯特·马瑟韦尔的常客，他也持有马瑟韦尔对艺术界的发展方向，特别是对杰克逊的支配地位不抱幻想的态度。

然而，没有比克莱门特·格林伯格的崛起更让罗森伯格感到疼痛的事。罗森伯格觉

哈罗德·罗森伯格

得，他深知格林伯格是个什么样的江湖郎中。他30年代就认识他，当时还是一块白板的
格林伯格陪伴伊戈尔·潘杜霍夫，那个白俄罗斯的冒牌货，去霍夫曼的艺术学校、画廊和
博物馆，为的是接受速成的艺术教育。梅·罗森伯格是第一个将格林伯格介绍给李认识
的人，李带领“他在艺术圈走走，并跟他讲讲艺术”。因此，梅更是瞧不起格林伯格。而 702 
如今，他们不得不面对同一个克莱门特·格林伯格的遗憾景观——“那个平庸者，”梅这
样称呼他——在前卫艺术界行使决定性的权力，用关于抽象艺术的历史必然性的半吊子
的康德和有气无力的理论，口述谁是了不起的，谁却不是，还忽略优秀艺术家，却把酒
鬼奉若神明。（罗森伯格后来形容格林伯格是“杰出的密报人员，现在和将来都一样”。）
罗森伯格无疑从威廉·德·库宁之类的艺术家那里听说过那些骇人听闻的故事。罗森伯格
是他那里的常客，也是从他那里学到了有关艺术的大量知识。格林伯格曾去德·库宁的
画室，然后指着周围的作品，宣布说“你不能那样！你不能那样做！”德·库宁把他扫
地出门，但许多艺术家却没有如此大胆。与此同时，罗森伯格这位令人尊重的知识分子、
“才华横溢的术语创造者”、诗人、辩论家、哲学家，却用相对含混的语言从事批评。对
梅来说——她敬重她先生，尽管他喜欢玩弄女性——这种情形令人气愤；对哈罗德来说，
它深深地使他感到羞辱。在那年夏天从纽约前往东汉普顿的旅途中，一个朋友说他“以
极大的幽默感哀悼自己的失败”。到那年夏末，这种幽默感不见了。他已经下定决心要打
倒格林伯格，附带地，还要打倒“楼上那个醉鬼”，杰克逊·波洛克。

尽管罗森伯格接受的是律师的训练，以其诗歌和文学批评闻名，他却跟格林伯格一样，自己也创作一些绘画作品。有一次曾为公共事业振兴署邮政局的墙画，提交了一幅名为《朝圣者与印第安人》的“令人尊敬”的速写。同样与格林伯格一样，他也喜欢享受在基本上由非知识分子构成的艺术家共同体中很容易就得来的知名度。在他移居华盛

顿特区编辑公共艺术振兴署的美国指南系列，只在周末返回纽约以后，情况尤其如此。作为一个终生的法国文化爱好者，他对超现实主义者，特别是布勒东的到来，欣喜若狂。他认为，布勒东是很少几个能跟他平起平坐的知识分子中的一个。但是，罗森伯格太聪明了，他不可能不认识到超现实主义艺术观——视艺术为艺术家个人意识的终极表达——与他自己托洛茨基式的艺术观——视艺术为政治工具——之间的根本冲突；这种
703 冲突还激发了存在主义与马克思主义之间的更大矛盾。对罗森伯格来说，这两种世界观形象地再现了“两条狗，对着同一棵形而上学之树狂吠”；这棵树便是：“一部历史剧的个体主角［所面对］的情境。”战后，罗森伯格放弃了其马克思主义的修辞，但是他的执念基本上保持不变：一个个体如何在大众媒体的同质化大潮中存活下来，而不是被席卷而走？一个艺术家如何独立于大众媒体创作？布勒东的另一位崇拜者罗伯特·马瑟韦尔，也提出过类似的问题，尽管他用的是更加雄心勃勃的词汇：“艺术家的问题是：他将认同什么？”早在1944年初，马瑟韦尔就用本质上属于存在主义的论点（“因此，绘画乃是在色彩和空间中认识到自己的心灵”），来捍卫一种形式主义的艺术观。差不多在同一时期，罗森伯格在《达达》上看到一篇理查德·胡森贝克（此人是德国达达主义运动中一位好斗的领袖）的文章，论证“文学应当是行动……用手中的枪写成”。据马瑟韦尔称，哈罗德“爱上了”胡森贝克的文章，决定将它发表在《可能性》那本很少有人问津的杂志上。

在同一期杂志上（还发表了杰克逊的一则公开声明），马瑟韦尔和罗森伯格共同拟定了导论，将艺术家的存在主义狂喜指定为终极的政治宣言。“假如人们还想继续作画或写作，将它当作似乎包围着他的政治陷阱，那他或许就不得不对可能性拥有最高的信念。”1948年，罗森伯格又将这一论点向前推进一步，使其变得更为醒豁。由于艺术家“直接以其自身经验作为工作材料”，因而他们成了美国唯一还没有被异化的工人：新革命的英雄。为了“使自己从过去中解放出来”，正如马克思所要求的，艺术家被召唤来“通过其行动创造一个新的自我”。在他1949年为山姆·孔茨画廊举办的“内在主体性”展所写的导论中，罗森伯格向艺术界宣布了这一新理论（“现代画家……始于虚无。那是他所拷贝的唯一东西。其余的一切都是他的发明。”），但是，受到孔茨画廊展那致命标题的拖累，展览——以及罗森伯格的理论——很快就销声匿迹了。

到50年代初，这样的观念已经从哲学家的高度下降到巴奈特·纽曼和克莱福德·史蒂尔之类的好斗者的手中，他们将它改造成有关绘画行为的重要性，以及艺术家拒斥大

众文化和消费主义的责任的激进格言。对他画展的命运感到愤怒的纽曼尤其如此，他试图将失败的酸葡萄转变为哲学美酒。“卖不卖得出根本无关紧要，”他逢人便说，“你在画画，这是唯一重要的。作画的行为就是一切。”通过这条路线，以这种极大地得到简化的形式，这些艺术观念也到达了杰克逊的耳朵里。事实上，杰克逊和罗森伯格 1952 年冬天前至少讨论过一次这一话题。从纽曼和史蒂尔那里鹦鹉学舌般地学到了这些概念后，杰克逊在横越长岛的火车上，提出了一个有关“绘画行动”的重要性的经过篡改的版本。

无论罗森伯格的理论源头来自何处，其结果都是他自己的：他的理论综合和含混的独一无二的，也许还是悖论式的礼物。

那年秋天，当罗森伯格为《艺术新闻》一遍又一遍地起草论文时，他想必已经意识 704
到了自己的困境。他关于艺术家乃存在主义英雄、美国先锋、行动的人、政治革命家等等，这一经过长期演化的理论，不可避免地指向了一个艺术家：杰克逊·波洛克。除了波洛克，还有谁还是一个西部牛仔、破冰者、冒险者、将自己投掷于画布的人、在纳穆斯模糊的“行动”照片中获得不朽的人？还有谁能成为罗森伯格的主角？事实上，波洛克在《可能性》的陈述中早已如此自命（罗森伯格在编辑此文时曾大大地施以援手）：“当我身处我的画作之中，我并没有意识到我在做什么。只有当我‘熟悉’了一段时间后，我才发现我做了什么……画作有自己的生命。我试图让它自己获得成功。”其他候选人——德·库宁、马瑟韦尔、戈尔基——要么在技术上想得太多，与其欧洲前辈的关系过于紧密，要么干脆说就是太欧洲化了。然而——这就是困境的核心所在——罗森伯格并不喜欢杰克逊的画。不仅如此，他鄙视他那醉醺醺的古怪姿态，蔑视他的智力（后来称他“无法维持长久的脑力劳动”），而且还深深地恼怒于他的明星效应。

一个稍微聪明点——或者，某些人会说，稍微老实点——的人，会在这样的矛盾面前退缩。但罗森伯格却把它视为对自己超级智慧的一个挑战：界定一个艺术运动，却用不着背书，或者提名其最主要的样本；责难杰克逊的明星效应，却赞扬他的方法；最后，推翻格林伯格的批评王国，却不用瓦解它促成的卓越性。只有一个像布勒东那样更多地在意观念，而不在意绘画的批评家，才会去尝试这种事情。罗森伯格打算尝尝它的风味。

就在杰克逊在贾尼斯画廊的展览闭幕后数天，《美国行动画家》发表于《艺术新闻》1952 年第 12 期。整个论辩始于一段大胆而令人难忘的雄文：

> 在某一时刻，画布在一个接一个美国画家看来开始成为人们在其上行动的战

> 场——而不是人们在其上生活、设计、分析或“表达”一个对象的空间，不管是真实对象还是想象的对象。正在画布上发生的事已不是一幅画，而是一个事件。
>
> 画家不再带着他大脑里构思好的形象走向画架；而是用他手中的材料走向它，在他画架前将手中的材料制作成某种东西。形象只是这一邂逅的结果。

但是，直接性和清晰性很快就让位于罗森伯格矛盾重重的议程。在没有指名道姓的情况下，他暗中称杰克逊是“这种新状态的领袖之一”，甚至以这样一种方式来形容“行动绘画”，以至于清楚无误地令人想起纳穆斯所拍摄的正在工作中的杰克逊：“由于画家已经成为一个行动者，观众也必须以行动的语汇来想象：它的起始、持续和方向——心理状态，意志的集中与松懈，被动性，专注的等待。”不过，罗森伯格补充说道，行动绘画
705 当然比单纯的行动意味着更多东西。为了做到真正的前卫，行动必须来自一种“个人的反叛”——不仅从对象中，而且也从艺术本身当中解放出来，不仅从社会，而且也从过去解放出来：一言以蔽之，这是一种个人的和政治的革命。每一幅画都体现了解放的戏剧；每一幅画都是一种自我创造的行动。正如罗森伯格可能已经意识到的那样，在这儿，也没有一位艺术家，像杰克逊那样更具说服力地吻合他的标准。没有一个艺术家，像杰克逊那样，更加令人信服地倾倒出他的内心世界，他的“私密神话”。没有一个艺术家的作品，像杰克逊的那样，“与他的传记密不可分”。也没有一个艺术家，像杰克逊那样，冒着如此巨大的风险。没有一个艺术家，像杰克逊那样，以如此令人痛苦的方式，与过去的关系，与任何种类的继承得来的“价值”一刀两断。

然而，还有另外一个障碍：“任何新绘画的标志都是其严肃性，”罗森伯格写道，“而其严肃性的标志，则在于画布上的行动成为艺术家的全盘努力扩展及其经验转化的程度。”即使一个艺术家“走向画布的白色空间，如同麦尔维尔的以赛玛利走向大海”，即使他在经历了个人的 / 政治的反叛之后才实现他的风格，而且在其每一次作画时能够体现这种反叛，他都必须保持严肃性。仅有存在主义的焦虑还不够；真诚性才是关键。

在罗森伯格看来，杰克逊在这一标准面前败下阵来。这篇文章依然不指名道姓地嘲笑杰克逊最近转向神秘主义，认为这样的转向产生了“易得的画作”和“不是争取得来的杰作”。假如一个艺术家只是“神秘之物”的喉舌，罗森伯格说——同时也把史蒂尔和纽曼拉进他的网里——假如艺术家的个人斗争不再成为画布上的戏剧性对话的一部分，那么，艺术家的生命（他的“日常生活的灭绝”）就仅仅成为装饰，他的艺术也仅仅成为

“启示录式的墙纸”罢了。他攻击内在于艺术家的申明（神秘之物通过其口说话）的“自大症”。这样一个艺术家混淆了“做出行动的感觉”与真正的艺术行为，因此，他的艺术除了一个签名之外，什么也没有传达。他的画作不再是“个人斗争的徽章”，画家也不再是一个真正的艺术家。相反，他成了“栖息在艺术世界的幽灵”。针对杰克逊的意蕴是一清二楚的。“开始重塑自我的那个人，”罗森伯格得出结论说，“业已使自己变成一个带有商标的商品。”

相比而言，格林伯格更容易处理。由于新绘画“已经打破了艺术与生活之间的所有差异”，罗森伯格说，“因此，一切都与艺术相关了。与行动相关的一切——心理学、哲学、历史、神话学、英雄崇拜——都与艺术相关了。一切都相关，除了艺术批评。还在用学派、风格、形式的术语从事判断的批评家（就好像画家还在关心生产某种对象——艺术品——而不是在画布上生活似的），是注定要成为一个局外人了。”在其他地方，在一种甚至更加露骨的指涉下，罗森伯格称格林伯格是“大众的专业启蒙师”，“趣味官僚制”成员。他已经背叛了前卫艺术，罗森伯格说，加入了商业既得利益者的行列，利用前卫艺术家，却既不欣赏，也不需要他们。

当然，所需的是“一种新型的批评”，罗森伯格坚持认为，一种能在画作中识别“内 706
在于其创作模式中的诸多假设”的批评，一种能够平衡“艺术世界的迟钝愚笨、唯利是图和目标不明”的批评，所需要的是“一种真正的观众——而不是市场……是理解——而不是明星效应”。开明的批评和善解人意的观众，当然只能来自“能在他们自己的作品中感受到新的创造原则的诗人、音乐家、理论家和文人的小圈子”。简言之，只能来自哈罗德·罗森伯格。

对罗森伯格来说幸运的是，很少有艺术家愿意麻烦自己去仔细地读他的文章，更少有艺术家能理解它。当保罗·布拉奇向他质问真相时——“我认为你写那篇文章仅仅为了诋毁杰克逊”——罗森伯格以一丝神秘的微笑和匪徒般的咆哮回答道，“你是个聪明的小子。”一些人也许会错失这篇文章的宏大策略，但是他们非常明白它与绘画几乎没有任何关系。杰罗姆·卡姆罗夫斯基觉得它“充斥着那么多胡说八道的东西，以至于你根本不知道他是在谈论绘画，还是在谈论某种社会事件”。“它是彻头彻尾的谎言，”尼古拉斯·卡罗恩哀叹道，“还好格林伯格有眼光。”在为了排斥杰克逊而炮制其理论的过程中，罗森伯格确立了一个如此抽象而玄妙的行动绘画的定义，以至于它与艺术家——任何艺术家——实际上在做的东西不再有任何关系了。难道期待批评家开始将艺术判断为行动，自上而下检查艺术家（从作品的构思到完成）是现实的吗？如何可能在“自动的、自发的和被激发的”与“仅仅是完成的”之间作出区分？谁有资格评判一个艺术家的“严肃性”？难道罗森伯格不是用他自己同样任意的“真诚或不真诚”的标准，取代了格林伯格那令人讨厌的“好还是不好”的标准吗？难道差别仅仅在于，罗森伯格将对他颁布的标准实施管理？

罗森伯格少数《党派评论》的同事，将这篇文章视为一种奇特的、莫名其妙的离题。威廉·巴雷特警告说：“画家们就事论事的大脑，喝上太多意识形态的坏水，也许并不是这个世界最美好的事情之一，特别是当这种意识形态是由罗森伯格之类的老手炮制的时候。”在巴雷特看来，罗森伯格“即使是在让你眼花缭乱的时候，也有一种令人犯迷糊的习惯，任何一个话题在他接手以后，都要比他接手以前，变得更加复杂，更加令人困惑”。里昂奈尔·阿贝尔认为这篇文章“不仅不清楚，而且还是错误的”，特别是在他对行动的定义上。正如罗森伯格指责现代艺术既不“现代”，也不“艺术”一样，“行动绘画”既与行动无关，也与绘画无关。

它确实有关的，就是它那引人上当的标题。

作为一篇好斗的文章，作为一个大众娱乐者，作为它所苛评的文化本身的产物，富有讽刺的却是，《美国行动画家》取得了一种喧闹的成功。（对发明了诸如斯摩基熊之类的大众文化符号，在广告部门有过 20 年工作经验的罗森伯格来说，这也许不足为奇。）
707 术语“行动绘画”在五十七大街的十二月画展上到处传播，并渗入各种假日派对，激发了“大量火花四溅的讨论和论战”，有一份纪录这样说。它或许不是罗森伯格精确预料到的情况，但是，他显然达到了主要目的。“他想要引起众人注意，”1952 年（其时这篇文章开始成形）罗森伯格家的偶然来访者罗杰·威尔考克斯回忆道，“想要做些耸人听闻的事。他说，无论是获得大量赞美，还是大量批评，他都会感到高兴。只要人们在谈论这件事就行。他想要引人关注。”

在壁炉路，他的目标达到了。当李·克拉斯纳听着布拉德雷·沃克·汤姆林大声读出这篇文章时，她的愤怒越来越强烈了。汤姆林是个有教养的绅士，智力超群，他显然帮助李穿越了罗森伯格那浓密、隐晦而又暗示重重的文本的丛林，但是李却不需要一位诠释者，就能懂得杰克逊得到了粗暴的对待。对她来说，诸如“新绘画已经打破了艺术与生活之间的所有差异”之类的句子隐含着的意思，是再清楚不过的了：就像杰克逊的生活正在沦落至地狱，他的艺术亦然。当罗森伯格提到“私密的《白夜》”、“日常生活的灭绝”、“自大狂”以及“易得的画作”之类的词汇时，除了杰克逊，他指的还会是谁？在李认为来自罗森伯格及其妻子长达数年的羞辱和轻视以后，这篇文章不啻为一则战争宣言—— 一场史诗般的冲突的序幕。

如果说哈罗德·罗森伯格想要发动一场战争，那么她就给他来一场生死大战。

然而，当李试图招兵买马之时，她才发现她的同盟军少得可怜。汤姆林尽管同情他们，却性情温柔，无法战斗。除了提供一些道义上的支持，很少有什么用处。克莱福德·史蒂尔在论战爆发之时路过罗森伯格的家，他给后者写了一封措辞激烈的信，称这篇文章是对“绘画的攻击”，却成功地拒绝了长期服役（哪怕是为了他自己）。克莱门特·格林伯格，李逻辑上的最大同盟军，一开始奇怪地保持沉默。当她催促他发起一场反击战时，他却推诿了，以为整个“行动绘画”的概念只不过是“一种纯粹修辞性的伪造”。而且，他解释说，“你参与战斗，除非你还尊重他。我并不尊重哈罗德。他并没有说真话。”当然，格林伯格这种不同寻常的矜持还有别的原因。他早就意识到《党派评论》对他宣扬某些抽象艺术的尖锐而又教条的说法，怀有不满情绪了。詹姆斯·约翰逊·斯温尼最近刚刚加入《党派评论》的编委会，他清楚地知道自己不是格林伯格艺术批评的仰慕者。在他自己的权威遭到威胁时，格林伯格想必已经决定，现在卷入与罗森伯格的公开纷争根本不是时候；因为罗森伯格是他同一个圈子里受人尊敬、经常联系的人。特别是当一篇文章，在格林伯格看来，不是攻击他，而是攻击杰克逊，而杰克逊的作品连他也不再尊重的时候，亦即他越来越关注天才和富有魅力的年轻女门徒海伦·弗兰肯特尔的时候；海 708
伦显然要比杰克逊更能适合他的形式主义指令。还有，杰克逊不是叫过他“傻瓜”吗？

起初，甚至杰克逊也是一个犹豫不决的同盟。据文章发表后不久见到杰克逊的康拉德·马卡－雷利说，他最初的反应更多的是烦恼，而不是愤怒。跟李一样，他从未怀疑罗森伯格把他当作一个模特——他后来漫不经心地称这篇文章是“罗森伯格那篇谈我的文章”——他还记得在火车上与罗森伯格谈起过“绘画的行动”。但是，对杰克逊那并不敏感的智力来说，罗森伯格只不过是损坏了他的观点而已。“多么愚蠢，”他对马卡－雷利说，“我跟他说的是绘画的行动，揭示的也是绘画的行动，不是行动绘画。哈罗德把一切都搞糊了。”“在他看来，这一切很荒谬，”马卡－雷利说。不过，当世界似乎都在反对他，钱不够花，对其画作的兴趣也开始下降的时候，杰克逊很快就接受了李更全面的观点，即他事实上受到了极大的诽谤，所谓“误解”其实是无理对待。根据李的说法，他的正式反应很快从“烦恼”转为“惊骇”，而这篇文章也成为他对抗越来越富有敌意的世界的焦点。

很快，战争就升级了。在文章发表后几天，威廉·德·库宁和菲利甫·帕维亚顺便造访杰克逊的家，发现李还在发泄她的愤怒。粗心大意的德·库宁“宣布他喜欢那篇文章”，继而捍卫它以及罗森伯格不受李毁灭性的攻击。据记录，这场讨论很快就达到了怨恨和谩骂的“新高度”，直到德·库宁和帕维亚在猛烈的火力下迅速撤离。这或许是罗森伯格的文章点燃的数以百计的争论中的一个，但李就是不想让它熄灭。在一通大喊大叫的电话里，她指控德·库宁“背叛了她，背叛了杰克逊，也背叛了艺术”。

事实上，李对德·库宁的不满，不管是真实的还是想象的，都可以追溯到十多年前的 30 年代后期。那时，她非常“崇拜”他。这个年轻的荷兰人惊人的帅气、欧陆做派、天赋，最吻合雷娜·克拉斯纳理想中的男人形象。在遇到杰克逊以前，她曾经认为德·库宁是“世上最了不起的画家”。爱情——或者至少说是迷恋——不可避免地降临了。在 20 世纪 30 年代后期的一个新年夜宴会上，她对他投怀送抱，坐在他膝盖上，尽情地卖弄风情。然而，就在高潮将至的那一刻，就在她行将亲吻他的时候，他却张开双腿，让她像个喜剧演员一样掉到地板上，当着众友人和同伴艺术家的面羞辱了她。她只得借酒浇愁，

依莲娜和威廉·德库宁站在他的《女人》系列前，拍摄于卡斯蒂利之家，东汉普顿，1953 年 8 月

但立刻就开始痛骂他，不停地叫他“骗子”和“狗屎”，直到弗里茨·布尔特曼把她拖开，将穿着衣服的她塞进淋浴房时为止。

那个夜晚成了李一生中最糟糕的经历之一。打那以后，她那受到嘲弄的迷恋变成了
愤怒。她指责德·库宁唆使杰克逊酗酒，损害他的名声，最可恨的是，“拒绝承认杰克逊 709
是最好的”。出于同样的理由，又混合以嫉妒，李也憎恨德·库宁娶的女人依莲娜·弗里德，一个精明、和蔼、聪慧、充满活力、温婉含蓄，以及——最可恨的是——富有魅力的年轻艺术家。多年来，这两个女人成功地用一种令人不寒而栗的热情来掩盖她们之间的敌意，虽然瞒不过众人的眼睛，却瞒过她们的丈夫。李猜测依莲娜，作为汤姆·海斯的密友，背后谋划了在海斯的书《抽象绘画：背景及美国阶段》中将杰克逊列入第二梯队的阴谋。她宽恕了海斯（她和杰克逊还请求他写一本论述黑白画的书），但是德·库宁夫妇却位列她长长的敌人名单的前列。德·库宁对罗森伯格的辩护则使他突然位列这份名单的首位。

在李不断扩大的战争的新阵线中，召集杰克逊被证明遇到了更大的困难。自从李介绍杰克逊和比尔·德·库宁在40年代初相识之后，他俩一直享受着一种友善的相互尊重的情谊，即使还不能说是热情的话。当里昂奈尔·阿贝尔1948年访问斯普林斯的时候，杰克逊告诉他，“我们这里刚刚出了一位比我更优秀的画家，”阿贝尔回忆道，“他指的是比尔·德·库宁。他们相互竞争，但在那种竞争中潜伏着大量慷慨大度的东西。”同年夏天，杰克逊向哈利·杰克逊和格蕾丝·哈廷甘“吹捧”了德·库宁，而且送这两位年轻艺术家去纽约参观德·库宁的工作室。鲁本·卡迪什回忆，杰克逊总是认为德·库宁是“最好的画家之一”。当多萝西·希柏林1949年夏天为《生活》杂志上的文章采访他的时候，他与她分享了这份情感。“波洛克对当代艺术的趣味，”她在笔记里写道，“倾向于同样不
出名的画家，如德·库宁。”俱乐部、杰克逊的明星效应及其在其他艺术家当中激发的不 710
断上升的怨恨情绪，曾经考验过，但并没有瓦解两个男人之间“潜伏着的慷慨大度”。对李来说构成巨大屈辱的是，他们继续时不时地在一起喝酒——更多的是偶遇，而不是安排——继续享受彼此的陪伴，继续仰慕对方的艺术，甚至就在战线在他们身边重新划定的时候。

与李的联盟不同，反对她的那些敌人们则以无畏战舰的效率结集完毕。自从联邦艺术计划的时代起，罗森伯格与德·库宁只建立起一种平常的友谊关系。1952年夏，当德·库宁在里奥·卡斯蒂利从东汉普顿租来的豪宅里建起一个工作室的时候，两人比过去的十年

里见面的机会更多了。他们都享受着桌面上的知识分子话语的制胜绝招；两人都习惯于成为注意力的中心：罗森伯格是由于他高大的身材和智力，德·库宁则是由于他堂堂的相貌。在谈话中，两人都喜欢扮演密探的角色：罗森伯格通过“说些反话”，德·库宁则通过扔进一颗燃烧弹一样的评论，然后后退几步观察他人如何反驳它。他们还分享了一种深思熟虑的——即便还不能说是深刻的——哲学倾向。（当被问及他是想做“一个不称职的哲学家，还是一个了不起的画家”时，德·库宁回答说，“让我想一想。”）对于艺术的话题，两人都带来了莱斯利·费德勒称之为“欧洲人的眼光”的东西，以及对思想的兴趣。如果说他们有什么不同的话，那就是在这些思想是如何与艺术相关联的问题上：罗森伯格是个激进的思想家；德·库宁则是实用主义者，匠人式的低地的人。

富有讽刺意味的是，将这种平常的友谊转化为可怕联盟的催化剂，正是李·克拉斯纳。数年来，她对杰克逊那种顽强的、一心一意的宣传推广，已经在那些被她“挡在杰克逊之路”两旁的人群中累积了深深的敌意。“她在他身旁筑起了中国长城，”菲利普·帕维亚回忆说，“人人都恨这个。”德·库宁和罗森伯格都已经感觉到了李那种守护神般的冷酷和过于尖刻锋利的性格。不奇怪的是，罗森伯格用政治语汇来形容他的主角：“有些人围绕着斯大林主义太久了，”他嘲弄道，“因此举手投足都像斯大林了。”在这两个男人的敌意背后，使这种敌意变本加厉的，还有他们的妻子，梅·罗森伯格和依莲娜·德·库宁那更加深刻、更加苦涩，可能也更为诡计多端的愤怒。出于不同的原因，她俩都感到杰克逊（还有李）垄断众人关注的中心已经太久了。在晚宴上，这两对夫妇和他们的朋友们，针对李及其赋予她本人作为杰克逊的盾牌和助手角色的“生死”激情，说着苦涩的玩笑话。她竭力想要包容他自我毁灭的冲动，替全世界掩饰他的种种小过错；而他们则从她那绝望而又不断失败的斗争中，获得了某种不可告人的快乐。对她们来说，她有时候是“麦克白夫人”，会“欣然刺杀任何人来确立王位或获得情人”，有时候则是美狄亚，随时准备“手刃或闷死杰克逊”，而不是将他拱手让给他的那些批评者们。不管她们自己存在着哪些分歧，在仇视李这一点上，她们却团结一致。

711 梅·塔巴卡·罗森伯格

在这种个人对抗的交叉火力中，思想首当其冲成了牺牲品。罗森伯格非常喜欢德·库宁的画——尽管还没有达到喜欢霍夫曼、巴齐奥蒂和戈尔基的程度——但是，它们与“行动绘画”的理论关系甚微。在《美国行动画家》一文里，德·库宁也不是什么革命英雄。除了既不是美国人，1952年以后也不是非具象画家外，他其实是一个殚精竭虑、控制力极强的艺术家，他那大胆的笔触掩盖了奔赴腕下的长时间准备、制作和评估。据他妻子讲，“为了五分钟的创作，他会静静地坐着，观察画面长达两个小时”。他远没有从所有审美“价值”中解放出来，而是公开地与欧洲美术传统进行对话；他是在这一传统中训练出来的画家，仰慕弗雷德里克·雷明顿之类的绝非革命性的艺术家。

幸运的是，德·库宁认为罗森伯格的思想与他的画并不相关，正如罗森伯格认为德·库宁的画与他的理论并不相关一样。在百老汇大街的邻近工作室作画的赫伯特·费伯回忆道，德·库宁蔑视罗森伯格的理论，认为它们“充斥着大量胡说八道的东西”。有一天，他走进德·库宁的画室，发现了原因。“地板上有50或75磅重的颜料，是他刚刚从画布上刮下来的，”费伯回忆说，“我说，‘这些昂贵的东西丢在地上干什么？’他说，‘哦，你知道，你得思考自己究竟做了些什么。我不喜欢它，因此我试试这样，把它们刮掉了，然后试试那样。’这，”费伯说，“根本不是‘行动绘画’。”

不过，意识形态上的一致性并不重要——如果说曾经重要过的话。在鸡尾酒宴会上和画展开幕式上，在艺术家的工作室和东汉普顿的起居室里，在俱乐部和电话里，战争还是打响了。

李到处传播这样一个故事：罗森伯格从杰克逊那里窃取了“行动绘画”这个观念和词汇。在承认他与杰克逊曾经有过那样一次谈话的同时，罗森伯格却愤怒地否定了剽窃
的指控。（对里昂奈尔·阿贝尔，他承认杰克逊最早使用“行动绘画”这个术语，但只是 712
因为他罗森伯格，“才赋予了从杰克逊嘴里说出来的词以意义”。后来，在遭到火力进攻之下，罗森伯格激烈地否定他是从任何人那里得到这一观念或术语的，更谈不上从杰克逊那里了。）罗森伯格不仅否定了这一指控，而且还拒绝承认这篇文章是针对杰克逊的。他指责杰克逊“像猴子那样作画”，很显然调用了紧接着《生活》杂志文章发表的，一个有关某动物园管理员和她那早熟的黑猩猩的故事。评论很快就有了来回。李和杰克逊一派指责德·库宁“以杰克逊为代价寻求承认”，而罗森伯格则“推开杰克逊，好让德·库宁搏出位”。梅·罗森伯格指控李“想毁掉所有人，除了杰克逊”。李则称梅患有“妄想狂”、“精神病”和“疯女人”，暗示只有疯女人才能容忍哈罗德的欺骗行为。梅立刻反唇

相讥，认为李患有“痴呆加重症状”，暗示只有一个疯女人才能容忍杰克逊的酗酒行为。梅还指责李只想赚钱，数年内不断巴结有钱的收藏家，贪婪地想将别的艺术家挡在门外。

争端迅速漫延开来。李发动了反击战，不仅针对罗森伯格夫妇和德·库宁夫妇，而且针对所有想要自卫的人。她攻击俱乐部是拒斥杰克逊名望的温床。邪恶艺术家的名单越来越长，很快就包括怀弗里德·祖格鲍姆之类的老朋友。不管出于什么样的原因——也许是因为，在已经征服了杰克逊之后，她渴望新的、更巨大的撞击——李决定将她对罗森伯格的攻击，转向对一个信念的考验：关于杰克逊·波洛克的全民公决。艺术界的每一个人都被迫宣布其忠诚，被迫站位：要么赞成杰克逊，要么反对。

这是一个灾难性的失算。

在为心灵和智力作战时，罗森伯格实在是一个可怕的对手。在俱乐部和雪松客栈（俱乐部的非正式组成部分），他那高大的个子、威猛的相貌和伶牙俐齿的机智型才华“立刻使他成为众人膜拜的对象”。对许多艺术家而言，他都扮演着思想导师的角色，跟布勒东一样，是他们当中的一分子，即使还不能说是他们的一部分。（在一场约翰·凯奇的音乐会上，罗森伯格站了出来，对过分拥挤的观众说：“演出只对艺术家开放。无关人士请回家。”）艺术家们喜欢聚集在他身边的知识分子：汤姆·海斯和艾德温·丹比之类的男人；还有他们发起的无休无止的思想对话。这让他们感觉良好，让他们感到正在从事的工作的重要性。论“行动绘画”的那篇文章发表后，他们并没有停下来思考细节。就像罗森伯格的其他思想一样，他们知道他们就是喜欢它的声音。据莱斯利·费德勒说，他们在文章单纯的男子气当中得到了启示。对经历过联邦艺术计划的一代人来说，它证明了他们多年来的酒吧间古怪姿态、厌女症和争斗激烈的色鬼行为的合法性。对年轻一代艺术家来说，它摧毁了将艺术家当作纨绔子弟、一钱不值，以及——在乐观进取的战后
713 文化中最糟糕的是——徒劳无功的陈腔滥调。在一个关于“成功”的焦虑刚开始为人们感觉到的时代，他们从这种挑衅的反商业主义中找到了安慰。他们开始喜欢它那种反历史的、同情美国的偏见。他们尽管也取笑它，却喜欢罗森伯格那浓密的、无法解密的文风。它使他们感到，艺术真的是一种高级召唤，能触及如此深刻、如此充满哲理的课题，甚至连罗森伯格之类伟大的知识分子都无法向普通群众表达清楚。

不过，他们喜欢它的最根本原因则是，它不是格林伯格写的。终于有人挑战克莱门特教皇了；一个不速之客终于直接面对前卫艺术“嗜杀的看门人”了。终于，有人找到了看待抽象艺术的不同方法了；终于，有人为艺术家们提供了避开格林伯格怪念束缚的

途径了。他们已经受够了格林伯格参观他们的工作室，然后“告诉他们该画什么”（格林伯格后来激烈地否定了这一指控）；他们已经受够了他轻视拉里·里维斯之类的年轻艺术家的做法；他们已经受够了他决定什么是好的，什么是坏的，谁是了不起的，谁却不是的那种做派。在雪松客栈，密尔顿·雷斯尼克听到格林伯格吹嘘说“他评审了一个展览，给了某人一个奖励，条件是，他得把画倒过来挂，因为它倒过来看更好”。“你这个狗日的，”雷斯尼克一边发出嘘声，一边从桌边站起来，“我再也不想跟你坐在一起了。”同一桌的另一个艺术家也走出了屋子。每一个听过这故事的人都报以掌声。

然而，对李的事业来说真正致命的，既不是罗森伯格大受欢迎，也不是格林伯格名声扫地。如果她的攻击只限于罗森伯格，那么她和杰克逊也许能够从这种常见的骂娘和社交壁垒的战场上撤退而毫发无损。但是，是李攻击威廉·德·库宁，才使杰克逊的事业处于某种危败之地。

没有一个艺术家像德·库宁那样令人尊敬、受人爱戴。德·库宁比罗森伯格可信得多，他是那种“花样美男”。在俱乐部里，他自愿在集会结束以后洗杯子，收拾场地。跟杰克逊不同，他生活在艺术家共同体的中心，纽约城市一个相对狭小的区域，被阿尔温·桑特勒形容为“东十大街一带的工作室、雪松客栈和俱乐部的中心”。当罗伯格·马瑟韦尔“过着上层资产阶级的生活”，而克莱福德·史蒂尔保持着僧侣式的孤独的时候，德·库宁对年轻艺术家总是敞开着门户。他为人敏锐、谦逊，谈话充满了无限风趣、坦率的睿智和不经意的幽默。（在某个招待会上，他对约翰·洛克菲勒太太说，“你看上去真是满面春风”。）

跟杰克逊的明星效应不同——许多艺术家认为这种效应只是克莱门特·格林伯格的
虚构——德·库宁的名望全部来自以下合法源头:他的同伴艺术家。他一直勤奋工作，“一
步一步走到高位”，在赢得画廊的认可或是媒介的关注之前很久，就已经获得同伴们的尊
敬和支持。年轻的艺术家们，特别是格蕾丝·哈廷甘，“由于他那惊人的清晰性”，而发
现了“一种全新的经验”。他们仰慕他那深思熟虑的、令人信服的艺术。与杰克逊的作
品不同——对这些作品，即使是他的那些仰慕者也会怨声载道，“你他妈能用它来做什 714
么？”——德·库宁的作品却能够拥抱他们。“人们在他的画里可以窥探到传统，”尼古拉
斯·卡罗恩说，“你知道，那是一种漂亮的线条和优雅的过渡。”“德·库宁提供了一种你
能写下自己句子的语言，”阿尔·海尔德说。“而波洛克并没有那样做。”杰克逊或许是一
种自然力量，但德·库宁却是文化的象征。事实上，尽管罗森伯格要求前卫艺术家打断

与过去的关系，大多数艺术家却站在德·库宁一边（因为德·库宁与罗森伯格相关，又站在罗森伯格一边），恰恰是因为他倒过来正好站在技法高超的画家（artiste peintre）一边。他位于以下“序列之中”：塞尚、马蒂斯、毕加索、霍夫曼、马塔、戈尔基、德·库宁。“假如你想继承西方艺术的整个伟大传统，”阿尔温·桑特勒回忆说，“你就会反对杰克逊，却站在比尔［德·库宁］一边。”在俱乐部，一个名叫阿里·斯蒂尔曼的人起立宣布道：“年轻艺术家们认为德·库宁是最棒的，因为他对‘好’画感兴趣。”波洛克则被他蔑视为一个“原始的突破性捣蛋鬼”、“一个怪人”。“杰克逊也许是天才，”桑特勒说，“但是好画家却是比尔［德·库宁］。”

最后，或许最重要的是，德·库宁对他的同伴们的尊敬懂得投桃报李。“当他过来用午餐，”埃莉诺·汉普斯泰德回忆说，“不管你墙上挂着一幅埃尔·格列柯、鲁本斯或伦勃朗，这都无关紧要，他会直接走到你的作品前。即使那不过是一幅水彩小画，他也会走到那里，认真地看，发表一些友好的评论，用一种羡慕的语气问‘这是你画的吗？’。他总能发表评论。”

不管李如何努力，也不管人们关于“内战”和艺术界分裂为两个敌对的阵营之类的谈论如何甚嚣尘上，正如约翰·迈耶斯以某种悲哀的语调指出的那样，事实上只有“一个阵营，那就是德·库宁的阵营……而杰克逊是在对抗世界。”

在罗森伯格发表文章的那个冬天，当李在电话线上发动战争的时候，杰克逊却越来越感到孤独和孤立。“整个艺术界都在谈论德·库宁，”尼古拉斯·卡罗恩回忆道，“杰克逊过气了。他们树立德·库宁的权威，却屠杀了波洛克。”朋友们形容他“很受伤”、“苦涩”。“对他这是灾难性的，”卡罗恩说，“因为他热爱画家们，他也热爱画作。”少数几个场面，当这两个不情愿的对手在公众场合邂逅时，他们试图重新体验一下昔日酒吧间的友爱之情。有天夜晚，人们看到他俩坐在雪松客栈屋外的路边，你来我往地传递同一只酒瓶子。“杰克逊，你是美国最了不起的画家，”德·库宁可能这样说，拍拍他的背；对此，杰克逊也许回以另一记拍打，“不，比尔，你才是美国最了不起的画家。”“他们正在玩游戏，”康拉德·马卡－雷利回忆说，“语气里不乏嘲讽的意味，但尽量说得好玩些。”但是，马卡－雷利和其他人也注意到，在这背后，伤人的话似乎在不经意之间说了出来，游戏升级了，“仿佛他们都知道价码在提高。”

1953 年 3 月 16 日，杰克逊出席了德·库宁在贾尼斯画廊的画展开幕式。四周挂着五

幅巨大的油画，还有一些素描，画的都是女人：都是攻击性的、受折磨的、激烈的笔触 715
所画的形象；部分是玛丽莲·梦露，部分是美杜莎。“骚乱，”依莲娜·德·库宁后来说道，“来自他画的女人形象，来自他对她们角色的意识——而且都不甜蜜。”（与杰克逊一样，德·库宁以他的母亲作为模特儿。科奈丽雅·德·库宁是个拥有钢铁般意志的女人，她能够“穿墙走壁”，据依莲娜说，或者说是船首上的破浪神，“能击碎巨大的冰山”。）杰克逊或许比其他任何人都更能意识到德·库宁女人形象的力量。她们在某种意义上，乃是他的作品：他关于女人的受折磨的形象，他那狂暴的性生活，他充满情感的具象人物，以他曾经拥有的那种强力和确信完成。在汤姆·海斯宣称喜欢这些女人形象，罗森伯格宣布它们“是天才之举”，在现代艺术博物馆购买其中一幅画作，在艺术杂志宣称它们“是纽约画派的最终方向”，在《时代》周刊（杰克逊不共戴天的敌人）咆哮着它的赞美之前，杰克逊就知道，它们是真正的杰作。

在下午的派对上，杰克逊想要静静地喝醉，以躲避周围的人们。李的朋友乔治·梅塞以前看到过他喝醉的样子，“但从来不像那天那样无法控制”。某一刻，杰克逊在房间一头朝德·库宁大喊，“比尔，你背叛了它。你在画具象画，你还在画那些该死的东西。你知道你从来没有超越具象画家。”急于自卫的德·库宁则从另一头和颜悦色地回答道，“那么，你在画什么，杰克逊？”好像是在提醒杰克逊，具象人物两年前就出现在他自己的画里了。不过，杰克逊显然理解错了：他把它理解为是他持续的工作障碍。正如德·库宁和其他所有人都知道的那样，杰克逊已经不再“创作”任何东西了。

派对上提供的酒水对杰克逊来说太慢了，所以他冲出房间，去寻找酒吧。梅塞转向李问道，“我得跟着他吗？”“李说，‘你什么也做不了，’”梅塞回忆说，“‘不过跟着他，看牢他不会有什么坏处。’”杰克逊很快就发现了一家酒吧，但是，在他坐下来之前，那里立刻就“传达出电流般的敌意”，梅塞说。“他朝吧台上的一个伙计使眼色，他们开始搏斗。”但是，在事情变得不可收拾之前，杰克逊已经摇摇晃晃地走出房间。来到路上后，他停了一会儿，等待一辆迎面而来的车子，就在车子驶过他身旁时，他很快挡住了它的去路。那辆车来了个急转弯，刚好从他身边躲开。

夏天也不得安宁。在杰里科小道里奥·卡斯蒂利的豪宅里，威廉和依莲娜又创建了一个工作室，招待大量稳定的客人，包括罗森伯格夫妇、康拉德·马卡－雷利、菲利甫·帕维亚、怀弗里德·祖格鲍姆、弗兰兹·克莱因、罗伯特·马瑟韦尔，还有一大群不确定、深怀敬畏的年轻画家。个儿高挑的罗森伯格“像一个童子军团长”，白天他们沿着海岸骑马（但德·库宁没有跟着他们，他声称“他会热得受不了，大汗淋漓，沾满沙子，被太阳烤焦”），晚上则围聚在盛宴的桌子旁。

716 壁炉路上的情形却截然不同。杰克逊既抑郁又愤怒，整个夏天基本上在孤寂中度过。数年来第一次，他开始绿化家门口的花园，尽管，据泰迪·德拉贡说，他并没有耐心弄这个。要是某一株植物长势不好，他就会连根拔去。乔治·洛普不断地从为画室装隔热板，到为整个屋子装隔热板，尽管，无论是李还是杰克逊，都不知道从哪里弄钱来支付这些费用。除了闲散外——这在夏日是不寻常的——杰克逊还是努力画了几张画。他设法完成的三四张作品反映出他的心境：灰暗、阴沉、哀伤。即使是那些一开始是用杰克逊最喜爱的明亮的黄色和红色的作品，很快都因压抑和追忆的双重棱镜而改变画风。带有多重“眼睛”和色彩孤岛的《海洋的灰色》（*Ocean Greyness*），调用了 20 世纪 40 年代早期麻烦重重的形象：毕加索的动物寓言、格雷厄姆的非洲面具、荣格的原型概念。在《灰色的虹》（*Greyed Rainbow*）里，他掩盖了画面色彩绚丽的初始阶段（局限于画布的下半部），将它们藏在厚厚的黑白色的笔触和滴洒层背后，令人想起《大教堂》（*Cathedral*）和《1948 年第 1 号》（*Number 1, 1948*）那些了不起的闪光的帘幕。

那个夏天的干扰非常罕见，波洛克夫妇的社交圈已经下降到很少几个固定的访客：利特尔夫妇、波特夫妇、阿方索·奥索里奥、泰迪·德拉贡，以及极少数路过的来访者。八月，西德尼·贾尼斯例行拜访了他，来看看他的近作，并劝说他放弃令人困惑的以数字命名画作的体系，回到常见的标题上去。杰克逊很快便听从了他的话，这乃是他已经失败的标志。面对债台高筑，他对贾尼斯认为有助于改善他那令人沮丧的销售业绩的事情，都言听计从。关于数字命名体系和“纯粹绘画”的高蹈之论，已成了更早、更理想主义时代的遗物了。

杰克逊还催促贾尼斯找回他巴黎画展的作品（以及塔皮埃难以捉摸的销售收入），但是同时却需要预付他一笔钱——“仅仅少量美元，”贾尼斯回忆道，“以便渡过难关。这是后来他许多次借钱的开端。”金钱成了杰克逊越来越关心的事——或许还是他的名声消逝的象征。在那年夏天前往纽约的一次短暂访问中，杰克逊在夏拉夫男人酒吧看到了罗伯特·马瑟韦尔。“[他] 愤怒地谈起美国人是如何‘没有常性’，”马瑟韦尔回忆道，“每一个新画展都成了绝对新标准，从来不管人们以前画过什么。”在克里克斯的某个夜晚——那是李感觉杰克逊会很安全、居家之外的少数几个地方之一——奥索里奥主动提

《海洋的灰色》，1955 年，$57^{3/4}$" $\times 90^{1/8}$"

出给他一万美元，“这样他就可以安心度过一年”。翌日一早，头脑清醒的奥索里奥撤回了这一许诺。

杰克逊越来越多地在与泰迪·德拉贡似乎不可能的友谊中找到了安慰。德拉贡的顺从和温和似乎对他有一种抚慰作用。“他就像一条巨大的卷毛狗，”德拉贡说，“他到处都跟着我。他给了我一幅小画，并为我命名为《舞蹈的人》。”杰克逊还送给这个年轻的舞者从花园里采来的鲜花和蔬菜。（当德拉贡告诉他就放在桌上的时候，杰克逊似乎受到了伤害。“哦，不，”他回答道，“这是我种的花。我还打算把它们洗净、晾干，然后好好插花 717 
呢。”）下午，两个男人会坐在阳台上，俯瞰佐治亚湖，谈论园艺、烹饪或音乐。“他想要知道欧洲所有大剧院的事，”德拉贡回忆说，“特别是正流行的舞台背后的阴谋的事。”当德拉贡滔滔不绝地讲述罗伯特和克拉拉·舒曼，或是李斯特的时候，杰克逊会装出绝望的样子大叫，“那么，弹弹这该死的东西！”肖邦“让他感到厌烦透顶，”德拉贡回忆说，但是他发现李斯特“他妈的实在有趣”。

杰克逊那年夏天的心情随着一位新邻居的到来而为之一变：康拉德·马卡－雷利。作为德·库宁阵营的人，马卡－雷利惴惴不安地搬到了这个小镇，与杰克逊为邻。朋友曾经警告过他，“你疯了。他会毁了你的家。”因此，有一天，当杰克逊在他重建壁炉的关键时刻，跌跌绊绊地走进来的时候，马卡－雷利吓得浑身僵硬。“让我来帮你，”杰克逊主动请缨，“我对此十分在行。”“哦，上帝，请你不要，”马卡－雷利断然说道，并示意他妻子安妮塔快去找李，把杰克逊带回家。过了一会，当杰克逊注意到安妮塔不在时，他恶狠狠地转向马卡－雷利：“她不是去叫李吧？你没有必要这样做。我不会把任何事搞

与康拉德·马卡－雷利一起

砸的。”“感到自己很卑鄙”的马卡－雷利发誓“从那一刻起，我将公正地对待他，不管他喝醉了没有”。此后不久，杰克逊以一种和解的姿态开着杰夫里·波特送给他的一台小型割草机，主动提出要帮马卡－雷利割草。“他开始有规则地割草——整个园子都割遍！我的意思是，他就像在画他的画——他这样割，那样割。”马卡－雷利冲着割草机轰轰的声音大声叫喊道，“你他妈的要怎样割啊？”杰克逊也大声回复道，“为什么？那你想怎样割啊？”马卡－雷利用双手比画着直角，但是杰克逊把他打发了。“那是你的方式。而这是我的方式。”“到他终于弄完时，”马卡－雷利回忆道，“他把草都割光了，毫无疑问。割得精光！”

718 对于其他客人，杰克逊在那年夏天或许会表示欢迎，李却把他们当中的多数给打发掉了。有几次，弗兰兹·克莱因、菲利甫·帕维亚，甚至连德·库宁本人也想从东汉普顿驱车前往，递出橄榄枝，但是李“不想让我们跟杰克逊待在同一个屋檐下”，帕维亚说。她要么拒绝开门，要么站在门廊里，说她不知道杰克逊在哪里。有一次，他自己出现在门廊里，就在李背后，于是“出现了大家都感到十分尴尬的一幕，”帕维亚回忆说。“所以我们就打道回府了。”李叫他们“纽约的匪徒”。

但是，当李不在家时，杰克逊就热切地邀请他们进屋，而且，仅仅需要一个夜晚，他又仿佛回到了凤凰牧场，与他的兄弟们在一起——又成为“男孩中的乖孩子”了。他们喝酒，欢闹，打扑克直至第二天凌晨。“杰克逊一开始像个法官那样清醒，”有一次应邀参加的罗纳尔德·施坦因回忆道，“而且扑克玩得很好。但是，随着他不断地喝酒，他的扑克就开始变糟了，他很生气，因为其他人都在赢他。他越来越放纵，直到在那种可怕、有趣的打斗中变得兴奋异常为止，人人都在那样的打斗中咒骂对方。”凌晨三点左右，有人提议去海边游泳。这个主意立刻得到了这批醉醺醺的人的赞同，他们打算骑自行车去卢斯湾。“你能想象得出那会是什么样子，”施坦因说，“杰克逊几乎站不稳，更不要说骑车了。在最初的十秒钟里，他至少跌倒了十次。”

在某一刻，他翻了跟头，没有爬起来。“他就侧身躺在那里，不断地蹬着车，”施坦因回忆说，“他只穿着短裤，他那条光腿就像砂纸一样不停地空中打磨。他不想让任何人碰他，显然他的双腿和胳膊肘皮肤都跌破了。最后，他们逮住并控制了他，把他拖到家里。差不多一个月里，他都系着绷带在附近转悠。”打那以后，李的看管就更加严厉，不久“男孩子们”就不再现身了。

有时，喝酒壮胆足以打败李以后，杰克逊会叫喊着来到卡斯蒂利一家，将他的A型车丢在车道上，然后穿过屋子“寻找德·库宁”。“当他处于这样的状态，”里奥·卡斯蒂利回忆道，“我们大家都感到恐惧。”客人们会四处星散，依莲娜·卡斯蒂利会藏起易碎 719
的东西，德·库宁则消失不见。有时候，当他没有足够勇气停车时，杰克逊会驾驶他的A型车迅速穿过，不停地按喇叭表达他的轻蔑。有一次，他轻率地飞驰而过，差一点毁掉了卡斯蒂利委托拉里·里维斯创作的一件大型钢筋混凝土雕塑。

那年夏天的某一天，查尔斯·鲍尔顿豪斯从电影院回到他和帕克·泰勒租下的、位于丹·密勒百货公司后面的那个小小的屋子里。“我发现帕克留下的一张纸条，上面说，杰克逊把他接走了。帕克的字通常都很漂亮，但这张便条以一种可怕的潦草笔迹写成，传达出他被带到波洛克的地方所感到的绝对恐慌情绪。”当鲍尔顿豪斯前去拯救他朋友时，他发现杰克逊“喝醉了”，正在愤怒地谴责行动绘画和哈罗德·罗森伯格，而泰勒则“吓坏了”。“杰克逊手持一把巨大的切肉刀，”鲍尔顿豪斯回忆道，“大到足以切碎所有，他一边挥舞着，一边气呼呼地咕嘟着‘行动绘画’。李站在他背后，抚摸他的脑袋，试图安慰他，嘴里说，‘现在，你知道你早已超越了那个，杰克逊，你早已超越了那个。’”

当哈利·杰克逊顺道来访，宣布他打算放弃抽象画，“画写实作品，并研究绘画技巧”时，杰克逊把它当作一种个人的背叛。“他脸色阴沉下来，”哈利回忆说，“就好像我在揭他的家丑似的。”他说，“噢，狗屁，哈利。你不要回到那里去。”“你妈他以为你是谁，可以告诉我能做什么，不能做什么！”哈利大叫道。在冷冰冰的道别后，哈利去了欧洲，“正式学习绘画”，“画得真像那些老大师们”。从此三年两人互不相见。

珍妮·史密斯从欧洲回国数周，她和托尼开着他们的小型大众牌汽车前往斯普林斯度周末。杰克逊带领他们去蒙陶克观光——好像没有常见的恐怖行径——后来还主动送给珍妮那幅巨大的《蓝色柱子》。(她对这份豪礼婉言谢绝——“送给个人，这幅画实在太大了,”她告诉他，“它应该属于一个城市”——不过，她还是接受了一幅黑白肖像画。)

托尼的老婆一离开，他就再也包不住那长长的、随时都要爆发的性渴望了。在持续数年令人沮丧的亲密、向杰克逊暗示“李并不适合你”、用诗歌的隐喻来伪装其激情、在讨论“反常的性”时暗指杰克逊之后，史密斯终于直率地亮出了底牌——事实上，是好几张底牌。或者，那至少是杰克逊的解释。被吓坏了的杰克逊立刻给在德国的珍妮发了一份电报。“上写着托尼极度压抑和思念我,”珍妮·史密斯回忆道，“杰克逊非常强烈地认为，托尼应当去德国。因此我相信托尼确实会来。而杰克逊告诉我看完电报后立刻销毁。他一定是不想让托尼知道，他发过这样一份电报。”

在罗森伯格的文章发表以后，布拉德莱·沃克·汤姆林，一个近来结交的朋友，成了
720 杰克逊最忠实的，尽管未必是最重要的捍卫者。前一年冬天，他都紧紧地跟随着李，在她发动的战役中帮忙，赞美她的画作。那年夏天，当与波洛克毗邻的屋子(康拉德·马卡－雷利最终买下了它)要出售时，杰克逊和李劝说汤姆林出门一个星期，过去看看房子。他过来的某个夜晚，李安排了一个派对——或者说，从她那安全的客人的短短名单的角度看，它勉强算得上一个派对吧。乔尔乔和琳达·卡瓦隆，还有马卡－雷利一同前往。晚餐后，杰克逊已经喝得太多，起初只是关于行动绘画的“热烈的对话”，很快就演变成“一场白热化的、激烈的争吵”，据马卡－雷利说。某一刻，杰克逊对李愤怒相向，把他的录音机的音量开得很响，“直到整个屋子都在震动”。预料到战争即将开始，马卡－雷利早早地溜之大吉。发现汤姆林“很累”，非常“同情”他的卡瓦隆夫妇，也跟他道了晚安，“希望事情因此好转”，乔尔乔·卡瓦隆回忆道。相反，杰克逊我行我素，以最大的音量播了一张又一张唱片，直到次日凌晨。而不久前刚从心脏病中康复过来的汤姆林，坐在被当作他的睡床的沙发上，脸色煞白，苍老，筋疲力尽。

第二天早晨，脸色更加难看的汤姆林离开去签订有关房子的合同，卡瓦隆夫妇正在准备午餐。杰克逊和李下楼来，开始了全面战争。“李变得异常狂暴，开始尖叫,”卡瓦隆回忆道，“而杰克逊也变得如此疯狂，他掏出一把切肉刀，说，‘你这婊子，上楼去。’然后李大叫起来，‘杰克逊，把刀放下！’”卡瓦隆夫妇站在那里“僵住了”，直到拉拉扯扯的战争使杰克逊和李重新回到楼上为止。他们一离开房间，卡瓦隆就对妻子讲，“我想我们最好就此离开。”当汤姆林回转并听说了这个故事后，他要求跟他们一起走。那天夜里，他们穿过城市，将汤姆林捎到他在第三大街的公寓里。怀弗里德·祖格鲍姆正住在

那里。两天后，祖格鲍姆打电话给卡瓦隆，告诉他汤姆林去世了。“那夜你离开后，他就病了，去了医院。他的心脏病又发了。”

马卡－雷利听到这个消息时，断定“杰克逊家的那场谈话把汤姆林搞垮了。”他非常不情愿地把这个消息告诉杰克逊夫妇。“我很遗憾汤姆林走了，”他说。“你想让他怎样，”杰克逊断然说道，“为你好好活着？”

到 1953 年秋天，杰克逊事实上已陷入完全孤独之中。他甚至中断了与那个神奇的工人格兰特·马克的联系——尽管并不是出于任何个人顿悟。伊丽莎白·赖特·赫巴德，在个人顿悟之类的事情上的“最终权威”，自己也经历了一场“自我实现的危机”（包括一次真正的崩溃），把自己的文件打包，永远离开了马克位于帕克路的时髦办公室。几乎没有朋友，更少客人，无法工作，更加拮据的生活，以及没有轻易的治愈之路，杰克逊开始公开谈论要自杀。有几次，他向怀恩·巴克医生寻求帮助。巴克医生是一个富有同情心，说话直率的精神科医生，那年夏天正好在壁炉路上租下一栋楼房。尽管杰克逊从来不是他的正式病人，杰克逊却与他分享着一个越来越强烈的念头。“我病得很厉害，”他告诉巴克，“你是怎么看待自杀的？”巴克认为这个问题只是杰克逊“揣度你的方法”。

李早已有了她自己的“揣度方法”。她再一次决定，唯一能救杰克逊的人，就是斯黛拉·波洛克。

722

42

被弃

仅此一次，李和杰克逊达成了一致意见。贾尼斯画廊的展览预定于十一月开幕，而杰克逊的画室差不多还空着，因此他不得不戒酒，开始工作。1953 年 8 月，他们邀请斯黛拉来到斯普林斯。不过这一次，邀请的时间不是一周或是一月。被漫长而空虚的夏天搞得绝望、恼怒，患有战斗疲劳症的李，渴望一种更加一劳永逸的解决办法。她请求斯黛拉与他们一起生活。

在迪普里弗，现已 78 岁的斯黛拉，戴着手套和外出面纱，神态泰然自若。她急于接受邀请。她对住在康奈狄克州的一个小镇，过着艰巨而贫困的生活早已感到厌倦了。长年累月的风湿病和黏液囊炎，已使她虚弱不堪，无法走远路，差不多被囚禁在麦考伊那小小的公寓里。她与阿勒瓦的关系也降到了冰点，据玛丽·波洛克说，“当斯黛拉来做客时，她得花上六个星期，才能把阿勒瓦清理出她自己的生活体系。”在写给家庭其他成员的信里，她对阿勒瓦的“自私”感到生气，指责她“浪费”钱财，偷了其他兄弟寄来的支票。在邮件问题上，两个女人展开了一场激烈的游击战，逼迫对方冲向邮箱，看看有什么值钱的东西在里面。相互揭丑很快就漫延到她们生活的各个角落；更何况她们本来就住在那样一个令人窒息的小地方。“斯黛拉不喜欢阿勒瓦带小孩的方式，不喜欢她整理厨房的方式，也不喜欢她洗刷的方式，”玛丽·波洛克回忆说，“一切都使她生气。”

对斯黛拉来说，斯普林斯意味着逃避。她在壁炉路和迈克道加尔河谷度过的日子——坐在派对边上，与杰克逊的艺术家朋友见面，听听野心勃勃的谈话，上午购物，下午逛逛画廊——是她一生中最美好的时光。那段时光经常看到她的克莱门特·格林伯格，称她是文化狂人，还评论说，她的天堂概念就是格林尼治村。“不管有谁提到艺术、
723 建筑或任何与文化相关的事，她都会走过来，认真地听取每一句话。”对斯黛拉来说，斯

普林斯似乎提供了她离开廷格利半个世界以来一直在寻找的那种优雅的生活。

然而，对杰克逊那些兄弟们来说，斯普林斯则代表了某种完全不同的东西。当斯黛拉想要搬去斯普林斯生活的消息传到他们中间时，反对的声音在整个乡间回荡起来。杰克逊身体情况怎样？李真的想要把斯黛拉当作一个永久之客吗？她们的关系能不紧张吗？他们都听说了杰克逊最近衰退的那些令人不寒而栗的传说：住院、车祸、持刀威胁。弗兰克最近拜访过他们，发现"杰克逊喝啤酒，污言秽语粗暴地对待李，无情地叫她脏货、婊子——诸如此类难听的话"。在家庭最后一次团聚以来的三年里，除了桑特，所有兄弟都去过斯普林斯，"把杰克逊拉到怀里，跟他聊天，鼓励他振作起来，"查尔斯的女儿，那时还是个中学生的杰里米说。

然而，在为斯黛拉的利益着想这样一些冠冕堂皇的理由背后，是更为冷酷、更为强烈的反对之声。对其他兄弟为帮助桑特应付开支，帮助斯黛拉有些零花钱而建立的基金，杰克逊至今还没有贡献过任何东西。有好几次，查尔斯和弗兰克都出于帮助斯黛拉的理由提出过请求，杰克逊也答应过提供帮助，但钱从来没有兑现过。与此同时，杰克逊却盲目地发动了要用他的富裕和重要性，来让他的兄弟们感到印象深刻的运动。然而，他越是想要他们看到他是一个成年人，一个平等的人，他们就越是觉得他——用一个亲戚的话来说——像个"坏脾气的孩子，要是达不到目的，就赖在地上空等"。在他们眼里，李也不见得更好。没有一个人会忘记她在家庭团聚那会儿，那种目空一切的样子。李根本不像家里的其他媳妇那样，鼓励杰克逊给斯黛拉一些零用钱，她事实上反对这样做。"我试图跟他谈谈他对母亲负有的责任，"弗兰克回忆道，"可李不让我那样做。她说，'杰克有自己的责任。'"当李发现，杰克逊送给了弗兰克一幅画，"她的不悦之情顿时表露无遗，"弗兰克回忆道。（到此时，家族中还没有一个人知道杰克逊遗嘱的条款。）

兄弟们对斯黛拉故意的偏袒也愤愤不平。尽管他们试图保护她，不受杰克逊那些问题的伤害，他们还是恼怒于她拒绝承认那些问题，恼怒于她对他任何一点小小的进步都给予过分乐观的表扬，无论这种进步是假心假意的，还是稍纵即逝的。她会替他没有给过她零花钱找理由——"她谈到过他是多么需要实施他的食疗法，而这一疗法又是多么昂贵。"玛丽说——并对他的富裕由衷地感到高兴。即使当她对阿勒瓦·玛丽滥用桑特可怜的收入，挪用她的零花钱吹毛求疵时，她还是对杰克逊的挥霍成性表现出了反常的高兴；他很富有，可以浪费钱财，这一事实成了母亲的骄傲。对杰克逊的兄弟们来说，这成了杰克逊与斯黛拉的故事的简化版本。无论杰克逊做什么，无论他将生活糟蹋成什么

样子，无论他遭受了何种痛苦，在斯黛拉眼里，他都是对的。数年来，桑特为她做出牺
724 牲，为她忍受贫穷和家庭争吵，伊丽莎白·波洛克说，“那个她热爱和崇拜的人，那个她总是渴望的人，却是杰克逊。”现在，在多年原谅他的糟糕行动，忍受他的傲慢，屈服于他的坏脾气之后，他们看到了一个反击的希望。斯黛拉想走，而杰克逊急切地想要她来的事实，让他们更为坚决地想要阻止它。

另一方面，迪普里弗渐趋恶化的景况，也需要他们做点什么，而且要快。在家庭摩擦之外，兄弟们还对斯黛拉“不断出现的老年人的怪癖”感到担忧，这些怪癖对“卡伦和杰伊来说是不健康的”。但是，她不能单独生活——在坏天气里，她的关节炎几乎让她无法动弹——但是，兄弟们当中没有第二人想让她住在自己家里。

面对这样“棘手的问题”，他们最终变得温和了——至少是暂时的。“与杰克住在一起，短时间里也许不错，”杰伊在给查尔斯的信里让步说，“假如那是他处于清醒的时候，否则的话，母亲将身陷十分尴尬的处境。”弗兰克也表示同意。“总的来说，”他八月底写信给查尔斯说，“我们不相信我们能期待母亲会在杰克那里待很久。”各方都同意，两个月是公平的试验期。那至少能帮助杰克逊度过十一月画展前的准备期。

9 月 1 日星期二，查尔斯开车送斯黛拉来到斯普林斯。“杰克衣冠楚楚，”他在回家后向全家人报告说，“下午我们谈了好长一会儿。我的印象是，他比以前任何时候都有更充分的准备，决定对母亲尽一些义务。”不过查尔斯已经受够杰克逊许多次了，以至无法掩藏他的保留意见。“我充分意识到，”他用波洛克家族的通信中常见的那种神秘兮兮的婉转风格写信给杰伊说，“无法预见的事件——似乎超出他的掌控——或许会让母亲不愉快地或不明智地待上很久。”第二天早晨，在离开前，查尔斯再次“长谈”，这一次是与李。他发现她“很合作，也比较现实”。“她觉得让母亲来跟他们一起住的决定是杰克作出的，”查尔斯写道，“他或许已经做了负起责任来的准备。”

暂时看来，查尔斯的保留意见似乎错了。气候温和而美好，斯黛拉的风湿病消失了，杰克逊将时间花在收割花园里的东西，作画和照料母亲上。后来，斯黛拉会吹牛说，杰克逊和李“照顾我，比阿勒瓦过去 11 年里照顾我的还要多”。急于平息家族疑虑的斯黛拉，写了大量信件，详细描述了她的满意感和杰克逊的好表现。“我刚刚吃了早餐，吃了杰克在园子里种的哈密瓜，非常好吃。”她写信给查尔斯说，“这是清朗的一天……杰克打开了洒水器，邻居家的孩子们都光着身子淋水，还有一条小狗……然后在园子里烤热狗吃，杰克说，你怎么有本事养大五个孩子啊。”

李、斯黛拉和杰克逊在厨房，斯普林斯

杰克逊在他母亲眼皮底下创作的画作，也反映了对往昔的迷恋，无论是个人的往昔还是艺术上的往昔。在《仪式》中，他将图腾人物、支离的肉体以及《持刀的裸体男人》 725
（斯黛拉最喜欢的画）中的个人梦魇，与可以回溯到本顿教室里的那种色彩和“螺旋形”的构图混合起来。《睡眠努力》和《复活节与图腾》里，古老的核心回忆再次来到表面，而且带有同样生物形态的、半具象的形式和美妙的色彩，令人回想起《水牛》《茶杯》和《钥匙》之类的40年代中期的作品。在《四组对比》这幅冬天创作的最抽象的画里，他用一层丰富的大笔触色彩和铝粉漆掩饰了人物形象，令人想到50年代早期那些伟大的滴画。尽管有些作品是装饰性的和派生性的，但另一些却非常接近杰克逊过去创作的杰作。在整个这段时期已把厨房让给婆婆的李，告诉一个朋友说，斯黛拉来访的有益效果“太大了，以至令人担心这不是真的”。

她是对的。九月末，泡沫破灭了。当然，具体细节在家族通信之间讳莫如深。是突发酒瘾的杰克逊终于在斯黛拉面前露出了原形，还是，跟鲁瓦·波洛克一样，又一次逃进谷仓喝个酩酊大醉，波洛克家族里没有一个人——包括斯黛拉——愿意透露半点风声。也许，戒了一个月的酒早已超出了杰克逊的耐性。在过去，斯黛拉一次从未待上超过一个星期的时间。不管出于什么样的原因，9月27日星期六，查尔斯来到壁炉路，在没有任何解释的情况下，将斯黛拉带回了迪普里弗。

在一系列狂热的电话之后，杰克逊和李终于成功地说服斯黛拉第二周回去。查尔斯再一次陪同前往，表面的理由是“他想看看杰克和李的作品”，但主要还是想安慰自己，

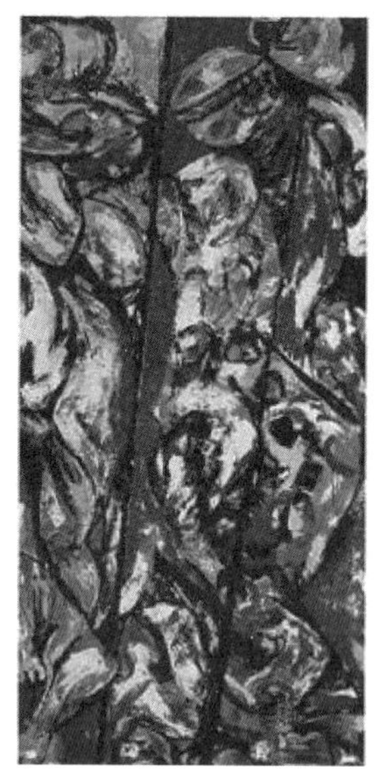

《仪式》，1953年，$90^{1/2''} \times 42^{1/4''}$

杰克逊不会第二次犯同样的错误，无论那是一个什么样的错误。再一次，四处好像都是令人安慰的情形。但是，形势还是变了。甚至是决定离开迪普里弗的斯黛拉，也意识到住在斯普林斯不是长久之计。她太珍惜自己的幻觉了。如果杰克逊真的在自我毁灭，那
726 么，她也不想亲自见证。而且，在她回来这件事上，她拒绝了杰克逊浪子回头式的恳求：要求她至少要待到十月底。“杰克请我九月和十月都与他们待在一起，”她九月底写信给弗兰克说，“现在，他们还要我待得更久一点。”为了掩饰自己匆忙的退却，她三心二意地提议说，“我想这里对我来说太潮湿了，我得回迪普里弗去把衣服弄好，一切都不再像从前了。”

斯黛拉一离开，杰克逊就一头扎进新一轮的狂喝烂饮之中。与过去的纵情豪饮不同的只是配角。这一次，当杰克逊消失，或是在后半夜三点喝得酩酊大醉、凶神恶煞般地回家时，李打电话给约翰·科尔。科尔是东汉普顿一个“家境贫寒的家庭”出生的孩子，参加过战争，也读过耶鲁。他与妻子辛西亚1951年刚刚搬进本顿·卢歇的旧屋，离壁炉路只有三栋楼房之隔。夫妇俩没有一个能够想象得出，跟杰克逊家做邻居会是什么样子。李雇佣他为她家粉刷墙壁时，科尔赢得了李的好感，“我每天上午去那儿，”科尔说，“因此不可避免地卷进了他们的生活。”很快，科尔就在夜晚被召集过来，当杰克逊消失不见，开着他的车，摸着上路的时候，因为“李担心杰克逊也许会在哪里翻车”。或者，只

是与她一起坐在电话机旁，等着“警察打电话来说杰克已经死了”。有时候，警察干脆直接打电话给科尔，于是他就开着他的 A 型车，从不知哪一条沟里把杰克逊弄回家。当他来到他们家时，科尔就意识到“那种强烈的紧张感”，后来他把这种紧张感，与他战时在德国上空投放炸弹的经验加以比较。他能够从杰克逊抠出来的连贯的句子，都是关于他 727
家庭的——特别是他对哥哥桑特的同胞之情——以及关于他母亲的。

杰克逊需要斯黛拉。

他也知道如何得到她。不管李如何努力经营一场派对，他都会砸了这些假日宴会的场子，“把自己弄得跟猪一样”，有个目击者这样说，“他一出现在门口，人们就赶紧逃走。”只有几个勇敢的新朋友，例如科尔夫妇，还敢邀请他共进晚餐。“当然，在我们邀请他之后，我们会花上接下来的两三天，怀疑他到时候会不会清醒，”科尔说，“半数时间他是清醒的，还有一半则不是。”在某个这样的晚宴上，杰克逊重演了上一年感恩节的一幕。“他重重地敲击桌子，并狠命地往前推，”科尔回忆道，“桌上的所有东西都向他那边和桌子一角倾倒，包括龙虾堡和白酒。我的心都要炸了。”

有一次，在某个罕见的清醒时刻，杰克逊试着用“月亮的效应”来解释他的行为。李善解人意地点点头；“因为月亮对我也很有影响，”她说。“它让我觉得更情绪化，更紧张。”但是，即便是李想必也知道，月亮与杰克逊压抑的强度，或是他那酗酒的脾气，根本没有任何关系。他只是需要斯黛拉。

由于他无法工作——或者说拒绝工作——他的事业，在经过长时间的不稳定之后，开始陷入风雨飘摇的境地。到那时为止，他只寄了四幅画（《大海之灰》《无形式的人物》《睡眠努力》和《仪式》）给西德尼·贾尼斯，以备十一月份的展览之用。但即使这四幅，他也一点也不觉得有什么了不起。在那个季度的两个群展，贾尼斯画廊的“五周年展”和“9 位美国画家展”上，杰克逊从前几年的作品中选择了几幅（《1952 年第 12 号》和《蓝色柱子》），而不是提供新作。回顾这一时期的作品，他后来告诉伊丽莎白·赖特·赫巴德说，“他怀疑，他是否真的说了些什么。”到十月中旬，贾尼斯已无计可施，只得取消十一月份的展览。这将是杰克逊十年来第一个没有个展的年度。画展的取消也迫使他不得不从贾尼斯那里借更多的钱，以偿还乔治·卢帕的木匠活。尽管展览被暂定在来年二月重新开放，以避免从公众视野中消失整个季度的尴尬，但是，没有人，甚至是李心里有底，杰克逊到时候一定能准备好。

杰克逊的困境引得不少关注和同情。无疑想要唤起杰克逊对重新装修壁炉路上的家的热情，李让人把室内重新粉刷了一遍。但是，这一次，杰克逊出人意料地对整个工程都视而不见。西德尼·贾尼斯寄来了一系列支持性的来信，称赞他的新作（“它们非常了不起！”），向他汇报从不幸的巴黎展上找回了一些画作，转述了克莱门特·格林伯格一些热情的赞扬话（“克莱门特对你的新画赞扬有加”），总的来说还试图在他对杰克逊精神状况的担忧，与他对杰克逊不断下降的产量和质量的焦虑之间，保持某种平衡。在某封
728 信里，他透露了一下销售某幅画的可能性（“我们至少有一位客户表现出强烈的兴趣”），与此同时，他又简洁地解释了一下为什么他没有送任何一张新画到惠特尼年展上去展出（“这不会对销售有任何益处”）。“我们都将注意力集中在1953年你的个人大展上，”他带着赞助人的那种自豪感写道，“我有预感，你正在创作某些新画。我当然急于看到另一个响当当的杰克逊个展，我确信我的希望不会落空。”

听说杰克逊的抑郁和工作困境的克莱福德·史蒂尔，试图用书信给他鼓劲。

> 前几天与巴尼（纽曼）去了贾尼斯画廊，冒昧走进了他的办公室去看你今年夏天创作的一些新画。
>
> 你一定知道每件作品的意义，它的地位，所达到的成就。但是，最主要的是，这些细节和关注，这些了不起的东西，已经得以实现。这里可以看到一个男人在工作，这是一个男人所能从事的最深刻的工作，直面他是谁，他渴望成为谁。
>
> 我离开房间，心里充满了感激和勇气。每当这种时刻，这些情感就会涌现。这就是我表达感谢的方式。我也由衷地希望，我的某些作品也能带给你同样的感情。
>
> 克莱福特·史蒂尔

杰克逊太迷恋史蒂尔，太想得到表扬了，以至于根本没有注意到文字老手史蒂尔处心积虑地避免了赞扬他的新作。相反，他怀着感激之情，从经年累月的创造性麻木中苏醒过来，开始创作《深》，一幅巨大、竖立的油画，将史蒂尔一幅充满锯齿形、颜料结壳的彩色碎片的画作，转化为一幅中间是黑暗、子宫式空间，四周是有机、华丽笔触构成的白色区域的作品。这是向史蒂尔致敬——与杰克逊的任何作品都不像——但是，或许比史蒂尔已经创作出的所有作品，都更自由、更确信、更有启示性，也更深刻。九月下旬，史蒂尔打电话给杰克逊，宣布他已经加入贾尼斯画廊。杰克逊并没有被表面上的矛盾——动机单纯的先锋艺术家加入纽约最富有商业动机的画廊——打搅，他向贾尼斯表

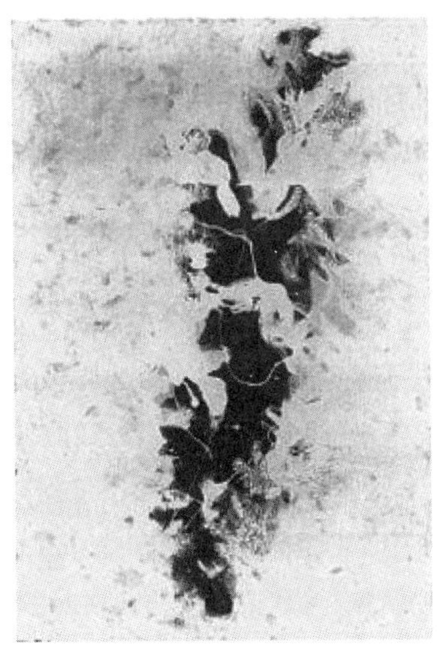

《浑》，1953年，油彩与瓷漆作画在画布上，$86^{3/4''} \times 59^{1/8''}$

示祝贺:“这使你的画廊位列大画廊之列，”他写道，显示出他对史蒂尔清教徒的训导了解得多么不全面。

然而，不论是李、贾尼斯、史蒂尔做的事，还是任何别的人做的事，都不可以使杰克逊从失望中解脱出来，或者使他重新回到工作中去。只有一个人能做到这一点。到现在为止，他对她迷恋之极。假如他无法工作，他说，那是因为“他母亲的观念或形象，是如此强烈地向他袭来，他一定得看到她”。他抱怨梦见了她，看见她穿过一片空地；抱怨自己向她奔去，差一点就能拥抱她了。数月来的梦境、酗酒和自我毁灭，数月来隔着长岛湾，想要引起她注意的抱怨和故作姿态，终于在画布上找到了出路。在一个风雪连天的冬天天气最为恶劣的日子里（无论是室内室外都如此），杰克逊开始在一块巨型画布上创作。20年来第一次，他仔细准备了速写——这是他犹豫不决的自信心的最明显的标志。在一块5×11英尺的大型画布的右侧，他用黑色轮廓线描绘了一个巨大的毕加索 729
式的人头像；在另一则，则是一个巨大的、垂下柔软无力的乳房的女人，撅着屁股蹲着，一道黑漆的泉水从她双腿之间喷涌而出。这是他20年前画过的同一个恐怖的女人形象。那时这个女人被六个骷髅式的男人包围着。那张脸，他以前也画过。那是他自己的脸，一个惊恐的年轻男孩的脸，一只眼睛从赖得式的忧郁的脸上突出，另一只则暗淡无光。只是现在的脸变成了一个上了年纪、心力交瘁的人的战栗的轮廓，那只直瞪着的眼一片

《肖像与梦》，1953 年，$4'10^{1/8}" \times 11'2^{1/2}"$

空虚，是一种向命运屈服的无泪印痕。杰克逊称这幅是《肖像与梦》。

整个初冬，在狂饮与宿醉之间，他对这两个形象画了又画：将那个女人掩藏在一层愤怒的滴洒和泼溅的颜料背后；添加色彩——他最喜爱的黄色和红色——并为右侧的那张脸增加细节。不是模糊这一个，就是探索那一个。“他在那上面浪费了许多时间，”看着这幅画一步步成形的科尔回忆道，“它起先订在墙上，然后放到地板上，就这样上上下下无数次”——就像那个冬天的杰克逊，情绪起起落落。当露丝·施坦因看到这幅画时，她建议给它起个《对抗世界的男人》的标题。李立刻就纠正她：“你的意思是，《对抗男人的世界》。”杰克逊对拜访画室的帕克·泰勒和查尔斯·布腾豪斯解释了他自己所看到的景象。“他指出，这是一幅反映巨大痛苦的画，”布腾豪斯回忆说，“它再现了对虚无的恐惧。”那个全能的斯黛拉，一如既往地可望而不可即，就是屹立在杰克逊与空虚之间的全部。或许，她本身就是虚空。

1953 年 12 月，请求再一次发出了。

730 但是，这一次，杰克逊兄弟们开始狠命反对他了。冬天的种种行径，包括酗酒，以及打给家庭成员的蛮横无理的电话，已经使他们决定，要把斯黛拉从他那里夺走。“杰克逊最后的所作所为无疑证明了，即使我们朝那个方向想想，也蠢不可及，”十二月杰伊写信给查尔斯说。在想要挫败他的兄长们的显而易见的努力中，杰克逊和李联合抵制前往迪普里弗度圣诞节，而且直接与斯黛拉商量好，来年一月份就去斯普林斯。查尔斯风闻这一消息后，决定是时候结束连月来两败俱伤的局面了。他开车前往迪普里弗，与斯黛拉、桑特和阿勒瓦坐下来谈。不久他就向加州的弗兰克汇报家庭会议的结果：

> 母亲已经计划圣诞节之后去斯普林斯。我到迪普里弗劝她不要去那里，而是与桑特一家呆在一起。
>
> 杰克处于最坏的情绪状态之中，而且我相信，他并不真的想要母亲过去。我认为我们已经不能再指望他了。我也认为，母亲不应该再暴露在他非理性的行为之下。
>
> 阿勒瓦和桑特都希望母亲待在原地。当然，母亲待在原地也有一些麻烦，但是我不知道我们该如何避免这些麻烦。

杰克逊打了大量狂热的电话，绝望地试图改变这一决定，但都落空了。对全世界而言，他也许是登上《生活》杂志的画家，但是，在直面家庭的时候，杰克逊仍然是杰克逊，而查尔斯则仍然是查尔斯。

对每一方而言，这至少是一个暂时的解决办法。桑特和阿勒瓦断言，他们“很高兴母亲重新跟他们住在一起”，但是，其他家庭成员则怀疑“他们不过是接受了这个状况，即没有其他答案”。阿勒瓦已有八个月的身孕，斯黛拉显然决定，她再闹下去并不明智。“母亲的整个态度已经表明，事态正在朝好的方向发展，”圣诞假期的硝烟刚刚过去，桑特这样写信给查尔斯说，“她看上去更放松，与孩子相处很融洽，也显得更自在。”但是，在斯黛拉给查尔斯的信里，她仍然继续着对阿勒瓦的恶毒攻击，索求更多零花钱。“阿勒 731
瓦很自私，要是我处在她的位置，会羞于向她开口要钱……这个月我还需要些钱。”

在斯普林斯，杰克逊设法完成了最后几幅画，他得在完全崩溃之前提供贾尼斯画廊二月画展所需要的作品。在给斯黛拉的一个电话里（他在那个月打了十多个电话），他告诉她新作“比他期待的还要好”。在这个月接下来的日子里，他消失了。到 2 月 1 日画展开幕当天，李已经绝望之极，竟打电话给德国的托尼 · 史密斯，问他该怎么办。杰克逊又威胁说要自杀。总是小看杰克逊酗酒的危险性的史密斯回信道：“李，当我听到你的声音……我突然又回到了过去，回到了所有潜在的悲剧，而不是失望之中。”史密斯说，对杰克逊和李都一样，解决之道就是他俩去德国看他。“对这里的健康食品商店，杰克逊会乐坏的，”他开玩笑说，“……所以，为每个人提供健康的食品，你会感到非常自在。”李并没有发现她的困境有什么乐子可言。她唯一能做的，就是在整个开幕式上成功地看牢杰克逊。根据彼得 · 布莱克的说法，在画展开幕式上，人们对“画作所能引发的奇观并不感兴趣，而是对艺术家将要引起的奇观感兴趣”。李对杰克逊长时间待在纽约一点都不信任。在迈克道加尔山谷待了一周后，他们马上退居斯普林斯与世隔绝的环境中。在那里，那辆A型车偶尔还能冻得无法发动，而杰克逊的愤怒也还可以局限在厨房的范围内。他确实短暂去过一趟市中心，去看桑特。后者在最后一刻决定要参观画展。

评论尽管都很慷慨大方，却使杰克逊处于难以立足的境地：要是接受批评家们的安慰，他就得赞同他们对他早期作品的拒斥。在《先驱论坛报》上，艾米莉·吉纳尔赞美了展览，认为它是“波洛克的艺术发展过程中一次真正的推进”（“它们真的是画出来的，而不是滴出来的！”），但却批评了以前的作品，认为它们只是“空虚而做作的墙面装饰”。在发表于《艺术与建筑》上的一篇本来称得上奉承之作的文章里，詹姆斯·菲茨西蒙斯却批评杰克逊滴画技术的“局限性”，因为“它排除了绘画这种媒介的太多资源，排斥了人类心智和情感的太多层次”。斯图尔特·普莱斯顿在《时代周刊》上，欢呼“对他许多早期作品中的非人格性的超越”。而在《艺术新闻》上，汤姆·海斯对杰克逊“回到他的某些早期阶段的陈述”，以及从“他那早已成名的倾倒和交织网络的抽象画”中摆脱出来，表达了欣喜之情。最令人难堪的，当然要数《纽约客》，它在《复活节与图腾》中探测到了“马瑟韦尔的笔触”。

也许是出于同情，克莱门特·格林伯格选择了没有给那一年的贾尼斯画廊展写评论。不过，他确实在私底下告诉杰克逊，他认为，这些近作显得“疲软”、“强迫”，令人失望；而他，波洛克，已经“丢掉了自己的东西”，丧失了灵感，只是在重复自己。格林伯格喜欢《复活节与图腾》和《灰色的虹》，而且认为，杰克逊“在《深》里似乎看到了什么，但还是错过了机会”。不过，总的来说，他还仍然坚持以前的判断，即杰克逊“也有十年一个轮回的现象，而现在，这个回合已经过去了”。

732 收藏家们似乎站在格林伯格一边：展览没有售出一幅画。

春天，杰克逊的坏运已经到了极点——或者看上去已经到了极点。他告诉格林伯格“这回，他不打算改掉酗酒的恶习了”。争夺斯黛拉的战争已经使家族四分五裂。阿勒瓦的孩子生下来就是死的。印刷生意起伏不定，刚够支付各种成本的桑特，抱怨他所使用的化学品使他“头痛欲裂”，但是，与往常一样，他仍然继续工作。因关节炎的持续发作而肿胀的斯黛拉，体重突然以危险的速率锐减，使她的医生惊骇不已。李的结肠炎自40年代中期以来就时不时地袭击她，如今发作得更为猛烈，使她虚弱、憔悴，变得头脑简单。有一个风雪交加的夜晚，约翰·科尔夫妇刚上床睡觉，他们就听到有人猛烈敲门。“我是李，”辛西亚·科尔回忆道，“她焦虑不安地说，‘约翰，快来，快来，杰克逊死了！杰克逊死了！’”科尔急忙穿上衣服，驾车把李送回家，他们在那里发现杰克逊躺在厨房地板上。正当科尔开始认为他“终于完蛋了”时，杰克逊“突然从地板上跃起，放声大笑。那真是残忍。”

可是，更残忍的事还在后头呢。

1954年夏并没有给杰克与世隔绝和孤独的情感带来任何缓和的迹象。与罗森伯格夫妇的战争很快变得白热化，尽管，在极其重要的派对场合，李越来越处于不利地位。她事实上已经不再举办宴会，而杰克逊也不再收到邀请。在海滩派对和户外活动中，甚至是在那些由梅·罗森伯格主持的集会上，她都只是出现一下，然后就以突然离开来表达她的蔑视。“李在这类事情上十分精明，”罗杰·威尔考克斯回忆说。杰克逊偶尔也参与战斗，深更半夜跌跌撞撞来到罗森伯格家门口，然后冲着黑暗大叫：“我才是他妈的世上最好的画家！”

与此同时，年轻画家们也开始回避他。当他们确实出现——而李又让他们进门的时候，杰克逊并没有摆出一副引导或启发他们的样子。要是心情好，他也会看看他们的作品，说“非常有趣”。“那是他不变的‘口实’，”泰迪·德拉贡回忆说，“假如你给他看一幅梵高，他也会说‘非常有趣’。”而要是心情不好，他就会恐吓他们（“你他妈的在干什么？”）或者简单用“滚开”把他们赶走。（“你干吗在那些孩子身上浪费时间？”他有一次这样问克莱门特·格林伯格。）一些“那样的孩子”，像尼古拉斯·卡罗恩，鼓起勇气找他。“我不想从任何人那里听到廉价的赞美话，”卡罗恩回忆道，“所以我说，‘你他妈的以为你是谁啊？跟我用这种口气说话？我也是个画家。你不懂我的作品，所以你他妈的都在胡说什么？”对杰克逊和卡罗恩来说，这是迅速成为朋友的开始。但是，对大多数年轻画家，例如拉里·里维斯来说，杰克逊的作品越来越“无法与他的社会人格相分离”。他的乖戾阴沉和李的阴谋诡计的结合，在艺术家共同体的任何地方都产生了一种反对波 733
洛克的后冲力。在宴会和海滩上，“杰克逊到处被伤害，”保罗·詹金斯回忆道。年轻作家约翰·马昆德在温斯科特沙丘租了一幢房子，“那年夏天记录了大量这样的情感——‘天啊，看看杰克逊，他真的倒霉透顶了。’他们都在支持那个人。”

那个人，当然，就是威廉·德·库宁。

那年夏天，德·库宁从位于杰里科小道的里奥·卡斯蒂利的豪宅，搬到了布里奇汉普顿的一家看上去更朴素的维多利亚式楼房里。这幢楼房以其与众不同的色彩，被称为“红房子”或“深红色的房子”。与他妻子依莲娜、弗兰兹·克莱因、南希·瓦德、路德维希·桑特尔和其他画家一道，德·库宁建立了新的工作室，很快便恢复了前些年夏天那种狂热的社交场所：喝酒、大吵大闹、聊天、娱乐，偶然也作画。“这房子干脆就是疯人院，”依莲娜·德·库宁后来回忆说，“它吸引人们，就像蜂蜜吸引苍蝇一样……那是一个愉快但却可怕的夏天，每晚都有派对，各种娱乐活动，只要你能想像得出……我是说，那可真是太多的社交生活……世上竟有如此美事，太多朋友，太多谈话，太多饮酒作乐，太多美好的东西。”

宴会改变了场地，但杰克逊却仍然得不到邀请。因去年夏天不快经验的抑制，德·库宁和克莱因避免出现在壁炉路的家里，而只要有人提到德·库宁的名字，李就会发火。但是，杰克逊不能总是置身事外。与其被挡在各种宴会门外，还不如挑衅李。杰克逊会开 12 英里路，从斯普林斯到布里奇汉普顿。但往往只能得到门卫一人的欢迎：真诚但却冷冰冰的。据南希的妹妹，也是红房子的常客琼·瓦德说，居民们“会吓得四处逃散，当他们听到那辆 A 型车的声音的时候。没有人想看到杰克逊。他太粗鲁了。他也太挑剔了”。夜晚，要是他喝得还不算多，他会静静地溜到楼上，加入一台小小的黑白电视机前的观众群中。德·库宁会在那里观看大量西部片和牛仔片。更多的时候，当杰克逊喝得醉醺醺，充满了挑衅性时，他会从冰箱里抓取两三瓶啤酒，一口气喝下，然后挑战某人，任何人，跟他来一场摔跤比赛。“要是他的手落在某人身上，他感到他拥有某种杠杆力量时，他真的会变得很卑鄙，”瓦德回忆说，“他充满愤怒，只等着发泄之路。”

杰克逊有理由感到愤怒。在家里，李再度逃出了他的掌心。

这一漂移在一年多前就悄无声息地进行了。就在关于行动绘画的战斗中，她开始在艺术家共同体之外建立一个小规模的朋友网络。约翰·科尔的妹妹，梅德斯通俱乐部奠基人的孙女，东汉普顿一家小型古董店的老板，简·格拉夫斯，是李的新朋友圈的第一人。在杰克逊抛弃她的许多夜晚中的某一晚，李打电话给格
734 拉夫斯，请她过府。“她告诉我说小狗病了，”格拉夫斯回忆道，“而她不想孤零零地陪它过夜。”两个女人做了晚餐，一起聊到翌日凌晨。格拉夫斯发现她的新朋友“非常漂亮，非常聪明”。打那以后，李将她们的友谊当作战争的缓

李·克拉斯纳，1949 年。

冲地带，既指与艺术圈的战争，也指与杰克逊的战争；当作与她已经脱离关系的外部世界沟通的方式。“我们从未谈到艺术，也没有谈过绘画和杰克逊，”格拉夫斯回忆道，“我们只聊女孩子们的事情：衣服、人物，还有种种小道消息。”

正是格拉夫斯把约翰·科尔介绍到杰克逊那里，并试探他对开一家捕鱼公司的兴趣究竟有多大。那场谈话没有任何结果。但李却利用那个机会将科尔的老婆辛西亚纳入她的朋友圈。第一次怀孕，加上她先生外出捕鱼的孤独，辛西亚·科尔需要李，就像李需要她一样。“那时候约翰的全部词汇不会超过十个，全部与捕鱼有关，”她回忆道，“李充满活力，有趣，渴望友情，尽管她高度紧张。”李与辛西亚分享了她对杰克逊酗酒的同情，令人大感欣慰的是，辛西亚对她先生也存在着同样的焦虑。

1953 年夏，辛西亚把李介绍给一个极其漂亮的年轻女子帕莎·苏斯凯特，一个“格蕾丝·凯利，一个真正的美国美人”，尼克·卡罗恩如此说。帕莎曾是辛西亚在查塔姆霍尔女子中学最要好的朋友，也是她在史密斯高中时的同班同学。她们的儿子，马歇尔和路克，出生日期只相差一天。李和苏斯凯特，尽管看上去非常不同，却很快建立了一种特殊的关系。对李来说，苏斯凯特是个新格英兰人、新教徒、有教养的人，而且美丽夺 735
目，总之是李·克拉斯纳认为富有异国情调而又魅力无边的人。而对苏斯凯特来说，李是那样一种“楷模”，她们的能力和勇气与她自己母亲那种“连一个鸡蛋都不会煮”的情形形成鲜明的对照。带着这样一种深刻的同情，苏斯凯特很快就扮演起了李的宣扬者和捍卫的角色。“我发现李正处于崩溃状态，”她说，“渴望有个伴。”将其小儿子塞进婴儿车推到壁炉路上后，她几乎每一天都来拜访李，安慰她，赞美她（当两个女人一起去购物时，苏斯凯特羡慕李“确实性感的体型”），劝告她。“从‘这个女人没有得到公正的待遇’这个角度看，我坚决站在李一边。”她后来这样说。

但是，李还与苏斯凯特分享另一种品性：受虐。

跟 50 年代早期许多年轻人一样，苏斯凯特的丈夫彼特·马修森，曾经去到南福克镇追求“勇敢和男子气的形象”，据辛西亚·科尔说，“接触到了某些重要的东西。”马修森从小就习惯了欧内斯特·海明威的作品及其名扬四海的壮举（《老人与海》1952 年出版，并于次年获普利策奖），他早已跟随“老爸”（海明威）去过巴黎，并在那里创刊了《巴黎评论》，然后去了西班牙，在那里做了大量“海明威式的事”，据科尔说。现在，是跟随圣地亚哥（按:《老人与海》主人公）出海，直面最原始的挑战的时候了。“彼特事实上已经成了生活在海明威的大男子主义神话中的商业捕鱼者，”有个密友这样说。紧随着海明威的大男子主义到来的，必然是他的沙文主义。跟李一样，苏斯特凯尽管美丽异常，却忍受着马修森破坏性的竞争，也感受到了心理上受虐待的处境。当他们一起开车途经当时的博纳克人时，他会告诉她伏下身子，“这样他就不会被等同于典型的喜爱金发女子的人了，”有个朋友这样回忆说。为了避免直接与他竞争，她放弃了成为一个作家的雄心；但是，某些早晨，她带着某个故事的想法醒来，当她晚上回到家里时，却发现这个故事早已被他写进小说里了。当苏斯凯特决定绘画时，“第二天彼特就画了一些，”辛西亚·科尔如是说，“诸如此类的竞争可以编成一部历史，而她不得不屈服于此。”

在苏斯凯特的同情和鼓励下，李回到其画室，数年来第一次开始持续地创作作品。自从1951年在帕森斯画廊那次不成功的画展以来，她几乎没有摸过笔，担心跟往常一样，杰克逊会用一个星期的狂饮烂醉来加以报复。不过，画点素描看起来是安全的，因此，在等待杰克逊回家的漫长时间里，她会用画笔和黑墨水在纸上画些素描，模仿杰克逊黑白画的样子。1953年，在遇到苏斯凯特以后不久，她开始创作一系列拼贴作品。她把她的素描撕成碎片，然后在画布上或梅森奈特纤维板上重新安排它们，创造出一种复杂的、黑与白的马赛克效果。这些新作品小巧、谦逊、女性化，与她1950和1951年创作的大
736 胆而充满姿势性的抽象画大相径庭，但至少她又重新开始工作了。整个冬天，这些拼贴画的尺寸在加大，复杂性在提高。她引入了色块，在拼贴元素之上加上笔触，画布碎片，甚至在一些更大的竖立的作品里加进了风景的暗示。到1954年春，当她的作品在阿马甘西特画廊举办的“女性艺术家展”上展出的时候，她小心翼翼地重新宣布自己艺术家的身份，创作出了一些似乎反映出她的决定的作品：要以一种新的、更加令人满意的方式来将她过去的碎片重新组装起来，无论其结果是如何痛苦，或者像是拼图。

1954年夏天前夕，苏斯凯特帮助李在图书和音乐大厅，东汉普顿的一家图店兼画廊里——苏斯凯特在那里上班——举办了一个新作的个展。还带着贝莎·舍费尔公寓里发生的崩溃往事的记忆，李开始为六月份的展览作最后的准备。

六月中旬的某个早晨，杰克逊开车来到布里奇汉普顿，发现红房子几乎空无一人。德·库宁、克兰因和桑特已经去东汉普顿，帮助图书和音乐大厅的卡洛尔和唐纳德·布莱德夫妇安顿下来。早已喝得两腿轻飘飘的杰克逊，又灌了两到三瓶啤酒，然后自告奋勇把成箱的书籍搬到地下室去。布莱德夫妇想要将图书都放在那里。意识到会有麻烦的依莲娜·德·库宁打电话给东汉普顿的丈夫。当德·库宁和克莱因赶到时，“他们拥抱了杰

克逊，”依莲娜后来写道，“然后开始胡闹。”紧紧地拥抱在一起的杰克逊和德·库宁在园子里盲目地转悠，直到走进一个通道。这个通道从后门通向车库和屋外。长年累月的使用使这条通道坑坑洼洼，崎岖不平，站在旁边的菲利甫·帕维亚回忆说，也令杰克逊大吃一惊。他磕碰了什么，重重地倒在地上。德·库宁则压在他身上。在两个人的重量压迫下，杰克逊的踝关节压断了。

杰克逊躺在地上打滚，克莱因和帕维亚冲过去帮忙。“他痛苦不堪，”帕维亚回忆说，“天啊！他痛死了。”他还“绝对愤愤不平”，据依莲娜·德·库宁说。“他说，‘我从没骨折过。’他觉得这是一种侮辱；他坚不可摧的神话破灭了。”杰克逊每挪动一步便吐出一连串诅咒声和叫骂声，他们把他抬上布莱德的旅行车，飞快地送往东汉普顿诊所。

没有人敢面见李。这个意外似乎确证了她数月来一直在诉说的事实，那就是“纽约那帮匪徒”正四处寻找她丈夫，并想杀了他。他们没有把浑身是石膏和支架的杰克逊送回家，而是，送到了隔壁的康拉德·马卡－雷利那里。“我们害怕把他送到李那里，”帕维亚回忆说。当李最终得知这个消息时，她满腔怒火奔向那栋小房子，大声咒骂着——他们“想要打垮他”——还威胁要叫警察。只有德·库宁敢上前搭话。“杰克逊是个大块头，”他说，“如果他想从冰箱里拿啤酒喝，我是不会阻止他的。”

到那天下午，艺术圈的每个人都听到了这样的新闻：德·库宁打断了杰克逊的腿。战 737
争已经持续了一年半，现在，终于看到了结果。

杰克逊错过了李的画展开幕式。在六月的余下日子和七月的大部分时间里，他都被迫待在楼上的卧室，在闲得无聊和事事得仰赖别人中活力顿失，有时自怨自艾，有时则将怒气发泄到李头上。由于无法走动，他体重增加，还留起了胡子。詹姆斯·约翰逊·斯温尼和里吉纳尔德·伊萨克之类的朋友寄来的慰问信，也无法让他心情好转。过于乐观的托尼·史密斯写信来建议杰克逊在德国销售画作。“如今德国有大量百万富翁，”他热情洋溢地说，“我想在这里办一个展览也许能实现销售。”有人向他提供纽约州立大学的一个教师职位，这不仅没有振奋杰克逊的精神，反而触发了他对那些做教师的艺术家们的狂怒：这是一个他一直憎恶的职业。

然而，尽管有这些充满同情心的慰问信，令人瞩目的却是很少有人来访。甚至连斯黛拉，从康奈狄克州的塞布鲁克摆个渡就可以直接到达三里港附近，也没有出现。七月初，桑特来过一次，但第二天就回去了。这使得李在大部分时间里都得独自面对杰克逊的愤怒和自怜。她试着鼓励他画素描以打发时间。马卡－雷利还记得她的打气话：“她会说，‘你看看马蒂斯。他一直待在床上，却创作出了那些剪纸作品。为什么你不试试画素描呢？’”但是杰克逊却拒绝干任何活。他偶尔确实看看艺术书，但这似乎主要是一个自怨自艾的借口。有一天，李听到一声巨响，急忙跑上楼，却发现杰克逊在床上“坐着，瞪着双眼”，自个儿生气，而她的毕加索书却被摔到了房间另一头的地板上。“他妈的，”他牢骚满腹地说，“那家伙已经把所有事都做完了，没有留下任何可能。”

由于杰克逊安全地待在楼上，李就把她的画室挪到起居室，毅然决然地画她的画。整个夏天，她的拼贴都在不断地增加尺寸。她使用更少更大的拼贴元素，却引入了更多色彩。她的笔法展示出“大胆的新技巧”。如果能说什么，那么杰克逊的康复期其实使他更接近于现实生活，而后者恰恰是他急于想要否定的。在赋闲的那几个星期，他知道李正在楼下作画。后来，七月中旬，当他开始一瘸一拐地下楼来的时候，他每天打起居室她的画前走过。康拉德·马卡－雷利还记得，在那些日子里，杰克逊看到或是仅仅提到李的画，就会“发怒”。

当杰克逊无法离开屋子时，李就不再感到必须待在家里——待在那里，“以备”不时之需。她的朋友注意到了这一变化。在集会上，她争辩更加激烈，也更有风趣；她似乎“更富活力，也更有幽默感”。数年来第一次，她嘲弄与杰克逊在一起的生活，嘲弄他那可怜的宠物乌鸦，那喜爱聒噪不休的乌鸦，还有那只因吃了发酵的苹果而醉倒的山羊。据某个朋友的回忆，她“令人忍俊不禁地模仿了那头醉酒的山羊”。当地有个很有名的商
738 人老婆玛丽安·库克，请李为她的教堂朋友们讲一次她的“新画作”，李急切地接受了邀请。“她很镇定，而且真的有趣得很，”艾德·库克回忆说。

不过，更大的进展是学习开车。数年来，李要外出差不多全依赖杰克逊。不管他喝得多么醉醺醺，或是心情多么恶劣，要是她想去商场，她也不得不爬上那辆 A 型车，闭上双眼，然后祈祷。“她差不多被困在家里，”帕莎·苏斯凯特说，“杰克逊不想让她开车，但他自己却可以随意走动。”辛西亚·科尔曾经想要教她开车，但是她的课让李感到困惑不已，不清楚“当你踩离合器时究竟会发生什么”。学驾驶的经验就在“一系列可笑的插曲”中告终。现在，轮到苏斯凯特了。为了克服她的学生“绝对不自信”，她把李塞进驾驶室，把她的一双儿女塞进后座。“这表示我对她有充分的信心，”苏斯凯特说，“而这真的成功了。”到八月底，她已经足够自信，独自驾车前往温斯科特约翰·马昆德的小平房，问他要钱，因为杰克逊喝醉时曾给过他一张素描。“我永远忘不掉那场面，”马昆德回忆说，“那辆老爷车穿过整片土豆地，一路颠簸，尘土飞扬。而李看起来一副权利受到侵

害，义无反顾的样子。她说，‘你瞧，你认为怎样？我们也得支付杂货商，你懂得！’我说，‘你说得没错，’然后写了一张支票。”

李为新的自由付出了更高昂的代价。整个夏天，她的身子因溃疡性的结肠炎而剧痛不已。在公众面前表现出强大而又自我确信的她，在私下里却忍受着痉挛、便秘、带血腹泻的慢性发作而带来的残酷无情的疼痛。她正在撕裂的东西，远不仅仅是过去画的素描而已。

1954 年夏天即将结束的时候，壁炉路上的家的气氛既不祥又忧郁。杰克逊的裸关节仍未完全痊愈，他会蹒跚着走下道路，观看红房子的那帮家伙在阿德米拉尔·祖格鲍姆家的园子里打垒球，或者开车去海边，眺望游泳的人们冲浪。贝克·赖斯看到他在那儿。“杰克逊，我听说最近你不再画画了，这是怎么回事？”她谨慎地问。杰克逊一副被刺痛的样子。“我妻子马上要办画展，”他说，一半是说给自己听的，“至少家里还有人在干活。”至少有一次，他试着回到了红房子，并以去商场买些啤酒为由，与康拉德·马卡－雷利从晚餐上溜了出来。“他想看看那些男孩子，”马卡－雷利说，“我想打电话告诉李我们在哪儿，但他不让我打。他说，‘你不能让她知道我在哪里。’”他还打着石膏，一瘸一拐地追着德·库宁和克莱因，竭力想适应那儿的环境，但是他们却“像对待一个婴儿一样对待他”，马卡－雷利回忆说，“像对待一个局外人一样对待他。看到这样的情景，真令人伤心。”最终，他不得不放弃，打道回府。

杰克逊的裸关节还在酸痛，他发现 A 型车僵硬的离合器不好使，一踩脚便痛。因此，当玛莎·杰克逊顺道来访，为她小小的画廊物色新画家（和新画作）时，杰克逊很爽快 739
地用两张黑白画，交换了这位画商所购的 1950 年产的绿色奥尔兹莫比尔牌汽车。

接着，暴风雨来了。

第一次，屋外的那次，发生于 8 月 31 日，那时飓风卡洛尔横扫长岛。每小时超过 90 英里的大风掀起了创纪录的滔天大浪，将东汉普顿缅因大街上的榆树连根拔起，撞得船只搁浅，又将房屋和汽车旅馆的屋顶掀翻。

吊诡的是，飓风“卡洛尔”那黑压压的云团给杰克逊带来了——在连月来的无法动弹之后——最后一个感受到目的和需求的机会。当大雨冲垮电线，大风吹掉路灯，阿克卡伯纳克峡谷的洪水不祥地上涨的时候，邻居们都聚集到位于高地上的杰克逊家中。詹姆斯和夏洛特夫妇最早过来，就在不断涨潮的海水切断蒙陶克与拿佩克港口小岛其余部分的联系之前逃离了那个地方。预见到洪涝的杰克逊帮助罗伯特和芭芭拉·海尔之类的邻居，将东西转移到楼上的房间。而竭力克制着对风暴的恐惧的李，则准备了一大锅意大利面。他们那些湿透、寒冷的客人们挤在起居室里，不停地听着收音机里的天气播报。自从1938年的大飓风以来，芭芭拉·海尔还从来没有见到过这么大的洪水，也没有见过这么多大树被连根拔起。那一年，她丈夫从窗外望出去，嘴里说着“有只船过来了”，然后才意识到那根本不是一艘船，而是邻居家的房子。她想，这次与上次一样糟，也许更糟。

将近中午，大雨出乎预料地停止了。天空一碧如洗，阳光普照。正当杰克逊的邻居们开始纷纷回家时，怀弗里德·祖格鲍姆带着新的消息来到：暴风雨改变了方向。“它正重新返回，”他警告大家说。杰克逊飞快地跑向马卡－雷利的屋子——他认为那是受洪水威胁最大的地方——试图让马卡－雷利相信危险即将到来。但是，康拉德只是指着天空说，“你担心什么？太阳都出来了。”不一会，暴风雨就回来了。海湾里的海水拍打堤岸，冲过低洼的沼泽地，灌进马卡－雷利家。突然之间，“汽车被洪水淹没，屋子里的水漫过两英尺，我们不得不蹚着水走，”马卡-雷利后来回忆说。洪水也拍打着壁炉路，将人们和汽车都陷入黑暗、冰冷、一靴子深的海水里。接连数小时，杰克逊和“他的人”都在附近一带巡逻，帮陷在水里熄火，或是陷在烂泥里的车子脱困。当这边的工作告一段落，杰克逊立刻冲向卢兹湾，乔与米丽·利兹正在那里面朝大海，等待着最坏的结果到来。“我来救你们了，”杰克逊宣布说。“救什么？”乔·利兹讽刺说，冲着他们被毁的屋子的剩下部分扮了个鬼脸。

那天夜里，当寒冷的雨水和猛烈的风还在击打着整个斯普林斯，到处都是漆黑一片的房子的时候，杰克逊坐在尼古拉斯·卡罗恩厨房里巨大的橡木桌边，享受着卡罗恩的煤
740 油取暖器和克兰因、德·库宁、卡罗恩及其妻阿黛尔难得的陪伴。“他们谈论着绘画，世界正发生些什么事，还有艺术正在向什么方向发展，”阿黛尔·卡罗恩回忆道，“这持续了数个小时，我记得当时我真希望有一台录音机。”

第二天，现实还是老样子。在送布鲁克斯一家回蒙陶克的路上，杰克逊与李的战争又爆发了。“李不想让他单独一人，”詹姆斯·布鲁克斯回忆说，“她向他大叫，一路上唠叨又唠叨。”终于，杰克逊转向她。“如果你再不闭嘴，”他警告说，“我就用砖头伺候你。”听到这个，在后座被眼前丑陋的争吵弄得越来越心烦意乱的夏洛蒂·布鲁克斯，突然大哭起来。当汽车在能够俯瞰布鲁克斯家的蒙陶克断崖上停下的时候，他们看到暴风

雨已经把他们家的画室卷进大海，整个夏天的画作都随之消失。“杰克逊看到这里，”詹姆斯·布鲁克斯回忆道，“整个都崩溃了，他哭得像个孩子一样。”

即使是一年前，看到杰克逊哭泣的样子，也一定会让李感动不已。但是，现在再也不会了。她还在为刚才的吵架生气，拒绝跟杰克逊一起回到车上。相反，她和布鲁克斯一家待在一起，那天晚些时候与他们一起去了纽约，还在他们公寓里过了夜。

杰克逊孤零零地回到斯普林斯。在那里，他与弗兰兹·克莱因乘坐后者新近买来的1937 年出厂的林肯牌跑车，去查看受损的情况。在缅因街向南开时，克莱因超越了一些缓慢行驶的汽车，没有意识到前面的道路被一棵在暴风雨中刮倒的大树挡住了。林肯车冲向大树，撞向一排停在道路另一头、朝北行驶的车子。杰克逊嘴唇破裂，成了这次事故中唯一受伤的人。

九月下旬，斯黛拉心脏病爆发。后面又接二连三地发作。没有一次很严重，但是，就像杰伊写给查尔斯的信里所说，“这一系列的发作非常厉害，在母亲这样的年龄，它也许会突然终结。”甚至在迪普里弗，当桑特正忙于拯救他那濒临破产的印刷厂，阿勒瓦已经开了一家小小的洗刷和替换公司以贴补家用的时候，斯黛拉心脏病突发，大家也大吃一惊。尽管动弹不得，她看上去非常强壮健康，足以抵挡第一阵病痛。

1954 年感恩节之夜，当这个消息传到斯普林斯时，杰克逊发火了。在彼特·司各特，另一个跟彼特·马修森一样的“捕鱼者”，举办的节日集会上，他在暴怒中冲出了屋子。其他客人们认为，杰克逊的这一愤怒是李惹起的。当他想要喝酒时，她却下命令“给他一些牛奶”。几分钟以后，他们听到了屋外一声巨响。杰克逊驾车撞破了司各特为他妻子建造的蓝白相间的篱笆墙。当客人们冲出屋子，对眼前的破坏深感惋惜之时，杰克逊开始倒车，再一次撞向篱笆，从而摧毁了最后剩下的那点东西。在猛踩油门离开前，他在瞠目结舌的客人们面前停了一会儿，大叫道，“操你妈的。”“他朝整个人群说，”米丽·利兹回忆道，“包括彼特的母亲，是她准备了这个令人惊叹的晚宴。我们真的无法相信。”客人们三三两两回到屋子里时，李一脸无辜地评论道：“我只说了句给他些牛奶。”

但是，李明白真正的问题是什么。不管她如何不停地反对，杰克逊早已寄了一张 25 741
美元的支票给斯黛拉，以及另外几张给桑特的孩子们的支票。在靠贾尼斯提供的那点可怜的零花钱度过了夏天和秋天后，杰克逊终于看到了一桩大买卖：十一月初《海洋的灰色》卖给了古根海姆。在迪普里弗，钱的到来既让他们感激，也让他们愤恨——为什么要经过这么多年？为什么非到等到这样危险的转折，才能刺痛杰克逊的良心？

再一次，杰克逊想要斯黛拉。假如，病在床上的斯黛拉不能过来，那他可以过去。尽管遭受着结肠炎之苦，而且跟往常一样反对一切让她跟婆婆一起生活的计划，李却默许了——无疑也是确信了，与他单独生活在斯普林斯，也就意味着彼特·司各特家的那类事件还会层出不穷。12 月 11 日星期六，他们来到了迪普里弗。圣诞节时他们再一次来到，捎来了昂贵的礼物——当然是用波洛克的标准来看——同时也带来了无情的对立。当杰克逊送给简森一辆自行车时，李坚持认为卡伦“也要得到一样好的礼物”，于是带她去哈特福德买了一件衣服。他们一月份又来了一次，而且待了差不多两个星期，晚上就睡在起居室的简易床上。而桑特正一脸阴沉地清算他那倒闭的公司，阿勒瓦则靠她那微薄的收入支撑着这个家。最后，李终于受够了。一月中旬，她与杰克逊回到斯普林斯，一路上还在抱怨他们那天离开得太匆忙，居然忘记了东汉普顿还有一个晚宴的邀请函。杰克逊答应回来，但当那一天到来时，李借口她的结肠炎又犯了，因而行程不得不取消。

除此之外，李找到了更好的解决办法。她已经心力交瘁，厌倦了照顾别人，除了唠叨，她病得太重做不了任何事情。她又想重新回到自己的工作，害怕杰克逊，又瞧不起他家人，因此已经决定把杰克逊还给他们。他们造就了这个怪物，现在是他们照顾他的时候了。二月初，她打电话给桑特，再次请求斯黛拉来斯普林斯——“东汉普顿正是斯黛拉该待的地方。”她说——至少待上那年冬天余下的时光。她强调了杰克逊最近的慷慨大方，争辩说他终于接受了他对斯黛拉应尽的义务，现在是她应该为他尽义务的时候了。如果一切顺利，李建议说，这项安排可以是永久性的。她说的话是彬彬有礼的，但信息却毫不含糊：杰克逊的画是波洛克家族产生的唯一有价值的东西，现在，他们还欠他一个斯黛拉。

这一次，是阿勒瓦不同意。在默默地忍受了多年以后，在清清楚楚地记得发生在第八大街公寓里的梦魇之后，在她对桑特长期的卑躬屈膝以后，第一次也是唯一一次，阿勒瓦表示“坚决反对”。“我认为这是我站出来，而且对自己的情感非常自信的唯一一次，”她回忆道，“我说绝对不行，我不想让斯黛拉走。这个女人已经八十高龄，而且刚刚发作过心脏病。在她生活的这样一个时刻，她不需要走，也不需要跟杰克作战。”女儿卡伦回忆，阿勒瓦在家里，也在斯普林斯点燃了大火：“发生了好多争吵，好多愤怒。李
742 对我父亲让这一切发生感到怒火中烧。”但是阿勒瓦已经铁了心。“斯黛拉不需要激怒或紧张——那是忍无可忍的事。”

李发现避免灾难的最后一个机会也溜走了，她简直气不打一处来。她一直无法原谅

杰克逊家庭不能欣赏他的艺术；现在，以至她的余生，她都会严厉谴责他们“让她孤零零地与他待在一起”，谴责他们当他——同时也是她——最需要他们的时候，却不愿提供帮助。

杰克逊也以自己的方式做出了回应。仅仅几天之后，当马修森的朋友谢里丹和弗朗西尔·洛德来访时，他挑战谢里丹·洛德跟他比赛摔跤。“杰克逊早已喝醉，”弗朗西尔回忆道，“他说，‘来吧，让我们摔跤吧。’”因为李的反对，谢里丹只是在起居室中间礼节性地抓住了杰克逊，“试图阻止他摔倒，而不是真的要投入比赛。”洛德想快点结束这尴尬的一幕，就把他的脚搁在杰克逊的脚后面，然后推了一把。杰克逊向后倒去，重重地跌在地板上。他抚着踝关节，痛苦地大叫起来。“我摔断了我的踝关节，我摔断了我的踝关节！”一开始，没有人相信他。“哦，杰克逊，你快起来，”他们说。他气得两眼直冒烟，大叫道，“他妈的，我知道我摔断了，我听到它突然断裂的声音。我懂得我的脚是什么时候摔断的。”事实上，这是八个月前在红房子摔断的同一个踝关节。“这也太杰克逊了，”弗朗西尔·洛德想，“蠢笨如牛，我甚至无法表达同情。”

接下来待在床上的几个月，并没有给杰克逊带来安宁。例行公事般的慰问也没有放慢人们对他的支持越来越少的势头。三月初，李将最近一个坏消息带到了他床头。在《党派评论》的春季刊上，克莱门特·格林伯格公开批评了他。

他们之间关系的断裂当然非一日之寒，它始于格林伯格引人瞩目地缺席杰克逊1952和1954年两个个展的评论。打那以后，他拜访斯普林斯的次数开始下降，而他们为数不多的偶遇经常不可避免地以吵架告终，就像贝宁顿那次一样。但是，没有人，甚至连李——尽管格林伯格不喜欢她的作品，她却一直呵护着他与杰克逊的关系——都不敢相信这一终结来得这么快，这么果断，这么公开化。在《美国式绘画》一文里，格林伯格精心炮制了他曾在私底下跟杰克逊说过的东西，用了诸如“强迫的”、“肿胀的”、“精心打扮的”之类的词汇。文章说，“其成就的顶峰是1951年的个展，有四到五幅巨大的画作，达到了纪念碑式的完美”。而在他最晚近的画展上，杰克逊已经成为“一个功成名就的匠人”，却以能量和灵感为代价；将运用“欢快”色彩的分析立体派推进到了一个创造性的困局，格林伯格论证道，只是因为“他不再确信想用这些色彩表达什么”。

这篇文章不仅正式宣告了他们关系的破裂，而且还命名了杰克逊的后继者：克莱福德·史蒂尔。格林伯格用了那种残忍地令人想起以前赞美杰克逊的话，来赞美史蒂尔，

743 称他是“我们这个时代最重要、最富有原创性的画家之一——也许是55岁以下的画家中最有原创性的画家，即使不说最好的画家”。格林伯格认为，史蒂尔“将抽象绘画从明度对比中解放出来”，“从准几何平面素描中解放出来；立体派已经发现这是阻止形状边界打破绘画平面的最确定的方式。而波洛克却没能做到这一点”。在格林伯格处心积虑地想要将波洛克（被称为“晚期立体派”）与史蒂尔（被称为“后立体派”当中的领袖，后来被称为色域画家）区别开来的努力背后，许多艺术家都把这篇文章看作一种简单的折价处理：波洛克乃是折价以后的史蒂尔。格林伯格已经决定，杰克逊的美国牛仔之根乃是，用他自己的话来说，“大量废话”。他已经发现了一个新的、真正的美国英雄。“他丢弃了牛仔，捡起了大山的老人，”伯德·霍布金斯说，“他支持一个赖得之类的幻影般的怪人，某个波洛克之类的被看作天真美国佬的人，某个可以成为饱学的批评家屈尊俯就的人。”

对李来说，这篇文章不仅反映了一种个人背叛，也反映了一种知觉上的失败，是对杰克逊艺术的荒唐可笑的误解。然而，与点燃她对罗森伯格那篇文章的强烈反应的个人对抗的长期历史不同，她还能够克制自己的愤怒。意识到格林伯格对艺术市场仍然具有巨大影响力，她和杰克逊都被迫以小规模的、难于察觉的方式来表达他们的不快，例如联合抵制格林伯格的婚礼，只送给他一张画在卡纸上的小型色粉画作为礼物。但是，格林伯格却并没有道歉。“我听说我发表在《党派评论》上的文章引发了一些喧闹，”他五月写信给波洛克夫妇道，“我希望你俩至少可以仔细地读读文章。每个词我都掂量过。”

1955年3月的大部分时间，杰克逊都被困在楼上的卧室里，当李靠近时就破口大骂。他知道她在楼下作画，从窗口眺望白雪，毫无痕迹地从工作室周围消失。有时，他对斯黛拉不来他家的愤怒转为绝望。他不再吃东西，驱走来访者。当他能够在四周转悠的时候，他并没有去工作室，而是花费长长的下午时间待在东汉普顿电影院里，或者帮助罗伯特和芭芭拉·海尔修缮他们刚买的屋子。他不止一次驾车去蒙陶克，突然出现在詹姆斯和夏洛特·布鲁克斯家门口的台阶上。“有一次他从大雨里冒出来，浑身湿透，说他的车抛锚了，”詹姆斯·布鲁克斯回忆道，“他显然一冲动就离开了李。”

那年春天，人们经常看到杰克逊从这家游荡到另一家，“像个被遗弃的孩子”，帕莎·苏斯凯特如是说。“他在巡视邻居，想找个什么人聊聊，”弗朗西尔·洛德回忆说，“他会在中午到你家，只想坐坐，一副孤苦伶仃，可怜巴巴的样子。你会递给他一杯茶，但他想在里面加上威士忌。”李已经给每个邻居下达了指令，不要让杰克逊喝酒，但是，洛德说，“不让杰克逊做什么无疑是最直截了当的诡计。”当洛德之类的朋友变得不耐烦时，杰克逊会“觉得很受伤害，因此我们不得不一再表示同情”。他似乎特别容易被那些有 744 孩子的朋友们所吸引：马修森夫妇、布莱德夫妇、科尔夫妇、卡罗恩夫妇、利特尔夫妇、塔尔玛吉夫妇、格里比茨夫妇。他会长时间充满渴望地观看孩子做游戏，哀叹自己没有孩子，有时似乎重新回到了孩提时代。卡罗恩夫妇带着他们的双生子克里斯蒂安和克劳德，请杰克逊照看。“他会带他们上楼，把他们抱到床上，”阿黛尔·卡罗恩回忆说，“他会把他们安顿好，然后让每个人安静下来，这样就不会打扰他们了……当他看到他们在喝牛奶，他突然感到一种喝牛奶的冲动，瞬间把家里的牛奶都喝光。接着，他感觉坏透了，他坚持我们都搭上他的车，以 90 英里时速去米勒商店，为他们购买更多牛奶。”在壁炉路以北半英里路远的马修森家（后来在杰夫里·波特农场一个经过改造的谷仓里），帕莎·苏斯凯特发现他“很逗……像个小男孩……一直都很年轻，容易受惊，脆弱无助”。他拜访唐纳德和卡洛尔·布莱德是如此频繁，以至于他们将第二个儿子取名为杰克逊。“与孩子们在一起，”卡洛克·布莱德说，“他就像一个母亲一样温柔慈爱。”

如果说孩子们带给杰克逊的是对斯黛拉的渴望，那么李带给他的则是愤怒。到五月份，他们的争吵达到前所未有的严重程度。由于相信李跟斯黛拉一样正在抛弃他，而且对她画得越来越多深感怨恨，杰克逊试图用愤怒来战胜恐惧。由于相信杰克逊仍然需要她，而且越来越沉溺于日常争吵，李则用愤怒来战胜需求。其结果是更加激烈的、全天候的激战；他们当中没有一个能胜出，但也没有一个愿意失败。争吵不再停止而又开始，它们仅仅是从一个阶段过渡到另一个阶段，从大声尖叫过渡到相互发泄，从苦涩的静默过渡到突然袭击，如此再三。杰克逊“疯了”，在过去几年里目击过许多争吵的罗纳德·施坦因回忆道。“他正在抵达他心理的某个部分，既非理性，也非人性的部分。他会连续大叫‘母狗，母狗，母狗，母狗，母狗！’直到整个屋子都震动起来为止。”李会等到风暴过去，然后再施以报复。“当他不在愤怒状态时，她就开始指责他，”一个朋友这样回忆说，“‘杰克逊，做这个；杰克逊，做那个。’”她会把食物放在他面前，而他则会拒绝吃它。“听话，杰克逊，”她会说，“这对你有好处。吃了它。”“我不需要食物，我要茶，”他会说。但是，当李泡好茶，把它端到跟前，他又会说“我不想要茶”，却倒了一点威士忌。李确实强迫他去看过几次伊丽莎白·赫巴德，做过几次“婚姻咨询”的谈话，但赫巴德提供的却只有草药和陈词滥调。

5 月 13 日星期五，山姆和埃迪·亨特来斯普林斯度周末，立刻就被拖进了激烈的争吵之中。“杰克逊将录音机的声音开到让耳朵都痛，”埃迪·亨利回忆道，“李则尖叫到让你耳聋。这就是家庭场面。”山姆·亨特认为李对待杰克逊，“就像一个驯狮师对待一只狮子。”当时正好怀有身孕的埃迪犯了一个错误，居然上了杰克逊开的车。“那是一次疯
745 狂的旅程，他会观察你是否开始感到害怕，”山姆说，他后来称杰克逊是“一个真正的精神病患者”。不过，埃迪发现了其疯狂中的规律。“他并不是不计后果的。他对我并无恶意。他知道他在做什么。他只想伤害李，而不是其他人。”当亨特夫妇回到纽约后，埃迪写了一封很有策略的感谢信，形容那个周末“令人难忘”，然后取消了回访的计划。

夏天来临，杰克逊和李在一起的生活，已变成无休止的攻击与反攻击，暴怒与报复的来回。在与洛德一家去市中心的旅途上，杰克逊在现代艺术博物馆对面的停车场消失不见了。“他只说，‘我要去看看某某，’就从眼前消失了，”弗朗西尔·洛德回忆说。“李知道她要求他做的每一件事，他总会反其道而行之，因此她央求我们把他找回。但他就是走开了。我们回来时还是没有找到他。”当李安排他们在纽约与亨特一家用晚餐时，杰克逊就是不出现。“他并不想与李共度时光，”埃迪·亨特说。不过，翌日早晨，他捧着一捧兰花（没有跟李在一起）来跟我们说抱歉。当李要求更多钱买衣服，要求从贾尼斯那里得到更大份额的收入时，杰克逊将 100 美元借给保罗·布拉奇和米里亚姆·夏皮罗，好让他们在毗邻克里克斯的谷仓上付定金。在床头遭到李的拒绝后，杰克逊“四处询问他认识的女人，她们愿不愿意跟他生个孩子，”有个朋友回忆说。

杰克逊抓住一切机会，不管是遥远的还是近在眼前的，来制造痛苦。当 5 月份在惠特尼博物馆举办的“新 10 年”画展的目录，错误地报道说他曾经跟随李以前的导师汉斯·霍夫曼学习时，杰克逊恼羞成怒，义愤填膺地要求博物馆道歉，而且在随后的出版物中予以纠正。六月，他威胁要抛弃她，去巴黎，跟随德·库宁的脚步，后者正计划七月离开纽约。李当然明白其中不可告人的暗示：人人都知道德·库宁与依莲娜的婚姻，正处于崩溃的边缘。仿佛为了兑现他的威胁，杰克逊驾车到里弗海德去申请了一张护照。

那年夏天异乎寻常地闷热，对他们家庭战役的热度没有带来任何消解。大卫·伯德，一个来自佛罗里达、对杰克逊非常崇拜的年轻画家，正在克里克斯避暑。有一天，他来到杰克逊家，他后来将这一天称为“朝圣”。他发现李“一副高傲不屑的样子”，但杰克逊却热情地欢迎了他。“那是我生活中的一个转折点，”伯德说，“他是我心目中的英雄。”有一天在海滩上，伯德倒过来又把杰克逊介绍给他以前的老师西德·索罗门。由于得到过杰克逊易怒的脾气的警告，索罗门期待着最坏的可能性，相反却被“围绕着他的强烈

的悲剧感深深地打动了”。在夏日的风景里漫步时，杰克逊会顺便走访布拉奇和夏皮罗之
类的年轻画家，后者正忙于在绿河墓地附近的波赛农场作画（他们要到第二年夏天，才
修缮杰克逊帮助他们买下的那个谷仓）。在成功通过杰克逊的“狗屁”测试后（“他总是
说‘狗屁’，而要是你不能忍受‘狗屁’，那你无法通过他的测试”），夏皮罗对他很友好， 746
而对醉醺醺的人总是敬而远之的布拉奇，则跟他保持距离。杰克逊仍然时不时地来拜访
克里克斯，尽管不像过去那么频繁。在卖出《大海的灰色》之前的整个冬天，他都在建
议奥索里奥，他和李卖掉他们的房子，搬到阿方索和泰迪的大房子里住。奥索里奥委婉
地拒绝了他的请求。“打那以后，我们的关系就不像从前了，”他后来懊悔不迭地说。

与此同时，有人却搬到了克里克斯：克莱福德·史蒂尔。史蒂尔以另一种方式取代了杰克逊。他在避暑的大房子边上买下了一间小房，还在附近的一个谷仓里搭建了一个工作室。然而，当杰克逊前往参观时，史蒂尔不是忙于作画，就是在他那辆钟爱的捷豹车底下修修补补，因而忽略了客人。杰克逊不清楚，与格林伯格一样，史蒂尔也早已转而反对他了。那年年初，他写信给奥索里奥，表达了对杰克逊的失望，他指责杰克逊胆小、可怜、自暴自弃，“仅次于那个马克·罗斯科”。是什么促使史蒂尔给杰克逊长期的赞助人写这样一封阴损的信，人们并不清楚，尽管，正如史蒂尔的朋友琼·舒勒所说的那样，“这个地球上没有一个人不能在某个时刻提出他自己心目中的黑名单。”据简·史密斯说，她先生托尼从欧洲回来后受到了史蒂尔莫名其妙的冷落，“史蒂尔并不承认这样的事实：杰克逊正在接受某些纽约画商的帮助。他认为那是一种背叛。”尽管杰克逊曾经动过撇开贾尼斯，加盟玛莎·杰克逊画廊的念头（正如德·库宁所做的那样）。这一点是真的，但是他们的秘密通信并没有带来任何结果。更有可能的是，史蒂尔的反戈一击是建立在艺术的——亦即道德的——基础之上的。“他决心要创造一种新的美国艺术，”琼·舒勒回忆说，“一种绝对美国的艺术。他认为我们必须抛弃、割裂、切掉欧洲的影响，就像切掉肿瘤一样。剩下来的将是纯真的美国艺术。”舒勒认为，最主要的肿瘤便是杰克逊·波洛克。史蒂尔得出结论认为，波洛克的艺术“除了令人厌倦的印象主义以外，什么都不是”。

不管他私底下的理由是什么，在公众场合，史蒂尔继续巴结杰克逊。就在格林伯格的文章发表后不久，他写了一封安慰信，因格林伯格对待他的作品的“兴趣和偏爱态度”而“大力称赞”杰克逊和李，还特意指出在他那叛逆的脑袋上戴着杰克逊的旧王冠是多么不易：“我可以加一句说，我希望格林伯格从来没有看到过或听到过我的作品吗？”杰克逊还得等待数个月，才能认识到史蒂尔的真实情感。

七月，当克莱门特·格林伯格到斯普林斯看望巴恩斯停机坪的新心理分析师，与波
洛克家共度周末的时候，杰克逊与李的战斗达到了高潮。李显然相信格林伯格对杰克逊
的事业——也许对她本人的事业——还有用，因此竭力抑制她对最近那篇文章的愤怒，
747 扮演起恪尽职守的女主人的角色。但是，杰克逊却从李长时间的合作表象中看到了清清
楚楚的挑衅。当格林伯格坐在厨房，一脸惊恐看着他们的时候，他们之间的战争达到了
残忍的新高峰。“从早到晚杰克逊都生她的气，”格林伯格回忆道，“他对如何揭别人的旧
疮疤感觉异常灵敏，他准备毁掉她。”当格林伯格在他俩的争吵中开始站在李的一边，杰
克逊意识到了他们之间的共谋，于是做出了更加绝望的回击。他叫她“犹太淫妇”，而且
宣布他“从来没有爱过她”。针对每一个侮辱，她都以疯狂的义愤“咆哮”作答。最后，
对他们之间那种感情的烈焰之战一分钟也无法忍受，而且确信“婚姻正在同时杀死他们”
的格林伯格，坚持李立刻去看一个心理分析师。他推荐了正在巴恩斯停机坪度假的分析
师团体成员之一，简·皮尔斯。

第二天，李出现在皮尔斯办公室。“克莱门特迫使她这样做，因为他发现杰克逊正在杀死她，”皮尔斯回忆道，“或者，允许她自杀。那是绝对危机的一刻。”皮尔斯建议李立刻接受治疗。李同意了。除了离婚以外，这是寻求独立的最佳方式，无疑还因为帕莎·苏斯凯特那年早些时候早已走近心理分析的事实，而变得更加容易接受。杰克逊责骂这个主意，但是当李坚持不懈时，他很快也跟她来到皮尔斯的办公室，坦白“自己病得很重”，主动提出要重新接受心理治疗。“杰克逊无法忍受他不在场的时候，只有李和我两人待在诊所，”格林伯格回忆说。“他不想被人排斥在外。”

1955 年 9 月，杰克逊开始了他一生中第五次正式心理治疗。每周一次与皮尔斯的助手，一位年轻的心理分析师拉尔夫·克莱因医生的见面，再次把他带到市区。在那里，他很快就重新摸到了去格林尼治村或附近酒吧，特别是雪松客栈的老路。

43 748

最后一幕

这只是另一家难以形容的邻居酒吧：一个又长又窄的房间，前头有一个吧台，后面是一些镶嵌了黄铜的人造革隔间；一个永远灯光幽暗，充满了烟味和难闻的啤酒味的地方。靠近第八大街的大学城一带的大多数酒吧，都会做些努力（不管多么可怜）使自己显得与众不同：安放一台自动唱机或电视机，提供可口的食品等等。有些酒吧甚至还提供现场娱乐表演，因此称自己是夜店。但这却不是雪松客栈的风格。那里的墙上没有画，没有旅行明信片，没有“格林尼治村的波希米亚的做作的徽章”。只有涂有“审讯室绿色”的石膏像，在荧光灯耀眼的光线下难以察觉地剥落。除了经常招待一群艺术家外，如果说雪松客栈还有什么独特的地方，那就是它那黑色墙壁上的钟表，指针时不时地倒着走。

在这种不讨喜的中立背景上，主顾们无疑可以表演他们各自的戏剧。对聚集在那里的年轻艺术家诺尔曼·布鲁姆来说，雪松乃是“50年代美国文化的大教堂”；对两年时间内几乎每个晚上都在那里度过的梅塞德斯·梅特来说，它是“我生命中最精彩的地方，最美好的时光”。对很少出现的克莱门特·格林伯格来说，那地方“可怕而肮脏”，是“失败者”和“背运的艺术家们”聚在一起对抗默默无闻的地方。对接受拉尔夫·克莱因医生的治疗以来每星期二都要光顾的杰克逊·波洛克来说，那是他得以在其日渐缩小、日渐自毁的圈子里上演他生命的中心戏剧，重建家庭氛围，再现往昔，并在逆时针的钟表背后，最后一次试图校正它的场所。

他以一种超越他以往任何事情的醉酒的古怪姿态来做到这一点；这成了每周一次的表演，以典型的波洛克式的风格，混合了好斗、暴躁、亵渎、悲怆、自毁、自贬、牛仔式的男子气概，偶然甚至还有魅力；这一表现是如此张扬、如此独特，以至于人们每周

二都来这里，只是为了看他的表演；这一表演是如此令人难忘，如此大规模地受到观看
749 和报道，以至在随后的一二十年里，杰克逊的名声，几乎完全建立在来自雪松客栈的疯狂的传说。“杰克逊的到来，就像手持双枪的亡命者走进酒吧，”梅塞德斯·梅特回忆道，“你知道，他会说，‘你这该死的婊子，你认为你是画家，不是吗？’”某一晚，他会将桌上的一打啤酒一扫而光，一周后，会把食物倾倒到某个同伴主顾的头上——是朋友还是陌生人，无关紧要。他从墙上扯下桌子，冲向路过的女人，大叫着污言秽语。夜深人静，他的语言会变得越来越下流。“他只是不得不挑衅什么人，”康拉德·马卡–雷利回忆说。他曾用无耻的口吻对约翰·迈耶斯说，“最近舔过什么好鸡的屁股没有？”他曾对拉里·里维斯光着膀子，做出射击的哑剧动作。他曾对某个女画家大叫，“你或许是个了不起的性伙伴，但你不可能画出一张他妈的有价值的画。”他曾向一个黑人大喊，“你爱自己的肤色吗？”他曾向经常光顾雪松客栈的一打年轻画家当中的任何一个叫喊，“你他妈的最近在干吗？”或者“你他妈的是干什么的？”或者，以某种奇怪的和善语气问，“你在做些什么让自己变得臭名昭著？”对杰克逊来说，男人总是“同志”，女人——有时候包括男人——总是“婊子”，而他的同伴艺术家们则总是“虫子”——他起的最肮脏的诨名。“杰克逊在这里的每个夜晚，”赫尔曼·谢里说，“就会有一场表演者的比赛。”在打碎了满桌子的玻璃杯和瓷器之后，他不止一次地故意坐在角落的隔间里，玩弄锋利的碎片，用滴血的手指在桌面上画出一些设计图案。

对杰克逊来说，这是每周一次的时光倒流，是回到大峡谷边缘，用他那酩酊大醉的蹒跚脚步娱乐路政人员的时光，是回到20世纪30年代的艺术家联盟的时代，那里，他头戴牛仔帽，脚蹬牛仔靴，与人约架，被打昏过去，但桑特一直站在他一边。跟那些路政人员一样，雪松客栈的朋友们灌他酒，“只是想看看他下一步会干出些什么来，”密尔顿·雷斯尼克回忆说，“然后，他们灌他更多的威士忌，只是为了让他滚蛋。”当酒吧招待“山姆”·迪里贝托，受够了他那些不顾一切的古怪举动，下令他离开时，杰克逊会跌跌撞撞地来到门外，因为酒精而红肿的鼻子会压在玻璃窗上。“就像有个大熊脑袋，隔着窗玻璃窥视屋内，”山姆回忆道，“一心想加入它的小伙伴当中。”

杰克逊的“小伙伴们”就是那些年轻的艺术家和作家们，他们聚集在雪松客栈以寻求支持，谈论艺术（经常来自附近的俱乐部），或者不断地观看杰克逊的表演。他们当中有里昂奈尔·阿贝尔、诺尔曼·布鲁姆、保罗·布拉奇、大卫·伯德、赫伯特·法伯、伯德·霍普金斯、保罗·詹金斯、康拉德·马卡–雷利、乔治·迈克尼尔、密尔顿·雷斯尼克、

欧文·桑特勒、琼·舒勒、西德·索罗门和赫尔曼·索姆伯格。但是，如果说他们都是他
的兄弟，那么克莱因则是桑特。克莱因是雪松客栈的常客，比杰克逊去得更多。“他是那
种先你到达，后你离开的人之一，”拉里·里维斯如是说。跟杰克逊一样，克莱因也受到
不愉快的童年，和不幸的婚姻的折磨（他妻子最近被送进了一家疯人院）。他来雪松，也 750
是为了躲进酒吧间那种狂饮滥喝和相互打斗的热闹之中。只有偶尔，他会从酒吧消失一
星期，沉浸在每天 24 小时的“工作狂热”中，突然画出那些大胆的书法式作品。至少到
那时为止，这些画比他那吓人的酒量，更令他臭名昭著。

每周二晚上，杰克逊总是冲进酒吧，第一件事便是搜寻克莱因粗犷的面孔和本顿式的胡子。朋友们至今还记得他“渴望”克莱因那同志式的、不加区分的友情。“杰克逊喜欢跟他待在一起，”西德·索罗门回忆说，他显示了杰克逊与桑特赤诚相待的所有方式：以一种兄弟间竞争的连续模仿的形式出现的诱惑、挑战、戏弄、折磨、打斗、共谋。当杰克逊将石蜡做的调酒棒折成小段，开始咀嚼它们时，克莱因也照着做。他们相互瞪着对方，“就像玩着《正午》中的游戏，”伊斯塔班·维森特回忆说，“嘴里嚼着石腊棒。”有一晚，发现克莱因深深地为一个棒球队的故事所吸引时，杰克逊用力地推搡他。“好好待着，”身着纽约卡车司机制服的克莱因不耐烦地回敬道。故事还在进行，杰克逊又推推他。“再做一次，”克莱因警告说，“我就打断你的手。”故事不断地往下讲，杰克逊一把抓过克莱因的帽子，将它扔到了吧台后面高高的架子上，然后夺门而出。（第二周，作为一种道歉的方式，当着克莱因的面，他把自己的帽子也扔到了那个架子上。）在克莱因试图忽略他的其他一些场合，杰克逊就把菜汤倒到他头上，或者威胁要把啤酒杯摔到他脸上。作为回敬，当杰克逊情绪暴躁时，克莱因总能让他平静下来。“弗兰兹会说些有趣的东西，”梅塞德斯·梅特回忆道，“杰克逊会露齿而笑，那是十分可爱的笑容，所有的威胁都不翼而飞。”

然而，当 1955 年冬天临近，这种有益健康的时刻却越来越罕见了。

当杰克逊的画室赋闲时，李正忙着准备她十月份在埃利诺·瓦德的棚屋画廊举办的个展。楼上的房间充斥着巨大的竖形画，许多高过 6 英尺。去年夏天以来，她的画变得越来越大胆、轻松，更加色彩丰富和自信。那种小小的马赛克似的拼贴元素，演变成更大、更富线性效果的碎片：来自她以往作品的片断，厚重的黑纸的锯齿状碎片，以及，第一次使用了杰克逊弃置不用的废画。克莱门特·格林伯格并非李的作品的粉丝，却认

秃头鹰，李·克拉斯纳，1955年，油彩、纸和瓷漆在亚麻布上作画；在拼贴元素中有碎片来自波洛克的一幅黑白画

为它们是“她画过的最好的作品”。同样第一次，她开始签下全名，取代了她以前习惯使用的小小的首字母缩写的风格化签名。当康丝坦丁·尼伏拉带勒·库布西耶来到壁炉路上拜访杰克逊时，这位法国建筑师带着对李的作品更深的印象离开。“波洛克就像一位没有瞄准就开枪的猎手，”他后来告诉尼伏拉说，“但是他老婆却很有才华。女人总是拥有太多才华。”

751 不久，李开始与杰克逊商讨一个酝酿已久的主题：建一个更大的画室。她早就选择好一个——就在壁炉路家北面的一个两居室的小棚屋。两人都心照不宣：杰克逊早已拥有一个漂亮却经常不用的画室。

作为露骨的报复，杰克逊指责拼贴这种媒介，并且认为他在40年代初的简单尝试中就已经抛弃了这种做法。他指控李抄袭他们的邻居康拉德·马卡－雷利，后者那时候早就开始用拼贴做实验。“杰克逊并不在乎或尊重李的作品，”弗朗西尔·洛德如是说，而且从未错过一个机会来表达他的轻蔑。当埃莱诺·瓦德来到斯普林斯，帮李挑选画展作品时，杰克逊问她——在李听得到的时候——“你能想象跟有那样一张脸的人结婚吗？”有一晚，弗朗西尔和谢里丹·洛德正在拜访杰克逊，刚在楼上画完最后一幅送展作品的李，手持一罐用完了的索布胶走下楼来，用哀怨的声音问杰克逊，是否可以从他画室里拿一罐作为替代。她穿着睡衣，因结肠炎的再次发作而变得脸色苍白、憔悴，而且身体十分不适，根本对付不了感冒。正像李预料到的那样，他拒绝那样做。洛德想，“他不希望她成为一个艺术家。”

1955 年 10 月，李的个展在五十八大街和第七大道交叉路口以前的马棚里展出，埃利诺已将它改建成一个画廊。除了贝蒂·帕森斯，开幕式上云集的人们几乎没有人出手。但 752
是口碑却不错，即使从杰克逊的嘴里说出来也是如此。当杰克逊衣冠楚楚地出现，完全清醒，而且，根据某个说法，还相当“热情洋溢”时，做好最坏打算的李一定吃惊不小。所有人都转过头去望着杰克逊，个个都惊呆了。“他身着有条纹的西装，定制的皮鞋，看上去甚至比平时更高大，”罗纳德·施坦因回忆道，“我望着他，心想，‘啊呀，那是一种什么样的感觉啊。’女人们都被他吸引住了，纷纷走上前去跟他握手。”但是李，跟施坦因一样，一定已经意识到杰克逊在做什么。“当杰克逊如此打扮出场时，这已经不再是李的画展了。他知道事情会这样，而且这正是他想做的。清醒地出场，没有打碎任何东西，不曾揍他人的脸，与李保持一定距离——这是他能够做到的最他妈婊子养的事情了。”

后来，杰克逊以一种更能预见的方式，对埃莱诺·瓦德实施报复。他摇摇晃晃地走进她的画廊，走近瓦德最好的客户之一凯·奥德威，一个“幽灵般的、有教养的老姑娘”，他脱口而出地说，“你需要的是好好操一场。”奥德威“被吓得逃走，”瓦德回忆说，“那实在可怕。”

下个月，当杰克逊自己的画展在贾尼斯画廊展出时，他一定还记得李的展览所体现出来的活力和新鲜感。部分是想平息杰克逊的怒气，部分也是为了替他在买画的公众面前保持一定的名声，李和贾尼斯一直在推动这次展览，尽管杰克逊感到很害怕，也没有什么新东西可展示。在展出的 16 件作品中（由于空间问题，某些甚至挂到了天花板上），14 幅是以前展出过的，另外两幅——《白光》，一幅由白漆画成的厚重的冰天雪地般的作品，令人想起 1946 年的满幅绘画;《搜寻》，一幅由渗透的黑色、笔触和泼彩构成的不和谐的混合物作品——是很久以前完成的。(《搜寻》很有可能是一幅老画，只是转了个方向，重新标注了日期。）贾尼斯把画展取名为“杰克逊·波洛克 15 年”，或许想要避开那可怕的词“回顾展”，但是没有人被愚弄。在来自雪松客栈的小道消息的支持下，如今真相可是满天飞：杰克逊早已停止工作——或者，至少已经停止创作。朋友们在公众场合对他充满尊敬，私底下都哀悼他的陨落。“人们普遍感觉到作品四分五裂，”伯德·霍普金斯回忆道。“我想，人人都与我有同样的感觉，波洛克无论是身体上、心理上，还是人格上，都处于可怕的状态，他的艺术也同样可怕。”

评论者们却没有这样小心谨慎。在《纽约时报》上，司图尔特·普雷斯顿以夸张的姿态对杰克逊的作品表示绝望，认为“波洛克不随世俗的艺术粗暴，浮夸，有时是富有活力的眩晕，有时又是无休止的盘绕，”他得出结论说，这种艺术将不可理解，“直到对这种创造性艺术作品心理挖掘越来越深时为止”。《艺术新闻》和《艺术杂志》作出了类似的声明（“一张充斥着其个人神话的波洛克的画，对那些不了解波洛克的现实的人来说，将是毫无意义的”），但其语气毫无疑问是哀歌式的；没有一则评论提到杰克逊的新
753 作品。在听说了杰克逊的困境，觉察到对手的弱点后，《时代》周刊的亚历山大·艾略特毫不犹豫地展开了攻击。“那个抽象表现主义的胡子拉碴的重量级冠军，笨拙地走上位于曼哈顿的西德尼·贾尼斯画廊的拳击场，向公众秀起了肌肉，”艾略特在一篇发表于1955年12月19日，题为《咀嚼声》的文章里写道。在并不精确地将最早的作品诬蔑为“对毕加索模仿的模仿”，并将杰克逊著名的滴画形容为“波洛克对战后艺术中的泼溅画派的一个主要贡献”之后，艾略特毫不羞耻地对杰克逊的衰落表示幸灾乐祸，还嘲弄那些为他那“华而不实的滴画”寻找借口的批评家们。两个月后，艾略特故伎重演，给了杰克逊最后一击，称他为“滴画师杰克”。据杰夫里·波特说，这个说法“让杰克逊骂了好几天娘，也使李怒不可遏”。

虽然他俩争执无数，李对杰克逊的失败却并没有感到高兴，还小心翼翼地掩藏她自己小小的成功。尽管她明显不再在任何温柔的意义上爱他，她仍然认为他是一个了不起的艺术家，紧紧地依附于他的事业，哀叹他的创造性衰竭，是对艺术才能的挥霍、不公和悲剧。但是，她不再愿意投身火堆去殉葬。“李一直感到畏惧，但已经获得某些进步，”弗朗西尔·洛德回忆说，“而且生平第一次能够脱离杰克逊。他用来让她上钩的那种孩子气的愤怒，已经不再像从前管用了。”如今，代替直接面对的，是退却，是估量一种起抚慰作用的自卫姿态，而不是激怒他；是保存自己尚存的一点气力，用于自己的艺术创作。受够了他失眠，尿床，在席梦思上放火之类的恶习之后，她把主卧室的大床搬走，代之以两张小床。当他发火时，她干脆离开屋子，听取泰迪·德拉贡的建议，“想想那些俄国人的计谋”。“我告诉她，俄国人对拿破仑的军队一枪不发，”德拉贡说，“只是不停地朝北走。许多个夜晚她也这样做，让他一人去发火。”

杰克逊和李也是首次跟局外人严肃地谈起离婚的可能性。在秘密看心理医生一年之

后（“人们开始去纽约看牙医，结果被证明是去看心理医生”，辛西亚·科尔回忆说），李的许多朋友对她“我得开始照顾自己了”这样的感觉表示欣慰。还有不少人觉得他们“早已一只脚跨进离婚法庭了”。在杰克逊的朋友当中，威廉·德·库宁早已跟依莲娜离婚，而哥哥查尔斯在结婚20年后也宣布与伊丽莎白终止婚姻。然而，对杰克逊来说，离婚还只是谈谈而已。他比以前更没有能力照顾自己，更依赖于罗纳德·施坦因所说的“相互毁灭的糟糕协议”。“没有李，”他在某个罕见的诚实时刻对一个朋友说，“我不可能活得这么久。”

另一方面，对李来说，谈论“结束婚姻”却更具现实性，因此也更加可怕。尽管她
对自己没有杰克逊照样能生活这一点越来越自信，她知道（正如他也知道的那样），他没 754
有她却不能持久。因此，现在的选择，越来越成了这样的选择：要么离开他生活，要么与他一起死。许多年以后，李回忆起一个在1955年漫长的冬天一直无法摆脱的噩梦。“杰克逊和我站在世界之巅。地球是一个球体，地轴穿过它中心，我用右手抓着那根中轴的一极，左手抓着杰克逊的手。突然，我脱离了中轴，但我继续抓住杰克逊，于是我俩都飘浮到外太空去了。”

1955年圣诞节，贾尼斯画廊的展览仍在进行，李和杰克逊驾驶他们的奥尔兹莫比尔离开了埃尔旅馆，返回斯普林斯。在出城的路上，他们在东七十九大街罗纳德·施坦因的公寓外接上了他。在不让已经喝醉且处于黑色假期情绪中的杰克逊知情的情况下，李指示施坦因劝说杰克逊不要开车。但是杰克逊却别有用心。还没等李在后排坐稳，他就猛踩油门，V-8型奥尔兹莫比尔呼啸着离开，“就像魔鬼的蝙蝠冲出地狱，”施坦因回忆道，“红绿灯对他来说没有任何意义。他只是把脚踩到底，像一颗子弹那样穿过公园大道。”无论到哪里，别人的车子都得紧刹车，猛按喇叭，或是急转弯来躲避他。他从这个车道转到另一个车道，绕过慢行车，快速驶进车流之中，而且不断加速。为了避开相撞的后果，其他车不得不开到人行道上。“这就像好莱坞电影里的追逐场面，”施坦因回忆道。杰克逊绕到东河干道，一路向北狂奔，在靠近三区大桥繁忙的午间交通高峰时，甚至超过了一辆警车。看到大桥就在前方，施坦因心想，“他可能永远过不了收费亭。他可能永远过不了那些狭窄的空间。我们一定会掉进河里。”施坦因确信，杰克逊“试图杀死他自己，还有我，仅仅为了唾弃李。这是真正严重的疯狂。这家伙应该待在精神病院里”。施坦因试图抓住方向盘，“但是杰克逊力气大得很，我根本搞不过他。”最后，当汽车开到

桥坡上时，他迅速关掉了点火钥匙。

当车子终于被迫停下时，李第一个开口。“杰克逊，”她平静地说，“让罗尼开车。”杰克逊摇摇头。“那我要在这里下车，”她说。杰克逊显然不相信她。为什么他得照她的话做？不论他喝得多醉，也不管他变得多么不理智，她不是一直都待在车上的吗？但这一次，她是当真的。她没有多说一句话，打开车门，走进繁忙车道旁的路肩上，寻找一个过路的地方。施坦因望着她消失在视野里。“你走不走？”杰克逊生硬地问。“我跟你走，”施坦因说，“不过，要是你再那样，我就再次把钥匙拿走。”“从那一刻开始，在剩下来的路上，他像一个完美的绅士那样开车，”施坦因回忆说，“他有点醉意，但不再疯狂了。”

755 然而，第二天，当李坐火车回到家时，“地狱崩溃了，就像引爆了一颗炸弹。”被撕心裂肺的大喊大叫弄得精疲力竭的施坦因，在同一天就离开了。那天夜晚，在附近所有酒吧间（多数都不愿意为他提供第三杯）的酒精的全副武装之下，杰克逊跌跌撞撞地来到了山姆酒吧，这是东汉普顿的一家酒吧。“他正跟他老婆闹别扭，”那晚正好坐在酒吧的乔治·舍费尔回忆说，“可能觉得很孤独。”（在圣诞夜，他或许还在想念他遥远的家，想念斯黛拉，思索她是如何杀了她丈夫的。）当杰克逊试图打架时，酒吧招待命令他离开；当他坚持不走时，他就把他扔了出去。怒气冲冲的杰克逊回过头来，用拳头击穿了门上的玻璃。警察来到的时候，他已经被抬到人行道上。那个夜晚，那个圣诞节之夜，他在东汉普顿警署的看守所里度过。

无论是创造力上，身体上，还是情感上，杰克逊都已经崩溃了。他经常说，生活与艺术无法分割。“你无法把我从我的画作中分开——它们是一体的，是同一个东西，”他告诉李说，但李不愿意相信这一点。“一个男人的生活是他的工作；他的工作就是他的生活，”大约就在那时，他向某个朋友发表这样的感想，同时将两手紧紧地交叉在一起来表达他的意思。现在，当1956年来临时，他似乎已经决定要证明这一点。在回顾往昔时，李后来曾说，“他似乎正在为最后一幕准备布景。”

一月和二月的每天早晨，他都艰难地穿过雪地来到工作室，点燃萨拉曼德牌煤油炉。炉火的声音——“就像一架起飞的飞机”——会从冰冷的仓库里传出，烟雾和火苗则从空管里喷出，窗子上的冰霜开始融化，但杰克逊从未碰过笔。多数早晨，他会回到厨房另泡一杯咖啡，或者再倒一杯啤酒，然后从后门的窗玻璃中望着工作室。当康拉德·马卡－雷利问他为什么每天早晨还要生起火炉时，杰克逊回答说，“那样工作室就会暖和起来，万一哪天我可以重新开始作画呢。”不过，那样的一天始终没有到来。当西德尼·贾尼斯看到萨拉曼德牌煤油炉的火苗在那个“极易燃烧的”的仓库里乱窜时，他劝杰克逊把画作搬到防火的大仓库去。不过马卡－雷利不同意这样做。“让它们燃烧吧，”他说，“你有什么可担心的？你可以画更多作品，不是吗？不要让任何人把它们带走。你需要这些画跟你待在一起。”最后，担心空荡荡的空间更甚于担心炉火，杰克逊还是将那些画作留在了身边。

朋友们尝试了所有可能——请求、安慰、引诱——好让杰克逊再度开始创作。马卡－雷利问他，“你画过的最大的一幅画是什么？”“哦，8 英尺乘 22 英尺，差不多那样。”杰克逊答。“你称那样一幅画为大画？”马卡－雷利奚落道，“为何不画一幅真正的大画？40 乘 60 英尺怎么样？”有那么一会儿，他能从杰克逊脸上看到“一丝挑战的火花”。“我想画，”他说。“我真的想画一幅大画。”他还记得托尼·史密斯在南奥兰治的家里的一间健身房，开始计划到那里去工作。但是，当马卡－雷利下一次看到他时，他正在喝苏格 756
兰威士忌，早已把前情忘得一干二净了。弗朗西尔·洛德建议，她和杰克逊一起开一家印刷厂，就像她曾经在那里工作过的爱荷华大学的印刷厂一样。“这都是想让他重新开始工作的计划的一部分，”洛德说。但是这样的计划“立刻就烟消云散了”，鲁本·卡迪什试图把他的兴趣引导到泥塑上去，而深知他对雕塑时有时无的兴趣的李，则会指着后院里的那堆废钢铁，暗示现在也许是开始雕塑实验的时候了。罗恩·戈尔丘夫还记得有许多到壁炉路上来拜访的客人，“会来到工作室谈论绘画，结束的时候都会在他的画布上留下标记。”在也许最为沮丧的时刻，甚至李都试图通过开始创作一幅画或两幅画，来为他打气。（到他逝世的时候，如此多的人都尝试了同样的事情，以至于他画室里的作品不得不被分为三类：由杰克逊创作的作品，由其他人创作的作品，以及“合作的”作品。）

在那些罕见的早晨，当他待在工作室里试图工作时，他创作的素描和油画一点也不像他前些年创作的巨幅滴画。他在《海洋的灰色》和《仪式》开始重新评价自己的往昔，在将这种评价继续向前推进时，他又创作了几幅具象的速写，令人想起墨西哥墙画，特别是奥罗佐科的墙画。“那是真正的倒退，”罗杰·威尔考克斯回忆道，“真正的具象作品，比他的黑白画还要具象，而且是用笔画出，而不是滴成的。”另一个拜访他工作室的人将这些形象描述为“是《秘密的守护者》中的人物形象的轮廓之类，用黑色笔画出，没有施以任何色彩”。据威尔考克斯说，李被这些倒退的形象“吓倒了”，但杰克逊显然继续

斯普林斯，他度过的最后的夏天，1956 年

干他的活。那年冬天晚些时候，康拉德·马卡－雷利看到了同一幅画，“是具象的形象，但已经充满了色彩。”（别的来访者晚至夏天还能看到这些形象，但秋季来临时，有人已经毁掉了它们。）

杰克逊的健康似乎也追随着他的艺术的命运。数年来的自暴自弃终于摧毁了他。在避免喝高度酒的绝望努力中，他代之以数百加仑的啤酒，体重几乎增加了 50 磅。他深知斯黛拉和桑特都讨厌肥胖，就试着瞒着家里人。但是宽大的衣裤却无法掩盖他肿胀的脸孔，凹陷的眼睛，也无法掩饰他那粗糙和红肿的皮肤。他的神经也高度紧张。任何大一点的声音——拖拉机回火、盘子摔破、闪电闪过——他都会从椅子里跳起来，心神不定地在房间里踱步达 15 分钟甚至更长。他还莫名其妙地感染上了肝炎，使他变得更加疲惫不堪，易怒，萎靡不振，沮丧。而在他肝脏的其他部位，肝硬化留下的结疤，正在渐渐夺取他的生命。

不过，是他心智的退化，而不是身体的状况，提出了更为直接的威胁。当他将一把狩猎的弓箭带回家，开始在家里射箭时，李相信她才是真正的靶子。有一天他带着一瓶苏格兰威士忌，一打吉米·扬斯和胖子沃勒的唱片，把自己关在画室里。他反锁上门，
757 用画架挡住窗子，将留声机的音量开到最大——“显然是在实验他的心理所能忍受的极

限。”惊恐万状的李打电话给奥索里奥，请求他：“看在上帝的分上，你得过来一趟，帮我把杰克逊从那个地方弄出来。”更可怕的是他坐在后廊或是站在厨房窗户前的那些日子，“只是瞪着眼，瞪着眼，瞪着眼，长达几个小时，”泰迪·德拉贡回忆说，“最后，他开始变成某种不可思议的人格状态。”在去纽约的旅途中，他冲进麦迪逊大道午间高峰的车流中，吓得伯德·霍普金斯目瞪口呆。“他径直走到路中央，”霍普金斯还记得，“走到车道中间的白线上，驶过的车辆纷纷揿响了喇叭。我不想看到这一幕，因为我知道他瞬间就会被撞死，概率就像俄罗斯轮盘赌。”在另一次旅行中，他试图从一辆高速行驶的出租车中跳出去。当李听到这个消息时，她确信这是一次自杀尝试，但杰克逊予以否定。

如果说李相信了他，那是因为她心里明白如镜——事实上其他人也一样明白——杰克逊会怎么死。她已经度过了太多的夜晚，“不知道杰克逊去了哪儿，他跟谁在一起，他是死是活”—— 一半处于愤怒，希望他死掉，她自己都想杀了他的心境中，一半又处于他可能被杀死，她可能会听到救护车呼啸而来，或是看到警察上门来宣布那不可避免的消息的折磨之中。自从去年圣诞节期间驾车离开纽约那一次经历后，李明白：汽车将是杰克逊选择的武器。她替那辆奥尔兹莫比尔牌汽车买了保险，“几乎债台高筑”，保罗·詹金斯如是说。但杰克逊仍然拒绝慢下来，即便因山姆酒吧的那次事件而被判了两年缓刑的情况下。有天晚上，他从一次差点要了他的命的交通事故——他的车只会在废弃的路上打转——中回来，因惊吓而面色苍白。“天哪，我吓得要死，”他对李说。但是，第二天晚上，他又上路了，座边还放着一箱啤酒。在他所有的疯狂举动中，就其自身的平淡无奇而言，这乃是他最最疯狂的事情。

与此同时，在雪松客栈，他又成了一个明星。那些在外面的圆形霓虹灯下等待他的 758
人，许多只是为了来看看“这头灰熊”的表演，他们会叫着他的名字欢迎他的到来。里面，人们围坐在吧台四周，围得足有两三层，会为他让路，拍打他的后背，推搡他的胳膊，主动请他喝酒，触碰他以求好运。当他起立的时候，他们会激动不已地低语宣告他将要有行动了：“杰克逊来了！”或者“杰克逊只是上厕所！”他们当中有些特殊的仰慕者，“试图接近心目中的国王，”大卫·伯德回忆说，也有一些纯粹的旁观者，满怀焦虑的渴望，盼着今晚他会做出些真正出格的事情，这样明天他们就可以告诉朋友们说，“昨晚你真该去雪松。你真该看看杰克逊。”对他们当中的某些人来说，他们的注意力似乎是一种忠实的顺从；对另一些人来说，他们的关注成了逗熊游戏；对其他人来说，他们的关注点却是“令人恶心的谄媚者的奉承话”。但不管是什么，杰克逊都来而不拒。他会问众人，“谁是世界上最伟大的画家？”他们回答，“是你，”于是他回应道，“是我。他们都知道是我。”“这是杰克逊的酒吧，”热罗姆·卡姆罗夫斯基回忆道，“他是吸引所有人注意力的焦点。”

跟他的艺术一样，杰克逊的痛苦也成了一种行动。在他想要重获地位，讨好观众的绝望努力中，他成了他本人的一种滑稽模仿。当他在午间来到酒吧时，他会静静地坐在那些秘书和商人中间，“你根本不知道他在哪里，”酒吧招待山姆如是说。而到了晚上，他会顺便到访，从窗户里窥视一番，看看里面有多少人。“要是人数对他那戏剧性的出场来说还不够多，”弗兰兹·克莱因回忆道，“他会过一会以后再来，在别处再多喝些。”现在，他不再穿着过去来城里时穿的漂亮衣服，而是牛仔布夹克和T恤衫，好强化他的牛仔形象。自30年代初以来第一次，他又买了一双牛仔靴。他开始为他那“周二晚在雪松沙龙里的枪战戏”表演一种慢吞吞的说话方式和牛仔们的走路方法。

喝酒还是喝酒，语言还是爆炸性的语言，自暴自弃也还是同样致命的自暴自弃，但愤怒已经变成了演戏，战斗也变成了壮观的运动。威廉·德·库宁发现了这一点，当他因杰克逊侮辱琼·瓦德而重击他的时候。后者刚刚生了孩子。杰克逊没有回击，就像那些围观的人们所怂恿的那样，而是摇了摇头，愤愤不平地说，“什么？让我打一个艺术家？”第二天，杰克逊打电话给尼古拉斯·卡罗恩，抱怨道：“那个狗娘养的并不理解。我爱他。”

有一天，弗兰兹·克莱因因杰克逊痛骂菲利普·加斯顿而讽刺他。“你不该那样对待加斯顿；你真的伤了他的感情。”杰克逊并没有懊悔不迭，相反开始安排桌上半空的酒杯，好像正在准备要把它们用作军火。但是，在他完成前，克莱因就掀起了桌子，那些杯子顿时向杰克逊倒去。杰克逊“咆哮了一声”，退到了通往厨房和男厕所的那道不停地
759 开关的门背后，偷偷地把身上的残渣拂去。一分钟后，他又出现在门廊里，脸上因愠怒而发光。他把那扇门从铰链上扯下，将它丢到房间的另一头，然后昂首阔步走向克莱因。“每个人都站了起来，这就像是O.K.牧场的大决斗，而且摊牌的一刻到来了，”目击者伯德·霍普金斯回忆说，“杰克逊以摔跤的姿势抓住克莱因。克莱因狠狠地推了杰克逊一把，把他推到吧台前。杰克逊发出另一声吼叫，再次逼近克莱因。他们扭打在一起，跌倒在地板上。”就在克莱因，两人中更机敏、更清醒的一方，要将杰克逊制服的时候，杰克逊在他耳旁低语道：“别那么狠，弗兰兹。”

甚至是《蓝色柱子》以6000美元价格卖给了弗雷德·奥尔森——当时是一个了不起

的成功——也只是成为酒吧间吹牛的另一个借口罢了。就在这桩买卖完成后的那个星期二，杰克逊就滑进雪松客栈，将钱包重重地在吧台上一甩。这是一个簇新的钱包，上面烫着“J.P.”两个金字。他用肿胀的手指摸着钱包，向众人宣布道，“J.P. 如果你是个画家，这就是你该拥有的大写字母。”

杰克逊再一次掉进了他自己的明星地位的陷阱里——就像在纳穆斯的影片里一样，只是扮演一个角色；一周胜似一周，感觉更像一个小丑，更像一个骗子。他的兄弟们不是一直都在指控他是一个骗子吗？杰克逊“猛攻”雪松客栈，想成为“男孩子们当中的一个”，克莱门特·格林伯格说。“想要成为男孩子们当中的一个，这可以致命。”

然而，在雪松客栈扮演明星，不管得付出多大的代价，不可能满足杰克逊的胃口。毕竟，雪松客栈只能在一周上演一次，即使醒来时可能已是周四或周五。“他浑身疼痛，”克莱门特·格林伯格的朋友南希·史密斯回忆说，“他是那种所有时间都在请求他人关注，将他带离悲惨境地，或者至少能够安慰他一下的人。那种胡打海闹、狗熊般的行为，只是掩盖他伤痕累累的面具罢了。”康拉德·马卡－雷利形容他“就像一个小男孩，害怕孤独，随时都有可能放声大哭。”

然而，杰克逊却越来越感到孤独。下午，他会去东普汉顿的爱德华剧院，坐在空荡荡的影院里，观看《致命时刻》中的亨弗莱·鲍嘉，或是《无因的反抗》中的詹姆斯·迪恩。隔天，他会开车去蒙陶克，然后停车注目一个废弃了的水电站骨架般的残骸，或者游荡在杰弗里·波特农场四周那些熟悉的小路。一年前，他还能在路边停车拜访附近的朋友。但是现在，多数朋友已经很清楚地告诉他，他不受欢迎。担心杰克逊会伤害他那怀孕的妻子的彼特·布莱克，已经与他断绝了关系。劳伦斯和罗赛妮·拉尔金，乔和米丽·利斯同样如此。芭芭拉·海尔也禁止杰克逊涉足她家，杰克逊还帮她修缮过房屋。埃莱诺·汉姆斯戴德已经搬走，而且有针对地性不让杰克逊知道新的住址。

少数几个杰克逊还受欢迎的地方之一，便是尼克和阿黛尔·卡罗恩位于三里港的陈旧农屋——这是杰克逊帮他们找到的房子。卡罗恩是个英俊、热情而又易处的男人，有一双能洞穿他人心灵的眼睛。“如果你用那双眼睛来作画，”杰克逊在他们初次见面时便这样告诉他，“那可怎么得了。”两人能没完没了地谈论颜料——不是理论，不是历史，760
不是政治——只是颜料：绘画材料所带来的单纯的战栗感。杰克逊羡慕卡罗恩胆大而又清晰的表达能力，“请再重复一遍，”他会要求，“再说一遍”——而卡罗恩则喜欢杰克逊

尼克和阿黛尔·卡罗恩

看待他的画作的方式。“有人极其精确地评论过我的作品，”卡罗恩回忆说，“他会说些令人惊叹的东西，例如‘你做到了，好极了。’”杰克逊也会对卡罗恩的教师工作表示反对（而卡罗恩的反应则是：“我并不教艺术，我教一种语言”），却仰慕他的作品到这样的程度，他主动提出来要帮他卖画。

在壁炉路上，电话铃很少响起。“他当然不是小镇上广受赞誉的人，”康拉德·马卡－雷利回忆说，“没有人会给他打电话，或是邀请他什么的，对此他颇为不满。他似乎不能理解，这是他自己造成的。他会向我抱怨说，‘究竟出了什么事？为什么他们不想我过去？也许他们认为，作为艺术家，我是个骗子，’李可能跟他说过不止百遍了，‘杰克逊，你举止糟透了，人家担心你过去；事情就是这么简单。’”在他被要求离开的少数场合，马卡－雷利回忆说，他感到必须“制造一个丑闻”，就像他在保罗·维纳家曾经做过的那样：在一盆植物里小便。那次事件后，电话铃好几个星期都不响。

他去纽约看画展时，李已经不再同行。朋友们在那里看到他——在阿伦·戴维画展上，他喃喃自语地诉说着自己对英国画家的影响；在马克·托贝的画展上，他看上去很绝望；在乔·格拉斯哥的画展上，他看上去则若有所失——但是大多数朋友都与他保持距离。尼尔·布莱恩看到他醉醺醺地走进第八大街的一家鞋店，“因酒精而变得浮肿，变形”。经理以为他是贫民区的一个酒鬼，将他赶出了店门。“我走到那个经理跟前，说，‘你知道他是谁吗？’”布莱恩回忆道，“但是杰克逊·波洛克的名字对他来说毫无意义。这真令人伤心。”另一晚，在小镇上，杰克逊错误地出现在了罗伯特·马瑟韦尔为菲利普·加斯顿举办的某个集会上，清醒，但没有受到邀请。比尔·德·库宁和弗兰兹·克莱因已经喝多了，而且他们也担心杰克逊的脆弱，因此就陪坐在他身边，称他是个“曾经的朋友”，最终还是把他驱赶了出去。“他有足够多的权利喝醉，或者重击他们，”马瑟韦 761
尔回忆道，“但他只是默默承受而已。”

感恩节那天，马卡－雷利夫妇和卡罗恩夫妇带着自己的唱片来到杰克逊家，度过了一个有音乐和舞蹈的夜晚——李也加入进来；杰克逊只是在旁边看着。但是在壁炉路上，欢声笑语多半已成往事。老朋友们很少来访。与克莱门特·格林伯格关系的破裂，如今已经两年了，也从未得到修复。在某个晚宴上，卡罗恩问杰克逊，“谁能理解你的画？克莱门特·格林伯格怎么样？他靠你出名了。他了解你吗？”杰克逊思索了一会儿，然后带着某种苦涩答道，“他奶奶的一窍不通。”给杰克逊带来更大痛苦的，是他与克莱福德·史蒂尔关系中的持续的寒意（对杰克逊来说，这是无法解释的）。对杰克逊在贾尼斯回顾展上的共谋关系大为光火的史蒂尔——他认为这是一种道德愤慨——抓住了贾尼斯没有向他发出邀请函这件事，作为向杰克逊的人格发出猛烈攻击的理由。在12月3日的信里，他这样写道：

亲爱的杰克：

我没有收到你展览的邀请信。这使我感到某种好奇。你对此感到害臊么？还是，你对那些懂得利用你向作为一个男人的艺术家表达轻蔑的人感到羞耻？这样做的代价太大了，难道不是吗？

你最忠诚的克莱福德·S

它寄到的那天，杰克逊坐到次日子夜一点，他不停在哭泣。他打电话给纽约的一个朋友，把信念了一遍，“但就是不能接受安慰。”“我心情糟透了，”他最后说，然后就挂了电话。

1月28日，杰克逊忙着为自己准备生日派对。尽管天气很坏，李也毫无兴致，他还是打电话给巴奈特·纽曼（他的生日是1月29日），坚持要一起庆祝生日。每周都能见到杰克逊的纽曼，试图转移话题，但杰克逊请求他，“你必须来。”纽曼夫妇带来了一张《魔笛》唱片作为生日礼物。那晚，急于得到纽曼夫妇表扬的杰克逊，大多数时候都安静地坐着，听莫扎特这部关于考验和救赎的歌剧。他拿大家都在谈论的影片《一走了之》开玩笑——要么“回到西部”，要么学着海明威的样子，去西班牙。纽曼赞成他的计划，基本上是为了打趣杰克逊。“这不过是个梦想罢了，”他后来承认道。

杰克逊还设法引诱托尼和简·史密斯那个周末来到了斯普林斯（简的生日恰巧在二月初）。自从史密斯夫妇1955年春天从欧洲返回，两个男人已经静悄悄地修复了友谊，小心翼翼地避免提到过去的冒失。史密斯在将《蓝色柱子》卖给弗雷德·奥尔森博士中起到的作用，无疑成了他俩和解的关键（当时史密斯正在为奥尔森设计房子）。不那么明显的原因则是，史密斯夫妇1955年1月生了一对孪生女儿。（“杰克逊无法想象我们的福气，”
762 史密斯承认）还有，当史密斯还在欧洲时，他设计了一个帐篷式的建筑，来容纳杰克逊的三张墙画大小的巨型作品——这是奥索里奥流产的教堂计划的最终成果。史密斯回到美国后，把素描带给杰克逊看。“他认为画布下的灯光将对画作产生神奇的效应，”简·史密斯回忆说。史密斯无疑是认真的，而杰克逊也采纳了他的设计，并把它当作某种表达歉意的方式，尽管这个建筑，跟别的建筑设计一样，也没有建成。

在庆祝生日的那个周末，史密斯和纽曼将杰克逊拖到他的工作室，“在画布上到处扔一些色彩”，想以这种最明显不过（却不成功）的方式，激发杰克逊创作的火花。没有人像史密斯那样痴迷于让杰克逊重新回到工作中去的念头。那年冬天晚些时候，杰克逊开车——没有带上李——去新泽西南奥兰治的史密斯家，并在史密斯用作画室的小型健身房内度过了那个周末的大部分时间，在他为彼特·布莱克模特博物馆设计的小型金属和石膏雕塑模型上做实验。简·史密斯还记得杰克逊在最后的三个机遇中所表现出来的敏感性。“他是那种暴露在外的电线，”她回忆说，“就像田纳西·威廉斯。他貌似心不在焉，但从不错过一个停顿。”

如果说老朋友们不再顺道来访或打电话来，如果说他们在大街上躲得远远的，那是因为，有时候，杰克逊似乎是有意要把他们赶走；有意要抛弃他们，就像他想在李抛弃他之前先抛弃她。有一晚，在乔和玛格丽特·梅特家里（在雪松客栈打烊后，他们无数次收留他），他在酩酊大醉中不小心点燃了席梦思，还试图用小便来灭火。打那以后，梅特夫妇显然对他们这位后半夜来访的客人冷淡了许多。他去拜访菲利普·加斯顿的工作室，非常羡慕他最近创作的大型画，成功地说服贾尼斯在他的画廊展出；但是在开幕式之后的酒会上，他却想把加斯顿从窗户里扔出去。当1954—1955年前后，约翰·格雷厄姆重新出现在他生活里时，杰克逊“像欢迎一个多年未见的舅老爷那样欢迎他”，尼克·卡罗恩回忆说。“只有一个人能理解我的画，”杰克逊告诉卡罗恩说，“那就是约翰·格雷厄姆。”但是不久，在里奥·卡斯蒂利位于曼哈顿的家庭宴会上，杰克逊闯进了地下室里格雷厄姆的画室，在众人的怂恿之下——想看一看“伟大的杰克逊·波洛克泼溅他的杰作”——对格雷厄姆精心安排好的颜料和画笔实施了一场灾难性的毁灭。当格雷厄姆回到画室时，他“气得鼻孔冒烟”，罗恩·戈尔乔夫回忆道。“你竟敢用艺术家的画笔，搞这种轻浮的东西！”当杰克逊前来道歉时，他怒气冲冲地说。后来他还苦涩地抱怨说，他被“他的朋友出卖了”。

早春时节，哈利·杰克逊在消失了两年之后，驾着一辆朋友的劳斯莱斯重新回到斯普林斯。杰克逊待他“非常卑劣、吝啬、小气”，哈利回忆说。他怀疑杰克逊仍然没有原谅他回到具象画；不过，更有可能的原因是，《生活》杂志愉快地抓住了一个“重返”写实主义的抽象画家的故事，正计划为哈利写一篇长长的专题报道。不管真正的原因是什么，这两个男人从此就再也没有见过面。

杰克逊越来越多地把绝望的需求和自怨自艾带进了他所有的遭遇之中，使得人与人 763
之间的温柔情感和忠诚变得不可能。他会说，“我是他妈的骗子，”然后等待什么人发表不同意的意见。当他抽泣——这一点变得越来越频繁——“它们是鳄鱼的眼泪，”帕莎·苏斯凯特认为，“他会从指缝里偷看你是否在注视他。”他会指着自己的一幅画，并用悲哀的语气问，“难道这不是一幅了不起的画吗？”“我还能怎么回答？”里昂内尔·阿贝尔问。“这不是在鼓励你诚实说话。”三月份，保罗·詹金斯带着英国画家艾伦·戴维和弗里德尔·德佐巴，来向杰克逊表达敬意。他们发现杰克逊孤僻而偏执——“就像李尔王，”詹金斯如是说。“由于无法工作，他不断地自责。他清楚地感到，对他来说，一切都已经过去了。”夜深人静，他向詹金斯诉苦说，“一生中如果有五人能欣赏你的画，那已经是一个艺术家所能期待的极限了。”

艺术世界因大变动而震撼，这已是波洛克生命中遇到过的第二次了。破纪录的价格，繁荣的画廊，媒介的宣传和战后经济的繁荣，正在产生新一代年轻收藏家，将艺术市场重新塑造成某种丰富、奇异而又面目全非的东西。1955 年 12 月，《财富》杂志宣布，艺术品已经不仅是地位的象征；它们更是第一流的投资产品。作为对其读者的某个优惠待遇，《财富》杂志列出了实用的投资对象：“金边债券”（老大师）；“蓝筹股”（印象派、后印象派，也许还包括毕加索）；以及“有希望的或‘成长性的’概念股”（当代艺术）。这些投资对象的最后一些，是尚健在的艺术家们的作品，乃是迄今为止最划算的买卖——

“是为未来进行的投资”,《财富》杂志如此称呼它们。只需要花 500—3500 美金，一个“收藏界的新手”就可以买进德·库宁、罗斯科和波洛克之类的艺术家们的画作，在国际艺术品投资的迅猛发展中抄底而进。

在下一个十年里，受到艺术市场这种子弹式的高速发展的启发，新的收藏家们群体出动，寻遍整个波希米亚（指格林尼治村之类的艺术家聚居之地），搜索精明的投资项目和新的更加色彩绚烂的身份，而艺术家们则试图适应突如其来的繁荣所带来的心理错位。前卫艺术“革命”的成功，使得老式的布尔什维克“革命”丧失了方向感，新的革命则难以为继。利己主义和火拼不可避免地产生了。艺术家们彼此指控对方“出卖自己”，甚至还在他们与艺术商人和谦恭的收藏家们谈判的时候。抄袭的指责更是司空见惯。马克·罗斯科攻击巴奈特·纽曼“偷窃他的观念”，即使他私底下称他自己一天就画完的作品是“商品”的时候；克莱福德·史蒂尔攻击罗斯科（及其他所有人）背叛了“艺术家的同行情谊”，对通过“愚弄急于求成的年轻收藏家”来剥削艺术家发出严厉的谴责，即使当他为了证明自己的作品在先而不惜改动作品创作日期的时候。克莱门特·格林伯格成了艺术经纪，而德·库宁则变成百万富翁。梅塞德斯·梅特并不是如此哀叹的唯一一个人：“瞬间成功进入了艺术世界，它成了商业，每件事情都变了。一切都毁了。”

764 尽管在创造这个新世界的过程中，杰克逊也出过力，但他永远看不到它了，也无法分享它的战利品了。然而，仿佛是某种分手礼物，这个新世界确实为他提供了他最后的，也是最任性的观众。

运动衫制造商和年轻的收藏家本·海勒 1953 年就认识杰克逊了，那时保罗·布拉奇介绍了他们相识。但直到 1955 年夏天，他才开始对一般美国当代艺术，特别是杰克逊的画，产生了严肃的兴趣。这期间发生的两件事改变了他的想法。第一件，他曾经去现代艺术博物馆参观一个展览，参展艺术家从后印象派到戈尔基。然而，他对这个展览印象最深的却不是艺术，而是赞助商。“你可以在展览上看到佩森、惠特尼、洛克菲勒和布尔顿，”他回忆道。“你可以看到谁在收藏那些作品，这一点变得非常清楚：你不再需要有三四处房产，无数仆人。新的时髦——真正有教养、有文化、富有的人的终极表现——是艺术。再清楚不过了。事情就是这样。这是一个不祥的预兆。”另一个事件则是大卫·洛克菲勒 1955 年以 50 万美元购进了塞尚的《穿红衬衫的男孩》。用他自己的话来说，这桩买卖对本·海勒来说，是“在世界上放了一把大火”。

海勒一开始想要重新订立合同时，杰克逊把他当作一个“迟到的强尼”，一个“投机者”，将他交给李去应付。但到了1955—1956年冬天，他绝望地想要海勒提供方便。星期二后半夜，他开始在雪松客栈打烊后打电话给他，两人会去赖克或尼迪克喝咖啡，声音沙哑地作亲密交谈。尽管他们的背景不同，海勒却在这一友谊中为杰克逊带来了与杰弗里·波特同样的受压抑的创造渴望。跟波特一样，他也认为艺术家的陪伴“要比常见的社交生活有趣得多”。跟波特一样，他身上也有一种受挫的“艺术家情结”——对音乐的狂热爱好——后来将勋伯格、巴托克、德彪西、斯特拉文斯基和文艺复兴时期的音乐唱片带给杰克逊欣赏。（某个时候，杰克逊告诉海勒“他更想当一个作曲家，而不是画家”。）跟波特一样，海勒很快就屈服于杰克逊那粗犷的魔力，以及创造性能量的灵韵之中。即使在衰败中，这些东西仍在杰克逊身上闪光。他无可救药地被杰克逊迷住了，赞美杰克逊的天才，认为他拥有了不起的分析能力和音乐感受力，甚至还留了一束小胡子以模仿杰克逊。1955年12月20日，他寄给杰克逊一封节日问候信：

> 我写此信的真正目的……是想做一件我已经期待已久的事情，那就是说“谢谢”你的画。它们对我意义重大。圣诞快乐新年愉快。

为了确立他们之间的关系，分享他意识到正在到来的艺术品价格猛涨所带来的好
处——“印象派已经达到高峰，”他告诉一个友人说，“立体派也在高位。接下来是什么？
米罗？贾科梅蒂？杜布菲？美国画家的价位是最低的”——海勒想购买一张波洛克的画。
他曾试着购买贾尼斯展出的《回音》，但价格谈不拢。海勒很快就对“混乱局面”表示歉
意，并向杰克逊解释，他发现“跟你谈论你的画作相当困难，因为我过于尊重你对它们 765
的感情，因此不想在我想要的画上面用力过猛”。1月初，他大胆地来到斯普林斯，想再
试试。他望着杰克逊工作室里的作品，大多数刚刚从贾尼斯的画展上撤回。

海勒清楚一件事：他想要买一件巨作。在与保罗·布拉奇一起出行的某趟旅行中，他已经见过这些巨作中的大部分。“啊呀，”后来他报告说，“它们深深地击中了我。”那时，布拉奇没有鼓励他购进《蓝色柱子》，而杰克逊则不愿出让其他作品。但在接下来的一年里，许多情况都已经改变了。

他想要的那幅巨作就是《1950年第31号》，是杰克逊1950年夏创作的四张大画之一，有8.75英尺×18英尺大。或者，据海勒计算有“12平方米大，12平方米的大画。”（对海勒来说，艺术就像不动产。他总是观看一幅画的背面，计算其平方，就像计算地产的

英亩一样。而画的大小则由支架的大小决定，支架越大，画的平方米数也就越大。数年之后，他还对他所购买的许多画作的精确尺寸如数家珍。“看着这些东西令人目瞪口呆，”他在回忆第一次看到杰克逊的巨作时这样说。）海勒先问李，杰克逊是否愿意出让那幅画。“我不愿，”她说，“但你可以问问他。”这一次，杰克逊愿意了，但是，他要价 10000 美元。李负责讨价还价。一切都谈妥时，价格降到 8000 美元——仍然是杰克逊中售价最高的作品，也是“当时绘画市场上的价格高昂之作”，伯德·霍普金斯如是说。可以 4 年分期付款，海勒还可以额外得到一张黑白画，“以表达他对波洛克作品的忠诚的认可”。

即使在作品颇费周折已在海勒位于河边大道与 100 大街交叉口的公寓里挂起来以后（这幅画对他的房间来说太高了，以至于不得不在顶端和底端稍稍弯曲一下），海勒还是面临着一个难题：他不喜欢这幅画的标题。“我就是不喜欢你的数字，”他坦白地告诉杰克逊。克莱门特·格林伯格曾建议采用《昏暗的天气》这样的标题，但即使是这个标题，海勒仍嫌平淡无奇——“我不理解这个标题与画作的关系”——他要求杰克逊再想想别的标题。最后，在一场头脑风暴之后——杰克逊与海勒分享了他坐在围栏上，与大自然合而为一的故事—— 一个新的标题浮现了：《一》。海勒相当满意，他在 2 月 11 日发了一封电报给杰克逊：

> 看你的画看了几个小时之久。现在打电话已经太晚了。这幅画与我的生活和情感的关系，与生活本身的关系，与拥有大写字母 P 的绘画的关系，是如此紧密，我几乎要放声大哭了。全能的上帝啊，这是永恒的东西。无论如何我都要永远拥有它。
>
> 爱你的本

为了得到杰克逊的爱，海勒不得不与另一位年轻的收藏家 B. H.（伯纳德·哈帕）弗里德曼展开竞争。弗德里曼是一位年仅 28 岁、非常成功的家族不动产公司的经理。他将自己形容为一个“在战后纽约迅速崛起的摩天大楼所带来的兴奋，与持续的写作欲望之
766 间被撕裂”的人。事实上，他真正效忠的东西是毫无疑问的。跟众多新的收藏家和赞助人一样，弗里德曼是一个充满了创造性渴望的“穿灰色法兰绒大衣的人”，也是一个将华莱士·史蒂文斯和查尔斯·伊夫斯当作心目中的英雄的商人。对他们来说，行动绘画的世界似乎是一个，用梅·罗森伯格的话来说，“充满了令人眼花缭乱的希望”的世界。1955

年春天，甚至还在海勒把杰克逊带到弗里德曼位于纽约的公寓之前，弗德里曼就认为杰克逊是“一个真正的英雄人物……他的名字是自由表现的同义词”。

现实却被证明并不那么宏大。杰克逊又是醉酒又是紧张地进来。“别给他任何含酒精的东西喝，”当杰克逊摇摇晃晃地在房间里转悠，观看弗里德曼的收藏时，李低声说。“这是我自己所追求的自由的视觉史，”弗里德曼这样指着其收藏品说，其中包括杰克逊的《1949 年第 11 号》，一张作于 1949 年的四英尺乘四英尺的滴画。在骂了一句弗里德曼收藏的蒙德里安的一张水粉画“狗屁”之后，杰克逊倒头便在沙发上睡着了。之后，他冲了个澡，与众人前往一家牛排馆，在那里，他又渐渐回到醉酒状态。断断续续的谈话集中在弗里德曼去年秋天为《艺术文摘》所写的一篇文章《新巴洛克》上，在那篇文章里，他形容波洛克是“最佳，也是最有影响的”抽象表现主义者之一——“一个我们时代的鲁本斯”。“那篇文章，”弗里德曼回忆道，“奠定了我们的友谊之路”。

事实上，他们之间的关系还不只是一般友谊。尽管与多数新收藏家相比，弗里德曼是一位真正有才华的鉴赏家——他与妻子艾碧曾受训于传奇式的收藏家库特·瓦伦汀——他走近杰克逊，却不是带着一般收藏家的价值眼光，而是拥有一位小说家对人物性格和故事关键的那种独特兴趣。在他们之间短短一年半的交往中，他给予了杰克逊最纯粹的赞美，最慷慨的关注。那是杰克逊自从刚认识李以来所从未经历过的。“我感到人们是多么……热爱他，”弗里德曼后来在《几近生活》里这样写道；这本书是用小说笔法所写的他与杰克逊在一起的日子。“有时候，我感到对那些比我更了解他，认识他更久的人的嫉妒之情。”急于想要弥补失去的时间，弗里德曼在刚刚认识杰克逊几个月时，就感到要为杰克逊“写一部完整的传记的必要”。他主动提出要花“两年时间”写一本书，“不仅要将杰克逊与现代艺术联系起来，而且还要把他与大萧条之后成长起来的美国整整一代人联系起来……要是我能成功，那么这本书的肌理就会有几分就会像博斯韦尔的《约翰逊》，”他安慰杰克逊说。到 1955 年 12 月，弗里德曼已经为一篇自传性文章拟好了提纲（但直到 15 年之后，等他了理完家族事务，开始全职写作时，他才完成了那部传记）。在弗里德曼不直接引用话语，以及不透露杰克逊任何悲惨的私人生活的条件下，杰克逊接受了长时间的采访。弗里德曼对其主题的思想局限性持有某种实事求是的态度，这一点比杰克逊之前的那些仰慕者做得更好。“我怀疑他只读了一点点《白鲸》”——但是杰克逊非同一般的焦虑，对弗里德曼富有同情心的天性来说，是难以抗拒的。他注意到杰克逊凝视海浪，观看沙子与海水在海滩上嬉戏，或者将沙子从手缝中漏走的方式。在他们 767

和 B. H. 弗里德曼在一起，1956 年

相识两年后，弗里德曼把他的儿子取名为杰克逊。

从一开始，杰克逊对待弗里德曼就像对待一个朋友，而不是一个收藏者。他把他和艾碧介绍给他的其他朋友，在海岸警卫队沙滩戏浪，还骄傲地把他们带到克里克斯参观《薰衣草之雾》。尽管有时候他将自己的年轻门徒称为“业余爱好者”，他却十分珍视弗里德曼在《新巴洛克》一文中的评论——“他对待它就像对待镶金边的东西，”有个朋友这样回忆道——不断找弗里德曼陪伴他去纽约。到 1956 年春天，这两个男的已经每周都见面，一起逃到酒吧或爵士乐俱乐部。杰克逊领头表演，弗里德曼则以博斯韦尔式的热情紧紧相随。

没有什么事比杰克逊与拉尔夫 · 克莱因的“恋爱事件”，更清晰更不祥地暴露了杰克逊最后的绝望。“杰克逊崇拜克莱因的衰败，”帕西 · 苏斯凯特回忆道，后者曾与杰克逊一起乘火车进城。（她的职责是预防杰克逊在宾州火车站溜进酒吧间。）“在列车上，他一路谈论他是多么热爱拉尔夫 · 克莱因。有许多心理转移的事实在上演。他认为克莱因是唯一能够理解他的人。”整个冬天，杰克逊都没有错过周二的会面。他总是乘坐火车进城，然后改坐地铁前往克莱因位于西 86 大街的办公室兼公寓。在那一周接下来的时间里，每天至少打一次电话咨询问题，或者重述他们刚刚经历的会面过程。在谈话中，他认为克莱因拥有“神一般的力量”，而当被问及如果有来生，他喜欢做什么时，他毫不犹豫地回答道:“心理学家。”当克莱门特·格林伯格(毕竟是他推荐了克莱因,他本人也还继续跟他会面)问杰克逊,他是否喜欢治疗时,杰克逊回答道:“喜欢至极。”

他可能还认真考虑过克莱因告诉他的东西。

克莱因隶属于巴恩斯停机坪团体,一个以不同寻常的“治疗”概念而闻名的小型心 768
理分析师圈子。他们在南福克镇避暑。他们以简·皮尔斯和绍尔·牛顿为理论指导——附带接纳像杰克逊之类的转诊病人。皮尔斯和牛顿两年后才成立苏利文心理研究与心理分析研究所,但是促使他们与弗洛伊德的传统心理分析方式相分离的理论,早已得到了长足的发展,而且在拉尔夫·克莱因之类的门徒当中深入人心。皮尔斯和牛顿断言,他们的观念建立在希拉里·史塔克·苏利文的著作之上。后者是一个重要的心理分析理论家,皮尔斯一直与他一起工作,直到1949年他去世时为止。(尽管,据克莱因的某个助手说,“苏利文对他们运用他的名字的做法会感到害怕。”)

他们与弗洛伊德的基本分歧在于对人性的看法上。弗洛伊德认为人性本质上是掠夺成性的,因此需要约束,而皮尔斯和牛顿则认为人性本质上是互惠的、创造性的,因此寻求更自由的表达,而不是压抑。他们更喜欢“分解”而不是“压抑”。“我们相信,无论是婴儿还是成人,多数人身上遭到分解的是他们的能量。”皮尔斯说,“他们的自发性、创造力,他们温柔的能力遭到压抑,而这种挫伤导致了某种敌意。”要想缓和敌意,只需要转移掉压抑。在未来的十年间,“苏利文”理论将被用于为自由恋爱、性爱公社及其他更为夸张的“互助”形式提供理性化的表述。(“人人都被鼓励生育孩子,”某个以前的病人这样回忆说,“绍尔·牛顿的软帽里藏着某种蜜蜂,整个世界都将充满孩子——他的孩子。”)但是,即便早在1955年,当杰克逊开始去看克莱因时,这样的信息就已经一清二楚了:“要是你感觉良好,就放手去做。”

在诊所里,克莱因出于年轻人的固执和缺乏经验,对皮尔斯的理论作了简化处理。“我认为,较之在他面前的那个病人,他对医生的训诫本身看得更清楚。”有个同事这样说。尽管克莱因按部就班地学过心理学史,但他并不信奉创伤事件的意义,无疑也错过了杰克逊那些讲了又讲的回忆。然而,他可能很快就将杰克逊麻烦重重的关系等同于其母亲,或者,朋友们很快就会惊讶地听到杰克逊向斯黛拉“发泄他的敌意”,称她“那个自带坟墓的老子宫”,而且推测“或许我绘画是因为我想跟我母亲睡觉”(莱昂奈尔·阿贝尔回应说:“你想跟某人睡觉,杰克逊,但我认为她不是你母亲”)。他直截了当地告诉克莱门特·格林伯格,他“恨他母亲”,而李则把他持续拒绝吃饭——嗜酒如命者的典型症状——视为对斯黛拉那种最强烈的控制欲的无声反抗。

当然，没有什么比喝酒感觉更好了，杰克逊把克莱因“表现你自己”的命令看作畅
769 怀痛饮的全权委托状。“他会说，‘他妈的，每个人都应该总是做他想做的事，’”泰迪·德拉贡回忆说，“‘要是我把李扔在家里，和朋友们待在酒吧里，那又怎么样？’”事实上，当杰克逊喝得醉醺醺来到诊所时，克莱因私底下曾向皮尔斯抱怨。但是，皮尔斯自己也不是滴酒不沾的人，建议他说，杰克逊喝酒不属于他治疗的范围；他只能“容忍它，祈祷和希望杰克逊会来诊所，用更好的办法对待他的焦虑”。根据杰克逊的说法，克莱因从此就再也没有提到过喝酒，从未劝告过他不要醉驾，从未建议杰克逊咨询其他疗法，例如匿名戒酒协会。当康拉德·马卡–雷利问，“你告诉过克莱因你有酗酒问题吗？”杰克逊回答说，“是的，但他说，‘那是你的问题’。”

到 1956 年春天，当杰克逊的健康恶化，狂饮滥醉的时间变得越来越长，越来越严重的时候，马卡–雷利并不是开始质疑克莱因资质的仅有的朋友。帕西·苏斯凯特称他是“一个无足轻重的家伙”。她疑惑，为什么没有人站出来说，“嗨，等等——考虑一下第二种观点如何？”当本·海勒打电话给克莱因，向他反映杰克逊仍然不想吃东西，而克莱因不假思索地回答说“你看看啤酒里都有什么，都是谷物之类”，海勒简直要晕了。

但是杰克逊却紧紧地抓住克莱因——如果有什么区别的话，当他的余生变得越来越分崩离析时，他只是更加绝望地抓住他。有那么一刻，在马卡–雷利的鼓励下，他试图打破这一关系；他甚至打电话给克莱因，并告诉他，“去死吧，我再也不来了。”但是，到了下一周约定的时间，他就消失不见了，马卡–雷利知道他又去了哪儿。“或许他只是害怕不去，或许他只想再喝上一杯，但是他就是无法冲破藩篱。”“杰克逊有一种极端的不安全感，”帕西·苏斯凯特说，“他需要某个被击倒的人，某个什么也不是，只是支持他的人。这就是他在拉尔夫·克莱因身上发现的东西。”

在克莱因看来，杰克逊的问题在于，他没有得到足够的生活。他过于专注于以前的生活，特别是专注于与李的破坏性关系之上（杰克逊说，他与李已经有三年没有过性生活了）。而解决之道又是什么呢？他需要停止压抑自己的感情，“释放他的性冲动”，重新获得与其创造性能量的联系。换言之，他需要一个女人。

不久，杰克逊就开始取悦他的朋友们，不管是男性的还是女性的，带着对不同性别，以及他是如何热爱她们的惊奇感。他告诉弗朗西尔·洛德，他曾经“发现了”女人的身

体之美。“她们是如此之美，”他说，“她们的乳房，她们的肩膀，她们的耳朵，她们的膝盖，她们的鼻子，她们的手腕，”还有还有还有，直到洛德忍俊不禁，笑出声来时为止。他告诉杰弗里·波特说，“有许多次，我更喜欢静静地搂着一个女人，只是躺在她身边，而不是做爱。”当他和托尼·史密斯在上东区遇到格丽泰·嘉宝从身边经过时，他转向史密斯，神魂颠倒地说，“我不懂爱情……我只经历过三次……其中一次就是当我们从那个女人身边走过的时候。”

在实践中，他带琼·瓦德来到汤普森大街一家富有浪漫情调的意大利餐厅用晚餐。但是“他并没有说悄悄话，”瓦德回忆说，他们之间的寂静是如此令人尴尬，他终于撤退到房间另一头他的另外一些朋友当中。这一去又是如此长久，瓦德不得不站起来，离开了 770
事。（他后来打电话表示歉意）在某个集会上，他央求伯德·霍普金斯把他介绍给一个年轻而富有魅力的女性朋友乔西·威尔金森。“杰克逊，她一点也不懂艺术，”霍普金斯警告说。“我不介意，”杰克逊说，“我就得认识她。”当霍普金斯开始介绍的时候，杰克逊，这个在集会上总是揩女人油的老手，却变得出奇地彬彬有礼。“他就像突然换了挡，居然称她为‘威尔金森小姐’。”霍普金斯回忆道。但是不久，杰克逊就离开了谈话，拉开裤裆，在旁边的一盆植物里方便。“然后，他拉上拉链，继续谈话，”霍普金斯说道，“那姑娘彻底晕了。”

埃丽诺·波因戴克斯特和她女儿克丽斯蒂的遭遇亦然，当她们遇见喝得醉醺醺的杰克逊从一个开幕式上出来，他邀请19岁的克丽斯蒂去雪松客栈吃晚饭的时候。“她其实并没有真的接受邀请，”波因戴克斯特回忆道，“他只是说，‘让我们走吧，来吧。’她还能做什么？”在雪松客栈，面对充当监护人的老波因戴克斯特，杰克逊试图“向女人们表现一下他的罗曼蒂克情感”。但是，除了自怨自艾，别的什么也没有！伯德·霍普金斯至今还记得杰克逊与两个女人坐在一个隔间里，泪流满面，“正告诉她们他是个什么样的胆小鬼，他从来没有做过一件想做的事，他感到毫无希望。”

他曾经向简·史密斯表达过“好多次”，向帕西·苏特凯特调情，因试图亲吻玛丽索·艾斯柯芭而让她吓得不轻。当他在某个集会上抓住琼·瓦德时，伯德·霍普金斯还记得，瓦德“一边跟我说话，一边把她的手从他那里挣脱开”。杰克逊有一次在强哥儿彼特那里喝醉了，他带着米丽亚姆·夏皮罗，摇摇摆摆地围着跳舞的人转。他粗鲁地捏着她，直到音乐戛然而止，人们听到她大声叫道，“把你的手拿开，杰克逊，不然我要在舞池里踢你了。”大卫·伯德曾在雪松客栈看见他走向一个女孩，说，“你的奶子长得太美了——

我们去睡觉吧。”当她厌恶地逃走后，他追着她，“你逃什么？”还有一次也在雪松客栈，他径直走向奥戴丽·法兰克，一个身着短夹克和紧身裤的桀骜不驯的艺术生。尽管早已不是“天真无知的女孩”，法兰克还是吓坏了。“这个身材高大的人试图抓住我，从后面捏我，在我脸上打嗝。他想要吻我，但是我瞪了他一眼，我意识到这个人人都崇拜的男人病了——病了，堕落了，绝望了。我无法想象吻他。那就像在林荫大道上吻一个流浪者。”

在现实中受挫的杰克逊越来越转向幻想世界。他向弗里德曼吹嘘“他干过丽塔·本顿”。对其他人，他在这份虚构的被征服者的名单上，还加上了梅赛德斯·梅特和维塔·佩特生。对杰弗里·波特，他说：“贵夫人会向我们放钓线，要是她们用钱，那更得当心点……她们全都盯着我，总是这样。”他打电话给桑特，用许多故事，大多数是暗示的，但全都是虚构的，关于“他卷进了与大量女人的关系”的故事，来挑拨桑特。他告诉鲁
771
本·卡迪什，他对绘画再也不感兴趣了，现在他只对女人感兴趣。考虑到有些人可能会怀疑一个结婚十年但仍然没有孩子的男人是否雄风不再，他就暗示李不能生育。这些故事来得太突然、太激烈，以至于像弗里德曼之类的仰慕者，都觉得杰克逊也许反应过度了。

根据一个来自雪松客栈的故事，弗兰克·克莱因和某些朋友，对杰克逊关于酒后壮举和性能力的吹嘘实在感到厌倦了，因此他们雇用了一个应召女郎，让她坐在杰克逊的视线范围内。当他走近她，用屡试不爽的“打一炮怎么样”邀请她时，那个女人跳了起来，抓起外套就说，“走吧。”据说，杰克逊立刻就瘫痪了。当大卫·伯德带着一个来自爱达荷州的年轻女性朋友来到雪松客栈的时候——“一个真正的美女，一个真正的少女，她相貌就像《多奇帕奇》里的黛西·梅”——“那是跟电影明星一样红的杰克逊，”伯德说，转向她大声说道，“让我们去我那里干一场吧。”“她连眼睛也不眨一下，”伯德回忆说，“她只是平静地回答道，‘不，现在不。我没有时间，’然后继续谈话。杰克逊站了起来，也说，‘是啊，我也没有！’然后悻悻地走开了。”

正如克莱因和伯德所发现的那样，这是头等重要的事：一种绝望的幻想，跟杰克逊讲述的所有故事一样虚假。“我前生可能是一头母牛，”被杰克逊咸猪手的泰丽·丽兹这样说，“他伸手摸我的方式不是触碰。与情感毫无关系。”被他在大街搂搂抱抱的那些女孩子只是大笑，克莱门特·格林伯格回忆说。“他喝醉了，所以她们并没有感到威胁。”这才是要点。由于喝醉了，因此他从不冒成功与否的风险。粗鲁的搂抱，孩子气的哭泣，粗野，恐吓，都是他自我保护的形式，是他自绝于他嘴上所说的追求亲密感的方法。保

罗·布拉奇认为杰克逊的方法，在某种程度上，是有意宣布“我们不会发生真正性关系，我敢保证”。而他并不是有这种想法的唯一一个朋友。酗酒成了他没有实施能力的借口。喝酒也是忘掉他在实施方面的无能感所提出来的问题的方式。他喝得越多，成功的可能性也就越小；成功的可能性越小，他的焦虑感也就越大；他的焦虑感越大，他就喝得越多。

但是，如果说酗酒保护了他不受与女人过性生活的焦虑的折磨，那么，什么才能保护他不受不与女人过性生活的更大焦虑的折磨？在酒吧间外面的黑暗中，特别是在东汉普顿，当他发现自己与一大群陌生人在一起的时候，这种焦虑开始越来越严重地将他压倒。

1956年初，一个寒风凛冽的凌晨，大约两点。尼克·卡罗恩被李·克拉斯纳的一阵电话铃惊醒。“尼克，你一定得过来一趟，”她用哽咽、坚忍的嗓音说；这嗓音通常是用来克服她深刻的恐惧感的。卡罗恩抗议道，“我已经睡下了，”但是李坚持不懈。“尼克，你一定得过来帮个忙。杰克逊出门一整天了。”“他去了哪里？”“这正是我担心的，”她用一种十分怪异的语调说。卡罗恩意识到这语调传达了一种特殊的恐惧感，而不是对杰克逊酗酒的常见担心。“有几个家伙来过，那些乡下人，他们路过此地，把他带走了。他还 772
没有回来。请过来一下。我怕极了。”

当卡罗恩来到波洛克家时，他发现李坐在冰冷的厨房里，喝着咖啡。他再次问她发生了什么事。“那些人来到这里，把他带走了，”她用同样恐惧之极的嗓音答道。当他进一步追问时——“这有什么不对头？”——她才喃喃地说出了“他们会对他做什么”之类的东西。卡罗恩回忆道：“她从不直截了当地说话，但很显然她害怕他们会强奸他。我意识到这是由过去的什么事情引起的……有什么事情一直很诡异，一直隐瞒着。”无疑，李害怕说出口的东西是，这已经不是在同样诡异的情况下杰克逊第一次失踪了。在某些先前的场景里，一群陌生人把他带走，但都是半夜就送回，“把他扔在台阶上”，然后溜之大吉。杰克逊浑身青肿，颤抖不已，这是独自一人喝醉酒所无法解释的。

卡罗恩也没有脱去外套和围巾，在冰冷的厨房里坐下，陪着李，也没有多说话，只是等着。“时不时地，李会站起来，望望窗外，问‘他在哪里啊？’每当有车辆经过，她都会说‘可能是他’。她显然害怕之极，深恐他们对他干了什么坏事。”

突然，厨房的门打开，杰克逊“像一头野兽”一样进来。他看了看卡罗恩，带着查询的神情说，“你他妈的在这里干什么？”“在等你，杰克逊，”卡罗恩答道，心想，“这家伙会杀了我。”李试图让他平静下来。“杰克逊，你还好吗？”她问，“来一杯热牛奶怎么样？”杰克逊怒气冲冲地回答说。“去你妈的，你这他妈的淫妇，你究竟要我干什么？”又是一大串恼羞成怒的话。“这是我一生中听到过的最难听的话，”卡罗恩回忆道，“‘你这不要脸的淫妇，婊子’，一遍二遍三遍。我所能想的只有‘天哪，但愿他不会杀我。’”李退到厨房尽头，“静默，逆来顺受，而不是顶嘴，”小心翼翼地不去刺激他，对杰克逊满嘴的污言秽语充耳不闻。接着，他摇摇晃晃地走了几步，走到窗边，靠在桌边，站着。“他无法站着，”卡罗恩说。看到有机可乘，李谨慎地开口。“现在你想不想来一杯热牛奶？”她问。导火索又被点燃，满嘴脏话又滔滔不绝。“我早就做过了！他妈的！我做了！”杰克逊咆哮道，“他们到底想要我做什么？他们到底想要我做什么？真他妈的！我已经做了！他们还想要什么？”

就在愤怒本该消停的时候，它却大大升级了。“李害怕极了，”卡罗恩回忆道。正当杰克逊跌跌撞撞地向楼梯走去时，她以令人吃惊的勇敢走近他。“她走近去帮助他，”卡罗恩说，但他一把把她推开，好像根本无法忍受被触碰。“你他妈的想对我做什么？”他大声地，一遍一遍地吼道，“你他妈的想对我做什么？”“他变得像一个疯子，他变得如
773 此愤怒，不断地尖叫。仿佛这就是他丧失理智的地方。”突然，他凑过身去，抓住一个悬在过道里的枝型吊灯。卡罗恩站身起来想阻止他，但李示意他退后。“不，”她命令道，“不要走近他。他会攻击你。”杰克逊使出浑身力气，从天花板上扯下吊灯。但他用力过猛，一下跌倒在房间另一头的角落里，重重地撞在一个大大的花盆上，把它撞了个粉碎。

有那么一会儿工夫，他一动不动地躺着，李以为他已经死了。“他躺卧在那里，鲜血直流，”卡罗恩说，“李不知道究竟发生了什么。”然后，他开始呻吟。李跪下去，靠近他，又吃了一惊。“你怎么样，杰克逊？你需要什么？”他不再愤怒，开始呜咽，“好痛，好痛。”“哪里痛？”李问。杰克逊摸摸自己的屁股。“这再次让她对他们做过的事感到害怕，”卡罗恩回忆道，“他的痛是从那里来的？”“来吧，杰克逊，”她终于说，“我带你上楼。”她转向卡罗恩。“现在没事了，让我来照顾他吧，”她用肩膀把杰克逊弄到了床上。

不久，杰克逊正坐在雪松客栈一个隔间里发呆，有个漂亮、肤色黝黑的年轻女子在他身边坐下。她叫露丝·克林格曼。

44

774

逃离的速率

到1956年早春，杰克逊和李都清楚事情必须了结了。唯一的问题是怎么了结：谁来破局？谁先离开？李已变得足够强大，可以考虑离开的事了。杰克逊也变得足够自我毁灭。他们都狠狠地向对方下了挑战书。他打她。她叫来警察。他威胁说要离开她。她则威胁说要把他送进精神病院。他大叫，“我要杀了你。”她则大叫，“你早就在杀我了。”但他们仍然抓着对方不放：没有能力，不愿意，害怕逃离；克莱门特·格林伯格回忆道，他们“就像一只受伤的野兽撕扯自己的内脏”那样猛烈攻击对方；已经习惯于施暴和被施暴；不断地在原地转圈，只是越绕越紧，越来越自我毁灭；为即将终结一切的不可避免的碰撞，或是使他们获得自由的奇迹的到来，做好准备。

没有人疑惑为什么杰克逊会被露丝·克林格曼所吸引。人人都同意，她是一个骄奢淫逸的25岁的女人：瓷器般光洁白皙的肌肤，丰满的胸，性感的双唇，富有光泽的棕色头发，热情而富有诱惑力的嗓音，在男人面前娇滴滴的少女姿态。一个粗鲁的问题是她为什么会被他吸引？她，为什么不像奥黛丽·法兰克及其他被杰克逊咸猪手过的年轻女人一样，对他那浮肿的面孔、疙里疙瘩的皮肤和粗重的喘气感到厌恶？就像露丝本人后来所说的那样，她是一个年轻画家，而他则是“大师”，这似乎还不足以说明问题。法兰克和其他人也是年轻画家，她们一点也不比露丝清高，一点也不比露丝缺少野心，一点也不比露丝更少注意到杰克逊的地位。（“对我来说，他就像一个电影明星，”法兰克说。）但是，她们都逃离了他那放荡不羁的提议，逃离了从他身上“放射出来的”的邪恶和痛苦。为什么那天在雪松客栈并不友好的刺眼灯光下，这个坐在他旁边的露丝·克林格曼，会坐得更近呢？

杰克逊和李·克拉斯纳的最后一张合照，斯普林斯，1956 年

跟李·克拉斯纳一样，克林格曼出身于一个误将家暴当做爱的家庭。她父亲是当地一
775 个长相英俊的骗子，她只知道他的职业名字叫“毛线鞋”。他娶了她才 18 岁的母亲玛丽为妻，而且立刻就抛弃了她。“我父亲从不回家，”露丝说，“他走进我母亲的生活，这就是全部。”玛丽·克林格曼那殷实的俄罗斯犹太人父母拒绝承认“毛线鞋”，因此她不得不独自抚养孪生女儿露丝和伊丽斯，永远挣扎在贫困和偏执中。“我母亲总在哭，”露丝后来这样写道，“她哭，我哭，我妹妹也哭，我们都哭，就像一首可怕的大合唱。我从来不知道哪里出了问题。但是外部世界对我来说意味着恐惧。”她们唯一的避难所就是新泽西州纽瓦克小小的电影院，在那里，露丝开始痴迷于名声、明星、幻想的情爱，以及遥远的、胶片中的男人。某个时候，玛丽·克林格曼将她两个黑发棕眼的小女儿打扮起来，去参加一个当地的秀兰·邓波尔模仿大赛。她相信“我们一定会赢，”露丝回忆说，“但是他们甚至不允许我们进门。浅黑肤色的人不许进门。”她们的大多数日子都在等待“爸爸”中度过。偶尔，当他衣冠楚楚地出现的时候，露丝会感到一种奇异、电流般的混合

情感从她身上流过：恐惧、厌恶、迷狂——“爸爸总是我们可望而不可即的东西，”她后来这样承认。

5岁时，露赛（人们当时这么叫她）经历了第一次精神崩溃。她陷入了紧张性精神症，不吃不睡，听到奇怪的声音，看到“冒着绿火眼睛的怪物”整夜围着她床头。只有当一个阿姨把她带到浴缸里，强迫她在自己手掌里小便，然后把小便抹在脸上，符咒才得以消失。

露丝在艺术和男人中找到了避难所。七岁时，这种联系就已经建立起来，当她疯狂 776
地爱上了一张贝多芬的素描的时候。“他的眼神充满了野性，额头高高的，能量无限。我决定我要成为类似的艺术家——如果不行，也要成为一个天才的妻子或情人。最好是两者都要。”她后来这样写道。13岁时，她独自一人来到大都会博物馆，出神地凝视一尊罗丹的雕塑，一幅维米尔的油画。在这幅油画里，“光线是那么清澈明亮，”她回忆说，“以至于我得看看画的背后是否点着灯泡。”在学校里，她发现真实的男孩子既讨厌也可怕。跟李·克拉斯纳一样，她渴望离开家，去城里。她曾经梦想“来到一个后院，翻过篱笆墙，来到美丽的乡村，那里青山连绵，阳光明媚。还有一个男人在那里。”高中毕业后，她在第七大道的服装区找到了一份做模特的工作，在那里，她那位嘴里咬着雪茄的老板常常说，“露赛是一流的。”当人们问及她的过去时，她会告诉他们她那个富裕的家，尤其是她那个富裕、令人尊敬的父亲。她与老男人们有过大量情事，但是她真正的爱人永远还是遥远的人物：“波德莱尔、阿波利奈尔、兰波。”“男人对我来说是如此可怕的人，”她回忆说，“我只得先发制人，操纵他们。”20岁时，她遇到了个已婚的老男人，能够提供她那昂贵的幻想——“我那富裕的爸爸，”她这样称呼他。他们观看高档车比赛，去科帕卡巴纳海滩和21俱乐部。露丝“一度竟忘记了艺术”。“我利用他，”她后来承认说，“我用他的钱，包裹我那小小的令人仰慕的手腕，我一不高兴就哭，喝醉酒，而他宠着我。”

两年后，在她第二次精神崩溃时，这段幻想曲突然中止了。她重新捡起了艺术，在新校的一个绘画班报了名，在收藏家画廊找到了一份工作。在那里，“她已经能够以一种令人信服的方式谈论艺术，”奥黛丽·法兰克回忆道，“她很有可能成为一个了不起的画商。”她狼吞虎咽地阅读电影杂志和《时尚》，在美容院和镜子面前花费大量时间，开始看一个荣格派的心理分析师。当她告诉他那位开着奶油色凯迪拉克的父亲有关心理分析师的事时，他勃然大怒。他脸色“发白”，开始叫喊。“那是疯子要看的医生……你他妈的到底有什么病？你不能控制你的男人？你是个什么样的人？你是女同志还是什么？”露丝哭得梨花带雨，恳求道“我需要帮助，”但是“毛线鞋”早已气疯了，根本听不进去。“你到底怎么了？是卖淫还是做了酷儿？”他一边打开车门，一边大声咆哮，“滚出去，你这个婊子。”然后，他把她推进排水沟，一踩油门开走了。

此后不久，杰克逊·波洛克走进了她的生活。

跟贝多芬一样，他先是以抽象的形式走进她对绘画的新的执念之中。她曾请求奥黛丽·法兰克把她介绍给重要的艺术家。“你要认识艺术家？”法兰克说，“我为你介绍认识艺术家。”法兰克给她讲了三个人的名字：波洛克、德·库宁、克莱因。露丝对这三个名字闻所未闻，但是她仔细地把它们记了下来。接着，她又问，“哪一个最了不起？”

777 “波洛克，”法兰克说。

她告诉露丝有一家雪松客栈，并写下了地址，但是她拒绝陪她去那儿——“我永远不想再去那里，”她说。露丝后来声言她第一次去雪松就遇到了杰克逊，但其他人还记得她经常来，坐在烟雾腾腾的灯光下，几乎总是穿着粉色的衣裳，等着他的到来。她曾去贾尼斯画廊看他的画，她回忆说，“能量向我倾倒而下，我在任何一个层面上都完全理解它们。”她甚至还有可能去过东汉普顿的酒吧，在能够抓住杰克逊眼神的希望中，不得不忍受当地人抛来的媚眼。榆树旅馆的泰丽·里斯还记得去年夏天还经常看到她。罗杰·威尔考克斯也曾看到她与妹妹伊丽斯一起在海边。“一模一样的双胞胎，就像一个超现实的事件，”威尔考克斯说，“而且她俩都急于成为艺术家。”在她遇见他之前很久，杰克逊就已经是露丝的“英雄”，一个她崇拜的抽象人物，“就像别的姑娘崇拜白兰度或猫王一样，”她后来这样描述。

终于，1956年2月的某一天，她鼓足勇气，“直接”走向他。

她后来断言，“最初一刻，我们相互对看了一眼，我就爱上了他，他也爱上了我。”然而，现实与幻想相去何止千里！与李一样，露丝发现杰克逊尽管有喝酒的借口和富有男子气的吹嘘，却是一个胆怯的情人。在他们第一次相遇后，她气喘吁吁地等着他的电话。一个多星期过去了。终于，她开始打电话给雪松客栈——“我无法忍受得到稀松平常的对待，”她说。当她接通他的电话时，早已喝得醉醺醺、在电话线另一头的他几乎没有认出她的声音来。她不得不重新唤醒他的记忆：露丝·克林格曼，雪松客栈那个“有一头黑发的姑娘”。不过，露丝“非常有耐心，而且非常主动，”据她的一个朋友说，“她直接把他约了出来。”这几乎花去了两个月的时间，但是她的耐心还是取得了成效。某个夜晚，她强迫他，毫无疑问已经喝醉了，来到她在第十六大街的公寓里。到第二天早晨，杰克逊相信，他们做爱了。

接下来就好办了。

杰克逊终于有真事可以吹牛了，终于有真事可以取悦拉尔夫·克莱因和雪松客栈里的那些男孩子们了。第二周，他在他们面前昂首阔步地炫耀她。当大卫·伯德看到她时，她身着一件带银色貂皮领子的猩红色外套，“已喝得微醉”，他认为，“我能明白那会使任何人疯狂。她真是小甜点。”“为什么，杰克逊，”德·库宁吃惊地叫喊，“你要找一个小姑娘？”杰克逊带着警告走近他：“别碰她。”当他们那晚离开时，德·库宁追上他们，大叫，“我可以看她吗？我可以看看她吗？”杰克逊在另一个酒吧里让一个拍照片的姑娘为他们照了相，自豪地在斯普林斯的朋友圈里传阅它。“他让我看她的照片，想知道我的想法，”尼克·卡罗恩回忆道，“他真像个孩子。”他向汽车爱好者杰夫里·波特吹嘘他“晚近搞到的模特儿美女……刚刚打入模特界，但已经是临时演员”。

露丝所看到的却截然不同。对她来说，他们是“白兰度和梦露”，或者是“巴考尔和
鲍嘉”。杰克逊成功地维持着她的幻想，带她去艾尔奇科和埃迪·孔东之类的夜店、饭店， 778
看百老汇的演出。他们“像明星”那样进出，露丝写道。人们“向我们鞠躬……我们非常高贵”。他带她坐出租车——“这真是女人们在现实生活中喜欢做的，”她兴高采烈地说——为她买礼物，穿着“昂贵的行头”，这样她就能感觉“迷人极了”。他向她吹嘘他的《蓝色柱子》和《一》销售所得的钱。她谈起了他们一起去富有异国情调的地方游玩，在公园大道买一处临时处所，“而不是待在埃尔酒店某个不舒服的小房间里，当他进城的时候。”

作为回报，露丝也维持着杰克逊的幻想。在公众场合，她讨好他，紧紧地依偎在他身边，做着情人们的游戏：手指游戏、眼睛游戏、嫉妒游戏。某夜在俱乐部，他跟另外一个女人跳舞，于是她也跟另一个男人跳舞。杰克逊给了她一个耳光，她立马就晕过去。在罕见的场面，当他们单独在一起的时候，她避免谈论艺术或他的事业——这样的谈论不可避免地会引起他哭泣。这使得那位荣格派心理分析师（他们决定他是原型的“聪明的老男人”，而她则是原型的“情人”）及先前的事件，变得或真实或想象。“他经常谈起丽塔·本顿，”露丝回忆说，“他说，‘你让我想起她，’而我想，‘哦，她已经老了。’”他坚持说，他们遇到的时候，她还是一个处女，而她也没有表示不同意。当着众人的面，她会说，“我爱你，杰克逊，”而他，同样当着众人的面，会说，“我爱你，露丝，”而且，

据露丝本人说，他们都“爱他们的爱情”。

尽管有杰克逊的吹牛和露丝后来的申明，他们却很少做爱，即使不能说完全没有。当他们单独在一起时，杰克逊肯定是醉的，或者哭泣。（他已经发现，眼泪会使任何女人变成母亲。）露丝很有可能也喜欢这样。她已经得出结论，最美好的性事，是“隐喻式的”——任何别的事则会破坏美丽的幻象。对她来说，权力已是万事之臻圆满的状态。“我想要任何人都注意到我，”她说，“当我跟杰克逊在一起的时候，他们确实都如此。”显然，手挽一个可人的女人的那种奇异、难得的战栗感，对杰克逊来说，也已经足够了。

与露丝在一起，杰克逊远没有遮遮掩掩，他炫耀她，招摇过市，唯恐别人不知。而且在与帕西·苏斯凯特一起坐火车回去的时候向她坦承他对露丝的爱。在斯普林斯家里，他几乎每天给她打电话，一打就是好几个小时，而李就在隔壁。在很少一些与李一起出现的公共场合，他在到处都是有所耳闻的人面前，脱口说出一些富有暗示的、伤人的话。“你今年几岁了？李”他在某个晚宴上从房间这一头向另一头的李大喊。在与李的朋友聊天时，他谈及为露丝“安排永久性住宅”，以及试水离婚之事。他十分确定，这些暗示都会到达李的耳朵里。“他把整件事看作一场刺激的冒险，”帕西·苏斯凯特回忆道，“就像一个小男孩，他的梦想是拥有两个女人。”

在某种意义上，这些无情的谈话也许，正如拉尔夫·克莱因所鼓励的那样，只是杰克逊“不带罪感地表达自我”的笨拙方式罢了。或者，正如克莱门特·格林伯格精明地评论
779 的那样，只是“强奸表象”罢了。根据克莱因的哲学，李应该高兴，杰克逊“正在表现自己，享受另一个人的陪伴”，即使这另一个人是露丝·克林格曼。不过，杰克逊当然懂得更多。他深知李特别脆弱之处。他已经通过一系列虚构的事件，探测到它：丽塔·本顿、玛丽亚·马瑟韦尔、维塔·佩特生、梅塞德斯·梅特。“如今，他终于有了某种真实的东西，可以弄痛她了。”格林伯格说，“他当着李的面搞外遇。”

李尽量装作视而不见，而这只会更加激怒杰克逊，使他更大胆地公开化。她的朋友们充满了同情之心。只要能够，他们就躲着杰克逊；无法躲避时，就忽略露丝的存在。针对杰克逊的抗议“李并不理解我”，多数朋友的反应与卡罗尔·布莱德一样：“哦，去你妈的，杰克逊。”当他们带来杰克逊的离婚计划时，李对他更无好脸色了。几个月以前，她还在考虑离婚的事，可是现在，她对朋友们说：“我决不会同意离婚。”在某个表示妥协的努力中，她提议他们去欧洲旅行，拜访佩吉·古根海姆，参观威尼斯双年展，但是杰克逊拒绝了。他不能错过每周一次去看拉尔夫·克莱因医生的机会，他声言，这些拜访

现在已经变成每两天或三天一次了。显然，这是一个不可能持久的僵局。

六月，露丝搬到了萨格港，与斯普林斯只有 12 英里路。她声明当她在亚伯拉罕·拉特纳艺术学校谋得一份班长的夏季工作时，她并不知道会离杰克逊如此之近。但事实上，她已经厌倦了做一个情人的生活：不名誉、鬼鬼祟祟的电话、杰克逊朋友们鄙视的表情。正当李努力避免正面冲突，而杰克逊正谈论“两个都要”的时候，露丝显然明白，她的唯一希望就是正面相遇。她带着满满一箱子粉红色的裙子——“万一有人邀请我参加化装舞会或是去游艇什么的”——到达的当天，杰克逊就从斯普林斯开车，把她带到阿马甘西特的榆树饭店。那里离壁炉路只有几个弯道的距离。在接下来的几个星期里，他每天都打电话给她，每周两到三个晚上去见她。他在人头攒动的海岸警卫队海难酒吧炫耀她，在那儿，伊布拉姆·拉绍尔和其他人“目瞪口呆地望着那个体态丰满、曲线玲珑的少妇走在杰克逊身边”。他开车送她去史通尼山庄，在那里，杰夫里·波特还记得“他露齿而笑，手臂搂着她，那个少了一小节的手指抚弄着她的肩膀，一副无所顾忌的样子”。他甚至把她介绍给李最要好的朋友，如弗朗西尔·洛德。“我认为，他已经得出结论，我们会同情他所做的一切，”洛德说，她在这件事上可一点也不同情他。不久，他就夜不归宿，也不再假装去看心理分析师了。有时，他就在萨格港过夜，据露丝说，他“早晨起来，会一脸惊恐地考虑后果”，当他回到李那里的时候。其他一些夜晚，他干脆消失了。

但是，李拒绝让他从她的愤怒中得到满足，而这只会更加激怒他。他开始比以往任 780
何时候都喝得更多——在家里从早喝到晚，“威士忌与啤酒交替着喝，就好像它们是两种不同的药物，”弗里德曼如是说，“就好像它们可以相互抵消似的。”里奇纳尔德·伊萨克六月来到斯普林斯，发现他喝白马威士忌是如此之快，“他根本跟不上。”伊萨克曾计划邀请杰克逊画一幅“与真人一般大小的”家庭肖像画，但杰克逊“过于贪杯”，无法从事任何连贯的工作，特别是绘画。他说他希望秋天时“适合作画”，请伊萨克到时候再来。

杰克逊开始喝得醉醺醺地、好斗地出现在拉尔夫·克莱因的办公室里——这对克莱因来说具有启发意义——对李以及她如何“设陷阱”害他怒气冲冲，想要知道他该怎么办。据帕西·苏斯凯特说，克莱因曾告诉他，“你不需要做任何事情，”或者只是问更多问题：“你为什么不跟露丝一起生活？”私底下，克莱因和他的同事们（包括李的心理医生）“经常讨论杰克逊的病例，”巴恩斯停机坪团体的某个前病员回忆说，“但是他们不知道该拿他怎么办。他病得太重了。”

与此同时，露丝·克林格曼的不耐烦也与日俱增，对杰克逊和李都是如此。她开始思考，或许她的心理医生（当时已离开去避暑）告诉她断绝与杰克逊的关系是对的。这一关系没有未来。每一次她与杰克逊谈及他们未来的主题，他都会说他希望她能“理解他”，他欠着李“某种东西”，他需要更多时间来克服这一困境。但是，这根本不是时间问题，露丝现在已明白；这是意志问题。不鞭策他一下，杰克逊是永远不会离开李的。他过于沉溺于他们那种毁灭性的游戏，以成千上万种难于言明、不能渗透的方式牢牢地与她维系在一起。对露丝来说，现在是掌握主动权的时候了。

数天后，杰克逊宣布露丝怀孕了。

杰克逊的自豪溢于言表，他告诉格林伯格和海勒之类的朋友，“他并不是性无能”，还盘问露丝有没有“家族遗传”问题。但是，最初的欣喜很快就消失了，他清楚地洞察到自己的困境。孩子出生的预期粉碎了他“一边”维持与露丝的关系，同时又与李生活在一起的暧昧梦想。他迟早得跟李摊牌。他一直受到它的威胁，并尽可能长久地避免这一天的到来。而如今，他已经不得不面对与她离婚的现实了。

不过露丝低估了李的掌控能力。“杰克逊绝对怕李，”她说。她甚至相信，即使他有了孩子，“他也不敢跟李说实话”。相反，他开始借酒浇愁，以实现他那个同时拥有两个女人的幻想：露丝会搬进那幢大房子，而李则可以生活在早已被指派当画室用的后面的小房子里。他还建议，他们“可以去家里，跟李谈谈，”露丝回忆说，“我们三人，像三个成年人那样。他说，‘我知道，她会喜欢你的。’就像诺伊尔·科沃德写的《秘密生活》之类的，他认为我们都可以坐下来，边抽烟边解决问题。”这个主意令露丝感到惊慌失措。她想要直接面对李，但不是以这样一种方式。她想要在私底下安全解决，指责杰克
781 逊缺乏勇气——或许缺乏意志——单独面对李。为了取悦她，他向她求婚——另一个绝望的幻想。露丝对“成为杰克逊·波洛克夫人的主意感到喜不自胜”，但是又一次追问他拿现任的波洛克夫人怎么办。“她会得到很好照顾的，”他含糊其词地答道。

这对露丝来说还远远不够。被夹在杰克逊的沉默与她并没有真的怀孕这一事实不可避免的穿帮之间，露丝再也不能等待了。七月的某天晚上，她和杰克逊发现自己在杰克逊的工作室里，一边喝酒，一边低声说笑，试图不吵醒睡在主楼里的李，露丝如此声言。第二天早晨，当他们从工作室出来的时候，李就站在后门外，身披浴袍，怒不可遏。“她气得面色煞白，”露丝后来描述道，“她的脸因为愤怒而扭曲，浑身在颤抖。她瞪着我，想发出一点连贯的声音，但结结巴巴说不出话来，直到最后向我们大喊大叫，‘让那个女人滚开，不然我要叫警察了！’”

当杰克逊从萨格港回来时，李愤怒地下达了最后通牒：如果你再跟露丝见面，我就离开你。在受蒙骗的信心和白马威士忌的作用下，杰克逊当着李的面把话撂下了：你走。如果走了，她警告说，她是不会回来的。但是，对杰克逊来说，开弓已无回头箭；他眼前的红线已经画得太多了。出去！他尖叫道。

他们以前也经历过类似的场面，通常是因为杰克逊酗酒，但莫名其妙地，人们总能发现他们又在一起了。杰克逊在大醉后总会昏昏欲睡，而醒来时又总是一副服服帖帖，可怜巴巴的样子。李总会在瓦林搅拌机里为他准备好橙汁和鸡蛋，看着他喝下去。她已经学会了如何从众多琐事中生存。但这一次情况已经不同了。几天过去了，他并没有回心转意，寻求通常的那种母性同情和宽恕。惊慌失措的李不得不寻找最终的、挽回面子的妥协。她不需要永远离开，她决定；她只需要去一趟欧洲，她一直希望他们一起去一趟欧洲。她家里人支持这一决定。“她因溃疡性结肠炎而病得非常厉害，”露丝·施坦因回忆道，“他正在置她于死地。她非常需要一点自由的呼吸。离开对她来说就像氧气一样重要。”杰克逊没有抗议，而是开车到城里，帮她买了下一趟去欧洲的船票。尽管有朋友们的怂恿，他们“急于看到整个事件有一个结果”，她却很容易被劝阻，没有在离开前在离婚协议书上签字。“她坐在阳台上，谈论在她离开前把一切都了结的事，”泰迪·德拉贡回忆说，“但是我强烈地反对她这样做。我告诉她，‘你正要离开，你可以把整件事好好想一想。’”在咨询了她的心理医生里恩·西格尔之后，她不再谈论离婚的事，开始称它是“暂行分居”，还告诉她的朋友，“我们争执了那么久，我们正需要各自后退一步。”（当杰克逊与拉尔夫·克莱因谈及此事时，克莱因只是简单地说，“让她走。”）

出发的日子临近，李在受虐式幻想的最后发作中，乞求杰克逊跟她一起去旅行。他加以拒绝，她就主动提出还会回来，“解决问题”：没有质问，没有道歉，完全投降。她一定已经知道，一切都已经太晚了，但表面上她需要再次确证，她才是牺牲品，她离开 782
后发生的一切，都不会是她的错了。

轮船出海前的那个夜晚，她梦见杰克逊死了。他以耶稣基督的形象出现在她跟前，在十字架上濒临死亡，双手覆盖着霉菌。第二天，7 月 12 日，巴奈特和安娜李·纽曼，还有戴·施纳贝尔送她到停靠伊丽莎白皇后号的码头。安娜李·纽曼还记得她是如何“因杰克逊把她甩了”而深感“毁灭”。当她踏上跳板时，她突然改变了主意。“我不能走，”她大叫道，“杰克逊需要我。”然后跑向电话亭打电话给他。他接听电话，她假装说把护照忘在家里了。他们迟疑不决地谈了一到两分钟，她就放弃了。“哦，我刚刚找到护照了，”说着，她就挂了电话。登船后，她又去了电话房，试着打电话给杰克逊。电话打不通，她只得打电话给妹妹露丝·施坦因。“她悲伤之极，”施坦因回忆道，“在我们通话中，另一台电话机响了。她说，‘可能是他，’就挂断了我们的电话。在跟他通话后几分钟，她再次打过来。‘哦，上帝，我无法让他一起来，我觉得如此……’我说，‘算了，你还能做什么？你得活下去。’”

接下来的星期二，阿方索·奥索里奥在潘恩火车站撞见了杰克逊。他在克莱因外出度假前最后一次去了他的诊所。当时他正准备下楼去赶4点19分开往东汉普顿的火车。“他几乎走不动，”奥索里奥回忆说。“他不得不抓着帕西·苏斯凯特的手。这是一个可怕的景象。他半身衣服弄脏了，显得极端压抑，身体状态很糟糕，浑身肿胀，脚踝臃肿，满脸通红，到处是疤痕。”杰克逊朝奥索里奥看了一眼，用虚弱无力的声音说道，“我的医生度假去了，李走了。我终于自由了。”

李并不知道这一切，但是就在她给杰克逊打最后一通绝望的电话时，露丝·克林格曼早就已经搬进了壁炉路上的家，卸下了装满粉红衣裙的箱子。与杰克逊一样，她也得到了她想要的东西——或者她以为她想要的东西。

他们起得很迟，也不管敲门声。永远穿着裤衩的露丝在整幢房子里飘荡，搜索各个房间，对厨房里的铜壶，茂盛的植物，白色的墙壁，还有到处都是的杰克逊“令人惊愕的”画作赞不绝口。“在我21年中产阶级的生活，以及与人共用的拥挤的公寓里，”她后来这样写道（她低报了自己的年龄），“这一切对我来说太新鲜了。”当杰克逊打电话给别的“著名”艺术家巴奈特·纽曼和马克·罗斯科，或者他们打电话给杰克逊时，她激动得浑身颤抖。白天，他们开着车在福克镇一带兜风，这样杰克逊就可以让她四处露脸，把她介绍那些愿意见她而又尚未见过的少数几个朋友。夜晚，他们准备了丰盛的晚餐，去东汉普顿剧院看电影，躺在起居室巨大的红色天鹅绒沙发上看电视，喝酒。到了睡觉时间，杰克逊要么早就喝得不省人事，要么泪流满面。他谈起与她一起逃离此地，一起去
783 巡游乡村，“在那里，没有一个认识我。”在这样一些在露丝看来属于情感上的坦白的瞬间，她发现他“非常令人感动”——“只要他能哭，把感情释放出来，他就是一个令人感到非常神奇的人物，”她回忆道。杰克逊也对特里·利兹吹嘘，“他是如何摆脱李的束缚，而有人在家里让他感觉良好，又是多好的一件事。”

蜜月只持续了一个星期。以前，露丝是他摆脱李的帮手，而如今，她成了李，成了

同样的家暴，同样的厌恶，同样的恐惧，同样欲壑难填的需求的对象。露丝会花费好几个小时准备出席一个宴会，杰克逊到最后一刻则宣布不去了。要不，如果他们去了，他会把她从宴会中途拖回家中。他诅咒她的小猫布兰奇。他因她穿着过分或涂脂抹粉而大喊大叫。当她在情绪饱满、欣快中醒来时，他却阴沉着脸。当她想要听她喜欢的爵士乐唱片时，他咆哮道，“我不喜欢那种音乐。”当她病了，他变得脾气暴躁，十分易怒。当她想要亲近一下时，他会抱怨邻居家的窥视，把她推开。当他们去海边时，他坚持坐得远远的，以躲避人群抛来的媚眼。他突如其来地喝斥她，当弗里德尔·德佐巴之类的朋友来访时。他欺负她的朋友们，当他们前往拜访之时。他公开与她争吵，当詹姆斯·布鲁克斯顺道来访的时候。当她试图在李的画室里作画时，杰克逊怒喝道，“你他妈的干吗要做画家？”他比以前喝得更多，开始很早就上床睡觉。

他想要李。

大约在露丝到达一周后的某一天，他偷偷地去了趟东汉普顿，设法寄了一打红玫瑰到李在巴黎的酒店里。

鲜花到达伏尔泰码头酒店时，李外出了。尽管从她的阳台上就可以看到塞纳河的漂亮风景和罗浮宫，她还是尽可能地避免单独待在房间里。她游览了各大博物馆和左岸的各大画廊（“这里的画差得令人难于置信”，她说），漫步在公园和花园里，逛跳蚤市场，从一家夜店到另一家夜店，与一群刚好路过巴黎的朋友们“像疯子一样跳舞”。仅仅一个星期，她就已经拜访了保罗和依瑟尔·詹金斯（他们刚刚搬到巴黎，当了一回非正式的东道主）、贝蒂·帕森斯、本·海勒（他给了她一些旅行支票，作为他早已购进的《回音》一画的部分酬金）、海伦·弗兰肯特尔、西德尼·盖斯特、雷纳·德罗宁、米歇尔·塔皮埃、鲁道夫·史塔德勒、查尔斯和凯·金佩尔、诺曼·布鲁姆，以及约翰·格雷厄姆。尽管她很少谈起杰克逊，显而易见的是，她的思绪从来没有离开过他。她在詹金斯的工作室里看到了几卷画，就喃喃自语，“尽管杰克逊和我很穷，但我们的艺术供给还是充足的。”当她看到约翰·格雷厄姆——表现非常抢眼，非常具有白俄罗斯风格——“她很高兴见他，因为他拉近了与杰克逊的距离，”詹金斯回忆道。在某个围着一群平静、老练的谈话者的小型集会上，她突然转向詹金斯。“我的天！”她带着一种令人惊叹的微笑说，“在这种 784
时候，杰克逊会做出某种暴怒的事情，比如摔断一只椅子。”看起来似乎不可思议，但她确实开始想念他。“她与杰克逊生活在一起，呼吸在一起，吃在一起，”詹金斯回忆道，

“当她正在做什么与他相关的事时，她只会感到高兴。”

然后，鲜花降临了。

7 月 22 日，她给杰克逊写了一张明信片，特别有意地告知他，她的行程有变：金佩尔夫妇邀请她前往他们位于法国南部梅纳尔市的家。她会在造访佩吉 · 古根海姆的途中在那儿稍作停留，因此会拖延她的时间，直到八月初才能到达威尼斯。然而，这张明信片的真实意图，乃是告知她已经收到鲜花及其隐含的信息，因此寄此以明心迹。“我想念你，真希望你与我分享这趟旅行，”她写道，“——玫瑰是最漂亮的深红色……如能得到你的一纸便条，当更为佳胜。爱你的李。”在明信片底下她用圆括号加了一行字：“你还好吗，杰克逊？”

露丝知道出岔子了。尽管不清楚鲜花和李的信，她却意识到幻想已经终止，而她称之为“邪恶的游戏”开始了。据弗里德曼讲，她曾经来到斯普林斯，“以为她会度过美好的时光，并接管一切”。然而，到了第二周，她就经常感到厌倦，有时候是悲惨，偶尔还有害怕。而李对杰克逊的掌控，如果有什么变化的话，是变本加厉了。她发现自己越来越对他感到愤恨，恨他的名气，恨他的脾气，最恨的是他对她紧抓不放。她恨他打起电话来就没完没了，尤其是在给他母亲打电话的时候。“他跟她说话的方式，与跟我说话的方式一样，”她回忆说，“很慢，非常温柔。我突然想，‘他不是还有一个情人吧？’”她恨他在众人面前对待她的方式，她恨他的行为举止，仿佛她根本不在身边似的。她恨他替她道歉的方式，或者在电话里谈到她的时候，当她不在的那种做法。她也恨他无休无止开车乱跑，只是为了避开有人看到他们在一起。在有次拜访尼克 · 卡罗恩家的路上，他干脆把她留在车上。当她抱怨——“你为何要背着我，杰克逊？”——他喝声道，“你有神经病吗？”

但是，她最恨的，是他的朋友们对待她的方式。当然，她知道，他们当中的许多人根本就是拒绝见她。出于对李的忠诚，“老婆协会”，正如保罗 · 布拉奇所说的那样，清楚地表明，她们并不想杰克逊带着她四处转悠。他的某些朋友，出于对杰克逊的困境的同情之心，试图表现得有礼貌些。康拉德 · 马卡 – 雷利和他老婆前去拜会他们，却发现杰克逊早已喝醉，而露丝“怀有敌意”，因此待了不到十分钟就撤。有天晚上，谢里丹和弗朗西尔 · 洛德来到壁炉路吃晚饭，发现他对待露丝的卑鄙手段，让人根本看不下去。即使是对那些心地善良的人来说，杰克逊那形象，那种趾高气扬、颐指气使的样子，与一个年龄只有他一半的女人在一起，也是无法忍受的。“他们来访时，有一种紧张的气氛随之到来，”詹姆斯·布鲁克斯回忆道，“因此，我们尽可能让他们早点离开。”当杰克逊带她去见保罗·布拉奇和米里亚姆·夏皮罗时，露丝指出夏皮罗的色彩“不正确，”夏皮罗 785
回忆说。“我们对这种不知天高地厚的胆量……感到气愤。”流言很快就传开了：“杰克逊的姑娘”“相当庸俗和粗鲁”，“不是东汉普顿人”。露丝从人们的斜眼、忽略的邀请和窃窃私语中得到了这样的判决书。“他的朋友显然认为，我什么也不是，”她写道，“而这正是我在私底下看待我的漂亮、穿着和化妆的方式。”

没有人比克莱门特·格林伯格更残酷。他与新妻珍尼刚刚在斯普林斯租下一栋房子避暑用。当杰克逊和露丝过来吃晚饭时，珍尼贝宁顿中学的同班同学（当时身穿牛仔裤）严厉指责露丝的白色亚麻布裙子和金色凉鞋，而杰克逊对待她的方式，“就像一件家具似的”。格林伯格将关于友谊的抽象谈话，转向了一个没有其他人敢提的话题：李。“克莱门特问杰克逊，他对我有什么计划，”露丝回忆道，“他对老婆又有什么打算。”露丝被格林伯格那种质问式的语气冒犯了——“他对待我们的方式，就好像我们做了什么坏事，好像犯了什么罪似的。”杰克逊打断了话题。后来，当露丝想要知道为什么杰克逊不为她辩护时，他只能说，“事情很复杂。”

事情真的变得很复杂。由于不会开车，露丝越来越被困在杰克逊喜怒无常的情绪发作——特别是其愤怒的陷阱里。她所做的任何一件事似乎都会激怒他。整天都有可能在彼此生闷气当中度过。她会准备特别精致的饭菜、丰盛的烧烤，但他会拒绝食用。更令人担忧的是，他不再谈起结婚的事。当露丝谈起结婚时，杰克逊会突然逃避——“我欠那个女人的”——要不，就重拾老掉牙的幻想：“我们可以一起生活。”他根本不想改变主意。（“他没有那么坚强，”阿方索·奥索里奥说。）她开始越来越多地沉浸在李回来时会发生什么的思绪中，越来越感到害怕“被抛弃，被扔掉”。

事实上，正如露丝那时候已经意识到，后来又告诉过朋友的那样，杰克逊早已对她“厌倦之极”。7 月 27 日，他安排了一个宴会，庆祝弗里德曼的 30 岁生日——显然，也是为了避开单独与露丝度过那个长长的周末。弗里德曼一家、布鲁克斯一家，还有格林伯格一家，那晚都聚集在壁炉路上的杰克逊家里。杰克逊躲在这群狂欢者中，酒量达到了一天喝掉一整箱啤酒的新纪录。弗里德曼发现露丝“迷人而多情”，但是无法掩饰他们的惊讶之情：“杰克逊居然会搞上这样的女人。”宴会的某一刻，他向露丝光火说“操你”，整个宴会随之陷入静默。“别吹牛了，”她轻声反驳。不过，深夜时分，当欢庆转移到工作室里时，杰克逊让弗里德曼从他的文件夹里挑了一张素描，他还送给露丝一张油画——格林伯格在那天晚上早些时候刚刚批评过的一张近作。（杰克逊死后，这张画从他的工作室里消失了。）

他很有可能把它当作一份分手礼，因为第二天晚上，在多萝西·纽曼举办的一个派对
786 上，他用一个残酷的决定羞辱了她，其他客人都认为这就是最终结局。派对结束后，露丝——“气得脸色发白”，喝得比杰克逊更醉——大发脾气。在喝了大量苏格兰威士忌以后，她开始在厨房地板上摔杯子，直到整个碗柜空空如也。她不停地尖叫、咆哮、呜咽，直到杰克逊狠狠地打了她一记耳光，“像一个散架的洋娃娃”一样瘫倒在他脚下时为止。

杰克逊以前也打过她，经常打，但她好像很喜欢。但这一次却不同。多萝西·纽曼举办的派对结束后不久，露丝打电话给榆树客栈的泰丽·利兹，用一种绝望的语气告诉她，杰克逊是如何“把她打得鼻青脸肿的”。“她说，那是真正的暴力，”利兹回忆说，“杰克逊真的狠狠地把她打翻在地。我说，‘我家里有个空房间。别犯傻。和我一起住吧。你一定要跟他在一起干吗？’”

但露丝并没有去。相反，她告诉杰克逊，她与心理医生有一个约会—— 一个谎言——8 月 2 日星期四，她搭上火车去了纽约。与杰克逊在一起的时间没有超过三周。

生平第一次，杰克逊尝到了孤零零一人的滋味。44 年来，从斯黛拉到查尔斯、桑特，再到李、露丝，这根链条事实上从来没有中断过。现在，他“自由”了，而享受自由的奇特感似乎使他受不了。朋友们看见他在那一周里徘徊在海边，游荡在路边，毫无目的地开着车，或是将车停在熟人的家门口，鼓足勇气去敲门。当他们停下来聊天时，反应都一样:“他说他感到很孤独，”米丽·利兹回忆说，“他一直没有干过活。”“那是他的一段不愉快的时光，”尼克·卡罗恩如是说，“我从来没见过他如此悲伤。”夜里，他紧紧抓着电话机，就像抓着自己的生命线，一打就是几个小时，空荡荡的房子里落下他那弯腰驼背的身影。他不停地拨电话，寻找他认为可以聊天的朋友——甚至是罗杰·威尔考克斯之类久不来往的老朋友。他打电话给托尼·史密斯，急切地接受 8 月 11 日，也就是下周周末前往新泽西州的邀请。在露丝离开后不久的一天，一只狗出现在工作室附近，显然是一条饥肠辘辘的流浪狗。杰克逊想把它弄进工作室，它却逃走了。那天晚些时候，他看到同一条狗趟在去蒙陶克的路上，被汽车撞倒，已奄奄一息。他小心翼翼地把它弄到车上，然后向动物诊所冲去。在那里，他打电话给尼克·卡罗恩。“他说，他已经找到了

那条最漂亮的狗，然后问我们是否愿意收养它，要是它还能活过来的话。我说愿意。”两天后，他来到卡罗恩家，看上去“就像一具行尸走肉，心情坏透了”。“那条狗死了，”他对罗卡恩说，“我得回家了。”“对这条他根本不认识——真的不认识——的狗，他感到难以言喻的伤心，他感到悲伤的是他甚至没有人聊聊天，他真的很想找人聊聊。”

他最想找的人是李。显然，他已经明白自己错待了她。当卡罗恩在露丝离开不久后来拜访他时，他发现杰克逊“已经对露丝不抱幻想”。他意识到，这件事“很肮脏”，据卡罗恩说，“他犯了一个可怕的错误，他需要李回来。”他安排计划，想要在月底去欧洲见她，这样他们就可以一起回家了。但是，当他试着打电话到巴黎时，他被告知，她早 787
已去了法国南部。

杰克逊不知情的是，李的旅行计划又改变了。在中央高原与金佩尔夫妇度过一周之后（在那里她看了一个塞尚画展，梵高最后的风景画，以及阿尔的古罗马遗址），她曾经打电话给威尼斯的佩吉，却遭到了冷落。也许是出于尽量削弱，甚至擦除“我为波洛克做过的事”的记录所带来的苦楚，以及，显而易见的是，对波洛克的《一》售出了8000美元的报道所感到的愤怒（她早已将波洛克11幅滴画中的8幅送给了别人），佩吉不仅拒绝邀请李，而且拒绝在威尼斯为她找一个房间。目瞪口呆的李只得在八月初重返巴黎，并且一直住在保罗·詹金斯的公寓里，直到能够找到一间旅馆房间时为止。

由于找不到李，杰克逊开始给她的朋友们打电话：贝茨·祖格鲍姆、弗朗西尔·洛德和帕西·苏斯凯特。他小心翼翼地避免在太晚或大醉的时候打电话。某天下午，他游荡到克莱门特·格林伯格夏季别墅的花园里，看上去“失魂落魄”。他找到了南希·史密斯。“他用低沉的声音唠叨了半晌，就浑身抽搐起来，”史密斯回忆道，“他看上去是如此凄惨。我终于说，‘到底出了什么事？’”杰克逊垂下脑袋，用他那邪恶的眼神看了她一眼。“李总是替我剪指甲，”他说，“而现在，她不在家了。”“他如此凄惨的理由，”史密斯说，“是他的指甲已经长得让他发疯，而他却不能自己剪指甲。他需要李帮忙。因此，我说，‘要是这就是让你感到麻烦的东西，我来剪。’我就帮他剪了。他哭了起来。”以某种类似道歉的方式，杰克逊试图戒酒，或者，至少不再喝得那么多。从每天一箱啤酒，到某些天降到一至两罐，即便这样，有时候还只是喝一半丢一半。他想必对自己说过，当李回家时，她一定会很高兴地看到，他的情况已经改善了不少。在那个星期里，尽管他不停地打电话，却从来没有打给露丝·克林格曼。

他巡视自己在壁炉路上的家，也许是在思考他的围墙，他曾计划建一堵围墙来抵挡公众的窥视。他曾想建一座土制的围墙，就像一道大坝一样，但托尼·史密斯嘲笑了他，“我的天，那得占用一半草坪。”他曾建造过一道立柱栏杆式的篱笆，是杰夫里·波特及其手下帮他搭建的。回到门前后，他坐在波特用他的大型挖掘机的铲子帮他堆起来的一堆鹅卵石上。詹姆斯·布鲁克斯发现他坐在草地上，久久地望着空荡荡的工作室，“对未完的工作”感到苦恼。他曾对露丝说，“你知道，我是个画家，必须很快就投入工作。”但是，他从来没有做到。毫无价值和失败的感觉，让他毁灭。“我没用，”他会这样哭出声来。“我一点都没用。我是个废物。”在某些这样的时刻，当他一面瞪着工作室，一面画着地面，被搬动泥土和堆积石头的念头缠住，诅咒着自己数月，如今是数年无所事事时，他一定听到了父亲的声音：“你将来一定会成为我的麻烦，”鲁瓦 30 年前曾这样写信给他说。鲁瓦·波洛克总是明白，他的第五个儿子是个懒鬼、饭桶：“工作就是做点事情，
788 只有做事情你才能通过实际经验获得知识、得到训练。”如今，经过长长的迂回，事情看起来已经得到证实：鲁瓦是对的。杰克逊当然从来不像现在那样感到懒惰和无用：“我有时候感到，我的人生是一场失败。”仅仅在几天前，杰克逊还爬到了那一大堆鹅卵石的顶上，面向落日，向底下的石块小便，就像他父亲当年在亚利桑那群山的某个炎热的夏日里所做的一样；当时，桑特的双脚就在清澈的溪水里晃荡着。往日立刻浮现在他眼前。“在这样的人生里，已逝的东西不能消除……”即使是现在，他似乎还觉得他能够，他杰克逊可以冲进那房子，呼喊伊布拉姆·拉绍，一位金属雕刻家。“他想学习如何焊接，”拉绍回忆道，“用金属来制作作品。他并没有谈及雕塑什么的，他只是想让我教他技术。”

对往事，对严厉而很少赞许的鲁瓦的回忆，一定混合着对当下，对同样严厉而很少赞许的克莱福特·史蒂尔的思索。为什么杰克逊会被去年十二月收到的、搁在厨房抽屉里的信所吸引？他重读了这封信，读了上百遍，突然不可遏止地抽泣起来：“你对此感到害臊么？还是，你对那些懂得利用你向作为一个男人的艺术家表达轻蔑的人感到羞耻？这样做的代价太大了，难道不是吗？”他打电话给尼克·卡罗恩，央求他过来。很显然，独自面对这封信，是他无法忍受的事。卡罗恩到达那里后，发现杰克逊“已经被压垮”。“这封信使他处于绝望境地，”卡罗恩回忆道，“这触及他的内心……我从未见过这样的哭泣。”

8 月 9 日，星期四晚上，露丝打电话来。她打算周末带一个朋友来看他。杰克逊会在星期六早晨的火车站接她们吗？杰克逊在电话里的声音“低沉”而“迷茫”，他被动地接受了这一消息；他已经孤单得够久了。他打电话给托尼·史密斯，取消了他们周五在卢丘夫家的约会，但史密斯外出了，送朋友去了火车站。简·史密斯意识到杰克逊的绝望，

她在电话里跟他谈了好久。“我们说了大量的话，”她回忆说。在谈话的进行中，她用她那热情的歌剧女高音的嗓子唱道：“我的爱，我的心，我的快乐，我的痛苦……”史密斯回家时，已是后半夜，但是杰克逊还是不想挂电话。“我们在电话里说了很久了……现在已经很晚了，”史密斯后来说，形容杰克逊“极其疲惫和沮丧”。史密斯相信只有工作才能扭转他朋友的失望情绪，他鼓励他“画画肖像”。“画大量自画像，”他建议说，就像梵高那样，“但最重要的是做点什么！”

第二天，杰克逊驱车前往史托尼山庄，归回杰夫里·波特借给他的一些工具。半路上遇到的波特对他说，不用麻烦了，而杰克逊庆幸地喃喃自语说，“好的。这给了我一个借口可以再来一趟。”即便这样，他还是尽可能地拖延离开的时间，观看佩妮·波特烧菜，与她那 6 岁大的儿子乔伯玩耍。尽管“一望而知非常凄惨”，杰克逊却奇怪地清醒得很。然而，当他回到壁炉路后，某些东西——或许是关于露丝将回来的思绪，要不仅仅是空荡 789
荡的家——驱使他到埃尔温·哈利斯的店里买了四箱啤酒。到谢里丹和弗朗西尔·洛德来吃晚饭的时候，他老早“喝得胡言乱语，喋喋不休了”。他们离开后，他想睡觉，但世界转得太快，他无法入睡。于是他跌跌撞撞地穿过明净的夏夜，向康拉德·马卡－雷利家的亮光走去。除了露丝在家期间他们那些未能实施的互访外，这两个老朋友已经有几个星期没有见面了。马卡－雷利对杰克逊的境况十分吃惊。“现在杰克逊确实需要帮助了，”马卡－雷利想，“那个该死的医生却外出度假了。”杰克逊用他那双肿胀的手，小心翼翼地抚摸着马卡-雷利的一张画的表面，感受它的肌理，仿佛那是刚刚到达地球的奇异的新事物。“天哪，这感觉真好，”他用一种混合着羡慕和嫉妒的语气说。然后，他就转身离开了。当杰克逊一面消失在黑暗里，一面瞪大双眼仰望着夜空时，马卡－雷利听到他说的最后一句话是：“生活是美的，树是美的，天空是美的。但为什么我能想到的只有死亡？”

露丝的火车第二天上午 9 点左右到。当露丝和她朋友埃迪丝·梅茨格下车的时候，杰克逊早已断断续续地睡到天亮（如果说还能睡着的话），早已与杰夫里·波特一起对付某个建筑工具一阵子了（为李的新工作室平地基？），露丝立刻意识到杰克逊情绪不佳。他站在两位身着笔挺的夏季连衣裙的女士身旁，一副邋里邋遢、胡子拉碴的模样。蓄意破坏的战役马上就打响了。当露丝试着介绍埃迪丝时，杰克逊只是咕噜了一声，就走开了。“我恨他故意制造的坏印象，”她写道。她想要直接回家，但杰克逊在卡瓦纳罗的酒吧故作停留，想要见识见识“令人眼界大开”的东西。他告诉她，她的小猫布兰奇“不见了”，还好像从这个消息中得到了变态的快乐。露丝失望之极。“也许布兰奇会找到家的，”她满怀希望地说。“别指望这个，”他反唇相讥。

在酒吧间，杰克逊打量了一下埃迪丝。这是一个漂亮的、娇滴滴的25岁的姑娘，一双大大的蓝眼睛，厚厚的双唇，短短的黑发，剪成鸟翅的模样。作为一个在战前逃离纳粹政府的德国犹太人，梅茨格与露丝一样，经历了一个可怕的童年。这成了她们之间的纽带。当她还是个小姑娘的时候，父亲就去世了，因此，她也会被那些年长的已婚男人所吸引。她的最近一个情人是一家美容院的经理，她在那里做指甲修饰师和接待员。跟露丝与杰克逊的关系类似，那段关系最近泡汤了，使得埃迪丝陷入了一阵沮丧和自责的慌乱之中。到现在，她还没有从中康复过来。（露丝在火车上对她的忠告如下：“把自己交给你的幻想，让你最疯狂的梦想变成现实。”）假如杰克逊能问一下，那他很有可能会听到埃迪丝讲她“遇到赫尔曼·格林”的事。在柏林的一场纳粹集会过后，格林把她从人群中挑出，抱起她，还亲了一下。作为回报，埃迪丝咬了他一口——他是如此坚硬，直到如今她还记得那滋味。但杰克逊对埃迪丝·梅茨格并无兴趣。

与露丝·克林格曼，最后一张照片

当他们最终来到家里时，发现那里一片狼藉。昨天晚上与洛德一家吃过晚饭的杯盘碟子仍
790 在洗涤槽里。尽管杰克逊不抱希望，露丝还是花了狂热的几个小时寻找失踪的布兰奇，而杰克逊则拷问小狗盖普和阿哈伯小猫的行踪。当她最终放弃努力，为他准备了午餐时，杰克逊把它推开，相反，他从柜子里取出了一瓶杜松子酒。他似乎正在加码；她以前从未见过他喝杜松子酒。下午，露丝想去海边，

因此她和埃迪丝换上了泳装。高度酒带来的冲动，以及露丝刻意的温情，使杰克逊颇为
放松，他很开心地在后院为拍照摆姿势。露丝的光腿富有暗示地搁在他的膝盖上，他冲
着埃迪丝和镜头微笑。他的脸已经如此浮肿，以至双眼只成了两条缝。然后，他们开车
离开了——但不是去海边。杰克逊带她们去了蒙陶克，在那里临时拜访了詹姆斯和夏洛
蒂·布鲁克斯夫妇。“他真是乱得一团糟，”夏洛蒂·布鲁克斯回忆说“他又伤心又醉酒，
看上去对生活，对她，根本没有兴趣。我们巴不得他们尽快离开。我们不知道该如何应
付他。”在回家的途中，露丝和埃迪丝期待能在海边停下，但是杰克逊一路驶过海滩，甚 791
至都没有开得慢一点。他们一回到壁炉路上，他就把露丝和埃迪丝丢下，爬到楼上睡觉
去了。她们再也不可能与杰克逊一道去海边了。

晚上，杰克逊又烤了牛排，但大多数时候他都在喝酒——更多杜松子酒。露丝做了咖啡，但被他拒绝了。他们为如何度过夜晚争吵不休。杰克逊本来已接到邀请去克里克斯参加一场慈善音乐会。出席一个派对，特别是一个社区庆典的主意，让露丝感到惊恐。杰克逊则抱怨开销太大——每人 3 美元——他打电话问克莱门特·格林伯格去不去。“以前他从来不谈钱，”格林伯格说，“这不是他的性格。接着他说他的穿戴不够体面。我想他只是在找一个借口罢了。”争论来来回回争了一个多小时：露丝想“也许它会有些好玩的吧”；他则“不想面对上百的人群”。当她默认后，他却改变了主意。他们盛装打扮——露丝穿上了那件有“可爱的圆形领口”，最好的白色亚麻布连衣裙；埃迪丝身着蓝色印花连衣裙；杰克逊则穿上了黑色的天鹅绒衬衫——高速向东汉普顿驶去，但还在为到底到哪里去而吵个不休。

到现在，杜松子酒和不眠之夜的后果开始显现出来。在竭力保持清醒的挣扎中，杰克逊的脑袋不断地上下点头，车子也一会儿加速一会儿慢下来。奥尔兹莫比尔的天窗朝向潮湿而又闷热的夏夜敞开，一路向前颠簸。当它摇摇晃晃地驶过小镇，向右转向蒙陶克高速公路时，埃迪丝和露丝不时地交换不安的眼神。埃迪丝向露丝低语道：“露丝，他喝醉了。我们还是回家吧。”终于，就在通往克里克斯的入口处对面，在与机场路的交汇处，杰克逊驱离高速路，陡然向下开。很快，一个警察出现了。“晚上好，波洛克先生。有什么问题吗？”他问道。杰克逊突然清醒过来，回答道：“没有什么；我们只是在聊天。”警察离开了，但不一会儿，罗杰·威尔考克斯挡住了他去音乐会的路。音乐会预定 9 点开始。威尔考克斯被杰克逊“苍白的”脸色吓了一跳，他走出车子，而露西亚和他们的客人弗里德里克·基斯勒则在车上等着。“嗨，杰克逊，”他叫道。“你在做什么？你是去听

音乐会吗？”“我感觉不太好，”杰克逊轻声回答道，“我感到有些难受，我感觉很糟糕。我不知道是不是去派对。”一听到这个，露丝和埃迪丝两人的身体动了一下，威尔考克斯注意到。“她们想去那个派对，”他回忆说，“她们都穿戴好了，她们并不想回去，度过一个乏味的夜晚。”到此时，露丝一定感到了一种深深的失败感。她可不想带埃迪丝路远迢迢来到东汉普顿，却只为在电视机前度过一个无聊的夜晚。

显然，这个时候露丝开始占据优势。他们要去音乐会。但是，首先杰克逊得马上清醒起来；即使根据杰克逊本人的标准，他的状态也极为糟糕。她们希望吃点东西也许会让他清醒，因此来到了附近的一家酒吧，几乎无法走路的杰克逊在那里找到了一架电话机，给克里克斯打电话。

阿方索·奥索里奥早就在音乐厅，他正在介绍音乐会钢琴家里奥纳德·海姆勃罗，电
792 话铃响了。女仆捎来了消息：波洛克先生可能要迟到一会。

但现在，一个新问题出现了：埃迪丝·梅茨格不愿意回到车上。杰克逊长达一天的恐怖战役终于成功了，至少对埃迪丝来说是如此。“我要请人帮忙，叫警察；我得做点什么，”她对露丝说。她的声音尖锐而不悦耳——跟李的一样。争吵的场面很有可能失控，直到杰克逊好不容易打起精神，但却昏睡过去。

但在睡眠中，杰克逊一定还是继续听着李的声音——激烈、嘲弄而又斩钉截铁——因为他在一阵莫名的愤怒中醒来。他命令两个女人上车，并且宣布他们要回家。埃迪丝再次拒绝。“她一直在哭，因为她是如此紧张，害怕得要死，”露丝回忆说。她的恐惧只会激怒杰克逊。“让她上车，”他命令露丝，“要不然，我们哪里都去不了。”顺从的露丝试图强迫埃迪丝上车。“但是，露丝，”埃迪丝抗议道，“他喝醉了。我不想坐在他车里。”“不，他没醉；他很好，”露丝撒谎说，“我向你保证，我们会回到家。来吧！上来！”当埃迪丝最后气呼呼地爬进后座——尽可能离杰克逊远点——他就一下子将油门踩到底，V-8 型奥尔斯莫比尔就像火箭一般冲进街道。

埃迪丝几乎立刻就尖叫起来。

几分钟后，他们就滑进了壁炉路，车头朝北，在一片漆黑中朝家里开去。埃迪丝尖叫道，“停车，让我出去！”但这尖叫声似乎只能让杰克逊变得更为强横，让车子开得更快。露丝试图安慰她——“埃迪丝，别大惊小怪的。他很好”——但是，她自己也感到一阵恐惧掠过，当汽车在北缅因大道和加德纳大道之间笔直、荒无人烟的道路长长的岔路上加速的时候。露丝曾经坐过杰克逊失去理智时开的车，当他抛弃了整个世界，似乎

只在某一刻钟情于向不确定的目标飞速前行、转弯的狂暴运动的时候。她大声叫道，“不要，杰克逊，快停止！杰克逊，别这样，”但她知道他已经失控。他用他巨大的手掌紧紧地抓住方向盘，身体靠前，耸起肩膀面对呼啸而来的大风，汽车的轰鸣声是如此巨大，以至于埃迪丝的尖叫似乎奇异地消失了。在飞驰向前的狂乱中，露丝瞪着杰克逊，简直不敢相信自己的眼睛：他的嘴咧着，好像在大笑，但也可能是因为惊恐，他的双眼直瞪着前面的路，“仿佛他正期待着随时都可以飞起来”。埃迪丝一声又一声尖叫，“让我下去。让我下去。”她试图站起来，仿佛要从车中跳下去，她挥舞着双臂，大声叫喊——“让我下去”——但是狂风将她刮倒在座位上。突然，道路开始弯曲，稍微弯向左侧，在车身下呼啸而过的幽暗的灰色绶带状混凝土，变成了漆黑的柏油马路。当地人都知道，要是没有注意这个平常的弯道和路面的变化，任何车开过这个弯口都会发出“嘭”的一声。杰克逊本人在开到这个弯口时，曾经数百次地放慢速度。但这一次他没有。笨重的奥尔兹莫比尔重重地撞击地面，直接撞到了道路中间的高路拱上。一旦来到这一路拱的另一侧，杰克逊所做的一切努力就不足以阻止车辆向右急转弯。前后两个右轮胎狠狠击 793
中软路肩，沙砂和泥土顿时飞扬。埃迪丝大声尖叫着。杰克逊猛地向左打方向盘，但用力过猛。车子横侧过来，又撞上路拱，横斜里冲进左路肩的灌木丛中。在接下来的 172 英尺距离中，这辆大车在路边不断上下奔窜，以 60 或 70 码的速度擦过大树。埃迪斯把头埋进了座位里。露丝突然想到，“这一次是真的，它真的发生了。我死定了。”杰克逊紧握着方向盘，呆若木鸡，整个世界都在黑暗中向后退去，无法抓住。终于，车子失去了与道路的微弱联系，撞进了矮树丛中。在距离道路大约 17 英尺的地方，左侧挡泥板撞上了两棵坚硬的小榆树，车身疯狂地以逆时针方向打转。速度仍然极快，但这一次是倒转，它又向后颠簸了大约 12 英尺，直到像一枚被扔出去的硬币，前后不停地蹦跳为止。杰克逊和露丝从前座中弹出，跌进树林中。露丝安全地到达地面。埃迪丝紧紧抓住了车子，而它已经翻了过来，整个车身都压在她身上。

瞬间一片寂静——只有空气在急速流动。逃离的速率：他终于实现了。再见了车子，再见了露丝，再见了埃迪丝，再见了李，再见了斯黛拉。他终于自由了：不是跌落，而是飞翔；是从不断颤抖着的车子里以 50 英尺的距离，10 英尺的高度，直线弹射到地上。时间不足一秒，但是，据验尸报告，他在空中时还一直有意识，直到击中树木时为止。

当保罗 · 詹金斯公寓里的电话铃响起的时候，已是巴黎第二天早晨 9 点钟。詹金斯接了电话。在经过了一夜悲悼和解释之后，电话里克莱门特·格林伯格的嗓音显得又遥远又沙哑。李在房间另一头，正坐在通往阳台的门边。当詹金斯听到这个消息时，他的脸转向她，然后开始讲话。但李早已知道了一切。另一条更远的线路已经穿过大西洋把消息传到了她的耳朵里。“杰克逊死了，”她告诉他。詹金斯对接下来听到的东西永远也不会忘记。李开始尖叫——高声、尖厉、原始的尖叫，就像一头受伤的野兽的哀号，仿佛人类之类高级或有限的存在已经无法容纳下她那巨大的悲痛。她“撞击墙壁，”詹金斯回忆说，“她想要伤害自己。”有那么一瞬间，他担心她会从阳台上跳下去，去追随杰克逊的归路。“不，杰克逊，”她号啕大哭，“杰克逊，杰克逊，杰克逊，”仿佛命令他起死回生。他怎敢一个人走，不带上她？他怎敢离开她？或者她怎敢离开他？詹金斯一把抓住了她，把她拖到沙发上，与此同时，呼喊声，撕心裂肺的呼喊声在继续——“杰克逊，杰克逊，杰克逊”——直到这一切最终被淹没在泪水的瀑布中。

尾声： 794

冰河时代的怪物

1956年8月15日，星期三，斯普林斯小教堂为杰克逊·波洛克举行了葬礼仪式。由于他毁伤得厉害，棺材不得不盖上，尽管汉斯·纳穆斯试着拍到了一张照片，当它还停在葬礼大厅里的时候。从巴黎搭乘最近一个航班回美国的李，孤独地坐在第一排。她拒绝与波洛克一家坐在一起。那一周早些日子，当斯黛拉想要拥抱她时，李把她推开了，说，“他需要你时，你在哪里？”

因此，波洛克一家坐在第二排，让李孤零零地坐在脚灯的光亮下。其他吊唁者对她如此克制，不露声色大为吃惊。有人形容她的表情是“谜一般的”。“这让我觉得，连我都比她更难受，”吉娜·克尼回忆说。“我认为，她一定克制着自己不流露出来：一种解脱的心情。”李曾请求克莱门特·格林伯格致悼词，但是当格林伯格坚持说了些有关埃迪丝·梅茨格的话——“那个被杰克逊杀死的姑娘”时——李转而请求阿马甘西特长老会牧师教堂的牧师里弗兰德·乔治·尼科尔森。后者朗读了罗马书第八章的一个片断，许多吊唁者尴尬地觉得与杰克逊毫无关系。在葬礼中途，有人在这个拥挤、闷热的小教堂里发出了一声长长的、哀伤的哭声。那些坐在后排和窗边的人以为那是李。但那却是鲁本·卡迪什。

葬礼仪式结束后，一小群吊唁者聚集在绿河公墓。李已经在公墓尽头一些树下的高地上买了三块毗邻的小地。在坟墓一侧，李再次选择了独自一人站立。查尔斯、弗兰克、桑特、里杰纳尔德·伊萨克、本·海勒和詹姆斯·布鲁克斯（穿着杰克逊的黑衬衫）做护柩者。到短短的仪式快结束时，许多人都流泪了。站在杰克逊呜咽着的小狗旁的桑特和
鲁本·卡迪什，根本无法克制自己的悲恸之情，泪如雨下。威廉·德·库宁和少数其他人 795
逗留到掘墓者挖出大量沙泥，开始往墓穴里填土时为止。

几天后，杰夫里·波特从杰克逊后院的石堆里挖了最大的一块石头，立于墓上作为

波洛克的墓碑

标记。但是李认为那块石头还不够大。在搜寻了数天之后，约翰·利特尔最终发现了一块足够大的——一块几乎完全埋在东汉普顿镇的垃圾场地底下、重达40吨的巨石。这是镶嵌在这一地区的“冰河时代的怪物”之一，一块被某些古老的冰川从遥远的地方带到这里，毫不协调地埋在长岛土豆田里的巨型花岗岩：一块大自然无始无终、难于言说的伟力的纪念碑。杰夫里·波特尽心尽力地把它挖出来，用了一台巨大的绞车，大量人力，才把它弄到杰克逊的坟上，小心翼翼地不让它压碎底下的棺材。

葬礼后不久，斯黛拉·波洛克离开了迪普里弗，回到了爱荷华州的丁格里，去照顾她兄弟里斯——她60年前放弃的任务。“我只是想要做些别的事，改变一下环境，”她写信给某个亲戚说，“杰克逊的死是莫大的震惊……他已经走了，而我们却无法再让他回来工作，他已经安息，但我们不能忘掉他。”两年不到的1958年4月20日，斯黛拉·波洛克在爱荷华州克兰斯顿的一家医院里去世。死因是“她腿上长期反复发作的疾病”，但是，当其他四兄弟在丁格里参加她的葬礼时，他们才知道斯黛拉死于绝食自杀。“她作出了决定，作出了她再也不想活下去的清醒决定，”查尔斯说。“在杰克去世后，她也泯灭了生的欲望。”

五年后，1963年12月，桑特在波士顿的一家医院因白血病而亡。长年累月在一家秘密的政府军工化学厂工作，以及终生的负债和失败，终于使他付出了死的代价。但是
796 “面对死亡，他是一名真正的战士，”据最后几天陪在他床头的查尔斯说。在他们关掉救

生机的最后一个夜晚，弥留中的桑特感谢了查尔斯送给他《刻盘》（*Dial*）的复制品。“他说，它们对他和杰克都意味着很多东西，”查尔斯回忆说。

阿勒瓦守在他床边，当最后的时刻来临时，她终于如释重负地喘了一口气，然后悄无声息地离开了病房。在她自己房间，她解开她那夸张的头发，让它一直垂到腰间。她脱掉所有衣服，把自己关进淋浴室，失声痛哭。

李·克拉斯纳还活了20年之久。在此之间，她创作出了一生中最巨大、最大胆、最辉煌的彩色作品。许多发源于杰克逊的《复活节与图腾》，而且许多都作于杰克逊的画室。到她生命的最后一刻，她还一直与家庭、朋友和整个艺术界发生冲突，徒劳地寻找着另一个对手。1984年6月20日，在她75岁之际，结肠炎的反复发作，以及彻底隔绝于世界的孤独，终于夺取了她的生命。她没有精力再来一次碰撞了。死亡证书上写着“自然死亡”。

译后记

> 杰克逊·波洛克不只是一位了不起的艺术家，他还是大自然的一种创造力。他不仅改变了西方艺术的进程，而且改变了艺术的定义本身。他是个典型的受虐天才，一个美国的文森特·梵高，与他的同时代人海明威（Ernest Hemingway）和迪恩（James Dean）一样，冲破了种种清规戒律，却遭受着同样魔鬼的折磨。一个“牛仔艺术家”，始于籍籍无名，终于在现代艺术的巨子中占据一席之地。

这是史蒂文·奈菲和格雷戈里·怀特·史密斯的官网上对普利策奖名著《波洛克传》的介绍的开篇，我用它作为中文版译后记的开端。这段文字十分简洁、集中地给出了传主杰克逊·波洛克的基本生涯、性格特征、艺术风格和历史地位。

在中文世界里，读者也许对这两位作者已经不再感到陌生了。他们的皇皇巨著《梵高传》中译本（沈语冰、宋倩、何卫华、匡骁译，译林出版社，2015年版）畅销数年，发行数万册。有趣的是，在本文开头所引的段落中，作者将杰克逊·波洛克比作美国的文森特·梵高。我猜测，正是这一比方或联想，引导了两位作者在《波洛克传》完成之后长达十年的时间里，开始了为《梵高传》所作的研究和写作工程。

中文读者或多或少对本书传主杰克逊·波洛克有所耳闻，或者在纽约的大都会博物馆和现代艺术博物馆看过他巨大的画作。无论是令人困惑，还是让人痴迷，波洛克的作品始终都不会缺乏吸引眼球，引发话题的力量。那么，波洛克艺术的基本特征是什么？其作品的美学风格有何意义？他的艺术史地位又如何呢？对这些问题的回答，关键还在于他的艺术创新。以下是维基百科对杰克逊·波洛克的介绍中涉及技术创新的段落：

1936 年波洛克在墨西哥墙画家西克罗斯（Siqueiros）于纽约举办的一个实验工作坊中第一次见识了液态颜料的运用。后来他使用颜料倾倒法作为 40 年代早期某些作品的创作手法。搬到纽约长岛斯普林斯小镇以后，他开始在铺于画室地板的画布上作画，发展出了后来被称为“滴画”的技巧。他开始运用一种被称为醇酸磁瓷漆（alkyd enamels）的合成树脂颜料，这在当时还是全新的媒材。波洛克将运用这种家用油漆而不是艺术家通常运用的颜料的做法称作“一种出于需求的自然成长”。他使用坚硬的画刷、树枝，甚至油脂注射器作为颜料涂抹的工具。波洛克的倾倒和滴洒技术被认为是“行动绘画”的来源之一。有了这种技术，波洛克可以获得一种更为直接的创作手法，颜料真的从他所选择的工具上流向画布。他放弃了在直立的画布上作画的惯例，通过从各个角度观看并在画布上施加颜料，为西方绘画传统增添了新的维度。

按照现代主义美学的基本标准来看——在这些标准里，创新成为最重要的之一——波洛克的创新和艺术史地位似乎是无可争议的。但是，他是如何发展出这些技术，引导这些技术的思想观念又是什么，特别是这种技术创新和观念背后还存在着什么样的人生经历，他所遭际的社会环境又是怎样的，以及最重要的也许是，作为一个艺术家，他的生平与作品之间究竟存在着什么样的关联，诸如此类问题，可能一直是读者或观众深感兴趣的。眼下这本《波洛克传》提供了迄今为止最为翔实的答案。

《波洛克传》建立在对 850 位见证人的 2000 多次采访材料之上，据称是美国第一本以标志着文学和政治人物最佳传记的那种心理深度，来探索一位伟大艺术家的生活的传记。在长达八年的时间里，奈菲和史密斯研究了之前从未发表过的书信，获得了无数生理和心理治疗的记录，会见了波洛克的大量友人和熟人——他们有关波洛克的故事还从来没有讲述过。与波洛克的遗孀李·克拉斯纳长达 20 年的合作，也使得这部传记大大获益。

在《梵高传》里，我们已经见识过两位作者那种绵密厚重、细致入微的写作风格，而这种风格又是建立在长期深入、系统详尽的研究之上，因此更为世人所重。在眼下这部传记里，奈菲和史密斯以一种与当代文学的杰作一样富有质感、引人入胜而又切中要害的风格，为我们描绘了一个家庭的大熔炉，而杰克逊作为 20 世纪美国最了不起的画家之一（同样也是整个美国历史上最杰出的艺术家之一）正是从这样一个大熔炉中诞生的。

从怀俄明州的大牧场波洛克出生开始，读者就不断地跟随这个家庭一路艰苦跋涉在美国的大西部，而他们关于别处的生活总是更美好的梦想，却总是不断地遭到重创。读者先是看到年轻的杰克逊·波洛克成为纽约一个穷困潦倒的艺术生，用狂饮滥醉来逃避生活中的种种不幸，或者在某次自杀的企图中跳进了哈德逊河。后来，读者则可以看到波洛克有时柔情似水，有时残暴无度；时而处于艺术上的破产境地，时而又英雄般地富有创造力。读者还可以交替看到他的同代人对他的痴迷或威胁：几乎整个纽约画派的重要人物，都在他的视野或与他的关联中陆续登场，循环出现。

其中最值得一提的有批评家克莱门特·格林伯格，他长时间的、不遗余力的支持，是使美国抽象画家（后来被贴上了“抽象表现主义”的标签），特别是杰克逊·波洛克成名，并获得了仿佛是历史和学理合法性的重要基础。相应地，格林伯格本人也在与波洛克为代表的纽约抽象画家的遭遇中，逐步发展并完成了艺术史上重要的批评方法和批评理论。

其次是同样重要的批评家哈罗德·罗森伯格，他著名的术语“美国行动绘画”（American Action Painting）尽管存在着与威廉·德·库宁结盟以反对杰克逊–格林伯格集团的明确指涉，却产生了诸多阴差阳错的效果，因为“行动绘画”这一术语似乎最切合对波洛克创作技术和风格的描述。历史的吊诡常常出人意料，但也在情理之中。

当然，不能不提到与波洛克既有竞争，又有合作的大量画家，特别是杰克逊的老师托马斯·本顿，以及同属纽约画派重要成员的弗兰茨·克兰因、威廉·德·库宁、罗伯特·马瑟韦尔、巴奈特·纽曼、克莱福德·史蒂尔等。在这方面，《波洛克传》几乎成为一幅纽约画派的群像，而不仅仅是传主个人的肖像。

最后，但绝对最重要的却是，《波洛克传》浓墨重彩地刻画了杰克逊与画家李·克拉斯纳矛盾重重的婚姻，这段婚姻最初带来了凯旋，接着却导向坠落，最终导致死亡。根据本传记改编的好莱坞电影《波洛克》，便是以这段婚姻为重心，将波洛克生平中的主要事件连缀起来。该片为导演和男主角埃得·哈利斯（Ed Harris）获得了奥斯卡最佳男演员提名，为女演员玛西亚·哈顿（Marcia Harden）获得了最佳女配角奖。

从前面的简单介绍中，读者已经不难看出，《波洛克传》远不止是一个受折磨的男人及其崇高的艺术的史诗般的故事，它还是一部美国文化走向成年的辉煌的史诗。与美国抽象表现主义差不多同时登上历史舞台的，是海明威、福克纳、田纳西·威廉斯的文学，格什温的音乐，好莱坞的电影，百老汇的戏剧，以及遍布美国全境、雨后春笋般冒出来的大学、图书馆、博物馆和美术馆。从偏僻的爱荷华州到亚利桑那的风沙侵蚀区，从野性西部的黄昏到纽约大萧条时期的废墟，从墨西哥墙画运动的激动和实验，到欧洲超现实主义者闹哄哄地访美，从联邦工作规划局（WPA）中的艺术计划到标志着现代艺术市场开端的利益和金钱爆炸，波洛克的故事就这样在美国历史的戏剧性风景面前徐徐展开。

当充满英雄主义色彩的个人史诗与一个国家的崛起，由于历史的因缘而捆绑在一起的时候，好莱坞大片式的叙事便开始了。如果说18世纪末美国的建国者们决心将欧洲启蒙理想付诸实施，从而奠定了这个国家的宪政基础；19世纪的美国大亨们已经完成了西部开发和资本的原始积累，那么，20世纪上半叶的美国国力已经为文化的繁荣和振兴提供了历史舞台。从这个意义上讲，纽约取代巴黎成为二战后的世界艺术中心，与15和16世纪这个中心在佛罗伦萨和罗马，17世纪这个中心在阿姆斯特丹，18和19世纪这个中心在巴黎，拥有一样的逻辑。历史并没有给阴谋论太多的借口。

我之所以要提到这一点，是因为在我们这里，这种阴谋论的论调始终萦绕在怀，不绝于耳，尽管波洛克的《自由形式》（*Free Form*）里缠绕的线条早已摆脱了任何定型功能，它的满幅性，去中心化，局部与整体的相互还原特征早已构成后来被贴上"抽象表现主义"标签的作品的典型风格，而这幅作品创作于1946年的事实，也早已将美国抽象表现主义"是美国政府，特别是美国中央情报局（CIA）一手策划出来的阴谋"的谎言戳穿（请注意CIA成立于1947年）；尽管通常被认为是艺术阴谋论渊薮的美国左派学者居尔博特的《纽约如何窃取现代艺术的理念》一书，开宗明义就警告读者："我的意图并不是想要将这些前卫运动的艺术家们说成是有明确的政治动机，也不是想要暗示他们的行动是某种阴谋的产物。"（Serge Guilbaut, *How New York Stole the Idea of Modern Art: Abstract Expressionism, Freedom and the Cold War,* Chicago and London: University of Chicago Press,1983, p.3）；尽管半个多世纪以来，关于美国抽象表现主义的学术文献已经汗牛充栋，而真正指控这些艺术家是冷战分子的学者几乎绝无仅有，相反，任何严肃的研究都越来越清楚地将纽约画派的形成和发展，与它被美国政府用来推广美国文化的做法，予以区别对待；尽管晚近研究纽约画派最好的著作之一《重构抽象表现主义》（迈莱尔·莱杰译，毛秋月译，江苏凤凰美术出版社，2015年版）也早已在一种柔性的意识形态概念下——指在潜意识当中影响人们思想和行动的大众意识形态，例如好莱坞电影——将波洛克及其他纽约画派艺术家置于更为复杂而又辩证的艺术社会史的探索之下。

历史阴谋论是一种成人童话，具有极其深刻的个人和原型层面的变态心理学的基础，因此与阴谋论者辩论无疑是缘木求鱼，南辕北辙。但是，我相信捧读眼下这部传记的读者当不难推算，一个像波洛克那样桀骜不驯的人，会成为官方指使下的提线木偶的概率究竟会有多大。

还有一个有关波洛克的常见误解，大略可以概括如下：谁都会像波洛克那样倾倒和滴洒颜料，这有什么了不起的？！这里，我不想以沃尔夫林“并不是在任何时刻任何风格都有可能”的历史条件论，来说服那些怀疑论者；也不想搬出格林伯格论证波洛克及其同伴的抽象艺术的历史合法性的那种干脆而又略显武断的理论来为他的作品辩护，而是举一个新鲜的例子，来提醒那些怀疑论者：事情并不像你想象的那么简单。

我们知道，在杰克逊的第一次个展的目录导论里，波洛克的才华被形容为“火山般的。它拥有火的能量。它不可预测。它不受驯化。它像丰富的矿藏一样溅出，还来不及形成结晶。”（James Johnson Sweeney, Catalog-Introduction to Pollock's First Exhibition, New York, 1943）半个世纪后，这一描绘出人意料地得到了科学的佐证。1999年，物理学家兼艺术家理查·泰勒（Richard Taylor）利用计算机分析，展示了波洛克的绘画图案与自然界发现的分形形式之间的相似性（Richard Taylor, Adam Micolich, David Jonas, "Fractal analysis of Pollock's drip paintings". *Nature*, 1999, v. 399, p.422）。这一研究集中地反映了波洛克自己说过的话“我就是大自然”并非妄言。泰勒的研究团队称波洛克的风格是“分形表现主义”（Fractual Expressionism）。此后，有十多个科学家团队对波洛克的50多幅作品作了分形分析。2005年，分形分析法第一次被用于一场引起争议的作品真伪的鉴定。最近一项运用分形分析法的研究，在区别真假波洛克的作品时达到了93%的成功率。（R.P. Taylor, B. Spehar, P. Van Donkelaar and C.M. Hagerhall, "Perceptual and Physiological Responses to Jackson Pollock's Fractals," *Frontiers in Human Neuroscience*, 2011, vol. 5, pp.1-13）晚近对分形表现主义的研究聚焦在观众在观看分形时的反应上。认知神经系统科学家们已经展示，波洛克的分形能在观众中引发与计算机产生的分形和大自然的分形同样的减压效果。

如果说我浅陋的科学知识对分形几何学尚能了解一二的话，那么，我想这样说也许是有一定道理的：运用计算机对波洛克的作品所进行的分形分析表明，并不是人人都能“倾倒和滴洒”出与杰克逊一样的图案，即使是艺术市场上精心制造的伪作，绝大多数也逃不过分形分析的火眼金睛。这似乎再一次证明了，杰克逊·波洛克不仅是独一无二的，他的原创性也是毋庸置疑的。

再一次，让我们暂时撇开围绕着波洛克的学术性或常识性争议，回到眼下这部传记本身。在这部传记里，正如此书的编辑为该书所写的介绍中所说的：

阅读这位表现主义画家卷帙浩繁、令人心满意足的传记，人们会惊叹于这样的创造性会来自一场自我毁灭的灾难。波洛克在此书里被刻画为一个受个人魔鬼驱使的艺术家，靠舔着创伤生活——由控制欲过于强烈的母亲和不负责任的父亲（他在杰克逊九岁时就离家出走）所带来的创伤。我们从中读到，长达一周的狂饮滥醉、充满暴力的发作，以及可能的同性恋倾向，吓走了大多数女人，除了画家李·克拉斯纳，杰克逊的妻子；她的献身精神为杰克逊提供了心灵港湾和性爱满足，促使他在画布上直面其性倾向中分裂的自我之间的斗争。奈菲和史密斯对他那动荡不安的童年生活，对他与超现实主义、荣格派心理学家、老师托马斯·本顿、墨西哥墙画家西克罗斯和波兰流亡艺术家约翰·格雷厄姆之间的关系等等，提供了全新的信息。这既是一部权威的传记，也是一部丰富细致、精心编织的四分之一个世纪的现代艺术史。

不难理解，杰克逊的天才及其生活的戏剧性，成了一部成功传记的天然条件。也不难理解，在两位作者的多年研究和精心创作下，《波洛克传》终于成为美国艺术家传记中百世不易的经典，甫一出版，便获赞无数，最终斩获当年的普利策奖。下面是我随手摘取的几段书评，略作移译，以飨读者：

很显然是迄今为止美国艺术家中最巨细无遗的肖像。它像史书一样震撼人心，像小说一样津津有味，读者仿佛可以近距离地分享这位艺术天才的呼吸，感知他的疯狂，以及每一件杰作的诞生。大卫·希默尔曼《今日美国》（David Zimmerman, *USA Today*）

前无古人……我们从未读到过对一位美国艺术家如此全面而生动的描绘。通过将其巨型、色彩绚烂的画作与波洛克艺术中的情感和美学框架自信地联系起来，不可思议的奈菲和史密斯为我们提供了某种像小说一样娱人，像卓越的史书一样有说服力，像20世纪绘画的社会和心理成分的某种至关重要的分类目录一样异乎寻常的丰富性的东西。阿特丽亚·考特《洛杉矶时报》（Artelia Court, *Los Angeles Times*）

从这个意义上讲，《波洛克传》是一位艺术家历程的权威记录，充满了敏锐的心理洞察，带给我们这位富有创造力的天才的力量和悲情的更为真实的理解。通过这部传记，同时也通过与纽约画派相关的其他学术文献的翻译和研究，我相信，国人对特殊意义上的美国抽象表现主义的理解，对一般意义上的艺术创造的个人、历史和文化情境的认知，将会得到极大的提高。

本书由史诗般的《梵高传》两位作者撰写，如今差不多由中文版《梵高传》的原班人马翻译。具体分工如下：

宋倩：第 1—14 章；蒋苇：第 15—26 章；匡骁：第 27—36 章；沈语冰：第 37—44 章、尾声。最后由我通读了译稿。希望它能一如既往地得到读者的支持和喜爱，同时也敬请读者批评指正。

沈语冰

2017 年 1 月 23 日

于浙大紫金港

索引 *

AAA, *see* American Abstract Artists 见美国抽象艺术家
Abel, Lionel, 542, 420, 451, 706, 749 里昂内尔 · 阿贝尔
  on JP, 404, 623, 709, 711-712, 763, 768 里昂内尔 · 阿贝尔论波洛克
Abraham Rattner School of Art, 779, 903 亚伯拉罕 · 拉特纳艺术学校
Abstract and Surrealist Art in America (Janis), 474, 525, 684 《美国抽象与超现实艺术》(西德尼 · 贾尼斯)
"Abstract and Surrealist Art in the United States" show, 461-462, 464, 471 "美国抽象与超现实艺术"展
abstract art, 275, 389 抽象艺术
  JP as exponent of, 282, 325, 525, 527, 605-606, 808 波洛克作为抽象艺术倡议者
  reactions against, 226-227, 473, 559 反对抽象艺术
  realism vs., 159-160, 224, 226-228, 257 现实主义对抽象艺术
  Surrealism and, 412, 413, 414-418, 445, 446 超现实主义与抽象艺术
  see also Abstract Expressionism; modem art; *specific artists* 另见抽象表现主义；现代艺术；具体艺术家
Abstract Expressionism, 691, 699, 867 抽象表现主义
  Emergence of, as a term, 635, 887 作为术语的出现"抽象表现主义"
  JP as exponent of, 7, 594, 633, 680, 753, 766, 893 波洛克作为"抽象表现主义"倡导者
Abstract Human Figure (Krasner), 386 《抽象人形》，李 · 克拉斯纳
Abstract Painting: Background and American Phase (Hess), 658, 709 《抽象绘画：背景及美国阶段》，Thomas B Hess
"Abstract Painting and Sculpture in America" show, 658-659, 889 "抽象绘画与雕塑在美国"展
Abstract Surrealist Purchase Prize, 568 抽象超现实主义购买奖
"Accabonac Creek" (Pollock), 《阿克卡伯纳克河》，波洛克

action painting, 704-708, 711-712, 719, 720, 766 行动绘画
Adams, James Truslow, 224 詹姆斯 · 特拉斯洛 · 亚当斯
Adams, Lawrence, 312 劳伦斯 · 亚当
African art, 347-348, 350-351, 716, 850 非洲艺术
Ahab (dog), 790, 878 亚哈 (狗)
Albers, Joseph, 397 约瑟夫 · 亚伯斯
Alchemy (Pollock), 616, 639, 903 《炼金术》(波洛克)
Alcoholics Anonymous (AA), 660, 670, 686, 687, 769 匿名戒酒会
Alcoholism, 317-319, 435, 660, 670, 686-688 酗酒
Alfieri, Bruno, 605-606, 622, 646-647, 650 布鲁诺 · 阿尔菲耶里
Allen, Edward, 317, 520, 596, 846 爱德华 · 艾伦
Allen, Frederick. Lewis, 224-225, 233 弗里德里克 · 路易斯 · 艾伦
Alloway, Lawrence, 638 劳伦斯 · 阿洛韦
All-Year Club, 103, 818 全年俱乐部
Almost a Life (Friedman), 766, 857 《近乎生活》(本纳德 · 哈普 · 弗莱德曼)
Amagansett, N.Y, 441, 499-501, 502, 528, 529, 756, 865, 878 纽约州阿马甘西特
Amagansett Presbyterian Church, 794 阿马甘西特长老会教堂
America First, 225, 542 《美国第一》
American Abstract Artists (AAA), 226, 589, 392, 465, 635, 835, 856 美国抽象艺术家群体
"American Action Painters, The" (Rosenberg), 704-708, 711, 712, 720 "美国行动画家"，由哈罗德 · 罗森伯格提出。
"American and French Painting" show, 365, 596-397, 398 "美国与法国绘画"展
American Artists Congress, 284, 349, 842 美国艺术家协会
American automatist movement, 422-430 美国自动主义运动
American Guide Series (WPA), 702 美国指南系列丛书 (联邦作家计划)
American Indians, 57, 83-85, 96, 336-338, 814 美国印第安人
  burial grounds of, 84-85, 84 墓地
  JP's interest in, 57, 85-85, 195, 280, 281, 337-338, 357, 452-453, 466, 552, 566, 811, 849 波洛克对美国印第安人的

* 索引页码请参照本书边码。

兴趣
ruins and artifacts of, 101-103, *102*, 108, 195, 203, 238, 280, 281, 566, 817, 818, 849 美国印第安人的遗迹以及手工制品
sand paintings of, 337, 357, 535, 552 美国印第安沙画
Americanist movement, 160, 224-226, 552, 574-575, 834 美国主义运动
American Magazine o f Art, 160 《美国艺术杂志》
American Mercury, 439, 441 《美国信使》
"American Painting Today 1950" show, 602 "美国今日绘画1950"展
"'American-Type' Painting" (Greenberg), 742~743 《美国式绘画》(格林伯格)
"American Vanguard Art" *show*, 684 "美国前卫艺术"展
American Wave, 160, 224, 826, 834 美国潮
America Today (Benton), 225 《今日美国》, 托马斯·哈特·本顿
Analytical Cubism, 535, 556, 742, 878 分析立体主义
Anderson, Sherwood, 257 舍伍德·安德森
Anderson Galleries, 160 安德森画廊
"Annual Exhibition of Contemporary American Painting" show, 599-600 "当代美国绘画年度展"
Antabuse, 661, 670, 686, 890 安塔布司片(抗酒瘾药物治疗)
anti-art, 411, 594, 859 反艺术
anti-Semitism, 79, 366, 378, 388, 815 反犹主义
Anton, Harold, 267 哈罗德·安东
Apollinaire, Guillaume, 776, 902 纪尧姆·阿波利奈尔
Arabesque (Pollock), 567, 600, *614*, 642, 645, 879, 888 《阿拉贝斯克》(波洛克)
Archbold, Margaret Louise, 256, 836 玛格丽特·路易斯·阿奇博尔德
Archbold, Robert, 236, 836 罗伯特·阿奇博尔德
Archbold, Tom, 36, 41-42, 45, 812 汤姆·阿奇博尔德
Archipenko, Alexander, 438 亚历山大·阿契本科
Architectural Forum, 571, 588 《建筑论坛》
Arensberg, Louise, 201 路易斯·阿兰斯堡
Arensberg, Walter, 201, 349, 851 瓦尔特·阿兰斯堡
Aristotle Contemplating the Bust of Homer (Rembrandt), 808 《亚里士多德对荷马头像的冥想》, 伦勃朗
Arizona, 45, 55, 57, 58, *66*, 92-94, 110-113, 236, 566 亚利桑那
Arizona *Republic*, 65, 814 《亚利桑那共和报》
Arlington, Josie, 258 乔希·阿灵顿
Armory Show of 1913, 46, 160, 162, 201, 237, 414, 495, 546 1913年军械库展
Arp, Jean, 412, 414, 415, 439, 447, 448, 489 让·阿尔普
art: 艺术
abstraction *vs.* realism -in. 159-160, 224·, 226-228, 237 艺术中的抽象主义 vs 现实主义
Americanist movement in, 160, 224-226, 552, 574-575, 834 艺术领域的美国主义运动
consumerism and, 574-575, 634, 763, 880-881 消费主义与艺术
elitism vs. populism in, 227 艺术中的精英主义与流行主义
Equilibrium as goal of, 385 作为艺术追求的均衡
as feminine vs. masculine pursuit, 169-170, 176-177, 187, 322, 382, 825 作为女性追求与男性追求的艺术
Greenberg on, 550, 523, 527, 536, 552, 632-633 格林伯格论艺术
Hofmann on, 384-385 汉斯·霍夫曼论艺术
installment buying of, 574 艺术品分期付款购买
as investment, 763-767 艺术品作为投资
Jewish culture and, 372, 854 犹太文化与艺术
nihilism in, 411 艺术中的虚无主义
perspective vs. flatness in, 350, 384-,385, 386 艺术中的透视与平面性
political, 137, 160, 219, 227, 271, 284-289, 305 政治艺术
popular culture and, 169-170, 224, 574 流行文化与艺术
post-crash market for, 264, 268-269 奔溃后的艺术市场
Art & Architecture, 472-473, 731 《艺术与建筑》杂志
art criticism, 98, 160, 493-494, 632-634, 705-706 艺术批评
Art Deco style, 191, 327, 546 装饰主义风格
Art Digest, 278, 441, 444, 462, 475, 493, 543, 645, 766 《艺术文摘》
on JP , 465, 555,. 583, 678, 699 《艺术文摘》论波洛克
Art Front, 278 《艺术前沿》杂志
artiste peintre tradition, 714 画家传统
"Artists for Victory" show, 443 "为了胜利的艺术家"展
Artists' Gallery, 557 艺术家画廊
Artists Union, 271, 276, 277, 297-298, 388, 392, 393, 395, 459, 634, 655, 637, 749, 841 艺术家联盟
Art News, 350, 4l4, 575, 645 《艺术新闻》杂志
action painting article in, 704-708 《艺术新闻》中行动绘画相关文章
on JP, 465, 466, 495, 515, 543-544, 555, 599, 656-657, 662, 700, 731, 752 《艺术新闻》论波洛克
Art Nouveau style, 97 新艺术风格
Art of This Century gallery, 472, 475-476, 490, 504, 636 本世纪艺术画廊
closing of, 528, 679 本世纪艺术画廊的关闭
exhibitions at, 425, 427, 428, 438-441, 443-446, 458, 482-483, 484, 486, 493, 494-497, 524 本世纪艺术画廊所办展览
Hofmann show at, 482-483, 484, 486 本世纪艺术画廊汉斯·霍夫曼展
JP's one-man shows at, 449-450, 451, 464-4-66, 494-497, 511, 514-515, 543-544, 562 本世纪艺术画廊波洛克个展
Surrealist show at, 438-441, *440*, 474 本世纪艺术画廊超现实主义展
"Art of this Century" show, 438-441, 440, 474 "本世纪艺术"展
Arts, The, 143, 225 高雅艺术
Arts Magazine, 752 《艺术》杂志
Arts of Life in America, The (Benton), 223-224 《美国生活的艺

术》，托马斯·哈特·本顿墙画系列
Art Students League, 122, 152, 159-168, 183, 205-206, 219-225, 228-229, 237, 286,.294, 349, 4-00, 650, 826~828 纽约艺术学生联盟
background and structure of, 161-162, 225 （纽约艺术学生联盟的）背景及其组织架构
faculty of; 162, 167, 206, 341, 345, 314-375, 383, 557, 686, 826, 827-828 （纽约艺术学生联盟的）教职人员
seventy-fifth anniversary exhibition of, 657 （纽约艺术学生联盟）75 周年展
social events of, 210-211, 212, 247, 250, 267, 833 （纽约艺术学生联盟的）社会活动
Ashton, Leigh, 575 利·阿什顿
Associated American Artists Gallery (AAA), 683 美国艺术家联合会画廊
Astounding Science Fiction, 580, 881 《新奇科幻》杂志
Atelier 17, 490 画室
Auric, Georges, 492 乔治·奥里克
Australian National Gallery, 807 澳洲国立美术馆
automatic writing, 348, 416, 454, 656 自动书写
automatism, 41 t-416, 422-452, 441, 454, 455, 525, 555, 640, 861; *see also* Surrealism 自动主义，也见超现实主义
Autumn Rhythm (Pollock), 1, 4, 615-616, *6Ji,* 647, 654, 656, 662, 665, 884 《秋韵》
Avery, Milton, 346 米尔顿·埃弗里
Aztec Peak, 100-103 阿兹特克峰

Babakukua, 83-84, 816 巴巴库垮
Bach, Johann Sebastian, 139, 207, 447, 448, 601, 610, 823, 884 约翰·塞巴斯蒂安·巴赫
Baker, Hart, 45, 58 哈特·贝克
Baker, Sydney, 45 悉尼·贝克
Balanchine, George, 597, 598 乔治·巴兰钦
Bald Eagle (Krasner), 751, 900 《白头海雕》（克拉斯纳）
Baldwin, Roger, 194 罗杰·鲍德温
Bald Woman with Skeleton (Pollock), 455 《秃头女人与骷髅》，波洛克
Ballad of the Jealous Lover of Lone Green Valley, The (Benton), *209* 《孤独绿谷中嫉妒情人之歌》，托马斯·哈特·本顿
Balzac (Rodin), 241 《巴尔扎克》，罗丹
Barker, Wayne, 720-721 韦恩·巴克
Barnes Landing Group, 768, 780, 902 巴恩斯田园小组 sullivan institute for research in psychoanalysis
Barr, Alfred, 160, 350, 414, 420, 473-474, 478, 568, 598, 600, 602, 604, 630, 826, *867,* 883 阿尔弗雷德·巴尔
Barrett, William, 522, 523, 706 威廉·巴雷特
Bartholdi, Frédéric Auguste, 241 弗里德利·奥古斯特·巴特勒迪
bas-reliefs, 151, 164, 188, 826, 830 浅浮雕
Batallón Mamá, 284 巴塔隆妈妈
Bates, Ed "Tiger," 223, 834 艾德·贝茨，"老虎"
Bathroom Door (Krasner), 856 《浴室门》，（李·克拉斯纳）
Battle of Evarts, 257 伊瓦特战役（罢工）
Bauer, Rudolf, 447, 448, 864 鲁道夫·鲍尔
Baum, L. Frank, 122 莱曼·弗兰克·鲍姆
Baylinson, A. S, 166 亚伯拉罕·所罗门·贝林森
Baynes, Cary, 305, 526, 327, 328, 847 凯利·贝恩斯
Bazin, Germain, 574, 880 热尔曼·巴赞
Baziotes, Ethel, 395, 396, 416, 417, 418, 419, 421, 425, 427, 441, 467, 511, 860 艾索·巴齐奥蒂
on JP, 395, 396, 401, 402, 408, 417, 426, 450, 558-559 艾索·巴齐奥蒂论波洛克
on Lee Krasner, 395, 396, 401, 402, 408, 459, 640 艾索·巴齐奥蒂论李·克拉斯纳
Baziotes, William, 426, 435, 467, 472, 475, 497, 511, 545, 603, 656, 701, 859 巴齐奥蒂·威廉
background and education of, 416 威廉·巴齐奥蒂的生平及教育背景
exhibitions of, 493-494 威廉·巴齐奥蒂的展览
Greenberg on, 493-494 格林伯格谈威廉·巴齐奥蒂
JP and, 414-417, 423, 535, 559, 617 波洛克与威廉·巴齐奥蒂
physical appearance and personality of, 416 威廉·巴齐奥蒂的外貌及性格
Surrealism of, 414-417, 421, 422, 423, 424, 425, 443, 446 威廉·巴齐奥蒂的超现实主义
works of, 626, 645, 646, 685, 870 威廉·巴齐奥蒂的作品
Bear Dance, Indian, 83-85, *84,* 355, 816 印第安熊舞
Beardsley, Aubrey, 97 奥伯利·比亚兹莱
Beast Men and Gods (Osindowsky), 688 《兽，人，神》（奥森多斯基）
Beaux Arts style, 104, 711 高雅艺术风格
Beck, Julian, 487, 488, 869 朱利安·贝克
Beckett, Samuel, 436 萨缪尔·贝克特
Beckmann, Max, 357, 852 马克斯·贝克曼
Bell, Leland, 448, 450, 488-489 利兰·贝尔
Bella Coola Indians, 337 贝拉库拉印第安人
Belle, Grace, 79, 815 格蕾丝·贝雷
Bellevue Hospital, 305, 314, 315, 400, 492, 857 表维医院
Bellows, George, 160, 162 乔治·贝洛斯
Bement, Lyndon, 110 林登·巴曼
Benn, Ben, 530 本·本恩
Bennett, Ward, 480, 481, 487, 526, 873 沃德·班尼特
on JP, 484, 489, 570 沃德·班尼特谈波洛克
Bennington College, 609, 696-698, *697,* 785, 893 本宁顿学院
Ben-Shmuel, Ahron, 161, 239-241, 243-245, 270, 272, 826, 836 阿哈隆·本·什穆埃尔
Benton compared with, 239-240 本顿与本·什穆埃尔相比
eccentric personality of, 239-240, 244, 245, 294 本·什穆埃尔的古怪个性
workshop of, 239-245, 270, 338 本·什穆埃尔的工作坊
Benton, Lizzie Wise, 172-182, *174,* 828-829 丽兹·怀斯·本顿
Thomas Hart Benton and, 173-175, 176, 179, 181-182, 185,

193, 829, 831　托马斯 · 哈特 · 本顿与丽兹 · 怀斯 · 本顿
Benton, Maecenus Eson "M. E.," 172-178, 174, 179, 181, 225, 226, 828-829　梅塞纳斯 · 艾森 · 本顿
political career of, 173, 175-178, 181　梅塞纳斯 · 艾森 · 本顿的政治生涯
Benton, Rita Piacenza, 193, 210, 277, 278　丽塔 · 皮亚琴察 · 本顿
ad hoc gallery of, 264, 269, 839　丽塔 · 皮亚琴察 · 本顿的临时画廊
Benton's relationship with, 193-194, 312, 830, 831　托马斯 · 哈特 · 本顿与丽塔 · 皮亚琴察 · 本顿的关系
cooking by, 152, 207, 208, 256　丽塔 · 皮亚琴察 · 本顿的厨艺
flirtatiousness of, 208-209, 211, 247, .313, 833　丽塔 · 皮亚琴察 · 本顿的卖俏
JP's relationship with, 192-194, 205, 208-209, 211, 247, 256, 264, 280, 302, 303, 308, 309, 312-313, 321, 499, 530, 535, 692, 770, 778, 832-833　波洛克与丽塔 · 皮亚琴察 · 本顿的关系
as model, 188, *189,* 194　丽塔 · 皮亚琴察 · 本顿的模特生涯
physical appearance and personality of, 192-194, 208-209, 211, 312, 313, 395, 831　丽塔 · 皮亚琴察 · 本顿的外表与性格
Benton, Thomas Hart,.169-196, *171,* 545, 828-831　托马斯 · 哈特 · 本顿
art theory of, 152, 160, 171, 184, 219, 225-226, 835　本顿的艺术理论
art training of, 176-177, 180, 181, 184-185, 224, 225, 829　本顿所接受的艺术训练
autobiography of, 170, 172, 176, 179, 180-181, 183, 184, 191, 193, 194-195, 196, 207, 225, 344, 651, 828-829　本顿自传
Ben-Shmuel compared with, 239-240　本 · 萨缪尔与本顿比较
biography of, 225, 308, 830　本顿的传记
birth of, 172　本顿的出生
celebrity of, 223-224, 264, 313, 346, 575　本顿的名声
Charles Pollock and, 152, 154, 159, 166, 183, 207, 278, 644-645, 825　查尔斯 · 波洛克与本顿
childhood and adolescence of, 173-182, *175,* 828-829　本顿的童年与少年
combativeness of, 170, 172, 178, 181, 226, 227-228　本顿的好斗性格
controversy surrounding, 226-229, 278, 346, 406　围绕本顿的争议
critical attention to, 223-224, 225-226, 227, 278　对本顿的批判性关注
drawings by, 184, 187, 188, 190　本顿的素描
drinking of, 171, 179, 180, 181, 184, 194, 278, 312, 321, 830　本顿的饮酒问题
early artwork of, 176-177, 179, 181, 183　本顿的早期作品
enemies and critics of, 170, 226-228, 278, 342　本顿的对手与批评者
expeditions and trips of, 185, 188, 196, 198, 210, 222, 257, 313　本顿的远行与出游
本顿的 family background of, 172-180, 828　家庭背景
hollow-and-bump theory of, 163, 164, 166, 201, 221, 223. 237, 251　本顿的凹凸理论
homophobic diatribes of, 170, 227-228, 288, 680, 830　本顿对同性恋的恐惧与谩骂
on JP, 164, 167, 183, 195, 206, 208, 211, 228-229, 256, 282, 308, 313, 521, 454　本顿谈波洛克
JP compared with, 172., 182, *182,* 183-185　波洛克与本顿相比较
JP influenced by, 171-,172, 182, 197, 200, 27l, 279-282, 301, 322, 354, 356, 394, 406, 463, 473, 538　本顿对波洛克的影响
JP on, 288, 359, 475, 591, 594　波洛克谈本顿
JP's disparagement of, 359, 591, 594　波洛克对本顿的贬损
JP's imitation of, 186, *187, 191,* 219-221, 229, 231, 242, 252, 301, 564　波洛克对本顿的模仿
JP's relationship with, 94, 172, 182, 183-187, 191-195, 205-208, 222-223, 228-229, 256, 303, 308-309, 312-314, 342, 357, 483, 692, 830, 853　波洛克与本顿的关系
JP's resentment of, 211, 256, 313　波洛克对本顿的仇视
Kansas City appointment of, 277-278, 312　堪萨斯城对本顿的任命
latent homosexuality seen in, 185, 830　本顿身上潜在的同性恋倾向
Lizzie Benton and, 173-175, 176, 179, 181-183, 185, 193, 829, 831　丽兹 · 本顿与本顿
macho self-image of, 170-171, 172, 178-179, 181, 182, 186-187, 194, 196, 210, 227-228, 239, 246-247, 850　本顿男子气的自我形象
meticulous working methods of, 187-190, 288, 830　本顿一丝不苟的工作模式
misogyny of, 171, 185, 193, 228, 294, 565, 828, 830　本顿的厌女症
murals of, 170, 181, 187-191, *189, 190,* 198, 200, 204, 207, 208, 223-224, 225, 229, 237, 242, 251, 277-278, 288　本顿的墙画
musical evenings of, 192, 207-208, 229, 246'-247, 256, 503-304, 833　本顿的音乐之夜
naval service of, 181, 185, 186, 193　本顿的海军服役
personal style of, 181-182, *181,* 830　本顿的个人风格
physical appearance of, 170, 172, 174, 178-179, 181, 186　本顿的外表
populist rhetoric of, 225-226, 227-228, 278, 342, 383, 413, 680　本顿的民粹主义修辞
profanity of, 170, 194, 225, 227, 228, 239, 512, 621, 828　本顿的渎神
Regionalist style of, 186, 188, 224-225, 278, 406, 413　本顿的地方主义风格

rehabilitation of 181, 225-226, 341, 829 本顿名誉的恢复
Rita Benton's relationship with, 195-194, 312, 850, 831 丽塔·本顿与其关系
self-doubts of, 183-185, 829 本顿的自我怀疑
storytelling of, 171, 180-181, 210, 240, 308 本顿的编瞎话
students and protégés of, 163-167, 185, 186, 191-192, 195, 205-206, 228, 272, 274, 303, 312 本顿的学生与门徒
summer vacations of, 152, 159, 181, 193; *210,* 222, 256, 263, 279, 282, 294, 308, 825, 844 本顿的暑假
teaching of, 162-165, l86-187, 195, 205-206, 223;128, 239, 264, 272, 356, 455 本顿的教学
technical weaknesses of, 183-184 本顿的技艺弱点
technique of, 188-190, 189, 190, 206, 226, 258 本顿的技艺
western themes of, 181, 186, 250, 278, 830 本顿的西方主题
Benton, Thomas Hart (nephew), 309 托马斯·哈特·本顿（侄子）
Benton, Thomas Hart "Old Bullion Benton" (U.S. Senator), 172, 177, 828 托马斯·哈特·本顿"老金条本顿"（美国参议院）
Benton, T. P., 152, 188, *189, 210,* 309, 830, 858 托马斯·皮亚琴察·本顿 Thomas Piacenza Benton
JP and, 192, 194-195, 205, 207, 208, 256, 264, *265,* 312, 831 波洛克谈托马斯·皮亚琴察·本顿
Berman, Eugene, *419* 尤金·贝尔曼
Besant, Annie, 128-129, 821 安妮·贝赞特
Bethlehem Steel, 188, 293, 830 伯利恒钢铁公司
Bethrothal II, The (Gorky), 658, 889 Betrothal?? 《婚约 2》（阿希尔·戈尔基）
Better America Foundation, 132 让美国更美好基金
Betty Parsons Gallery, 4, 320, 545, 547, 558, 562, 584, 629, 689, 878 贝蒂·帕森斯画廊
JP's one-man shows at, 1, 320, 553, 554-557, 563, 567, 578, 582-583, 597-601, 654-659 帕森斯画廊的波洛克个展
Lee Krasner's show at, 672, 678, 755 帕森斯画廊的李·克拉斯纳展
see also Parsons, Elizabeth, Pierson "Betty" 另见伊丽莎白·帕森斯，皮尔森"贝蒂"
Biddle, George, 227, 270, 271 乔治·比德尔
Bidwell, John, 74, 815 约翰·比德韦尔
Bidwell, Mrs. John, 74, 815 约翰·比德韦尔太太
Birch, Frank, 90, 817 弗兰克·伯奇
Birch, LeRoy, 90, 817 勒鲁瓦·伯奇
Bird (Brancusi), *98* 《鸟》（布朗库西）
Bird (Pollock), 354, 394, 815, 851 《鸟》（波洛克）
Bird Effort (Pollock), 517-518 《鸟的努力》（波洛克）
Birth (Pollock), *352,* 396-597, 857 《诞生》（波洛克）
Bishop, Elizabeth, 529 伊丽莎白·毕晓普
Black, White and Gray (Pollock), 567, 879 《黑，白，灰》（波洛克）
Black and White Collage (Krasner), 898 《黑白拼贴》（克拉斯纳）
Black Bart, 82, 816 布莱克·巴特
Black Hawk Purchase, 12 《黑鹰购买》
Blaine, Nell, 488, 760 内尔·布莱恩
Blake, Peter, 587-88, 612, 621 彼得·布莱克
on JP, 588, 647, 731 彼得·布莱克谈波洛克
JP and, 606, 651, 759, 882 波洛克与彼得·布莱克
museum plan of, 588, *589,* 598, 600, 606, 607, 613, 615, 657659, 762 彼得·布莱克的美术馆计划
Blake, William, 610, 884 威廉·布莱克
Blanche (cat), 783, 7890 790, 904 小白（猫）
Blavatsky, Helena Petrovna, 127-128, 821 海伦娜·彼罗夫娜·布拉瓦茨基
Blewett, Jim, 144 吉姆·布莱维特
Bloom, Hyman, 604 海曼·布卢姆
Bloomingdale's, *see* New York 布鲁明黛百货公司，见纽约
Hospital, Westchester Division 医院，威斯特彻斯特分部
Blue and Black (Krasner), 640, *641,* 887, 898 《蓝与黑》（克拉斯纳）
Blue Poles (Pollock), 8, 696, 698, 700, 719, 727, 759., 761, 765, 778, 807-808 《蓝极》（波洛克）
Blue Unconscious, The (Pollock), 520, 521, 524, 526, 551, 536, 870, 872 《蓝色无意识》（波洛克）
Bluhm, Norman, 634, 748, 749, 783 诺曼·布卢姆
Bocour, Leonard, 623, 630 莱昂纳多·博库尔
Bolotowsky, Ilya, *215,* 404, 406, 479 伊利亚·博洛托夫斯基
Bolshevism, 132, 345, 823 布尔什维主义
Bonackers, 507-509, 510-511, 516, 519. 528, 554, 597, 625, 630, 669-670, 735, 872 博纳克人
Bonheur, Rosa, 108, 819 罗莎·博纳尔
Bonnard, Pierre, 397 皮尔·波纳尔
Borgenicht, Grace, 685, 699, 892 格瑞斯·伯根尼希特
Borglum, Gutzon, 546 格桑·博格勒姆
Boshaven, Fred, Jr., 629 小弗雷德·柏莎文
Boswell, James, 766, 767 詹姆士·包斯威尔
Boultenhouse, Charles, 719, 729 查尔斯·布腾豪斯
Boyd, Belle, 11 贝拉·博埃德
Boyd, Lettie, 11, 809 莱蒂·博埃德
Boyd, William, 11 威廉·博埃德
Boy in *the Red Vest* (Cézanne), 764 《穿红夹克的男孩》塞尚
Brach, Paul, 524, 540, 564, 638-639, 745-746, 749, 764, 784 保罗·布拉什
on JP, 551, 631, 639, 706, 771 谈波洛克
Braider, Carol, 669, 736, 744, 779, 898, 899 卡洛·布莱德尔
Braider, Donald, *736,* 744, 898, 899 唐纳德·布莱德尔
Braider, Jackson, 744, 899 杰克逊·布莱德尔
Brancusi, Constantin, 98, 201, 241, 523 康斯坦丁·布朗库西
Brando, Marlon, 395, 430, 777, 861 马龙·白兰度
Brandt, Mortimer, 545 莫提莫·勃兰特
Braque, Georges, 203, 227, 383, 473, 523, 556, 679, 857 乔治·勃拉克 exhibitions of, 376, 391, 397
Brauner, Victor, 437 维克多·布罗纳
breadlines, 205, 262-263, 265 排队领救济食物

Brehm, H. M., 596
H. M. 布莱姆
Breton, André, 124, 345, 410, *419,* 445, *507, 702,* 703, 704, 860　安德烈·布勒东
personality of　419-420, 421, 478　布勒东的性格
Surrealism of, 411-412, 413, 418-421, 422, 425, 427, 428, 437-441, 442, 443, 636　布勒东的超现实主义
Breuer, Marcel, 600, 883　马塞尔·布罗伊尔
Bridgman, George, 250, 374-375, 837　乔治·伯里曼
Brockway, Charlie, 217　查理·布鲁克威
Brodovitch, Alexey, 598, 618, 657, 883　阿历克赛·波洛多维奇
Brodsky, Horace, 241　贺拉斯·布罗德斯基
Brook, Alexander, 585, 609　亚历山大·布鲁克
Brook, Gina, 609　吉娜·布鲁克
Brooklyn, N.Y, 367, 372, 375,-374, 378, 381, 549　布鲁克林，纽约
Brooklyn Museum, 280, 563, 662, 841　布鲁克林博物馆
Brooks, Charlotte Park, 511, 560, 609, 739, *740,* 743, 790-791, 878　夏洛特·帕克·布鲁克斯
on JP, 528, 547, 565　布鲁克斯谈波洛克
Brooks, James, 166, 580, 416, *467,* 479, 499, 501, 504, 511, 515, 528, 560, 586, *603,* 609, 739, 790-791, 881　詹姆斯·布鲁克斯
on JP, 454. 467, 596-597, 665, 740, 745, 785, 784　布鲁克斯谈波洛克
works of, 585, 600, 608, 655, 699　布鲁克斯的作品
Brown, Alma, *see* Pollock, Alma Brown　阿尔玛·布朗，见波洛克，阿尔玛·布朗
Brown, Donald. 124-126, 129, 133, 135, 156, 147, 200, 821, 823　唐纳德·布朗
Brown, John, l3, 809　约翰·布朗
Brown, Byron, 240, 275, 515　拜伦·布朗
Brown Jim (horse), *57,* 62, 63, 814　吉姆·布朗（马）
Bruce, Edward, 271, 275, 276　爱德华·布鲁斯
Bruce, Nelli "Poker Nell" 38, 812　奈丽·布鲁斯"扑克牌奈丽"
Bryce Canyon National Monument, 111, 218, 819　布莱斯峡谷国家纪念碑
Buchholz Gallery, 417　巴克霍尔兹画廊
Bucks County, Pa., 244-245, 290-293, 295-296, 307, *307,* 309, 317, 340, 363, 843　宾夕法尼亚州巴克斯县
Budd, David, 745, *749,* 758, *170, 771,* 777　大卫·巴德
Bultmen, Fritz, 326, 371, 380, 38l, 419, 449, 477, 480, 534, 535, 558, 597, 868 .　弗里茨·布特曼
on JP, 326, 486, 524, 551, 664-665　布特曼谈波洛克
on Lee Krasner, 371, 381, 382, 388, 401, 402, 568, *708*　布特曼谈李·克拉斯纳
Bunce, Eda, 363　艾达·邦斯
Bunce, Louis, 356, 363, 592, 510, 513, 514-515, 526　路易斯·邦斯
Burchfield, Charles, 473　查尔斯·伯奇菲尔德
Burliuk, David, 203, 397　大卫·布尔柳克
Burning Landscape (Pollock), 449, 462, 864　《燃烧的风景》(波洛克）
Burrows, Carlyle, 599　克莱尔·巴罗斯
Busa, Jeanne Juell, 426　珍妮·茱艾·布萨
Busa, Peter, 59, 163, 164, 248-250, *248,* 274, 276, 321, 402, 403, 414-415, 422, 433, 480, 836　彼得·布萨
on JP, 59, 164, 249-250, 252-253, 267, 297, 298, 325, 333, 336, 337, 407, 417, 426, 427, 452, 442, 452, 459-460, 470, *477,* 480-481, 541, 557, 657, 865　布萨论波洛克
JP and, 409-410, 449, 557　波洛克与彼得·布萨
on Lee Krasner, 402, 407　布萨谈李·克拉斯纳
Surrealism of, 413, 421, 424, 426, 427　布萨的超现实主义
wedding of, 449, 503, 864　布萨的婚礼

Cage, John, 665, 890　约翰·凯奇
Cahiers d'art, 349, 353, 356, 580, 564, 851　《艺术书刊》杂志
Cahill, Holger, 274, 275-276, 474　霍尔格·卡希尔
Calas, Nicolas, 410, 419, 550, 860　尼古拉斯 . 卡拉斯
Calder, Alexander, 397, 405, 438, 440, 442, 492, 546, 858, 863　亚历山大·考尔德
documentary film on, 561, 619, 878　关于考尔德的纪录片
California, 42, 44, 71, 74, 81, 103-104, 128-129, 270, 812, 818-820　加利福尼亚
California Alps, The (Keith), 108　《加利福尼亚的阿尔卑斯》，基斯
Callery, Mary, 600, 655　玛丽·卡勒里
calligraphy:　书法
Charles Pollock's use of, 64, 141, 146, 237, 355, 644　查尔斯·波洛克对书法的运用
Japanese, 55, 813　日本书法
JP's use of, 4, 432, 445, 457, 495, 525-526, *526,* 583, 589. 615, 696　波洛克对书法的运用
Cambiaso, Luca, 164. 826　卢卡·坎比亚索
Campbell, Alan, 291　阿伦·坎贝尔
Campbell, Joseph, 610, 884　约瑟夫·坎贝尔
Campendonck, Heinrich, 447　海因里希·康本东科
Cannastra, Bill, 481-489, 869　比尔·喀纳斯特拉
Capillé, Jeremy Pollock (niece), 50, 642, *643,* 646. 723, 809, 846　杰瑞米·波洛克·卡皮雷（侄女）
Capone, Al, 689, 893　艾尔·卡彭
Cappoc, Barclay, 15, 809　巴克莱·卡波克
Capucines, Les (Matisse), 98, 818　《餐厅》(马蒂斯）
Carles, Arthur B., 269　阿瑟·毕杰·查理
Carone, Adele Callaway, 739-740, 744, 759, *760*　阿黛尔·卡拉威·卡罗内
Carone, Christian. 744　克里斯汀·卡罗内
Carone, Claude, 744　克劳德·卡罗内
Carone, Nicholas, 673, 690-691, 699, 706, 714, 734, 739-740, *760*　尼古拉斯·卡罗内
on JP, 46-47, 537, 539, 631, 714, 732, 760, 762, 771-773, *777, 756*　卡罗内谈波洛克
JP and, 732, 744, 758, 759-760, 771-773, 784, 788, 897　波洛克与卡罗内

Carr Ranch, 99, 100-102, 236, 238, 818　卡尔牧场
Carselli, Frank, 629　弗兰克·卡瑟丽
cartoons, 64, 97, 124, 137, 218, 257, 305, 497, 814　卡通
Caruso, Enrico, 370, 372, 854　恩里科·卡鲁索
Cassou, John, 856　约翰·卡苏
Castelli, Ileana, 718-719　依莲娜·卡斯蒂利
Castelli, Leo, 662, 984. *709,* 710, 715, 718-719, 733, 762, 896　里奥·卡斯蒂利
catalogues, art, 438-439, 462-463, 586, 598, 605, 625, 675, 678, 681　目录，艺术
Cathedral (Pollock), 555, *554,* 555-556, 566, *575,* 716, 878, 881　《大教堂》(波洛克)
Cavagnaro's, 528, 789　卡瓦尼亚罗的
Cavallon, Giorgio, 634, 654, *720*　乔尔乔·卡瓦隆
Cavallon, Linda, 720　琳达·卡瓦隆
Caw-Caw (bird), 549, 737　呱呱（鸟）
Cedar Tavern, 321, 481, 491, 674, 713, 869, 900　雪松酒馆
as artists' gathering place, 170, 712, 748, 777　作为艺术家的聚会场所的雪松酒馆
JP's regular visits to, 700, 747-750, 758-759, 770, 777　波洛克对雪松酒馆的频繁访问
Cézanne, Paul, 123, 126, 160. 186, 226, 548, 525, 552, 714, 764, 787.　保罗·塞尚
C. G. Jung Institute, 361, 852　荣格学院
Chagall, Marc, *419, 447,* 490, 632　马克·夏加尔
Chamberlain, Neville, 321　内维尔·张伯伦
"Chamber of Horrors," 46, 813　"恐怖屋"
"Champ, The" (Eliot), 753　"胜利者"(艾略特)
Chandler, Harry, 103　哈利·钱德勒
Changing West (Benton), 188, 190, 198, 222　《改变中的西部》本顿
Chase, William Merritt, 162　威廉·梅里特·切斯
Cherry, Herman, 6, 166, i69, 189, 191-192, 210, 294. 471, 498, 651-655, 655, 656　赫尔曼·切里
on Benton, 165.170-171, 851　切里谈本顿
on JP, 6, 655, 749　切里谈波洛克
Cherry Creek Indian Ruins, 238　樱桃溪印第安遗迹
Chicago, Ill., 57, 128, t81, 414, 495, 564, 6.57, 659, 678, 680　伊利诺伊州芝加哥市
Chicago Art Institute, 180, 181, 184, 564 .
芝加哥艺术学院好像 Chicago Art Institute 分为博物馆与学院两部分，博物馆就是 Chicago Art Institute，学院的英文是 School of the Art Institute of Chicago
Chicago Arts Club, 461, 495, 657, 669, 678　芝加哥艺术俱乐部
Chicago World's Fair (1933), 229, 236, 277　芝加哥世界博览会（1933）
Chico, Calif., 72, 75-81, 88, 89, 90. 96, *91,* 100. 121, 252, 252, 596, 815　加利福尼亚州奇科市
Chico High School, 77, 81, 91, *91,* 817　奇科高中
Child Proceeds, The (Pollock). 512, 513, 872　《孩子继续》(波洛克)
Chirico, Giorgio de. 202, 397, 413, 426, 438. 458　乔治·德·基里科
cholera, 15, 18, 809　霍乱
Chopin, Frédéric, 149, 601, 717, 824　弗雷德里克·肖邦
Chouinard Institute of Art, 219, 383　邱纳德艺术学院
Church of the Nativity, 212, 833　圣诞教堂
Circle Gallery, 645, 889　环美术馆
Circumcision (Pollock), 512—513, 514, 616, 870. 872　《割礼》(波洛克)
Circus (Calder), *397,* 857　《环》(考尔德)
cirrhosis, 756, 901　肝硬化
City Activities with Dance Hall (Benton) , 187　《城市活动与舞厅》(本顿)
City and Country School, 161, 188, 263-264, 265, 303, 323　城市与乡村学校
City College of New York, 379, 381　纽约市立大学
Civil War, U.S., 13-14, 25, 226, 400, 809　美国内战
Civil Works Administration (CWA), 259-260, 270, 273　土木工程管理局
Clark, Henderson, 811　亨德森·克拉克
Clausen, Hank, 225, 834　汉克·克劳森
Cleek, Stuart, 90, 94-95　斯图亚特·克里克
cloisonnist style, 346, 350, 386, 556, 639　分隔主义风格
Club, The, 634-63 7, 658. 662, 673, 71-0, 712, 713, 714, 749, 886-887　俱乐部
Coast Guard Beach, 169, 344, 544, 767, 779, 828　海岸护卫者沙滩
Coates, Robert, 446.　罗伯特·寇特兹
on JP, 465, 554, 555, 599, 599-700　寇特兹谈波洛克
Cocteau, Jean, 435　让·谷克多
Cody, Buffalo Bill, 34, 35, 81l, 812　野牛比尔·科迪
Cody, Wyo., 33-39, *35,* 41, 57, 64, 67, 106, 172, 195, 229, 252, 238, 252, 258, 596, 811-812　怀俄明州科迪小镇
Cody, Wyoming (Pollock), 282, 841　《怀俄明州科迪小镇》(波洛克)《科迪，怀俄明州》
Cole, Cynthia, 726, 727, 732, 734, 735, 758, 753, 897　辛西娅·科尔
Cole, John, 696, 726-727, 729, 752, 734　约翰·科尔
collages, 427, 443, 474, 662-663, 735-736, 757, 751, 751　拼贴画，拼贴艺术
Collectors Gallery, 776　收藏家画廊
Collins, Mabel, 129　玛贝儿·柯林斯
Collins, Pat, 397　帕特·科林斯
Columbia University, 191, 215, 235, 415, 575 681　哥伦比亚大学
Committee to Investigate Un-American Activities, 321-322, 340　非美活动调查委员会
Common Sense of Drinking, The, 359, 852　《饮酒常识》
Communism, 29, 132-153, 157, 170, 219, 227, 2-57, 291, 312. 364, 823　共产主义
Composition with Minotaur (Picasso), 353　《有米诺陶的构图》(毕加索)
Conaway, Arloie, *see* McCoy, Arloie Conaway　阿勒瓦·康纳威，见阿勒瓦·康纳威·迈考伊
Concept of the Collective Unconscious, The (Jung), 865　《集体无意

识的概念》(荣格)
Concerning the Spiritual in Art (Kandinsky), 822 《论艺术中的精神》(康定斯基)
Conflict (Pollock), 462, 464, 465 《冲突》(波洛克)
Congress, U, S., 173, 176, 178, 271, 272, 321-322, 340, 364 美国国会
Connolly, Jean, 443, 445-446, 467, 469 简 · 康诺利
Constable, Rosalind, 595, 681, 693 罗莎琳 · 康斯泰布尔
Constructivism, 185 构成主义
Continuum (Krasner), 639, 887 《连续体》(克拉斯纳)
contrapposto, 288 均衡构图法
Cook, Ed, 502, 508, *626,* 630, 757-758 埃德 · 库克
Cook, Marian, 737-738 梅里安 · 库克
Cooper. Douglas, 604 道格拉斯 · 库珀
Cooper Union for the Advancement of Science and Art, 373-375, 557, 700 库伯高等科学艺术联盟学院
Cooter, Leon, 109, 114, 118, 119, 126, 819, 820. 列昂 · 考特
Cooter, Robert, 109, 111-115, *115,* 218, 468, 821 . 罗伯特 · 考特
on JP, 107, 108, 109, 110, 114, 119, 819 考特谈波洛克
Sande Pollock and, 107, 108, 109, 110, 115, 117-118, 141, 819 桑特 · 波洛克与考特
Corbusier, Le, 421, 750 勒 · 柯布西耶
Corcoran Gallery, 176, 829 科克伦美术馆
Cornell, Joseph, 413, 450, 864 约瑟夫 · 康奈尔
Correr Museum, 605, 883 科雷尔博物馆
Cotton Picker (Pollock), 280, 282, 841 《采棉人》(波洛克)
coulage, 415, 859 铸件
Country Gentleman, 64 《乡村绅士》杂志
Courbet, Gustave, 205 古斯塔夫 · 库尔贝
Cowley, Malcolm, 158, 257, 834 马尔科姆 · 考利
Cox, George. 285-286, 289, 乔治 · 考克斯
Cox, James, 87 詹姆斯 · 考克斯
Crane, Hart, 546 哈特 · 克莱恩
Craven, Thomas, 185, 100, 191, 227, 631, 835 托马斯 · 克雷文
Creative Art, 145, 146 创造性艺术
Creative Printmakers, 434 创意版画制作者
Creeks, The, 611, *671,* 681, *693,* 698. 716, 745-746, *767,* 791-792 克里克斯
Criminal Syndicalism Act, 132, 823 犯罪帮会法案
Croaking Movement (Pollock), 526, 527, 873 《鸣叫运动》(波洛克)
Crosby, Caresse, 461 克瑞丝 · 克罗斯比
Crosby, Harry, 546 哈利 · 克罗斯比
Crow Indians, 35 乌鸦印第安人
Crowninshield; Frank, 547, 850 弗兰克 · 克劳宁希尔德
Crucifixion (Siqueiros), 219 《十字架刑》(西凯罗斯)
Cubism, 151, 185, 202, 205, 257, 342, 345, 357. 358, 1-06, 407, 410, 414, 475, 764 立体主义
Analytical, 535, 556, 742 分析立体主义
decline of, 496 立体主义的没落
grid structure of, 482, 640, 868 立体主义的格子结构
JP and, 496, 540, 556, 591, 858, 878 波洛克与立体主义
Picasso and, 46, 160, 549, 585, 586, 458, 496, 552, 808 毕加索与立体主义
"Cubism and Abstract Art" show, 414 "立体主义与抽象艺术"展
Culberg, Maurice, 659 莫里斯 · 考尔伯格
cults, religious, 127-131, l37-140, 317, 821 宗教崇拜
cummings, e. e., 124 爱德华 · 艾斯特林 · 卡明斯
Curry, John Steuart; 224, 227, 550, 834 约翰 · 斯图尔特 · 柯里

Dadaism, 411, 414, 703, 859 达达主义
Dali, Salvador, 409-415, 575, 859 萨尔瓦多 · 达利
critical opinion of, 414-415, 420, 422 对达利的批评意见
"hand-painted dream photographs" of, 412, 414, 426, 442 达利的"手绘梦境摄影"
public image of,.410, 414 达利的公众形象
store windows, by, 409-410 达利设计的商店橱窗
Daltzell-Hatfield gallery, 150, 825 达尔泽尔 - 哈特菲尔德画廊
Dancing Head (Pollock), 716 《舞动的脑袋》(波洛克)
"Daring Young Man on the Flying Trapeze, The" (Saroyan), *265* 《秋千架上的大胆青年》(萨洛扬)
Darrow, Clarence, 218 克拉伦斯 · 达罗
Darrow, Whitney, Jr., 206, 218-221, 255, 258. 854, 858 小惠特尼 · 达罗 ,
on JP, 219, 220, 221, 223, 229 达罗谈波洛克
Dartmouth College, 290, 298, 551, 667, 843 达特茅斯学院
Davidson, Jo, 854 裘 · 戴维森
Davidson, Martha, 414 玛莎 · 戴维德森
Davie, Alan, 760, 763, 901 艾伦 · 戴维
Davis, Bill, 514, 528, 606, 678 比尔 · 戴维斯
JP's works owned by, 544, 557 戴维斯所藏波洛克作品
Davis, Emily, 405, 528 艾米丽 · 戴维斯
Davis, Gene,629 简尼 · 戴维斯
Davis, Richard, 理查德 · 戴维斯
Davis, Stuart, 斯图尔特 · 戴维斯
"Dead End Art," 590 "绝境艺术"
Dean, James, 576, 759, 901 詹姆斯 · 迪恩
"death of easel painting" theory, 287, 551, 587, 613, 882 "架上绘画之死"理论
Death Rides the Wind (Ryder forgery), 251, 837 《乘风而逝》(莱德复制)
Debs, Eugene V., 29, 87, 233, 816 尤金 · V. 德布斯
Decline of the West, The (Spengler), 262 《西方的没落》(斯宾格勒)
Deep, The (Pollock), 728, 729, 751 《深》(波洛克)
Deep Hollow Dude Ranch, 692-693 深空假牧场
Deep River, Conn., 400, 401, 467, 489, 531, 577; 601, 641, 676, 700, 722, 741, 795 康涅狄格州迪普里弗
de Fiori, Ernesto, 98 埃内斯托 · 德 · 菲奥里
Degand, Léon, 574-575 雷昂 · 德刚
de George, Stephanie, 166, 827 史蒂芬妮 · 德 · 乔治
Dehner, Dorothy, 356 多萝西 · 德纳尔
de Kooning, Cornelia, 715 古尔尼亚 · 德 · 库宁

de Kooning, Elaine Fried, 709, *709,* 715, 735　依莲娜·弗雷德·德·库宁
on JP, 585, 736　依莲娜·弗雷德·德·库宁谈波洛克
Lee Krasner and, 708, 110　李·克拉斯纳与依莲娜·弗雷德·德·库宁
marital difficulties of, 745, 753　依莲娜·弗雷德·德·库宁的婚姻问题
de Kooning, Willem, 269, 541　威廉·德·库宁
attractiveness of, 708, 710　德·库宁的魅力
critical opinion on, 345, 632, 675, 702, *709;* 714　对德·库宁的批评意见
exhibitions of, 396, 397, 558, 568, 586. 604, 662, 682-683, 714-715　德·库宁的展览
Harold Rosenberg and, 708-712, 715　哈罗德·罗森伯格与德·库宁
John Graham and, 343, 345, 346, 347, 592　约翰·格雷厄姆与德·库宁
on JP, 347, 595, 598, 623, 714　德·库宁谈波洛克
JP and, 598, 429, 708, 709-710, 714-715, 718-719, 735, 756-737, 758, 760-761, *717,* 794-195, 895　波洛克与德·库宁
JP on, 617, 709, 714　波洛克论德·库宁
Lee Krasner and, 708-710, 713　李·克拉斯纳与德·库宁
painterly tradition of, 714　德·库宁的绘画传统
personality of, 715-114　德·库宁的性格
popularity and reputation of, 715-714　德·库宁的知名度与声誉
prosperity of, 763　德·库宁的上升期
recognition and success of, 558, 604, 658, 658, 708; 715-714, 715, 765　德·库宁的获得认可与成功
works of, 605, *709,* 713-715　德·库宁的作品
Delaney, Joe, 183, 198, 199, 207, 208, 212, 356　乔·德莱尼
on JP, 165, 168, 223, 248, 828　德莱尼谈波洛克
de Laszlo, Violet, *362,* 652, 655, 655-656, 858　维奥莱·德·拉斯洛
on JP, 655, *661, 676,* 855　德·拉斯洛谈波洛克
JP's therapy with, 561-565, 405, 453, 579, S60, 852-853　德·拉斯洛对波洛克的治疗
physical appearance and personality of, 362　德·拉斯洛的外表与性格
Delaunay, Robert, 447　罗伯特·德劳内
Demarest, Elizabeth B., 560　伊丽莎白·B. 德玛斯特
Demoiselles d'Avignon, Les (Picasso), 350-351　《亚维农少女》（毕加索）
de Nagy, Tibor, 609, 683, 883-884　蒂博尔德纳吉画廊
Denby, Edwin, .712　艾德温·丹比
De Niro, Robert, 446-447, 448, 864　罗伯特·德尼罗
Denis, Maurice, 384, 523　莫里斯·丹尼
Depression, Great, 6, 70, 1.25, 152, 146-147, 160, 196-201, 214, 224, 259-266, 277, 290, 294, 339, 374, 377, 379, 416, 507　大萧条
depressions, economic, 29, 79-80, 859　经济萧条
Derain, André, 126, 585, 591, 597　安德烈·德朗
Des Moines *Register,* 64　得梅因纪事报
Desperate Hours, The, 759　《危急时刻》
de Stijl movement, 386, 410, 436, 445　风格派运动
Devil's Hole, 245-246, 249, 250, 596, 837　德弗尔斯魔鬼洞
Devree, Howard, 495, 656, 678, 699　霍华德·德芙里
Dewey, John, 185, 263, 524, 850　约翰·杜威
Dial, 97-99, 107, 152, 325, 349, 796, 817-818　《拨号盘》
Diamond Match Company, 73, 815　钻石火柴公司
Diamond Mountain Inn, 80, 82-88, *82,* 89, 106, 816　钻石山旅馆
Dianetics (Hubbard), 580-581　《戴尼提》（贺伯特）
Diaz, Porfirio, 284　波费里奥·迪亚斯
Diaz, Virginia, 397　弗吉尼亚·迪亚兹
Dickinson College, 24, 810　狄金森学院
Dies, Martin, 227, 321-522, 340, 846　马丁·迪斯
Dietrich, Marlene, 492, 546　玛琳·黛德丽
Dilantin, 577　狄兰汀
DiLiberto, "Sam," 749, 758, 900　迪里伯特，“山姆”
Diller, Burgoyne, 275, 283, 314, 479, 845　伯戈因·迪勒
direct carving, 241　直接雕刻
distemper, 188, 189, 190　胶画法
disulfiram, 661, 889　戒酒硫
Divine, Father (George Baker), 425, 861　圣父（乔治·贝克）
Divine Comedy (Dante), 333　《神曲》（但丁）
Dodge, Mary Louise, 510　玛丽·路易斯·道奇
Dombrowski, Ivan Gratianovitch, *see* Graham, John
伊万·格弟安诺维奇·多布罗夫斯基，见约翰·格雷厄姆
Dominguez, Oscar,412, 4, 57, 859　奥斯卡·多明戈
Dos Passos, John, 124, 159, 224, 257　约翰·多斯·帕索斯
Douglas, Ann, 169-170　安·道格拉斯
Downs, Cile, 629　塞尔·当斯
Downtown Gallery, 592, 856　市区美术馆
Dragon, Ted, 597, *598,* 600-601, 610-611, 641, 651, 654; 674, 746, 881　泰迪·德拉贡
on JP, 584, 601, 621, 623, 638, 688, 71.6-717, 752, 757, 768-769　德拉贡谈波洛克
on Lee Krasner, 638, 640, 688, 694, 755, 781　德拉贡谈李·克拉斯纳
Drake, Mrs., 82, 86, 816　德雷克夫人
"drifts," 508-509　漂泊
drip technique, 533-542; *see also* Pollock, Jackson, paintings of
滴画法，也见杰克逊·波洛克的画
Drouin René, 783　勒内·德鲁因
duBois, Guy Péne, 593　盖伊·佩内·杜波瓦
Dubuffet, Jean, 527, 590-591, 597, 659, 681, 682, 764　让·杜布菲
Duchamp, Marcel, 410, 418, 425, 435, 441, 443-445, 859, 865　马塞尔·杜尚
JP and, 444-445, 450, 469, 680, 867　波洛克与杜尚
works of, 46, 201, 411, 413, 438, 429, 495　杜尚的作品
Dufy, Raoul, 384　劳尔·杜飞
Dugan, Jackson, 811　杰克逊·杜根

dust bowl, 198, 259, 832, 838　沙尘暴时期
Dybbuk, The (Ansky), 203　《恶灵》（安斯基）
Dykaar, Moses Wainer, 375, 854　摩西·温纳尔·戴卡尔
Dyn, 562, 879　《戴恩》
Dzubas, Friedel, 765, 783　弗里德尔·朱巴斯

Eakins, Thomas, 160, 162　托马斯·埃金斯
Eames, Charles, 582, .503　查尔斯·伊姆斯
Eames, Ray, 505, 654, 889　雷·伊姆斯
earthquakes, 251, 256, 836　地震
Earth Worms (Pollock), 526, 527, 875　《蚯蚓》（波洛克）
Easter and the Totem (Pollock), 725, 751, 904　《复活节和图腾》（波洛克）
East Hampton, N.Y., 169, 544, 502, 506-507, 510, 528-529, *544*, 549, 561, 572, 585-586, 871　纽约州东汉普顿
East Hampton Medical Clinic, 575, 576, 756　东汉普顿医疗诊所
East Hampton *Star*, 629-630　东汉普顿明星报
Eastman, Max, 188, 830　马克斯·伊斯特曼
Eben Demarest Trust Fund, 560, 572, 878　伊本迪马李斯特信托基金
Echo (Pollock), 668, *669*, 697, 764-765, 890　《回声》（波洛克）
Eck, Frank, 528　弗兰克·艾克
École des Beaux-Arts, 374, 412
（巴黎高等）美术学校
écriture automatique, 548, 416, 454, 656　自动写作
Edelmann, Mrs., 44, 45, 812　埃德尔曼夫人
Edie, Stuart, 356, 852　斯图亚特·艾迪
Edie, Walter, 27, 811　瓦特·艾迪
Edward, Merton, 508　莫顿·爱德华
Egan, Charlie, 630, 682-683, 684　查利·伊根
Egan Gallery, 558, 682-685, 699, 892　伊根美术馆
egg tempera, 188-190, *190*, 850-831　蛋彩画
Eight, The, 530　八人小组
Eighteenth Amendment, 86, 816　第十八条修正案
Eisenstein, Sergei M., 151　谢尔盖·米哈依洛维奇·爱森斯坦
election of 1892, 28-29　1892 年选举
election of 1896, 51　1896 年选举
election, of 1916, 71　1916 年选举
El Greco, 164, 220, 281, 557, 591, 714, 826　埃尔·格列柯
Eliot, Alexander, 593-594　亚历山大·艾略特
on JP, 600, 605, 755　艾略特谈波洛克
Eliot, T. S., 97, 610, 884　托马斯·斯特恩斯·艾略特
Elm Tree Inn, 528, 669, 692, 777, 779, 786, 873, 895　榆树酒店
Éluard, Paul, 124, 345　保罗·艾吕雅
Emergency Relief Bureau (ERB),271　紧急救助局
Emerson, Ralph Waldo, 20　拉尔夫·沃尔多·爱默生
encaustic painting, 597　蜡画
Enchanted Forest (Pollock), 555, 555, 903　《迷人的森林》（波洛克）
Epic of America, The. (Adams), 224, 854　《美国史诗》（亚当斯）
Epic of American Civilization (Orozco), 298　《美国文明的史诗》（奥罗兹科）
Ernst, Jimmy, 438, 441, 442, 444-445, 475, *603*　吉米·恩斯特
Ernst, Max, 357, 410, 412, 413, 419, *419*, 425-424, 435, 464, 485, 507, 530, 550　马克斯·恩斯特
exhibitions of, 414, 425　恩斯特的展览
experimental technique of, 534, 535　恩斯特的实验性技法
Peggy Guggenheim and, 437-441, 443, 445, 451, 458-459, 863, 866　佩吉古根海姆与恩斯特
Erwinna, Pa., 290, 292-295, 843　宾夕法尼亚州埃温纳
Escobar, Marisol, 770　马里索尔·埃斯科瓦尔
Eskimo masks, 551, 352　爱斯基摩面具
Etruscan art, 357　伊特鲁里亚艺术
Excavation (de Kooning), 605　《发掘》（德·库宁）
existentialism, 702-705　存在主义
Expressionism, 98, 167, 542. 557, 406　表现主义
Expulsion from the Temple (El Greco), 281　《逐出神殿》（埃尔·格列柯）
"Exquisite Corpse" game, 425-426, 861 "精美尸体"游戏
Eyes in the Heat (Pollock), 526, 527, 639, 873　《热气中的眼睛》（波洛克）

Fabean, Sam, 446　山姆·费比恩
Falkenberg, Paul, 647-648, 665　保罗·法尔肯伯格
Falling Rocket, The (Whistler), 555　《坠落的烟火》（惠斯勒）
"Fantastic Art, Dada and Surrealism" show, 414　"荒诞艺术，达达与超现实主义"展
Farrell, James, 224　詹姆斯·法雷尔
Faulkner, William, 224, 552, 690　威廉·福克纳
Fautrier, Jean, 597　让·弗特里埃
fauvism, 160, 585, 475　野兽主义
faux bois, 205, 259　仿木
Federal Arts Project (FAP), 272-277, 286, 301-303, 341, 399-400, 405, 455, 497, 635　联邦艺术计划
JP's participation in, 272, 274-277, 301 277, 301, 302, 511-512, 315-314, 321-322, 359, 363　波洛克参与联邦艺术计划
mural division of, 274-276, 285, 560-561　联邦艺术计划墙画部
Sande McCoy's participation in, 274-275, 564　桑特·迈考伊参与联邦艺术计划
see also Works Progress Administration　另见"公共事业振兴署"
Federico, Nina, 510, 669　妮娜·费德里科
Feeley, Helen, 697, 893　海伦·费雷
Feeley, Paul, 697, 893　保罗·费雷
Feitelson, Lorser, 201-202, 443, 832　洛沙·斐特尔森
Feldman, Morton, 663, 673, 890　莫顿·费尔德曼
Ferargil Galleries, 248, 251, 264, 278, 282, 360, 852　法拉吉尔画廊
Ferber, Herbert, 434, 555, 5 78, 600, 633, *671*, 711, 749　赫伯特·费伯
Ferenczi, Sandor, 528　桑多尔·费伦齐

Ferren, Inez, 438 伊内·费伦
Ferren, John, 458, 439 约翰·费伦
Ferstadt, Louis, 285 路易·福斯达特
Fiedler, Leslie, 170, 610, 710. 712, 884 莱斯利·菲德勒
"15 Americans" show, 678, 682, 686, 689, 8.92 "十五美国人"展
"15 Years of Jackson Pollock" show, 752 "杰克逊·波洛克十5年"展
"5th Anniversary Exhibition" show, 727 "五周年纪念展"
films, documentary,35, 561, 619, 811 纪录片
on JP. 647-649, *650,* 651, *651,* 665-664, 681, 759, 884-885 关于波洛克的纪录片
Finch, Helen, 97 海伦·芬奇
Fine, Perle, 387 伯尔·法恩
Fini, Leonor, 420 莱昂诺·尔菲尼
Finnegans Wake (Joyce), 607, 610, 884 《芬尼根守灵夜》(乔伊斯)
"Fireboy, The" (Pollock), 609 "火孩"(波洛克)
"First Papers of Surrealism" show, 424--425, 439-440, 443, 861 "超现实主义的最初文本"展
Fitzgerald, F. Scott, 224 弗朗西斯·斯科特·菲茨杰拉德
Fitzsimmons, James, 731 詹姆斯·菲茨西蒙斯
"Five American Painters" (Sweeney), 474
"五位美国画家"(斯威尼)
Flack, Audrey, 770, 774. 776-777, 902 奥黛丽·弗兰克
Flannagan, John B., 239, 240, 241, 836 约翰·B. 弗拉纳根
flatness, 350, 523, 527, 536, 543, 556, 632 平面性
Fleiss, Phyllis, 550, 637 菲力斯·弗雷斯
Flynn, Errol, 377 埃罗尔·弗林
Fogg Art Museum, 473 弗格美术馆
Fonssagrives, Lisa, 571 丽莎·佛萨格弗斯
Force, Juliana, 208, 271, 497 朱莉安娜·弗斯
Force School, 176 弗斯学校
Ford, Father, 681 福特神父
Fortune, 763, 880 《财富》
Forum Exhibition of 1916, 160 1916 论坛展
Foster, Sid, *117,* 144, 145 西德·福斯特
Four Opposites (Pollock), 725 《四个对立》(波洛克)
Fox, Josephine, 166, 827 约瑟芬·福克斯
Fox, Ruth, 694 卢丝·福克斯
JP's treatment with, 660-661, 670, 675'-675, 686-688 波洛克接受福克斯的治疗
Francis, Muriel, 578, 579, 558, 878 穆里埃尔·弗朗西斯
Frankenthaler, Helen, *522,* 609, 670, 697, *697,* 708, 783 海伦·弗兰肯特尔
Frankfurter, Alfred, 350, *575* 阿尔弗莱德·弗兰肯福特
French, Daniel Chester, 241 丹尼尔·切斯特·弗伦奇
French painting, 152, 541, 542, 576, 473; *see also* Paris School; *specific artists* 法国绘画，另见巴黎画派；各具体艺术家
Frenchtown, N.J., 291, 295-296, 540, 843 弗兰奇顿
frescoes, 98, *154,* 260, 357, *667* 湿墙画
Freud, Sigmund, 318, 319, 324-328, 353, 610, 611, 768, 852 西格蒙德·弗洛伊德
art influenced by, 361, 411, 4-12, 430 受弗洛伊德影响的艺术
Jung compared with, 330-331 弗洛伊德与荣格比较
Frick Museum, 281, 357 弗里克美术馆
Friedman, Abby, 766, 767 阿贝·弗里德曼
Friedman, Bernard Harper, 211, 7765-767, 767, 770, 771, 780, 784, 785, 902 本纳德·哈普·弗里德曼
Friedman, Jackson, 767 杰克逊·弗里德曼
Friedman, Stanley P., 807 斯丹利·P. 弗里德曼
frottage, 412, 859 拓印法
Fry, Roger, 98, 166, 523 罗杰·弗莱
Full Fathom Five (Pollock), 553, 616, 700, 903 《五英寻深》(波洛克)
Fumage, 412, 416, 427, 859 烛烟技术
Fur-Covered Cup, Saucer and Spoon (Oppenheim), 414 《皮草早餐：茶杯，茶碟与茶勺》(奥本海姆)

Galaxy (Pollock), 557, *537,* 875, 903 《星系》(波洛克)
Galerie Nina Dausset, 662, 889 妮娜·道塞画廊
games, 263, 420, 425-426, 438, 507, 861 游戏
Garbo, Greta, 546, 769 葛丽泰·嘉宝
Gardiner, Lionel, 507, 871 里奥内尔·嘉迪纳
Gardiners Bay, 499, 509, 516, 628, 649 纽约州加德纳斯湾
Gatch, Lee, 604 李·盖奇
Gauguin, Paul, 126, 220, 584 保罗·高更
Geist, Sidney, 785 盖斯特，西德尼
Geller, Bertram, 600 伯特拉姆·盖勒
JP's mural for, 602, 607, 613, 624-, 630, 657 波洛克为盖勒所作墙画
Geller, Phyllis, 600, 607, 630 菲力斯·盖勒
Gellert, Hugo, 227 雨果·盖勒特
Genauer, Emily, 583, 604, 622, 731 艾米丽·吉纳尔
George's Tavern, 480, 481, 868 乔治客栈
Germany, 12, 341, 345, 437, 561, 751, 904 德国、德国人
Gershwin, George, 149, 284, 824 乔治·格什温
gesso, 189, *190,* 229, 288, 879 打底剂
Giacometti, Alberto, 397, 426, 438, 495, 546, 597, 662, 684, 764, 870 阿尔伯托·贾科梅蒂
Gibran, Kahlil, 688 哈利勒·纪伯伦
Gimpel, Charles, 783, 784, 787 查尔斯·金培尔
Gimpel, Kay, 783, 784, 787 凯·金培尔
Girl before a Mirror (Picasso), 350, 351 《镜前少女》(毕加索)
"glacial erratics," 516, 795 "冰川漂砾"
Glarner, Fritz, 445 弗里茨·格拉尔内
Glasco, Joe, 554-555, 609, 610, 679, 685, 760, 883, 901 约瑟夫·格拉斯科
Glass Menagerie, The (Williams), 486, 489, 869 《玻璃动物园》(威廉斯)
Gods of the Modem World (Orozco), 299, *299,* 300 《现代世界的上帝》(奥罗兹科)
Goering, Hermann, 789, 904 赫尔曼·戈林

Going West (Pollock), 251-252, *251, 252, 837* 《西行》(波洛克)
Goldstein, Musa McKim, 294, 307, 307, 340, 361, 497, 870 穆萨·迈克金·戈德斯坦
Goldstein, Philip, *see* Guston, Philip 菲利浦·戈德斯坦，见菲利浦·加斯顿
Goldwater's Department Store, 57, 64, 814 金水百货
Goldy, Philip, *see* Guston, Philip 菲利浦·戈德斯坦，见菲利浦·加斯顿
Gompers, Samuel, 324 塞缪尔·龚帕斯
Goodman, Job, 264, 271-272, 274, 275, 281, 286, 840 乔布·古德曼
Goodnough, Robert，602, 662 罗伯特·古德诺夫
  on JP, 656-657, 699 古德诺夫谈波洛克
Goossen, Gene, 697, 893 琴·古森
Goossen, Helen, 697 海伦·古森
Gorchov, Ron, 343, 347, *756,* 762 罗恩·戈尔乔夫
Gorky, Arshile, 226, *248,* 275, 281, 345, 346, 549, 353, 380, 418, 442, 472, 632, 853, 860 阿希尔·戈尔基
  emotional problems of, 421, 572 戈尔基的情绪问题
  group painting suggested by, 341-342 戈尔基提议的群画
  JP and, 421, 515, 559 波洛克与戈尔基
  physical appearance and personality of, 166, 167, 206, 210, 360, 572, 827 戈尔基的外表与性格
  suicide of, 572, 604, 880 戈尔基的自杀
  works of, 275, 414-415, 421-424, 515, 535, 586, 600, 605, 655, 658, 684, 764 戈尔基的作品
Gothic (Pollock), 494, 520, 524, *525,* 536, 555, *614,* 645, 870, 888 《哥特式》(波洛克)
Gothic Frieze (Krasner), 639, 887 《哥特式楣饰》(克拉斯纳)
Gottlieb, Adolph, 345, 515, 602, 601, 633, 634, 854 阿道夫·戈特利布
gouache, 280, 331, *JJ2,* 337, 352, 361, 412, 438, 493, 557, 766, 866 水粉画
Goya, Francisco de, 281, 591 弗朗西斯科·德·戈雅
G Place Gallery, 471 G 地画廊
Grace Borgenicht Gallery, 683, 699 格蕾丝·伯尔根尼特画廊
Graham, Constance, 546, 347 康斯坦斯·格雷厄姆
Graham, Elinor, 546 格雷厄姆·艾琳诺
Graham, John, *342-357, 343,* 416, 529, 635, 716, 850-851 约翰·格雷厄姆
  athleticism of, 345 格雷厄姆的竞技主义
  background and education of, 342, 344-345 格雷厄姆的背景与教育
  David Smith and, 345, 346, 355-556 大卫·史密斯与格雷厄姆
  de Kooning and, 343, 345, 346, 347, 392 德·库宁与格雷厄姆
  "discoveries" and Protégés of, 345, 346, 347, 355, 355, 396 格雷厄姆的"发现"与保护
  fetishes of, 344, 347 格雷厄姆的恋物癖
  intellect and taste of, 343-344, 345, 346, 347-348, 356, 361, 383, 454, 868 格雷厄姆的才智与品位
  JP's relationship with, 342-343, 346-350, 353, 356-357, 361, 362, 365, 391-392, 394, 395, 396, 405, 406, 415, 431, 477, 665, 762 波洛克与格雷厄姆的关系
  Lee Krasner and, 391-392, 405, 783 李·克拉斯纳与格雷厄姆
  occult and religious interests of, 343, 346, 477 格雷厄姆对超自然神秘与宗教的兴趣
  paintings of, 344, 345, 346, 477 格雷厄姆的绘画作品
  physical appearance and personality of, 343-344, 346 格雷厄姆的外貌与性格
  Picasso and, 343, 345, 346, 347, 350, 351, 556, 386, 477, 851 毕加索与格雷厄姆
  shows arranged by, 365, 391-392; 396-397, 398, 422 格雷厄姆策划的展览
  writing of, 546, 348-349, 351, 357 格雷厄姆的写作
Graham, Martha, 546 玛莎·格雷厄姆
Graham, Vera, 345 维拉·格雷厄姆
Grand Canyon, 111-112, 115-117, *116,* 119, 238, 266, 467, 468, 749, 819 大峡谷
Grande Chaumière, 383 大夏米埃尔
Graves, Jane, 626-627, 628, 735-734 简·格雷夫斯
Graves, Morris, 552 莫里斯·格雷夫斯
Gray and Red (Pollock), 566, 879 《灰与红》(波洛克)
Train Robbery, The, 36 《火车大劫案》
Greenberg, Clement, 345, 350, 418, 493-494, 4-97, *522,* 576, *697,* 722, 793, 872-873 克莱门特·格林伯格
  American art and, 552, 559, 632-634 美国艺术与格林伯格
  artists disdained by, 632-633, 689 格林伯格不看好的艺术家
  artists' resentment of, 633-634, 635, 713 艺术家对格林伯格的不满
  art theories of, 350, 523, 527, 536, 543, 551, 552, 556, 559, 587, 632-653, 702, *708,* 713 格林伯格的艺术理论
  on contemporary artists, 345, 418, 493-494, 552, 632-633 格林伯格谈当代艺术家
  "death of easel painting" theory of, 551, 587, 615 格林伯格的"架上画之死"理论
  education of, 550 格林伯格的教育背景
  family background of, 549-550 格林伯格的家庭背景
  on flatness, 350, 525, 527, 536, 543, 556, 652 格林伯格论平面性
  girlfriends of, 549, 550, 572, 609 格林伯格的女朋友
  Harold Rosenberg vs., 701-708, 713 哈罗德·罗森伯格 vs 格林伯格
  insecurities of, 549 格林伯格之缺乏安全感
  on JP , 1, 3, 396, 397, 402, 408, 464, 465-466, 472, 496-497, 515, 527, 535, 536, 543, 551, 552, 555-556, 558, 575, 595, 593, 617, 659, 667, 678, 692, 697-698, 700, 759, 774, 791 格林伯格谈波洛克
  JP influenced by, 524, 526-527, 536, 549, 551, 553, 566, 591, 614, 765 格林伯格对波洛克的影响

JP repudiated by, 698, 742-743, 746, 895 格林伯格对波洛克的批判
JP's break with, 698, 761 波洛克与格林伯格分道扬镳
JP's relationship with, 62, 462, 521-524, 539, 549-552, 556, 560, 582, 585, 609, 610, 621, 628-629, 654, 637, 650, 656, 697-698, 746-747, 785 波洛克与格林伯格的关系
on JP's "ten-year run," 698, 731 on Lee Krasner, 396, 402, 404, 408, 522-523, 750 格林伯格谈波洛克"10年长跑"
Lee Krasner and, 701-702, 707-714, 746, 747 李·克拉斯纳与格林伯格
marriage of, 743 格林伯格的婚姻
misogyny and sadism in, 550 格林伯格的厌恶女性与施虐
personality of, 521, 550, 632-633 格林伯格的性格
physical appearance of, 522 格林伯格的外貌
professional background of, 521-522, 652 格林伯格的专业背景
provocative instincts in, 550, 552, 555-556, 877 格林伯格的挑衅本能
speaking manner of, 549, 877 格林伯格的言语方式
Greenberg, Jenny, 785 简妮·格林伯格
Greene, Balcomb, 465, 476-477, 508, 585, 881 巴勒肯·格林
Greene, Theodore, 575 狄奥多·格林
Green River Cemetery, 745, 794-795 绿河墓地
Greenwich House, 160-161, 217, 259, 241, 245, 256, 270, 826, 836, 838 格林尼治之家
Greenwich Village, 154, 255, 263, 266, 268, 276, 279, 281, 291, 374, 381, 444, 464, 479, 722, 747, 748 格林尼治村
Grey, Zane, 100, 818 赞恩·格雷
Greyed Rainbow (Pollock), 716, 731 《灰调的彩虹》(波洛克)
Gribitz, Ralphael, 686, 744 拉斐尔·格力比兹
Grimm, "Cat," 85, 816 格里姆,"猫"
Grimm, Hester, 76, 85, 596 海斯特·格里姆
Grippe, Peter, 656 彼得·格里普
Gropper, William, 160 威廉·格罗珀
Gross, Chaim, 488-489 哈伊姆·格罗斯
Grossman, Isidore, 259, 244, 245 伊萨多尔·格鲁斯曼
Grosz, George, 5, 167, 184, 827 乔治·格罗兹
Gruen, John, 684 约翰·古恩
Guardians of the Secret (Pollock), 456-457, *456, 457*, 461, 462, 404, 466, 471, 474, 494, 520, 640, 756, 865 《秘密守卫》(波洛克)
Guernica (Picasso), 349-350, 351, 352, 355, 365, 386, 851, 856, 858 《格尔尼卡》(毕加索)
JP influenced by, 349-,550, 553, 406 《格尔尼卡》对波洛克的影响
Guggenheim, Benita, 457 贝妮塔·古根海姆
Guggenheim, Benjamin, 435, 436, 440 本杰明·古根海姆
Guggenheim, Hazel, 460, 471 哈泽尔·古根海姆
Guggenheim, Peggy, 597, 420, 430, 435-446, *436* 佩吉·古根海姆
background and youth of, 435, 460, 865 古根海姆背景与青年
Betty Parsons and, 545, 547-548 贝蒂·帕森斯与古根海姆
children of, 435, 457, 440, 443, 479 古根海姆的子女
collection of, 586, 605, 881 古根海姆的收藏
European Surrealists and, 435-44l,450, 464-465 欧洲超现实主义与古根海姆
financial losses of, 436, 862 古根海姆的经济损失
galleries established by, 436-441, 636; *see also* Art of This Century gallery 古根海姆建立的画廊,另见本世纪艺术画廊
generosity of, 437, 438, 460, 476, 497, 624, 863 古根海姆的慷慨
homosexuality and, 459, 478-480, 866 同性恋与古根海姆
Italian exhibitions of, 586, 587, 605 古根海姆的意大利展
on JP, 444, 450, 462, 464, 468-469, 475, 476, 617-618 古根海姆谈波洛克
JP on, 478, 547 波洛克谈古根海姆
JP's contract with, 451, 474-475, 476, 494, 497, 504, 514, 528, 544-545, 547, 556-557, 558, 587, 588, 624 波洛克与古根海姆的合约
JP's mural for, 451, 458, 461, 466-469, 472, 490, 491, 493-496, *496*, 520, 524, 526, 536, 551, 587, 607, 613, 615, 616, 629, 639, 866 波洛克为古根海姆所作墙画
JP's relationship with, 429, 442, 444-446, 448-451, 464-465, 468-469, 471, 475-476, 478-479, 493, 497, 503, 514, 558, 618, 787 波洛克与古根海姆的关系
JP's works owned by, 504, 544-545, 557, 558, 587, 605, 662, 700, 787, 903 古根海姆所藏波洛克作品
Lee Krasner and, 449, 454, 459, 460-461, 464, 467, 482, 503, 513-514, 779, 784, 787 李·克拉斯纳与古根海姆
Lee Krasner on, 450, 460, 514, 558 李·克拉斯纳谈古根海姆
life-style of, 428, 455, 437-438, 478-480, 515 古根海姆的生活方式
love affairs of, 435, 436, 437, 459, 478 古根海姆的风流韵事
marriages of, 435, 437, 441 古根海姆的婚姻
Max Ernst and, 437-441, 443, 445, 451, 458-459, 863, 866 马克斯·恩斯特与古根海姆
memoirs of, 436, 503, 514, 515 古根海姆的回忆
parsimony of, 460, 476 古根海姆的吝啬
personality of, 440, 449, 460, 555, 863 古根海姆的性格
personal style of, 435, 437-438, 440, 449 古根海姆的个人风格
physical appearance of, 435, 437-438, 449, 460 古根海姆的外貌
salesmanship of, 476, 544-545, 555, 863 古根海姆的营销
salons of, 435, 437-438 古根海姆的沙龙
sexual reputation of, 478-480, 515, 868 古根海姆的风流声望
support of American art by, 425, 427, 428, 435, 458, 441-446,

450-451, 476 古根海姆对美国艺术的支持
Surrealism and, 435-441, 440, 495 超现实主义与古根海姆
Guggenheim, Solomon, 447 所罗门 · 古根海姆
Guggenheim collection, 346, 446-448 古根海姆收藏
Guggenheim Fellowship, 551, .568 古根海姆研究职位
Guggenheim, Jeune, 436, 443, 862 热恩 · 古根海姆
Guggenheim Museum, 434, 741, 863-854 古根海姆美术馆
Guilbaut, Serge, 574 赛尔热 · 居尔博特
Guild Hall, 506-507, 584, 587, 631, 871 市政厅
exhibitions at, 585-586, 608, 618, 641, 670, 672 市政厅展览
Guitar (Picasso), 241 《吉他》(毕加索)
Guston, Philip, 124-125, 129, 131, 133, *137*, 184, 219, 260-261, *261*, 281, 307, *307*, 340, 659, 821, 854 菲利普 · 加斯顿
competitions won by, 360-36l,497, 498, 551 加斯顿获得的奖项
JP resented by, 631 加斯顿对波洛克的憎恶
JP's relationship with, 126, 134-135, 159, 298, 349, 356, 498, 758, 762, 823, 824, 825, 877, 901 波洛克与加斯顿的关系
as ladies' man, 124, 146, 147, 294, 497-498, 673, 824 加斯顿的男性魅力
name changes of, 124, 497 加斯顿的更名
personality of, 203, 498 加斯顿的性格
recognition and success of, 551, 568, 852, 879 加斯顿得到认可与成功
style changes of, 568, 699 加斯顿的风格转变
works of, 124, 131, 133, 134, 151, 153, 201-202, 206, 274, 298, 349, 360-561, 497-498, 699 加斯顿的作品
Gyp (dog), 51-52, 55, 61, 92, 115, 456, 516, 813, 819 盖普(狗)
Gyp Ⅱ (dog), 516, *517*, *549*, 790, 878 "盖普二世"(狗)

Haida Indians, 337 海达印第安人
Hale, Barbara, 662, 739, 743, 759 巴尔巴拉 · 黑尔
Hale, Robert Beverly, 662, 759, 743 罗伯特 · 贝弗利 · 黑尔
Halloween Party (Guston), 497 《万圣节派对》(加斯顿)
Halpert, Edith Gregor, 392 伊迪丝 · 格莱格尔 · 哈尔珀特
Hambro, Leonard, 791-792, 904 莱昂纳德 · 汉博洛
Hamlin, Mrs. Harry, 585, 586 哈利 · 汉姆琳夫人
Hammett, Dashiell, 392 达许 · 汉密特
"Happiness through Liberation" (Krishnamurti), 129 "通过自由达到快乐"(克里希那穆提)
Hardenberg, Henry J., 161, 826 亨利 · J. 哈顿伯格
Harding, Warren G., 87, 160 沃伦 · 盖玛利尔 · 哈定
Hare, David, 419, 425, 460, 469, 475, 636, 867 大卫 · 哈尔
Hare, Denise, 628 丹尼斯 · 哈尔
Harlan County, Ky., 257-258, 838 肯塔基州哈伦
Harmonica Rascals, 207-208, 246-247, 305, 312, 356 口琴捣蛋鬼
Harper's Bazaar, 474, 475, 598, 618, 655, 678, 867 《时尚芭莎》
Harris, Elwyn, 625-626, 669-670, 694, 789 埃尔温 · 哈利斯
Hartigan, Grace, *see* Jackson, Grace Hartigan 格蕾丝 · 哈廷甘
Hartley, Marsden, 160, 473 马斯登 · 哈特利
Harvard University, 165, 389, 422, 423, 473, 487, 489, 585, 610, 869 哈佛大学
Hasidic Dancers (Weber), 854 《哈西德舞者》(韦伯)
Hassam, Childe, 506 蔡尔德 · 哈萨姆
Hat Makes the man, The (Ernst), 414 《帽子造就人》(恩斯特)
Hauck, Fred, 356, 486, 528, 560, 878 弗莱德 · 霍克
Hauck, Janet, 528, 560, 565, 878 简妮特 · 霍克
Hayden, Bill, 185, 400, 830 比尔 · 海登
Hayden, Francis, 37 弗朗西斯 · 海登
Hayter, Helen, 500 海伦 · 海特
Hayter, Stanley William, 397, 499, 500, 857, 869 斯坦利 · 威廉 · 海特
workshop of, 490-491, 493 海特的工作坊
Hearst, William Randolph, 262, 364, 574 威廉 · 伦道夫 · 赫斯特
Held, Al, 714 阿尔 · 赫尔德
Hélion, Jean, 420, 450, 507, 860, 864 让 · 艾利翁
Heller, Ben, 764-765, 769, 780, 783, 794 本 · 海勒
Heller, Edwin, 601, 653, 901 埃德温 · 海勒
JP treated by, 573, 576-577, 578, 579, 582, 638 海勒对波洛克的治疗(或招待)(视上下文而定)
Hemingway, Ernest, 3, 171, 224, 435, 549, 576, 690, 761, 808 欧内斯特 · 海明威
machismo myth of, 529-530, 595-596, 735 海明威的男子汉神话
Hemingway, Lester, 529 莱斯特 · 海明威
Hempstead, Eleanor, 714, *759*, 901 埃莉诺 · 汉普斯泰德
Henderson, Helena Darwin Cornford, 328, 847 艾琳娜 · 达尔文 · 孔福德 · 亨德森
Henderson, Joseph, 326-329, *328*, 331-338, 348, 847-849 约瑟夫 · 亨德森
background and training of, 327-328, 336-337 亨德森的背景与职业训练
on JP, 329, 331-332, 336, 357, 358, 359-360 亨德森谈波洛克
JP's therapy with, 329, 331-338, 339, 350, 354, 357, 359-360, 361-362, 431, 432, 453, 525, 660 波洛克接受亨德森的治疗
Jung and, 327-329 荣格与亨德森
Henderson, Margo, 194 玛戈 · 亨德森
Henri, Robert, 160, 162 罗伯特 · 亨利
Henry Street Settlement House, 264, 271 亨利街住宅
hepatitis, 756, 901 肝炎
Herbst, Josephine, 291 约瑟芬 · 赫布斯特
Hero with a Thousand Faces (Campbell), 610, 884 《千面英雄》(坎贝尔)
Herrick, James Bryan, 325, 847 詹姆斯 · 布莱恩 · 赫里克
Herter, Albert, 671 艾伯特 · 赫脱
Hess, Thomas, 471, 655, 658, 690, 709, 712, 713, 731, 889 托马斯 · 海斯
Hicks, Mason, 305, 306, 310, 596 梅森 · 希克斯
Hicks, Rebecca "Becky" Tarwater, 303-306, *304*, 844 瑞贝卡(爱称"贝奇")塔尔瓦特 · 希克斯

on JP, 304, 306　希克斯谈波洛克
JP and, 303, 304-306, 307, 309-310, 313, 844　波洛克与希克斯
"High Steps and the Low Steps, The" (Conaway), 813, 814　"高台阶与低台阶"（康纳威）
Hindenburg, Paul von, 136, 262, 823　保罗 · 冯 · 兴登堡
Hinduism, 85, 127, 128, 688, 821　印度教
Hinton, Charles Louis, 374, *375*, 854　查尔斯 · 路易斯 · 辛顿
Hispanic Society of America, 357　美国西班牙裔协会
Hitler, Adolf, 262, 289, 321, 561　阿道夫 · 希特勒
hoboes, 197-200, 832　流浪者
Hodges, Alice, 609　爱丽丝 · 霍奇斯
Hodges, Harold, 124-125, 147, 821, 824　哈罗德 · 霍奇斯
Hofmann, Hans, 380-386, *383*, 398-399, 404, 552, 632, 673, 701　汉斯 · 霍夫曼
charismatic personal style of, 384, 396　霍夫曼的领袖风格
chauvinism of, 385-386　霍夫曼的沙文主义
exhibition of, 482-483, 484, 486, 869　霍夫曼的展览
JP and, 398-399, 406, 429, 486, 490, 631　波洛克与霍夫曼
Lee Krasner and, 385-386, 406, 407, 482-483, 484, 485, 486, 489, 490, 523, 639-640, 675, 745, 855　李 · 克拉斯纳与霍夫曼
"perfect picture" theory of, 385, 386, 407, 482　霍夫曼的"完美画面"理论
physical appearance of, 384　霍夫曼的外貌
self-doubts of, 386, 399　霍夫曼的自我怀疑
teaching of, 380, 381-386, 388, 397, 398-399, 416, 445, 455, 480, 503, 522, 523, 609, 675, 701, 745, 855, 875　霍夫曼的教学
"tensions" theory of, 384-385, 386　霍夫曼的"张力"理论
works of, 535, 586, 875　霍夫曼的作品
Hofmann, Miz, 486, 535, 869　米兹 · 霍夫曼
Hohokam Indians, 55-56, 813-814　霍霍坎印第安人
Holloway, Edgar, 128　埃德加 · 霍洛韦
Hollywood, Calif. 123, 150, 201, 443, 545　加利福尼亚州好莱坞
Hollywood Gallery of Modem Art, 443　好莱坞现代美术馆
Holmes, Oliver Wendell, Jr., 324　小奥利弗 · 温德尔 · 霍姆斯
Holms, John, 435, 439, 862　约翰 · 霍姆斯
Holtzman, Harry, 166, 186, 275, 389, 428, 445, 477, 635, 827, 863　哈利 · 霍兹曼
homeopathy, 127, 482, 492, 656, 659　顺势疗法
Homer, Winslow, 184, 506　温斯洛 · 霍默
homosexuality, 199-200, 319, 389, 419, 478-482　同性恋
Benton on, 170, 227-228, 288, 680, 830　本顿谈同性恋
JP's experiences with, 200, 249, 479, 480-482, 487-489, 719, 832　波洛克的同性恋经验
Hoover, Herbert, 79, 136, 233, 815, 823, 835　赫伯特 · 胡佛
Hopi Indians, 336　霍皮印第安人
Hopkins, Budd, 749　布德 · 霍普金斯
霍布金斯 on JP, 540, 595, 743, 752, 757, 770　谈波洛克
Hopkins, Harry, 270, 271, 272, 273-274, 276, 322, 846　哈利 · 霍普金斯
Hopper, Edward, 160, 545　爱德华 · 霍普
Horgan, Ettabelle Storm, 246, 596　埃塔贝拉 · 斯特尔姆 · 霍根
Horizon, 552, 553, 559　《地平线》
Horizontal on Black (Pollock), 494　《黑布上的水平线》（波洛克）
Horn, Axel, 162-163, 165, 208, 321, 842　阿克塞尔 · 霍恩
on JP, 66, 167, 207, 211, 223, 243, 247, 265, 266, 286, 289, 295, 296, 302, 393, 394, 454, 502　霍恩谈波洛克
on Lee Krasner, 393, 394, 459　霍恩谈李 · 克拉斯纳
on Siqueiros, 285, 286-287, 288, 289, 302　霍恩谈西凯罗斯
Horton, Ora, 148　奥拉 · 霍尔顿
Hôtel Quai Voltaire, 783　伏尔泰街酒店
House of Books and Music, 736, 898　书籍与音乐之屋
Howath, Annie, 43, 812　安妮 · 霍瓦斯
Howe, Ernest, 255, 838　恩斯特 · 霍维
Howe, Irving, 372-373, 562, 854　欧文 · 豪威
Hubbard, Elizabeth Wright, 492-494, *493*, 696, 727, 868　伊丽莎白 · 赖特 · 哈伯德
breakdown of, *720*　哈伯德的奔溃 / 精神失常
holistic approach of, 492, 744　哈伯德的全面手法
JP's treatment with, 492-493, 494, 579, 656, 658, 659-660, 674, 700, 744, 889　波洛克接受哈伯德的治疗
Lee Krasner and, 482, 492, 568, 675, 688　李 · 克拉斯纳与伊丽莎白
physical appearance of, 492, 548　哈伯德的外貌
Hubbard, Elizabeth Wright, II, 492, 548　伊丽莎白 · 赖特 · 哈伯德二世
Hubbard, L. Ron, 580-581　L. 罗恩 · 哈伯德
Hubbard, Merle, 548　莫雷 · 哈伯德
Huelsenbeck, Richard, 703, 894　理查德 · 胡森贝克
Hughes, Charles Evans, 71　查尔斯 · 埃文斯 · 休斯
Hults, Ed, 508, 510, 625, 630, 670, 885　爱德 · 哈尔特
Hunt, George. 593, 594　乔治 · 亨特
Hunter, Edys, 560, 744-745, 878　艾迪斯 · 亨特尔
Hunter, Sam, 560, 565, 583, 744-745, 878　山姆 · 亨特
Hurricane Carol, 739-740, 898　飓风卡罗尔
hurricane of 1938, 516, 739　1938 年飓风
Hustek, Whitey, 518, 533-534　惠特尼 · 哈斯特克
Huxley, Aldous, 575, 881　奥尔德斯 · 赫胥黎
Hynes, William "Red," 132, 137　威廉姆"红" · 海因斯
hypnosis, 580-581, 881　催眠
"ideal museum," 588, *589*, 598, 600, 606, 607, 613, 615, 657, 659, 762　理想的美术馆

If This Be Not I (Guston), 497, 498　《如果这不是我》（加斯顿）
Image of Man (Pollock), 662, *666*　《男人画像》（波洛克）
Imperial Guard, Russian, 367　俄罗斯皇家卫队
Impressionism, 160, 184, 228, 506, 746, 763, 764　印象主义
India, 128, 129, 138, 461, 477, 868　印度
"Indian Art of the United States" show, 357　"美国印第安艺术"展
Indians, American, *see* American Indians　印第安人，美国，见

美国印第安人
"Infinite Labyrinth, The" (Tyler), 603-604 "无限迷宫"（泰勒）
Ingres, Jean Auguste Dominique, 348 让·奥古斯特·多米尼克·安格尔
Institute of Contemporary Art, 559 当代艺术学院
"International Water Color Exhibition" show, 662 "国际水彩画展"
International Workers of the World (IWW), 56, 132 "世界工人联盟"
"Intrasubjectives," 586, 701, 703, 884 "内向主体性"
Iowa, 28-29, 44, 58, 140, 141, 497 爱荷华州
Iowa, University of, 14, 629, 659, 756 爱荷华大学
Iowa City, Iowa, 497, 629 爱荷华州爱荷华市
Iowa Territory, 12-15, 25-26, 809 爱荷华领地
"Irascibles," 602-603, *603,* 618, 638, 662 "易怒的"
Ireland, 11, 12, 24, 122, 596 爱尔兰
Isaacs, Reginald, 585, 596, 678, 680-681, 780, 794 瑞金诺德·艾萨克
Isaacs, Richard T., 811 理查德·T. 艾萨克
iskusstvo, 372 《艺术》杂志
Ives, Burl, 170, 828 伯尔·艾弗斯
Ives, Charles, 766 查尔斯·艾弗斯

Jack, Nora, 85, 816 诺拉·杰克
"Jack Sass" stories, 194-195, 207, 831 "杰克·萨斯"的故事
Jackson, Grace Hartigan, 563, 578, 586, 617, 709, 713, 828, 881 格蕾丝·哈廷甘·杰克逊
on JP, 625, 638 格雷丝·杰克逊谈波洛克
Jackson, Harry, 562-565, *563* 哈利·杰克逊
art studies of, 563, 719 哈利·杰克逊的艺术学习
background and youth of 563-564, 879 哈利·杰克逊的背景与青年时期
cowboy fantasies of, 564 哈利·杰克逊的牛仔梦
on JP, 547, 563, 564-565, 571, 578, 685, 692-693, 695, 719 哈利·杰克逊谈波洛克
JP's relationship with, 562-565, 586, 610, 625, 692-693, 709, 719, 762, 879 波洛克与哈利·杰克逊的关系
on Lee Krasner, 565, 568, 571, 640-641, 692, 695 哈利·杰克逊谈李·克拉斯纳
physical appearance of, 564 哈利·杰克逊的外貌
war service of, 562-563, 564 哈利·杰克逊的服役
wedding of, 586, 881 哈利·杰克逊的婚礼
Jackson, Martha, 738-739, 746, 899 玛莎·杰克逊
Jackson Pollock (Benton), *184* 《杰克逊·波洛克》（本顿）
Jack's Shack, 256, 838 杰克的棚屋
Jacob, Max, 546 马克斯·雅各布
Janesville, Calif., 80-88, 96, 100, 121, 232, 236, 335, 516, 815-816 加利福尼亚州简斯维尔
Janis, Sidney, 4, 455, 461-462, 471, 474, 525, 656, 685, 693-694, 727 西德尼·贾尼斯
annual JP show cancelled by, 727 贾尼斯取消波洛克年度展
on JP, 455, 462, 544, 684 贾尼斯谈波洛克
JP's relationship with, 685, 727-728, 741, 755, 896 波洛克与贾尼斯的关系
salesmanship of, 684, 691, 696, 716, 727-728, 867 珍尼斯的营销
shows mounted by, 471, 586, 684, 714-715, 727, 731, 752-753, *162* 珍尼斯发起的展览
see also Sidney Janis Gallery
另见西德尼·贾尼斯画廊
Janson, H. W., 568 H . W. 詹森
Japan, 55, 365, 500, 662 日本
Jay, Louis, 110-112, 115, 116-117, *117,* 210, 218, 468, 819 路易斯·杰伊
Jefferson, Thomas, 18, 809 托马斯·杰斐逊杰弗逊
Jenkins, Esther, 783 伊瑟尔·詹金斯
Jenkins, Paul, 675, 733, 749, 757, 763, 783-784, 787, 793 保罗·詹金斯
Jessup, Jack, 593, 882 杰克·杰苏普
Jesus Christ, 128, 371, 782, 854 耶稣基督
Jewell, Edward Alden, 225, 465 爱德华·奥尔登·朱厄尔
Jewish People's Art Guild, 854 犹太艺术行业协会
Joaquin, Hele, 84 海勒·杰奎因
John Reed Club, 227, 228 约翰·里德俱乐部
Johns, Sarah, 482 沙拉·约翰斯
Johnson, Alvin, 188, 189, 830 阿尔文·约翰逊
Johnson, Buffie, 460, 560, 600, 607, 609, 655 布菲·约翰逊
on JP, *610,* 652, 655, 665, 670 约翰逊谈波洛克
on Lee Krasner, 560, 611, 652 约翰逊谈李·克拉斯纳
Johnson County War, 40, 812 约翰逊县战争
Josephson, Matthew, 265, 272, 273, 374 马修·约瑟夫森
Joyce, James, 124, 150, 587, 610, 664 詹姆斯·乔伊斯
Juan de Pareja (Velazquez), 808 《混血奴隶帕雷哈》（委拉斯凯兹）
Judaism, 272-273, 366-567, 370, 371, 853-854 犹太教
Jules, Mervin, 206, 210, 225, 229, 247 马尔文·朱尔斯
on Benton, 164, 170, 190, 228 朱尔斯谈本顿
Julien Levy Gallery, 342, 357, 423, 545 朱利安·列维画廊
Jumble Shop, 356, 389, 851 杂货店
Jung, Garl Gustav, 85, 303, 325, 326, 327-331, 354, 406-407, 431, 688, 716, 865 卡尔·荣格
Freud compared with, 330-331 与荣格比较的弗洛伊德
theories of, 328-331, 333, 334-335, 336, 337, 338, 357, 359, 361, 415, 452-453, 455, 538, 611, 778, 847-849 荣格的理论
Jungle Pete's Bar and Grill, 507, 508, 510, 512, 513, 528, 529, 571-572, 669-670, 676, 692, 770 强格尔·匹特的酒吧与烧烤
Junk Dump Fair (Krasner) 586 《废品市场》（克拉斯纳）

Kadish, Barbara, 499, 500-501, 511, 609 芭芭拉·卡迪什
Kadish, Reuben "Rube," 230, 239, 259-261, 261, 265, 271, 273-275, 277, 281, 347, 439, *457,* 492, 696 鲁本·卡迪什（绰号鲁贝）
background of, 202-203 卡迪什的背景

family life of, 499-501, 502 卡迪什的家庭生活
on JP, 2, 202, 203, 239, 264, 279, 283, 285, 293, 296-,298, 302-304, 306, 310, 311, 323, 355, 358, 359, 402, 494, 429, 446, 461, 465, 467, 481, 483-484, 490, 491, 494, 499, 598, 608, 709 卡迪什谈波洛克
JP sales promoted by, 405, 858 卡迪什对波洛克作品的促销
JP's relationship with, 202-204, 205, 219-220, 239, 293, 298, 307, 337, 349, 356, 357, 403, 443, 477, 490-491, 499-501, 511, 756, 794, 832, 834 波洛克与卡迪什的关系
Lee Krasner and, 499-501, 511, 609 李·克拉斯纳与卡迪什的关系
physical appearance and personality of, 202, 203 卡迪什的外貌与性格
on Sande McCoy, 259, 260, 261, 279, 364-365, 481 卡迪什谈桑特·迈考伊
war service of, 479 卡迪会的服役
Kadison, Leib, 203 莱布·卡迪森
Kahn, Louis, 587 路易·卡恩
Kainen, Jerome, 227 杰罗姆·凯能
Kaiser, Ray "Buda," 382 雷·凯泽尔（绰号“布达”）
Kaldis, Aristodemos, 391, 635, 887 亚里士多德摩斯·卡尔迪斯
Kamrowski, Gerome, 161, 266, 346, 414, 416, 422-424, 426, 427, 435, 449, 464, 689, 706, 859-860 杰罗姆·卡姆罗夫斯基
on Betty Parsons, 547, 654 卡姆罗夫斯基谈贝蒂·帕森斯
on JP, 357, 395, 415, 460, 670, 758 卡姆罗夫斯基谈波洛克
on Lee Krasner, 395-396 卡姆罗夫斯基谈李·克拉斯纳
works of, 535, 562 卡姆罗夫斯基的作品
Kandinsky, Wassily, 346, 357, 447, 448, 515, 525, 552, 591, 699, 822, 852 瓦西里·康定斯基
Kansas City, Mo., 294, 312-313, 692 密苏里州堪萨斯城
Kansas City Art Institute, 277, 512 堪萨斯城艺术学院
Kant, Immanuel, 523, 702, 894 伊曼努尔·康德
Kantor, Morris, 465 莫里斯·坎特
Katz, Nathan, 166-168, 210-213, 240, 250, 294, 356, 634, 833 纳桑·卡兹
on JP, 213, 310 卡兹谈波洛克
Kaufmann, Edgar, Jr., 598, 600 小埃德加·考夫曼
Kaz, Nathaniel, see Katz, Nathan 纳撒尼尔·卡兹，见卡兹·纳桑
Kazin, Alfred, 265, 374 阿尔弗雷德·卡津
Keicher, John, 32, 811 约翰·凯歇尔
Keicher, Mary Elizabeth McClure (aunt), 16-17, *17,* 32, 811 玛丽·伊丽莎白·迈克鲁·凯歇尔（姑姑）
Keith, William, 108 威廉姆·凯斯
Kennedy, Donald, 610 唐纳德·肯尼迪
Key, The (Pollock), 518, *518,* 520, 521, 543, 544, 552-553, *614,* 697, 725, 872 《钥匙》（波洛克）
Kiesler, Frederick, 381, 382, 396, 426, 791, 857, 863 弗雷德里克·基斯勒
interior design of, 425, 438, 439, *440,* 547 基斯勒的室内设计
Kingsmith Studio School, 303 金史密斯绘画学校 工作室学院
Kipling, Rudyard, 103 鲁德亚德·吉卜林
Kirstein, Lincoln 473 林肯·科尔斯坦
Kiss (Brancusi), 241 《吻》布朗库西
Klee, Paul, 557, 438, 489, 523, 852 保罗·克利
works of, 414, 425, 439, 447, 448 克利的作品
Kleeman Galleries, 280 克里曼画廊
Klein, Ralph, 747, 748, 767-769, 777-782, 902 拉尔夫·克莱因
Kligman, "Bootie," 775, 776 克里格曼（绰号“小靴子”）
Kligman, Iris, 775, 777 艾瑞斯·克里格曼
Kligman, Mary, 775 玛丽·克里格曼
Kligman, Ruth, 775-786, *790,* 902-904 露丝·克里格曼
childhood of, 774-776 克里格曼的童年
family background of, 774-775 克里格曼的家庭背景
jobs of, 776, 779, 902 克里格曼的工作
JP's relationship with, 774, 775-783, 784-786, 788-793, 902-903 波洛克与克里格曼的关系
physical appearance of, 774, 777, 779, 785 克里格曼的外貌
pregnancy claimed by, 780-781, 903 克里格曼声称怀孕
Kline, Franz, 169, 632, 633, 634, 637, 715, 736 弗朗兹·克莱因
JP and, 696, 718, 740, 749-750, 758-759, 760-761, 771, 893, 900 波洛克与克莱因
works of, 675, 682, 684, 750 弗朗兹·克莱因的作品
Klonis, Stewart, 630 斯图亚特·克劳尼斯
Knaths, Karl, 486, 869 卡尔·克纳斯
Knee, Gina, 585, 650, 794 吉纳·尼
Koestler, Arthur, 291 阿瑟·凯斯特勒
Kootz, Samuel M., 476, 484, 486, 514, 545, 598, 868 塞缪尔·M.库兹
JP and, 576, 624, 682, 872 库兹谈波洛克
see also Samuel M. Kootz Gallery 另见塞缪尔·M.库兹画廊
Kovner, Harold, 630 哈罗德·考芙纳
Kozloff, Max, 542 马克斯·柯兹洛夫
Kramer, Hilton, 466, 535, 633 希尔顿·克雷默
Krasner, Lee, 325-326, 365-408, *505, 517, 549, 614, 643, 734, 775* 李·克拉斯纳
abrasive personal relations of, 37l, 375, 382, 386, 500-501, 510-511, 565, 568, 569, 642-643, 707-710, 712, 796 克拉斯纳粗放的个人关系
academic difficulties of, 373, 374-377 克拉斯纳的学术困难
adolescence of, 371-374 克拉斯纳的少年
aggressiveness of, 382, 393, 405, 548, 565, 611, 640-641, 645-646, 708, 738 克拉斯纳的激进
as "alcoholic spouse," 687-688 克拉斯纳作为“酗酒配偶”
animal energy and voluptuousness of, 379, 382 克拉斯纳

的野性力量与性感
Anna, Krassner's relationship with, 370-371 安娜 · 克拉斯纳与李 · 克拉斯纳的关系
arrogance of, 375, 379, 382, 386, 642-643 克拉斯纳的自大
artistic ambition of, 373, 388, 483, 637-641 克拉斯纳的艺术野心
artistic commitment of, 379, 381, 402, 482-484 克拉斯纳的艺术承诺
artistic influences on, 380-387, 397, 407, 482, 489, 639-640, 675 对克拉斯纳的艺术影响
artistic support of JP by, 402-408, 429, 446-447, 449, 455, 459-461, 466-467, 520, 547-549, 558, 560, 591, 611-612, 638, 684, 693-694, 707-714 克拉斯纳给予波洛克艺术支持
art training of, 373-377, 381-383, 385-387, *387,* 388 克拉斯纳的艺术训练
Betty Parsons and, 672, 678, 694, 735, 752, 783 贝蒂 · 帕森斯与克拉斯纳
Bultman on, 371, 381, 382, 388, 401, 402, 568, 708 布尔特曼谈克拉斯纳
campaign against Harold Rosenberg by, 707-714, 720, 732, 743 克拉斯纳的反哈罗德 · 罗森伯格运动
childhood alienation of, 368, 369 克拉斯纳童年的孤僻
childhood fantasy life of, 369, 404 克拉斯纳童年的幻想生活
childhood of, 3, *368,* 369-372, *369,* 853-854 克拉斯纳童年
clothing and makeup of, 379, 381, 402, 512, 623, *855* 克拉斯纳衣着与化妆
colleagues' assessments of, 382-383, 386, 388, 640-641 克拉斯纳的同行评价
competitiveness of, 382, 389, 483-484, 637-641 克拉斯纳的竞争力
confidence and forcefulness of, 395, 399, 459, 565, 737-738 克拉斯纳的自信与自强
cooking by, 395, 402, 460, 461, 500, 548, 612, 642, 651, 739 克拉斯纳的下厨
death of, 405, 796, 904 克拉斯纳的去世
de Kooning and, 708-710, 713 德 · 库宁与克拉斯纳
divorce considered by, 753-754, 779, 781 克拉斯纳考虑离婚
dreams of, 754, 782 克拉斯纳的梦想
driving of, 738, 898 克拉斯纳开车
earnings of, 373, 374, 434 克拉斯纳的所得 收入
education of, 370, 372-374, 379, 381 克拉斯纳的教育
European trip of, 779, 781-784, 786-787, 793, 903 克拉斯纳的欧洲之旅
family and cultural background of, 366-369, 372-373, 378, 382, 396, 460, 548, 549 克拉斯纳的家庭及文化背景
friends cultivated by, 733-736, 897-898 受克拉斯纳熏陶的朋友们
friends of JP kept at bay by, 403-404, 484-485, 501, 511, 531, *609,* 611, 718 受克拉斯纳牵制的波洛克朋友
gardening of, 547, 583, 612, 625 克拉斯纳的园艺
grief of, 793, 794 克拉斯纳的悲伤
haphazard career choice of, 371-372 克拉斯纳的随心所欲的职业选择
Harold Rosenberg vs., 707-714 哈罗德 · 罗森伯格与克拉斯纳
Hofmann show arranged by, 482-483, 484, 486 克拉斯纳的策划的霍夫曼展
Hofmann's influence on, 385-386, 406, 407, 489, 639-640 霍夫曼对克拉斯纳的影响
homemaking of, 395, 402, 500, 547, 548-549, 858 克拉斯纳的顾家
homosexuality concerns of, 481, 487, 489, 772 克拉斯纳的关注同性恋
as hostess, 522-523, 548, 560-561, 571, 608-610, 651-653, 720 作为女主人的克拉斯纳
illnesses of, 732, 738, 741, 751, 781, *796,* 898 克拉斯纳的疾病
independence asserted by, 482-484, 486, 693-694, 737-738, 740, 753 克拉斯纳的主张独立
independent vs. traditional values of, 372-373, 379, 402 克拉斯纳独立于传统的价值观
intellect of, 382, 386, 404, 406, 639 克拉斯纳的智慧
intensity and seriousness, 187-188 克拉斯纳的紧张与严肃
"Irving" Krassner and, 370-371, 373, 374, 639 "艾尔文"克拉斯纳与李 · 克拉斯纳
jealousy of, 530, 531, 568-569, 637-639, 641, 672-673, 781 克拉斯纳的嫉妒
jobs of, 403, 433-434, 858 克拉斯纳的职业
on JP, 24, 94, 129, 298, 392-393, 394, 396, 397, 398, 401-402, 406-407, 427, 463, 516-517, 519, 536-537, 638, 649 克拉斯纳谈波洛克
JP influenced by, 403-404, 405-406 受克拉斯纳影响的波洛克
JP on, 396, 483, 570, 612, 753 波洛克谈克拉斯纳
JP's artistic depictions of, 431-432 波洛克艺术中对克拉斯纳的描绘
JP's avoidance of, 676, 694, 743, 745, 762 波洛克躲避克拉斯纳
JP's first encounter with, 298, 388, 392-393 波洛克初遇克拉斯纳
JP shielded by, 404, 510-511, 548, 549, 576, 611-612, 630, 707-714, 723 克拉斯纳庇护波洛克
JP's paintings sold by, 404-405 克拉斯纳所出售波洛克绘画
JP's physical abuse of, 695, 774, 893, 902 波洛克对克拉斯纳的身体虐待
JP's quarrels with, 406-407, 483-484, 512, 687, 694-695, 720, 740, 744-745, 746, 754-755, 774 波洛克与克拉斯纳的争吵
JP's relationship with, 3, 6, 171, 211, 298, 351, 365, 390-408, *392,* 431-434, 482-485, 489, 490, 509, 517, 547-549, 565-566, 568-569, 591-592, 611-612, 687-688, 694-695, 780 波洛克

与克拉斯纳的关系
JP's success resented by, 637-639, 641　克拉斯纳憎恶波洛克的成功
JP's taunting games with. 565, 568-569, 672-673, 694, 732, 778　波洛克与克拉斯纳的奚落游戏
JP's threats to, 695, 720, 774　波洛克对克拉斯纳的威胁
love affairs of, 371, 377-381, 387-389, 395, 398, 402, 404, 482, 484, 498, 522, 569-570　克拉斯纳的风流韵事
manipulation of JP's career charged to, 403-408, 504, 560, 710　克拉斯纳被指责操控波洛克的事业
marriage resisted by, 373, 388, 498　遭克拉斯纳拒斥的婚姻
marriage ultimatum issued by, 498-499　克拉斯纳的最终宣布婚姻
masochism of, 371, 380-381, 460, 549, 565, 687, 735, 781　克拉斯纳的受虐倾向
maternal qualities of, 3, 395-396, 402, 565, 781　克拉斯纳的母性
modelling of, 375, 397, 461, 857　克拉斯纳做模特
Mondrian and, 386-387, 389, 640, 675　蒙德里安与克拉斯纳
mosaics of, 570, 571, 642, 879-880, 898　克拉斯纳的镶嵌画
motherhood rejected by, 388, 531, 873-874　克拉斯纳拒绝母亲义务
nagging of, 565, 741, 744　克拉斯纳的唠叨
name alteration of, 373　克拉斯纳的更名
non-athleticism of, 500, 501　克拉斯纳的非竞技主义
Peggy Guggenheim and, 449, 450, 454, 459, 460-461, 467, 482, 503, 513-514, 558, 779, 784, 787　佩吉·古根海姆与克拉斯纳
physical appearance of, 298, 369, 378, 379, 381, 382, 393, 395-396, 460, *565*　克拉斯纳的外貌
political interests of, 389, 403, 557　克拉斯纳的政治兴趣
Pollock family relations with, 399, 400-401, 459, 462, 504, 601, 642, 645-646, 675, 741, 742, 794, 904　与波洛克家人的关系
portraits of, 375-376, *376, 380,* 388　克拉斯纳画像
promotional flair of, 459-460, 547-548, 558, 560, 599, 608, 611, 619, 684, 710　克拉斯纳的营销天赋
rebelliousness of, 372-373, 375-377, 379　克拉斯纳的反叛精神
rejections experienced by, 371, 372, 375, 388-390　克拉斯纳的被拒绝经历
religion renounced by, 370, 371　克拉斯纳的放弃宗教
response to JP's drinking by, 3, *6,* 7, 298, 398, 449, *470,* 489, 491, 561, 571-572, 576, 687-688, 693　克拉斯纳的对波洛克酗酒的反应
Ruth Stein on, 368, 370-371, 381, 388, 511, 548, 569, 781, 782　露丝·斯坦因谈克拉斯纳
Ruth Stein's relationship with, 368-369, 511, 548　露丝·斯坦因与克拉斯纳的关系
safety concerns of, 659, 676, 686, 687, 695, 720, 756　克拉斯纳的安全考虑
sagacity of, 405, 611, 684　克拉斯纳的睿智
self-denial and subordination of, 371, 373, 374, 379, 389, 401-402, 404, 694　克拉斯纳的自我否定与服从性
self-description of, 393　克拉斯纳的自我描述
self-portrait of, 375-376, *376*　克拉斯纳的自画像
sensual body of, 395-396, 565, 735, 855, 897　克拉斯纳的性感身材
sexual attitudes of, 395　克拉斯纳的性态度
"shop talk" of, 407, 408, 639, 858　克拉斯纳的职业用语
sparkle and gaiety of, 379, 382, 387, 389, 855　克拉斯纳的火花与欢乐
speaking style of, 382, 391, 392, 396, 398, 407, 408　克拉斯纳的说话风格
Stella Pollock and, 395, 400-401, 408, 459, 511-512, 695, 721, 722, 723, 741, 794　斯黛拉·波洛克
storms feared by, 3, 367-368, 654, 739, 808, 889　克拉斯纳惧怕打雷
superstition and fatalism of, 543, 544, 654　克拉斯纳的迷信与宿命论
suspiciousness of, 510, 568-569, 582　克拉斯纳的多疑
temper of, 370, 483, 484, 500, 517, 701, 707, 736, 744　克拉斯纳的脾气
wartime job of, 403, 433-434　克拉斯纳的战时职业
wedding of, 502-504, 871　克拉斯纳的婚礼
as "widow Pollock" 391, 404-405, 501, 504, 794, 796　作为"波洛克遗孀"的克拉斯纳
wit and conversation of, 382, 387　克拉斯纳的智慧与谈话
work stoppages of, 379, 402, 404, 489, 638, 857-858　克拉斯纳的停工
Krasner, Lee, paintings of, 637-641, 671-672, 796, 879-880, 887, 898, 900　李·克拉斯纳的绘画
abstraction in, 275, 397, 413　克拉斯纳绘画中的抽象
collage in, 735-736, 737, 751, *751,* 898　克拉斯纳绘画中的拼贴
early style of, 374-375　克拉斯纳绘画的早年风格
exhibitions of, 386-387, 391-392, 396-398, 571, 585, 586, 672, 675, 736, 750-752, 898　克拉斯纳的绘画的展览
gifts made of, 374, 571, 854　作品作为礼物
imitative qualities in, 386-387, 496, 640-641, 675, 751, 796　克拉斯纳绘画中的模仿性
JP on, 396, 483, 570, 640, 671　波洛克谈克拉斯纳的绘画
JP's emotional reactions to, 483, 484, 489, 570-571, 638, 640, 641, 737, 751-752　波洛克对克拉斯纳绘画的情绪化反应
JP's influence on, 482-483, 570, 639-640, 796　波洛克对克拉斯纳绘画的影响
reviews of, 571, 675　克拉斯纳绘画的评论
rhythmic sense in, 387　克拉斯纳绘画中的韵味
Krasner, Lee, paintings of (*cont.*)
sales of, 374, 752　克拉斯纳绘画的销售
self-portrait as, 375-376, *376*　作为克拉斯纳绘画的自画

像 克拉斯纳的自画像作为绘画作品
signing of, 750　克拉斯纳绘画的署名
size of, 672, 750　克拉斯纳绘画的尺寸
see also specific works　另见具体作品
Krassner, Anna, 366-369, *368*, 381, 853　安娜 · 克拉斯纳
Lee Krasner's relationship with, 370-371　李 · 克拉斯纳与安娜 · 克拉斯纳的关系
motherhood of, 367-369, 370-371, 373, 396　安娜 · 克拉斯纳为人母
mystic beliefs of, 367-368, 543　安娜 · 克拉斯纳的迷信
physical appearance and personality of, 367-368, 369　安娜 · 克拉斯纳的外貌与性格
Krassner, Edith, 367　伊迪斯 · 克拉斯纳
Krassner, Esther, 367　伊瑟尔 · 克拉斯纳
Krassner, Izzy "Irving," 367, 368, *368*, 369-370, *370*, 853-854　伊兹 · 克拉斯纳，后来名叫艾尔文
Lee Krasner's relationship with, 370-371, 373, 374, 639　李 · 克拉斯纳与伊兹 · 克拉斯纳的关系
personality of, 369-370, 371, 378, 404, 460　伊兹 · 克拉斯纳的个性
Ruth Stein on, 369-370, 371, 404　露丝 · 斯坦因谈伊兹 · 克拉斯纳
Krassner, Joseph, 366-369, *368*, 373, 381　约瑟夫 · 克拉斯纳
illness and death of, 489, 492, 498, 499, 870　约瑟夫 · 克拉斯纳的疾病与过世
personality of, 367, 378　约瑟夫 · 克拉斯纳的个性
religious orthodoxy of, 366, 367, 371, 498, 853　约瑟夫 · 克拉斯纳的宗教教条
Krassner, Lenore "Lena" *see*　勒诺（小名"雷娜"）
Krasner, Lee; Krasner, Lee,　李 · 克拉斯纳
paintings of　勒诺的 · 克拉斯纳绘画
Krassner, Pesa, 367, 853　皮萨 · 克拉斯纳
Krassner, Rose, 367　萝丝 · 克拉斯纳
Krassner, Udel, *see* Stein, Udel　尤戴尔 · 克拉斯纳，见尤戴尔 · 斯坦因
"Ruth" Krassner　"露丝"克拉斯纳
Krishnamurti, 85, 128-131, *130*, 135, 137-139, *140*, 141-144, 185, 335, 348, 621, 688, 822, 823-824　吉杜克里希那穆提
Kroll, Leon, 416, 860　莱昂 · 克罗尔
Kuhn, Walter, 397　瓦尔特 · 库恩
Kwakiutl Indians, 337, 360, 690　夸扣特尔族印第安

labor movement, 29, 56, 87, 132-133, 137, 257-258, 277, 289, 324, 839　劳工运动
Ladies' Home Journal, 37, 64, *67*, 812　《妇女家庭杂志》
Lake, Veronica, 377　维罗妮卡 · 蕾克
Lam, Wifredo, 437　林飞龙
Lame Shadow (Krasner), 900　《跛足者的影子》（克拉斯纳）
Land Ordinance of 1785, 18-19, 809　《1785 年土地法令》
Lane, James, 397　詹姆斯 · 雷恩
Lansford, Alonzo, 555　阿隆佐 · 兰斯福德
Larkin, Lawrence, 607-608, 630-631, 759, 883　劳伦斯
Larkin, Roseanne, 584, 585, 607-608, 759　罗塞尼 · 拉尔金
L'Arte Moderna, 605, 646-647　现代艺术
Lassaw, Ernestine, 373, 565　恩内斯汀 · 拉索
Lassaw, Ibram, 276, 372, 464, 479, 585, 634, 636, 669, 788, 854　依布拉姆 · 拉索
Lassen Advocate, 89, 817　《拉森播报》
"Last Years" (Friedman), 807　"去年"（弗莱德曼）
Laurent, Robert, 241-242, 243, 281, 356, 836-857　洛朗 · 罗伯特
Lava (Krasner), 639, 887　《熔岩》（克拉斯纳）
Lavannoux, Maurice, 681, 892　莫里斯 · 拉芳诺
Lavender Mist (Pollock), 1, 614-616, 645, 649, 654, 656, 657, 662, 698, 767, 884　《薰衣草之雾》（波洛克）
Lawrence, D. H., 97　D. H. 劳伦斯
Lawson, Ernest, 530　欧内斯特 · 劳森
Leadbeater, William, 128-129, 821-822　威廉 · 利比特
Lebrun, Rico, 604　里克 · 勒布伦
Lechay, James, 659　詹姆斯 · 莱奇
Lee, Gypsy Rose, 435, 443, 862, 863　吉普赛 · 罗斯 · 李
Lee, John, 579　约翰 · 李
Leen, Nina, 602, *603*, 662　妮娜 · 里恩
Léger, Fernand, 397, 410, 418, 419, 420, 507, 683, 857, 860　费尔南 · 莱热
Lehman, Harold, 150-151, *151*, 153, 184, 202, 294　哈罗 · 莱曼
on JP, 295, 357, 462, 498　莱曼谈波洛克
JP and, 150-151, 159, 203, 281, 282, 349, 462, 825　波洛克与莱曼
Siqueiros and, 281, 284, 285, 286, 287, 289　西凯罗斯与莱曼
works of, 150, *151*, 153, 184, 201, 349, 462　莱曼的作品
LeMaster, Monteze, 96-97, 98, 817　蒙泰兹 · 勒玛斯特
lesbianism, 209, 478, 546, 547　女同性恋
Levitt, Archie, *see* Ben-Shmuel, Abron
阿尔奇 · 勒维特，见阿哈隆 · 本 · 什穆埃尔
Levy, Edgar, 346, 356　埃德加 · 李维
Levy, Julien, 342, 357, 413, 420, 423, 435, 439, 442, 510, 545, 557, 585, 686　朱利安 · 李维
Lewenthal, Reves, 683, 892　李芙斯 · 洛温索
Lewitin, Landes, 635, 636, 887　兰德斯 · 勒维汀
"Liberty Pole," 14, 809　"自由旗杆"
Lie, Jonas, 167, 275, 828　约纳斯 · 李
Life, 64, 564, 568, 645, 762　《生活》杂志
art "round table" convened by, 575, 881　《生活》杂志召集艺术"圆桌会"
"Irascibles" coverage in, 602-603, *603*, 662　《生活》对"愤怒者"的报道量
JP photo-essay in, 1, 590-592, 595-597, *595*, 598, 599, 600, 601, 608, 613, 617, 618, 623, 625, 628, 631, 634, 638, 655, 657, 660, 670, 678, 682, 709-710, 712, 730, 879　有关波洛克图文
Life in Freedom (Krishnamurti), 129, 822　《自由中的生活》（克里希那穆提）
Life of Samuel Johnson (Boswell), 766　《塞缪尔 · 约翰逊的一生》

（包斯威尔）
Light in August (Faulkner), 224 《8 月之光》（福克纳）
Light on the Path, The (Collins), 129, 130 《小径上的微光》（科林斯）
Limited Editions Club, 312 限量俱乐部 限量版
Lincoln, Abraham, 150, 324 亚伯拉罕·林肯
Lindbergh, Charles A., 136, 823 查尔斯·林德伯格
Lindeberg, Linda, 641, 658-659, 887, 889 琳达·林德伯格
Linn's Sheep Ranch, 40, 812 李宁的羊牧场
Lipchitz, Jacques, 244, *419*, 421, 438, 632 雅克·里普希茨
Lippmann, Walter, 574 沃尔特·李普曼
Lippold, Richard, 602 理查德·利波尔德
Lipton, Seymour, 434, 677 西摩尔·利普顿
Liss, Joe, 560, 630, 739, 759, 886 乔·利斯
Liss, Millie, 560, 739, 740, 759, 786 米莉·利斯
Liss, Terry, 771, 777. 783, 786 泰瑞·利斯
Listener, 604 《听众》
Little, John, 398, 434, 464, 479, 480, 484, 560, 566, 585, 625, 641, 795 约翰·利特尔
on JP, 481, 491, 557-558, 597, 602, 650, 679, 688, 700 利特尔谈波洛克
JP and, 561, 570, 577, 586, 609, 621, 622, 744, 879 波洛克与利特尔
on Lee Krasner, 380-381, 382, 468 利特尔谈李·克拉斯纳
Little, Josephine, 609, 744 约瑟芬·利特尔
Little Image paintings (Krasner), 638, 639-640, *640*, 887 小型绘画（克拉斯纳）
Little King, The (Pollock), 514 《小国王》（波洛克）
Liturgical Arts, 681 《礼拜艺术》
Living Theater, 487, 869 活剧场
Lloyd, Mrs. H. Gates, 471 H. 盖茨·劳埃德夫人
Loew, Michael, 387-388 迈克·罗威
London, 436, 443 伦敦
Longwell, Daniel, 593 丹尼尔·朗韦尔
Loper, George, 625, 699, 716, 727, 885 乔治·劳普
Lord, Francile "Cile," 742, 743, 746, 751, 756, 769, 779, 784, 787, 789 弗朗西斯·洛德（绰号"赛尔"）
Lord, Sheridan "Sherry," 742, 746, 751, 784, 789 谢里丹·洛德（绰号"谢莉"）
Lorimor, Benjamin, 23 本杰明·洛里莫
Lorimor, Flora Estella McClure "Aunt Stella" (great-aunt), 40, 74 佛罗拉·伊斯戴拉·迈克鲁·洛里莫（"斯黛拉姑姑"，姨祖母）
Stella Pollock's relationship with, 21-25, 31, 37, *67*, 810 与斯黛拉·波洛克的关系
Los Angeles, Calif., 55, 91, 92, 93, 97, 103, 120-121, 127, 128, 132-133, 140-141, 147, 152, 154, 196, 200-204, 443 加利福尼亚州洛杉矶市
Los Angeles County Art Association, 204 洛杉矶郡艺术协会
Los Angeles County General Hospital, 231 洛杉矶郡总医院
Los Angeles County Museum, 150, 203-204, 231, 832 洛杉矶郡立美术馆
Los Angeles Times, 120, 121, 132, 147, 152, 201, 214, 217, 231, 259, 260, 825 《洛杉矶时报》
Louvre, 437, 783 罗浮宫
Lovers, The (Ray), 414 《情人》（雷）
Lowengrund, Margaret, 583 玛格丽特·劳文格朗德
Lower Sage School, 42, 812 低成就保证学校
loyalty oaths, 341, 364 忠诚誓言
Lozowick, Louis, 227 路易斯·卢作维克
Lure, Henry, 593, 882 亨利·鲁尔
Lucifer（Pollock）, 553, 555, 588, 616, 624, 680, 885, 892 《路西法》（波洛克）
Lucius, Margaret, 114 玛格丽特·卢修斯
Lutyens, Edwin, 138 埃德温·鲁琴斯
Lutyens, Lady Emily, 138, 822 艾米丽·鲁琴斯女士
McBride, Henry, 241, 465, 599 亨利·麦克布莱德
McClelland, Elizabeth (greatgrandmother), 26, 810 伊丽莎白·迈克里兰德（曾祖母）
McClure, Anna Myrtle (aunt), 16-17, *17*, 23, *30*, 31, 32, 811 安娜·迈尔托·迈克鲁（姑姑）
McClure, Cordelia Jane Speck "Jennie" (grandmother) *13*-18, *16*, 19, 21, 22, 25, 31, 67, 140, 169, 234, 400, 809 葛黛莉亚·詹尼·丝派克·迈克鲁（"詹尼"祖母）
Stella Pollock and, 67, 140, 234, 364 与斯黛拉·波洛克
McClure, David Leslie "Les" (uncle), 17, 22-23, *795*, 809, 810 大卫·莱斯利·迈克鲁（"莱斯"叔叔）
McClure, Dean (cousin), 22-23, 809-810 迪恩·迈克鲁（表兄）
McClure, Euphonia Isabell "Phony" (aunt), 19-20, 809-810 尤菲尼亚·伊莎贝尔·迈克鲁（"菲尼"姑姑）
McClure, Flora Estella, *see* 佛罗拉·伊斯戴拉·迈克鲁，见 Lorimor, Flora Estella 佛罗拉·伊斯戴拉·洛里莫 McClure "Aunt Stella" 迈克鲁（"斯黛拉姑姑"）
McClure, James (great-uncle), 15 詹姆斯·迈克鲁（叔外公）
McClure, John Robinson (grandfather), 15-20, *16*, 25, 31, 44, 234, 238, 400, 809, 811 约翰·罗宾森·迈克鲁（祖父）
McClure, McKee (greatgrandfather), 15, 809 迈克伊·迈克鲁（曾祖父）
McClure, Martha Ellen (aunt), 19 玛莎·艾伦·迈克鲁（姑姑）
McClure, Mary Elizabeth. *See* Keicher, Mary Elizabeth McClure 玛丽·伊丽莎白·迈克鲁。见玛丽·伊丽莎白·迈克鲁·凯歇尔
McClure, Paul (cousin), 154, 825 保罗·迈克鲁（表兄）
McClure, Samuel Cameron "Cam" (uncle), 17, 22-23, 809, 810 萨缪尔·卡梅隆·迈克鲁（"卡姆"叔叔）
McClure, Stella Mae, *see* Pollock, Stella Mae McClure 斯黛拉·梅·迈克鲁，见斯黛拉·梅·迈克鲁·波洛克
McCoy, Alexander (ancestor), 24-25, 810, 811 亚历山大·麦考伊（祖先）
McCoy, Alexander (grandfather), 25-26, 27, 234, 810 亚历山大·麦考伊（外公）
McCoy, Alexander (great-great-grandfather),25, 810 亚历山大·麦考伊（太外公）

McCoy, Arloie Conaway, *115*, 201, 232, 236, *307, 459*, 467, *643*, 819, 857, 897 阿勒瓦·康纳威·麦考伊
business established by, 740, 741 阿勒瓦·康纳威·麦考伊的创业
homemaking of, 293-294, 722, 741-742 阿勒瓦·康纳威·麦考伊的持家
on JP, 115, 121, 296, 297, 321, 396, 399, 459, 477 阿勒瓦·康纳威·麦考伊谈波洛克
personality of, 261, 293-294, 741-742 阿勒瓦·康纳威·麦考伊的性格
physical appearance of, 114, 293 阿勒瓦·康纳威·麦考伊的外貌
on Sande McCoy, 114-115, 116, 121, 263, 297, 399, 577 阿勒瓦·康纳威·麦考伊谈桑特·麦考伊
Sande McCoy's relationship with, 114-115, 121, 141, 147, 149, 153-154, 260-262, 290, 293-294, 297, 302, 306, 307, 309, 317, 323, 340, 365, 401, 491, 517, 531, 643-644, 675, 741-742, 796, 820 阿勒瓦·康纳威·麦考伊与桑特·麦考伊关系
Stella Pollock and, 644, 722, 723, 724, 730-731, 741-742 阿勒瓦·康纳威·麦考伊与斯黛拉·波洛克
wedding of, 293-294, 502, 843 阿勒瓦·康纳威·迈考伊的婚礼
McCoy, Jay Conaway "Jason" (nephew), 399, 400, 741, 808 杰伊·康纳威·麦考伊（"杰森"侄子）
birth of, 568, 583, 879 杰伊·康纳威·麦考伊的出生
Stella Pollock and, *568, 569*, 642, *643*, 644, 879 杰伊·康纳威·麦考伊与斯黛拉·波洛克
McCoy, John (uncle), 25 约翰·麦考伊（叔叔）
McCoy, Joseph (uncle), 25 约瑟夫·麦考伊（叔叔）
McCoy, Karen (niece), 399, 401, 467, 642, *643*, 644, 741-742 凯伦·麦考伊（侄子）
McCoy, LeRoy, *see* Pollock, LeRoy "Roy" 勒鲁瓦·麦考伊，见勒鲁瓦·波洛克（"鲁瓦"）
McCoy, Mabel Edith, 811 玛贝儿·伊迪丝·麦考伊
McCoy, Martha Pattison (great-great-grandmother), 25, 810 玛莎·帕蒂森·麦考伊（曾曾祖母）
McCoy, Mary Jane Thompson, 811 玛丽·简·汤普森·麦考伊
McCoy, Mary Zenetta, 811 玛丽·詹妮塔·麦考伊
McCoy, Nina (aunt), 26, 234, 810 妮娜·麦考伊（姑姑）
McCoy, Rebecca McClelland(grandmother), 25-26, 234, 810 瑞贝卡·迈克里兰德·麦考伊（祖母）
McCoy, Sanford "Sande" (brother), *101, 115, 116, 643* 桑福德·麦考伊（"桑特"兄弟）
adolescence of, 95-96, 98-121, 644 麦考伊的少年
artistic influences on, 98-99, 260-261, 285. 416, 818 麦考伊的艺术影响
artwork of, 107-108, 124, 143, 285 麦考伊的艺术作品
birth of, 40 麦考伊的出生
childhood of, 40, 44, 48, 52, 54, *57, 59-65, 60, 61, 65-66, 69*, 79, 84, 89-90, 91-92, 813-820 麦考伊的童年
"cowboy" persona of, 105-107, *106*, 117, 266-267, 401, 467, 818 麦考伊的扮演"牛仔"
death of, 99, 795-796, 818, 904 麦考伊的去世
drinking of, 117, 260, 266-267, 318, 577, 578, 644 麦考伊的酗酒
education of, *93-95, 94*, 99, 113, *115*, 120 麦考伊的教育
family life of, 400, 401, 467, 489, 501, 568, 577, 641-644, 722, 730, 740, 741 麦考伊的家庭生活
Federal Arts Project work of, 274-275, 364 麦考伊的在联邦艺术计划中的作品
illnesses of, 115, 644, 732, 795-796, 887 麦考伊的疾病
jobs of, 115-117, 120, 121, 141, 154, 201, 214, 217, 219, 229, 231, 259-260, 263-264, 399-400, 467, 568, 643-644, 838 麦考伊的职业
on JP, 47, 48, 56, 60, 61-63, 69, 99, 124, 211, 296, 313, 319, 358, 537, 577 麦考伊谈波洛克
JP as source of pride to, 596 麦考伊以波洛克为骄傲
JP's relationship with, *65-66, 69*, 79, 84, 92, 95-96, 98-103, 105-121, 196, 200-201, 218-219, 260-267, 271, 272, 274, 279, 289-298, 292, 302-303, 306, 311, 314, 329, 364-365, 400-402, 467, 470, 489, 577, 621, 637, 727, 814 麦考伊与波洛克关系
Kadish on, 259, 260, 261, 279, 364-365, 481 卡迪什谈麦考伊
marriage of, *see* McCoy, Arloie Conaway 麦考伊的婚姻，见阿勒瓦·康纳威·麦考伊
name change of, 274, 275, 321, 340 麦考伊的更名
personality of, 65, 260-261, 364-365, 401, 467, 644 麦考伊的性格
physical appearance of, 93, 113, 114, 260, 261, 819 麦考伊的外貌
print shop of, 675, 732, 740 麦考伊的打印店
Robert Cooter and, 107, 108, *109*, 110, 115, 117-118, 141, 819 罗伯特·卡特与麦考伊
Macdonald-Wright, Stanton, 160, 184, 201-202, 223, 225, 829, 832 斯坦顿·麦克唐纳－莱特
McEuen, Fred, 120 弗莱德·迈克尤恩
McFarland, Daniel, 596 丹尼尔·麦弗兰德
McGrath, Norman, *596* 诺曼·麦格里斯
MacIver, Loren, 680 劳伦·迈克伊弗尔
McKinney, Donald, 405 唐纳德·麦金尼
McMahon, Audrey, 274, 840 奥德丽·麦克马洪
McMillen, Inc. Gallery, 365, 393, 395, 396-397, 398, 405, 406, 422 迈克米兰公司画廊
McMurphy, Gordon, 81-82, 96 戈尔顿·麦克墨菲
McNeil, George, 185, 226, 250, 274, 275, 364, 382, 383, 464, 479, 635, 749, 835 乔治·麦克奈尔
on JP, 338, 539 麦克奈尔谈波洛克
McPherson, Aimee Semple, 127, 152 艾梅·森普尔·麦弗逊
Macpherson, Kenneth, 459, 466, 478-479, 480, 866 肯尼斯·麦克弗森
Macy, Happy, 571, 584, 598, 600, 609, 652, 653, 670, 883 海贝·梅西
Macy, Valentine, 571, 584, 598, 600, 609, 652, 653, 670, 883 瓦伦汀·梅西

Madero, Francisco, 57 弗朗西斯科·马德罗
Mad Moon-Woman, The (Pollock), 471 《疯狂月亮 - 女人》(波洛克)
Mad Planet, The (Ernst), 875 《疯狂的星球》(恩斯特)
Magazine of Art, 603, 752 《艺术杂志》
Magic Flute, The (Mozart), 761, 901 《魔笛》(莫扎特)
Magic Lantern (Pollock), 537, 553, 875, 903 《魔灯》(波洛克)
Magic Mirror, The (Pollock), 394, 394, 461, 471, 494, 518, 857 《魔镜》(波洛克)
Magritte, René, 412, 425, 442, 859 雷内·马格丽特
Mahl, Clara, 285 克拉拉·马尔
Maidstone Club, 506, 631, *670*, 733, 886 少女石俱乐部
"Maidstone Club Irregulars," 585, 881
"少女石俱乐部次品"
Maine, 177 《缅因州》
Maintaining America's Skills (Guston), 361, 852 《延续美国技艺》(加斯顿)
Male and Female (Pollock), 432-433, 456, 466, 471, 494, 536, 640, 862, 867 《男人和女人》(波洛克)
Malevich, Kasimir S., 438 卡西米尔·塞文洛维奇·马列维奇
Malina, Judith, 487 朱迪斯·玛丽娜
Man and the Unconscious (Freud), 610, 884 《人与无意识》(弗洛伊德)
"Man and Wife" show, 586 "男人与妻子展"
Manchurian, 120 满洲地区的
Mandala of a Modern Man (Jung), 327 《现代人的曼陀罗》(荣格)
Manheim, Mary, 553, 878 玛丽·曼海姆
Manheim, Ralph, 529, 553, 878 拉尔夫·曼海姆
Mann, Klaus, 441 克劳斯·曼
Mann, Thomas, 97, 441 托马斯·曼
Mannerism, 202 手法主义
Man on Fire (Orozco), 322 《火人》(奥罗兹科)
Mantegna, Andrea, 164, 826 安德里亚·曼泰尼亚
Manual Arts High School, 121-126, 132-136, 141-151, 161, 164, 200, 201, 236, 239, 302, 497, 631, 820-821 手工艺术高中
Manual Arts *Weekly*, 133, 134, 136, 137, 144-146, 151, 820-821, 823 《手工艺术周刊》
Manual Training School, 109, 113, 117 手工艺训练学校
"manufactured artists" 634, 886 "市场造就的艺术家"
maquettes, 229, 240-241, 281 模型
Marble Collegiate Church, 503 大理石牧师会教堂
Marc, Franz, 98 弗兰茨·马尔克
Marca-Relli, Anita, 717, 761, 784 阿妮塔·马卡 - 雷利
Marca-Relli, Conrad, 631, 634-636, 648, 658, 692, 715, *718*, 736, *749*, 900-901 康拉德·马卡 - 雷利
on JP, 637, 673, 708, 714, 717, 720, 737, 738, 739, 749, 755, 756, 760, 769, 784, 789 谈波洛克
Marchand, Jean, 98 让·马尔尚
Marin, John, 160, 556, 604 约翰·马林
Mark, Grant, 679, 720 格兰特·马克
as JP's agent, 680, 682, 685, 891 马克作为波洛克代理人的马克
JP's treatment with, 674-675, 682, 683, 688, 891 马克对波洛克的治疗
physical appearance of, 674 马克的外貌
Marot, Charles Henry, 324 查尔斯·亨利·马洛
Marot, Helen, 263-264, 303, 314, 323-327, 329, 846-847 海伦·马洛
death of, 359, 360, 361, 362, 394 马洛的去世
JP and, 323-324, 325, 335, 348, 359, 360, 362, 494 波洛克与马洛
physical appearance and personality of, 324-325 马洛的外貌与性格
Marquand, John, 733, 738 约翰·马昆德
Marsh, Reginald, 631, 886 雷金纳德·马什
Marsicano, Merle, 600 玛勒·马斯加诺
Marsicano, Nick, 600 尼克·马斯加诺
Martha's Vineyard, 307-309, 631 马萨葡萄园岛
Benton's summer home at, l52, 159, 181, 193, *210*, 222, 256, 263, 279, 282, 294, 308, 825, 844 本顿在马萨葡萄园岛上的夏日居所
Martin, Hazel, 144, 149, 150, 239, 242, 836 哈泽尔·马丁
Marx, Karl, 257, 703 卡尔·马克思
Marxism, 185, 227, 523, 702-703, 873 马克思主义
masks, 351, *352*, 397, 716 面具
Masonic Lodge, 506, 507 共济会所
Masqued Image (Pollock), 394 《带面具的影像》(波洛克)
Massacio, 164, 826 马萨乔
Masses, The, 188, 324 《群众》杂志
Masson, André, 410, 414, 415, 416-417, 418, *419*, 425, 437, 442, 464, 475, 490, 859 安德烈·马松
stylistic experiments of, 412-413, 417, 534, 535 马松的风格实验
matière, 495, 540 物质、材料、题材(视上下文确定)
Matisse, Henri, 46, 98, 126, 151, 152, 160, 224, 227, 347, 363, 384, 406, 417, 431, 552, 675, 679, 714, 813, 818 亨利·马蒂斯
collages of, 737 马蒂斯的拼贴
exhibitions of, 365, 376, 386, 397 马蒂斯的展览
fame of, 341, 385, 386, 606 马蒂斯的名声
JP influenced by, 518, 520, 543 马蒂斯对波洛克的影响
teaching of, 383 马蒂斯的教学
technique and color of, 386, 407-408, 432, 446, 518, 523, 635, 639 马蒂斯的技法与色彩
Matisse, Pierre, 342, 357, 416, 418, 422, 451, 545, 590, 679-680, 683 皮埃尔·马蒂斯
Matsudo, Ginsu, 64 忍者松户
Matta (Roberto Matta Sebastian Echaurren), 410, *419*, 422, 451, 515, 714, 860 玛塔(罗伯托·马塔·塞巴斯蒂安·埃肖朗)
American automatist movement planned by, 422, 424, 425-427, 430, 432, 433, 441, 443 玛塔策划美国自动主义运动
background and education of, 421, 422 玛塔的背景与教育
on JP, 358, 464 玛塔谈波洛克

JP and, 358, 424, 426-427, 431, 443, 444, 450 波洛克与玛塔
Motherwell and, 421, 422, 427-428, 430, 636 马瑟韦尔与玛塔
Surrealism of, 421-422, 423-428, 432, 442, 446, 525, 636 玛塔的超现实主义
Matta, Ann, 426 安·玛塔
Matter, Herbert, 395, 405, 419, 464, 528, 857 赫伯特·马特
Calder documentary by, 561-562, 619, 878 马特所摄的考尔德纪录片
on JP, 597, 540 马特谈波洛克
JP and, 397, 398, 442, 561-562 波洛克与马特
personality of, 561 马特的性格
Matter, Mercedes, 269, 394-395, 405, 419, 464, 528, 561, 637, 748, 749, 763, 770, 779, 878 梅赛德斯·马特
on JP, 749, 750 马特谈波洛克
on Lee Krasner, 397, 4-02, 857 马特谈李·克拉斯纳
rumors about JP and, 568-569 有关波洛克与马特的谣言
Matthiessen, Patsy Southgate, 541, 549, 734-736, 743, 744, 770, 778, 782, 787 帕斯第·苏斯凯特·马西森
on JP, 743, 763, 769, 780 马西森谈波洛克
on Lee Krasner, 735, 738, 897-898 马西森谈李·克拉斯纳
Matthiessen, Peter, 735, 740, 742, 744, 897 彼得·马西森
Mattox, Charles, 275, 276, 281, 282, 297, 841 查尔斯·麦托克斯
Matulka, Jan, 275, 341, 346 杨·马图尔卡
May Day parades, 285-286, 288-289, *290*, 343, 634, 842 五一游行
Meert, Joe, 166, 191-192, 340, 349, 356, 434, 515, 655, 762, 827, 872 乔·米尔特
Meert, Margaret, 340, 541, 655, 762 玛格丽特·米尔特
"Mélange" (Lane), 397 "混合物"(小巷)雷恩
Melville, Herman, 159, 333, 552 赫尔曼·梅尔维尔
Mercer, George, 385, 390, 479, 560, 856 乔治·默瑟
on JP, 486, 639, 715 默瑟谈波洛克
Lee Krasner and, 389, 394, 715 李·克拉斯纳与默瑟
Mesquite Camp, 54, 813 梅斯基特营地
Metropolitan Museum of Art, 203, 357, 443, 575, 657, 776 大都会艺术博物馆
artists' protest of, 602-603, *603* 艺术家对大都会艺术博物馆的抗议
Metzger, Edith, 789-793, 904 艾迪斯·梅茨格
background of, 789 梅茨格的背景
death of, 793, 794 梅茨格的去世
Mexico, 152, 219, 261, 281, 284, 298, 346, 422, 429, 669, 888 墨西哥
Mexico City, 143, 146, 423 墨西哥城
Meyer, Joseph, 540, 876 约瑟夫·迈耶
Michael II, Czar of Russia, 345 俄国沙皇，米歇尔二世
Michelangelo, 163, 164, *165,* 192, 239, 241, 281, 288, 385, 555, 826, 836 米开朗琪罗
Michigan State University, 355, 644, 851 密歇根州立大学
Midtown Galleries, 497, 498, 870 市中心美术馆
Midwest (Benton), 204 《中西部》(本顿)
Mies Van Der Rohe, Ludwig, 588, 657, 882 路德维希·密斯·凡德罗
Milhaud, Darius, 492 达律斯·米约
Miller, Arthur, 152, 825 阿瑟·米勒
Miller, Audrey, 557 奥黛丽·米勒
Miller, Dan, 623 丹·米勒
country store of, 506, 507, 508, 510, 553, 564, 573, 669, 686, 719 米勒的乡村小店
on JP, 502, 592, 597 米勒谈波洛克
JP and, 510, 557, 592 波洛克与米勒
personality of, 510 米勒的性格
Miller, Dorothy, 474, 478, 686, 689, 694 多萝西·米勒
Miller, George Sid, 509, 871 乔治·希德·米勒
Miller, Rose, 213-214, 215-216, 258, 294, 308, 833 萝丝·米勒
Minotaure, 414, 423, 860 《米诺陶》(法国刊物)
Minsch, Dolly, 93, 96, 100, 108, 817 多利·明奇
Minsch, Evelyn, 66, 93, 817 艾芙琳·明奇
Minsch, Jacob, 55, 93, 99, 100, 259, 813, 817, 818 雅各布·明奇
Minsch, Jay, 93, 95, 100, 817 杰伊·明奇
Minsch, Orville, 93, 95, 100, 817, 818 奥尔维尔·明奇
Minsch, Wilbur, 93, 95, 100, 817 维勒布·明奇
Miro, Joan, 412, 415, 438, 442, 490, 496, 523, 534, 549, 633, 764, 852 胡安·米罗
biomorphic images of, 416, 452, 590 米罗的生物形态图像
exhibitions of, 413, 414, 416, 425 米罗的展览
JP influenced by, 357, 416, 446, 452-453, 466, 494, 566, 590 米罗对波洛克的影响
Mission Inn, 104, 108, 818, 819 米申酒店
Mississippi River, 29-30, 59, 172, 222, 258, 811, 814 密西西比河
Missouri, 25, 26, 27-28, 29, 172, 277-278 密苏里
Miss Randall McKeever's Finishing School, 545 朗德·迈克伊芙尔小姐完小
Mitchell, Bruce, 168, 212, 255, 294, 356, 828, 838 布鲁斯·米切尔
Mitchell, Olivia Dehn, 294 奥利维亚·道恩·米切尔
Mitchell, Sue, 572 苏·米切尔
Moby-Dick (Melville), 170, 252-253, 333, 766, 828 《白鲸》(梅尔维尔)
Moby-Dick (Pollock), 457-458 《白鲸》(波洛克)
models, nude, 122, 151, 162-163, 223, 242 裸体模特
modern art: 现代艺术
"accidental" images in, 287, 288, 323, 412-415, 535 现代艺术中的"偶然"图像
action painting and, 704-708, 711-712, 719, 766 行动绘画与现代艺术
American vs. European dominance in, 410-450, 545, 559, 604, 880-881 现代艺术中的美国主导与欧洲主导
birth of, 270, 383 现代艺术的诞生
color in, 384-385 现代艺术中的色彩

market for, 434-435, 545, 574-575, 763 现代艺术的市场
media interest in, 575-576, 763 媒体对现代艺术的关注
origins of drip technique in, 553-542 现代艺术中滴画技艺的起源
traditionalists vs., 271, 275, 287-288,. 346, 384 传统主义者与现代艺术
see also abstract art; Abstract Expressionism; Cubism; Surrealism; *specific artists* 另见抽象艺术；抽象表现主义；立体主义；超现实主义；具体艺术家
"Modern House Comes Alive, The" show, 571, 575 "现代房屋的复兴"展
Modern Migration of the Spirit (Orozco), 300, 331 《精神的现代迁徙》(奥罗兹科)
"Modern Painting for a Country Estate" show, 575 "为乡村住宅所作的现代绘画"展
Modigliani, Amedeo, 397, 860 阿梅代奥·莫迪利亚尼
Moholy-Nagy, Imre, 447, 448 伊姆雷·莫霍利-纳吉
Mojave Desert, 107, 115, 218 莫哈维沙漠
Molotov cocktails, 490, 869 莫洛托夫鸡尾酒(酒瓶炸弹)
"Momentum", group, 659 "动力"小组
Monacle, Dr., 66, 68 梦纳科博士
Mona Lisa (Duchamp), 859 《蒙娜丽莎》(杜尚)
Mona Lisa (Vinci), 411 《蒙娜丽莎》(达·芬奇)
Mondrian, Piet, 347, 396, 406, 410, 418, *419*, 421, 438, 439, 448, 523, 556, 635, 684, 822 皮特·蒙德里安
artistic support of JP by, 358, 444-445, 446, 450, 863 蒙德里安给予波洛克的艺术支持
Lee Krasner and, 386-387, 389, 640, *675*, 856 李·克拉斯纳与蒙德里安
physical appearance of, 387, 444 蒙德里安的外貌
works of, 450, 568, 766 蒙德里安的作品
Monet, Claude, 46, 699, 813 克劳·德莫奈
Montauk, N.Y., 511, 558, 561, 581-582, 719, 739, 759, 790 纽约州蒙陶克
Monte Cassino, battle of, 479 卡西诺山战役
Montez, Lola, 108, 819 萝拉·蒙蒂斯
Moon Woman (Pollock), 432, 520 《月亮女人》(波洛克)
Moon-Woman Cuts the Circle, The (Pollock),452-453, *453*, 471, 865, 879 《月亮女人裁剪圆圈》(波洛克)
Moran, Thomas, 506 托马斯·莫兰
Morandi, Giorgio, 605 乔治·莫兰迪
Mori, Akinabu, 55, 69, 70, 813 阿金阿布·莫里
Mori, Ayame Hamasaki, 55, *56*, 259, 813 阿雅姆·哈马撒奇·莫里
Mori, Shizuko, 55, 63, 259, 813 (森)莫里喜祖科
Mori, Yoshiro, *55*, *56*, 63, 259, 813 莫里·森喜朗
Morley, Grace McCann, 405, 461, 471 格雷斯·麦坎恩·莫利
Mormons, 111-112, 126 摩门教徒
Mortimer Brandt Gallery, 471 莫蒂墨·勃朗特画廊
Motherwell, Maria Ferrera, 423, 426, 531, 779, 860, 874 玛利亚·弗雷拉·马瑟韦尔
Motherwell, Robert, 415, 420, 421, 422-430, *423*, 475, 479, 497, 506, 545, *603*, 682, 701, 713, 715, 731, 860-861 罗伯特·马瑟韦尔
ambitions of, 422, 428, 430, 485, 631, 636-637, 886 马瑟韦尔的抱负
artistic reputation of, 424, 428, 429, 631, 637 马瑟韦尔的艺术名声
automatism of, 415, 430, 455 马瑟韦尔的自动主义
background and education of, 422-423, 428-429, 861 马瑟韦尔的背景与教育
brashness and pretensions of, 423-424, 428-430, 631, 637, 861 马瑟韦尔的莽撞与自命不凡
editing and writing of, 472-473, 552, 703 马瑟韦尔的编辑与写作
exhibitions of, 425, 493, 494, 608, 870 马瑟韦尔的展览
on JP, 429-430, 472, 531, 631, 716, 761 马瑟韦尔谈波洛克
JP and, 428, 429-430, 472-473, 500, 502, 531, 585, 602, *637*, 760-761, 867, 874 波洛克与马瑟韦尔
Matta and, 421, 422, 427-428, 430, 636 玛塔与马瑟韦尔
physical appearance of, 424, 428, 860 马瑟韦尔的外貌
plastic automatism theory of, 430 马瑟韦尔的造型自动主义理论
Surrealism and,423-424, 425-430, 636 超现实主义与马瑟韦尔
works of, 425, 428, 443, 446, 474, 476, 586 马瑟韦尔的作品
Mount Ayr, Iowa, 15-16, 18, 21 爱荷华艾尔山
Mozart, Wolfgang Amadeus,761, 901 沃尔夫冈·阿玛迪斯·莫扎特
Mumford, Lewis, 262, 278, 324, 325, 414, 830 刘易斯·芒福德
Munich, 383, 416, 535 慕尼黑
Municipal Art Galleries, 303, 844 市立美术馆
murals: 墙画
by Benton, 170, 181, 187-191, *189*, *190*, 198, 200, 204, 207, 208, 223-224, 225, 229, 237, 242, 251, 277-278, 288 本顿的墙画
Federal Arts Project division of, 274-276, 285, 360-361, 862 联邦艺术计划墙画部
by JP 280, 451, 458, 461, 466-469, 472, 490, 491, 493-496, *496*, 520, 524, 526, 556, 587, 602, 607, 615, 615, 616, 624, 629, 630, 639, 657, 866 波洛克墙画作品
Mexican School of, 143, 152-153, *154*, 160, 187, 219-220, 227, 271, 280, 281, 290, 298-302, *299*, *300*, 338, 350, 357, 466, 667, 843 墨西哥墙画学派
Murphy, Gerald, 418, 434-435, 860 吉拉德·墨非
Murphy, Sara, 418, 434-435, 546, 860 莎拉·墨非
Museum of Modern Art (MOMA), 160, 386, 397, 420, 425, 434, 462, 463, 473-474, 479, 558, 559, 587, 598 纽约现代艺术博物馆
Abstract Surrealist Prize of, 568 抽象超现实主义奖
exhibitions at, 350, 357, 576, 414, 423, 471, 515, 586, 658-659, 662, 678, 682, 689, 764 所举办展览
JP's work acquired by，474, 604, 624, 630, 700 所购波洛

克作品
round table convened at, 575　所召集圆桌会议
Museum of Natural History, 281, 337, 357　美国自然历史博物馆
Museum of Non-Objective Art, 446-448, 450, 451, 488　非客观艺术博物馆
Museum of the American Indian, 280, 337, 357　美国印第安人博物馆
Music (Sobel), 525　《音乐》（索贝尔）
Musick, Archie, 166, 356　阿奇·穆斯克
mustangs, 112-113, *113*, 468　美洲野马
Myers, John Bernard, 522, 551, 609, 641, 683, 688, 714, 749　约翰·本纳德·梅尔
on Lee Krasner, .369, 486, 522, 673　梅尔谈李·克拉斯纳
mysticism, 85, 122-123, 127-131, 137-140, 143, 343, 367-368　神秘主义
Naked Man with Knife (Pollock), 455, 725, 815　《持刀的裸体男人》（波洛克）
Namuth, Hans, 651-653, 794　汉斯·纳穆斯
on JP, 619　纳穆斯谈波洛克
JP film by, 647-649, *650*, 651, *651*, 663-664, 681, 759, 884-885, 888　纳穆斯所摄波洛克影片
JP photographs by, 618-621, *620*, *622*, 641, 662, 681, 704, 885　纳穆斯所拍波洛克照片
on Lee Krasner, 641　纳穆斯谈李·克拉斯纳
Napeague Harbor, 581-582, 739　约克角港口
Nation, 132, 217, 443, 445-446, 465-466, 496, 515, 823　《国家杂志》
National Academy of Design, 161, 375-377, 381, 395, 416　美国国家设计学院
National Gallery of Art, 808　美国国立美术馆
National Recovery Administration (NRA), 262　国家复兴署
Naughty Naught, 305　《淘气淘气》
Navajo Indians, 336, 337, 357, 535, 849　纳瓦霍印第安人
Nazis, 563-364, 447, 490, 789, 904　纳粹党人
Nelson, Betty, 86, 87, 91, 816　贝蒂·尼尔森
Neo-Impressionism, 184-185　新印象主义
Neo-Romanticism, 98　新浪漫主义
Neosho, Mo., 172, 174, 176, 177-178, 181, 185, 225, 828　密苏里州尼欧肖
Nest, the, (Pollock), 537, 903　《巢》（波洛克）
Neuberger, Roy, 595, 624, 882　鲁瓦·纽伯格
Nevelson, Louise, 854　路易丝·内维尔森
"New Baroque, The" (Friedman); 766, 767　"新巴洛克"（弗里德曼）
New Bauhaus, 414, 480　新包豪斯
New Deal, 262, 264, 270, 272, 322　新政
"New Decades" show, 745　"新时代"展
"Newer Super-Realism" show, 413　"全新超级现实主义"展
Newman, Annalee, 689, 782　安娜丽·纽曼
on JP, 557, 672　纽曼谈波洛克
Newman, Arnold, 594　阿诺德·纽曼
Newman, Barnett, 545, 546, 557, 560, *603*, *668*, 652, 636, 672, 705, 765, 782　巴奈特·纽曼
aesthetic philosophy of, 689-690, 703　纽曼的审美哲学
on JP, 5, 680　纽曼谈波洛克
JP's relationship with, 562, 602, 657, 638, 688-690, 696, 761, 807, 901　波洛克与纽曼的关系
personality of, 688-689　纽曼的性格
physical appearance of, 677, 688-689　纽曼的外貌
school established by, 636　纽曼创立的学校
stripe pictures of, 689, 690, 700　纽曼的带状绘画
New Orleans, La., 50, 222, 258-259, 545, 558, 838　路易斯安那州新奥尔良
New School for Social Research, 417, 618, 776, 830　社会研究新学院
Benton murals at, 187-191, *189*, *190*, 198, 200, 223-224, 225, 229, 288　位于该校的本顿墙画
Newton, Saul, 768　索尔·纽顿
New York, N.Y., 57, 120, 141, 152, 154-155, 158-159, 262-263, 270-271, 273, 342, 374　纽约州纽约
New York City Ballet, 597, 883　纽约市芭蕾舞团
New Yorker, 291, 446, 612, 630　《纽约客》
on JP, 465, 466, 554, 555, 599, 647, 699-700, 731　《纽约客》谈波洛克
New York *Herald Tribune*, 571, 599, 602, 604, 622, 731　纽约《先驱论坛报》
New York Hospital, Westchester Division (Bloomingdale Asylum), 314-323, *316*　纽约医院维斯特切斯特分布（布鲁明黛尔收治所）
JP's treatment at, 514-323, 325, 336, 341, 359, 363, 415, 455, 481, 596, 845-846　波洛克在该医院的治疗
New York State College for Teachers, 737　纽约州立教师学院
New York *Sun*, 439, 465　纽约《太阳报》
New York Times, 289, 602, 560　《纽约时报》
art coverage in, 225, 278, 465; 571, 675　艺术报道量
on JP, 7, 463, 465, 495, 583, 599, 656, 678, 699, 731, 752　关于波洛克
New York World's Fair (1939), 539, 341, 360-361, 363, 849　纽约世界博览会
New York *World Telegram*, 571, 582-583　纽约《世界电讯报》
Nicholas II, Czar of Russia, 344, 345, 850　俄国沙皇尼古拉斯二世
Nicholson, Ben, 439　本·尼科尔森
Nicholson, George, 794, 904　乔治·尼科尔森
Nelson, Raymond P. R., 376　雷蒙·P.R．尼尔森
Night Ceremony (Pollock), 493, 494, 639, 870　《夜之仪式》（波洛克）
Night Dancer, The (Pollock), 493, 494　《夜之舞者》（波洛克）
Night Magic (Pollock), 494　《夜的魔法》（波洛克）
Night Mist (Pollock), 493, 494, 659, 870　《夜之雾》（波洛克）
"Night/Sleep" window (Dali), 409-410　"夜晚／睡眠"之窗（达利）
Night Sounds (Pollock), 566, 870　《夜之声》（波洛克）

"9 American Painters" show, 727 "9 位美国画家"展
Nineteenth Amendment, 28 第 19 条修正案
Ninth Street Show, 662, 672, 890 第九大街展
Nisbet, Charles, 24 查尔斯·尼斯比特
Nivola, Constantine, 609, 750 康斯坦丁·尼沃拉
Nivola, Ruth, 609 露丝·尼沃拉
Noguchi, Isamu, 404, 546 野口勇
Norman, Dorothy, 785, 786, 903 多萝西·诺曼
Northwest Coast Indians, 281, 282 西北海岸印第安人
Nude Descending a Staircase (Duchamp), 46, 201, 495 《下楼梯的裸女》(杜尚)
Number 1, 1948 (Pollock), 566, 605, 615, 624, 716, 879 《1948, 作品第 1 号》, (波洛克)
Number 4, 1948: Gray and Red (Pollock), 566, 879 《1948, 作品第 4 号》(波洛克)
Number 5, 1948 (Pollock), 566, 567, 616, 879 《1948, 作品第 5 号》(波洛克)
Number 10A, 1948: Wooden Horse (Pollock), 566, *567*, 879 《1948, 作品第 10A 号》(波洛克)
Number 11, 1948 (Pollock), 583, 879 《1948, 作品第 11 号》(波洛克)
Number 12, 1948 (Pollock), 593, 879 《1948, 作品第 12 号》(波洛克)
Number 12A, 1948: Yellow, Gray, Black (Pollock), 566, 662, 879 《1948, 作品第 12A 号》(波洛克)
Number 26, 1948 (Pollock), 566, 879 《1948, 作品第 26 号》(波洛克)
Number 1, 1949 (Pollock), 583, 588, 662, 889 《1949, 作品第 1 号》(波洛克)
Number 2, 1949 (Pollock), 612, 697, 889 《1949, 作品第 2 号》(波洛克)
Number 3, 1949 (Pollock), 588, 889 《1949, 作品第 3 号》(波洛克)
Number 4, 1949 (Pollock), 589, 889 《1949, 作品第 4 号》(波洛克)
Number 6, 1949 (Pollock), 616-617, 889 《1949, 作品第 6 号》(波洛克)
Number8, 1949 (Pollock), 588, 599, 889 《1949, 作品第 8 号》(波洛克)
Number 9, 1949 (Pollock), 589, 889 《1949, 作品第 9 号》(波洛克)
Number 10, 1949 (Pollock), 586, 882, 889 《1949, 作品第10号》(波洛克)
Number 11, 1949 (Pollock), 766, 889 《1949, 作品第 11 号》(波洛克)
Number 12, 1949 (Pollock), 605, 889 《1949, 作品第 12 号》(波洛克)
Number 13, 1949 (Pollock), 588, 616-617, 889 《1949, 作品第 13 号》(波洛克)
Number 17A, 1949 (Pollock), 682, 889 《1949, 作品第 17A 号》(波洛克)
Number 23, 1949 (Pollock), 600, 605, 615, 889 《1949, 作品第 23 号》(波洛克)
Number 26, 1949 (Pollock), 615 《1949, 作品第 26 号》(波洛克)
Number 28, 1949 (Pollock), *590* 《1949, 作品第 28 号》(波洛克)
Number 31, 1949 (Pollock), 589, 662, 882, 889 《1949, 作品第 31 号》(波洛克)
Number 1, 1950: Lavender Mist (Pollock), 1, 614-616, 645, 649, 654, 656, 657, 662, 698, 767, 884 《1950, 作品第 1 号: 薰衣草之雾》(波洛克)
Number 7, 1950 (Pollock), 680, 892 《1950, 作品第 7 号》(波洛克)
Number 9, 1950 (Pollock), 697 《1950, 作品第 9 号》(波洛克)
Number 27, 1950 (Pollock), 682, 892 《1950, 作品第 27 号》(波洛克)
Number 28, 1950 (Pollock), 613, ,884 《1950, 作品第 28 号》(波洛克)
Number 29, 1950 (Pollock), *651* 《1950, 作品第 29 号》(波洛克)
Number 30, 1950: Autumn Rhythm (Pollock), 1, 4, 615-616, *617*, 647, 656, 662, 665, 884 《1950, 作品第 30 号: 秋韵》(波洛克)
Number 31, 1950:One (Pollock), 615, 616, 647, 654, 656, 665, 765, 778, 787, 884, 901 《1950, 作品第 31 号: 一》(波洛克)
Number 32, 1950 (Pollock), 4, 615, 616, *616*, 654, 656-657, *666*, 667, 884 《1950, 作品第 32 号》(波洛克)
Number 2, 1951 (Pollock), 697 《1951, 作品第 2 号》(波洛克)
Number 3, 1951: Image of Man (Pollock), 662, *666*, 889 《1951, 作品第 3 号: 男人画像》(波洛克)
Number 14, 1951 (Pollock), 668, 682 《1951, 作品第 14 号》(波洛克)
Number 15, 1951 (Pollock), *666* 《1951, 作品第 15 号》(波洛克)
Number 19, 1951 (Pollock), 682 《1951, 作品第 19 号》(波洛克)
Number 22, 1951 (Pollock), *666*, 891 《1951, 作品第22号》(波洛克)
Number 25, 1951: Echo (Pollock), *668, 669, 697, 764-765* 《1951, 作品第 25 号: 回声》(波洛克)
Number 12, 1952 (Pollock), 696, 699, 700, 727, 893 《1952, 作品第 12 号》(波洛克)
Ocean Greyness (Pollock), 716, *717*, 727, 741, 746, 756, 898 《灰色海洋》(波洛克)
Oceanic art, 281 大洋洲艺术
Ochre Rhythm (Krasner), 640, 887 《赭色韵律》(克拉斯纳)
ocular migraine, 539, 875 眼部偏头疼
Odessa, 366, 367, 372 敖德萨
Odyssey (Homer), 91 《奥德赛》(荷马)
Office of War Information, 399 战争情报局
Ohio Territory, 11-12, 15, 26, 808 俄亥俄领地
Oil Field, Texas Panhandle (Benton), *187* 《得州狭长地带的油田》(本顿)

Ojai, Calif., 128, 129, *130*, 137-139, *138*, 335, 823-824 加利福尼亚州奥海镇
Okie migration, 259, 268 俄克拉何马州移民
Olaney, Lillian, 347, 450, 482,
莉莲·奥兰尼
  on JP, 398, 609, 610, 634 奥兰尼谈波洛克
  on Lee Krasner, 379, 382, 383, 388, 398, 404 奥兰尼谈李·克拉斯纳
Old Darby (Bonheur), 108, 819 《老头子》(博纳尔)
Old Man and the Sea, The (Hemingway), 735 《老人与海》(海明威)
Olmsted, Frederick Law, 317 弗雷德里克·劳·奥姆斯特德
Olsen, Fred, 759, 761 弗雷德·奥尔森
Olympic Games, 220, 834 奥林匹克运动会
One (Pollock), 615, 616, 647, 654, 656, 665, 765, 778, 787 《一》(波洛克)
On Growth and Form, 666 《论生长和形态》
Onslow-Ford, Gordon, 410, 417-418, 443, 534, 860 戈登·昂斯洛·福特
Oppenheim, Meret, 414 梅拉·奥本海姆
Orange Athletic Club, 39, 812 奥兰治运动俱乐部
orange industry, 104, 818 奥兰治工业
Ordway, Kay, 752 凯·奥德维
Orland, Calif., 88, 89-92, 93-95, 97, 151, 817 加利福尼亚州奥兰德
Orland Unit, 89, 817 《奥兰德单元》
Orozco, José Clemente, 137, 146, 160, 227, 281, 282, 298-302, 325, 639, 830 何塞·克莱门特·奥罗兹科
  JP influenced by, 298-302, 312, 322, 331, 336, 343, 351, 354, 393, 407, 415, 431-432, 455, 667, 756 奥罗兹科对波洛克的影响
  murals of, 143, 152-155, *154*, 187, 219-220, 280, 290, 298-302, *299*, *300*, 350, 667, 843 奥罗兹科的墙画
  political philosophy of, 160, 298 奥罗兹科的政治哲学
orphan trains, 27, 811 孤儿火车
Orpheus, 597, *598*, 600, 601 《俄狄甫斯》
Osindowsky, Ferdinand, 688, 892 费迪南·奥辛多夫斯基
Ossorio, Alfonso, 587, 588, 591, *671*, 674, 680, 757 阿方索·奥索里奥
  generosity of, 584, 597, 623-624, 654, 693, 716 奥索里奥的慷慨
  on JP, 674, 675, 676, *782*, 785 奥索里奥谈波洛克
  JP's relationship with, 584, 591, 597, 607, 610, 652, 654, 655, 657, 671, 746, 791-792, 881, 882 波洛克与奥索里奥的关系
  patronage and aid to JP from, 584, 587, 591, 623-624, 656, 681-682 波洛克来自奥索里奥的赞助和资助
  works of, 597, 607, 677-678 奥索里奥的作品
Ossorio, Miguel José, 672 米盖尔·约瑟·奥索里奥
Otis Art Institute, 97-98, 151, 202, 223, 817, 825 奥蒂斯艺术学会
Our Town (Wilder), 329 《我们的小镇》怀尔德
Out of the Web (Pollock), 590, 616-617, 882 《网之外》(波洛克)
Out of This Century (Guggenheim), 514, 515 《世纪之外》(古根海姆)
Outsider, The (Potter), 585 《门外汉》(波特)
Ozenfant, Amédée, *419*, 458 阿梅德·奥占芳
Paalen, Wolfgang, 410, 412, 414, 416, 423, 534, 859, 860 沃夫冈·帕伦
Paar, Jack, 678 杰克·帕尔
Pacific Islands show, 515 太平洋岛展
Pacifico, Berthe, 147-148, *148*, 154, 200-201, 209, 396, 824, 832 贝尔特·帕西费科
Pacifico, Ora, 201 奥拉·帕西费科
Pacifico, Pauline, 201, 308 宝莲·帕西费科
paint, 5, 6, 64, 188-189 油彩
  acrylic, 623 丙烯画
  drip technique with, 553-542 使用油彩的滴画技法
  enamel, 553, 615 珐琅 / 搪瓷
  experimentation with, 286-288, 553, 554 油彩实验
  metallic, 540, 553, 554, 555, 566, 588, 662, 889 含金属的
  pouring of, 4, 5, 6-7, 34, 105, 169, 287, 415, 615, 874 倾倒
  spraying of, 286-287, 288 喷
  synthetic, 286-287 人工合成的
  toxic, 676 有毒的
"Painting in Paris from American Collections" show, 376 "美国收藏的巴黎绘画"展
Paintings and Drawings of Matisse (Cassou), 856 《马蒂斯油画与素描》(卡苏)
Palace at 4 A.M., The (Giacometti), 426 《清晨 4 点的宫殿》(贾科梅蒂)
Pancho Villa Dead and Alive (Motherwell), 474 《潘乔·维拉的死与活》(马瑟韦尔)
Pantuhoff, Igor, 377-381, *378*, 396, 606, 701, 879 伊戈尔·潘杜霍夫
  alcoholism of, 378-379, 380-381, 388 潘杜霍夫酗酒
  art studies of, 377, 380, 381 潘杜霍夫艺术学习
  JP's resentment of, 484, 569-570, 571 波洛克对其的不满
  Lee Krasner's relationship with, 377-381, 387-389, 393, 398, 402, 482, 484, 498, 522, 569-570, 855 与李·克拉斯纳的关系
  physical appearance and personality of, 377-378, 380-381, 388, 396, 398, 484, 569 潘杜霍夫的外貌与性格
  portrait painting of, 379-380, *380*, 381, 388 潘杜霍夫的肖像画
  papier-mâché, 288-289, 662-663, *666* 纸艺
Paris, 97, 179, 180, 184, 201-202, 227, 341-346, 363, 374, 383, 421, 435, 681-682, 783-784, 787 巴黎
Paris view, 735, 897 《巴黎视角》
Paris School, 357, 406, 496, 574 巴黎画派
Park, Charlotte, *see* Brooks, Charlotte Park
夏洛特·帕克，见夏洛特·帕克·布鲁克斯
Park Country *Enterprise, 44* 帕克乡村《企业报》
Parker, Dorothy, 291 多萝西·帕克

parlor games, 580 起居室游戏

Surrealist, 420, 425-426, 438, 507 超现实主义的起居室游戏

Parrish, Maxfield, 325, 847 马科斯菲尔德·帕里斯

Parsons, Elizabeth Pierson 伊丽莎白·皮尔森·帕森斯

"Betty," 545-547, *546*, 560, 623, 654, 689 "贝蒂"

adolescence of, 545-546, 877 帕森斯的少年

aristocratic background of, 545-546, 547, 877 帕森斯的中产阶级背景

artists' dissatisfaction with, 657, 677-678, 680, 691, 891 艺术家对帕森斯的不满

business methods of, 555, 598-599, 657, 672, 677-679, 683 帕森斯的商业手段

on JP, 7, 545, 546, 617 帕森斯谈波洛克

JP on, 547, 657 波洛克谈帕森斯

JP's contracts with, 546-547, 557, 558, 586, 624-625, 677-679 帕森斯与波洛克的合约

JP's quarrel with, 4, 624, 677-679, 891-892 帕森斯与波洛克的争吵

JP's relationship with, 546-547, 557, 558, 578, 624, 657, 677-679 帕森斯与波洛克的关系

Lee Krasner and, 672, 678, 694, 735, 752, 783 帕森斯与李·克拉斯纳

lesbianism of, 546, 547, 877 帕森斯的同性恋

marriage and divorce of, 545, 546, 877 帕森斯的结婚与离异

Peggy Guggenheim's contract with, 545, 547, 558 帕森斯与佩吉·古根海姆的合约

personality of, 546-547, 555, 578, 657 帕森斯的性格

physical appearance of, 546, 677 帕森斯的外貌

women artists shown by, 672, 677, 678 由帕森斯展示的女性艺术家

see also Betty Parsons Gallery 另见贝蒂帕森斯画廊

Parsons, Schuyler Livingston, 546 斯凯勒·利文斯顿·帕森斯

Parsons College, 23, 32 帕森斯学院

Partisan Review, 465, 471-473, 521, 549, 572, 678, 701, 706, 707, 894 《党派评论》

on JP, 465, 471-473, 678, 742-743 谈波洛克

Pasiphaë (Pollock), 457-458, *458,* 493, 494, 513, 514, 520, 521, 588, 697, 865, 882 《帕西法》(波洛克)

Pastures of Heaven (Steinbeck), 224 《天堂牧场》(史坦贝克)

Patchwork (cat), 51, 53, 815 布艺手工(猫)

Paul Rosenberg gallery, 357 保罗·罗森伯格画廊

Pavia, Philip, 186, 206, 535, 634, 635, 637, 708, 710, 715 菲利普·帕维亚

on JP, 213, 228, 242, 250, 718, 736 谈波洛克

Pearce, Jane, 747, 768-769, 902 简·皮尔斯

Pearce & Frank's 90, 817 皮尔斯与弗兰克的店铺

Pearl Harbor, Japanese attack on, 365, 403, 437, 466 珍珠港，日本袭击

Pearson's Massacre, 816 皮尔森大屠杀

peinture-peinture tradition, 412 绘画 - 绘画传统

Penn, Irving, 571 欧文·潘

Pennsylvania Academy of Fine Arts, 122, 821 宾夕法尼亚美术学院

Penrose, Roland, 436, 478 罗兰·彭罗斯

Perard, Victor Semon, 374, 854 维克多·赛门·皮拉尔德

Perelman, S.J., 291 S. J. 佩雷尔曼

"perfect picture" theory, 385, 386, 407, 482 "完美绘画"理论

Peridot Gallery, 663 橄榄石画廊

Peters, Donald, 630 唐纳德·彼得斯

Peterson, Claire, 108, 819 克莱尔·彼得森

Peterson, Gustaf "Peter," 561, 568, 569-570, 609, 623-624, 878 古斯塔夫·彼得森("彼得")

Peterson, Vita, 561, 568, 569, 609, 611, 770, 779, 878 维塔·彼得森

Phelan Ranch, 79, 815 费伦牧场

Phillips, Walter, 557, 878, 880 沃尔特·菲利普斯

Phillips, William, 572 威廉·菲利普斯

Phoenix, Ariz., 45, 48, 54-58, 64, 68, 70, 73, 81, 86, 88, 93-94, 99, 100, 106, 132, 159, 232, 718, 812, 817-818 亚利桑那州凤凰城

Phoenix Union High School, 99, 818 凤凰城联合高中

Phosphorescence (Pollock), 553, 878, 903 《磷光》(波洛克)

Phrenocosmian Club, 123, 821 颅相学俱乐部

Piacenza, Maria, 256, 264, 272, 282 玛利亚·皮亚琴察

on JP , 247-248, 249, 254, 265, 272, 481-482, 484 皮亚琴察谈波洛克

on Lee Krasner, 382, 484, 489 皮亚琴察谈李·克拉斯纳

on Rita Benton, 192-193, 194, 208-209 皮亚琴察谈丽塔·本顿

Picabia, Francis, 411, 534, 859 弗朗西斯·毕卡比亚

Picasso, Pablo, 98, 126, 151, 166, 201, 224, 227, 228, 241, 281, 556, 538, 618, 679, 8.13 巴勃罗·毕加索

animal images in works of, 352-353 毕加索作品中的动物形象

cloisonnist style of, 346, 350, 386, 556, 653 毕加索分离主义风格

critical opinion on, 542, 548, 549, 550, 386, 523, 502, 606 对毕加索的批评意见

Cubism of, 46, 160, 549, 585, 386, 438, 496, 552, 808 毕加索的立体主义

exhibitions of, 549, 556, 365, 576, 591, 397, 415, 4, 25, 655 毕加索的展览

Graham and, 545, 545, 346, 347, 350, 551, 356, 586, 477, 851 格雷厄姆与毕加索

JP compared with, 7, 8, 556, 606, 647, 650 与毕加索比较的波洛克

JP influenced by, 342, 349-354, 357, 393, 396-397, 406-407, 431, 432, 455, 466, 494, 525, 558, 556, 716, 729 毕加索对波洛克的影响

JP's envy of, 6, 655, 737, 808 波洛克对毕加索的嫉妒

Surrealism of, 553, 410, 425 毕加索的超现实主义

Pico della Mirandola, Giovanni, 610, 884 乔瓦尼·皮科·德拉·米兰多拉
Pierre Matisse Gallery, 342, 357, 416, 418, 422, 451, 679-680 皮埃尔·马蒂斯画廊
Pima, Charles (Charles Pollock), 645, 887 查尔斯·皮玛（查尔斯·波洛克）
Pima Indians, 57, 645 皮马印第安人
Pinocatheca gallery, 471 皮诺卡斯卡画廊
Pitchfork Ranch, 564, 879 干草叉牧场
Pittsburgh Plate Glass, 649, 888 匹兹堡平板玻璃公司
Plastic automatism theory, 430 造型自动主义理论
Plaut, James S., 559 詹姆斯·S. 伯劳
plein air painting, 576, *376* 户外绘画
pogroms, 366, 853 种族屠杀
Poindexter, Christie, 770 克里斯蒂·波因戴克斯特
Poindexter, Elinor, 770, 902 艾琳娜·波因戴克斯特
Pointillism, 386 点彩派 / 点彩主义
Pollock, Alma Brown (sister-in-law), 340, 504-505, 555, 643, 647 阿尔玛·布朗·波洛克（弟媳）
Jay Pollock and, 126, 340, 528, 531, 641-643, 821 杰伊·波洛克与阿尔玛·布朗·波洛克
on JP, 125-126, 147, 303 阿尔玛·布朗·波洛克谈杰克逊·波洛克
on Lee Krasner, 504 阿尔玛·布朗·波洛克谈李·克拉斯纳
Pollock, Charles Cecil (brother), *98,* 184, 276, 288, 504, 596, 794-796 查尔斯·塞西尔·波洛克（兄弟）
adolescence of, 69-70, 74, *74,* 75-77, *76,* 77, 80-81, 85, 87, 89, 91, 814, 815 查尔斯·塞西尔·波洛克的少年
artistic influences on, 97-98, 152-153 查尔斯·塞西尔·波洛克受到的艺术影响
art training of, 64, 75, 76, 97, 98, 152 查尔斯·塞西尔·波洛克的艺术训练
Benton and, 152, 154, 159, 166, 183, 207, 278, 644-645, 825 本顿与查尔斯·塞西尔·波洛克
birth of, 32 查尔斯·塞西尔·波洛克的出生
breakdown of, 645, 887 查尔斯·塞西尔·波洛克奔溃 / 精神失常
calligraphy of, 64, 141, 146, 237, 355, 644 查尔斯·塞西尔·波洛克的书法
career disappointments of, 644-645, 887 查尔斯·塞西尔·波洛克对事业的失望
childhood of, 37-39, *38, 39,* 40-41, 44, 48, 4 9, 56, 57, 59-65, *60, 61,* 68 查尔斯·塞西尔·波洛克的童年
early artistic identity of, 64, 75, 91, 96, 105, 814, 815, 817 查尔斯·塞西尔·波洛克的早年艺术身份
education of, 59, 80-81, 91, 97-98, 121, 817 查尔斯·塞西尔·波洛克的教育
Elizabeth Pollock and, 147, 151, 159, 188, 191, 255, 321, 642, 824, 855 伊丽莎白·波洛克与查尔斯·塞西尔·波洛克
exhibitions of, 278, 645, 841, 887 查尔斯·塞西尔·波洛克的展览
family life of, 321, 501, 641, 642, 645 查尔斯·塞西尔·波洛克的家庭生活
illustration art of, 268, 278, 279 查尔斯·塞西尔·波洛克的插画艺术
jobs of, 63-64, 85, 87, 152, 161, 191, 265, 278-279, 305-306, 355 查尔斯·塞西尔·波洛克的职业
on JP, 129, 141, 165, 255, 471, 675-676 查尔斯·塞西尔·波洛克谈杰克逊·波洛克
JP's relationship with, 61-62, 64-65, 75-76, 96-98, 129, 131, 141-145, 146, 152-155, 159, *159,* 161, 167, 183, 186, 191, 192, 196, 205, 213, 214, 217-218, 222, 245, 255-259, 370, 475, 723-725, 825 杰克逊·波洛克与查尔斯·塞西尔·波洛克的关系
JP's rivalry with, 161, 162, 183, 186, 191, 192, 365, 497, 646 杰克逊·波洛克与查尔斯·塞西尔·波洛克的竞争
paintings and drawings by, 64, 76, 96, 97, 121, 124, 152, *153,* 207, 214, 256, 278 查尔斯·塞西尔·波洛克的油画与素描
personality of, 65, 75-76, 151, 159, 214, 220, 286, 646 查尔斯·塞西尔·波洛克的性格
personal style of, 75-76, *77,* 139, 151, 152, 815 查尔斯·塞西尔·波洛克的个人风格
physical appearance of, 75-76, *76,* 77, 644, 查尔斯·塞西尔·波洛克的外貌
professional name of, 645 查尔斯·塞西尔·波洛克的艺名
reading tastes of, 63, 97-99, 107, 145, 152, 525, 416 查尔斯·塞西尔·波洛克的阅读品位
on Roy Pollock, 58, 69-70, 74, 77-78, 87, 141 查尔斯·塞西尔·波洛克谈鲁瓦·波洛克
on Stella Pollock, 10, 22, 42, 48, 63, 68, 70 查尔斯·塞西尔·波洛克谈斯黛拉·波洛克
Stella Pollock's relationship with, 63-64, 87, 96, 174, 400 斯黛拉·波洛克与查尔斯·塞西尔·波洛克的关系
teaching of, 161, 191, 355, 644-645, 851 查尔斯·塞西尔·波洛克的教学
Pollock, Elizabeth Feinberg (sister-in-law), 59, *189,* 192, 245, 321, *395, 643* 伊丽莎白·芬伯格·波洛克（弟媳）
Charles Pollock and, 147, 151, 159, 188, 191, 255, 321, 642, 824, 833 查尔斯·波洛克与伊丽莎白·芬伯格·波洛克
on JP, 161 167, 186, 205, 206, 211, 217, 255, 266, 294-295, 395, 725-724, 838 伊丽莎白·芬伯格·波洛克谈杰克逊·波洛克
Pollock, Elizabeth Feinberg (sister-in-law) *(cont.)*
JP resented by, 161, 186, 205, 206, 214, 218, 222, 255, 262, 278, 297, 646 遭伊丽莎白·芬伯格·波洛克憎恨的杰克逊·波洛克
Pollock, Frank (brother), 76, *101,* 111, *115,* 117, 140, 153, 154, 201, 209, 213-214, *643,* 794, 810 弗兰克·波洛克（兄弟）
adolescence of, 77-80, 81, 82, 83-85, 87-88, 89-95, 99-100, 105, 814, 815, 817 弗兰克·波洛克的少年时期
artistic disappointments *of,* 645 弗兰克·波洛克对艺术的失望

birth of, 39, 812 弗兰克 · 波洛克的出生
on Charles Pollock, 64, 159, 644 弗兰克 · 波洛克谈查尔斯 · 波洛克
childhood of, 40, 41, 42, 45, 44, 45, 48, 50, 51-52, 55, 55, 57, 59-68, 60, *61,* 71-72 弗兰克 · 波洛克的童年
drinking of, 99, 119, 318, 818 弗兰克 · 波洛克的饮酒
education of, 91, 92, 95, *94,* 99, 105, 119, 120, 643, 817 弗兰克 · 波洛克的教育
family life of, 266, 294, 501, 641, 645 弗兰克 · 波洛克的家庭生活
insecurity and sensitivity of, 99, 817 弗兰克 · 波洛克的安全感缺失与敏感
jobs of, 85-86, 91, 105, 109, 120, 191, 215, 259, 641, 643 弗兰克 · 波洛克的职业
on JP, 43, 56, 62, 65, 109, 115, 117, 118, 120, 159, 211, 244-245, 645-647 弗兰克 · 波洛克谈杰克逊 · 波洛克
JP's relationship with, 105, 120, 215-219, 725 杰克逊 · 波洛克与弗兰克 · 波洛克的关系
Marie Pollock and, 147, 202, 213, 217-218, 236, 244-245, 266, 294, 641, 643, 824, 843 玛丽 · 波洛克与弗兰克 · 波洛克
physical appearance of, 93, 209, 643 弗兰克 · 波洛克的外貌
on Roy Pollock, 41, 42, 58-60, 63, 77, 78, 80, 87, 88, 91-93, 99, 110, 156, 252, 255, 236 弗兰克 · 波洛克谈鲁瓦 · 波洛克
on Stella Pollock, 37, 38-39, 43, 59, 63, 66, 67-68, 70, 71-72, 79, 90, 95, 99, 100, 145 弗兰克 · 波洛克谈斯黛拉 · 波洛克

Pollock, Jackson, *157, 210, 289, 457, 496, 505, 517, 534, 549, 589, 601, 614, 618* 杰克逊 · 波洛克
abusiveness of, 311, 360, 670-671, 673, 695, 718, 723, 774, 786 波洛克的沉迷
accidents of, 2, 6, 65-66, *66,* 117, 308-309, 573, 576, 718, 736-737, 742, 808 波洛克的意外
as action painter, 704-707, 711-712, 719, 720 作为行动绘画家的波洛克
adolescence of, 24, 93-102, 95, 105-127, 129-151, 318 波洛克的少年时期
adulation of, 595-597, 606, 610-612, 617, 628, 631, 691, 766 波洛克的吹捧
alcoholism of, 1-4, 28, 94, 119, 167-168, 187, 201, 279, 308, 311-321, 329, 362, 400, 429, 469-471, 477-478, 481-482, 490-491, 501, 571-572, 576-580., 651-653, 686-688, 779-780, 808; *see also* Pollock, Jackson, drunken binges of
波洛克的酗酒；另见波洛克，杰克逊，醉酒狂欢
alienation and identity problems of, *3,* 65, 126, 130-131, 139, 141-146, 147, 167-168, 202, 204, 205, 211-214, 318-320. 457, 580-581, 636, 637, 662-665 波洛克的异化与身份问题
ambition of, 184, 186, 205, *214,* 236-237, 280, 313, 355, 607-608, 613 波洛克的抱负
ancestors of, 10-20, 24-28, 202, 396, 688, 809 波洛克的祖先
anger and rage of, 2-3, 4, 7, 125-126, 170, 187, 213-214, 297, 305, 308, 313, 320, 359, 407, 463, 511, 652-655, 685, 687, 693, 744, 747, 772-773, 785 波洛克的生气与愤怒
antisocial tendencies of, 3-4, 6, 118, 122, 144, 202, 211, 317, 356, 363, 426, 450, 477-478, 637, 808 波洛克的反社会倾向
apologies of, 4, 6, 298, 576, 686, 745, 750, 762, 770, 808, 843 波洛克的歉意
approval needed by, 358, 477, 511, 567, 628, 610, 642, 646, 728 波洛克期望获得认可
arrests of, 197, 200, 212, 255, 308-309, 488, 755, 832, 844 波洛克被捕
art career commitment of, 7, 142, 237, 238, 451 波洛克的艺术事业承诺
art community involvement of, 355-356, 426, 559, 602-603, *603,* 636-637, 638, 692 波洛克参与艺术团体
artist-as-actor obsession of 619-621, 647-649, 704, 758 波洛克着迷于作为表演者的艺术家
artistic influences on, 96-99, 108, 122-126, 149-153, 159-160, 203-204, 250-253, 256, 279-282, 287-289, 298-302, 336-338, 393-394, 415-418, 431, 446, 466, 525, 538, 664-667; *see also specific artists*
波洛克所受到的艺术影响；另见具体艺术家
artistic reputation of, 600-602, 603-605, 628-632, 647 波洛克的艺术声望
artistic restlessness of 7, 165, 206-207, 238, 279-282, 520-521, 589-590, 616-617, 664-667 波洛克在艺术上的不安
artistic struggle and turmoil of, 164-165, 206-207, 220, 243, 251, 255-256, 296, 299-302, 431, 453-458 波洛克的艺术挣扎与情绪混乱
artists admired by, 288, 298, 349-354, 524-526, 591, 709-710 波洛克所崇敬的艺术家
art training of, 122-124, 149-151, 160-168, 186-187, 189-191, 205-207, 222-223, 237-244, 264, 271-272, 349, 354, 591, 594, 826-827, 833 波洛克的艺术训练
attempts to control drinking by, 2, 314-321, 340, 363, 470, 576-582, 638, 660-661, 670, 673-675, 686-688 波洛克尝试控制饮酒
attention craved by, 3, 7, 109, 161, 214, 333, 489, 567, 628, 642 波洛克渴望得到关注
attractiveness of, 2-3, 4, 94, 147, 148, 150, 161, 211, 247, 394, 546-547, 585, *664,* 752 波洛克的吸引力
automobile accidents *of,* 2, 296, 676, 792-793, 808, 891, 904 波洛克的交通意外
automobiles of, 572, 573, 585, 620-623, 627, 628, 676, 683, 686, 692, 718-719, 757, 791-793 波洛克的汽车
awards of, 560, 878 波洛克获奖
banishment and ejections of, 297, 310, 481, 486, 491, 623, 671, 692, 749, 755, 760 波洛克的放逐与驱逐
beard of, 737, 753, 764, 898 波洛克的胡须
beguiling smile of, 2, 4, 94, 808 波洛克的诱人笑容
bicycling of, 508, 510, 517, 549, 573, 718, 872 波洛克的自

行车骑行
birth name of, 43, 812 波洛克的出生名
birth of, *5*, 43, 812 波洛克的出生
blackouts of, 7, 400, 449, 491, 571 波洛克的暂时性失明
bragging of, 211, 213, 247, 288, 296, 313, *477*, 612, 617, 622, 645, 679, 709, 732, 770-771, 777-778 波洛克的吹嘘
breakdowns *of*, 314-321, 323, 325-326, 334, 470 波洛克的精神崩溃
"bumpkin" impression given by, 347, 398, 399, 406, 602, 637 波洛克给人"乡巴佬"印象
business judgment of, 404, 460, 476, 587, 588-589, 598 波洛克的商业决断
capacity for disappointment in, 360, 630, 650 波洛克容忍失望
career building of, 356-357, 405, 429, 460, 477-478, 524, 547, 598 波洛克建立事业
celebrity of, 1, 8, 105, 310, 391, 582, 585-586, 594-597, 601, 606, 609-612, 617-618, 631, 639, 662, 685, 710, 758-759, 771, 778 波洛克的名声
ceramics of, 264, 265, 279, 280-281, *282*, 322-323, 323, 535 波洛克的陶瓷
charm of, 94, 147, 161, 213, 220, 256, 285, 298, 305, 320, 325, 358, 748, 764 波洛克的魅力
childhood of, 3, *5-6*, *7*, 24, 44, 45, 46-57, *48*, *56*, 59-72, *60*, *61*, *66*, *70*, 74-77, *74*, 79, 81-88, 89-90, 252, 359, 813-820 波洛克的童年
childhood traumas of, 65-66, 68-69. 101-102, 195, 252, 353, 354, 580-581, 814, 815 波洛克的童年创伤
childishness of, 3, 6, 69, 500, 511, 512, 531, 541, 723, 753, 777 波洛克的孩子气
children enjoyed by, 548, 561, 744, 877 波洛克所欣赏的孩子
cocky and self-assured appearance of, *594*, 602, *604*, 662 波洛克自大、自信的表现
collages by, 662-663 波洛克的拼贴作品
colleagues' favourable assessments of, 282-283, 338, 347, 356, 358-359, 394-395, 562 同行对波洛克的正面评价
colleagues' resentment of, 631-632, 634, 636, 637-638, 657-658, 710 同行对波洛克的憎恶
competition judged by, 659 波洛克裁判比赛
competitions entered by, 444, 551, 552, 568, 863, 882 波洛克参加比赛
competitiveness of, 7, 109, 122, 124, 131, 161, 162, 165, 166-167, 183, 186, 191, 192, 208, 222, 322, 355, 365, 497-498, 541, 558, 608, 808 波洛克的竞争力
compositional ability of, 282, 336, 454, 615, 668 波洛克的构图能力
concealment and forgiveness sought by, 3-4, 6, 7, *8*, 455, 457, 490, 579 波洛克寻求隐瞒与原谅
cooking by, 246, 340, 512, 548, 560, 791 波洛克下厨
country move of, 501-502, 504, 870-871 波洛克搬往乡村居住
cowboy image of, 34, 105, 107, 117, *117*, 186, 220-221, 223, 266~267, 305, 587, 602, 603, 621, 671, 743, 758, 808 波洛克的牛仔形象
creative blocks in, 360, 466-468, 699, 715, 727-728, 752 波洛克的创意模块
creative vs. sexual potency of, 541-542 波洛克的创造力与性能量
cross-country trips of, 196-200, 218, 222, 256-259, 279 波洛克穿越国境的旅行
cultural enthusiasms of, 600-601, 610-611 波洛克的文化热情
cycles of elation and depression in, 361, 470, 520, 528 波洛克的亢奋与沮丧的循环
death of, 8, 64, 94, 105, 183, 391, 404-405, 406, 504, 557, 579, 638, 793, 904 波洛克去世
declining career of, 698, 714, 715, 732, 752, 755-757 波洛克事业的滑坡
depressions of, 141-143, 146-147, 154, 167-168, 211-213, 217, 279, 282, 302-303, 306, 311-312, 317, 323, 360-361, 446, 467, 470, 493, 511, 647,
653, 658, 716 波洛克的消沉
dexterity of, 608-609, 615 波洛克的敏捷
diets of, 139, 316, 674-675, 688, 723, 808 波洛克的饮食节制
dimples of, 2-3, 44, 161, 808 波洛克的酒窝
disappearance of, 314, 398, 400, 491, 726, 745, 771-772 波洛克的失踪
divorce considered by, 753, 778, 780-781 波洛克考虑离婚
draft deferment of, 362-363, 479, 853 波洛克的草稿搁置
drawings by, 7, 99, 108, 114, 123-124, 125, 144, 148-149, 164-165, *187*, 206, 219-221, 221, *252*, 253-254, 301, 312, 329, 331, 333-335, *335*, 350,
351, *351*, 475, *526*, 662, 678, 827, 865 波洛克的素描
dreams and nightmares of, 47, 69, 146, 331, 455, 629, 631, 642, 665, 728, 814, 824, 897 波洛克的做梦与噩梦
drunken binges of, 2-3, 6, 7, 117, 120, 168, 170, 197, 212-214, 247-248, 249-250, 255, 266-267, 294-295, 296-298, 302, 306, 310-311, 314, 335-336, 359-360, 448, 449, 491, 572, 669-671, 686, 844 波洛克的醉酒狂欢
earnings of, 204, 212, 264, 277, 312, 451, 475, 476, 545, 624 波洛克的收入
education of, 2, 79, 8l-82, 93-95, *94*, 96-98, 113, 117-126, 133-137, 141-151, 550, 815, 817, 819, 820, 824-825 波洛克的教育
effects of praise on, 347, 349, 358, 424, 446, 461-462; 617-618 波洛克对于赞扬的反应
egotistical self-image of, 6l7-618, 619, 621, 645-647, 655, 660, 687, 693, 波洛克自我本位的形象
emerging talent of, 203, 206, 219-221, 242, 279-283 波洛克才能的逐渐显现
emotional dependency of, 2, 5-6, 7, 8, 52, 60, 68-69, 76, 93, 118-119, 186, 237, 262, 266-267, 279, 297, 303, 360, 365, 402,

403, 408, 431, 491, 565, 658 波洛克的情感依赖
energy spurts of, 468, 494, 496 波洛克的能量迸发
envy and jealousy of, 6, 124, 125, 161, 166, 167, 313, 360-361, 484, 493-494, 497-498, 558, 568, 569-570, 658, 699 波洛克的羡慕与嫉妒
erudition respected by, 550-551, 562, 665, 689, 893 波洛克仰慕博学
extravagant tastes of, 622-625, 626-627, 723 波洛克的奢侈品位
facial expressions of, 167, 214, 398, 511, 585, 609, 619-620, 647, 779 波洛克的面部表情
fame as burden to, 628-632, 655 波洛克视名望为负担
family avoided by, 244-245, 246, 601, 656 波洛克躲避家人
as family baby, 5, 43, 44, 48, 56, 60, 61-63, 65, 68-69, 131, 214-215, 217-218, 321, 467, 646, 814 波洛克作为家中宝宝
family concern for, 214-215, 217-218, 250, 255-256, 264, 295, 302-303, 306, 311, 313-314, 475, 489 波洛克家人的关怀
family reunion of, 641-643, *643,* 645-647, 649, 661, 887-888 波洛克的家庭团聚
fan mail of, 596, 683, 700 波洛克追随者的来信
fantasy images of, 47, 62-63, 68, 69, 85, 93, 192, 211, 213, 304-305, 313, 335, 369, 537-541 波洛克的梦幻画面
fatal automobile accident of, 792-793, 904 波洛克致命的交通意外
fatherhood desired by, 501-502, 531, 744, 871 波洛克渴望为人父
father's death as obsession of, 236-237, 243, 252, 457, 470 波洛克父亲过世成为心结
favorite bars of, 296-297, 310, 321, 480, 528, 669; *see also* Cedar Tavern
波洛克钟爱的酒吧
fights provoked by, 6, 140-141, 145, 204, 212, 228, 247-248, 265, 267, 297, 302, 310, 350, 481, 488-489, 498, 570, 572, 715, 755, 900 波洛克挑起打斗
film of, 647-649, *650,* 651, *651,* 663-664, 681, 759, 884-885 关于波洛克的电影
financial condition of, 623-627, 646, 683 波洛克的资金状况
financial problems of, 312, 446, 568, 570, 716 波洛克的资金问题
fingertip loss of, 65-66, *66,* 596, 779, 814, 883 波洛克失去指尖
first airplane ride of, 592 波洛克首次乘坐飞机
first drip experiments of, 287 波洛克首次滴画实验
first girlfriend of, 147-148, *148,* 154, 209 波洛克的首任女友
first major sale of, 461 波洛克的首次大销售
first public showing of, 207 波洛克的首次公众展
friends as surrogate brothers of, 416, 561-566, 567, 689, 749-750, 925 波洛克作为替代兄弟的朋友
friends' avoidance of, 489, 670-671, 686, 718-719, 727, 733, 759-760, 762 朋友避开波洛克
frustration and bitterness in, 162, 164-165, 167-168, 195, 206, 211-214, 359-361, 656 波洛克的沮丧与痛苦
funeral of, 501, 510, 511, 794-795, 904 波洛克的葬礼
gallery and museum visits of, 150, 203-204, 219, 281, 298-299, 337, 349--350, 356-357, 358, 407, 760 波洛克参观美术馆和博物馆
gambling of, 253, 359, 623, 625, 718, 885 波洛克的赌博
gardening of, 516, 517, 585, 626, 716-717, 724 波洛克的园艺
generosity of, 4, 403, 586, 716-717, 741, 803 波洛克的慷慨
as genius, 282, 347, 359, 361, 443, 612, 628, 714, 764 波洛克的天才
gentleness of, 561, 610, 637, 744 波洛克的绅士风范
girlfriends of, 295-296, 303-306; *see also* Miller, Rose; Pacifico, Berthe 波洛克的女友；另见萝丝 · 米勒；贝尔特 · 帕西费科
as "greatest painter in American," 396, 593-594, 595, 596, 601, 634, 647, 714 波洛克作为"最杰出的美国画家"
hair and baldness of, 2, 44, 47, 139, 143, 144, 145, 200, 355, 485, 604, 621 波洛克的头发与秃顶
hallucinatory spells of, 538-559 波洛克引起幻觉的魔力
hands of, 394, 554, 608, 808 波洛克的双手
happiness of, 516-517, 553, 567 波洛克的欢乐
hitchhiking trip of, 196-200, 249 波洛克的搭车旅行
homosexual experiences of, 200, 249, 479, 480-482, 487-489, 719, 832, 869, 896 波洛克的同性恋经历
horseplay of, 285, 302, 312, 486-487, 500, 562, 570, 689, 692, 736, 742 波洛克的玩闹
hospitalization of, 2, 115, 314-321, 363, 364, 400, 670, 845-846 波洛克入院治疗
hostile reaction to critics by, 622, 630, 649-650 波洛克对批评家的敌意反应
household chores of, 509-510, 511, 517, 518-519, 548, 564, 565, 577, 586 波洛克的家庭事务
hunting and camping trips of, 101-102, *101,* 105, 107, 108, 109-113, *113,* 116-117, 118, *133,* 221, 257, 819 波洛克的狩猎与宿营旅行
hyperactive imagination of, 537-538 波洛克亢奋的想象力
hypnosis of, 580-581, 881 波洛克的催眠
illnesses of, 756, 901 波洛克的疾病
inadequacy and guilt feelings of, 144, 146, 164-165, 203, 207, 311 波洛克的缺点与内疚感
inarticulateness of, 3, 167, 192, 206, 213, 228-229, 303, 318, 323, 332, 356, 357-358, 362, 363, 397, 399, 407, 477, 510, 584, 636, 697, 769, 808 波洛克的不善言辞
inept draftsmanship of, 7, 123-124, 125, 130, 144, 146, 149-150, 164-165, 166, 183, 203, 210, 237-238, 349, 353, 614, 667 波洛克拙劣的绘制草图能力
ingratitude of, 214, 476, 617-618, 646 波洛克的忘恩负义
injuries of, 65-66, *66,* 265, 308, 676, *677,* 718, 736-737, 738,

740, 742, 844, 898 波洛克的受伤
intellectual and philosophical influences on, 97-99, 122-131, 137-140, 610-611, 884 波洛克在智识与哲学方面受到的影响
interviews with, 10, 421, 472-473, 591-592, 612, 630, 661-662 波洛克接受采访
Pollock, Jackson *(cont.)*
introversion of, 3-4, 122, 144, 146, 167, 184, 256, 356, 360, 362, 363 波洛克的内向
intuitive vs. intellectual intelligence of, 5, 331, 357-358, 429 450 波洛克的直觉智慧与知性智慧
isolation and abandonment feared by, 118, 360, 647, *687,* 701, 785 波洛克惧怕孤立与被抛弃
as "Jack the Dripper," 753, 900 波洛克作为"搞滴画的杰克"
jobs of, 6, 115-117, 120, 137, 140-141, 166, 192, 204, 217, 237, 243, 263-264, 265, 323, 433-434, 446-448, 832, 837, 862 波洛克的职业
last will and testament of, 661, 723, 785 波洛克的遗愿与遗嘱
late night telephone calls of, 1, 4, 655, 656, 692, 786, 808 波洛克的深夜电话
lithographs of, 279, 841 波洛克的平板印刷
love affairs of, 215-216; *see also* Kligman, Ruth
波洛克的风流韵事；另见露丝 · 克里格曼
macho posturing of, 3, 4, 75-76, 117-118, 144, 211, 213, 220-221, 249-250, 266-267, 541, 549, 565, 595, 621, 689, 748-749, 770-771, 777, 893 波洛克的男子气概的姿态
as "mama's boy," 5, 93, 95, 395, 511, 808 波洛克作为"妈妈的宝贝"
manipulative ingenuousness of, 319-320, 358, 547, 585, 610-611, 686-687 波洛克伪装的坦率
marionette made by, 609, 885-884 波洛克制作牵线木偶
marriage of, *see* Krasner, Lee
波洛克的婚姻，见李 · 克拉斯纳
marriage proposals of, 154, 306, 313, 780-781, 845 波洛克的求婚
medical treatment of, 2, 115, 314-321, 363, 364, 400, 576-577, *670,* 845-846 波洛克的药物治疗
mental and emotional instability seen in, 302-303, 310-311, 314, 359-360, 363, 364 波洛克显现精神与情绪的不稳定
mental and physical deterioration of, 655, 688, 725, 752, 756-757, 769, 782, 789 波洛克的精神与身体状况恶化
metalworking of, 319, 320, 322 波洛克的金属加工
mischievousness of, 95-96, 263, 272, 622, 659, 750, 817 波洛克的顽皮
mistress flaunted by, 6, 94, 777-*779,* 782-783, 808, 903 波洛克炫耀情妇
moodiness of, 167, 256, 306, 569, 649-650, 693, *716* 波洛克的喜怒无常
mother complex of, 192-193, 324, 359, 362, 564, 395, 530, 561, 768 波洛克的恋母情结
mouth harp played by, 208, 220, 247, 833, 834 波洛克演奏口琴
murals of, *see*, murals, by *JP*
波洛克的墙画，见波洛克所作墙画
museum debut of, 280 波洛克的美术馆首展
musical tastes of, 600-601, 610, 717, 756, 761, 764, 884 波洛克的音乐品位
mystical and psychological interests of, 85, 126, 129-131, 137-140, 146, 185, 335, 348, 551, 688, 821-822 波洛克对神秘及心理学的兴趣
naive and primitive quality in, 346-347, 551, 714 波洛克的天真及原始天性
nature enjoyed by, 340, 515-517, 540-541, 581-582 波洛克的热爱自然
obscenities used by, 2, 3, 211, 213, 290, 297-298, 302, 360 波洛克的猥亵
563, 564, 565, 626, 658, 673, 695, 749, 808 old friends shed by, 356, 403-404, 485, 609 波洛克回避的老友们
outrageous behavior of, 6, 469, 471, 489, 541, 555, 652-655 波洛克的愤怒行为
on painters as teachers, 686, 737, 760 波洛克的谈画家作为教师
papier-mâché of, 662-663, *666* 波洛克的纸胶混合模型
passion and intensity in, 346, 359 波洛克的热情与紧张
personal style *of,* 34, 76, 139, *143-144, 181,* 186, 266, 398, 429-430, 464, 508, 563, 586-587, 594-595, 604, 620-621, 623, 697 波洛克的个人风格
phoniness obsession of, 652-653, 663-664, 759, 760, 765, 770 波洛克对虚假表象的痴迷
physical appearance of, 2-5, 5, 44, 76, 93-94, 139, *140,* 144, 145, 200, 201, 211, 247, 394, 604, 619-620, 812 波洛克的外貌
physical strength of, 2, 754 波洛克的体魄
physique of, 107, 118, 144, 150, 246, 825 波洛克的体格
playfulness of, 548, 561, 562 波洛克的玩笑
political instincts of, 524, 547 波洛克的政治直觉
poor academic performance of, 130, 136-137, 141 波洛克差强人意的学习成绩
popular success of, 1, 7, 471-472, 594-602, 610-612, 617 波洛克众人皆知的成功
portraits of, *184,* 188, 207, *208,* 243, 296 波洛克的肖像
poverty of, 4, 6, 557-558 波洛克的贫困
printmaking of, 279, 490, 870 波洛克制作的印刷品
probationary sentence *of,* 757 波洛克的缓刑判决
productive periods of, 1, 279-283, 431-433, 452-458, 494-495, 512-513, 520, 532, 543, 566, 572-573 波洛克的高产期
professional anxieties of 470, 475-477, 568, 628-632 波洛克的职业焦虑
professional name chosen by, 155 波洛克选择艺名
promiscuity of, 3, 6, 94, 197, 672-673, 777-779, 782-783, 808 波洛克的乱交
prosperity *of,* 623-627, 646 波洛克的兴旺
protest against Metropolitan Museum joined by, 602-6053 ***603*** 波洛克参加对大都会美术馆的抗议
psychiatric diagnoses of, 359-360, 361, 363, 364 波洛克的精神病诊断

psychiatric treatment of, 4, 129, 302-303, 305, 310, 314-321, 322, 325-326, 329, 331-339, 350, 559-363, 403, 453, 492-493, 579, 660, 767-769, 845-846, 852-853 波洛克的精神病治疗
public image of, 594-596, 602-603, 610-612, 618-621, 645, 647, 662, 704, 758-759 波洛克的公众形象
publicity & promotion of, 678, 680-682 波洛克的公共宣传与营销
public statements of, 551-552, 602, 605, 703, 704 波洛克的公共声明
radical student politics of, 134-136, 137, 823 波洛克的激进学生政治
reading of, 98-99, 129, 130, 146, 228, 346, 688 波洛克的阅读
real estate dealings of, 502, 513-514, 624, 626, 870-871 波洛克的房产交易
rebelliousness of, 134-137, 143-146 波洛克的反叛
reckless driving of, 2, 3, 4, *6*, 7, 292-293, 676, 719, 744-745, 754, 757, 808, 900 波洛克的莽撞驾驶
recognition and success vital to, 5-6, 7, 161, 168, 313 波洛克获得关键性的认可与成功
religious interests of, 126, 129-131, 137-140, 146, 503, 821-822 波洛克的宗教兴趣
reticence of, 426, 510, 536, 584, 601, 610, 611, 612, 636, 700, 781 波洛克的沉默寡言
ridicule of, 629-631, 658, 705, 753 波洛克的嘲笑
risk-taking of, 3, 7, 247, 248, 704, 705 波洛克的冒险
rivals of, 404, 475, 558-559, 568, 631-632, 657-658 波洛克的对手
romantic aura surrounding, 610-612, 620-621, 764 波洛克与生俱来的浪漫气息
rural life-style of, 508-511, 516-517, 520, 530, 559-560, 561-562, 581-582, 584, 872 波洛克的乡村生活方式
school expulsions of, 136, 145-146, 823 波洛克被学校开除
sculpture of, 123, 149, 238-239, 241-243, *244*, 250, 281-282, *283*, 538, 586, 588, 607-608, 756 波洛克的雕塑
self-confidence of, 283, 359, 566, 613, 617, 622 波洛克的自信
self-deprecation of, 3, 144, 149-150, 208, 721, 748, 763, 770, 787, 901 波洛克的自贬
self-destructiveness of, 1-2, 3, 6, 94, 144, 187, 197, 212-213, 247, 248, 250, 253, 267, 297, 335, 360, 364, 481, 572-573, 655, 672, 686, 710, 725-726, 748, 754, 758 波洛克的自毁
self-doubts of, 349, 649, 667, 668-669, 727 波洛克的自我怀疑
self-hatred of, 481, 651, 746 波洛克的憎恨自我
self-pity of, 737, 760, 763, 770 波洛克的自怜
self-portrait of, 253-254, 837, 897 波洛克的自画像
sensitivity of, 3, 46-47, 93, 142, 165, 217, 264, 305, 317, 546, 556, 650, 762 波洛克的敏感
sexual anxieties of, 3, 478, 479, 480-481, 512-513, 567, 771, 808, 832 波洛克的性焦虑
sexual fulfillment of, 408, 432, 520 波洛克的性满足
sexuality of, 5, 63, 94, 148, 201, 209-211, 213, 215-216, 249, 258-259, 294-295, 297-298, 301, 319, 432-433, 478-482, 487-489, 769, 778 波洛克的性取向
sexual orgies joined by, 479-480, 487-489 波洛克参与的性放纵
sexual rumors about, 211, 247, 478, 480-48l,568-569, 672-673, 833, 874, 879 波洛克的性谣言
shoplifting of supplies by, 434, 862 波洛克盗窃物资
shyness of, 3-4, 72, 81, 82, 83, 93, 118, 144, 167, 212, 213, 356, 398, 584, 827 波洛克的腼腆
sketchbooks of, 164, 299-300, 453-454, 504, 525, 526, 827 波洛克的速写本
smoking of, 4, 117, 125, 148, 220-221, 452, 509, 651, 686, 695 波洛克吸烟
sober periods of, 1, 213, 222, 256, 340, 363, 470, 513, 577-579, 582-584, 601, 637, 638, 725 波洛克的清醒时期
sober vs. drunk personality of, 3, 578, 584, 601, 637, 718, 752 波洛克清醒与醉酒状态下的性格
social lionization of, 608-612 波洛克的相互吹捧
solitude and loneliness of, 295, 296, 307, 716, 720-721, 759, 786-787 波洛克的孤单寂寞
sports antagonism of, 118, 122, 134-135, 144-145, 580, 820 波洛克的体育对抗
storytelling of, 41, 66, 118, 192, 194-195, 200, 207, 265, 561, 564, 587, 609, 812, 831, 878 波洛克编故事
stylistic search of, 7, 279-283, 288, 338, 348, 357-358, 455, 466, 495, 520-521, 526, 536-538 波洛克探索风格
suicidal tendencies of, 1-2, 212-213, 250, 361, 715, 720-721, 731, 757, 807-808 波洛克的自杀倾向
sulks and resentments of, 161, 167-168, 213, 359-361, 463, 484, 490, 562 波洛克的郁闷与愤恨
summer vacations of, 159, *210*, 256, 279, 282, 290-293, 294, 295-296, 302-309, 340, 356, 484-489, 499-501 波洛克的暑假
suspiciousness of, 93, 168, 631 波洛克的疑心
sweetness of, 4, 214, 305, 320, 480 波洛克的乖巧
tactless cruelty of, 358, 360, 558-559, 571, 694, 749, 751, 778 波洛克的蛮干
tranquilizers taken by, 577, 578, 582, 584, 601, 612, 638 波洛克服用镇静剂
treatment of women by, 201, 213-214, 247, 266, 294-295, 297-298, 308, 565, 569, 571, 673, 693, 694, 770-771, 786, 902 波洛克对待女性
unconscious probed by, 299-300, 312, 319, 320, 322-323, 325, 331-535, 336, 338, 348, 351-354, 452-454, 491, 580-581, 865 波洛克的探索潜意识
unhappiness and despair of, 305, 310-314, 359-360, 563 波洛克的不开心与沮丧
urinary habits of, 50-51, 469, 478, 489, 541, 612, 671, 753, 760, 762, 770, 788, 813, 818, 867, 876, 904 波洛克的撒尿习惯
vandalism of, 570, 571, 621-622, 693, 699, 740, 749, 759 波洛克破坏公物
violent behavior of, 2, 3, 6, 119, 125, 145, 187, 204, 212-214, 247-248, 266-267, 285, 296-297, 302, 305, 310-311, 359, 360, 498, 512, 569-570, 511, 653, 695, 720, 727, 759, 773 波洛克的暴力行为

visual acuity of, 47-48, 203, 238, 358, 408, 537-538, 813 波洛克敏锐的视觉
voice of, 661, 663 波洛克的声音
volatile reputation of, 545, 546, 576, 578, 580, 670-671, 717, 745 波洛克轰动性的名望
vulnerability of, 753, 760-761, 763, 788 波洛克的脆弱
wedding of, 502-504, 871 波洛克的婚礼
weeping of, 249, 297, 581, 740, 763, *710,* 778, 782, *787.* 901, 904 波洛克的哭泣
weight gain of, 737, 756, 898 波洛克体重增加
women avoided by, 114, 122, 147, 210, 211, 258-259, 295, 824, 838 波洛克躲避的女性
women frightened by, 630, 673, 693, 695 波洛克惧怕的女性
working habits of, 452-454, 494, 521, 540, 542, 552, 591, 594, 613-617, 647-649 波洛克的工作习惯

Pollock, Jackson, paintings of:
杰克逊波洛克的绘画
Abstract Expressionism in, 7, 594, 633, 680, 753, 766, 893 波洛克绘画中的抽象表现主义
abstraction in, 282, 323. 525, 527, 605-606, 808, 873 波洛克绘画中的抽象主义
accidental effects in, 323, 539-540, 566 波洛克绘画中的偶然效果
aerial forms in, 539-540, 876 波洛克绘画中的俯瞰形式
all-over composition in, 525-527, 536, 543, 556, 613-614, 630, 873 波洛克绘画中的全画幅构图
American exhibitions of, 280, 282, 310, 311-312, 320, 365, 391-392, 443, 471, 585-586, 696-698; *see* also *specific galleries*
波洛克绘画的美国展览
American quality of, 594-596, 612 波洛克绘画中的美国属性
animals in, 301, 322, 334, 337-338, 351, 351, 353, 454-455, 456, 457, 468, 494, 517-518, 667, 668, 844 波洛克绘画中的动物
automatism in, 442, 525, 876 波洛克绘画中的自动主义
barter of, 282, 557, 624, 626, 679, 739 波洛克绘画的交换
basting syringes used for, 6-7, 668, 808 使用油脂注射器
black-and-white, 4, 457, 566, 615, 664, 675, 678, 691, 696, 700, 719, 765 波洛克绘画中的黑与白
brush technique of, 5, 251, 495, 526, 537, 589-590, 617, 870 波洛克绘画的用笔
calligraphy in, 4, 432, 445, 454, 457, 495, 525-526, *526,* 583, 589, 615, 676 波洛克绘画中的书法
circles and swirls in, 5, 251, 322, *323,* 334 波洛克绘画中的圆圈与涡旋
collaborations on, 5, 7-8, 484, 526, 696, 756, 807 波洛克绘画的合作
color use in, 5, 8, 282, 331, 337, 407-408, 432, 454, 494, 496, 518, 543-544, 566-567, 588-589, 613-615, 616, 700, 716, 729, 866 波洛克绘画中的用色
Cubism and, 496, 540, 556, 591 波洛克绘画与立体主义
dating of, 280, 566, 884 波洛克绘画的系年
death-haunted images in, 250-254, 299-301, 361, 843-844 波洛克绘画中含有死亡意象的图像
density of, 405, 442, 493, 526, 536-537, 540, 553, 588, 599, 603, 613-614 波洛克绘画的密度
doodles in, 253, 333, 334, 337, 351, 417, 432, 525, 834, 837, 873 波洛克绘画中的涂鸦
drip and spill technique of, 4, 5, 6-7, 34, 105, 169, 287, 433, 454, 520, 533-537, 539-542, 547, 556, 566, 585, 589-590, 604, 608, 631, 874-875 波洛克绘画的滴流技术
effects of therapy on, 319-320, 322-323, 326, 331-338 接受治疗对绘画的影响
emotional impact of, 7, 392-393, 563, 588, 685, 765 波洛克绘画的情感效应
European exhibitions of, 604-606, 662, 649-650, 662, 681-682 波洛克绘画的欧洲展
family depicted in, 252, *253,* 300-301, 456-457, 517-518, 520, 540 波洛克绘画中对家人的描绘
family reactions to, 462, 596, 645-647 家人对波洛克绘画的回应
female images in, 431-432, 455-456, 667, 668, 729, 844 波洛克绘画中的女性形象
floor use for, 287, 521, 524, 536, 541, 552, 630 波洛克绘画对地面的使用
foreign matter in, 553, 566, 586-587, 593, 649, *651* 波洛克绘画中的异域事物
fragmentation of images in, 521, 526, 536 波洛克绘画中的碎片化形象
as gifts, 309, 361, 716, 719, 785 波洛克绘画作为礼物
on glass, 648-649, 888 在玻璃上的波洛克绘画
group names for, 531, 874 波洛克绘画的派别名称
"hairy" style of, 164-165, 220, 338, 538, 827 波洛克绘画的“毛发”风格
hostile reactions to, 465, 585-586, 600, 604-605, 618, 629-632, 636 对波洛克绘画的敌对反应
as "ideographs," 543 波洛克绘画作为“表意符号”
impasto in, 526, 537 波洛克绘画中的厚涂
inner unconscious imagery in, 331-338;335, 348, 349, 351-354, 442, 452-455, 486, 512-513, 526, 536-540 波洛克绘画中内在的潜意识形象
JP on, 539, 540, 551-552, 591-592, 594, 704, 755 波洛克谈波洛克的绘画
Lee Krasner on, 392-393, 539, 540, 543, 571 李·克拉斯纳谈波洛克的绘画
loss and destruction of, 167, 359, 394, 443, 682, 756, 852 波洛克绘画的遗失与毁坏
male images in, 319, 320, 322, 455-456 波洛克绘画中的男性形象
as memories arrested in space, 540, 541 波洛克绘画作为在空间中捕捉到的记忆
numbering system of, 566, 612, *716* 波洛克绘画中的编号体系
obscured imagery in, 4, 536-537, 540, 614, 668, 716, 875 波洛克

绘画中的模糊形象
over-painting in, 536-537, 570, 599, 614, 615　波洛克绘画中的复绘
personal iconography in, 536, 540　波洛克绘画中的个人图像志
physical and mental approach to, 5, 6-7, 415-416, 429, 494-495, 521, 553, *534*, 536-542, 553, 613-617, 619-620, 620, 647-649, 875　波洛克绘画的身体与心理的创作方式
prices of, 8, 405, 474, 557, 558, 624, 656, 678, 682, 759, 765, 787, 878　波洛克绘画的价格
print reproductions of, 675, 678　波洛克绘画的复制印刷品
return to imagery in, 664, 666-669, 691, 731, 756, 890　波洛克绘画的回到形象
reversal of critical opinion on, 598, 603-604, 609　对波洛克绘画的评价的改观
reviews of, 1, 7, 8, 97, 282-283, 446, 465-466, 495-497, 515, 524, 543-544, 554-556, 575, 582-583, 599-600, 605-606, 649-650, 656-657, 678, 682, 731, 752-755, 878　对波洛克绘画的评论
reworking of, 452, 454, 456, 696, 752　波洛克绘画的重做
rhythmic sense in, 242, 493, 583, 599, 657　波洛克绘画中的节奏感
role of gravity in, 539-540　波洛克绘画中重力的角色
Pollock, Jackson, paintings of *(cont.)*
sales of, 8, 312, 404-405, 449, 461, 466, 471, 474-475, 557, 558, 578, 585, 586, 587, 598, 600, 624, 656, 682, 741, 759, 765, 778, 787, 808, 878　波洛克绘画的销售
semi-abstraction in, 280-.281, 455-458, 493, 525, 873　波洛克绘画中的半抽象
sexual images in, 431, 432-433, 455-456, 512-513　波洛克绘画中的性图像
sgraffito technique in, 494　波洛克绘画中的涂鸦技法
signing of, 668　波洛克绘画中的符号表意法
size of, 4, 394, 451, 464, 521, 527, 553, 566, 588-589, 613, 755, 765, 882　波洛克绘画的尺寸
as small and "sellable," 458, 587, 588-589, 600, 866　波洛克绘画小而适于销售
spontaneity in, 221, 325, 333-334, 336, 442, 606　波洛克绘画中的自发性
surrealism in, 415-418, 425-427, 525　波洛克绘画中的超现实主义
symbolism in, 331-335, *335*, 337-338, 431-433, 452-458　波洛克绘画中的象征主义
thematic content in, 250-254, 279-280, 299-301, 319, 320, 322, 331-335, 337-338, 350, 353, 354, 431-433, 452-458, 756, 890　波洛克绘画的主题内容
therapeutic use of, 329, 331-358, *335*, 350, 359, 846　波洛克绘画用于治疗
titling of, 452-453, 454, 457, 494, 531, 553, 566, 612, 878　波洛克绘画中的倾斜
tools used for, 5, 6-7, 8, 206- 207, 221, 533, 539, 590, 594, 615, 668　波洛克绘画所采用的工具
visual and technical marriage in, 538-540　波洛克绘画中视觉与技术的结合
watercolor, 279-280, 299, 311, 890 *see also* murals, by JP; *specific works*　波洛克的水彩，另见波洛克所作墙画；具体作品

Pollock, James Madison "Matt," 26-28, 29, 30-31, 38, 41, 58, 60, 254, 810　詹姆斯·麦迪森·波洛克（"麦特"）
Pollock, Jeremy, *see* Capille, Jeremy Pollock　杰里米·波洛克，见卡比尔·杰里米·波洛克
Pollock, Jonathan (nephew), 48, 641, 642, 643, *643*　乔纳森·波洛克（侄子）
Pollock, Lee, *see* Krasner, Lee　李·波洛克，见李·克拉斯纳
Pollock, LeRoy "Roy" (father), *60, 61, 101, 111, 170, 230*　勒鲁瓦·波洛克（"鲁瓦"父亲）
adolescence of, 28-31, *30*, 811　勒鲁瓦·波洛克的少年时期
adoption of, 26-27, 30-31, 59, 810, 811　勒鲁瓦·波洛克的领养
alcoholism of, 2, 28, 41, 86, 219, 318, 660, 808, 812　勒鲁瓦·波洛克的酗酒
birth of, 26　勒鲁瓦·波洛克的出生
childhood of, 24, 26-28, 59, 172, 811　勒鲁瓦·波洛克的童年
cockiness of, 39, 75, 95　勒鲁瓦·波洛克的狂妄
courtship and marriage of, 23, 29, 31-33　勒鲁瓦·波洛克的求爱与婚姻
death and burial of, 234-236, 238, 242, 243, 259, 260, 279, 288, 457, 470, 512, 835　勒鲁瓦·波洛克的去世与葬礼
early married life of, 34, 35, 36-45, *38*, 811　勒鲁瓦·波洛克早年婚姻生活
education of, 29, 30, 31　勒鲁瓦·波洛克的教育
emotional defeat of, 71-72, 73, 77-78, 86-88, 178, 204-205, 232, 236, 643 勒鲁瓦·波洛克的情感溃败
family abandoned by, 24, 88, 89, 93, 254　勒鲁瓦·波洛克抛弃家庭
family background of, 24-31, 688　勒鲁瓦·波洛克的家庭背景
family support by, 90, 91, 92, 110, 229-230　勒鲁瓦·波洛克给予家庭支持
farming of, 27-28, 29, 55-54, 57, 58-72, 74, 77-78, 86, 224, 501, 813, 814, 815　勒鲁瓦·波洛克的务农
fatherhood of, 30, 36-37, 38, 39, 40, 42, 47-48, 59-60, 68, 71, 108, 110, 812, 814　勒鲁瓦·波洛克的父性
financial difficulties of, 45, 69-72, 78-80, 86, 205, 815　勒鲁瓦·波洛克的经济困难
hunting by, 41, *42*, 43, 812　勒鲁瓦·波洛克的狩猎
illnesses of, 41-42, 44-45, 204, 229-234, 812, 832-833, 835　勒鲁瓦·波洛克的疾病
infrequent family visits of, 91-92, 100, 101, 110, 153-154, 819　勒鲁瓦·波洛克难得回家
jobs of, 36-37, 40-41, 44, 106, 110-111, 115, 116-117, 172,

201, 204-205, 218-219, 238, 812, 819 勒鲁瓦·波洛克的职业
JP's artistic depiction of, 456-457 杰克逊·波洛克艺术中对勒鲁瓦·波洛克的描绘
JP's relationship with, 3, 5-6, 7, 8, 24, 47-48, 59-60, 101-103, 110, 115, 116-117, 119-120, 126, 136-137, 140-141, 145, 146, 154, 186, 204-205, 231, 235, 236-237, 318, 319, 353, 447, 541, 787-788, 810, 824 勒鲁瓦·波洛克与杰克逊·波洛克的关系
male fellowship enjoyed by, 41, 82-83, 86, 175 勒鲁瓦·波洛克喜爱兄弟情义
Matt Pollock and, 38, 41, 60, 234 勒鲁瓦·波洛克与麦特·波洛克
Mississippi River trip of, 29-30, 59, 222, 232, 811, 814 勒鲁瓦·波洛克的密西西比河之旅
nature loved by, 40, 41, 58, 59, 232, 235, 814 勒鲁瓦·波洛克的热爱自然
personality of, 27, 28, 29, 31, 47, 58-60, 140, 170, 814 勒鲁瓦·波洛克的性格
physical appearance of, 29, 31, 32, 38, 39, 186, 229, 343, 416, 835 勒鲁瓦·波洛克的外貌
reading of, 29, 47-48, 59, 63, 68, 110, 132, 217, 551, 813, 814 勒鲁瓦·波洛克的阅读
sensitivity of, 27, 47, 59 勒鲁瓦·波洛克的敏感
sheep ranching of, 40-41 勒鲁瓦·波洛克的放羊
social concerns and progressive politics of, 28-29, 51, 56, *71*, 87-88, 132, 231, 233, 288, 811, 816 勒鲁瓦·波洛克关注社会以及激进的政治理念
sons' recollections of, 41, 42, 58-60, 63, 69-70, 74, 77-78, 80, 87, 88, 91-93, 99, 110, 126, 141, 232, 235, 236 勒鲁瓦·波洛克儿子们的回忆
Stella Pollock's relationship with, 23, 28-33, 39, 43, 59, 67-69, 71-72, 77-79, 80, 86-88, 92-93, 194, 229-234, 301, 755 勒鲁瓦·波洛克与斯黛拉·波洛克的关系
sterility of, 44-45 勒鲁瓦·波洛克的不孕
Pollock, Lizzie J., 26-27, 28, 29, 30, 41, 63, 65, 234, 810-811 丽兹·J. 波洛克
Pollock, Marie Levitt (sister-in-law), 230, 231, 260, 308, 642, *643*, 645 玛丽·莱维特·波洛克（弟媳，视上下文而定）
Frank Pollock and, 147, 202, 213, 217-218, 236, 244-245, 266, 294, 641, 643, 824, 843 玛丽·莱维特·波洛克与弗兰克·波洛克
on JP, 62, 213-215, 646-647, 833 玛丽·莱维特·波洛克谈波洛克
on Stella Pollock, 67, 70-71, 230, 236, 722, 723 玛丽·莱维特·波洛克谈斯黛拉·波洛克
Pollock, Marvin Jay (brother), 120, 217, 233, 292, *307*, 340, *643* 马尔文·杰伊·波洛克（兄）
adolescence of, 76-77, *78*, 80-81, 85, 89, 91 马尔文·杰伊·波洛克的少年
Alma Pollock and, 126, 340, 528, 531, 641-643, 821 马尔文·杰伊·波洛克与阿尔玛·波洛克
athleticism of, 76-77, *78*, 97, 118, 416, 815 马尔文·杰伊·波洛克的竞技主义
birth of, 36, 812 马尔文·杰伊·波洛克的出生
childhood of, 37-39, *38*, *39*, 40-41, 44, 48, 55, 56, 59-64, *60*, *61* 马尔文·杰伊·波洛克的童年
education of, 39, 80-81, 91, 121 马尔文·杰伊·波洛克的教育
family life of, 568, 641-643 马尔文·杰伊·波洛克的家庭生活
Indian collection of, 504, 642 马尔文·杰伊·波洛克的印第安收藏
jobs of, 85, 91, 92, 201, 217, 229, 259-260, 816, 817, 819 马尔文·杰伊·波洛克的职业
on JP, 61, 503-504, 643, 645-646, 654-655 马尔文·杰伊·波洛克的谈杰克逊·波洛克
JP's relationship with, 503-504, 528, 531, 643 马尔文·杰伊·波洛克与杰克逊·波洛克的关系
Pollock, Rose Fivecoats, 86, 91, 97, 816 萝丝·法伍科兹·波洛克
Pollock, Sanford, *see* McCoy, Sanford 'Sande' 桑福德·波洛克，见迈考伊·桑福德（“桑特”）
Pollock, Stella Mae McClure (mother), *52*, *60*, *61*, *95*, *725* 斯黛拉·梅·迈克鲁·波洛克（母亲）
adolescence of, 19-23, 67, 172, 810 斯黛拉·梅·迈克鲁·波洛克的少年
anti-Semitism of, 79, 815 斯黛拉·梅·迈克鲁·波洛克的反犹主义
Arloie McCoy and, 644, 722, 723, 724, 730-731, 741-742 斯黛拉·梅·迈克鲁·波洛克与阿勒瓦·麦考伊
artistic and social as aspirations of, 20-21, 22, 23, 37-38, 67, 71-72, 105, 169-170, 173, 237, 564, 722-723, 810, 818 斯黛拉·梅·迈克鲁·波洛克的艺术抱负与社会抱负
'Aunt Stella' Lorimor and, 21-23, 31, 37, 67, 810 斯黛拉·梅·迈克鲁·波洛克与“斯黛拉姑姑”劳里莫
birth of,16 斯黛拉·梅·迈克鲁·波洛克的出生
Charles Pollock and, 10, 22, 42, 48, 63-64, 68, 70, 87, 96, 174, 400 斯黛拉·梅·迈克鲁·波洛克与查尔斯·波洛克
childbearing of, 32, 36, 39, 40, 42-43, 812 斯黛拉·梅·迈克鲁·波洛克的生育
childhood of, 16-17, *17*, 18, 609 斯黛拉·梅·迈克鲁·波洛克的童年
clothing worn by, 10, 38, 511, 722, 812 斯黛拉·梅·迈克鲁·波洛克的衣着
cooking by, 16, 37, 38, 49-50, 59, 67-68, 71, 79, 82, 83, 86, 87, 99, 100, 140, 219, 250, 400, 54, 642, 813 斯黛拉·梅·迈克鲁·波洛克的下厨
courtship and marriage of, 23, 29, 31-33 斯黛拉·梅·迈克鲁·波洛克的求爱与婚姻
death of, 64, 795 斯黛拉·梅·迈克鲁·波洛克的去世
domestic dissatisfactions of, 37, 39-40, 42, 67-68, 70-71, 73, 79 斯黛拉·梅·迈克鲁·波洛克对家庭的不满
early married life of, 34, 35, 36-45, *38*, 811 斯黛拉·梅·迈

克鲁 · 波洛克的早年婚姻生活
early responsibilities of, 16-17, 19, 22-23, 809 斯黛拉 · 梅 · 迈克鲁 · 波洛克的早年责任
emotional reserve of, 17, 65, 66, 69, 93, 192, 230, 232, 236, 401, 814 斯黛拉 · 梅 · 迈克鲁 · 波洛克的情感隐藏
extravagant tastes of, 37-38, 64, 70-71, 79, 88, 815 斯黛拉 · 梅 · 迈克鲁 · 波洛克的奢侈的品位
family background of, 10-20, 31, 192 斯黛拉 · 梅 · 迈克鲁 · 波洛克的家庭背景
farming disdained by, 59, 67, 71, 814 斯黛拉 · 梅 · 迈克鲁 · 波洛克鄙视务农
financial support of, 644, 646, 722-723, 730-731 斯黛拉 · 梅 · 迈克鲁 · 波洛克的资金支持
forceful personality of, 17, 22, 31, 37, 67-68, 71-72, 74, 77, 80, 88, 301, 324 斯黛拉 · 梅 · 迈克鲁 · 波洛克强势的性格
frequent moves instigated by, 42, 71-72, 73, 80, 92-93, 99-100, 103-104, 113, 121, 257, 325, 502 斯黛拉 · 梅 · 迈克鲁 · 波洛克频繁发动搬迁
generosity of, 104, 212, 217 斯黛拉 · 梅 · 迈克鲁 · 波洛克的慷慨
heart attacks of, 740 斯黛拉 · 梅 · 迈克鲁 · 波洛克的心脏病
home decorating of, 37, *37*, 48, 67, 79, 627 斯黛拉 · 梅 · 迈克鲁 · 波洛克的家庭装饰
illnesses of, 85, 90-91, 695, 700, 722, 740, 816, 817, 893 斯黛拉 · 梅 · 迈克鲁 · 波洛克的疾病
innkeeping of, 80, 82-83, 86 斯黛拉 · 梅 · 迈克鲁 · 波洛克看管旅店
"Jennie" McClure and, 67, 140, 234, 364 斯黛拉 · 梅 · 迈克鲁 · 波洛克与"詹尼"迈克鲁
on JP, 64, 475, 577, 596 斯黛拉 · 梅 · 迈克鲁 · 波洛克的谈杰克逊 · 波洛克
JP's artistic depictions of, 252, 300-301, 431, 456, 844 杰克逊 · 波洛克在艺术中对斯黛拉 · 梅 · 迈克鲁 · 波洛克的描绘
JP's financial neglect of, 646, 723, 888 杰克逊 · 波洛克忽视对斯黛拉 · 梅 · 迈克鲁 · 波洛克的赡养
JP's proposed living arrangement with, 722-726, 741-742 杰克逊 · 波洛克提出与斯黛拉 · 梅 · 迈克鲁 · 波洛克的生活安排
JP's relationship with, 3, 5-6, *7*, 8, 10, 24, 43, 44, 52, 68-69, 126, 145, 147, 217, 324, 364, 395, 400-401, 491-492, 568, 577, 601, 695, 700-701, 722-726, 768 斯黛拉 · 梅 · 迈克鲁 · 波洛克与杰克逊 · 波洛克的关系
JP's success as source of pride to, 401, 467, 532, 553, 578, 596, 600, 646 斯黛拉 · 梅 · 迈克鲁 · 波洛克以杰克逊 · 波洛克的成功为荣
later life of, 302, 306, 400-401, 431, 467, 517, 722-726, 795, 904 斯黛拉 · 梅 · 迈克鲁 · 波洛克的晚年生活
Lee Krasner and, 400-401, 459, 511-512, *695*, 721, 722, 723, 741, 794 斯黛拉 · 梅 · 迈克鲁 · 波洛克与李 · 克拉斯纳
Lee Krasner compared with, 395, 408, 512 斯黛拉 · 梅 · 迈克鲁 · 波洛克与李 · 克拉斯纳比较
Lee Krasner on, 400-401, 511, 741 李 · 克拉斯纳谈斯黛拉 · 梅 · 迈克鲁 · 波洛克
Lizzie Benton compared with, 173, 174, 176 斯黛拉 · 梅 · 迈克鲁 · 波洛克与丽兹 · 本顿比较
marital separation concealed by, 89, 90-91, 92, 816 斯黛拉 · 梅 · 迈克鲁 · 波洛克的隐瞒分居
masculine side of, 22 斯黛拉 · 梅 · 迈克鲁 · 波洛克男性的一面
medical care avoided by, 68, 814 斯黛拉 · 梅 · 迈克鲁 · 波洛克不接受治疗
motherliness of, 31, 38-39, 43, 48, 49-50, 59, 68-69, 217, 512 斯黛拉 · 梅 · 迈克鲁 · 波洛克的母性
needlework of, 37, 38-39, 48, 54, *59*, 67, 71, 121, 169, 813 斯黛拉 · 梅 · 迈克鲁 · 波洛克的针线活
physical appearance of, 10, 17, 21, 22, *23*, 31, 32, 38, 192, 324, 401, 511 斯黛拉 · 梅 · 迈克鲁 · 波洛克的外貌
poverty of, 259-260, 278 斯黛拉 · 梅 · 迈克鲁 · 波洛克的贫穷
protectiveness of, 63-64, 68, 87, 88 斯黛拉 · 梅 · 迈克鲁 · 波洛克的保护意识
reading and writing of, 37, 48, 50, 59, 67; 12.1, 169, 573, 812 斯黛拉 · 梅 · 迈克鲁 · 波洛克的阅读与写作
real estate dealings of, 92, 502, 817 斯黛拉 · 梅 · 迈克鲁 · 波洛克的房产交易
Roy Pollock's relationship with, 23, 28-33, 39, 43, 59, 67-69, 71-72, 77-79, 80, 86-88, 92-93, 194, 229-234, 301, 755 斯黛拉 · 梅 · 迈克鲁 · 波洛克的与鲁瓦 · 波洛克的关系
shopping sprees of, 37-38, 57, 64, 70-71, 90, 324 斯黛拉 · 梅 · 迈克鲁 · 波洛克的购物狂欢
sons' recollections of, 10, 22, 37-39, 42, 43, 48, 59, 63, 66-68, 70-72, 79, 90, 95, 99, 100, 145 斯黛拉 · 梅 · 迈克鲁 · 波洛克儿子们的回忆
sons' responsibility for, 302, 306, 722-726 斯黛拉 · 梅 · 迈克鲁 · 波洛克的儿子们的责任
speaking manner of, 22 斯黛拉 · 梅 · 迈克鲁 · 波洛克的说话方式
unfriendliness and caution of, 67, 68, 510 斯黛拉 · 梅 · 迈克鲁 · 波洛克的不友善与警告
visits to JP by, 400-401, 431, 434, 470, 491-492, *495*, 511-512, 517, 532, 543, 548, 553, 568, 571, 582, 585-584, 597, 695, 722-726 斯黛拉 · 梅 · 迈克鲁 · 波洛克拜访杰克逊 · 波洛克
Pollock, "Uncle" Frank, 26, 27, 28, 86, 89, 91, 97, 810, 816 弗兰克 · 波洛克（叔叔）
"Pollock Paints a Picture" (Goodnough), 662 《波洛克画一张画》(古德诺夫)
Pomona College, 153, 187, 298, 299, 667, 825 波莫纳学院
Populism, 28-29, 811 平民主义
Porcelain (Krasner), 898 《瓷》(克拉斯纳)
Porter, Charles, 65-66, 67, 69, 596, 812, 814 查尔斯 · 波特
Porter, David, 437, 442, 471, 514 大卫 · 波特

Porter, Evelyn "Evie," 69, *70*, 432, 517 艾芙琳 · 波特（"艾维"）
Porter, Fairfield, 165-166, 652, 827 费尔菲尔德 · 波特
Porter, Leonard, 45, 58, 812 李奥纳 · 波特
Porter family, 54-55, 69, 93, 813 波特家族
Portfolio, 619, 662, 884, 889 《作品集》
Portrait and a Dream (Pollock), 729, *730*, 897 《画像与梦》（波洛克）
Portrait of a Child (Rembrandt), 574 《孩子的画像》（伦勃朗）
Portrait of an Old Man (Rembrandt), 574 《老人的画像》（伦勃朗）
Portrait of H. M. (Pollock), 494, 870 《H. M. 的画像》（波洛克）
"Portrait of Rembrandt, Portrait of Cezanne, Portrait of Renoir" (Picabia), 411, 859 《伦勃朗画像，塞尚画像与雷诺阿画像》（毕卡比亚）
Positivism, 226, 523, 552 实证主义
Possibilities, 551-552, 605, 703, 704 《可能性》
posters, 433, 450, 466, 858 海报
Post-Impressionism, 160, 473, 763, 764 后印象主义
Potemkin, 367 《波将金》
Potter, Jeffrey, 584-585, 610, 621, 652, 672, 676, 685, 686, 716, 717, 744, 753, 759, 764, 787, 788, 795, 904 杰弗里 · 波特
on JP, 585, 753, 769, *770*, *777*, 779 波特谈波洛克
Potter, Job, 788 乔布 · 波特
Potter, penny, 584, 621, 628, 652, 671, 716, 788 潘妮 · 波特
Pound, Ezra, 97, 435 艾兹拉 · 庞德
Pousette-Dart, Richard, 515, 600, *603*, *655* 理查德 · 普赛特 - 达特
Pratt, Caroline, 188, 263-264, 303, 324, 831 卡罗琳 · 普拉特
Pratt Institute, 587 普瑞特艺术学院
Prendergast, Maurice, 530 莫里斯 · 普雷德加斯特
Presbyterianism, 14, 17, 20, 24-25, 66, 74, 126, 272, 324, 690, 809, 810 长老派主义
Preston, Stuart, 599, 675, 731, 752 斯图亚特 · 普雷斯顿
Price, Frederick Newlin, 251 弗雷德里克 · 纽林 · 普莱斯
Price, Vincent, 600, 678 文森特 · 普莱斯
primitive art, 347-348, 350-351, 357, 538 原始艺术
"Primitive Art and Picasso" (Graham), 346, 351 《原始艺术与毕加索》（格雷厄姆）
Princeton University, 327, 473 普林斯顿大学
Prism (Pollock), 903 《棱镜》（波洛克）
Prix de Rome, 377, 568, 855, 879 罗马奖
Prohibition, 28, 83, 86, 87, 119, 213, 276, 470, 811, 816 禁令
Promenade (Krasner), 639, 887 《散步》（克拉斯纳）
Prometheus (Orozco), 152-153, *154*, 219, 220, 298, 299, 350, 825 《普罗米修斯》（奥罗兹科）
Prophet, The (Gibran), 688 《先知》（纪伯伦）
Provincetown, Mass., 484-489, 490, 492, 499, 517, 526, 868 马萨诸塞州普罗温斯敦
psychic automatism, 411-412 心灵自动主义
psychoanalysis, 411-412 精神分析
Psychological-Chemistry, Inc., 674, 891 心理学 - 化学有限公司（视上下文而定）
Publications of the Bureau of Ethnology, 206 《人种学局出版资料》
Public Works of Art Project (PWAP), 270-272, 217, 381, 840 公共艺术计划
Pulitzer, Joseph, 389 约瑟夫 · 普利策
Pulitzer Prize, 329, 735 普利策奖
Purdy, H. Leavitt, 397 H. 李维特 · 普蒂
Purdy, Tim, 86 蒂姆 · 普蒂
Purrmann, Hans, 98 汉斯 · 普尔曼
Pushkin, Alexander, 639 亚历山大 · 普希金
Putzel, Howard, 438, 441, 442-444, 482, 613, 863, 864 霍华德 · 普策尔
artistic support of JP by, 443-444, 446, 448-451, 454, 458, 461, 462, 474, 588, 866, 868 普策尔给予波洛克艺术支持
death of, 500, 504, 528, 870 普策尔的去世
Peggy Guggenheim and, 441, 443, 448-449, 458, 459, 462, 474, 485-486, 528 普策尔与佩吉 · 古根海姆
Pyle, Ernie, 643 恩尼 · 派尔

Quakers, 24, 324 贵格会
Queen Elizabeth, 782 伊丽莎白女王
Quinn family, 508, 514 奎因家族

Rabbi, The (Weber), 854 《拉比》（韦伯）
Raby, Philip, 521-522 菲利浦 · 拉比
Rank, Otto, 328 奥托 · 兰克
Raphael, 20, 39, 282, 810 拉斐尔
Rattray, Jeanette, 629-630 简奈特 · 拉特雷
Ray, Man, 410, 414, 546 曼 · 雷
Raynal, Jeanne, 405, 461 简妮 · 雷诺
Read, Herbert, 436, 446-448, 450, 451, 654, 850, 863-864 赫伯特 · 里德
Rebel Without a Cause, 759 《无因的反抗》
Reclining Woman (Pollock), 351-352, 851 《斜倚的女人》（波洛克）
"Red," 112, 468, 819 "红"
Redmond, Roland L., 602 罗兰 · L. 雷德蒙
Redon, Odilon, 126 奥迪隆 · 雷东
Reflection of the Big Dipper (Pollock), 553, 555, 878, 903 《北斗七星的反光》（波洛克）
Refregier, Anton, 360-361 安东 · 瑞弗莱基耶
Regent Hospital, 670, 672, 686, 890 摄政医院
Regionalism, 186, 224-226, 228-229, 288, 356, 357, 414, 497, 530 地方主义
Avant-garde nationalism vs., 472-473 地方主义与前卫国家主义
Benton and, 186, 188, 224-295, 278, 406, 413 地方主义与本顿
Decline of, 356, 472 地方主义的衰弱
Reinhardt, Ad,.*603*, 635, 677, 887 阿德 · 莱因哈特
Reis, Barbara, 423 芭芭拉 · 莱斯
Reis, Becky, 418, 419, 412-422, 423, 434-435, 738 贝奇 · 莱斯
Reis, Bernard, 418, 420, 423, 434-435 伯纳德 · 莱斯

Rembrandt, 8, 164, 281, 282, 574, 591, 714, 808, 826　伦勃朗
Remington, Frederick, 36, 711, 811　弗雷德里克·雷明顿
Renaissance painting, 125, 151, 188-189, 201, 202, 228, 288, 350, 356, 357, 564　文艺复兴绘画
Resettlement Administration, 278-279, 841　安置管理局
Resnick, Milton, 228, 240, 402, 535, 568, 598, 634, 635, 713, 749, 874　米尔顿·雷斯尼克
on JP, *402, 551, 749*　雷斯尼克谈波洛克
Revolutionary War, American, 10, 24, 202　美国革命战争
Reynal, Jeanne, 405, 471, 866　简妮·雷耐尔
Reynolds, Peggy, 188, 830　佩吉·雷诺兹
Reznikoff, Misha, 535　米莎·莱姿尼科夫
Ribak, Beatrice, 383, 477　比阿特丽斯·瑞贝克
Ribak, Louis, 356, *477*　路易斯·瑞贝克
Rice, J. B.， 80　J. B. 莱斯
Richardson, Alice, 108　爱丽丝·理查德森
Richardson, John, 478　约翰·理查德森
Riis, Jacob, 367　雅各布·利斯
Riley, Maude, 462, 493, 495　莫德·莱利
Rimbaud, Arthur, 389-390, 776, 856　阿瑟·兰波
Ring Cycle (Wagner), 333, 535, 875　《指环》(瓦格纳)
Ringgold County, Iowa., 15-19, 25, 26, 27, 29, 31, 58, 234　爱荷华州灵戈尔德县
Riopelle, Jean-Paul, 680　让-保尔·里尔贝尔
Ripley, Dwight, 598, 600, 883　德怀特·利普雷
Ritchie, Andrew. 624　安德鲁·里奇
Ritual (Pollock), 724-725, *726*, 727, 756　《仪式》(波洛克)
Rivera, Diego, 137, 143, 146, 152, 184, 281, 298, 843　迭戈·里维拉
Rivers, Larry, 385, 670, 713, 719, 749　拉瑞·里弗斯
Riverside, Calif., 103-105, 107, 110, 111, 119, 120, 121, *133*, 134, 141, 818-819　加利福尼亚州里弗赛德
Riverside High School, 108, 115, 117-120, 121, 820　里弗赛德高中
Robinson, Amy, 599　埃米·鲁滨逊
Robinson, Boardman, 346　博德曼·罗宾逊
Rockefeller, David, 389, *764*　戴维·洛克菲勒
Rockefeller, Mrs. John D., 600, 713　约翰·D. 洛克菲勒太太
Rockefeller, Nelson, 700　尼尔森·洛克菲勒
Rockne, Knute, 133, 823　克努特·罗克尼
Rodin, Auguste, 241, 776　奥古斯特·罗丹
Roman Catholicism, *68, 607*, 688　罗马天主教
Roman Warriors (Bonheur), 108 819　《罗马战士》(博纳尔)
Romany Marie's restaurant, 356, 635, 851　罗曼尼·玛丽的餐馆
Roosevelt, Eleanor, 546　埃莉诺·罗斯福
Roosevelt, Franklin *D.*, 232-233, 235, 262, 270-273, 276, 322, 340, 403, 433, 507, 855　富兰克林·德拉诺·罗斯福
Roosevelt, Theodore, 177, 829　西奥多·罗斯福
Root, Edward, 598, 600　爱德华·鲁特
Rose, Barbara, 406, 639, 640, 887　芭芭拉·萝丝
Rose, Stanley, 150, 201, 825　斯丹利·萝丝
Rosenberg, Harold, 268, 356, 381, 388, 399, 500, 501, 503, 586, 609, 673, 691, 701-714　哈罗德·罗森伯格
art theory of, 702-707, 710, 711, 712-713, 714　罗森伯格的艺术理论
Clement Greenberg vs., 701-708, 713　罗森伯格与克莱门特·格林伯格
de Kooning and, 708-712, 715　罗森伯格与德·库宁
intellect and brilliance of, 562, 702, 706, 713　罗森伯格的智慧与才华
JP and, 551-552, 562, 610, 611, 621, 719, 874　罗森伯格与波洛克
JP criticized by, 701, 702, 705, 706, 712　罗森伯格批评波洛克
Lee Krasner's campaign against, 707-714　李·克拉斯纳反对罗森伯格的运动
writing and editing of, 551-552, 691, 701-708, 711, 712, 720　罗森伯格的写作与编辑
Rosenberg, May Tabak, 268-270, 378, 381, 385-586, 479, 501, 508-509, 541, 609, 612, 637, 702, *711*, 766　梅·塔巴卡·罗森伯格
on JP, 399, 477-478, 512, 531, 562, 569, 673　梅·塔巴卡·罗森伯格谈波洛克
JP's wedding and, 503　波洛克与梅·塔巴卡·罗森伯格的婚礼
on Lee Krasner, 379, 386, 587, 388-389, 394, 399, 402, 459, 500, 503, 511, 531, 544, 548, 569, 578, 712　梅·塔巴卡·罗森伯格谈李·克拉斯纳
Krasner's relationship With, 381, 394, 399, 459, 500, 503, 504, 578, 710, 712, 732　梅·塔巴卡·罗森伯格与克拉斯纳的关系
on Surrealists, 419, 420　梅·塔巴卡·罗森伯格谈超现实主义者
Rosenberg, Patia, 500, 502, 673, 870　帕提亚·罗森伯格
Rosenberg, Paul, 357　保罗·罗森伯格
Rosicrucianism, 127, 821　玫瑰十字会
Roszak, Theodore, 680　西奥多·罗萨克
ROTC, 118, 119, 134, 145, 820　后备军官训练团
Rothko, Mark, 472, 475, 515, 545, 562, 572, 603, 632, 636, 677, 680, 683, 700, 746, 782　马克·罗斯科
works of, 586, 763　罗斯科的作品
Rouault, Georges, 281, 397　乔治·鲁奥
Roueché, Berton, 612, 627, 630, 647, 726, 884　伯顿·胡薛
Roy, Pierre, 413　皮埃尔·鲁瓦
Rubens Peter Paul, 164, 574, 617, 618, 668, 714, 766, 826, 884　彼得·保罗·鲁本斯
Ruskin, James, 555　詹姆斯·拉斯金
Russell, Bertrand, 97　伯特兰·罗素
Russell, Morgan, 160, 225　摩根·罗素
Russia, Imperial, 342, 345, 366-367, 368, 377, 853　俄罗斯帝国
Russian Holy Synod, 366　俄国东正教圣议会
Russian Jews 366-368, 372-373, 378, 460, 548, 853-854　俄国犹太人

Russian Revolution, 29, 132, 377, 811　俄国革命
Russo-Japanese War, 366, 853　日俄战争
Ryder, Albert Pinkham, 184, *250,* 356　阿尔伯特·平卡姆·赖德
　JP influenced by, 251, 252, 256, 279-281, 300, *322,* 336, 354, 616, 837　赖德对波洛克的影响
Rynin, S. S., 231, 232　S. S. 莱宁

Sabelman, Helen, 94, 817　海伦·萨贝尔曼
Sacramento Avenue School, 79, 815　萨克拉门托街区学校
Sage, Kay, 410　凯·赛琪
Saint-Gaudens, Augustus, 162, 272, 506　奥古斯塔斯·圣·高登斯
St. Vincent's Hospital, 265　圣文森特医院
Salado Indians, 818　萨拉多印第安人
Salemme, Attilio, 320, 475, 846　阿帝里奥·萨勒梅
Salemme, Lucia, 447-448, 450　露西亚·萨勒梅
Salon des refusés, 635　落选者沙龙
Salt River valley, 55, 56, 70, 95, 100, 814, 817　盐河谷
Samuel M. Kootz Gallery, 497, 575, 586, 618, 703, 882　塞缪尔·M. 库兹画廊
Sand, George, 462-463　乔治·桑
Sander, Ludwig, 343, 733　路德维格·桑特
Sander, Irving, 634, 713, 714, 749　艾尔文·桑特
Sand paintings, Indian, 337, 357, 535, 552　印第安沙画
San Francisco, Calif., 361, 405, 461　加利福尼亚州旧金山市
San Francisco Museum of Art, 405, 461, 471, 485　旧金山美术馆
San Gabriel Mountains, 107, 109, 117, 218, 232, 293　圣盖博山
Santa Ynez, Calif., 136, 137, 140-141, 145, 154, 236, 824　加利福尼亚州圣伊内斯
Saroyan, William, 265　威廉·萨洛扬
Schaefet, Bertha, 571-572, 575, 598, 880　贝莎·舍费尔
　JP's rudeness to, 571, 572, 576, 601, 638, 656, 672, 736　舍费尔被波洛克粗鲁对待
　litigation threatened by, *576, 579*　舍费尔的威胁诉讼
Schaefer, George, 528, 755　乔治·舍费尔
Schapiro, Meyer, 575　迈耶·夏皮罗
Schardt, Bernie, 290, 292, 293, 295, 307, 333, 346, 349, 477, 843　伯尔尼·夏尔特
　JP and, 356, 363, 403, 484-485　伯尔尼·夏尔特与波洛克
Schardt, Nene Vibber, 294, 307, 346, 363, 477, 843　耐恩·韦伯·夏尔特
　on JP, 311, 333, 340, 347, 357, 360　耐恩·韦伯·夏尔特谈波洛克
　on Lee Krasner, 403, 484-485　耐恩·韦伯·夏尔特谈李·克拉斯纳
Schellinger, William, 586　威廉·施灵格
schizophrenia, 359-360, 361, 363, 849　精神分裂症
Schnabel, Day, 782, 903　戴·施纳贝尔
Schoenberg, Arnold, 764　阿诺德·勋伯格
Schongauer, Martin,164, 826　马丁·舍恩高尔
"school marm" tours, 36, 811　"学校女教师"之旅
Schoppe, J. Palmer, 218　J. 帕尔默·肖普
Schreck, Adolphus, 55, 68, 813　阿道弗斯·施赖克
Schreck, Ellen, 55　艾伦·施赖克
Schueler, Jon, 746, 749　乔恩·舒尔勒
Schulz, August, 503　奥古斯特·舒尔兹
Schumann, Clara, 638, *717*　克拉拉·舒曼
Schumann, Robert, 601, *717*　罗伯特·舒曼
Schwankovsky, Elizabeth, 123　伊丽莎白·施万科夫斯基
Schwankovsky, Frederick John de St. Vrain, Jr., 122-124, *124,* 126-129, 134, 135, 137-138, 141, 151, 201, 820-821　小弗雷德里克·约翰·德·圣维伦·施万科夫斯基
　eccentricity of, 122, 123　施万科夫斯基的古怪
　religious experimentation of, 127, 128, 129　施万科夫斯基的宗教实验
　teaching of, 122, 123-124, 132, 144, 145, 147, 149, 150, 151, 159, 164, 287, 555, 536, 591　施万科夫斯基的教学
Schwankovsky, Frederick John de St. Vrain, Sr., 122　老弗雷德里克·约翰·德·圣维伦·施万科夫斯基
Schwankovsky, Nellie Mae Goucher, 122-123　奈丽·梅·古歇·施万科夫斯基
Schwartz, Delmore, 521　戴尔莫·施瓦茨
Schwitters, Kurt, 414　库尔特·施维特斯
Scott, Bill, 359　比尔·司各特
Scott, Chloe, 585, 587　克罗艾·司各特
Scott, Peter, 585, 740-741　彼得·司各特
Scott, Rachel, 324, 359　瑞秋·司各特
sculpture, 268-269　雕塑
　of Ben-Shmuel, 239-245　本-什穆埃尔的雕塑
　of David Smith, 355-356, 552, 608, 617, 633　大卫·史密斯的雕塑
　exhibitions of, 586, 662-663　雕塑展览
　of JP , 123, *149,* 238-239, 241-243, *244,* 250, 281-282, *283,* 538, 586, 588, 607-608, 756　波洛克的雕塑
　stone carving vs., 241　石刻与雕塑
　techniques of, 240-242　雕塑技法
"Sculpture by Painters" show (MOMA), 586　"画家的雕塑作品"展（纽约现代艺术博物馆）
"Sculpture by Painters" show (Peridot Gallery), 662-663, 889　"画家的雕塑作品"展（橄榄石美术馆）
Sea Change (Pollock), 553, 639, 878, 903　《突变》（波洛克）
séances, 122, 128, 821　通灵
Search (Pollock), 752, 900　《寻觅》（波洛克）
Search for a Symbol (Pollock), 455-456, 457, 462, 463, 518, 865　《寻找符号》（波洛克）
"Season in Hell, A" (Rhnhaud), 389-390　《地狱一季》（兰波）
Seated Lincoln (French), 241　《林肯坐像》（弗伦奇）
Second Manifesto (1929), 413　第二宣言（1929）
Secret Doctrine, The (Blavatsky), 821, 822　《秘密教义》（布拉瓦茨基）
Secret of the Golden flower, The (Jung), 333, 862　《金花的秘密》（荣格）

Seegero, Charles, 278-279, 303 查尔斯 · 西格
Segonzac, André Dunoyer de, 391 安德烈 · 杜诺耶 · 德 · 斯贡札克
Seiberling, Dorothy, 591, 593-594, 709-710, 882 多萝西 · 希柏林
Sekula, Sonja, 563 索尼娅 · 塞库拉
Seligmann, Kurt, 410, 418, *419*, 423, 425, 860 库尔特 · 塞利格曼
Seligson, William, 621-622, 885 威廉姆 · 塞里格森
Sentimental Journey (Ryder), *250*, 251, 857 《感伤之旅》（莱德）
Sentimental Moment (Guston), 497
《感伤时刻》（加斯顿）
Sevareid, Eric, 198, 199, 832 埃里克 · 塞瓦里德
Seven Sermons to the Dead, The (Jung), 327 《向死者的七次布道》（荣格）
"17 Eastern Long Island Artists" show, 585-586 "17 位东长岛艺术家"展
Severini, Gino, 98 吉诺 · 塞弗里尼
sgraffito, 494 刮痕画 / 凸型雕刻画
Shadowland, 152 《影子大地》
Shahn, Ben, 662, 854 本 · 沙恩
"Shall the Tail Wag the Dog?," 134-135 "以小治大"
Shane, S., 346 S. 沙恩
Shapiro, Harry, *see* Jackson, Harry
哈利 · 夏皮罗，见哈利 · 杰克逊
Shattered Light (Krasner), 898 《破碎的光线》（克拉斯纳）
Shaw, George Bernard, 139 萧伯纳
Shawn, William, 630 威廉 · 肖恩
Sherman Street Farm, 45, 46, 47-54, 47, 51, 58-72, 74, 99-100 谢尔曼街农庄
Sherrington, Charles Scott, 325, 847 查尔斯 · 斯科特 · 谢灵顿
She-Wolf (Pollock), 454, 457, 461, 462, 463, 471, 474-475, 563, 630, 640, 866, 867 《母狼》（波洛克）
Shimmering Substance (Pollock), 526, 527, 543, 544, 639, 873 《闪烁的物质》（波洛克）
Shinn, Orlo, 96, 817 奥洛 · 辛恩
shock treatment, 316 休克疗法
Shooting star (Pollock), 553, 558, 875, 878 《流星》（波洛克）
Shpikov, 366, 367, 372 施匹科夫
shtetls, 366, 567, 373, 374, 853 犹太人聚集村
shuka, 366, 371, 853 舒卡
Shuler, "Fighting" Bob, 132 舒勒（"好战鲍勃"）
Shuster, Samuel, 203 萨缪尔 · 舒斯特
Sia Indians, 336, 849 西亚印第安人
Sidney Janis Gallery, 684-686, 696, 714-715, 722, 777 西德尼 · 贾尼斯画廊
JP's one-man shows at, 731, 752-753 波洛克在西德尼 · 贾尼斯画廊的个展
Siegel, Len, 781 兰 · 西格尔
Sierra Nevada Mountains, 80, 81, 816 内华达山脉
Signorelli, Luca, 164, 826 卢卡 · 西诺莱利
Silver over Black, White, Yellow and Red (Pollock), 567, 879 《黑色、白色、黄色与红色之上的银色》（波洛克）
Sinclair, Upton, 132, 823 厄普顿 · 辛克莱
Siqueiros, David Alfaro, 137, 152, 281, *285, 289,* 298, *406*, 834, 842 大卫 · 阿尔法罗 · 西凯罗斯
background and personality of, 284-285 西凯罗斯的背景与性格
Benton compared with, 287-288 西凯罗斯与本顿比较
JP influenced by, 285-289, 301-302, 319-320, 342, 354, 356, 415-416, 431 西凯罗斯对波洛克的影响
political zeal of, 137, 219, 284-285, 288-289, 302 西凯罗斯热衷政治
techniques of, 281, 286-288, 415, 416, 536 西凯罗斯的技法
workshops of, 219-220, 260-261, *274*, 284-290, 302, 415-416, 417, 535 西凯罗斯的工作室
Sistine Ceiling, *165*, 555 西斯廷天顶
69th Regiment Armory, 46 第 69 兵团军械库
Sleeping Effort (Pollock), 725, 727 《沉睡的努力》（波洛克）
Sleeping Nude (Picasso), 351 《熟睡的裸女》（毕加索）
Slivka, David, *494-495,* 500, 870 大卫 · 斯里维卡
Sloan, John, 160, 162, 167, 237, 239, 241, 271, 345, 356, 826, 828, 836, 850 约翰 · 斯洛恩
Small Composition (Pollock), 616-617 《小构图》（波洛克）
Smith, Daisy, 20 黛西 · 史密斯
Smith, David, 275, 345, 346, 421, 535, 682 大卫 · 史密斯
Graham and, 345, 346, 355-356 大卫 · 史密斯与格雷厄姆
sculpture of, 355-356, 552, 608, 617, 633 大卫 · 史密斯的雕塑
Smith, Jane, 664, 665, 761-762, 770, 807, 896 简 · 史密斯
On JP, 719, 746, 762, 788 简 · 史密斯谈波洛克
Smith, Joseph, 667, 890 约瑟夫 · 史密斯
Smith, Miss, 82, 816 史密斯小姐
Smith, Nancy, 759, 787 南希 · 史密斯
Smith, Tony, 239, 449, 746 托尼 · 史密斯
architecture of, 587, 665, 681, 761-762, 896 托尼 · 史密斯的建筑
chapel project of, 657, 681, 761-762, 883 托尼 · 史密斯的礼拜堂计划
childhood of, 587 托尼 · 史密斯的童年
on JP, 511, 541, 562, 576, 626, 683-684 托尼 · 史密斯谈波洛克
JP influenced by, 664-667, 675, 694 托尼 · 史密斯对波洛克的影响
JP sexually attractive to, 2-3, 607, 664, 719, 808 波洛克对托尼 · 史密斯的性吸引
JP's relationship with, 1-8, 562, 576, 607, 610, 613, 618, 623, 664-667, 688, 693, 719, 731, 755, 761-762, 786, 787, 788, 807-808 ,896, 904 托尼 · 史密斯与波洛克的关系
JP works owned by, 600 托尼 · 史密斯所藏波洛克作品
personality *of*, 1, 562, 587, 607, 664-665, 719 托尼 · 史密斯的性格
Smoky Black (Lili) (Dubuffet), 590-591 《烟黑（莉莉）》（杜

布菲）
Sobel, Janet, 524-525, 526, 873 珍妮特·索贝尔
Soby, James Thrall, 397, 444, 461, 474, 866 詹姆斯·思罗尔·索比
Social Darwinism, 127 社会达尔文主义
socialism, 29, 31 社会主义
Social Realism, 227, 280-281, 414, 644, 645, 835 社会现实主义
"Social Viewpoint in Art, The" show, 227 "艺术中的社会观点"展
Solomon, Syd, 169, 745, 749, 750 西德·所罗门
Somberg, Herman, 749 赫尔曼·桑伯格
Somes, Wayne, 77 韦恩·桑姆斯
Something of the Past (Pollock), 520, 524, 525, 526, 543, 873 《旧日之物》（波洛克）
"Sounds in the Grass" (Pollock), 531 "草之声"系列（波洛克）
Southgate, Patsy, *see* Matthiessen, Patsy Southgate 帕斯第·苏斯凯特，见帕斯第·苏斯凯特·马修森
South Pacific cultures, 203-204 南太平洋文化
Southwest Museum, 203, 337 西南博物馆
Soutine, Chaïm, 464 柴姆·苏丁
Soyer, Moses, 585, 854 摩西·所伊尔
Soyer, Raphael, 585, 854 拉斐尔·索耶
Spaeth, Eloise, 608, 611, 681 艾洛伊丝·斯派丝
Spaeth, Otto, 681 奥托·斯派丝
Spain, 262, 302, 349, 735, 761 西班牙
Spanish-American War, 177 美西战争
Spanish Art Gallery, 108, 819 西班牙艺术博物馆
Spanish Civil War, 262, 302, 349 西班牙内战
speakeasies, 167-168, 212, 215, 217 地下酒吧
Speck, Archibald (great-grand-father), 11-13, *11*, 808 阿奇柏德·斯派克（曾祖父）
Speck, Elizabeth (great-aunt), 14, 809 伊丽莎白·斯派克（姨祖母）
Speck, Eliza Jane Boyd (great-grandmother), 11-13, *11*, 21, 808 艾丽萨·简·博德·斯派克（曾祖母）
Speck, Godfrey Augustus (ancestor), 10-11, 24, 808 高德弗瑞·奥古斯特斯·斯派克（祖先）
Speck, Jane Leach (great-great-grandmother), 11, 808 简·李奇·斯派克（曾曾祖母）
Speck, Mary (great-aunt), 14 玛丽·斯派克（姨祖母）
Speck, Samuel (great-great-grand-father), 11, 808 萨缪尔·斯派克（曾曾祖父）
Speck, Samuel (great-uncle), 13-14 萨缪尔·斯派克（姨祖父）
Speck, Sarah Townsend (ancestor), 11, 808 萨拉·唐山德·斯派克（祖先）
Spectator, 136 《观众》杂志
Spengler, Oswald, 262 奥斯瓦尔德·斯宾格勒
Sperry Gyroscope Company, 400, 857 斯佩里陀螺仪公司
Spingarn, Amy, 247 艾米·斯宾加恩
Spingarn, Joel Elias, 247 乔·埃·斯宾加恩
Spirit of Modem Civilization, The (Goodman), 275 《现代文明的精神》（古德曼）
spiritual evolution, 127-128 精神进化
Springs, N, Y., 502, 504, 506-513, 559-561, 871-872 纽约州斯普林斯
Springs, N.Y. *(cont;)*
houseguests at, 514, 528, 545, 548-549, 560-561, 571, 582, 584-585, 608-610 纽约州斯普林斯的寄宿客人
JP's home and studio at, 1, 2, 4-5, 391, 502, 509-510, 513, 517, 518-520, *519*, 532, 559-560, 570, 625-627, *626* 波洛克在纽约州斯普林斯的家与工作室
"Spring Salon for Young Artists" show, 443-446, 448, 475 "青年艺术家春季沙龙"展
Springs General Store, 506, 507, 508, 510, 553, 557, 564, 575, 686, 669, 719 斯普林斯杂货店
Square on Black (Pollock), 494 《黑色上的正方形》（波洛克）
Stable Gallery, 750, 751-752, 900 斯泰普尔画廊
Stadler, Rodolph, 783 鲁道夫·斯泰德勒
Stalin, Joseph V., 710 约瑟夫·V. 斯大林
Stamos, Theodore, *603*, 896 提奥多·施塔莫斯
Stanford University, 422 斯坦福大学
Stansbury, Angeline Hardcastle ,97, 817 安吉丽娜·哈德卡斯·施坦斯伯利
Star Camps, 129, 137-139, *138* 明星营
Stark, Leonard, 239 莱昂纳德·斯达克
Steel (Pollock), *191* 《钢》（波洛克）
Steelworkers at Noontime (Anshutz), 808 《中午时分的钢铁工人》（安舒茨）
Steffen, Bernard, 166, 168, 208, 250, 298, 303, 304, 356, 484, 844, 868 伯纳德·斯蒂芬
Steichen, Edward, 885 爱德华·史泰钦
Stein, Gertrude, 150, 345, 546 格特鲁德·斯泰因
Stein, Ronald, 377, 378 罗纳德·斯泰因
on JP , 718, 744, 752, 754 罗纳德·斯泰因谈波洛克
on Lee Krasner, 522, 548-549, 695 罗纳德·斯泰因谈李·克拉斯纳
Stein, Udel "Ruth" Krassner, 381, 694, 853—854 尤戴尔·克拉斯纳·斯泰因（"鲁丝"）
childhood of, 367-368 尤戴尔·克拉斯纳·斯泰因的童年
on "Irving" Krassner, 369-570, 371, 404 尤戴尔·克拉斯纳·斯泰因谈"艾尔文"·克拉斯纳
on JP , 404, 548, 553-554, 569, 729, 900 尤戴尔·克拉斯纳·斯泰因谈波洛克
on Lee Krasner, 368, 370-371, 381, 388, 511, 548, 569, 781, 782 尤戴尔·克拉斯纳·斯泰因谈李·克拉斯纳
Lee Krasner's relationship with, 368-369, 511, 548 尤戴尔·克拉斯纳·斯泰因与李·克拉斯纳的关系
physical appearance of, 369 尤戴尔·克拉斯纳·斯泰因的外貌
psychic powers of, 553-554 尤戴尔·克拉斯纳·斯泰因的超自然能力
Stein, William, 381, 548 威廉·斯坦

Steinbeck, John, 224 约翰·史坦贝克
Steinberg, Saul, *546*, 609 索尔·斯坦伯格
Steiner, Rudolph, 822 鲁道夫·斯泰纳
Stendhal gallery, 150, 825 司汤达画廊
Stenographic Figure (Pollock),431-432, 444-446, 450, 456, 457, 463, 518, 525, 640, 862 《速记形体》(波洛克)
Sterne, Hedda, 344; 356, 427, 475, 547, 554, 603, 609, 635 海达·斯特恩
on JP, 618, 637 斯特恩谈波洛克
Sterne, Maurice, 372, 851 莫里斯·斯特恩
Stevens Wallace, 97, *766* 华莱士·史蒂文斯
Stewart's Cafeteria, 356, 530, 851 斯图亚特的餐馆
Stieglitz, Alfred, 160 阿尔弗雷德·斯蒂格里茨
Still, Clyfford, 545, *603*, 609, 632, 677, 680, 683, 703. 705, 713, 742-743 克莱福特·斯蒂尔
JP's relationship with, 688, 690-692, 728, 746, 761, 788 斯蒂尔与波洛克的关系
physical appearance of, 690 斯蒂尔的外貌
self-righteous personality of,690-691, 707, 728, 761, 763, 788 斯蒂尔的自以为是
Still, Patricia, 609 帕特里西亚·斯蒂尔
Stillman, Ari, 714 艾丽·斯迪尔曼
stock market crash of 1929, 146-147, 158, 248, 260, 268, 291, 341, 429, 545 1929年的股市崩盘
Stony Hill Farm, 585, 779, 788, 904 斯托尼山农庄
Storm, Ettabelle, *see* Horgan, Ettabelle Storm
伊塔贝拉·斯托姆，见伊塔贝拉·斯托姆·霍尔根
Storyville, 258-259 斯特里维红灯区
Strautin, Ed, 323, 340, 403, 528 爱德华·斯特劳丁
Strautin, Wally, 325, 340, 402-404, 528 瓦利·斯特劳丁
on JP,349, 402 斯特劳丁谈波洛克
Stravinsky, Igor, 151, 597, *598*, 601, 764 伊戈尔·斯特拉文斯基
Streetcar Named Desire, A (Williams), 430 《欲望号街车》(威廉斯)
Studio, 97, 817 《工作室》
Studio Paul Facchetti, 681, 684 保罗·法切蒂
Study for Joy of Life (Matisse), 386 《生活的快乐习作》(马蒂斯)
Subjects of the Artist school, 636 艺术家学校的科目
"Suicide Bridge," 147, 824 "自尽桥"
Sullivan, Harry Stack, 768 哈利·斯塔克·苏利文
Sullivan Institute for Research and Psychoanalysis, 768 苏利文研究与精神分析中心
Summertime (Pollock), 567, 594, 879 《夏日时光》(波洛克)
Sunlight Copper Mining Company, 36, 812 阳光铜矿开采公司
Sun-Scape (Pollock), 512, 872 《太阳景观》(波洛克)
Surrealism, 124, 202, 281, 342, 353, 357, 364, 409-430, 632, 860 超现实主义
abstract art and, 412, 413, 414-418, 445, 446 超现实主义与抽象艺术
American, 414-418, 421-430 美国超现实主义
art criticism of, 413, 414, 439, 441, 632 超现实主义艺术批评
background and theory of, 411-413, 415-418, 430 超现实主义的背景与理论
controversy involving, 412, 413, 422, 425 超现实主义的争议
European, 409-414, 418-422, 424-425, 435-441, 443, 450, 464-465, 495, 507 欧洲超现实主义
illusionistic, 412-414, 417 错觉超现实主义
JP influenced by, 415-418, 425-427, 525 超现实主义对波洛克的影响
Matta and, 421-422, 423-428, 432, 442, 446, 525, 636 超现实主义与玛塔
parlor games and, 420, 425-426, 438, 507 超现实主义与起居室游戏
Peggy Guggenheim and, 435-441, *440*, 495 超现实主义与佩吉·古根海姆
see also automatism; *specific artists* 另见自动主义；具体艺术家
Sweeney, James Johnson, 397, 441-442, 444, 450, 454, 464, 465, 547, 575, 681, 707 詹姆斯·约翰逊·思维尼
on JP , 442, 462-463 思维尼谈波洛克
support of Abstract Expressionism by, 473-474 思维尼对抽象表现主义的支持
Sweeney, John H., 560, 878 约翰·H. 思维尼
Sykes, Gerald, 560, 607, 609, 694 杰拉德·塞克斯
symbology theory, 329, 333, 348 象征学理论
Synchromism, 160, 185, 225 共色主义
Syndicate of Painters, 219, 284 画家联合组织
syringes, basting, 6-7, 668, 808 油脂注射器
System and Dialectics of Art (Graham), 346, 348-349, 357, 850 《艺术的体系与辩证法》(格雷厄姆)

Talmage, Allene, 510-511, 744 爱伦·塔勒玛
Talmage, Dick, 625, 670, 744 迪克·塔勒玛
Talmudic tradition, 372-375, 853 塔木德传统
Tamayo, Rufino, 563, 879 鲁菲诺·塔马约
Tanguy, Yves, 410, 418, *419*, 425, 436, 478, 860, 863 伊夫·唐吉
works of, 357, *436*, 438, 440, 442, 443 唐吉的作品
Tanning, Dorothea, 441, 530, 863 多萝西娅·坦宁
Tapié, Michel, 662, 681, 682, 683, 716, 783 米歇尔·塔皮埃
Tarwater, Becky, *see* Hicks, Rebecca "Becky" Tarwater 贝奇·塔尔瓦特，见瑞贝卡·塔尔瓦特·希克斯("贝克"贝奇)
Tarwater, Penelope，303 潘尼洛普·塔尔瓦特
Taylor, Francis Henry, 575, 602 弗朗西斯·亨利·泰勒
Tchelitchew, Pavel, *419*, 541, 876 帕维尔·切利乔夫
Tea Cup, Tire (Pollock), 517, 520, 543-544, 640, 725 《茶杯，轮胎》(波洛克)
tempera, 188-190, *190*, 288, 830-831 蛋彩画
temperance, 27, 28, 41, 810 戒酒
Temporary Galleries of the Municipal Art Committee, 282 市立艺术委员会临时画廊

"10 East Hampton Abstractionists" show, 608, 618, 641 "十位东汉普顿抽象艺术家"展
Tex (King of the Tramps), 198, 832 泰克斯（流浪者之王）
Theater Project, 273 剧院计划
Theosophical Society, 127-131 神智学社团
Theosophy, 127-128, 132, 146, 343, 822, 823 神知学、通神论
There Were Seven in Eight (Pollock), 490, 494, 513, 869, 870, 872 《八中有七》（波洛克）
Third Tokyo Independent Art Exhibition, 662, 889 第三届东京独立艺术展
"31 Women" show, 441 "31位女性"展
Thomson, Virgil, 413 维吉尔·汤姆森
Three Musicians (Picasso), 349, 851 《三个音乐家》（毕加索）
Threshers (Pollock), 280, 282, 841 脱粒机 / 打谷者
Tibbets, Mrs. Luther C., 104 卢瑟尔·C. 提拜夫人
Tibor de Nagy Gallery, 683 蒂博尔·德·纳吉画廊
Tidrick, Ralph, 29-31, *30*, 59, 222, 811 拉尔夫·提德里克
Tiger (Pollock), 616 《虎》（波洛克）
Tile Club, 506, 871 砖瓦俱乐部
Tilton, Theodore,14-15 提奥多·蒂尔顿
Time, 64, 224, 264, 278, 360 《时代》杂志
  art coverage in, 438, 552-553, 593-594.605, 622, 715, 852 《时代》杂志的艺术报道
  on JP, 583, 600, 622, 649-650, 753 《时代》杂志关于波洛克的报道
  JP's work reproduced in, 552-553, 678 《时代》杂志对波洛克作品的复制
Tingley, Iowa, 18-22, *19*, 28, 30, 32-33, 37, 38, 40, 42, 44, 59, 74, 172, 232, 233, 364, 795, 809-810 爱荷华廷格利
Tingley High School, *30*, 31 廷格利高中
Tintoretto, 188, 288, 561, 826, 830 丁托列托
Titanic, 435 《泰坦尼克号》
Tobey, Mark, 525-526, 552, 555, 556, 586, 760, 873 马克·托比
Toklas, Alice B., 546 爱丽丝·B. 托克拉斯
Tokyo, 662, 889 东京
Tolegian, Araks Vartabedian, 197, 204, 210, 294, 824, 833 阿拉克丝·瓦尔塔布颠·托勒金
Tolegian, Jeriar "Manuel," 125, 136, 207-208, 210, 247-248, 264, 273, 294, 303, 312, 349, 821 泽利亚·托勒金（"马努埃尔"）
  chicken coop studio of, 125, 150, 821 托勒金的鸡笼工作室
  on JP, 125, 144, 205, 212-213, 237, *266*, 306 托勒金谈波洛克
  JP's relationship with, 134, 137, 149, 150, 166-167, 192, 196-197, 200, 202, 204, 212-213, 239, 248, 360, 808, 827, 832 托勒金与波洛克的关系
  personality of, 167, 202 托勒金的性格
  works of, 248, 349, 360 托勒金的作品
Tolegian, Manuel, 125, 821 马努埃尔·托勒金
Tolegian, Mrs. Manuel, 125-126 马努埃尔·托勒金夫人
Tolstoy, Leo, 370, 639 列夫·托尔斯泰
Tomlin, Bradley Walker, 559, 597, *603*, 641, 680, 707, 719-720, 895, 896 布莱德雷·瓦尔克·汤姆林
"Tonight Show," 678, 891 "今晚"展
Tonto National Forest, 93, *102*, 817 通托国家森林
Tosca (Puccini), 600-601 《托斯卡》（普契尼）
Totem Lesson 1 (Pollock), 494, *495*, 515, 870 《图腾，第一课》（波洛克）
Totem Lesson 2 (Pollock), 494, 515, 697, 870 《图腾，第二课》（波洛克）
tranquilizers, 577, 578, 582, 584, 601, 612, 638 镇静剂
transition, 124 《转变》
Treasury Department, U.S., 269, 270, 271, 277 美国财政部
Treasury Relief Art Project (TRAP), 273, 275, *276* 财政部艺术救济计划
Tremaine, Burton, 598, 600, 883 伯顿·特里梅
Triad (Pollock), 665, 890 《三和弦》（波洛克）
Trixie (dog), 69, *70*, 517 特里克西（狗）
trompe l'oeil, 412, 413 错视画
Trotsky, Leon, 166, 406, 550, 557, 702, 827 列夫·托洛茨基
Trowbridge, Bessie, 94, 97, 817 贝西·特洛布里治
Trowbridge, Evelyn Porter, 52 艾芙琳·波特·特洛布里治
Truants (Barrett), 523 《逃避者》（巴雷特）
Truman, Jock, 636 约克·特鲁曼
Tsimshian Indians, 337 钦西安印第安人
Tuckey, Erwin, 82 厄文·图克
Twain, Mark, 107, 258, 610, 811, 884 马克·吐温
"Twelve Contemporary Painters" show, 471 "十二位当代画家"展
21 Club, 623, 776, 885 21俱乐部
Two (Pollock), 494 《二》（波洛克）
"291" gallery, 160 "291"画廊
Tworkov, Jack, 283 杰克·特沃科夫
Tyler, Parker, 479, 729, 868 帕克·泰勒
  on JP, 495, 555, 603-604, 719 泰勒谈波洛克
Tzara, Tristan, 546 特里斯坦·查拉

Uccello, Paolo, 125, 348 保罗·乌切洛
Ukraine, 366-367, 372, 396 乌克兰
Uncle Tom's Cabin (Stowe), 170, 828 《汤姆叔叔的小屋》（斯托）
Unemployed Artists Group, 277, 841 失业艺术家团体
unemployment, 133, 146, 191, 196-198, 205, 217, 232, 259-260, 262-263, 268, 339, 507-508, 823, 834, 839 失业
unemployment compensation, 507 失业津贴
Unformed Figure (Pollock), 727 《未成形的人像》（波洛克）
United Automobile Work, 305 《联合汽车》
United Automobile Workers Union, 305 汽车工人联合会
United Mine Workers, 257 矿业工人联合会
Untitled (Pollock), *253* 《无题》（波洛克）
Untitled, 1949 (Pollock), 590, *590* 《无题，1949》（波洛克）
uroboric, 332 衔尾蛇

Utah, 111-112 犹他州

Vaché, Jacques, 411 雅克 · 瓦谢
Vail, Clotilde, 435 克罗蒂尔德 · 维尔
Vail, Laurence, 435, 437, 439 劳伦斯 · 维尔
Vail, Pegeen,437, 440, 860 皮金 · 维尔
Vail, Sinbad, 437, 443, 479 辛博德 · 维尔
Valentin, Curt, 545, 630, 766, 886, 902 考特 · 瓦伦汀
Valentine Dudensing Gallery, 342, 349, 357 瓦伦汀 · 杜丹辛画廊
van Doesberg, Nellie, 436, 438 奈丽 · 凡 · 杜斯伯格
van Doesberg, Theo, 436 特奥 · 凡 · 杜斯伯格
van Gogh, Vincent, 5, 732, 787, 788 文森特 · 梵高
Vanity Fair, 347 《名利场》杂志
Varga, Margit, 593, 594 玛尔吉特 · 瓦尔加
Vashti, N., 688 N· 瓦西蒂
Vashti, Pravina, 688 普拉维纳 · 瓦西蒂
Vasilieff, Alexander, 397 亚历山大 · 瓦西里耶夫
Veblen, Thorstein, 324 托斯丹 · 范伯伦
V-E Day, 498, 568 欧洲胜利日
"Véhémences Confrontées" show, 662 "激烈对抗"展
Velàzquez, Diego Rodriguez de Silva of, 8, 808 迭戈 · 罗德里格斯 · 德 · 席尔瓦 - 委拉斯凯兹
Venice, 547, 558, 560, 604-606, 784, 787 威尼斯
Venice Biennale, 7, 604-606, 622, 649-650, 662, 779 威尼斯双年展
Vérité, La, 420 《真理》
Vermeer, Jan, 776 扬 · 维米尔
Vicente, Esteban, 750, 874 埃斯特万 · 文森特
Vicente, Harriet Peters, *630*, 874 哈利特 · 彼得斯 · 文森特
Vichy France, 437 法国薇姿
Victoria, Queen of England, 34, 35 英格兰女王维多利亚
Victoria and Albert Museum, 575 维多利亚和阿尔伯特博物馆
Victoria Club, 104, 818 维多利亚俱乐部
Vienna, 57, 411, 662 维也纳
View, 465, 495, 574 《视野》杂志
Villa, Pancho, 57, 814 庞丘 · 维拉
Vinci, Leonardo da, 8, 808 里奥纳多 · 达 · 芬奇
Vivaldi, Antonio, 610, 884 安东尼奥 · 维瓦尔第
Viviano, Catherine, 605, 679, 683 凯瑟琳 · 维维亚诺
Vlaminck, Maurice de, 447 莫里斯 · 德 · 弗拉芒克
Vogue, 662, 776 《时尚》杂志
Vortex (Pollock), 537, *538*, 553 《漩涡》(波洛克)
V.T. Ranch, 112 峡谷小路农场
VVV, 419, 421, 422, 440, 863 《VVV》杂志
Vytlacil, Vaclav, 341 瓦克拉夫 · 维塔莱西

Wadatkut Indians, 83-85, 816 瓦达特库特印第安人
Wagner, Richard, 179, 333, 535, 829, 875 理查德 · 瓦格纳
Wagon, The (Pollock), 252 《马车》(波洛克)《货车》
Wahl, Theodore, 279, 841 提奥多 · 瓦哈尔
Waldorf Cafeteria, 346, 356, 402, 449, 459, 635, 841, 850, 887 华尔道夫餐厅
Wall, James Hardin, 317-320, 322, 324, 325, 326, 329, 579, 596, 660, 846 詹姆斯 · 哈顿 · 沃沃尔
Walnut Grove School, 93-95, *94*, 96-97, 817 胡桃树林学校
Waples, Frank, 42, 43, 812 弗兰克 · 华波
Ward, Eleanor, 750, 751, 752, 900 艾琳诺 · 瓦德
Ward, Joan, 733, 758, 769-770 琼 · 瓦德
Ward, Nancy, 733 南希 · 瓦德
Washington, D.C., 176-178, 233, 278-279, 303-304, 399, 461, 471, 629, 702, 829 华盛顿哥伦比亚特区
Washington Irving High School,372, 373, 854 华盛顿艾尔文高中
Washington Square Outdoor Shows, 207 华盛顿广场户外展
"Waste Land, The" (Eliot), 97 《荒原》(艾略特)
Water Bull, The (Pollock), 517, 725 《水牛》(波洛克)
Water Mill, N.Y., 618 纽约州沃特米尔
Watery Paths (Pollock), 537, 553, 875, 903 《水漾小路》(波洛克)
Watkins, Sanford "Sant," 39, 40, 812 桑福德 · 瓦特金斯("桑特")
Watkins ranch, 39-41, 42, 43, 64, 67, 812 瓦特金斯牧场
Weaver, James B., 28 詹姆斯 ·B. 威弗
Weber, Max, 341, 346, 659, 854 马克思 · 韦伯
Weichsel, John, 185, 830 约翰 · 魏克瑟尔
Well of Loneliness, The (Hall), 209 《寂寞之井》(霍尔)
West, Nathanael, 291 纳撒尼尔 · 韦斯特
Western High School, 176, 829 西部高中
Wheeler, Steve, 407, 422on JP, 429, 471, 481 史蒂夫 · 惠勒
Wheelock, Mrs. John Hall, 670 约翰 · 霍尔 · 韦洛克夫人
Wheelwright, Helen, *697* 海伦 · 威尔莱特
Whipple, Enez, 585 恩兹 · 惠普尔
Whistler, James McNeill, 555 詹姆斯 · 麦克尼尔 · 惠斯勒
White, Lulu, 258 露露 · 怀特
White Cockatoo (Pollock), 566, 567, 616, 665, 879, 890 《白色凤头鹦鹉》(波洛克)
Whitehead, Alfred North, 610, 884 阿尔弗雷德 · 诺思 · 怀特海
White House, 177, 271, 360, 852 白宫
Whitelaw Reid mansion, 424-425, 439, 445 怀特洛 · 里德大厦
White Light (Pollock), 752, 900 《白光》(波洛克)
White Russians, 377, 378, 396, 484, 701, 783 白俄罗斯 / 白俄鸡尾酒
"white-writing," 525-526, 555 "白色书写"
Whitney Museum of American Art,208, 271, 497 惠特尼美国艺术博物馆
  Benton murals at, 208, 223-224, 225, 229 本顿在惠特尼美国艺术博物馆的墙画
  exhibitions at, 599-600, 745 惠特尼美国艺术博物馆的展览
Wiener, Paul, 760 保罗 · 维纳

Wiese, Fred, 111-112, 115, *117,* 819 弗莱德 · 怀斯
Wilcox, Lucia Christofanetti, 424, 529, *529,* 530, 541, 582, 609, 671, 791 露西亚 · 克里斯托芬尼特 · 威尔考克斯
Wilcox, Roger, 344, 424, *530,* 531, 609, 690, 707, 873, 888 罗杰 · 威尔考克斯
childhood of, 529, 582 威尔考克斯的童年
on JP , 3, 321, 428, 464, 510, 512, 519, 538-539, 541, 543, 570, 571-572, 579-582, 621-622, 627, 630, 664, 669, 675 威尔考克斯谈波洛克
JP's relationship with, 2, 320-321, 518-519, 529-530, 538-539, 547, 558, 561, 562, 571-572, 579-582, 586, 640, 671, 786, 791 威尔考克斯与波洛克的关系
JP's therapy experiment with. 579-582 威尔考克斯与波洛克的治疗实验
on Lee Krasuer, 570, 611, 686, 732 威尔考克斯谈李 · 克拉斯纳
personality of, 529, 530, 579, 582 威尔考克斯的性格
physical appearance of, 529 威尔考克斯的外貌
varied professional pursuits of, 529-530 威尔考克斯不同的职业追求
Wilder, Thornton, 327, 328, 329 桑顿 · 怀尔德
Wilkinson, Josie, 770, 902 乔希 · 威尔金森
Willard, Marian,.545, 608 玛丽安 · 威拉德
Willard Gallery, 417, 525, 608, 875, 885 威拉德画廊
Williams, Cecil, 96, 817 塞西尔 · 威廉斯
Williams, Tennessee, 87, 449, 480, 486-489, *487,* 529, 665, 762, 856, 869 田纳西 · 威廉斯
Willson, Adam, 15, 809 亚当 · 威尔森
Willson, Ann Reid McClure (great-grandmother), 15 安 · 里德 · 迈克鲁 · 威尔森（曾祖母）
Willson, James R., 15 詹姆斯 ·R. 威尔森
Wilmarth, Lemuel, 161, 826 雷米尔 · 威尔马斯
Wilson, Albert E., 145, 147, 824 阿尔伯特 ·E. 威尔逊
Wilson, Edmund, 257 爱德蒙 · 威尔逊
Wilson, Reginald, 186, 265, 290, 292, 295, 298, 356 雷金纳德 · 威尔逊
on JP, 266-267, 280, 293, 297, 461 威尔逊谈波洛克
Wilson, Woodrow, 71, 79, 87-88 伍德罗 · 威尔逊
Wilson School, 64, *65,* 814 威尔逊学派
Wingert Paul, 337, 849 保罗 · 温格特
Winston, Mrs. Harry, 475 哈利 · 温斯顿夫人
Wise, "Pappy," 179, 181 怀斯（"派比"）
WNYC radio, 275, 403 美国纽约公共广播电台
Wobblies, 29, 262, 839 抑郁症
Wolf, Ben, 543 本 · 沃夫
Woman (Pollock), *249* 《女人》（波洛克）
Woman's Public Service League,41, 812 女性公共服务联盟
Women's Art School(Cooper Union), 373-375 女子艺术学校（库伯联盟学院）
Women's Christian Temperance Union (WCTU), 27, 28, 810 基督教妇女戒酒联合会
Women series (de Kooning), 709, 714-715 《女人》系列（德 · 库宁）
women's rights, 14-15, 324, 809 女性权利
Wood, Grant, 224, 226, 530, 834 格兰特 · 伍德
Wooden Horse (Pollock), *566, 567,* 879 《木马》（波洛克）
work relief programs, 259-260, 264, 265, 268-277, 839-840 劳动救济项目
Works Progress Administration (WPA), 273-278, 281, 289-291, 294, 339-341, 356, 360-365, 634-635, 839-840, 858 公共事业振兴署
artistic output of, 364 公共事业振兴署艺术家的成果
Congressional investigation of, 340-341, 364 国会对公共事业振兴署的调查
phasing out of, 364, 365, 433 公共事业振兴署的逐步废除
see also Federal Arts Project 另见联邦艺术计划
World War I, 70, 76, 79, 133, 181, 202, 345, 383, 400, 411 第一次世界大战
World War II, 277, 363-364, 365, 399-400, 408, 420, 437, 466, 479, 500, 507, 562-563 第二次世界大战
Wounded Animal (Pollock), 458, 465, 471, 866 《受伤的动物》（波洛克）
WPA Art Program, 341
公共事业振兴署艺术项目
WPA Federal Art Gallery, 311 公共事业振兴署画廊
WPA War Services, 403, 433-434 公共事业振兴署战时服务
Wright, Frank Lloyd, 143, 201, 830 弗兰克 · 劳埃德 · 赖特
Wright, William, 661-662 威廉 · 赖特
Wrightwood, Calif., 109-110, *111,* 115, 117, 153-154, 201, 204, 217, 218, 229, 236, 237, 238, 290, 819, 832 加利福尼亚州赖特伍德
Writers' Ptoject, 273 作家计划
Wyncoop, Mr., 55, 64, 813 怀恩库伯先生
Wyoming, 462, 564 怀俄明州
Wyoming Stock Growers' Association, 40 怀俄明家畜饲养者协会

Xceron, Jean, 345, 448, 864 让 · 伊克斯塞隆

Yale University, 328, 487, 545, 575, 629, 726, 886 耶鲁大学
Yancy, Jimmy, 756 吉米 · 燕西
Yellcw, Gray, Black (Pollock), 566, 662, 879 《黄，灰，黑》（波洛克）
Yellow Triangle (Pollock), 518 《黄色三角形》（波洛克）
Yiddish language, 368, 549 意第绪语
Young Lonigan (Farrell), 224 《少年朗尼根》（法雷尔）
Young Man Intrigued by the Flight of a Non-Euclidian Fly (Ernst) , 875 《对非欧几何飞行着迷的年轻人》（恩斯特）

Zadkine, Ossip, *419* 奥西普 · 扎德金
zanjeros, 53, 65, *66,* 100, 813, 814 开渠人
Zion Canyon, 111-112, 819 锡安峡谷

Zogbaum, Betsy, 560, 608, 609, 625, 652, 670, 787, 878　贝茨·祖格鲍姆
on JP , 394-395, 482, 483, 609, 655　祖格鲍姆谈波洛克
on Lee Krasner, 394-395, 482, 483, 673　祖格鲍姆谈李·克拉斯纳
Zogbaum, Wilfrid, 479, 560, 585, 597, 609, 610, 652, 670, 673712, 715, 720, 739, 878　怀弗里德·祖格鲍姆
Zorach, William, 239, 240, 241, 856　威廉·佐拉奇
Zuni Indians, 336, 849　祖尼印第安人
Zurich, 327, 328, 662　苏黎世

图书在版编目（CIP）数据

波洛克传 /（美）史蒂芬·奈菲，（美）格雷高里·怀特·史密斯著；沈语冰，宋倩，蒋苇，匡骁译．—杭州：浙江大学出版社，2018.5

（启真·艺术家）

书名原文：Jackson Pollock:an American Saga

ISBN 978-7-308-17708-5

Ⅰ．①波… Ⅱ．①史… ②格… ③沈… Ⅲ．①波洛克（Pollock, Jackson 1912-1956）—传记 Ⅳ．①K837.125.72

中国版本图书馆CIP数据核字（2017）第331414号

波洛克传

[美]史蒂芬·奈菲　[美]格雷高里·怀特·史密斯 著

沈语冰　宋倩　蒋苇　匡骁 译

责任编辑 叶　敏

装帧设计 蔡立国

出版发行 浙江大学出版社

（杭州天目山路148号 邮政编码310007）

（网址：http:// www.zjupress.com）

排　　版 北京大观世纪文化传媒有限公司

印　　刷 北京中科印刷有限公司

开　　本 787mm×1092mm　1/16

印　　张 56

插　　页 4

字　　数 988千

版 印 次 2018年5月第1版　2018年5月第1次印刷

书　　号 ISBN 978-7-308-17708-5

定　　价 158.00元

浙江省版权局著作权合同登记图字：11-2017-130号